Kohlhammer

Biblische Enzyklopädie

Herausgegeben von
Walter Dietrich und Wolfgang Stegemann

Band 8

Erhard S. Gerstenberger

Israel in der Perserzeit

5. und 4. Jahrhundert v. Chr.

Verlag W. Kohlhammer

Umschlagabbildung: Persepolis: Hadish am Palast des Xerxes.
© Peter Langer, Associated Media Group

Alle Rechte vorbehalten
© 2005 W. Kohlhammer GmbH Stuttgart
Umschlag: Data Images GmbH
Reproduktionsvorlage: Andrea Siebert, Neuendettelsau
Gesamtherstellung:
W. Kohlhammer Druckerei GmbH + Co. KG, Stuttgart
Printed in Germany

ISBN 3-17-012337-8

Inhaltsverzeichnis

Abkürzungen		8
Vorwort		9
Karte 1: Das Meder- und Perserreich		10
Karten 2 und 3: Die Provinz Jehud		11
Persische Völkerlisten		12
I.	Das biblische Bild der Epoche	13
I.1	Rückkehr und Wiederaufbau	14
I.2	Einrichtung der Provinz Juda; Gestaltung der Gemeinde	21
I.3	Weitere Spuren persischen Lebens	29
I.4	Hinterfragung der biblischen Darstellung	32
II.	Die uns erkennbare Geschichte	36
II.1	Quellen	36
II.1.1	Schriftliche Überlieferungen	36
II.1.2	Artefakte und Architektur	39
II.2	Das persische Weltreich	44
II.2.1	Imperiale Strukturen	45
II.2.2	Der Geschichtsverlauf	56
	Zeittafel	56
II.2.3	Religionen in Altpersien	61
II.2.4	Alltagsleben und Kultur	69
II.3	Juda in Transeuphrat	74
II.3.1	Juda gegen Samaria	75
	Exkurs: Der Aufstieg Jerusalems zur heiligen Stadt	77
II.3.2	Die Akteure des Dramas	78
II.3.2.1	Nehemia	78
II.3.2.2	Esra	82
II.3.2.3	Scheschbazzar, Serubbabel	86
II.3.2.4	Die Ältesten	88
II.3.3	Sozial- und Gemeindestrukturen	88
II.3.4	Wirtschaft; Lokalpolitik	93
	Exkurs: Schulden und Schuldenerlasse im Alten Orient	96
II.3.5	Technik und Kultur	97
II.3.6	Volksreligion und Tempel	99
II.4	Diaspora in Babylonien und Ägypten	101
II.4.1	Die Verbannten in Babylonien	102
II.4.2	Die Militärkolonie von Elephantine	105
II.4.2.1	Flucht nach Ägypten?	105
II.4.2.2	Alltag und Sozialstruktur	107
II.4.2.3	Jahwebekenntnis und Kult	110
II.4.2.4	Verhältnis zu Jerusalem	113

III. Die biblische Literatur der Epoche 116

III.1 Originäre Schriften 116
    III.1.1 Erzählendes, Normierendes 117
    III.1.1.1 Chronik 117
    III.1.1.2 Esra / Nehemia 129
    III.1.1.3 Priesterliche Werke 133
    III.1.1.4 Novellen (Joseph; Rut; Jona) 150

    III.1.2 Prophetisches 156
    III.1.2.1 Haggai, Sacharja, Maleachi 156
        Exkurs: Messias und Weltende 159
    III.1.2.2 Der Dritte Jesaja 160
    III.1.2.3 Weitere Prophetenschriften? 166

    III.1.3 Poetisches, Liturgisches 171
    III.1.3.1 Psalmensammlungen 172
    III.1.3.2 Psalmengattungen 179
        Exkurs: Gemeindliche Unterweisung als Sitz im Leben 179
    III.1.3.3 Spruchsammlungen, Weisheitliches 197
    III.1.3.4 Festrollen 210

III.2 Überarbeitungen älterer Schriften 213
    III.2.1 Geschichtserzählungen (Dtr.) 216
        Exkurs: Propheten, Tora und Gemeinde 234
    III.2.2 Prophetenbücher 236
    III.2.2.1 Die Zwölfersammlung 238
    III.2.2.2 Jesaja 247
    III.2.2.3 Jeremia 251
    III.2.2.4 Ezechiel 259
        Exkurs: Reden an die Gemeinde bei Ezechiel 267

    III.2.3 Der Dritte Teil des Kanons 271
    III.2.3.1 Psalter 272
    III.2.3.2 Hiob 278
    III.2.3.3 Proverbien 286

    III.2.4 Tora (Pentateuch) 292
    III.2.4.1 Entstehungsbedingungen 292
        Exkurs: Warum Heilige Schriften? 296
    III.2.4.2 Priesterliche und deuteronomistische Grundlage 297
    III.2.4.3 Auffüllung mit alten Erzählungen 302
    III.2.4.4 Die Urgeschichte 311
    III.2.4.5 Abschluss des Pentateuch 320

IV. Theologischer Ertrag 323

IV.1 Hintergrund: Babylonische und persische Religiosität 234

IV.2 Die Genese ekklesialer Strukturen 328
    IV.2.1 Identifikation und Abgrenzung 328

Inhaltsverzeichnis

	IV.2.2	Das geistliche Profil der Gemeinde	334
	IV.2.3	Gender in der Gemeinde	339
	IV.2.4	Feste, Gottesdienste, Rituale	346
IV.3	Auf dem Weg zum Monotheismus		353
	Exkurs: Was ist Monotheismus?		353
	IV.3.1	Transformationen der Gottesvorstellungen	355
	IV.3.2	Universalismus und Partikularismus	360
	VI.3.3	Weltschöpfung und Menschenschöpfung	363
	IV.3.4	Geschichte und Weltende	369
IV.4	Geschwisterethos in der Glaubensgemeinschaft		372
	IV.4.1	Liebe und Gerechtigkeit	374
	IV.4.2	Heiligung, Abgrenzung	378
	VI.4.3	Universalität und Toleranz	382
IV.5	Anstöße zur Weltgestaltung		386
	IV.5.1	Dialog mit der Tradition	387
	IV.5.2	Mitmenschliche Beziehungen	390
	IV.5.3	Gottesvorstellungen	394
	IV.5.4	Globale Gesellschaft	399
	IV.5.5	Einheit und Pluralität heute	402

Namen- und Sachregister 405
Bibelstellen (in Auswahl) 411
Außerbiblische Quellen 416

Abkürzungen

In der Regel gilt das Abkürzungsverzeichnis von Siegried M. Schwertner, Theologische Realenzyklopädie Berlin, 2. Aufl. 1994.

Abweichende und zusätzliche Abkürzungen:

HBS   Herders Biblische Studien, Freiburg
NEAE   The New Encyclopedia of Archaeological Excavations in the Holy Land, hg. von E. Stern, Jerusalem 1993
RlA   Reallexikon der Assyriologie, Berlin 1928ff.
SAHG   Sumerische und Akkadische Hymnen und Gebete, hg. von A. Falkenstein und W. von Soden, Zürich 1953

Vorwort

Der Glaube unserer geistlichen Vorfahren, denen wir über die biblischen Traditionen so viel verdanken, hat immer seinen geschichtlichen und sozialen Kontext gehabt. Soziale und geschichtliche Kontexte aber sind wandelbar und darum wunderbar tiefgründig.
Wir haben Zugang zum Glauben der biblischen Ahnen nur über Texte, genauer: über eine ganz schmale Auswahl von ehemals vorhandenen Texten, welche sich in einem langen Prozess lebendigen, kommunikativen Gebrauchs und ständiger Interpretation als Heilige Schrift herauskristallisiert haben. Dieser Prozess ist in der Zeit der persischen Weltherrschaft (539–331 v.Chr.) zu einem vorläufigen Abschluss gekommen. In jenen beiden Jahrhunderten entstand im alten Israel und beginnenden Judentum eine Tora, es formierten sich Propheten- und andere gemeindliche Schriften. Die neu entstandene Jahwe-Gemeinschaft präsentierte sich im entstehenden Kanon.
Also ist das persische Weltreich, dieser unermessliche, globale Vielvölkerstaat mit seinen Kulturen und Religionen, seiner Politik und Wirtschaft, seinem geistigen Klima der unmittelbare Hintergrund und Kontext für das werdende Alte Testament. Die vorliegende Arbeit ist ein winziger, fast aussichtsloser Versuch, dieser Einsicht Rechnung zu tragen. Es geht einmal darum, persische Denk- und Glaubensmodelle (im Unterschied etwa von assyrischen, babylonischen, ägyptischen, kanaanäischen usw.) und Sozial- und Wirtschaftsstrukturen besser zu verstehen. Und zweitens ist es der Mühe wert, die hebräischen Schriften der Bibel aus der Perspektive der perserzeitlichen Jahwe-Gemeinden zu lesen, Traditionsgeschichte rückwärts zu betreiben. Es wäre kein Wunder, wenn sich Beziehungen zwischen judäischen und persischen Weltdeutungen ergäben. Aber die alttestamentliche Forschung muss noch weite Wege gehen, bevor sie ihre traditionellen Deutungsmuster hinter sich lassen bzw. ergänzen kann.
Pensionäre wie ich können nicht mehr eifrigen Mitarbeiterinnen und Mitarbeitern danken. Doch vielen Freunden und Studierenden in Deutschland, Brasilien, Südafrika und den USA, die sich auf ungewohnte Fragestellungen eingelassen haben, möchte ich einen sehr herzlichen Dank aussprechen. Ohne sie wäre das Buch schnell stecken geblieben. Auch Walter Dietrich, der geduldige Herausgeber, hat mich sehr freundlich ermuntert, es zu Ende zu bringen. Dafür ein besonderes Dankeschön! – Wer in der Sache mit- oder gegenreden möchte, kann sich gerne meiner E-Mail-Adresse bedienen:
gersterh@staff.uni-marburg.de
Vielen Dank!

Giessen, 15. Oktober 2005   Erhard S. Gerstenberger

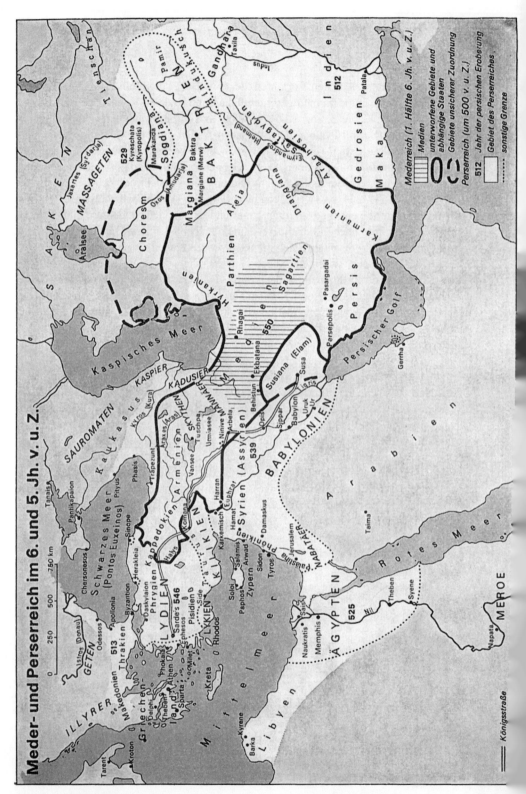

Das Meder- und Perserreich
aus: Lexikon früher Kulturen, Bd. 2, hg. von J. Herrmann,
2. Aufl. Leipzig 1987, S. 142

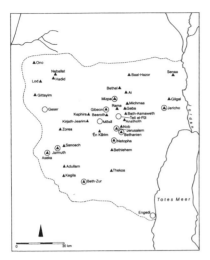

Die persische Provinz Jehud
aus: H. Weippert, Palästina in vorhellenistischer Zeit, München 1988, S. 691

Die syrisch-palästinischen Provinzen des Perserreiches
aus: Charles E. Carter, The Emergence of Yehud in the Persian Period, Sheffield 1999, S. 291
© 1999 Reprinted with the permission of the publisher. The Continuum International Publishing Group

yhwd yhw'zer phw' *yhwd ḥnnh* *yḥzqyh [h]pḥh*
Jehud Jeho'ezer   Jehud Ḥananjah   Jeḥizqijah der Gouverneur

Zwei Siegelabdrücke und eine Münze
aus: Charles E. Carter, The Emergence of Yehud in the Persian Period, Sheffield 1999, S. 264
© 1999 Reprinted with the permission of the publisher. The Continuum International Publishing Group

Persische Völkerlisten

> *Die von Darius I. beherrschten Länder, Behistun Inschrift § 6 (W. Hinz, TUAT 1, 423):*
> Persien, Elam, Babel, Assyrien, Arabien, Ägypten, die Meerbewohner, Sardes, Ionien, Medien, Armenien, Kappadokien, Parthien, Drangiana, Areia, Chorasmien, Baktrien, Sogd, Gandhara, Skythien, Sattagydien, Arachosien, Maka, insgesamt 23 Länder.
>
> *Die Delegationen der Völker im Treppenrelief des apadana in Persepolis (H. Koch, Dareios 99–112):*
> Meder, Elamer, Parther, Areier, Ägypter, Baktrer, Sagartier, Armenier, Babylonier, Syrer, Skythen, Sattagydier + Gandarer, Sogder + Chorasmier, Lyder, Kappadokier, Drangianer + Arachosier, Inder, Thraker, Araber, Karer, Libyer, Äthiopier.
>
> *Die Liste des Xerxes aus der daeva-Inschrift (XPh 41–56; nach P. Briant, Cyrus 173):*
> Medien, Elam, Arachosien, Armenien, Drangiana, Parthien, Areia, Baktrien, Sogdien, Chorasmien, Babylonien, Assyrien, Sattagydien, Sardis, Ägypten, Ionien, Seeländer, Überseeländer, Maka, Arabien, Gandhara, Indus, Kappadokien, Dahae, Saka H., Saka T., Skudra, Akaufaka, Libyen, Karien, Äthiopien.

Gesandtschaften der Areier (oben) und Syrer (unten) an der Osttreppe des Apadana in Persepolis
aus: H. Koch, Es kündet Dareios der König, Mainz 1992, Tafel 13, vor S. 59. Foto: W. Hinz
© Heidemarie Koch, Marburg

I. Das biblische Bild der Epoche

J. Blenkinsopp, Ezra – Nehemiah, London 1988 (OTL). – T.C. Eskenazi, In an Age of Prose, Atlanta 1988 (SBL.MS 36). – L.L. Grabbe, Yehud: A History of the Persian Province of Judah, London 2004 (Library of Second Temple Studies 47). – A.H.J. Gunneweg, Esra, Gütersloh 1985 (KAT XIX,1). – Derselbe, Nehemia, Gütersloh 1987 (KAT XIX,2). – R.W. Klein, 1 Chronicles, Minneapolis 2005 (Hermeneia). – J.M. Miller und J.H. Hayes, A History of Ancient Israel and Judah, Philadelphia 1986. – M. Noth, Geschichte Israels, Göttingen 1950, ^{5}1963. – D.L. Petersen, Haggai and Zechariah 1–8, Philadelphia 1984 (OTL). – S. Japhet, The Ideology of the Book of Chronicles and Its Place in Biblical Thought, Frankfurt 1989 (BEAT 9). – Dieselbe, I & II Chronicles, Louisville 1993 (OTL; deutsch 1/2 Chronik, Freiburg, 2 Bde. 2002 und 2003, HThKAT). – T. Willi, Die Chronik als Auslegung, Göttingen 1972 (FRLANT 106). – Derselbe, Juda – Jehud – Israel, Tübingen 1995 (FAT 12). – H.G.M. Williamson, 1 and 2 Chronicles, London 1982 (NCBC). – E. Würthwein, Die Bücher der Könige 1. Kön 17 – 2. Kön 25, Göttingen 1984 (ATD 11,2).

Die zwei Jahrhunderte, in denen die Alte Welt zwischen Ägypten und Indien unter der Vorherrschaft persischer Großkönige stand (539–331 v.Chr.), sind für das Volk Israel, oder besser: für das entstehende Judentum, in vieler Hinsicht entscheidend gewesen. In dieser Epoche fanden die Judäer im Heimatland und in der babylonischen wie ägyptischen Diaspora zu neuen Gemeinschaftsformen. Sie gestalteten für sich in der Tora und einigen Parallelschriften einen heiligen Kanon, sie gewannen in Jerusalem und seinem wieder aufgebauten Tempel einen geographischen und symbolischen Kristallisationspunkt, sie bildeten als winzige Minderheit in einem Vielvölkerimperium, d.h. unter erschwerten Bedingungen ständigen Anpassungsdruckes und nie erlahmenden Autonomiestrebens ihre eigenen Glaubensüberzeugungen zu der Letztform aus, die wir heute in den meisten Teilen des Alten Testaments vorfinden. Die Tradition der hebräischen Schriften (und einiger, weniger aramäischer Passagen in ihnen) hat in der Perserzeit ihre entscheidenden Prägungen erfahren. Und die damals niedergelegten Erkenntnisse, die damals gelebten Werte, die damals konstruierten Gemeinschafts- und Gottesdienstformen haben dann mächtig auf das spätere rabbinische Judentum und die daraus hervorgehenden christlichen Bewegungen und den Islam eingewirkt.

Wenn wir dergestalt die beiden persischen Jahrhunderte als die formative Periode des biblischen Israel ansehen, geraten wir allerdings in Widerspruch zu manchen biblischen Aussagen, welche den Gravitationspunkt der Glaubensgeschichte in der Mose-, Landnahme- oder Stämmezeit, z.T. auch im Königtum Davids annehmen. Die anders zentrierte biblische Perspektive führt wohl auch dazu, dass der persischen Episode in den hebräischen Schriften selbst relativ wenig Beachtung zukommt. Pentateuch und deuteronomistisches Geschichtswerk, also die Bücher Genesis bis 2 Könige (in der jüdischen Terminologie: Tora und vordere Propheten) erwähnen die Perser expressis verbis nicht, auch wenn manche Texte jene späten Weltzustände spiegeln werden (etwa die priesterschriftlichen Teile des Pentateuch). Wie weit es hier und da persische Lehnwörter in den hebräischen Schriften des Alten Testament gibt, bleibt unklar; in jedem Fall sind sie nicht sehr zahlreich.[1] Von den großen Propheten verweist nur das Jesajabuch ab Kap. 40 direkt und indirekt auf den Umbruch der Geschichte, welcher mit Kyros einsetzt. Jere-

---

[1] Vgl. H.S. Gehman, Notes on Persian Words in the Book of Esther, JBL 43 (1924) 321–328; J. Blenkinsopp, Ezra-Nehemiah, 147; 152; 216 u.ö. Das altpersische Wort *pardes*, „Garten" kommt z.B. dreimal vor: Cant 4,13; Koh 2,5; Neh 2,28. Die assyrische Tradition verrät etwa *pelek*, „Bezirk" in Neh 3,9–18 (A. Demsky, *Pelekh* in Nehemiah 3, IEJ 33, 1983, 242–244).

mia und Hesekiel sind auf die Babylonier als Drohung und Fremdmacht fixiert, Daniel gehört schon in einen nachpersischen Kontext, der sich eigentümlicherweise noch stark mit den babylonischen Königen Nebukadnezar und Belsazar als den Prototypen von Gewaltherrschern befasst (vgl. Dan 1–5; 7), dann in einem Sprung zu Darius „aus Medien" übergeht und ihm Kyros nachordnet (Dan 6; 9–10). Aber im Grunde ist der Bericht ganz auf den „vierten König" (Dan 7,7–12; vgl. 2,40–45) und seine Nachfolger, im Klartext: den Hellenen Alexander und dessen Diadochen orientiert. Von den zwölf kleinen Propheten erwähnen die meisten keinerlei Vorgänge oder Tatbestände aus unserem Geschichtsabschnitt. Nur Haggai und Sacharja nehmen darauf Bezug und setzen persische Verhältnisse voraus. Auch in den Psalmen und in der Weisheitsliteratur ist Persisches vordergründig so gut wie unbekannt. Sogar die beiden Chronikbücher, die nach unserer Kenntnis höchstwahrscheinlich in der persischen Periode entstanden sind, lassen ihr zeitgenössisches Profil nur unbewusst durchscheinen. Die Verfasser wollen vor allem über die nach ihrer Meinung konstitutive Vergangenheit berichten, speziell über die David-Salomo Herrschaft und ihre Errungenschaften. Natürlich liegt ihnen daran, ihre eigene Gegenwart zu informieren und motivieren (vgl. 2 Chron 36,22–23). Aber die für die zeitgenössischen Strukturen und Normen grundlegenden Regeln sind eben nach Ansicht der Chronisten vor allem in der frühen Königsgeschichte dekretiert worden. Darum muss man sie vor Augen malen, nicht aber die eigene, persische Gegenwart unter die Lupe nehmen. Es bleiben uns also nur wenige Schriften der hebräischen Bibel, welche es darauf anlegen, die so kreative und richtungweisende Perserzeit in einigen wenigen Ausschnitten zu beleuchten: die Bücher Esra und Nehemia (im hebräischen und griechischen Kanon ursprünglich als ein Buch geführt; im hebräischen den Chronikbüchern vorangestellt) und das Buch Ester, das aber vermutlich seinerseits schon wieder rückblickend aus geschichtlicher Ferne erzählt. Deuterojesaja, Haggai und Sacharja 1–8 können wir noch zu den Direktzeugnissen zählen. Damit sind 51 von insgesamt 946 Kapiteln der hebräischen Bibel oder 5,39 % ihres Bestandes direkt dem persischen Geschichtsabschnitt, d.h. dem Leben und Ergehen „Israels" in dieser Periode gewidmet. Das ist ein Wert, der unserer Einschätzung der Epoche entgegenläuft, d.h. auf eine grundlegend andere Einstellung zu der hier verhandelten Geschichtsepoche hindeutet. Die jeweilige Gegenwart empfängt nach antiker Sicht ihre Strukturen und ihren Sinn eben aus bestimmten Konstellationen der Vergangenheit. Unser eigenes Lebensgefühl verhält sich dagegen den Einflüssen der Geschichte, ihren Nachwirkungen, gegenüber eher skeptisch. Die Vergangenheit stellt nach moderner Auffassung oft nur Belastung und Fehlentscheidung dar, die wir zu korrigieren haben, wenn wir die aktuellen Herausforderungen bestehen wollen. Die Zukunft ist für uns richtungweisend; sie bestimmt unser Verhalten. Dennoch haben wir zu fragen: Wie erlebte man im antiken Juda oder in der Diaspora den Ablauf der zeitgenössischen Ereignisse? Welche Bedeutung hatte die damals erfahrbare Wirklichkeit für die judäischen Gemeinden (vgl z.B. Neh 9,32–37; Ps 137; Hag 2,20–23)? Wir deuteten es schon an: Einen fortlaufenden, erschöpfenden Bericht über zwei Jahrhunderte judäischer Geschichte können wir mangels zeitgenössischem Interesse nicht erwarten. Die Texte konzentrieren sich auf wenige Themenkreise.

I.1 Rückkehr und Wiederaufbau

P. Ackroyd, Exile and Restoration, London 1968. – R. Albertz, BE 7, 102–112. – J. Blenkinsopp, The Mission of Udjahorresnet and Those of Esra and Nehemiah, JBL 106 (1987) 409–421. – W. Caspari, Lieder und Gottessprüche der Rückwanderer, Gießen 1934 (BZAW 65). – E.S. Gerstenberger, Psalms,

Grand Rapids 2 Bde. 1988 und 2001 (FOTL XIV und XV). – K. Seybold, Bilder zum Tempelbau, Stuttgart 1974 (SBS 70).

> *Der sogenannte Kyroserlass*
>
> Im ersten Jahr des Cyrus, des Königs von Persien, erweckte der HERR – damit erfüllt würde das Wort des HERRN, das durch den Mund Jeremias gesprochen war – den Geist des Cyrus, des Königs von Persien, dass er in seinem ganzen Königreich mündlich und auch schriftlich verkündigen ließ: So spricht Cyrus, der König von Persien: Der HERR, der Gott des Himmels, hat mir alle Königreiche der Erde gegeben, und er hat mir befohlen, ihm ein Haus zu Jerusalem in Juda zu bauen. Wer nun unter euch von seinem Volk ist, mit dem sei sein Gott, und er ziehe hinauf nach Jerusalem in Juda und baue das Haus des HERRN, des Gottes Israels; das ist der Gott, der zu Jerusalem ist. Und wo auch immer einer übriggeblieben ist, dem sollen die Leute des Orts, an dem er als Fremdling gelebt hat, helfen mit Silber und Gold, Gut und Vieh außer dem, was sie aus freiem Willen für das Haus Gottes zu Jerusalem geben. (Esr 1,1–4, Lutherübersetzung; vgl. Esr 5,13–15; 6,3–5)

Aus Jes 40ff gewinnen wir ein vermutlich zutreffendes Bild von der Stimmung in Babylonien um 540 v.Chr. Der persische König Kyros schickte sich an, das neubabylonische Reich zu übernehmen. Er wurde nicht nur von der babylonischen Marduk-Priesterschaft, die mit ihrer eigenen Regierung unter Nabonid und Belsazar gebrochen hatte und den Eroberer aus dem Osten als Retter begrüßte, sondern auch von den seit Jahrzehnten in Babylonien ansässigen judäischen Deportierten gefeiert. In einem prophetischen Orakel heißt es: „So spricht Jahwe zu seinem Gesalbten [hebr.: „Messias"], zu Cyrus, den ich bei seiner rechten Hand ergriff, dass ich Völker vor ihm unterwerfe … Um Jakobs, meines Knechts, und Israels, meines Auserwählten, willen rief ich dich bei deinem Namen und gab dir Ehrennamen, obgleich du mich nicht kanntest" (Jes 45,1.4). Und in dem davor zitierten, sicherlich im Gottesdienst gesungenen Jahwehymnus klingt die konkrete Hoffnung auf: „… der zu Cyrus sagt: Mein Hirte! Er soll meinen Willen vollenden und sagen zu Jerusalem: Werde wieder gebaut! Und zum Tempel: Werde gegründet!" (Jes 44,28) Die Wiederherstellung der Stadt Jerusalem und ihres (allein legitimierten) Tempels war nach den zeitgenössischen Quellen das zentrale Anliegen zumindest der in dritter Generation in Babylonien lebenden Judäer. Es fand offenbar bei den „Daheimgebliebenen" nicht ungeteilte Unterstützung (vgl. Hag 1,2–11; Jer 24,4–7), so dass die Rückkehr der Verbannten zur unabdingbaren Voraussetzung für die „Restauration" der Jahwe-Gemeinde wurde. Dass sich die Verbundenheit von Emigranten mit dem Ursprungsland über Generationen hinweg durchhalten kann, ist ein bekanntes ethnologisches und sozialpsychologisches Phänomen.[2]

Die Rückkehr, in Jes 40–55 stimmungsmäßig vorbereitet, soll dann nach der Machtübernahme in Babylon durch Kyros unmittelbar ins Werk gesetzt worden sein. Der persische Großkönig habe einen reichsweit verkündeten Erlaß herausgegeben, demzufolge den babylonischen Juden die Rückkehr nach Jerusalem zu gestatteten sei. Überdies sollten die Rücksiedler kräftige finanzielle Unterstützung anscheinend von ihrer bisherigen, andersgläubigen Umgebung erfahren. Kyros selbst sorgte für die Rückgabe der geraubten Tempelschätze (Esr 1,1–4; 1,5–11). Die Rückwanderung, mehr als 800 km zu

---

[2] Deutsche Auswanderer in die amerikanischen Kontinente, nach Afrika, Russland oder Australien haben sich z.B. recht genau nach diesem Muster verhalten; sie waren natürlich keine „Deportierten" wie die zwangsumgesiedelten Judäer, doch hatte sie wirtschaftliche Not aus der Heimat vertrieben.

Fuß, ist indessen keine historische Aufzeichnung wert. Annähernd 50.000 Heimkehrer (Esr 2,64f) sind einfach da und beginnen mit dem Altarbau auf dem alten Tempelplatz in Jerusalem, weil der Opferdienst für das tägliche Leben und die Feste unverzichtbar war (Esr 3,1–6: Die Daheimgebliebenen hatten offenbar diese Priorität nicht gesetzt). Die eigentlichen Tempelbauarbeiten geraten aber ins Stocken, weil die jüdische Gemeinde unter Serubbabel und Joschua Leuten aus Samaria die Teilhabe am Jerusalemer Tempel verweigert (Esr 4,1–3). Diese nördlichen, als unorthodox geltenden „Widersacher" intervenieren daraufhin erfolgreich bei persischen Instanzen. Solange Kyros herrscht und bis in die Regierungszeit des zweiten Nachfolgers, Darius (Esr 4,5), können die Arbeiten am Tempel nicht weitergeführt werden. „Unter der Regierung des Ahasveros [das ist Xerxes]" verfassen die Gegner dann eine förmliche Anklageschrift gegen die Judäer. Sie wird dessem Nachfolger Arthahsastha (das ist Artaxerxes) noch einmal eingereicht und in aramäischer Fassung zitiert (Esr 4,6–16). Hauptpunkt ist die politische Verdächtigung: „Sie bauen die aufrührerische und böse Stadt wieder auf, vollenden die Mauern und bessern die Fundamente aus" (V. 12b). Der König lässt sich überzeugen und stoppt den Weiterbau in einem ebenso wörtlich zitierten, an Rehum, den Stadtkommandanten, und Simsai, den Schreiber, gerichteten Brief (V. 17–22). Das königliche Schreiben gewährt höchste Autorität und führt zur Einstellung aller Bauarbeiten „bis in das zweite Jahr der Regierung des Königs Darius" (V. 24b). Die Abfolge der Könige und die Zerdehnung des Tempelbauunternehmens auf über hundert Jahre, von Kyros bis Artaxerxes I. und wieder zurück zu Darius I. (oder doch hin zu Darius II.?) deuten darauf hin, dass den Überlieferern dieser Geschichte die wirkliche Chronologie der Ereignisse entweder unbekannt oder – das ist wahrscheinlicher – völlig uninteressant war. Der Chronist denkt nicht „lineargeschichtlich-diachron …, sondern thematisch-synchron".[3] Darum nimmt er die Lehrerzählung vom verhinderten Wiederaufbau in seine Darstellung hinein. Haggai und Sacharja stoßen die Tempelbauarbeiten wieder an (Esr 5,1f). Diese Nachricht wird in den entsprechenden Prophetenschriften bestätigt (Hag 1,2–2,9; Sach 1,16f). Nach neuerlichem Rekurs der „Feinde" an die Zentralregierung, wiederum durch einen Briefwechsel dokumentiert, bekommen die Judäer dann die Erlaubnis des Darius, den Bau durchzuführen. Wieder wird ihnen großzügige Hilfe zu ihrem Vorhaben versprochen (Esr 5,3–6,12). Fertigstellung im „sechsten Jahr des Darius" (Esr 6,15) und Einweihung des Heiligtums sind ein Höhepunkt dieser „Geschichtsschreibung" (V. 16–18). Nun ist der ganze Tempeldienst unverkürzt wieder möglich; er entspricht dem Willen aller persischer Regierungen von Kyros bis Artaxerxes (V. 14) und natürlich der Absicht Jahwes, der die Weltherrscher wie Marionetten führt (vgl. Esr 1,1; 7,6; Neh 2,1–8). Wie zum Beweis für die umfassende Richtigkeit der Tempelrestauration lassen die Überlieferer ein großes, allen rituellen Bestimmungen Genüge tuendes Passahfest folgen (V. 19–22): Priester und Leviten sind gebührend vorbereitet; Heimkehrer und jene Daheimgebliebenen, welche die Abgrenzung von den „Heiden" vollzogen haben, feiern zusammen; es herrscht die gebotene Freude!

Eine eigentliche Berichterstattung über die ersten Rückkehrer nach der Befreiung durch die Perser liegt also praktisch nicht vor. Vielmehr ist das Lehrthema „Heimkehr aus Babylonien" in verschiedene Berichte verdichtet worden, die symbolträchtig und theologisch schwer befrachtet trotz der konkreten Zeit-, Orts- und Personenangaben uns keine genauen geschichtlichen Auskünfte geben können. Als Kontrasterzählung könnte man die legendären Geschichten von der Wüstenwanderung Israels nach der Befreiung aus

---

[3] A.H.J. Gunneweg, Esra, 87.

Ägypten vergleichen (Ex 16–18; Num 11–26), die ja Gefahren, Glaubensproben, Bewahrungen und kultisch-ethische Probleme der wandernden Gemeinschaft thematisieren. Die biblische Darstellung der ersten Rückwanderung aus Babylonien dagegen läuft auf eine Tempelbauepisode hinaus, in der Ausstattung und Funktionieren des Heiligtums und seiner Diener absoluten Vorrang vor allen anderen Informationen haben. Außer der Darstellung in Esra-Nehemia (vgl. die Listen in Esr 2 und Neh 7) bieten die hebräischen Schriften, wenn überhaupt, nur winzige Hinweise auf Rücksiedler aus Babylonien, oder auf bestehende Verbindungen zwischen Heimatland und Verbannten, so Jer 29; Ez 2,4–15; 33,21; Sach 5,5–11. Die Ankündigungen in Jes 42,15–16; 43,1–7.14–21; 48,20–22 etc. sind an den Exodustexten geschulte Weissagungen von Erlösung und Heimkehr. Das Tempelbauthema klingt in anderen als Esra-Nehemia-Texten ebenfalls nur leise an, am stärksten noch bei den Propheten Haggai und Sacharja. Dort ist es allerdings eher Anlass, die endzeitliche Wiederkehr eines Königs aus dem Hause Davids zu feiern. Die Visionen des Sacharja ranken sich um die erwartete Wende für die Verbannten; sie bringen den Anbruch des Gottesreiches, Tempelerneuerung und Einsetzung der „zwei Gesalbten" (Sach 4,14) zusammen (Sach 1,7–6,15). Dann gehört auch das dieser glühenden Zukunftssicht vorauf gehende Weihewort über Serubbabel hierher:

> Und Jahwes Wort geschah zum zweitenmal am vierundzwanzigsten Tage des Monats zu Haggai: Sage Serubabel, dem Statthalter von Juda: Ich will Himmel und Erde erschüttern und will die Throne der Königreiche umstürzen und die mächtigen Königreiche der Heiden vertilgen und will umwerfen die Wagen und die darauf fahren; Ross und Reiter sollen fallen, ein jeder durch des anderen Schwert. Zur selben Zeit, spricht Jahwe Zebaoth, will ich dich, Serubabel, du Sohn Sealthiels, meinen Knecht, nehmen, spricht Jahwe, und dich wie einen Siegelring halten; denn ich habe dich erwählt, spricht Jahwe Zebaoth. (Hag 2,20–23)

In den hebräischen Schriften (und ihren aramäischen Passagen) finden wir also für unser Verständnis nur äußerst karge, fragmentarische Notizen über Israels Rückkehr aus dem Exil und den Neuanfang im Heimatland unter persischer Regie. Darum ist die Kontrollfrage unausweichlich: Was wollten die alttestamentlichen Zeugen denn schriftlich festhalten? Worauf lag ihr Augenmerk, welche „bedenklichen" Inhalte und Erfahrungen vertrauten sie ihren Kindern und Kindeskindern in der buchmäßig fixierten Tradition an? Natürlich ist gerade diese Fragestellung nicht leicht; sie ist in der heutigen Bibelauslegung sogar heftig umstritten. Zu unübersichtlich ist die Quellenlage, zu vieldeutig ist der Lesebefund und zu zahlreich sind die entwickelten Theorien. Wer davon überzeugt ist, dass die nachexilische Glaubensgemeinschaft Israel vorwiegend endzeitliche Hoffnungen pflegte, wird die Texte anders lesen als jene, die in den Spätschriften überwiegend eine starre, gesetzliche, hierarchische Haltung entdecken. Manchmal fällt die Grundentscheidung für eine bestimmte Interpretation der biblischen Geschichtsdarstellung schon mit der Zuordnung und Einteilung einzelner Schriftstücke, Bücher oder Kompositionen. Welche Schwerpunkte können wir bei den Themen „Rückkehr und Wiederaufbau nach dem Exil" vor dem Hintergrund der jetzigen Diskussion ausmachen? In den ersten Phasen der Rückwanderung und der Neubegründung der Existenz Israels spielen relativ wenige Personen und Funktionsträger die Schlüsselrollen. Die persischen Großkönige setzen in den Geschichtsberichten die religionspolitische Handlung in Gang; hinter ihnen steht Jahwe, der eigentliche Weltherrscher (Esr 4,1). Sie bedienen sich judäischer Gesandter, die offenbar entweder als am Sitz der Zentralregierung greifbar oder als Angehörige der babylonischen *golah*, der Aussiedlergemeinschaft (vgl. Ez 1,1; Sach 6,10), gedacht sind (die persische königliche Residenz Susa wird ausdrücklich nur in Neh 1,1 erwähnt, vgl. Dan 8,2). Die breit ausgeführten Aussendungsgeschichten für Esra

(Esr 7) und Nehemia (Neh 1,1–2,10) sollen das uneingeschränkte Engagement – theologisch: den bedingungslosen Gehorsam gegenüber Jahwe – der Reichsregierung zeigen. Der „Gouverneur" Serubbabel und Jeschua (bzw. Joschua), der Hohepriester, gehören zur ersten Rückwanderungswelle (Esr 2,2; Neh 7,7; Hag 2,21; Sach 3,1; 4,7.8; 6,11). Sie legen mit dem zeitweise von Gegnern blockierten Tempelbau den Grund für den Neubeginn der befreiten Religionsgemeinschaft Israel, die sich bewusst im persischen Weltreich einrichtet.[4] Den prophetischen Hinweisen auf die zeitgenössische Lage fehlt allerdings die ausdrücklich positive Einschätzung. Ob sich daraus eine oppositionelle Einstellung nationalistischer Kreise ableiten lässt, ist allerdings fraglich. Immerhin datiert man bei Haggai und Sacharja unbefangen nach den Regierungsjahren des Darius (Hag 1,1; 2,10; Sach 1,1.7; 7,1 etc.). Wie im programmatischen Vorspann des geschichtlichen Sammelberichtes Esra-Nehemia klar zum Ausdruck kommt, will die weltweit verantwortliche persische Regierung also im Auftrag Jahwes dem „Gott des Himmels" in Jerusalem einen Tempel errichten (Esr 1,1–4, bes. V. 2). Damit tut sich eine universale theologische Perspektive auf, vergleichbar mit Vorstellungen von der einen Welt unter einem Gott in der Apokalyptik (Dan 3,31–4,34; 7,1–27 etc.) oder der Einbettung der Geburtsgeschichte Jesu in das römische Weltreich (Lk 2,1). Die Theologen der nachexilischen Gemeinde denken im umfassenden Rahmen der einen Welt. Dem herrschenden Gott gebührt – wie im Alten Orient seit Jahrtausenden üblich – zu allererst ein „Haus", das nach traditioneller Auffassung Mittelpunkt der Welt und Sitz der göttlichen Regierungsgewalt sein muss.[5] Weil bei Esra-Nehemia der Tempelbau eine derart fundamentale Bedeutung hat, wird man annehmen können, dass orientalische und persische Vorstellungen von Weltherrschaft bewusst oder unbewusst mitschwingen, auch wenn sie nicht offen ausgesprochen werden.

Die religionspolitische Maßnahme der persischen Regierung hat – vor allem bei den Ausführenden, die hier ins Spiel kommen – ein einziges Ziel: den aus Babylonien freigelassenen Israeliten Lebensmöglichkeiten in ihrem Heimatland zu eröffnen. Das Unternehmen Rückkehr und Tempelbau hat mithin eine klar markierte Adresse. Die aufgerufene Weltgeschichte, voran der persische Großkönig, bemüht sich um eine verlorene Minderheit. Und diese versprengte Bevölkerungsgruppe wird zur Hauptsache, gewinnt Namen und Zahl in peinlich genauen Einwohner- und Familienlisten (Esr 2 = Neh 7).

---

[4] Manche Forscherinnen und Forscher gehen mit guten Gründen von der literarischen Selbständigkeit der Esra-Nehemia Schrift aus, z.B. S. Japhet, T. Eskenazi u.a. T. Willi betont darüber hinaus die programmatische Eigenheit dieses literarischen Blocks als der Darstellung einer neuen Epoche: Esra-Nehemia wird „zur ersten geschichtlichen Darstellung des Frühjudentums ... Geschildert wird etwas gegenüber dem Früheren grundlegend Neues und der Weg, auf dem es dazu kam." (T. Willi, Juda, 57). „Der Tempel ist das Zeichen und der zentrale Auftrag einer neuanbrechenden Zeit ..." (ebda. 56).

[5] Tempel, Wohnungen der Götter, haben im Alten Orient eine nicht zu unterschätzende Bedeutung, vgl. nur die umfangreiche Bauhymne des Gudea von Lagaš (engl. Übers. bei T. Jacobsen, The Harps that Once ..., New Haven 1987, 386–444; deutsch: A. Falkenstein, SAHG 137–182) und die Anstrengungen Baals in den ugaritischen Mythen, ein eigenes Haus zu bauen: KTU 1,4 übersetzt von M. Dietrich und O. Loretz, TUAT III, 1151–1173). Die altorientalischen Tempellisten geben einen Eindruck von der ungeheuren Energie, mit der sich Herrscher und Bevölkerungen dem Tempelbau widmeten (vgl. A.R. George, House Most High. The Temples of Ancient Mesopotamia, Winona Lake 1993). Auch Haggai gibt dem Tempel Priorität vor dem Häuserbau (Hag 1,2–11), doch mit dem näherliegenden Argument, die Vernachlässigung des Hauses Gottes bewirke Dürre und Unfruchtbarkeit der Felder. Zur Sache vgl. W. Zwickel, Der Tempelkult in Kanan und Israel (FAT 10) Tübingen 1994; er datiert leider alle Opfertexte in die vorexilische Zeit.

> Die ganze Gemeinde zählte insgesamt 42360 [d.h. erwachsene Männer], ausgenommen ihre Knechte und Mägde; diese waren 7337; dazu 200 Sänger und Sängerinnen. Und sie hatten 736 Rosse, 245 Maultiere, 435 Kamele und 6720 Esel. (Esr 2,64–67)

Offenbar soll das ausführliche, namentliche Register (Esr 2,2b–58), das in die stattliche Summe mündet (V. 64), einen sicheren Bestand an Volksangehörigen festschreiben. Bei einigen Familien ist die Zugehörigkeit nicht zweifelsfrei feststellbar, das hat Folgen für den rechtlichen Status der Betroffenen (V. 59–63). Aus welcher Zeit und Situation die Liste auch stammt,[6] sie zeigt in jedem Fall, wie die Überlieferer der Esra-Nehemia-Traditionen sich die Volksgemeinschaft dachten: Sie war nach Familien und Wohnorten gegliedert, ihre Mitglieder nach ihren Funktionen – wie auch in den Chronikbüchern – als Laien, Priester, Leviten, Sänger, Torhüter und Tempelsklaven unterschieden (hinzu kommen noch die sonst unbekannten „Sklaven Salomos", V. 55, vgl. Neh 11,3). Zusammen heißen sie die „Männer des Volkes Israel" (Esr 2,2b). Erstaunlich ist nicht so sehr die fortgeschrittene archivarische Technik, die anscheinend auf Ortsebene funktioniert, aber auf eine Zentralkartei hinausläuft, sondern die theologische Bedeutung der Auflistung. Die Mitglieder der Vollversammlung Israels sind nach ihren Familiensträngen schriftlich erfasst. Sie unterstehen anscheinend einem Zwölfergremium von Leitungsfiguren.[7] Die politische Größe, der alle in ihren Ortschaften Ansässigen zugehören, ist „der Verwaltungsbezirk" (*hamm^{e}dinah*, Esr 2,1), d.h. die neu eingerichtete Provinz Juda. Das Volk Jahwes wohnt in einem genau festgelegten Raum und besteht aus einer abzählbaren, namentlich benennbaren Gruppe von Menschen. Sie sind dem neu zu errichtenden Tempel des großen Gottes, des Erschaffers von Himmel und Erde, zugeordnet. Um ihretwillen veranstaltet Jahwe, der Gott Israels, Freilassung, Heimkehr und Bau seines Hauses. Und sein erwähltes Volk, die ganze auf ihn ausgerichtete Gemeinde, übernimmt vermutlich auch im Sinne der Erzähler die Zeugenschaft für den mächtigen Schöpfer- und Erlösergott (vgl. Jes 49,18–26; Esr 9,9; Ps 68,29–36; 97).

Dass der Plan zu Heimkehr und Wiederaufbau auch in der literarischen Konstruktion nicht einfach reibungslos verwirklicht werden konnte, entspricht jeder menschlichen Erfahrung. Im Zusammenhang der Esra-Nehemia-Geschichte treten Nachbarn und staatliche Amtsträger gegen die Judäer auf. Auch diese Episode ist nicht historisch protokolliert; sie liegt vielmehr in einer geschichtlichen Kondensation vor, die dazu noch traditionsgeschichtliche Unsicherheiten aufweist. Nach einem Bericht treten „Feinde"[8] Judas und Benjamins auf (Esr 4,1). Sie werden kurz darauf „Landvolk"[9] genannt oder mit diesem in Verbindung gebracht (V. 4). Es gelingt ihnen, „das Volk Judas zu entmutigen und abzuschrecken" (V. 4).

---

[6] Manche Exegeten wollen in der Liste eine authentische Bestandsaufnahme der Rückkehrer aus Babylonien sehen. A.H.J. Gunneweg erwägt eine Zuordnung zu Bevölkerungsstatistiken des 5. Jh.s (Esra, 65f). Das stimmt evtl. mit der Wiederholung der Liste in Neh 7 zusammen: Die erfaßten Familien und Orte stellen den Grundbestand der Volksgemeinschaft, die „wahre Gemeinde" dar (ebda., 56).

[7] Sind es Sippenälteste, die in Esr 2,2a und Neh 7,7 namentlich genannt werden? Bei Esra fehlt zur Zwölfzahl Nahamani, der Neh 7,7 zwischen Raamja und Mardochai erscheint.

[8] Die genaue Bestimmung der Gegner ist strittig. Manche Forscherinnen und Forscher meinen, es müsse sich um die Glaubensgemeinschaft der Samaritaner oder eine Vorform dieser Gruppierung handeln (ablehnend: J. Blenkinsopp, Ezra 106–108). Viele sehen darin eine innerjüdische Opposition, die evtl. mit dem alten „Landvolk", das einst David unterstützte, identisch war (vgl. T. Willi, Juda 11–17; 30–33).

[9] Vgl. E. Würthwein, Der 'Am Ha'arez im Alten Testament, Stuttgart 1936 (BWANT IV/17); S. Talmon, The Judean 'am ha'ares in Historical Perspective, in: Fourth World Congress of Jewish Studies I, Jerusalem 1967, 71–76; T. Willi (s.o. Anm.8).

In weiteren Überlieferungsstücken sind sogar die Namen von Widersachern genannt. Nach Einflechtung einer Mauerbau-Episode (Esr 4,7–22), die ebenfalls den Akzent auf die Blockierung des Vorhabens richtet, lässt Esr 5 den Tempelbau zunächst weitergehen. Dieses Mal sind es die Propheten Haggai und Sacharja, die den Anstoß geben (Esr 5,1). Dann aber greifen die offiziellen Vertreter des Staates, der Gouverneur der Satrapie Transeuphrat, Tatnai, und ein gewisser Schtarbosnai ein. Sie vermissen die Baugenehmigung in Jerusalem, wenden sich an den regierenden König Darius und bitten um Klärung der Angelegenheit (Esr 5,6–17). Das Archiv der Reichsregierung in Ekbatana liefert tatsächlich die Urschrift des Kyros-Erlasses, den Tempelbau in Jerusalem betreffend, wenngleich in ganz anderer Formulierung[10] als der von Esr 1,1–4, und der Vollendung des Baus steht nichts mehr im Wege. Mehr noch, Darius ordnet unter Strafandrohung an, dem neuen Tempel jede Unterstützung auch für die laufenden Ausgaben im täglichen Opferdienst angedeihen zu lassen (Esr 6,6–12). Der regierende Monarch bleibt seiner Verpflichtung gegenüber Jahwe, dem Weltengott, treu, während die untergeordneten Instanzen im Zweifelsfall geneigt sind, sich in die Front der Behinderer einzureihen. Deren Opposition gegen das aufstrebende Jerusalem geht weiter. Unter Nehemia versuchen Sanballat, Statthalter in Samaria, und Tobija, offenbar ein Beamter Sanballats,[11] den Wiederaufbau Jerusalems zu verhindern (Neh 2,10; 3,33–35; 4,1f; 6,1–14). Alle diese Anfeindungen sind aus der neuen politischen und religionspolitischen Situation zu erklären. Auf der literarischen Ebene sind sie geschickt verdichtet und in das Erzählgeschehen eingebaut. Sie sollen vor Augen führen, wie Jahwes und der Judäer Plan bei bösen Menschen auf Widerstand stößt, die aber gegen die umsichtige, selbstverständlich durch Jahwe inspirierte Durchsetzung von judäischer Seite rein gar nichts ausrichten können. Nehemia setzt den Feinden ein Strafgebet, wie es auch aus der Kasualpraxis der Psalmen (Abwehrbitten; Verwünschungen) bekannt ist, entgegen:

> Gedenke, mein Gott, des Tobia und Sanballat nach diesem ihrem Tun, auch der Prophetin Noadja und der andern Propheten, die mich abschrecken wollten. (Neh 6,14; vgl. Ps 109,6–20)

Im Übrigen aber muss die Sache Jahwes und seiner nun weltweiten Gemeinschaft Erfolg haben. Tempel und Jerusalem werden erbaut und verkünden die Macht und das Wohlwollen des universalen Gottes, dem auch die Weltmächte unterworfen sind. Die rauschende Einweihungsfeier für den vollendeten Tempel und die freudigen Jahresfeste (Esr 6,16–18.19–22; Neh 8,13–18) sind Demonstrationen für den Gott Israels.

---

[10] Esr 6,2b–5 setzt andere Akzente: „... darin stand folgendermaßen geschrieben: ‚Protokoll: Im ersten Jahr des Königs Kyros gab König Kyros Befehl: Haus Gottes in Jerusalem. Das Haus ist zu bauen als Stätte, wo man Opfer darbringt und ... seine Höhe 60 Ellen und seine Breite 60 Ellen; drei Schichten aus Quadersteinen und eine Schicht aus Holz (sollen gelegt werden), und die Kosten sollen vom Haus des Königs getragen werden. Auch die goldenen und silbernen Geräte des Hauses Gottes, welche Nebukadnezar herausholte aus dem Tempel in Jerusalem und nach Babel brachte, sollen zurückgegeben werden, und (alles) soll in den Tempel in Jerusalem an seine Stätte kommen, und du sollst es deponieren im Hause Gottes.'" (Nach A.H.J. Gunneweg, Esra, 103).

[11] A.H.J. Gunneweg weist auf Jahwe-haltige Namen sowohl in der Familie Sanballats wie bei Tobija hin und folgert daraus, dass beide Jahweglaubige waren (Nehemia, 56).

I.2 Einrichtung der Provinz Juda; Gestaltung der Gemeinde

Die Wiederaufbauthematik erscheint nun in zwei weiteren „Berichten", welche die Leitnamen des Esra und des Nehemia tragen[12] und weitere Phasen der Neukonstitution Israels nach der Beendigung des Exils thematisieren. Auch in ihnen geht es nicht um ausholende Schilderungen der Ereignisse, ihre vollständige geschichtliche Dokumentation oder sorgfältige Hintergrundrecherchen, d.h. um Geschichtsschreibung in unserem Sinn. Die „richtige" Chronologie ist sekundär, wenn auch hier und da eine, in sich wiederum fragwürdige Synchronisation mit den persischen Oberherren erfolgt. Sie hat wohl mehr symbolischen Charakter und nutzt vor allem den legendären Namen Artaxerxes als emotionalen Aufhänger. Literarkritisch haben wir zu fragen, ob die historischen Unschärfen und Widersprüche im Esra-Nehemia-Komplex auf zufällige Unordnung und Schichtung der Überlieferungsblöcke zurückzuführen sind. Die Gelehrten streiten sich z.B. seit geraumer Zeit, ob Esra seine Mission vor oder nach Nehemia ausgeführt habe. Für die alttestamentlichen Überlieferer ist der historische Gesamtzusammenhang nebensächlich. Sie rekonstruieren ausgewählte Episoden und wollen allein darstellen, wie nach dem (oder parallel zum) glücklich vollendeten Tempelbau die Stadt Jerusalem wiedersteht und die neue Jahwegemeinde ihre Strukturen und Ordnungen erhält. Dieses historische Desinteresse vorausgesetzt, spielt es keine entscheidende Rolle, ob zusätzlich die literarischen Niederschläge der Zeit im Sammlungsprozeß durcheinandergeraten sind. Eine geschichtliche Reportage liegt nun einmal nicht vor, und unsere brennende historische Neugier lässt sich mit diesem Material kaum stillen. Es geht vielmehr genau wie in Esr 1–6 um theologische Geschichtsdeutung und -konstruktion, um die Darstellung wichtiger Sachverhalte für die junge jüdische Gemeinschaft – und das ist natürlich die dem Verfasser vertraute Gemeinde frühestens des letzten Viertels im fünften Jahrhundert, nicht einmal die den historischen Figuren Esra oder Nehemia gleichzeitige Gesellschaft. Es geht um die Definition frühjüdischer Identität im Perserreich und gegenüber den starken, verbindlichen Traditionen der Väterzeit, wie sie mittlerweile in der Tora des Mose Gestalt gewonnen hatten.

Wir versuchen also, die uns ungewohnte Sicht der Dinge in Esr 7–10 nachzuvollziehen. Auf Esra richtet sich in diesem zweiten Rückwandererbericht der Scheinwerfer. In einer sechzehnteiligen Genealogie führt man seine Abstammung bis auf Aaron zurück (Esr 7,1–5), ein außerordentliches Gütezeichen für diesen Volksführer und Gemeindeleiter, dessen eigentliche Funktion die Vermittlung der „Tora des Mose" (V. 6; vgl. Neh 8,1f) ist. Seine vollklingenden Titel lauten: „Schriftgelehrter" (*sofer* „Schreiber"), „Priester" (*kohen*), „Schreiber des Gesetzes des Himmelsgottes" (Esr 7,12). Gegenüber der ersten Rückwanderungsgeschichte sind die Herausstreichung der Führerpersönlichkeit und ihre feierliche Legitimation durch den König selbst auffällig (V. 11–26): die Esra ausgestellte Vollmacht setzt Schutz, Hilfeleistung, Bauumlage, Steuerfreiheit für die Restauration fest und ist insgesamt überschwenglich pro-judäisch gehalten. Die Reisevorbereitung und -durchführung finden diesmal einige Beachtung, unter den Aspekten der besonderen Vorsehung Gottes für die Judäer und ihrer Tempelbaumission (7,9; 8,15–32). Analog zur ersten Rückwanderung stehen zunächst wiederum die heiligen Geräte und die Gaben für das Heiligtum im Vordergrund (7,19; 8,33f); außerdem erscheint nach summarischen Angaben (7,7) eine ausführliche Liste der Familien, die Esra begleiten (8,1–14). Der

---

[12] Beide sind Beauftragte der Zentralregierung und stammen offenbar aus judäischen Siedlungen: Damit verlegt die Esra-Nehemia-Tradition den Anstoß zu Rückkehr, Wiederaufbau Jerusalems und Gemeindegründung ganz bewusst hin zu den Jahwe-Gemeinschaften in der Diaspora.

Hauptakzent liegt jedoch auf der (Wieder?)Herstellung der inneren Ordnung, und hier wiederum auf der Tora-gemäßen Lösung der Mischehenfrage (Esr 9–10). Diese Thematik erscheint in erweitertem Kontext auch Neh 13. In den beiden Schlusskapiteln des Esrabuches ist es indessen das eine, hervorragende Beispiel für Israels Untreue gegenüber Jahwe. „Das heilige Volk hat sich vermischt mit den Völkern des Landes" (9,2). Die Esra-Überlieferung greift auf heilige Tradition zurück: Die Propheten haben vor der Verunreinigung des Volkes durch Kontakt mit den kanaanäischen Einwohnern gewarnt (9,1.11) und das strikte Verschwägerungsverbot ausgesprochen (9,11–12). Gedacht ist sicherlich an Passagen wie Ex 34,11–16; Lev 18,24–30; Num 25,6–18; Dtn 7,1–11; 20,16–18; d.h., die Tora gilt als prophetisches oder doch als von Propheten aufgenommenes und verkündetes Gotteswort (vgl. 2 Chr 29,25; 36,15f).

Literarkritisch gibt das folgende Nehemia-Buch, das in der jüdischen und christlichen Antike bis ins 4. Jh. n.Chr. ein integrales Teil des heuten Esra-Nehemia-Komplexes war, große Probleme auf. Der Protagonist Nehemia wird nur in Neh 1,1, 8,9; 10,2; 12,26.47 namentlich genannt. Sein berichtendes Ich tritt in den Abschnitten 1,1–7,5 und 12,31–13,31 hervor. Dazwischen aber steht ein neutraler Abschnitt, in dem eher Esra die Hauptrolle spielt (Neh 8–10). Wie immer dieses Gemisch von Erzählung, meditativem Gebet, Listen, Vertragsverpflichtungen usw. zustande gekommen sein mag, das Bild, welches sich daraus ergibt, ist ein thematisches Triptychon. Nehemia, der Mundschenk am Hofe des persischen Kaisers Artaxerxes in der Hauptstadt Susa, erhält die Nachricht, dass Jerusalems Mauern (immer noch?) in Trümmern liegen. Wohl wissend, dass eigenwilliges Handeln oder Begehren ihn Stellung und Leben kosten kann, erkühnt er sich nach stärkendem Gebet zu seinem Gott, den Kaiser um die Erlaubnis zu bitten, die Stadt, wo seine „Väter begraben sind" (2,5), wieder in Stand setzen zu dürfen. Der Herrscher ist übergnädig und entspricht allen seinen Wünschen, sogar der Bitte um Gestellung des Baumaterials und Ausfertigung eines Geleitbriefes an die persischen Behörden (2,7f). Die Reisezeit selbst bleibt im Unterschied zu Esr 8,15–30 erzählerisch unausgefüllt, es heißt bei Nehemia lediglich: „Als ich zu den Statthaltern jenseits des Euphrat kam, gab ich ihnen die Briefe des Königs. Der König hatte aber Hauptleute und Reiter mit mir gesandt" (Neh 2,9).

Triptychon „Nehemia"

Neh 1–7	Neh 8–10	Neh 11–13
Entsendung [Neh 1–2,10] vgl. Esr 1; 7; 8,15–36	Toraverkündung [Neh 8] ----------------	Bevölkerung [Neh 11] ----------------
Baumaßnahmen [Neh 2,11–6,10] vgl. Esr 3–6	Klagegebet [Neh 9] vgl. Esr 9	Priester, Leviten [Neh 12,1–27] ----------------
Listen [Neh 7] vgl. Esr 2; 8,1–14	Bundesverpflichtung [Neh 10] ----------------	Bauweihe [Neh 12,27–43] vgl. Esr 6,13–22 Heiligung der Gemeinde [Neh 13] vgl. Esr 10

Die teilweise Stilisierung in der ersten Person Singular[13] unterstützt den Eindruck, es handele sich bei dieser Textsammlung um eine chronologisch fortlaufende Erzählung. Hinzu kommen noch eingestreute Stoßgebete des angeblichen Autors (vgl. Neh 1,11;

---

[13] Vgl. T. Reinmuth, Der Bericht Nehemias (OBO 183), Fribourg / Göttingen 2002.

3,36f; 5,19; 6,14; 13,14.22.29.31). Das Material selbst erweckt viel eher den Eindruck, als ob es zur praktischen Verwendung vielleicht in Gemeindeversammlungen thematisch zusammengestellt sei. Jedenfalls legt der Vergleich mit analogen Themenkreisen im Esra-Teil des Buches diese Schlussfolgerung nahe.

Nehemia, kaum in Juda angekommen, nimmt das gewaltige Werk sofort in Angriff. Die Mauern und Tore Jerusalems erstehen in der unglaublich kurzen Bauzeit von 52 Tagen (6,15), Ergebnis einer vorbildlichen Organisation, der tatkräftigen Mithilfe aller Judäer und der Gnade Jahwes (vgl. 4,3.9.14; 6,16). Wie es schon im ersten Rückkehrerbericht Widerstände gegen den Tempelbau gab, so treten auch jetzt die samarischen Autoritäten, repräsentiert durch „Sanballat, den Horoniter", „Tobia, den ammonitischen Knecht" und „Geschem, den Araber" (vgl. 2,19; 3,33; 4,1; 6,1.12) massiv gegen die Wiederherstellung der Mauern auf. Sie unterstellen Nehemia sogar Hochverratsabsichten und wollen ihn durch Auftragsprophetie irreführen (6,5–13). Aber entgegen aller, besonders der Feinde, Erwartungen gelingt es, den Bau zu vollenden (6,15f; 7,1). So wird die ganze Geschichte von der Restauration Jerusalems, seiner Wiedergeburt als funktionsfähiges Gemeinwesen und Verwaltungszentrum (Neh 2,11–4,17; 6,1–7,3) ein Triumph für den von der Reichsregierung ausgesandten Kommissar Nehemia. Die feierliche Einweihung erfolgt dann in Neh 12,27–43. Nehemia aber lässt es auch in diesem ersten Akt nicht beim bloßen Aufbau bewenden, er sorgt sogleich für die Auffüllung der dezimierten Jerusalemer Bevölkerung (7,4–68), dabei wird die schon in Esr 2 überlieferte Liste der ersten Rückwanderer benutzt; vgl. Neh 11,1–2. Der Katalog seiner Sofortmaßnahmen erweitert sich um die Restauration des Tempels (7,69–72) und – in einem offenkundigen Einschub in die Mauerbauchronik – um die Herstellung sozialer Gerechtigkeit in der erneuerten Gemeinschaft (Neh 5).

Die mittlere Tafel des Triptychons besteht aus Neh 8–10. Sie hat zentrale Bedeutung, stellt sie doch das Urbild eines Synagogengottesdienstes[14] und anderer wesentlicher Elemente frühjüdischer Spiritualität dar (Laubhüttenfest, Bußgebet, Treuegelöbnis auf Jahwe: 8,13–10,40). Es geht also um die Konstituierung von religiösen Institutionen für die nachexilische Gemeinde. Wir sehen Gemeindeleiter und Gemeindeangehörige („Männer, Frauen, alle, die verstehen konnten", vgl. 8,2) am Werk. Esra, Priester und Schriftgelehrter, liest von einem Podest aus, wie heute noch in Synagogen üblich, Tora, allerdings vom „frühen Morgen bis zum Mittag" (8,3), also sechs Stunden lang. Die beigeordneten Leviten, zwölf (genannt sind dreizehn!) an der Zahl, „unterwiesen das Volk im Gesetz" und „legten es klar und verständlich aus" (8,7f), d.h. sie paraphrasierten den hebräischen Toratext in der damaligen aramäischen Umgangssprache, die in einer Kanzleiversion im Westen des Perserreiches auch als Staatssprache diente (Reichsaramäisch). Von dieser Praxis rühren die aramäischen Targume her, die in der rabbinischen Tradition überliefert sind.[15] Die Gemeinde schließlich erhebt sich in uns bekannter, liturgischer Weise, verneigt sich im Gebet und respondiert mit „Amen" (8,5f). Vom Lobgesang der Chöre ist erst später die Rede (9,4–6) und wir können nicht erkennen, ob Hymnen auch von Anfang an unmittelbar zur Wortverkündigung gehört haben. Die Tora-Verlesung Esras am ersten Tag des Festmonats Tischri zum Ende des religiösen Jahreskalenders (vgl. Lev 23,23–43) mündet in das siebentägige, vor Freude und Dank überschäumende Laubhüttenfest (Neh 8,13–18). Ihm folgt das Modell einer Bußfeier (Neh 9), für die der Grundtenor gilt: Die reine Gemeinde muss sich von allem Fremden

---

14   A.H.J. Gunneweg, Nehemia, 110ff; T.C. Eskenazi, Age, 97–100; gegen T. Willi, Juda 108–117.
15   Targumim = „Übersetzungen"; vgl. G. Schelbert, NBL III, 781–785.

im Lande absondern (vgl. Esr 6,21; 10; Neh 13). Die konsequente Trennung von Andersstämmigen im Sinne der Reinheitsgesetze des Buches Leviticus war eine Forderung vor allem der aus babylonischer Verbannung Heimgekehrten. Sie erwiesen sich damit als die Puristen der Zeit, im Gegensatz zu den „Daheimgebliebenen", die offensichtlich eine andere Werteskala besaßen und weniger rigoros dachten und handelten.

Formal gesehen gehört Neh 9,5–37 in die Gattung der kollektiven Schuldbekenntnisse, wie Esr 9; Dan 9, Ps 78; 106.[16] Bemerkenswert sind Klagen, Schuldübernahmen, Bitten, Vertrauensäußerungen in der gemeindlichen „Wir"-Form (vgl. Neh 9,16.32–37), die sich in die Verpflichtungserklärungen von Neh 10 hinein fortsetzt. Genauer enthält das Bußgebet von Neh 9 einen heilsgeschichtlich-hymnischen Teil (9,5–15) und das große geschichtliche Schuldbekenntnis, das sich an die Erzählungen von der Wüstenwanderung bis zur Landnahme anlehnt (9,16–25), um dann pauschal die Zeit der Propheten als Gelegenheit für eine Bekehrung zu Jahwe und Geschichte immer neuen Abfalls vom Gesetz darzustellen (9,26–31). Diese Sicht der Geschichte trägt auch das dtr. Werk, man vergleiche die Rückblicke und Summarien von Dtn 1; 32; Ri 2; 2 Kön 17. Vermutlich entstammt solche negative Bewertung der Vergangenheit den nicht seltenen Klagefeiern des Volkes seit dem Untergang Judas. Gelegentlich hören wir von diesen Buß- und Bettagen (vgl. Sach 7,2–6; Klgl 1–5), die ja auch das Vorbild der christlichen Trauer-, Bitt- und Gedenkgottesdienste geworden sind. Die Gemeinden im Perserreich übernahmen die Schuld der Väter, versuchten, daraus Lehren zu ziehen und sich selbst gegenüber Jahwe loyaler zu verhalten. Diesem Ziel dient die neuerliche Selbstverpflichtung der Gemeinde Neh 10. Sie ist eine breit angelegte Bundesurkunde im Gefolge von Ex 24,1–11; Dtn 29–31; Jos 24. Die Leiter der Gemeinde unterschreiben und besiegeln die Abmachung, das Volk tritt ihr durch feierliche Willenserklärung bei (Neh 10,29f), wörtlich: es „geht in Fluch und Schwur hinein, in der Tora Gottes leben zu wollen" (V. 30).

Die sechs Einzelbestimmungen des Bundesschlusses, sämtlich in der 1. Person Plural gehalten, zeigen deutlich, worauf es der damaligen Gemeinde ankommt: Abgrenzung von Andersgläubigen (vgl. 1. Mischehenverbot; 2.: „Wir wollen nicht von den Völkern des Landes am Sabbat ... Waren und allerlei Getreide nehmen ..." V. 31–32a), sozialen Ausgleich (3. Einhaltung des Erlassjahres nach Lev 25,2–7; Dtn 15,1–2 – V. 32b), Verantwortung für das Heiligtum und die Priesterschaft (4. bis 6. – V. 33–38a). In den letzteren Verpflichtungen steckt demnach der Hauptnachdruck, wie die verwendete Textmasse leicht bezeugt. Interessant ist in jedem Fall, wie hier aktualisiertes Toragebot sich in der Form von Willensentscheiden der Gemeinde konkretisiert.

Die Tora-Verpflichtung der Gemeinde
I. Wir wollen unsere Töchter nicht den Völkern des Landes geben und ihre Töchter nicht für unsere Söhne nehmen.
II. Wir wollen nicht von den Völkern des Landes am Sabbat und an den heiligen Tagen Waren und allerlei Getreide nehmen, wenn sie diese am Sabbattag zum Verkauf bringen.
III. Wir wollen auf die Abgaben in jedem siebenten Jahr und auf Schuldforderungen jeder Art verzichten.
IV. Wir wollen uns das Gebot auferlegen, jährlich den dritten Teil eines Silberstücks zum Dienst im Hause unseres Gottes zu geben ...
V. Wir wollen das Los unter den Priestern, den Leviten und dem Volk werfen, in welcher Reihenfolge unsere Sippen jedes Jahr das Brennholz für das Haus unseres Gottes zur bestimmten Zeit geben sollen ..., wie es in der Tora geschrieben steht; wann sie alljährlich die Erstlinge unseres Landes und die Erstlinge aller Früchte von allen Bäumen zum Hause Jahwes bringen; wann sie die

---

[16] Vgl. R. Kessler, Das kollektive Schuldbekenntnis im Alten Testament, EvT 56 (1996) 29–43; E. S. Gerstenberger, Psalms, Bd. 2, z.St.

> Erstgeburt unserer Söhne und unseres Viehs, wie es in der Tora geschrieben steht, zum Hause unseres Gottes zu den Priestern bringen ...
> VI. Wir wollen den ersten Teil von unserem Brotteig und unsere Abgaben und Früchte von allen Bäumen, von Wein und Öl für die Priester in die Kammern am Hause unseres Gottes bringen und den Zehnten unseres Landes für die Leviten ... (Neh 10,31–38)

Der fünfte Komplex (V. 35–37) ist mit dreimaligem Infinitiv („zu bringen") der Loswerfung in V. 35 unterstellt und möglicherweise im Laufe der Zeit im Textbestand stark angewachsen. Die Sechszahl der Pflichten hat eine religiöse Bedeutung.

Der rechte Flügel des Triptychons „Nehemia-Buch" knüpft an den linken, zuerst verhandelten, an und stellt die Verwirklichung der Bestrebungen Nehemias und Esras vor Augen (Neh 11–13). Jerusalem braucht nach der Absicherung durch die wiederhergestellten Mauern dringend mehr Bewohner (Neh 11). Dann dürfen die Einweihungsfeierlichkeiten vonstatten gehen (12,27–43), bei denen die Levitenchöre zu ihrem Recht kommen. Am Ende greifen dann die ersten beiden Gebote der Bundesverpflichtung: Alles „Fremde", einschließlich der nichtjüdischen Händler, die am Sabbat Geschäfte machen wollen, und der angeheirateten Ausländerinnen wird aus dem neukonstituierten Gottesvolk ausgeschieden. Der Puritanismus altisraelitischer Prägung hat auf dem Papier gesiegt.

Wir fragen nach der kurzen Bestandsaufnahme noch einmal, worum es den Tradenten der Esra-Nehemia Geschichten im Themenkreis „Einrichtung und Gestaltung der Gemeinde", der sich nicht mehr in der Regierungszeit von Kyros und Darius, sondern vor allem im 5. Jh. unter Artaxerxes konkretisiert, vorrangig geht. Offenbar ist die staatsrechtliche Gründung der Provinz Juda (Jehud), die sich auch in zeitgenössischen Siegelabdrücken niederschlägt, ein herausragender Orientierungspunkt der Erzähler. Der andere ist die innere Ordnung der neuen Gemeinschaft, wie sie sich in der schriftlich verfassten Tora, und zwar in religiöser, liturgischer und zivilrechtlicher Dimension manifestiert. Beide Fokalisationspunkte müssen wir noch abschließend erörtern, um das biblische Bild der Epoche besser zu verstehen.

Die Mission des Nehemia beginnt am persischen Hof in Susa; sie entzündet sich an der Lage der Jerusalemer Bevölkerung:

> Es geschah im Monat Kislew des zwanzigsten Jahres, als ich in der Festung Susa war, da kam Hanani, einer meiner Brüder, mit einigen Männern aus Juda. Und ich fragte sie, wie es den Juden ginge, den Entronnenen, die aus der Gefangenschaft zurückgekehrt waren, und wie es Jerusalem ginge. Und sie sprachen zu mir: Die Entronnenen, die zurückgekehrt sind aus der Gefangenschaft, sind dort im Lande in großem Unglück und Schmach; die Mauern Jerusalems liegen zerbrochen, und seine Tore sind mit Feuer verbrannt." (Neh 1,1–3)

Mehr als ein halbes Jahrhundert nach der Freilassung der Verbannten soll es den Heimgekehrten noch äußerst schlecht gehen. Nehemia, der jüdische Mundschenk des Artaxerxes (Neh 1,11; 2,1), leitet mit Jahwes Hilfe (Neh 1,5–11) eine grundlegende Besserung der Verhältnisse ein. Es gelingt ihm, seine persönliche Beziehung zu Artaxerxes auszunutzen und Jerusalem mit seinem Umland, also das alte Kerngebiet der davidischen Könige, aus dem Verwaltungsbezirk Samaria zu lösen und zur halbautonomen Provinz Juda zu machen. Das ist ein entscheidender politischer und rechtlicher Schritt. Juda hatte schon während der israelitischen Stämme- und Königszeit ein gewisses Eigenleben geführt, war aber dann im neubabylonischen und persischen Reich möglicherweise der Provinzregierung in Samaria unterstellt worden.[17] Die Abnabelung von

---

[17] Das ist strenggenommen kein aus Quellen belegbares Faktum, sondern eine These Albrecht Alts, die von manchen Historikern heute angezweifelt wird, vgl. L.L. Grabbe, Yehud, 140–142.

den ungeliebten „Brüdern" im Norden (vgl. 2 Kön 17; Am 3,12; 4,1–3 etc.) und die Erlangung einer gewissen Eigenständigkeit im Rahmen des persischen Weltreiches war das erklärte Ziel der auf ihr Heimatland ausgerichteten Exulanten. Die Bewahrung der reinen Lehre und des allein richtigen Kultes für Jahwe scheint bei der Betonung der judäischen Identität eine große Rolle gespielt zu haben (vgl. Esr 4,1–3). Nehemia stellt die Befestigungsanlagen und die Wehrfähigkeit Jerusalems wieder her und schafft damit die Grundlage für seine politische Aufgabe, die Konstituierung eines Verwaltungszentrums, das direkt der Satrapie Transeuphrat und der Zentralregierung zugeordnet war. Erst so kann die von Kyros dekretierte Befreiung der Deportierten vollendet werden. Dass damit eine festere Eingliederung Judas in das Imperium erfolgt, scheint unter den Judäern hingenommen oder gar begrüßt zu werden. Die Gründung oder Bestätigung der Provinz Jehud war offenbar für die Esra-Nehemia-Tradenten eine göttliche Heilstat. Die Einweihung der Maueranlagen ist Anlass für einen großen Dankgottesdienst:

> Und ich ließ die Oberen von Juda oben auf die Mauer steigen und stellte zwei große Dankchöre auf. Die einen gingen zur Rechten oben auf der Mauer zum Misttor hin, und hinter ihnen her gingen Hoschaja und die Hälfte der Oberen von Juda und Asarja, Esra, Meschullam, Juda, Benjamin, Schemaja und Jeremia und einige der Priester mit Trompeten, nämlich Sacharja, der Sohn Jonathans, des Sohnes Schemajas, des Sohnes Mattanjas, des Sohnes Michajas, des Sohnes Sakkurs, des Sohnes Asaphs und seine Brüder, Schemaja, Asarel, Milalai, Gilalai, Maai, Nathanael und Juda, Hanani, mit den Saitenspielen Davids, des Mannes Gottes; Esra, der Schriftgelehrte, ging vor ihnen her. Und sie zogen zum Quelltor hin und stiegen geradeaus die Stufen zur Stadt Davids hinauf, wo die Mauer oberhalb des Hauses Davids bis an das Wassertor im Osten verläuft. Der andere Dankchor ging zur Linken hin, und ich ging hinter ihm her und die andere Hälfte der Oberen des Volks oben auf der Mauer oberhalb des Ofenturms bis an die breite Mauer und oberhalb des Tores Ephraim zum alten Tor und zum Fischtor und zum Turm Hanael und zum Turm Mea bis an das Schaftor, und sie blieben am Wachttor stehen. So standen die beiden Dankchöre am Hause Gottes und ich und die Hälfte der Ratsherren mit mir und die Priester, nämlich Eljakim, Maaseja, Mijamin, Michaja, Eljoënai, Sacharja, Hananja mit Trompeten, und Maaseja, Schemaja, Elleasar, Usi, Hohanan, Malkia, Elam und Eser. Und die Sänger sangen laut, und Jisrachja stand ihnen vor. Und es wurden an diesem Tage große Opfer dargebracht, und sie waren fröhlich, denn Gott hatte ihnen eine große Freude gemacht, so dass sich auch die Frauen und Kinder freuten, und man hörte die Freude Jerusalems schon von ferne. (Neh 12,31–43)

Der Abschnitt weist sicherlich Bearbeitungsspuren und leichte textliche Störungen auf; wir nehmen ihn als Zeugnis letzter Hand. Er zeigt die für den Kult Verantwortlichen in Aktion: Esra führt Trompeter und andere Musiker an (V. 35f), dieser Chor bewegt sich auf der Ostmauer zum Tempel hin. Nehemia beschließt den zweiten „Dankchor", der sich auf der Westmauer nach dem nördlich gelegenen Tempelbezirk begibt (V. 38). Hymnen und Dankopfer, sowie tosende Freudenausbrüche des ganzen Volkes, einschließlich der Frauen und Kinder, markieren den Festtag. Man feiert ausdrücklich beides, den Tempel und den Mauerbau, Gottes Gegenwart und die politische Unabhängigkeit von den feindlichen Brüdern. Der Blick geht am Ende des Gründungsberichtes zurück zu Esr 1–6 und dem Tempelbau, und es wird erneut klar, dass die Überlieferer eine durchaus theologische und keine geschichtliche Darstellung geben wollten. Die Errichtung des Tempels hatte für sie sachliche Priorität, weil der antike nahöstliche Verhaltenskodex vorschreibt, zuerst an die Wohnung Gottes und dann an andere lebensnotwendige Dinge zu denken. Haggai wirft seinen Zeitgenossen vor, dieses Grundgesetz missachtet zu haben:

> So spricht der HERR Zebaoth: Dies Volk spricht: Die Zeit ist noch nicht da, dass man des HERRN Haus baue. Und des HERRN Wort geschah durch den Propheten Haggai: Aber eure Zeit ist da, dass ihr in getäfelten Häusern wohnt, und dies Haus muss wüst stehen! ... Denn ihr er-

wartet wohl viel, aber siehe, es wird wenig; und wenn ihr's schon heimbringt, so blase ich's weg. Warum das? Spricht der HERR Zebaoth. Weil *mein* Haus so wüst dasteht und ein jeder nur eilt, für *sein* Haus zu sorgen. Darum hat der Himmel über euch den Tau zurückgehalten und das Erdreich sein Gewächs. (Hag 1,2–4.9–10)

Beide Maßnahmen, die Errichtung der Wohnstatt Gottes und die Sicherung der Hauptstadt der neuen Provinz, gehören also ganz eng zusammen, und mit den Darstellungen des Esra-Nehemia-Buches ist eine geschichtliche Reihenfolge ihrer Verwirklichung nicht festgelegt. Ebensowenig sind die Vorkämpfer für die Konstituierung eines unabhängigen Juda präzise mit dem einen oder anderen Projekt verbunden. Die Tradition spielt mit beiden Namen, Esra und Nehemia, und bringt es trotz chronologischer Ungereimtheiten fertig, beide am Ende das große Weihefest zusammen begehen zu lassen.

Der zweite Fluchtpunkt der erzählerischen Collage wird in der Überlieferung allein von Esra, dem „Priester" und „Schreiber des Gesetzes des Himmelsgottes" besetzt (Esr 7,12).[18] Er ist es, der das Dokument göttlicher Willensoffenbarung schlechthin, das nun schon mehr als zweitausend Jahre die Grundlage und den Kern der jüdischen und christlichen Bibel bildet, dem Volk präsentiert und vermittelt (Neh 8). „Er war ein Schriftgelehrter, kundig im Gesetz des Mose, das Jahwe, der Gott Israels, gegeben hatte." (Esr 7,6). Ganz anders als Mose handelt Esra im Auftrag einer fremden Macht, wenn er sich aus Babylonien aufmacht, um seinen Landsleuten in Juda die grundlegenden göttlichen Normen und Bestimmungen für das weltliche und religiöse Leben zu überbringen. Die persische Regierung steht nach Meinung der Tradenten mit großer Entschiedenheit und in dem Bewußtsein, dem richtigen Gott und seinem erwählten Volk zu dienen, hinter der Mission des Esra. Der „richtete sein Herz darauf, das Gesetz des Herrn zu erforschen und danach zu tun und Gebote und Rechte in Israel zu lehren." (Esr 7,10)

Die Frage, welchen Gesetzestext Esra eigentlich nach Jerusalem gebracht haben soll, wird uns noch später beschäftigen. Im Sinne der Esra-Nehemia-Überlieferung lässt sich jedoch festhalten: Die alten Tradenten denken einzig und allein an die Tora des Mose, welche ja auch in Neh 8 in einem großen Gottesdienst verlesen wird. Weil das so ist, muss die Verquickung des heiligen Offenbarungstextes mit der persischen „Reichsautorisation" noch merkwürdiger erscheinen. Was wollen die frühjüdischen Zeugen damit sagen, dass sie ihr wichtigstes Identifikationssymbol, die Tora des Mose, mit der „heidnischen" Regierung in Verbindung bringen und sie von ihr sozusagen absegnen lassen? Verstehen wir die judäischen Theologen jener Zeit richtig, wenn wir vermuten, dass diese gewünschte imperiale Autorisierung nicht einfach ein Akt der politischen Vernunft einer unterlegenen Minderheit war, sondern auf eine innere Nähe zu bestimmten politischen und religiösen Kräften im persischen Reich schließen lässt?

Die Auswirkungen der Tora auf die judäische Glaubensgemeinschaft in den Esra-Nehemia-Schriften sind vielfältig. Die Schrift regelt – ob das ausdrücklich gesagt wird oder nicht, ist gleichgültig – offensichtlich das Verhältnis auch zu anderen Jahwegläubigen, die nicht der namentlich erfassten Gemeinde angehören. Sie schreibt den Festzyklus vor und bestimmt die Liturgien von Gottesdiensten. Sie verlangt von den Mitgliedern der Gemeinschaft eine strikte Bruderschaftsethik und definiert, was im kultischen und all-

---

[18] Vom historischen Esra wissen wir genau so wenig wie von Nehemia oder den Schriftpropheten, von denen immerhin neben manchen genealogischen Angaben gelegentlich auch der Geburtsort überliefert ist. Für Esra konstruiert die Tradition eine Abstammung von Aaron (Esr 7,1–5), Geburtsort oder andere zuverlässige Angaben fehlen. Der Tempelbauer und Toravermittler ist in den nachbiblischen Schriften zum zweiten Mose geworden, vgl. M. Sæbø, Esra/Esraschriften, TRE 10, 374–386. Die verschiedenen Titel, welche Esra zugeeignet sind, spiegeln ebenfalls eine vielschichtige Tradition, verraten deutlich auch persische Einflüsse.

täglichen Leben als „heilig" und „unrein" zu gelten hat. Wenn es darum geht, spezifische Probleme anzusprechen, welche die Bedeutung und Wirkungsweise der Tora-Anweisungen klarstellen, verfallen die Überlieferer auf mehrere traditionelle Redeweisen. Sie benutzen z.B. die alte Form des poetischen, psalmenartigen Geschichtsabrisses, an dem beispielhaft die Verhaltensweisen des Volkes gegenüber Jahwe verdeutlicht werden (vgl. Neh 9; Ps 78; 106). Sie bringen aber auch aktuelle Beispiele für toragerechtes Leben bzw. prangern aktuelle Abweichungen an. Nehemia wacht etwa als Gouverneur über die Entschuldungspraxis (Neh 5), die tadellose Finanzverwaltung und Reinerhaltung des Tempels (Neh 13,4–13), die genaue Einhaltung des Sabbatgebotes (Neh 13,15–22) und des Verbotes von Ehen mit ausländischen Frauen (Neh 13,23–28). Die letzten drei Passagen schließen jeweils mit einem Stoßgebet (V. 14.22b.29) so, als wollten die Überlieferer einen liturgischen Rahmen für derartige praktische Kommentare zur Tora schaffen. Das „Gesetz" des Mose inspiriert ferner die Ämterhierarchie in der Gemeinschaft und die listenmäßige Erfassung der aktuellen Amtsinhaber (vgl. Neh 12,1–26). Priester, Leviten, Sänger, Torhüter ragen als Funktionsträger heraus und geben der Gemeinschaft eine starke Kultorientierung, die durch „säkulare" Berufe wie die „Vorsteher" und „Obmänner" (vgl. Neh 10,29 etc.) und durch Esra, der auch „Schreiber" oder „Schriftgelehrter" ist, modifiziert wird. Sehr wichtig ist schließlich, dass die Überlieferung, wie oben dokumentiert, nach so vielen vorgängigen biblischen Zeremonien dieser Art (vgl. Ex 19f; 24,3–11; 34; Dt 5; 29f; Jos 24) einen regelrechten neuen Bundesschluss des Volkes mit Jahwe in Form einer schriftlichen Selbstverpflichtung in das literarische Korpus einfügt (Neh 10). Die ersten beiden Klauseln entsprechen übrigens sachlich zwei von den in Neh 13 genannten konkreten Beispielen für eine Tora-orientierte Lebensführung:

> Wir wollen unsere Töchter nicht den Völkern des Landes geben und ihre Töchter nicht für unsere Söhne nehmen;
> wir wollen nicht von den Völkern des Landes am Sabbat und an den heiligen Tagen Waren und allerlei Getreide nehmen, wenn sie diese am Sabbattag zum Verkauf bringen ... (Neh 10,31f)

Was die innere Ordnung der toragebundenen Gemeinschaft betrifft, so entwirft Esra-Nehemia ein buntes, sehr dynamisches Bild der frühjüdischen Verhältnisse in Juda, vielleicht hintergründig auch in der Diaspora. Die Tora ist die bestimmende Kraft; sie ist Referenzpunkt (z.B. Neh 10,35.37), aber noch wird an keiner Stelle Tora wörtlich zitiert oder um Auslegungsdetails gerungen. Das „Gesetz" des Mose erweist sich vielmehr als belebendes, befreiendes, zur eigenen Identität gehörendes und führendes Instrument.

Alles, was wir aus diesen relativ zeitnahen Dokumenten über die persische Epoche erfahren, kommt natürlich bei weitem nicht an ein auch nur annähernd vollständiges „Bild der damaligen Zeit" heran, wie wir es uns wünschen. Zweihundert Jahre Perserherrschaft in Palästina bleiben uns, wenn wir nur die biblischen Zeugen heranziehen wollen, weitgehend verhüllt. Die wenigen, völlig auf einige ausgewählte Punkte konzentrierten Angaben über die entstehende jüdische Glaubensgemeinschaft können indessen noch etwas erweitert werden durch mittelbare Informationen aus verschiedenen Prophetenschriften und durch Rückblenden auf die Perserzeit, die sich in späteren Schriften finden, die mithin Traditionsgut über das vergangene Imperium und seine Lebenswirklichkeit darstellen. Aber auch so lässt sich das geschichtliche Dunkel nicht wirklich aufhellen.

I.3 Weitere Spuren persischen Lebens

H. Clementz (Hg.), Des Flavius Josephus Jüdische Altertümer, Wiesbaden o.J. – K. Fountain, Literary and Empirical Readings of the Book of Esther, New York 2002. – K. Koch, Daniel (BKAT XXII) Neukirchen-Vluyn 1986ff – R. Kossmann, Die Esthernovelle: vom Erzählten zur Erzählung, Leiden 2000 (VT.S 79). – R. Mayer, Iranischer Beitrag zu Problemen des Daniel- und Estherbuches, in: H. Groß und F. Mußner (Hg.), Lex tua veritas, Trier 1961, 127–135. – E.M. Yamauchi, Persia and the Bible, Grand Rapids 1990.

Außer den erwähnten Stellen bei Haggai und Sacharja (s.u. III.1.2.1) nehmen ganz wenige Schriften der Hebräischen Bibel direkt auf datierbare Ereignisse der Perserzeit oder die Perser selbst Bezug. Für die beiden genannten Prophetenbücher steht der Tempelbau im Zentrum der Aufmerksamkeit. Mit dem Ausblick auf dieses sicherlich für die Judäer grundlegende Ereignis schließt auch das zweite Chronikbuch ab (2 Chr 36,22f). Die zahlreichen Hinweise auf Elam und die Elamiter in der Bibel – nach der Eingliederung ins persische Reich wurde das alte Königtum zur Satrapie und Susa zeitweise zum Regierungssitz der Achämenidenherrscher – sind teils als Nachklang der legendären Großmacht, teils möglicherweise als Bezugnahmen auf die aktuelle Weltmacht Persien zu verstehen. In diesem Fall hätten wir z.B. in Jer 49,34–39 und Ez 32,24f prophetische Orakel gegen Persien vor uns. Auffällig ist jedoch, dass keine der Sammlungen von Fremdvölkersprüchen in den großen Prophetenbüchern Persien oder einen seiner Herrscher direkt erwähnt.

Ohne einen ausdrücklichen Namens-, Orts- oder Geschichtsbezug weisen noch allerlei andere zeitgenössische biblische Quellen auf das Leben der Judäer in persischer Zeit hin. Natürlich hängt eine entsprechende Auslegung von der literaturgeschichtlichen Einordnung der in Frage kommenden Schriftteile ab. Die Forscherinnen und Forscher sind sich relativ einig, dass die priesterschriftlichen Anteile im Pentateuch, die beiden Chronikbücher und Jes 56–66 in der persischen Epoche entstanden sind (s.u.) und deswegen die zeitgenössische Situation Judas und/oder der Exulanten widerspiegeln, auch wenn sie sich thematisch mit anderen Phasen der Geschichte Israels beschäftigen. Die tritojesajanischen Texte sind nicht datiert. Im Gefälle des ganzen Jesajabuches, dem ein grobes chronologisches Gerüst zugrundeliegt, lassen sie jedoch nachexilische Verhältnisse durchscheinen. Wir erfahren recht viel über die erstrebte innere Ordnung der Gemeinschaft und die internen Konflikte hinsichtlich der richtigen, Gott wohlgefälligen Lebensweise, über die sehnsüchtige Erwartung einer besseren, gerechteren Welt, vor allem aber über die Rolle Jerusalems beim bevorstehenden Anbruch der Gottesherrschaft (Jes 60–62). Indirekt kann man also, ohne dass die Texte einen konkreten Zeitbezug erlaubten, Schlüsse auf die Lage der jahweglaubigen Judäer ziehen. Im Psalter sind sicherlich viele Texte erhalten, die auf die Perserzeit zurückgehen oder damals ihre letzte textliche Gestalt erhielten. Nur ist die Datierung der Hymnen, Gebete und Meditationen äußerst schwierig. Außer in Ps 137 finden sich keine präzisen und zuverlässigen Aussagen über die geschichtlichen Orte von Psalmen. Persische Namen oder Ereignisse tauchen nirgends auf. Darum lassen wir die Psalmen an dieser Stelle als Direktzeugen aus (doch s.u. III.1.3.1 und 2).

In der Literatur des nachpersischen, d.h. vor allem des hellenistischen Zeitalters sind dann noch Nachwirkungen der Achämenidenherrschaft, oder Erinnerungen an sie zu verzeichnen. Besonders in den kanonischen Büchern Daniel und Ester kommt der persische Königshof retrospektiv in den Blick. Das bedeutet in Wirklichkeit: Handlung und Lebensgefühle etwa des 2. Jh. v.Chr. werden in die persische Epoche projiziert. Daniel kommt angeblich unter Nebukadnezar nach Babylon, bleibt dort aber „bis ins erste Jahr des Königs Cyrus" (Dan 1,21). Damit ist der Anschluß an die Perserherrschaft hergestellt. Als der Sohn Nebukadnezars sich an den geraubten, heiligen Tempelgeräten vergeht, ist die babylonische Ära endgültig vorbei, das Reich wird „den Medern und Persern gegeben" (Dan 5,28). Die jüdischen Verbannten, voran Daniel, waren immer mehr mit den babylonischen Willkürherrschern in Konflikt geraten, da ist es kein Wunder, dass Daniel unter Darius (!) in eine Spitzenposition der Reichsverwaltung aufsteigt (Dan 6,1–4). Neider am Hof stellen ihm eine Falle: Er muss wegen seiner Treue zu Jahwe das königliche Gebot der Herrscherverehrung (Markenzeichen hellenistischer Ideologie; unter den Perserkönigen unbekannt!) übertreten, wird in die Löwengrube geworfen, besteht kraft göttlicher Hilfe auf wunderbare Weise die furchtbare Prüfung und geht gestärkt aus ihr hervor: „Und Daniel hatte große Macht im Königreich des Darius und auch im Königreich des Cyrus von Persien." (Dan 6,29). Die Kapitel Dan 9–12 spielen dann ganz in der persischen Zeit, allerdings sind den Überlieferern die geschichtlichen Zusammenhänge nicht mehr vertraut:[19] Darius, der Meder (!), erscheint wieder vor Kyros, gilt ferner als Sohn, statt als Vater, des Xerxes (Dan 9,1; 10,1), und die im 5./4. Jh. noch zu erwartenden vier persischen Großkönige sind in der apokalyptischen Vision schon vergangen, der vierte ist am „Königreich Griechenland" gescheitert (Dan 11,2). Außer den Königsnamen ist in der Erinnerung der frühen jüdischen Gemeinden also kaum etwas von der Perserherrschaft übrig geblieben. Allerdings ist bezeichnend, dass die persischen Großkönige keine ausgesprochenen Feinde der Juden sind, vielmehr ihnen wohlwollend bis neutral gegenüberstehen und höchstens auf Grund von Intrigen gegen das Volk Jahwes einschreiten. Das gilt auch für das dramatische Buch Ester.

Ester, die überwältigend schöne Jüdin, ersetzt die von Ahasveros (Xerxes) verstoßene Königin Vasthi. Auf dringende Bitte ihres Onkels Mardochai tritt sie beim König für die Juden ein, denen ein Komplott ihres Erzfeindes Haman droht. Der König lässt seinen ehemaligen Vertrauten hinrichten, dessen Besitz und Position am Hof auf Mardochai übertragen und gestattet den Juden, an den Verschwörern blutige Rache zu nehmen. – Orientalische Potentaten tragen wohl zu allen Zeiten ein ähnliches Profil. Die im Esterbuch hervorstechenden Züge des persischen Hoflebens sind darum mehr oder weniger zeitlos: Es gibt rauschende Feste und einen erklärten Hang des Großkönigs und Weltherrschers, seine Macht zur Schau zu stellen. Die Aufforderung an Königin Vasthi, von der Festrunde der Frauen herüberzukommen zur feucht-fröhlichen Männerrunde und sich dort zur Schau zu stellen, soll die Glorie des Herrschers vertärken. Der erotische Firnis der Legende mag ein persisches (oder doch eher hellenistisches?) Spezifikum sein. Deutlicher aber ist die Stellung des „Gesetzes der Meder und Perser" als authentische Erinnerung an persische Reichserlasse und Gesetzgebungspraktiken zu erkennen: Vasthi wird wegen ihrer Unbotmäßigkeit nicht hingerichtet, sondern „nur" verstoßen, und ein sofort persienweit verkündetes Reichsgesetz regelt die Unterordnung der Frauen. Denn die Ratgeber argumentieren: „Es wird diese Tat der Königin allen Frauen bekanntwerden, so dass sie ihre Männer verachten und sagen: Der König Ahasveros gebot der Königin Vasthi, vor ihn zu kommen; aber sie wollte nicht." (Est 1,17).

> Da wurden Schreiben ausgesandt in alle Länder des Königs, in jedes Land nach seiner Schrift und zu jedem Volk nach seiner Sprache, dass ein jeder Mann der Herr in seinem Hause sei. (Est 1,22).

---

[19] So die einzige plausible Erklärung für das „Durcheinander" in der dargestellten Achämenidenherrschaft, vgl. J. Collins, Daniel (FOTL XX), Grand Rapids 1984, 69f.

Ein „Gesetz der Meder und Perser", das man „nicht aufheben darf" (Est 1,19)! Ob der verschärfte Patriarchalismus in die Perserzeit zu datieren ist, bleibt ungewiss. Doch die Verwaltung des Riesenimperiums mittels königlicher Dekrete und eines religiös gefärbten Konzeptes von „Rechtmäßigkeit" (*dāta*)[20] ist häufig aus persischer Zeit bezeugt. Und die Unbeugsamkeit der verfaßten Ordnung ist bis heute sprichwörtlich geblieben: eine weitreichende und tiefgründige kulturelle Erinnerung.

Ein Blick in außerkanonische jüdische Literatur kann das Bild abrunden. Ein geschichtliches Interesse an der Perserzeit kommt – anders als bei den Griechen, die Opfer persischer Agression waren (s.u. II.1.1) – erst spät auf. Josephus, geboren 37/38 n.Chr., teilt im elften Buch der „Antiquitates Judaicae" aus seiner zeitgenössischen Perspektive mit, was er über das Achämenidenreich weiß oder für mitteilungswürdig hält. Er entnimmt es teils biblischen Quellen, teils außerbiblischen, und zu einem guten Teil läßt er wohl auch seine Phantasie walten. Die persischen Könige lassen mit Ausnahme von Kambyses („... von Charakter jähzornig", Josephus, Ant XI,2,2) den Juden ihr Wohlwollen zukommen. Besonders Darius und Xerxes sind starke Gönner des Gottesvolkes. Der erstere bestellt nach einem großen Prunkmahl den Gewinner eines Rede-Wettkampfes zum Thema: „Wer hat die größte Macht? Wein, König oder Weib?" zu seinem persönlichen Ratgeber. Sieger ist der Jude Zerubbabel. Er spricht überzeugend der Frau den höchsten Einfluss zu, toppt diese Krone aber noch mit einer Lobrede auf die „Wahrheit" (Josephus, Ant XI,3,1–6). Auf Bitten Zerubbabels lässt Darius dann die Verbannten in ihre Heimat ziehen. Auch andere biblische Stoffe sind romanhaft ausgemalt, man vergleiche besonders die Ester-Version des Josephus. – Im siebten Kapitel des elften Buches der Antiquitates bringt Josephus eine kurze Erzählung über Tempelschändungen: Der Hohepriester Johannes, Sohn des Eljaschib (vgl. Esr 10,6; Neh 12,23), bringt seinen Bruder Jesus im Gotteshaus um; der Feldherr des Artaxerxes, Bagoas, betritt als Heide den heiligen Ort. Woher diese Legende einer doppelten Entweihung stammt, ist nicht auszumachen.[21] – Das Schlusskapitel des elften Buches ist den abtrünnigen Samaritanern und ihrem Tempelbau auf dem Garizim gewidmet; dann erscheint schon Alexander als der große, neue Freund der Juden: Er erweist nach dem Einmarsch in Jerusalem dem Hohepriester Jaddus als dem Repräsentanten des Weltengottes Jahwe die Ehre.

Auch Josephus weiß sehr wenig von den Lebensumständen und Geschichtsereignissen der persischen Zeit. Er erzählt in freier Wiedergabe nach biblischen Quellen, besonders den Büchern Esra, Nehemia, Ester, Daniel; er trägt wenige Episoden unbekannter Herkunft ein, und lässt die 200 Jahre persischer Regierung in ihrer geschichtlichen Ausdehnung praktisch unausgefüllt. Damit ergibt sich insgesamt für das biblische Bild unserer Epoche eine geschichtliche Leerstelle, in der allerdings der Wiederaufbau des Tempels und Jerusalems, sowie die Neukonstituierung der frühjüdischen Gemeinde unter der Tora angesiedelt sind. – Sonstige Hinweise auf Vorgänge in der persischen Periode finden sich hauptsächlich in der außerkanonischen Esra-Literatur, sporadisch bei Jesus Sirach (vgl. Sir 49,11f) und verhüllt in manchen apokalyptischen Visionen (vgl. äthHen 89,59.72; Sib 3,286), wenn wir von dem breiten Strom griechischer Überlieferungen an dieser Stelle absehen (s.u. II.1.1).

---

[20] P. Briant, Cyrus 956f. Der Ausdruck ist auch Lehnwort im Akkadischen und Aramäischen („Gesetz").
[21] Vgl. L.L. Grabbe, Judaism from Cyrus to Hadrian, vol. I, Minneapolis: Fortress Press, 62f;

I.4 Hinterfragung der biblischen Darstellung

L.L. Grabbe, Yehud. – N.P. Lemche, Kann von einer „israelitischen Religion" noch weiterhin die Rede sein? In: W. Dietrich und M.A. Klopfenstein (Hg.), Ein Gott allein?, Fribourg 1994, 59–75. – P.R. Davies, In Search of „Ancient Israel" (JSOTSup 148), Sheffield 1992. – T.L. Thompson, Text, Context and Referent in Israelite Historiography, in: D.V. Edelman (Hg.), The Fabric of History (SJOT.S 27) Sheffield 1991, 65–92. – J.W. Watts (Hg.), Persia and Tora, Atlanta 2001.

Wie haben wir die biblischen Teilansichten der persischen Zeit, die in der Überlieferung erhalten geblieben sind, einzuordnen? Es dürfte keinerlei Zweifel darüber bestehen, dass geschichtliche Perspektiven sich mit dem Fortgang der Zeit verschieben. Zeitgenössische Beobachter und Beobachterinnen in einer bestimmten Epoche müssen ein anderes Bild vom aktuellen Leben, in das sie selbst eingebunden sind, bekommen als Historiker, welche aus mehr oder wenig großer Distanz auf Ereignisse und Entwicklungen zurückblicken. Uns trennen heute vom Achämenidenreich mehr als zwei Jahrtausende, eine Zeitspanne – und eine kulturelle Kluft –, welche mit ihren zahlreichen Veränderungen und Verwerfungen fast unüberbrückbar scheint. Nicht nur Sprache und Kommunikation haben sich seit jenen Tagen mehrfach verschoben, auch Technik, Wirtschaft, Politik, Weltbilder, Wissenschaft vom Menschen und den Gesellschaften sind wesentlich andere geworden. Wir tun gut daran, wenigstens einige grundlegende Positionen unseres eigenen Denkens und Fragens kurz zu erwähnen, damit wir uns über die Ziele der Untersuchung und die Verstehensmöglichkeiten der alten Berichte von Israels erster nachexilischer Periode klar werden können.

Unser historisches Interesse steht wohl beherrschend im Vordergrund, wenn wir uns einem Geschichtsabschnitt, den Vorgängen und Persönlichkeiten, Entwicklungstendenzen und geistigen Erträgen in ihm zuwenden. Geschichte bedeutet für uns seit Aufklärungszeiten ein Kausalgeflecht menschlicher Aktivitäten, das wir rational nachvollziehen und erklären können. Wir wollen darum wissen, wie die verschiedenen Gruppierungen der Perserzeit einschließlich der tonangebenden Monarchen, Armeeführer, Priester, mit- und gegeneinander gehandelt haben. Das Bewußtsein der Menschen allgemein und der unterschiedlichen gesellschaftlichen und religiösen Gemeinschaften unter den Achämeniden spielt für uns ebenfalls eine große Rolle. Unsere Geschichtsforschung fahndet also umfassend nach allen Kausalzusammenhängen und Motivierungen der damaligen Menschen; die biblischen Zeugen berichten lediglich über ausgewählte Episoden mit dem Ziel, die fudamentalen Setzungen Gottes für und mit Israel in jener Zeit als normativ und fortwirkend festzuhalten. Wir denken in immanenten Begründungsgeflechten, in die Gott möglicherweise eingebunden ist. Die Alten erlebten Geschichte als göttlich von außen gesteuert. Während wir die eigentlichen geschichtlichen Entscheidungen in der Gegenwart und Zukunft erwarten, leiteten unsere geistigen Vorfahren die Richtlinien für ihr Verhalten allein aus der Vergangenheit ab. Das Richtige und Gute war immer das am Anfang Vorgegebene. Gegenwart und Zukunft eröffneten im Grunde keine neuen Fragestellungen, Errungenschaften oder Chancen. Sie hatten lediglich das vollkommene Alte, das Urmodell des Seins, zu realisieren. Seit der europäischen Aufklärung sind Vergangenheit und Zukunft in ihrer Bedeutung gleichsam vertauscht. Man baut nun in unseren Breiten auf das, was noch nicht da ist, den Fortschritt, der das Überkommene überwindet, falsifiziert, höchstens bruchstückweise bewahrt und weiter entwickelt. Unsere Hoffnung liegt überwiegend im Neuen, das wir allerdings auch zu fürchten gelernt haben.

Nicht nur im Blick auf Glauben und Geschichtsauffassung sind die Denk- und Verstehenskategorien andere geworden. Auch die Vorstellungen von Mensch, Gesellschaft, Kultur und Religion, und allem, was mit dieser wandlungsfähigen Substanz im Geschichtsfluss zusammenhängt, haben sich grundlegend geändert, wenn wir auch von den Anthropologen, Verhaltensforschern, Soziologen, Psychologen lernen sollten, dass es trotz großer Umbrüche auch Konstanten menschlichen Seins im individuellen wie im kollektiven Verhalten gibt. Die Welt ist heute angesichts der unbegrenzten Weiten des uns geläufigen Universums und der grandiosen Menschenvermehrung auf allen Kontinenten sehr viel kleiner und enger geworden. Andererseits hat sie Tiefendimensionen natur- und geisteswissenschaftlicher Erkenntnis gewonnen, die unsere antiken Vorfahren nicht ahnen konnten. Damit sind der Menschheit heute Verantwortungen zugewachsen, die in der Antike völlig undenkbar waren. Unsere Welt ist nicht mehr geozentrisch strukturiert, obwohl die traditionellen Religionen noch immer von der unhaltbaren Hypothese ausgehen, der Planet Erde sei absoluter Fokalisationspunkt des universalen Schöpfers. Sie ist nicht einmal mehr heliozentrisch angelegt, sondern schwebt am Rande einer Galaxie und diese wiederum im „Außenbereich" eines für uns unermesslichen Weltalls. Dafür ist den Menschen kraft ihrer Anzahl, Intelligenz und technischen Fertigkeit aber mittlerweile so viel Macht über das Erdgeschick gegeben, dass man in der Ethik nicht zu Unrecht Kategorien von Gottähnlichkeit bemühen muss.

Aus der heutigen Perspektive können wir die biblischen Aussagen über die Weltgeschichte und Israels Schicksal in der Perserzeit recht gut verstehen. Eine winzige ethnische und religiöse Minderheit in einem immensen Vielvölkerstaat schafft sich in heiligen Schriften ein eigenständiges Identitätssymbol. Die nach Babylonien verbannten Judäer und die Daheimgebliebenen bilden eine Glaubensgemeinschaft, die sich als wichtigstes Rädchen im Weltgetriebe erkennt und damit anscheinend Tendenzen zur Verschmelzung mit anderen Gesellschaften oder Religionen widersteht. Allerdings ist an dieser Stelle Vorsicht geboten: Wir müssen das Verhältnis der Judäer zur persischen Religion noch näher untersuchen. Das Bemühen um Wahrung einer gewissen Eigenständigkeit lässt sich indessen den erhaltenen Schriften der frühen nachexilischen Gemeinden entnehmen. Wir gehen nicht fehl, wenn wir die eigene Identitätsstärkung als das Hauptmotiv der biblischen zeitgenössischen Schriften bezeichnen. Das bedeutet aber sofort: Alle Aussagen der Zeit (und der nachfolgenden Generationen) bieten nicht die „objektiven Tatbestände" – das tut im Grunde keine einzige menschliche Verlautbarung, so altruistisch sie sich auch geben mag. Die Äußerungen sind auch nicht in ihrer Begrenzung auf Juda und Judäer einfach als Fakten hinzunehmen. Vielmehr sind sie sämtlich aus den bestimmten Interessen der Selbsterhaltung verfasst und zusammengestellt. Die Berechtigung der eigenen Existenz als Gemeinschaft Jahwes nachzuweisen, das ist das wirkliche Ziel dieser Zeugnisse. Mehr noch: Sie interpretieren die eigene, begrenzte Welt aus antik-theologischer Sicht, wie oben dargestellt. Die erhaltenen Schriften der Perserzeit sind – wie die aus anderen Epochen vor ihnen – durchweg religiöse, nicht geschichtliche, Stellungnahmen, es sind reine Glaubensdokumente, und Glaubensdokumente sind eher den Gattungen Programm- und Propagandaliteratur zuzurechnen als der („unbefangener") Geschichtsschreibung. Wir können also nicht hoffen, aus den relevanten biblischen Texten einen kohärenten Geschichtsgang in den zwei Jahrhunderten persischer Vorherrschaft, ein einigermaßen vollständiges Sittengemälde der Judäergemeinschaft oder auch nur einen typischen Tagesablauf einer normalen Familie rekonstruieren zu können.[22] Aus den erhaltenen, anders akzentuierten Schriftfragmenten und sonstigem

---

[22] Die Debatte darüber, ob eine Geschichtsschreibung für Israel und Juda in der biblischen Zeit

der historischen Wissenschaft heute zugänglichen Material werden wir einige Züge einer weithin unerkannt gebliebenen Physiognomie des damaligen Zeitalters entziffern. Soweit biblische Texte zur Verfügung stehen, gilt der Grundsatz, dass besonders unbeabsichtigte, nebensächliche Angaben das größere Vertrauen verdienen vor denen, die programmatisch und sichtbar interessengesteuert gemacht werden.

Die oben herausgestellten Hauptthemen: Tempelbau – Errichtung der Provinz Judäa – Konstituierung der Jahwegemeinschaft um Jahwes Tora – Durchsetzung einer straffen Ordnung (Sabbatheiligung; Mischehenverbot usw.) haben eine gewisse Plausibilität für sich. Wann sonst als in der Perserzeit soll das neue „Israel", die Bekenntnisgemeinschaft um Jahwe, sich zusammengefunden und eine verbindliche Ordnung gegeben haben? Dass schon in der Zeit babylonischer Dominanz (597–539 v.Chr.) Ansätze zur Neuverfassung der Besiegten gemacht worden sind, ist durchaus möglich. Doch fehlte zur umfassenden Regeneration des Volkes Jahwes vermutlich noch die durch die Perser zugestandene freie Religionsausübung. Die in den alttestamentlichen Schriften dargelegten Kausalzusammenhänge und Handlungsfolgen, welche zum Ziele führten, müssen wir mit äußerster Zurückhaltung aufnehmen. Zumindest sollte klar sein: Die biblischen Erklärungsmuster sind aus damaligen Situationen geboren, setzen die Glaubensinterpretation der Zeit voraus, und stellen sich mit großer Wahrscheinlichkeit für die antiken Nachbarvölker Israels, die persischen Behörden und uns heute im 21. Jh. n.Chr. je anders dar. Im Einzelnen wären beispielhaft folgende Punkte zu nennen, an denen die Perspektiven der biblischen Zeugen und unsere eigenen Sichtweisen sich scharf voneinander unterscheiden. Am wichtigsten ist die Selbsteinschätzung der judäischen Überlieferer. Sie sehen sich als das vor allen anderen Ethnien erwählte Volk Jahwes, dessen Land und Tempel zum Mittelpunkt des Universums werden. Um seines Wohlergehens willen setzt der Weltengott das persische Imperium in Gestalt seiner Großkönige und Satrapen in Bewegung. Die unterstützen kraft göttlicher Lenkung nicht nur das Rückkehr- und Tempelbauprojekt „Israels", sie geben verschiedentlich sogar den Anstoß dazu. Jerusalem ist nach den Berichten der absolute Nabel der Welt, nicht Susa oder Ekbatana, Persepolis oder Pasargadae, wo die Reichsregierung Hof hielt. Als Glaubensaussage ist die Fixierung auf Juda noch verständlich, als historische Feststellung entbehrt sie jeder Grundlage. Aus unserer Distanz muss jede geschichtliche Betrachtung die Perspektiven der „anderen", in diesem Fall der Nachbarn und Beherrscher Israels, mit einbeziehen. Ihnen können wir – nach den erhaltenen Schrift- und sonstigen Kulturzeugnissen – unmöglich ein derartiges Jahwe-zentriertes Weltbild zutrauen.[23] Die kontextuelle Bindung an die eigene religiös-kulturelle Gemeinschaft wird damit überaus deutlich. Und wir haben nicht die geringste Chance, uns – etwa über eine Identifizierung mit Gottes Erwählung – in die Rolle der antiken Judäer zurückzumogeln.

Mit der glaubensmäßig begründeten Zentralposition Jerusalems und der Judäer stimmt die Wertordnung der sich bildenden Jahwe-Gemeinschaft überein. Gott in seiner Heilig-

---

überhaupt möglich ist, muss mit Besonnenheit und Kritikfähigkeit weitergeführt werden, vgl. N.P. Lemche; P.R. Davies; T.L. Thompson; L.L. Grabbe u.a. Auch R. Albertz, BE 7, 13; 23–40 äussert sich sehr skeptisch über die vorhandenen Geschichtsnachrichten („gähnende Lücke"; „düsteres Loch", a.a.O. 13) aus dem 6.Jh. v.Chr.

[23] Vgl. N.K. Gottwald, The Hebrew Bible. A Socio-Literary Introduction, Philadelphia 1987, 422: „Whereas for Jews *Judah* was the metropolis and *Jewish settlements abroad* were the colonies, for the ancient political world as a whole the regnant great *empire* was the metropolis while Judah was one among a number of semiautonomous *homelands* and the dispersed Jewish settlements were *minority religiocultural communities* among others in the polyglot populace of the empire" (deutsche Übersetzung s.u. Anm. 135).

keit ist das höchste Gut, das in Tempel und Tora erlebbar wird. „Ein Tag in deinen Vorhöfen ist besser als sonst tausend" (Ps 84,11). „Die Tora Jahwes ist vollkommen, sie bringt das Leben zurück ... die Urteile Jahwes sind verläßlich, sie sind sämtlich gerecht, sie sind begehrenswerter als Gold, als große Mengen Feingold. Sie sind süßer als Honig, als quellender Sirup" (Ps 19,8.10b.11). Den Glaubensenthusiasmus können wir nachvollziehen, die Inhalte dieses Glaubens sind uns zunächst fern und fremd. Und wenn wir dahinkommen wollen, aus den grundlegenden theologischen Erkenntnissen der damaligen Zeit Orientierungen für die heutige Lebenswirklichkeit abzuleiten, dann müssen wir weitere mentale, geschichtlich gewordene Barrieren erkennen: Abgrenzung von Nachbarvölkern oder –konfessionen; Auflösung von sogenannten Mischehen mit fremdstämmigen Frauen; rigorose Einhaltung von Kultvorschriften; autoritative Verlesung der Tora; Sühneriten für spezielle Vergehen; Gewaltanwendung gegen Feinde oder „das Böse"; Klassensystem nach Familienzugehörigkeit; Vorrang von Priestern; Meidung von Unreinheit (Taburegeln) und viele andere Facetten antiken judäischen Lebens und Glaubens – das alles ist nicht leicht in unser eigenes System von religiösen, politischen und kulturellen Werten einzubringen.

Die antike Bewertung von geschichtlichen Fakten und Personen steht eben in einem anderen Koordinatensystem. Einzelgeschehnisse sind auf das theologische Grundanliegen bezogen: Die Entsendung Esras und Nehemias, der Widerstand Samarias gegen den Tempelbau, die Willigkeit der Heimkehrer, die gewaltigen Bauwerke zu vollenden, die Gaben der Nachbarn für den Tempel, die Rückgabe der alten, heiligen Gerätschaften – kein Erzählzug steht für sich, jeder ist auf das Zentralanliegen hin orientiert: Jahwe hat einen Neuanfang nach dem Exil geschaffen, die Judäer ergreifen ihre Chance. So auch bei der Darstellung der handelnden Charaktere. Biographische Profile sind unnötig. Großkönige, prominente Judäer, Opponenten, das Volk, sie alle bedürfen keiner geschichtlichen, d.h. konkret-einmaligen Charakterisierung. Alle sind sie ihren Rollen entsprechend stereotyp gezeichnet. Sie handeln schablonenhaft und sind für unsere Begriffe blasse Klischees. Die Akteure zeigen Emotionen nur da, wo es um ihre Aufgabe, d.h. den theologisch erfaßten Gegenstand geht: die Durchführung der Pläne Jahwes. Artaxerxes fällt das Leid Nehemias auf (Neh 2,2), Esra und Nehemia geraten in Zorn, reagieren tiefbestürzt, wenn sich ihren Aufgaben Hindernisse entgegenstellen (Esr 9,5f; Neh 5,6f; vgl. die „Gebetsseufzer" Nehemias in 13,14.22.29.31).

Die Konsequenz dieser Sachlage ist: Wir haben in den erhaltenen Traditionen theologische Stellungnahmen, Entwürfe, Debatten vor uns, weder Reportage oder Geschichtsschreibung noch „objektive" Wiedergabe von Einzelgeschehnissen oder geschichtlichen Gestalten. Weil wir aber von unserer geschichtlichen Neugier nicht lassen können, werden wir die biblischen sowie alle verfügbaren außerbiblischen Quellen zu befragen haben. Das, was wir mit gutem Gewissen als geschichtliche Realität erkennen können, müssen wir zu einem vorläufigen, wahrscheinlich fragmentarischen Bild der Perserzeit in Palästina zusammenfügen. Aus dem theologisch gestalteten Bild der biblischen Zeit sind alle Daten vorsichtig zu prüfen und, wenn möglich, gegen andere Zeugnisse abzugleichen. Das gilt auch für die scheinbar gesicherten Protagonisten der judäischen Exulantenschaft und ihre Widersacher sowie die Identität der persischen Autoritätspersonen. Vielleicht werden uns die hinter den biblischen Überlieferungen stehenden Gemeinschaftsstrukturen noch als die verlässlichsten Geschichts-(Sozial)daten erscheinen.

II. Die uns erkennbare Geschichte

II.1 Quellen

Nach so vielen Klagen über den Mangel und die Unzuverlässigkeit (in unserem historischen Sinn) biblischer „Direktaufnahmen" der persischen Jahrhunderte fällt es schwer, daran zu glauben, dass wir überhaupt brauchbare Nachrichten über Vorgänge, Personen, Ideen jener Zeit gewinnen können. Indessen sind wir nicht allein auf die kanonischen biblischen Schriften angewiesen. Eine Übersicht über mögliche Zeitzeugnisse stärkt die Hoffnung, doch einen gewissen Einblick in Geist und Geschichte der persischen Periode, vor allem im Blick auf die Region Palästina-Syrien zu bekommen. Dabei sind auch die archäologischen Funde zu berücksichtigen; sie gewinnen ein erhebliches Eigengewicht, auch wenn sie in mancher Hinsicht der Komplementierung durch schriftliche Dokumente bedürfen. Ein Überblick in Kurzfassung soll hier genügen.

II.1.1 Schriftliche Überlieferungen.

P.-R. Berger, Der Kyros-Zylinder mit dem Zusatzfragment BIN II Nr. 32 und die akkadischen Personennamen im Danielbuch, ZA 64 (1975) 192–234. – R. Borger und W. Hinz, Die Behistun-Inschrift Darius' des Großen, (TUAT I) Gütersloh 1984, 419–450. – M. Boyce, Textual Sources for the Study of Zoroastrianism, Manchester 1984. – L.L. Grabbe, Yehud. – J.C. Greenfield and B. Porten, The Bisitun Inscription of Darius the Great: Aramaic Version, o. O. 1982 (Corpus Inscriptionum Iranicarum Bd. 1). – R.T. Hallock, Persepolis Fortification Tablets, Chicago 1969 (OIP 92). – W. Hinz, Zarathustra, Stuttgart 1961. – H. Humbach, The Gâthâs of Zarathushtra, 2 Bde., Heidelberg 1991. – J. Kellens und E. Pirart, Les Textes Vieil-Avestíques, 3 Bde., Wiesbaden 1988–1991. – H. Koch, Texte aus Iran, in: TUAT Neue Folge I, Texte zum Rechts- und Wirtschaftsleben, hg. von B. Janowski und G. Wilhelm, Gütersloh 2004, 221–248. – P. Lecoq, Les inscriptions de la Perse achéménide, Paris 1997. – J. Maier, Zwischen den Testamenten, Würzburg 1990 (NEB Erg.Bd. AT 3). – G.W.E. Nickelsburg, Jewish Literature between the Bible and the Mishnah, Philadelphia 1981 (JLBM) – B. Porten und A. Yardeni, Textbook of Aramaic Documents from Ancient Egypt, 10 Bde bzw. Teile, Jerusalem 1986–1999 [Papyri; Ostraka; Inschriften]. – H.P. Schaudig, Die Inschriften Nabonids von Babylon und Kyros' des Großen, Münster 2001 (AOAT 256). – R. Schmitt, The Bisitun Inscriptions of Darius the Great, London 1991 (Corpus Inscriptionum Iranicarum part 1, vol 1, texts 1). – Derselbe, The Old Persian Inscriptions of Naqsh-i Rustam and Persepolis, London 2000 (Corpus Inscriptionum Iranicarum part 1, vol. 1, texts 2). – M.E. Stone, Jewish Writings of the Second Temple Period, Assen 1984 (JWSTP: CRI Sect. 2, vol. 2). – E. N. von Voigtländer, The Bisitun Insription of Darius the Great: Babylonian Version, o. O. 1978 (Corpus Inscriptionum Iranicarum Bd. 1). – G. Widengren, Iranische Geisteswelt, Baden-Baden 1961. – P.Briant weist in Cyrus, XVI Anm. 5 (s. u. II.2.2) auf die ständig aktualisierte Internet Bibliographie hin: http:/www.achemenet.com/bibliographies/bhach1.htm (vgl. auch die Publikationen des Achaemenid History Workshop, Groningen, hg. von H. Sancisi-Weerdenburg u.a., seit 1983. Bisher 13 Bde.).

Biblisches. Direkte auf die Perserzeit bezogene Zeugnisse (hebräisch und aramäisch) sind, wie gesagt, die Bücher Esra und Nehemia, die Prophetenschriften Haggai, Sacharja, Maleachi. Hinzu kommen als indirekte Zeuginnen jene Schichten oder Teile des Alten Testaments, die mit größter Wahrscheinlichkeit in der persischen Epoche entstanden oder dort tiefgreifend bearbeitet worden sind (vgl. unten Kap. III): die priesterlichen Texte des Pentateuch, etwa Gen 1,1–2,4a; 17; Ex 25–40; Lev 1–27; Num 1–30 (36), die weltläufigen Erzählungen (Novellen) von Joseph (Gen 37–50), Rut und Jona.

Die komplexen Esra-Überlieferungen müssen gesondert genannt werden: Sie ragen in das Alte Testament hinein, oder – wenn man die chronologische Perspektive einnimmt –

sie fließen aus der kanonischen Literatur heraus. Denn neben den hebräischen und aramäischen Teilen sind griechische Esra-Texte erhalten, die den erstgenannten nur schwer zuzuordnen sind. Außerdem trägt eine späte apokalyptische Schrift den Namen des „Schreibers des Himmelsgottes". Genauer nennt man in der Wissenschaft die griechische Version des Esra-Buches den „Dritten Esra" (wobei 1 und 2 Esra unserem Esra und Nehemia Buch entsprechen).[24] Der „Vierte Esra" ist dann die wohl aus dem 1. Jh. v.Chr. stammende Apokalypse. Die Chronikbücher sind literarisch eigenständig, gehören aber in das Umfeld der Esra-Literatur, d.h. die Jerusalemer Gemeinde der späten Perserzeit. Bei den Propheten gehören außer Haggai und Sacharja noch der eine oder andere Abschnitt in die Perserzeit: z.B. Jes 24–27; 56–66, das Ezechielbuch, große Teile des Buches Jeremias, möglicherweise die Schriften Obadja, Nahum, Habakuk, Zephanja sowie, wenn nicht die Endredaktion, dann eine vorausgehende Edition des Zwölfprophetenbuches. – Der Psalter hat teilweise im nachexilischen Juda oder in der Diaspora seine Wurzeln. Manche Gebete und Hymnen mögen von Anfang an zum neuen Tempelbetrieb gehört haben. Fast alle älteren Psalmen wurden für den Gemeindegebrauch adaptiert. Lehrhafte Gedichte sind in didaktischen Veranstaltungen der Gemeinden entstanden. Sammlungen und Überarbeitungen von älteren Psalmen dienten verschiedenen religiösen Ritualen (vgl. u. III.1.3.1 und 2). – Die Zusammenstellung und Bearbeitung von Weisheitsschriften stand hoch im Kurs: Mindestens Proverbien, Hiob und Megillot sind ganz oder teilweise zur Perserzeit entstanden. Praktisch alle kanonischen Bücher (mit Ausnahme von Kohelet, Daniel) sagen gewollt oder ungewollt etwas über den Zustand der judäischen Gemeinden in der Perserzeit aus.

Außerkanonisches. Einige apokryphe, pseudepigraphische oder andere jüdische Schriften sind möglicherweise ganz oder partiell in der persischen Epoche verwurzelt, denn sie sind ursprünglich hebräisch oder aramäisch abgefasst (vgl. Jesus Sirach; Judit; Achikar; Bileam).[25] Besonders wichtig aber sind Zeugnisse aus jüdischen Diasporagemeinden: Von der babylonischen Gola gibt es nur minimale Spuren. Das Geschäftsarchiv des Handelshauses Muraschu aus Nippur in Babylonien weist einige jüdische Kundennamen auf.[26] Flüchtlingsgruppen des frühen 6. Jh. v.Chr. in Ägypten (vgl. Jer 44) haben keine Nachrichten hinterlassen. Erstaunlich ist das Papyrus-Archiv des 5. Jh. aus der persischen Militärkolonie auf der Nilinsel Elephantine. Judäische Söldner waren stark in der Truppe vertreten, von ihnen sind Tempeldokumente (Opferlisten; Steuerregister), Privaturkunden, Briefwechsel, Romanfragmente usw. erhalten, die Licht auf die Lebensbedingungen und religiösen Verhältnisse werfen.[27]

---

[24] Text des Buches, griechisch und deutsch: K.-F. Pohlmann, 3. Esrabuch (JSHRZ 1) Gütersloh 1980, 375–425; Diskussion der literarischen Verhältnisse: A.H.J. Gunneweg, Esra (KAT XIX,1) Gütersloh 1985, 21–24; H.G.M. Williamson, Ezrah and Nehemiah, Sheffield 1987; L.L. Grabbe, Yehud 70–85.

[25] Vgl. J.H. Charlesworth (Hg.), The Old Testament Pseudepigrapha, 2 Bde. London 1983 und 1985; W.G. Kümmel u.a. (Hg.) bzw. H. Lichtenberger u.a. (Hg.), Jüdische Schriften aus hellenistisch-römischer Zeit, Gütersloh 1973ff. Sprachgeschichtliche Analysen führen bei Achikar allerdings auf das 8. bis 7. Jh. v.Chr, vgl. I. Kottsieper, Die Sprache der Ahikarsprüche (BZAW 194) Berlin 1994; G.W.E. Nickelsburg, Literature.

[26] Cf. R. Borger, TUAT I, 412–418; M.D. Coogan, Life in the Diaspora: Jews at Nippur in the 5th Century B.C., BA 37 (1976); R. Zadok, The Jews in Babylon during the Chaldean and Achaemenian Period, Jerusalem 1978.

[27] Die Veröffentlichungen der Funde erfolgte durch E. Sachau, A.E. Cowley, E. Kraeling, B. Porten u.a. (s. Bibliographie zu II.1.1 und II.4).

Persisches: Säkulare Texte. Für die Anfangszeit der Perserherrschaft existieren einige babylonische Zeugnisse, besonders aus der Regierungszeit des Nabonid.[28] Authentisch Persisches fanden die Archäologen in elamischen, medischen und persischen Verwaltungszentren. Allen voran produzierte der persische Königshof Verwaltungs- und Rechtsurkunden, Briefe usw.[29] Hinzu kommen monumentale Königsinschriften, Diplomatenkorrespondenzen, Berichte, literarische und religiöse Texte und Ähnliches.[30] Kurz, die weitgehend schriftlich funktionierende Staatsverwaltung hat große Mengen an Materialien hinterlassen. Die gefundenen Texte stammen überwiegend aus den persischen Stammländern jenseits des Zagros-Gebirges. Für die „transeuphratischen" Gebiete einschließlich Ägypten – sie sind unserer Themenstellung am dienlichsten – haben einige wenige Textzeugnisse die Zeit überdauert. Es gibt Inschriften lokaler Herrscher wie der Könige von Sidon und Byblos, Papyri des ägyptischen Satrapen Aršam, ein aramäisches Archiv von Hermopolis und die schon genannten, zahlenmäßig wie inhaltlich herausragenden Dokumente von Elephantine. In Palästina selbst sind samarische Papyri in Wadi Daliyeh und eine größere Anzahl von Siegelabdrücken (*bullae*) bei Jerusalem gefunden worden. Hinzu kommen allerlei Ostraka, kurze Beischriften auf Münzen, Siegeln, Krügen usw.[31]

Persisches: Religiöse Texte. Gesondert zu erwähnen ist freilich das Korpus religiös kanonischer Literatur, das vermutlich erst nach der Achämenidenzeit zusammengestellt worden ist, das sogenannte Avesta. Mit einiger Sicherheit sind Teile davon mündlich oder bereits schriftlich in der uns interessierenden Zeitspanne vorhanden gewesen. Alttestamentliche Studien nehmen meist keinerlei Kenntnis von diesen religiösen Texten der dominierenden Kultur, so, als wäre das zeitgenössische Weltreich, in dem die Judäer sich vorfanden, glaubensmäßig völlig neutral gewesen. Die Achämeniden erklären sich aber in ihren Inschriften oft als Adepten des Gottes Ahura Mazda, des „Herrn der Weisheit". Folglich gehört die altpersische Religion, deren man zumindest teilweise in den ältesten Schichten des Avesta[32] ansichtig werden kann, mit zum rekonstruierbaren Bild der Epoche. Dabei müssen wir mit zarathustrischen und volkstümlichen Komponenten rechnen (G. Widengren; M. Boyce; M. Stausberg). Die Nichterwähnung persischer Gottesverehrung in der Bibel ist durchaus mehrdeutig. Sie kann uns jedoch in keinem Fall davon abhalten, mit unseren Mitteln nach den Glaubensstrukturen der damaligen Gesellschaften zu forschen.

Griechisches. Im fünften und vierten Jh. v.Chr. blühte die griechische Kultur. Ihr Interesse am Vorderen und Mittleren Orient war erheblich, nicht zuletzt wegen der politischen Differenzen zur „asiatischen" Großmacht. Zahlreiche Schriftsteller und Historiker[33] befassten sich mit den Persern, die anderthalb Jahrhunderte lang versuchten, auch

---

[28] Vgl. R. Borger, TUAT I, 406–410, darin der „Kyroszylinder" 407–410; H.P. Schaudig, Inschriften.
[29] Vgl. R.T. Hallock, Persepolis; H. Koch, Dareios.
[30] Sie sind z.T. im Corpus Inscriptionum Iranicarum (s.o. Bibliographie II.1.1 unter J.C. Greenfield, R. Schmitt, E. N. von Voigtländer) veröffentlicht. Vgl. R. Borger und W. Hinz, TUAT I, 419–450 (Behistun-Inschrift).
[31] Siehe die Übersichten bei E. Stern, Culture, XV–XVII; H. Weippert, Palästina, 693–697; O. Keel und C. Uehlinger, Göttinnen, 430–452; L.L. Grabbe, Yehud 55–69; 112–117.
[32] Vgl. vor allem die Übersetzungen von H. Humbach; Kellens; G. Widengren; W. Hinz in den Bibliographien zu II.1.1 und II.2.3.
[33] Vgl. die Übersichten bei L.L. Grabbe, Judaism 64–67; derselbe, Yehud 118–129; P. Briant, Cyrus 5–9 und seinen „Index of Classical Sources", a.a.O. 1125–1142.

die griechischen Stadtstaaten auf der europäischen Seite des ägäischen Meeres einzunehmen. Herodot ist Mitte des 4. Jh. im Persischen Reich gereist und hat allerlei Geschichten und Geschichtliches aus der ersten Hälfte dieses Saeculums zusammengetragen. Xenophon hat selbst als Söldner in der Armee des jüngeren Kyros gegen Artaxerxes II. gekämpft und die Flucht vor ihm geschildert. Thukydides beschreibt ein Stück des Peloponnesischen Krieges (etwa 431–411 v.Chr.). Ktesias lebte zeitweise am Hof Artaxerxes II. und schrieb eine (nur in Zitaten erhaltene) persische Geschichte (*Persica*). Diese hervorragenden Historiker Altgriechenlands und eine Reihe ihrer Kollegen stellen Persien und persische Politik, Religion und Kultur natürlich aus ihrer griechischen Optik dar. Dennoch ist der Informationswert ihrer Schriften im Vergleich mit den biblischen Berichten als weit höher anzusetzen. Die Griechen schreiben als anspruchsvolle Historiker, nicht als Theologen, die eine Glaubensgemeinschaft begründen wollen.[34] Wir gewinnen also einige Durchblicke vor allem hinsichtlich der persischen Expansionspolitik in westliche Richtung. Außerdem übermitteln die griechischen Berichterstatter ihre Meinungen über die persische Innenpolitik, natürlich eingefärbt mit den ihnen eigenen Vorurteilen. Eine zusammenhängende Geschichtsschau der persischen Zeit lässt sich aber nur aus den hellenischen Quellen gewinnen (P. Briant). Speziell über Syrien – Palästina oder die östlichen Provinzen des Perserreiches ist allerdings kaum etwas aus der reichhaltigen griechischen Berichterstattung zu erfahren.

II.1.2 Artefakte und Architektur

A. Alizadeh u.a. (Hg.), The Iranian World, Teheran 1999. – N. Avigad, Bullae and Seals from a Post-Exilic Judean Archive, Jerusalem 1976 (Qedem 4). – C.E. Carter, The Emergence of Yehud in the Persian Period, Sheffield 1999 (JSOT.S 294). – P.O. Harper u.a. (Hg.), The Royal City of Susa, New York 1992. – B. Hrouda, Vorderasien I: Mesopotamien, Babylonien, Iran und Anatolien, München 1971 (Handbuch der Archäologie). – O. Keel, Studien zu den Stempelsiegeln aus Palästina / Israel, Bd. 4, Fribourg und Göttingen 1994 (OBO 135). – O. Keel und Chr. Uehlinger, Göttinnen, Götter und Gottessymbole, Freiburg, 2. Aufl. 1993, 430–452. – F. Krefter, Persepolis Rekonstruktionen, Berlin 1971 (TF 3). – S. Matheson, Persia: An Archaeological Guide, London 1976. – E.M. Meyers (Hg.), The Oxford Encyclopedia of Archaeology in the Near East, 5 Bde., New York / Oxford 1997. – E. Rehm, Der Schmuck der Achämeniden, Münster 1992. – N. Saliby, ‚Amrit, in: OEANE Bd. 1, 111–113. – K. Schippmann, Forschungs- und Ausgrabungsergebnisse in Irān seit 1965, MDOG 104, 1972, 45–79. – E.F. Schmidt, Persepolis II: Contents of the Treasury and other Discoveries, Chicago 1956. – W. Seipel, 7000 Jahre persische Kunst (Ausstellungskatalog), Mailand 2001. – E. Stern, Material Culture of the Land of the Bible in the Persian Period 538–332 B.C., Warminster-Jerusalem 1982. – Derselbe (Hg.), The New Encyclopedia of Archaeological Excavations in the Holy Land, New York / London, 4 Bde. 1993. – D. Stronach, Pasargadae. A Report on the Excavations, Oxford 1978. – H. Weippert, Palästina in vorhellenistischer Zeit München 1988, 682–718 (Handbuch der Archäologie II,1). – E.M. Yamauchi, Persia and the Bible, Grand Rapids, 1990, 279–377.

Wissenschaftliche Ausgrabungen zur Erforschung altpersischer Kultur sind seit etwa 150 Jahren im Gang und haben reiche Ergebnisse gezeitigt. Die Sichtbarmachung von Architektur und Kunst, Gerätschaften und Waffen, Münzen und Siegeln hilft ganz wesentlich dazu, ein realistisches Bild der Epoche zu zeichnen. Archäologen sind heute in der Lage, auch wirtschaftliche, soziale, religiöse Sachverhalte aus den Funden zu rekonstruieren. Inschriften und Texte helfen natürlich, den gefundenen Objekten Namen und Sinn zu geben. Aber die angeblich toten Gegenstände sprechen ihre eigene Sprache. Sie

---

[34] Das Groninger Symposium zur Geschichte des Achaemenidenreiches befasste sich 1984 mit den griechischen Historikern: vgl. H. Sancisi-Weerdenburg und A. Kuhrt, The Greek Sources (Achaemenid History II) Leiden 1987.

machen sinnlich direkt auf die von den Persern geschaffene materielle Lebenswelt aufmerksam. Die Ikonographie der altpersischen Kunst hat ihre eigene Metaphorik und Symbolik. Die zur Perserzeit gehörigen Bestände der großen Museen sind ein unschätzbar wertvoller Beitrag für unser Verstehen.

Die imperialen Hauptterritorien um die früheren Meder- und Elamiterhauptstädte Ekbatana und Susa sowie die persischen Zentren Pasargadae und Persepolis haben wohl die stärkste Aufmerksamkeit der Archäologen auf sich gezogen. Die dort zu gewinnenden Erkenntnisse begründen und bereichern unser Bild von der Struktur jener Regionen und des gesamten Weltreiches. Denn in der jeweiligen Hauptstadt liefen die Fäden von Verwaltung, Politik und imperialer Militärorganisation zusammen. Aus den Palastanlagen und Administrationstexten, Skulpturen und Siegelabdrücken lassen sich wichtige Einblicke gewinnen.

Besonders ins Auge fallen die monumentalen Palastanlagen, welche die Achämeniden seit Kyros errichtet haben. Verwaltungszentren wie Pasargadae, Susa, Persepolis, Ekbatana wurden glanzvoll ausgebaut, damit sie die großkönigliche Hofhaltung aufnehmen konnten. Künstler und Handwerker aus vielen Reichsteilen arbeiteten über Jahrzehnte an den heute noch eindrucksvollen, wenn auch nur in geringen Resten erhaltenen Gebäuden. Die Idee des persischen Großreiches nahm architektonisch Gestalt an: Riesige, von Pfeilern getragene Audienzhallen; Vorratshäuser und Werkstätten, Wohngebäude für König und Hofpersonal, ungeheure Tierplastiken (vor allem Stiere, Löwen, Mischwesen), Riesenreliefs von Völkergesandtschaften, triumphale Portale vermitteln den Eindruck von umfassender Herrschaft. Architektonische Stilmittel der Assyrer, Babylonier, Griechen, Ägypter verschmelzen zu einer neuen Synthese persischen, imperialen Selbstbewusstseins. Tempelanlagen sind in den weiträumigen Palästen schwer zu identifizieren. Und doch müssen sakrale Orte für die königliche Gottesverehrung vorhanden gewesen sein. Zumindest zeigen Reliefs über den Felsengräbern von Naqsh-i Rustam den Großkönig vor einem Feueraltar, und die Königsinschriften sowie ausgiebige Beschreibungen von Opfern und Zeremonien, priesterlichem und schamanistischem Personal (Magier) bestätigen die religiöse Grundeinstellung der Achämeniden. Vielleicht haben die achämenidischen Perser tatsächlich vorzugsweise an Freiluftaltären geopfert, wie Herodot und Strabo berichten.[35] Nachgewiesen sind jedoch Heiligtümer für die persische Göttin Anahita, die häufig mit Ischtar oder Hera verschmolz. – Die königlichen Begräbnisstätten sind ebenfalls Dokumente imperialer Herrschaft. Für Kyros hatte man noch in der Nähe von Pasargadae ein relativ bescheidenes, kompaktes Grabhaus mit Giebeldach auf erhöhter Terrasse errichtet. Der Innenraum misst nur bescheidene 6,40 mal 5,35 m. Darius I. und seine Nachfolger Xerxes, Artaxerxes I. und Darius II. ließen sich bei Naqsh-i Rustam, 6 km nördlich von Persepolis bestatten. Für jeden von ihnen schlug man aufwendig eine Grabkammer in eine senkrechte Sandsteinwand. Die Fassade ist kreuzförmig angelegt und mehr als 20 m hoch. Halbreliefs über dem Eingang – der König mit geflügelter Mazda(?)-Figur und Mondscheibe vor einem Feueraltar, darunter die staatstragenden Völkergruppen – und Preisinschriften im Inneren sind erhalten und demonstrieren Herrschaftsauftrag und Herrschaftsbewusstsein der dort bestatteten Achämeniden.

Zahlreiche Einzelfunde aus den königlichen Verwaltungszentren komplettieren das Bild von der materialen Kultur der Herrscher und ihrer Untergebenen. Metallverarbeitung,

---

[35] Nach P. Briant, Cyrus, 915; vgl. R. Bouchalat, Monuments religieux de la Perse achéménide: État des questions, TMO 7, Lyon 1984, 119–135.

Keramik, Siegelschneidekunst standen in hoher Blüte. Trinkbecher mit angefügten Tierköpfen oder -torsen waren in Mode, man vergleiche den wunderbar gearbeiteten goldenen Löwenrhyton aus dem Nationalmuseum in Teheran.[36] Aus der Glyptik können wir vielerlei mythologische und ideologische Motive entnehmen: geflügelte Mischwesen, heroenhafte Königsdarstellungen, Baummetaphern, Himmelsobjekte usw. Schmuck aus Edelmetallen und Edel- bzw. Halbedelsteinen ist reichlich gefunden worden. Er zeigt meistens hohe handwerkliche Qualitäten.[37] Für Waffen (Schwerter, Speer- und Pfeilspitzen, Schildverkleidungen etc) wurde Eisen oder Bronze verwendet. Keramikgegenstände wie Haushaltswaren aller Art oder Figurinen und kleinere kultische Gerätschaften gestatten Einblicke in privates und religiöses Leben. Die letzte Kategorie von Artefakten ist besonders für die Provinz Juda aufschlussreich.

Archäologische Forschungen in Syrien-Palästina haben erst in den letzten Jahrzehnten wichtigere Ergebnisse gezeigt. Biblische Vorstellungen von einer umfassenden Deportation der Gesamtbevölkerung und einer entsprechenden Menschenleere und folglichen „Sabbatruhe" für das Land Jahwes hatten unterschwellig auch moderne Forscher beeindruckt und im Verein mit der Tatsache, dass auf einigen wichtigen Tells die persische Schicht der Erosion zum Opfer gefallen war, die Annahme der Nichtbesiedlung verstärkt. „Die Überwindung dieses Dilemmas verdankt man vor allem Ausgrabungen in nördlichen Küstenorten ... und Orten im Ostjordanland. In ihnen hat man an Kleinfunden reiche Architekturschichten aus babylonisch-persischer Zeit entdeckt, mit deren Hilfe ein Kriterienkatalog für die damalige Kultur erstellt werden konnte."[38] Von der Archäologie der Perserzeit können wir uns also einige Hilfestellungen bei der Rekonstruktion der Epoche versprechen.

Ephraim Stern unterteilt seine wegweisende Studie über die „Materielle Kultur der Perserzeit in den biblischen Ländern"[39] in acht Abschnitte, das neunte Kapitel bietet eine Zusammenfassung. Auf den ersten 46 Seiten sind die bis 1972 durchgeführten relevanten Ausgrabungen im Küstenstreifen, Ostjordanland und in Samaria, Juda und Idumäa sorgfältig dargestellt.[40] In der Anfangsphase der palästinischen Archäologie (1890–1914) war die Identifikation der perserzeitlichen Schichten äußerst schwierig. Erst zwischen den beiden Weltkriegen gelang aufgrund von attischer Importkeramik und persischen Münzen die genaue Datierung freigelegter strata.[41] Nur mit Hilfe der so gewonnenen Kriterien konnte man in der Folgezeit die persische Periode in Palästina als eigenständigen Kulturabschnitt archäologisch profilieren. Die Ausgrabungen von Hazor, Schiqmona, Tel Megadim, Tel Mevorakh und En Gedi waren diesem Ziel besonders dienlich, weil die persischen Überbleibsel dort besser als sonst wo erhalten waren.[42] Die

---

[36] Titelbild des Ausstellungskataloges „7000 Jahre persische Kunst", hg. von W. Seipel, Mailand 2001; vgl. weiter A.S. Melikian-Chirvani, The Iranian Wine Horn from Pre-Achaemenid Antiquity to the Safavid Age, Bulletin of the Asia Institute 10, 1996, 85–139.

[37] Vgl. E. Rehm, Der Schmuck der Achämeniden. Altertumskunde des Vorderen Orients 2, Münster 1992.

[38] H. Weippert, Palästina, 698. Die Autorin verweist besonders auf die bahnbrechenden Arbeiten von E. Stern und kommt zu dem Schluss: „Die Quellenlage für die babylonische und vor allem persische Zeit ist ausgesprochen gut." (a.a.O. 693).

[39] E. Stern, Culture, 1982. Danach hat besonders C.E. Carter, Emergence, diese Arbeit weitergeführt.

[40] Vgl. die neueren Übersichten über die Ausgrabungsstätten und surveys von C.E. Carter, Emergence, 114–171; L.L. Grabbe, Yehud 22–53.

[41] Die Ausgrabungen der kleinen sites Tell Abu Hawam durch R.W. Hamilton und 'Atlit durch C.N. Johns (beide 1932 / 1933) waren dafür ausschlaggebend, E. Stern, a.a.O. XVII.

[42] E. Stern, Culture, XIX; 47–49.

Auffindung persischer Siedlungsreste führte zu der erwähnten Revision des Geschichtsbildes, das von der biblischen Vorstellung einer palästinischen *tabula rasa* nach 587 v.Chr. geprägt war.

Von einem „Aufhören städtischen Lebens" nach der babylonischen Eroberung kann nämlich anhand der Grabungsbefunde keine Rede sein. In seinem 2. Kapitel „Architecture" stellt E. Stern fest, dass abgesehen vom südlichen Juda die Städte im Norden und im Küstenstreifen am Ende der babylonischen Periode ein ungewöhnlich reiches Leben verraten.[43] C.E. Carter kommt dann auch mit anderen zu dem Schluß, dass unter persischer Oberhoheit die Bevölkerungszahlen in Juda deutlich gestiegen seien.[44] Erste Anzeichen einer regelrechten Stadtplanung machen sich bemerkbar: Geradlinige, manchmal schachbrettartige Straßenführung, ebenmäßige Grundrisse für Wohnhäuser.[45] Großbauten der Zeit sind in Juda – man vergleiche den Palast von Lachisch – noch nicht nachgewiesen; typisch persische Elemente wie das Stierkapitell tauchen höchstens in Sidon am Sitz des persischen Gouverneurs auf. Stadtbefestigungen sind in der persischen Periode in Palästina mehrfach vorgenommen worden. Drei zeitgenössische Gebäude haben Archäologen als Tempel qualifiziert, davon eins in Lachisch, d.h. im möglichen judäischen Einflussgebiet.[46] Datierung und Zweckbestimmung dieses Heiligtums sind zwar umstritten, doch die Argumente für eine persische Ansetzung scheinen stärker zu sein.[47] – In den Grabstätten der persischen Periode ist Ganzkörperbestattung nach verschiedenen Traditionen festzustellen. Nur ein bestimmtes, mit Steinplatten ausgeführtes Einzelgrab ist auch in den östlichen Reichsgebieten vertreten; Krug-, Sarkophag-, Höhlen-Bestattungen sind typisch für westliche (phönizische, ägyptische, syrische) Gebräuche. Verschiedene Beigaben (attische Keramik; achämenidische Metallgeräte; Münzen) gestatten oft eine relativ genaue Datierung.[48] – Keramikfunde haben in der geschichtlichen Archäologie die Funktion von Leitfossilien, weil sie häufig vorkommen und kaum ideologischen Missdeutungen ausgesetzt sind. In der Perserzeit verwenden die Bewohner des antiken Palästina weithin importierte griechische, vielfach reich bemalte Tonwaren neben recht schmucklosen einheimischen Produkten.[49] Unter den Artefakten aus Metall, Alabaster, Faiencen und Glass[50] ragen die iranisch-skythischen und griechischen Pfeilspitzen als typisch für die Periode heraus.[51]

Für unsere Thematik sehr wichtige Themen behandelt E. Stern in den Kapiteln sechs bis acht: Es geht um kleine Kultobjekte, vor allem Figurinen und Altärchen, um Ikonographie und Beischriften von Siegelabdrücken (bzw. Siegeln) und um Münzfunde.[52] Alle diese Kleinfunde können einen guten Einblick in die religiösen und politischen

---

[43] E. Stern, Culture, 48. Er stützt sich z.B. auf die Ergebnisse, die P.W. Lapp bei der Ausgrabung von Tell el Ful erzielt hat.
[44] C.E. Carter, Emergence, 199–205.
[45] E. Stern, Culture, 48f. Es scheint griechischer Einfluss vorzuliegen (Hippodomische Planung).
[46] E. Stern, Culture, 61–64. Lachisch hat aber nicht zu Jehud gehört, vgl. C.E. Carter, Emergence 84–87. In 'Amrit an der syrischen Küste waren persische Bauten einschließlich Bestattungstürme bis in die Neuzeit sichtbar, vgl. N. Saliby, OEANE 1, 111f.
[47] Gegen den zweiten Ausgräber Y. Aharoni (vgl. derselbe, IEJ 18, 1968, 157–164) verweisen E. Stern, a.a.O.; H. Weippert, Palästina, 700f; auf die eindeutig perserzeitlichen Keramik- und anderen Kleinfunde am Ort und die architektonischen Analogien zu anerkannt zeitgenössischen Tempeln (Langform; Eingang in östlicher Schmalseite; Räume auf einer Achse gelegen; Allerheiligstes durch Stufen erhöht).
[48] Vgl. E. Stern, Culture, Kap. 3, 68–92.
[49] Vgl. E. Stern, Culture, Kap. 4, 93–142. C.E. Carter betont die Schwäche der Wirtschaft, a.a.O. 285.
[50] Vgl. E. Stern, Culture, Kap. 5, 143–157.
[51] E. Stern, Culture, a.a.O. 154–157.
[52] Bei E. Stern, Culture, sind das die Seiten 158–195; 196–214; 217–228 respective.

Verhältnisse der Zeit geben, vor allem dann, wenn sie durch Vergleiche mit Funden außerhalb Palästinas Kontrastschärfe gewinnen. Bei den religiös relevanten Artefakten sollten wir allerdings zwei von E. Stern vorausgesetzte Grundsätze ein wenig relativieren: Er nimmt erstens an, dass die kleine, in der Provinz Jehud gefundene Zahl von kultischen Figurinen automatisch auf den dort offiziell wirksamen Monotheismus schließen lasse, und dass eben diese Figürchen (zumindest, wenn sie sich in größerer Zahl in sogenannten *favissae*, „Bestattungs-Gruben", vorfanden) ausschließlich in Tempelanlagen verwendet wurden (als Votivgaben? oder als Darstellungen von Gottheiten?).[53] Weder ist das geschriebene Verbot von „anderen Gottheiten" gleichbedeutend mit der religiösen Wirklichkeit, noch schließt die feierliche Bestattung von ausgedienten kultischen Statuetten deren vorgängige häusliche Verwendung aus (vgl. Ex 21,6; 1 Sam 19,13). Eine Verringerung der häuslichen Verehrung „anderer Gottheiten" außer Jahwe würde indessen einen gewissen Erfolg der offiziellen Gemeindetheologie demonstrieren.

Einige der größten Figurinenfunde wurden in der Nähe der Provinz Juda gemacht: Tel Sippor ergab mehr als 200 Stück, Tell es-Safi über 100 (sorgfältig zerschlagene) Bruchstücke, Lachisch hatte offenbar mehrere Lagerstellen für Figurinen und Altärchen; von den letzteren fanden sich etwa 30 an einem Ort versammelt (die Gesamtzahl für Lachisch beträgt über 200). Einer davon trägt die Inschrift: „Weihrauch". Andere Sammlungen solcher außer Dienst genommenen heiligen Geräte wurden in Gezer, Tel Jemmeh, Sheik Zuweid, Tel Beer-Sheba entdeckt. Alles in allem erstrecken sich die Fundorte von Beer-Sheba im Süden bis weit nach Nordsyrien. Die Provinz Juda ist nicht gänzlich ausgeklammert, sondern hat anscheinend Anteil an den kultischen Verrichtungen, die mit diesen Artefakten verbunden gewesen waren. Unter den Figurinen kommen männliche Skulpturen (Gottheiten; Heroen; Beter?) vor, auch eine viel diskutierte „persische Reitergestalt", vor allem aber Abbildungen einer unbekleideten oder bekleideten Frau in verschiedenen Posen, manchmal schwanger, gelegentlich mit Kind. Vorläufertypen sind aus früheren Jahrhunderten in großer Zahl bekannt.[54] In der persischen Periode treten nun auf der einen Seite nach griechischem Vorbild stilisierte Frauenfigurinen auf, meistens voll bekleidet, sitzend oder stehend. Ihnen stehen nackte junge Männer des Apollo-Typs gegenüber; beide zählen zum „westlichen" Modell. Auf der anderen Seite befinden sich die vorwiegend nackten, die Fruchtbarkeitssymbolik betonenden Göttinnenfigurinen des „östlichen" Modells. Es führt die vorderorientalische Tradition weiter, gibt den Figurinen aber deutlich fröhlicheren und natürlicheren Gesichtsausdruck als in früheren Perioden.[55] Auch die Räucheraltärchen, denen weitgehend die von vier Beinen getragene Kastenform gemeinsam ist, lassen sich nach Herkunft und Tradition klassifizieren. Zu den einheimisch palästinischen treten zypriotische, südarabische und mesopotamische Modelle. Fast alle sind sie mit eingeritzten oder aufgemalten, seltener erhabenen (Relief-) Figuren oder Szenen verziert. Die gewählten Dekorationen und ihre handwerkliche Ausführung aber verraten die Tradition, in der die Einzelstücke stehen. So repräsentieren Figurinen und Weihrauchaltäre zugleich die bodenständigen Traditio-

---

[53] Jews and Samaritans „did not utilize such objects in their rites ..."; „We can therefore infer that sanctuaries also existed at those Palestinian sites at which assemblages of figurines were found." (E. Stern, a.a.O. 158). O. Keel und C. Uehlinger sind weniger apodiktisch in ihrer Meinung (dieselben, Göttinnen 445f).

[54] Vgl. U. Winter, Frau und Göttin, Fribourg und Göttingen 1983, bes. 96–199 (OBO 53); R. Kletter, The Judean Pillar-Figurines and the Archaeology of Asherah, Oxford 1996, bes. 78 (BAR International Series 636); J. Jeremias und F. Hartenstein, „JHWH und seine Aschera", in: B. Janowski u.a. (Hg.), Religionsgeschichte Israels (VWGTh 15) 1999, 79–136.

[55] E. Stern charakterisiert so den östlichen und den westlichen Typ in: derselbe, Culture, 165–176.

nen und den interreligiösen Austausch. Eigentlich persische religiöse Ikonographie und Symbolik sind jedoch bei palästinischen Fundstücken nicht vorhanden.

Das ist anders im Bereich von Siegelabdrücken und Münzprägungen. Hier kommt der staatliche Arm zum Zuge, denn die betreffenden Siegel wurden z.T. von persischen Verwaltungsbeamten der Satrapie Transeuphrat bzw. der untergeordneten Provinzen in offizieller Amtsausübung geführt. Und die Herstellung von Münzen, die wirtschaftsgeschichtlich eben in der Perserzeit einsetzte, war voll und ganz Sache des Staates. Private Petschaften sind gegenüber den amtlichen natürlich numerisch viel stärker repräsentiert; sie liefern wertvolle Erkenntnisse im Blick auf Familien- und Sozialgeschichte, aber auch auf relgiöse Bindungen der Siegelführer. Die Entdeckung und Publikation weiterer Exemplare ist in den letzten Jahrzehnten rasant fortgeschritten, so dass die Zusammenstellungen von E. Stern überholt sind.[56] Wichtig sind für unsere Zwecke einmal die bildhaften Darstellungen des persischen, königlichen Heros im Kampf mit mythischen Ungeheuern, beschützt von der geflügelten Ahura Mazda Figur, zum anderen alle jene Siegel und Münzen, welche den Namen der Provinzen Jehud oder Samaria und in einigen Fällen der amtierenden Gouverneure (*phh*) führen. Bemerkenswert ist daneben ein samarisches Siegel mit der Inschrift: „Schelomith, Dienerin Elnathans, des Gouverneurs"; es gehörte wohl einer hohen Beamtin in der Provinzregierung.[57]

Die Auswertung der vielen, sich ständig vermehrenden Kleinfunde erfordert viel Zeit und Geduld, und stärkeren Einsatz von finanziellen Mitteln wie von Fachpersonal, als tatsächlich zur Verfügung stehen. Eine Abgleichung der Forschungsergebnisse mit den biblischen Quellen, besonders der Esra-Nehemia-Überlieferung ist wünschenswert, unterliegt aber gewissen Schwierigkeiten. Archäologische Zeugnisse sind in einer anderen Weise den Interessen ihrer Produzenten verpflichtet als die biblischen Autoren und Tradenten, die ihre Texte für eine Kultgemeinde herstellten oder pflegten. Allein der Traditionsprozess kann unterschiedlicher nicht sein: Artefakten und ihre Beschriftungen sind nach dem Herstellungsakt für alle Zeiten (abgesehen von leichten Modifikationen durch Tilgung und Neubeschriftung) fixiert. Die Gemeindetradition dagegen bleibt mündlich und schriftlich im Fluss. Und sie dient in der Regel dem lebendigen Zeremoniell kommunikativer Akte, die bis in unsere Gegenwart andauern.

II.2 Das persische Weltreich

Es ist aus unserer heutigen Sicht sinnvoll, zuerst den großen Rahmen abzustecken, in dem sich die kleine judäische Gemeinschaft gebildet und bewegt hat. Auch nach den biblischen Zeugnissen ist die Gestaltung der Gemeinde im Wechselspiel mit der Großmacht Persien zustandegekommen. Dieses reaktive Moment lässt sich nur dann verstehen, wenn wir die Umrisse des Staatsgebildes zeichnen, das die Perser geschaffen haben. Iranisten debattieren an dieser Stelle die innere Struktur und die „Ideologie" des Riesenreiches und der darin Herrschenden.[58]

---

[56] Vgl. besonders die umfassende Kollektion von Siegelabdrücken und Siegeln durch O. Keel u.a., Stempelsiegel Bd. 4 (OBO 135); derselbe und C. Uehlinger, Göttinnen, 430–452; C.E. Carter, Emergence 259–283. Ferner sind zahlreiche Einzelveröffentlichungen in archäologischen Zeitschriften erschienen.

[57] Vgl. N. Avigad, Bullae, 6f.

[58] Vgl. P. Briant, Cyrus: Das Imperium wird entweder gesehen als „loose federation of autonomous countries under the distant aegis of a Great King" oder als einheitliches Machtgebilde in seiner „organizational dynamic" mit „intense processes of acculturation" (a.a.O. 1).

II.2.1 Imperiale Strukturen

G. Ahn, Religiöse Herrscherlegitimation im achämenidischen Iran, Leiden und Louvain 1992 (Acta Iranica 31). – J. Blenkinsopp, The Mission of Udjahorresnet and Those of Esra and Nehemiah, JBL 106 (1987) 409–421. – E. Blum, Esra, die Mosetora und die persische Politik, in: R.G. Kratz (Hg.), Religion. – P. Briant, From Cyrus to Alexander, Winona Lake 2002. – M. A. Dandamaev und V. G. Lukonin, The Culture and Social Institutions of Ancient Iran, Cambridge 1989. – P. Frei und K. Koch, Reichsidee und Reichsorganisation im Perserreich, Fribourg und Göttingen 2. Aufl. 1996 (OBO 55). – L.L. Grabbe, Yehud: A History of the Persian Province of Judah, London 2004 (Library of Second Temple Studies 47). – W. Hinz, Darius und die Perser, 2 Bde, Baden-Baden 1976, 1979. – K.G. Hoglund, Achaemenid Imperial Administration in Syria-Palestine and the Missions of Ezra and Nehemia, Atlanta 1992 (SBL.DS 125). – H. Koch, Es kündet Dareios der König ... Vom Leben im persischen Großreich, Mainz 1992 (Kulturgeschichte der Antiken Welt 55). – R.G. Kratz (Hg.), Religion und Religionskontakte im Zeitalter der Achämeniden, Gütersloh 2002 (Veröffentlichungen der Wissenschaftlichen Gesellschaft für Theologie 22). – M.C. Miller, Athens and Persia in the Fifth Century B.C., Cambridge 1997. – D.B. Redford, The So-Called ‚Codification' of Egyptian Law, in: J.W. Watts (Hg.), Persia, 135–159. – H. Sancisi-Weerdenberg u.a.(Hg.), Achaemenid History (bisher 13 Bde, anfangs Sammelergebnisse des Groninger workshops), Leiden 1983ff. – W.J. Vogelsang, The Rise and Organisation of the Achaemenid Empire. The Eastern Iranian Evidence, Leiden 1992 (Studies in the History of the Ancient Near East 3). – J.W. Watts (Hg.), Persia and Torah. The Theory of Imperial Authorization of the Pentateuch, Atlanta 2001 (SBL Symposium Series 17). – U. Weber und J. Wiesehöfer, Das Reich der Achaimeniden, Berlin 1996. – J. Wiesehöfer, Das antike Persien von 550 v.Chr. bis 650 n.Chr., Zürich 1993. – Für alle Forschungsbereiche der achämenidischen Epoche ist die Internetbibliographie der Groninger Arbeitsgruppe außerordentlich wichtig: http://www.achemenet.com/bibliographies/bhach1.htm.

(*Globale Herrschaft*) Das achämenidische Imperium erstreckte sich vom Indus bis an den Hellespont und bis zu den ersten Nilkatarakten. Die Ost-Westausdehnung betrug mehr als 5000 Kilometer, die Nord-Süderstreckung zwischen 1000 bis 3000 km grob in Luftlinien gemessen.[59] Die gesamte Bevölkerungszahl innerhalb der persischen Grenzen lässt sich nur abschätzen. Wenn es um 500 v.Chr. eine Weltbevölkerung von vielleicht 20 bis 50 Millionen Menschen[60] gab, dann können wir möglicherweise ein Drittel oder mehr davon für die persischen Hoheitsgebiete veranschlagen. In jedem Fall war das Reich riesengroß. Wir können es unbesorgt mit den größten Flächenstaaten unserer heutigen Welt vergleichen. Es ist nicht schwer sich vorzustellen, dass derartig großräumige Staaten- und Gesellschaftsgebilde damals wie heute die jeweils Regierenden und Regierten vor vergleichbare Probleme der Organisation, Wirtschaft, Versorgung, Kommunikation, Rechtsprechung usw. stellten.

Wie war es überhaupt zu der enormen politischen Machtentfaltung gekommen? Das persische Großreich ist nicht unversehens vom Himmel gefallen. Es baute sich auf Vorgängerimperien auf, die seit dem 3. Jt. v.Chr. in Mesopotamien und – in anderer äußerer und innerer Verfassung – in Ägypten bestanden. Die Idee eines Weltreiches hatte sich mit den allmählich entstehenden Großgesellschaften im Auf und Ab der Geschichte interkulturell entwickelt und gehört wohl seit dem dritten Jahrtausend zum kollektiven Bestand an nahöstlichen Weltkonzepten. Schon aus der frühdynastischen Zeit des Zweistromlandes melden sich Herrscher mit dem Anspruch zu Wort, der Hauptgott des Landes habe sie zur Eroberung von Fremdvölkern, zum Frieden- und Heilsbringer für die anderen und zur Etablierung einer festen Statthalterschaft über „die vier Weltgegenden"

---

[59] S. u. II.2.2: Die Fläche von ca. 10 Millionen km^2 entspricht etwa der Europas!
[60] Demoskopische Schätzungen für die Antike können sich nur an einer ungefähren, archäologisch hier und da zu erkennenden Siedlungsdichte ausrichten, vgl. H. Birk, Die Weltbevölkerung, München 2004; Deutsche Stiftung Weltbevölkerung, DSW Datenreport, Hannover 2002 usw.

beauftragt.⁶¹ Im Akkadreich der Könige Sargon bis Naramsin (ca. 2350–2150 v.Chr.) kam die Überzeugung, Weltmission und Weltherrschaft zu betreiben, schon recht klar zum Ausdruck. Die Herrscher der dritten Dynastie von Ur (ca. 2100 bis 2000 v.Chr.) haben die Tradition verstärkt aufgenommen.⁶² Besonders die Assyrer traten dann in die Fußstapfen der Altvorderen. Sie haben diese Gedanken unter offener Bezugnahme auf die Könige des 3. Jt.s ausgebaut und auf einen gewissen Höhepunkt getrieben. Die assyrischen Großkönige beriefen sich häufig auf den Staatsgott Assur und die kriegerische Ischtar, wenn sie von ihrer siegreichen Expansion in alle Himmelsrichtungen berichteten. Schon der Begründer der assyrischen Vormacht, Tiglat-Pileser I (1114–1076 v.Chr.) schlägt diese Töne an:

> God Aššur, great Lord, who properly administers all the gods, guarantor of sceptre and crown, sustainer of souvereignity ... [es folgen mehrere andere Götter und schließlich Ištar] ... foremost among the gods, mistress of tumult, who adorns battles ...". [Der König wird genannt] „... unrivalled king of the universe [LUGAL.KIŠ la-a šá-na-an],⁶³ king of the four quarters [LUGAL kib-rat 4-i], king of all princes, lord of lords, chief herdsman, king of kings ..."⁶⁴

Die Königstitulaturen werden durch die Jahrhunderte und die verschiedenen Reichsverfassungen hindurchgereicht, auch variiert. Aber sie folgen gerade an dem Punkt, wo es um die Ausdehnung der Herrschaft auf die bekannte Erdoberfläche geht, einer traditionellen Linie und benutzen weitgehend althergebrachte Formeln. Auch Sargon II (721–705 v.Chr.) – und neubabylonische wie persische Herrscher nach ihm – halten an ihnen fest:

> Sargon, der König der Gesamtheit [Šarru-kin šar kiššati] der König des Landes Assyrien: Aus meinem eigenen Wunsch baute ich eine Stadt. Dur-Šarrukin nannte ich ihren Namen. Einen perfekten (?) Palast, der in den vier Weltteilen [kibrat arba'i] ... nichts Ebenbürtiges hat, baute ich darin.⁶⁵

Die persischen Großkönige übernehmen Vorstellungen wie auch Titulaturen für sich selbst und in eingeschränktem Sinn für ihre Gottheit, Ahuramazda, den „Herrn der Weisheit". Jedenfalls praktizieren und zelebrieren sie die unbegrenzte Weltmacht, die ihresgleichen nicht hat – obwohl es an inneren und äußeren Feinden nicht mangelte. Doch die über kulturelle Grenzen hinweg ererbte Königsideologie gab vor, die aktuelle Machtkonzentration sei von der Gottheit gewollt, sie entspreche darum auch dem Wohl und Interesse der im Imperium vereinten Völker. Die Herrschertitel erscheinen kumuliert:

---

61 Vgl. S. Franke, Königsinschriften und Königsideologie (Altorientalistik 1), Münster 1995, z.B. im Blick auf das Epitheton des Eannatum: „der Ningirsu alle Fremdländer untertan macht" (a.a.O. 52; ferner 89–101; 160–164 usw.)
62 Vgl. M. Liverani (Hg.), Akkad. The First World Empire: Structure, Ideology, Tradition, Padova 1993 (HANE/S, vol. IV); P. Attinger und M. Wäfler (Hg.), Mesopotamien: Akkade-Zeit und Ur III-Zeit. Annäherungen 3, Fribourg und Göttingen 1999 (OBO 160/3).
63 Der Titel „König von Kiš, ohnegleichen" hat vom dritten bis zum Ende des zweiten Jahrtausends eine Bedeutungsentwicklung hin zu „Universalherrscher" durchgemacht, die oft auch mit der akkadischen Bezeichnung „šar kiššatim", „König der Gesamtheit" ausgedrückt wird, vgl. S. Franke, Königsinschriften und Königsideologie, Münster, 1995; Ahw Bd. 2, 492; E.S. Gerstenberger, „World Dominion" in Yahweh-Kingship Psalms, HBT 23 (2001/2) 192–210.
64 A.K. Grayson, Assyrian Rulers of the Third and Second Millenia (to 1115 B.C.) [= Bd. 1] and the Early First Millenium (1114–859 B.C.) [= Bd. 2], Toronto, 1987 und 1991. Zitat aus Bd. 2, 13.
65 Nach C. Uehlinger, Weltreich und eine Rede (OBO 101) Fribourg und Göttingen, 1990, 476.

Imperiale Strukturen

> *Aus dem Kyroszylinder (539 v.Chr.)*
> Ich Kyros, König des Weltreichs, großer und mächtiger König, König von Babel, König von Sumer und Akkad, König der vier Weltufer, Sohn des Kambyses, des großen Königs, des Königs von Anšan, Enkel des Kyros, des großen Königs, des Königs von Anšan, Nachkomme des Šišpiš (Teispes), des großen Königs, des Königs von Anšan, ewiger Same des Königtums, dessen Regierung Bel und Nabû liebgewannen und dessen Königtum sie zur Erfreuung ihrer Herzen wünschten, als ich friedlich in Babel eingezogen war, schlug ich unter Jubel und Freude im Palast des Fürsten den Herrschersitz auf.[66]

Die Vorfahren des Kyros waren nur Regionalkönige von Anschan gewesen, dem elamitisch-persischen Stammland. Diese Phase der Kleinherrschaft ist vorbei. Kyros der Große selbst redet betont von Weltherrschaft, die ihm wie selbstverständlich in dieser Zylinderinschrift von Marduk, dem Stadt- und Staatsgott der Babylonier, zugeteilt worden ist. Im Berichtstil heißt es von Marduk: „Alle Länder insgesamt musterte er, er hielt Umschau unter seinen Freunden, einen gerechten Fürsten nach seinem Herzen fasste er mit seiner Hand: Kyros, den König von Anšan, berief er, zur Herrschaft über das ganze All nannte er seinen Namen."[67] Die Nennung Marduks als des göttlichen Weltenlenkers ist in der Stadt Babylon nicht ungewöhnlich: Der Eroberer tritt in die Traditionen der Besiegten ein; er kann es vielleicht deshalb so gut, weil der Gott der unterlegenen Gegner durch die revoltierende Priesterschaft von Babylon, ihn, Kyros, ausdrücklich als Retter willkommen geheißen hat.[68] Aus persischer Sicht mag das bedeutet haben: Der Verleiher der Weltherrschaft ist kein anderer als die eigene Staatsgottheit, Ahuramazda. Zu ihm bekennen sich nach Kyros betont einige persische Herrscher.

Darius nimmt in der großen, dreisprachigen Behistun-Inschrift die Titulaturen der Vorgänger auf:

> Ich bin Darius, der Großkönig, König der Könige, König in Persien, König der Länder, des Hystaspes Sohn, des Arsames Enkel, ein Achämenide.[69]

Der Weltherrscher weist dann immer wieder auf seine Beauftragung durch Ahuramazda hin:

> Es kündet Darius der König: Nach dem Willen Ahuramazdas bin ich König. Ahuramazda hat mir die Königsherrschaft (pers. *xšaça*) verliehen.[70]
> [Es folgt die Aufzählung von 23 beherrschten Nationen – s.o. 9 – in § 6, dann heißt es weiter:]
> Es kündet Darius der König: Diese Länder, die mir zugekommen sind – nach dem Willen Ahuramazdas wurden sie mir untertan. Sie brachten mir Tribut. Was ihnen von mir gesagt wurde, sei es bei Nacht oder Tage, das taten sie.[71]

---

[66] K. Galling (Hg.), Textbuch zur Geschichte Israels, Tübingen 1968 (TGI), 83.
[67] K. Galling, TGI, 83.
[68] So im Schmähgedicht auf Nabonid, J. Pritchard (Hg.) ANET 312–315; vgl. den Kyros-Zylinder TUAT I, 408–410 und auch Jes 44,28; 45,1–4. H. Donner kommentiert die Texte traditionell in: Geschichte, Bd. 2, 424f; P. Briant andererseits: „This traditional interpretation evokes suspicion to the extent that it agrees with the image that Persian propaganda itself would have portrayed." (derselbe, Cyrus, 41).
[69] Kompositttext aus altpersischer, babylonisher und elamischer Version, nach W. Hinz, TUAT I, 420f. (= § 1 der in 70 Abschnitte eingeteilten Felsinschrift. Jeder Teil wird altpersisch stereotyp mit der Formel eingeleitet: „Es kündet Darius der König").
[70] § 5 der Inschrift, bei W. Hinz, TUAT I, 422. Die Inschriften des Darius heben immer wieder in formelhafter Wendung hervor: Ahuramazda ist der Schöpfer des Alls, „der das Glück für den Menschen schuf, der Dareios zum König machte, der König Dareios das Reich gab, das große, mit guten Pferden (und) mit guten Männern …", vgl. G. Ahn, Herrscherlegitimation, 180.
[71] § 7 der Inschrift, bei W. Hinz, TUAT I, 424. Zur königlichen Gesetzgebung vgl. P. Briant, Cyrus 510f; 600–611. G. Ahn führt aus, dass der Grosskönig in Erfüllung des göttlichen Auftrags handelt, derselbe, Herrscherlegitimation 180–227; 246–302. Es folgt in § 9 erneut der eindringliche Hinweis, dass Ahuramazda die treibende Kraft hinter der Regierungspraxis des Darius sei.

König Darius in Audienz: „Schatzhausrelief" in Persepolis
aus: W. Seipel (Hg.), 7000 Jahre persische Kunst (Ausstellungskatalog), Bonn 2001, S. 192
© LOTOS-Film Kaufbeuren

Die von der Gottheit verliehene Herrschaft verpflichtet den König doch wohl an Gottes Statt zur Wahrung des Rechts, zu einer Art Richtlinienkompetenz für die Untertanen:

> Es kündet Darius der König: In diesen Ländern habe ich einen Mann, der treu war, reich belohnt; doch wer treulos war, den habe ich streng bestraft. Nach dem Willen Ahuramazdas haben diese Länder mein Gesetz (pers.: *dāta*, aram. *dat* „Erlass; Gesetz") befolgt, wie ihnen von mir gesagt wurde, so taten sie.[72]

Wo immer der Gegenspieler des höchsten Gottes auftritt, der lügnerische Geist, Negation des Guten, da muß der König eingreifen, da wird Ahuramazda ihm beistehen. Der Herrscher wird gar zum Prediger für seinen Gott:

> Es kündet Darius der König: Diese Länder, die abtrünnig wurden, die Lüge (*drau*) hat sie abtrünnig gemacht, so dass diese (Männer) das Volk belogen. Daraufhin hat Ahuramazda sie in meine Hände gegeben. Wie es mein Wille war, so tat ich ihnen.
> Es kündet Darius der König: Du, der du nachmals König sein wirst, nimm dich vor der Lüge fest in acht. Einen Mann, der ein Lügenknecht ist, bestrafe streng, wenn du so denkst: ‚Mein Land möge fest sein!'[73]

Schließlich sei noch die Grabinschrift des Darius zitiert, welche das Lebenswerk des Königs unter die Regie des persischen Schöpfer- und Ordnungsgottes (diese Motive können durchaus auch mesopotamisch sein, weil sie in den Gathas des Zaratustra nicht so formelhaft auftreten) stellt, und den Herrscher noch einmal in der Verkündigungspose darstellt:

> Das, was ich getan habe, habe ich alles nach dem Willen Ahuramazdas getan. Ahuramazda lieh mir Beistand, bis ich das Werk vollbracht habe. Mich möge Ahuramazda beschützen vor Übel und mein Königshaus und dieses Land! Dieses erflehe ich von Ahuramazda, dieses möge Auramazda [sic] geben! O Mensch, was der Befehl Ahuramazdas ist, das möge dir nicht übel erscheinen. Verlasse nicht den rechten Pfad! Sei nicht widersetzlich![74]

---

[72] § 8 der Inschrift, nach W. Hinz, TUAT I, 424. Zur königlichen Gesetzgebung vgl. P. Briant, Cyrus 510f; 600–611. G. Ahn führt aus, dass der Grosskönig in Erfüllung des göttlichen Auftrags handelt, derselbe, Herrscherlegitimation 180–227; 246–302.
[73] So die ungekürzten §§ 54 und 55 der Inschrift, bei W. Hinz, TUAT I, 444. Die „Lüge" ist widergöttlich. Vgl. M. Boyce, History Bd. 2, 173–177.
[74] Nach H. Koch, Dareios, 294.

Angesichts der Fülle von religiös fundierten Herrschaftsaussagen und des missionierenden Eifers der Darius-Inschriften[75] ist es müßig zu fragen, ob der Ahuramazda-Glaube unter den Achämeniden eine Rolle in der Staatspolitik gespielt habe. Für die Regierungszeit des Darius ist er jedenfalls eindeutig als Referenzrahmen bezeugt, wenngleich über die religiösen Inhalte und die speziellere Frage, ob Zarathustras Lehre allein maßgebend war oder nicht, wenig auszumachen ist. Die Bewertung der „Lüge" in Politik und Lebensführung zeigt jedoch den Charakter der gemeinten Religion.

Der Eifer für Ahuramazda ist auch bei anderen Achämeniden belegt. Einmal, in einer Inschrift des Xerxes, steigert er sich anscheinend zu religiösen Säuberungsmaßnahmen in eroberten Territorien:

> *Xerxes in seiner ‚daeva' Inschrift von Persepolis und Pasargadae:*
> Ahuramazda ist der große Gott, der diese Erde hier gemacht hat, der den Himmel dort gemacht hat, der den Menschen erschuf, der das Glück für den Menschen hervorbrachte, der Xerxes zum König eingesetzt hat, den einzigen König von vielen, den einzigen Herrscher von vielen.[76]
> Unter jenen Völkern gab es eines, wo früher die Daivas verehrt wurden. Doch – Ahuramazda sei Dank! – ich habe das Heiligtum der Daivas zerstört. Ich habe verfügt, „dass die Daivas keine Anbetung mehr erfahren dürfen!" Da, wo früher die Daivas verehrt wurden, verehrte ich nun Ahuramazda, zur vorgeschriebenen Zeit und nach dem (richtigen) Ritus.[77]

Die Experten rätseln, um welches Volk es sich handelt und auf welche geschichtlichen Ereignisse die Inschrift anspielt. Klar ist: Xerxes handelt in dem Text von Aufständen, die er erfolgreich bekämpfte. Und er gibt sich eindeutig als Kämpfer für die rechte Religion aus, die bei der Reichserhaltung eine ausschlaggebende Rolle zu spielen scheint, ganz im Gegensatz zur sonst bekannten Religionspolitik der Achämeniden. Die Daivas sind Konkretion und Personifikation des falschen Glaubens, dem „Herrn der Weisheit", Ahuramazda, dem Schöpfer und Hort des Guten, diametral entgegengesetzt. Die Königsinschriften zeigen in jedem Fall: Für das achämenidische Imperium hatte der Glaube an Ahuramazda eine fundamentale Bedeutung, wie immer dieser Glaube intern ausgestaltet war, und wie unterschiedlich er auch nach außen hin gegenüber den anderen Religionen vertreten worden sein mochte. Im Unterschied zu den mesopotamischen Weltreichen, in denen der König traditionell Sachwalter der Gottheit und oberster Hüter von Recht und Gerechtigkeit gewesen ist,[78] sind die königlichen Funktionen bei den Achämeniden weiter gefasst. Die Großkönige vertreten im Weltmaßstab die Autorität

---

[75] Eine Zusammenstellung der Texte bei P. Lecoq, Inscriptions, 187–249 mit zahlreichen Verweisen auf die Einzigartigkeit der Herrschaft des Großkönigs. Sie ist im Willen und Auftrag der Gottheit begründet.

[76] Nach G. Ahn, Herrscherlegitimation 111–113; bei P. Lecoq, Inscriptions, 256: Er übersetzt folgendermaßen: „Ahuramazda est le grand dieu qui a créé cette terre ici, qui a créé ce ciel là-bas, qui a créé l'homme, qui a créé le bonheur pour l'homme, qui a fait Xerxès roi, unique roi de nombreux, unique souverain de nombreux.

[77] Nach G. Ahn, Herrscherlegitimation 111–122.Vgl. Lecoq, Inscriptions, 257f. Der Text lautet bei Lecoq: „Et parmi ces peuple, il y en avait un ou précédement les dévas étaient vénérés; alors, grace à Ahuramazda, j'ai détruit le sanctuaire des dévas et j'ai interdit: ‚Que les dévas ne soient pas vénerés!'" Vgl P. Briant, Cyrus, 550–554; M. Boyce, History Bd. 2, 173–177; M. Stausberg, Religion Bd. 1, 173f. Letzte Ausgabe: R. Schmitt, Inscriptions of Naqsh-i Rustam 88–95.

[78] Vgl. A. Gamper, Gott als Richter in Mesopotamien und im Alten Testament, Innsbruck 1966; Prolog des Codex Hammurapi, Kolumne I, 27–49; IV,13–22 (TUAT I, 39ff). W. Sommerfeld, Der Aufstieg Marduks (AOAT 213) Kevelaer / Neukirchen-Vluyn 1982; G. Ahn, Herrscherlegitimation 78–91; 196–199; 258–271.

des Weltschöpfers, sie sind mit verantwortlich für das innerste Gefüge des Reiches, das aus Wahrheit, Gutsein, Gerechtigkeit[79] besteht.

Die Grundfrage ist bei alledem jedoch nicht die nach der leiblichen Göttlichkeit des Königs, wie sie in der christlichen Tradition am Beispiel der Gottessohnschaft Jesu Christi immer wieder durchexerziert worden ist. Vielmehr ist die Funktion des Herrschers entscheidend: Führt er den Auftrag seines (bzw. des Staats-) Gottes aus? Empfängt er einen göttlichen Auftrag, das Reich zu regieren? Auch der persönliche Glaube des Königs steht nicht eigentlich zur Debatte. Die viel verhandelte Frage, ob die Achämeniden bekennende Zarathustra-Anhänger waren oder nicht, ist müßig. Sie berufen sich nach altorientalischer Art auf ihre Amtseinsetzung durch einen mächtigen, hochrangigen Gott. Die Beauftragung mit dem Tempelbau für die Leitgottheit und mit der Sorge um soziale Gerechtigkeit ist stets traditionell in dieses Herrschermandat eingeschlossen. Steht die Verleihung der Weltherrschaft zur Debatte, dann besitzt die berufende Gottheit selbstverständlich die Legitimation zu einem solchen Hoheitsakt. Sie ist die Schöpfergottheit, welche ihren Kosmos dem erwählten Monarchen zu treuen Händen übergibt. Der Herrscher wird in dieser Phase und in den betreffenden Machtzentren, wo sich universale Konzeptionen von Gesellschaft herausgebildet haben, zum (der Funktion nach) „göttlichen" Vizeregenten über die ganze, damals bekannte, bewohnbare Erde. Sicherlich hat es in den einzelnen Perioden imperialer Machtentfaltung Unterschiede in Auffassung und Ausgestaltung der Imperien gegeben. Die Grundidee war bei Sumerern, Akkadern, Babyloniern, Assyrern, Persern, Ägyptern, Hethitern, Hellenen, Römern jedoch gleich, mindestens: vergleichbar. Aus der praktischen Notwendigkeit, Weltherrschaft zu legitimieren, erwuchsen Begründungsmodelle, die eine überzeitliche Verankerung des aktuellen oder erstrebten Zustandes behaupteten. Dass eine solche Ideologie dann ihrerseits auch zur Antriebskraft für expansive politische Strategien wird, ist leicht nachzuvollziehen.

Doch worin bestanden die Eigenheiten der persischen Version eines geeinten, globalen Königreiches? Haben die gegenüber Mesopotamien, Kleinasien und Ägypten doch sehr eigenständigen Religionen des alten Iran, vor allem ihre Ausprägung in der Lehre Zarathustras, in irgendeiner Weise das achämenidische Konzept des Weltreiches geprägt? Wir können an dieser Stelle nur erst die Frage stellen, um sie später, nach einem Überblick über die religiösen Grundeinstellungen, wieder aufzunehmen. Die Andersartigkeit von Glauben und Gottesvorstellungen im Avesta lassen jedenfalls – gegenüber altmesopotamischen Religionen – unterschiedliche religiöse Akzente vermuten, wenngleich sie in den offiziellen Königsinschriften nur vage zum Ausdruck kommen.

Die Weltreichidee und die dem König darin zukommenden Funktionen machen natürlich nur ein Moment der geschichtlichen Wirklichkeit aus. Wir dürfen es keinesfalls überbewerten, als hätten die Menschen im persischen Reich ständig in dem Bewußtsein gelebt, Teil einer universalen Gesellschaft von persischen Gnaden zu sein. Zeitweise kann das Gegenteil zutreffen: Das Leben lief vermutlich überwiegend in den Mikroregionen, in Siedlungen, Städten und Familienverbänden ab. A propos Städte: Es gab im antiken Vorderen Orient gewiß ansehnliche Stadtsiedlungen, ja zum Teil Metropolen, die in ihren Dimensionen ungeheuer waren. Dennoch lebten schätzungsweise 60 bis 80

---

[79] Die Qualität „Gerechtigkeit" ist, wie gesagt, dem König auch nach mesopotamischen Traditionen eigen. Darius und Xerxes nehmen diese Vorstellungen vielleicht auf und verstärken sie grandios zu hymnischen Eulogien, und zwar von den eigenen theologischen Prämissen her, vgl. die Texte DNb und XP1 bei P. Lecoq, Inscriptions, 221–224; 259–261; G. Ahn, Herrscherlegitimation; man vergleiche auch Ps 45 und 72.

Prozent der Bevölkerung „auf dem Land" oder waren auch bei Stadtsässigkeit ganz in die Agrarwirtschaft eingespannt. Das Verhältnis der wirklich urbanen zur agrarischen Bevölkerung hat sich erst in der neuesten Zeit entscheidend zugunsten der ersten Gruppe verschoben. Heute hausen auch in überwiegend landwirtschaftlich geprägten Ländern dank moderner Agrotechnik bis zu 80 und 90 Prozent der Menschen in z.T. völlig aus den Fugen geratenen metropolitanen Ballungsgebieten. Wir können uns von daher in etwa ausmalen, wie das Leben damals in einem Riesenverbund zahlreicher Stämme, Sprachgruppen, staatlicher Untergruppierungen aussehen konnte: Die übergreifende Reichsideologie und ihre religiöse Basis, die wir in den Königsanschriften treffen, kann dann wie ein äußeres Gehäuse wirken, das alle Menschen innerhalb des Imperiums umschließt. Es ist als umfassende Klammer längst nicht immer sichtbar oder bewusst, kann sich aber bei gegebenem Anlass – Kriegshandlungen, Rekrutierungen von Soldaten, Steuererhebungen oder -befreiungen, pompöser Machtentfaltung, Verleihung oder Entzug von Rechten etc. – bis in die hintersten Winkel einer jeden Provinz bemerkbar machen. Dann waren Menschen in ihren lokalen und regionalen Gemeinschaften direkt von der staatlichen Organisation betroffen, positiv oder negativ, und sie mussten Stellung beziehen. Aufwändige Propaganda der Reichsführung, wie sie etwa die Monumentalinschrift an einer Felswand bei Behistun oder die Palastbauten der Hauptstädte darstellten, waren für alle, die sie wahrnehmen konnten, sicherlich eine nachhaltige Erinnerung an die Macht und Allgegenwart der Reichsinstanzen. – Eine Skizze, wie sich die Ideologie in Verwaltungsstrukturen und -akte umsetzte, soll als Hintergrund für das Verständnis der judäischen Wirklichkeit dienen.

(*Organisation und Bewußtsein*) Wir stehen einigermaßen fassungslos vor den Leistungen der altpersischen Regierung: Es brauchte überdurchschnittliches Geschick, unglaubliche Energie und erstaunliches Einfühlungsvermögen, ein derartig riesiges Reich in einem ausbalancierten Zustand zu erhalten. Aufstände und Bürgerkriege waren in der Tat nicht selten – das ist bei einer so bunten Völkermischung innerhalb der Reichsgrenzen nicht verwunderlich. Allein die Behistun-Inschrift zählt 15 Rebellionen gegen Darius I. und deren Niederschlagung auf.[80] Aber den Achämeniden ist es eben mehr als einmal gelungen, die Einheit im Vielvölkerstaat zu bewahren oder wiederherzustellen. Wie haben sie das geschafft? Was machte überhaupt das Wesen des Imperiums aus? Mit dem bloßen „Willen zur Macht", angesiedelt in einer starken Persönlichkeit oder einer Dynastie, war es sicherlich nicht getan. Woraus entstand, wenn überhaupt, ein Zusammengehörigkeitsgefühl der Eliten und der unterworfenen Völker? Gab es ein allgemeines Bewusstsein in jenen riesigen Räumen von der Kohärenz der Autorität und der umfassenden politischen (oder: militärischen; ökonomischen; religiösen) Realität des persischen Imperiums?
Zuerst sollten wir konstatieren, dass die im persischen Hochland oder in Susa, gelegentlich auch in Babylon residierende Zentralregierung von Kyros bis zu Darius III. es nicht versuchte, eine sprachliche, kulturelle, juridische oder religiöse Einheitsbasis für ihre Herrschaft zu schaffen. Wie die verschiedenen offiziellen Archive ausweisen, galten

---

[80] Übersicht bei P. Lecoq, Inscriptions, 87–93; Text der Inschrift a.a.O. 187–214; TUAT I, 419–450. Den letzten beiden Feinden, Elamitern und Skythen, wird ausdrücklich bescheinigt, dass sie „nicht Ahuramazda verehrten", Darius aber sein Anhänger ist (§ 72 und 75). Die gleichlautende Ermahnung heißt dann: „Es kündet Darius der König: Wer Ahuramazda anbetet, dem wird Gunst erwiesen, sowohl zu Lebzeiten wie nach dem Tod." (§ 73 und 76, a.a.O. 213f). Vgl. M. Stausberg, Religion Bd. 1, 157–186 (Politisierung der Religion).

neben dem Persischen regional und im Verkehr mit der Regierung auch das Elamitische, Babylonische, Ägyptische, Griechische (sicherlich auch diverse Idiome aus den östlichen Reichsteilen) und – für den gesamten westlichen Bereich – das Aramäische als offiziell zugelassene Sprachen. Lokale Sprachbezirke blieben intern ohnehin unangetastet. Weil die Großkönige ihre Vorherrschaft möglichst in Kooperation mit den lokalen Eliten etablierten, blieb die Sprachenvielfalt erhalten und das Problem der vermittelnden Übersetzungen eine nicht zu unterschätzende Aufgabe aller persischen Verwaltungsstellen (vgl. Est 3,12). Obwohl in den Verlautbarungen des Hofes viel von dem „Gesetz" bzw. den „Erlassen" des Königs (*dāta*) die Rede ist, und manchmal der Eindruck entsteht, es handele sich um universal anwendbare Rechtssätze, kann von einem einheitlichen „*code civile*" im Alten Persien keine Rede sein. Im Gegenteil scheinen die Achämeniden dafür gesorgt zu haben, dass regionales, sei es ethnisch, kulturell oder religiös begründetes (Gewohnheits)Recht in den einzelnen Reichsteilen eingehalten wurde. Natürlich durften Richter und Gesetzgeber in den Provinzen keinerlei für die Regierung gefährliche Sprüche und Sätze beschließen. Darius I. angebliche Anweisung zur „Kodifizierung" der ägyptischen Gesetze und die Einführung des jüdischen Rechts unter Esra sollen die wichtigsten Indizien für diese Politik sein. Neuere Historiker interpretieren diese Andeutungen nicht so verfassungs- oder formalrechtlich wie früher üblich. Sie sprechen von je isolierten Maßnahmen und von dem Willen der Herrscher, die Loyalität der Untertanen zu sichern.[81] Von irgendeiner sonstigen Reglementierung der Kultur oder Religion in den beherrschten Ländern waren die Perserkönige weit entfernt, im Gegensatz zu ihren Vorgängern, den assyrischen und babylonischen Oberherren, und den hellenistischen Nachfolgern. Die persische Reichsidee erstreckte sich also nicht auf jene genannten Lebensbereiche, die wir – mit allerlei aus der Geschichte bekannten Staatsdenkern – bei der Einrichtung von Großgesellschaften für entscheidend wichtig halten.

Wo sah man dann im altpersischen Imperium die einheitsbildenden Faktoren? Vor allem waren Politik, Militärwesen und Wirtschaft die Felder, in denen sich die achämenidischen Staatenbildner betätigten. Regierungsprinzip war von Anfang an, die Autorität der Zentralregierung, wo immer sie ihren Sitz aufgeschlagen hatte, durch Militärpräsenz und schnelle Kommunikationslinien zu stärken, doch den untergeordneten Verwaltungsbezirken auch ein Höchstmaß an Selbständigkeit zu überlassen, was allerdings Eingriffe von höchster Stelle auch in Bagatellangelegenheiten der Provinzen nie ausschloss. Der ersten Absicht dienten Garnisonen, vor allem in Grenzbezirken, aber auch an strategisch wichtigen Punkten und die berühmte Pferdepost, die im non-stop Verkehr Meldungen über weite Strecken beförderte.[82] Sie verband in einer erstaunlich effizienten Weise die Zentralregierung mit den Hauptverwaltungsstellen des Reiches. Die klar gegliederte Ämterhierarchie machte alle Funktionsträger letztlich dem Großkönig in der fernen Hauptstadt verantwortlich. Satrapen und Provinzgouverneure verstanden sich, solange sie dem Großkönig loyal waren, als Vermittler des höchsten herrschaftlichen Willens. Imperiale Schlüsselstellungen blieben überwiegend den Mitgliedern persischer Adelsfamilien vorbehalten. In den Provinzen dagegen, Unterabteilungen der riesigen Satrapien, kamen vorwiegend einheimische Eliten zur Mitverantworung. Über sie wurde die imperiale Großmacht in die kleine Münze der „einheitlichen" Weltgestaltung, was immer das beinhaltete, umgesetzt. Darius der Große hatte anscheinend das größte Ver-

---

[81] Vgl. D.B. Redford, Codification; P. Briant, Cyrus, 510f; 600–611.
[82] Vgl. H. Koch, Dareios 68–70; P. Briant, Cyrus 364–377; J. Wiesehöfer, Persien.

dienst in dieser Hinsicht: Er reorganisierte etwa 520 v.Chr. das ganze Verwaltungssystem, schuf und rearrangierte zwanzig oder mehr „Satrapien" mit zahlreichen nachgeordneten „Provinzen".[83] (s. Karte o. S. 9)
In dem damit kurz abgesteckten Rahmen entfalteten sich über zwei Jahrhunderte die Aktivitäten der persischen „Weltherrscher" und ihrer Höfe, Verwaltungsbeamten und Generalstäbe. Unsere Frage ist erneut, wie sich diese gesamte Machtveranstaltung auf die Bevölkerungen des Imperiums auswirkte, und ob es zu einer Bewusstseinsbildung der damaligen Menschheit in dem Sinne kam, dass sich lokale Herrschaften, aber auch Bürger und Bauern in irgendeiner Weise mit der persischen Herrschaft auseinandersetzen konnten oder mussten. Es kann kein Zweifel daran bestehen, dass die zeitgenössichen Bewohnerinnen und Bewohner des persischen Einflussgebietes, gleichgültig, wie abgelegen ihre Wohnsitze und Weidegründe auch sein mochten, von der Existenz der Zentralgewalt, ihren Kriegstaten, ihrem sagenhaften Pomp und Luxus,[84] vielleicht auch ihren Bemühungen um zivile Ordnung erfuhren. Die Kultur der mündlichen Überlieferungen wirkte zuverlässig, wenn auch nicht mit den elektronischen Geschwindigkeiten, die wir für normal halten. Herrscherlegenden gehörten zu den populären Erzählstoffen.[85] Tausende von Menschen waren darüber hinaus in allen Landesteilen direkt von der Regierung abhängig, als Soldaten, Verwaltungsbedienstete oder auch Arbeiterinnen und Arbeiter in den königlichen Manufakturen. Die in Persepolis gefundenen Lohnabrechnungen geben ein wirklichkeitsnahes Bild von den Lebensverhältnissen der „einfachen Leute" (s.u. II.2.4). Aber nicht nur in den Städten kamen die Menschen direkt mit den imperialen Institutionen in Berührung. Der immer neue Bedarf an Soldaten führte dazu, dass auch den kleinsten Kommunen die Gestellung von waffenfähigen Männern abverlangt wurde. In der Armee gab es zwar Elitetruppen aus den persischen Stammregionen, das allgemeine Fußvolk, der Grundstock der Armeen, bestand jedoch aus regionalen Kontingenten aller Himmelsrichtungen. Die persische Marine musste auf kundige Seeleute der Küstenregionen zurückgreifen. Am intensivsten erfuhr jede Familie außerhalb des persischen Kernbezirkes um Pasargadae und Persepolis, was es mit dem Staat und der Staatsführung auf sich hatte, wenn Steuerzahlungen anstanden. Die ausgefeilte Gliederung des Riesenreiches in Satrapien und Provinzen sollte nämlich vor allem die Finanzierung des Machtapparates in allen seinen Zweigen sicherstellen. Zwischen regelmäßigen Abgaben, einmaligen Tributen und Geschenken an den Großkönig wurde der Sache nach nicht streng unterschieden. Alle Naturalien, Kunst- und Gebrauchsgegenstände, Edelmetalle, Geldzahlungen kamen in das Schatzhaus des Königs und wurden von da in den Wirtschaftskreislauf zurückgeführt. Die Verwaltung hatte fortlaufend hohe Ausgaben für Hofhaltung, aufwendige Palast- und Regierungsbauten, Armee, Flotte und Kriegführung, Verkehrstechnik und Infrastrukturen und ähnliche „öffentliche" Aufgaben zu bestreiten. Sie waren sämtlich nur unter Einsatz eines umfangreichen Personals zu verwirklichen. Wie wirkten die verschiedenen Erscheinungsweisen persisch-großköniglicher Staatsgestaltung auf die Bevölkerungen?

---

[83] P. Lecoq bietet eine Auswahl verschiedener Listen dieser ausgedehnten Regionen, die jeweils ein dominantes Volk mit seiner Hauptstadt zum tragenden Pfeiler machen (Inscriptions, 130–136); M. Dandamaev und V. Lukonin, Culture; W.J. Vogelsang, Rise; vgl. o.S. 9.

[84] Königliche Feste, Rituale, Palast- und Städtebau-Architektur dienten bewusst dazu, die monarchische Aura zu erhöhen und das Reich als Peripherie vom Zentrum der Macht abhängig zu halten; P. Briant, Cyrus 175–203 nennt das treffend: Ein „idealized image of space and imperial power" herstellen.

[85] Sie sind z.T. von Schriftstellern aufgegriffen worden, vgl. das Buch Ester, die Cyropädia des Xenophon u.a.

Wir wissen wenig darüber, wie persische Untertanen zu den Zielen der Achämenidenherrscher standen. Die bei weitem umfassendsten Darstellungen und Meinungsäußerungen kommen von griechischen Intellektuellen. Für sie war das Perserreich ein faszinierend abschreckendes Gegenbild zur eigenen politischen Gesittung. Aber wenn es Griechen aus ihrer Tradition heraus auch schwer fiel, die „asiatischen" Verhältnisse und Mentalitäten zu verstehen, so haben doch Dutzende von Schriftstellern aus näherer oder fernerer Kenntnis der persischen Wirklichkeit vielerlei Informationen gesammelt und der Nachwelt hinterlassen. Es besteht nach wie vor die Gefahr, wegen der griechischen Dominanz unter den berichtenden und wertenden Stimmen die Perserherrschaft mit griechischen Augen zu sehen, d.h. sie okzidental zu verzeichnen. Einzelne Zeugnisse aus Babylonien, Israel, Ägypten und archäologische Entdeckungen, aber auch die ihrerseits voreingenommenen persischen Quellen können ein Gegengewicht gegen die graecolastige Interpretation persischer Wirklichkeit dienen. Fest steht, dass die Gebildeten in Griechenland dem Weltreich im Osten, meist unter dem aus vielen Kämpfen gegen den persischen Vormarsch nach Europa geprägten Eindruck von natürlicher Gegnerschaft erhebliche Aufmerksamkeit gewidmet haben. Das mag auch von anderen Führungsschichten in den verschiedenen Regionen der Alten Welt gegolten haben. Von Einzelstimmen, die Kyros als Befreier begrüßten oder sich von achämenidischen Königen in Dienst stellen ließen, sich also mit der Regierung des Reiches identifizierten, werden wir noch hören. Kann man aus solchen Verhaltensweisen schließen, dass es im Perserreich unter der internationalen Elite ein gemeinsames „Staats-" oder „Ordnungs-"Bewusstsein gegeben hat?

Gemeinhin spricht man von Nationalbewusstsein erst dann, wenn die innere, positive Einstellung zur staatlichen Großgesellschaft von Bevölkerungsmehrheiten geteilt wird. Diese Mehrheiten hinterlassen aber in der Regel keine direkten Willenserklärungen. Wir können mithin nicht wissen, wie den antiken Menschen zu Mute war, wenn sie auf ihre persischen Herrscher angesprochen wurden. Einige biblische Texte teilen z.B. die Euphorie derjenigen, welche die persische Machtübernahme als Erlösung feierten. Andere lassen durchblicken, wie gerade unter persischer Aegide die Schere zwischen Arm und Reich weiter als sonst auseinander ging. Der Finanzbedarf des Weltreiches war so immens, dass die Steuern gnadenlos und möglichst vollständig eingetrieben wurden und viele in soziales Elend versanken (vgl. Neh 5,1–4). Dass dann ein Klagegebet gegen die Herren, die „großen Gewinn" aus ihren Untergebenen schinden (Neh 9,37), in Judäa populär werden konnte, ist kaum verwunderlich. Ob im Großen und Ganzen der möglicherweise von der Regierung unterstützte Wiederaufbau Jerusalems und Judas und die relative Autonomie der Provinz die ausbeuterischen Erfahrungen in der Gemeinde Israel ausgeglichen hat, wissen wir nicht. Es ist jedoch anzunehmen: Auch in Israel verstand man sich – offenbar von der Führungselite bis zu den Gemeindegliedern – als Teil des umfassenden persischen Staatsgebildes. Das Verhältnis zum Weltreich war ambivalent, doch hielt sich über weite Strecken eine positive Einstellung zum Großkönig. Mit Hilfe Jahwes hatte man das Wohlwollen der Staatsspitze gewonnen (vgl. Esr 1,1–4; 7,28; 9,9) und fühlte sich verpflichtet, fürbittend für sie vor Gott einzutreten (vgl. Esr 6,10). Damit hatte das persische Reich für die judäischen Gemeinden eine theologische Qualität gewonnen.

(Religionspolitik) Positive Berichte und Einschätzungen hinsichtlich der persischen Zentralregierung in mehreren alttestamentlichen Schriften (Esra, Nehemia, Jesaja), widersprüchliche Mitteilungen bei griechischen Schriftstellern und etliche Hinweise in administrativen Dokumenten persischer Satrapen haben neuzeitliche Historiker dazu bewogen, den Achämeniden generell eine außerordentlich liberale Haltung gegenüber anderen Religionen als dem Mazdaismus nachzusagen. Man sprach gelegentlich fast euphorisch von ihrer vorbildlich toleranten Religionspolitik, die eine aktive Förderung von Fremdkulten zu Lasten der Staatskasse einschließen konnte. Erst in jüngster Zeit mehren sich die Stimmen, die zur Zurückhaltung mahnen. Pauschalurteile seien fehl am Platze.[86] Ein gewichtiger Einwand besteht schon darin, dass unter den verfügbaren persischen Quellen keinerlei Grundsatzerklärungen von Großkönigen erhalten sind. Die oben z. T. zitierten ad hoc Aussagen des Darius oder Xerxes zu religiösen oder kultischen Problemen gestatten nicht die Rekonstruktion eines längerfristigen religionspolitischen Programms. Das zweite Bedenken richtet sich gegen die Darstellung der judäischen Theologen (vgl. unten II.1.1.2): Sie behaupten aus Eigeninteresse, der persische Hof habe judäische Führungsgestalten bevorzugt wahrgenommen und die Angelegenheiten der Jahwe-Gemeinschaft tatkräftig gefördert, weil sich die Herrscher dem Gott Israels persönlich verpflichtet fühlten.[87]

Als herausragender Beleg für eine angeblich weitreichende, von der Zentralregierung angeordnete kultische und zivile Gesetzgebungsinitiative in Ägypten dient die Inschrift des ägyptischen Arztes Udjahorresnet im Verein mit einem Brief des Darius, der anscheinend die Sammlung ägyptischer Rechtsbestimmungen anordnet.[88] Hier soll nach J. Blenkinsopp, P. Frei u.a. eine direkte Parallele zu den Missionen Esras und Nehemias vorliegen. Der ägyptische Emissär baut die medizinische Schule („Haus des Lebens") und den Tempel von Saïs wieder auf, Darius will offenbar die ägyptische Lebensordnung umfassend wiederherstellen. Die genannten neueren kritischen Untersuchungen weisen jedoch darauf hin, dass Udjahorresnet eher einen Privatfall von königlicher Begünstigung darstellt und die Sammlung der ägyptischen Rechtsüberlieferung eine Überinterpretation eines unsicheren Textes ist.[89]

Sieht man von umfassenden Aussagen über eine langfristig durchdachte und praktizierte persische Religionspolitik ab, bleiben immerhin genügend Anzeichen übrig für eine pragmatische, unideologische Einstellung der Achämeniden anderen Religionen gegenüber. Damit setzten sich die persischen Herrscher ab von allen Versuchen, die offizielle Staatsreligion für alle Provinzen verbindlich zu machen. Die Imperien, welche dem persischen vorauﬁgingen, mögen sporadisch eine dominante Haltung gegenüber den unterworfenen Religionen eingenommen haben; im römischen Reich ist dann zeitweise die Religion gezielt zum politischen Machtinstrument geworden. Bei den Persern hingegen, so eine vorsichtige Einschätzung aller Quellen, galten die vielen Religionen im Reichsgebiet als unverfänglich, so lange sie der Regierung keine Schwierigkeiten machten und – im Normalfall – Steuern und Abgaben pünktlich eingingen. Regte sich irgendwelcher Widerstand, konnten die Perserkönige auch hart gegen Tempel und Priesterschaften einschreiten. Eine dauerhafte staatliche Finanzierung oder Subventionierung von Tempeln in den unterworfenen Provinzen ist nicht belegbar und in sich höchst unwahrscheinlich.

---

[86] Vor allem ist P. Briant zu nennen, vgl. Cyrus 55–61; 473–477; 491–493; 543–553; 962–967; vgl. auch D.B. Redford, Codification; M. Stausberg, Religion Bd. 1, 157–186.

[87] L.L. Grabbe stellt die persischen Quellen zur Religionspolitik übersichtlich zusammen (derselbe, Yehud 209–216) und bespricht sie kritisch. Sein Fazit: „The alleged support of cults and religion under the Persians is often exaggerated in modern literature." (a.a.O. 215).

[88] Vgl. J. Blenkinsopp, Mission; P. Briant, Cyrus, 473f; L.L. Grabbe, Yehud 113; 115.

[89] Vgl. L.L. Grabbe, Yehud, 212f; D.B. Redford, Codification.

II.2.2 Der Geschichtsverlauf

P. Briant, Cyrus. – M. Brosius, Women in Ancient Persia (559–331 B.C.), Oxford 1996. – M.A. Dandamaev, Persien unter den ersten Achämeniden, Wiesbaden 1976. – derselbe, A Political History of the Achaemenid Empire, Leiden 1989.H. Donner, Geschichte des Volkes Israel und seiner Nachbarn in Grundzügen, 2 Bde, 2. Aufl. Göttingen 1995. – R.N. Frye, The History of Ancient Iran, München 1984. – W. Hinz, Darius und die Perser, Baden-Baden 1976. – H. Koch, Dareios. – D.M. Lewis u.a., Cambridge Ancient History, Bd. 5/2: The Fifth Century B.C., Cambridge 1992. derselbe, u.a. Cambridge Ancient History, Bd. 6/2: The Fourth Century B.C., Cambridge 1994. – D. Lenfant, Ctésias et Hérodote ou les réécritures de l'histoire dans la Perse achémémide, REG 109/2, 1995, 348–360. – R. Rollinger, Herodots babylonischer Logos, Innsbruck 1993. – C. Tuplin, Achaemenid Studies, Wiesbaden 1996 (Historia Einzelschriften 99). – Herodot, Historien, übers. von W. Marg (Bibliothek der Antike) 2 Bde, München und Zürich 1991. – U. Weber und J. Wiesehöfer, Das Reich der Achaimeniden. Eine Bibliographie, Berlin 1996 (AMI Ergänzbd. 15). – J. Wiesehöfer, Das antike Persien, München 1993. – H.G.M. Williamson, Studies in Persian Period History and Historiography, Tübingen 2004 (FAT 38). – Die ständig aktualisierte Bibliographie zur Achämenidenzeit im Internet (s.o. II.2.1) bietet umfangreiche Literaturhinweise.

Regierungen und Ereignisse

Herrscher	Persisches Reich	Judäa und Diaspora
Kyros II. (559–530)	539 Einnahme Babylons	Kyros als Messias begrüßt (Jes)
Kambyses II. (530–522)	522 Eroberung Ägyptens	Scheschbazzar Serubbabel, Jeschua (?)
Dareios d.Große (522–486)	522 Sieg über Gaumata, Behistun-Inschrift	Propheten: Sacharja, Haggai (?)
	520 Verwaltungsreform	515 Tempelweihe
Xerxes I. (486–464)	500–449 Kämpfe gegen Griechen (Kleinasien; Athen)	Propheten: Dritter Jesaja (?)
	490 Schlacht bei Marathon	4. Jh. v.u.Z. Jehud-Münzen
Artaxerxes I. (464–425)	464 Aufstand in Ägypten	
	449 „Kallias"-Frieden mit griechischen Städten	445 Nehemia (?)
Dareios II. (424–404)	410 Aufstände in Medien, Kleinasien	440 Sanballat I, Gov. Samaria
	405 Ägypten unabhängig	435 Hochzeit der Miptahja
Artaxerxes II. (404–358)	404–401 Bruderkrieg (Arses vs. Kyros); Xenophon: Anab.	425 Esra (?)
		419 Passahbrief aus Jerusalem
Artaxerxes III. (358–338)	361 (?) Rebellion der Satrapen	410 Brief von Elephantine nach Jerusalem (Jahwetempel)
Arses (338–336)	350 Aufstand auf Zypern und in Phönizien	
Dareios III. (336–331)		405 Sanballat II, Gov. Samaria
		Elnatan, Gov. Juda
	333 Schlacht bei Issos	398 Esra (?)
	331 Schlacht bei Gaugamela Alexander übernimmt das Reich	385 Jehoezer, Gov. Juda *(Hohepriester ?)* Johanan I.; Eljaschib; Jojada I.; Johanan II.; Jaddua II.; Johanan III.; Jaddua III. ….(?)
		330 Jehezquia, Gov. Juda

Reine Daten von Herrschern und Ereignissen sind aus der Geschichte der Achämeniden zur Genüge bekannt. Die Chronologie der Regierungen und viele politische und kriegerische Vorkommnisse sind exakt bezeugt; Privaturkunden nennen Namen und Handlungen im zwischenmenschlichen Bereich und beziehen sich auf den öffentlichen Kalender. Aber solche historischen Fixpunkte machen noch nicht die Geschichte einer Großgesellschaft bzw. eines Weltreiches aus. Geschichte ist nach unserem Verständnis ein Kontinuum vieler, idealerweise aller Lebensvollzüge in einem gegebenen Raum, ein sich über längere Zeiträume fortsetzender Zusammenhang von menschlichen Interaktionen. Einen solchen Fluss von ineinander verwobenen Ereignissen stellen persische Quellen nicht her. Wir finden ihn nur bei den beobachtenden und schreibenden Griechen, die von der persischen Macht unmittelbar oder mittelbar berührt waren und ein meist wertendes Bild von der Weltmacht zeichneten. Ihre Hinterlassenschaft ist einmalig wichtig für die Rekonstruktion der persischen Geschichte, sie birgt aber, wie wir schon sagten, selbstverständlich auch die Gefahr der perspektivischen Verzeichnung in sich. Denn die griechischen Historiker erzählten die Vorgänge als Betroffene und von ihrem andersartigen Verständnis von Mensch, Kultur, Religion aus. Eine derartige Wertung historischer Fakten lässt sich nicht ausschließen. Sie gehört zum Wesen jeder Geschichtsschreibung. Wir werden uns nur bewusst bleiben müssen, dass alle auf uns gekommenen Geschichtsbilder von der achämenidischen Periode den typisch griechischen Blickwinkel verraten.[90] Die griechischen Historiker sind auch häufig von ihren modernen Kollegen unkritisch verwendet worden, so dass dem herkömmlichen Perserbild ein westliches Verstehensmuster zu Grunde liegt. Eine realistische, die antiken (wie die heutigen) Interpretationskontexte berücksichtigende Forschung wird das persische Zeitalter mit gebührender Vorsicht nach allen Seiten hin zeichnen.

Die Perser waren ab Anfang des 1. Jt.s v.Chr. zusammen mit den Medern wahrscheinlich aus Gebieten östlich des Kaspischen Meeres (nach anderer Hypothese vom Urmiasee her) nach Westen und Süden gewandert und hatten sich schließlich in Medien und der Persis niedergelassen, zunächst unter der Oberhoheit der medischen Könige. Um 550 v.Chr. konnte der berühmte erste persische Großkönig, Kyros II., die Machtverhältnisse umkehren, Medien und Elam unterwerfen und die Reichsgrenzen nach Osten und Nordwesten vorschieben. Er eroberte tigrisaufwärts Teile des assyrischen Staates, erreichte auch das westliche Harran und Karkemisch und stieß weiter über das Gebirge bis in die kappadokische Hochebene vor. Der große Halysbogen bildete dort zunächst die Grenze gegenüber den Lydern. Aber dem Expansionsdrang war keine Schranke gesetzt. Besonders nach Westen, zum Mittelmeer und nach Ägypten hin richtete sich der Blick der persischen Herrscher, wie schon Jahrtausende vor ihnen der frühdynastisch-sumerischen und dann der akkadischen Machthaber des Zweistromlandes. Nach dem Fall des lydischen Königreiches (Krösus geschlagen 546 v.Chr.: Herodot überliefert die Legende vom zweideutigen Orakelspruch an den König: Wenn er den Halys überschreite, werde er ein großes Reich zerstören!) konnte auch der neubabylonische, durch innere Auseinandersetzungen geschwächte Staat nicht widerstehen. Die Hauptstadt Babylon wurde 539 v.Chr. kampflos dem als Befreier begrüßten Kyros übergeben. Damit waren auch die Kleinstaaten Syrien-Palästinas den übermächtigen und exzellent organisierten Armeen der östlichen Herren ausgeliefert und der Weg nach Ägypten war frei. Weil Kyros aber auch im Osten, weit hinter dem Aralsee (heute: Usbekistan), kämpfte und auf

---

[90] Europäische Iranisten kennen dieses Problem, sie stellen sich ihm in unterschiedlicher Intensität. Am sorgfältigsten versucht P. Briant, Cyrus, die griechischen Darstellungen auch in Kleinigkeiten zu hinterfragen.

einem Feldzug gegen die Massageten 530 v.Chr. starb, konnte erst sein Sohn Kambyses das Pharaonenreich am Nil bezwingen und dem persischen Imperium eingliedern (525–522 v.Chr.). Im Osten stießen die Perser bis an den Indus vor, im Nordosten erweiterten sie das Reichsgebiet bis an das Pamir-Gebirge und den Jaxartes (Syr-Dar'ya), so dass die schon erwähnte, zwei Jahrhunderte lang im wesentlichen stabile, unermeßliche Größe des Imperiums von grob 5000 mal 2000 km = 10 Millionen km^2 dabei herauskam (Europa bis zum Ural: 10,5 Millionen km^2).

Wer konnte einer solchen imperialen Macht die Stirn bieten? Nachdem erst die Stammländer Medien und Persien unter einer Dynastie zusammengefasst waren, dann die alten Kulturregionen Assyriens und Babyloniens sich dazu gesellt hatten, war die wirtschaftliche, militärische und auch kulturelle Kraft derartig gewaltig, dass sie – wenn vernünftig gebündelt und durchorganisiert – in der damaligen Welt nicht ihresgleichen haben konnte. Die sozio-ökonomischen Voraussetzungen für militärische Produktion und Organisation waren in hohem Maße durch die politische Organisation und die strikte Ordnung des Steuersystems gegeben. Im Ostteil des Reiches wohnten überwiegend nomadisierende Stämme, wenn man von Handelsstädten und Verwaltungszentren wie dem heutigen Samarkand und Taschkent, Kandahar und Kabul, dem alten Baktra usw. einmal absieht. Diese ostiranischen Stammesgesellschaften waren, einmal zur Botmäßigkeit gebracht, zuverlässige Steuerzahler und Krieger. Auf den Reliefs an der Osttreppe der großen Audienzhalle (Apadana) in Persepolis stellen die Ostvölker eine Anzahl von Gesandtschaften, die dem Großkönig ihre charakteristischen Gaben darbringen: Drangianer und Arachosier aus dem heutigen Afghanistan und Pakistan ziehen mit einem Kamel ein, sie haben (Edelmetall-) Schalen in den Händen und sind durch Pluderhosen und Haarreifen als Reiter gekennzeichnet. Nach Norden schließen sich an die Areier, mit Kamel und Beduinentuch (Baschlik), und ihre östlichen Nachbarn, die Baktrer. Auch sie führen ein Kamel mit, binden ihren Schopf allerdings in eine Netzkappe, – beide tragen Schalen heran, Zeichen ihrer handwerklichen Kunst und vielleicht eigentümlicher Speisen oder Getränke. Die Sattagydier und Gandarer offerieren ein Höckerrind (Zebustier) sowie Lanzen und Schilde, sind also Waffenproduzenten. Sie tragen Beinkleider, ein hüftlanges Hemd und einen lang fallenden Überwurf. Die Chorasmier und Sogder, dazu die den Skythen verwandten Saken bilden die nördlichsten Bevölkerungsgruppen. Ihre Gaben sind bis auf die Armreifen bellischer Natur: Streitäxte, Kurzschwert, Pferd. Ihre Baschliks verraten das Reiterdasein. So stellen die östlichen Ethnien neun von 29 dargestellten Delegationen. Sie sind wegen dreier Doppelbesetzungen eines Bildabschnittes in sechs von 23 Einzelszenen enthalten. Eine Abordnung von nur mit gewickeltem Lendenrock und Stirnband bekleideten Indern, die ein Maultier an der Leine führen und Goldstaub sowie Doppeläxte offerieren, kommt hinzu.[91] Sie symbolisiert wohl die Huldigung der Völker jenseits des Indus, die nie zum persischen Hoheitsgebiet gehört haben.

Alles in allem waren die stammesmäßig organisierten Völker im Ostteil des Imperiums vermutlich von Natur aus der geballten Wirtschafts- und Militärpotenz der mittleren und westlichen Regionen unterlegen. Einmal fehlte ihnen die wirtschaftliche Kraft, zum anderen werden die Stammesinteressen eine wirksame Einigung der konkurrierenden Ethnien verhindert haben. Es scheint ein allgemeines soziologisches Gesetz zu sein, dass zersplitterte Gruppeninteressen in der Regel konzentrierte Aktionen unmöglich machen

---

[91] Abbildungen und Besprechung der Bildbänder bei H. Koch, Es kündet Dareios, der König, 93–123.

Apadana von Persepolis: Delegation der Inder
aus: H. Koch, Es kündet Dareios der König, Mainz 1992, S. 116 Abb. 73
Zeichnung / © Heidemarie Koch, Marburg

und nur die straffe Gliederung einer Gesellschaft geschichtliche Höchstleistungen (nach der gemeinhin angenommenen Rangordnung! Man kann Lebensqualität aber auch anders definieren) zeitigt (vgl. jedoch unten die griechischen Städteallianzen als scheinbares Gegenargument). – Im Westen des persischen Reiches lagen die Dinge dagegen völlig anders. Babylonier, Assyrer, Syrer, Ägypter hatten mehr als 2000 Jahre vor den Persern ein hohes kulturelles Niveau erreicht und z.T. weltbeherrschende Staatssysteme aufgebaut. Wirtschaftlich und technisch waren diese Westländer den neuen Herren des Mittleren Ostens also potenziell überlegen. Dass sie trotzdem so relativ schnell den persischen Armeen zum Opfer fielen, liegt hauptsächlich an der gerade herrschenden inneren Schwäche jener Alt-Imperien. Sie hatten eben, wie in der Geschichte immer wieder zu beobachten ist, ihre Frische und Fantasie in jahrhunderlanger Vorherrschaft verbraucht und wurden leichte Beute für die agressiven Newcomer aus dem Osten. An der ägyptischen und nordafrikanischen Frontlinie kam der Vormarsch der Perser dort zum Stillstand, wo seit Jahrhunderten die Kulturgrenzen verliefen.
Der Blick nach Norden und Nordwesten offenbart wiederum eine differente Situation, was die Nachbarn und Gegner der Perser angeht. Noch in Kleinasien stießen die Perser auf griechische Kolonistenstädte wie Ephesus, Milet, Chios, Priene, welche in kultureller, technischer, wissenschaftlicher Hinsicht das Bildungs- und Lebensniveau des klassischen Griechentums repräsentierten. Aufstände gegen die persische Reichsregierung hat es in den zwei Jahrhunderten ihres Bestehens oft genug und an vielen Orten gegeben. Es sei nur an die Kämpfe um die Thronnachfolge erinnert, die nach dem Tod des Kambyses im Jahre 522 v.Chr. ausbrachen. Darius I. hatte große Mühe, seinen Anspruch auf die Herrschaft durchzusetzen. In seiner Regierungszeit (522–486 v.Chr.) kam es aber auch zur Erhebung der ionischen Städte in Westkleinasien (500–494 v.Chr.), die sich der autokratischen Herrschaft von Persepolis her nicht beugen wollten. Die Griechen in Kleinasien konnten sich der Sympathie und Hilfe der „Festlands"griechen, d.h. der (see)kriegserfahrenen Stadtstaaten Kerngriechenlands sicher sein. Der ionische Aufstand ging dann in die Perserkriege über, jene harten Kämpfe um die Vorherrschaft auf dem südlichen Balkan, welche noch die beiden Nachfolger des Darius, Xerxes I. und Artaxerxes I. in Atem hielten und erst im Jahre 449 v.Chr. durch einen Vertrag beendet worden sein soll. Die Perser bissen in den griechischen Gebieten auf Granit. So jedenfalls

sehen griechische Augen den Gang der Geschichte. Die gänzlich andere politische und geistige Kultur, das starke Streben nach lokaler Unabhängigkeit und persönlicher Freiheit, die erheblichen ökonomischen Ressourcen der griechischen Gemeinwesen, ihre militärische Kraft, besonders im Seekriegswesen, das alles ließ die Perser aus dieser Sicht am Ende den Kürzeren ziehen. Zwar hatten sie zeitweise Erfolge mit der Besetzung einiger griechischer Inseln, der Kontrolle über den Hellespont und damit über den Schiffsverkehr zwischen Mittelmeer und Schwarzem Meer, ja, sie stießen zeitweise über die Meerenge nach Thrakien und Makedonien vor. Die dann aber folgenden schweren Kämpfe waren für die angreifenden Perser, die als flottengestützte Invasionsheere auftreten mussten, verlustreicher als für die hochmotivierten und hervorragend bewaffneten und geschulten Verteidiger. Die Abwehrschlachten von Marathon (490 v.Chr.), Salamis (480 v.Chr.) u.a. gruben sich ins griechische, z.T. ins europäische Gedächtnis ein. Nach einem halben Jahrhundert voller Blutvergießen einigten sich die Parteien im erwähnten, sogenannten „Kalliasfrieden"[92] des Jahres 449 auf die Erhaltung der Autonomie in allen griechischen Städten auf dem Festland und in Westkleinasien und den Verzicht Athens auf Besitzansprüche auf die Insel Zypern, sowie die Länder Syrien und Ägypten. Der Friede war allerdings nur vorläufig. Gegen Ende des 5. und durch das 4. Jh. v.Chr. hindurch mischte sich Persien immer wieder in die griechischen Angelegenheiten ein, teilweise durch Unterstützung Spartas gegen Athen. Aber es gelang dem riesigen Imperium nicht, dauerhaft auf die europäische Seite des ägäischen Meeres überzugreifen. Warum? Vielleicht hatte sich die Kraft der herrschenden Perser erschöpft, vielleicht waren die Gesellschaftssysteme doch zu verschieden, zu inkompatibel, vielleicht lagen die größeren Kraftreserven bei den Griechen, deren makedonischer Zweig dann am Ende des vierten Jh. im kurzen Siegeslauf des Alexander das Pendel der Geschichte umkehren ließ.

Betrachtet man das Reich und seine potenziellen Gegner insgesamt, fällt auf, dass vom 5. Jh. an die Grenzen nach außen recht stabil blieben. Andere politische Mächte konnten die Perser kaum noch herausfordern oder in Gefahr bringen. Die einzigen Gegenkräfte waren interne Unabhängigkeitsbestrebungen, dynastische Zerwürfnisse oder reine Machtgelüste in den einzelnen Satrapien und Völkerschaften. So sammelte sich innerhalb der Reichsgrenzen immer wieder Sprengstoff, der ab und zu gezündet wurde. Die 200 Jahre der Perserherrschaft sind denn auch sporadisch mit Bürgerkriegen durchsetzt. Von den zehn Herrschern der Achämeniden-Dynastie (kurzfristig regierende Machthaber sind dabei nicht berücksichtigt), haben nur einige wenige streckenweise ein Friedensregiment aufrechterhalten können. Allerdings muss der betrachtende Historiker, wie oben schon angemerkt, sich bewusst bleiben, dass die überwiegend griechischen Quellen (nur sie bieten eine zusammenhängende, erzählende Gesamtschau!) eine westliche Perspektive vertreten, den Hauptnachdruck auf die konfliktreiche Geschichte mit dem Griechentum und die internen, dynastischen Auseinandersetzungen der persischen Nobilität legen und der ganzen Zeit gern den Stempel eines Kampfes der Kulturen – Ost gegen West; Barbaren gegen die Zivilisation – aufdrücken. Diese letztere Sicht hat sich mit teilweise fatalen Folgen in die abendländische Mentalität eingegraben. Dabei war möglicherweise der Schauplatz Kleinasien und Griechenland für die persische Zentralregierung nur phasenweise der wichtigste Ort der Auseinandersetzung. Der Kampf um Ägypten hatte sicher für sie über lange Strecken eine ähnlich vordringliche Bedeutung,

---

[92] Angeblich ausgehandelt und abgeschlossen durch den athenischen Politiker Kallias, der eigens nach Susa reiste, vgl. Herodot, Historien VII,151f.

und über die politischen und kriegerischen Herausforderungen des viel größeren östlichen Reichsteils wissen wir zu wenig, als dass wir eine wirklichkeitsnahe Einschätzung treffen könnten.

So sind denn die beiden Jahrhunderte persischer Herrschaft von durchaus vergleichbaren und sich wiederholenden Geschichtsabläufen geprägt.[93] Aus der griechischen Sicht entfalten mächtige asiatische Großkönige einen unbezähmbaren Eroberungsdrang in Richtung Westen. Die schlimmsten Feinde werden zu blutdürstigen Tyrannen stilisiert, wie z.B. der Großkönig Xerxes. Sie werden mit Mühe abgewehrt und finden erst in dem strahlenden griechischen Helden Alexander ihren wahren Meister. Nach westlichem Muster ist Geschichte vor allem die Veranstaltung der einzelnen Herrscherfiguren, ihre treibende Kraft der persönliche Wille jener herausragenden Gestalten. Kein Wunder, dass die Historien des Herodot und seiner Kollegen weithin aus psychologisierenden Skizzen der Hauptakteure und ihrer Motivationen bestehen. Ihr Charakter bildet den innersten Kern der geschichtlichen Vorgänge. Planungen, Hoffnungen, Intrigen der Herrscher und ihrer Parteigänger wie Widersacher treiben den Handlungsfluss voran. Das von den menschlichen Trieben inszenierte Drama spielt sich bei den griechischen Schriftstellern auch auf der großen Weltbühne nach den Regeln des lokalen Theaters ab. So ist die alte persische Geschichte für unser an griechischen Quellen geschultes Bewusstsein von Grund auf in „westliche" Stereotype verpackt.

Die zweihunderjährige Geschichte des Perserreiches stellt sich uns folglich als großartiges Gemälde von der Entfaltung und Erhaltung eines bis dato ungeahnt riesigen Staatsgebildes dar. Das Hauptanliegen der persischen Politik, das Ziel ehrgeiziger Großkönige, kann man wohl in dem Versuch sehen, die ganze bewohnte Erde unter ihre Kontrolle zu bringen und eine beständige Weltordnung für die zahlreichen unter ihrer Führung vereinten Völkerschaften herzustellen und abzusichern. Das spezifisch persische Experiment, ein derartiges Imperium zu begründen, wurde vor allem mit militärischen und ökonomischen Mitteln durchgeführt, aber auch mit einer bestimmten achämenidischen Herrschaftsideologie unterbaut, die vorwiegend aus den persischen Quellen rekonstruierbar ist. Die archäologischen Entdeckungen belegen darüber hinaus die Blüte von Kunst, Religion und Wissenschaften, welche aus der Begegnung zentralasiatischer mit nahöstlichen Traditionen hervorging. Weil wir über die Aktivitäten der Zentralregierungen in der östlichen Reichshälfte nur ungenügend informiert sind, scheint sich ihre Aufmerksamkeit vorrangig auf den Westen, von Babylonien bis Ägypten und vor allem (dank der reichen überlieferten Berichterstattung) auf Kleinasien und Griechenland konzentriert zu haben. Syrien-Palästina, das uns besonders interessiert, war als Durchgangsland zum Nil strategisch wichtig, kommt aber in allen schriftlichen Quellen nur marginal vor.

II.2.3 Religionen in Altpersien

M. Boyce, A History of Zoroastrianism, vol. II: Under the Achaemenians Leiden 1982 (HO I,8,1,2,2A). – J.K. Choksy, Purity and Pollution in Zoroastrianism, Austin 1989. – C. Colpe (Hg.), Altiranische und zoroastrische Mythologie, in: H.W. Haussig (Hg.), Wörterbuch der Mythologie, I. Abt. Die alten Kulturvölker, Bd. 4, 161–487. – G. Gnoli, Zoroaster in History, New York 2000. –

---

[93] P. Briant trägt der Stereotypie der Geschehnisse Rechnung, indem er seine „Geschichte des Persischen Reiches" nur teilweise chronologisch aufbaut (Teil 1, 4, 5, 6 mit allgemeinen Analysen durchsetzt), und in Teil 2 und 3 mit insgesamt acht Kapiteln die strukturellen Probleme des Imperiums behandelt, von der Königsideologie bis zur Ökonomie, Verwaltung, Steuerpolitik usw.

Derselbe, Einige Bemerkungen zum altiranischen Dualismus, in: B.G. Fragner u.a. (Hg.), Proceedings of the Second European Conference of Iranian Studies (Sept. 30, 1991), Rom 1995, 213–231. – W. Hinz, Zarathustra, Stuttgart 1961. – H. Humbach, The Gâthâs of Zarathushtra and the Other Old Avestan Texts, 2 Bde, Heidelberg 1991. – M. Hutter, Religionen in der Umwelt des Alten Testaments I, Stuttgart 1996 (Studienbücher Theologie 4) 184–246. – J. Kellens und E. Pirart, Textes. – D. Khurshed S. Dabu, Message of Zarathustra, Bombay 2. Aufl. 1959. – G. Lanczkowski, Iranische Religionen, TRE 16, 247–258. – St. Insler, The Gâthâs of Zarathustra, Teheran und Lüttich 1975 (Acta Iranica 8). – A. Panaino, Religionen im antiken Iran, in: Ausstellungskatalog: 7000 Jahre persische Kunst, hg. von W. Seipel, Mailand 2001, 23–29. – M. Stausberg, Die Religion Zarathushtras, Bd. 1 und 2 Stuttgart 2002; Bd. 3 Stuttgart 2004. – G. Widengren, Iranische Geisteswelt, Baden-Baden 1961. – Derselbe, Die Religionen Irans, Stuttgart 1965 (Die Religionen der Menschheit 14). – F. Wolff, Avesta, die heiligen Bücher der Parsen, Leipzig 1910.

Die Religionsgeschichte des alten Persien ist nicht leicht zu rekonstruieren. Wie alle Religionen haben auch die iranischen langfristige Entwicklungen und Umbrüche durchgemacht; die spirituelle Geschichte eines Volkes oder einer Kulturregion steht nie still. Über die Jahrtausende, die unterschiedlich starke Spuren hinterlassen haben, verschwimmen oft die Bilder von bestimmten Epochen, Gestalten und Vorstellungen. Immerhin sind bedeutende Zeugnisse der iranischen Geistes- und Religionswelt bis auf unsere Tage erhalten geblieben. Seit dem 18. Jh. wurden in Europa die persischen heiligen Schriften bekannt, das Avesta („Grundtext" ?)[94], eine auf lange, in den ältesten Teilen wahrscheinlich bis auf Zarathustra selbst zurückgehende Sammlung von sehr unterschiedlichen religiösen Texten. Ihre Sammlung und Verschriftung erstreckte sich über lange Perioden; die orthodoxe Version des Avesta entstand erst seit dem 4. Jh. u. Z. im sassanidischen Reich. Aber auch jene Perser, die sich im 7. Jh. vor den muslimischen Heeren nach Indien absetzten und dort bis heute eine ethnisch-religiöse Minderheit bilden, die Parsis,[95] brachten das avestische Überlieferungsgut mit und schrieben die religiösen Grunddokumente fort. Es besteht also für die heutige Forschung neben den alten Dokumenten ein direkter Zugang zu den antiken iranischen Religionen über die heutige Parsi-Religionsgemeinschaft und ihre Rituale und Glaubenszeugnisse – vergleichbar mit der Situation der christlichen Kirchen. Wer aber versucht, von heutigen Gemeinschaften aus die antiken Ursprünge zu erkennen, der wird schnell feststellen, welche riesigen Entfernungen und großen Abgründe zwischen beiden Ufern liegen. Beim Avesta wie bei den biblischen Überlieferungen kommt es also darauf an, historisch-kritisch die ältesten Schichten herauszuarbeiten, von nachfolgenden Zusätzen, Umdeutungen, Kommentierungen zu unterscheiden. Die persischen Schriften geben dazu eine willkommene sprachliche Hilfestellung: Eine Kernsammlung von hymnenartigen Texten, die Gathas, ist in einer linguistisch als archaisch zu identifizierenden Sondersprache, dem Altavestischen (verwandt mit dem Altpersischen) verfasst. Hier haben wir wahrscheinlich liturgisches Traditionsgut aus der Frühzeit der mit Ahuramazda verknüpften Religion Altpersiens vor uns.

Leider ist allerdings die absolute Datierung dieser Grundschicht des Avesta unter den Fachleuten strittig. Sie hängt mit der zeitlichen Ansetzung des Propheten oder Offenbarungsmittlers Zarathustra engstens zusammen, auch wenn die persischen Königsinschriften der Epoche ihn seltsamerweise mit keiner Silbe erwähnen. Man schwankt aufgrund mehrerer nicht völlig schlüssiger Indizien linguistischer und kultureller Art zwischen der Zeit um 1000 und um 600 v.Chr. Wie immer, der Glaube an den höchsten

---

[94] So Lanczkowski, Religionen 249. M. Stausberg hält die erst lange nach der Achämenidenzeit verwendete Bezeichnung noch für undeutbar, ders., Religion Bd. 1, 69.

[95] Die Parsis sind heute am stärksten in und um Bombay konzentriert, vgl. M. Stausberg, Religion Bd. 2, 34–44.

Gott Ahura Mazda, den „Herrn der Weisheit", dem sich auch die persischen Imperatoren verpflichtet wussten, ist im Avesta durch Vermittlung Zarathustras verkündet worden. Die Gebetsdialoge in den Gathas sind nach Ausweis einiger namentlicher Erwähnungen Zarathustras (z.B. Yasna 28,6; 43,7f[96]) ganz auf den Propheten hin stilisiert. Das redende, menschliche Ich ist der Prophet, der oft genug den höchsten Gott um Aufklärung und Intervention bittet. Über seine Biographie sind wir aber höchst mangelhaft unterrichtet. Zarathustra – und die mit ihm verbundene alte Substanz des Avesta – scheinen aus dem östlichen Reichsteil mit seinen Stammesstrukturen zu kommen. Die Gathas wenden sich gegen dort herrschende Opferpraktiken; sie verurteilen z.B. die Rindertötung. Eine Wesensverwandtschaft der alten persischen Religion mit vedischen Gottesvorstellungen und vedischem Pantheon lässt sich auch sonst nachweisen.[97]

Aber kehren wir noch einen Augenblick zu der Frage nach den Quellen für die altpersische Religion zurück. Von den alten Schichten des Avesta wird man ausgehen können; sie gehören – mündlich tradiert – in die Achämenidenzeit. Und man wird damit die sonstigen eindeutig zeitgenössischen Texte des 6. bis 4. Jh. vergleichen müssen, welche Gottheit und Glauben in irgendeiner Weise erwähnen. Die Königsinschriften sind neben dem Avesta prominente Zeugnisse für die Religion der Zeit, allerdings jener Religion, die im Umfeld des Königshauses, des Regierungssitzes, der Dynastie im Staatsinteresse gepflegt wurde. Für die Volksreligiosität lassen sich Tontafeln aus dem Alltagsleben, die etwa Opfer oder Tempelabgaben verzeichnen, und natürlich auch theophore Namen heranziehen. Außerdem steuert die Archäologie erhebliche Erkenntnisse bei, Kleinfunde und Architektur aus dem Sakralbereich, Grabbeigaben und ikonographische Hinweise. Weil es zahlreiche, nicht nur kriegerische Kontakte zwischen Griechenland und Persien gegeben hat, die über Herodots Historien hinaus in die Literatur der Zeit eingegangen sind, spielen auch diese Fremdberichte über die persische Religiosität und den Staatskult eine wichtige Rolle. Wir müssen uns nur bewusst sein, dass fremde Beobachter immer von ihrem eigenen Koordinatensystem her sehen, verstehen und urteilen. Das bedeutet, ihr Wahrnehmungsvermögen kann schärfer sein, als das von Einheimischen, es ist mit Sicherheit aber auch mit Vorurteilen belastet, die zu Verzerrungen und Fehleinschätzungen führen.

Das Bild der antiken iranischen Religionen, welches wir uns aufbauen müssen, ist also von vornherein bunt, vielschichtig und nie spannungsfrei. Immerhin entdecken wir mindestens fragmentarisch spirituelle, kultische, auch lehrhaft angelegte Glaubensgebäude, die als Kontext und Hintergrund für die biblische Religiosität eine weithin unterschätzte Bedeutung haben könnten. Die Ausgangssituation ist folgende: Wir müssen aufgrund der literarischen und historischen Befunde annehmen, dass die unübersehbare Vielfalt von iranischen Volksreligionen[98] im Verlauf des 1. Jt. v.Chr. vom Glauben an den höchsten Gott Ahura Mazda überlagert und bis zu einem gewissen Grad vereinheitlicht worden sind. Das schließt eine vorherige, regionale Verehrung dieser Gottheit nicht aus. Doch

---

[96] „Als den Heiligen habe ich dich erkannt / o Mazdā Ahura, / als du mit Vohu Manah mich besuchtest / und mich fragtest: ‚Wer bist du? – Wessen bist du?' / ..." Da sagte ich zu ihm: ‚Zarathustra bin ich, / ein wirklicher Feind, so gut ich es vermag, / den Lügengenossen, / aber dem Gerechten eine starke Stütze, / auf dass ich die künftigen Dinge des nach / den Wünschen herrschenden Xšathra erlange, / solange ich lebe, o Mazdā/ preise und verherrliche." (Yasna 43,7f; Übersetzung von G. Widengren, Geisteswelt, 158).

[97] Vgl. G. Widengren, Religionen 7–20; M. Boyce, History Bd. 1, 51–84; M. Stausberg, Religion 115–117.

[98] Eine allerdings stark systematisierende Übersicht bei G. Widengren, Religionen, 7–59; vgl. M. Boyce, History, Bd. I, 1–177; M. Stausberg, Religion 12–20; 26–31; 108–123.

scheint sich durch die (missionierende?) Tätigkeit des Zarathustra eine qualitativ neue Allgemeinverbindlichkeit der Ahura-Mazda-Religion ergeben zu haben. Eigenartig ist, dass offenbar nicht das entstehende persische Imperium oder seine Führungsschicht die treibende Kraft für die Universalisierung des Ahura-Mazda-Glaubens war. Im Alten Orient hat es gelegentlich durchaus eine staatsgelenkte Verbreitung religiöser Systeme gegeben, z.B. unter den Assyrern. Die oberste Staatsgottheit – so die legitimierende Propaganda – beauftragte jeweils den assyrischen König damit, die Welt für sie zu erobern. Und sie erwartete die kultische Verehrung von den unterworfenen Völkern bzw. deren Regierungen. Unter der Herrschaft der Achämeniden ist eine derartige Redeweise unbekannt, wenngleich sie sich in Analogie zu mesopotamischen Herrschern ausgiebig mit dem Wohlwollen des höchsten Gottes schmücken.[99] Im Gegensatz zu den semitischen Völkern haben die Perser der Achämenidenzeit jedoch nie Ahura Mazda mit monarchischen Titeln versehen oder umgekehrt den (Groß)König selbst kraft seines Amtes in die göttliche Sphäre erhoben.[100] Daraus ist wohl zu schließen, dass der Universalismus des Ahura-Mazda-Glaubens nicht auf monarchischem Boden, sondern eher in „zivilen" Verhältnissen gewachsen ist. Die persischen Herrscher haben sich dieses schon vorhandene theologische System lediglich zunutze gemacht. Damit bleibt der Ursprungsort dieser Religion immer noch im Dunkeln: Stammt sie aus Weisheitsschulen, Magierorden, Laiengemeinden? Kann man Wanderprediger und ihre Gefolgschaft als die „Brutstätten" des individualistischen, die Stammesverbände überschreitenden Glaubens ansehen?

Die schwere Frage erhebt sich also, in welchem gesellschaftlichen Milieu denn Ahura Mazda zur obersten Gottheit aufgestiegen sein mag. Ethnische Gruppierungen scheiden fast von selbst aus, denn nach Ausweis der Überlieferungen war mindestens der altavestische Gott nicht ethnisch gebunden. Alle Normen und Lebensregeln des Avesta betreffen schlicht „den Menschen", nicht irgendeinen Volksangehörigen. Von der Auserwählung einer bestimmten Gruppe oder einer In-die-Pflicht-Nahme, etwa durch Bundesschluß, einer Glaubensschar, ist keine Rede. Wer war dann Träger des neuen, umspannenden Glaubens, der zunächst in den persischen Kernländern Verbreitung fand? Anscheinend ist nur eine Erklärung möglich: Der Glaube an den weisen Weltenschöpfer und Weltenherrscher, der vor allem auf die Erlösung des Einzelmenschen, seine rechte Lebensführung und seine Vollendung im paradiesischen Jenseits abzielt, stammt nicht aus politischen und ethnischen Sozialstrukturen, sondern aus dem Bereich der privaten Frömmigkeit. Prediger und Lebensberater wie Zarathustra, Priester und Missionare wie die berühmten Magier[101] haben mit ihren Gefolgsleuten die universale Lehre vom obersten Gott hervorgebracht und unter die Völker getragen. Strukturell ist auch die vedische Religion zu vergleichen. Um welche Glaubensinhalte ging es in der Hauptsache?

Ahura Mazda war der einzige, souveräne Weltenschöpfer und der Herr aller Geschichte. Unterstützt von übermenschlichen Wesenheiten (die jedoch keine kultische Verehrung von Seiten der Menschen genießen!), den *ameša spentas* („unsterbliche Heilige" oder „wohltätige Unsterbliche"), kämpft der gute Gott für die Weltordnung gegen Lug und Trug (*drug* = „Lüge") und deren Verbreiter, die *daēvas* („Dämonen; böse Geister"), deren oberster *Angra Mainyu* („böser Geist") ist. Die Verkündigung des Zarathustra im

---

[99] Vgl. G. Ahn, Herrscherlegitimation, 17–25; P. Briant, Cyrus 93–96; 204–254.
[100] G. Ahn, a.a.O. 34–38. Das schließt wiederum nicht aus, dass die persischen Könige den obersten Gott in seiner Herrscherfunktion auf der Erde vertreten, a.a.O. 196–199!
[101] Vgl. H.v. Gall, Magier, in: C.Colpe, Mythologie, 387f.

Religionen in Altpersien

Namen Ahura Mazdas will jeden einzelnen Menschen vor die Wahl stellen, dem guten Weg des Schöpfers zu folgen und den Dämonen abzusagen.

> Wenn darum der Weg, den zu wählen besser ist,
> nicht zu erblicken ist,
> so komme ich zu euch allen als der,
> den Ahura Mazdā als Schiedsrichter weiß
> zwischen den beiden Parteien, auf dass wir
> dem Aša gemäß leben mögen.
>
> Die Vergeltung, die du durch Geist und Feuer geben
> und durch Aša zuteilen wirst,
> und die Bestimmung, die für die Einsichtigen gilt,
> das, o Mazda, sage uns als Wissen,
> durch die Zunge deines Mundes, auf dass ich
> alle Lebenden vor die Wahl stelle. (Yasna 31,2.3; nach G. Widengren, Geisteswelt)[102]

Zarathustra ist der einzige Mittler der göttlichen Offenbarung. Er kann die richtige Weisung geben, die zur Entscheidung zwischen Gut und Böse führt (vgl. den Titel: „Schiedsrichter", Humbach: who „knows a judgment" Strophe 3). Der höchste der *ameša spentas* ist Aša (altpersisch *arta*): Durch diese konzentrierte, reinste „Weltordnung" und zu ihr hin ergeht der Aufruf an alle, sich richtig einzufügen in die kraftgeladene, jedoch ambivalente Wirklichkeit. Die andere, böse Seite dagegen wird demaskiert:

> Aber ihr, Daēvas alle, seid dem
> Schlechten Manah (*Akat Mainyu*) entsprossen,
> und der, der euch viel verehrt
> und die Lüge und die Hoffart,
> desgleichen auch eure Taten, durch die ihr längst
> bekannt seid auf dem siebenten Erdkreis.
>
> Seitdem ihr das verfügt habt, dass die Menschen,
> die das Böseste tun,
> Lieblinge der *Daēvas* heißen sollen,
> die von *Vohu Manah* („guter Sinn") zurückweichen,
> die von Mazdā Ahuras Rat abgehen und von Aša.
>
> Damit bringt ihr seitdem den Menschen um das
> gute Leben und die Unsterblichkeit,
> ein Handeln, das Euch, ihr Daēvas, zusammen mit
> dem Schlechten Manah der Böse Geist gelehrt hat,
> durch das schlechte Wort dem Lügengenossen
> die Macht versprechend. (Yasna 32,3–5; nach G. Widengren, Geisteswelt)[103]

---

[102] Die Sprache der Gathas ist außerordentlich kryptisch und schwierig; ich gebe zum Vergleich die Übersetzung von H. Humbach, Gathas, Bd. 1, 126f: „If the better way to go is not seen by them, / I approach You all, since the Ahura knows a judgment, / mindful of those two (well-known) shares, (the Ahura), through whom we live in accordance with truth. // (Tell us about the) satisfaction which Thou apportionest by means of (Thy) spirit and (Thy) fire, and (which) Thou accordest through truth, according to balance, / (and about) what (is) Thy rule for the responsible ones, tell us about that, so that we may know (it), O Wise One, / (tell us about that) with the tongue of Thy mouth, so that therewith I might receive all the living."

[103] Kontrollübersetzung: H. Humbach, Gathas, Bd. 1, 132f: „But you, O Daevas all, are seed (sprung) from evil thought, / and (so is that alleged) master who worships both, you as well as the activities of deceit and contempt, / for which you again and again have become notorious in (this) seventh (of the seven climes) of the world: // insofar as you order those worst (things), (by) offering which the mortals / may grow (as) minions of (you) Daevas, flinching from good thought / (and) straying from the intellect of the Wise Ahura and from truth. // Therefore you lure the mortal one away from good life and immortality, / because the evil spirit along with evil thought (had

Die *daēvas* sind die Leben zerstörenden Mächte, sie haben eine eigene Hierarchie. Ihre destruktiven Aktivitäten vereiteln gegenwärtiges und zukünftiges Wohlsein. Sie nutzen Lüge und Überheblichkeit sowie viele andere menschliche Defekte, um Menschen zu Fall zu bringen und von einer Entscheidung für das Gute abzuhalten. Nur, was ist das Gute? Gibt es einen Kanon von Verhaltensvorschriften, welche die richtige Lebensführung umschreiben? Die Gathas sind an dieser Stelle wenig konkret. Sie reden eher generalisierend und in hymnischen Tönen von der Selbst-Identifizierung des Glaubenden mit den guten Mächten. Vielleicht hat die ethische Unterweisung auf einer anderen Ebene und mit anderen literarischen Gattungen stattgefunden als in diesen liturgischen Hymnen. Die Bitte um spezifische ethische Unterrichtung ist allerdings auch in den Gathas häufig: „So mögest du mir Aša zeigen, wenn ich dich anrufe ..." (Yasna 43,10); „Und als du zu mir sagtest: ‚Komm, um Aša zu lernen', da hast du mich nichts Unerhörtes geheißen ..." (Yasna 43,12); „Sag mir zum Entscheiden, was ihr mir durch Aša von dem Besseren gegeben habt, als Wissen durch Vohu Manah und als Erinnern ..." (Yasna 31,5).[104] Die neunte Gatha (Yasna 44) ist mit ihren 20 Strophen bis auf eine einzige als Fragespiel stilisiert. Der Prophet legt Ahura Mazda stereotyp ein bestimmtes Problem vor: „Danach frag ich dich, o Ahura, antworte mir richtig ...". In der ersten Strophe geht es beispielsweise um die Angemessenheit der Gebetsbitte:

> Danach frag ich dich, o Ahura, antworte mir richtig:
> Wegen des Gebetes – wie das Gebet Ihresgleichen ansteht?
> Möge ein Weiser wie du seinem Freunde, wie ich es bin, es kundtun
> und uns durch den Freund Aša Unterstützung gewähren,
>   damit er durch den Vohu Manah zu uns komme. (Yasna 44,1; nach G. Widengren, Geisteswelt)[105]

Mehrere Strophen behandeln kosmologisch-eschatologische Themen, z.B. „Wer bestimmte den Weg der Sonne und der Sterne?" (44,3); „Wer festigte die Erde unten und den Wolkenhimmel oben vor dem Herabfallen?" (44,4); „Wer schuf, gutschaffend, Licht und Finsternis?" (44,5); „Wird Aramati [„gemäße Gesinnung"] mit ihren Taten Aša Hilfe leisten? Hat von dir her Vohu Manah [„Guter Sinn"] das Reich bereitet? Für welche hast du das trächtige, glückbringende Rind geschaffen?" (44,6). Aber auch diese überindividuellen Fragestellungen mögen persönliche Implikationen haben, die uns entgehen. So heißt die Bitte um Erleuchtung in 44,8 „Danach frag ich dich ... wie meine Seele zu dem beglückenden Guten gelangen wird?" Drei weitere Strophen konzentrieren sich auf das gute Selbst (*daēnā*), das im irdischen Leben verwirklicht werden soll (44,9–11), vier weitere drehen sich um die Vermeidung der Lüge (44,12–15). Die Schlußstrophen sind auf das zukünftige Heil, d.h. auch auf den Erfolg der Erlösungsbemühungen ausgerichtet:

> Durch ein Gesicht versprich mir, den das Leben heilenden Herrn zu senden!
> Und Gehorsam soll sich durch Vohu Manah bei jedem einstellen,
>   o Mazdā, bei dem du es wünschest! (44,16; nach G. Widengren, Geisteswelt)[106]

---

[104] lured) you, the Daevas, (away from them), / (the evil spirit) as well as the action (inspired) by the evil word, by which a ruler recognizes a deceitful person."
Alle Zitate nach G. Widengren, Geisteswelt.

[105] H. Humbach, Gathas, Bd. 1, 156: „This I ask Thee, tell me plainly, O Ahura: / On account of (my) reverence, how reverence to One such as You (should be), / O Wise One, One such as Thou should announce to one such as me, His friend. / Let friendly fellowships be granted us by truth / so that one may come to us with good thought."

[106] H. Humbach, Gathas, Bd. 1, 161: „Accord (as) a judgment bright (things to be) in my house, O Healer of existence. / Let (recompense for) obedience come to him through good thought, / O Wise One, to him, to whomsoever Thou wishest."

Danach frag ich dich ...
Ob ich wohl, o Mazdā, durch Euch mein Ziel erreichen werde,
das Sichanschließen an Euch, und dass meine Rede wirksam sei,
auf dass sich Haurvatāt [„Gesundheit"] und Amartatāt [„Unsterblichkeit"] künftig mit dem vereinigen,
der dem Aša anhängt, gemäß jenem Spruch.

Danach frag ich dich ...
Ob ich wohl , durch Aša, den Lohn erhalten werde,
zehn Stuten, mit einem Hengst versehen, und ein Kamel,
den Lohn, der mir, o Mazdā, versprochen wurde, so gut wie
deine Verleihung des Haurvatāt und Amartatāt?" (44,17f; nach G. Widengren, Geisteswelt)[107]

Der Mensch hat also nach den Grundlinien des Ahura Mazda-Glaubens die Lebensaufgabe, sich in den Kraftbereich der guten Mächte zu begeben, den zerstörerischen, lügnerischen Dämonen abzusagen, in Übereinstimmung mit dem Willen des Schöpfers die gute Weltordnung zu verwirklichen, um in diesem Leben, aber entscheidend dann nach seinem Tod das persönliche Endgericht zu überstehen und ewiges Leben zu erlangen.[108] Die Abscheu vor dem „Rindertöten", das ähnlich wie in der Hindu-Tradition ein göttliches Tabu verletzt, und die Vermeidung alles lügenhaften Verhaltens sind die hervorstechendsten Einzelvorschriften für ein richtiges Leben. Schon die Gathas sprechen verschiedentlich ganz klar von der bevorstehenden Endabrechnung der Lebenseinstellungen und -taten. Sie wird in Feuer und Gericht vor sich gehen. Später sind derartige eschatologische Vorstellungen weiter zu großen Szenarien ausgebaut worden, in denen die Einzelseele die messerscharfe Činvat-Brücke überqueren muss, die Toten auferstehen, eine Messiasgestalt die Gläubigen rettet, Ahura Mazda den Erzfeind endgültig besiegt usw.[109] – Vorstellungen, die offensichtlich in die gnostische, aber auch spätjüdische und christliche Endzeitlehre eingegangen sind.[110]
Der von der Predigt des Zarathustra überlagerte Volksglaube ist aber zu keiner Zeit ausgelöscht worden. Er existierte, wie auch die späteren Traditionsstufen des Avesta zeigen, neben, in und unter der „offiziellen" Religion weiter. Lebendigen Ausdruck fanden die religiösen Familien- und Stammesüberlieferungen in einer ausgeprägten Dämonologie und Angelologie, die auch das zarathustrische Glaubensgebäude beeinflussten. Mantik und Beschwörungskünste, die vor allem den persönlichen Bedürfnisses der Menschen in ihren Kleingruppen dienten, waren seit jeher in Mesopotamien geübt und zu hoher Perfektion gebracht worden. Nach Ausweis der Kleinfunde (Amulette; Siegelbilder; Ostraka; Figurinen usw.) bestanden die volkstümlichen Glaubensformen unangefochten fort.[111] Die Vielzahl der neben dem Allweisen Ahura Mazda weiter verehrten Gottwesen

---

[107] H. Humbach, Gathas, Bd. 1, 162: „This I ask Thee, tell me plainly, O Ahura: How may I proceed towards my goal in accordance with You, O Wise One, / (towards) Your attachment (to me), and so that my voice might be vigorous (enough) / to adorn, (to serve as) shelter, both, integrity and immortality / with that formula which (is) dependent on truth. // This I ask Thee, ... / Shall I deserve that prize through truth, / (namely) ten mares with a stallion, and a camel, / which secures for me, O Wise One, integrity / (and) immortality, just as Thou takest these for Thyself."

[108] Das ewige Leben im jenseitigen Paradies scheint schon in den alten Gathas anzuklingen, wird aber erst in jüngeren Schichten des Avesta voll ausgemalt, vgl. M. Stausberg, Religion Bd. 1, 144–150; 226–233.

[109] Vgl. G. Widengren, Religionen, 102–108; M. Stausberg, Religion Bd. 1, 150–153; 311–325.

[110] Weitere Literatur zur persischen Apokalyptik und ihren Einfluss: A. Hultgård, Persian Apocalypticism, in: J.J. Collins (Hg.), The Encyclopedia of Apocalypticism Bd. 1, New York / London 2000, 39–83.

[111] Vgl. G. Widengren, Religionen, 7–59; 94–97; M. Boyce, History, Bd. 1, 1–177; E. Stern, Culture 158–228.

und Gottheiten ist sicherlich z.T. ein Resultat synkretistischer Entwicklungen, wenn man auch den puren Monotheismus Zarathustras nicht mathematisch definieren darf.[112] Sogar eine Göttin, Anahita, hat das Aufkommen des Mazdaismus überlebt und eine wichtige Funktion in der offiziellen achämenidischen Religion eingenommen.[113] Institutionell verkörpern die von den Griechen so genannten *magoi* (ursprünglich in Medien beheimatet) dank der stattgefundenen, komplexen religionsgeschichtlichen Entwicklung häufig zugleich den Typ des schamanistischen Mittlers und des tempelgebundenen Priesters, auch am zarathustrischen Feueraltar.[114]

Als Hintergrund und Kontext der nachexilischen Gemeindetheologie haben wir also die vielschichtige Religionswelt der altpersischen Kultur anzunehmen. In dieser Welt waren Muster von Glaubenseinstellungen und Weltinterpretationen vorhanden, denen wir auch in den Schriften der hebräischen und aramäischen Bibel begegnen. Von der hohen Einschätzung der liturgischen Wortüberlieferung und der Bedeutung von Mittlergestalten zwischen Gott und Mensch, über Reinheitsanforderungen, ethische Dualismen (gut – böse; Lüge – Wahrheit; Licht – Dunkelheit usw.), Engel- und Dämonenvorstellungen bis hin zu universalen und sowohl rituell wie radikal ethisch geprägten Gottesbildern und apokalyptischen Endzeiterwartungen reicht eine breite Palette von Analogien zwischen persischer und judäischer Spiritualität. Das geistig-religiöse Klima der Achämenidenzeit spiegelt sich in manchen Texten des Alten Testaments.

II.2.4 Alltagsleben und Kultur

G.G. Cameron, Persepolis Treasury Tablets, Chicago 1948. – M.A. Dandamaev, Slavery in Babylonia from Nabopolassar to Alexander the Great (626–331 B.C.), Northern Illionois University 1984. – Derselbe und V.G. Lukonin, The Culture and Social Institutions of Ancient Iran, Cambridge 1989. – F. Gschnitzer, Eine persische Kultstiftung in Sardis und die ‚Sippengötter' Vorderasiens, in: W. Meid u.a. (Hg.), Im Bannkreis des Alten Orients, Innsbruck 1986, 45–54. – R.T. Hallock, Persepolis Fortification Tablets, Chicago 1969. – F. Joannès, Archives de Borsippa: La famille Ea-ilûta-bâni, Genf 1989. – M. Jursa, Der Tempelzehnt in Babylonien vom siebenten bis dritten Jahrhundert v.Chr. Münster 1998 (AOAT 254). – H. Klengel, Handel und Händler im Alten Orient, Wien 1979. – H. Koch, Dareios, 163–250. – Dieselbe, Verwaltung und Wirtschaft im persischen Kernland zur Zeit der Achämeniden, Tübingen 1990 (TAVOBeih B 89). – B. Porten, Archives from Elephantine. The Life of an Ancient Military Colony, Berkeley 1968. – Derselbe, The Elephantine Papyri in English, Leiden 1996 (DMOA 22). – D. Ribeiro, Der zivilisatorische Prozeß, Frankfurt 1971. – M.W. Stolper, Entrepreneurs and Empire. The Murašu Archive, the Murašu Firm, and Persian Rule in Babylonia, Istanbul 1985 (PIHANS 54). – J. Wiesehöfer, Persien, 102–148. – C. Wunsch, Die Urkunden des babylonischen Geschäftsmannes Iddin-Marduk 2 Bde., Groningen 1993 (Cuneiform Monographs 3a und 3b). – Dieselbe, Das Egibi-Archiv I: Die Felder und Gärten, 2 Bde. Groningen 2000 (Cuneiform Monographs 20a und 20b).

Das Alltagsleben der Menschen, die unter einer imperialen Zentralregierung in einem unendlich großen Raum mit vielerlei Völkerschaften zusammenleben, lässt sich manchmal anhand von Privaturkunden konkret darstellen, meist jedoch nur generalisierend, und zwar aufgrund archäologischer Funde, auch bildhafter Art, und von Verwal-

---

[112] Vgl. M. Stausberg, Religion Bd. 1, 95–99; 111f und passim. Auch im Alten Testament ist die Unterordnung von Gottheiten unter Jahwe üblich, vgl. Ps 82. M. Stausberg nennt die Auseinandersetzung um Mono-, Polytheismus oder Dualismus in der alten persischen Religion „müßig", weil sie auf „eurozentrischen bzw. christlich-theologischen Implikationen" beruht, „die den Befund verzerren." (a.a.O. 98).
[113] Vgl. M. Stausberg, Religion, Bd. 1, 175f; M. Boyce, Anahid I und II, EIr 1, 1003–1006.
[114] Vgl. P. Kingsley, Greeks, Shamans, and Magi, StIr 23, 1994, 187–198; W. Eilers, RGG³, IV, 602.

Alltagsleben und Kultur

tungs-, Geschäfts- und Rechtstexten, sowie Andeutungen in regierungsamtlicher Literatur. Die griechischen Beobachter der persischen Zeitgeschichte haben ab und zu ebenfalls Einblicke in die Lebenswirklichkeit aus dem Augenschein heraus oder nach dem Hörensagen aufgezeichnet.

Für die vorderorientalische und asiatische Antike gilt ganz allgemein: Die meisten Menschen waren Bauern oder nomadisierende Viehzüchter. Ihre Hauptsorge galt dem täglichen Brot. Sie lebten in Dorf- und kleinen Stadtgemeinschaften und führten eine Subsistenzwirtschaft, zu der alle Familienmitglieder nach besten Kräften von Jugend an und bis ins Alter beitragen mussten. Der tägliche Arbeitsrythmus, modifiziert durch die Jahreszeiten, ging für die Bauern von Sonnenaufgang bis Sonnenuntergang. Je nach geographischer Lage betrieb man Regen- oder Bewässerungsfeldbau. Allerlei Getreidearten, Hülsenfrüchte, Flachs, verschiedene Gemüsesorten, Fruchtbäume (in Babylonien häufig Dattelpalmen), Wein u.a. waren, regional verschieden, Hauptanbauobjekte.[115] Für Viehhirten galt es, rund um die Uhr auf der Hut zu sein und die lebenswichtigen Herden (Schafe, Ziegen, Rinder, Esel, Kamele, die letzteren vorwiegend in den östlichen Reichsteilen)[116] gegen Raubtiere und menschliche Räuber, Krankheit und Unfall zu schützen. Tagsüber mochten Hirten oft Muße haben zu handwerklicher Tätigkeit; nachts schliefen sie und achteten mit einem Ohr auf jede Bewegung im nahegelegenen Korral. Beide, Bauern und Hirten, erwirtschafteten ihre Nahrung und sonstigen Lebensbedarf mehr oder weniger aus eigener Kraft. Die Arbeitsgeräte blieben über Jahrhunderte gleich; sie sind durch Ausgrabungen und Ikonographie bekannt.[117] Die Zubereitung von Speisen übernahmen Frauen und Mädchen. Sie sorgten auch für die Kleidung aller Familienmitglieder. Was immer eine Familie an Rohstoffen und Materialien, Gerätschaften und Schmuck brauchte, aber nicht selbst herstellen oder gewinnen konnte, musste mit Hilfe der eigenen Surplus-Produktion im Tauschverfahren beschafft werden. Normalerweise waren die antiken Familien auf dem Lande weitgehend autark. Ein Rest von Abhängigkeit blieb aber in jedem Fall und damit ein Anlass, Güter über den eigenen Direktbedarf hinaus zu Tauschzwecken herzustellen.

Das Leben von kleinen, wirtschaftlich zusammen arbeitenden Menschengruppen war dergestalt jahrein, jahraus von der Mühe um den eigenen Lebensunterhalt bestimmt.[118] Unterbrechungen des eintönigen, seit Vorzeiten gleichbleibenden Ablaufs waren – auch nach Ausweis heutiger agrarisch orientierter Gesellschaften – in aller Regel höchst willkommen. Kultische Feste mit sozialem Charakter, religiöse Zeremonien und Wallfahrten ergaben die gewünschten Anlässe für solche Freiräume von der Tagesarbeit. Natürlich waren alle religiös verankerten Feierlichkeiten aus anderen Motiven entstanden. Sie sollten die Fruchtbarkeit von Feldern und Herden garantieren, den Segen der Gottheiten für die Gemeinschaft sichern, aus ernsthaften Bedrohungen des Lebens retten und Dank

---

[115] Vgl. L. Cagni, G. Fusaro, S. Graziani, Die Nutzung des Ackerbodens im Mesopotamien der achaemenidischen Zeit: Die Pachtauflage (*imittu*), in: H. Klengel und J. Renger (Hg.), Landwirtschaft im Alten Orient, Berlin 1999, 197–212 (Berliner Beiträge zum Vorderen Orient 18).

[116] Über Fauna und Viehzucht in der Antike informiert z.B. B.J. Collins, A History of the Animal World in the Ancient Near East, Leiden 2002 (Handbook of Oriental Studies, Section 1, 64). Vgl. H. Klengel (Hg.), Landwirtschaft im Alten Orient, Berlin 1999 (Berliner Beiträge zum Vorderen Orient 18).

[117] Werkzeuge für Bauern und Hirten, Handwerker und Schreiber sind besprochen: R.-B. Wartke (Hg.), Handwerk und Technologie im alten Orient (Tagung Berlin 1991), Mainz 1994.

[118] Über die materiellen Bedingungen des Lebens (Wohnung; Kleidung; Haushaltsgegenstände; Schmuck usw.) informiert anhand der Ausgrabungsbefunde H. Koch, Dareios, 163–228. Vgl. auch moderne Darstellungen des Landlebens im Vorderen Orient, das seit Jahrtausenden in den gleichen Bahnen verläuft: G. Dalman, Arbeit und Sitte in Palästina, Gütersloh 7 Bde. 1928–1942.

für Erhörungen und Hilfen der Übermenschlichen erbringen. Aber die Unterbrechung des Alltags muss wohl auch von Anfang an in sich eine Wohltat für die im Existenzkampf gefangenen Menschen gewesen sein. Jedenfalls machen moderne Fest-Theorien diese Perspektive deutlich.[119] – Normalmenschen – die Landbevölkerung stellte vermutlich 60 bis 90 % der Einwohnerzahl eines Landes – waren in dieser Weise mit dem Erhalt ihrer Lebenssphäre in Arbeit und Fest ausgelastet. Die weitere Kulturentwicklung geht von der städtischen Lebensweise aus.

Städte gibt es im Vorderen Orient mindestens seit dem 5. Jt. v.Chr.[120] Die entscheidenden Kriterien für eine städtische Ansiedlung sind eine die verwandtschaftlichen Beziehungen durchbrechende oder überlagernde Sozialstruktur, Arbeitsteilung und Interdependenz der Bewohner, Konzentration von Lebensqualität und entsprechende wirtschaftliche Abhängigkeit des Umlandes. Das bedeutet auch Ballung von wirtschaftlichen, politischen, religiösen Funktionen in der Stadt, kollektive Leistungen der Bewohner auf architektonischem Gebiet und in der öffentlichen Versorgungs- oder Infrastruktur. Kurz, die Ansammlung einer größeren Gemeinschaft von Menschen – bei kleineren und mittleren Städten waren es schätzungsweise zwischen 200 und 1000 Personen, bei Metropolen bis zu 50 000 – bewirkte eine soziale Neuorganisation der Lebenswelt, die notwendig manche familiären Sitten und Gebräuche (z.B. die Blutrache) hinter sich lassen musste. Städtisches Leben kann sich in der nun differenzierteren Sozialstruktur nur auf der Grundlage von technologischen Kenntnissen z.B. in der Großarchitektur und von neu gebildeten Verhaltensnormen für das Zusammenleben einer größeren Zahl nicht verwandtschaftlich vernetzter Menschen etablieren. Oder andersherum: Das Zusammenleben von zahlreichen Familien und Clans in engen städtischen Siedlungsverbänden bringt auf allen Lebensgebieten (Wirtschaft; Kunst; Architektur; Religion; Sitte; Recht; Militärwesen usw.) Neues hervor und lässt Kunst und Kultur aufblühen. Wenn nicht alles täuscht, wuchs in der persischen Periode die städtische Kultur weiter an, um in der nachfolgenden hellenistischen Zeit noch größere Dimensionen anzunehmen.[121]

Die altpersischen Städte stehen zumindest im Westen in der Tradition der mesopotamisch-syrischen Wohnzentren und Verwaltungsmetropolen. Das Kernland der Perser war u.a. wegen seiner zahlreichen Stadtgründungen schon den griechischen Schriftstellern bekannt.[122] Dabei haben sicherlich auch fernöstliche Einflüsse mitgewirkt. Handel und Handwerk, Religion und Verwaltung blühten in Normalzeiten. Die in Persepolis aufgefundenen Verwaltungsurkunden geben ein lebendiges Bild der Zustände. Namentlich bekannte Individuen treten auf. Zahlreiche Orte werden genannt, die mit der Hauptstadt kommunizieren. Reiserouten, Lebensmittellieferungen, Lohnabrechnungen, Privatverpflichtungen erscheinen in signifikanter Zahl, so dass wir einen ungeahnt reichen

---

[119] Vgl. O. Bischofberger, Feste und Feiertage I, TRE 11, 93–96; C. Bell, Ritual Theory, Ritual Practice, New York 1992, 126–128 („ritual" and „social inversion"); H. Cox, Das Fest der Narren, Stuttgart 1970.

[120] G. Wilhelm (Hg.), Die orientalische Stadt (CDOG 1), Saarbrücken 1997. Wann genau Siedlungen als Städte angesprochen werden können, ist relativ gleichgültig. Die Ausgrabungen von Jericho haben z.B. einen hohen Grad von Gemeinschaftsarbeit (Mauerbau!) und damit sozialer Strukturierung erkennen lassen (gegen E. Wirth, in: G. Wilhelm, Stadt, 2).

[121] Vgl. G. Tate, in: G. Wilhelm, Stadt, 351: In der achämenidischen Zeit waren die Städte „sensiblement moins nombreuses et moins grandes qu'elles ne le devinrent à l'époque byzantine."

[122] Vgl. Strabons „Geographie", hg. von H.L. Jones, The Geography of Strabo, Cambridge 8 Bde, 1917–1932, darin Strabo Buch XV, Kap. III (= H.L. Jones Bd. 7, 155–189).

Alltagsleben und Kultur

Einblick in die Alltagswelt zur Zeit des Darius und Xerxes tun können.[123] Die Tafeln betreffen Männer und Frauen in Regierungsdiensten: Handwerker, die in verschiedenen Werkstätten des „Schatzhauses" (Lagerhäuser, zugleich Wirtschaftszentren und kaiserliche Manufakturen) Gerätschaften aus Edelmetall, Möbel und Textilien herstellen; Gärtner und Hauswarte; Landarbeiter; Verwaltungsangestellte; Fuhr- und Meldepersonal usw. Sie bekommen nach festgesetzten Tarifen für die einzelnen Berufssparten Naturalien als Arbeitslohn oder Wegproviant zur Verfügung gestellt, vor allem Gerste und Wein. Die Tagesrationen schwanken zwischen etwa 1 Liter Getreide für den einfachen Arbeiter, knapp dem Doppelten für seinen Vorgesetzten: Der bekommt nämlich insgesamt 50 Liter Gerste und 30 Liter Wein monatlich zugewiesen. Staatliche Spitzenverdiener, wie der Chef der Reichsverwaltung, ein „Hofmarschall", erhalten bis zu 3000 Liter Gerste und 2700 Liter Wein, dazu 60 Stück Kleinvieh.[124] Die angegebenen Mengen zeigen, dass der Eigenbedarf gedeckt werden sollte und z.T. darüberhinaus gewisse Mengen für den Tausch gegen andere Bedarfsgüter zur Verfügung standen. Mit dem Arbeitermindestlohn, etwa 30 kg (genau: 29,1 Liter) Gerste pro Monat, was etwa einem Kilo Brot pro Tag entspricht, konnten die Empfänger allerdings keine großen Sprünge machen. Monatliche Sonderzahlungen an Wein, Bier oder Fleisch besserten den Speisezettel auf.[125] Städter konnten höchstens in begrenztem Maß selbst Gemüse und Früchte produzieren, waren also grundsätzlich auf den Markt angewiesen. Man hat den Eindruck, dass die Regierung ihre Arbeiter und Angestellten einigermaßen ausreichend versorgte und durch die Registrare eine genaue Kontrolle über Vorratshaltung und Ausgabe von Naturalien ausübte. Der Schluss liegt nahe: In Regierungsdiensten konnte man bei entsprechender Leistung, welche die Beschäftigung absichern musste, bequem leben – wenn man nicht der untersten Einkommensstufe angehörte.

Das Innenleben von Privatbetrieben und Familiendynastien ist uns durch Geschäftsarchive bekanntgeworden. Die Familien Egibi (Babylon), Murašu (Nippur) und Ea-ilutabani (Borsippa) sowie der Clan des Iddin-Marduk (Babylon)[126] haben uns neben anderen ihre Abrechnungen mit Kunden und mancherlei andere Geschäfts- und Privaturkunden hinterlassen. Die über mehrere Generationen reichenden und den Umbruch von der babylonischen zur persischen Herrschaft anscheinend mühelos überbrückenden Aktivitäten dieser Firmen konzentrierten sich auf den Handel mit Naturalien, Immobilien und Sklaven, auf Verpachtung und Pacht, auch unter dem persischen „Lehns"system des *haṭru*,[127] Kreditvergabe und -aufnahme.[128] Aus diesen Geschäftsdokumenten lassen sich die wirt-

---

[123] Der Erhalt der Tontafeln ist u.a. der Brandschatzung der Regierungsgebäude durch Alexander zu verdanken. Im Jahre 458 v.Chr. hört die Beurkundung auf, weil das königliche Archiv sich (in einer Verwaltungsreform?) von der elamischen Sprache auf die aramäische und damit auf vergänglicheres Schreibmaterial umstellt. H. Koch und J. Wiesehöfer geben jeweils a.a.O. lebendige Einblicke in den Dokumentarschatz, der ca. 15000 Personen erwähnt, grundlegend wichtig auch H. Koch, Verwaltung.

[124] Eine schöne Aufschlüsselung der Lohntabellen bei H. Koch, Dareios, 54–64.

[125] H. Koch, a.a.O. 55f. Irrtümlich wird hier 1 Liter mit 1 Pfund gleichgesetzt.

[126] „Der Kern von Iddin-Marduks Geschäftstätigkeit lässt sich als Aufkauf von lebenswichtigen Gütern (Nahrungsmittel, Wolle) in den ländlichen Gebieten um Babylon und deren Transport, Lagerung und Verkauf charakterisieren ..." (C. Wunsch, Urkunden, 86). Die Firma war auf Zwiebeln spezialisiert, von denen bis zu 395000 Bund in einem Kontrakt verkauft wurden (a.a.O. 87).

[127] Die Güter, die vom Großkönig als *haṭru*-Liegenschaften an „Lehns"leute gegeben wurden, hatten vor allem Soldaten für die Armee zu stellen und zu unterhalten, vgl. P. Briant, Cyrus 597–599.

[128] Die genannten Firmen sind nicht exakt mit unseren „Bankhäusern" zu vergleichen, es handelte sich eher um „Mischunternehmen". Der Aufstieg der betreffenden Familien ist z.T. rasant, und wird auch gelegentlich durch interne Streitigkeiten gefährdet. Die Egibi-Familie beispielsweise

schaftlichen und sozialen Verhältnisse der Zeit erstaunlich weit rekonstruieren. Gewinne und Verluste der Hauptakteure, Preissysteme und Handelszonen, Familienverhältnisse und politische Rücksichten sowie Verbändelungen, soziale Stratifikation und Lebensstandards der Bürger kommen recht klar zum Vorschein. Das Leben im städtischen Ambiente konnte unter persischer Oberhoheit offenbar recht angenehm sein. Jedenfalls blühte die Privatwirtschaft, und von der Lebensführung der unteren sozialen Schichten hören wir wenig.

Die schon genannten Dokumente aus der jüdischen Militärkolonie von Elephantine, am ersten Katarakt des Nils, vor dem heutigen Assuan-Stausee gelegen (sie werden unten noch eine wichtige Rolle spielen) sind in ihrer Vielseitigkeit Zeugnisse für die genannten und weitere Lebensbereiche. Ehekontrakte verraten uns eine Menge über die zwischenfamiliären Beziehungen, die Stellung von Mann, Frau und Kindern usw. Abgabenlisten (Steuern und Tempelbeiträge) sind überaus interessant, weil sie einen Blick in die Besitzverhältnisse und die private Religionsausübung eröffnen. Persönliche Briefwechsel legen mancherlei Probleme aus dem zwischenmenschlichen Bereich offen. Kaufverträge und Grundstücksauseinandersetzungen beleuchten die Besitz- und Rechtsverhältnisse. Natürlich sind die Lebensverhältnisse in einem Militärlager nicht automatisch denen in der Zivilgesellschaft gleichzusetzen. Dennoch reflektieren sie im Großen und Ganzen sicherlich auch die Zustände im städtischen Milieu des achaemenidischen Perserreiches (s.u. II.4).

Fragen wir nach der Rolle der Religion im privaten Umfeld, so müssen wir von dem großflächig verbreiteten, offiziellen Ahura-Mazda-Glauben und von den staatspolitisch geförderten Kulten erst einmal absehen. Sie gehören zu gesellschaftlichen Großorganisationen, sind folglich nicht ursprünglich mit den primären Gruppierungen verbunden. Aber hinter und unter den Religionssystemen der persischen Großgesellschaft lässt sich – wie in anderen Kulturräumen auch – eine Schicht von lokalen und regionalen Gottheiten erkennen. Es sind dies z.B. die Göttin Anahita, die anscheinend weiter eine positive Rolle spielt, die „Dämonen" (*daivas*), welche vom zarathustrischen Glauben verteufelt werden und jene göttlichen Gestalten, die vom aufkommenden obersten und einzigen Gott Ahura Mazda zunächst verdrängt, dann in jungavestischer Zeit in dienender Funktion wieder aufgenommen wurden. Sachgemäßer fragt man aber nicht nach den objektiv verstandenen Gottheiten, sondern gezielter nach den Tradenten und Trägern der lokalen Überlieferungen. Wie in antiken Gesellschaften üblich, werden in Persien einmal Familienchefs für die primäre Religiosität verantwortlich gewesen sein. Das ergibt sich aus dem geschichtlichen Primat von (wandernden) Verwandtschaftsgruppen und Stammesorganisationen. Zweitens scheint der auch sonst aus Stammesgesellschaften bekannte Mittlertyp des „Schamanen" in Altpersien sehr bekannt gewesen zu sein. Jedenfalls hat der medische „Magier" in der Religionsgeschichte des Vorderen Orients eine bedeutsame Rolle gespielt und ist bis in unsere modernen westlichen Sprachen hinein sprichwörtlich geworden.[129] Er vereinigte viele der schamanistischen Funktionen auf sich, tritt er doch mindestens in den iranischen Kerngebieten als Berater, Weiser, Heiler, Kultfunktionär usw. auf. Drittens hat es im antiken Persien Priester verschiedener Rich-

---

erwarb „innerhalb von sechs Jahrzehnten nicht weniger als 50 Kur Land (etwa 67,5 Hektar, davon ein erheblicher Teil Dattelgärten), wofür mindestens 160 Minen Silber ausgegeben wurden." (C. Wunsch, Egibi-Archiv Bd. 1, 179).

[129] Vgl. H.v. Gall, Magier, in: C. Colpe, Mythologie, 387f; J. Kellens, Le panthéon de l'Avesta ancien, Wiesbaden 1994; M. Stausberg, Religion Bd. 1, 159f; 252–255; H. Koch, Iranische Religion im achämenidischen Zeitalter, in: R.G. Kratz (Hg.), Religion, 11–26.

Alltagsleben und Kultur 73

tungen gegeben. Sie versorgten die Lokalheiligtümer, und manche der Persepolis-Tafeln sprechen von amtlichen Materialzuteilungen für die Opferpraxis.[130] Magier und Priester sind dann zweifellos auch für den Ahura-Mazda-Glauben tätig gewesen. Ihrem Ursprung nach stammen sie aber wohl aus kleineren Gesellschaftsverhältnissen.

Aus dem Schatzhaus von Persepolis: Lohnanweisung für 238 Arbeiter in elamischer Schrift
aus: W. Seipel (Hg.), 7000 Jahre persische Kunst(Ausstellungskatalog), Bonn 2001, S. 215
© LOTOS-Film Kaufbeuren

Insgesamt bieten uns die verschiedenen Alltagsdokumente aus dem alten Perserreich, die sämtlich aus städtischen Lebenszusammenhängen stammen, zwar lediglich zeitliche, lokale und soziale, zudem noch arg fragmentarische Ausschnitte aus der Gesamtwirklichkeit. Wie es in den persischen Städten um Bildung, medizinische Versorgung, Alterssicherung, Kultur und Freizeit stand, lässt sich darum beispielsweise nur mühsam und mittelbar erschließen, denn thematisch fokalisierte Texte sind nicht erhalten. Wir müssen uns aber klarmachen, dass die Realität nie integral zu erfassen ist. Und dennoch gelingt es uns, auch unter Zuhilfenahme von allgemeinen soziologischen und anthropologischen Einsichten und Erfahrungswerten, recht kohärente Bilder des Alltagslebens in diesem Fall aus dem städtischen Bereich des antiken Persiens zu rekonstruieren. Ein äußerst interessantes Phänomen ist dabei die Eigenständigkeit (auch im religiösen und theologischen Sinn) der unteren sozialen, mitmenschlichen Assoziationen gegenüber der mächtigen Staatsmaschinerie. Imperiale und regionale Regierungen haben mit ihrer

---

[130] J. Wiesehöfer erwähnt eine Gerstenlieferung an Umbaba, den „Priester" (*šatin*), für das *lan*-Opfer sowie für vier andere, meist namentlich genannte, göttliche Wesenheiten. Dabei wird es sich um die lokale Verehrung auch sonst bekannter Götter handeln, vgl. derselbe, Persien, 147f. S. auch oben Anm. 98.

militärischen, wirtschaftlichen, aber auch kulturellen und religiösen Macht die Möglichkeit, tief in das Leben der Menschen einzugreifen. Aber sie begegnen dort den familiären, nach jeweiliger Sippen-, Stammes- und Stadtart verfassten Kleinverbänden mit ihren eigenen Traditionen. Das eigentliche Leben der Menschen im Perserreich gestaltete sich – wie immer in Großgesellschaften – in der Spannung zwischen Zentralgewalt und Lokaltraditionen. – Außer der traditionellen Gliederung in Familien und Sippen entwickelte sich in den alten vorderorientalischen Zivilisationen soziale Klassen, vor allem im städtischen Bereich. Die altpersische Gesellschaft scheint wenigstens im Kernland und im Westen des Reiches wie die mesopotamische eine Dreier-Schichtung in Nobilität, freie Bürger, Sklaven (Diener) zu kennen.[131] Während Familien- und Sippenstrukturen in vieler Hinsicht das Leben der Gesellschaft dominieren, bilden sich gerade im städtischen Milieu auch politische, wirtschaftliche und möglicherweise religiöse Interessengruppen und Institutionen heraus.

II.3 Juda in Transeuphrat

P.R. Ackroyd, The Jewish Community in Palestine in the Persian Period, in: W. Davies et al (Hg.), The Cambridge History of Judaism, Cambridge 1984, 130–161. – J. L. Berquist, Judaism in Persia's Shadow: A Social and Historical Approach, Minneapolis 1995. – J. Blenkinsopp, Temple and Society in Achaemenid Judah, in: P. R. Davies (Hg.), Second Temple Studies 1: The Persian Period (JSOT.S 117) Sheffield 1991, 22–53. – R. P. Carroll, Exile, Restoration, and Colony: Judah in the Persian Empire, in: L. G. Perdue (Hg.) The Blackwell Companion to the Hebrew Bible, Oxford 2001, 102–116. – C. E. Carter, The Emergence of Yehud in the Persian Period: A Social and Demographic Study, Sheffield 1999 (JSOT.S 294). – F. Crüsemann, Israel in der Perserzeit, in: W. Schluchter (Hg.), Max Webers Sicht des antiken Christentums, Frankfurt 1985, 205–232. – J. Elayi und J. Sapin, Beyond the River. New Perspectives on Transeuphratene, Sheffield 1998 (JSOT.S 250). – K. Galling, Studien zur Geschichte Israels im persischen Zeitalter, Tübingen 1964. – L.L. Grabbe, Yehud (s.o. I). – K.G. Hoglund, Administration in Syria-Palestine and the Missions of Ezra and Nehemia, Atlanta 1992 (SBL.DS 125). – E. Janssen, Juda in der Exilszeit, Göttingen 1956 (FRLANT 69). – C. Karrer, Ringen um die Verfassung Judas, Berlin 2001 (BZAW 308). – R. Kessler, Sozialgeschichte Israels. (Kap. 3/V: „Die perserzeitliche Provinzialgesellschaft"), erscheint voraussichtlich 2006. – H.G. Kippenberg, Religion und Klassenbildung im antiken Judäa, Göttingen 1978. – R. W. Klein, Israel in Exile, Philadelphia 1980. – E.A. Knauf, The Persian Administration in Arabia, Transeuphratène 2 (1990) 201–217. – B. Lang, Vom Propheten zum Schriftgelehrten, in: H. von Stietencron (Hg.), Theologen und Theologien in verschiedenen Kulturkreisen, Düsseldorf 1986, 89–114. – A. Lemaire, Les inscriptions palestiniennes d'époque perse: un bilan provisoire, Transeuphratène 1 (1989) 87–105. – derselbe, Populations et territoires de la Palestine à l'époque perse, Transeuphratène 2 (1990) 31–74. – C. Schäfer-Lichtenberg, Stadt und Eidgenossenschaft im Alten Testament, Berlin 1983 (BZAW 156). – W. Schottroff, Zur Sozialgeschichte Israels in der Perserzeit, VuF 27 (1982) 46–68. – E. Stern, Material Culture of the Land of the Bible in the Persian Period 538–332 B.C., Warminster/Jerusalem 1982. – derselbe, The Persian Empire and the Political and Social History of Palestine in the Persian Period, in: W. Davies u.a. (Hg.), The Cambridge History of Judaism, Cambridge 1984, 70–87. – J. C. Vanderkam, Jewish High Priests of the Persian Period: Is the List Complete?, in: G. Anderson u.a. (Hg.), Priesthood and Cult in Ancient Israel, Sheffield 1991, 67–91. – T. Veijola, Die Deuteronomisten als Vorgänger der Schriftgelehrten, in: derselbe, Moses Erben, Stuttgart 2000 (BWANT 149), 192–240. – J.W. Watts (Hg.), Persia and Torah, Atlanta 2001. – M. Weber, Das antike Judentum (1921), Gesammelte Aufsätze zur Religionssoziologie Bd. III, hg. von Marianne Weber, Tübingen 1921, 8. Aufl. 1988. – J.P. Weinberg, Die Agrarverhältnisse in der Bürger-Tempel-Gemeinde der Achämenidenzeit, AAH 22 (1974) 473–586. – Derselbe, The City-Temple Community, Sheffield 1992 (JSOT.S 151). – H. Weippert, Palästina. – G. Widengren, Persian Period, in: J. Hayes u.a., Israelite and Judaean History, London 1977, 489–538. – H.G.M. Williamson, The Governors of Judah under the Persians, TynB 39, 1988, 59–82.

---

[131] Vgl. P. Briant, Cyrus 302–354; M.A. Dandamaev, Slavery; derselbe und V.G. Lukonin, Culture.

II.3.1 Juda gegen Samaria

Die persische Reichsregierung verfolgte vermutlich immer eine allgemeine Politik, die das ganze Herrschaftsgebiet im Blick hatte, und im Einzelfall jeweils regionale Sonderinteressen, z.B. im Blick auf Syrien-Palästina, Kleinasien, Ägypten oder die östlichen Landesteile (die sicher mehr Aufmerksamkeit beanspruchten, als wir aus den Quellen erfahren können). Zu den allgemeinen Prinzipien der Achämeniden gehörte an erster Stelle die Bewahrung des inneren Friedens, an zweiter wohl die Sicherung der Grenzen bzw. die Eroberung von Grenzgebieten und die weitere Ausdehnung des Reiches. Ferner kann man annehmen, dass ein regelmäßiges und gutes Steueraufkommen aus allen Reichsteilen für die persische Zentrale lebenswichtig war. Die syrisch-palästinische Landbrücke war darüber hinaus strategisch besonders bedeutsam, denn sie stellte den Landzugang zur Satrapie Ägypten dar. So hatte der relativ schmale Streifen zwischen Jordangraben und Mittelmeer ein erhöhtes Gewicht für den persischen Generalstab wie für die Verwaltung der Reichsfinanzen. Militärpräsenz und Festungen, Steuerbehörden und Kontrolleure sollten diese Erwartungen realisieren. Archäologische Ausgrabungen seit den 70er Jahren haben denn auch bis dato unbekannte, reiche Hinterlassenschaften aus der persischen Zeit zu Tage gebracht; die Handelswege und Armeerouten durch Syrien und Palästina waren offenbar durch Städte gesichert.[132] Einzelne persische Heiligtümer sind aus Syrien-Palästine bekannt.[133] Nach allem, was wir aus der Zeit wissen, haben die Achämeniden ihre Religion aber nicht als Machtinstrument zur Erhaltung des Imperiums eingesetzt. Vielmehr scheinen sie – daran sei erinnert – mit den Kulten der unterworfenen Völker schonend umgegangen zu sein (s.o. II.2.1).

Wenn wir nun Juda und die Judäer in der persischen Periode darstellen wollen, ist ein Verweis auf die grundsätzliche hermeneutische Besinnung (o. I.4) dringend notwendig. Denn in vielen biblischen Abhandlungen wird noch immer bewusst oder unbewusst die judäische Perspektive, wie sie in den biblischen Schriften vorliegt, zum alleinigen Maßstab gewählt.[134] Die eigentlichen Akteure in dem geschichtlichen Spiel waren aber die Perser. Sie setzten die Ziele fest. Ihre Interessen dominierten Politik und Wirtschaft. Juda konnte höchstens reagieren und seine Wünsche aus der Situation der Abhängigkeit artikulieren. Dass die judäische Geschichtsschreibung diese Tatsache eingesteht (Esra, Nehemia bitten um kaiserliche Gnaden), ist offenbar ein authentischer Zug. Wenn sie aber theologische Konstruktionen zu Hilfe nimmt und Jahwe als den eigentlichen Lenker der Weltgeschichte zum Oberherrn der persischen Staatsmacht erklärt, der die Geschicke des persischen Imperiums zugunsten seiner heimlichen Welthauptstadt Jerusalem dirigiert, dann ist die Ebene historischen Urteilens verlassen. Als Geschichtsforscher müssen wir aber bei der historisch-kritischen Betrachtung bleiben. Dazu ist es unumgänglich, die Positionen beider Parteien, Judas und Persiens, zu erkennen, gegeneinander abzuwägen, und den Geschichtsverlauf möglichst unvoreingenommen aus der heute gegebenen Distanz, mit den jetzt zugänglichen Erkenntnismitteln zu skizzieren. Die damalige Geschichte Syriens und Palästinas ist weder ausschließlich Persien- noch Jerusalem-zentriert zu erfassen.[135] Die Judäer und ihre Nachbarn haben sich in die imperiale

---

[132] Vgl. H. Weippert, Palästina, 682–718; E. Stern, Culture.
[133] Vgl. N. Saliby, 'Amrit, OEANE 1, 111–113.
[134] Am konsequentesten betont diesen Sachverhalt L.L. Grabbe. Doch ist sein leitendes Interesse die Feststellung des „wirklich geschichtlich Geschehenen". Die Geistes- und Theologiegeschichte treten dahinter zurück.
[135] Die beiden Standpunkte hat Norman Gottwald bestens aufgezeigt: „Während für die Juden eben *Juda* die Metropole war und die *jüdischen Diasporasiedlungen* als Kolonien galten, schien der

Organisation einfügen müssen, es blieb ihnen keine andere Wahl. Nach Ausweis der hebräischen und aramäischen Schriften der Bibel hat die Jahwegemeinschaft in Jerusalem und in der Diaspora jedoch mit unerhörter Energie an der selbstbestimmten, menschlich-natürlichen Weltsicht („Wir sind die Mitte! Alles dreht sich um uns!" Wir nennen das derogativ: Kirchturmsperspektive!), die durch den Erwählungsglauben verstärkt wurde, festgehalten.

Die Rekonstruktion der geschichtlichen Vorgänge in Syrien/Palästina wird dadurch erschwert, dass wir kaum zuverlässige Nachrichten besitzen. Persische Staatsarchive aus der Region oder in Bezug auf sie gibt es (noch) nicht. Die biblischen Berichte sind in starkem Maße legendär und theologisch geprägt, archäologische Funde nur bedingt für historische Sachverhalte aussagekräftig. Was ist also seit Ende des 6. Jh. bis Ende des 4. Jh. im Umkreis Jerusalems wirklich geschehen? Wie sind Motivationen der Handelnden und ihre Ergebnisse zu bewerten? Welche sozialen Gruppierungen waren beteiligt, und wie waren sie strukturiert? Wir können bei der Kargheit direkter Zeugnisse nur sehr vorsichtig tastend und im Blick auf wenige Hauptprobleme die Entwicklungen der fraglichen zwei Jahrhunderte für das angegebene Gebiet nachzeichnen.

Es war vor allem Darius I, Hystaspes (522–486 v.Chr.), der das Imperium auf der Grundlage traditioneller, z.T. von den Assyrern übernommener Grenzziehungen neu durchorganisierte.[136] Es entstand die neue, kleinere (gesamtpersisch die fünfte) Satrapie „Transeuphrat" mit dem Verwaltungssitz in Tripolis oder Damaskus. Sie umfaßte im Wesentlichen das heutige Syrien, Jordanien und Palästina. Untergeordnete Provinzen wurden von Samaria, Amman, ab der Mitte des 5. Jh. (oder früher) auch von Jerusalem, vielleicht auch von Lachisch aus verwaltet. Doch sind diese Untergliederungen nicht lückenlos nachgewiesen.[137] Der persische Satrap, meist aus königsnahem Adelsgeschlecht, hatte weitgehende Vollmachten und musste die oft genug konkurrierenden Regionalclans im Auftrag der Zentralregierung zusammenhalten. Den Küstenstädten billigte das Imperium eine gewisse Autonomie zu: Sie stellten beträchtliche Kontingente der Kriegsflotte, die für den langwierigen Konflikt mit Griechenland dringend benötigt wurden. Folglich musste der Satrap vor allem die mächtigen Städte Tyrus und Sidon mit Samthandschuhen anfassen, um ihre Gefolgschaftstreue gegenüber der Krone zu erhalten. Die westlich gelegenen Provinzen trugen nach Maßgabe ihrer speziellen Volkswirtschaften zum Wohlergehen des Reiches bei und waren mit Klugheit zu regieren. Aus den biblischen Schriften wissen wir – und das ist eine relativ unverdächtige Nachricht –, dass der schon im vorexilischen Israel angelegte Konflikt zwischen Samaria und Jerusalem im 5. Jh. wieder aufbrach (2 Kön 17; Neh 3,33–4,12; 6,1–13). Es ging substantiell um die Wiederherstellung der Festung Jerusalem, d.h. offenbar um ihre Bedeutung als Verwaltungszentrum. Hintergründig mögen bei der Instandsetzung des Tempels auch Fragen nach der Rechtgläubigkeit der Samaritaner eine Rolle gespielt haben (vgl. Esr 4,1–24, bes. V. 1f; 5,1–6,18). Religiöse und politische Anliegen vermischen sich leicht. Im Grunde aber war der Streit zwischen Samaria und Jerusalem ein Machtkampf inner-

---

ganzen politischen Welt sonst das herrschende *Riesenimperium* als das Gravitationsfeld, in dem Juda eine von vielen, kleinen, halbautonomen *Homelands* darstellte, und die verstreuten judäischen Siedlungen waren *religiös-kulturelle Minderheiten* unter anderen ihresgleichen in einer vielsprachigen Reichsbevölkerung." (N. Gottwald, The Hebrew Bible. A Socio-Literary Introduction, Philadelphia, 2nd printing 1987, 422; engl. Original-Zitat s.o. Anm. 23.)

[136] P. Briant hält die Rolle des Darius für traditionell stark überhöht, vgl. derselbe, Cyrus, 122–138.
[137] Vgl. H. Donner, Geschichte des Volkes Israel und seiner Nachbarn in Grundzügen, Bd. 2, 2. Aufl. Göttingen 1995, 434f; J. Elayi und J. Sapin, River; K.G. Hoglund, Administration 69–85; H.G.M. Williamson, Governors; L.L. Grabbe, Yehud 140–142.

halb der fünften persischen Satrapie. Welcher Stadt stand die Führungsrolle im mittleren Süden zu? Wir gehen davon aus, dass im äußersten Süden der Satrapie bis zur ägyptischen Grenze eine edomitische Verwaltungseinheit bestand[138] und das Einflußgebiet Judas auf die nähere Umgebung Jerusalems – ein Gebiet von ca. 50 mal 50 km, deutschen Landkreisen vergleichbar – beschränkt war. Wie immer, im 5. Jh. hat dann offensichtlich der ständige Druck der Judäer, die sich nach der Rückkehr der rechtgläubigen Exulanten aus Babylonien als eigenständige Konfessionsgemeinschaft etabliert hatten, seine Wirkung gezeigt. Die Reichsregierung (oder doch nur der Satrap von Transeuphrat?) beschloss, Juda zu einer eigenständigen Provinz zu machen. Ihr Verwaltungssitz war das mittlerweile – durch die Tempelrestauration – zu Ehren gekommene Jerusalem.[139]

Der Tempelberg in Jerusalem von Osten
aus: H. Geva (Hg.), Ancient Jerusalem Revealed, Erweiterte Auflage, Jerusalem 2000, S. 3
© Israel Exploration Society, Jerusalem

Exkurs: Der Aufstieg Jerusalems zur heiligen Stadt

D. T. Ariel, Excavations at the City of David 1978–1985, Jerusalem 1990 (Qedem 30). – N. Avigad, Discovering Jerusalem, Oxford 1980. – M. Barker, The Great High Priest: The Temple Roots of Christian Liturgy, London 2003. – P.R. Bedford, Temple and Community in Early Achaemenid Judah, Diss. Chicago 1992. – Derselbe, Temple Restoration in Early Achaemenid Judah, Leiden 2001 (JSJ.S 65). – T. A. Busink, Der Tempel von Jerusalem, 2 Bde, Leiden 1970, 1980. – J. Hahn und C. Ronning, Zerstörungen des Jerusalemer Tempels, Tübingen 2002 (WUNT 147). – O. Keel (Hg.), Gottesstadt und Gottesgarten. Zu Geschichte und Theologie des Jerusalemer Tempels, Freiburg 2002. – C.M. McCormick, Palace and Temple, Berlin 2002 (BZAW 313). – E. Otto, Jerusalem – die Geschichte der heiligen Stadt, Stuttgart 1980. – F. E. Peters, Jerusalem and Mecca, New York 1986. – S. Safrai, Die Wallfahrt im Zeitalter des Zweiten Tempels, Neukirchen-Vluyn 1981. – H. Schwier, Tempel und Tempelzerstörung, Freiburg 1989 (NTOA 11). – M. Tilly, Jerusalem – Nabel der Welt, Stuttgart 2002. – W. Zwickel, Tempelkult.

Jerusalem ist wohl im 18. Jh. v.u.Z., vielleicht beim Aufkommen der Hyksos, als befestigte Siedlung entstanden, zur Zeit der ägyptischen Vorherrschaft in Palästina aus dem Amarna Archiv als Stadtstaat bekannt und – als die israelitischen Stämme sich konsolidierten – von den Jebusitern bewohnt gewesen

---

[138] Vgl. C.H.J. de Geus, Idumaea, JEOL 26, 1979/80, 53–74.
[139] L.L. Grabbe hält es mit anderen Experten für unwahrscheinlich, dass Jerusalem je Samaria untergeordnet war; folglich wäre die These von der allmählichen Emanzipation nicht haltbar (derselbe, Yehud, 140–142). Eine vermittelnde Position vertritt R. Kessler, Sozialgeschichte.

(Jos 15,8; 18,16). David eroberte kampflos das kaum 400 mal 150 m große, hinterwäldlerische Nest, erklärte es zu seiner königlichen Residenz, vergrößerte das Areal durch einen Palastbau im Norden der „Davidstadt", übernahm wahrscheinlich den jebusitischen Tempel samt seinem Oberpriester Zadok und begründete so bestimmte Hauptstadtfunktionen für das Königreich Israel: Jerusalem wurde Verwaltungs- und Militärzentrum und hatte durch seine königliche Tempelanlage für den Bestand der Dynastie und des Staates eine wichtige religiöse Bedeutung. Wohlgemerkt: M. E. war der Jerusalemer Tempel bis zum Anbruch des Exils (587 v.u.Z.) nicht Volksheiligtum wie z.B. Silo, Gilgal, Nob o.a., sondern ausschließlich königlich-dynastische Kultstätte, die von einer nur dem Monarchen verantwortlichen, beamteten Priesterschaft versorgt wurde (Staatskult!).

Dieser Zustand änderte sich erst in der Exilszeit. Die jämmerlich zerstörte Hauptstadt des von den Babyloniern 587 v.u.Z. besiegten und aufgehobenen Königreiches Juda beherbergte nur noch wenige Menschen. Doch kamen nostalgische Pilger aus der Umgebung und brachten in den Ruinen Opfer dar (vgl. Jer 41,5). Die Ortsansässigen scheinen dort Klagefeiern zum Gedächtnis an den Untergang Jerusalems abgehalten zu haben (Sach 7,2f; 8,19; Klgl). Es bildete sich eine von der Bevölkerung, unter Mitwirkung und Leitung von Priestern und Leviten, getragene Tempelgemeinde. Wir hören von einer prophetischen Agitation für den Wiederaufbau des Tempels, sie fällt wahrscheinlich bereits in die Phase nach der persischen Herrschaftsübernahme (Hag 1–2; Sach 1–6). Im Volk herrschten anscheinend zu der Zeit fiebrige Erwartungen, ein Davidide würde das alte Königreich erneuern. Alte Hymnen um den heiligen Berg, den „Zion", wurden mit mythologischen Vorstellungen von dem Gottessitz im Norden, einer Entscheidungsschlacht gegen auswärtige Feinde und dem Beginn der großen Friedens- und Weltherrschaft Jahwes aufgeladen.[140] So gewann die „heilige" Stadt vom Jahweglauben her eine einzigartige, neue Bedeutung nicht allein für die Priesterschaft, sondern für die ganze judäische Gemeinschaft. Nach der Wiederherstellung des Tempels (Weihe 515 v.Chr.) und der allmählich in volle Kraft tretenden Zentralisierung des Opferkultes in Jerusalem (Dtn 12)[141] wurde die Stadt mit Zion und Heiligtum, neben Tora und Beschneidung, ein überragendes Identitätssymbol für die Juden in aller Welt.

II.3.2 Die Akteure des Dramas

Während sich die großen Linien der Emanzipation Jerusalems und Judas innerhalb des persischen Imperiums einigermaßen nachzeichnen lassen, haben wir gesondert nach der Authenzität und den Funktionen der biblischen und außerbiblischen Handlungsträger zu fragen. In erster Linie sind Esra und Nehemia kritisch zu bewerten: Wie weit sind die Nachrichten über die beiden Begründer des judäischen Gemeinwesens historisch authentisch, in welchem Maße sind sie von der rückschauenden, theologischen Projektion geprägt? Die wissenschaftlichen Meinungen darüber gehen weit auseinander. Das ist bei der unglücklichen Quellenlage kein Wunder.

II.3.2.1 Nehemia

Nehemia ist so wenig wie Esra durch archäologische oder außerbiblische Quellen nachzuweisen. Konkrete Angaben zu seiner Biographie fehlen, wenngleich die Nehemiaüberlieferungen, großenteils im Ich-Bericht (Memoiren), noch mehr Wirklichkeitsnähe vermitteln wollen als die des Esra. Das Buch Nehemia beginnt mit der großen Aussen-

---

[140] Umfang, Inhalt, vor allem aber die Datierung der Zionstheologie sind stark umstritten. Mir scheint eine Ansetzung in der vorexilischen Epoche als unwahrscheinlich. Vielmehr deutet vieles darauf hin, dass der Beginn des Zweiten Tempels der Auslöser für diese spezielle Variante der „Heiligung" Jerusalems wurde, vgl. E.S. Gerstenberger, Psalms (FOTL XIV und XV), Grand Rapids 1988, 2001, passim zu den Zionspsalmen.

[141] Natürlich datieren die Forscher die dtn Gesetze recht unterschiedlich. Das Fehlen eines staatlichen Referenzrahmens (Dtn 17,14–20, das „Königsgesetz", ist die ungewollte, schriftgelehrte Karrikatur eines Monarchen) und die Propagierung einer „Bruderschaftsgemeinde" setzen aber nach meiner Meinung eindeutig die exilisch-nachexilische Sozialstruktur voraus.

dungsszene am kaiserlichen Hof in Susa (Neh 1,1–2,10), einem der achämenidischen Regierungssitze.[142] Nehemia fungiert als Mundschenk des Artaxerxes, eine Vertrauensstellung, aus der heraus er es wagt, den Monarchen um Hilfe für das darniederliegende Jerusalem zu bitten. Diese scheinbar einmalige historische Situation trägt aber – trotz der genauen zeitlichen, geographischen und namentlichen Angaben – die Zeichen der Legendenbildung an sich. Es ist ein beliebtes Mittel der alttestamentlichen Überlieferung, in der Geschichtsdeutung die Protagonisten des schwachen eigenen Volkes in das Zentrum der politischen Macht zu verpflanzen und von dort aus mit Hilfe Jahwes die Geschicke zum Guten wenden zu lassen. Joseph rettet vom Pharaonenhof aus sein hungerndes Volk (Gen 41–43), Daniel vollbringt Wunder an Glaubensstärke und Weisheit am babylonischen und noch am persischen Hof (Dan 1–5; 7–8; // 6; 9–12), Ester und Mardochai gewinnen ebenfalls am Hof in Susa über den Großkönig Xerxes den entscheidenden Einfluß, der die jüdische Gemeinde vor Pogromen rettet und Rache an den Feinden ermöglicht. Man wird solchen Szenarien also nicht leicht historische Authentizität zubilligen, wohl aber eine kondensierte Geschichtserfahrung, nach der Israel und Juda über lange Geschichtsperioden der Willkühr von fernen Potentaten ausgeliefert waren und sich zu behaupten verstanden hatten. Im Überlebenskampf gegen konkurrierende Gruppen innerhalb des Perserreiches hing die Existenz der Judäer und der jüdischen Gemeinden sicherlich häufig vom Wohlwollen der staatlichen Autoritäten ab, sei es in der Satrapie- oder in der Zentralregierung. Die Überlieferer sind überwiegend bemüht, Persiens oberste Regierungsinstanzen als dem jüdischen Glauben gegenüber neutral bis wohlgesonnen zu porträtieren. Das literarisch schöne Motiv von der Aktivität jüdischer Männer und Frauen in unmittelbarer Nähe des Monarchen zeugt von Selbst- und Sendungsbewusstsein und bringt die Problematik auf den Punkt. In einem rührend mitmenschlichen Gespräch zwischen Nehemia einerseits und Artaxerxes und seiner Gemahlin (! Sie lebte nach Aussagen des Esterbuches strikt getrennt von ihrem königlichen Gemahl in den Frauengemächern) andererseits kann der Mundschenk (normalerweise eine Position für Eunuchen) sein Anliegen, die Stadt Jerusalem wiederaufzubauen, zur Sprache bringen (Neh 2,1–8). Kraft der in V. 4b angedeuteten Einschaltung Jahwes ist der Weltherrscher sofort bereit, ohne auch nur einen einzigen Gedanken auf die politischen Konsequenzen des Unterfangens zu verschwenden, auf die Wünsche Nehemias einzugehen. Das Gespräch zwischen den Protagonisten dreht sich ausschließlich um persönliches Ergehen und die liebevolle Anteilnahme der weltlichen Gewalt am Schicksal Nehemias und der Judäer und kann nicht ernsthaft als Wiedergabe eines historischen Vorgangs gewertet werden,[143] nicht einmal aus der Feder eines Beteiligten. Am Schluss der Aussendungslegende treten bereits die Gegenspieler Nehemias auf. Sie sind namentlich erwähnt: Sanballat und Tobia (Neh 2,10), zu ihnen gesellt sich dann noch „Geschem, der Araber" (2,19; 6,1; vgl. 4,1). Der erste kommt nun in den Elephantine-Papyri als „Statthalter von Samaria" vor und ist deshalb eine „historisch verifi-

---

[142] Vgl. P.O. Harper u.a. (Hg.), The Royal City of Susa, New York 1992.
[143] Der Nehemia-Figur schreiben allerdings die meisten Kommentatoren historische Authentizität zu; sie werten gemeinhin die sogenannten „Memoiren" als einen Rechenschaftsbericht des judäischen Wiederaufbaugesandten und Provinzstatthalters, vgl. S. Mowinckel, Studien zu dem Buche Ezra-Nehemia II, Oslo 1964; U. Kellermann, Nehemia (BZAW 102), Berlin 1967; A. H. J. Gunneweg, Nehemia (KAT XIX,2), Gütersloh 1987 („die unwiderleglich authentischen Aufzeichnungen des Nehemia ...", a.a.O. 176); L.L. Grabbe, Yehud 294–310: „... more believable than ... the stories of Daniel or Esther and Mordecai." (a.a.O. 295). „We probably know more about Nehemiah than about any other Jew of the Persian period. This is mainly because of a unique source: a first-person account, Nehemiah's own composition" (a.a.O. 308).

zierte" Gestalt. Gilt das auch für die Trias von Gegnern, die den aus Persien abgesandten Nehemia anfeinden? Welche Position hat der von Artaxerxes geschickte Judäer, den der Zustand der Gräber seiner Vorfahren in Jerusalem so sehr beunruhigt? Was können wir über seine geschichtliche Autentizität wissen? – Die Liste der Provinzstatthalter von Samaria ist seit einigen Jahrzehnten in der Fachdiskussion; die mühsamen Rekonstruktionsversuche stützen sich auf Inschriftenfunde aus Samaria und Elephantine und späte Münzen.[144] Frühe zeitgenössische Münz- und Siegelfunde sind für Syrien-Palästina noch nicht vorhanden.[145] Der samarische Statthalter Sanballat bleibt vorläufig der einzige, sicher ausgewiesene Name aus der Zeit Nehemias, andere Herrscher sind lediglich durch biblische Hinweise bezeugt (z.B. Mithredat und Rechum in Esr 4,7f) oder aus lückenhaften Inschriften rekonstruierbar. Einige Nachfolger erscheinen in den Elephantine Dokumenten (Delaja; Hananja; Sanballat II. und III.). Das bedeutet: Die Nehemiaüberlieferung hat insbesondere auf den authentischen Namen von mindestens drei Provinzgouverneuren, Sanballat, zurückgegriffen, um Nehemias Aktivitäten mit der Wirklichkeit zu verbinden. Die mit ihm paktierenden Gegner Judas sind möglicherweise fiktive Gestalten. Anfeindungen von Autonomiebestrebungen Jerusalems sind aber geschichtlich sehr wahrscheinlich, weil seit Jahrhunderten in jener Region bezeugt und selbst in der Königsgeschichte Israels angelegt (vgl. 1 Kön 12–2 Kön 17).

Die Eigenständigkeit Judas als Provinz der Satrapie Transeuphrat ist dann für die späteren Jahrzehnte des 4. Jh. v.Chr. direkt nachweisbar durch Stempelsiegel und Silbermünzen. Sie tragen die Aufschrift „Jehud" = Juda und mehrer Namen: den der „Statthalter" (*peḥah*, aram. *phw'*) Hananah, Jehoezer, Ahzai, Urio, Elnatan, Jehezkija und des „Priesters" Johanan.[146]

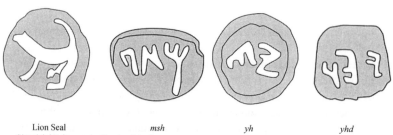

Lion Seal   msh   yh   yhd
Siegelabdrücke aus der Provinz Jehud
aus: Charles E. Carter, The Emergence of Yehud in the Persian Period, Sheffield 1999, S. 263
© 1999 Reprinted with the permission of the publisher. The Continuum International Publishing Group

---

[144] Vgl. K. Galling, Studien 209f; M.J.W. Leith, Wadi Daliyeh Bd.1: The Wadi Daliyeh Seal Impressions, New York 1997; C.E. Carter, Emergence 259–268; 276–283; L.L. Grabbe, Yehud 55–69; 155–159.

[145] Darius war der erste persische Herrscher, der nach dem Vorbild griechischer, kleinasiatischer Städte Münzstempel benutzte. Aber die Prägungen sind wohl regional auf das Verwaltungszentrum Sardis begrenzt gewesen, vgl. P. Briant, Cyrus 406–410.

[146] Die Datierung der letzten beiden ist unsicher, vgl. L.L. Grabbe, Yehud 61f; 64–67; Y. Meshorer, Ancient Jewish Coinage, vol. 1: Persian Period through Hamonaeans, New York 1982, 13–34; L. Mildenberg, Yehud-Münzen, in: H. Weippert, Palästina, 719–728: Silbermünzen erst ab 360 v.Chr. (a.a.O. 727).

Eine vollständige Liste der Statthalter Judas ist (noch) nicht rekonstruierbar.[147] Der biblische Bericht erwähnt eher beiläufig, dass Nehemia Statthalter von Juda war, und zwar 12 Jahre lang (Neh 5,14.18; 12,26). Schwerpunkt der Aussagen ist die Behauptung, er habe auf seine Einkünfte aus diesem Staatsamt wegen der Not des Volkes verzichtet. Damit scheint sich ein Lobelement in den Bericht einzuschleichen, das Vorsicht geraten sein lässt. Wie immer, die Nehemia-Überlieferung transportiert mehr historische Daten (Namen!) als die Esra Geschichte. Ihre Historizität wird dann auch oft unter Fachkollegen mit der Authentizität der sogenannten Nehemia-Denkschrift begründet. Ein Großteil des Buches Nehemia besteht ja aus einem Ich-Bericht, der offenbar legitimierende Absichten verfolgt. Der vom persischen Großkönig nach Jerusalem Entsandte, der schon seine Aussendung mit Stoßseufzern und Gebet betrieben hatte (Neh 1,4–11; 2,4), scheint seinem Gott schriftlich Rechenschaft abzugeben über seine Handlungsweisen und Entscheidungen in Jerusalem (vgl. etwa Neh 2,11–7,3; 12,31–13,31).[148] Der Ich-Stil und die zwischengeschalteten Gebetsrufe (z. B. Neh 1,4–11; 5,19; 6,14; 13,31 usw.) sollen anscheinend für die Echtheit des Dokumentes bürgen. Die Schwierigkeiten der Hypothese liegen im Bereich der Traditionsgeschichte. Wie soll ein derartig privates Dokument in die Öffentlichkeit und den biblischen Kanon gekommen sein? Man muss notgedrungen die Hinterlegung der Schrift im Tempelarchiv und die spätere Auffindung und Nutzung durch chronistisch orientierte Tradenten postulieren. Beides scheint von Legenden wie in 2 Kön 22 her inspiriert worden zu sein. Der umgekehrte Erklärungsversuch, spätere Überlieferer hätten in einem dem Nehemia in den Mund (und die Feder) diktierten Ich-Bericht eine überzeugendere, autoritativere Darstellung der (theologisch relevanten) Ereignisse geben wollen, scheint mir plausibler. Die Schwerpunkte der Nehemia-Erzählung sind – anders als bei Esra – Wiederaufbau Jerusalems, besonders der Stadtbefestigung (Neh 2,11–4,17; 6,1–19; 12,27–43) und Verbesserung der sozialen Lage in der Gemeinde (Neh 5,1–19), sowie die Einhaltung der Tora (13,1–31). Im letzteren Bereich sind Überschneidungen mit den Aufgaben Esras festzustellen, ohne dass aber dieser exemplarische Tora-Lehrer erwähnt wird. Das erste Tätigkeitsfeld, der Aufbau Jerusalems (und seine Emanzipation von der Oberhoheit Samarias?) könnte über längere Zeit hinweg ein Problem für die Judäer gewesen sein. Die soziale Krise ([Missernten?]; drückende Abgaben; Pfändungen; Schuldknechtschaft, vgl. Neh 5) ist kein eigentlich historisches, sondern ein immer wieder auftretendes Phänomen. Nehemia greift beherzt als echter Jahwe-Anhänger ein, der sich dem Willen Gottes (der Tora!) verpflichtet weiß und auf keinerlei eigenen Gewinn aus ist: Er dekretiert einen Schuldenerlass (vgl. Dtn 15; Lev 25). Das Ganze ist ein typisches Szenario, kein biographischer oder geschichtlicher Akt. Nehemia dient als Vorbild eines politischen Volksführers. Er geht mutig den Weg zur Selbstbestimmung, soweit er in einem Viel-Völker-Imperium möglich ist, und er ist in der Spitzenstellung, die er bekleidet, die Personifikation des Gerechten, der seine notleidenden Brüder nicht hängen läßt.

Wir können wiederum fragen: Was ist geschichtlich zuverlässig an diesem Bild des Nehemia? Der Kampf um die relative Selbständigkeit des kleinen Territoriums Jerusalem mit Umfeld gewinnt anschauliche Züge. Der brennende Wille zur Autonomie ist ganz wirklichkeitsnah erzählt, so erzählt, dass sich die hörende Gemeinde damit identifizieren und jene beispielhaften Taten internalisieren kann. Weil der ganze Bericht – so nüchtern

---

[147] Vgl. H.G.M. Williamson, Governors; L.L. Grabbe, Yehud 148f.
[148] Vgl. S. Mowinckel, Studien zu dem Buche Esra-Nehemia II. Die Nehemia-Denkschrift, Oslo 1964.; A. H. J. Gunneweg, Nehemia, 176–180; B. Lang, NBL II, 916–918.

er auch ist – auf eine derartige Empathie und Nachfolge hinzielt, kann er kaum Bestandteil einer zu archivierenden Rechenschaftslegung für Jahwe gewesen sein. Oder kennt man vergleichbare Lehrerzählungen, die verborgen in der Nicht-Öffentlichkeit aus sich heraus wirken sollten? Der Gesamtduktus der Nehemia-„Memoiren" zielt auf Gehör und Nachahmung. Vermutlich ist die Schrift genau zu diesem Behufe verfasst worden. Ihre Nüchternheit (aber exemplarisch starke Gottesbeziehung!) und das persönliche wie das Geschichtskolorit machen sie zu einem semi-historischen Dokument, das nur nicht auf eine feste Zeitspanne und einmalige Ereignisse festgelegt werden kann (gegen z.B. Neh 5,14). Will man trotzdem eine historische Ansetzung wagen, dann gehört Nehemia wahrscheinlich in die Mitte des 5. Jh. v.Chr. und vor die Entwicklungen, die im Buchteil Esra thematisiert sind.

II.3.2.2 Esra

Esra soll im 7. Jahr eines Königs Artaxerxes von Babylon (!) aus in viermonatiger Reise nach Jerusalem gezogen sein (Esr 7,7–9), ausgestattet mit einem Schutzbrief, der ihm freies Geleit und fürstliche Verpflegung in der Satrapie Transeuphratene sichert (17,11–26). Sein Auftrag: Er soll die babylonische Wiedergutmachung an Judäa nach Jerusalem bringen (7,15f; vgl. 1,4), die Einhaltung der Tora Jahwes in der Provinz überprüfen und generell diese Gottesordnung bekanntmachen und durchsetzen (7,14.25f). Tempel und Kultwesen in Jerusalem soll er mit dem Notwendigen ausstatten, auch auf Kosten des Perserkönigs, und den Kultbetrieb dort richtig in Gang bringen (7,17–20). – Sprache und Anschauungen in diesem aramäisch gefassten Geleitbrief sind nicht persischer, sondern jüdischer Herkunft.[149] Er stellt z.B. nicht eine persische Perspektive – vom Zentrum des Reiches aus hin zur dienenden Peripherie –, sondern eine typisch jüdische beherrschend in den Mittelpunkt: Jahwe, der oberste Himmelsgott, wohnt in Jerusalem (7,12.15.16), nicht in Susa oder Persepolis. Esra bricht von Babylon – nicht wie Nehemiah vom Königshof in Susa – auf, weil dort die sühneleistende alte Siegermacht, jetzt zur „Provinz" (*medinah*, V. 16) zurückgestuft, gedemütigt sitzt.[150] Die überzogene Dienstleistung des persischen Monarchen für Jahwe und seinen Vertreter[151] ist projizierendes Wunschdenken der marginalisierten, aber doch selbstbewußten jüdischen Gemeinde zu Jerusalem. Die Figur des Esra hat in Kap. 7 seines Buches, aber auch in allen anderen Texten, die ihren Namen verwenden, derartig wenig Fleisch und Blut, dass man sie mit Fug für ein literarisches Produkt halten könnte. Sie würde dadurch keineswegs an Bedeutung verlieren. Denn der biblische Esra geht ganz in seiner Aufgabe, die Jahwe-Lebensordnung zu verkünden, auf. (Artaxerxes hat in der Erzählung ebenfalls nur einen Handlungszweck: Israel und Jahwe zu fördern). Als aufmerksamer Leser oder aufmerksame Leserin kann man leicht den Eindruck gewinnen, dass diese Figur von ihren für die Gemeinde so wichtigen Funktionen her entworfen ist. Die hochtrabende, bis zum Urahnen Aaron zurückreichende Genealogie (7,1–5), die ebenso vollmundige Titulatur, welche ihn als

---

[149] So A.H.J. Gunneweg, Esra (KAT XIX/1), Gütersloh 1985, 129–140. Vgl. L.L. Grabbe, Yehud 324–331.
[150] Gunneweg, a.a.O. 132; viel vorsichtiger und traditioneller J. Blenkinsopp, Ezra-Nehemiah, Philadelphia 1988, 135–139; 147 u.ö. Die Parallelität der Entsendung des Delegaten Udjahorresnet nach Ägypten ist nur bedingt beweiskräftig für die Historizität der Mission des Esra, vgl. J. Blenkinsopp, JBL 106 (1987) 409–421.
[151] Gunneweg spricht a.a.O. 135 von einer „unbegrenzte[n] Blankovollmacht", die in sich schon „allzu unwahrscheinlich klingen müsste".

„Priester", „Schriftgelehrten", „Kundigen in den Worten der Gebote Jahwes und seiner Satzungen über Israel", „Schriftgelehrten im Gesetz des Himmelsgottes und so fort" (7,11f) ausweist, wirken gekünstelt und entsprechen höchstens in kleinen Fragmenten der persisch-königlichen Redeweise. Wenn es den Menschen Esra (aramaisierend: „[Gott ist] Hilfe") einmal gegeben hat, dann ist er durch die gestaltende, überhöhende, theologisierende Tradition derartig ins Prototypische hineinstilisiert, dass wir von seiner konkreten Biographie so gut wie nichts mehr erkennen. Selbst Geburtsort oder Tod und Beisetzung bleiben unerwähnt. Das Schicksal der Entpersönlichung im Gefolge seiner Typisierung und Heroisierung teilt Esra übrigens mit anderen Gesetzeslehrern der Bibel, z.B. Moses oder Jesus, vielleicht bis zu einem gewissen Grad auch mit Zarathustra, Muhammed und Buddha. Die auf der biblischen weiterbauende Tradition hat diese Tendenz in späteren Ausgestaltungen der Esratradition noch verstärkt.[152] – Unter diesen Umständen erübrigt sich die leidige Frage, wann Esra denn in Jerusalem aufgetreten sei. Die allermeisten Fachleute möchten an der geschichtlichen Persönlichkeit des „Schreibers und Priesters Esra" festhalten, ebenso an der Notiz, er sei im siebten Jahr eines Artaxerxes nach Jerusalem gekommen. Es gebe zwar drei persische Kaiser dieses Namens, aber eigentlich komme nur der erste, Artaxerxes Longimanus (465–425 v.Chr.) oder der zweite, Artaxerxes Mnemon (404–359 v.Chr.) in Frage. Das Jahr des Esrabesuches wäre dann entweder 458 oder 397 v.Chr. gewesen. Wenn es in den Büchern Esra und Nehemia um eine dokumentarische Berichterstattung der Ereignisse ginge, dann wäre der Zeitpunkt der Esra-Reise und die Folgen für das Verhältnis zu Nehemiah und zur Tempel-Bürger-Gemeinde in Jerusalem und ihrer Lebensart sicher sehr bedeutsam gewesen. Nun wollten und konnten die Verfasser und Überlieferer der Esra Nehemia Memoiren aber keinen historischen Bericht über Tempel- und Mauerbau, Gemeindeorganisation und Gesetzesprobleme geben. Ihre Schriften reflektieren in einer ungeschichtlichen, d.h. nichtchronologisch geordneten Weise die Ansichten, Erwartungen und Befürchtungen der Jerusalemer Gemeinde eines ganzen Jahrhunderts oder mehr. Sie schildern stark komprimiert flächige, nicht punktuelle Situationen. Die Wahrheiten, welche die Esra-Figur vermittelt, sind ethischer und theologischer, weniger bis gar nicht historischer Art. Aber sie gelten für eine bestimmte, nämlich die persische Periode und die jüdische Gemeinde in Juda, die sich just in jener Zeit formierte. Darum ergeben sich aus der Esra-Geschichte im Rückschluß doch geschichtliche Aspekte allgemeinerer Art, Trends nicht Einzelfakten. Wir können sie, auf wenige Hauptpunkte begrenzt, kurz andeuten. Unser historistisches Verlangen nach chronologischem Ablauf, zusammenhängenden und kausalverknüpften Ereignisketten bleibt allerdings unbefriedigt: Auf Esr 7–10 müsste doch eigentlich Neh 8 folgen? Die auf uns gekommene Überlieferung ordnet den Stoff nach anderen, uns nicht einsichtigen Kriterien.

– Die Jerusalemer Jahwe-Gemeinde befindet sich in der fraglichen Periode (5.–4. Jh. v.Chr.) aus Sicht der „Gesetzestreuen" in einem labilen Zustand. Die Tora-Treue kann dabei sehr wohl ein Glaubensgrundsatz der aus der babylonischen Verbannung Zurückgekehrten sein, denn auch Esras Mission wird idealtypisch mit einer Rückkehrerwelle in Zusammenhang gebracht. Jahwe-Verehrung und daraus folgende Lebensführung bis hin zur Auflösung der „Mischehen" sind die fundamentalen Probleme der Gemeinschaft, die gelöst werden müssen. Historisch gesehen geht es in der biblischen

---

[152] Vgl. die Literatur zum 3. und 4. Esrabuch: K.-F. Pohlmann, Studien zum dritten Esra (FRLANT 104), Göttingen 1970; E. Brandenburger, Die Verborgenheit Gottes im Weltgeschehen, Zürich 1981; E. M. Yamauchi, Postbiblical Traditions about Ezra and Nehemiah, in: B. Waltke et al (Hg.), A Tribute to Gleason Archer, Chicago 1986, 167–176.

Esra-Überlieferung also um die Konsolidierung und z.T. Neuformation der in der Entstehung begriffenen jüdischen, d.h. konfessionellen Gemeinde. Die Regelung der kultischen Verhältnisse (mit *rite*, am legitimen Ort durchgeführten Opfern, durch Geburt legitimiertem Personal, ordentlich geweihten Gerätschaften usw.) gehört ebenso dazu wie die Abgrenzung von Fremdeinflüssen und die Einrichtung eines Wortgottesdienstes, bei dem die Tora öffentlich zu Gehör kommt.

– Mehr zwischen den Zeilen lässt sich erkennen, dass Esra in seiner mustergültigen Ahnenreihe und tadellosen persönlichen Einstellung zur Tora die Ideale der leitenden Stände dieser erneuerten und neuen Religionsgemeinschaft verkörpert. Er ist einerseits Schriftgelehrter, d.h. Hüter der entstandenen „Buch"tradition, welche die Überlieferungen der Väter sammelt und zu einem Glaubens- und Lebensgebäude zusammenknüpft. Und andererseits ist er der hochrangige Priester, dessen Ahnvater gar der Prototyp des Amtes schlechthin ist: Aaron selbst, der Bruder des Mose. Erstaunlicherweise vereinigt Esra nun aber gleichsam die Ämter der Wortvermittlung (Mose) und der Kultverwaltung (Aaron) in einer einzigen Person. Das wird der geschichtlichen Wirklichkeit im aufkommenden Frühjudentum entsprechen: In der Gemeindeleitung gab es zwei (oder nach den Chronikbüchern drei) konkurrierende Traditionsansprüche: Den der vollblütigen Priesterschaft von priesterlich-zadokidischer Abstammung, den der minderen Hilfspriesterschaft aus levitischem Geblüt und denjenigen eines eigentlich laienhaften Schreiber- und Weisenstandes. Ihm aber war seit Anbruch des Exils vermutlich die Hauptaufgabe zugefallen, die kultlose, schreckliche Zeit des zerstörten Tempels zu überwinden. Deshalb scheint auch Mose in der Exodus-Leviticus-Überlieferung dominant zu sein, und bei Esra spürt man ebenfalls eine Vorrangigkeit des Schreiberhabitus, und eine spätere Zusatzqualifikation zum „Priester" (vgl. Esr 7,11.12; Neh 8,2).[153] Dennoch fließen bei ihm die verschieden begründeten Leitungsfunktionen – als Idealbild, in der Wunschvorstellung – in eins zusammen.

– Die internen Probleme der neuen Glaubensgemeinschaft sind verursacht durch die äußeren Umstände, den Verlust der Eigenstaatlichkeit, Fremdherrschaft und Deportation, die Abschaffung nationaler Symbole (Königtum; Tempel). Darum ist die Bestimmung der Außenverhältnisse eine Notwendigkeit: Wie verhalten sich Angehörige einer gedemütigten, an den Rand gedrängten Minderheit zur Obrigkeit und zur konkreten Umwelt? Die Esra-Überlieferung ist mit anderen Strängen der Tradition darin einig, dass die persische Zentralregierung ein neutrales bis positives Verhältnis zu den besiegten Völkern und ihren Göttern hatte. Wie immer man die vieldiskutierte religiöse Toleranz des fernen kaiserlichen Hofes auch erklären mag, die biblischen Traditionen würdigen durchweg die Hilfestellung beim Wiederaufbau des Tempels, der Einrichtung und Finanzierung des Kultbetriebes, und der vielleicht entscheidenden Zulassung bzw. Verkündung des partikular jüdischen Gesetzes, die uns später beschäftigen wird. An allen diesen Punkten kommen wir aus unserer Perspektive zu dem Schluß, dass anscheinend die Interessen der jüdischen Berichterstatter in Esra-Nehemia das Wohlwollen des Staatsoberhauptes über jedes wahrscheinliche Maß glorifiziert haben. Selbst die Aussendungslegenden bei beiden Protagonisten, Esra und Nehemia, unterliegen dieser retrovertierten Kritik. Ob ein persischer Text, der die Aussendung des Udjahorresnet nach Ägypten schildert, die historische Authenti-

---

[153] Redaktionsgeschichtlich sind die Priestertitulaturen spätere Einschübe, vgl. H.H. Schaeder, Esra der Schreiber, Tübingen 1930; B. Lang, Vom Propheten zum Schriftgelehrten, in: H. von Stietencron (Hg.), Theologen und Theologien in verschiedenen Kulturkreisen, Düsseldorf 1986, 89–114.

zität der Esra-Mission wahrscheinlicher macht, ist eine offene Frage.[154] Die blasse Darstellung des Artaxerxes und seiner Jahwe-Unterwürfigkeit ist jedenfalls nicht dazu angetan, dem Bericht in Esr 7f an dieser Stelle aufzuhelfen.
— Die sich gegen Esras konstituierende Tätigkeit formierenden Kräfte kommen kaum aus dem politischen oder religiösen Außenbereich, vgl. dagegen die Nehemia-Überlieferung. An diesem Punkt erleben die mit Esra heimwärts Wandernden überwiegend eitel Wohlwollen, Sühne- und Spendenwilligkeit für das Gotteshaus in Jerusalem. Sehr vage angedeutete Anfeindungen auf dem Wege (Esr 8,31) werden durch Gott neutralisiert; ja, Esra hatte unter Berufung auf den Schutz Gottes gar die Geleittruppen der Perser abgelehnt (8,22f). Die Opposition gegen das große Werk, die Ingeltungsetzung der Tora Jahwes, erfolgt in der Esraüberlieferung fast nur von innen her. Damit sind tiefgreifende Probleme der jüdischen Gemeinschaft angedeutet. Wenn sich eine Glaubensgemeinschaft auf die Mitteilung und Interpretation mehrliniger heiliger Traditionen beruft, welche vorrangig die Gruppenidentität begründen sollen, sind Auslegungsgegensätze und traditionell überkommene Interessenkollisionen unter den Glaubensgenossen und -genossinnen unvermeidbar. Die jüdische und christliche Gemeindegeschichte ist ebenfalls voll von scharfen, theologisch begründeten Bruderzwisten.[155] Sie sind schon in der exilisch-nachexilischen biblischen Literatur angelegt und stellen ein geschichtliches Grunddatum für die konfessionelle Religionsgemeinschaft dar. Der Esra der Überlieferung ist bei Ankunft in Jerusalem zutiefst über die mangelnde kultische Distanz zwischen Judäern und Fremdstämmigen entsetzt. Hauptpunkt sind die weitverbreiteten Ehen zwischen judäischen Männern und ausländischen Frauen. (Die umgekehrte Variante fällt nicht ins Gewicht, weil judäische Frauen, die in andere Volksgruppen verheiratet werden, in die Gruppe des Ehemannes überwechseln, also den judäischen Kult nicht mehr belasten). Die Erschütterung verursachen anscheinend deuteronomistische Verbote von Fremdheiraten (vgl. Ex 34,15f; Dtn 7,3; 23,3; Gen 34), aber auch Vorstellungen von der unerträglichen kultischen Verunreinigung des Landes (vgl. Lev 18,24f). So jedenfalls artikuliert das Bußgebet Esr 9 die Sorgen des jahwegesandten Schriftgelehrten und macht damit eine geschichtliche Erfahrung des Nachexils plastisch sichtbar.

So erfahren wir in der auch nach Esra benannten Schrift viel über die den Gemeinden etwa Anfang des 4. Jh. v.Chr. vorschwebenden Leitbilder, aber so gut wie nichts über die möglicherweise hinter diesen Vorstellungen stehenden historischen Figuren. Esra bleibt trotz aller geflissentlichen „biographischen" Ausmalung (Verhältnis zum persischen Großkönig, Ich-Stil des Berichtes, emotionales Engagement vgl. Esr 9,3.5) eine verklärte literarische Figur. Er wird dann in der nach-kanonischen Überlieferung in den Rang eines zweiten Mose erhoben, welcher nach der angeblichen Zerstörung der Tora im Tempelbrand von 587 v.Chr. (auch hier spielt die Chronologie für die phantasiebegabten Tradenten keine Rolle) den verlorenen Text Wort für Wort und Buchstabe für Buchstaben aus dem Gedächtnis wieder herstellt (4 Esr 14). Das nachexilische Ideal des vollkommenen Schriftkundigen ist mit Händen zu greifen, aber nicht die geschichtliche Wirklichkeit oder das biographische Profil jenes legendären Gründers der nach-exilischen Jahwe-Gemeinde.

---

[154] So J. Blenkinsopp, JBL 106 (1987) 409–421. Der Ägypter soll unter Darius d.Gr. den königlichen Auftrag erhalten haben, die „Ordnung" in seinem Land herzustellen, s.o. II.2.1 (Religionspolitik).
[155] Vgl. M. Smith, Palestinian Parties and Politics that Shaped the Old Testament, New York 1971; 2. Aufl. London 1987.

II.3.2.3 Scheschbazzar, Serubbabel

Es gibt noch andere judäische Handlungsträger im Esra-Nehemia-Komplex. Sie treten aber nicht so stark hervor wie die beiden Protagonisten des geistlichen und weltlichen Selbstbehauptungswillens der kleinen, judäischen Minderheit. Sie haben in der Wirkungsgeschichte des Exils und Nachexils Israels auch längst nicht jene Aufmerksamkeit gefunden wie etwa Esra oder auch Nehemia.[156] Gemeint sind hauptsächlich die beiden Gestalten Serubbabel und Scheschbazar, die in Esr 1–6 eine gewisse Rolle spielen. Nicht glorreich führende Rollen, aber doch unübersehbar wichtige. Vielleicht bürgt gerade die Tatsache, dass beide nicht legendenhaft ausgemalt worden sind, für ihre größere geschichtliche Authentizität. Denn just jene Gestalten, die überwiegend fiktiv entstanden sind, weisen sich durch liebevolle, allerdings stereotype Modellierung aus. Von fiktiven Figuren will die Öffentlichkeit auch mehr wissen als von nur historischen. Darum fallen den Überlieferern gerne Daten und Umstände ein, welche dieser Neugier entgegenkommen, und es entstehen persönliche Züge mit mehr oder weniger legendenhafter Tönung. Bei den beiden eben genannten Figuren ist das überhaupt nicht geschehen, weder innerhalb der biblischen Schriften noch in der Nachgeschichte.

Scheschbazar[157] trägt einen babylonischen Namen, der vielleicht aus *Šamaš-ab-ussur* („Schamasch, beschütze den Vater") verballhornt worden ist. Er soll von Kyros zahlreiche, einst aus Jerusalem verschleppte, wertvolle Tempelgeräte zurückerhalten haben (Esr 1,8–11) und mit der ersten Heimkehrerwelle ins Heimatland zurückgewandert sein. An späterer Stelle heißt es, er sei persischer Statthalter, offenbar in Jerusalem, gewesen und habe den Grundstein zum Tempelneubau gelegt (Esr 5,14.16). Mehr erfahren wir nicht über ihn. Man nimmt diese beiden Hinweise in der Regel wörtlich und sieht in Scheschbazar den ersten persischen Provinzgouverneur von Juda. Dann müßte allerdings die These vom Kampf um die Befreiung Jerusalems von der Vorherrschaft Samarias neu durchdacht und begründet werden (s.o. II.3.1). Mir scheint, dass wir mindestens beim Namen dieser Elitepersönlichkeit auf sicherem Boden stehen. Ob Scheschbazzar allerdings gleich in die Zeit des Kyros gehört, ist fraglich, denn die Nachrichten über den sofortigen Aufbruch einer Rückwanderergruppe unmittelbar nach der Machtübernahme durch Kyros in Babylonien (539 v.Chr.) klingen wie der dazu verfasste „Kyroserlass" (Esr 1,2–4) wenig glaubhaft. Wir hätten also in dem besagten Scheschbazzar eine authentische Leitungsgestalt der judäischen Gemeinde vor uns, von dessen Aktivitäten wir aber kaum etwas wissen können.

Serubbabel, ebenfalls Träger eines babylonischen Namens (*zer-babili* = Spross Babylons) und angeblich davidischer Abstammung (1 Chr 3,19), taucht vor allem in den Esra- und Nehemiaüberlieferungen auf, zusätzlich noch bei den Propheten Haggai und Sacharja. Er ist in die eigenartige „Liste der Heimkehrer" integriert (Esr 2,2; Neh 7,7) und agiert oft zusammen mit dem Priester Jeschua (Esr 3,2; 4,2.3; 5,2. In Hag 2,2 und Sach 3: Josua und Serubbabel). Vor allem ist auch er mit dem Tempelbau verbunden (Esr 3,2; 5,2; Hag 2,2–5; Sach 4,8–10). In Hag 2,21–23 lässt die Tradition durchschei-

---

[156] Von der Esra-Tradition war schon die Rede. Von Nehemia behaupte z.B. 2 Makk 2,13, er habe eine Bibliothek mit Archiv gegründet, in der auch seine persönlichen Aufzeichnungen aufbewahrt wurden. Wahrscheinlich hat man sich schon früh mit seinem auffälligen Memoirenstil auseinandergesetzt.

[157] Vgl. S. Japhet, Sheshbazzar und Zerubbabel, ZAW 94, 1982, 66–98; 95, 1983, 218–229; M. Sæbø, The Relation of Sheshbazzar and Zerubbabel – Reconsidered, SEA 54, 1988, 168–177; L.L. Grabbe, Yehud 276–285.

nen, dass es um die Person Serubbabels messianische Enderwartungen gegeben habe: Die endgeschichtlichen Wehen setzen ein, und er ist der „Siegelring" Jahwes, d.h. sein irdischer Vizeregent (Lordsiegelbewahrer mit Herrschervollmacht). Die Esra-Tradition qualifiziert ihn nicht als eine persische Amtsperson, wohl aber als eine Leitungspersönlichkeit in der Aufbauphase des neuen Gemeinwesens Juda. Nur Hag 1,1.14; 2,2.21 heißt er ausdrücklich *pehah*, „Statthalter". In 3 Esr 4,13 finden sich Ansätze einer Legendenbildung. – So wie Serubbabel in den Prophetenbüchern Haggai und Sacharja eine Rolle spielt, unterstützen die genannten Propheten ihn auch im Esra-Bericht: „Es weissagten aber die Propheten Haggai und Sacharja, der Sohn Iddos, den Juden, die in Juda und Jerusalem wohnten, im Namen des Gottes Israels, der über ihnen war." (Esr 5,1; vgl. 6,14). Das klingt beiläufig, fast wie eine chronologische Notiz, will aber wohl – in Übereinstimmung mit den Prophetenschriften – die prophetisch-eschatologische Dynamik beim Tempelbau ankündigen. Von daher ist zu überlegen, ob die Notiz aus einem schon schriftlich vorliegenden Prophetenkanon übernommen worden ist.

Die Bewertung der historischen Gestalten Scheschbazzar, Serubbabel, Haggai, Sacharja, auch des Priesters Joschua oder Jeschua ist – so lange außerbiblische und persische Dokumente fehlen – äußerst schwierig. Hat es wirklich zwei frühe „Statthalter" der Provinz Juda gegeben? Oder gilt die verzögerte Emanzipation Jerusalems und seines Umlandes, wie sie sich z.B. in Esr 4–6 spiegelt? Die frühen Gegenspieler des jüdischen Autonomiestrebens heißen hier Rehum, der „Herr des Befehls" (Gunneweg), und Schimschai, der „Schreiber"; beide sollen in Samaria wohnen (Esr 4,8.17). Freilich hat sich die zeitliche Lokalisierung auf die Regierungen des Xerxes und Artaxerxes, also gegenüber Kyros um mehr als ein halbes Jahrhundert verschoben. Das ficht die Erzähler aber nicht an, sie kennen im Grunde nur das typische Problem der Behinderung des Tempelbaus und der äußeren, feindlichen Einflußnahme auf die judäischen Angelegenheiten.[158] Die Gegner klagen die Rückwanderer (!) in dem sicher von judäischer Seite formulierten (nachempfundenen!) Warnbrief der Vorbereitung einer Seperation vom persischen Reich an (Esr 4,11–16). Dieser Denunziation des judäischen Aufbauwerkes schließt sich der offizielle Repräsentant der Satrapie Transeuphratene an: Er heißt bei Esra „Tatnai", ist von einigen Mitverantwortlichen umgeben und trägt den Titel *pehah*, wie das für untergeordnete Provinzgouverneure üblich ist (Esr 5,3.6; 6,6.13). Inschriftlich gibt es keine Belege für diesen speziellen Amtsträger, der in den allerersten Regierungsjahren des Darius gewirkt haben müßte, weil der Tempel schon im sechsten Jahr fertiggestellt wurde (515 v.Chr.).[159] Die Bezeugung des Namens Tatnai für das 20. Jahr des Darius[160] führt darum nicht weiter. Bei der zeitlichen Zusammenschau verschiedenster Phasen und Ereignisse, die sich die biblische Überlieferung leistet, ist das babylonische Dokument aber doch eine Bestätigung für die historische Existenz einer solchen Figur. – Die übrigen, sehr zahlreichen Namen von Judäern, die aus der Verbannung heimkehrten, haben nur im theaterbezogenen Sinn statistischen Wert.

---

[158] Die Verfasser denken „nicht lineargeschichtlich-diachron", „sondern thematisch-synchron" (A.H.J. Gunneweg, Esra, 87).

[159] Das Datum (Esr 6,15) ist historisch wahrscheinlich, aber unbeweisbar (vgl. E. Otto, Jerusalem 94–100).

[160] H. Utzschneider, NBL III, 787 mit Verweis auf A. Ungnad, ZAW 58, 1940, 240–244; J. Fleishman, HUCA 66, 1995, 81–102.

II.3.2.4 Die Ältesten

Wichtig ist allerdings noch der Hinweis, dass die Überlieferung zwar gerne mit Symbolfiguren und ihrer Autoritätsaura arbeitet, aber doch auch Zustände durchscheinen lässt, in denen die Ältesten der Jahwegemeinschaft ohne Führergestalten auskommen und in Abstimmung miteinander Entscheidungen fällen: Esr 5,5.9; 6,7.8.14. Im Bericht des Tatnai heißt es z.B.:

> Wir haben die Ältesten gefragt und zu ihnen gesagt: Wer hat euch befohlen, dies Haus zu bauen und diese Mauern zu errichten? Auch fragten wir, wie sie hießen, damit wir es dir kundtäten und die Namen der Männer aufschrieben, die an ihrer Spitze stehen. Sie aber gaben uns dies zur Antwort: Wir sind Knechte des Gottes des Himmels und der Erde und bauen das Haus wieder auf, das einst vor vielen Jahren hier gestanden und das ein großer König Israels gebaut und vollendet hat. (Esr 5,9–11)

In dieser aramäischen Schicht der Überlieferung sind allein die „Greise" (*sebaja'*) verhandlungs- und entscheidungsbefugt, ja, es ist keine andere Führungspersönlichkeit vorhanden, weder fürstlicher noch priesterlicher Herkunft. Das mag einer mindestens zeitweise gültigen geschichtlichen Wirklichkeit entsprechen. Es ist erstaunlich, mit welcher Selbstverständlichkeit die „Ältesten" nach dieser Sicht der Dinge auch die königlichen Traditionen Israels fortführen, sich als deren Sachwalter begreifen. Bemerkenswert auch, wie zwanglos sich Ezechiel mit „Ältesten" als repräsentativen Vertretern der Gemeinde zusammensetzt (s.u. II.3.3), nicht mit Priestern, Schreibern, Propheten oder ähnlichen Funktionären des Jahwe-Glaubens (Ez 8,1; 14,1; 20,1; vgl. 3,15; 11,24). Solche Zeugnisse bringen zu Bewusstsein, dass die entstehende frühjüdische Gemeinde nicht von großen Leitungsfiguren und ebenso wenig von speziellen Amtsträgern abhängig war, sondern eine eigenständige soziale Dynamik besaß.

II.3.3 Sozial- und Gemeindestrukturen

Die letzte Beobachtung bringt uns dazu, zusammenfassend nach der sozialen Organisation der entstehenden jüdischen Gemeinde zu fragen. Sie ist für das Verständnis der alttestamentlichen Schriften und ihrer theologischen Aussagen von grundlegender Bedeutung.[161] In der vorexilischen Zeit verzahnten sich in Israel familiale, siedlungsbezogene, regionale und staatliche Organisationsformen und standen sich z.T. auch spannungsvoll gegenüber. Mit der babylonischen Eroberung waren der bodenständige Staat und sein Königtum zugrunde gegangen. Als übergeordnete Großgesellschaft fungierten nun das babylonische, dann das persische Imperium mit seinen Untergliederungen, die jeweils eigene Entscheidungsspielräume hatten. Wie gestaltete sich innerhalb dieses Großgeflechtes sozialer und politischer Beziehungen das Leben im Restgebiet Juda? Vom Aufstieg Jerusalems zum Vorort der Jahwe-Religion war schon die Rede. Aber die soziale Wirklichkeit in den von Jerusalem abhängigen Ortschaften – wie sah sie aus?
Die erst seit wenigen Jahrzehnten betriebene archäologische Oberflächenforschung hat im Verein mit dem immer stärker erwachten Interesse an der Geschichte und Literatur der Perserzeit schon einige Ergebnisse erbracht.[162] Sie beziehen sich in erster Linie auf

---

[161] Vgl. E.S. Gerstenberger, Theologien im Alten Testament, Stuttgart 2001, bes. Kap. 3 und 8.
[162] E. Stern, Culture, hat 1972 in seiner hebräischen Dissertation (1982 ins Englische übersetzt) eine erste Zusammenfassung der archäologischen Forschung gegeben. C.E. Carter ließ ihr 1999 eine

Verwaltung, Bevölkerungsdichte, Wohnverhältnisse, Güteraustausch, Nahrungsmittelproduktion der mehr als 100 Ortschaften,[163] die sich in der Provinz Jehud ausmachen lassen. Weil die Grenzen dieses Verwaltungsbezirkes nicht vollständig bekannt sind und auch die Einwohnerzahlen nur annähernd geschätzt werden können, schwanken die ermittelten Angaben für Jehud zwischen 20000 und 30000 Menschen.[164] In jedem Fall war der Bezirk Juda mit seiner Hauptstadt Jerusalem ein winziger Fleck auf einer unermeßlich großen Landkarte des persischen Weltreiches. Was oben über das Alltagsleben in dem Riesenimperium gesagt wurde (II. 2.4) trifft wahrscheinlich auch auf unser Themengebiet zu. Doch welche speziellen Gegebenheiten und welche charakteristische Sozialorganisation können wir für diesen Bereich annehmen? Die Forschungen zur „materialen Kultur" Judas zur Perserzeit sind auf ihre soziologischen, produktiven Grundmuster hin zu befragen.

Wir können davon ausgehen, dass die vorderorientalischen familialen Verhältnisse (patrilineare, patrilokale, patriarchale Verwandtschaftsgruppen[165]) auch für die Provinz Juda galten. Im Familiengefüge der Region lassen sich kaum ethnische Unterschiede feststellen,[166] und diese wichtigste Primärgruppe menschlicher Sozialisation war auch über die Jahrhunderte relativ stabil. Innerhalb des solidarischen Beziehungsgeflechtes der Familie hatten Frau, Mann, Kinder und andere der Gruppe angehörige Mitglieder ihren festumrissenen Platz.[167] In den Bauernwirtschaften, z.T. sicher auch bei Handwerkern, arbeiteten alle Angehörigen nach Maßgabe ihrer Kräfte und Fähigkeiten an der gemeinsamen Überlebensaufgabe mit. Die enge Verflechtung, das Aufeinander-Angewiesensein, machte die engste Verwandtschaftsgruppe zu dem wichtigsten Sozialgebilde überhaupt. Isoliert von seiner Familie und auf sich selbst gestellt war der Mensch damals (im Gegensatz zum Leben in der modernen Industriegesellschaft) kaum überlebensfähig. Die *desperados* der Steppe müssen sich zu marodierenden Banden zusammenschließen (1 Sam 22,2), sonst sind sie verloren. Einsiedler und völlig Autonome sind dem Alten Testament fremd und suspekt (Koh 4,7–12). Die Familie war die soziale Einheit, in welcher der Mensch gottgewollt und selbstverständlich lebte, seinen Unterhalt erarbeitete, Geborgenheit und Zuwendung empfing, seine Pflichten erfüllte, sein Weltbild und seinen Glauben erhielt und pflegte, kurz, sie war der Hort für jedermann (jedenfalls bis zur Gründung einer eigenen Familie) und jedefrau (bis zur Heirat, aber auch darüber hinaus als Rückhalt für den Fall der Scheidung oder Witwenschaft). Die Familie prägte das Leben, Denken und Fühlen der antiken, vorderorientalischen Menschen über unsere Vorstellungskraft hinaus: Der oder die Einzelne verstand sich eher von der Gruppe her

---

auf den letzten Stand gebrachte und neue Perspektiven setzende Arbeit folgen (ders., Emergence). Beide Darstellungen sind für unsere Zwecke auf die speziell sozialen Verhältnisse hin zu befragen. J.P. Weinberg hat schon seit längerem aufgrund von Textzeugnissen die Sozialstruktur der neuen „Bürger-Tempel-Gemeinde" zu erfassen versucht. L.L. Grabbe, Yehud, fasst die Forschung bis etwa 2003 zusammen (a.a.O. 134–155; 167–188; 197–208; 216–237).

[163] Vgl. C.E. Carter, Emergence 216; 221: 90% der Siedlungen beherbergten weniger als 300 Menschen; Jerusalem hatte etwa 3000 Einwohner. Carter spricht von 22 ausgegrabenen und 103 identifizierten „sites" (a.a.O. 114) und listet in einem umfangreichen Anhang 132 Ortslagen auf (a.a.O. 325–349). L.L. Grabbe, Yehud 135–140.

[164] Vgl. jedoch J.P. Weinberg, City-Temple-Community, 34–48: er plädiert für mehr als 150 000 Einwohner! C.E. Carter, Emergence 216; 221; L.L. Grabbe, Yehud 199–202. Carter errechnet z.B. für die Periode Persisch II eine Bevölkerung von 20650 Menschen (a.a.O. 199–205).

[165] Organisation in „Väterhäusern" (*Bet Abot*), vgl. J.P. Weinberg, a.a.O. 49–61.

[166] Ob es „bei den Kanaanäern" evtl. besondere Rechte für Frauen gab, z.B. die Verfügungsgewalt über immobiles Eigentum (vgl. 2 Kön 4,8–10; Prov 31,16) ist eine offene Frage.

[167] Vgl. E.S. Gerstenberger und W. Schrage, Frau und Mann, Stuttgart 1980; L.G. Perdue (Hg.), Families in Ancient Israel, Louisville 1997.

als umgekehrt. Innerhalb der Familie galten Rangordnungen des Alters, Geschlechts und des sozialen Status: Unverheiratete oder geschiedene Frauen (Töchter; Schwestern), die im Hause lebten, galten weniger als die „ordentlichen" Mitglieder; Fremde und Sklaven standen unterhalb der Verwandtschaftsgruppe.[168]
Die etablierte Rangordnung galt insbesondere für Frauen, die ja im Sozialgefüge die Flexibleren sein mussten. Sie wurden an eine andere Familie weggegeben, wir haben von unserer Sicht her manchmal den Eindruck, sie seien nurmehr Objekte in der Hand der Männergesellschaft gewesen (vgl. Gen 24; 34; 1 Sam 25,44; 2 Sam 3,13–16; Ri 19). Dieser Eindruck täuscht insofern, als es ein ausgefeiltes System von Familienverhandlungen gab (und im heutigen Vorderen Orient immer noch gibt), in dem das Geschick der Kinder von den Eltern bestimmt wurde (vgl. Ri 14,2–4). Das Ergebnis der Absprachen wurde oft genug in schriftlichen Verträgen festgehalten.[169] Die brisante Frage ist, ob sich in der persischen Zeit in Juda – wegen der sich herausbildenden Jahwe-Alleinverehrung und des damit einhergehenden Verbotes von Haus- und Frauenkulten – die Lage der Frauen verschlechterte. Die Quellen sind an dieser Stelle zweideutig. Einerseits bezeugen gerade auch spät zu datierende Texte eine relative Autonomie der Frauen im Rahmen des vorgegebenen patriarchalen Systems.[170] Andererseits sind die theologisch begründeten Abwertungen und Verdächtigungen des weiblichen Geschlechtes wohl nicht erst eine Erscheinung der hellenistischen Zeit. Die Unvereinbarkeit des Geschlechtlichen, besonders aber der weiblichen Sexualität mit dem heiligen, den Männern vorbehaltenen Altardienst (vgl. Lev 12–15), die anscheinend zunehmende Verdächtigung der Frauen, mehr als die Männer am „Sündenfall" schuld zu sein (vgl. Gen 3),[171] die üble, vorurteilsvolle männliche Sicht der angeblich „weiblichen Verführbarkeit" zu Abfall und Ungehorsam (vgl. Dtn 13,7; 1 Kön 11,1–5[172]), die Symbolisierung des Bösen durch Frauengestalten oder weibliche Metaphern[173] (Sach 5,5–11) – das alles sind, wenn der Anschein nicht trügt, auch Zeichen der persischen Zeit.
Die Siedlungen Judas, mit einer Bewohnerzahl zwischen 100 und 500 Personen, waren auf zwischenfamiliale Zusammenarbeit angelegt. Gemeinsame Interessen mussten gemeinsam vertreten oder auf delegierte Leitungsfiguren übertragen werden. Von örtlichen Vollversammlungen hören wir wenig oder nichts, dagegen sind die Ältesten und Familienoberhäupter eine alte, auch unter den neuen Umständen der imperialen Herrschaften bewährte Institution. Im Buche Rut wird exemplarisch sichtbar, wie zivile Rechtsfragen im Tor behandelt werden konnten: Ein Familienchef wartet, bis er eine Runde von 10 männlichen Vollbürgern ad hoc versammelt hat, und trägt diesem Gremium sein Anliegen vor (Rut 4,1–4). Ist ein Mord oder Totschlag geschehen, übernehmen die „Ältesten

---

[168] Zur Sklaverei vgl. M.A. Dandamaev, Slavery in Babylonia (s.o. II.2.4); I. Cardellini, Die biblischen „Sklaven"-Gesetze, BBB 55, 1981. Zu den „Tempelsklaven" in den Listen Esra / Nehemias vgl. J.P. Weinberg, City-Temple-Community 75–91.

[169] Vgl. Hinweis auf Ehevertrag z.B. in Gen 31,43–50; vgl. die Dokumente von Elephantine unten II.4.2.2.

[170] Als Beispiel sei das Buch Rut genannt, das als zeitgenössische Frauenschrift verstanden werden muss (vgl. I. Fischer, Rut, HThKAT, Freiburg 2001). Die Heroisierung von Hulda, Ester, Judit liegt auf dieser Linie, aber vielleicht kann gerade dieses Phänomen als ein Ventil für zunehmende Patriarchalisierung gelten.

[171] Eindrucksvoll stellt H. Schüngel-Straumann die Nachwirkung der „Verführungsgeschichte" von Gen 3 dar: dieselbe, Die Frau am Anfang, 2. Aufl. (exuz 6) Münster 1997.

[172] Misstrauen und Angst verquicken sich bei Salomos Frauen mit dem Etikett „ausländisch", vgl. auch Num 25,6–9; Esr 10; Neh 13,23–28.

[173] Die Jahwe-Israel-Ehemetaphorik gehört in diesen Zusammenhang, vgl. G. Baumann, Liebe und Gewalt (SBS 185), Stuttgart 2000.

und Richter" ($z^eqenim\ w^ešop^etim$; neben ihnen tritt noch der *šoṭer* auf: Dtn 1,15; 16,18; 29,9; Jos 8,33; 23,2; 24,1)[174] das Verfahren, einschließlich der Verurteilung des Schuldigen, der Ausführung der Strafe oder – bei unbekanntem Täter – der notwendig werdenden Sühnehandlungen (Dtn 19,16–21; 21,1–9). Bei Ezechiel sind es die Ältesten, die in Konsultationen mit dem Propheten für das Wohlergehen ihrer Siedlungen sorgen (vgl. Ez 8,1; 14,1; 20,1). Wir treffen also auf einen breiten biblischen Befund, der die Dorf- und Stadtverwaltung durch Vertreter der Familienverbände bezeugt (s.o. II.3.2.4). Das scheint eine urtümliche Verfassungsstruktur von Siedlungen im Vorderen Orient[175] gewesen zu sein, die nicht erst durch Monarchen eingerichtet wurde. Im Gegenteil: Aus dörflichen Machtstrukturen haben sich vermutlich die Herrschaftslinien in Stammes- und weiteren Großgesellschaften heraus entwickelt. Dörfliche Verhältnisse bedeuten ein Leben in unbefestigten, der nächstgelegenen Stadt zugeordneten, übersichtlichen Siedlungen. Die Einzelfamilien blieben im Wesentlichen autark. Die agarisch bestimmte Wohngemeinschaft kannte noch wenig differenzierte Berufe, obwohl bereits einzelne Familien in der keramischen Produktion, der Metall- und Holzverarbeitung selbst im ländlichen Milieu spezialisiert gewesen sein mochten.

Für das geistliche Leben der Dorfgemeinschaften bedeutet dieser Sachverhalt: Die früher florierenden Haus- und Lokalkulte hatten in der sich neu bildenden Jahwe-Gemeinschaft auf Dauer keine Existenzberechtigung mehr. Die vorherrschende konfessionelle Verpflichtung der Menschen in Judäa wurde durch die Tora-Verfassung streng auf den einen legitimen Ort der Gottesverehrung hin geregelt (vgl. Dtn 12). Also konzentrierten sich die religiösen Zeremonien und Rituale, vor allem auch das zugehörige Personal, in der Hauptstadt Judas. Landleviten o. ä. geistliche Funktionsträger, vor allem aber auch Heiler, Prognostiker, Beschwörerinnen und Beschwörer, die eigentlich zur medizinischen und rituellen Versorgung der Bevölkerung notwendig waren, zogen sich vermutlich in Nischen der Gesellschaft zurück wie die berühmte Totenbeschwörerin von Endor (1 Sam 28). Auf der anderen Seite musste die Jahwe-Gemeinde notwendige Rituale und Kasualien anbieten, etwa zur Krankenbehandlung. Der Psalter bietet in erstaunlicher Zahl Gebete für Notleidende, welche für derartige Bitthandlungen der Gemeinde bestimmt waren.[176]

Den Schlusspunkt kann folglich die Frage nach dem Verhältnis der Siedlungen zur kultischen und verwaltungsmäßigen Zentrale Jerusalem setzen. Schließlich war in gewissem Sinn ganz Juda eine einzige „Tempel-Bürger-Gemeinde" (J. Weinberg)[177], denn für das entstehende Opfer- und Kultwesen war nach der Tora die Provinzhauptstadt der einzige legitime Schauplatz. Wir lesen schon in Dtn 12:

> Zerstört alle heiligen Stätten, wo die Heiden, die ihr vertreiben werdet, ihren Göttern gedient haben ... Ihr sollt Jahwe, eurem Gott, so nicht dienen, sondern die Stätte, die Jahwe, euer Gott,

---

[174] Die genannten Ämter sind spezifisch deuteronomistisch, und etwa den früheren deutschen Dorfschulzen vergleichbar. H. Niehr, ThWAT VIII, 408–428; K.-D. Schunck, ThWAT VII, 1255–1258. Moderne Interpreten lesen gerne staatliche Beamtentum in die Bezeichnungen hinein; dagegen F. Crüsemann, Tora, 121–131; R. Kessler, Staat, 161–189. Vgl. außerdem: H. Reviv, The Elders in Ancient Israel, Jerusalem 1989; U. Rütersworden, Von der politischen Gemeinschaft zur Gemeinde. Studien zu Dt 16,18–18,22 (BBB 65), Frankfurt 1987.

[175] Die Ältesten-Verfassung von Städten oder Dörfern im Dtn untersucht mit ethnologischen Seitenblicken T.M. Willis, The Elders of the City (SBL.MS 55), Atlanta 2001.

[176] Vgl. E.S. Gerstenberger, Der bittende Mensch, Neukirchen-Vluyn 1980 (WMANT 20).

[177] Ich nehme diese Bezeichnung hauptsächlich nach ihrer spirituellen Dimension. Der Streit, wie weit die Bürger-Tempel-Gemeinde verfassungsmäßig als „Tempelstaat" mit oder ohne Landbesitz aufzufassen ist, und welche Rolle der oberste Priester politisch spielt, ist schwer zu entscheiden, vgl. L.L. Grabbe, Yehud 142–148.

> erwählen wird aus allen euren Stämmen, dass er seinen Namen daselbst wohnen lässt, sollt ihr aufsuchen und dahin kommen ..." (Dtn 12,2.4f)

Diese Kultzentralisation spiegelt nicht die Josia-Zeit, auch nicht das Exilsjahrhundert, sondern recht eigentlich die Epoche des zweiten Tempels wider. Die einzelnen Ortschaften unterstanden der Zivilverwaltung Jerusalems, soweit deren Befugnisse reichten. Das Verhältnis der judäischen Ortschaften sowie der jüdischen Siedlungen in der Diaspora zu Jerusalem war das auf Dorf- und Regionalverband aufgebaute soziale Großgeflecht der Jahwe Glaubensgemeinschaft. Eine Maßnahme wie sie der „Synoikismus" des Nehemia darstellt (Neh 7,4; 11,1f.), zeigt die Zusammengehörigkeit von Zentrum und Peripherie. Dorthin, nach Jerusalem, verlagert sich nicht nur der ständige Opferdienst, der von den Tempelpriestern ausgeführt und später durch Standmannschaften aus den auswärtigen Wohnbereichen unterstützt wurde.[178] Vor allem wurde die heilige Stadt zum Schauplatz für die großen Jahresfeste, an allererster Stelle das Passah.[179] Die Orte Judas waren wie die Bewohner Jerusalems in das große, religiöse Gemeinwesen „Israel" oder „jüdisches Volk" oder „das Volk Jahwes" oder „die Frommen, Gerechten, Erwählten usw." eingebunden. Ideell und soziologisch war das entstehende Judentum eine Einheit, trotz mannigfacher Parteiungen und Glaubensrichtungen. Und diese ideelle, um die Tora und den neugeweihten Tempel gescharte Gemeinde war auch als Glaubensgemeinschaft organisiert. Sichtbarster Ausdruck der Institution war der Tempel, den die Judäer durch eine Tempelsteuer unterhalten mußten.

Der „Zehnte", der idealerweise für die Unterhaltung des Tempels eingefordert wurde, hat eine lange Nachgeschichte im Judentum und Christentum, bis hin zu unserer Volkskirchensteuer in Deutschland, die neun Prozent von der staatlich erhobenen Lohn- oder Einkommensteuer beträgt. Die Vorgeschichte einer derartigen Abgabe aller erwachsenen Bürger für (nicht königliche) Heiligtümer ist noch wenig erforscht.[180] In jedem Fall war der zweite israelitische Tempel Jerusalems nicht mehr königliches Heiligtum, sondern „gehörte" der Jahwegemeinde. Von der persischen Subventionierung des Tempels haben wir schon gesprochen: Sie ist allerhöchstens als Anschubfinanzierung zu denken. Also mußte die Gemeinde irgendwie für den Betrieb der höchsten Opfer- und Gebetsstätte aufkommen. Wir hören von freiwilligen Gaben für die Erbauung des Heiligtums; wir wissen, dass gewisse Teile des privaten Opfertieres oder auch der vegetabilischen Gabe dem praktizierenden Priester zu überlassen waren (vgl. Lev 2,3; 6,9–11; 7,8–10.14.32–34). In allen diesen Dingen ergibt sich schon eine große Vielfalt von Regeln und Bräuchen.[181] Sie wird noch bunter, wenn wir die in den hebräischen Schriften erhaltenen Anweisungen zur Tempelabgabe lesen, die sich mit großer Wahrscheinlichkeit sämtlich auf den zweiten, nicht den salomonischen Tempel beziehen: Bei Nehemia sind fünf von acht Selbstverpflichtungen der Gemeinde (s.o. I.2) auf den Unterhalt des Tempels ausgerichtet, die detailliertesten der ganzen biblischen Überlieferung:

> Wir wollen uns das Gebot auferlegen, jährlich den dritten Teil eines Silberstückes zum Dienst im Hause unseres Gottes zu geben, nämlich für die Schaubrote, für das tägliche Speisopfer, für

---

[178] I. Elbogen, Der jüdische Gottesdienst in seiner geschichtlichen Entwicklung (1913), Nachdruck Hildesheim 1967, 237; 239: Vertreter der Gemeinden nahmen in regelmäßigem Turnus an den Opfern teil.
[179] Vgl. S. Safrai, Die Wallfahrt im Zeitalter des Zweiten Tempels, Neukirchen-Vluyn 1981.
[180] Vgl. M. Jursa, Der Tempelzehnt in Babylonien (AOAT 254), Kevelaer / Neukirchen-Vluyn 1998. Vgl. W. Zwickel, Tempelkult und andere Literatur oben zum Exkurs: Der Aufstieg Jerusalems.
[181] Zur Priesterbesoldung in den Opfergesetzen des Buches Leviticus vgl. E. S. Gerstenberger, Leviticus (ATD 6) Göttingen 1993, Sachregister s.v. Priesteranteil.

das tägliche Brandopfer, für die Opfer am Sabbat und Neumond, für die Festtage, für das Hochheilige und für das Sündopfer, womit für Israel Sühne geschafft wird, und für alle Arbeit im Hause unseres Gottes. (Neh 10,33f).

Die weiteren Verpflichtungen beziehen sich auf das notwendige Brennholz (Neh 10,35), die Abgabe von ersten Getreideernten, Baumfrüchten und den menschlichen und tierischen Erstgeburten (10,36f). Eine zusammenfassende Vorschrift ergänzt noch Erstanteile vom Brotteig und von der Wein- und Olivenernte (10,38a). Seltsamerweise schließt sich noch eine Zehntgabe für die Leviten, genommen aus „allen Ortschaften mit Ackerland" an (10,38b). Die sonstigen Forderungen für den Tempel (vgl. Dtn 14,22–29; 26,1–15; Lev 27,30–33; Num 18,21–31 usw.) sind aus unterschiedlichen Perspektiven und für verschiedene Zielsetzungen formuliert. Im gegenwärtigen Zusammenhang ist nur wichtig, dass die judäische Bürger-Tempelgemeinde eng mit der Institution auf dem Zion verbunden war und voll für ihre Unterhaltung aufkommen mußte.[182]

Aus dem allem wird verständlich, eine wie große Bedeutung der religiösen Organisation der neuen Gemeinde zukam. Den sinnfälligsten Ausdruck findet diese Tatsache in der häufigen Erwähnung der Versammlung aller Jahwegläubigen, d.h. des $q^e hal\ jahweh/ jisra\ddot{e}l$ (bzw. Synonyma: *'edah; 'am; 'esah* u.a.). Auf diese Vollversammlung sind viele Texte bezogen. Sie kann politisch oder religiös aktiv werden. Die gottesdienstliche Zusammenkunft ist, wie schon früher angedeutet, das Urmodell der synagogalen Versammlung. Ihre liturgische Zweckbestimmung ist etwa in Dtn 29–31; Jos 23–24; 1 Kön 8, aber auch in den Psalmen (vgl. Ps 95; 100; 118; 136), den Prophetenbüchern (vgl. Jer 31,8; 44,15; Mi 2,5; Joel 2,16 usw.) und natürlich in den chronistischen Schriften (vgl. 1 Chron 28,8; 29,1.10.20 usw.) deutlich zu erkennen. Politische und rechtliche Funktionen hat die Versammlung etwa in Esr 10,1.8.14; Neh 5,13. Wir sehen: Die nachexilische Gemeinde konstituierte sich vor allem bei den Anlässen, die eine Mitbestimmung oder Teilnahme aller Jahwegläubigen erforderlich machten. Sie war eine soziale und theologische Größe eigener Art, Modell für die späteren jüdischen und christlichen Versammlungen. Die exilische Gemeinde wurde zusammengerufen von legitimierten Vertretern, brachte aber oft genug ihre eigene Meinung gegenüber den Leitungsfiguren ins Spiel. Ob es in der persischen Zeit ähnlich organisierte Glaubensgemeinschaften etwa der zarathustrischen Religion gegeben hat, bleibt eine offene Frage. Schwache Hinweise auf eine solche Relionsgemeinschaft finden sich in den alten Schichten des Avesta.

II.3.4 Wirtschaft; Lokalpolitik

M. Broshi, Estimating the Population of Ancient Jerusalem, BarR 4, 1978, 10–15;derselbe und I. Finkelstein, The Population of Palestine in Iron Age II, 1992. – C.E. Carter, Emergence, 1999. – I. Finkelstein, The Archaeology of the Israelite Settlement, Jerusalem 1988. – M.A. Dandamaev, Slavery, 1984. – L.L. Grabbe, Yehud 189–208. – D.C. Hopkins, The Highlands of Canaan, Sheffield 1985. – R. Kessler, Sozialgeschichte (voraussichtlich 2006). – H.G. Kippenberg, Religion und Klassenbildung im antiken Judäa, Göttingen 1978. – H. Klengel, Handel und Händler im Alten Orient, Wien 1979. – H. Kreissig, Die sozialökonomische Situation in Juda zur Achämenidenzeit, Berlin 1973. – O. Lipschits, Judah and the Judeans in the neo-Babylonian Period, Winona Lake 2003. – C. Schäfer-Lichtenberg, Stadt. – C. Zaccagnini, Production and Consumtion in the Ancient Near East, Budapest 1989.

Wie kann man sich die wirtschaftliche Situation der Judäer zur Perserzeit vorstellen? Welche Möglichkeiten hatten Bauern und Bürger, am Güteraustausch teilzunehmen?

---

[182] Vgl. L.L. Grabbe, Yehud 209–216; 235f.

Welche Belastungen ergaben sich für die Familien? Gelingt es uns, den Lebensstandard der Menschen abzuschätzen und mit dem unseren zu vergleichen? Wir haben schon mehrmals betont: Die Masse der Bevölkerung in Juda lebte von der Land- und Viehwirtschaft, betrieb also Subsistenzwirtschaft. Das Land ist nur teilweise im Regenfeldbau zu bewirtschaften. Dort, wo im Jahresdurchschnitt unter 300 mm Niederschläge fallen, muss menschliche Wasserwirtschaft (Terrassenbau; Reservoirbildung; künstliche Bewässerung) eingreifen, will man überhaupt Erträge erzielen. Die Kleinviehwirtschaft kann z.T. noch Regionen nutzen, in denen Landwirtschaft nicht mehr möglich ist, jedenfalls im Frühjahr nach ausreichendem Winterregen. Bauern und Hirten strebten nach möglichst weit gehender Autarkie. Die Masse der Lebensbedürfnisse konnte man selbst befriedigen (Nahrung; Kleidung; Wohnung; Technik; Bildung; Gesundheitspflege usw.). Ein Rest von Wünschen blieb offen: z.B. nach Metallgegenständen, evtl. Saatgut, Zuchttieren, Luxus- und Zeremonialobjekten. Sie konnte man nur durch Tausch oder Kauf erwerben; dazu brauchte man eine eigene Surplus-Produktion landwirtschaftlicher Güter, die als Gegenwert angeboten werden konnten. Weil die judäischen Bauern natürlich auch der Steuerpflicht unterlagen und außerdem Tempelabgaben zu leisten hatten, mussten sie über den Eigenbedarf hinaus produzieren. Von bäuerlicher Seite aus war also die öffentliche Wirtschaft nur begrenzt erforderlich aber dennoch unabdingbar notwendig.

Im städtischen Milieu sah das schon anders aus. Handwerker, Händler und Beamte, die keine Bauernwirtschaft mehr betreiben, konnten ihren Bedarf an lebenswichtigen Gütern nur über den Markt beziehen. Sie mussten (so die ersten beiden Gruppen) zunächst an Rohmaterialien und technisches know-how kommen, sodann die selbst hergestellten bzw. käuflich erworbenen Produkte in die Bedarfsgebiete schaffen und günstig absetzen. Beamte hatten nur ihr „Gehalt", das in Persien (s.o. II.2.4) in Naturalien gezahlt wurde. Die Stadtsässigen waren also vollständig auf den wirtschaftlichen Austausch angewiesen. Kein Wunder also, dass Händler (oder Erzeuger) z.B. nach Neh 13,15f in Mengen nach Jerusalem kommen, um ihre Waren dort zu verkaufen. Ein Zeichen für die Zunahme des Handelsverkehrs ist auch die Tatsache, dass in persischer Zeit (von Griechen in Kleinasien?) die Münzprägung erfunden wurde, welche den Austausch wesentlich erleichtert.

Die Bevölkerung der Provinz Juda bestand schätzungsweise zu 80–90% aus bäuerlichen Familien; in der Hauptstadt Jerusalem wohnten etwa 10% der Menschen, von denen die Mehrheit wohl keine landwirtschaftliche Existenzgrundlage mehr hatte. Auf den Dörfern wurde hauptsächlich Getreide, Wein und Öl gewonnen (vgl. Dtn 12,17; 14,23; 18,4; Neh 13,12 u.ö.). Mit diesen Grundnahrungsmitteln wurde gehandelt. Hinzu kamen allerlei andere marktfähige Artikel des täglichen und längerfristigen Bedarfs. Unterschiedliche Handwerksberufe waren bekannt: Menschen, die mit Metall, Holz, Stein, Textilien, Töpferton arbeiteten. Logischerweise waren Normalfamilien bemüht, möglichst viele Bedarfsprodukte selbst zu erzeugen. Andererseits zogen in der vorexilischen Zeit die Königshöfe, nach dem Verschwinden der Monarchie die Verwaltungsinstanzen und die Tempelbehörden die besten Handwerker an sich, denn sie hatten die meisten Aufträge zu vergeben. Die Bauberichte in den Königsbüchern machen keinen Hehl daraus, dass technisches Können in Israel Mangelware war. Man beauftragte Hiram von Tyrus mit dem Einschlag und der Lieferung des nötigen Libanon-Holzes (1Kön 5,15–26: Salomo zahlt mit Weizen und Öl, V. 25) und importierte Bausachverständige (vgl. 1 Kön 7,13f) für den Tempelbau. In einem ähnlichen Zusammenhang tauchen die Kunsthandwerker und Architekten schon bei der Erstellung des Begegnungszeltes am Sinaiberg auf. Die

Wirtschaft: Lokalpolitik

entsprechenden Text gehören aber in die nachexilische Zeit: Der von Jahwe ernannte, oberste Bauleiter für das Zeltmodell heißt Bezalel und hat die besonders umfassende, von Jahwe eingestiftete Fähigkeit, mit allen Materialien meisterhaft umgehen zu können, nämlich mit „Gold, Silber, Kupfer, Steinen" (Ex 31,2–5). Oholiab wird sein Assistent (Ex 31,6). Beide Männer sind für die ganze Zelt- (d.h. Tempel)anlage nebst Inventar mit ihren Dutzenden von Handwerkssparten zuständig. Die idealisierten Werkmeister verraten durch ihre programmatischen Kunstnamen (Bezalel = „Im Schatten Els"; Oholiab = „Vater ist mein Zelt"), dass es in der persischen Epoche eine einheimisch judäische Handwerker- und Künstlertradition gab. Das Jerusalemer Heiligtum war sicherlich ein bedeutender Arbeitgeber und spielte in der Provinzwirtschaft eine Rolle, gleichgültig, ob es mehr oder weniger Immobilienbesitz und eventuell Einkünfte aus Landgütern hatte. Die Frage nach den Eigentumsverhältnissen in Jehud ist dabei allgemein wichtig: Nominell gehörte alles Land auch in den eroberten Regionen dem persischen Großkönig (vgl. Neh 9,36f: „Wir sind heute Sklaven; und in dem Lande, das du unseren Vätern gegeben hast ... sind wir Sklaven. Und all sein Ertrag bringt den Königen großen Gewinn ...").[183] In der Praxis allerdings lebten Bauernfamilien auf dem Familienbesitz[184] und bezahlten dem König Steuern, bis sie eventuell finanziell insolvent wurden. Wie häufig das geschah, wissen wir nicht. Bei günstigen klimatischen Bedingungen und in Friedenszeiten ging es den Landwirten vermutlich gut. Die vereinheitliche Verwaltung des persischen Imperiums und der Wegfall nationaler Grenzen haben stellenweise dem Handel und Gewerbe in den Provinzen Vorteile gebracht. Bei Ausgrabungen in Palästina stößt man mithin auf widersprüchliche Befunde, die ein „Nebeneinander von Niedergang und Aufschwung" verraten.[185]

Alles in allem war Juda jedoch weder landwirtschaftlich noch handwerklich und kommerziell ein besonders günstiges Gebiet. Die Bewohner fristeten nach den dürftigen Quellen ein bescheidenes Leben. In Krisenzeiten (Krieg; Trockenheit; Heuschreckenplage usw. vgl. Gen 41,53–57; Joel 1–2; Jer 14,1–6) wurde der Mangel lebensbedrohlich. Hungerwanderungen waren immer lebendige Erfahrung der antiken Menschen im sogenannten „fruchtbaren Halbmond". In den hebräischen Schriften begegnen sie uns recht häufig (Gen 40ff; Rut 1; 1 Sam 22,3f; 2 Kön 8,1–3).

In der persischen Epoche scheint die Wirtschaftssituation in Palästina ebenfalls mindestens phasenweise prekär gewesen zu sein. Jedenfalls erweckt das Nehemiabuch mit seiner starken Betonung der Sozialverpflichtungen diesen Eindruck: Neh 5 nennt aber nicht nur die natürlichen Ursachen der Verelendung großer Bevölkerungsteile, sondern die durch Schuldendienst und Steuerlasten entstandene oder verschärfte Notlage:

> Es erhob sich ein großes Geschrei der Leute aus dem Volk und ihrer Frauen gegen ihre jüdischen Brüder. Die einen sprachen: Unsere Söhne und Töchter müssen wir verpfänden, um Getreide zu kaufen, damit wir essen und leben können. Die anderen sprachen: Unsere Äcker, Weinberge und Häuser müssen wir versetzen, damit wir Getreide kaufen können in dieser Hungerzeit. Und wieder andere sprachen: Wir haben auf unsere Äcker und Weinberge Geld auf-

---

[183] Wie weit die auch in Mesopotamien belegte persische *ḥaṭru*-Wirtschaft (lehnsmäßige Vergabe von Grund und Boden durch den Großkönig, mit Auflage, Rekruten zu stellen) nach Westen vorgedrungen ist, lässt sich nicht ausmachen, s.o. Anm. 127.

[184] Das Ideal von Lev 25 ist die Stabilität der Eigentumsverhältnisse unter der Prämisse: „Alles Land gehört Jahwe"! Nur Grundstücke in der Stadt können dauerhaft verkauft werden (V. 29f).

[185] H. Weippert, Palästina, 707: Die „bescheidenen alltäglichen Gebrauchsartikel" bezeugen „die Ferne der Provinz von den Zentren des Reichs", während die gefundenen Luxusartikel „die Orientierung der provinziellen Oberschicht an hauptstädtischen Maßstäben erkennen lassen." R. Kessler, Sozialgeschichte, behandelt ausführlich den Wandel der Sozialstrukturen in der Provinz Jehud.

nehmen müssen, um dem König Steuern zahlen zu können. Nun sind wir doch wie unsere Brüder, von gleichem Fleisch und Blut, und unsere Kinder sind wie ihre Kinder; und siehe, wir müssen unsere Söhne und Töchter als Sklaven dienen lassen, und schon sind einige unserer Töchter erniedrigt worden und wir können nichts dagegen tun, und unsere Äcker und Weinberge gehören andern. (Neh 5,1–5; vgl. 9,36f)

Wir können den Text weder als den protokollarischen Bericht einer einzigen Hungersnot zur Amtszeit des Nehemia lesen, noch ihn auch so verallgemeinern, dass er uns gültig die soziale Situation der Judäer in zwei Jahrhunderten Perserherrschaft malte. Wahrscheinlich liegt die Wahrheit in der Mitte: Die Wirtschaft der Provinz Juda war anfällig für Naturkatastrophen und politische Erschütterungen. Sie konnte keine großen Überschüsse produzieren, keine ausgedehnte Vorratswirtschaft betreiben. Und der Druck des persischen Steuersystems, zu dem dann noch die innerjudäische Tempelsteuer kam, mag zeitweise die Menschen zur Verzweiflung getrieben haben. Dann kam es wohl auch zu Protestversammlungen gegen die „jüdischen Brüder", welche die Wirtschaftslage ausnutzten und sich auf Kosten der überschuldeten Bauern bereicherten.

Exkurs: Schulden und Schuldenerlasse im Alten Orient

Die Sozialstrukturen der vorderorientalischen Gesellschaften basierten – trotz jahrhundertelanger Verstädterung – wesentlich auf dem viel älteren Familien- und Verwandtschaftssystem. Die Einbindung des Einzelnen in seine *kin*-Gruppe war die eigentliche Garantie für menschenwürdiges Leben, vor allem die Versorgung im Alter, wobei wir eine erheblich niedrigere Lebenserwartung als in den heutigen westlichen Industrieländern annehmen können. Die Solidarität der Familie stützte und umfing den Einzelmenschen von der Wiege bis zum Grabe, wenn der Familie die Lebensgrundlagen entzogen wurden, blieben nur Bettelei, Prostitution oder Banditentum als Ausweg übrig. Das ist in allen Bereichen des Alten Orients die Grundvoraussetzung für das menschliche Leben. In Zeiten besonderer Not vertieften sich die Gegensätze von Reich und Arm, es entstanden regelrechte „Klassengesellschaften".[186] Der Verlust von Grundeigentum, zunehmend durch wirtschaftlichen Bankrott verursacht, war ein Grundproblem (Proletarisierung: Abwanderung der Verarmten in die Städte). Seit dem 2. Jt. gab es in Babylonien eine Kreditwirtschaft (zuerst mit Naturalien, später mit abgewogenen Edelmetallen und dann, in Palästina gegen Ende der Perserherrschaft, mit geprägtem Geld), die in schlechten Zeiten vielen zum Verhängnis wurde.

Natürlich ergaben sich im Zuge der Bildung von Sekundärgesellschaften auch Ideen und Strukturen, welche die Massenverelendung abwehren sollten. Selbst staatliche Instanzen entwickelten und pflegten Gedanken der Nachbarschaftshilfe und der gesellschaftlichen Fürsorge, die sich z.B. an die Person des Königs hefteten. Konzepte von „Gerechtigkeit" und „Hilfe für die Schwachen" waren seit Urzeiten im Schwang. Berühmt ist der Prolog des Königs Hammurapi zu seiner „Gesetzes"sammlung, der die Fürsorge für die Armen hervorhebt. Aber das Bewußtsein, regelnd eingreifen zu müssen, wenn es Teilen der Bevölkerung schlecht erging, und vorbeugend Verelendungstendenzen zu bekämpfen, reicht weit in die sumerische Kultur und Religion hinein. Die Regierungen beschränkten sich jedoch darauf, die schlimmsten Auswüchse kapitalistischer Bereicherung einzudämmen. So wurde der Zinssatz staatlich begrenzt und das Instrument der „Schuldsklaverei", das den Gläubiger ermächtigte, nicht rückgezahlte Summen durch Mitglieder der Schuldnerfamilie abarbeiten zu lassen (vgl. Ex 21,1–11), insofern beschränkt, als Höchstzeiten für den Frondienst unabhängig von der Schuldsumme festgesetzt wurden. Im Codex Hammurapi sind es drei, bei den Altisraeliten ursprünglich sechs Jahre, die ein Schuldsklave seine Freiheit verlieren kann. Die ins einzelne gehenden, zeitgenössisch modifizierten Vorschriften für die Abarbeitung der Schuld und Erstattungen von Eigentum und die Rückgabe der persönlichen Freiheit aus Lev 25 sind ein außerordentlich wichtiges Beispiel für den regulierenden Eingriff der Großgesellschaft. Allerdings müssen wir an diesem Exempel auch konstatieren, dass die sich bildende judäische Gemeinschaft nicht mehr auf der staatlichen Ebene funktionierte, sondern auf der einer zwischen Familie, Clan, Dorfgemeinde einerseits und den imperialen Strukturen andererseits

---

[186] H.G. Kippenberg, Religion; M.A. Dandamaev, Slavery; R. Kessler, Zur israelitischen Löserinstitution, in: M. Crüsemann u.a. (Hg.), Schuld und Schulden, München 1992; derselbe, Frühkapitalismus, Rentenkapitalismus, Tributarismus, antike Klassengesellschaft, EvTh 54, 1994, 413–427.

angesiedelten Konfessionsgemeinschaft, die sich als ein „Volk von Brüdern" (und Schwestern?) verstand. Die Jahwegemeinde der persischen Zeit hat in ihrer Neustrukturierung der ethischen Normen sehr viele Elemente aus dem Familien- und Clandenken übernommen. Aber auch das monarchische Gerechtigkeits- und Weltordnungsdenken stand Pate für jene zeitgenössischen Vorschriften, welche wir in Lev 25 vorfinden:

> Wenn dein Bruder verarmt und etwas von seiner Habe verkauft, so soll sein nächster Verwandter kommen und einlösen, was sein Bruder verkauft hat ... (Lev 25,25).
> Wenn dein Bruder neben dir verarmt und nicht mehr bestehen kann, so sollst du dich seiner annehmen wie eines Fremdlings oder Beisassen, dass er neben dir leben könne; und du sollst nicht Zinsen von ihm nehmen noch Aufschlag, sondern sollst dich vor deinem Gott fürchten, dass dein Bruder neben dir leben könne. (Lev 25,36f)

Der Schutz der wirtschaftlich Schwachen war ein Hauptanliegen der entstehenden Jahwegemeinde. Das im Alten Orient vorhandene Gerechtigkeits- und Schutzideal, das im staatlichen Bereich eher aus dem hierarchischen Weltordnungsdenken kam, wurde in Israel zu einem Instrument, die alte Familien- und Bruderschaftssolidarität begrifflich zu definieren und praktisch umzusetzen.

Die Provinz Juda scheint im persischen Imperium wirtschaftlich keine sonderlich große Rolle gespielt zu haben. Wesentlich war zuerst die Subsistenzwirtschaft der Einwohner. An zweiter Stelle mussten aus Sicht der damaligen Menschen die Steuern und Abgaben bezahlt werden. Darüberhinaus hat es nach Ausweis der archäologischen Entdeckungen[187] einen bescheidenen Handelsaustausch mit anderen Regionen und Provinzen gegeben. Bodenschätze waren minimal vorhanden (Kupfer? Salz am Toten Meer?). Spezielle Produkte wie Duftstoffe (En Gedi) waren kostbare Handelsgüter. Die Landwirtschaft lieferte Oliven, Wein, Getreide, aber anscheinend war das Surplus gegenüber dem Eigenbedarf der Bevölkerung gering.

II.3.5 Technik und Kultur

Die Archäologie kann uns heute – sofern die notwendigen Ausgrabungen und Untersuchungen bereits durchgeführt sind – sehr anschaulich und erstaunlich detailliert von dem zivilisatorischen Stand berichten, den bestimmte Bevölkerungen erreicht haben, auch wenn schriftliche Zeugnisse größtenteils fehlen. Haushaltsgeräte aus Ton, Metall oder anderen beständigen Materialien haben z.T. die Zeiten überdauert. Gebäudereste legen Zeugnis von der Lebensweise und Lebensqualität ab. Grabbeilagen verschiedener Art beleuchten häusliche Tätigkeiten, aber auch Kriegspraktiken und religiöse Aktivitäten. Gelegentlich sind in Abfallgruben Nahrungsreste und große Mengen an Tierknochen zum Vorschein gekommen, die über die Essgewohnheiten Auskunft geben. Darstellungen menschlicher Gestalten, von Gottheiten, Pflanzen und Lebewesen verraten Einstellungen zur Umwelt, Weltsichten und Lebensziele.

Alles in Allem zeigen die materiellen Hinterlassenschaften der Periode eine nacheisenzeitliche Kultur, die dank der Einbindung in das persische Reich und der Offenheit der Provinzgrenzen „im Unterschied zu der Eisen IIC-Zeit ... wieder einen ‚internationalen' Charakter annahm."[188] Die Wirtschaftskraft der (außerjudäischen) Küstenregion mit ihrem Hinterland, der Schefela, war eindeutig größer als die der Gebirgsbevölkerung;

---

[187] Vgl. D.C. Hopkins, Highlands 241–250; M.A. Dandamaev und V.G. Lukonin, Culture 130–152; C.E. Carter, Emergence 247f. 288–294; L.L. Grabbe, Yehud 189–208.
[188] H. Weippert, Palästina, 706.

diese Tatsache lässt sich schon aus der Bauweise und der Qualität von Artefakten ablesen. Und Juda bestand vor allem aus dem wasserärmeren Gebirgsrücken und den westlichen, wüstenhaften Wadis zur Jordan-Senke und dem Toten Meer hin. Die Funde zeigen jedoch, dass man fast überall mit Stein und Metall, Ton, Wolle und Flachs arbeiten konnte. Lokale Werkstätten sind auszumachen. Die häusliche Produktion war, wie gesagt, noch in vielen Bereichen im Schwang. Nur wo speziellere Kenntnisse und aufwendige Produktionsanlagen nötig waren, konnten Manufakturen gedeihen. Eine Schmelzanlage für Kupfer oder Eisen war für normale Bauernhöfe völlig unrentabel. Bronzene Sesselbeine, als Löwenpranken stilisiert, Schalen, Kannen, sowie Schmuck aus Gold und Silber sind häufig gefunden worden. Steinstatuen, Figurinen aus Ton oder Metall und Keramik aller Art kommen aus zahlreichen palästinischen Grabungen und einheimischen Werkstätten.

Unter die modischen Besonderheiten der Zeit zählen kleine Weihrauchaltäre, die in großen Mengen auftauchen und wegen ihrer Anzahl die Verwendung im Heiligtumskult überschreiten, vielleicht in Richtung auf Hauskulte hin. Der im persischen Reich erleichterte Handel mit den ostafrikanischen Weihrauchproduzenten und die damit verbundene Verbilligung der Ware haben zu dem vermehrten Verbrauch geführt.[189] Die Siegelvorkommen der Epoche in Juda zeigen eine gewisse Übereinstimmung mit den umliegenden Provinzen.[190] Andererseits meinen die Forscher, eine „starke Entwicklung zur Anikonizität" feststellen zu können, weil relativ viele Siegel lediglich mit Inschriften, nicht mit Götterbildern ausgestattet sind.[191]

Die Art der Totenbestattung und der Grabbeigaben ist für Archäologen und Historiker immer aufschlussreich. Oft sind ethnische, religiöse und selbstverständlich soziale Besonderheiten an den Gräbern abzulesen. Für die Provinz Jehud ergibt sich wenig Auffälliges. Tote wurden im gebirgigen Judäa bevorzugt in Felskammern beigesetzt, jedenfalls von Familien, die sich ein natürliches oder ausgehauenes Grab dieser Art leisten konnten. Den ärmeren Menschen blieb die einfache Erdbestattung.[192] Von den Persern wurden – das ist aus ihrer weiten Verbreitung ersichtlich – einfache „Kistengräber" bevorzugt, d.h. Erdgräber mit einer Innenverkleidung aus Steinen oder Ziegeln, abgedeckt mit einer Steinplatte.[193]

Insgesamt ergibt sich aus den archäologischen Entdeckungen für die Provinz Juda das Bild einer beschaulich vor sich hinlebenden Bevölkerung, die mit Maßen an den zivilisatorischen Segnungen der Zeit teilnahm. Monumentale Bauten sind nicht zu Tage gekommen (aber in Jerusalem sind Grabungen nur sehr bedingt möglich; der Tempelberg ist vollends tabu). Die Mauern des Nehemia kann man ebenfalls nicht freilegen. Goldschätze sind in der Provinz nicht zu erwarten; die Verwaltungseinheit Juda hatte keine große Wirtschaftspotenz. Inschriften aus Juda sind nur in geringer Zahl und mit minimalem Textgehalt aufgetaucht (Krughenkel; beschriftete Siegel; Ostraka; Münzen). Die

---

[189] H. Weippert, Palästina 715–717; Othmar Keel und Christoph Uehlinger, Göttinnen Götter und Gottessymbole, Freiburg, 2.Aufl. 1993, 439.
[190] Vgl. O. Keel und C. Uehlinger, Göttinnen 430–452. Die Verfasser nennen die Periode von 587–450 v.Chr. die „Eisenzeit III".
[191] O. Keel und Chr. Uehlinger, Göttinnen, 449; N. Avigad, Bullae and Seals from a Post-Exilic Judean Archive (Qedem 4), Jerusalem 1976.
[192] Vgl. H. Weippert, Palästina 703f; 706.
[193] H. Weippert, a.a.O. 705f; D. Ilan, Burial Sites, OEANE 1, 384–386; B.R. McCane, Burial Techniques, OEANE 1, 386f; E. Bloch-Smith, Cave Tombs, OEANE 1 443f; dieselbe, Judahite Burial Practices and Beliefs about the Dead, JSOT.S 123, Sheffield 1992 (darin: „Tomb Types", 25–62).

meisten Zeugnisse der Zeit stammen aus nichtjudäischen Randgebieten, z.B. den Küstenstädten oder dem nördlichen Jordangraben.[194] Immerhin lassen die Funde erkennen, wie stark Juda in die technische Kultur, in Kunst, Wirtschaft und Religion der größeren Region Syrien-Palästina eingebettet war. Die im vorigen Abschnitt erwähnte Kompetenz einheimischer Handwerker (II.3.4) ist allerdings ein Zeichen dafür, dass die kleine Provinz Juda den Anschluss an die Nachbarregionen nicht verloren hatte.

II.3.6 Volksreligion und Tempel

Archäologische Funde und biblische Texte lassen uns auch etwas vom Glauben des Volkes erahnen. Das offizielle Bild der Epoche stellt die Jahwe-Religion als das einzig legitime religiöse Bekenntnis dar. Sowohl Esra wie Nehemia haben ständig mit Abfall- und Säkularisierungstendenzen der judäischen Bevölkerung zu kämpfen. Außerdem gibt es Parteiungen und Strömungen innerhalb des judäischen Gemeinwesens. Doch tritt in den biblischen Texten überall ganz eindeutig der Anspruch Jahwes in den Mittelpunkt, in Israel die einzige zu verehrende Gottheit zu sein. Jahwe habe sich exklusiv mit der Tora ein Kommunikationsorgan geschaffen, und Jerusalem sei sein Wohnsitz und Verehrungsort. Jedes Mitglied der Gemeinde müsse sich bedingungslos auf die Verehrung Jahwes festlegen.

Wie auch schon in vorexilischer Zeit, so straft die erkennbare Wirklichkeit die orthodoxen Ansprüche der hebräischen Bibel Lügen. Es gab auch in der neu formierten Glaubensgemeinschaft keine homogene Jahwe-Religion (das wird an den Dokumenten von Elephantine noch klarer, s.u. II.4.2). Und das ist bei der Vielschichtigkeit der religiösen Strömungen, der überkommenen Traditionen und sozialen wie regionalen Gruppierungen auch nicht anders zu erwarten. Neben dem offiziellen Tempelkult und seiner Heiligkeitstheologie lassen sich laienhafte, weniger tempelorientierte Richtungen in der judäischen Glaubensgemeinschaft erkennen. Aber innerhalb und unterhalb aller „offiziellen", konkurrierenden Bekenntnisse existierte ein Volksglaube, der sich aus allerlei archaischen, zeitgenössischen und kulturellen Quellen speiste. Wir haben davon Zeugnisse im biblischen Schrifttum selbst:

> Ich streckte meine Hände aus den ganzen Tag nach einem ungehorsamen Volk, das nach seinen eigenen Gedanken wandelt auf einem Wege, der nicht gut ist; nach einem Volk, das mich beständig ins Angesicht kränkt: sie opfern in den Gärten und räuchern auf Ziegelsteinen, sie sitzen in Gräbern und bleiben über Nacht in Höhlen, essen Schweinefleisch und haben Greuelsuppen in ihren Töpfen und sprechen: Bleib weg und rühr mich nicht an, denn ich bin für dich heilig. Die sollen ein Rauch werden in meiner Nase, ein Feuer, das den ganzen Tag brennt. (Jes 65,2–5)

Es ist schwer, die angeprangerte Kultpraxis zu identifizieren, denn die Sprache verdammt die angeblichen Konkurrenten aus einer Position der Rechthaberei. Die Art der Vorwürfe ist aus der Situation rivalisierender Glaubensstreiter bekannt: Man belastet die Gegner mit den greulichsten Verdächtigungen, die man sich vorstellen kann. Dazu gehört hier der Genuss von Schweinefleisch und anderer unreiner Nahrung. Interessant ist die Beschreibung der Lokalitäten, an denen die verachteten Konkurrenten ihre Kulte praktizieren: Hausdächer (Astralkomponente?), Gärten (Fruchtbarkeitskulte?), Höhlen (Ahnenverehrung? Totenbeschwörung?) usw. Astralreligionen haben gerade in der per-

---

[194] Vgl. die Auflistungen bei H. Weippert, Palästina, 694–697; C.E. Carter, Emergence 259–283; L.L. Grabbe, Yehud 54–69.

sischen Zeit Konjunktur gehabt, wie ja auch die Bezeichnung für Jahwe (und Ahuramazda) als „Himmelsgott" ausweist. Die hymnischen Einschübe im Amosbuch zeigen, wenn sie aus unserer Periode stammen, eine gewisse Astralisierung[195] der allgemeinen Glaubensvorstellungen (vgl. Am 4,13; 5,8f; 9,5f).

Aus anderen biblischen Schriften kann man umrissartig Züge einer populären Opposition gegen die strenge Tora-Predigt der führenden judäischen Schichten gewinnen. Die dtr. Verdammung der Höhenkulte mag vor allem auf die königliche Zeit zurückweisen, vielleicht haben aber auch in der Zeit des Zweiten Tempels noch lokale Sonderkulte bestanden. Dass etwa in Dtn 18,9–13 durch autoritatives Wort des Mose Mantiker und Beschwörer ausgegrenzt werden, ist ein ziemlich sicheres Zeichen dafür, dass es zur Zeit des Deuteronomisten noch derartige populäre Vermittler göttlicher Kräfte in Juda gab. Im chronistischen Werk geht es überwiegend um die Vorherrschaft orthodoxer Richtungen (Leviten; Priester), also konkurrierende Fraktionen, nicht um Volksreligion. Prophetische Abweichler werden Sach 13, Ez 13 usw. angeprangert. Kurz, es hat im Untergrund sehr deutlich Glaubensschichtungen gegeben – wie übrigens auch in allen bekannten „offiziellen" Religionen – die von jeder orthodoxen Position aus als heterodox eingestuft werden müssen und die von allen führenden Kräften verabscheut wurden. Die Reformationszeit in Deutschland oder jede andere Epoche der Christentumsgeschichte in jedem beliebigen Land kann uns Anschauungsmaterial für diese Situation liefern. Wo immer sich Religionsgemeinschaften auf das persönliche Bekenntnis zu einer Gottheit stützen und damit konstituieren, die natürliche Verwandtschaft oder ethnische Zugehörigkeit hingegen nicht mehr als Grundlage akzeptieren, da ist die Gefahr von konfessionellen Gruppenbildungen überaus groß.

Zur Volksreligion gehören eigenartigerweise auch die großen Feste und Wallfahrten, die eigentlich von der tonangebenden Gemeindeleitung veranstaltet werden, die aber immer so viel populäres Gedankengut und Riten enthalten, dass das ganze Volk gerne Anteil nimmt. Mit dem Aufstieg Jerusalems und der Vorzugsstellung des Zweiten Tempels (ausschließliche Opferpraxis) begannen die Pilgerbewegungen zu den großen Festzeiten.[196] Besonders Passah und Laubhüttenfest wurden zu großen gemeinsamen, halb offiziellen halb häuslichen Veranstaltungen, zu denen Pilgerscharen nach Jerusalem strömten. Die Vorschattungen dieser Festentwicklungen sind im chron Werk deutlich zu erkennen. Dort werden die jahreszeitlichen Versammlungen Israels bereits in die Königszeit hineinprojiziert:

> Hiskija sandte hin zu ganz Israel und Juda und schrieb Briefe an Ephraim und Manasse, dass sie zum Hause Jahwes nach Jerusalem kommen sollten, Passah zu halten Jahwe, dem Gott Israels. (2 Chr 30,1) ... so beschlossen sie, durch ganz Israel von Beerseba an bis nach Dan auszurufen, dass man kommen sollte, Jahwe, dem Gott Israels, Passah zu halten in Jerusalem (V. 5; vgl. 2 Chr 35,1–19).

Eine ganze Psalmengruppe, die „Aufstiegslieder" Ps 120–134, scheint von Pilgern auf dem Weg nach Jerusalem gebraucht worden zu sein. Die Texte sind sicher verschiedenen Ursprungs, aber die bei der Zusammenstellung der Psalmengruppe hinzugefügten Überschriften nennen übereinstimmend den Pilgerzug als den gemeinsamen, neuen Sitz im Leben. Aus einigen Liedern klingt die Faszination der Gottesstadt und die sehnsüch-

---

[195] Othmar Keel u.a. benutzen diesen Terminus ausgiebig, vgl. derselbe und C. Uehlinger, Göttinnen 340–369; 465f; dieselben, Jahwe und die Sonnengottheit von Jerusalem, in: W. Dietrich und M.A. Klopfenstein (Hg.), Ein Gott allein? Fribourg 1994, 269–306.
[196] Vgl. S. Safrai, Die Wallfahrt im Zeitalter des Zweiten Tempels, Neukirchen-Vluyn 1981.

tige Erwartung der Pilger, ans Ziel zu kommen (vgl. Ps 121; 122; und die Zionsgesänge Ps 46; 48; 74). Berichte über Pilgermengen, die in Jerusalem ihre Feste begehen, liegen, wie gesagt, erst im chronistischen Werk vor. Es handelt sich aber um stereotype, fast formelhafte Darstellungen (s.o.). Darum können wir aus ihnen keine Einzelheiten über Hergang, Motivationen, rituelle Praxis usw. entnehmen. So viel aber steht fest: In der nachexilischen Periode hat Jerusalem für die judäische Bevölkerung den Rang einer heiligen Pilgerstadt gewonnen und ihn immer mehr realisiert (vgl. Ps 87).

> Vergesse ich dich, Jerusalem, / so verdorre meine Rechte.
> Meine Zunge soll an meinem Gaumen kleben, / wenn ich deiner nicht gedenke.
> wenn ich nicht lasse Jerusalem / meine höchste Freude sein. (Ps 137,5f)

Die vielfachen weiteren Hinweise auf Wallfahrten in den Psalmen haben sich ursprünglich wohl nicht auf Jerusalem, sondern andere Heiligtümer wie z.B. Schilo (vgl. 1 Sam 1f) bezogen. In der nachexilischen Zeit sind sie jedoch sicher auf die nun einzigartige Stadt umgedeutet worden (vgl. Ps 15; 24; 55,15). Aus allen Liedern, die Jerusalem und Zion besingen, gewinnt man den Eindruck, dass die Bindung an die Wohnstätte Jahwes tief in das Bewusstsein der Gemeinde eingesunken war. Die offizielle Forderung an alle männlichen Mitglieder, dreimal im Jahr „vor Jahwe zu erscheinen" (Ex 23,17; 34,23f; Dtn 16,16f) hat sich anscheinend die volkstümliche Lust, Feste zu feiern und das uralte Bedürfnis, regelmäßig heilige Stätten aufzusuchen, zu Nutze gemacht. Diese Auflage, jährlich zu den drei Erntefesten nach Jerusalem zu ziehen, erscheint für Bauern überzogen, es sei denn, sie wohnten in unmittelbarer Nähe der Stadt. Ein Jahresturnus, wie er in 1 Sam 1,3; 20,6 durchscheint, kam der Wirklichkeit wohl näher. Begründungen für die dreifache Pflicht, so z.B. in Ex 34,24, verraten die Herkunft der Vorschrift: Sie stammt aus theologischem Arsenal und soll eine theologisch stimmige Ordnung herstellen. Immerhin ist die Wallfahrt zu einem Heiligtum tief in der volkstümlichen israelitischen Tradition verankert und in der nachexilischen Periode gezielt und ausschließlich auf Jerusalem übertragen worden.

Neben der Aufnahme populärer Ansichten und Praktiken in die „geltende" Religion steht die Abgrenzung von allem, was unkontrollierbar neben dem offiziellen Ritual existiert. „Gebildete" Gemeindeleiter haben zu allen Zeiten gern die Volksreligiosität als „Aberglauben" und Abfall von Jahwe bzw. von Gott verdächtigt, so auch im Deuteronomium (bes. Dtn 18,9–13), in Jes 65f. oder Jer 44. Wenn nicht alles täuscht, sind jedoch in der frühjüdischen Gemeinde die Auseinandersetzungen zwischen verschiedenen Richtungen der Jahweverehrung gefährlicher gewesen als die mit einem unreflektierten Volksglauben.

II.4 Diaspora in Babylonien und Ägypten

Siehe auch Bibliographie zu II.3. B. Becking, Die Gottheiten der Juden in Elephantine, in: M. Oeming und K. Schmid, Der eine Gott und die Götter, Zürich 2003 (AThANT 82), 203–226. – M.D. Coogan, West Semitic Personal Names in the Murašû Documents, Cambridge 1976 (HSM 7). – A. E. Cowley, Aramaic Papyri of the Fifth Century B.C., Oxford 1923. – I. Eph'al, On the Political and Social Organization of the Jews in Babylonian Exile, ZDMG.S 5, 1983, 106–112. – E. Kraeling, The Brooklyn Museum Aramaic Papyri, New Haven 1953 (Reprint 1969). – G. Garbini, Il ritorno dall'esilio babilonese, Brescia 2001. – P. Grelot, Documents araméens d'Egypte, Paris 1972. – F. Joannès und A. Lemaire, Trois tablettes cunéiforme à onomastique ouest-sémitique, Transeuphratene 17, 1999, 17–34. – A. Knauf, Elephantine und das vorbiblische Judentum, in: R.G. Kratz (Hg.), Religion, 179–188. – B. Porten, Archives from Elephantine. The Life of an Ancient Military Colony, Berkeley 1968. – Der-

selbe, Jews of Elephantine and Arameans of Syene. Aramaic Texts with Translation, Jerusalem 1984.
– Derselbe, The Elephantine Papyri in English, Leiden 1996 (DMOA 22). – Derselbe und A. Yardeni,
Textbook of Aramaic Documents from Ancient Egypt, 4 Bde, Jerusalem 1986–1999. – E. Sachau,
Aramäische Papyri und Ostraka aus einer jüdischen Militär-Kolonie zu Elephantine, Leipzig 1911. –
M.H. Silverman, Religious Values in the Jewish Proper Names at Elephantine, Kevelaer 1985 (AOAT
217). – D.L. Smith, The Religion of the Landless, Bloomington 1989. – M.W. Stolper, Entrepreneurs
and Empire. The Murašu Archive, the Murašu Firm and the Persian Rule in Babylonia, Leiden 1985
(UNHAII 54). – R. Zadok, On West Semites in Babylonia during the Chaldaean and Achaemenian
Periods, Jerusalem 1978. – Derselbe, The Jews in Baylonia in the Chaldaean and Achaemenian Periods in the Light of Babylonian Sources, Haifa 1979.

II.4.1 Die Verbannten in Babylonien

Das siegreiche babylonische Heer hatte nach 597 v.Chr. mehrfach einen kleinen Prozentsatz der judäischen Bevölkerung nach Babylonien deportiert (vgl. 2 Kön 24,14–16;
25,11; Jer 52,28–30; BE 7, 68–80) und dort in geschlossenen Gemeinwesen zwangs-
angesiedelt. Leider gibt es für mehrere Jahrhunderte keine nachprüfbaren historischen
Quellen über ihre geographische Lage und die Organisation der neu entstandenen Siedlungen, obwohl die babylonische Kolonie in der späteren jüdischen Geschichte eine
herausragende Rolle gespielt hat. Sie gipfelte in der Sammlung des babylonischen Talmud, so geschehen an den theologischen Schulen von Pumbedita, Nehardea und Sura
zwischen 500 und 800 n.Chr. Die frühen Siedlungsstätten und sozialen Rollen der deportierten und dann durch Kyros befreiten Judäer aber sind nicht geschichtlich identifizierbar. Nun sind aber in dem Archivmaterial der babylonischen Firma Murašû Spuren
jüdischer Zeitgenossen festzustellen. Unter den zahlreichen Personennamen dieser Ge-
schäftsdokumente fallen zunächst solche westsemitischer Prägung auf, etwa 14 % des
Gesamtaufkommens.[197] M.D. Coogan erhebt in der Nachfolge früherer Studien genauere
Zahlen. Nach seiner Untersuchung liegen 157 westsemitische Namen vor, darunter 25
mit dem theophoren Element *yahu*.[198] Damit ist die Präsenz einer westsemitischen Be-
völkerungsschicht angezeigt, die anscheinend in der zweiten Hälfte des 6. und während
des 5. Jh. v.Chr. voll am Wirtschaftsleben der babylonisch / persischen Provinz teilnehmen konnte. Und dass in dieser Schicht auch Personen jüdischer Herkunft vorhanden
waren, ist durch die Namensstatistik bewiesen. Diese Namen legen auch die Existenz
von Jahwegemeinden in Babylonien nahe, welche auf Grund der Deportationen im frühen 6. Jh. v.Chr. zustande gekommen sein müssen (vgl. Jer 29 usw.). Es sind nämlich
mindestens zwei Familien aus dem Geschäftsarchiv erschließbar, die des *yadi'yaw* und
des *tobyaw*, welche jeweils vier Mitglieder mit jahwehaltigen Namen aufweisen.[199] Andersherum kann man jedoch von den übrigen Namen aus dem Kundenkreis der Firma,
seien sie nun westsemitisch oder babylonisch, nicht unbedingt auf die Nichtzugehörig-
keit zur jüdischen Gemeinde schließen. Schließlich waren auch Serubbabel und
Scheschbazar führende Juden.

---

[197] P. Briant, Cyrus, 724: „The Murašû archives also demonstrate that personal names are not an absolute guide to ethnic origin ... 71% (463) of the seals are held by men with Babylonian names ... 14% [= 96, Anm. d. Vf.] are men of West Semitic origin ...".
[198] M.D. Coogan, Names, 49ff, 52f: Das jahwistische Namenselement tritt viermal als Präfix auf (z.B. ^{Id}ya-*a-ḫu-ú-na-tan* = Jonatan) und 21 mal affigiert (in der Form von *–yaw* = *yahu* oder $-^d ya$-*a-ma, -ya-ma, -a-ma*, wie in *tobyaw*).
[199] M.D. Coogan, Names, 119f.

Wohl oder übel, es bleiben uns vor allem die biblischen Quellen, welche auf unsere Fragen mehr oder weniger deutlich Antwort geben können (vgl. BE 7, 86–97). Sie sind mit der üblichen Vorsicht zu interpretieren. Wir erfahren z.B. aus Esra / Nehemia und Ezechiel dass babylonische Exulanten in fünf Siedlungen beieinander wohnten: Tel Aviv am Kanal Kebar (Ez 3,15), Tel Charsa, Tel Melach und Kerub Addan, Immer (Esr 2,59; Neh 7,61), sowie Kasifya (Esr 8,17). Die Ortslagen sind nicht sicher auszumachen oder völlig unauffindbar. An der Weitergabe solcher Namen hat wahrscheinlich die Legendenbildung mitgewirkt. Archäologisch verbürgte Orte können eine stärkere Autentizität beanspruchen, wie die keilschriftlich belegte „Stadt Juda".[200] Doch ist auch deren Lage unbekannt. Wie schon erwähnt, genossen die Judäer in ihrer fremden Umgebung eine gewisse Eigenständigkeit: Ihre Ältesten verwalteten die lokalen Angelegenheiten der Gemeinwesen. Trotz des düsteren Stimmungsbildes und der Rachegedanken in Ps 137, unvermeidlichem Trauma des Heimat- und Prestigeverlustes und gelegentlichem Horror vor unreinem, abscheulichem Land (vgl. Ez 4,13; Sach 5,5–11), scheinen die Heimatvertriebenen ein erträgliches Leben geführt zu haben. Selbst einer ihrer ersten Anführer trägt einen babylonischen Namen: Serubbabel. Jedenfalls regt der (fiktive) Prophet Jeremia die Verbannten in einem Brief zu einer konstruktiven Haltung gegenüber den Landesherren an:

> So spricht Jahwe Zebaot, der Gott Israels, zu den Weggeführten, die ich von Jerusalem nach Babel habe wegführen lassen: Baut Häuser und wohnt darin; pflanzt Gärten und esst ihre Früchte; nehmt euch Frauen und zeugt Söhne und Töchter; nehmt für eure Söhne Frauen, und gebt eure Töchter Männern, dass sie Söhne und Töchter gebären; mehret euch dort, dass ihr nicht weniger werdet. Suchet der Stadt Bestes, dahin ich euch habe wegführen lassen, und betet für sie zu Jahwe; denn wenn's ihr wohlgeht, so geht's auch euch wohl. (Jer 29,4–7).

Der Ratschlag gehört sicher in die spätere Zeit, als die Gräuel der Deportation schon einigermaßen vergessen waren. Eine erstaunlich weitgehende, allen Abgrenzungsdogmen widersprechende Integration in die fremde Gesellschaft ist also in dem Brief angesagt, und die über Jahrhunderte beständige Präsenz jüdischer Gemeinden im Zweistromland bezeugt den Erfolg dieser Strategie. Die vielen auf Rückkehr ins Heimatland und von einer brennenden Hoffnung auf Wiederherstellung der judäischen Monarchie drängenden Texte im Alten Testament stellen folglich nur die eine Seite der Medaille dar. Eine wie immer zu bemessende Teilgruppe der Exulanten dachte nach drei Generationen Aufenthalt in Babylonien und den Freizügigkeitserklärungen der persischen Regierung nicht daran, die dort geschlagenen Wurzeln abzuschneiden. Vermutlich hatte man sich am Ende des 6. Jh. v.Chr. kulturell, wirtschaftlich und vielleicht teilweise auch religiös mit der multikulturellen Gesellschaft in Mesopotamien arrangiert und sein gutes Auskommen gefunden. Und dennoch: Emigrantenkolonien, die eine bestimmte kritische Masse an Personen überschreiten, tendieren dahin, die eigenen Traditionen stärker zu pflegen, als im Ursprungsland üblich. Sie sind sich ihrer Herkunft, Sprache, Kultur, Religion bewusster als viele, die nie den Fuß über heimische Grenzen gesetzt haben. Und selbst wenn sie keinen ernsthaften Gedanken mehr an die Heimkehr verschwenden, werden sie nur ungern ihre landsmannschaftliche Identität aufgeben wollen. Derartige auf Restauration drängende mentale Prägungen lassen sich in vielfacher Form bei Emigranten aller Zeiten nachweisen.

Unter diesen Umständen ist es kein Wunder, dass die Bedeutung der babylonischen Diaspora im 5. und 4. Jh. v.Chr. für die gesamte Jahwe-Konfessionsgemeinschaft die

---

[200] A. Joannès und A. Lemaire, tablettes, 17ff.

anteilige Zahl der Deportierten bei weitem überstieg. Viele alttestamentliche Texte bezeugen diese Tatsache: In den Büchern Esra und Nehemia geht die ganze Dynamik des Wiederaufbaus von den Rückkehrern aus. Wenn in es in den Berichten von 2 Kön 25,11; Jer 52,28–30 noch den Anschein hat, als ob die an Krieg und Niederlage schuldigen Eliten zur Strafe deportiert worden wären, kehrt sich dieses Bild bei den späteren Tradenten schnell um. Schon Jer 24 vergleicht die Daheimgebliebenen mit schlechten und die Weggeführten mit sehr guten Feigen (V. 4–10). Das bedeutet: Die Bewertung der Deportation hat sich, wahrscheinlich unter dem starken Einfluß der babylonischen Kolonie, ins Gegenteil verkehrt. Spannungen zwischen denen, die in der Heimat saßen und denen die aus dem Exil zurückkamen sind daher selbstverständlich. Insbesondere ging es um die alten Besitzansprüche an Grund und Boden. War das Eigentum den Familien, die nach drei Generationen wieder in Juda auftauchten, zurückzugeben? Manche Passagen im hebräischen Kanon nehmen eindeutig für die Rückkehrer Stellung: Sie seien das eigentlich jahwetreue Volk gewesen, während die Zurückgebliebenen sich allerlei Abweichungen von den Glaubensnormen und -praktiken hätten zuschulden kommen lassen (vgl. Ez 11,15–21; 33,23–29; Jer 41,1–10; Jes 40,27–31; 59,1–15; Esr 4,1–5; 6,21 usw.). Die Exulanten hingegen hätten die reine Religion bewahrt und würden nun von Jahwe bevorzugt.

Das so aufscheinende Selbstverständnis war sicherlich nicht ganz unbegründet. Weil die Traditionspflege unter Minderheiten in einer fremden Umgebung in der Regel sehr intensiv ist, kann man aufgrund der vorliegenden Zeugnisse auch für die babylonische *golah* davon ausgehen, dass sie einen großen Anteil an der Sammlung von Überlieferungen gehabt hat. Dass gar der ganze Pentateuch in den Exulantengemeinden zusammengetragen worden ist, kann man so recht nicht glauben. Abgesehen von einer Vorliebe für Exilssituationen (z.B. in den Erzelterngeschichten und im Buch Exodus) kann man wenig Erzähl- oder Theologie-kolorit speziell aus der Perserzeit nachweisen. Oder sollte uns die Sensibilität für eine solche geschichtliche Zuordnung fehlen? Wie steht es um die Herkunft der Opfer- und Reinheitsbestimmungen im Buch Leviticus und beim Propheten Ezechiel? Ist es denkbar, dass arbeitslose Priester in Exilsgemeinden schon einmal die überkommenen Regeln aufzeichnen, in Vorbereitung der Wiederherstellung heiliger Stätten und Zeremonien? Wie immer die einzelnen Fragen zu beantworten sind, fest steht, dass die Rückkehrer ihren Einfluss und ihre Vorstellungen von Gemeinde und Religionspraxis seit der frühen Perserzeit vehement zum Ausdruck und zum Einsatz gebracht haben.

Von der augenscheinlichen Bedeutung der Rückkehrer kann man mithin auf die spirituelle Kraft der babylonischen Gemeinden, und von den manifesten Äußerungen der Tradition im Blick auf Überlieferung und Neuformierung auf die in Babylonien weiter bestehenden Jahwegemeinschaften zurück schließen. Auf der zivilen Ebene retteten sich die halb autonomen judäischen Dörfer in die Perserzeit und gewannen einen vermutlich größeren Spielraum mit erweiterten wirtschaftlichen Möglichkeiten. Für den religiösen und kultischen Bereich ist bei der bekannten liberaleren Religionspolitik der Perser erst recht eine Stärkung der Eigenverantwortlichkeit anzunehmen. Da Babylonien uraltes Kulturzentrum war, und auch die persischen Traditionen dort voll zur Wirkung kamen, wurde die judäische Minderheit mit den höchsten geistigen und spirituellen Herausforderungen der Zeit konfrontiert. Die priesterlichen Anteile des Pentateuch oder Ezechiel geben davon beredt Zeugnis (s.u. z.B. III.1.1.3 und III.2.2.4). Wir können annehmen, dass die wirtschaftliche und politische Lage der Gemeinden im Zweistromland genügend Spielraum für die geistige Auseinandersetzung und die Besinnung auf die eigene Identität bot. So werden die damaligen judäischen Gemeindeleiter, d.h. Älteste, Priester, Propheten, Lehrer, Schriftgelehrte – wie in der Heimat auch – sich der Pflege der Jahwe-Überlieferungen und der Gestaltung ziviler und religiöser Lebensformen hingegeben haben. Die Organisation von rechtlichen, kultischen und schulischen Versammlungen und Gremien ist in solchen Situationen eine selbstverständliche Notwendigkeit. Nur kennen wir leider keine konkreten Einzelheiten. Wie Neh 8 für Jerusalem eine frühe, Tora-orientierte Gottesdienstform bezeugt, so muss es auch in den Siedlungen Babyloniens analoge Kultveranstaltungen gegeben haben. Wie Rut 4 die Existenz einer lokalen Instanz für die Zivilgerichtsbarkeit für Bethlehem nahe legt, so sind auch für die Diaspora-Gemeinden richterliche Gremien anzunehmen. Und die Weisheitsliteratur im Kanon lässt generell darauf schließen, dass die Jahwegemeinschaften überall volkstümliche und schulische Lehrtexte hervorgebracht haben. In gleicher Weise sollte man die liturgische Literatur im Alten Testament nicht als Anzeichen für eine zentrale Tempelinstitution werten, sondern viel mehr auf die unterschiedlichen Herkunftsorte im großen Imperium persischer Observanz achten. Ps 137 offenbart den mesopotamischen Hintergrund, Ps 120 vielleicht den kleinasiatischen und arabischen, Ps 104 ganz sicher den ägyptischen, Ps 42,7 den libanesischen. Mehr als Vermutungen und Analogien sind für die babylonischen jüdischen Gemeinden nicht zu wagen, doch spricht der Einfluss babylonischer Gruppen und Persönlichkeiten (vgl. auch Esra, Nehemia) in der alttestamentlichen Geschichte eine deutliche Sprache.

II.4.2 Die Militärkolonie von Elephantine

Die geschichtlichen Ereignisse des 6. und 5. Jh. v.Chr. haben im Vorderen Orient Bevölkerungsbewegungen großen Ausmasses hervorgerufen, die wir nur zum kleinen Teil kennen oder rekonstruieren können. Die Menschen der kleinen Provinz Juda sind wie viele ihrer Zeitgenossen in anderen Regionen von den Armeen der Großmächte wie von Marodeuren kleiner Nachbarvölker, von wirtschaftlichen und von Naturkatastrophen umhergetrieben worden. Nicht nur Babylonien wurde antiken Judäern zum fremden, neuen Land. Eine unbekannte Anzahl von Israeliten suchte jenseits des Jordan Schutz und Nahrung. Ismael, der Mörder des Statthalters Gedalja flieht mit Gefolgsleuten zu den Ammonitern (Jer 41,15). Das Buch Rut erzählt von der Hungerwanderung einer Familie ins Gebiet der Moabiter. Wir wissen nicht, wo überall sich judäische Emigranten niederließen. Naturgemäß haben wir auch mit Migrationen in das fruchtbare Nilland zu rechnen (vgl. Gen 40ff). Handelsstraßen und sicherlich allerlei mündlich überbrachte Informationen und exotische Geschichten mochten die Bereitschaft von Not leidenden Menschen erhöhen, in besonderen Notlagen oder aus Abenteuerlust das Glück am großen Fluss zu versuchen.

II.4.2.1 Flucht nach Ägypten?

Nicht nur in Babylonien und im Ostjordanland also fanden Menschen aus Altisrael eine neue Heimat, auch nach Südwesten richteten sich je und dann die Blicke derer, die zu „anderen Ufern" aufbrechen wollten oder mussten. Die biblische Tradition ist voller Hinweise darüber, dass Ägypten über die Zeiten als Nahrung und Schutz bietendes Asylland galt (vgl. Gen 41,57: „Alle Welt kam nach Ägypten ..."; 42ff; 1 Kön 11,40; Jer

26,21–23; 41,16–18; 42,1–17; 44,1; Mt 2,13–15 etc). Es werden auch Ortsnamen genannt, in denen judäische Aussiedler gewohnt haben sollen (Jer 44,1). Doch erst die erstaunlichen Funde von Papyrusdokumenten seit 1893, denen dann nach der Jahrhundertwende systematische archäologische Grabungen folgten, hat eine jüdische Diasporagemeinde innerhalb einer alten Festungsstadt auf der Nilinsel Elephantine, an der Südgrenze des Stammlandes Ägypten beim ersten Katarakt gelegen, ans Licht gebracht. Zum ersten und bisher einzigen Mal ist damit eine Jahwe-Glaubensgemeinschaft der persischen Epoche in ihrem Alltags- und Kultleben bekannt geworden, ein religionsgeschichtlich und kulturhistorisch kaum zu überschätzendes Ereignis.

Die Nilinsel diente seit Jahrhunderten als Grenzbollwerk und Transferzentrum für den Handel mit Nubien. Wann genau und unter welchen Umständen eine jüdische Söldnertruppe in die Festung (in den Texten oft „Jeb" benannt) eingerückt ist, bleibt unklar. Jedenfalls fand schon Kambyses im Jahre 525 v.Chr. eine Gemeinde mit einem Jahwe-Tempel vor. Darum setzt man den Einzug der judäischen Soldaten (die sich wegen ihrer Sprache auch als Aramäer verstanden) unterschiedlich bis ins 7. Jh. hinauf. Dann wären vermutlich die Verwerfungen der Assyrerkriege in Israel eine Ursache für die Auswanderung von Familien aus Juda gewesen. Wie immer, die gefundenen Dokumente erhellen in einmaliger Weise das zivile und kultische Leben einer Konfessionsgemeinschaft um den Gott Jahu (= Jahwe) während des 5. Jh. v.Chr.

Ein schneller Überblick über das zur Verfügung stehende Material[201] kann die Tragweite der Funde verdeutlichen. Die Ausgrabungen ergaben neben späteren griechischen, koptischen und lateinischen Texten etwa 100 Papyri in hieratischer, demotischer und aramäischer Schrift (letztere: 52 Stück) aus dem fünften Jh. v.Chr., außerdem einige hundert Ostraka oder Krugbeschriftungen. Natürlich sind für uns die aramäischen Dokumente von höchstem Interesse; sie stammen von jüdischen Bürgern. Zwei Bündel von 11 bzw. 12 Blättern stellen rein private Familienarchive dar: Ehe-, Grundstücks- Darlehensverträge, die einen Einblick in die Geschichte zweier Verwandtsschaftsgruppen geben. Man nennt sie nach den am stärksten hervortretenden Akteuren das *Miptahja* und das *Ananja* Archiv. Die Erstgenannte ist eine außerordentlich rührige Frau aus der Oberschicht, der zweite ein niederer Tempelangestellter, der eine ägyptische Sklavin heiratet, die bis zum Tode ihres Eigentümers in dessen Besitz verbleibt.[202] Ein weiteres eigenständiges Archiv enthält 10 Papyri und ist nach dem Eigentümer *Jedanja* getauft. Weil dieser Jedanja offensichtlich eine leitende Funktion in der jüdischen Gemeinde hatte, sammelten sich in seiner Hand vor allem Briefe von kommunaler Bedeutung; sie behandeln Fragen um den Jahwe-Tempel in Elephantine, die Festsetzung des richtigen Passahtermins usw. Die Absender waren vor allem jüdische Autoritätspersonen, einschließlich eines Repräsentanten der Jerusalemer oder einer anderen Kultgemeinde, Hananja, aus dem Jahre 419 v.Chr., der sich zum Passahtermin und den Passahriten äußert. Die Sammlung enthält auch zwei Briefentwürfe des Jedanja und der Jahwe-Priester von Elephantine an Bagoas, den Gouverneur von Juda. Sie sind im Jahre 407 v.Chr. verfasst und bitten um Amtshilfe bei den persischen Behörden in der Sache „Restaurierung des zerstörten Jahwe-Tempels". Sowohl der judäische wie auch der samarische Gouverneur antworteten auf den Bittbrief; ihre Briefe drücken Solidarität mit den Juden in Elephantine aus; allerdings

---

[201] Nach den frühen Veröffentlichungen der Papyrustexte durch E. Sachau, A.E.Cowley, E.G. Kraeling u.a. hat B. Porten eine umfassende Edition vorgelegt (B. Porten u.a., Textbook, 1986–1999) und die Originale auch in einer englischen Übersetzung zugänglich gemacht (B. Porten, Papyri, 1996); vgl. W.C. Delsman, TUAT I, 253–263. W. Beyerlin, GAT 1, 268–271.

[202] Vgl. B. Porten, Archives 200–234.

möchte Bagoas in einem wieder aufgebauten Jahwe-Tempel nur Weihrauch und Getreidegaben dargebracht wissen, keine blutigen Opfer.

Die drei genannten Archive machen den Großteil der erhaltenen aramäischen Dokumente aus. Ihren Inhalten nach sind die Archivbesitzer und ihr Umfeld ganz zweifellos als jüdische Glaubensgemeinschaft zu identifizieren; die jahwe-haltigen Personennamen der Haupt- und Nebenakteure sind ein weiteres sicheres Indiz. Wir lernen also eine leibhaftige Gemeinde kennen, die ganz offensichtlich in mancher Hinsicht nicht den Vorstellungen entspricht, die man sich aufgrund der Tora von einer jüdischen Glaubensgemeinschaft machen muss. Dazu gehört auch die Tatsache, dass die erhaltenen aramäischen Schriften mit keiner Silbe die Tora des Mose oder auch nur seinen Namen erwähnen, und dass unter den Papyri kein einziges noch so kleines Fragment einer kanonischen Schrift zu finden ist. Als literarische Stücke sind im Vermächtnis der Militärkolonie und der Glaubensgemeinschaft lediglich „Die Worte Ahikars", eines berühmten Weisen,[203] zu finden und die Kopie der berühmten Darius-Inschrift von Behistun. Kann die Abwesenheit der religiös so wichtigen Grundlagen für jüdisches Leben ein reiner Zufall sein? Hatte die weit vom Jerusalemer Zentrum existierende Jahwe-Gemeinschaft einen Sonderstatus oder stellt sie den „Normalfall" einer jüdischen Diasporagemeinde dar?

II.4.2.2 Alltag und Sozialstruktur

Der Hauptzweck der Festung „Jeb" auf Elephantine und der am anderen, östlichen Ufer gelegenen Stadt Syene war seit alter Zeit der Schutz der ägyptischen Südgrenze, die Sicherung des Karawanen- und Schiffsverkehrs nach Süden und Norden und die Kontaktpflege mit den Herrschern bzw. Statthaltern in Nubien. Im persischen 5. Jh., das in den aramäischen Papyri zu Tage tritt, unterstanden Elephantine und Syene dem Satrapen in Memphis; der am häufigsten genannte Name ist Arsames (persisch: Aršāma), ein langjähriger, aus eigenen Verfügungen bekannter Regionalherrscher. Hierarchisch gestaffelt, ordnete die persische Staatsgewalt über Provinzgouverneure die Geschicke der einzelnen Städte und Militärposten. Alle entscheidenden Schaltstellen der Macht waren nach Ausweis der Personennamen in der Regel mit Persern besetzt. Das galt auch für die Kommandeure in Elephantine und Syene, selbst für die kompaniestarken Truppeneinheiten. Ein persischer Festungskommandant hieß z.B. Vidranga. Er spielte bei der Zerstörung des Jahwetempels in Elephantine eine Rolle. Die streng reglementierende Bürokratie im Perserreich machte sich auch in der Satrapie Ägypten bemerkbar. Großkönigliche Magazine verteilten penibel Rationen und Löhne; sie sorgten für die pünktliche Eintreibung der Abgaben. Persische Registrare wachten über die Vergabe von Landbesitz. Staatliche Richter nahmen sich der reichsrelevanten Fälle an.

Die militärische Organisation der beiden Standorte Elephantine und Syene ist aus den Dokumenten ablesbar. Die Söldnerkompanien waren ethnisch gemischt, sie bestanden vorwiegend aus Ägyptern, Syrern und Juden, wobei Elephantine selbst anscheinend einen größeren Anteil von Juden und Ägyptern hatte, Syene dagegen mehr Syrer aufwies. Mit der Konzentration von Juden in Elephantine hängt sicherlich auch die Existenz des dortigen Jahwe-Heiligtums zusammen. Die Einkünfte der Soldaten und ihrer Offi-

---

[203] Vgl. I. Kottsieper, Die Geschichte und die Sprüche des weisen Achiqar, TUAT III, 1991, 320–347; derselbe, Die Sprache der Ahiqarsprüche, BZAW 194, Berlin 1990.

ziere waren genau geregelt. Sie sind aus den Papyri nicht vollständig zu ersehen aber auf Grund von parallelen persischen und griechischen Quellen zu ergänzen. Gewöhnlich kamen Naturalien (vor allem Getreide, Fleisch, Bier) und Silber(geld) zur Auszahlung.[204] Der den Söldnern abverlangte Dienst erstreckte sich auf Schutzfunktionen aller Art. Über das sicher notwendige militärische Training einschließlich von technischen und physischen Übungen hören wir nichts Konkretes.

Um den inneren militärischen Organisationskern bilden sich in Militärkolonien aller Zeiten und Zonen zivile Strukturen. Standortgebundene Söldner haben Familien, sie brauchen eine handwerkliche und kommerzielle Infrastruktur, welche das Leben der Gemeinschaft möglich macht. Schon im Immobilienbesitz macht sich der zivile Anspruch geltend. Während Befestigungsanlagen und militärisch genutzte Gebäude der staatlichen Verwaltung unterlagen, waren die Familienwohnungen in der Stadt Elephantine Privatbesitz. Verkaufs- und Erbschaftsurkunden beschreiben genau die Lage von Grundstücken, nennen die angrenzenden Eigner und lassen jede Transaktion durch ein Aufgebot an zivilen Zeugen bestätigen. (In den Urkunden wird auch der Jahu-Tempel als Anrainer erwähnt). So bezeugen sie die volle Verfügungsgewalt der privaten Hand über das Grundeigentum. Es besteht nur Registrierpflicht bei der Behörde. – Die Wohnverhältnisse innerhalb der ummauerten Stadt waren beengt. Der innere Stadtbezirk hatte einen Durchmesser von kaum 200 m. Dicht an dicht standen die Häuser, in denen im 5. Jh. v.Chr. schätzungsweise 1000 Menschen wohnten. Die umbaute Fläche betrug im Einzelfall ca. 4 mal 12 m.[205] Leider sind bei den Ausgrabungen nur wenig architektonische und städtebauliche Daten erhoben worden, weil die Archäologen ihr Augenmerk stark auf mögliche Papyrusfunde und sonstige Artefakten konzentriert hatten.

Auch in das Personen- und Familienrecht griffen Staat bzw. militärische Kommandatur in Elephantine nicht ein. Die beiden genannten Archive der Miptahja und des Ananja sind eine Fundgrube für die heutige sozialwissenschaftliche und juristische Forschung. Die Miptahja-Sammlung belegt Ereignisse aus den Jahren 471–410 v.Chr.,[206] sie erstreckt sich damit über drei Generationen. Ein Ehevertrag zwischen Miptahjas Vater Mahseja und ihrem zweiten Ehemann Eshor zeigt erstaunlich gleichwertige Positionen von Frau und Mann in der damaligen Jahwe-Gemeinschaft und legt Erbschaftsansprüche fest.

> Aus dem Ehevertrag der Miptahja (435 v.Chr.)
> (Z. 1–8): Am 25. Tischri, das ist der sechste Tag im Monat Epiphi, im 30. Jahr des Königs Artaxerxes, hat Eshor, Sohn des Seho, königlicher Bauunternehmer, zu Mahseja, einem Aramäer aus Syene, der zur Kompanie Varyazata gehört, folgendes gesagt: „Ich bin in dein Haus gekommen, damit du mir deine Tochter Mipta[h]ja zur Frau geben mögest. Sie ist meine Ehefrau und ich bin ihr Eheherr vom heutigen Tag an und für immer. Ich habe dir die Brautgabe für deine Tochter Miptahja überreicht, 5 Schekel Silber nach königlichem Gewicht. Du hast sie empfangen und dein Herz war damit zufrieden. Deine Tochter Miptahja hat mir mitgebracht 1 Karsch und 2 Schekel an Silbergeld, nach königlichem Gewicht; zwei Viertel auf zehn (?) Silbermetall. Sie brachte mir mit ein neues, streifiges, zweitönig gefärbtes

---

[204] Vgl. B. Porten, Archives 72–74.
[205] Vgl. B. Porten, Archives 94–96.
[206] Das Folgende nach einem unveröffentlichten Manuskript von Saul Olyan, das er mir freundlicherweise zur Verfügung gestellt hat; die Texte bei B. Porten, Papyri (DMOA XXII) 152–201.

> Wollkleid, acht Ellen lang und fünf Ellen breit; es hat einen Wert von 2 Karsch und 8 Schekeln, nach königlichem Gewicht. ..... [Es folgt eine detaillierte Liste ihrer persönlichen Besitzgegenstände: Kleidung, Toilettenartikel, Küchenutensilien, Schlafzimmermobiliar, jeweils mit genauer Wertangabe].
> (Z. 17–36): Sollte Eshor irgendwann sterben ohne männliche oder weibliche Nachkommen von seiner Frau Miptahja zu hinterlassen, dann hat sie das volle Anrecht auf sein Haus, seine Habe, seinen Besitz und alles, was ihm auf dieser Erde gehört.
> Sollte Miptahja irgendwann sterben ohne männliche oder weibliche Nachkommen von ihrem Ehemann Eshor zu hinterlassen, soll er alle ihre Habe und ihren Besitz erben.
> Sollte Miptahja irgendwann in einer Versammlung aufstehen und sagen: „Ich habe Eshor, meinem Ehemann, die Ehe aufgekündigt", dann muss sie Scheidungsgeld zahlen. Sie soll 6 1/2 Schekel Silber für Eshor auf der Waage auswiegen. Alles, was sie selbst mitgebracht hat vom Knopf bis zum Faden kann sie mitnehmen und weggehen, wohin es ihr beliebt, ohne Anklage oder Prozess.
> Sollte Eshor irgendwann in einer Versammlung aufstehen und sagen: „Ich habe meiner Frau Miptahja die Ehe aufgekündigt" dann verliert er ihre / seine Brautgabe. Sie soll alles, was sie mitgebracht hat, vom Knopf bis zum Faden auf einmal mitnehmen und gehen, wohin es ihr beliebt, ohne Anklage oder Prozess.
> Wer auch immer gegen Miptahja auftreten sollte, um sie aus dem Hause Eshors und von seiner Habe und seinem Besitz zu vertreiben, der muss ihr 20 Karsch Silber bezahlen und die Bestimmungen dieser Urkunde zu ihren Gunsten anwenden. Ich selbst darf nicht sagen: „Ich habe eine andere Frau neben Miptahja und andere Kinder neben denen, die Miptahja mir gebären wird." Wenn ich das sagen würde „Ich habe andere Kinder und eine andere Frau neben Miptahja und ihren Kindern", dann werde ich Miptahja 20 Karsch Silber nach königlichem Gewicht zahlen. Ich habe nicht das Recht, Miptahja meine Habe und meinen Besitz wegzunehmen. Sollte ich das tun, dann werde ich Miptahja 20 Karsch Silber nach königlichem Gewicht zahlen.
>
> Vom Autor übersetzt nach B. Porten, Jews, 20–23 und derselbe, Papyri, B 28, 177–183.

Die Strukturen der patrilokalen und patriarchalen Gesellschaft sind deutlich zu erkennen: Die nach Z. 37 von dem jüdischen Schreiber Natanja ben Ananja (nach dem Diktat von Eshor, wie B. Porten vermutet?) aufgesetzte Urkunde nennt Eshor den „Eheherrn" der Miptahja, der die Braut vom Vater empfängt, und bezeichnet ihre Mitgift als Teil des patrimonialen Besitzes, welcher „in das Haus des Eshor hineinkommt". Andererseits haben beide Ehepartner das gleiche Recht, ohne jede Begründung die Scheidung auszusprechen (in einer „Versammlung" der Bürgerinnen und Bürger!), und beide, Frau und Mann, sind gegenseitig ohne Abstriche erbberechtigt. Die Güterteilung bei Scheidung erfolgt nach dem Verursacherprinzip. Es zeigt sich ferner, dass Brautpreis und Mitgift bei der Eheschließung nicht einfach in den persönlichen Besitz des Ehemannes übergehen, sondern nur zum patrilokalen Haushalt gehören und bei Bedarf an die Frau zurückfallen.
Andere Dokumente bestätigen, dass Miptahja selbst Eigentümerin von Grund und Boden war, dass sie als eigenständige juristische Person Prozesse führen und beilegen konnte und ihr Eigentum, in dem Fall persönliche Sklaven, autonom an ihre beiden Söhne

erblassen konnte. Miptahja schwört in einer Urkunde[207] nicht bei Jahwe sondern bei Sati, der Göttin des ersten Katarakts und der Gemahlin des Khnum. (Mit den Khnum-Priestern von Elephantine lag die jüdische Gemeinde zeitweise im Streit!). Das beweist im Mindestfall eine sehr lockere Auslegung des deuteronomischen Alleinverehrungsgebotes wenn nicht die völlige Unkenntnis solcher Vorschriften. Interessant ist ferner, dass der zweite Ehemann der Miptahja, Eshor, sich anscheinend später der jüdischen Gemeinde anschloss und seinen Namen in Natan veränderte. – Aus dem Ananja-Archiv ist die schon erwähnte Eheschliessung des Titulars mit einer ägyptischen Sklavin namens Tamut (oder Tapamet) bemerkenswert, welche dem Juden Mešullam gehörte. Das geschah im Jahre 449 v.Chr. Der Vertrag wird zwischen Ananja und Mešullam geschlossen, der die Vormundschaftsrechte über seine Sklavin wahrnimmt. Erst mehr als zwanzig Jahre später wird Tamut von Mešullam für den Fall seines Todes die Freiheit geschenkt (427 v.Chr.), wobei ein gewisses Kindheitsverhältnis der Tamut mit Sorgepflicht für Zakkur, den Sohn Mešullams, erhalten bleibt. – Eine derartige Eheform ist aus kanonischen Schriften nicht ableitbar; Väter treten ihre Rechte an den Töchtern (bis auf gewisse Schutzvereinbarungen, vgl. Gen 31,48–50) mit der Eheschliessung an den angetrauten Schwiegersohn ab.

Die Familienarchive gewähren tiefe Einblicke in das Privatleben jüdischer Menschen in der Satrapie Ägypten und lassen die Geschichte der Clans speziell aus der Perspektive von Grundbesitz, Vermögensstand, Eheverhältnissen, Erbschaftsangelegenheiten usw. bis in viele Details über Jahrzehnte verfolgen. Keine biblische Quelle hat so konzentrierte, authentische Informationen aus diesen Lebensbereichen für uns bereit. Die brennende Frage bleibt, wie weit die erkennbaren Lebensverhältnisse mit denen der jüdischen Gemeinden in Palästina und Babylonien vergleichbar sind.

II.4.2.3 Jahwebekenntnis und Kult

Die jüdischen Bewohner der Festungsstadt Elephantine lassen sich relativ leicht an ihren theophoren Namen erkennen (JHW für JHWH). Zwar ist das Gotteselement im Eigennamen kein absolut sicheres Zeichen für die Religionszugehörigkeit – einige mit profanen Namen Bezeichnete sind nach Ausweis der Dokumente dennoch Mitglieder der jüdischen Gemeinde, und Jahwe-Namensträger können theoretisch auch religiös anders orientiert sein, aber zu einem hohen Prozentsatz gilt die Regel: Das Jahwe-Element spricht für Mitgliedschaft in der jüdischen Gemeinde. Etwa 160 verschiedene theophore Namen sind in den aramäischen Papyri dokumentiert.[208] Andere theophore Elemente, in den kanonischen Schriften z.T. häufig belegt (z.B. *El*; *Baal*), sind in Elephantine unbekannt. Interessant und vielleicht Zeichen einer Konversionspraxis ist, dass nicht-jüdische Eltern gelegentlich Kinder mit jahwe-haltigen Namen haben.

Außer in Personennamen kommt Jahwe (aber immer in der verkürzten Form JHW) in Briefen und Urkunden vor, als Gott, bei dessen Namen Eide geleistet werden oder dessen Tempel zur Debatte steht. In erhaltenen Listen sind Opfergaben und Beiträge für die Jahwe-Gemeinde aufgeführt. Das Leben der Gemeinde scheint um den Gott Israels zu kreisen, ohne dass wir irgendwelche Spuren religiöser, kanonischer Jahwe-Literatur vorfänden, keine Gebete, Lieder, Erzählungen, Gebote aus dem judäischen Traditions-

---

[207] B. Porten, Papyri 189 (= B 30, Zeile 4–7: Peu, der Sohn des Pahe, zitiert diesen Schwur Miptahjas). Bei Jahwe werden häufig Eide geleistet (z.B. B. Porten, Papyri, B 24, 4–7.11).
[208] Vgl. B. Porten, Archives, 135–146.

gut. Die einzigen kultischen Spuren sind der Tempel Jahwes, die Debatte um das „richtige" Passahfest und die Beitragsliste zur Unterhaltung des Jahwe-Gottesdienstes.
Der nach Dtn 12 eigentlich gar nicht statthafte Jahwetempel hat lange Zeit in Elephantine neben anderen Heiligtümern Bestand gehabt. Cambyses soll ihn dort schon vorgefunden haben (525 v.Chr.). Aber im Jahre 410 v.Chr. wurde er von rivalisierenden Khnum-Anhängern zerstört und trotz einiger Eingaben an die Behörden und anscheinend trotz der erwähnten eingeschränkten Zustimmung von Jerusalemer Autoritäten (und der vollen Rückendeckung aus Samaria) nicht wieder aufgebaut.

> *Tempelrestauration: Eingabe und Antwort*
> (1) An unseren Herrn Bagohi, den Statthalter von Juda, Deine Knechte Jedonja und seine Genossen, die Priester in der Festung Jeb: Um das Wohlergehen (2) unseres Herrn kümmere sich ganz besonders der Gott des Himmels zu jeder Zeit und er gewähre Dir Gunst vor dem König Darius (3) und den Söhnen des (Königs-)Hauses noch tausendmal mehr als schon jetzt! Und langes Leben gebe er Dir und sei Du zu jeder Zeit fröhlich und glücklich.
>
> (4) Nun sagen Dein Knecht Jedonja und seine Genossen also: Im Monat Tammuz, im 14. Jahr des Königs Darius (5) machten die Priester des Gottes Hnub in der Festung Jeb ein Komplott mit Widrang, der hier Gouverneur (6) war: ‚Den Tempel Jahus, des Gottes in der Festung Jeb, soll man von dort verschwinden machen!' Darauf schickte jener Widrang (7), der Schuft (?), einen Brief an seinen Sohn Nephajan, der in der Festung Syene Oberst war, also: ‚Den Tempel in der Festung Jeb soll man zerstören!'. Darauf führte Nephajan die Ägypter mit anderen Truppen heran. als sie mit ihren Waffen zur Festung Jeb gekommen waren (9), drangen sie in jenen Tempel ein, zerstörten ihn bis auf den Grund und zerbrachen die steinernen Säulen, die dort waren. Außerdem: (10) fünf Steintore – aus Quadersteinen erbaut – in jenem Tempel zerstörten sie, aber deren Türflügel ließen sie …
>
> Nun sagen Deine Knechte Jedonja und seine Genossen und die Juden, alle Bürger von Jeb also: (23) ‚Wenn es unserem Herrn genehm ist, trage Sorge für jenen Tempel, dass er (wieder auf)gebaut werde, da sie uns nicht erlauben, ihn zu bauen! Schaue auf die hier in Ägypten, die ein Anrecht haben auf deine Güte und deine Freundlichkeit! Veranlasse, dass ein Brief von dir an sie geschickt wird, betreffend den Tempel des Gottes Jahu, dass er in der Festung Jeb erbaut werde genau wie er früher gebaut war. Und Speiseopfer, Weihrauchopfer und Brandopfer wird man (26) auf dem Altar des Gottes Jahu darbringen in deinem Namen, und wir werden beten für dich zu jeder Zeit, wir, unsere Weiber und Kinder und die Juden (27) – alle die hier sind, wenn es dahin kommt, dass jener Tempel (wieder auf-)gebaut wird …
>
> Bagoas antwortet durch einen Boten:
> (1) Memorandum dessen, was Bagohi und Delaja sagten (2) zu mir. – Memorandum also lautend: Du sollst in Ägypten sagen (3) vor Aršam betreffend das Altarhaus des Gottes (4) des Himmels, das in der Festung Jeb erbaut (5) war, lange vor Kambyses (6), das Widrang, jener Schuft (?), zerstört hat (7) im 14. Jahr des Königs Darius (8): dass man es wieder aufbaue an seiner Stätte, wie es früher war, (9) und dass man Speiseopfer und Weihrauchopfer darbringen darf auf (10) jenem Altar, genau wie es früher (11) zu geschehen pflegte.
>   Nach K. Galling, Textbuch zur Geschichte Israels, 2. Aufl. Tübingen 1968, 85–88.

Der Tempel Jahwes in Elephantine bildete also den Mittelpunkt für das geistliche Leben der Gemeinde. Jahwe selbst wird ja auch gelegentlich in den Urkunden als der Gott bezeichnet, „der in der Festung Elephantine ist [wohnt]".[209] Für den Jahwekult sorgen Priester, aber sie haben offenbar weder etwas mit dem Stamm Levi zu tun, noch sind sie Nachkommen Aarons oder Zadoks. Es fehlen ja einfach jede Hinweise auf die heiligen Traditionen Israels. Abraham, Mose, Sinai und Tora, Jakob und seine Söhne scheinen

---

[209] So E. Kraeling Nr. 12,2; vgl. B. Porten, Papyri B 19,6; B 36,2; B 43,2 usw.; derselbe. Archives, 109.

unbekannt zu sein. Ob das daran liegt, dass mit dem Tempel auch das mögliche Tempelarchiv vernichtet wurde? Jedenfalls haben die Ausgräber keine Reste des Tempelgebäudes für JHWH identifizieren können, im Gegensatz zu den Anlagen für Sati und Khnum.[210] Freilich mag auch die sorglose Art der Forscher und die planlose Art der Schuttablagerung dazu beigetragen haben, dass der achämenidische Stadtplan nicht voll kartographiert wurde. Die erhaltenen Texte reden deutlich von einem recht stattlichen Gebäude, das steinerne Säulen (bei sonst üblichem Schlammziegelbau), behauene Eingangsportale und ein Zedernholzdach gehabt haben soll (s.o. Kasten).

Jedonja selbst war allem Anschein nach kein Priester. Er wird vor den jüdischen Kultfunktionären genannt, bleibt aber ohne jedes berufliche oder standesmäßige Attribut. Dann folgen in anonymer Aufzählung die Amtsinhaber für den Tempeldienst. Sie haben den regulären Opferdienst zu vollziehen, sind sicher auch für die Jahresfeste (Passah!) verantwortlich. Ob darüber hinaus Gemeindeversammlungen mit Lesungen und Liturgie stattgefunden haben (vgl. Neh 8) wissen wir nicht. Allenfalls lässt sich aus einigen Personennamen (Šabbetaj) auf eine Hochschätzung des Sabbats schließen. Immerhin belegen die Opferlisten aus dem Archiv des Jedonja, dass ungefähr 111 Juden der Gemeinde von Elephantine, darunter 30 Frauen, insgesamt 318 Schekel Silber für den Tempelbetrieb gezahlt haben, und zwar 126 Schekel für den Jahwe-Dienst, 70 für die Verehrung Ešembetels und 120 für Anatbetel (2 Šekel bleiben unbestimmt, wie auch die Fragmentiertheit des Textes manche Fragen offen lässt).[211] Die Debatte um die Aufspleissung der Beiträge für drei verschiedene kultische Verrichtungen ist noch nicht zur Ruhe gekommen. Handelt es sich um unterschiedliche Gottheiten, die im Jahwe-Tempel zu Elephantine neben Jahu selbst angebetet wurden? Geht es um Erscheinungsweisen des einen Gottes, oder um Hypostasierungen von heiligen Orten oder Numina?[212] In jedem Fall ist die Aufteilung der kultischen Aktivitäten höchst bemerkenswert; sie scheint zu dem im Deuteronomium geforderten Einheitsgottesdienst in direktem Widerspruch zu stehen.

Die aramäischen Papyri von Elephantine zeigen uns eine jahwistische Kultgemeinde eigenen Zuschnitts. Sie hält den Kontakt mit Jerusalem aufrecht; die ferne Heimat ist Teil der eigenen Identität (s.u.). Aber der gemeinsame Gott Jahwe wohnt in Elephantine, empfängt vollen Tempeldienst, ist durch Gemeindeleiter von der Art Jedonjas und einer lokalen Priesterschaft, aber auch durch Küster wie Ananja vertreten. Die Gemeinde zahlt eine Tempelsteuer und feiert bekannte Jahwe-Feste wie das Passah. Dessen Regeln mögen im fernen Ägypten nicht ganz sicher bekannt sein, doch die Heimatgemeinde (oder ein in Memphis residierender Jude?) instruiert durch einen gewissen Hananja über die richtigen Daten und rituellen Verfahrensweisen.[213] Die an drei verschiedene göttliche Adressen gerichteten kultischen Riten bezeugen ein Verständnis des universalen Himmelsgottes, das sich mit einem mechanisch-numerischen Einheitsglauben nicht erfassen

---

[210] Vgl. B. Porten, Archives, 109–111; W. Niederberger, Elephantine XX: Der Chnumtempel Nektanebos II, Mainz 1999 (Archäologische Veröffentlichungen 96).

[211] Vgl. B. Porten, Textbook (TAD) Heft C, Nr. 3.15; derselbe, Archives, 160–164; vgl. E.A. Knauf, Elephantine, in: R.G. Kratz (Hg.) Religion, 181: Er zählt 128 Spenden; bei der Gesamtsumme von 318 Schekel fehlen 31 Personennamen.

[212] Vgl. B. Porten, Archives, 173–179; S. Olyan gibt Ešembetel mit „Name of the House of God" und Anatbetel mit „Sign of the House of God". Die meisten Experten plädieren allerdings für weibliche, Jahwe zugeordnete Gottheiten: W. Röllig; A. Knauf, a.a.O. 184–186; M. Görg, NBL I, 513; B. Becking, Gottheiten.

[213] Vgl. B. Porten, Papyri (DMOA XXII) 125f; derselbe, Archives 128–133. Der Text des Briefes auch bei W.C. Delsman, TUAT I, 253.

lässt. Im Licht dieser Jahwe-Theologien von Elephantine wird auch der kanonische Monotheismus, wie er vor allem bei Deuterojesaja und im Deuteronomium aufscheint, in seiner Verbindlichkeit fraglich.[214]

II.4.2.4 Verhältnis zu Jerusalem

Die Beziehungen der jüdischen Gemeinde von Elephantine zur „religiösen Hauptstadt" Jerusalem und die Stellung der ägyptischen Diaspora im „Weltverband" der Jahwe-Gemeinschaft sind schon mehrmals angesprochen worden. Sie erfordern eine zusammenfassende Bewertung.
Die über hundertjährige Erforschung der Papyri und Ostraka aus Elephantine hat zu Bewusstsein gebracht, dass die gelebte Wirklichkeit von jüdischen Gemeinden in der Perserzeit nicht unbedingt mit dem Bild des entstehenden Judentums, wie wir es aus den kanonischen Schriften ermitteln können, übereinstimmt. Jedoch gehen die allermeisten Fachleute wie selbstverständlich von der Meinung aus, die Gemeindestrukturen und Glaubensaussagen der Hebräischen Schriften seien die allein gültige, vorgegebene Norm. Der Pentateuch und die anderen, sich herausbildenden „Heiligen Schriften" des Judentums seien für alle zerstreuten Jahwe-Gemeinden verbindlich gewesen; sie spiegelten mindestens den erstrebenswerten Sollzustand für die Jahwe-Gläubigen in aller Welt. Aus dieser Sicht der Dinge können die Konturen der Jahwe-Gemeinde in Elephantine und ihre Glaubenspraxis nur als exotische Randerscheinung wahrgenommen werden. Zu stark fallen entscheidende Abweichungen vom deuteronomistischen und priesterschriftlichen Modell des Jahweglaubens in die Augen. Es ist die Frage, ob wir unsere vorurteilsvolle Einschätzung des Verhältnisses zwischen Gemeinden und Glaubensäußerungen in Babylonien und Jerusalem einerseits sowie Elephantine andererseits nicht auf eine andere Grundlage stellen müssen, wenn wir überhaupt der Erkenntnislage im Blick auf die Auswertung der gefundenen Dokumente und die Neubewertung der kanonischen Schriften gerecht werden wollen.[215]
Konkret studieren lässt sich das Verhältnis der Gemeinden des südlichen Ägypten und der Heimatprovinz Juda an den zwischen ihnen verhandelten „kirchlichen" Fragen. Es geht einmal um Datum und Inhalt der Passahfeier. Deutlich ist: Auf beiden Seiten besteht ein gewisser Grundkonsens darüber, dass man einheitliche Regelungen wünscht oder sogar für selbstverständlich anstrebbar hält. Bei der Gemeinde von Elephantine lässt sich auch eine „natürliche" Anerkennung der gestandenen Autorität der Jerusalemer Brüder erkennen (sie wird aber nicht verbalisiert). Die Jerusalemer Gemeindeleitung (?) ihrerseits zitiert mit einer nicht gespielten Gewissheit die bei ihr geltenden Riten des Passahfestes, die weitgehend mit den im Pentateuch niedergelegten zusammenfallen. Nur wird diese schriftliche Quelle an einem so wichtigen Punkt nicht als Zeuge herangezogen. War die Existenz einer verbindlichen Schrift schon derart selbstverständlich, dass man auf den Schriftbeleg verzichten konnte? Wohl kaum. Eher liegt ein entgegengesetzter Schluss nahe: Der entstehende verbindliche Kanon, oder sein ers-

---

[214] Vgl. meinen Versuch, die Vielschichtigkeit des alttestamentlichen Gottesglaubens auf sozialgeschichtlicher Grundlage darzustellen: E.S. Gerstenberger, Theologien im Alten Testament, Stuttgart 2001.

[215] Kritische Anfragen in dieser Richtung kommen u.a. von A. Knauf, Elephantine und das vorbiblische Judentum, in: R.G. Kratz (Hg.), Religion, 185–188; L.L. Grabbe, Yehud 318f; 352.

ter Teil, der Pentateuch, waren noch nicht zum universalen Maßstab für alle jüdischen Gemeinden in der Welt aufgestiegen. Es bildeten sich feste Traditionen, vor allem in der babylonischen Diaspora und in den Gemeinden Jerusalems und Judas. Was wir aber in seinem vermeintlich absoluten Anspruch in den kanonischen Schriften, besonders im Pentateuch, vor uns haben, sind eher lokale Ausformungen des Jahweglaubens und Jahwekultes, wie sie sich in Palästina und in Mesopotamien entwickelten. Andere Auslandsgemeinden, wo immer sie in persischer Zeit existierten, waren weit weniger an die in der kanonischen Literatur sich formierenden Normen gebunden. Und das wissentlich und willentlich, mit Kenntnis und Zustimmung beider Seiten! Die in der persischen Zeit gesammelten Heiligen Schriften hatten sicherlich im Kernland und in der babylonischen Diaspora bereits eine große Autorität, galten aber in anderen jüdischen Gemeinden des Imperiums noch nicht als verbindlich. Anders ist das Fehlen jedes Hinweises auf Mose und die Schrift in den aramäischen Dokumenten von Elephantine kaum zu erklären.

Diesen Sachverhalt zeigt auch besonders der Briefwechsel zwischen Elephantine und Jerusalem in Sachen „Wiederaufbau des zerstörten Jahwetempels". Von der Lektüre deuteronomistischer Texte zur Zentralisation des Jahwe-Kultes ausschließlich in Jerusalem her würde niemand auf den Gedanken kommen, dass ein irgendwie gearteter Opferkult für Jahwe in fremden Territorien unter Juden auch nur hätte gedacht werden können. Und die Dokumente von Elephantine sagen uns authentisch, unwiderleglich, dass ein voller Opferkult am und im „Hause Jahwes zu Elephantine", in dem der Gott Altisraels also eine weitere Wohnstätte außerhalb Jerusalems besaß, mindestens ein Jahrhundert lang völlig unangefochten bestanden hat. Dass der geplante Neubau des Tempels eine Verkürzung des Opferdienstes auf Speiseopfer und Weihrauch hinnehmen sollte – ist das ein Zeichen für eine Jerusalemer Forderung, die deuteronomische Zentralisation anzunehmen? Kaum, denn nach deuteronomischer Vorstellung konnte es eine Zweitwohnung Jahwes in Elephantine ebenso wenig geben wie im früheren judäischen Arad. Die erkennbare Wirklichkeit jüdischen Lebens in der Perserzeit zwingt uns zu der Einsicht: Universale Geltungsansprüche des überlieferten Tora sind für jene Zeit nicht so buchstäblich zu nehmen, wie sie gerne genommen werden möchten. In der Praxis religiöser Lebensgestaltung waren die jüdischen Gemeinden der Perserzeit viel autarker, als wir uns das vorstellen können. Und von der Autarkie der Einzelgemeinden, die mit lässiger Selbstverständlichkeit auch der Muttergemeinde in Jerusalem ihr heterodoxes Leben in Briefen und Memoranden vor Augen führen, lassen sich eventuell sogar Rückschlüsse auf die Gültigkeit der religiösen Normen im Pentateuch für judäische und babylonische Gläubige ziehen. Wir können an keiner Stelle mit homogenen, von einer starken Zentralgewalt durchsetzbaren Glaubens- und Kultregeln rechnen. Eine jüdische Zentralgewalt gab es damals nicht, hat es auch seither nie gegeben. Die Ansprüche auf Verbindlichkeit und Alleingültigkeit, die in gewissen biblischen Texten zum Ausdruck kommen und die sich meistens gegen konkurrierende Gruppierungen richten, sind in Wirklichkeit immer partikulare Projektionen, Allmachtssehnsüchte, wenn man so will, wie sie bei ideologisch aufgeladenen Menschen und „Schulen" in der Hitze der Auseinandersetzung gerne formuliert werden. Als innerlich beteiligte, weil direkt von den Debatten der Perserzeit berührte Theologinnen und Theologen sollten wir so viel Abstand von den geschichtlichen Vorgängen haben, dass wir die besagten Ausschließlichkeitsansprüche, z.B. der Deuteronomiker und Deuteronomisten, nicht als ungeschichtliche bare Münze nehmen und daraus einen ewigen Anspruch auf Wahrheit konstruieren. Wir täten auch den damaligen Verfechtern von Alleinvertretungsrechten einen schlechten Dienst, machten wir sie doch implizit zu übergeschichtlichen Heroen. Das darf man

Menschen, auch solchen, die Jahwes Wahrheiten verkünden, in Verantwortung vor der nüchternen biblischen Anthropologie nicht antun.

Die beiden Fragenkomplexe, Passah und Tempelbau, welche in den vorhandenen Dokumenten offen angesprochen werden, dazu die Dreiteilung der kultischen Verrichtungen für unterschiedliche göttliche Wesenheiten, müssen uns eine Lehre sein. Sie relativieren unsere universalistischen Vorstellungen von Tora und Jahwe-Gemeinde. Die Wirklichkeit der jüdischen Konfessionsgemeinschaft in den beiden persischen Jahrhunderten war weniger homogen als wir sie gewöhnlich zeichnen. Es gab eine erstaunliche Bandbreite jüdischen religiösen Lebens, die bis zu synkretistischen Kulten, liberalen Eheformen, differierenden Amtskonzepten, konkurrierender Spiritualität etc. reichte. Ein Stück weit ist die Vielfalt jüdischen Glaubenslebens schon in den hebräischen Schriften zu erkennen. Rebellionen von Priesterfamilien gegen die Vormacht hauptstädtischer Eliten (vgl. Lev 10; Num 16) und differierende, von der „offiziellen" Seite heftig bekämpfte Kultpraktiken in der Zentralgemeinde (vgl. Dtn 18,9–13; Jes 65,1–7; 66,3f) sind deutliche Anzeichen für die Heterogenität des Jahwe-Glaubens auch im kanonischen Bereich. Die Entdeckung der Papyri von Elephantine hat das angenommene homogene Bild des Jahweglaubens in der Perserzeit vollends ad absurdum geführt. Die uns aus biblischer Exegese und archäologisch gewonnenen Erkenntnissen zugängliche Lebens- und Glaubenswelt unserer damaligen geistlichen Vorfahren muss nun auch in der Bewertung ihrer theologischen Aussagen eine Rolle spielen. Texte basieren auf gelebter Wirklichkeit und leben in Kommunikationsprozessen, damals wie heute. Folglich sind Texte und Glaubensbekenntnisse mit dem jeweiligen Lebensgrund verbändelt, und jede Interpretation von Texten hat den tragenden Sitz im Leben von Text und Interpretation mit in die theologische Reflexion aufzunehmen.

III. Die biblische Literatur der Epoche

Die genaue Datierung biblischer Schriften ist in den meisten Fällen schwierig. Das gilt auch für die Kompositionen, die wir mit einiger Sicherheit in der persischen Periode ansetzen können. Wir müssen dabei unterscheiden zwischen solchen Texten, die in der zur Debatte stehenden Zeit entstanden, und anderen, die in ihrer Grundsubstanz aus früheren Perioden stammen, aber nun eine signifikante Überarbeitung erfuhren bzw. zu ihrer Endgestalt kamen. Über beide Kategorien von Schriftzeugnissen gibt es eine ziemliche Meinungs- und Thesenvielfalt. Zum Kern der im persischen Imperium verfassten Schriften gehören, wie schon früher angedeutet, die erzählenden und normierenden Werke 1 und 2 Chronik, natürlich mit Esra und Nehemia, und die Priesterschrift des Pentateuch, ferner die Prophetenbücher Haggai und Sacharja, sowie der „Dritte Jesaja" (Jes 56–66), und sicherlich Teile der „Ketubim" (Psalter, Proverbien, Megilloth), deren zeitliche Fixierung und literarische Abgrenzung aber außerordentlich unsicher sind. Überarbeitungen sind möglicherweise zu entdecken bei anderen Pentateuchteilen (z. B. dem „Jahwisten", wenn es ihn denn gegeben hat), den „großen" und manchen „kleinen" Propheten. Damit sind fast alle hebräischen Schriften des Alten Testaments und die kleinen aramäischen Anteile bei Esra für die persische Periode wichtig, allerhöchstens mit Ausnahme der sogenannten deuteronomisch-deuteronomistischen Schichten des Pentateuch und der „Geschichtsbücher"[216] und der erwiesenermaßen in hellenistischem Kontext entstandenen „Spätschriften" der Hebräischen Bibel (vgl. BE 9). Vor allem aber dürfte die Endgestalt des grundlegenden Kanons der Tora unter persischer Oberhoheit entstanden sein, ganz gleich, wie man sich die Beteiligung Esras und der imperialen Regierung vorstellt.

III.1 Originäre Schriften

Wir haben schon im ersten Kapitel einige der jetzt zu besprechenden Werke charakterisiert, vor allem im Blick auf ihr Geschichtsbild von der persischen Epoche. Jetzt gilt es ohne überflüssige Wiederholungen diese Schriften als Ganze, ohne Rücksicht auf ihre Thematik, ins Auge zu fassen und nach ihren Intentionen, Lebenssitzen, Gebrauchssituationen usw. zu betrachten. Ihre Verankerung in der geschichtlichen und sozialen Umwelt ist ein wichtiges Moment bei dieser Untersuchung. Doch wird es nicht ohne eine Beurteilung der literarischen Struktur abgehen: Wir möchten wissen, was, warum und wie in einem gegebenen Textkomplex aufgezeichnet, d.h. literarisch und gebrauchsorientiert konserviert worden ist. Es geht also um ein Stück alttestamentliche Einleitungswissenschaft.

---

[216] Doch gibt es auch im Blick auf die deuteronomisch-deuteronomistische Komposition und Redaktion einige Stimmen, die sie zeitlich in die Periode des Zweiten Tempels herunterstufen, vgl. H.-D. Hoffmann, Reform und Reformen, Zürich 1980; J. van Seters, In Search of History, New Haven 1983; T. Römer (Hg.), The Future of the Deuteronomistic History, Leuven 2000 (EThL 147); J. Nentel, Trägerschaft und Intentionen des dtr Geschichtswerkes, Berlin 2000 (BZAW 297); J.E. Harvey, Retelling the Torah, London 2004 (JSOT.S 403); zur Lokalisierung im Exilsjahrhundert vgl. R. Albertz, BE 7, 210–260.

III.1.1 Erzählendes, Normierendes

P.R. Ackroyd, The Chronicler in his Age, Sheffield 1991 (JSOT.S 101). – J. Becker, Der Ich-Bericht des Nehemiabuches als chronistische Gestaltung, Würzburg 1998 (fzb 87). – J. Berquist, Judaism in Persia's Shadow, Minneapolis 1995. – J. Blenkinsopp, Ezra-Nehemiah, a Commentary, Louisville 1989 (OTL). – T. Eskenazi, In an Age of Prose: A Literary Approach to Ezra-Nehemiah, Atlanta 1988 (SBLMS 36). – M.P. Graham u.a. (Hg.), The Chronicler as Historian, Sheffield 1997 (JSOT.S 238). – Derselbe (Hg.), The Chronicler as Theologian, Sheffield 2003 (JSOT.S 371). – J. Kegler und M. Augustin, Synopse zum chronistischen Geschichtswerk, Frankfurt 1984, 2. Aufl. 1991. – R.W. Klein, Narrative Texts: Chronicles, Ezra and Nehemia, in: L. G. Perdue (Hg.), The Blackwell Companion to the Hebrew Bible, Oxford 2001, 385–401. – S. Japhet, The Ideology of the Book of Chronicles and its Place in Biblical Thought, Frankfurt 1989. – Dieselbe, I and II Chronicles, Louisville 1993 (OTL). – Dieselbe, 1 Chronik und 2 Chronik, Freiburg 2002 und 2003 (HThKAT). – I. Kalimi, Zur Geschichtsschreibung des Chronisten, Berlin 1995 (BZAW 226). – M. Oeming, Das wahre Israel, Stuttgart 1990 (BWANT 128). – O. Plöger, Reden und Gebete im deuteronomistischen und chronistischen Geschichtswerk (1957), in: derselbe, Aus der Spätzeit des Alten Testaments, Göttingen 1971, 50–66. – G. von Rad, Die levitische Predigt in den Büchern der Chronik (1934), in: derselbe, Gesammelte Studien Bd. 1, München 1965, 248–261. – A. Ruffing, Jahwekrieg als Weltmetapher, Stuttgart 1992 (SBS 24). – G. Steins, Die Chronik als kanonisches Abschlussphänomen, Bodenheim 1995 (BBB 93). – S.J. de Vries, I and II Chronicles, Grand Rapids 1989 (FOTL XI). – P. Welten, Geschichte und Geschichtsdarstellung in den Chronikbüchern, Neukirchen-Vluyn 1973 (WMANT 42). – T. Willi, Die Chronik als Auslegung, Göttingen 1972 (FRLANT 106). – H.G.M. Williamson, 1 and 2 Chronicles, Grand Rapids 1982.

III.1.1.1 Chronik

Nachdem die alttestamentliche Forschung lange gemeinsame Verfasser hinter den Büchern der Chronik und Esra-Nehemia vermutet hatte, nimmt man in jüngerer Zeit oft eine getrennte Entstehung dieser Schriften an. Die persönliche Verfasserschaft ist aber auch in diesem Fall relativ unwichtig, weil alle biblischen Schriften eher Gebrauchstexte sind, die zumindest im Traditionsprozess vielfach und kollektiven Interessen folgend verändert wurden. Darum können wir für unsere Zwecke ruhig davon ausgehen, dass die jetzt in vier Schriften vorliegenden Geschichtserzählungen im gleichen Umfeld und über längere Zeiträume, aber sämtlich innerhalb der persischen Periode entstanden sind. Welche Eigenarten und Ziele lassen sie erkennen?
Die beiden Chronikbücher skizzieren die Weltgeschichte von Adam (1 Chr 1,1) bis zum Aufkommen des Kyros (2 Chr 36,22f), daran schließen sich lückenlos die Geschichten des Esra-Nehemia-Buches an.[217] Der große Bogen von der Weltschöpfung bis zur Achämenidenzeit ist aber für unser zeitlich weit entferntes Außenseiterverständnis derart willkürlich mit Texten verschiedener Gattung und mit Begebenheiten überwiegend aus dem Umkreis Judas und Jerusalems aufgefüllt, dass außerordentlich viele Fragen nach dem Sinn dieser Schriften übrigbleiben. Die Rätsel beginnen mit dem Staunen darüber, dass die judäische Gemeinde es überhaupt für notwendig gehalten hat, einen zweiten, großen Geschichtsentwurf neben den schon im Pentateuch und den deuteronomistischen Schriften im Gebrauch befindlichen zu stellen. Zum Teil werden die älteren Texte von den chronistischen Tradenten wörtlich übernommen. Das ist im synoptischen Verfahren bequem nachweisbar. Es kann also kein Zweifel daran bestehen, dass Tora und „vordere Propheten" schon vorhanden waren. Warum aber dann die stark veränderte Neuauflage einer Art „Heilsgeschichte der judäischen Gemeinde", deren Wurzeln bis in die Urzeit

---

[217] Im hebräischen Kanon ist diese Abfolge seltsam verstellt, weil Esra-Nehemia vor den Chronikbüchern eingeordnet ist.

zurückreichen? Konnte man sich nicht mit der Tora (und einer prophetischen Geschichtsschau) als kanonischem Korpus zufrieden geben, so wie das konsequent die Samaritaner[218] (wahrscheinlich seit dem Ende des 4. Jh. v.Chr.) taten?
Ein Blick auf die Gesamtanlage des „chronistischen Werkes" kann wenigstens einige Hinweise auf die Motivationen der judäischen Schreiber und Gemeindeleiter der persischen Periode geben. Der Hauptakzent ihrer sammelnden und schriftstellerischen Tätigkeit liegt auf der judäischen Königszeit, unter Ausschluß fast alles dessen, was in 1 und 2 Kön über das ehemalige Nordreich oder die dort führenden Stämme Ephraim oder Manasse überliefert wird. Die 722 v.Chr. im Assyrersturm untergegangene Monarchie spielt praktisch im Weltbild der Chronisten keine Rolle mehr. König Saul ist nach dem Kurzreport von 1 Chr 10,1–14 nur noch der gescheiterte erste Herrscher, dessen Erbe sogleich David übernimmt (1 Chr 11). Nichts mehr von Sauls Aufstieg, Erfolgen und tragischer Erkrankung bzw. Verblendung (vgl. 1 Sam 9–15). Die z.T. den Davididen in Jerusalem wirtschaftlich und politisch weit überlegenen Könige des Nordreiches (z.B. Ahab; Jerobeam II. usw.) werden höchsten beiläufig als Gegenspieler oder Partner der Jerusalemer Kollegen erwähnt. Die Ausradierungen im vorgegebenen Geschichtsbild sind also höchst interessant.
Noch markanter aber sind die Schwerpunkte, welche die chronistischen Überlieferer selbst setzen. Ein Drittel (oder mehr?) der Buchtexte sind „Eigengut". Und das verrät direkt, worauf es den Verantwortlichen der persischen Zeit hauptsächlich ankommt. David füllt mit seinen Handlungen und Einrichtungen fast das ganze erste Chronikbuch, nämlich 1 Chr 11–29. Die ausführliche Aufstiegs- und Nachfolgegeschichte Davids 1 Sam 16 – 2 Sam 20 schrumpft in 1 Chr 10–11; 13–21 auf wenige Zitate aus der deuteronomistisch überlieferten Tradition zusammen. Diese weitgehend wörtlichen Übernahmen älterer Darstellung sind auf den Tempelbau in Jerusalem bezogen. David erscheint also als ein Monarch, der sich – neben seinen erfolgreichen Kriegen – auf die Errichtung des Zentralheiligtums konzentriert hat. Weil aber schon in der vorgegebenen Literatur erst der Sohn Salomo als der eigentliche Erbauer des Jahwetempels galt (2 Sam 7,1–13) und für David nur die vorbereitende Errichtung eines Altars auf dem späteren Tempelgelände geblieben war (2 Sam 24,18–25), hielten die Chronisten an dieser Version fest, versuchten sie aber plausibler zu machen: Die dtr. Überlieferung hatte den Grund für die Aufschiebung der Baupläne im Zögern Jahwes gesehen, in einem festen Gebäude zu wohnen, statt „in einem Zelt als Wohnung" umherzuziehen (2 Sam 7,6f). Die alte, aus (noch lebendigen?) nomadischen Verhältnissen abgeleitete Verweigerung des Tempelbaus wird nun ersetzt durch eine kultische Abqualifizierung Davids.

> Das Wort Jahwes kam zu mir: Du hast viel Blut vergossen und große Kriege geführt; darum sollst du meinem Namen nicht ein Haus bauen, weil du vor mir so viel Blut auf die Erde vergossen hast. Siehe, der Sohn, der dir geboren werden soll, der wird ein Mann der Ruhe sein; denn ich will ihm Ruhe schaffen vor allen seinen Feinden ringsumher. Er soll Salomo heißen; denn ich will Israel Frieden und Ruhe geben, solange er lebt. Der soll meinem Namen ein Haus bauen. Er soll mein Sohn sein, und ich will sein Vater sein. Und ich will seinen königlichen Thron über Israel bestätigen ewiglich. (2 Chr 22,8–10)

Während 2 Sam 7,11 David selbst die „Ruhe" (*nuh*, hif „ruhen lassen") zugesprochen wird, kommt im chronistischen Text im Wortspiel mit dem Namen „Salomo" (*šelomoh*) und in der Zuspitzung allein auf ihn „Frieden [*šalom*] und Ruhe für Israel" zustande.

---

[218] Vgl. F. Dexinger, R. Pummer (Hg.), Die Samaritaner, Darmstadt 1992; N. Schur, History of the Samaritans, Frankfurt, 2. Aufl. 1994.

David bleibt aber trotzdem im chronistischen Verständnis der überragende Organisator der Tempelgemeinde, besonders was die Kultfunktionäre angeht. In 1 Chr 23–27 verfügt er die für den Zweiten Tempel und seine Administration gültige Personalstruktur, nach Familienchefs sortiert, wie es sich in einer patriarchalen Gesellschaft gehört. Die dem ersten Chronikbuch vorgeschaltete genealogische „Vorhalle" (Oeming: 1 Chr 1–9) hat im Wesentlichen schon die gleiche Stoßrichtung, so dass der Hauptakzent des ganzen Buches auf der Registrierung und Festsetzung der Tempel-Gemeinde liegt. Nimmt man die Listen der Heimkehrer aus Babylonien hinzu, welche in Esr 2 und Neh 7 überliefert sind, und zieht die Texte im zweiten Chronikbuch mit in Betracht, die sich um Priestereinkünfte und -funktionen kümmern (vgl. 2 Chr 30,13–20; 31,2–7), dann ergibt sich als ein Zentralanliegen der gesamten chronistischen Überlieferung die Sorge um Gemeindezugehörigkeit, Gemeindestruktur, und besonders die levitisch priesterliche Ordnung um und am Jerusalemer Heiligtum. Die politisch-militärische Geschichte der Königszeit tritt demgegenüber in ihrer Bedeutung weit zurück. Sie kommt marginal immer dann zu Bewußtsein, wenn Entscheidungen für Tempelbau, personale und liturgische Ordnungen anstehen, so etwa bei der Inauguration des Kultgesangs schlechthin (1 Chr 16) oder dem durch gottesdienstliche Handlungen gewonnenen militärischen Sieg über Ammoniter und Moabiter unter Josaphat (2 Chr 20).

Die Chronisten formulieren ihre Anliegen dann auch in vielen Ansprachen und Gebeten, die jeweils in den Mund der um Tempel und liturgische Ordnung besorgten Monarchen gelegt sind, die aber wahrscheinlich den in der frühjüdischen Gemeinde gepflegten Redetypus darstellen.[219] Das gilt schon für das erste Buch der Chronik: David redet wie ein Gemeindevorsteher und verpflichtet besonders seinen Sohn Salomo[220] auf die kultischen Ordnungen, die für das Leben in der Perserzeit (!) Gültigkeit haben sollten:

> Und David sprach zu seinem Sohn Salomo: Sei getrost und unverzagt und richte es aus! Fürchte dich nicht und lass dich nicht erschrecken! Gott Jahwe, mein Gott, wird mit dir sein und wird die Hand nicht abziehen und dich nicht verlassen, bis du jedes Werk für den Dienst im Hause Jahwes vollendet hast. Siehe, da sind die Ordnungen der Priester und Leviten zu jedem Dienst im Hause Jahwes; auch hast du zu jedem Werk Leute, die willig und weise sind zu jedem Dienst, dazu auch die Fürsten und alles Volk zu allem, was du tun wirst. (1 Chr 28,20f)

In der großen Übergabezeremonie (1 Chr 28f) geht diesem persönlichen Zuspruch für Salomo eine Ansprache an die „weltlichen" Autoritäten (1 Chr 28,1–10) und das förmliche Verzeichnis der künftigen Tempelausstattung (V. 11–19) voran. Es folgen die Hauptrede des scheidenden Königs an die „ganze Gemeinde" (V. 1–8), sowie sein psalmartiges Preisgebet (1 Chr 29,10–19) mit einer Aufforderung zum allgemeinen Loben (V. 20). Der Bericht über Opfer und ausgelassenes Festtreiben zu Ehren des erneut gesalbten Salomo schließt die Komposition ab (V. 21f). Das alles liest sich wie eine – auszugsweise – Darstellung eines Gemeindegottesdienstes. Es fehlt eigentlich nur die Toralesung (vgl. Neh 8). Ansprachen, Gebete, Lobpreis sind die tragenden Elemente der frühjüdischen Gemeindeversammlungen.

König David war für die chronistische Überlieferung also in erster Linie der große Or-

---

[219] Vgl. O. Plöger, Reden; G. Von Rad, Predigt; S. de Vries, Chronicles, passim.
[220] Vgl. S. de Vries, Chronicles, 215–231: Er überschreibt den Abschnitt mit „Salomo's Investiture"; s. auch S. Japhet, Chronicles, 482: „Chapters 28,1–29,25 form one unit, relating the enthronement of Salomon and focusing on one ceremonial occasion". Jedoch fehlt der Hinweis auf die Nähe zur Gemeindeliturgie. Die Verfasserin betont aber, dass die Chronisten an dieser Stelle bewusst von der Darstellung in 1 Kön 1–2 abweichen und ihre eigene Konzeption der Zeremonie vorlegen (a.a.O. 483).

ganisator des Jerusalemer Kultwesens. Zwar sammelte er um eine Elitemannschaft herum ein schlagkräftiges Heer (vgl. 1 Chr 12), kämpfte gegen viele Feinde und begründete das von Jahwe gewollte und geförderte Königtum (vgl. 1 Chr 14,2: „... sein Königtum war hoch erhoben worden um seines Volkes Israel willen"). Aber auch die Kriege Davids sind dem eigentlichen Zweck seiner Amtsführung untergeordnet. Die Beute kommt der Tempelausstattung zu gute (1 Chr 18,8; 22,14). Und das ganze Trachten des erwählten Königs geht darauf, Jahwe eine würdige Heimstatt in Jerusalem zu verschaffen. Nach Art eines Gemeindeleiters, d.h. in krassem Widerspruch zu monarchischen Gepflogenheiten (vgl. 2 Sam 16,15–17,14; 1 Kön 12) ruft David die Gläubigen zusammen und legt ihnen (und den Verantwortlichen, die als *sarim* und *negidim*, „Anführer" und „Vorsteher" bezeichnet werden) den Plan vor, die vergessene Bundeslade in die Hauptstadt zu holen (1 Chr 13,1–4). Die Gemeinde (*qahal*) stimmt ausdrücklich zu (V. 4), dann läßt der König Taten folgen (vgl. 2 Sam 6,1–11, wo David völlig monarchisch autonom agiert). Die Installation der Lade in dem „heiligen Zelt" der Wüstentradition ist dem dtr. Bericht ein paar Zeilen wert (2 Sam 6,17–19), den Chronisten dagegen zwei ganze Kapitel (1 Chr 15f). Die genauen Anweisungen der Priesterschrift über den Zugang zur Lade und ihre Behandlung (vgl. Num 18; 3,27–32; 4,1–16) finden Anwendung, und die namentliche Zuordnung der Leviten zur Lade, als deren Träger sowie als Liturgen (!), ist ein Hauptinteresse an dieser „perserzeitlichen" Sicht der Dinge. Auch hier fällt ein anachronistisch „demokratischer" (besser: gemeindegemäßer) Zug auf: Der König delegiert die Wahl der Funktionäre an die levitischen Familien:

> David befahl den Obersten der Leviten, dass sie ihre Brüder, die Sänger, bestellen sollten mit Saitenspielen, mit Psaltern, Harfen und hellen Zimbeln, dass sie laut sängen und mit Freuden. Da bestellten die Leviten Heman, den Sohn Joels, und von seinen Brüdern Asaph, den Sohn Berechjas, und von den Söhnen Merari, ihren Brüdern, Ethan, den Sohn Kuschajas. (1 Chr 15,16f)

Der Bericht hat – entsprechend der Vielschichtigkeit chronistischer Überlieferungen – eine modifizierte, vielleicht auch ältere, Parallele in 1 Chr 16,4–6:

> Er [David] bestellte einige Leviten zu Dienern vor der Lade Jahwes, dass sie Jahwe, den Gott Israels, priesen, dankten und lobten, nämlich Asaph als Vorsteher (*roš*), Sacharja als zweiten ... Asaph aber mit hellen Zimbeln, die Priester Benaja und Jahasiel aber, allezeit mit Trompeten zu blasen vor der Lade des Bundes Gottes.[221]

Offensichtlich sind Details über Zusammensetzung der „Dienste", Verteilung und Zuweisung von Aufgaben an Leviten und Priester unterschiedlich, damit auch kontrovers überliefert worden. Kollidierende Ansprüche tauchen auch durchaus in manchen Texten der Zeit auf (vgl. Lev 10; Num 12; 16). Doch die einheitliche Meinung der chronistischen Tradition ist: David hat die Personalordnung des Zweiten Tempels bereits vor dessen Errichtung geschaffen. Die Kapitel 23–26 des ersten Chronikbuches breiten dann in bewährter Listenform (vgl. 1 Chr 1–9) alle levitischen und priesterlichen Abteilungen und Funktionen noch einmal aus. Sie müssen später wieder zur Sprache kommen. Im Augenblick geht es um die davidische Begründung der Tempelhierarchie und des gültigen Gemeindegottesdienstes: 1 Chr 16 ist die Initiation des liturgischen Gesangs durch

---

[221] Die Liste der Sänger wird auch sonst in verschiedenen Varianten überliefert, vgl. H. Gese, Zur Geschichte der Kultsänger am Zweiten Tempel (1963), in: derselbe, Vom Sinai zum Zion, München 1974, 147–184.

„Asaph und seine Brüder" (1 Chr 16,1: „zum ersten Mal"!). Ein aus Teilen von Ps 105; 96; 106; 107 zusammengesetzter Hymnus, der auf den bekannten Lobvers „Danket Jahwe, denn er ist freundlich, und seine Güte währet ewiglich" und den Respons der Gemeinde hinführt (1 Chr 16,34.36) erscheint als exemplarisches Stück levitischer Liturgik. Nirgendwo sonst haben wir in alttestamentlichen Erzählkontexten ein derartiges Beispiel früher psalmodierender jüdischer Gottesdienstpraxis – trotz vielfacher Überlieferung von in Berichte eingepassten Liedern und Gebeten. Vielleicht stellt dieses Kapitel ein echtes Fragment gottesdienstlichen Chorgesanges aus der Perserzeit dar.

Davids vorletzte aktive Maßnahme für den erstrebten Tempelbau ist in Anlehnung an 2 Sam 24 die Bestimmung des Platzes für das Heiligtum. Im ganzen Alten Orient ist gerade auch die Auswahl des Baugrundstückes eine entscheidend wichtige Angelegenheit gewesen. Das zeigt die Perikope mit aller Deutlichkeit. Die Wohnung für die Gottheit kann nicht an jedem beliebigen Ort entstehen. Die Chronisten greifen die dtr., mit der Bestrafung Davids wegen illegaler Volkszählung verknüpfte Überlieferung auf (1 Chr 21). Sie überhöhen die Ortswahl lediglich durch den Bericht über das Gottesfeuer, welches das Opfer Davids verzehrt (V. 26), und die furchterregende Engelerscheinung (V. 20.27–30). Dann präzisieren sie die Bedeutung des Grundstückserwerbs vom „Jebusiter" Arauna im Blick auf den zukünftigen Tempelbau: „Da sprach David: ‚Hier soll das Haus Gottes, Jahwes, sein, und dies ist der Altar für die Brandopfer Israels'" (1 Chr 22,1). – Die letzte Tat Davids für seinen Sohn ist die Bereitstellung der Materialien für das Haus Jahwes (1 Chr 22,2–5.14). Jetzt kann in zwei Anläufen die Übergabe der großen Aufgabe an den Nachfolger Salomo geschehen (V. 6–19; 1 Chr 28f).

Der Sohn spielt für die Tempelgemeinde die Rolle des Testamentsvollstreckers. Er führt die Pläne Davids getreulich aus und errichtet das noch fehlende Gebäude für die wartenden Kultbediensteten (2 Chr 1–9). Salomo gewinnt dabei kaum ein eigenes, chronistisches Profil. Vielmehr übernehmen die Chronisten das vorgegebene Porträt des weisen und mächtigen Monarchen, der gerade wegen seiner geistigen Qualitäten von Jahwe auch mit weltlichen Gütern gesegnet wird (2 Chr 1,7–13; 9,1–28). Zentral für die judäische Gemeinde der Perserzeit sind die peinlich genaue Einhaltung aller Baumaße und die vorschriftsmäßige Herstellung der Bauteile und der Kultgeräte (2 Chr 3–4; vgl. Ex 25–31). Zwar ist die chronistische Darstellung nicht deckungsgleich mit der deuteronomistischen (1 Kön 6; 7,15–51), sie erscheint gelegentlich komprimiert, manchmal auch leicht anders akzentuiert. Im wesentlichen stimmen die beiden Berichte aber überein. Zahlreiche Formulierungen sind identisch, so dass sich auch die literarische Zusammengehörigkeit wie von selbst ergibt. Die Frage ist darum, wie weit beide auch die tatsächliche Situation des Zweiten Tempels spiegeln. Wenn wir das für den chronistischen Part als erwiesen annehmen, kann der deuteronomistische zeitlich nicht in die tempellose Periode zurückdatiert werden. Auch er setzt dann offenbar das wiederhergestellte Heiligtum voraus.

Das zeigt sich nicht zuletzt an der Schilderung der Einweihungsfeierlichkeiten, die 1 Kön 8 und 2 Chr 6 in das große Tempelweihgebet münden. Bei den Zeremonien selbst sind auf der chronistischen Seite die ordentlichen Funktionen der Priester und Leviten besonders herausgestrichen, man vergleiche den Einschub in 1 Chr 5,11–13. Von aufwendigen Opfern ist in beiden Versionen die Rede, wobei die Chronisten das beliebte Motiv des vom Himmel fallenden Feuers hinzufügen (2 Chr 7,1; vgl. 1 Kön 18,38; Lev 9,24). Es beweist stärker noch und wunderbarer als das Erscheinen der „Herrlichkeit" Jahwes die göttliche Legitimation für Tempel, Gottesdienst und Gemeinde. Vor allem aber stimmen Gebet und Aktion des weihenden Königs und die sichtbar werdende Einschätzung des Tempels als „Gebetshaus"[222] in beiden Versionen – bei leichten Verschiebungen im Detail – überein (vgl. 1 Kön 8,1–9,9 mit 2 Chr 5,2–7,22). Die sieben Bitten des Königs beziehen sich sämtlich auf Gebete des einzelnen oder des Volkes Israel, die fünfte erstaunlicherweise auch auf den eingebürgerten Fremden (2 Chr 6,32f = 1 Kön 8,41–43). Diese Not- und Bittgebete sind am Tempel in Jerusalem oder aus der Ferne hin zum heiligen Ort gedacht (2 Chr 6,22.24.26.29.32.34.37f) – eine für die nachexilische Zeit typische Annahme, als der Tempel seine Funktionen wiederbekommen und erweitert hatte. Denn nur in der Periode des voll funktionierenden Heiligtums ist eine derartige Zweckbestimmung des Jerusalemer Tempels sinnvoll. Er ist in einem besonderen Maß (neben der Funktion als Opferstätte?) Ort des Gebetes für anwesende Gläubige, aber auch markante Richtungsanzeige für alle, die in der Ferne ihr Gespräch mit Jahwe führen wollen (vgl. Dan 6,11). – Ein kleiner chronistischer Einschub in den vorgegebenen Text wirft noch Licht auf die liturgischen Gebräuche:

> Salomo hatte eine Kanzel [*kijjor*] aus Kupfer gemacht und mitten in den Vorhof gestellt, fünf Ellen lang und breit und drei Ellen hoch; auf diese trat er und fiel nieder auf seine Knie angesichts der ganzen Gemeinde Israel und breitete seine Hände aus gen Himmel. (2 Chr 6,13)

Die „Kanzel" (sehr protestantisch gedacht!) kommt nur an dieser Stelle im Alten Testament vor, sie könnte aber so etwas wie das später *bamah* genannte Lese- und Predigtpodest andeuten. Dann hätten wir an dieser Stelle einen versteckten Hinweis auf einen weiteren synagogalen Zug in der Zeit des Zweiten Tempels. Ansonsten unterscheiden sich die Schilderungen des Weihefestes nicht sehr stark von den deuteronomistischen in 1 Kön 5–7.[223] Tempel, Gottesdienst, Gebet und die – nachexilisch organisierte – Gemeinde stehen im Mittelpunkt. König Salomo fungiert als zeitgenössischer Leiter, Prediger und Vorbeter im Gottesdienst: „ er fiel nieder auf seine Knie ... und breitete seine Hände aus gen Himmel und sprach ..." (s.o. 2 Chr 6,13f)[224]. Der Auftritt des Königs endet mit einer gewaltigen Gotteserscheinung (2 Chr 7,1–3): Feuer vom Himmel verzehrt die Opfertiere, der *kebod jahwäh*, der „Schreckensglanz Jahwes" erfüllt den ganzen Tempel. Die versammelten Gemeindemitglieder fallen zur Schlussanbetung nieder „mit dem Antlitz zur Erde aufs Pflaster und beteten an und dankten Jahwe, dass er gütig ist und seine Barmherzigkeit ewig währt" (2 Chr 6,3). Über die deuteronomistische Parallele hinausgehend lokalisiert der chronistische Bericht dann die Tempelweihe präzise im Festkalender der judäischen Gemeinschaft. Die Festtage summieren sich exakt so, dass Salomo die frohgestimmte Versammlung vorschriftsmäßig nach Lev 23,34–36.39–43 am 23. Tag des siebenten Monats, zum Ende des Laubhüttentermins, nach Hause entlassen kann (2 Chr 7,9f). Die gesamte Darstellung der geschichtlichen Tempelweihe speist sich also aus zeitgenössischen, nachexilischen Erfahrungen und Vorstellungen von Tempel, Gottesdienstabläufen, Gemeindestrukturen.

Die Spanne zwischen dem Tod Salomos und der darauf folgenden Staatenteilung (etwa 926 v.Chr.) und dem Ende der judäischen Monarchie (587 v.Chr.) verläuft im chronistischen Werk zwar nach den Vorgaben des deuteronomistischen (1 Kön 12 – 2 Kön 25),

---

[222] Die ausdrückliche Bezeichnung „Haus des Gebets" (für alle Völker!) stammt aus Jes 56,7; sie wird in 2 Chr 7,12 möglicherweise bewusst konterkariert mit dem Namen „Haus des Opfers". Doch bleibt der Inhalt des großen Weihegebetes auch bei den Chronisten ganz auf die Gebetsfunktion beschränkt (2 Chr 6,18–39).

[223] Vgl. z.B. S.J. De Vries, Chronicles, 257–260.

[224] Ähnlich schon in 1 Kön 6,14.54.55, wo der König das Volk außerdem ausdrücklich „segnet". Diese priesterliche Funktion wird ihm bei den Chronisten anscheinend eher zögerlich zuerkannt (vgl. 2 Chr 6,3).

also zwischen den (judäischen) Regierungen Rehabeams und Josias, auch als politische und militärische Entwicklung folgerichtig hin zum Ende der judäischen Autonomie. Aber dieses weltliche Rahmengeschehen ist nur sehr auswahlsweise aus den älteren Traditionen entnommen, dazu ganz wenig durch eigene Vermutungen (oder doch Quellenkunde?) ergänzt (2 Chr 10–36). Der konkrete Anlass der Reichsteilung (übermäßige Steuerbelastung seitens der Jerusalemer Regierung) erscheint zwar noch in dtr. Lesart (2 Chr 10,1–19), das größere und eigentlich auch erfolgreichere Nordreich verschwindet aber beim Chronisten völlig von der Bildfläche. Die Geschichte des Gottesvolkes verengt sich von 2 Chr 11 an auf Juda und Jerusalem. Da ist die kleine Episode von einem Propheten Schemaja, der gegen einen Bruderkrieg auftritt und tatsächlich Gehör findet (1 Kön 12,21–24 = 2 Chr 11,1–4) geradezu eine ideale göttliche Fügung, die die Weglassung des nördlichen Staatsgebildes legitimiert. Der kritische Leser fragt sich natürlich, ob die Originalität beim Chronisten oder beim Deuteronomisten liegt.

Der Rest der Königsgeschichte (2 Chr 10–36) erscheint in einem ganz eigenen Licht, das deutlich Kolorit und Nuancierungen der persischen Zeit aufweist. Zwar bleibt der von den Königsbüchern (1 Kön 12 – 2 Kön 25) vorgegebene zeitgeschichtliche Rahmen mit einigen annalenartigen Notizen über Regierungsantritte und -zeiten der 20 judäischen Könige nach Salomo nebst ausgewählten Episoden erhalten. Es fehlt nicht einer der Davididen, selbst Atalja, die ausländische Usurpatorin auf dem Davidsthron (2 Chr 22,10–12; 23,12–15), wird nicht unterdrückt. Dennoch behandeln die chronistischen Überlieferer das ältere Material oft mit einer atemberaubenden Eigenwilligkeit. Sie setzen – wie vorher bei Saul, David und Salomo – auch in der judäischen Partikulargeschichte ihre eigenen Akzente, manchmal betont gegen die vorgefundenen Königsberichte. Der Blickwinkel ist, wie könnte das anders zu erwarten sein, durch die Lage Judas und der judäischen Gemeinde im vierten Jh. v.Chr. bestimmt. Da steht beherrschend die um Tempel und Tora gescharte Jahwegemeinschaft im Vordergrund allen Interesses.

Wenn es richtig ist, dass im chronistischen Werk frühe Schriftgelehrsamkeit zu Worte kommt (T. Willi u.a.), dann muss schon die konsequente Auslassung der Nordreichsgeschichte verwundern. Zwei große Blöcke der Könige-Erzählung (1 Kön 15,25–22,40 und 22,52 – 2 Kön 8,15), insgesamt etwa 15 ausgewachsene Kapitel, sind völlig beiseitegelassen, obwohl sie auch die Erzählungen über die Propheten Elia und Elisa enthalten. Sonst sind die Chronisten erpicht auf prophetischen Einspruch und Zuspruch. Hier ist ihnen die Lenkung Jahwes durch seine Beauftragten gleichgültig. Sie geschah ja im untergegangenen Norden, dem man im damaligen Jerusalem anscheinend keine Träne mehr nachweinte. Auch das in den Königsbüchern so beliebte rigide Abwertungsschema für den Nordstaat („Sünden Jerobeams", vgl. 1 Kön 14,16; 15,30; 16,31; 2 Kön 3,3; 10,31; 13,2.11 u.ö.) klingt im chronistischen Werk kaum nach. Das alte Reich Israel ist nicht einmal virtuell wichtig. Die judäischen Könige sind überhaupt theologisch milder gezeichnet. Mit Hilfe Jahwes kommen sie zu manchen Erfolgen, von denen in den Königsbüchern nichts zu finden ist (vgl. 2 Chr 11,5–23 mit 1 Kön 14,21–31: Rehabeam; 2 Chr 13,1–23 mit 1 Kön 15,1–8: Abia; 2 Chr 14–16 mit 1 Kön 15,9–24: Asa). Gelegentlich enden sie nach vielversprechenden Anfängen im göttlichen Strafgericht; besonders schwere Erkrankungen zählen als Gottesurteile (vgl. 2 Chr 21,18f: Joram; 2 Chr 26,19–21: Usia; die Paraellelstelle 1 Kön 15,5 erwähnt nur lakonisch den Aussatz des Königs). Die Verwerfung einzelner Regierungshäupter hat aber nicht die grundsätzlich katastrophalen Folgen wie in der dtr. Darstellung. Einige Male bekehren sich Könige auch von anfänglicher Untreue gegen Jahwe und seine Tora, der spektakulärste Fall ist der des Manasse. Seine 55 jährige, offenbar so gesegnete Regierungszeit war den rechtgläubigen Theologen Anlass, ihm die Bekehrung zum treuen Jahweverehrer zuzuerkennen:

> Aber Manasse verführte Juda und die Einwohner von Jerusalem, dass sie es ärger trieben als die Heiden, die Jahwe vor den Kindern Israel vertilgt hatte. [*Dieser Satz ist in 1 Kön 21,9 noch vorgegeben; ihm folgt dort aber die Unheilsansage von V. 12–15. Die Chronisten erzählen stattdessen von der Verhaftung und Deportation des Königs und von seinem Sinneswandel:*] ... Und als er in Angst war, flehte er zu Jahwe, seinem Gott, und demütigte sich vor dem Gott seiner Väter. Und als er bat, ließ sich der Herr erbitten und erhörte sein Flehen und brachte ihn wieder nach Jerusalem in sein Königreich. Da erkannte Manasse, dass Jahwe Gott ist. (2 Chr 33,9–13)

Ein kindlich fabulierender Wunderglaube, fern jeder politischen Realität, diktiert den theologisch konzipierten Gang der Ereignisse. So kommt es, dass die geschichtliche Gesamtschau der judäischen Königszeit ein Auf und Ab der politischen, von Jahwe nach dem Maß der Torabefolgung verliehenen Erfolge zeigt. Der Gott Israels gibt immer wieder – auch einmal weniger verdienst- und mehr barmherzigkeitshalber – den Sieg über die Feinde. Zu denen gehört je und dann sogar der Bruderstaat im Norden Jerusalems. Im Hinterhalt der mächtigeren Armee Jerobeams gefangen

> schrien sie zu Jahwe, und die Priester bliesen die Trompeten, und die Männer von Juda erhoben das Kriegsgeschrei. Und als sie schrien, schlug Gott Jerobeam und ganz Israel vor Abia und Juda. (2 Chr 13,14b–15; 500 000 Israeliten werden getötet, V. 17).

Das Gottvertrauen ist letzten Endes für das Gemeinwesen entscheidend. Jeder „Abfall" von Jahwe führt in die Irre und hat Konsequenzen für das Wohlergehen. Das ist im Grunde eine privat-theologische Sicht des Lebens, die in kleinen, konfessionellen Gemeinschaften ihren eigentlichen Sitz hat und weder dort noch auf Staatsebene je nachprüfbar zum Zuge gekommen ist. Als Glaubensdoktrin ist der Tun-Ergehens-Zusammenhang jedoch immer außerordentlich einflussreich gewesen.

Wenden wir uns von da aus dem eigentlichen Anliegen der Chronisten zu. Es ging ihnen, wie bereits gesagt, um die Identität und den Bestand der judäisch-jahwistischen Glaubensfamilie. Das kultisch-rituelle Leben der judäischen Gemeinschaft überblendet das politische Geschehen und gestaltet an zentralen Stellen die literarische Darstellung. Exemplarisch kommt das erste Moment vor allem in der Josaphat-Geschichte zum Ausdruck. Der Krieg ist auch in einigen anderen Episoden des zweiten Chronikbuches keine Angelegenheit der Politik mehr, sondern Glaubenshandlung (vgl. 2 Chr 14,10–12; 20). Der von äußeren Feinden bedrängte König betet (2 Chr 20,5–12); er nutzt das kollektive Bittformular in der 1. Person Plural („Jahwe, du Gott unserer Väter ... Hast du, unser Gott, nicht die Bewohner des Landes vertrieben ...? Wenn Unglück, Schwert ... über uns kommen ..." „Unser Gott, willst du sie nicht richten?" „Denn in uns ist keine Kraft ...". V. 6.7.9.12). Die Sprache ist zwar prosaisch, aber Struktur und Inhalt des Gebets entsprechen dem Volksklagemuster. Der König agiert vor versammelter Gottesdienstgemeinde (V. 13). In der Versammlung empfängt nun Jahasiel, ein Asaphit, den Geist Gottes, der die Bitte Josaphats gleichsam nach der Art eines Heilsorakels beantwortet:

> Merket auf, ganz Juda und ihr Einwohner von Jerusalem und du, König Josaphat! So spricht Jahwe zu euch: Ihr sollt euch nicht fürchten und nicht verzagen vor diesem großen Heer; denn nicht ihr kämpft, sondern Gott. Morgen sollt ihr gegen sie hinabziehen. ... Aber nicht ihr werdet dabei kämpfen; tretet nur hin und steht und seht die Hilfe Jahwes, der mit euch ist, Juda und Jerusalem! Fürchtet euch nicht und verzaget nicht! Morgen zieht ihnen entgegen! Jahwe ist mit euch. (V. 15–17)

Der König und die Gemeinde vollziehen die Proskynese (niederwerfen, Gesicht auf den Boden: V. 18), die levitischen Sangesgilden „loben mit laut schallender Stimme" (V. 19). Nach einer ermunternden Ansprache des Josaphat am folgenden Morgen zieht die Gemeinde in die Schlacht, angeführt von Sängern, die „in heiligem Schmuck Loblieder" vortragen. „... als sie anfingen mit Danken und Loben, ließ Jahwe einen Hinterhalt kommen über die Ammoniter und Moabiter und die vom Gebirge Seir". Die feindlichen Truppen vernichten sich gegenseitig. Leichen und großes Beutegut bleiben übrig (V. 20–25).

Wichtig ist die theologisch-spirituelle Perspektive. Weil Jahwe, der übermächtige Gott Israels, zu seiner auserwählten Gemeinde steht und persönlich für sie kämpft, kommt alles auf die Gegenwart dieses potenten Gottes an. Der liturgische Rahmen, die Bitte der Gottesdienstgemeinde, bewirken die Teilnahme Jahwes im weitesten Wortsinn. Er ist präsent, das Geschick der Gemeinde rührt ihn, er greift aktiv in den Kampf ein und verursacht die völlige Niederlage der Angreifer. Das Szenario liegt natürlich schon für die Chronisten in einer sehr fernen Vergangenheit. Im persischen Großreich kann es für Juda kaum die massive Feindbedrohung durch Nachbarvölker gegeben haben. Also ist eine fiktive militärische Situation beschworen, welche die reale Wirklichkeit im 4. Jh. v.Chr. eher verdeckt. Dennoch ist es vorstellbar, dass unter den Bedingungen des persischen Reichsfriedens und des Gewaltmonopols auf seiten der Weltmacht möglicherweise lokale Konflikte zwischen Provinzen oder ethnischen Gruppen tatsächlich durch gottesdienstliche Aktion ausgetragen wurden. Die feierliche Verwünschung von Feinden ist ja auch religionsgeschichtlich breit bezeugt. Auf jeden Fall zeigen uns die in 2 Chr 20 sichtbar werdenden liturgischen Elemente, wie zu jener Zeit im antiken Juda Gemeindegottesdienste gehalten wurden. Bittgebet, Ansprache (von Propheten? Gemeindeleitern?), Proskynese, Lobgesang gehörten zum gängigen kultischen Ritual. Es fehlt jeder Hinweis auf Opferhandlungen. Sollte das Zufall sein? Zu den großen Festritualen gehören selbstverständlich Tieropfer (s.u.). Aber es scheint auch ein betont auf Wort, Gestus, Musik beschränkter Ritus geübt worden zu sein (vgl. Neh 8). Vor allem ist der im Text betont hervorgehobene „Sitz im Leben", die aktiv mitwirkende Gemeindeversammlung, bemerkenswert. „Ganz Juda" ist da beieinander, mit „Kleinkindern, Frauen und Söhnen" (V. 13) oder „ganz Juda und die Einwohner von Jerusalem" (V. 18; vgl. V. 5.15). Der *qahal*, die „Gemeinde", ist genau so konstitutiv für das Geschehen wie die ordnungsgemäße Ausführung des liturgischen Bittritus durch den Vorbeter und die reguläre Intonation des Gotteslobes durch die levitischen Sängergilden (vgl. 1 Chr 16,7–36).

Ein Stück tiefer in die gottesdienstliche Praxis der Judäer im 4. Jh. v.Chr. führen jene Passagen im chronistischen Gefüge, die von speziellen gottesdienstlichen Anlässen reden und wiederum deutlich einige liturgische Elemente der Zeit erkennen lassen. David hatte durch die normative Regelung der Chorgesänge, wie eben angedeutet, den Psalmenvortrag in das Gemeindeleben eingeführt. Die Einweihung des Tempels unter Salomo gab Anlass, den Vorbeter und Fürbitter der Gemeinde ins Licht zu rücken (2 Chr 6,3–42) und erneut die Rolle von Priestern und Leviten einzuschärfen (2 Chr 5,4f.7.11–14; 7,6). Asas Reformeifer wird beim Chronisten durch die Botschaft des sonst unbekannten Propheten Asarja angefacht (2 Chr 15,1–7). Restauriert wird vor allem der Altar des Jerusalemer Tempels (15,8), dann erfolgt eine Generalversammlung der Bevölkerung Judas plus etlicher Sympathisanten aus den Nordstämmen (15,9). Die Gemeinde lässt nun angemessene Opfer bringen (angeblich aus der Beute nach einer gewonnenen Schlacht gegen die Kuschiter). Auf dem Höhepunkt der Erzählung steht der erneute Bundesschluß zwischen Volk und Jahwe: „Sie traten in den Bund, Jahwe, den Gott ihrer

Väter, zu suchen von ganzem Herzen und von ganzer Seele. Wer aber Jahwe, den Gott Israels, nicht suchen würde, sollte sterben, klein und groß, Mann und Frau." (15,12f). Der Ritus wird mit „lauter Stimme, unter Freudengeschrei und unter Trompeten- und Posaunenschall" ausgeführt (15,14). Unsere Tradenten halten den Bund mit Jahwe für immer wieder erneuerungsbedürftig, weil er eine jeweils neue Verpflichtung gegenüber Jahwe und untereinander zum Inhalt hat (1 Chr 16,14–22; 2 Chr 13,5; 21,7; 23,3.16; 34,31f). Der unmittelbare Erfolg der Neuverpflichtung gibt dem Vorhaben Gültigkeit: „... ganz Juda war fröhlich über den Schwur ..., und sie suchten Jahwe mit ganzem Willen und er ließ sich von ihnen finden. Und Jahwe gab ihnen Ruhe ringsumher" (2 Chr 15,15). – Über die Realität von solchen Bundesschlüssen im alten Judäa haben wir natürlich keine direkten Quellenangaben. Doch scheint aus den chronistischen Schriften hervorzugehen: Die judäische Gemeinde hielt viel von der Auffrischung eingegangener Bundesauflagen. Man wollte Gott (und seiner Tora) wieder ernsthaft und entschlossen, mit vollem persönlichen Einsatz, Folge leisten.

König Hiskia ist in der deuteronomistischen wie der chronistischen Überlieferung ein Hauptakteur im Dienst der bekennenden Jahwegemeinschaft (vgl. 2 Chr 29–32 mit 2 Kön 18–20), nur sind die Motivationen und Profile beider Porträts recht verschieden. In 2 Chr tritt der liturgische, geistliche Reformer hervor, während in der Darstellung von 2 Kön die Assyrerkriege und die Krankheit Hiskias thematisiert sind. Bei den Chronisten also steht die Restauration des Tempels und der Opferpraxis im Vordergrund (2 Chr 29,3–16). Dazu kommt die normgemäße Tätigkeit von Priestern und Leviten, die im chronistischen Korpus vielfach ein Problem darstellt. Die unter großem Aufwand gefeierte Neuweihung (2 Chr 29,20–36) entspricht den aus der Tora bekannten Regeln (vgl. Priester-Sündopfer und Gemeinde-Sündopfer in Lev 4,2–21 usw.). Sie erfolgt vom ersten Tag des ersten Monats an (2 Chr 29,17), damit sich das Passahfest ordnungsgemäß anschließen kann. Aus Termingründen muss es dann doch um einen Monat verschoben werden (2 Chr 30,2). Der König sendet Läufer in alle israelitischen Gaue. In einem Brieferlass ruft er alle Jahweglaubenden, auch die im Gebiet Ephraims und Manasses, zum Passahfest nach Jerusalem. Das Echo ist gewaltig. „Es kam viel Volk in Jerusalem zusammen ... eine sehr große Gemeinde." (2 Chr 30,13). Priester und Leviten erfüllen ihre Pflichten (2 Chr 30,15–27), sie arbeiten gut zusammen; die Leviten bekommen allerdings ein Sonderlob von Hiskia (30,22). Der Gemeinde gefällt die Passah-Erneuerung außerordentlich, denn seit der Zeit Salomos hatte angeblich kein reguläres Passahfest mehr stattgefunden (30,26). Sie verdoppelt ausnahmsweise die Zahl der Festtage (30,23). Danach regelt Hiskia noch die Einnahmen des Tempelpersonals und lässt Vorratskammern für Naturalabgaben im Tempelbereich einrichten (2 Chr 31,2–18). Die Assyrerproblematik und die Krankheit Hiskias sind nur noch ein Anhängsel (2 Chr 32).

Wie David und Salomo vor ihm und Josia nach ihm gilt Hiskia im chronistischen Werk als der überragende kultische Reorganisator seines Volkes, der Jahwe-Glaubensgemeinschaft. Seine Bedeutung zeigt sich exemplarisch daran, dass er die Reinheitsregel für Passah-Feiernde (vgl. Ex 12,43–49; 19,10f; Lev 23,3–8) in Absprache mit Jahwe souverän außer Kraft setzen kann (2 Chr 30,17–20). Er beruft sich auf die „Güte- und Barmherzigkeitsformel", die aus gottesdienstlichen Zusammenhängen bestens bekannt ist (2 Chr 30,18f). Mit dem Passah ist somit ein wichtiger Punkt im althebräischen Festkalender markiert. Zusammen mit der 2 Chr 35,1.7–19 berichteten abermaligen „Erneuerung" des Passahfestes unter Josia ergibt sich ein gewisser Schwerpunkt bei dieser Ernte- und Erinnerungsfeier. Das andere im Zusammenhang mit der Weihe des salomonischen Tempels explizit anvisierte kultische Jahresereignis (2 Chr 7,8–10) ist das

Laubhüttenfest. Die Belege beweisen: Für die damalige Gemeinde war der Zyklus der Jahresfeste keine Nebensache. Eingebunden zu sein in einen festen Kranz von großen Versammlungen, Gottesdiensten und Begleitritualen gehörte zumindest für die Überlieferer der chronistischen Tradition zu den wichtigen Stützen und Charakteristiken eines jahwekonformen Lebens. Die Feste haben Bekenntnischarakter und sind zur Stärkung der Gemeindeidentität und des persönlichen Glaubens gedacht. Die unregelmäßig gefeierten Bundesschlüsse mit Jahwe und die ebenfalls nach Bedarf ausgerufenen Klage- und Bittfeiern gehörten für die Chronisten zum eisernen Bestand an kultischer Verantwortung, die jedes Gemeindeglied auf sich zu nehmen hatte.

Ganz im Vordergrund des Interesses scheint aber, wie angedeutet, das Passahfest zu stehen. Es wurde als Pilgerfeier in Jerusalem begangen; die Begehung hielt sich über Jahrhunderte. Die zweimalige Bezeugung einer Wiederaufnahme des angeblich vergessenen Brauches in 2 Chr 30 und 35 mag in einer echten Doppelüberlieferung begründet sein. 2 Kön 23,21–23 gibt dem König Josia die Ehre, das Passah aus der Versenkung geholt zu haben. Es soll dort seit den Zeiten der Richter nicht mehr ordentlich gefeiert worden sein (V. 22). Dieser Tradition wollten die Chronisten nicht widersprechen. Sie nahmen sie auf und gestalteten sie nach ihrem Verständnis aus (2 Chr 35,1–19: Seit dem Propheten Samuel keine richtige Passahfeier, V. 18). Dass Priester und Leviten ihren Tora-gemäßen Dienst leisten, ist ihnen ein Hauptanliegen (V. 2–6.10–17). Die Funktionen, Pflichte und Rechte der Akteure sind nach 1 Chr 23–26; 2 Chr 5,2–14 und anderen Texten nach verschiedenen Dienstarten unterteilt. Außerdem spielen die Opfergaben des Königs und der oberen Staats- und Tempelorgane eine Rolle (2 Chr 35,7–9). Alles in allem ist die Wiederbelebung des Passah durch Josia eine religionspolitische Maßnahme, die vermutlich gemeindliche Zustände des 4. Jh. v.Chr. reflektiert.

Wie verhält sich dazu die Wiedereinführung des Passah durch Hiskia (2 Chr 30)? Unter König Salomo, also 400 Jahre vorher, sei das Passahfest zum letzten Mal gefeiert worden (V. 26). Als jahwetreuer Regierungschef hat aber auch Hiskia schon in 2 Kön 18,1–6 den Tempel und die Jahweverehrung neu begründet. Diese Tat ist, chronistisch gestaltet, durch 2 Chr 29 aufgenommen. Hinzu kommt des Königs besonderer Einsatz für das Passahritual, offensichtlich steht dahinter das Bemühen, die aktuelle Bedeutung dieses ersten großen Jahresfestes gebührend herauszustreichen. Auffällig ist: Hiskia hat so starke, zeitraubende Widerstände zu überwinden, bis die Passahopfer in Jerusalem anfangen können, dass darüber der vorgeschriebene Termin (14. Tag des ersten Monats: Lev 23,5) verstreicht und die Feiern mit einmonatiger Verspätung anfangen müssen (2 Chr 30,2f). Spontan wird dann die Festzeit noch um sieben Tage verlängert. Beide Abweichungen von den Toravorschriften (dazu die dritte, unten erwähnte) sind so gravierend, dass Hiskias Passah eben nicht als völlig autorisierter Gottesdienst gelten kann. Anscheinend haben die Chronisten die Überlieferung vom Passahfest des Hiskia eben dadurch zwar als Vorläufer der josianischen Reform anerkannt, ihm aber die volle Legitimierung nicht geben können. Die Verzögerung der Feierlichkeiten (V. 2f) wirkt auch nachgetragen. Im übrigen Kapitel besteht kein Interesse an diesem Problem. Im Gegenteil: Das Kultgeschehen läuft relativ locker ab, Priester und Leviten agieren legitim bis auf die Tatsache, dass Teilnehmer aus den Nordstämmen nicht regelkonform vorbereitet („gereinigt", V. 18) sind. Hiskia erwirkt Vergebung Jahwes und Duldung der falschen Kultpraxis (V. 18–20). Es scheint so, als ob die Besonderheiten in der Durchführung des Festes auf die Chronisten zurückgehen. Sie schreiben dem wichtigen Reformkönig schon in seinem ersten Regierungsjahr einen unvollkommenen Versuch der kultischen Reform nach Wiederherstellung des Tempels zu. Das Unternehmen hat gesamtisraelitische Dimensionen (Läufer laden die Nordstämme ein, V. 10) und das praktisch-theologische Paradigma heißt „Bekehrung" zu Jahwe, damit die „Gefangenen" oder „Deportierten" begnadigt werden und ins Heimatland zurückkehren dürfen (V. 8f). So schaffen die Chronisten für die Hiskiaperikope ein eigenes Profil, welches die Josiageschichte von 2 Chr 35 ergänzt.

Die Frage ist, welche Funktionen ein derartiger Neuentwurf der israelitisch-judäischen Geschichte unter gemeindlichen und gottesdienstlichen Aspekten erfüllte und in welchem Lebenszusammenhang er entstanden ist. Die von heutigen Betrachtern unbewußt für biblische Sammelwerke vorausgesetzte Situation ist die der gelehrten Schreiberschule: Wie auch in der Moderne üblich, so die Annahme, produzierten schreibgeübte Intellektuelle Literatur für den „akademischen" (oder privaten) Gebrauch. Wie sonst sollte ein Werk zu erklären sein, das die damalige Universalgeschichte von Adam bis Kyros ausbreitete? Die kultische Sichtweise musste dem frommen Leser dienlich sein, der sich in seinen Mußestunden an dem Folianten erbaute. Nun legt aber gerade die Dominanz spiritueller, theologischer, liturgischer Sichtweisen die Vermutung nahe, dass das chronistische Werk in einem anderen Kontext als dem der privaten Gelehrsamkeit und Erbauung entstanden ist und zu unterschiedlichen Zwecken gebraucht wurde. Der Geschichtsstoff mit seiner Ausrichtung auf die Infrastruktur der judäischen Religionsgemeinschaft eignete sich sehr gut zur Identitätsbildung in der Jerusalemer Kultgemeinde und ihren Ablegern in der Diaspora. Alte Traditionen von Königen und Propheten, Priestern und Toralehrern sind aufgenommen und für die zeitgenössische Situation umgeformt. Jedes Kapitel der Chronikbücher hält der im persischen Großreich existierenden Jahwegemeinschaft vor: Seht, so haben unsere Vorfahren diese unsere Glaubensgemeinschaft begründet und eingerichtet. Die jetzt gültigen Regeln, Riten, Strukturen stammen vor allem aus der David- und Salomozeit (in teilweisem Gegensatz zur dtr. und zur übrigen pentateuchischen Geschichtskonstruktion, die allein Mose als Begründer der Ordnungen gelten lässt).

Bei der starken Bezogenheit der dargestellten Geschichte auf die Wirklichkeit des 4. Jh. ist es kein Wunder, dass bis in alle Einzelheiten hinein die Geschichtsbilder im Kolorit der späteren Zeit gehalten sind. Könige fungieren als Militärbefehlshaber, das ist ihre historische Rolle. Aber diese Rolle trägt nicht weit, sie ist auch zugunsten der Alleinwirksamkeit Jahwes bei außenpolitischen Konflikten abgeschwächt. Viel wichtiger ist die Tätigkeit als Gemeindeleiter und -organisator. Könige rufen die Gottesdienstgemeinde zusammen, reden sie in geistlicher Funktion an, sind also weit über die altorientalische Tempelbaurolle hinaus (Staatskult!) für die Konfessionsgemeinschaft verantwortlich. Priester und Leviten sind – auch in ihrem Konkurrenzkampf – gemäß ihrer späten, am Zweiten Tempel geltenden Aufgabenverteilung gezeichnet. Über die priesterliche Struktur am ersten Tempel wissen wir allerdings wenig. Es lässt sich aber vermuten, dass zur Königszeit in Jerusalem ein reiner Staatskult herrschte, der Gemeindebeteiligung so gut wie ausschloss. Der Zweite Tempel hingegen war nicht nur Opferstätte sondern auch „Bethaus" für die Gläubigen, ihr Wallfahrtsziel und anscheinend auch Ort der Toraunterweisung.[225] Propheten und „Richter" haben in den Chronikbüchern eine große Bedeutung. Sie repräsentieren das aktive Eingreifen des Gottes, der

---

[225] Über Tempelfunktionen vor und nach dem Exil herrscht relative Unklarheit. Wie weit wurde das Jerusalemer Heiligtum, Opferstätte *par excellence*, auch zum „Bethaus", Ort der Toralesung und zum „Gemeindezentrum"? Vgl. L.L. Grabbe, Yehud, 216–230. Ab wann kann man mit der Existenz von Synagogen rechnen? Vgl. M. Haran, Temple and Temple-Service in Ancient Israel, Oxford 1978.

sich in der Tora des Mose längst manifestiert hat. Beide Ämter sind also über den schriftlich vorhandenen Gotteswillen wirksam. Sie verkörpern seine lebendige Interpretation. Schreiber und Schriftgelehrte dagegen sind im chronistischen Werk im Gegensatz zu Esra / Nehemia nicht auszumachen. Wo immer in den Chronica Schreiber auftauchen, erfüllen sie rein administrative Aufgaben, hauptsächlich am Königshof; das gilt auch, wenn Leviten in diesem Beruf arbeiten (vgl. 1 Chr 24,6; 2 Chr 34,13).
Sprache und literarische Formen in den beiden Chronikbüchern sind ebenfalls stark von gemeindlichen Mustern her bestimmt. Jedenfalls ist dies eine legitime Vermutung. Reden und Gebete durchziehen und strukturieren die Geschichtsdarstellung stärker und anders als im dtr. Geschichtswerk. Das ist schon häufig beobachtet worden.[226] Allein die sozialgeschichtliche Auswertung des Faktums bleibt ein Wunsch. M.E. lässt sich mit großer Wahrscheinlichkeit konstatieren: Die bei den Chronisten überwiegend verwendeten gottesdienstlichen Redetypen (Gebete; Ansprachen; Orakel; Predigten usw.) weisen auf das frühjüdische Gemeindeleben. Chronistische Literatur hat sich in dessen Nähe oder auch Mitte gebildet. Von da aus ist nur ein kleiner Schritt zu der Vermutung, sie habe auch den Zielen des Gemeindelebens gedient, sei es in strikt kultischen oder lehrhaft orientierten Versammlungen. Um spätere Einrichtungen und Begriffe vorwegzunehmen: Eine so auf die Bedürfnisse der Gemeinde zugeschnittene Literatur wie die chronistische ist wohl im „Bethaus" (später: Synagoge) und / oder im „Lehrhaus" entstanden und verwendet worden. So sind denn die Chronikbücher nur in verschwindend geringem Maß als historische Quellen zu werten. Sie haben jedoch einen unschätzbar hohen Quellenwert im Blick auf die Sitten und Gebräuche, Institutionen und Ämter, und die ethischen und theologischen Anschauungen der nachexilischen, judäischen Gemeinde.

III.1.1.2 Esra / Nehemia

Im Unterschied zu den beiden Chronikbüchern behandelt Esra / Nehemia sehr viel näher gelegene Geschichte, nämlich Abschnitte aus dem persischen Zeitalter. 2 Chronik endet mit der Machtübernahme durch Kyros, Esr 1,1–4 schließt unmittelbar mit dem sogenannten Kyrosedikt, das den Wiederaufbau des Jerusalemer Tempels befiehlt, an. Oben in Kap. I,1 und II,3 ist der Inhalt des Buches Esra / Nehemia schon ausreichend zur Sprache gebracht worden. Hier kann es nur noch darum gehen, dieses zeitgenössische Dokument nach seiner Funktion und Verwendung zu untersuchen. Die Entstehung des Buches ist dem zuzuordnen.
Das Buch Esra / Nehemia stammt aus dem 5. bis 4. Jh. Es enthält noch keinerlei Hinweise auf hellenistische Einflüsse, dagegen offensichtliche persische Konnotationen. Der Bericht über den Tempelbau fällt von Esr 4,6 bis 6,18 in die reichsaramäische Sprache, welche als offizielles Idiom galt. Möglicherweise sind dabei tatsächlich amtliche Dokumente aufgenommen, doch sollte man grundsätzlich mit der Fiktivität der Erzählung rechnen. Während also der hebräische Text die Grundlage für das Buch bildet, soll das aramäische Einsprengsel ein hohes Maß an historischer Echtheit belegen. – Demselben Ziel dient der Gesamtaufriß des politischen Geschehens: Alle Gewalt geht von der persischen Zentralregierung aus, an deren Spitze der Großkönig steht; ihm kommt die alleinige Entscheidungsbefugnis zu. Das gewaltige Reich ist in Verwaltungsbezirke,

---

[226] Vg S.J. De Vries, Chronicles, 17–20 und oben Anm. 196.

Satrapien und Provinzen, gegliedert. Die Geschicke Jerusalems und seiner Kultgemeinde entscheiden sich am persischen Hof, im fernen Susa. Dank der übermächtigen Hilfe Jahwes kümmern sich die persischen Oberherrn um Tempel und Bevölkerung im Land der Juden. Sie halten ihre Hand über die Aufbauwilligen und lassen alles Notwendige bereitstellen.

Zeitgenössische literarische Formen finden in reichem Maße im Buch Esra / Nehemia ihren Niederschlag. Im Einzelfall reichen sie sicherlich in ältere Perioden zurück. Doch scheinen spezifische Ausgestaltungen gerade in der persischen Epoche gebildet zu sein. So hat die Listenwissenschaft im Alten Orient tiefe Wurzeln.[227] Die genealogisch gefassten „Heimkehrer"aufstellungen Esr 2 / Neh 7 sind darauf zugeschnitten, die Zugehörigkeit zur Jahwe-Konfessionsgemeinde und den Status der einzelnen Gruppen in der Gemeinschaft zu bestätigen. – Reden und Gebete haben gegenüber dtr. und chron. Vorbildern einen eigenen Charakter, wie sich am besten an den großen Bußlitaneien des Esra und Nehemia (Esr 9 und Neh 9) oder an den Stoßseufzern des Nehemia (Neh 13,14.22b.29.31b) zeigen lässt. Diese Texte stellen den Gemeindeleiter als den Verantwortlichen, als Hauptakteur, in den Mittelpunkt. Er handelt in „brennender Sorge" für die Gemeinschaft der Jahwe-Gläubigen. Sein Anliegen ist die Makellosigkeit vor der Tora, die Reinheit von Person und Gemeinde.

Besonders auffällig sind die Berichte, die sowohl unter dem Namen des Esra wie des Nehemia ins Buch aufgenommen sind und vielleicht seine Grundlage bilden.[228] Die sogenannten „Memoiren" sind z.T. in der ersten Person des Berichtenden gehalten (Esr 7,27–9,15 [gelegentlich tritt das kommunale „wir" ein]; Neh 1,1–7,5; sporadisch in 12,27–13,31). Der Streit um die Authentizität dieser „Quellen" ist ziemlich müßig. Er lässt sich rein literarisch nicht entscheiden. Von allgemeinen Erwägungen über die Zweckbestimmung derartiger „Dokumente" ausgehend wird man festhalten können: Rechenschaftsberichte an den persischen Großkönig mögen die Pflicht von Emissären des Hofes gewesen sein. Aber es besteht kaum eine Chance, solche Originalschriften wiederzuentdecken. Und für die Verfasser des Esra / Nehemia Buches war der Zugang zu den königlichen Archiven ebenfalls kaum gegeben. Ganz abgesehen von der Existenz der Originaldokumente bleibt die Historizität der Beauftragungen Esras und Nehemias durch den König bestenfalls in der Schwebe. Wahrscheinlicher ist eine gezielte Konstruktion jener Passagen (Esr 7,1–10; Neh 1,1–2,9) aus der Sicht der Jerusalemer Gemeinde. Auch wenn wir die Authentizität der „Memoiren" für nicht beweisbar und letztlich irrelevant halten, ist die Verwendung der Gattung höchst signifikant. Die Verfasser des Buches haben sich wie kaum jemand vor ihnen in der Überlieferung der hebräischen Schriften auf die Schriftkultur und die politischen Gegebenheiten der persischen Zeit eingelassen. Besonders im diplomatischen, rechtlichen und religiösen Rahmen war es damals anscheinend gang und gäbe, Urkunden und Schriftsätze auszufertigen, die Gültiges festhalten und verkündigen wollten. Auch Est 1,22; 2 Chr 30,6 usw. sprechen von schriftlichen Botschaften, und die Tora ist selbstverständlich als grundlegendes, schriftliches Dokument in Gebrauch. Die Verfasser von Esra / Nehemia handhaben diese Literarität als normal. Und die wohl gemeinhin bekannte Gattung des Rechenschaftsberichtes („Memoiren"; die Buchführung im Alten Persien war, wie schon

---

[227] Vgl. A. Cavigneaux, Lexikalische Listen, RlA VI, 609–641; M. Oeming, Israel 9–36; R.R. Wilson, Genealogy and History in the Biblical World, New Haven 1977 (YNER 7); S.J. de Vries, Chronicles 21–94.

[228] Zu Einleitungsfragen siehe z.B. J. Blenkinsopp, Ezra, 35–72; G. Steins, in: E. Zenger u.a. (Hg.), Einleitung in das Alte Testament, Stuttgart 1995, 175–183.

erwähnt, außerordentlich hoch entwickelt[229]) war ihnen gerade gut genug, die Vorstellung zu stärken, dass die wichtigen Ereignisse um den Wiederaufbau Jerusalems und die Einführung der Tora völlig mit der Zentralregierung abgestimmt worden seien. Dazu werden sogar die großköniglichen Archive bemüht: Reichserlasse achämenidischer Herrscher begleiten die judäischen Heimkehrer und Emissäre und geben ihrem Tun den notwendigen politischen Rückhalt (Esr 1,2–4; 4,17–22 [auf Anklage der Gegner Judas: 4,9–16]; 6,2–5.6–12 [auf Einlassung der Gegner 5,7–17]; 7,11–26; Neh 2,6–9 [Berichtstil]; Briefe der Gegner: Neh 6,5–7). Diese angeblich originalgetreu wiedergegebenen Schriftstücke sind wohl teilweise im persischen Stil verfasst, weisen aber doch auch zahlreiche Eigentümlichkeiten judäischer Literatur auf. Vor allem verraten sie bis ins Mark die spezifisch judäischen Interessen. So scheint z.B. die direkte, fürsorgliche Anrede an Esra (Esra 7,25) oder der Befehl an völlig Unbeteiligte, Tempelabgaben für das Jerusalemer Heiligtum zu zahlen (Esr 1,4),[230] viel zu stark judäische Belange zu vertreten als das in einem königlichen Erlass der Zeit denkbar ist. Das Bemühen, den eigenen Schriftstücken und der eigenen Gemeinschaft den Glanz persischer Autorität und persischen Wohlwollens zu verschaffen, ist unübersehbar.[231]

Andererseits finden aber auch die israelitischen Traditionen Aufnahme und Weiterbildung. Das gilt besonders für den entscheidenden Block Neh 8–10, der nach den Mühen und Gefahren des Wiederaufbaus die Konstitution der Jahwe-Gemeinde sichtbar macht. Die Tora-Lesung durch Esra in Neh 8, so sagten wir schon, ist Spiegelung von gelebter Liturgie des 4. Jh. So ähnlich muss Gemeindegottesdienst, oder auch: Festgottesdienst der Tora-Gemeinde ausgesehen haben: Versammlung aller Mitglieder (Neh 8,1); Lesung der Tora durch Schrift-Autoritäten von einer „Kanzel" aus (V. 2f.4); Hören, Respondieren, Anbeten der Gemeinde (V. 3.6); Übersetzung und Interpretation des Schriftwortes (V. 7f); weitergehende Lesung und Lehre aus der Tora (V. 13f.18; 9,3); Feier des Laubhüttenfestes (V. 14–18); mehrphasiges Bußzeremoniell (9,1–37); Verpflichtung auf die Tora („Bundesschluß" ? 10,1–40). Die geschilderten liturgischen Vorgänge stehen unverkennbar in einer altisraelitischen Tradition. Dennoch weisen sie in hohem Maße spezifisch zeitgenössische Besonderheiten auf.

Zur Traditionslinie von Neh 8–10 gehören Bundesschlussperikopen aus dem literarischen Sinai-Komplex, die Volksversammlungen von Dtn 29–31 und Jos 24, hinzu käme noch die Wiederentdeckung der Tora in 2 Kön 22f. Während die verschiedenen Passagen der Sinaiperikope die Erstgabe der Tora in Szene setzen, gehen alle dtr. Bundesschlussberichte von ihrer Existenz aus und postulieren pauschal unverbrüchliche Treue gegenüber der Willensäußerung Jahwes (vgl. programmatisch Dtn 29,9–28). Neh 8–10 bezeugt ebenfalls die vorhandene, fertige Tora, konstatiert dagegen einen dezidierten Neuanfang, der nicht mit dem Terminus $b^e rit$ (Bund) belegt wird (vgl. $^a manah$, „fester Vertrag" 10,1). Doch legitimiert dieser Neubeginn aufs Neue Feste, Liturgie, Hierarchie und gipfelt in der sehr konkreten Selbstverpflichtung aller Jahwegläubigen, am Erhalt der Gemeinde und des Tempels aktiv mitzuwirken. Dazu gehören das Heiratsverbot

---

[229] Vgl. H. Koch über die Verwaltungstafeln von Persepolis in dieselbe, Dareios, 25–67.
[230] Diese „freiwilligen" Abgaben für Jahwe und seine Gemeinde erinnern daran, dass die Ägypter den ausziehenden Israeliten Silber, Gold und andere Güter als Wiedergutmachung und Starthilfe mitgaben (Ex 11,2; 13,35). Vermutlich lassen sich noch andere Motive der Esra-Nehemia Erzählungen als aus den Schriften gewonnene Konstruktionen verstehen, vgl. die Position Nehemias bei Hofe mit der Josephs in Ägypten.
[231] L.L. Grabbe wird mit Recht nicht müde, auf diese „Voreingenommenheit" der judäischen Tradenten hinzuweisen. P. Briant ist bei der Auswertung griechischer Quellen ebenfalls kritisch eingestellt; den biblischen Zeugnissen lässt er relativ mehr durchgehen.

gegenüber den „Völkern des Landes", der Schutz des Sabbats, das Gebot der Sklavenfreilassung im 7. Jahr, die Tempelsteuer, die Erstgeburtsabgaben und der Priesterunterhalt (Neh 10,31–38). So detailliert hat kein anderer Abschnitt der hebräischen Schriften die positiven, aktuell brisantesten Forderungen der Gemeinschaft aufgelistet. Dekalog und Fluchtafeln z.B. grenzen eher durch überwiegend negative Formeln das unerlaubte, gemeinschaftszerstörende Verhalten aus. Und die positiv gefassten Vorschriftensammlungen in Bundesbuch, Heiligkeitsgesetz und Deuteronomium sind sämtlich viel allgemeiner gehalten. Sie konzentrieren sich nicht auf eine spezifische Lage und geben sich damit als über längere Perioden entwickeltes Traditionsgut zu erkennen. Die Selbstverpflichtungen von Neh 10 hingegen gehören eindeutig zur Gemeinde des Zweiten Jerusalemer Tempels und spiegeln die Verhältnisse des 5. und 4. Jh. im persischen Großreich.

Dass die frühjüdische Gemeinde die Urheberin der besprochenen Texte gewesen ist, zeigt sich eindrücklich auch an der häufigen „Wir"-Formulierung. Das große Bußgebet in Neh 9, das anscheinend ein wichtiges Element der zeitgenössischen Gottesdienstliturgie darstellt (vgl. Esr 9; Dan 9; Psalm 106), und die Verpflichtungszeremonie in Neh 10 stellen ostentativ die erste Person Plural als die kollektive Stimme der ganzen Gemeinde vor. Nun mag man im Zusammenhang mit der Memoirengattung in Esra / Nehemia dafür plädieren, das „Wir" als ein erweitertes „Ich" des Vorbeters, bzw. Gemeindeleiters oder Liturgen zu lesen. Selbst wenn das an dieser Stelle zuträfe, wäre auch die Fiktion einer sich gemeinsam äußernden Gemeinde noch von hohem Interesse und beträchtlichem heuristischen Wert. Denn „Wir"-Formulierungen sind so alltäglich nicht in der antiken, biblischen (ebensowenig in der altorientalischen) Literatur. Und auch die reine Vorstellung kann noch eine liturgische Realität wiedergeben. Das Beispiel der Wir-Psalmen lehrt, dass zumindest in spezifisch liturgischen Texten die Gemeinde als ganze beteiligt sein konnte.[232]

Eine aktuelle Selbstverpflichtung der Jerusalemer Glaubensgemeinschaft aufgrund von Toralesung und rite durchgeführtem Laubhüttenfest setzt den Neubeginn der judäischen Gemeinde fest. Darauf läuft das Esra-Nehemia-Werk zu. Die Bestandsaufnahme der Stadtbevölkerung – die geistlichen Stände sind betont eingeschlossen –, Einweihung der Mauer, Säuberungs- und Abgrenzungsmaßnahmen (alles in Neh 11–13) folgen aus dem Bundesakt. Exemplarisch ist z.B. die Verknüpfung der religionspolitischen Handlung mit der Toralesung in Neh 13,1–3:

> Und in dieser Zeit las man aus dem Buch des Mose vor den Ohren des Volks und fand darin geschrieben, dass die Ammoniter und Moabiter niemals in die Gemeinde Gottes kommen dürften, weil sie den Kindern Israel nicht mit Brot und Wasser entgegenkamen und gegen sie Bileam dingten, damit er sie verfluche; aber unser Gott wandte den Fluch in Segen. Als sie nun dies Gesetz hörten, schieden sie alles fremde Volk aus Israel aus.

Das ist eine situativ bedingte Exegese von Dtn 23,4–6, ohne jede Berücksichtigung von V. 8f die etwa in Jes 56,1–8 diametral anders ausfällt. Den Verfassern und Tradenten der Nehemiapassage war die Abgrenzung überragend wichtig und göttlich geboten. Tora und Tempel gehörten allein den Juden, waren eben nicht für alle Völker geschaffen.

---

[232] Für den Psalter ist dieses Phänomen untersucht worden, vgl. J. Scharbert, Das ‚Wir' in den Psalmen, in E.Haag u.a. (Hg.) Stuttgart 1986, 297–324; K. Seybold, Das ‚Wir' in den Asaphpsalmen, in: derselbe u.a. (Hg.), Neue Wege der Psalmenforschung, Freiburg 1994, 143–155.

III.1.1.3 Priesterliche Werke

J. Blenkinsopp, The Structure of P, CBQ 38 (1976) 275–292. – E. Blum, Studien zur Komposition des Pentateuch, Berlin 1990 (BZAW 189). – W. Brueggemann, The Kerygma of the Priestly Writers, ZAW 84, 1972, 397–414. – F. Crüsemann, Die Tora, München 1992. – F. H. Gorman, The Ideology of Ritual. Space, Time and Status in the Priestly Theology, Sheffield 1990 (JSOT.S 91). – F.-L. Hossfeld, Volk Gottes als ‚Versammlung', in: Unterwegs zur Kirche, hg. von J. Schreiner (QD 110) Freiburg 1987, 123–142. – A. Hurvitz, Dating the Priestly Source in the Light of the Historical Study of Biblical Hebrew, ZAW 100 (1988) 88–100. – B. Janowski, Sühne als Heilsgeschehen, Neukirchen-Vluyn 1982 (WMANT 55). – I. Knohl, The Sanctuary of Silence. The Priestly Torah and the Holiness School, Minneapolis 1995. – R. Mosis, Gen 9,1–7. Funktion und Bedeutung innerhalb der priesterschriftlichen Urgeschichte, BZ 38 (1994) 195–228. – M. Noth, Überlieferungsgeschichte des Pentateuch, Stuttgart 1949. – T. Pola, Die ursprüngliche Priesterschrift, Neukirchen-Vluyn 1995 (WMANT 70). – U. Struppe, Die Herrlichkeit Jahwes in der Priesterschrift, Klosterneuburg 1988 (ÖBS 9). – H. Utzschneider, Das Heiligtum und das Gesetz, Fribourg und Göttingen 1988 (OBO 77). – P. Weimar, Gen 17 und die priesterschriftliche Abrahamsgeschichte, ZAW 100 (1988) 22–60. – J. Wellhausen, Prolegomena zur Geschichte Israels, Berlin 1878, ⁶1905. – E. Zenger, Priesterschrift, TRE 27, Berlin 1997, 435–446. – Z. Zevit, The Priestly Redaction and Interpretation of the Plague Narrative in Exodus, JQR 66 (1975/76) 193–211.

Die Hof- und Tempelpriesterschaft Judas hatte in der Königszeit (ca. 980–587 v.Chr.) hauptsächlich auf der staatlichen Ebene eine große Rolle gespielt. Der Jahwe-Staatskult war die spirituelle, systemerhaltende Komponente gewesen, hatte die Daviddynastie gestützt und das judäische Identitätsbewußtsein gefördert. Für die Religionsausübung im Alltag, vom häuslichen Kult bis zu den Höhenheiligtümern und -festen, waren die familialen und lokalen Kulte mit ihrem jeweiligen Fachpersonal zuständig gewesen. Nach der Exilierung und dem Ende des Königtums (vgl. BE 7) veränderte sich dieses Bild grundsätzlich. Die Spitzen der Priesterschaft gingen in die Verbannung und wurden als Traditionsträger neben Sippenältesten, ehemaligen königlichen Beamten, Schreibern, Weisen und Propheten zu Pfeilern der neuen Gemeindestruktur. Die stark auf genealogische Kontinuität bedachten Sakralfunktionäre entwickelten eine rege Tätigkeit und versuchten, die Leitungsämter der neu entstehenden religiösen Gemeinschaft zu besetzen. Einige Anzeichen weisen auf scharfe Konkurrenzkämpfe zwischen Gruppierungen spiritueller Provenienz hin (vgl. Lev 10; Num 12; 16). Priesterliche Kreise brachten ihre altüberlieferten Regeln für den Umgang mit dem Heiligen ins Spiel und weiteten sie im Blick auf die neue Struktur und Situation der Glaubensgemeinschaft aus. D.h. sie paßten das traditionelle Normensystem geschickt an die veränderte Situation und Kräftekonstellation der Jahwe-Glaubensgemeinschaft an.

Es gilt in der alttestamentlichen Wissenschaft seit J. Wellhausen als relativ sicher, dass im Pentateuch eine zusammenhängende priesterliche Literaturschicht bzw. eine sakral bestimmte Redaktion des wachsenden kanonischen Materials klar erkennbar ist. Für unsere Zwecke ist es im Grunde unerheblich, ob – wie früher angenommen – die Priesterschrift (P)[233] einmal als gesondertes Werk bestanden hat oder eine extensive priesterliche Überarbeitung[234] erfolgt ist. Auch im letzteren Fall wären die umfangreichen Einschaltungen in schon vorhandenes Erzählgut sachbedingt als eigenständiges literarisches Produkt zu werten. Ebensowenig entscheidend ist an dieser Stelle, ob die dtr. Schicht oder Bearbeitung im Pentateuch der priesterlichen vorausging oder nachfolg-

---

[233] Vgl. E. Zenger, TRE 27, 1997, 435–446; derselbe, Einleitung, 89–108; I. Knohl, Sanctuary; T. Pola, Ursprüngliche P (WMANT 70).

[234] Vgl. E. Blum, Komposition 420–458; derselbe, Studien, passim.

te.[235] Der Ansetzung der priesterlichen Toraanteile im späten 6. und/oder frühen 5. Jh. v.Chr. können die meisten Forscher zustimmen, und das allein zählt im gegenwärtigen Zusammenhang.

Der Anfang priesterlicher Textgestaltung ist im hebräischen Kanon deutlich greifbar: Es ist die Schöpfungsgeschichte Gen 1, die durch ihre herausragende Position die Auslegung des ganzen jüdischen und christlichen Schriftenkorpus maßgeblich beeinflußt hat. Das Ende priesterlicher Schriftstellerei im Pentateuch bleibt stark umstritten. Ist es Dtn 34,7–9, die Notiz über den Tod Moses und die Nachfolge Josuas, oder sind es die pointierten Hinweise auf die Bedeutung der Stiftshütte in Jos 18,1 + 19,51, oder bestimmte Passagen in den Büchern Leviticus (z.B. 9,24) oder Numeri, nach denen dann nur noch dritt- und viertklassige Ergänzungen aus priesterlichen Kreisen zu verzeichnen wären?[236] Wir lassen auch diese Frage unbeantwortet und beschränken uns darauf, deutlich erkennbare Hauptthemen der Priesterschaft oder von ihr beeinflußter Gemeindegruppierungen vor dem Hintergrund des persischen Großreiches und speziell des babylonischen Umfeldes darzustellen, die in der angegeben Zeitspanne unmittelbarer Kontext der jüdischen Gemeinde gewesen sein müssen. Generell lässt sich darauf verweisen, dass priesterliche Autoren und Tradenten eine „Vorliebe für Elemente, die eine Ordnung der Welt, der Geschichte und des Lebens insinuieren", und ein dringendes „Interesse an kultischen und rituellen Phänomenen" bekunden.[237]

Priesterschrift und hebräischer Kanon insgesamt beginnen mit einer theologisch und (nach damaligen Standards) wissenschaftlich höchst durchreflektierten Schöpfungsgeschichte. Im Gefolge von babylonisch-sumerischen Vorstellungen war der Anfang der Welt wässrig-chaotisch. Es herrschte lebensfeindliche Dunkelheit. Noch fehlte jede durchsichtige Ordnung. Das Wirken des Schöpfergottes (in der Priesterschrift zunächst allgemein *Elohim* [„Gott"] genannt) ist auf kosmische Regulierung bedacht, es ist ein titanisches Werk der Sondierung und Klassifizierung lebensermöglichender Zustände und lebendiger Wesen. Der Schöpfer konstruiert durch bloße Wort-Befehlsgewalt die Bühne Welt und die darin agierenden Wesen. Die entscheidende Grundsubstanz ist das Licht, denn permanente Dunkelheit tötet (Gen 1,3–5). Dann folgen in fünf weiteren Tagewerken die Estellung des (festen) Himmels, der Erdscheibe, der Gestirne, der Wassertiere und Vögel, der Erdtiere und des Menschen (Gen 1,6–31). Der universale Mensch, Adam, hat im babylonischen Atramhasis Epos eine formale Analogie (*edimmu*, Tf. I, 215. 217. 230)[238], nur kommen dem priesterlichen homo sapiens herrschaftliche, nicht sklavische Funktionen zu. Die Erschaffung der dinglichen Welt endet mit dem (selbstgefälligen?) Urteil: „Gott sah an alles, was er gemacht hatte, und siehe, es war sehr gut." (Gen 1,31a). Der siebente Tag ist dann schon in der kosmischen Schöpfer-

---

[235] Umstellungen der traditionellen Chronologie (Jahwist – Elohist – Deuteronomium – Priesterschrift) berufen sich z.B. auf H.H. Schmid, Der sogenannte Jahwist, Zürich 1976; J. van Seters, Prologue to History. The Yahwist as Historian in Genesis, Louisville 1992; C. Levin, Der Jahwist (FRLANT 157) Göttingen 1993.

[236] Vgl. K. Elliger, Sinn und Ursprung der priesterlichen Geschichtserzählung, in: derselbe, ThB 32, München 1966, 174–198; N. Lohfink, Die Priesterschrift und die Geschichte, in: derselbe, Studien zum Pentateuch (SBAB 4) Stuttgart 1988, 213–253; T. Pola, Priesterschrift, 213–298; vgl. 339–349).

[237] Erich Zenger, Einleitung, 91.

[238] Vgl. W. von Soden, Der Mensch bescheidet sich nicht, in: M.A. Beek u.a. (Hg.), Symbolae Biblicae et Mesopotamicae, Leiden 1973, 349–358. Das sumerische Wort *idim* ist mehrdeutig. Von Soden verweist auf die Variante „Wildmensch, Urmensch" (akkad. *lullû*), der denk-, planungs- und damit entwicklungsfähig ist (vgl. Tafel I, 223; a.a.O. 352f).

woche als ein Ruhetag, der Sabbat (obwohl nur durch das Verb angedeutet!) vorgesehen: Gott „ruhte [*šabat*] am siebten Tag von allen seinen Werken" (Gen 2,2).
Im Vergleich mit dem babylonischen Schöpfungsepos *enuma elisch*[239] sind die alten Überlieferungselemente (Sieg über das Chaos; Trennung der oberen und unteren Wassermassen; Konstitution der Erde; Schaffung der Gestirne; Formung des Menschen usw.) im priesterlichen Bericht äußerst komprimiert. Gott gibt den Befehl, schon ist das Gebotene Realität. Die erzählerische Ausmalung fehlt vollständig. Aber das Gerüst der Weltentstehung und Weltordnung ist aus dem Mythengut des Zweistromlandes bekannt. Die mittleren Schöpfungsakte des priesterlichen Berichts liegen ganz auf der Linie der mesopotamischen Mythen. Der erste und siebente Schöpfungsstat Jahwes scheint aus anderen Quellen zu stammen. Dass vor jeder Einrichtung des sichtbaren Kosmos das Licht als Gegenstück zur Dunkelheit vorhanden sein muss, könnte aus der persischen Umwelt stammen. Licht und Finsternis, Feuer und Kälte sind dort kosmische Gegenspieler.[240] Und nach der judäisch-priesterlichen Tradition ist das Werk Gottes am siebten Tag der „Sabbat", welcher in der Zeit des Zweiten Tempels zum überragenden Identitätszeichen der sich neu formierenden Jahwegemeinschaft wurde. Gerade dieser letzte Punkt demonstriert im Verein mit dem Wochenschema eindrücklich die judäische Bearbeitung altorientalischer Stoffe. Das Siebentagesschema geht zwar im Grunde auf die Mondphasen zurück und wurde auch teilweise schon im sumerisch-babylonischen Kultsystem eingehalten.[241] Die volle Einführung einer siebentägigen, durchlaufenden, vom Mondumlauf schließlich unabhängigen Arbeitszeitregelung ist jedoch (nach jetzigem Erkenntnisstand) der jüdischen Gemeinde zuzuschreiben.
Fazit: Das priesterliche Werk des hebräischen Kanons setzt altorientalische Mythen über die Anfänge der Welt voraus. Ihm liegen universalistische Konzeptionen zugrunde, wie sie nur in den Großkulturen der damaligen Zeit mit ihren ersten, den bekannten Weltkreis umfassenden oder doch intendierenden Imperien entstanden sein können. Seit dem 3 Jt. v.Chr. sind solche universalen, vereinheitlichenden Gottes-, Welt- und Menschenvorstellungen im Alten Orient nachweisbar. Ein Gott ist der verantwortliche Schöpfer und Gestalter; von einer höchsten Gottheit geht in zentralistisch-monarchischer Manier alle politische Macht aus. Das Menschenbild der judäisch-priesterlichen Tradenten hingegen ist nachmonarchisch: Der Mensch schlechthin, nicht der König, übernimmt auf der Erde die Rolle des fast göttlichen Vizeregenten (Gen 1,26–28; vgl. Ps 8). Kosmologie und Anthropologie entsprechen den Erfahrungen der Judäer im babylonischen Exil und danach: Die imperialen Kulturen und Religionen der Zeit stellen den geistigen Rahmen für das priesterliche Schöpfungsmodell. Die Ausprägung im Detail entspricht den Lebensumständen der versprengten judäischen Glaubensgemeinschaft. Ihr eigener Gott steigt an Stelle Marduks oder Ahura Mazdas zum Weltenherrscher auf. Das Schöpfungsgeschehen läuft nach dem praktizierten wöchentlichen Kultkalender der sechs Arbeits- und des geheiligten Ruhetages ab. Der Mensch an sich wird mangels eigener königlicher Dynastie zum Statthalter Gottes auf Erden. Es gibt eine Hierarchie

---

[239] Vgl. W.G. Lambert, TUAT III, 565–602. Andere Ursprungsmythen: A. George, The Epic of Gilgamesh, London 2000; S. Dalley, Myths from Mesopotamia, Oxford 1989; B.R. Foster, From Distant Days, Bethesda 1995.

[240] Vgl. M. Stausberg, Religion Bd. 1, 96: „Das Aša gilt als lichthaft, sehr schön ... und steht in Verbindung mit dem Feuer." 97: „Der grundlegende Akt der Kosmogonie ist die Erzeugung von Aša ... Daraufhin werden der Weg der Sonne und der Sterne festgesetzt und das Wachsen und Abnehmen des Mondes geregelt ...".

[241] Vgl. W. Sallaberger, Der kultische Kalender der Ur III-Zeit, 2 Bde, Berlin 1993 (UAVA 7/1+2): Mondfeiertage sind seit dem 3. Jt. v.Chr. eingehalten worden (a.a.O. Bd. 1, 37–63).

der Wertigkeiten in dem geschlossenen Gehäuse der Welt: Pflanzen, (Gestirne), Wassertiere, Vögel; Landtiere (Unterteilung in: Haustiere, Kleintiere, Wild), Mensch. Der Mensch ist Gebieter und Nutznießer alles dessen, was sich in seiner Reichweite befindet. Und die ganze Welt ist zu seinen Gunsten eingeteilt, kategorisiert nach „Arten", damit der Statthalter Gottes besser wirtschaften, potentiell auch seinen Opferdienst für die Gottheit durchführen kann. Denn obwohl noch ein paradiesisches Miteinander herrscht (Gen 1,29f), das erst nach der Flut durch die Tötungslizenz aufgehoben wird (Gen 9,1–4), deutet sich im Herrschaftsauftrag Gen 1,26–28 auch schon die Notwendigkeit der Opferpraxis an.

Das Flutmotiv ist in altorientalischen Mythen mehrfach vorgebildet. In sumerisch-babylonischen Mythen stört der Lärm der Menschen die Ruhe der Götter, darum fassen sie einen Vernichtungsbeschluss. Den priesterlichen Tradenten liegen anscheinend Traditionen über eine (sittlich-religiöse?) Korruption der Menschheit vor (Gen 6,11f) und/oder von der unerklärlichen, unheilvollen Ambivalenz der Menschen vor (Gen 11,1–9). Jedenfalls erzählen die Priester zusammenhängend von der Weltuntergangskatastrophe, welcher nur Noach mit seiner Sippe und paarweise in die Arche aufgenomme Lebewesen entgehen (Gen 6,9–22; 7,6.11.13–21.24; 8,1–5.13–19; 9,1–17.28f).[242] Die Flut vernichtet programmgemäß alles Leben, Noach kann mit den geretteten Wesen einen neuen Abschnitt der Menschheitsgeschichte beginnen. Der steht unter dem Verheißungszeichen des Regenbogens: Gott schließt einen festen Bund mit den Menschen; die globale Vernichtung soll sich nicht wiederholen (Gen 9,8–11.12–17). Der Mehrungsauftrag der Schöpfungsperikope wird wiederholt (V. 7); die Freigabe tierischer Nahrung für den Menschen, d.h. implizit die Tötungserlaubnis (V. 3), signalisiert deutliche Unterschiede der Lebensweise für die Nachfahren Noachs. Ein Grundgebot des Opferkultes wird schon gleich in der Anfangsphase des noachitischen Zeitalters festgelegt: Die Menschen sollen kein Blut zu sich nehmen (V. 4, vgl. Lev 17,10–14). – Die priesterlichen Autoren fahren also in ihrer Menschheitsgeschichte fort. Schöpfung und Flutkatastrophe sind für sie universale göttliche Akte, die sie im Denkhorizont der universalen Weltreiche des Alten Orients selbstverständlich für ihr theologisches Weltbild übernehmen.

Derselbe ganzheitliche Gestaltungswille zeigt sich in den priesterlichen Genealogien und dem damit verbundenen Weltzeitgerüst Gen 5 und 11 sowie in der Völkerliste von Gen 10,1–32. Wenn die Menschheit nur einen gemeinsamen Stammbaum hat, dann gehen alle partikularen Lineages auf den einen Ausgangspunkt zurück, Adam und Eva, das Urmenschenpaar. Kein Volk kann einen separaten Schöpfungsakt reklamieren. Allein dieser Gedanke beweist die strenge, folgerichtige Argumentation einer Epoche, welche die Einheit Gottes und der Welt ernstgenommen hat. Vielleicht waren die persischen Theologen Vordenker einer so radikalen monistischen Anthropologie. Schon in den ältesten Gathas des Avesta ist der Mensch schlechthin der Adressat der göttlichen Wahrheiten, kein ethnisch ausgesondertes Subjekt. So stellen auch die priesterlichen Verfasser der Genealogien die Entwicklung des Menschengeschlechtes fest, von Adam bis Noach (Gen 5,3–32) – der Liste steht überschriftartig noch einmal der Satz von der Ebenbildlichkeit des Menschen mit Gott und seiner Geschlechtlichkeit voran, V. 1–2 – dann kommt die Flut. Im gleichen formelhaften Stil, geringfügig gekürzt, geht es nach der Menschheitskatastrophe weiter, jetzt auf Sem, den ältesten Sohn Noachs konzentriert

---

[242] So die traditionelle Zuteilung der Verse an die priesterliche Schicht; warum Gen 7,1–10 mit seiner Betonung der sieben reinen Tierpaare und der sonstigen Bedeutung der Siebenzahl oft einer nichtpriesterlichen Quelle zugeordnet wird, ist unerfindlich, vgl. C. Westermann, Genesis, BKAT I/1, 532–535; 574–577.

und damit auf das Drittel der Menschheit, in dem sich die Israeliten als „Semiten" wiederfinden:

> Sem war 100 Jahre alt und zeugte Arpachschad zwei Jahre nach der Sintflut und lebte danach 500 Jahre und zeugte Söhne und Töchter. Arpachschad war 35 Jahre alt und zeugte Schelach und lebte danach 403 Jahre und zeugte Söhne und Töchter ... (Gen 11,10–13).

Jetzt läuft der Stammbaum von Sem konsequent auf die mesopotamische Sippe Terachs und seiner drei Söhne Abram, Nahor und Haran zu (Gen 11,26). Die beiden genannten Genealogien zusammengenommen zeigen einmal die Entwicklung der gesamten Menschheit, und sie zielen zweitens auf Abraham, den Stammvater Israels. Universalität und Partikularität vereinigen sich im Entwicklungsschema der priesterlichen Kreise. – Zwischen beiden genealogischen Listen steht die sogenannte Völkertafel, eine Aufzählung der Ethnien, die nach damaligem Verständnis aus den drei Noachsöhnen hervorgehen (Gen 10). Sem, Ham und Japhet stellen die ganze Menschheit dar; „von denen her haben sich ausgebreitet die Völker auf Erden nach der Sintflut" (V. 32). Die Art, alle Bewohner des Erdenrundes gemäß ihren Ethnien aufzulisten, also eine umfassende Völkerkarte zu erstellen, ist am ehesten aus den Königsinschriften und ihnen entsprechenden Skulpturenbändern altorientalischer Großkönige zu begreifen. Die Supermonarchen, gerade die Achämeniden, hinterließen der Nachwelt häufig Zusammenstellungen eroberter Städte und Landschaften, sie ließen tributbringende Delegationen in Steinreliefs darstellen und proklamierten sich so als die Weltherrscher und Vizeregenten ihrer Götter, denen aus religiöser Pietät niemand widersprechen sollte. Am höchsten entwickelt ist diese Art der Völkerdarstellung also im persischen Imperium. Am Treppenaufgang zur Reichsaudienzhalle des Darius, der Apadana-Halle in Persepolis, sind noch heute die (aufrecht und bewaffnet) heranschreitenden Völkergruppen zu sehen, die dem Großkönig Geschenke bringen. Fein nach ihren nationalen oder stammesmäßigen Charakteristiken (Kleidung; typische Waffen, handwerkliche Produkte, Haartrachten, Haustiere usw.) unterschieden, gehen 29 Delegationen auf den thronenden Darius zu, der ihnen gnädig entgegenblickt.[243] Das ganze, riesige Halbrelief ist eine Darstellung, sicherlich als pars pro toto verstanden, des universalen Reiches, dem der Perserkönig im Namen seines Gottes Ahura Mazda vorstand. Gen 10 hat dieselbe Aufgabe, die Gesamtheit aller auf Erden anzutreffenden Völkerschaften darzustellen. Jede der drei noachitischen Volksgruppen bekommt in der priesterlichen Überlieferung die abschließende, globalisierende und nur leicht variierende Notiz: „Das sind die Söhne Japhets (bzw. Hams, Sems) nach ihren Ländern, Sprachen, Geschlechtern und Völkern" (V. 5.20.32). Die genealogische Systematisierung der Weltbevölkerung nach Stammeskriterien scheint eine Eigenheit der judäisch-priesterlichen Reflexion zu sein.

Die Geschichte bewegt sich nach der Flut – trotz der universalen Ausrichtung von Gen 10 – auf den Stammvater Israels zu. Von ihm berichten die priesterlichen Kreise in Gen 17, und duplizieren damit eine ähnliche Überlieferung vom Bundesschluß in Gen 15. In der Parallelität beider Texte kommt die spezifisch priesterliche Sichtweise zu starkem Ausdruck. Abraham empfängt eine Gottesoffenbarung ähnlich wie Jakob und Mose (Gen 17,1f; vgl. Gen 35,9–13; Ex 6,2f). Er soll der Stammvater vieler Völker werden, das Bundeszeichen ist die Beschneidung aller männlichen Nachkommen (Gen 17,3–22). Eine spezielle Verheißung sagt Abraham neben dem halblegitimen Kind der ägyptischen

---

[243] Eine ausführliche Beschreibung des imposanten Bildwerkes bei H. Koch, Dareios, 93–114; s. auch oben S. 12.

Sklavin Hagar einen leiblichen Sohn zu, Isaak, von der Israelitin Sara geboren (V. 19.21). Er wird der eigentliche Träger der „ewigen" Verheißung, während Ismael, Sohn der Ägypterin, weiter am Segen des Ahnvaters partizipiert (V. 20). Im ethnischen Kontext der Exils- und Nachexilszeit heißt das: Die judäischen Priester geben den Völkerhorizont der Verheißungen Jahwes nicht völlig auf. Sie ziehen sich nicht puristisch auf eine einzige, reine Linie zurück, sondern erkennen die Ausstrahlung des Segens Gottes auf andere Nationen an. Nichts anderes wollen die priesterlichen Theologen auch mit dem Titel „Vater einer großen Schar [*hamon*, „lärmende Menge"] von Völkern" (V. 4f), der sich im neuen Namen des Stammvaters (Abraham statt Abram) spiegeln soll, ausdrücken. Eine gewisse Offenheit gegenüber der umgebenden Völkerwelt, sogar in Bezug auf die streckenweise als feindlich empfundenen „Ismaeliter" (vgl. Ri 8,24; Ps 83,7), ist dem Text abzuspüren. Schon in der Patriarchenzeit konstituiert sich nach den priesterlichen Tradenten die Religionsgemeinschaft der späteren Judäer. Der „ewige" Bund zwischen Jahwe und der Gemeinde Israel wird in jener fernen Vorzeit von Gott „aufgerichtet", „begründet". Die Beschneidung ist, nachdem der Sabbat in der Schöpfung mit gesetzt wurde, sein zweites äußeres, sakramentales Zeichen. Beide Identitätsmerkmale sind de facto nach Ausweis aller verfügbaren Quellen erst in der exilisch-nachexilischen Periode für das sich konstituierende „Volk Jahwes" wichtig geworden. Zeichen der Identität grenzen naturgemäß ab von anderen Gruppierungen, die andere Eigenheiten pflegen. Insofern ist der in Gen 17 gefeierte Bundesschluss Jahwes mit Abraham nach priesterlichem Verständnis ein, nein: der Schritt in die partikulare Existenz des geistlichen Israel, vollzogen und gelebt in der Epoche des Zweiten Tempels, im universalen, pluralistischen Reich der Perser.

Viele theologische Debatten hat es um die mehrfachen „Bundesschlüsse" der Priesterschrift gegeben: Besonders nach reformiertem Verständnis (J. Calvin) haben die Priesterkreise in ihrem Werk an vier geschichtlichen Eckpunkten eine (Neu)Konstitution des Verhältnisses zwischen Gott und Mensch festgeschrieben, nämlich in der Schöpfung, nach der Flut, im Abrahamsbund und am Sinai. Tatsächlich wird der Begriff Bund formal an drei Stellen verwendet: Gen 9,8–11; 17,2–21; Ex 6,2–8, aber doch in verschiedener Dimension. Die priesterlichen Tradenten wollten anscheinend den Abrahamsbund als zentrales Datum setzen, über und unter ihm – vergleichbar mit verschiedenen Farbschichten im Mehrfarbdruck – liegen die anderen normierenden Verhältnisbestimmungen zwischen Jahwe und Israel bzw. der Menschheit als ganzer.

Wesentlich ist, dass die priesterlichen Theologen der Exils- und Nachexilszeit die Menschheit wie die Partikulargemeinde Israel nicht in monarchischen Mustern darstellen, sondern als Geflecht und Stammbaum von Sippen und Völkern. Sie schaffen das Bild einer universalen, patriarchalen Zivilgesellschaft, in dem Ahnherren die Position ihrer jeweiligen ethnischen Gruppe bestimmen. Die Weltgeschichte bewegt sich auf Abraham, den Stifter der Beschnittenengemeinde zu, ohne eine grundsätzliche Offenheit für andere Völkerschaften aufzugeben. In monarchisch verfaßten Gesellschaften des Alten Orients, einschließlich der Königszeit Israels!, erscheint der königliche Ahnherr zwar auch als Begründer der Dynastie. Das ideologische Stützsystem aber schließt regelmäßig die Beauftragung durch den Reichsgott, die Begabung mit göttlicher Macht, das Herrschafts- und Schutzversprechen durch die oberste Gottheit mit ein. Von diesen Insignien monarchischer Autorisierung ist in der Abrahamsverheißung angesichts der realen Ohnmacht der frühjüdischen Gemeinde nur ein kleiner Rest geblieben, ein Wechsel auf die Zukunft:

> Ich will dich sehr fruchtbar machen und will aus dir Völker machen, und auch Könige sollen von dir kommen. Und ich will aufrichten meinen Bund zwischen mir und dir und deinen Nach-

kommen von Geschlecht zu Geschlecht, dass es ein ewiger Bund sei, so dass ich dein und deiner Nachkommen Gott bin. Und ich will dir und deinem Geschlecht nach dir das Land geben, darin du ein Fremdling bist, das ganze Land Kanaan, zu ewigem Besitz, und will ihr Gott sein. (Gen 17,6–8)

Die Hauptfrau Abrahams, Sara, wird ausdrücklich in diese Verheißung einbezogen:[244]

Ich will sie segnen, und auch von ihr will ich dir einen Sohn geben; ich will sie segnen, und Völker sollen aus ihr werden und Könige über viele Völker. (V. 16)

Es geht um Welt- und Volksgeschichte im Familienformat. Das entspricht den Sozialstrukturen, die in der exilisch-nachexilischen Zeit für das geistliche Israel konstitutiv sind. David- und Zadokgenealogien, wie im chronistischen Werk, oder Mosestammbäume haben für die Priester nicht denselben, urtümlichen Rang wie die zivile, laienorientierte Abrahamsherkunft. „Abraham ist unser Vater!" (vgl. Jes 63,16) könnte das Bekenntnis dieser Kreise gewesen sein. Dass „Könige" als Nachkommen des Ahnherrn auftauchen, ist eine Reverenz an die verflossene Davidsdynastie. Vielleicht schwingen auch Ehrfurchtshaltungen gegenüber den herrschenden Großkönigen oder aber möglichen messsianischen Figuren mit.

Die Mosezeit rückt dann bei den priesterlich gestimmten Theologen der Exils- und Nachexilsepoche in ein besonderes Licht. In Ägypten entscheidet sich der Machtanspruch Jahwes gegenüber dem realpolitisch existenten Weltherrscher. Mose empfängt von seinem Gott den Befreiungsauftrag (Ex 6,2–13) und bekommt Aaron als Kommunikationsassistenten (Ex 7,1–7). Pharao fordert Jahwe heraus und unterliegt im direkten Vergleich der Magier beider Konfessionen (Ex 7,8–13.19–22; 8,1–3.12–15; 9,8–12). Die Fünfzahl von Wunderzeichen bzw. Plagen – Schlange; Blut; Frösche; Mücken; Blattern – passt gut zu sonst im priesterlichen Werk auftretenden Strafsanktionen (vgl. Lev 26). Die Tötung der Erstgeborenen in Ägypten steht bei den Priestern auf einem anderen Blatt: Sie gehört voll und ganz in die Passahtradition. Das Fest ist nach der Beschneidung ein weiterer Eckstein des sich entfaltenden rituellen Systems der frühen Gemeinde (Ex 11,9–12,20).

Das Sinaigeschehen als solches, in seiner erzählerischen Ausgestaltung, hat die Priester anscheinend weniger interessiert. Es findet sich keine ausmalende Darstellung, wenn man nicht in Ex 24,1–8 einen priesterlich inspirierten Bundesschlußbericht mit Opfer und Blutsprengung sehen will.[245] Ansonsten bleibt nur die Erscheinung Jahwes auf dem Berg als zentrales Ereignis (Ex 24,15b–18a), das dann als Basis für die gewaltig ausgeweitete Willensmitteilung Jahwes an Mose und Israel dient (Ex 25–31; 35–40; Leviticus; Teile von Numeri). Zweifellos ist in diesen Abschnitten des Pentateuch die große Masse der priesterlichen Überlieferungen enthalten. Es handelt sich aber um Ausführungsbestimmungen für das praktische Leben der exilisch-nachexilischen Glaubensgemeinschaft. Sie gründen in der Erwählung des Abraham und in den Verheißungen, die ihm von Jahwe gegeben wurden. Nicht der Aufenthalt des Volkes am Sinai bringt für die priesterlichen Tradenten den Neubeginn der Jahwegemeinschaft. Die Konstitution der

---

[244] I. Fischer, Erzeltern, 366–370, spricht dennoch mit Recht von einem „Patriarchalisierungsschub" durch die P-Bearbeitung (a.a.O. 370).

[245] Der Verlauf des priesterlichen Quellenfadens in der Sinaiperikope ist nicht ganz klar. Traditionell nimmt man an, die Priester hätten den Bund nicht ausdrücklich noch einmal gefeiert, dafür aber von der Einwohnung Jahwes in der Gemeinde (im Tempel), präziser, von seinem Kommen in Herrlichkeit geredet (Ex 24,15b–18a). In seiner *kabod* wohne er unter seinem Volk. Die Schwierigkeiten, Ex 24,3–8 mit irgendeiner Quelle zu verbinden, schildert z.B. B.S. Childs, The Book of Exodus, Philadelphia 1974, 499–502. Vgl. auch E. Blum, Studien 92f.

Gemeinde ist durch Abraham und die Einführung der Beschneidung erfolgt. Jetzt erfährt das schon lange vorhandene Gottesvolk die Einzelheiten über das Leben mit Jahwe. Warum so spät? Ein Sinn für geschichtliche Entwicklung ist dem Priesterkreis nicht abzusprechen. Die Gottesbeziehung zu Jahwe, der vor Mose gern als „der Gott" (*ha*ᵉ*lohim*) bezeichnet wird, hat sich über lange Zeiträume aufgebaut. Ein Bewusstsein von Veränderung, Entwicklung, Dynamik in der Menschheitsgeschichte kommt zum Vorschein. Die Mose-Epoche gibt der Gemeinde das entscheidende Ordnungssystem, nach dem sie zu leben hat. Dieses Grundgerüst an Normen, Vorschriften, Verhaltensweisen wird am Sinai mitgeteilt und in die Erinnerung gegraben. Es soll für alle Zukunft gelten, aber es bleibt nach den Erkenntnissen der Veränderbarkeit auch wieder erklärungs- und diskussionbedürftig.

In der riesigen, vielschichtigen Materialsammlung zwischen der Beauftragung des Mose (Ex 6) und dem Schluss des Buches Numeri befinden sich ca. 45 Kapitel, die mit Sicherheit dem priesterlichen Werk zuzurechnen sind. Erstaunlicherweise spielt Mose, der zwar aus dem Stamm Levi kommt aber keine nachhaltigen priesterlichen Funktionen ausübt, für die Priester die Hauptrolle. Aaron ist nur sein Sprachrohr und ihm auf der ganzen Linie nachgeordnet. Mose ist in der überwältigenden Mehrzahl aller P-Texte der Ansprechpartner Jahwes. Er hat dem Priesterbruder und Ahnherrn der Jerusalemer Tempelpriesterschaft den Willen Gottes zu vermitteln. Die Vermittlungssituation ist literarisch „barock" ausgeweitet (G. von Rad); sie hält zwischen der Ankunft Israels am Berg Sinai (Ex 19,1f) und dem Aufbruch von dort (Num 10,11f) endlos lange an. Priesterliche Kreise sind für diese Gestaltung verantwortlich, sie setzen offensichtlich voraus, dass die Religionsgemeinschaft Israel ihr wesentliches, spirituelles und kultisches Rüstzeug eben an jenem sagenhaften und nie historisch zuverlässig lokalisierten heiligen Berg empfangen hat. Andere geographische Fixierungen des Wohn- oder Offenbarungsortes Jahwes (Horeb; Gebirge Seir; Mara: für das letztere vgl. Ex 15,25f) sind von der mächtigen Sinaiüberlieferung in den Hintergrund gedrängt worden. Die priesterliche Version hat sich in der jüdisch-christlichen Tradition fest etabliert. Was wollten die Urheber des Sinaikomplexes, die ja betont vom Bundesschluß mit den Ahnvätern und -müttern ausgehen (Ex 6,4), ihrer (nach)exilischen Zuhörerschaft vermitteln?

Sie projizieren in jene ferne Wüstenzeit – Mose ist der charismatische Anführer – die religiös-kultischen Verhältnisse des Nachexils und der zweiten Tempelperiode Kleinjudas. Das ist in sich schon ein literarischer und theologischer Geniestreich: Wie können denn die Lebensbedingungen eines die Wüste durchquerenden Volkes (fiktive Zahl der wehrfähigen Wandernden, also ohne Leviten, Frauen, Kinder, Greise: 603 550, so Num 1,46) mit denen der Restbevölkerung Judas im späten 6. und im 5. Jh. v.Chr. überhaupt verglichen werden? Kreative Priester der Spätzeit lassen die Vorfahren der Wüstenepisode ein maßstabgerechtes, tragbares Modell des Jerusalemer Tempels mit sich führen, mit allen notwendigen Kultgerätschaften, wie sie auf dem heimischen Tempelberg vorhanden waren (Ex 25–31; 35–40). Eine grandiose Idee (vgl. speziell Ex 26; 36)! Ausgewählte Levitenfamilien versorgen und transportieren das Modellheiligtum (Num 4). So ausgestattet mit der heiligen Wohnung, in der Jahwes Herrlichkeit eine sichere Bleibe hat, nämlich im Allerheiligsten, auf dem *kapporet*, dem „Gnadenthron"[246], kann

---

[246] So Luther; andere Übersetzungen: "Deckplatte" (Zürcher Bibel; Gute Nachricht; M. Noth in ATD 5). Das ist der schlechterdings heiligste Ort des Tempels, die Brennkammer des Heiligen, an dem nach priesterlichem Verständnis die allerintensivste, von Menschen nicht auszuhaltende Begegnung mit Gott stattfindet, vgl. Ex 40,17–38.

das Volk getrost zum gelobten Land ziehen und schon auf dem Weg die ausführlich mitgeteilten Vorschriften, Orientierungen, Lebensregeln einüben.
Die Abfolge der im priesterlichen Werk angeschnittenen Themen oder liturgischen Agendastücke von Ex 6 bis zu Lev 9 macht auch nach unseren Ordnungsvorstellungen guten Sinn: Mose empfängt den Auftrag Jahwes, sein Volk aus der Sklaverei herauszuführen; er kämpft als von Jahwe mit Wunderkraft ausgestatteter Volks- oder Gemeindeführer gegen die Gewalt Ägyptens, in Gestalt seines Pharaos und tritt dann am Berg Sinai in den unmittelbaren Kontakt zum universalen Gott. Das erste, was Jahwe seinen Getreuen durch Mose verordnet, ist der Plan des Begegnungszeltes, seiner heiligen „Wohnung" unter den Israeliten (Ex 25–31). Der detaillierte Entwurf wird sorgfältig, unter Wiederholung aller Details, von Mose und den diversen Fachleuten umgesetzt (Ex 35–40). Ein erzählerisches Stück (Ex 35,1–36,7) zeichnet den Bau der „Stiftshütte" in die Situation am Sinai ein. Interessanterweise beginnt diese Überleitung mit der Wiederholung des Sabbatgebotes (Ex 35,1–3, vgl. 31,12–17), so als ob diese nach priesterlicher Praxis zentralste Norm die Episode vom zweiten Dekalogempfang und dem golden Kalb (Ex 32–34) deutend rahmen solle. Die Vorbereitungen für die Errichtung des Zeltes der Begegnung konzentrieren sich auf die Finanzierung der Arbeiten mitten in der Wüste, und die Bereitstellung der Kunsthandwerker, die ja ganz besonderer Sachkunde („Weisheit") bedürfen. In den dtr. Berichten von Tempel und Palastbauten in Jerusalem werden an dieser Stelle phönizische Experten angefordert. Bei der priesterlichen Darstellung setzen sich auf der do-it-yourself-Ebene alle israelitischen Männer und Frauen mit ihren finanziellen und persönlichen Gaben ein (Ex 35,22–29). Die betonte Beteiligung der Frauen, die ursprünglich (nach archaischem Vorbild?) vor dem Heiligtum, mit „Spiegeln" einen religiösen Dienst getan hatten,[247] ist bemerkenswert und entspricht dem Schöpfungsdiktum: „... er schuf ihn männlich und weiblich" (Gen 1,27). Die geistbegabten Chefhandwerker schließlich sind namentlich genannt: Bezalel und Oholiab, mit leicht fremd klingenden, vielleicht auf den Zeltbau hin konstruierten Namen, die angeblich den Stämmen Juda und Dan zugehören (Ex 35,30–36,3). Sie rekrutieren zahllose Gehilfen und dann kann das große Werk anfangen.
Das aus Teppichen und Holzstangen bestehende Tempelmodell entsteht zügig. Ihm folgen in einer den Planungsanweisungen gegenüber etwas modifizierten Reihenfolge das wichtige Inventar des heiligen Zeltes, vor allem Bundeslade mit *kapporet*, die in der hintersten Zella, dem Allerheiligsten und eigentlichen Wohnraum Jahwes, untergebracht werden. Vor das Tempelzelt gehört wie bei der späteren Originalausführung in Jerusalem der Brandopferaltar. Der besteht aus mit Kupfer überzogenem Holz (! Ex 38,1–7); die Fiktion der Wüstenwanderung, während der es zu steinernen Bauten nicht kommen darf (Tragbarkeit des Objektes), ist beibehalten. Am Schluss darf die Herstellung der heiligen Priestergewänder mit allen Insignien und Symbolen nicht fehlen. Nachdem Mose das Gesamtwerk in seinen Einzelteilen inspiziert und abgenommen hat (Ex 39,32–43) kann die Montage stattfinden, Jahwe mit seiner „Herrlichkeit" (das ist der altorientalische, seit Jahrtausenden bekannte göttliche „Schreckglanz", die Majestätsaureole) in seine Wohnung einziehen und der Kultbetrieb beginnen (Ex 40). Die Notiz über vollzogene Brandopfer (V. 29) klingt allerdings voreilig, weil der Kult dem Erscheinen Gottes wohl nicht vorauf gehen kann.
Diesem Bedenken trägt die Mitteilung der Opferregeln Lev 1–7 Rechnung. Sie hat zu erfolgen, damit der große Eröffnungsgottesdienst, geleitet von Aaron und seinen Söhnen

---

[247] Ex 38,8, vgl. 1 Sam 2,22; dazu U. Winter, Frau und Göttin, OBO 53, Fribourg 1983, 58–65.

(Lev 9) nach gebührender, umständlicher Weihe durch Mose (Lev 8) überhaupt stattfinden kann. Das priesterliche Interesse kommt in allen Themen und Texten von Ex 6 bis Lev 9 stark zum Ausdruck. Tempel und Opfer stehen so dominierend im Vordergrund, dass z.b. der Gottesdienst auf dem Höhepunkt der Darstellung ganz ausschließlich auf die kultischen, den Klerikern vorbehaltenen Darbringungen (Sünd-, Brand-, Dankopfer) konzentriert erscheint. Kein Wort von Hymnengesang, Gebeten oder Schriftlesungen, wie das in Neh 8 oder den dtr. religiösen Bundesversammlungen (vgl. Jos 24; Dtn 29–31 etc.) der Fall ist. Der große Weihegottesdienst Salomos (1 Reg 8) hat einen umfangreichen Wortteil (Gebet; Segen), in welchem der Tempel vor allem als „Bethaus" für die Gläubigen bestimmt ist. Das Opferzeremoniell erscheint fast als Anhang zur Wortliturgie (V. 62–64). In Lev 9, dem konstituierenden Gottesdienst der nachexilischen Gemeinde, vielleicht eine bewusste Rekonstruktion der Weihehandlungen am wiederaufgebauten Tempel im Jahre 515 v.Chr., ist die korrekte Ausführung der vorher aufgelisteten Opfergesetze das zentrale Thema – und sonst nichts. Andererseits spürt auch der heutige Leser, die heutige Leserin, dass es hier nicht nur um priesterliches Insider- und privilegiertes Geheimwissen geht. Die Mitteilungen über die vorzugsweise priesterlichen Handlungen gehen auch die Gemeinde an. Sie sind allgemeinverständlich formuliert, die Jahwegläubigen sind anwesend (Lev 8,4f), Mose bezieht sie in den Kultvorgang mit ein. Der Eindruck der Gemeindeorientierung wird uns noch weiter beschäftigen.
Eigenartig mutet dann an, dass auf den Erstgottesdienst der Aaroniden sogleich ein klerikaler Missklang das erhabene Bild der Gründerzeit stört. Ausgerechnet die Söhne des Erzpriesters, Nadab und Abihu, eigentlich ehrenwerte Stammhalter der bei P allein legitimen Linie (vgl. Ex 6,23; 24,1.9; 28,1; 1 Chr 5,29), „nahmen ein jeder seine Pfanne und taten Feuer hinein und legten Räucherwerk darauf und brachten so ein fremdes Feuer vor Jahwe, das er ihnen nicht geboten hatte" (Lev 10,1). Eine geheimnisvolle Notiz: Das andersartige, mit der Licht-Herrlichkeit Jahwes (vgl. V. 2) unvereinbare Element könnte einer anderen Gottheit zugeordnet sein, vielleicht gar dem in Feuertempeln verehrten persischen Ahura Mazda? Wie dem auch sei, eine tiefgehende kultisch-theologische Spaltung der nachexilischen Gemeinde wird sichtbar. Die interne Rivalität in den judäischen, babylonischen, ägyptischen Jahwegemeinschaften ist eine auch sonst bezeugte Tatsache. Sie lässt sich allerdings nur schwer im Einzelnen rekonstruieren.[248] Paralleltexte zu Lev 10 liegen in Num 12 und 16 vor; das dritte Jesajabuch (Jes 56–66) und einige andere Schriften enthalten ebenfalls Spuren von tiefgreifenden religiösen Auseinandersetzungen, die aus dem Anspruch auf jeweils alleinige Orthopraxis stammen. Abspaltungen wie die der Samaritaner und der Qumrangemeinschaft markieren das Auseinanderdriften unterschiedlicher Glaubens- und Bekenntnisrichtungen innerhalb des entstehenden Judentums. Die priesterlichen Überlieferer haben mit der Revolte der älteren Aaronssöhne also einen geschichtlichen Sachverhalt ihrer eigenen Zeit im Sinn, der nun – genau wie alle legitimen Ämterdynastien und kultischen Einrichtungen – in der normativen Urzeit verankert wird.
Auf die entscheidende gottesdienstliche Neukonstitution der Tempelgemeinde folgt eine Reihe von Vorschriftensammlungen, welche das Leben der Gemeinde reglementieren. Reinheitsgebote bzw. Verbote, Unreines zu berühren, in sich aufzunehmen oder zu tun (Lev 11–15), und sich so dem Heiligen zu entfremden. Die Regeln gelten für alle Gemeindeglieder, nicht nur für das Tempelpersonal; es geht um die richtige (Fleisch)Nah-

---

[248] Vgl. M. Smith, Parties; kritisch L.L. Grabbe, Yehud 256–261 („opposition ... seems rather overdone").

rung, genitale Körperausflüsse, gewisse Krankheitsbefunde- und Schimmelbefälle an den Häusern. Ferner stehen wichtige rituelle und Feiergewohnheiten zur Debatte, d.h. sie werden mit der den Priestern eigenen Entschiedenheit teilweise „auf ewig" festgelegt (Lev 16–18; 20–25).[249] Im Zentrum aller kultisch-rituellen Anweisungen steht aber ein eigentümlich ethisch ausgerichtetes Kapitel. Man kann es von unseren Vorstellungsmustern her als einen „Gemeindekatechismus" bezeichnen.[250] Von Lev 19 her gesehen mögen auch die umliegenden Texte in dieselbe Kategorie fallen. Der überschriftsmäßig gebrauchte Leitsatz der bemerkenswerten Normensammlung lautet: „Ihr sollt heilig sein, denn ich, Jahwe, euer Gott, bin heilig" (V. 2). Formgeschichtlich dominieren prohibitive Formulierungen, wie sie auch im Dekalog und verwandten Normenkatalogen auftreten.[251] Sie vermitteln den Angehörigen der Gemeinschaft die ethischen und kultischen Grundwerte, unter denen in unserem Text die Elternehrung und das Sabbatgebot (beide wie im Dekalog imperativisch, positiv ausgesagt), sowie das Verbot von Götzenbildern voranstehen (V. 3–4). Später folgen Prohibitivkataloge, teils pluralisch, teils singularisch formuliert, die man schon als leicht verbildete Dekaloge (S. Mowinckel) angesehen hat: V. 11–18.26–32. Ihre Verwandtschaft zu Standardsätzen des Dekalogs steht außer Zweifel:

> Ihr sollt nicht stehlen. Ihr sollt nicht lügen. Ihr sollt einer den anderen nicht betrügen. Ihr sollt nicht in meinem Namen falsch schwören und so den Namen deines Gottes entweihen. Ich bin Jahwe.
> Du sollst deinen Stammesgenossen nicht unterdrücken. Du sollst nicht rauben. Du sollst die Entlohnung deines Tagelöhners nicht auf den folgenden Tag verschieben. Du sollst den Tauben nicht verfluchen. Vor einem Blinden sollst du kein Hindernis aufbauen. Fürchte dich vor deinem Gott; ich bin Jahwe. (V. 11–14)

Zwischen Blöcken von Prohibitiven stehen dann kasuistisch formulierte kultische und rituelle Anweisungen, so zur Behandlung des Opferfleisches (V. 5–8), der Ernterückstände (V. 9f), eines Ehebrechers (V. 20–22: rituelle Entsühnung!), junger Obstbäume (V. 23–25: rituelle Beschneidung!), des ortsansässigen Fremden (V. 33f: „Du sollst ihn lieben wie dich selbst, denn ihr seid Fremde in Ägypten gewesen."). Einige Vorschriften muten archaisch an, z.B. die Vermischungstabus V. 19, das Verbot des Blutgenusses, der Wahrsagerei, von gewissen Trauerriten (V. 26–28.31), andere sind bis heute unerreicht modern, wie z.B. das Liebesgebot im Blick auf Stammesverwandte und Fremde (V. 18.34). Kurz, die in Lev 19 zusammengefassten Lebensregeln greifen – obwohl sie nur Ausschnitte der Wirklichkeit betreffen – tief in den Alltag der Angeredeten ein. Sie ordnen das soziale und kultische Verhalten der damaligen Gemeindeglieder in einem Maße wie kaum ein anderer Text der hebräischen Überlieferung. Die Jahwe geheiligte, d.h. entsprechende Gemeinde ist die Grundlage aller Anordnungen. Aus der Heiligkeitsforderung erwachsen alle Einzelauflagen. Hinwendung zum ausschließlichen, heiligen Gott bedeutet in sich Abwendung von den „Nichtsen", jenen substanzlosen anderen Gottheiten oder Kräften (V. 4). Sie sind in sich hohl, lediglich menschengemacht und trügerisch. Das persische Avesta kann in ganz ähnlichen Aussagen den wahren Gott von den

---

[249] Die wissenschaftliche Debatte um die Sonderexistenz und das Wesen des sogenannten „Heiligkeitsgesetzes" (Lev 17–26) ist weithin rein akademischer Natur; sie setzt den Glauben an einzelne Schriftstellerpersönlichkeiten oder zu mindest -kreise voraus, vgl. Henry T. C. Sun, An Investigation into the Compositional Integrity of the So-Called Holiness Code (Leviticus 17–26), Diss. Claremont 1990.

[250] E. S. Gerstenberger, Leviticus, 238–261.

[251] E. S. Gerstenberger, Wesen und Herkunft des ‚apodiktischen Rechts', WMANT 20, Neukirchen-Vluyn 1965.

lügnerischen Wesenheiten einander gegenüberstellen. In Lev 19 gibt es keine Polemik gegen nationale, „andere" Gottheiten, wie noch in Lev 18,3.24–29; 20,1–5.23–26 oder im dtr. Werk. Jahwe ist der unumschränkte, universale Herr, der für Israel zuständig ist. Die Überlieferer fügen nach jeder Passage refrainartig ein: „Ich bin Jahwe, euer Gott" (Lev 19,4.10.12.14.18.25.28. 30.31.32.33.37), eine machtvolle, liturgische Demonstration des absoluten Verfügungsanspruches.

Die Kapitel 21 und 22 des Buches Leviticus behandeln Priesterangelegenheiten, aber doch so, dass auch das Interesse und eine gewisse Kontrollfunktion der Gemeinde sichtbar werden. Die angemahnten Verhaltensweisen für die Kultdiener sind überwiegend öffentlicher Art (Trauerbräuche; Bestattung von Toten; Wahl der Frau; körperliche Defekte; Genuss von Opfergaben; Auswahl der Opfertiere usw.). Rein formal sind beide Abschnitte von Mose an die Priester gerichtete Mahnung (Lev 21,1; 22,1f), doch die Schlussformeln beziehen jeweils die ganze Gemeinde mit ein (Lev 21,24; 22,31–33). – Die umfangreichen Sammlungen zur Gestaltung des Jahresablaufes und der saisonalen Feste (Lev 23; 25; vgl. 16f) sind wiederum für die ganze Gemeinde äußerst wichtig. Ohne ein festes Gerüst für das landwirtschaftliche Geschehen fühlten sich antike Menschen verloren. Das Überleben hing von ausreichenden Ernten ab. Und der Ertrag von Feldern, Weinbergen und Herden konnte ohne Mitwirkung der Gottheiten nicht eingebracht werden. Priesterlicher (eventuell schamanistischer, prophetischer) Sachverstand war notwendig, die Festtage richtig zu bestimmen und gottgefällig rituell auszugestalten. Lev 23 ist ein Festkalender für das ganze Agrarjahr, wie er in der vorpriesterlichen Tradition schon mehrfach vorkommt (vgl. Ex 23,10–19; Dtn 15,1–16,17). Die dreifache Erntefeier, zu der als weitere Parallele noch Num 28f zu berücksichtigen ist, gibt uns eine gute Chance, die Besonderheiten des priesterlichen Festkalenders zu erkennen. Das Grundgerüst von Passah, Wochen- und Laubhüttenfest ist in allen Texten vorhanden, es gibt ja auch noch bis heute den Jahresablauf des christlichen Kalenders vor. Auch von einem höherwertigen Zyklus ist die Rede: dem Sabbat(Brach)jahr in Ex 23,10f, dem (Schulden)Erlassjahr (Dtn 15,1–18) und dem Jobeljahr (Lev 25). Doch die Einzelausführung wie die Anordnung der einzelnen Bestimmungen unterscheiden sich in der nachexilischen Zeit (Leviticus!) erheblich von den beiden exilischen (?) oder vorexilischen (?) Festkalendern. Wir können nur einige besonders wichtige Hinweise geben.

Der Sabbat spielt in Dtn 15f keine Rolle und ist in Ex 23,12 vielleicht nur ein Echo des Dekalogs (Ex 20,8–11; vgl. 34,21). Im letztgenannten Passus scheint die wöchentliche Ruhepflicht auch seltsam unmotiviert zwischen die Festgebote eingeschoben zu sein (Ex 34,18.21–23). Der Leviticus-Kalender aber setzt programmatisch an: „Die Festversammlungen für Jahwe, die ihr als heilige Zeiten ausrufen sollt: Dies sind meine Festzeiten" (Lev 23,2). Und er fährt völlig unerwartet mit dem Sabbat fort:

> Sechs Tage sollst du arbeiten; am siebten Tag ist der große Sabbattag[252], eine heilige Versammlung. Keinerlei Arbeit darfst du verrichten. Es ist Sabbat für Jahwe in allen euren Siedlungen. (V. 3)

So, als sei das Sabbatgebot auch für die Tradenten ein Einschub, wiederholt V. 4 noch einmal den Einleitungssatz: „Dies sind die Festzeiten für Jahwe, heilige Festversammlungen" und geht dann nach dem alten Schema zu Passah- und Mazzotfest über (V. 5f). Dass aber die priesterliche Sabbatvorschrift nicht als erratisches Einsprengsel in den

---

[252] šabbat šabbaton kommt nur in Lev 23 und Lev 16,31; 25,4f; Ex 16,23; 31,15; 35,2 vor. Vgl. E. Haag, ThWAT VII, 1049.

Kalender hineingekommen ist, bezeugen die folgenden Ausführungsbestimmungen. Arbeitsverbot und Versammlungspflicht (?)[253] sind jetzt, wie in keinem der anderen Festkalender, auch für die jahreszeitlichen Feste vorgeschrieben (V. 7f.21.24f.30f.35f.39). Die Sabbatordnung legt sich wie ein Netz über alle anderen Festzeiten und Rituale.[254] Sie bestimmt liturgisch und theologisch das Geschehen. Dabei ist der siebte Monat besonders stark gottesdienstlich durchgestaltet (V. 23–43). Am ersten Tag erklingen die „Lärminstrumente", wie sonst vor keinem Fest (V. 24). Der zehnte Tag ist der bis heute wichtigste Feiertag im Jahreszyklus überhaupt, der Jom Kippur (V. 27), und vom 15. bis 17. Tag findet das große Herbstfest, ursprünglich der Wein- und Obstlese gewidmet, statt (V. 34–36.39–43, man beachte die durch eine verfrühte Schlussnotiz V. 37f unterbrochene, doppelte Nennung dieses Festes). Der Befund ist erhellend: Die priesterlichen Überlieferer haben die ältere Tradition von den drei[255] Jahresfesten ausgeweitet, systematisiert, unter die Herrschaft des Sabbatgebotes gestellt. Die vorgeschriebenen Opfer sind besonders berücksichtigt. Sie haben der entstehenden Jahwe-Gemeinschaft damit ein festes Korsett liturgischer Abläufe gegeben. Es bildet bis heute die Grundlage des jüdischen Jahreskalenders und ist nur stellenweise durch spätere Feste (z. B. Purim; Hanukkah) erweitert worden. Deutlich ist wieder, wie in den meisten priesterlichen Überlieferungen, dass der Festkalender nicht als Berufswissen der liturgischen Fachleute aufgeschrieben wurde, sondern der ganzen Gemeinde zur Orientierung gegeben ist: So wollen es Einleitung, Schlussnotiz und Zwischenformeln (V. 2.43.10.23.31) sowie die durch sie gesteuerte, durchgehende Anrede der Zuhörer in der 2. Person Plural.

In den vorpriesterlichen Kalendern sind Brach- bzw. Erlassjahr dem jahreszeitlichen Zyklus vorangestellt. Das ist besonders für das Brachjahr (Ex 23,10f) sehr sinnvoll, bilden doch landwirtschaftliche Gebräuche den Hintergrund aller Feste. Aber schon im Buche Exodus wie im Deuteronomium (Dtn 15,1–18: Sklavenbefreiung im siebten Jahr) ist das Motiv der Wiederherstellung eines früheren Zustandes nur lose mit den jährlich wiederkehrenden Festen verknüpft. Beim Kalender Lev 23 folgt das Restitutionskapitel (Lev 25) auf einige lose eingestreute Materialien (so unser Eindruck: Lev 24 hat es mit der Tempeleinrichtung und einem exemplarischen Kriminalfall „Gotteslästerung" zu tun), dann aber massiv und in großer Breite, auch in einer neuen, sehr eigenartigen Weise. Die siebenjährliche Brache (Lev 25,3–7.19–22) ist zusammengearbeitet mit der Freilassung der (hebräischen!) Schuldsklaven und der Rückgabe verpfändeten Immobilienbesitzes (V. 8–23). Der große Unterschied zu den früheren analogen Setzungen ist aber, dass der Siebenjahresrhytmus zugunsten eines fünfzigjährigen aufgegeben ist:

> Ihr sollt das fünfzigste Jahr heiligen und für alle Bewohner im Lande einen Schuldenerlass ausrufen. Es soll euch ein Befreiungsjahr sein. Ihr sollt alle wieder zu eurem Besitz kommen, jeder von euch soll zu seiner Sippe zurückkehren. Es ist ein Befreiungsjahr, dieses fünfzigste Jahr, das für euch kommt. Ihr dürft weder säen noch den Eigenwuchs ernten oder den Wildwuchs ablesen. Denn es ist ein Befreiungsjahr, es soll euch heilig sein. Ihr dürft das essen, was auf dem Acker von selbst wächst. – [*Landbesitz kann in diesem Zeitraum nur nach Maßgabe der noch zu erwartenden Ernten „verkauft" werden, denn:*] ... Grund und Boden darf nicht endgültig verkauft werden, denn mir gehört die Erde. Ihr seid nur wie Ausländer und Pächter auf meinem Besitz. Bei allem eurem Erbland sollt ihr die Möglichkeit der Auslösung gewähren. (V. 10–12.23f).

---

[253] *miqra'*, „Zusammenrufung", „Appell" hat anscheinend die Qualität von „Versammlung", H. Lamberty-Zielinski, ThWAT VII, 144f.

[254] J. Milgrom, Leviticus 1, 19ff; 27f; Leviticus 2, 135–1352.

[255] Ex 23,14.17; Dtn 16,16 – in Lev 23 ist diese Standardzahl verständlicherweise nicht mehr zu finden.

Auf diese Grundsatzerklärungen folgen sechs, jeweils mit einem Konditionalsatz eingeleitete, präzise beschriebene Unterfälle zur Auslösung oder Rückgabe von Sklaven bzw. Eigentum (V. 25–55). Das große Kapitel vom priesterlichen Jobel(=Widderhorn)jahr entwickelt also eine grandiose, einmalige Vision vom allgemeinen Schuldenerlass in jedem 50. Jahr. Es hat eine spannende Anwendungsgeschichte hinter sich und bis in unsere Zeiten nachgewirkt.[256]

Einige wichtige Beobachtungen zu Lev 25 müssen an dieser Stelle genügen. Sie verraten viel über die Sozialstruktur der Jahwe-Gemeinde in der Perserzeit. – Freilassung und Rückgabe von Besitz nach 50 Jahren geschehen am Versöhnungstag (Jom Kippur, V. 9). Die Zeremonie ist analog zu Lev 23,24 mit lauten Widderhorntönen einzuleiten. Damit ist die Jobeleinrichtung eng mit dem Festkalender verkoppelt. Jom Kippur, in Lev 16 und 23,27–32 nur mit Opfern bedacht, bekommt hier eine ganz andere Dimension. Er wird zu einem einzigartigen, vielleicht utopischen Instrument des sozialen Ausgleichs. Ob die alle 50 Jahre stattfindende radikale Landreform je konsequent durchgeführt wurde, ist aus unserem geschichtlichen Abstand und bei der mangelhaften Quellenlage nicht auszumachen. Erfahrungswerte sprechen eher dagegen. Die Episode der Sklavenbefreiung unter König Zedekia (Jer 34,8–22) muss ebenfalls davor warnen, derartige sozio-ökonomische Vorstellungen für institutionelle Wirklichkeit zu halten. Fest steht aber, dass in dem so priesterlich strukturierten Entwurf einer periodischen Restitution idealer Sozialverhältnisse ein starker Geist von gesellschaftlicher Verantwortung weht. Wie auch in Lev 19 ist diese Verantwortung eingepackt in ein rituelles Gewebe. Bei den Erlassjahrbestimmungen ist grundlegend jener ominöse „Sabbat für das Land" (Lev 25,2–4; vgl. 26,34f) verankert, der dem heiligen Erdboden „Ruhe" vor der landwirtschaftlichen Misshandlung verschafft. Die Freilassung von Schuldsklaven, ursprünglich alle sieben Jahre vorgesehen, ist nun auf das fünfzigste Jahr verschoben (V. 8–11). Allerdings sind die Freikaufmöglichkeiten in dieser sonst unrealistisch langen Frist hervorgehoben: Der Schuldsklave selbst (V. 26f.49) oder seine Sippe (V. 25.47–53) sind handlungsbefugt; die sich jährlich verringernde Haftsumme kann die Auslösung des versklavten Familiengliedes erleichtern. Dass der Schuldsklave theoretisch (und aus theologischen Gründen!) wie ein angeheuerter Arbeiter behandelt werden soll (V. 39–42.53), also eigenes Geld verdient, unterstützt selbstverständlich die Loskaufoption. Bei Immobilien gelten ähnliche Regeln. Der frühe Rückkauf ist eingeplant (V. 25). In der Stadt gilt ein besonderes, auf ein Jahr befristetes Rückkaufrecht. Danach ist im städtischen Bereich aus Gründen der allgemeinen Besitzstandssicherung die Erlassjahrdoktrin aufgehoben: Der Haus- und Grundstücksbesitzer bekommt seinen (Familien)Besitz auf Dauer garantiert (V. 29f). Dauerhafter Landbesitz außerhalb der Stadt bleibt hingegen ausdrücklich verboten (V. 31). Wir sehen, wie die realen Zwänge des Stadtlebens die theologische Utopie, Grund und Boden seien Jahwes Eigentum und von Menschen nur in einer Art Pächternutzung zu gebrauchen (V. 23f), aushebeln. Dasselbe geschieht in Lev 25 auch noch an einer zweiten empfindlichen Stelle. Gelegentlich sind in den priesterlichen Überlieferungen den eingebürgerten Fremden volle Rechte zugesagt (Ex 12,48f; Lev 18,26; 19,33f; 24,16.22 u.ö.), Errungenschaften der Mitmenschlichkeit, die weit über alles hinausgehen, was moderne Demokratien bis heute auf diesem Gebiet geleistet haben. Wenn es aber um handfeste Besitz- und Menschenrechte geht, gerät der

---

[256] Vgl. die „heiligen" Jahre der katholischen Kirche und die „Kampagne 2000" für die Entschuldung der ärmsten Länder, Erhard S. Gerstenberger, „zu lösen die Gebundenen" in: Kirchlicher Entwicklungsdienst der EKHN (Hg.), Erlassjahr 2000. Entwicklung braucht Entschuldung, Frankfurt 1999, 59–96, s.o. Exkurs „Schulden" nach II.3.4.

hehre, altruistische Grundsatz sofort in Vergessenheit. Eine ethnisch gefärbte Binnen- und Außenmoral greift Platz: „Was deinen Sklaven und deine Sklavin angeht, die du haben kannst: Von den Völkern rings um euch her könnt ihr Sklaven und Sklavinnen kaufen. Auch von den ausländischen Pächtern, die bei euch sind, dürft ihr [Sklaven und Sklavinnen] und von ihren Sippen, die bei euch sind, die sie in eurem Land gezeugt haben: Die dürft ihr [auf Dauer] besitzen. Ihr dürft sie euren Söhnen nach euch vererben, dass diese sie als dauerhaftes Eigentum übernehmen. Sie könnt ihr unbegrenzt als Sklaven arbeiten lassen. Aber eure Brüder, die Israeliten, dürft ihr gegenseitig nicht mit Gewalt beherrschen." (V. 44–46). Theologische Vision und gelebte Wirklichkeit klaffen auch in den biblischen Texten auseinander.

In den restlichen Kapiteln der Bücher Leviticus und Numeri findet sich noch eine Vielzahl von Themen, die auf die Lage der (nach)exilischen judäischen Gemeinden in Jerusalem / Juda und in der damaligen Diaspora hinweisen. Ein Problem war z.B. wie in den chronistischen Schriften die Legitimität der amtierenden Leviten und Priester (Num 3f; 18) und die daraus resultierenden Rivalitäten und Machtkämpfe der Zeit (Num 12; 16). Weiter geht es um Nachträge zu levitischen Opfer- und Reinheitsvorschriften (Num 5; 15; 28f), die finanzielle Sicherung des Heiligtums (Num 7) und bis dato vernachlässigte religiöse Ämter und Funktionen (Num 6). Kurz: Die priesterlichen Traditionen sind ganz klar darauf aus, die in der persischen Zeit aktuellen Gemeindestrukturen und das in ihnen ablaufende Alltagsleben in der normativen Sinaisituation zu verankern, zu ordnen und zu orientieren. Israel kampiert am Gottesberg und empfängt durch die Vermittlung Moses (ständige Formel: „Jahwe redete zu Mose: Sprich mit den Israeliten und Israelitinnen und sage ihnen ...") die sorgfältig ausgefeilten, für immer Gültigkeit beanspruchenden Handlungsanweisungen, wie sie der Gemeinschaft gebühren, die als „heilige" Gemeinde in der unmittelbaren Nachbarschaft und Gegenwart Gottes existiert.

Für uns stellt sich vor allem die Frage, wie weit wir den zahlreichen Bestimmungen sakraler und ethischer Art in den priesterlichen Überlieferungen des Pentateuch, zu denen evtl. noch ähnlich geartete Passagen des Ezechielbuches konsultiert werden können, Informationen über Sozialstruktur, Gottesdienst, Theologie der nachexilischen Gemeinden entnehmen können. Sozialgeschichtliche Analysen und Rekonstruktionen sind bislang in der Wissenschaft noch nicht weit gediehen.[257] Gerade aber von den so deutlich auf die eigene Zeit zielenden Normierungen der priesterlichen Sinaiperikope sollte man Aufschluß über die Strukturen, Institutionen, Lebensverhältnisse und theologischen Vorstellungen der literarischen Urheberzeit erwarten.

In unserem Kulturraum denkt man, wenn von Sozialstrukturen die Rede ist, gern zuerst an das Autoritätsgefälle, das jede menschliche Gruppierung unweigerlich hervorbringt. Der erste Gesamteindruck der priesterlichen Schriften ist: Jahwe instruiert seine Gemeinde. Die abschließende Selbstvorstellungsformel „Ich bin Jahwe, euer Gott", besonders in Lev 19, lässt an eine direkte Theokratie denken. Die hörende und zur Befolgung göttlicher Anweisungen aufgerufene Gemeinschaft ist überall vorausgesetzt. Die unterweisende Stimme Jahwes kommt aber nicht vom Himmel oder aus dem Dornbusch, sie ist vielmehr durch Menschen in verschiedenen Rollen und Ämtern vermittelt. Zwar machen andere Figuren wie Mirjam (Num 12) oder die 70 geistbegabten Ältesten (Num 11,16–30), vielleicht auch die anmaßenden Priester in Lev 10; Num 16) der Moseautorität Konkurrenz. Sie scheint aber im Hauptstrom der Überlieferung grundlegend ver-

---

[257] Vgl. H.G. Kippenberg, Religion; H. Kreissig, Situation; J.P. Weinberg, Agrarverhältnisse; derselbe, Bürger-Tempel Gemeinde; R. Kessler, Frühkapitalismus (EvTh 54, 1994, 413–427); derselbe, Sozialgeschichte; J. Berquist, Juda; L.L. Grabbe, Yehud.

bindlich zu sein. Aber welche nachexilische Autorität verbirgt sich hinter Mose? Im Esra-Nehemia-Buch führt der „Schreiber", d.h. der Schriftgelehrte in gewisser Weise das Regiment. Er kann die heiligen Texte vortragen, aber auch hüten, abschreiben, rituell versorgen. Ihm sind anscheinend die Priester unterstellt, und Esra ist wohl erst sekundär auch zum Priester stilisiert worden. Obwohl in den priesterlichen Schichten, anders als in den deuteronomistischen!, die schriftliche Niederlegung und die daraus folgende Verlesung der göttlichen Normen kaum eine Rolle spielt (Ex 24,7?), machen die umfangreichen Vorschriftensammlungen in ihrem präzisen, technischen Stil doch einen durchaus literarischen Eindruck. Die häufigen Schlussbemerkungen („das sind die Regeln/Gesetze für ...", vgl. Lev 7,37f; 11,46; 13,59; 14,54–57; 15,32f; 27,34 etc.) sind literarischer Art (Kolophone). Das kann bedeuten: Auch in der priesterlichen Sicht sind die Schriftkundigen und literarischen Traditionspfleger die obersten Gemeindeleiter. Sie stehen hinter dem Ich Gottes, das am Sinai alle Anweisungen gibt. Sie sind die Wortvermittler, nicht die den Kult versorgenden Priester. Die Einbeziehung der Gemeinde als hörende und gelegentlich mit agierende und entscheidende Instanz unterstreicht das Bild einer religiös-laizistisch, nicht monarchisch, in verschiedenen Ämtern organisierten Körperschaft. Jedoch bleiben die Schriftgelehrten hinter den Texten verborgen.[258] Nur das Kultsystem mit dem Brennpunkt „Opfer" ist breit dargestellt. Eine (kultische!) Opposition ist nicht vorgesehen. Rivalisierende Gruppen existieren zwar, sind aber illegitim. Die Geistbegabung der Ältesten in Num 11 deutet nur von ferne auf ein prophetisches Element (V. 29; vgl. Joel 3,1f). Vordergründig ist der Geist Jahwes im Kontext der Priesterschrift ein Helfer bei der Übernahme schwieriger Verwaltungsdienste. Das geistdurchwirkte Amt des Nasiräers (Num 6) beruht auf einem Selbstweihegelübde und kann offensichtlich unterschiedliche Funktionen beinhalten (vgl. V. 21). Auf der politisch-juridischen Seite fehlen die im dtr. Werk so wichtigen Richter und Schlichter. Ist eine in der Tradition noch nicht festgelegte Straftat zu klären, kommt der Fall vor Mose. Der wartet auf eine göttliche Entscheidung, und die „ganze Gemeinde" wird zum ausführenden Organ des Gotteswillens (Lev 24,10–23). Die Infrastruktur ganz Israels wird nach einem traditionellen Stämmesystem gezeichnet (vgl. Num 1; 2; 7 etc.). Führungspersönlichkeiten heißen *nesi'im* („Fürsten"? Num 7) oder gelegentlich *sarim* (militärische „Anführer", Num 31,14.48–54 u.ö.). Die „Sippenhäupter" (Num 7,2; 17,18; 31,26; 36,1) stehen wohl für die Unterordnung unter die Stämme. Eine solche feste Stämmeordnung scheint besonders nach den Bevölkerungsverwerfungen der exilischen Zeit eher ideologisch und künstlich zu sein als der Wirklichkeit zu entsprechen. – Wir bekommen also insgesamt den Eindruck einer gegliederten Religionsgemeinschaft, die als ganze auf Jahwe, seine Wortmitteilung, den ihm gebührenden Kult und das von seinem Willen gesteuerte Alltagsleben ausgerichtet ist. Das Autoritätsgefälle ist nicht nur über die beschriebenen Ämter geregelt. Die Gesamtgemeinde kommt vielmehr als die in der 2. Person Plural (gelegentlich individualisierend in der 2. Person Singular) angeredete Gruppe in den Blick und ist eine Größe sui generis.

Wohn- und Lebensverhältnisse der Jahwegemeinde scheinen durch viele Texte hindurch. „Israel" lebt in einer größeren Zahl von „Siedlungen", „Ortschaften" (vgl. Lev 23,3.14.17.21.31 u.ö.) und natürlich in Jerusalem. Dass dabei die babylonische Diaspora mit im Blick ist, zeigt eindrücklich der Katalog von Drohungen in Lev 26,14–32, der als Höhepunkt die Zerstreuung unter die Völker vorsieht (V. 32). Bei aller Konzentration auf Tempel und Tempel-Bürger-Gemeinde scheint die räumliche Zerdehnung der Ge-

---

[258] Vgl. T. Veijola, Erben (Bibl. III.2.1).

meinschaft also schon verarbeitet zu sein; Wallfahrtsprobleme werden z.B. in Festkalendern nicht erwähnt. – Die Lebensgrundlage der Gemeindeglieder ist der Ackerbau. Tiere und Ernten spielen eine große Rolle. Bei privaten Opfern bringt der Opferherr eigene Tiere zum Tempel, die auf ihre Tauglichkeit geprüft werden müssen; der Priester vollzieht nur den Blutritus am Altar (vgl. Lev 3,1f). Doch ist zumindest die geistige Elite in Jerusalem und im städtischen Milieu zu Hause. Eine derartige Konzentration von theologischer Reflexion wie in den priesterlichen Schichten ist auf dem Lande nicht zu erreichen. Die Geldwirtschaft hat z.T. bereits den Austausch von Naturalien ersetzt (vgl. Lev 5,15; 27). Soziale Differenzen sind bis in die Opfervorschriften zu spüren: Minderbemittelte können statt eines Schafes auch Tauben als Sühnegabe bringen (Lev 1,14; 5,7). Die sozialen Bestimmungen besonders in Lev 19 zeigen ein hohes Maß von innergemeindlicher Verantwortung für sozial Schwache, körperlich Behinderte, ausländische Mitbürger. Allerdings kann es vorkommen, dass entsprechend der zeitgenössischen Mentalität (Dämonenfurcht; Tabuängste; Ansteckungsgefahr) besonders von einer Gottesstrafe Gezeichnete aus der Gemeinschaft ausgeschlossen werden (vgl. Lev 13,45f). Ansonsten besteht ein starker Familienverbund, wie aus genealogischen Angaben, aber auch aus der alten, priesterlich bearbeiteten Liste der „verbotenen Verwandtschaftsgrade" in Lev 18 hervorgeht. Der Geschlechtsverkehr innerhalb einer beisammen wohnenden Sippe ist genau geregelt, d.h. durch starke Taburegeln eingeschränkt. Die familiäre Lebensgemeinschaft darf nicht gefährdet werden. Darüberhinaus aber bleibt die Jahwegemeinde vor Ort der wichtigste Bezugsrahmen, in dem sich alles kultische, religiöse und zwischenmenschliche Leben abspielt. Der „Nächste" ist nicht das Familienmitglied, sondern der Glaubensgenosse, vor allem im Ortsverband. Soziologisch gesehen hat in jener nachexilischen Zeit Israels die heute noch, wenn auch unter veränderten Bedingungen, existierende Parochialgemeinde anfänglich Gestalt gewonnen.

Die auf Tempel und Priesterdienst bezogenen Passagen des Ezechielbuches und anderer prophetischer Schriften müssen in diesem Zusammenhang mit bedacht werden. Sie gehören zum priesterlichen Überlieferungsgut der sich formierenden jüdischen Gemeinden. Exemplarisch sei auf Ez 8 verwiesen, das düstere Gemälde des missbrauchten Heiligtums. Gemeindeleiter und Frauen vollziehen verabscheuenswerte, illegitime Kultriten, bringen so hochpotenzierte Unreinheit in die heiligen Hallen. Die Wohnung Jahwes wird unwiederbringlich geschändet. Oder ein Blick auf Ez 40–48: In einer umfassenden Vision schildert der Text den Wiederaufbau des Tempels und der heiligen Stadt Jerusalem.[259] Die Details der vorgesehenen Ordnungen stimmen im Großen und Ganzen mit den priesterlichen Reinheits- und Heiligtumsvorstellungen der Bücher Leviticus und Numeri überein. Eine Debatte um die zugelassenen Priesterlineages erinnert an ähnliche Auseinandersetzungen in den Chronikbüchern. Struktur und Besiedlung der Heiligen Stadt sind aus dem priesterlichen Heiligtumskonzept entwickelt. So kann man also aus den priesterlichen Schichten des Alten Testaments den Eindruck gewinnen, dass die in der persischen Periode sich entfaltende neue Gemeinschaft der Jahwe-Gläubigen eine stark von der priesterlichen *kabod*-Theologie – Jahwe nimmt in unzugänglichem Lichtglanz seinen zentralen Platz im Jerusalemer Heiligtum ein[260] – bestimmte Gestalt ge-

---

[259] Die zeitliche Ansetzung des Ezechielbuches ist umstritten, vgl. R. Albertz, BE 7, 261–263. Auch Albertz hält die Bemühungen um „Neuorganisation des Gemeinwesens in Palästina, die sich in Ez 40–48 finden", für „erst aus einer Situation verständlich, wo ein Neuanfang in greifbare Nähe rückte, also frühestens seit dem Fall des neubabylonischen Reiches 539, wahrscheinlich aber erst seit dem Ägyptenfeldzug des Kambyses 525." (a.a.O. 264).

[260] Vgl. F. Hartenstein, Unzugänglichkeit.

wann. Jedoch zeigt eine genauere Analyse der betreffenden literarischen Schichten, wie oben hervorgehoben: Die priesterlichen Anliegen sind eingebettet in breitere gemeindliche Strukturen, unter denen die mosaische Schrifttradition sich als dominant erweist. Beide aber, Heiligtums- und Auslegungstradition sind nur im städtischen Milieu, sei es innerhalb Palästinas oder in der Diaspora, denkbar. Die Jahwe-Gemeinschaft, wie sie uns mehrschichtig in den hebräischen Schriften begegnet, ist soziologisch gesehen ein urbanes Phänomen, auch wenn Menschen aus landwirtschaftlichen Lebensbereichen im städtischen „Hinterland" mit zur Gemeinde gehört haben. Sie waren in ihr aber nach Ausweis der erhaltenen Schriften nicht tonangebend. Sowohl die priesterlichen wie die schriftgelehrtenTätigkeiten innerhalb des Gemeindeverbandes setzen städtische Kultur voraus. Dass mit dieser Feststellung jedoch keine Uniformierung von Theologie und Struktur der jüdischen Gemeinden gemeint sein kann, hat bereits eine Betrachtung der Urkunden aus Elephantine gezeigt (s.o. II.4.2).

III.1.1.4 Novellen (Joseph; Rut; Jona)

R. Alter, The Art of Biblical Narrative, New York 1981. – A. Berlin, Poetics and Interpretation of Biblical Narrative, Sheffield 1983. – G.W. Coats, Saga, Legend, Tale, Novella, Fable: Narrative Form in Old Testament Literature, Sheffield 1985 (JSOT.S 35). – P.A. Davies, Scribes and Schools, Louisville 1998 (bes. 142–151). – W. Dietrich, Die Josephserzählung als Novelle und Geschichtsschreibung, Neukirchen-Vluyn 1989 (BThSt 14). – J. Ebach, Kassandra und Jona, Frankfurt 1987. – I. Fischer, Rut, Freiburg 2001 (HThKAT). – F.W. Golka, Joseph – biblische Gestalt und literarische Figur, Stuttgart 2002. – M.D. Gow, The Book of Ruth: Its Structure, Theme, and Purpose, Leicester 1992. – R. Lux, Jona. Prophet zwischen ‚Verweigerung' und ‚Gehorsam'. Eine erzählanalytische Studie, Göttingen 1994 (FRLANT 162). – Derselbe, Jona, Prophet zwischen „Verweigerung" und „Gehorsam": eine erzählanalytische Studie, Göttingen 1994 (FRLANT 162). – A. Meinhold, Die Gattung der Joseophsgeschichte und des Esterbuches: Diasporanovelle I und II, ZAW 87 (1975) 306–324; 88 (1976) 72–93. – C. Mesters, Der Fall Ruth, Erlangen 1988. – D.B. Redford, A Study of the Biblical Story of Joseph (Genesis 37–50), VT.S 20, Leiden 1970. – H. Seebass, Josephsgeschichte (Genesis III), Neukirchen-Vluyn 2000. – U. Simon, Jona. Ein jüdischer Kommentar, Stuttgart 1994 (SBS 157).

Die bisher dargestellten literarischen Werke sind relativ deutlich mit den Sozialstrukturen Israels und den Geschichtsumständen der persischen Zeit verbunden. Das ist nur in geringerem Maße bei den drei „novellistischen" Literaturstücken des Alten Testaments der Fall. Die Grundfrage ist: Um welche Gattung(en) handelt es sich eigentlich? Wie ist ihr Lebenssitz und Verwendungszweck zu bestimmen? Hat es in der persischen Epoche schon derartig – so der erste Eindruck – erbauliche, auf ein privates Leserpublikum abgestellte Literatur in der judäischen Gemeinde gegeben? Oder müssen wir die novellistische Literatur ganz anders einordnen? Um hochrangige Literatur scheint es bei den genannten Erzählstücken der Josephsgeschichte und der Bücher Ruth und Jona deutlich zu gehen. Doch ist auch die Frage berechtigt: Sind so umfangreiche, stilistisch wie theologisch ausgereifte Kompositionen zunächst mündlich weitergegeben und erst in späterer Zeit schriftlich fixiert worden? In der heutigen Debatte neigt man allgemein zu einer literarischen Originalform der betreffenden Textkomplexe. Das setzt aber sogleich eine hoch stehende und in Israel verbreitete Schriftkultur voraus, die wir gemeinhin erst in der hellenistischen Periode vermuten. Ihre Entstehung im späten Perserreich, etwa in der zweiten Hälfte des 4. Jahrhunderts, ist jedoch nicht auszuschließen. Dann wären unsere drei „Novellen"[261] schon aus formalen Gründen in diese Zeit zu setzen.

---

[261] Der Begriff stammt natürlich aus der modernen Literaturwissenschaft (vgl. A. Jolles, Einfache Formen, Tübingen, 7.Aufl. 1999) kann aber mit Vorsicht auch hier verwendet werden. Die War-

"Novellen" sind nach unserem Verständnis mittelgroße Literaturwerke, die auf einen kunstvoll aufgebauten Handlungsrahmen achten und innerhalb dieses Rahmens die agierenden Figuren mit feinem Gespür als typisch menschliche Protagonisten herausmodellieren. Das Ziel ist die Darstellung einer erbaulichen, nachdenklich machenden und erzieherisch wirkenden Modellsituation menschlichen Lebens. So weit so gut. Wir haben jedoch damit zu rechnen, dass unser Verständnis von der Verwendung literarischer Werke sich nicht mit dem der biblischen Zeit deckt. Darum ist der Sitz im Leben jedes Textes das entscheidende Kriterium für eine Gattungsbestimmung.

Die Josephsgeschichte (*Gen 37–50) fällt aus dem Rahmen der übrigen Erzelternerzählungen heraus. Vordergründig behandelt sie familiäre Probleme: Das Verhältnis Jakobs zu seinem Lieblingssohn Joseph, und dessen Arroganz gegenüber seinen Brüdern. Die innerfamiliären Spannungen werden dann aber – erzählerisch und psychologisch geschickt – über den Verkauf des ungeliebten Prahlers nach Ägypten in das südliche Großreich verlegt. Joseph erlebt in einzigartiger Weise die tiefste Erniedrigung im Gefängnis des Pharao und seinen wundersamen Aufstieg zum Wesir Ägyptens. Er rettet die Menschen am Nil und damit gleichzeitig seine eigene Familie vor dem Hungertod. Die Streitigkeiten mit den Brüdern können gemäß weisheitlicher Einsicht beigelegt werden, Jakob stirbt in Frieden, kann in Palästina bestattet werden, und seine Sippe erfreut sich weiterhin eines gesicherten Lebens im ägyptischen Wohlstand (Gen 50,1–21). Das Familienidyll und die familiären Spannungen tragen indessen nicht den Hauptton, sie sind nicht der Anlass für Erzähler und Tradenten, den Josephstoff zu formen und weiterzugeben. Alle individuellen und zwischenmenschlichen Bezüge haben in der Komposition von Anfang an eine gesellschaftliche Tiefendimension. Josephs interner Machtanspruch hat etwas mit der des gleichnamigen Stammes zu tun. Der unerhörte Aufstieg des Sklaven Joseph zum heilsamen Regenten der Weltmacht Ägypten, geheimnisvoll und ohne großen publikatorischen Aufwand von Jahwe ins Werk gesetzt, muss etwas zu tun haben mit dem Glauben Israels und Judas an den einen, universalen Gott. Aus diesen beiden Fakten allein ergibt sich die schwierige Frage nach der ungefähren zeitlichen Ansetzung der Erzählung. Die Meinungen gehen weit auseinander. Sie schwanken zwischen der vorstaatlichen und nachexilischen Zeit. Die geistigen und theologischen Grundzüge der „Novelle" sprechen aber für die Spätzeit des Alten Testaments. Sie geben dem ganzen Entwurf den Charakter einer universalen, kosmopolitischen Weltsicht, in der das kleine Israel bereits die lebensrettenden Impulse seines Gottes an die legendäre Weltmacht Ägypten vermittelt. Das Heil kommt nicht aus Ägypten, sondern bewegt sich hin zu den Ägyptern und rettet die Menschen vor dem Dürretod. Dass Joseph, d.h. ein Vertreter der mittelpalästinischen Stämme, der Vermittler des Lebens ist, muss beileibe nicht auf die Zeit zurückweisen, in der das Nordreich Israel tonangebend im palästinischen Raum war. Vielmehr ist Joseph nicht mit königlichen, sondern mit weisheitlichen, auch astrologischen Machtbefugnissen ausgestattet, der Typ eines Magiers eher als ein politischer Akteur. Insofern spiegelt er nicht die monarchische Zeit und Vorstellungsweise, sondern die zivil-bürgerliche des Exils und Nachexils. Die Josephsgeschichte ist zudem ganz in den später komponierten literarischen Zusammenhang der Erzeltern- und Exoduserzählung hineingebaut. Sie hat Verbindungsfunktionen und greift auch in Einzelheiten auf die vorlaufenden Erzählkränze zurück, z.B. in der Charakterisierung der Brüder Josephs oder der Vorliebe eines Ahnherrn für den jüngeren, eigent-

---

nung vor „Verniedlichung" und „Trivialisierung" der Texte (I. Fischer, Ruth, 77–85) ist ernst zu nehmen. Doch schließt die literarische Gattung die midraschartige Intention der Erzählerinnen nicht aus.

lich nicht erbberechtigten Sohn. Weiter gibt sie dem Motiv der Unterdrückung Israels unter einem folgenden Pharao, welcher „Joseph nicht mehr kannte" (Ex 1,8) den erwünschten Kontrasthintergrund. Die Platzierung der Josephsnovelle im Juda der Perserzeit hat also sehr gute Gründe für sich.[262]

Es lohnt sich, an dieser Stelle einen Seitenblick auf das Buch Ester zu werfen, das wahrscheinlich aus der hellenistischen Epoche stammt, weil sein legendärer Rückblick und die Gesamtschau der Welt, einschließlich der Geschichtstheodizee zugunsten Israels, noch weiter vom verhandelten Schauplatz Babylonien entfernt sind, als wir es für die Josephsgeschichte vermuten. Ester weist Züge auf, die als eine Weiterbildung der in der Josephsgeschichte angelegten Paradigmen zu verstehen sind. „Während Mardochai als Figur im Hintergrund agiert, repräsentiert Ester gegenüber ‚dem Tor' Haman die Figur der ‚schönen, weisen Frau', die als Personifikation der Weisheit den Tod besiegt und das Leben mehrt. Als weibliche Josefigur ist sie eine utopische Identifikationsfigur für alle, die einerseits in der Fremde (Diaspora) leben und die andererseits den Kampf für ihr Überleben *selbst* in die Hand nehmen."[263] Der universale Gott Jahwe wird in der Esternovelle nicht einmal genannt. Dennoch hält er durch die schöne, weise Jüdin das ganze, gewaltige Perserreich in seiner Hand, so wie er durch Joseph Ägypten regiert. Das dürfte die Botschaft der beiden formvollendeten Erzählungen sein. Sie ist in dieser universalen Weite erst seit der Eingliederung Judas in die Weltreichstrukturen des Alten Orients möglich. Und das Buch Ester folgt dem Vorbild der Josephsgeschichte, wie es selbst wiederum von den noch späteren Danielerzählungen aufgenommen wird.

Josephs- und Esternovelle haben es mit dem Problem der Weltherrschaft zu tun, wie es aus der Sicht einer winzigen religiösen Minderheitsgruppe in damaligen Vielvölkerimperien erfahrbar wurde. Das Buch Rut behandelt ganz andere Themen – Leviratsehe; matrilineare Erbfolge; Proselytenverfahren; Davidstammtafel – und ist damit ebenfalls ganz in den Sozialstrukturen und Lebensbedingungen der exilisch-nachexilischen Diasporagemeinschaft verwurzelt. Wieder sind die zugrunde liegenden Probleme stilistisch und literarisch in eine perfekte Form gegossen. Das fein gesponnene Handlungsgefüge ist als Familiengeschichte ausgeführt: Die Witwe Naomi kehrt nach Jahren des Hungerexils mit ihrer moabitischen Schwiegertochter nach Bethlehem zurück, wo die Familie ihres Mannes beheimatet ist. Dort fädelt sie geschickt die Liaison Ruts mit dem reichen Bauern Boas ein. Der ist ein entfernter, aber auslösepflichtiger Verwandter. Es kommt, wie es kommen muss: Boas verliebt sich in Rut und nimmt sie zur Frau. Damit ist das Problem der Familie Elimelech gelöst: Der männliche Nachkomme der Rut gilt als Sohn der Naomi (!), damit nur indirekt des Elimelech. Weitere Komplikationen, dass nämlich die leibliche Mutter des Obed eine Ausländerin ist[264] und dass dieser Spross Ahnherr Davids wird, werden elegant mit erledigt. Man hat den Eindruck, dass die im Buch Rut vertretenen Entscheidungen bewusst in Spannung gegenüber anderen, traditionellen Abgrenzungsbemühungen gehalten sind. Manche Passagen lesen sich wie direkte Gegenkommentare zu separatistischen Schriftstellen. Die Frage erhebt sich, ob nicht das ganze Buch Rut in Gestalt einer literarisch hochstehenden Erzählung midraschartige

---

[262] So, wenn auch noch schwach begründet, A. Meinhold, Diasporanovelle; D.B. Redford, Study; H.-P. Müller, Die weisheitliche Lehrerzählung im Alten Testament und seiner Umwelt, WO 9, 1977/78, 77–98; anders E. Blum, Komposition 234–244; W. Dietrich, Josephserzählung.

[263] E. Zenger, Einleitung 207.

[264] Dagegen stehen Praktiken und Gesetze, die Femdeinfluß, besonders von seiten Moabs ausschließen wollen: vgl. Dtn 23,4–7; Num 25,1–9; Esr 10; Neh 13,1–3.23–27.

Funktionen hat, d.h. schon in Umlauf und Gebrauch befindliche heilige Schriften zu kommentieren und konterkarieren.[265]

Wenn diese Annahmen einigermaßen zutreffen, haben wir im Buch Rut eine weitere Spiegelung gemeindlichen Lebens der nachexilischen Zeit vor uns. Die große Politik und der universale Jahweglaube spielen keine Rolle. Vielmehr sind die Hörerinnen und Hörer der Ruterzählung mit existentiellen Problemen ihres Alltagslebens beschäftigt. Wie verhält es sich mit zugewanderten Ausländerinnen? Sollen sie wirklich, wie einige Zeitgenossen fordern, aus der judäischen Gemeinde ausgeschlossen werden? Keineswegs, so die Tradenten der Rutüberlieferung, sogar der Stammbaum Davids, des heiligen Gründerkönigs,[266] weist eine Moabiterin auf. Müssen Männer ihren Pflichten nachkommen, für verstorbene Verwandten Nachkommen zu zeugen? Und damit die Verantwortung für eine Witwe und die Nebenfamilie zu übernehmen? Die Pflicht gilt, aber man kann sich ihr mit guten Gründen entziehen (Schmälerung der eigenen Interessen: Rut 4,3–10; Dtn 25,5–10). Ist der Rückkauf von (verpfändetem) Grundeigentum eine praktikable und ethisch gebotene Angelegenheit? Die Immobilienfrage (Erbland einer Familie!) muss im nachexilischen Juda eine große Bedeutung gehabt haben, sonst wäre ihr nicht so viel Aufmerksamkeit zugewandt worden (vgl. Lev 25; 27,16–25; Num 27,1–11; 36). Kurz, das Zusammenleben in der Jahwegemeinde brachte zahlreiche Fragen des Glaubens und der Rechtsordnung mit sich. Die priesterlichen Schichten des Alten Testaments reagieren auf die Lebensprobleme mit katechismusartigen Vorschriftensammlungen. Darin finden sich Anweisungen für kultisches, soziales und sittengemäßes Verhalten. Die Novellen wählen eine kunstvolle literarische Form, die wesentliche Lebensfragen als Beispielgeschichte anbietet und gültige Normen propagiert. Beide befinden sich in der Tora-Tradition.

Das prophetische Jonabuch bietet noch eine weitere Variante erzählerisch verpackter Reflexion und Orientierung. Auch dieses kleine Buch ist literarisch vollkommen gestaltet, es lässt sogar einen guten Schuss Humor mit einfließen. Der namengebende Prophet weigert sich, einen Verkündigungsauftrag Jahwes anzunehmen. Er versucht, dem Anspruch des „höchsten Gottes" zu entkommen und schifft sich nach Tarsis im äußersten Westen der damaligen Welt ein. Jahwe aber benutzt einen Sturm, die heidnischen Seeleute und den bekannten großen Fisch, um Jona an seinen Einsatzort, die assyrische Kapitale Ninive, zu bringen. Jonas Predigt hat einen völlig unerwarteten Riesenerfolg. Die Stadt mit Bewohnern und Tieren tut Buße, und Jona hadert nun mit Gott, der den Vernichtungsbeschluss rückgängig macht. Erneut wird Jona in einer fast satirischen Weise von Gott belehrt, dass Vergeltung nicht das einzige Handlungsprinzip sein darf:

> Dich jammert die Staude, die in einer Nacht ward und in einer Nacht verdarb, und mich sollte nicht jammern Ninive, eine so große Stadt, in der mehr als hundertundzwanzigtausend Menschen sind, die nicht wissen, was rechts oder links ist, dazu auch viele Tiere? (Jon 4,10f)

Die Erzählung wirkt wie eine Parodie auf verbohrte, rechthaberische Propheten und Theologen. Strenge Schulmeinungen über die Gerechtigkeit und Barmherzigkeit Gottes, die Unausweichlichkeit prophetischer Strafrede sowie über die Stellung und Schuld der Weltreiche sind nicht hundertprozentig verbindlich. Es gibt die göttlichen Abweichungen

---

[265] Vor allem Irmtraud Fischer hat diesen Aspekt sorgfältig begründet, vgl. ihren Rutkommentar in der Reihe HThKAT. „Intertextualität" ist das weitere Stichwort: Rut setzt sich auf Schritt und Tritt mit vorhandenen Schriften auseinander, vgl. I. Fischer, a.a.O. 47f.61–65.81–85.

[266] Die davidische Dynastie verkörperte für die meisten judäischen Zeitgenossen die gültige Zuwendung Jahwes, vgl. das chronistische Werk, aber auch 2 Sam 7 und Psalm 89.

von der Norm. Ein Prophet hat einen bestimmten Verkündigungsauftrag, der kann aber im Zuge von neuen geschichtlichen Entwicklungen außer Kraft gesetzt werden. Gott handelt weder mechanistisch noch legalistisch. Sein Erbarmen durchbricht auch die Mauern zu den anderen Völkern; echte Reue und Buße heben auch schwere Vergehen, von politischen Feinden begangen, auf. Die Andeutungen des in der jüdischen Liturgie gelobten, gnädigen und barmherzigen, langmütigen Gottes (vgl. Ex 34,6f; Ps 103,8) sind auch für die Außenbeziehungen Jahwes zu den Fremdvölkern gültig. Wie anders könnte sich ein universaler Gott denn gegenüber den Anderen, die nicht von der eigensten Krippe sind, verhalten? Prophetentum und Gottesglaube im Kontext von Weltreichen stehen also auf dem Prüfstand.

Wie auch bei einigen anderen Prophetenbüchern festzustellen ist, setzt die Jonaerzählung bereits andere schriftlich fixierte Überlieferungen voraus. Die prophetischen Fremdvölkerorakel bei Jesaja, Jeremia und Ezechiel sprechen in der Regel kompromisslose Verdammungen der Feindländer aus. Meistens wird das Reich Assur bzw. sein Großkönig genannt: Jes 14,24; 31,1–9; 37,21–29; Ez 32,22f. In einigen Prophetenworten ist Ninive direkt angesprochen, vor allem im Buch Nahum, eine einzige Attacke auf diesen übermächtigen Feindstaat:

> Jahwe ist ein eifernder und vergeltender Gott, / ja, ein Vergelter ist Jahwe und wütend ist er.
> Jahwe rächt sich an seinen Feinden, / er grollt ihnen auf Dauer. (Nah 1,2)

Die dann im Nahumtext auftauchenden Stichworte „geduldig" (V. 3) und „gütig" (V. 7) beziehen sich auf diejenigen, die Jahwe liebt, die „auf ihn trauen" (V. 7), nicht aber auf die Feinde. So scheint das ganze Nahumbuch auf die gnadenlose Vernichtung Ninives aus zu sein (wie vielleicht auch die ursprüngliche Fassung der Komposition Zeph 1–3 – man vergleiche Zeph 2,13 – was später auf Jerusalem umgedeutet wurde). An eine Annullierung des Gerichtsbeschlusses ist nicht zu denken. Gerade dagegen aber wendet sich das Buch Jona. Es scheint die harte Linie des Nahum widerlegen zu wollen. Auf der anderen Seite predigt der Nahumtext eine fast dtr. Tun-Ergehen-Theologie: Wer Buße tut, wird begnadigt (vgl. Jer 18,7f). Die Skepsis im Blick auf den gesunden Menschenverstand von Propheten und ihre echte Legitimation von Jahwe her teilt Jona etwa mit Sach 13,3–6. Und die Nähe des Jona zur liturgischen Sprache und Vorstellungswelt zeigt sich einmal in der Thematik: Der barmherzige, auf strenge Vergeltung verzichtende Gott steht im Mittelpunkt. Zweitens erinnert der in Jon 2 eingesetzte Dankpsalm an das gottesdienstliche Lob der Gemeinde. Alles in allem lassen sich im Jonabuch vielerlei Verbindungen zu anderen atl. Texten und Themen erkennen, ein typisches Zeichen schriftgelehrter Autorschaft und Tradition. Das Buch setzt sich mit der Fremdvölkerprophetie der damaligen Zeit auseinander und präsentiert einen weltüberlegenen, nicht ausschließlich auf Israel und seine einheimischen Gottesboten fixierten Jahwe. Der Spott über eine kleinkarierte Kirchturmstheologie ist unüberhörbar. Die Sympathie für die reumütige Großstadt[267] Ninive gleichermaßen. Für die allgemeine Bewusstseinslage im persischen Juda und den Diasporagemeinden ergibt sich daraus: Die Fragen der Partikularität Israels in einem Großimperium wurden diskutiert und unterschiedlich bewertet und beantwortet. Wenn im Esra / Nehemia-Buch die strikte Absonderung bis hin zur Scheidung ethnisch gemischter Ehen gefordert wird, dann öffnen sich bei Jona, aber auch im Rut-

---

[267] Siedlungen der geschilderten Größenordnungen – drei Tagereisen im Durchmesser, 120 000 Einwohner – gab es im alten Palästina nicht, s. Volkmar Fritz, Die Stadt im alten Israel, München 1990, 19; 39–54; 61–112.

Buch und in der Josephsgeschichte die Fenster und Türen weit für die anderen Kulturen und Religionen. Ein Hauch dieser Öffnung ist auch z.B. in Jes 19,23f zu spüren, ein Text, der vermutlich ebenfalls in die Zeit nach dem babylonischen Sieg von 587 v.Chr. gehört:

> Zu der Zeit wird eine Straße sein von Ägypten nach Assyrien, dass die Assyrer nach Ägypten und die Ägypter nach Assyrien kommen und die Ägypter samt den Assyrern Gott dienen. Zu der Zeit wird Israel der dritte sein mit den Ägyptern und Assyrern, ein Segen mitten auf Erden; denn Jahwe Zebaoth wird sie segnen und sprechen: Gesegnet bist du, Ägypten, mein Volk, und du Assur, meiner Hände Werk, und du, Israel, mein Erbe.

Am Schluss dieses Abschnittes über die „Novellen" der hebräischen Bibel wollen wir wieder die Frage stellen, welche Sozialstrukturen sich eventuell aus den verhandelten Texten ermitteln lassen. Direkte Hinweise haben wir nicht. Unter der allgemeinen Annahme, dass Schriftstücke immer von ihren Entstehungs- und Gebrauchssituationen geprägt sind, lassen sich aber in jedem Fall punktuelle Vermutungen äußern. Die hohe literarische Qualität der drei Erzählungen führt uns – nach Analogie der heute bekannten Buchkultur – möglicherweise auf private Nutzung der Texte. Das würde eine individualisierte Lesekultur und eine entsprechende Berufs- und Freizeitstruktur der (Elite-?) Gesellschaft anzeigen. Möglicherweise befinden wir uns aber mit einer solchen Analyse auf einem von modernen Konzepten suggerierten Holzweg. Die besonders in Rut und Jona festgestellten zahlreichen intertextuellen Bezüge deuten eher auf schriftgelehrte Arbeit, die von einer Gemeinschaft delegiert wurde. Sie setzt ein hohes Maß an religiöser und literarischer Spezialisierung voraus. In der Figur des Esra, vielleicht auch in dem Schreiber Baruch bei Jeremia, begegnen zum ersten Mal solche spezialisierten Tradenten und Fortentwickler der sakralen Tradition. Von ihnen könnte man Literaturwerke erwarten, die jedoch, nach den Gepflogenheiten der Zeit, nicht in erster Linie für die Privatlektüre, sondern für den Gemeindegebrauch bestimmt waren. Dann handelte es sich bei den drei Novellen um gehobene Vorlesetexte, es fragt sich nur, welche institutionellen Einrichtungen die Gemeinschaft besaß, die Texte zur Geltung zu bringen.[268]

Die verhandelten Themen und Motive geben einen gewissen Aufschluß über Problemlagen innerhalb der Gesellschaft. Konstitution und Identität der Jahwegemeinde sind, wie wir gesehen haben, vorrangige Anliegen. Das Verhältnis zu anderen ethnischen und religiösen Gemeinschaften steht zur Debatte. Die Zuverlässigkeit des Gotteswortes und die Fragwürdigkeit seiner menschlichen Vermittlung beschäftigen die Überlieferer. Das Spektrum der angeschnittenen Themen und die erzählerisch professionelle, auch intern kritische Behandlung der Stoffe zeugen von einem hohen Stand der theologischen Reflexion. Von der Zuhörerschaft erfahren wir direkt gar nichts. Unterschwellig aber sind diejenigen, welche den Stoff aufnehmen, nur als mitdenkende und miturteilende Partnerinnen und Partner denkbar. Sie müssen die zahlreichen Bezüge zur gültigen und debattierten Tradition verstehen. Sie haben sich in den andauernden Kontroversen um Rechtssitten und theologische Positionen eine Meinung zu bilden. Nach dem, was wir aus der Epoche wissen, können Gremien von Ältesten, Schriftverständigen, oder aber auch die versammelte Vollgemeinde in Frage kommen. Während katechetische Texte, wie sie in

---

[268] Ph. R. Davies stellt die drei hebräischen „Novellen" in den größeren Zusammenhang antiker Erzählkultur, von den ägyptischen Sinuhe- und Wen-Amon-Berichten über die aramäische Ahikar Story bis zu hellenistischen Romanen (ders.; Scribes and Schools, Louisville 1998, 142–151: Überschrift: „Serious Entertainment"; vgl. auch J. Berquist, Judaism, 230f). Es fehlt aber überall an einer genaueren Bestimmung des „Gebrauchsortes" für diese Literatur.

den priesterlichen Texten der Tora vorliegen, auf pädagogische Einrichtungen der Gemeinde, im oder neben dem Gottesdienst, zu verweisen scheinen, könnten die hier besprochenen Erzählungen auf kleinere Gruppen höheren Bildungsgrades deuten. Doch der Gemeindegebrauch ist sicher nicht ausgeschlossen. Die pädagogische und theologische Abzweckung der „Novellen" ist bei allen gedachten institutionellen Verankerungen das hervorstechende Charakteristikum.

III.1.2 Prophetisches

III.1.2.1 Haggai, Sacharja, Maleachi

L. Bauer, Zeit des Zweiten Tempels – Zeit der Gerechtigkeit, Frankfurt a.M. 1992. – K.-M. Beyse, Serubbabel und die Königserwartungen der Propheten Haggai und Sacharja, Stuttgart 1972. – J. Blenkinsopp, Geschichte der Prophetie in Israel, Stuttgart 1998. – W. Bousset, Kyrios Christos, Göttingen 1913 (FRLANT 1913). – E.W. Conrad, Zechariah, Sheffield 1999. – J. Day (Hg.), King and Messiah in Israel and the Ancient Near East, Sheffield 1998 (JSOT.S 270). – H. Delkurt, Sacharjas Nachtgesichte, Berlin 2000 (BZAW 302). – H.-J. Fabry und K. Scholtissek, Der Messias, Würzburg 2002 (NEBThemen 5). – H. Gressmann, Der Messias, Göttingen 1929 (FRLANT 43). – J. Kessler, The Book of Haggai, Leiden 2002 (VT.S 91). – M. Krieg, Mutmaßungen über Maleachi, Zürich 1993 (AThANT 80). – T. Pola, Das Priestertum bei Sacharja, Tübingen 2003 (FAT 35). – S. Mowinckel, He That Cometh, Nashville 1955. – A. Renker, Die Tora bei Maleachi, Freiburg 1979 (FThSt 112). – W.H. Rose, Zemah and Zerubbabel, Sheffield 2000 (JSOT.S 304). – R. Santala, Der Messias im Alten Testament im Licht der rabbinischen Schriften, Neuhausen-Stuttgart 1997. – J.H. Schoeps (Hg.), Geschichte, Messianismus und Zeitenwende, Berlin und Wien 2000 (Menora 11). – S. Schreiber, Gesalbter und König, Berlin 2000 (BZAW 105). – K. Seybold, Bilder zum Tempelbau. Die Visionen des Propheten Sacharja, Stuttgart 1974 (SBS 70). – O.H. Steck, Der Abschluß der Prophetie im Alten Testament, Neukirchen-Vluyn 1991 (BThSt 17). – J.E. Tollington, Tradition and Innovation in Haggai and Zechariah, Sheffield 1993 (JSOT.S 150). – E.-J. Waschke, Der Gesalbte, Berlin 2001 (BZAW 306). – I. Willi-Plein, Prophetie im Ende. Untersuchungen zu Sach 9–14 Köln 1974 (BBB 42).

Die letzten drei Einheiten des Zwölfprophetenbuches gehören thematisch, theologisch, aber auch nach einigen literarischen Merkmalen eng zusammen. Sie sind darüber hinaus durch scheinbar exakte Datierungen „von Hause aus" in die persische Zeit gesetzt (vgl. Hag 1,1; Sach 1,1). Dennoch ist eine grundsätzlichere Überlegung zur prophetischen Literatur der Epoche notwendig. Das traditionelle, der biblischen Entwicklungschronologie abgewonnene Schema der (Schrift)Prophetie sieht eine klassische Periode der prophetischen Wortvermittlung in drei Schüben vor. Der erste fällt nach den Vorsprüchen zu den vier Prophetenbüchern Jesaja, Hosea, Amos, Micha in die zweite Hälfte des 8. Jh. v.Chr., das ist grob gerechnet die Regierungszeit der judäischen Könige Usia, Jotam, Ahas und Hiskia, die ihrerseits entweder im vollen Quartett oder doch als Torso einer epochesetzenden Vierergruppe explizit genannt werden. Nach dem Vorbild der im 9. Jh., allerdings im Nordreich Israel agierenden, nur aus der Erzähltradition bekannten Propheten Elia und Elisa sollen die Standard setzenden vier „Schrift"propheten jeweils in Visionen und Auditionen die „Verkündigungs"aufträge von Jahwe empfangen und an König, Eliteschicht und Gesamtbevölkerung weitergegeben haben. Dieses Urbild von Wortvermittlung sei dann in den folgenden Jahrhunderten noch einmal durch Jeremia und Ezechiel, sowie einige kleinere Propheten wie Zephanja verkörpert worden – ihnen wird in den Überschriften der nach ihnen genannten Bücher eine Wirksamkeit in der Schlussphase des judäischen Reiches (König Josia und Nachfolger) zugewiesen. Nach diesen ersten beiden Stufen der (buchmäßig fixierten) Jahweprophetie soll nach biblischem Verständnis der Geist und das Wort weniger häufig und intensiv in die Geschicke des Volkes Israel eingegriffen haben, eben bis auf die oben genannten drei Prophetenerscheinungen Haggai, Sacharja und Maleachi. Sie können schon nicht mehr im klassischen Konfrontationsschema „Prophet gegen König" auftreten, setzen sich vorrangig mit Tempel, Gemeinde und deren Heilserwartung auseinander und werden in die Regierungszeit des Persers Darius datiert. – Dieses herkömmliche Bild der klassischen Jahweverkündigung durch kontinuierlich beauftragte, spontan predigende Männer (und einige Frauen!) erweist sich in den letzten Jahrzehnten möglicherweise immer mehr als das kontextuell durchaus folgerichtige Konstrukt der Exils- und Nachexilszeit.[269] Eine anfängliche, den prophetischen Standard bestimmende Periode hat es vielleicht nie gegeben. Das ausgearbeitete Konzept einer klassischen Jahwe-Wort-Prophetie wäre dann ein in die Assyrerzeit zurückprojiziertes theologische System. Bis zum Ende der Königsperiode hätte es danach zahlreiche religiöse Mittlertypen gegeben, nicht aber den „beamteten" Empfänger, Prediger und Ausleger des Jahwewillens. Die Jahwegemeinde, der er hätte predigen können, fehlte bis ins Exilsjahrhundert. Wie die Mari-Prophetie deutlich macht, ist der König nur ein begrenzt tauglicher Addressat für spezielle Gottesbotschaften. Die Gottesmänner aller drei Schübe der hebräischen Tradition zeigen eine zunehmende Tendenz, sich an die um Tora und Jahwe sammelnde Gemeinschaft zu wenden, sicheres Zeichen einer späten Entstehung.

Haggai, Sacharja und Maleachi passen in das eben gezeichnete Bild: Sie können frühestens unter Darius entstanden sein, sind dann mit ziemlicher Sicherheit noch in der persischen Periode zu ihrer Buchform gekommen. Maleachi scheint ursprünglich namenloses Spruchgut gewesen und erst nachträglich zu einem eigenen, künstlich-programmatischen Titel („mein Bote") gekommen zu sein; Haggai und Sacharja hängen thematisch durch die Tempelbaugeschichte zusammen, Sach 9 – Mal 2 / 3 durch die periodisch eingeführte Überschrift *massa'*, „(strafender) Ausspruch": Sach 9,1; 12,1; Mal 1,1. Die literarische Entstehung des Dreierblockes ist sicherlich interessant.[270] Wir können ihn aber als eine relative Einheit betrachten, in der die Themen „Tempel – Gottesdienst – Eschatologie – Tora" eine wichtige Rolle spielen. Der Prophet Haggai kämpft für den Wiederaufbau des Jerusalemer Tempels:

> So spricht Jahwe Zebaoth: Achtet doch darauf, wie es euch geht! Geht hin auf das Gebirge und holt Holz und baut das Haus! Das soll mir angenehm sein, und ich will meine Herrlichkeit erweisen, spricht Jahwe. (Hag 1,7f)

Wie nahe die Tempelbautexte der tatsächlichen Tempelrestauration unter Darius I. stehen, ist schwer zu sagen. Haggai und Sacharja sollen im 2. Regierungsjahr des Großkönigs, also etwa 519 v.Chr. aufgetreten sein; nach Esr 6,13–15 ist der Bau im sechsten Jahr vollendet und eingeweiht worden, das wäre 515 v.Chr., ein Datum, das sich fast ohne Widerspruch auch in der alttestamentlichen Forschung eingenistet hat. Esra bezieht sich sogar auf die beiden Propheten (V. 14; vgl. Esr 5,1f). Entscheidend ist aber nicht der genaue Zeitpunkt, zu dem der Zweite Tempel wiederhergestellt wurde, sondern seine Funktion in der Glaubensgemeinschaft Israel und im Perserreich. Sowohl im Esra / Nehemiabuch wie bei Haggai und Sacharja sind der politische Führer Serubbabel und der Hohepriester Jeschua mit der Neuerrichtung des kultischen Zentrums betraut (Esr 3; 5f;

---

[269] Vgl. vor allem J. Blenkinsopp, Geschichte, darin E. S. Gerstenberger, Ausblick, a.a.O. 266–290.
[270] Vgl. A. Schart, Die Entstehung des Zwölfprophetenbuches (BZAW 260) Berlin 1998, 256f; 291–303; anders J. D. Nogalski, Literary Precursors to the Book of the Twelve (BZAW 217) Berlin 1993, 216–275; E. Ben Zvi, Twelve Prophetic Books or „The Twelve", in: J. W. Watts et al, Forming Prophetic Literature (JSOT.S 235) Sheffield 1996, 125–156, bes. 134–139.

Hag 1,1–6; Sach 4,8–10). In den Prophetenschriften verknüpfen sich deutlich eschatologische Züge mit der kultischen Neuordnung:

> Jahwes Wort geschah zum zweitenmal am vierundzwanzigsten Tage des Monats zu Haggai: Sage Serubbabel, dem Statthalter von Juda: Ich will Himmel und Erde erschüttern und will die Throne der Königreiche umstürzen und die mächtigen Königreiche der Heiden vertilgen und will umwerfen die Wagen und die darauf fahren; Ross und Reiter sollen fallen, ein jeder durch des andern Schwert. Zur selben Zeit, spricht Jahwe Zebaoth, will ich dich, Serubbabel, du Sohn Sealthiels, meinen Knecht, nehmen, spricht Jahwe, und dich wie einen Siegelring halten; denn ich habe dich erwählt, spricht Jahwe Zebaoth (Hag 2,22f).

Ein Gesalbter Jahwes (bzw. deren zwei) wird die Herrschaft in Juda übernehmen:

> Und Jahwes Wort geschah zu mir: Nimm von den Weggeführten, von Heldai und von Tobia und von Jedaja, die von Babel gekommen sind, und geh an diesem selben Tage ins Haus Josias, des Sohnes Zephanjas, nimm von ihnen Silber und Gold und mache Kronen und kröne das Haupt Josuas, des Hohepriesters, des Sohnes Jozadaks, und sprich zu ihm: So spricht Jahwe Zebaoth: Siehe, es ist ein Mann, der heißt ‚Sproß'; denn unter ihm wird es sprossen, und er wird bauen Jahwes Tempel. Ja, den Tempel Jahwes wird er bauen, und er wird herrlich geschmückt sein und wird sitzen und herrschen auf seinem Thron, und ein Priester wird sein zu seiner Rechten, und es wird Friede sein zwischen den beiden. (Sach 6,9–13; *vgl. die Vorstellung zweier Führungsgestalten in Sach 4,11–14: Die geschauten Ölbäume sind „die zwei Gesalbten", V. 14*).

Die Leitung des judäischen Gemeinwesens liegt offenbar bei einer Doppelspitze, dem politischen Führer Serubbabel, offensichtlich einem in Babylon beheimateten Juden, und dem „Hohenpriester" Jeschua / Josua ben Jozadak (der Name variiert in den Texten, es handelt sich aber um dieselbe Person). Der Titel *hakkohen haggadol* („Großpriester; Hauptpriester"; Hag 1,1; Sach 3,1) tritt hier zum ersten Mal auf und zeigt die überragende Bedeutung des Zweiten Tempels. So wie Esra / Nehemia die von außen einwirkenden Kräfte gegen den Wiederaufbau beschreiben, lassen Haggai / Sacharja die inneren Zweifel der Jahwe-Gemeinde ahnen. Anscheinend drückt sich in den strittigen Prioritäten bei der Konstitution der Gemeinschaft auch ein Zwiespalt unter Alteingesessenen und Heimkehrern aus. Die Gruppen, welche aus dem babylonischen Exil zurückwanderten, brachten verständlicherweise ihre emotional an traditionelle Werte und Hoffnungen anschließenden Vorstellungen mit. Dazu gehörte der Plan, das alte Staatsheiligtum der Königszeit zum Symbol für die neu entstehende Jahwegemeinde umzuwidmen, es eventuell in eschatologischem Überschwang zum „Bethaus" der Glaubensgeschwisterschaft und der Völkerwelt zu machen und den notwendigen Opfern – aber auch oder mehr noch der Tora (Jes 2,3) – einen zentralen Haftpunkt in der Wohnung Jahwes zu verschaffen. Die in Jerusalem Gebliebenen widersetzen sich dem religiösen Drang mit sehr pragmatischen Überlegungen: Zuerst der Wohnungs-, dann der Tempelbau! (Hag 1,2–4). Der provisorisch von statten gehende Kultdienst sei doch ausreichend. Für die babylonischen Juden aber zählt die Ausstattung und Strahlkraft des Heiligtums als Spiegel der Glaubenstreue. Ein Mehr oder Weniger an Jahwevertrauen ist im Spiel, typisch für Emigranten, die sich in fremder Umgebung mit ihren Identitätskriterien gegen andere Gruppen abgrenzen und behaupten müssen. Glaubensfeuer brennen in der Diaspora, wenn überhaupt, immer heftiger und heißer als in bodenständigen Gemeinschaften. Alteingesessene leben mehr oder weniger selbstverständlich im Gehäuse ihrer überkommenen Sitten, Riten und Vorstellungen.

Wenn der Mentalitätsunterschied für die kultische Konstitution gilt, dann vielleicht auch im Blick auf die hochgespannte Zukunfts- bzw. Enderwartung, die sich in den Prophetentexten andeutet. Der Hohepriester empfängt eine zukunftsträchtige Weihe. Die Metapher „Sproß" (Sach 3,8; 6,11f) lässt weitreichende Entwicklungen ahnen.[271] Politischer Führer und geistliches Pendant werden mit dem trächtigen Namen „Gesalbte" ausgezeichnet und mit geheimnisvollen Symbolen umgeben (Leuchter! Ölbäume! Sach 4,2f). Der erstere wird mit dem Ehrentitel „Siegelring Jahwes" geschmückt, das deutet doch auf nichts weniger als die Vizeregentschaft unter Jahwes Leitung (Hag 2,23). Kurz, die Prophetentexte verraten einen universalen Ausblick und eine gespannte Zukunftserwartung. Offensichtlich soll Jahwes Herrschaft bald anbrechen und die judäische Gemeinde vollständig restauriert werden. Sie soll im Großreich zu hervorragender Stelle aufsteigen. Ob solche Zukunftserwartungen mit durch die zarathustrische Religion inspiriert oder beinflußt worden ist, bleibt noch zu untersuchen.

Der Blick in die eschatologische Zukunft ist aber in den drei genannten Prophetenschriften nicht völlig dominant. Er ist mindestens gekoppelt an ein Traditionsbewusstsein, welches das Heil aus der fernen Vergangenheit erwartet. Endzeit stützt sich bekanntlich (H. Gunkel) auf die Urzeit. Und in der israelitischen Urzeit ist die Tora ergangen. Wenn auch bis auf die möglicherweise spät eingefügte Schlussnotiz Mal 3,22 keinerlei namentliche Hinweise auf Moses und den Sinai erscheinen, so ist die heilige Lehre doch vorausgesetzt: „Des Priesters Lippen sollen die Lehre (*da'at*) bewahren, dass man aus seinem Munde Weisung (*torah*) suche; denn er ist ein Bote Jahwe Zebaoths." (Mal 2,7). Das für die Torafrömmigkeit typische Gegensatzpaar „gerecht" – „gottlos" beherrscht die Diskussion in manchen Teilen des Buches (vgl. Mal 3). Die Problematik des richtigen Opfers (Mal 1–2) gehört zu den zentralen Anliegen des Pentateuch (vgl. Lev 1–7). Die Bruderschaftsethik ist wichtigster Inhalt der prophetischen Botschaft (vgl. Sach 7,7–10); Fluchandrohungen in schriftlicher Form sollen Abweichungen vom Pfad der Tora verhindern (Sach 5,1–4). Der Messiaskönig ist „gerecht" (Sach 9,9), die Propheten sind Bekehrungsprediger (Sach 1,4) und mit den Priestern zusammen Tora-Spender (Sach 7,1f). Priester leiten Klagegottesdienste (Sach 7,5). Die Tora ist nie fern vom „Wort".

Exkurs: Messias und Weltende

Die Hoffnung auf das Wiederaufleben der Dynastie in Gestalt eines Nachkommen („Spross", Sach 3,8; 6,12; Jer 23,5; 33,15) ist erst verständlich, wenn der Abbruch der Herrscherfolge schon in der Vergangenheit liegt. Darum sind so gut wie alle Verweise auf das Erscheinen eines neuen, judäischen Herrschers aus dem Hause David erst nach dem entscheidenden Datum 587 v.Chr. denkbar (S. Mowinckel). Die lebhaften, z.T. emotionalen Hinweise in prophetischen Schriften sprechen für sich. Am 9,11 nennt die davidische Linie eine „verfallene Hütte", die aufgebaut werden soll; Ez 34,23f verspricht in gängiger, altorientalischer Bildsprache einen heilbringenden „Hirten", den neuen David. Er wird das vereinigte Israel unter Jahwes Oberaufsicht führen. Jes 11,1 greift das Bild vom neu austreibenden Baum auf. Jes 9,5f kündigt die Geburt eines königlichen Kindes an, das Macht und Herrschaft, in Fülle übernehmen wird. Überschwänglich reichen Segen verheißen schon die Thronnamen (V. 5). Sie garantieren, dass seine Herrschaft „groß" (universal?) wird und „Friede" (*šalom*) wie auch „Gerechtigkeit" (*ṣedaqah*) dieser gottgegebenen Regierung ewig andauern (V. 6). Der König, der im Namen Gottes für Recht und Gerechtigkeit eintritt, ist ein jahrtausendealtes Ideal in den vorderorientalischen Kulturen. Auch Sach 9,9f; Ps 45,4–8; 72,1–8 u.a. beschreiben diese alte, im Blick auf die Zukunft neu und absolut verlässliche, monarchische Regierungsqualität. Jer 23,5f; 33,15–17 setzen sie scharf gegen frühere heillose Zustände ab. Die Wiederkehr der früheren Herrschaftsverhältnisse heftet sich auch an den Heimatort der Davididen, Betlehem (Mi 5,1–3) oder/und an die ursprüngliche Hauptstadt, Jerusa-

---

[271] Vgl. S. Mowinckel, He That Cometh, Nashville 1955, bes. 120; 159–165; 286–294; 456f; W.H. Rose, Zemah.

lem/Zion (Mi 4,8). So bezeugen diverse alttestamentliche Texte, dass der Untergang der judäischen Monarchie in den Jahrhunderten danach nicht einfach als endgültig hingenommen wurde. Immer wieder, wir wissen nicht, wie häufig und unter welchen Bevölkerungsgruppen, flackerte die Hoffnung auf, ein Nachkomme Davids werde als Schützling und Vertreter Jahwes die alten Machtverhältnisse wieder herstellen. Die euphorische Erklärung Jes 44,28; 45,1–6, Kyros sei der beauftragte Messias Jahwes, galt wohl nur für die Zeit der Befreiung vom babylonischen Joch, vgl. Jes 55,8f, wo David wieder ins Spiel kommt. Die oft gemachte Beobachtung trifft allerdings auch zu: Frühjüdische Zukunftserwartungen hängen nicht von der Figur eines neuen davidischen Herrschers ab. Über weite Strecken hin ist in den relevanten prophetischen Passagen allein von dem zugunsten seines Volkes agierenden Gott Jahwe die Rede.

Wir müssen uns selbstverständlich fragen, wie sich Messias- und Endzeiterwartungen in den Gemeinden der Perserzeit entfaltet haben und in welchem geistig-theologischen Umfeld sie Gestalt gewannen. Die Erfahrung der nationalen Katastrophe hat sichtbar Angst und Depressivität unter den Judäern hervorgerufen (vgl. Jes 40,27; Ps 44,10–27; 89,39–52; 137; Jes 63f). Zeichen für eine Wende zum Besseren, wie z.B. 2 Kön 25,27–30; Jes 44,28; 45,1–4 schürten aber mächtig die Hoffnungsfunken, die sich normalerweise auch bei geschlagenen Völkern einstellen und den Aufbauwillen entzünden. Dass diese Hoffnung sich hier und da mit der davidischen Dynastie verband, ist zu erwarten. Die Weiterentwicklung auf eine Vorstellung vom Ende und Neuanfang der Weltgeschichte hin, wie wir sie in manchen Texten vorfinden, scheint ein Spezifikum des persisch bestimmten Kulturkreises gewesen zu sein. Schon im Zusammenhang mit der davidischen Messiasgestalt werden Stimmen laut, die mit dem Auftreten des Messias das endgültige Glück und den Weltfrieden kommen sehen. Paradiesisch anmutendes Heil lässt die Gefahren der wilden Tierwelt (Jes 11,6–8; 65,25), von Krankheit und frühem Tod (Jes 65,20; Sach 8,4), von böswilligem und sündhaftem Handeln (Jes 11,9; 65,22f; Sach 13,1) verschwinden. Jahwe schafft eine neue Welt mit neuen, endgültigen Strukturen und vollen Lebenschancen für alle (vgl. Jes 65,17; Sach 8,7–14; 14,8–11). Ob ein messianischer Herrscher an der neuen Schöpfung beteiligt ist, bleibt eine sekundäre Frage. Die Tatsache, dass man in Juda und in den Gemeinden der Diaspora für die Zukunft eine universale Wende erwartete, sollte im Kontext der persischen Religionen diskutiert werden. Dort macht sich seit den frühesten Schichten des Avesta eine erstaunlich Orientierung auf das zukünftige Heil bemerkbar. Die individuelle Entscheidung für den einzigen Gott, Ahura Mazda und seine „Gerechtigkeit" bringt den Gläubigen auf den Weg zum (jenseitigen) Paradies. Aber auch Gruppen und Völker werden zunehmend für verantwortlich gehalten; die zoroastrische Lehre entwickelt den Gedanken vom Endgericht, das alle Menschen betrifft.

In der alttestamentlichen Eschatologie spiegelt sich diese Zukunftshaltung. Das Urbild des vollkommenen Lebensraumes (vgl. Gen 2) ist vielleicht nach dem Vorbild königlich persischer Lustgärten modelliert. Die Menschen kehren am Ende ihrer Zeit zum Paradies zurück. Vergängliches und dauerhaftes Sein werden unterschieden. Unter dem Eindruck dieser Differenz beginnt judäische Theologie zur Perserzeit die erwartete Restauration des Volkes Jahwes (vgl. Jes 8,23b–9,6) mit den Farben der Unendlichkeit und Dauer auszumalen. Das von Jahwe gewirkte und geschenkte Heil nimmt allgemeinere Züge an, es betrifft nach und nach den ganzen Erdkreis. Am deutlichsten wird das in den „Anfängen der Apokalyptik", die wir etwa in Sach 1–8, Jes 24–27; Ez 38f vor uns haben (vgl. unten IV.3.4). Die altisraelitische Konzeption vom nationalen Heil wird räumlich, zeitlich und gesellschaftlich im Zusammenklang mit persischer Geistigkeit ausgeweitet oder: universaliert.

III.1.2.2 Der Dritte Jesaja

J. Blenkinsopp, Isaiah 56–66, New York 2003 (AB 19 B). – U. Berges, Das Buch Jesaja: Komposition und Endgestalt, Freiburg 1998 (HBS 16). – J.S. Croatto, Imaginar el futuro. Estructura retórica y querigma del Tercer Isaías, Buenos Aires 2001. – E.U. Dim, The Eschatological Implications of Isa 65 and 66 as the Conclusion of the Book of Isaiah, Bern und Berlin 2005 (La Bible dans l'histoire 3). – M. Emmendörffer, Der ferne Gott, Tübingen 1998 (FAT 21). – I. Fischer, Wo ist Jahwe? Stuttgart 1989 (SBS 19). – J. Goldenstein, Das Gebet der Gottesknechte, Neukirchen-Vluyn 2001 (WMANT 92). – P. Höffgen, Jesaja: Der Stand der theologischen Diskussion, Darmstadt 2004. – P.S. Hanson, The Dawn of Apocalyptic, Philadelphia 2. Aufl. 1979. – W. Lau, Schriftgelehrte Prophetie in Jes 56–66, Berlin 1994 (BZAW 225). – R.H. O'Connell, Concentricity and Continuity, Sheffield 1994 (JSOT.S 188). – K.-C. Park, Die Gerechtigkeit Israels und das Heil der Völker, Frankfurt 2003 (BEAT 52). – L. Ruszkowski, Volk und Gemeinde im Wandel, Göttingen 2000 (FRLANT 191). – C. Westermann, Das Buch Jesaja Kapitel 40–66, Göttingen 5. Aufl. 1986 (ATD 19).

Der Dritte Jesaja

Traditionell hält man Jes 55–66 seit B. Duhm für ein ursprünglich eigenständiges Werk. Die Fülle von sprachlichen, literarischen und theologischen Verknüpfungen dieses dritten Teils der überlangen Jesajarolle mit den beiden ersten „Büchern" lässt aber zunehmend die Möglichkeit des traditionsgeschichtlichen und redaktionellen Wachstums in den Blick kommen. In jedem Fall stellt Jes 55–66 eine Sammlung von Texten dar, welche spezifische Probleme und Erwartungen einer (nachexilischen) Jahwe-Gemeinschaft verhandeln. Es geht offenbar nicht mehr so sehr um Fragen der Rückkehr aus der Verbannung (obwohl das Thema noch anklingt: Jes 57,14) und des Wiederaufbaus (Jes 63,18; 64,9f), sondern um die innere Ordnung und das Verhältnis zur Umwelt (J.S. Croatto). Die Sammlung spiegelt Diskussionen um die richtige Jahwe-Verehrung, die Bedeutung des Tempels und die Zusammensetzung der Gemeinde. Frappierend zu sehen sind – aus formgeschichtlicher Perspektive – die vielen gemeindebezogenen, liturgischen Textpassagen, die der Annahme einer rein literarischen Entstehung der Textgruppe strikt widersprechen.

In betonter Absetzung vom „Gemeindegesetz" Dtn 23,2–9 will Jes 56,1–8 kastrierte Männer, Eunuchen, und Ausländer in die Gemeinschaft der Jahwe-Gläubigen aufnehmen, wenn sie nur das Sabbat-Gebot einhalten! Eine Differenzierung der Fremden nach Ethnien wie im Deuteronomium ist aufgegeben. Allein der Sabbat steht als Identitätskriterium zur Debatte, Zeichen einer späten Diskussionslage. Seltsamerweise fehlt aber auch jeder Hinweis auf die Beschneidung, wie in Ex 12,43–48. Wahrscheinlich ist dieses wichtige nachexilische Kennzeichen für die Gemeindezugehörigkeit in der Erwähnung des „Bundes" (Jes 56,4.6) mit gesetzt:

> Die Fremden, die sich Jahwe zugewandt haben, ihm zu dienen und seinen Namen zu lieben, damit sie seine Knechte seien, alle, die den Sabbat halten, dass sie ihn nicht entheiligen, und die an meinem Bund festhalten, die will ich zu meinem heiligen Berge bringen und will sie erfreuen in meinem Bethaus, und ihre Brandopfer und Schlachtopfer sollen mir wohlgefällig sein auf meinem Altar; denn mein Haus wird ein Bethaus heißen für alle Völker. Jahwe, der Gott, der die Versprengten Israels sammelt, spricht: Ich will noch mehr zu der Zahl derer, die versammelt sind, sammeln. (Jes 56,6–8).

Die Weltoffenheit ist bei aller Bindung an die partikulare Jahwe-Tradition erstaunlich; man kann sie mit dem universalen Horizont in den Erzählungen Jona und Rut vergleichen. Das Sabbatgebot kommt als spezielle Orientierung noch einmal in Jes 58,13f vor. Prophetische Anklage beherrscht den Abschnitt Jes 57,1–13, wie auch etliche andere Passagen (vgl. 56,9–12; 65,1–7; 66,3f). Gezielt sind die „Kinder der Zauberin", des „Ehebrechers" und der „Hure" angeredet (57,3). Sie sind „Ausgeburt der Sünde und Lügensaat" (57,4). Im Kontext kann es sich nur um innergemeindliche Gegner handeln, wie sie auch in Kap. 65 und 66 angesprochen sind. Sie befinden sich aus der Optik der rechtgläubigen Tradenten auf dem falschen Weg. In Jes 57 opfern sie unter „allen grünen Bäumen" (V. 5; vgl. Jer 2,20; Ez 6,13; 1 Kön 14,23 = Standardvorwurf) und an sonstigen Stellen in der Natur ungenannten, fremden Gottheiten. Sie verbinden sich – in sexueller Metaphorik, die Abtrünnigen werden als weibliche Wesen angesprochen – mit den anderen Göttern (V. 8; vgl. Hos 4,12–14; Ez 16; 23) und machen sich gegenüber dem einzigen Gott, dem sie verpflichtet sind, des Treubruchs schuldig. In Jes 66,3–4 ist eine unbestimmte Opferpraxis, weder Ort und Umstände noch Gottheiten sind benannt, angeprangert. Jes 65,3b–5 beschreibt ausführlicher falsche Opferpraktiken:

> Die in den Gärten opfern / und räuchern auf den Ziegeln,
> die da in Gräbern hocken / und in Höhlen übernachten,
> die Fleisch von Schweinen essen, / und Brühe von Unreinem ist in ihren Töpfen.

> Die sagen: Bleib, wo du bist! / Komm mir nicht nahe, sonst mach ich dich unrein!
> Sie sind Rauch in meiner Nase, / loderndes Feuer allezeit. (nach C. Westermann, ATD 19, 315)

Die polemischen Andeutungen lassen auf kleine, private, möglicherweise den Toten gewidmete Kulte schließen. Jes 65,11 erwähnt gar zwei fremde Gottheiten, denen Gemeindemitglieder Opfer bringen, direkt bei ihren Namen: Gad und Meni. Über sie gibt es indessen nur minimale Nachrichten (Inschrift aus Palmyra: Gad = Glücksbringer). Vermutlich gehören die beiden angebeteten Wesen zum Typ der persönlichen Schutzgottheit. Jedenfalls ist aus dem Zusammenhang deutlich: In der nachexilischen Zeit hat die rechtgläubige Gemeinde Jahwes mit allerlei für die Judäer attraktiven Fremdkulten zu kämpfen. Im persischen Reich gab es eine große Zahl von Religionsangeboten. Es wäre zu kurz gegriffen, den einschränkenden Begriff „kanaanäische Fruchtbarkeitsreligionen" auf den religiösen Pluralismus der Zeit anzuwenden, dem das neue Israel ausgesetzt war, obwohl natürlich die jeweils räumlich nahe gelegenen Praktiken für bestimmte Gemeinden eine größere Rolle gespielt haben mögen als die entfernteren. Andererseits sollte man die durch Handel und Militär geförderten Fernwirkungen religiösen Gedankengutes und kultischer Rituale nicht unterschätzen.

Jes 58,1–12 wirft die Frage nach der richtigen Fastenpraxis auf, damit ist ein typisches Ritualproblem der exilisch-nachexilischen Gemeinschaft thematisiert. Kollektives Fasten ist ein zentrales Element von Klagefeiern in kommunalen Notlagen. Es gehört unausweichlich zu den sogenannten Selbsterniedrigungsriten, mit denen man Aufmerksamkeit und Gunst der zornigen oder unachtsamen Gottheit wiedergewinnen will. Anlässlich einer Heuschreckenplage rufen die Priester im Joelbuch ein „heiliges Fasten" aus (Joel 1,14). Die große Stadt Ninive tut in Sack und Asche Buße; die Bewohner fasten (Jona 3,5). Hier, beim Dritten Jesaja, ist das Problem in bezeichnender Weise spiritualisiert. Das wird in einem lehrhaft angelegten Dialog der murrenden Gemeinde mit ihrem Gott entfaltet. Die praktizierenden Jahwe-Bekenner erwarten von ihren Fastenaktionen umgehend handfeste Resultate. Sie kommen mit ihren Vorwürfen direkt zu Wort: „Warum fasten wir, und du siehst es nicht an? Warum kasteien wir unseren Leib, und du willst's nicht wissen?" (Jes 58,3). Daraufhin die Entgegnung Gottes, durch den Mund seines (gottesdienstlichen) Sprechers:

> Nun, am Tag eures Fastens treibt ihr Geschäft, / und all eure Arbeiter treibt ihr an!
> Nun, zu Streit und Hader fastet ihr / und dreinzuschlagen mit frevler Hacke!
> So wie jetzt ist das kein Fasten, / in der Höhe euer Rufen zu Gehör zu bringen! (Jes 58,3b–4, nach C. Westermann, ATD 19, 264)

Und dann folgt in V. 6–10 eine positive Füllung der Fastenpraxis. Gott will, dass an Tagen der Speiseenthaltung nicht nur äußerliche Riten abgespult werden, sondern die Solidarität mit den Schwachen, Geknechteten, Armen, Heimatlosen, kurz, mit allen Hilfsbedürftigen in Taten Ausdruck findet. Eine solche ethische Neuinterpretation ritueller Verpflichtungen findet sich mehrfach in den Hebräischen Schriften (vgl. Ps 50), im Neuen Testament (Mt 6,16; Mk 2,19), im Koran als Anweisung für den Ramadan.[272] Sie ist auch schon in älteren, vorderorientalischen und ägyptischen Lebenslehren angelegt und erscheint ebenfalls im persischen Avesta.[273] Das bedeutet: Rituelle Handlungen werden

---

[272] Vgl. Sure 2,185 und die islamische Tradition. Die „Speisung eines Armen" ist schon im Koran eine mögliche „Ersatzleistung" (Sure 2,184; vgl. 2,177).

[273] In der späteren zoroastrischen Religion wird die Speiseenthaltung als Verachtung der guten Schöpfung abgelehnt, vgl. M. Stausberg, Religion Bd. 2, 163; 364; P. Gerlitz, TRE 11, 44,8–14 (Hinweis auf Avesta: Vendīdāt 48).

häufig auf Gesinnung und Tun des Ausübenden hinterfragt. Außer der Ethisierung ritueller Handlungen fällt die zweimalige, verheißende Zusage auf: Wenn in der Fastenpraxis Solidarität geübt wird, dann „wird dein Licht hervorbrechen wie die Morgenröte, und deine Heilung wird schnell voranschreiten, und deine Gerechtigkeit wird vor dir hergehen, und die Herrlichkeit Jahwes wird deinen Zug beschließen." (Jes 58,8; vgl. V. 10b). Die Lichtmetaphorik gehört zu den Vorstellungen von Befreiung und Schicksalswende, wie auch in Jes 59,9f; 60,1–3 und Jes 8,20–9,1.[274] Es ist, als sollte die Erhörung Jahwes mit einer Prozession gefeiert werden, das legen die Verben der Bewegung in Jes 58,8 und seinen Parallelen nahe. Die von Jahwe zugeeigneten und Rettung bringenden Kräfte – Licht, Heilung, Gerechtigkeit – begleiten die erfolgreichen Beter; der Strahlenglanz Gottes (*kavod*) scheint das eigentliche, aktive Agens der Wende zu sein. Zu diesen göttlichen Wirkkräften finden sich Analogien in Mesopotamien, aber auch in der persischen Religion, dort in Gestalt der *ameša spentas*. Sie alle signalisieren Lebensmächte, die in unserem Textzusammenhang nach der richtigen, ethisch orientierten Enthaltsamkeit und Bußübung zur Wiederherstellung und zum Aufblühen einer notleidenden Gemeinschaft führen. Wir haben mithin ein theoretisches Modell eines echten Buß- und Bittgottesdienstes vor uns. Wenn es mit rechten Dingen zugeht, so will der Text sagen, dann folgen auf Fasten, Bittliturgie und Solidaritätshandlungen lebensfrohe Dankbezeugungen an Jahwe.

Das umfangreiche Klageritual in Jes 63,7–64,12 bietet eine ähnliche Ausgangssituation, jedoch in Gestalt authentischer liturgischer Texte. Zumindest scheinen die hier zusammengestellten Klagen und Bitten in ihrer psalmennahen sprachlichen Form und liturgischen Abfolge einem zu postulierenden nachexilischen Gemeindegottesdienst sehr nahe zu stehen. Jes 63,7–9 rühmt in hymnischer Weise die huldvolle Fürsorge Jahwes für sein Volk in vergangenen Zeiten. V. 10 konstatiert Undank und Untreue sowie Jahwes strafende Reaktion. Dann erfolgt die Umkehr der Gemeinde. Zunächst schildert der Text erzählerisch, wie das Volk wieder nach Jahwe fragt (V. 11–13/14: Anspielungen auf den Exodus; direkte Fragen der Gemeinde zitiert; vorweggenommene 1. Person Plural in V. 14a durchbricht Erzählstil), d.h. zu ihm zurück findet. Dann aber geht der Text in ein kollektives Klage- und Bittgebet über, das Jahwe direkt anredet und weitgehend die 1. Person Plural der Gemeinde, sei es durch Vorbeter oder im Chor ausgesprochen, benutzt. Die formale und sachliche Nähe zu den Klageliedern des Volkes im Psalter (bzw. in anderen hebräischen Schriften) ist ständig mit Händen zu greifen,[275] wenn das Gebet auch deutlich eigene Akzente setzt. Die betende Gemeinde dringt mit „Wo" und „Warum"-Fragen auf Jahwe ein, beklagt vehement, aber in allgemeinen Aussagen die Niederlage vor den Feinden, Zerstörung von Heiligtum und Wohnstätten und Gottverlassenheit, die sich darin manifestiert. Und das Hauptargument dafür, dass Jahwe nun zugunsten Israels eingreifen müsse, lautet:

> Halte doch nicht an dich!, / denn du bist unser Vater;
> Denn Abraham weiß nichts von uns, / und Israel kennt uns nicht.
> Du, Jahwe, bist unser Vater; / unser Erlöser von uran ist dein Name. (Jes 63,16; nach C. Westermann, ATD 19, 310; vgl. Jes 64,7).

---

[274] Nur noch das Buch Hiob weist einen ähnlich dichten Gebrauch des Wortes „Licht" auf (Jes = 27 mal; Hi = 32 mal). „Licht" wird häufig zur Metapher für das „Gute", das „Leben" (vgl. Hi 30,26; 17,12–16).

[275] I. Fischer, Jahwe, stellt diesen Sachverhalt gebührend heraus; vgl. auch C. Westermann, ATD 19,305ff.

Dreimal ist mit Nachdruck die Vaterrolle Jahwes beschworen, eine ungewöhnliche Redeweise für eine Gemeinschaft, die sich überwiegend auf den Bundesschluß mit Jahwe und nicht auf eine familiäre Gottesbeziehung beruft.[276] Doch passen alle Konturen recht gut auf die nachexilische, persische Zeit. In der Gemeinde gab es nach Ausweis einiger Textschichten (wie z.B. der individuellen Klagelieder) eine gewisse Affinität zu familiären Religionsformen; der Vatername ist gelegentlich auch anderswo für Jahwe in Gebrauch (vgl. Mal 2,10), und die zivile, gemeindliche Art mit Gott umzugehen spricht stark für eine späte Ansetzung unseres Textabschnittes. Freilich vermissen wir stärkere Schuldeingeständnisse, wie sie etwa in den Bußgebeten Esr 9 und Neh 9 vorliegen. Wir hätten also in Jes 58 und 63/64 keine vollständigen Gottesdienstliturgien, aber doch wichtige Teile von solchen, im lebendigen, gemeindlichen Kommunikationsprozess gewachsenen Texten vor uns.

Noch weitere Teile des Dritten Jesaja lassen sich formgeschichtlich, wenn auch weniger stringent, der gemeindlichen Praxis zuordnen. Jes 59,1–8 ist eine (prophetische; deuteronomistische) Anklagerede gegen die unsolidarisch handelnde Gemeinde. Liturgisch oder rhetorisch gesehen muss der Wechsel von direkter Anrede in der 2. Person Plural (V. 1–3) zur neutralen Darstellung in der 3. Person Plural (V. 4–8) keinen Bruch darstellen. Das in der Gemeinde geltende Ethos ist vielfach verletzt worden, darum zieht ein Sprecher die Menschen zur Verantwortung, ohne allerdings auf die Tora direkt hinzuweisen. Inhaltlich sind grundsätzliche Bezüge allerdings deutlich. Der nächste Abschnitt, V. 9–15a, ist offenbar eine Antwort auf die harten Beschuldigungen. Im gemeindlichen Wir-Stil, der ein deutliches Indiz für liturgische Verankerung darstellt, nehmen die Beschuldigten die Verantwortung auf sich. Auch sie verwenden u.a. die Licht-Finsternis Metaphorik: „Wir hofften auf Licht, und siehe: Dunkel ... wir straucheln am Mittag wie im Dunkeln ..." (V. 9.10); „Denn viel sind unsere Frevel vor dir, unsere Sünden sagen gegen uns aus." (V. 12). Ein regelrechtes Bußgebet also mit umfangreichem Eingeständnis der Schuld – im Sinne nachexilischer Ausschließlichkeitstheologie, vgl. V. 12f – sieht den Verlust von „Gerechtigkeit" und „Heil" (beides im umfassenden, existenziellen Sinn gemeint; V. 9.14) als alleinige Folge des eigenen Verhaltens. Gott hat in diesem Text anders als in Jes 63/64 volles Recht, seine Gemeinde in Not geraten zu lassen (vgl. Jes 59,1–3). – Wenn wir aber nach dem Schuldbekenntnis die Wende zum Besseren erwarten, so werden wir vom anschließenden Text nur halb bedient. Er betont nämlich zuerst noch einmal hart den göttlichen Vergeltungsbeschluss (V. 15b–19), ehe er auf die Begnadigung Israels eingeht (V. 20f). Daraus mag man den Schluss ziehen, dass dieser letzte Abschnitt des Kapitels 59 aus einem anderen agendarischen Zusammenhang stammt oder aber tatsächlich aus einem Guss ist und nur im ersten Teil (V. 15b–19) rundweg die Bestrafung der Feinde Israels im Auge hat. Die dargestellte „Panzerung Gottes" mit den Waffen der Gerechtigkeit spricht eher für die letztere Version. Denn wie in 63,1–6 tritt der ganz und gar kriegerisch eingestellte Jahwe (vgl. Ex 15,3; Jes 42,13: Attribut „Krieger"; Nah 1,2) gerne gegen Israels Feinde auf. – Ob Jes 59 eine zusammenhängende Liturgie abbildet, bleibt also zweifelhaft. Fragmente liturgischen Redens aber sind sicher im Text erhalten, vor allem in dem zitierten Bußgebet.

Die Kapitel 60–62 bilden eine thematische Einheit, und ihr Redestil ist überwiegend in der 1. Person Singular gehalten. Die sprechende Person ist über längere Strecken eindeutig Jahwe selbst, obwohl Botenspruch- oder Legitimationsformeln fehlen. Andererseits kommt aber ebenso deutlich ein ungenanntes menschliches Sprachrohr zu Wort.

---

[276] Vgl. E.S. Gerstenberger, Jahwe, 17–27.

Der Dritte Jesaja

Angeredet ist durchgehend die Stadt oder die Stadtgemeinde Jerusalem. Das ist vor allem an den vielen verwendeten femininen Singularformen zu erkennen, kaum an den wenigen Namensnennungen (Zion). Das heilvolle, neu begründete Verhältnis Jahwes zu seiner „Braut Zion" (62,4f) steht also thematisch im Mittelpunkt. Der Eingangsabschnitt 60,1–3 hat praktisch die Funktion einer Überschrift und Inhaltsangabe. Für uns ist es ein adventlicher Text:

> „Auf, werde licht, denn es kommt dein Licht, ... Denn siehe: ‚Finsternis' bedeckt die Erde / und Dunkel die Völker;
> aber über dir geht auf Jahwe, / und seine Herrlichkeit erscheint über dir."

Die Botschaft von der Rückkehr der Bewohner Jerusalems ist aufgenommen und ins Eschatologische gesteigert. Völker werden herbeipilgern und in der Stadt Jahwes ihr Heil suchen. Sie leisten Aufbauhilfe. Der Stadt blüht ein ewiger Friede, alle Einwohner dürfen ihn geniessen. Jerusalem steigt offenbar zu politischer Weltgeltung auf: „Du wirst zur prächtigen Krone in der Hand Jahwes, zum königlichen Stirnreif ..." (Jes 62,3). Den ganzen Abschnitt „Jerusalem wird strahlend erstehen" beschließt die Rückkehr- und Pilgerthematik (Jes 62,10–12) und genau in seiner Mitte taucht verhalten das Messias-Motiv auf, in Anlehnung an die Worte des scheidenden David (2 Sam 23,1–7) und an die Freilassungsgesetze des Pentateuch:

> Der Geist des Herrn Jahwe ist auf mir, / weil Jahwe mich gesalbt hat.
> Frohe Botschaft den Armen zu bringen, hat er mich gesandt, / zu verbinden, die zerbrochenen Herzens sind.
> Auszurufen für die Gefangenen die Freilassung / und für die Gefesselten die Öffnung ...
> Auszurufen ein Jahr der Huld Jahwes, / einen Tag der Vergeltung unseres Gottes, / zu trösten alle Trauernden ... (Jes 61,1f; nach C. Westermann, ATD 19, 290).

Die Erwartung eines gloriosen Aufbaus Jerusalem zum Sitz des davidischen Vizeregenten mitten im persischen Imperium (das keiner Erwähnung für würdig befunden wird) beflügelt diese „Jerusalem"-Komposition. Ihr liturgischer Charakter, der starke Akzent auf den selbst sprechenden Weltengott Jahwe und sein Bräutigamsverhältnis zu Zion lassen an festliche Verkündigung denken. Vielleicht untermalt der grausige Abschnitt Jes 63,1–6 mit dem „keltertretenden" Gott in starkem Kontrast zum friedlichen, universalen Heil (Jes 60–62) den endzeitlichen Aspekt, der nicht ohne Gewalt zu denken ist. Damit leitet er über das Klageritual 63,7–64,11 hinweg zu den apokalyptischen Schlußstücken des Dritten Jesaja hin.
Innergemeindlich erfolgt in den letzten beiden Kapiteln die Endabrechnung mit abtrünnigen Jahwe-Gläubigen (Jes 65,1–16; 66,3f.15–17.24) und die Verwirklichung des endzeitlichen Heils an der treuen Gemeinde (Jes 65,13–16.18–25; 66,5–14; s.u. IV.3.4). Und das alles geschieht im Rahmen einer universalen Welterneuerung: „Siehe, ich will einen neuen Himmel und eine neue Erde schaffen" (Jes 65,17). Das Schicksal aller Völker steht auf dem Spiel und findet in Jerusalem seine Erfüllung (Jes 66,16.18–22). Ein gewaltiges Gemälde, in dem die winzige Gemeinde derer, die sich nach Blenkinsopps Vorschlag die „Zitterer" (Jes 66,5; vgl. „Quaker", „Shaker") nannten, die zentrale Rolle spielt. Persische Vorstellungen von Lichtwelt, Gericht und Heil sind den im Dritten Jesaja gebrauchten Denkmustern vergleichbar.

III.1.2.3 Weitere Prophetenschriften?

J. Barton, Joel and Obadjah, Louisville 2001. – G. Baumann, Liebe und Gewalt, Stuttgart 2000 (SBS 185). – E. BenZvi, A Historical-Critical Study of the Book of Zephanjah, Berlin 1991 (BZAW 198). – B.C. Birch, Hosea, Joel, and Amos, Louisville 1997 (Westminster Bible Companion). – J.L. Crenshaw, Joel, New York 1995 (AB 24 C). – U. Dahmen und G. Fleischer, Die Bücher Joel und Amos, Stuttgart 2001 (Neuer Stuttgarter Kommentar, AT 23,2). – W. Dietrich und Milton Schwantes (Hg.), Der Tag wird kommen, Stuttgart 1996 (SBS 170). – F. Garcia Martinez, Wisdom and Apocalypticism in the Dead Sea Scrolls and in the Biblical Tradition, Löwen 2003 (BEThL 168). – L.L. Grabbe und R.D. Haak, Knowing the End from the Beginning, London 2003 (JSPE.S 46). – L.R. MacQueen, Joel and the Spirit, Sheffield 1995 (Journal of Pentacostal Theology, Supplement 8). – R. Mason, Zephaniah, Habakkuk, Joel, Sheffield 1994 (OTGu 23). – J.M. O'Brien, Nahum, Sheffield 2002. – L. Perlitt, Die Propheten Nahum, Habakuk, Zephanja, Göttingen 2004 (ATD 25/1). – J. Renkema, Obadja, vertaald en verklaard door J. Renkema, Kampen 2000. – D.B. Sandy, Plowshares and Pruning Hooks, Downers Grove 2002. – K. Seybold, Satirische Prophetie, Stutttgart 1985 (SBS 120). – Derselbe, Nahum, Habakuk, Zephanja, Zürich 1991 (ZBK.AT 24,2). – R. Simkins, Yahweh's Activity in History and Nature in the Book of Joel, Lewiston 1991 (ANETS 10). – U. Struppe, Die Bücher Obadja, Jona, Stuttgart 1996 (Neuer Stuttgarter Kommentar, AT 24,1). – A. Wagner, Prophetie als Theologie, Göttingen 2004 (FRLANT 207).

Geht man von der Annahme aus, dass erst die „Befreiung" Israels durch die Perser den eigentlichen Anstoß zur Komposition und Sammlung von Heiligen Schriften und zum Aufbau einer neuartigen Gemeindestruktur darstellte, dann drängt sich die Vermutung auf: Wahrscheinlich verdanken alle hebräischen Schriften – kleinere Gelegenheitskompositionen ausgenommen – ihre jetzige, mehr oder weniger kanonische Gestalt jener Aufbruchszeit des Zweiten Tempels. Für die Sammlung und Systematisierung der prophetischen Überlieferungen würde das möglicherweise den Abschied von den beliebten Theorien bedeuten, klassische Propheten hätten selbst oder durch ihre „Schüler" schriftliche Aufzeichnungen hinterlassen, die man in der Folge redigiert und erweitert hätte. Eher müsste man an eine aus der Rückschau und nur mit spärlichsten Überlieferungsfragmenten arbeitende Konstruktion prophetischer Geschichten, Sprüchen und Reden denken.[277] Stellen wir also die dtr., historisierenden Überschriften der Prophetenbücher beiseite, lässt sich mindestens im Blick auf die Bücher Joel, Obadja, Nahum, Habakuk und Zefanja die Frage nach ihrer möglichen Endfassung in der Perserzeit stellen.

Das Buch Joel besteht aus einer „Liturgie für den Fall einer Heuschreckenplage" (Joel 1–2) und endzeitlich orientierten Passagen, die vielleicht durch das Stichwort „Tag Jahwes" mit der Liturgie verbunden sind (Joel 3–4). Insbesondere dieser zweite Teil des Buches verrät eine Zukunftserwartung, wie sie vor Beginn der Perserherrschaft in Israel kaum nachzuweisen ist. Positiv gewendet: Erst persische Religiosität bringt vermutlich eine derartige „Weltuntergangsstimmung" in den Alten Vorderen Orient, so dass sich Szenarien wie die des Endgerichtes Jahwes entwickeln können: „Die Völker mögen sich aufmachen und heranziehen in das Tal Josaphat; denn dort will ich zu Gericht sitzen über alle Völker ringsum." (Joel 4,12; vgl. das „Tal der Entscheidung" in V. 14). Und weil die vier Kapitel des Buches offenbar kompositionell zusammengehören, jedenfalls keine gravierenden Indizien eines zeitlichen Versatzes vorhanden sind, kann die kleine Kompilation durchaus Produkt der Perserzeit sein. Die sichtbar werdende Gemeinschaft der Buße und Endzeiterwartung bekennt inständig ihre Schuld und hofft ebenso inständig auf Rettung und Demütigung der Feinde durch einen gnädigen Weltenrichter. Die Vorstellung einer Geistausgießung über alle Gemeindeglieder, Frauen wie Männer (Joel

---

[277] Vgl. E.S. Gerstenberger, Ausblick, in: J. Blenkinsopp, Geschichte der Prophetie in Israel, Stuttgart 1998, 266–290.

3,1f; vgl. Num 11,16f.26–29; Jes 44,3–5; Ez 39,29) gehört zum nachexilischen Glauben.[278]

Das winzige Obadja-Fragment ist das versprengte Stück einer Klagefeier gegen die südlichen Nachbarn, die Edomiter, welche im 6./5. Jh v.Chr für Juda eine ernsthaft konkurrierende Macht darstellten.[279] Zahlreiche prophetische Aussprüche zeugen von der Animosität der Judäer gegen sie (vgl. Jes 21,11–15; Jer 49,7–22 [eine Vorlage für Ob?] Ez 35,1–15; Joel 4,19; Ps 137,7). Wenn man Ob 10–14 trauen kann, haben edomitische Truppen die Niederlage der Judäer gegen Babylon entweder 597 oder 587 v.Chr. genutzt um sich ihren Anteil an der Beute zu sichern. Doch lassen sich solche Nachrichten nicht historisch verifizieren. Die biblischen Texte bezeugen nur deutlich das gespannte Bruderschaftsverhältnis zwischen den verwandten Volksgruppen. Es wird ja auch im Verhältnis der beiden Zwillinge Jakob und Esau thematisiert (Gen 27) und genealogisch aufgearbeitet (Gen 36). Die Irritationen zwischen Juda und Edom haben offenbar in der Perserzeit angedauert, ja, sie sind zu einem Höhepunkt gekommen. Darum wird das versprengte „Buch" Obadja aus dieser Zeit stammen. Wie es in den Zwölferkanon gekommen ist, wissen wir nicht. Möglicherweise war es ursprünglich Teil der Amos-Überlieferung und wurde erst spät selbständig, als nämlich die Erreichung der Zwölfzahl bei den „kleinen" Propheten eine redaktionelle Herausforderung darstellte. Auch diese Überlegung führt, wenn man nach der wahrscheinlichsten historischen Ansetzung fragt, in die persische Periode.

Es bleiben aus dem Zwölferbuch drei kleine Einheiten, welche sehr leicht die Anwärterschaft für eine persische Entstehungs- oder Editionszeit erwerben können. Nahum und Habakuk sind von den letzten Redaktoren und Editoren nicht durch Überschrift zeitlich eingebunden, und den zur Sprache gebrachten Themen nach sind sie – trotz gelegentlicher, scheinbarer Verhaftung in einer ferneren Vergangenheit – durchaus in der geistigen Welt Judas zur Zeit des Zweiten Tempels zu Hause. Das dritte Buch, Zephanja, trägt im Gegensatz zu der redaktionellen Verortung in Josias Tagen (Zeph 1,1) alle Anzeichen einer späteren Entstehung und Zusammenstellung an sich.

Nahum gibt sich insgesamt als Anklage, Drohung und Siegeslied gegen die assyrische Weltmacht, die schon im Jahre 612 v.Chr. unter dem Druck der Meder und Babylonier zusammengebrochen war. Ninive ist zur gottfeindlichen Großmacht hochstilisiert. Es ist zum Symbol für arrogante und brutale Weltpolitik geworden. Das kann recht eigentlich nur in der Rückschau geschehen, derartige Prozesse der Stereotypisierung von Geschichtsmächten brauchen ihre Zeit. Sie dienen in der Regel erst späteren Generationen als abschreckende (seltener: vorbildhafte) Beispiele und meinen oft die jeweils neuen Herren, welche in die Fußtapfen der alten Tyrannen treten. Die moderne Rekonstruktion eines historischen Nahum, der zur Zeit der Assyrerherrschaft im 7. Jh. v.Chr. agierte, erübrigt sich damit. Der hätte kaum schon ein so ausgereiftes Bild der „mörderischen und hurerischen Stadt Ninive" (vgl. Nah 3,1–7) zur Verfügung gehabt. Bleibt also die Frage, ob die Denunzierung der Weltmacht in Gestalt der Assyrerhauptstadt eher auf die nachfolgende babylonische oder aber auf die wenig später antretende persische impe-

---

[278] Die Spezialliteratur zu Joel und zum Zwölfprophetenbuch ist weitläufig, vgl. R. Albertz, BE 7, 164; A. Schart, Entstehung (s. Bibl. zu III.2.2), 318–336; P.L. Reddit u.a. (Hg.), Thematic Threads in the Book of the Twelve, Berlin 2003 (BZAW 325); M. A. Sweeney, The Place and Function of Joel in the Book of the Twelve, BZAW 325, Berlin 2003, 133–154. Der Prophet wird von manchen um 400 v.Chr. datiert, vgl. J. Jeremias, TRE 17, 91 Zeile 49–54.

[279] M. Weippert, Edom, Diss. Tübingen 1971; E.A. Knauf, Supplementa Ismaelitica, BN 45, 1988, 62–81.

riale Gewalt (ist eventuell auch noch die hellenistische Epoche mit zu bedenken?) zu beziehen ist. Beides ist möglich; der Widerstand gegen babylonische Großmachtpolitik ist in vielen prophetischen Texten bezeugt. Trotz aller Euphorie über die Befreiung durch die Perser bei Deuterojesaja und in Esra / Nehemia hat die Gemeinde der Jahwe-Glaubenden doch die Ausbeutungsmechanismen der neuen Herrschaften erfahren (vgl. Neh 9,32–37; interessant: das Elend hat unter Assur angefangen und dauert „bis auf diesen Tag", V. 32). Sprache, Vorstellungswelt, liturgischer Hintergrund etc., wie sie im Buche Nahum sichtbar werden, sprechen nach meiner Meinung eher für eine Komposition und einen Gebrauch dieser Schrift zur Perserzeit. Anscheinend hat man – das Buch Jona ist hier heranzuziehen – gerade in der persischen Periode die Haltung der Jahwe-Gemeinde zu den Großmächten stark diskutiert. Die Nahum-Schrift firmiert dabei als Gegenpol zum Jonabuch, oder umgekehrt: Jona scheint eher auf die strenge Gerichtsverkündigung gegen eine „heidnische" Macht zu reagieren. Doch gehören beide Schriften in das Umfeld der Debatte über das richtige Verhältnis von Jahwe-Getreuen zu einer herrschenden Weltmacht. Auch die markante Ehemetaphorik,[280] angewandt auf die Beziehung Jahwes zu seinem Volk und erst abgeleitet davon zu einer Fremdnation, scheint mir eine echte theologische Entdeckung der nachexilischen Zeit zu sein. Das schließt ihre Verwendungen in den Büchern Hosea, Jeremia ein; sie finden auf der gleichen zeitlichen Ebene statt wie die in den Büchern Ezechiel und Jesaja. Kurz, das Buch Nahum kann sich als Produkt der Perserzeit qualifizieren.

Das ist ebenso gut möglich für das Buch Habakuk.[281] Hier treten nun im Text punktuell die Neubabylonier (Chaldäer) in Erscheinung (Hab 1,6), ohne dass sie sonst weitere Aufmerksamkeit erlangen. Die Vielzahl der überraschend „zivilen" und „liturgischen" Redeformen lässt als kreativen Hintergrund eine nichtstaatliche Glaubensgemeinschaft erahnen. „Zivil" und auf das in einer solchen Gemeinschaft geltende Ethos konzentriert sind z.B. die „Weherufe" (Hab 2,4–20). Sie stammen vermutlich mit zahlreichen ähnlichen, bei den Propheten, im Psalter und in der Weisheitsliteratur verbreiteten Beispielen und ihrem Pendant, den Benediktionen, aus Bildungsinstitutionen der nachexilischen Gemeinde.[282] Der Abschnitt bei Habakuk ist zudem voller Anklänge an das in der judäischen Konfessionsgemeinschaft gepflegte Überlieferungsgut der Tora. „Der Gerechte wird durch / wegen seine(r) Treue am Leben bleiben" (Hab 2,4b) schließt etwa an Gen 15,6; 18,22b–32 an. Warnungen, den Mitmenschen wirtschaftlich auszubeuten (Hab 2,6.9.12) haben ihre Entsprechung in den Sozialgesetzen des Pentateuch und den in Prophetenschriften vorausgesetzten Regeln menschlichen Zusammenlebens (vgl. zum Letzteren: Am 2,6–8; 4,1; 5,11f; Jes 5,8–23; 10,1–2). Die Inkriminierung von kultischem und moralischem Fehlverhalten (Hab 2,15.19) erinnert an Stellen wie Gen 9,21–27; 19,30–35 (Alkohol und Sexualität) oder Jer 2,26–28; Jes 44,17 (Anbetung von toten Objekten). Die Wehe-Rufe Habakuks stammen offenbar aus dem Gemeindemilieu, sie wollen ursprünglich das Verhalten von Gemeindegliedern in den akzeptierten Bahnen halten. Die im jetzigen Text vorliegenden Interpretationen (Hab 2,7f.10f.13f.16–18) stellen die Sprüche in den weiteren, politischen Raum, in dem sich die nachexilische Gemeinde vorfindet.

---

[280] Vgl. G. Baumann, Liebe; zu Nahum a.a.O. 218–222.
[281] Auch R. Albertz setzt Habakuk in die Perserzeit (BE 7, 190f), ebenfalls L. Perlitt, ATD 25,1, 43.
[282] Die Festlegung dieser Texte auf die Trauerrhetorik, die weithin akzeptiert worden ist, hat mich noch nicht überzeugt, vgl. E. S. Gerstenberger, The Woe-Oracles of the Prophets, JBL 81, 1962, 249–263.

Andere Passagen aus Habakuk tragen einen ausdrücklich gottesdienstlich-liturgischen Charakter. Dazu zählt das Gemeindegebet Hab 1,12–17, dessen Einführung eine typische Formulierung in der 1. Person Plural (so MS V. 12b) aufweist. Vor allem aber ist der Psalm des Habakuk (Hab 3) ein ausgemacht liturgisches Stück, das wie aus dem Psalter herauskopiert erscheint.[283] Es hat nicht nur eine an die Überschriften von Ps 17; 86; 90; 102; 142 u.a. erinnernde erste Zeile, sondern schließt auch – ohne Beipiel im Psalter – mit kulttechnischen Anmerkungen (Hab 3,1 und 3,19d). Ist diese Rahmung ein redaktioneller Zufall oder ein gängiges Muster von Psalmentradition? Inhaltlich liegt die Theophanieschilderung[284] Hab 3 auch auf der Linie zahlreicher Texte im Psalter (vgl. Ps 18; 50; 68; 77, 97 usw.). Die Erscheinung Jahwes im Aufruhr der Elemente, in Licht und Strafgericht hat sich in der Perserzeit von alten Stammeskriegsritualen lange gelöst, wird in der zivilen Gemeinde gefeiert (auch im Andenken an Mose- und Bergtraditionen) und hat eschatologische Züge angenommen:

> Du spaltest die Erde – da fließen Ströme; / die Berge sehen dich und erbeben.
> Wasser giessen die Wolken, / der Ozean hebt seine Stimme.
> Ihres Aufgangs vergisst die Sonne, / der Mond bleibt in seiner Wohnung
> beim Licht deiner fliegenden Pfeile, / beim Glanz deines blitzenden Speers.
> Im Grimm schreitest du über die Erde, / im Zorn zertrittst du Nationen.
> Du ziehst aus, deinem Volk zu Hilfe, / zu helfen deinem Gesalbten. (Hab 3,9c–13a)

Etliche Formale und inhaltliche Beobachtungen sprechen mithin für Entstehung und Gebrauch des Habakukpsalms in der Gemeinde der Perserzeit. Das gilt auch für den Einleitungsabschnitt Hab 1,2–4. Er ist ganz als Klageelement eines individuellen Bittgebets gestaltet. Nur weisen Inhalt und sprachliche Form auf eine besondere Notsituation. Der Klagende ist bestürzt über die innere Verfassung seiner Gemeinschaft (V. 3: Unheil, Verderben, Unterdrückung, Gewalt, Streit, Hass). Er malt die Folgen an die Wand: „Erschlaffung von *torah*", Behinderung des Rechts (V. 4). Das Grundgerüst der Jahwe-Gemeinschaft droht zu zerbrechen. Wenn das Buch Habakuk bewusst zusammenkomponiert worden ist, dann hat dieser kleine Einführungsabschnitt richtungsweisende Funktion. Ein Lehrer der Gemeinde beklagt bedrohliche Verfallserscheinungen. Er beschwört die mögliche Reaktion Jahwes und benutzt dabei die noch in Erinnerung liegende babylonische Unterdrückung als Drohmoment (V. 5–11). Propheten (Hab 1,1!) haben in dieser Zeit bereits die Funktion, Tora zu verkünden und über Tora zu wachen. Die Rhetorik vom Wächter- oder Späheramt (Hab 2,1–4; vgl. Ez 3,17; 33,1–9) gehört in diesen Zusammenhang. Habakuk ist auch durch sein Prophetenverständnis, welches alle drei Kapitel durchzieht, als Schrift der späten alttestamentlichen Gemeinde gekennzeichnet.

Beim Buch Zephanja[285] wiederum stellen wir (eventuell in späten Redaktionsschichten) eine betonte eschatologische und apokalyptische Stimmung fest, die nicht in die vorexilische Zeit passt. Darum kann man der historisierenden Überschrift Zeph 1,1 kein Vertrauen schenken. Sie soll nach dem Willen der Redaktoren nur das Verhängnis unter-

---

[283] Vgl. E. S. Gerstenberger, Psalms in the Book of the Twelve: How Misplaced are They? BZAW 325, Berlin 2003, 72–89

[284] Vgl. J. Jeremias, Theophanie, WMANT 10, Neukirchen-Vluyn, 2.Aufl. 1977, 38–51; derselbe, Kultprophetie und Gerichtsverkündigung in der späten Königszeit, WMANT 35, Neukirchen-Vluyn 1970, 55–89.

[285] Vgl. W. Dietrich u.a. (Hg.), Der Tag wird kommen. SBS 170, Stuttgart 1996; M. Striek, Das vordeuteronomistische Zephanjabuch, BET 29, Frankfurt 1999; M.H. Floyd, Minor Prophets Part 2, FOTL 22, Grand Rapids 2000, 163–250.

streichen, das sich über Josia ohne dessen Zutun zusammengebraut hatte. Der herrschende Ton wird sogleich am Anfang des Buches angeschlagen:

> Wegraffen will ich alles / vom Angesicht der Erde, / spricht Jahwe.
> Wegraffen will ich Menschen u. Vieh, / wegraffen die Vögel am Himmel, / die Fische im Meer.
> Zu Fall bringen will ich die Gottlosen.
> Ich rotte aus die Menschen / vom Angesicht der Erde, / spricht Jahwe. (Zeph 1,2f)

Die Vernichtung alles Lebens ist angekündigt, wie in der „Jesaja-Apokalypse" (vgl. Jes 24,1–6). Innerhalb der großen Endabrechnung geschieht der Untergang Judas und Jerusalems, angekündigt mit eschatologischen Formeln, z.B. „An jenem Tage ereignet sich" (Zeph 1,10.12), „nahe ist der Tag Jahwes" (1,7.14). Die leidenschaftliche Sprache hat durch die Jahrhunderte Leserinnen und Leser erschüttert und fasziniert:

> Jahwes großer Tag ist nahe, / er stürmt heran.
> Horch! Der bittre Tag Jahwes! / Da schreit der Held.
> Ein Tag des Zorns ist dieser Tag, / ein böser Tag, voller Angst.
> Ein Tag von Öde und Verödung, / ein Tag von Dunkel und Finsternis.
> Ein Tag der Wolken und Schwärze, / ein Tag der Posaune, des Geschreis. (Zeph 1,14–16)

Die Abrechnung des einen Gottes und Weltherrschers wird Juda und Jerusalem nicht ungeschoren lassen (Zeph 2,1–3; 3,1–5: vgl. die Missachtung von *torah* in V. 4). Aber im jetzigen Text zielt das Strafgericht Jahwes vor allem auf die feindlich gesonnenen Nachbarvölker (Zeph 2,4–15; 3,8) und damit auf die Befreiung Judas und das ihm zuteil werdende Heil (Zeph 3,6–20). Starke Verheißungen Jahwes ergehen an sein Volk; sie erstrecken sich nach dem Gericht auch auf die anderen Völker (3,9f). Und ein brausender Dankhymnus der Gemeinde beschließt die Gerichtsliturgie:

> Juble, Zion, / jauchze, Israel!
> Freue dich, frohlocke, von ganzem Herzen / Jerusalem!
> Jahwe hat deine Widersacher weggenommen, / deine Feinde weggefegt.
> Der König Israels, Jahwe, ist in deiner Mitte, / du wirst nichts Böses mehr erleben.
> An jenem Tage wird man / zu Jerusalem sagen:
> „Fürchte dich nicht, Zion! / Lass deine Hände nicht sinken!
> Jahwe, dein Gott, ist in deiner Mitte, / ein Held, der rettet.
> Er jubelt über dich, voller Freude, / in seiner Liebe erneuert er dich.
> Er jauchzt dir zu mit lautem Ruf. (Zeph 3,14–17)

Alle Indizien sprechen dafür,[286] dass Zephanja aus liturgischen Textteilen besteht, die einen gewissen agendarischen Fortschritt erkennen lassen. Auf düstere Ansagen eines Endgerichtes und allerlei Droh- und Gerichtsbotschaften gegen Gruppen von Jerusalemer Bürgerinnen und Bürgern folgt die Verkündung von Jahwes Einschreiten, hauptsächlich gegen die Bedränger Israels. Der Sieg Jahwes über alle Gegner steht ausser Frage, die Befreiung der Gemeinde ist zum Greifen nah. Wo genau der Sitz im Leben für eine derartige eschatologische Freudenfeier war, ist schwer auszumachen. Die Erwartung eines nahen Weltendes setzt offenbar intensive Hoffnung auf eine umfassende Besserung der Verhältnisse frei.

Überblicken wir die Reihe der prophetischen Schriften, die in der Perserzeit entstanden sein können oder wahrscheinlich entstanden sind, dann ist ihre Anzahl beeindruckend. Vom Zwölferbuch gibt sich die große Masse des Textes als von der judäischen Gemein-

---

[286] Vgl. E.S. Gerstenberger, Der Hymnus der Befreiung im Zefanjabuch, in: W. Dietrich, Tag (s.o. Anm. 259) 102–112.

de des Zweiten Tempels geprägt zu erkennen. Die charakteristischen theologischen Anliegen der Zeit beherrschen die Aussagen. Zwischen den Gemeinschaften im Heimatland und in der Diaspora ist allerdings schwer zu unterscheiden. Die gravierenden Differenzen der ersten Jahre nach der Befreiung durch die Perser haben sich in der Provinz Jehud wahrscheinlich auch bald abgeschliffen. Dafür traten nach dem Zeugnis von Esra / Nehemia die Spannungen zur Provinz Samaria und anderen benachbarten Regionen mehr in den Vordergrund. – Die einzelnen Prophetengestalten („Autoren") treten in allen späten Teilen des Zwölferbuches zurück. Manche Namen mögen programmatische Fiktionen sein (Maleachi; Obadja, Joel usw.). Umso stärker zeichnet sich die nachexilische Jahwe-Gemeinde mit ihren Ritualen hinter den „prophetischen" Worten ab. Sie gab gleichsam Gebrauchstexte in Auftrag, und gestaltete mit ihnen die gemeindliche Kommunikation. Damit hat sich das Phänomen des Prophetischen auf den gemeindlichen Gebrauch, die schriftliche Wortgestalt und die Interpretation autoritativer Überlieferungen hin verschoben.[287]

III.1.3 Poetisches, Liturgisches

R. Alter, The Art of Biblical Poetry, New York 1985 (reprint Edinburgh 1990). – R.J. Bautch, Developments of Genre between Post-Exilic Penitential Prayers and the Psalms of Communal Lament, Atlanta 2003 (SBL.Academia Biblica 7). – W.P. Brown, Seeing the Psalms, Louisville 2002. – W. Brueggemann, The Psalms and the Life of Faith, Minneapolis 1995. – A. Doeker, Die Funktion der Gottesrede in den Psalmen, Berlin 2002 (BBB135). – P. Flint und P.D. Miller, The Book of Psalms. Composition and Reception, Leiden 2005 (FIOTL 4). – E.S. Gerstenberger, K. Jutzler, H.J. Boecker, Zu Hilfe, mein Gott, Neukirchen-Vluyn 4. Aufl. 1989. – Derselbe, Psalms, 2 Bde, Grand Rapids 1988 und 2001 (FOTL XIV und XV). – J.A. Grant, The King as Exemplar, Atlanta 2004 (SBL.Academia Biblica 17). – A.S. Grund, „Die Himmel erzählen die Herrlichkeit Gottes", Neukirchen-Vluyn 2004 (WMANT 103). – H. Gunkel und J. Begrich, Einleitung in die Psalmen, Göttingen 1933, ^{4}1985. – M.D. Goulder, The Psalms of the Sons of Korah, Sheffield 1989 (JSOT.S 20). – F.-L. Hossfeld und E, Zenger, Psalmen 51–100, Freiburg 2000 (HThKAT). – D.J. Human (Hg.), Psalms and Liturgy, London 2004 (JSOT.S 410). – H. Irsigler und E. Bons (Hg.), Mythisches in biblischer Bildsprache, Freiburg 2004 (QD 209). – R.A. Jacobsen, „Many are Saying": The Function of Direct Discourse in the Hebrew Psalter, London 2004 (JSOT.S 397). – H.G. Kippenberg, Religion und Klassenbildung im antiken Judäa, Göttingen 1978 (StUNT 14). – Ch. Levin, Das Gebetbuch der Gerechten, ZThK 90, 1993, 355–381. – N. Lohfink, Psalmengebet und Psalterredaktion (AWL 34) 1992, 1–22. – O. Loretz, Psalmstudien, Berlin 2002 (BZAW 309). – C. Mandolfo, God in the Dock, London 2002 (JSOT.S 357). – H.-P. Mathys, Dichter und Beter. Theologen aus spätalttestamentlicher Zeit, Fribourg / Göttingen 1994 (OBO 132). – M. Millard, Die Komposition des Psalters. Ein formgeschichtlicher Ansatz, Tübingen 1994 (FAT 9). – P.D. Miller, They Cried to the Lord. The Form and Theology of Biblical Prayer, Minneapolis 1994. – L.A. Schökel, Manual de Poetica Hebrea, Madrid 1987 (engl. Übers.: A Manual of Hebrew Poetics, Rom 1988). – K. Seybold, Poetik der Psalmen, Stuttgart 2003 (Poetologische Studien zum Alten Testament 1). – Derselbe und E. Zenger, Neue Wege der Psalmenforschung, Freiburg 2. Aufl. 1995. – T.M. Siqueira, Salmos de Coré, Petrópolis 2002 (Estudos Bíblicos 76). – Derselbe, Salmos de Asaf, Petrópolis 2004 (Estudos Bíblicos 81). – M. Smith, Palestinian Parties and Politics that Shaped the Old Testament, New York 1971 (2. Aufl., London 1987). – P.L. Trudinger, The Psalms of the Tamid Service, Leiden 2004 (VT.S 98). – G.H. Wilson, The Editing of the Hebrew Psalter, Chico 1985 (SBL.DS 76). – E. Zenger (Hg.), Der Psalter in Judentum und Christentum, Freiburg 1998 (HBS 18). – Ders. (Hg.), Ritual und Poesie, Freiburg 2003 (HBS 36).

---

[287] Zunehmend rechnet man in der alttestamentlichen Wissenschaft mit einer „schriftgelehrten" Prophetie, die dem Typ des unmittelbar beauftragten Boten Jahwes strikt entgegengesetzt erscheint, vgl. J. Jeremias, Gelehrte Prophetie, in: C. Bultmann u.a. (Hg.), Vergegenwärtigungen des Alten Testaments, Göttingen 2002, 97–111; A. Wagner, Prophetie; O.H. Steck, Abschluss.

Die sakrale Poesie des Alten Testaments, die wir oft unter den Bezeichnungen wie „Gebete", „Lieder", „Lyrik" „Liturgien" o.ä. genauer zu erfassen versuchen, ist noch schwerer zeitlich einzuordnen als erzählende und prophetische Kompositionen. Das liegt zum einen an dem in nichtpoetischen Texten vermutlich stärkeren geschichtlichen Bezügen und der Neigung, diese auch aus der späteren Sicht noch herzustellen. Andererseits sind die überlieferten liturgischen Texte wegen ihres langen Gebrauchs wie Kiesel abgeschliffen: Das konkret Einmalige ist in der Regel verloren gegangen, weil es höchstens noch symbolischen Identifikationswert hat. Wir sind also in jedem Fall bei der Datierung poetischer Stücke auf formale und inhaltliche Indizien angewiesen, und die Meinungen der Fachgelehrten gehen im Einzelfall stark auseinander. Einigermaßen fest steht, dass in der persischen Periode Sammlungen von Psalmen, wohl für vielfältigen liturgischen Gebrauch durchaus nicht nur im Tempelbereich, zustande kamen und dass der Psalter als ganzes – folglich auch seine Tora-orientierte Fünfteilung – frühestens in der hellenistischen Zeit endgültige Gestalt annahm.

III.1.3.1 Psalmensammlungen

Für den Psalter sind die historisierenden Lokalisierungsversuche schnell besprochen: Die Überschriften vieler Einzeltexte wollen eine geschichtliche (und ideelle, theologisch-liturgische) Beziehung zum Harfenkönig David herstellen. Die Versuche sind sehr interessant im Blick auf die alten Überlieferer und Bearbeiter, haben aber für die Texteinheiten keinerlei (literar)historischen Wert. Anspielungen auf bestimmte Zeitereignisse wie in Ps 137 oder 44; 74; 83; 89: 95; 132 etc. tragen nicht viel aus. Sie können auch aus der Rückschau formuliert sein. Umgekehrt sind die abgeschliffenen Gebrauchstexte prall gefüllt mit verdichteten Geschichts- und Glaubenserfahrungen, die eine längere Überlieferung nahe legen. Für unsere Zwecke ist es am geschicktesten, die Entstehungsgeschichte des Psalters auf Spuren aus der persischen Geschichtsepoche hin zu befragen. Hilfestellung können vor allem theologie- und ideologiegeschichtliche Beobachtungen geben.

Das Buch der Psalmen ist offensichtlich über längere Zeit hinweg aus Teilsammlungen entstanden. Die Bestimmung der einzelnen Redaktionsstufen ist in der gegenwärtigen Diskussion umstritten und zu enge Festlegungen sind tunlichst zu vermeiden. Doch zeichnet sich die folgende mögliche Chronologie von Teilsammlungen ab, die mit einiger Wahrscheinlichkeit in das 6. und 5. Jh. fallen: Asaph- und Korahpsalmen; verschiedene Davidsammlungen; Wallfahrtslieder, spezielle Loblieder, Jahwe-Königs-Psalmen. Ob es darüber hinaus thematisch geprägte Redaktionen gegeben hat, etwa „messianische", „eschatologische" oder „thora-orientierte", soll hier noch außer Betracht bleiben. Falls wir mit derartigen Überarbeitungen überhaupt rechnen können, sind sie möglicherweise der nachpersischen Epoche zuzuweisen.

Asaph und Korach werden in Psalmenüberschriften insgesamt 24 Lieder zugeschrieben, pro Sänger genau 12: Asaph soll Ps 50; 73–83 gedichtet haben, Korach Ps 42–49; 84–85; 87–88. Ob die Angaben verlässlich sind, bleibe dahingestellt. Es fällt auf, dass die betreffenden Psalmen nicht (mehr) in zwei Blöcken beieinander stehen, sondern durch andere Texte getrennt sind. Die Sammlungen haben ein gewisses theologisches Profil: Bei Korach finden sich z.B. mehrere Lieder mit einem Bezug zum Zion und zur nachexilischen Zionstheologie (Ps 46; 48; 84; 87 aber evtl. auch Ps 42f; 45; 47). Für Asaph kann man den geringen Anteil an individuellen Klage- und Dankliedern hervorheben (vgl. Ps 73). Dem korrespondiert das Übergewicht an gemeindebezogenen Gebeten, gelegentlich in der Wir-Form (vgl. Ps 75; 79; 80; 81) und der homiletisch zu verstehenden Ich-Rede Jahwes (vgl. Ps 50; 81). Der chronistische Befund stützt diese Einschätzung bis zu einem gewissen Grad. Die Leviten Asaph und Korach sind Ahnherren wichtiger Sippen von Tempelsängern (vgl. 1 Chr 6,7.24; 16,5.7; 2 Chr 20,14.19). Möglicherweise steckt hinter dieser Sicht der Dinge eine geschichtlich zuverlässige Erinnerung. Dann wären einzelne Sippen auch für bestimmte gottesdienstliche Liturgien, Festtage oder Opfer am Zweiten Tempel verantwortlich gewesen. – Die andere Möglichkeit scheint nur entfernt denkbar, wird aber durch anthropologische Daten und einige alttestamentliche Indizien gestützt. Im Alten Orient hat es über Jahrtausende den Beruf des „Beschwörungspriesters" (akkadisch: *āšipu*; sumerisch: *mašmašu*) gegeben. Er war zwar an einen Tempel angebunden, fungierte aber weitgehend auch als freier Heilpraktiker.[288] Seine Spezialität waren die Exorzismen und Krankheitsbeschwörungen, die er am oder auf dem Hause eines Patienten durchführte.[289] Der Priester besaß die Rituale und Gebete für einen solchen Kasualgottesdienst. Er ließ den Kranken ein Klage- und Bittgebet, vermutlich nach eingehender Diagnose der Krankheitssymptome oder der bösen Vorzeichen, Zeile für Zeile rezitieren. Weil nun auch die Teilsammlungen der Asaph und Korachfamilie einen Kern von Klageliedern für den einzelnen enthalten (vgl. Ps 42/43; 49; 73; 88) und weil die Zuweisung der Überschriften recht spät aus der Gemeindeperspektive erfolgt, also die Kollektivtexte bevorzugt, lässt sich ein Berufsstand wie der des „Beschwörungspriesters" auch in Israel vorstellen. Im Alten Testament gibt es vage Anzeichen von derartigen, zu Hausbesuchen bereiten Heilpraktikern (Gottesmännern und vermutlich auch Gottesfrauen), etwa in der Gestalt des Elia und Elisa, die sogar Tote erwecken (1 Kön 17,17–24; 2 Kön 4,18–37; 5,1–14) oder Jesajas (Jes 38). Dass in der späteren Tradition Leviten wie Asaph, Korach, Heman (Ps 88,1); Ethan (Ps 89,1) und nicht die legendären Propheten Elia, Elisa, Jesaja mit der Pflege des traditionellen Gebetsgutes in Verbindung gebracht wurden, hat dann wohl mit dem Vorrang neuerer Liturgien am Tempel und in der Gemeinde zu tun. Die Figur eines Heilpraktikers, Gottesmannes oder Beschwörers sollte man allerdings in der Entstehungsgeschichte der Psalmensammlungen im Hintergrund mit einbeziehen.

David dient in der Tat als das große Aushängeschild für die Gebete und Lieder der entstehenden judäischen Gemeinden. Nicht weniger als 73 Psalmen der masoretischen Ausgabe nennen in der Überschrift den Sängerkönig als Autor bzw. als Vorbild und darum auch Vorbeter. In der Septuaginta kommen noch etliche Nennungen hinzu. David hat in der literarischen Tradition nun gar nichts mit Krankheit und Heilung zu tun. Das chronistische Werk sieht ihn als den großen Organisator der Gemeindegottesdienste (vgl. 1 Chr 16: Asaph erscheint in V. 7.37 als der führende Sänger) und Mentor der Tempelleviten. Der Bezug zu David in den verschiedenen Teilsammlungen (Ps 3–41; 51–70; 108–110; 138–145) und den Einzeltexten Ps 86; 101; 103; 122; 124; 131; 133 pflegt dieses Image des Königs. Das Kolophon nach dem 72. Psalm, der seinerseits Salomo, dem Sohn, zugeordnet ist (Ps 71 fehlt jede Überschrift), bildet wohl trotzdem den

---

[288] Vgl W. Mayer, Untersuchungen zur Formensprache der babylonischen „Gebetsbeschwörungen", Rom 1976, 59–66; S. Maul, Zukunftsbewältigung, Mainz 1994, 67–71; J. Bottéro, Magie. In Mesopotamien, RlA 7, 200–234, bes. 225–228.

[289] Vgl. E. S. Gerstenberger, Der bittende Mensch. Bittritual und Klagelied des Einzelnen im Alten Testament (WMANT 51) Neukirchen-Vluyn 1990, besonders a.a.O. Kap. 2.2: „Das Gebet in der babylonischen Beschwörung" (S. 64–112). S.M. Maul, Zukunftsbewältigung. Eine Untersuchung altorientalischen Denkens anhand der babylonisch-assyrischen Löserituale (Namburbi), Mainz 1994, bes. 67–70.

Abschluß der Davidsammlung Ps 51–70. Es hat ein eigenes Profil und Gewicht: "Hier enden die Gebete Davids, des Sohnes Isais" (Ps 72,20). So beschließen antike Schreiber tatsächlich ihre Sammlungen. Wir wissen nur nicht, zu welcher Gruppe von Psalmen diese Unterschrift einmal gehört hat. So viel scheint aber klar zu sein: In der judäischen Überlieferung war David der große, tonangebende Liedermacher, ohne dass seine Tätigkeit an irgendwelche Gattungen gebunden gewesen wäre. Die genannten Teilsammlungen enthalten eine bunte Mischung an liturgischen Gebeten, freilich sind die noch zu besprechenden "Weisheitsgedichte" darin nicht gerade stark vertreten.

Haben die vielen David-Sammlungen ein eigenes Profil? Gerade die beiden stärksten Kollektionen (Ps 3–41; 51–70), auch erster und zweiter Davidpsalter genannt, umfassen eine gewisse Bandbreite an liturgischen Texten. Die Mehrzahl der Lieder und Gebete ist den individuellen Klage- und Dankliedern zuzurechnen, von 59 Einzelpsalmen können wir etwa 35 zu dieser Kategorie rechnen. In 13 Davidpsalmen ist eine besondere Beziehung zur Aufstiegsgeschichte des Königs in 1 und 2 Sam hergestellt (Ps 3; 7; 18; 34; 51; 52; 54; 56; 57; 59; 60; 63; 142). Zwölf dieser biographischen Hinweise stehen innerhalb der beiden großen Davidsammlungen. Alle Angaben zeigen vor allem den leidenden, verfolgten Menschen, nicht den Organisator und König. Hier liegt wohl das Geheimnis der Davidzuschreibungen überhaupt: Die (nachexilischen?) Überlieferer interessierten vor allem die exemplarischen Notsituationen, welche mit Ton und Inhalt der Klagelieder des einzelnen übereinstimmten. Verfolgt, schuldverstrickt, in Todesgefahr, gegen innere und äußere Feinde kämpfend – so bot sich das Bild des frühen David aus der erzählenden Tradition an. Der gerettete, triumphierende Thronanwärter und König kommt nur in Ps 18,1; 60,1 zum Vorschein. Beide Psalmen nehmen die Siegesüberlieferungen Israels auf. Die große Mehrzahl der biographischen Davidnotizen aber redet vom elenden, gefährdeten Menschen. Sie verstärken in beiden Sammlungen den Charakter der Klage und Bitte. Die David-Kollektionen Ps 3–41 und 51–70 sind also mit Bedacht auf diese Leitfigur abgestimmt. Sie bezeugen damit ganz nebenbei, dass Klage- und zugehörige Rettungslieder für notleidende Einzelpersonen in der nachexilischen Gemeinde sehr viel Verwendung fanden. Die heilende Kasualpraxis für Menschen in Todesgefahr, im Alten Orient und darüber hinaus in Stammesgesellschaften aller Zeiten nachzuweisen (in der Moderne lebt sie in medizinischem, psychologischem und psychotherapeutischem Gewand fort), war ein theologisches und praktisches Grundanliegen eben auch der nachexilischen Gemeinde. Das Grundmuster von Klage, Vertrauensäußerung, Bitte[290] überdauert die verschiedenen sozialen Organisationsformen in Israel. Die neustrukturierte Jahwe-Gemeinde der persischen Zeit lässt die Interessen ihrer eigenen Zeit, Umgebung und Theologie einfließen (vgl. z.B. Ps 12; 102), benutzt aber freizügig die vorgegebenen Textmuster für die relevanten Anlässe. Wie die nachexilischen Heilungszeremonien für Notleidende rituell abliefen, welche Ritualexperten in jener Epoche die Leitung übernommen haben, ob statt des früheren, strengen Familienbezuges nun eine Einbindung in Gemeindeliturgien erfolgte, das alles und mehr sind offene Fragen.

Die so genannten Wallfahrtslieder (Ps 120–134), eine spezielle Gruppe von Lobliedern (Halleluja- und Toda-Psalmen: Ps 111–113; 117–118; 135–136; 146–150) sowie die zeitweise heiß diskutierten Jahwe-Königspsalmen (Ps 47; 93; 95–100) reflektieren je auf ihre Art die theologischen und menschlichen Anliegen der nachexilischen Gemeinde unter persischer Oberhoheit. Wahrscheinlich beruhen auch hier die Einzeltexte in allen

---

[290] Eine genauere Darstellung der Einzelelemente von individuellem Klage- und Danklied im Alten Testament und in den babylonischen Patientengebeten bei E. S. Gerstenberger, Mensch; vgl. derselbe, Psalms (FOTL XIV und XV), Grand Rapids 1988 und 2001.

Fällen auf älteren Vorstufen. Sie sind aber den neuen Parametern der Gemeinde und ihrer persischen dominierten Umwelt angepasst.

Die erstgenannten Wallfahrtspsalmen stellen gattungsmäßig eine Mischsammlung dar. Klage, Zuspruch, Hymnisches, Vertrauensäußerung, Dank, Unterweisung, Segen, Bekenntnis u.a. artikulieren sich nebeneinander. Die ständig wiederkehrende Überschrift „Lied zum Hinaufgehen" (d.h. nach Jerusalem) lässt den gemeinsamen Gebrauch für alle Texte anläßlich der in der Periode des Zweiten Tempels zu lokalisierenden Pilgerzeiten erahnen. Schon das Deuteronomium hatte den Tempel in Jerusalem zum einzig legitimen Opferort bestimmt (Dtn 12,11–14). Und die alte Regel, die sich früher wohl auf lokale Heiligtümer bezogen hatte, wurde nach und nach auf Jerusalem angewendet:

> Dreimal im Jahr sollst du mir ein Fest feiern ... Dreimal im Jahr sollen alle deine Männer vor dem Herrn Jahwe erscheinen. (Ex 23,14.17; vgl. 34,23).

Erst das Deuteronomium fügt dem allgemeinen Festtagsgebot hinzu: „... an der Stätte, die er erwählt", und meint damit eindeutig: Jerusalem (Dtn 16,17). Die Wallfahrtsidee und -praxis ist damit spätestens im 6 Jh. geboren. Sie macht aber erst in der persischen Epoche wirklich Sinn, denn nur nach 515 v.Chr. waren Anbetung und Opfer am wiederhergestellten Tempel möglich. Dass es sich dann einbürgerte, auf dem Wege zur heiligen Stadt Psalmen zu singen, ist zwar nirgends direkt bezeugt, aber durch die Überschriften der Pilgersammlung nahe gelegt. Die andere mögliche Erklärung der Überschrift šīr hammaʿalot als „Stufenlied", nämlich auf den Tempelstufen zu singen, hat weniger Überzeugungskraft. Schließlich fügt sich auch der Inhalt einer Reihe von „Wallfahrtspsalmen" sehr gut in die Pilgersituation. Einige Lieder reden z.B. direkt von Aura Jerusalems: Die Wanderer brauchen auf ihrem Weg Schutz und Geborgenheit; göttliche Hilfe kommt nur aus dem Tempelbereich, nicht von irgendwelchen Berghöhen oder -heiligtümern (Ps 121). Dann die glückliche Ankunft am gesegneten Ort:

> Ich freute mich, da sie zu mir sprachen: / „Lasst uns wallen zum Hause Jahwes!"
> Und nun stehen unsre Füße / in deinen Toren, Jerusalem!
> Jerusalem, die du gebaut bist / wie eine wohlgefügte Stadt,
> wohin die Stämme wallfahren, / die Stämme Jahwes.
> Gesetz für Israel ist es, / Jahwe dort zu preisen.
> Denn dort standen einst Throne zum Gericht, / Throne des Hauses Davids. ... (Ps 122,1b–5)

Die Verbundenheit mit Jerusalem und seinem Tempel kommt auch in Ps 125; 127; 132; 134 zum Ausdruck, so dass die Wallfahrtspsalmen insgesamt von einer ausgeprägten Zionssehnsucht zeugen. Natürlich ist diese Stimmung auch in anderen Texten des Psalters offenkundig, man vergleiche z.B. Ps 84; 87; aber auch Ps 46; 48; 74 etc. Insofern gilt das Folgende für die Zionspsalmen des Psalters ganz allgemein: Wir müssen uns fragen, ab wann die intensive, auf Jahwes Wohnstatt in Jerusalem gerichtete Theologie in ihrer persönlichen Variante überhaupt denkbar ist. Meiner Ansicht nach setzt eine derartige individuelle Spiritualität, die längst die alten Mythen vom Gottesberg und den heranbrandenden Feindesheeren hinter sich gelassen hat, die exilisch-nachexilische Entwicklung zum persönlichen Gottesglauben in einer engen, lokalen Jahwe-Gemeinschaft voraus. Wenn das richtig ist, dann sind zumindest die persönlich gefärbten Zionslieder auch als Dichtungen aus der Periode des Zweiten Tempels anzusehen. Weil sie eine Vorrangstellung in der Sammlung der „Wallfahrtspsalmen" genießen und die Pilgerfahrten zu den Hauptfesten des Jahres sich in dieser selben Zeit etabliert haben, mag dann auch die Kollektion großenteils aus zeitgenössischen Dichtungen bestehen. Auffällig ist immerhin auch das Vorkommen von häuslicher Genre-Malerei in einigen

Psalmen: Ps 123; 127; 128; 131; 133. Die Segnungen der Familie erscheinen real und metaphorisch als höchste Gottesgaben für die Jahwe-Gläubigen. Das ist ein nur unter den Wallfahrtspsalmen zu beobachtendes Phänomen.

Die besonderen, mit Aufforderungen zu Preis und Dank beginnenden Loblieder konzentrieren sich in den beiden letzten „Büchern" des Psalters. Wenn wir die mit einem Imperativ von *brk*, „segnen" eingeleiteten Texten (Ps 103; 104) zu den mit *hll* („jubeln") und *jdh* („danken") beginnenden (Ps 105; 106; 107; 111–113; 117–118; 135–136; 146–150) hinzunehmen, dann bekommen wir ein stattliches Korpus von 17 Texten unterschiedlicher Länge und Thematik, aber sämtlich zum Einzel- und Gemeindelob bestimmt. Schon aus neutestamentlicher Zeit kennen wir die Verwendung des Hallel (Ps 113–118) bei der Passahfeier (vgl. Mt 26,30). Im späteren Synagogengottesdienst wurde dieser Block bei vielen verschiedenen Festanlässen verwendet.[291] Der Brauch kann also gut bis in die Perserzeit und weiter zurückreichen. Typische Themen und Anliegen der Frömmigkeit sind die Erwählung Israels durch Jahwe, die geschichtlichen Erfahrungen des Volkes mit seinem Gott, die erstaunlichen Gnadenerweise Jahwes in Schöpfung und Erhaltung der Welt, und – wiederum wie in den vorher besprochenen Sammlungen – das persönliche Menschenschicksal vor diesem Gott. Die Welt ist vom Glaubensverständnis des einzelnen her im Blick. Von Anfang an ist der Mensch ein winziges Geschöpf, das dem universal-übermächtigen Gott gegenübersteht.

> Er weiß, was für Geschöpfe wir sind, / er gedenkt daran, dass wir Staub sind.
> Des Menschen Tage sind wie das Gras; / er blüht wie eine Blume des Feldes:
> Wenn der Wind darüber geht, so ist sie dahin, / und ihre Stätte weiß nichts mehr von ihr. (Ps 103,14–16; vgl. 90,4–6; Jes 40,6–8)

Die Vergänglichkeit des menschlichen Lebens wird zum Problem; aber die Gewissheit der barmherzigen Gegenwart Gottes, die Geborgenheit in einer übergreifenden Weltordnung gibt Anlass zu überschwänglichem Preis, wie er in vielen Variationen durch alle Loblieder hindurchzieht. Ps 104 schildert die Begründung der lebensfreundlichen Welt durch Jahwes Bändigung der Chaosfluten. Das gezähmte Wasser macht Leben für alle Wesen möglich. Auch der Mensch bekommt seine Nische, genau wie Löwe oder Klippdachs, Vögel und Fische. Der fürsorgliche Schöpfer „gibt jedem Wesen seine Speise zu seiner Zeit" (V. 27). In der Geschichte hat Jahwe seine Fürsorge für Israel massiv bewiesen, nicht zuletzt durch die Befreiung aus Ägypten (Ps 105). Er hat sich auch durch fahrlässige und aufrührerische Verhaltensweisen seiner Gläubigen nicht abschrecken lassen, weiter zu seinem Bund zu stehen (Ps 106). Wie viel ein formales Schuldbekenntnis (V. 6) doch wohl im Gottesdienst zur Entlastung beiträgt, bleibe dahingestellt. Der Psalmist erkennt die Sinnesänderung Gottes (V. 45), und das ist Grund für den gemeindlichen Hymnengesang (V. 48). Doch der einzelne ist gleichermaßen betroffen. Auch er wird wieder und wieder dank der Güte Gottes gerettet (Ps 107) und darf sein Danklied einbringen. In den akrostichischen Gedichten Ps 111 und 112 (auch in Ps 145) kommt die nachexilische Glaubensgemeinschaft vielleicht am stärksten zu ihrem eigenen Ausdruck. Der Einzelne singt inmitten der Feiernden. Beider Erfahrungen artikulieren sich im Lobchor. Aus dem Loben der wunderbaren Werke Jahwes fließt Segen und Wohlstand (vgl. Ps 112). Der Preis Gottes konstituiert die Welt (vgl. Ps 118,1–4; 148). Darum tönt es in den genannten Lobliedern so vielschichtig und voll. Die Gemeinde des Zweiten Tempels hat in besonderer Weise die Macht des Lobpreises entdeckt, und bei

---

[291] Vgl. I. Elbogen, Der jüdische Gottesdienst in seiner geschichtlichen Entwicklung (1931), Nachdruck Hildesheim 1967, 125; 137f; 249 u.ö.

der endgültigen Zusammenstellung des Psalters sind nicht ohne Absicht die dynamischen Lobsammlungen mehr an den Schluss gestellt worden. Wir gewinnen so unmittelbar ein Bild von der betenden und singenden Gottesdienstgemeinschaft in der persischen Zeit.

Die Jahwe-Königshymnen (Ps 47; 93; 95–100) lassen auf ihre besondere Weise einen Blick in die Zeit und Lebensumstände der nachexilischen Jahwe-Anhänger tun. Auch bei diesen Liedern ist wieder die Frage, ob sie ganz aus der Zeit heraus geschaffen worden sind oder Überarbeitungen älterer Texte darstellen. Normalerweise nimmt man das letztere an. Dann kämen die Psalmen, welche Jahwe in satter Königsterminologie als universalen, weltüberlegenen Herrscher zeichnen, aus der davidischen dynastischen Tradition. Im anderen Falle wären die Gottesvorstellungen eher aus den imperialen Anschauungen babylonischer und persischer Provenienz heraus entwickelt. Entgegen gängigen Meinungen würde ich eher dafür plädieren, der Weltreichstheologie um Jahwe die altorientalischen Konzepte von der Königsherrschaft eines alles und alle überragenden Reichsgottes als Parameter zugrundezulegen.[292] Dahinter steht eine einfache Überlegung: Die Königstraditionen Israels sind vermutlich im Exilsgeschehen untergegangen. Mit ihnen ließ sich im wahrsten Sinne des Wortes nach der Niederlage gegen die Babylonier in Juda kein Staat mehr machen. Wir können mit Recht daran zweifeln, dass es überhaupt im Alten Testament unverfälschte Überlieferungen der israelitischen wie der judäischen Monarchie gibt. Was wir vorfinden, sind überwiegend königskritische Stimmen, so im dtr. Geschichtswerk, und messianisch weitergebildete dynastische Texte wie etwa in 2 Sam 7 (vgl. Ps 89). In diesen Prozess der Fortschreibung einer israelitischen Königsideologie hat dann aber auch der babylonisch-persische Einfluß hineingewirkt. – Wenn dies nun aber für den Bereich der Staatsideologie gilt, dann müssen wir auch in den parallel dazu sich entfaltenden Gott-König-Vorstellungen die Einwirkung – bewusst oder unbewusst – der altorientalischen Herrschaftsideale annehmen. Politische und göttliche Machtentfaltung gehen in dieser Hinsicht Hand in Hand. In dem Maße, wie seit dem 3. Jt. v.Chr. die Ausbildung von (nach damaligem geopolitischen Verständnis) weltumfassenden Reichen gelang (vgl. die Imperien von Akkad und der III. Dynastie von Ur), ist der Gedanke des einen, obersten, weltgestaltenden Gottes nicht mehr beiseite gelegt worden. Über die Jahrhunderte hinweg vertiefte sich in den aufeinanderfolgenden Imperien die Vorstellung vom „König der Könige", „König der vier Weltgegenden", „König der Gesamtheit" im politischen Bereich. Dementsprechend wurde der National- und Reichsgott (Enlil; Marduk; Assur; Ahura Mazda, letzterer ohne Königstitel) der große Königsgott, dem die ganze Welt unterworfen war. Sein Vizeregent war der entsprechende, den Willen der obersten Gottheit ausführende Großkönig. Die unterworfenen Völker hatten höchstens Kleinkönige und Kleingottheiten aufzubieten. Niemand, auch in Altisrael nicht, hätte klaren Verstandes für den eigenen Staat universale Bedeutung beansprucht. Die großräumigsten, von nachträglicher Glorifizierung gespeisten, Gebietsansprüche des idealen Königs David lauten auf Palästina und Syrien zwischen den Großmächten am Nil und Euphrat (Jos 1,4; II Sam 8,1–14; I Reg 4,21 [Salomo]).[293]

---

[292] Vgl. E. S. Gerstenberger, „World Dominion" in Yahweh-Kingship Psalms, HBT 23, 2001, 192–210; E. Zenger, Theophanien des Königsgottes JHWH, in: Ritual und Poesie (HBS 36), Freiburg 2003, 163–190.

[293] „Von Meer zu Meer" und „bis an die Enden der Erde" in Ps 72,8 ist bereits eine messianische Steigerung, die in den Kontext von Ps 2; 110 etc. gehört.

Neubabylonier und Perser[294] nahmen voll an diesen altorientalischen Konzepten von Groß- und Kleinkönigtümern teil. Die Königstitulaturen betonen traditionell die universale Weite des imperialen Herrschaftsbereiches. Von Ahuramazda speziell fehlen monarchische Herrschaftsaussagen. Doch empfangen die persischen Großkönige den klaren Auftrag zur heilsamen Ordnung der Welt vom „Herrn der Weisheit" (Ahuramazda). So z.B. in der klassischen Monumentalinschrift von Behistun, die Darius I. in die Felswand, neben und unter die Triumphszene des endgültigen Sieges über neun „Lügenkönige" meißeln ließ. Sie stellt in der Einleitung (§ 1–9) massiv die Beauftragung des Darius I. durch den Reichsgott dar: „Ahuramazda hat mir diese Königsherrschaft verliehen. Ahramazda stand mir bei, bis ich diese Königsherrschaft erlangt hatte. Nach dem Willen Ahuramazdas habe ich diese Königsherrschaft inne" (§ 9).[295] Der Perserkönig gilt als „größter der Könige" unter einer Schar von nur nominell gleichartigen Herrschern, und Ahuramazda ist „der größte der Götter".[296] Von ihm leitet sich einlinig und universal alle Ordnungsherrschaft her (vgl. unten IV,3).

Ein vergleichender Blick auf die zarathustrischen Gathas soll die Überlegungen zu den Jahwe Herrschaftsaussagen abschließen. Im Gegensatz zur großköniglichen Rhetorik wenden die altavestischen Texte kaum einmal die Sprache der Macht und der Gehorsamsforderung auf Ahuramazda an. Gewiss, einzelne Aussagen klingen hierarchisch: „And when Thou tellest me: ‚With foresight thou reachest truth', then Thou givest me orders (which will) not (be) disobeyed."[297] Und hier und da verfällt man in kriegerische Metaphorik: „This I ask Thee, tell me plainly, O Ahura, in case Thou hast power (to do so) in order to protect me with truth: When the two warring hosts will confront eachother because of those rules which Thou wishest to establish, O Wise One, to which side of the two (sides), to whom wilt Thou assign the victory?"[298] Insgesamt aber gilt: Eine politische und monarchische Dimension ist in den Gathas nicht vorhanden. Ahuramazda wird nie als König tituliert. Er ist der „Schöpfer" aller Dinge, er hat vor allem am Uranfang die „Wahrheit", die „kosmische Grundordnung" gemacht (vgl. Yasna 37,1; 43,5):

> This I ask Thee, tell me plainly, O Ahura:
> Who (is) through (His) begetting the primal father of Truth?
> Who assigned the course of the sun and of the stars (its proper place)?
> Who (is He) through whom the moon (now) waxes, now wanes? (Yasna 44,3; H. Humbach, Gathas 157)

Die Antwort auf solche rhetorischen Fragen sind (wie im Buche Hiob!) in sich klar. Aša, „Wahrheit", „Harmonie", „Ordnung", nach Ahuramazda selbst meistgenannte und verehrenswürdige (vgl. Yasna 37,4) Wesenheit, ist die weltüberlegene Kraft. Sie setzt sich durch Weisheit, Gutes Denken, Rechtgesinntheit, und andere Ameša Spentas durch.

> Integrity and immortality both (serve) Thee as food.
> By the power of good thought, right-mindedness along with truth makes [sic!] grow
> both, stability and might. With (all) these, Thou makest (our) enemies tremble, O Wise One.
> (Yasna 34,11; nach H. Humbach, Gathas 142)

Die göttliche Macht wirkt im Diskurs der Weisheit, in der Entscheidung für das „Beste Gute", in der spirituellen Abwehr von Dämonen und Versuchungen – immer im Rahmen individuellen Glaubens. Die persischen Herrscher haben sich auch diese sehr „private" Religion für ihre Machtzwecke zunutze gemacht. In vielen alttestamentlichen Psalmen ist die Herrschaftsrhetorik in Bezug auf Jahwe aufgenommen worden.

---

[294] Vgl. G. Ahn, Religiöse Herrscherlegitimation im achämenidischen Iran (Acta Iranica 31), Leiden / Louvain 1992; P. Briant, From Cyrus to Alexander, Winona Lake 2002, 204–254.
[295] Zitiert nach der altpersischen Fassung der Inschrift, übersetzt von W. Hinz, TUAT I, 424.
[296] Zitiert bei G. Ahn, Herrscherlegitimation, 181 und 182.
[297] Yasna 43,12 nach H. Humbach, Gathas 159.
[298] Yasna 44,15 nach H. Humbach, Gathas 161.

Als Ergebnis lässt sich festhalten: Die Psalmensorten sind aus sehr differenten Lebenssituationen erwachsen, aus dem Familienkontext, der nachbarlichen Gemeinschaft, Stammes- und Volksorganisation. Die nachexilische Gemeinde hat die verschiedenen Gattungen aufgenommen und für ihre eigenen kommunikativen und gottesdienstlichen Zwecke aufbereitet. Die Sammlung im Psalter ist dann nach und nach schriftlich im Rahmen und nach den Bedürfnissen der Gemeinde erfolgt.

III.1.3.2 Psalmengattungen

Bei den bisher besprochenen Psalmensammlungen bleibt die Frage nach dem verwendeten älteren Traditionsgut in der Schwebe. Theoretisch können völlige Neufassungen der Texte vorliegen, oder – was wahrscheinlicher ist – wir haben es mit teilweisen Überarbeitungen überkommener Gattungen zu tun. Man kann darüber hinaus die Frage stellen, ob es eine Einzelgattung von Psalmen gibt, die zur Perserzeit in den sich formenden judäischen Glaubensgemeinschaften neu herausgebildet worden ist oder als besonders charakteristisch für sie gelten kann. M. E. ist eine eindeutige Antwort möglich: Mit der zeitbedingten Organisationsform der neuen Jahwe-Gemeinschaft und ihrem besonderen, synagogalen Gottesdienst entstanden auch spezifische Psalmenkategorien. Sie lassen sich unter dem liturgisch-gottesdienstlichen Aspekt der „Unterweisung" zusammenfassen. Jene Psalmen des Alten Testaments, welche aus der Institution der Gemeindebelehrung hervorgegangen sind, gehören zu dieser Grundgattung. Psalmen, die gemeinhin mit „Weisheit", „Lehre", „Predigt" „Meditation", „Reflexion" „Tora" usw. in Verbindung gebracht werden, sind in Wirklichkeit in unmittelbarem Zusammenhang mit der Gemeindebelehrung in der entstehenden synagogalen Struktur zu begreifen. Ich zähle zu diesen „Lehrpsalmen" die folgenden 32 Texte: Ps 1; 9/10; 14; 34; 37; 39; 49; 50; 52; 53; 58; 62; 73; 75; 78; 81; 90; 91; 95; 101; 105; 106; 107; 111; 112; 114; 115; 119; 127; 128; 139; 149. Über die Zugehörigkeit zu der genannten Kategorie lässt sich streiten; vorausgesetzt sind Entstehung und Gebrauch der Gattung in kommunalen, liturgischen Situationen der Unterweisung. Die relativ gleichmäßige Verteilung der Beispiele über den ganzen Psalter spricht dafür, dass diese zeitgenössischen Kompositionen in die zugrunde liegenden Teilsammlungen eingefügt worden sind. Während für die „alten" Psalmengattungen „Klage- und Danklied", „Hymnus" genügend Traditionsgut vorlag mussten die Gemeindeleiter bzw. beauftragte Fachleute jener Zeit für die gemeindliche Unterweisung neue Texte komponieren. Sie konnten sich höchstens ansatzweise auf vorhandene „Instruktionen" im familiären oder örtlichen Bereich stützen. Die gottesdienstliche „Unterweisung" für die Gemeinde dürfte ein novum der Exilsgemeinde gewesen sein.

Exkurs: Gemeindliche Unterweisung als Sitz im Leben

Die so genannten Weisheitsschulen und die gemeindlichen „Lehrpsalmen". Fachleute der Psalmenexegese sind von jeher in Erklärungsnot, wenn es um den „Sitz im Leben" der „Weisheitspsalmen" geht. Viele folgen dem Beispiel S. Mowinckels, der die späten, reflektierenden Texte des Psalters der „gelehrten Psalmographie" zurechnet.[299] Die Dichter gehörten nach seiner Vorstellung der eng mit dem

---

[299] S. Mowinckel, The Psalms in Israel's Worship, vol. II, New York / Nashville 1962, 104–125. Die Liste seiner „nichtkultischen" Gedichte umfasst Ps 1; 19B; 34; 37; 49; 78; 105; 106; 111; 112; 127 (a.a.O. 111).

Tempel verbundenen Schreiberschule an, arbeiteten aber in einem akademischen, privaten und nichtkultischen Raum.[300] Über den so konzipierten Berufsstand der Schreiber und Gelehrten ist schon sehr viel geschrieben worden, und zwar von den heutigen Zunftbrüdern und -schwestern. Wesentlich erscheint den modernen Forschern die materielle Abhängigkeit der antiken Schriftkundigen von den (meist illiteraten) Regierenden und die geistige Autonomie und hohe Kunstfertigkeit, die in ihren Schriften zum Ausdruck kommt. Die Schreiberschulen waren einzigartige Stätten der Bildung. Ihre Lehrer bildeten die wahre, geistige Elite der damaligen Zeit, deren Gedanken in den Literaturen des Alten Orients überlebt haben.[301] So unbezweifelbar Weisheitslehrer und Schreiberschulen seit sumerischen Zeiten in den Quellen belegt sind und kulturelle wie religiöse Bedeutung gehabt haben, so sicher ist auch die selten reflektierte hermeneutische Grundregel: Heutige Interpreten spiegeln ihre eigene Wirklichkeit massiv in die antiken Verhältnisse hinein. Und weil faszinierte akademische Leser und Leserinnen von relevanten biblischen und anderen Texten die besondere Affinität zur einstigen geistigen, literarischen Elite spüren, gerät das Bild der antiken Schreiber und ihrer „akademischen" Umgebung leicht nach dem Modell heutiger Schriftkultur. Protestantische Bibelexegeten werden sich z.B. in der Regel weniger mit Königen und Priestern identifizieren als mit Propheten und Weisheitslehrern. Gelegentlich kann man sich fragen, wie weit Portraits von alttestamentlichen Weisen als direktes Abbild des forschenden, lehrenden und schreibenden modernen Gelehrten in seiner Studierstube entworfen sind.[302] Verwunderlich ist das nicht, wird doch Vergangenheit immer und ganz unausweichlich mit den Konzepten der Gegenwart konstruiert. Aber das unkritische Selbstbildnis im Historiengewand muss in der Wissenschaft doch thematisiert werden. Das gilt insbesondere für Figur und Rolle des Weisen im alten Mittleren Osten. Im hier zu verhandelnden Fall der Weisheitsdichtungen des Psalters scheint die Lokalisierung der Texte bei individuellen Gelehrten den von vornherein gegebenen Haftpunkt in gottesdienstlichen Liturgien verdrängt zu haben. Sehr auf Kosten der Plausibilität: Wie kommen die persönlichen Dichtungen von Weisen dann später in die Psalmensammlungen hinein? Oder transformiert die späte, gelehrte Poesie nachträglich alle anderen Gattungen zur erbaulichen Privatlektüre? Die Vertreter der individuellen Weisheitsdichtung haben jedenfalls große Mühe, die Existenz von meditativen und unterweisenden Psalmen im Gesamtkorpus verständlich zu machen.[303] – Während die Existenz der „Lehrpsalmen" ein starkes Indiz für die orientierenden Funktionen von Gemeinde ist, sind in den biblischen Texten die direkten Hinweise auf entsprechende Praktiken nur sehr schwach erkennbar. Die Gestalt des Esra bietet eine Handhabe: Er ist der „Schreiber" und „Schriftgelehrte" par excellance, und er agiert im Namen und auf Auftrag der Jahwegemeinde (Neh 8). Ähnliches lässt sich in etwa von dem Schreiber Baruch sagen, dessen Tätigkeit als Privatsekretär Jeremias recht anachronistisch anmutet. Als für die (nachexilische) Gemeinde arbeitender Experte ließe er sich weit besser verstehen (vgl. Jer 36; 45). Auch die Prophetin Hulda trägt Züge einer Schriftexpertin: Wie könnte man sich sonst um eine gutachtliche Stellungnahme an sie wenden? (2 Kön 22,8–20). Die Mosegestalt kann weiter als Beleg dienen. In seinem Amt als „Gemeindeleiter" erscheint das Urbild des Jahwe-Beauftragten immer wieder als einer, der Tora = Weisung Gottes verschriftlicht und offiziell verkündigt (besonders Dtn 29–31). So wird gerade Mose der Prototyp des „Schreibers" und „Lehrers", welcher im unmittelbaren Dienst der lebendigen Gemeinde handelt. Von einer abgehobenen Position eines Gelehrten ist er wirklich weit entfernt. Die Konstitution der Gemeinde unter den damaligen, perserzeitlichen Umständen gab die Lehrfunktion für den Schreiberstand vor. Und das als heilige Überlieferung Aufgeschriebene diente von vornherein und ausschließlich der Unterweisung für die Gemeinschaft. Kein Wunder also, dass die Lehrpsalmen im Psalter eine große Nähe einerseits zu pentateuchischen Themen, andererseits aber auch zu der alten Volksweisheit (Sprichwörter; Lebenslehren) und der skeptischen Schulddiskussion (Lehrreden; Problemdichtungen) aufweisen.

---

[300] S. Mowinckel, a.a.O. vol. II, 104 und 109f.

[301] Vgl. das enthusiastische Portrait der „Scribal Class" bei Ph. R. Davies, Scribes and Schools, Louisville 1998, 17–19. Grundlegend auch A. Lemaire, Les Écoles et la formation de la Bible dans l'ancien Israel (OBO 39) Fribourg 1981.

[302] Vgl. z.B. C. Spaller, „Die Geschichte des Buches ist die Geschichte seiner Auslöschung" (exuz 7) Münster 2001, 167–175.

[303] Exemplarisch sei F. Stolz, Psalmen im nachkultischen Raum (ThStu 129) Zürich 1983 genannt. Richtig beschreibt der Verfasser die neue, religiöse Gemeinschaftsbildung der Judäer in Palästina und in der Diaspora. „Man könnte ihren Gottesdienst, in dem Vergewisserung und Unterweisung Elementarvorgänge ausmachen, als ‚Schulgottesdienst' bezeichnen …" (a.a.O. 29). Unter dem Einfluss der „privaten" Weisheit aber koppelt sich nach seiner Meinung der Gottesdienst völlig vom Tempelkult mit seinen Opfern ab: eine protestantisch voreingenommene Spaltung der religiösen Wirklichkeit.

Es lohnt die Mühe, wenigstens einige wichtige Themen der vermutlich in der persischen Zeit entstandenen „Lehrpsalmen" genauer zu untersuchen. Sie verraten nämlich erstaunlich viel über den inneren Zustand der Gemeinden, in denen sie gebraucht wurden. Gelebte und reflektierte Frömmigkeit sind ja eingebettet in die Sozialstrukturen und Verhaltensmuster des alltäglichen Daseins und der religiösen Rituale. Neben den berichtenden Texten (Esra / Nehemia) und archäologisch gewonnenen Archivresten (z.B. in Elephantine!) gestatteten diese Psalmen am besten einen Blick in die innere Verfassung der nachexilischen Gemeinde. In Abwandlung der von M. Luther (Vorrede zum Psalter 1545) und H. Gunkel (Vorwort zum Psalmenkommentar 1926) gleichermaßen gerühmten Intimität der Psalmengebete könnte man sagen: „Hier kannst du der Jahwe-Gemeinschaft ins Herz schauen." Darum hat der folgende Abriß eine große Bedeutung für die Gesamtdarstellung des judäischen Glaubens in persischer Zeit.

Gegenüber den älteren Klage- und Dankpsalmen fällt in manchen Texten der nachexilischen Zeit eine veränderte Einstellung zu Leben und Tod auf. Die früheren Bitten um Rettung aus Todesgefahr und der entsprechende Dank waren darauf konzentriert, das Leben wiederzugewinnen und den Neuanfang zu feiern. Jetzt treffen wir auf Texte, welche in allgemeinen Wendungen die Vergänglichkeit und Schutzlosigkeit des Einzellebens bedauern (vgl. besonders Ps 39; 49; 90; 139).

> Jahwe, sag mir, wann mein Ende kommt. / Wie viele Tage sind mir zugemessen?
> Ich möchte wissen, warum ich so vergänglich bin.
> Du hast mir ein paar kurze Tage gegeben. / Mein Leben ist ein Nichts im Vergleich zu dir.
> Wie erbärmlich steht der Mensch da.
> Sein Leben ist nur ein Schatten.
> Nichtse sind sie, aber sie machen viel Lärm. / Sie raffen Werte, / doch keiner weiß, wer sie besitzen wird. (Ps 39,5–7; nach E.Gerstenberger, Hilfe, 70; vgl. Hi 7,7–10)

Ein klagender Ton ist unverkennbar. Doch geht es nicht um eine aktuelle, konkrete Gefahr durch Krankheit, Verleumdung, Verfolgung oder dergleichen, sondern um die Vergänglichkeit, das Transitorische der menschlichen Existenz und die lang währende Zeit Gottes. Der 90. Psalm thematisiert eindrucksvoll eben diesen Aspekt des Lebens. Er bringt den Zorn Gottes über die beim Menschen (notwendig?) angesammelte „Schuld" ins Spiel (V. 7–9) und leitet daraus die kurze, höchstens 70–80jährige Lebensspanne ab (V. 10). Die schnell verrinnende Lebenszeit ist anscheinend ein Problem der Zeit. – In dem großartigen Ps 139 klingt die allgemeine Ungesichertheit der Existenz unter der bedrängenden, unausweichlichen Gegenwart Jahwes als Grund der Klage an. „Wohin fliehe ich, wenn ich von dir weg will?" (V. 7).

In allen drei Texten gilt die Sorge dem individuellen Beter. Es scheint ein wesentlicher Paradigmawechsel gegenüber den älteren Klageliedern des einzelnen stattgefunden zu haben. Während im früheren, kasuell-familiären Traditionsgut der Notleidende vermutlich im Kreis seiner nächsten Mitmenschen und unter Leitung eines Ritualfachmannes um Rettung und Rehabilitation kämpfte, ist der einzelne Fromme nun (inmitten seiner Lokalgemeinde?) auf sich selbst gestellt. Die alte Familiengruppe ist nicht mehr die religiöse Grundeinheit, der jeder natürlich zugehört. Jeder Jahwegläubige steht für sich allein, hat die Entscheidung für den Gott der neuen Religionsgemeinschaft selbstverantwortlich nachzuvollziehen. Die Gemeinde übernimmt zwar z.T. die Schutzfunktionen, derer der einzelne bedarf. Aber das je eigene Verhalten Jahwe und den Nächsten (Glaubensgenossinnen und -genossen) gegenüber entscheidet über den Status des Beters. Gehört er zu den „Gerechten" oder denen, die sich gegenüber Jahwe aufsässig verhalten? Aus der Individualisierung des Glaubens und der vollen Verantwortung, die jeder und jede nur selbst tragen kann, ergibt sich eine vorher nicht gekannte Sorge um die eigene Existenz vor dem höchsten Gott. Die persönliche Entscheidung für oder gegen ihn ist der Angelpunkt dieser neuen Glaubenshaltung.[304] Die Treue zur Tora wird zum Maßstab (vgl. Ps 119). Quälende Fragen lassen sich jedoch auch durch Vertrauensbezeugungen nicht ganz zum Schweigen bringen. Eine gewisse Skepsis macht sich breit, die natürlich auch gesamtkulturell, d.h. über die Grenzen Israels und Judas hinaus wirksam grassiert. Defizite an Beständigkeit und Sicherheit sind im vorderorientalischen Kulturbereich in der zweiten Hälfte des ersten Jt. v.Chr. menschliche Allgemeinerfahrungen.[305] Sie prägen vielfach das Denken der Menschen. Der Umbruch in Gesellschaftsstruktur und Spiritualität lässt sich konkret in Juda erkennen: Der alte, familien- und sippengebundene Glaube an verschiedene Schutzgottheiten hat einer persönlichen Beziehung zu Jahwe, dem Gott „Israels", der gleichzeitig universaler Weltenherr ist, Platz gemacht.[306] Glaubenssubjekt ist nicht mehr der Familienverband, sondern der einzelne Jahwe-Bekenner im Gemeindeverband.

Unter diesen Umständen wird die Vergänglichkeit zur ernsthaften Anfechtung für das relativ allein stehende Glaubenssubjekt. Früher galt der Fortbestand der (patriarchalen) Familie als Zeichen für das Wohlwollen der Gottheit. In den Bestandszusagen für Dynasten ist die Hoffnung auf „Ewigkeit" am klarsten ausgedrückt. Familiengenealogien verraten dieselbe Verwurzelung in der Vergangenheit und das Vertrauen in die Zukunft. Mit dem Verlust des alten Familienglaubens und der Konzentration auf das individuelle Gottesverhältnis schrumpft die religiös relevante Zeit auf den Lebensabschnitt des einzelnen zusammen. Nicht der Glaube der Vorväter oder der Enkelkinder trägt den Frommen, sondern nur die je eigenen Entscheidungen und Taten sind sein Fundament. Der Glaubende ist mit einem Einerkajak unterwegs, und zwar in gefährlichen Gewässern. Der Lebensweg ist kurz und beschwerlich, voller bedrückender Situationen. Das Ziel verschwimmt, es ist – im Gegensatz zu persisch-avestischen Zeugnissen – noch kein Paradies in Sicht. Der Auferstehungsglaube macht sich im Alten Testament zaghaft erst in Dan 12,2, d.h. in späthellenistischer Zeit, bemerkbar. Der Psalter zeigt nicht die geringsten Anzeichen dieser späteren theologischen Problemlösung. In einer derart ungesicherten und nichtigen Existenz kann das Widerwärtige leicht mit dem „Zorn" Gottes erklärt werden, sei er Reaktion auf „Sünde" oder Fehlverhalten, sei er in sich unbestimmbar, willkürlich oder souveräne Aktion des majestätischen Gottes. Die Verantwortung Gottes war aber kein ausreichender Erklärungsgrund für erfahrenes Elend.

Eng mit dem Ergehen des Glaubenden verknüpft ist die Frage nach den Kräften, die Leid und Tod verursachen. In der damaligen Welt mussten Angst und Not mit der Einwirkung persönlicher Mächte aus dem menschlichen Umfeld und der übermenschlich-dämonischen Sphäre erklärt werden. Naturwissenschaftliche Erkenntnisse über Krankheitsursachen gab es noch nicht. Also waren böse Menschen aus der Nähe oder Halb-

---

[304] Wie weit die Entscheidungssituation des Glaubenden speziell in der zarathustrischen Religion vorgegeben ist, müsste näher untersucht werden, vgl. M. Stausberg, Religion 124–128: Die „Wahlentscheidungen" (fravaši) der Glaubenden werden in jungavestischen Texten als Wesenheiten verehrt. Grundlegend für alle Menschen ist die Unterscheidung der guten und bösen Welt und die klare Stellungnahme für Ahura Mazda. Sie impliziert besonders die Ablehnung der Dämonen (vgl. M. Stausberg, a.a.O. 135–150). Nach dem irdischen Leben entscheidet die spirituelle Biographie eines jeden Menschen über die Aufnahme in das Paradies (a.a.O. 144–150).
[305] Die negative Grundstimmung im Blick auf das Wirken der Gottheiten, Gerechtigkeit und Lebenssinn macht sich im Vorderen Orient des 1. Jt.v.Chr. in manchen „pessimistischen" Literaturwerken bemerkbar, s.u. III.1.3.3.
[306] Vgl. E.S. Gerstenberger, Theologien 166–216.

ferne aktiv, um dem Leidenden zu schaden. Die Klage darüber, dass selbst die Familiensolidarität verraten wird, geht in die älteren Bittpsalmen zurück (Ps 41,6–10; 55,13–15). Ja, die alte Gattung „Klagelied des einzelnen" ist durchzogen von solchen Feindbeschwörungen, die zuweilen ins Dämonische hinüber gleiten, man vergleiche die Hundemetaphern z.B. in Ps 22,17; 59,7.15 oder die Erwähnung von Fieber- und Krankheitsdämonen in Ps 91,5f. Eine wichtige Rolle spielen Verleumdung, falsche Anklage, böse Nachrede von Nahestehenden, die den Bruch der Solidaritätsverpflichtung anzeigen. Der Unterschied zwischen älteren und jüngeren Klagen besteht bei aller Ähnlichkeit darin, dass die Schilderungen der Feinde früher die konkrete Notsituation eines „Patienten" im Auge hatten. Der Ritualexperte musste die Ursachen der Not im Einzelfall diagnostizieren und entsprechende Krankengebete für den „privaten" (kasuellen) Bittgottesdienst bereitstellen. In den Einzelklagen der nachexilischen Zeit kommt der Beter oder die Beterin (bzw. eine ganze Gruppe von Leidenden) zu Wort, die generell unter den Lebensbedingungen ihrer Zeit – und das im Rahmen der geltenden Vorstellungen von Todesbedrohung und Rettungsmöglichkeiten – leiden. Die Notlage scheint verallgemeinert, das Elend ist systemimmanent. Sehr deutlich treten z.B. untragbare sozialen Bedingungen in den Blick. Wirtschaftlich Potente nutzen ihre Überlegenheit zu skrupulöser Ausbeutung der Schwächeren:

> Hochmütige, brutale Menschen hetzen den Schwachen, / doch sie verstricken sich in ihren eigenen Machenschaften.
> Der Ausbeuter vergöttert seine Gelüste, / er segnet den Profit. Man verachtet Jahwe.
> Der Unmensch denkt in seiner Hochnäsigkeit: / Der tut mir nichts. Es gibt keinen Gott! (Ps 10,2–4, nach E.S. Gerstenberger, Hilfe 25)

In der Folge schildert der Psalm drastisch die Machenschaften der reichen Unterdrücker (V. 5–11). Weitere „Armenpsalmen" (Ps 37; 49; 73) sind hochpoetische, sprachbewusste Texte, die mit einiger Sicherheit liturgische Verwendung fanden. Sie verbreitern die Basis für unsere Wahrnehmung der „Armentheologie" im Psalter. Passagen wie Neh 5 und Lev 25 veranschaulichen die Lage und bezeugen Gegenmaßnahmen der Gemeinde zur Eindämmung der sozialen Verelendung. Der Finanzbedarf der persischen Bürokratien und Armeen war riesengroß. Die Steuerbehörden, evtl. deren private Eintreiber, arbeiteten spätestens seit der Reichsreform des Darius mit erstaunlicher Präzision und Härte. Das Volk in den Provinzen litt unter den festgesetzten Abgaben und den Sonderleistungen für Heer und Verwaltung. So kam es zur Verarmung von größeren Bevölkerungssegmenten, die erfahrungsgemäß auch einer dünnen, kollaborierenden Eliteschicht der einheimischen Bürgerschaft Gewinne einbringt. Die genannten Psalmen spiegeln eine allgemeine wirtschaftliche Notlage, in der sich die Schere von Arm und Reich über die traditionell bekannten Maße öffnet. Ganze Gemeinden verelenden; die unmittelbar erkennbaren Nutznießer – Neh 5 und Lev 25 setzen Verschuldung und Bankrott vieler Familienbetriebe voraus[307] – sind reiche Bankiers aus dem eigenen Volk.

Nun ist mit der Feststellung eines sozialen Konfliktes in den judäischen Gemeinden der nachexilischen Zeit längst nicht alles gesagt. Die Übeltäter in der Gemeinde, welche die Gemeinschaft und damit auch den einzelnen Jahwe-Anhänger zerstören wollen, sind zugleich auch „Feinde" Jahwes. Denn Gott will, dass es seinem ganzen Volk gut geht und kein einziger unter die harte, ausbeuterische Gewalt eines Geldgebers oder Steuererhebers fällt. Die Jahwe-Gemeinden haben ein starkes Solidaritätsbewusstsein untereinander entwickelt. Wer dagegen verstößt, stellt sich wissentlich gegen den Willen des

---
[307] H.G. Kippenberg, Religion, passim.

gemeinsamen Gottes. Nicht von ungefähr sind die Ausbeuter von Ps 10 usw. als gottvergessene Gewaltmenschen portraitiert. Sie meinen, die von Jahwe verordnete Gemeinschaftspflicht ignorieren zu können. Das heißt für den orthodoxen Betrachter der Szenerie: Diese brutalen Geschäftemacher nehmen nicht nur zynisch Elend und Tod ihrer Gemeindegenossen in Kauf, sie stellen sich darüber hinaus jenseits aller vertretbarer Glaubenshaltung. Ihr Bekenntnis heißt „Es gibt keinen Gott!" Oder: „Gott sieht uns nicht" (Ps 10,2–6), d.h. er ist wirkungslos, irrelevant. So auch in Ps 73,3–12: Der besondere Stachel liegt für die Not leidenden Frommen darin, dass ihre gotteslästerlichen Untaten lange durchgehen, bevor Gott sie straft (V. 18–20.27). Das Problem der Gerechtigkeit Gottes ist damit gegeben; es entspricht dem geistigen Klima der Zeit (s.u. III.2.3.2).

Von einer derartigen Charakterisierung der Feinde als Widersacher Gottes ist es nicht weit bis zur tatsächlichen Ausgrenzung missliebiger, fehlsamer Opponenten. Wer eklatant die von Gott gewollte Sozialordnung verletzt, dem wird dann auch unstatthaftes Handeln auf allen anderen Lebensgebieten nachgewiesen. Die Nichtachtung ritueller Vorschriften, das Übergehen genealogisch verbriefter Rechte, Abweichungen von der Festtagsagende – jeder Normenbruch kann Spaltungs- oder Ausgrenzungstendenzen auslösen. In Jes 56–66 waren wir bereits Gruppierungen begegnet, die sich gegeneinander abgrenzen und verdammen. Der Psalter steuert das Gegensatzpaar Gerechte (*ṣaddiqim*) – Gottlose (*rešaʿim*) bei. Er durchzieht die Endredaktion des Buches, scheint aber besonders in den „Lehrpsalmen" verankert.[308] Zwar bietet die Statistik noch wenig Auffälliges. Auf Menschen, d.h. Mitglieder der Jahwegemeinde bezogen erscheint „Gerechter" 43 mal im Psalter.[309] Nur Ps 1; 34; 37; 58 verwenden das Wort zweimal oder öfter; in Ps 14; 52; 58; 75; 112 kommt es je einmal vor. Bemerkenswert ist, dass der „Gerechte" im längsten Psalm des Psalters völlig fehlt, obwohl so gut wie jeder Vers von ihm spricht. Nur Jahwe empfängt einmal das Attribut „gerecht" (Ps 119,137).[310] Die einzige stärkere Konzentration des Adjektivs ist in Ps 37 festzustellen. Der Gerechte tritt sechsmal dem „Gottlosen" nach Art der Proverbien antithetisch gegenüber (V. 12.16.17.21. 32.38f). Dreimal steht er allein im Zentrum der Aufmerksamkeit (V. 25; 29; 30). Dass in diesem Psalm die Jahwebekenner als Gerechte fungieren, dürfte klar sein (vgl. V. 3–7.25–31.37).

Bei der Opposition der Ungerechten oder „Frevler", „Gottlosen" wird die Situation klarer. Der Begriff kommt im Psalter 82 mal vor, immer im Blick auf Menschen, und zwar auf das feindliche Gegenüber des Beters oder der Beterin. Mit 13 Nennungen hat der eben erwähnte Ps 37 den größten Anteil an *rešaʿim*. Der Lehrtext arbeitet sich förmlich ab an den bösen Feinden. Eine unüberwindliche Kluft ist zwischen Gerechten und Gottlosen gesetzt. Nur die Vernichtung der Bösen und die volle Anerkennung der Jahwe-

---

[308] Vgl. Chr. Levin, Gebetbuch.
[309] Dazu wird neunmal Jahwe als ein „Gerechter" bezeichnet. Den 52 Vorkommen des Adjektivs im Psalter steht eine Gesamtzahl von 206 Verwendungen im Alten Testament gegenüber. Das ist vordergründig ein nur leicht erhöhter Gebrauch des Wortes. Berücksichtigt man jedoch die spezifische Bedeutung „bekennendes Mitglied der Jahwegemeinde", dann ist dieses Konzept des „Gerechten" fast ganz auf den Psalter beschränkt (vgl. sonst: Gen 18,22–33; Ez 18,5–29). Der häufige Gebrauch in den Sprüchen liegt wohl auf einer anderen Ebene.
[310] Der Mangel an Etiketten für den menschlichen „Gerechten" wird mehr als wett gemacht durch zahlreiche „Ich"- und „er"-Aussagen, die den exemplarischen Jahwe-Anhänger als den treuen Befolger des Gotteswillens zeigen. „Bevor das Elend mich traf, war ich irre gegangen. / Nun aber achte ich auf dein Wort. ...Freche Menschen beschmutzen mich mit Lügen; / ich halte deine Befehle gewissenhaft ein. // Doch deren Gewissen ist träge und stumpf. / Mir macht deine Weisung Freude." (Ps 119,67.69.70).

Freunde kann das Problem der Ungerechtigkeit lösen. Darunter fällt, wie schon gesagt, auch die soziale Frage. In Ps 37 geht es ganz real um den Landbesitz (vgl. V. 9.11.22 aber auch V. 18f.25), im Altertum die normale Basis der Lebenssicherung. In der Not ist Verlass auf Jahwe, den Rettergott, der mit den Elenden sympathisiert. Die scheinbar so erfolgreichen Bösen werden untergehen.

Neben Ps 37 behandeln aber auch andere Lehrgedichte die „Gottlosen" näher, so Ps 9/10 (acht Vorkommen); Ps 119 (sechs); Ps 1 (vier!); Ps 75 (drei); Ps 73; 82; 112 (je zwei). Im übrigen erwähnen dann noch sieben Texte unserer Gruppe die „Frevler" ausdrücklich. Das heißt: Von den Lehrgedichten haben 15 Texte einen solchen Feindbezug. Sie nennen den inkriminierenden Ausdruck insgesamt 40 mal. Das ist so gut wie die Hälfte aller Psalmenvorkommen. Ein Zehntel der Psalmen enthalten also 50% aller Nennungen von „Gottlosen". Das ist eine bemerkenswerte Konzentration, die auf zeitgenössische Konstellationen schließen lässt. Die so bezeichneten Menschen sind keine Fremden; sie stehen dem Sprecher nah. Sie handeln als einzelne, gehören aber zu einer designierten Gruppe: Anders lassen sich die vielen Pluralvorkommen nicht erklären. Aus der Sicht der Psalmisten haben die Gottlosen sich durch ihr Verhalten der Gemeinschaft und Jahwe gegenüber selbst ausgegrenzt. Sie sind zu „Unpersonen" geworden, denen man nur mit dem Vernichtungswunsch begegnen kann. Im Unterschied zu den Verdammungen und Verwünschungen der alten Klagelieder des einzelnen richten sich die Todeswünsche jetzt gegen die ganze Gruppe von „Frevlern" (vgl. Ps 37,2.9f.15.17.20.22.28. 34.36.38 und viele andere Stellen). Die Ideologie des „Ausrottens alles Bösen", die schon in den dtr. Schriften eine Rolle spielt, kommt gelegentlich ungehemmt zur Geltung.[311] Das Gruppenverständnis der Opponenten, die den „Gerechten" unversöhnlich gegenüberstehen, lässt auf Spannungen oder Spaltungen in der Gemeinschaft schließen (s.o. II.3.1). Selbst wenn die Verwünschungen der „anderen" stark überhöhte Rhetorik sein sollten, kommt in ihnen ein Ab- und Ausgrenzungsmechanismus[312] zu Tage, der nur in einem Bruch der Gemeinschaft enden kann, bzw. ihn schon voraussetzt. Die Abspaltung der Qumrangemeinde von der Mutter"kirche" in Jerusalem mit der entsprechenden Feindrhetorik ist ein späteres Beispiel für das gemeinte Phänomen.[313] Die theologisch-spirituelle Fragmentierung des Judentums hat also spätestens mit der Einrichtung des Zweiten Tempels eingesetzt.

In jener Gemeinschaft, die uns den Psalter und die Lehrpsalmen hinterlassen hat, fand eine Konsolidierung um den Gott Jahwe statt. Vorrangiges Glaubenssubjekt war der einzelne Jahwebekenner. Aber er war nicht, wie in unseren säkularisierten westlichen Gesellschaften isoliert und autonom, sondern eingebettet in die Gemeinschaft der Glaubenden, das Volk Jahwes, die Gemeinde. Darum hat die nun zu besprechende Identität der Jahweanhänger zwei Seiten. Es geht einmal um das je persönliche Bewusstsein, bei seinem / ihrem Gott geborgen zu sein. Und weil solipsistisches Glaubensleben noch

---

[311] In Ps 37 taucht allein fünfmal das Verb *krt* niphal („abgeschnitten", „abgehauen", „ausgerottet werden") auf, das auch im Dtn in diesem Sinne vorkommt, vgl. G.F. Hasel, ThWAT IV, 355–367, besonders 362–364 (= „Ausrottungsformel": Es ist nur die Entfernung eines einzelnen aus seiner Gruppe berücksichtigt). Eine kritische Aufarbeitung der Vernichtungswünsche im Psalter fehlt.

[312] An dieser Stelle wären unbedingt neuzeitliche Studien über Identitätsbildung, Gruppenverhalten, Absonderung von Minderheiten, Feind- und Konfliktszenarien zu Rate zu ziehen. Sozialpsychologie, Verhaltensforschung, Kulturanthropologie haben zu diesem Thema sehr viel beizusteuern.

[313] Vgl. H. Stegemann, Die Essener, Qumran, Johannes der Täufer und Jesus, Freiburg 1993, 198–213; 229–231. Dass das Judentum vor dem Makkabäer-Schisma eine „recht homogene Größe" (H. Stegemann, a.a.O. 198) gewesen sei, wird allerdings durch Jes 56–66, die späten „Feindpsalmen", die Kämpfe um das Priesteramt (vgl. Lev 10; Num 16) usw. widerlegt.

unbekannt war, ist die Konstitution und Befindlichkeit der Gemeinde als dem äußeren Korsett oder Schutzraum des einzelnen ein notwendiges Komplement für den Bekenner und die Bekennerin. Ohne Gemeinde war der beste Gerechte verloren; zehn Gerechte machten eine funktionsfähige, liturgisch wirksame Gruppe aus (vgl. Gen 18,32).

Zunächst im Blick auf die Geborgenheit im „Schatten der (ursprünglich: Seraphim-?)Flügel Jahwes" (Ps 17,8; 36,8; 57,2; 61,5; 63,8; 91,4)[314]: Uralte, in der Familienreligion angelegte Vertrauenserfahrungen sind in der parochialen Spiritualität lebendig. Eine Reihe von sehr kurzen Psalmen lebt vollkommen von dem häuslichen, aber nicht weltfremden (!) Idyll (Ps 123; 127; 128; 131; 133). Der lehrhafte Charakter dieser Texte tritt nicht direkt in Erscheinung, sie sind z.T. in der Gebetsanrede gehalten. Doch gehören sie zweifellos in den Umkreis der späten Gemeindepsalmen. Die „Benediktionen" (vgl. „Wohl dem, der ..." in Ps 112,1; 119,1f; 127,5; 128,1 etc.) sind für die Unterweisung gebrauchte Redeformen. Das zeigt sich auch an der subtilen Verknüpfung der häuslichen mit gemeindlichen Konnotationen:

> Jahwe, ich bin nicht hochmütig, / ich blicke nicht überheblich in die Welt.
> Ich habe keine großen Wünsche, / die unerfüllbar wären.
> Im Gegenteil: Ich bin ruhig / und vollkommen ausgeglichen,
> wie ein gestilltes Kind an der Mutterbrust, / so still bin ich!
> Israel, warte auf Jahwe / jetzt und allezeit! (Ps 131, nach E.S. Gerstenberger, Zu Hilfe, 208)

Die Kraft der Metapher überzeugt unmittelbar. Das Gottesverhältnis ist einer Kind – Mutterbeziehung gleich, und diese persönlichste menschliche Erfahrung dient als Vorbild für die ganze Gemeinde. Auch die Metapher der Hausklavin / des Hausklaven (Ps 123), die in gutem Einvernehmen mit der Herrschaft leben, eignete sich damals zur Verdeutlichung des Gottesverhältnisses. Bedeutsam sind (wie in vielen anderen Wir-Psalmen!) die gemeindliche erste Person Plural und die Frontstellung gegen überhebliche Ausbeuter wohl in den eigenen Reihen (V. 2–4). Die privaten Sozialverhältnisse bzw. die Primärstrukturen sind für die nachexilische Gemeinde außerordentlich wichtig. Aus ihnen zieht sie Lebenskraft und theologisches Anschauungsmaterial. Der einzelne Glaubende existiert noch in seiner Familie, er erhält den festen Rahmen für sein Glaubensleben in der Gemeinde und ist doch selbst verantwortlich für das eigene Geschick. Der Segen Jahwes erweist sich dabei im engsten Umkreis (Ps 128): Die Frau – ein „fruchtbarer Weinstock"; die Kinder – „frisch gepflanzte Ölbäume" (V. 3); die Nähe und der Segen Jahwes vom Zion her: Das ist der Inbegriff von Glück.

Das urmenschliche Vertrauen auf den persönlichen Gott ist in alten Familienreligionen angelegt und über Jahrtausende erprobt gewesen, bevor es in die größeren menschlichen Glaubensverbände einfloß und besonders in den judäischen Gemeinden der persischen Zeit aktiviert wurde. Vorläufer sind die Vertrauensäußerungen und -lieder des Psalters, die sich noch authentisch im familiären Bereich und den kasuellen Bittgottesdiensten bewegen (vgl. Ps 4; 11; 23 etc.).[315] Den Übergang zum gemeindlichen Vertrauenslied markiert etwa Ps 62. Dem persönlichen Bekenntnis, bei Gott aufgehoben zu sein, folgt in V. 9 die an die Zuhörer gerichtete, predigtartige Ermunterung: „Vertraut in allen Fäl-

---

[314] Vgl. S. Schroer, „Im Schatten deiner Flügel", in: R. Kessler u.a., „Ihr Völker alle, klatscht in die Hände!" (exuz 3) Münster 1997, 296–316. Mit guten Gründen plädiert die Autorin dafür, dass Jahwe mit einem Geier verglichen wird, der seine Brut vorbildlich, auf mütterliche Weise, schützt und pflegt (a.a.a. O. 300ff).

[315] Näheres in E.S. Gerstenberger, Psalms (FOTL XV) „Glossary" s.v. „Affirmation of Confidence" und „Song of Confidence" und die angegebenen Einzelpsalmen.

len auf ihn, Leute,[316] / und schüttet euer Herz vor ihm aus. / Denn Gott ist unsere Zuflucht!"

Die Vertrauensaussagen des einzelnen insgesamt orientieren sich also an den Erfahrungen und Dimensionen des häuslich, familial wirkenden Gottes. Sie brauchen keine völkische Heilsgeschichte, überhaupt keine geschichtliche Überlieferung. Dieser Zug der Kleingruppenreligion hat sich in die exilisch-nachexilische Gemeinde durchgehalten. Jahwe ist die für den einzelnen sorgende, persönliche (bzw. familiale) Gottheit. Das urtümliche Vertrauenspotential, welches sich auch in der Namengebung ausdrückt (Rettungs-, Schutz- und Bewahrungsnamen), gibt dem Beter Rückhalt. Darum kann er sich in Ps 62 an die „Gemeinde" wenden und sein Vertrauen weitergeben. Er appelliert in direkter Anrede an alle Zuhörerinnen und Zuhörer, dieses selbe Vertrauen auf Gott zu üben. Dann schließt er sich sofort in einem Bekenntnissatz in der ersten Person Plural mit den Anwesenden zusammen: „Gott ist unsere Zuflucht!" (V. 9b) und schließt mit dem eindringlichen Hinweis auf Gottes Macht und Barmherzigkeit (V. 12f). Das Vertrauenskapital hilft dem einzelnen, stammt aber aus dem gemeinsamen Schatz der Familien- und Sippenüberlieferungen und soll darum auch der Gemeinde als ganzer zu gute kommen.

Das unaufgebbare Pendant zum individuellen Jahweglauben und der Entscheidung für Jahwe ist eben der Glaube der Gemeinde. Er ist in der Exils- und Nachexilszeit neu gewachsen. Unseres Wissens hat es in der vorexilischen Periode noch keine „konfessionelle" Jahwegemeinde gegeben. Zwar existierten Familien- und Lokalkulte neben und unter dem königlichen Staatskult,[317] aber die Jahwe-Gemeinde im Sinn einer nicht-offiziellen, auf persönliche Entscheidung gegründeten Religionsgemeinschaft kam erst nach dem Verlust der Eigenstaatlichkeit zustande. Der Zwang zur Neuorganisation nach der babylonischen Machtübernahme brachte das erstaunliche, neue Gebilde hervor. In gewisser Weise war die Gründung der Jahwe-Gemeinschaft auch Grund und Vorbedingung für die Entfaltung eines persönlichen Glaubens.

Diese Tatsache war den alten Frommen immer sehr bewusst. Deshalb feierten sie in ihren Gemeindebelehrungen Jahwe, den Herrn seines erwählten Volkes. Das grundlegende Ereignis der Erwählung Israels datierten sie – wie könnte es anders sein – in die Vergangenheit zurück. Zwar waren sie nicht so vermessen, den Anfang der Welt und den Beginn der Jahwe Gemeinschaft in eins zu setzen. Aber je nach lokaler Sicht und Tradition benannten die Theologinnen und Theologen Abraham, Jakob, Mose, David, Esra als die entscheidenden Figuren, welche die Gottesbeziehungen dauerhaft vermittelt hätten. Weiterwirkende Tradition hat aus den verschiedenen Ursprungslegenden in den sog. „Geschichtsbüchern" des AT ein zusammenhängendes heilsgeschichtliches Szenario geflochten. Die Lehrpsalmen greifen z.T. auf die bereits vorliegenden Geschichtsberichte etc. zurück, zeigen aber durchaus auch eigenes Profil.

Geschichtsrückblicke haben immer etwas Lehrhaftes an sich. Warum sonst sollte jemand Vergangenheit erzählen, wenn nicht mit der impliziten Absicht, das Wissen weiterzugeben, Gegenwart in früheren Begebenheiten zu verankern, Jugendlichen die eigene Herkunft und Identität zu vermitteln? Die Trennungslinie zwischen lobpreisenden Geschichtspsalmen mit impliziter Unterweisungsabsicht und ausgesprochenen Lehrgedichten ist sicher fließend. Sie ist am tatsächlichen Gebrauch der Texte festzumachen, und der spiegelt sich in den Redeformen und -inhalten. Die oben als spezielle „Lehr-

---

[316] MT hat *bekol 'et 'am*, „allezeit, Leute (?)"; LXX setzt „die ganze Gemeinde" (*kol 'adat 'am*) voraus.

[317] Nähere Begründungen für diese These bei E.S. Gerstenberger, Theologien, 26–77; 131–165.

psalmen" bezeichneten Ps 78; 105; 106 zeigen eine deutliche Tendenz zur Unterweisung. Ps 78,1–4 ist eine lupenreine „Lehreröffnung" („Höre, mein Volk, meine Weisung ...", V. 1), vergleichbar mit Dtn 32,1–3; Ps 50,7 etc. Auch Ps 105 steht von Anfang an unter dem Zeichen der „Erinnerung" („Denkt daran, welche Wunder er tat, / was für Zeichen er setzte, welche Urteile er sprach!" V. 5). Ps 106 seinerseits beginnt nach Dankaufruf und hymnischer Frage („Wer kann die großen Taten Jahwes alle erzählen?" V. 2) mit einer typisch lehrhaften Benediktion (V. 3). Die danach angesprochenen Episoden der Glaubensgeschichte (V. 7c–39) sind als eindringliche, warnende Beispiele dargestellt. Sie werden in V. 40–47 bis auf die Gegenwart des Psalmisten durchgezogen, ausgewertet, angeeignet.[318]

Die großen Psalmen 105 und 106 sind wohl im heranwachsenden Psalter bewusst zusammengestellt. Sie greifen in betont unterschiedlicher Weise die heilsgeschichtliche Überlieferung auf, die geprägt vorliegt, wahrscheinlich auch schon in schriftlicher Form. Das wesentliche Faktum ist der Bund mit dem Volk Israel, welcher vorrangig die Verheißung des Landes – ein brennendes Anliegen der Exilsgenerationen – einschließt.

> Ihr Nachkommen Abrahams, seines Knechtes, / Ihr Söhne Jakobs, die ihr erwählt seid,
> dieser Jahwe ist unser Gott. / Er entscheidet über die ganze Welt,
> und immer denkt er an seinen Bund, / auf tausend Generationen erließ er sein Wort.
> Mit Abraham einst besiegelt, / für Isaak wieder beschworen,
> dem Jakob als Grundgesetz bestätigt, / ein Bund mit Israel auf ewige Zeit.
> So sagt er: „Ich will dir die Erde Kanaans geben, / zugemessen als euer Erbland!" (Ps 105,6–11, nach E.S. Gerstenberger, Zu Hilfe, 167f)

In lockerem Anschluß an die Erzelterngeschichten, die Josephsnovelle und die Exodusgeschehnisse (Gen 12 – Ex 16) entfalten die Überlieferer dann ihr anschauliches Lehrstück über die fürsorgliche Leitung des Volkes durch Jahwe, der seine Zusagen an Israel wahr macht, trotz aller Widerwärtigkeiten der Weltpolitik. Jahwe behütete das erwählte Volk in der Wanderungsphase der Erzeltern (V. 14f). Er ließ einen ägyptischen Pharao Joseph zum Wesir machen, damit Israel einen sicheren Zufluchtsort vor dem grassierenden Hunger bekam (V. 16–23). Den späteren Herrscher Ägyptens zähmte Jahwe durch die Plagen (V. 28–36), damit er Israel aus der Sklaverei entlasse (V. 37f). Diese Episode ist am ausführlichsten dargestellt, nicht die Errettung am Schilfmeer, die nur in V. 39 vage angedeutet ist. Die Versorgung mit Nahrung und Wasser in der Wüste (V. 40f) ist das letzte Beispiel göttlicher Fürsorge in diesem Psalm. Den Abschluß bildet die aus der Heilsgeschichte zu ziehende Lehre: Wegen der erwiesenen Fürsorge Jahwes „sollen sie seine Gebote bewahren / und seine *torot* („Richtlinien") halten" (V. 45).

Wie in Ps 135 und 136 erscheint hier die Geschichte Israels mit seinem Gott Jahwe in strahlendem Glanz. Die ausgewählten Episoden der Vergangenheit belegen (in der kanonischen Abfolge, ohne die Sinaiereignisse) das einzigartige Wohlwollen Gottes für die Nachkommen Abrahams. Mose und Aaron fungieren als die großen Wundertäter und Anführer, aber nicht explizit als Gesetzgeber, Rechtsprecher und Priester. Jahwe steht über und hinter allem, was geschieht, ohne dass seine universale Autorität stark in den Vordergrund gerückt würde (vgl. V. 7 mit den Jahwe-König-Psalmen). Auszug aus Ägypten und Landgabe in Kanaan sind die Hauptpunkte der göttlichen Lenkung. Das Gesamtgemälde von Jahwes Fürsorge für Israel ist plakativ, volkstümlich, mitreißend,

---

[318] Einzelheiten in Bezug auf die lehrhaften Intentionen der genannten Psalmen bei E.S. Gerstenberger, Psalms, zu den betreffenden Texten. Vgl. auch J.C. McCann, The Psalms as Instruction, Int 46 (1992) 117–128.

nicht theologisch, reflektiv, problematisierend. Eine unbändige Freude und Siegesgewissheit durchzieht den Psalm. Der Genuß des eigenen Landes und der von den Voreinwohnern übernommenen (erbeuteten Kultur)Güter dringt überall durch. Für die Psalmisten ist es „eine Lust zu leben", weil Jahwe fast selbstverständlich für sein erwähltes Volk sorgt. Woher diese außerordentlich positive Einschätzung des Lebens und der Gottesbeziehung? Warum ist von Brüchen, Feindschaften, Katastrophen nur in der Weise die Rede, dass sie überwunden und nicht mehr aktuell sind (vgl. V. 14; 16f; 25)? Elend und Anfeindung sind dunkle Hintergrundfolien, vor denen die heilsamen Interventionen Jahwes und das Wohlbefinden seines Volkes umso heller aufleuchten. Eine Erklärung dieses Sachverhaltes kann nur über die Kontexte geschehen, in denen der Psalm gebraucht wurde. Bei manchen Festen, besonders der Erntezeit, militärischer Siege oder persönlicher Glückserfahrung (z.B. rites de passage) waren Freude und Dank angesagt. Dunkle Seiten des Lebens und der Gottheit mussten zurücktreten. In derartigen Situation war die Botschaft: „Jahwe ist uns wohlgesinnt! Er sorgt für uns!" ausschlaggebend. Die Unterweisung durfte oder musste sich auf Lebensbejahung konzentrieren. Es gibt Klesmer-Lieder aus den jüdischen Ghettos, die sogar unter dem Eindruck der Todesgefahr Freude und Überlebenswillen artikulieren. Denkbar ist auch die Nutzung von derartigen Geschichtspsalmen bei der Unterweisung von Kindern oder Jugendlichen. Ihnen malen Pädagogen gern die positiven Lebenschancen, das erreichbare Glück vor Augen. Wie immer, ein Lehrpsalm der reinen Glaubensfreude, des vollen Jubels über geglückte, eingelöste göttliche Zusagen, hat in einer realen Welt voller Leiden und Komplikationen bestimmte Lebenssitze. Er kann nicht als dogmatische Äußerung für alle Lebenslagen gelesen werden.

Der zu Ps 105 gestellte „Zwilling" ist ganz anderer Art. Ps 106 gehört seinem Inhalt nach zu den großen Bußgebeten des Volkes (vgl. Esr 9; Neh 9; Dan 9).[319] Formal gesehen enthält der Psalm Bittformulierungen in der ersten Person Singular (V. 4–5) und Plural (V. 47), das gemeindliche Schuldbekenntnis („Wir haben gesündigt ...", V. 6) und den großen Rückblick auf die Geschichte des Abfalls von Jahwe, der sich immer wieder um sein Volk bemüht hatte (V. 7–39). Gerade in diesem Teil sind – wie in der schon erwähnten lehrhaften Eröffnungsformulierungen von V. 2–3 – pädagogische Tendenzen spürbar. Die Liste der Verfehlungen, begangen von den Vätern, aber innerlich assimiliert und gleichermaßen verantwortet durch die lebende Generation, ist furchtbar. Sie endet mit der Besudelung des geschenkten Landes:

> Sie opferten ihre Söhne / und ihre Töchter den bösen Geistern
> und vergossen unschuldig Blut, / das Blut ihrer Söhne und Töchter,
> die sie den Götzen Kanaans opferten, / so dass das Land mit Blutschuld befleckt war.
> Sie machten sich unrein mit ihren Werken / und wurden abtrünnig durch ihr Tun. (V. 37–39, nach rev. Lutherübersetzung 1964)

Die stattliche Reihe von Missetaten ist in höchst eigenwilliger Art aus den damals vorliegenden Überlieferungen herausdestilliert. Eine kanonische Reihenfolge spielt offenbar keine Rolle, die Bücher Exodus bis Numeri, auch einige Passagen aus dem Deuteronomium sind Grundlage für die homiletisch-lehrhafte Darstellung. Jahwe ist der Retter aus der Not am Schilfmeer (V. 10) und in der Wüste (V. 15), aber er straft auch mit harter Hand (V. 17f; 23; 26f). Mose wirft sich in die Bresche (V. 23) ebenso Pinhas, der glaubenseifrige Priester von Num 25,6–15 (V. 30f). Jede Begebenheit der Geschichte wird besonders angesprochen und bewertet. Es kommt kein literarisches oder liturgisches

---

[319] Vgl. R. Kessler, Das kollektive Schuldbekenntnis im Alten Testament, EvT 56 (1996) 29–43.

Schema zur Anwendung. Deuteronomistische und priesterschriftliche Perspektiven überwiegen, doch tragen die Einzelaussagen auch eine „persönliche" Note. Der Katalog von Verfehlungen läuft in den allgemeinen Vorwurf aus, die Völker Kanaans nicht vollständig vertrieben zu haben (V. 34–36; vgl. Dtn 7,1f; 12,2f; Jdc 1,28; 2,23; 3,6 etc.). Danach folgt der oben zitierte Passus von der Befleckung des Landes durch Moloch-Opfer (V. 37–39; vgl. Lev 18,21.24–29; 20,2–5; II Reg 21,6.16). Während V. 34–36 wahrscheinlich die Exilszeit abmalen[320] öffnet neben dem Hinweis auf die Zerstreuung unter die Völker V. 27 vor allem der Abschnitt V. 37–39 den Blick bis in die nachexilische Gegenwart: Jahwe straft durch die Deportationen (V. 40–42), erbarmt sich dann aber über seine Gemeinde, stimmt die Unterdrücker milde, und die Wende des Schicksals ist mit Händen zu greifen (V. 43–46). Die Schlussbitte der Gottesdienstgemeinde (Wir-Form!) bestätigt noch einmal in liturgischer Sprache die Sehnsucht nach Heimkehr und Wiedervereinigung (V. 47). So wird aus dem Potpourri von belastenden Episoden der Vergangenheit unter dem Schuldbewusstsein der nachexilischen Gemeinde eine homiletisch-lehrhafte Ansprache. Die Vergehen des Volkes sind immer schwer gewesen, sie dauern an und provozieren gerechte Strafen von seiten Jahwes. Insbesondere die Verbannung unter die Völker war und ist verdienter Lohn für Israels Abwege. Aber Jahwes Geduld und Gnade überdauern die schlimmsten Stürme und führen zu einem glücklichen Ende. „Er gedachte an seinen Bund mit ihnen, / und es reute ihn nach seiner großen Güte. // Er ließ sie Barmherzigkeit finden / bei allen, die sie gefangen hielten." (V. 45f), ein Hinweis auf die Wende seit Kyros.

Einem ähnlichen Tenor folgt Ps 78: Auch er reflektiert die Schuld Israels in der Geschichte und endet bei einer Heilstat Jahwes für sein Volk. Nur ist der gewählte Zeitausschnitt ein anderer, und der hermeneutische Standort des Psalmisten scheint in der judäischen Königszeit zu liegen. Die Abfolge der zur Warnung dienenden Episoden geht zunächst vom Exodus bis zur Landnahme (V. 12–55), umfasst also das klassische „Heil" der fernen, mosaischen Vergangenheit. Dann aber treten vor und nach diesen durchaus dtr. gestalteten Geschichtsblock Bemerkungen über „Ephraim" (V. 9–11) und die Treulosigkeit Israels (V. 56–58), die zum Strafgericht über Silo (V. 59–64), zur Verwerfung Josephs und Erwählung Judas mit David an der Spitze (V. 67–72) führen. Bei einem derartigen Zuschnitt scheinen vorexilische Entstehung und Verwendung des Psalms fast selbstverständlich zu sein. Allein, der Schein trügt. Die dtr. Phasen des Heilshandelns Jahwes an Israel – Abtrünnigkeit und Widerborstigkeit des Volkes – Strafe Gottes – Bekehrung der Heimgesuchten – neue Gnadenerweise Jahwes – ist zu gut als geschichtliches Konstruktionsprinzip zu erkennen. Die ganze Thematik der ausschließlichen Treue Israels gegenüber Jahwe ist in der späten Theologie seiner Einzigartigkeit verwurzelt. Die „Gefangenschaft" von V. 61 klingt nach den großen Deportationen des frühen 6. Jh., nicht nach dem Raub der Lade in 1 Sam 4,21. Der Gesamttext deutet eher auf die exilisch-nachexilische Epoche.[321] Dann hätten die späten Psalmisten die Erhöhung Judas und Davids gegenüber den Nordstämmen als Paradigma eines Sieges ihrer eigenen Sache gewertet. Vielleicht fehlt dazu noch in der überlieferten Form Textmasse, denn der Psalm endet sehr untypisch in der Schilderung der guten Regierungszeit Davids (V. 72), ohne irgendwelchen Abgesang bzw. liturgisches Formelgut zur Markierung des Psalmendes.

---

[320] Das Vokabular verrät exilische Sichtweisen: Vgl. Ps 106,35 mit Esr 9,2 etc.
[321] F.-L. Hossfeld weist zu Recht auf die literaturgeschichtliche Analyse und das nachexilische Davidbild hin, die eine vorexilische Datierung unmöglich machen: HThKAT Psalmen, 429; vgl. auch H. Spieckermann, Heilsgegenwart 146f.

Bei allen Fragen, die der Text aufgibt: Ps 78 gibt sich schon in seiner Einleitung am deutlichsten als lehrhafte Ansprache zu erkennen. Ein Vortragender gibt sich selbst und seine Vortragsabsicht zu erkennen (V. 1–8). Hier liegt in aller wünschenswerten Deutlichkeit eine Lehrrede vor, welche Intention des Psalmisten und Funktion des Textes klar benennt. Die „alten Geschichten" machen „Unterweisung" aus, und Unterweisung ist nichts anderes als Tora (V. 1; 5)! Ein Kundiger trägt sie einer Versammlung vor; er redet die Hörerinnen und Hörer direkt an. Sein Argument für den Geschichtsunterricht ist, dass Wissen aus der und über die eigene Vergangenheit nicht vergessen werden darf. Warum nicht? Der Vortragende würde wohl antworten: Diese Vergangenheit mit dem Gott Israels konstituiert die Gegenwart. Die Grundnorm des Lebens, die Unterweisung Jahwes an sein Volk, wie und wo es zu leben habe, kann nur aus der Tradition erhoben werden. Es geht um solides Wissen und Erlernen des göttlichen Willens. Väter haben ihn seit langem an die Söhne weitergegeben (V. 3.5). Es geht um das Einhalten der Weisungen Gottes (V. 7), und die Väter selbst liefern abschreckende Beispiele für Wankelmut und Abfall (V. 8). Das grundlegende Paradigma der Lehre heißt also: Lernt aus der Geschichte. Lasst euch durch nichts von der Treue zu Jahwe abbringen. Verfallt nicht in die alten Muster des Selbstbehauptungswillens, der offenen Auflehnung gegen Gott. Ignoriert doch um Gottes willen nicht die guten Zeiten, die Jahwe gewährt hat. Verrennt euch nicht in eure Eigenmächtigkeit, euren Selbstruhm oder andere Illusionen. Unbotmäßigkeit ist kontraproduktiv, sie führt zu nichts. Jahwe ist der einzige Kristallisationspunkt für die persönliche und gemeindliche Identifikation. Die geforderte Einstellung heißt: „mit seinem ‚Geist' (Willen; Sinn: *ruah*) fest (*ne'emnah*) bei Gott sein" (V. 8d). (Die Wortwahl erinnert auch an alt-persische Hingabeformeln, vgl. Yasna 27,13–15). Eine beständige Entscheidung für Jahwe ist das Ziel der Unterweisung.

Ein Spezifikum nachexilischer Treue zu Jahwe scheint das Schuldbekenntnis zu sein. Dem Psalm 78 vergleichbar – darauf wird in allen Kommentaren hingewiesen – legen die großen Bußgebete in Esr 9, Neh 9, Dan 9 allen Nachdruck auf ein Sündenbekenntnis, das Geschichte und zeitgenössische Gegenwart umfasst: „Von der Zeit unserer Väter an sind wir in großer Schuld gewesen bis auf diesen Tag …" (Esr 9,7; das Gebet wendet sich dann zur Danksagung, weil Jahwe einen Rest errettet hat). – Nehemia zitiert zuerst die Wohltaten Jahwes in der Abraham- und Mose-Zeit und fährt fort: „Aber unsere Väter wurden stolz und halsstarrig …" (Neh 9,16; es folgen Episoden des Abfalls und der neuerlichen Erbarmung Gottes bis zur Einwanderung nach Kanaan). „Aber sie wurden ungehorsam und widerstrebten dir und warfen dein Gesetz (*torah*) hinter sich und töteten deine Propheten …" (V. 26). Die Folge waren die Deportationen nach Babylonien. Israel schreit wieder um Hilfe und wird begnadet, hat einen Rückfall und wird amnestiert – eine schier endlose Kette von Abfall und Restitution (V. 27–31). Die negative Geschichtsschau, einst vom Deuteronomisten inauguriert, ist bei Nehemia dominant; sie leitet an, Klage, Vertrauen und Bitte zu erlernen und ist damit eine direkte Parallele zu den geschichtlichen Lehrpsalmen (vgl. Neh 9, besonders V. 32–37). Das Schuldbekenntnis nimmt einen festen Platz ein (V. 33–35). Ganz unliturgisch endet das Gebet Nehemias mit der Notschilderung (V. 36f: Ausbeutung Judas durch „die Könige"); wir würden Bitte, Gelöbnis, Preis als Abschluss erwarten. Deutlich aber ist die Aufarbeitung der Vergangenheit im Bewusstsein einer andauernden Verfehlungsgeschichte des Volkes Jahwes. In gesteigertem Maß kommt das tiefendimensionierte Sündenbewusstsein bei Daniel zum Ausdruck: „Wir haben gesündigt, Unrecht getan, sind gottlos gewesen und abtrünnig geworden …" (Dan 9,5; Wiederholung und Steigerung des Schuldbekenntnisses in V. 6–15). Das schuldhafte Versagen des Volkes ist offenbar seit dem Auftauchen dtn. Geschichtsdeutung und -theologie zu einem Dauerthema geworden, das übrigens besonders in manchen protestantischen Strömungen der Neuzeit nachwirkt. Es wurde – wie unsere drei Lehrpsalmen zeigen – zu einem bevorzugten Topos der Unterweisung, auch gegen andere Überlieferungen, welche die Schuld an der Katastrophe Jahwe zuschreiben (vgl. Ps 44; 89) oder aber die Frage nach der Ursache des Zusammenbruchs offen lassen (vgl. Ps 66,10–12; 124,3–7; 137 etc.).

Ein weiteres wichtiges Beispiel für die Lehre von Rebellionsgeschichte Israels gegen Jahwe ist Dtn 32. Das „Lied des Mose" wird schon von den Redaktoren als eine Glaubensurkunde ersten Ranges behandelt, die der mahnenden und warnenden Unterweisung dienen soll, vgl. den Vorspann Dtn 31,19–22.30. „Dieses Lied" ist also dem Leser, der Leserin schon vor seiner Zitation in Dtn 32,1–43 ein fester Begriff. Es hat offensichtlich den Rang eines wichtigen Katechismus-Lehrstücks. Und nach der wörtlichen Wiedergabe sagt es der Redaktor noch einmal: „Mose kam und redete alle Worte dieses Liedes vor den Ohren des Volkes ..." (Dtn 32,44), und gleich darauf schärft er die Treue zur Tora ein (V. 46f). Die Zuordnung von Lied und Tora ist darum nicht ganz einfach nachzuvollziehen. Fest steht, dass das Lied des Mose eine überaus wichtige Funktion gehabt haben muss. Vielleicht war es zu gewisser Zeit sogar Konkurrent der erzählten oder erlassenen Tora. Wie immer man es literarisch und theologisch einschätzen mag,[322] der Grundtenor der Abfallsgeschichte von Jahwe, den wir in Ps 78 und 106 antreffen, ist auch hier vorhanden. Er wird freilich in einem eigenständigen Vokabular und mit spezifischen Konzepten durchmoduliert. Jahwe „fand" Israel in der Wüste, wie ein Findelkind. „ ... er umfing ihn und hatte acht auf ihn. / Er behütete ihn wie seinen Augapfel. // Wie ein Geier ausführt seine Jungen / und über ihnen schwebt, // so breitete er seine Fittiche aus und nahm ihn / und trug ihn auf seinen Flügeln." (Dtn 32,10f). In eher mythischen als geschichtlichen Bildern schildert das Lied die Jugendjahre des „Israel" (V. 12–14). „Als aber Jeschurun fett ward, wurde er übermütig. / Du bist fett, dick und feist! // Da verwarf er den Gott, der ihn erschaffen hat. / Den Fels seiner Hilfe achtete er gering." (V. 15). Und noch einmal in direkter Anrede: „Den Fels, der dich gezeugt hat, hast du missachtet / und hast vergessen den Gott, der dich geboren hat." (V. 18). Darauf reagiert Jahwe in einer langen Strafrede (V. 20–33), welche Exilierung und Fremdherrschaft für das ungetreue Volk vorsieht. Ab V. 34 bahnt sich der Umschwung zugunsten des verkehrten Volkes an: Jahwe verspricht Rache für erlittene Leiden (V. 34–42). Ein Aufruf an die Völker zum Lobpreis Jahwes beschließt den Psalm. Not und Unterdrückung sind – anders als in Neh 9 und Dan 9, aber vergleichbar mit Esr 9, Ps 106 – überwunden.

Das Paradigma „Israel trägt von Anfang an schwere Schuld" ist in allen Beispielen zentral wichtig. Als Lehrstück spielt es mindestens in gewissen Zusammenhängen eine tragende Rolle. Welches waren die Gelegenheiten zur Rezitation? Sollen wir an nachexilische Klagefeiern denken, denn im Exilsjahrhundert scheinen die gottesdienstlichen Agenden den Schuldgedanken nicht besonders hervorgehoben zu haben.[323] Dafür ist das Motiv „Schuld der Väter" im 5. Jh. v.Chr. voll im Schwang. Ob man von einer „Schuldbesessenheit" reden kann, sei dahingestellt. Die dogmatische, anthropologisch verfestigte Rezeption des Sündenbewusstseins ist wohl erst mit dem Christentum aufgekommen. Paulus war ein prominenter Theoretiker des allgemeinen Sündenzustandes: „Denn es ist hier kein Unterschied: sie sind allzumal Sünder und mangeln des Ruhms, den sie bei Gott haben sollten" (Röm 3,23). Die Lehre von der totalen Sündhaftigkeit aller Menschen wird im Christentum zum breiten Traditionsstrom, der sich über Augustinus, Luther, Calvin zu Karl Barth fortsetzt. Eine „Schuldideologie" ist den nachexilischen Lehrpsalmen nicht vorzuwerfen. Dagegen schützen die ebenfalls vorhandenen nicht schuldorientierten Texte wie Ps 105, oder auch Ps 44; 89; Jes 63,7–64,10. Aber das Motiv der geschichtlichen Schuld hat in der reflektierenden Unterweisung der persischen Zeit einen besonderen Platz.

---

[322] Die Diskussion um Dtn 32 wird kontrovers geführt, vgl. O. Eißfeldt, Das Lied des Mose Deuteronomium 32,1–143, Berlin 1958; P. Sanders, The Provenance of Deuteronomium 32, Leiden 1996.
[323] Vgl. R. Albertz, BE 7, 117–130.

Auch an dieser Stelle ist die Frage nach dem geistig-religiösen Klima der Perserzeit angebracht. Hat es im Zarathustra-Glauben ein vergleichbares Bewusstsein von allgemeiner Sündhaftigkeit und Verunreinigung gegeben, die durch Buße gesühnt werden musste? Die Religion Zarathustras ist ethisch und rituell orientiert: Sie sieht Bußmöglichkeiten für Fehlentscheidungen und Vergehen des Menschen vor. Ferner entwickelt sich aus den altavestischen Vorgaben eine Epocheneinteilung der Geschichte, die Phasen der Reinheit und des Glücks sowie der Dämonenherrschaft und der Finsternis kennt. Aus beiden Punkten spricht eine gewisse Affinität zu der israelitischen Konstruktion der Sündengeschichte seit Vätertagen und der Bußmahnungen zur Besserung des Gottesverhältnisses. Allerdings bleibt die avestische „Überwindung des Bösen" stark dämonistisch eingekleidet.[324]

Jahwe ist in der nachexilischen Gemeinde das Zentrum des persönlichen und gemeindlichen Glaubens. Alles bewegt sich um ihn, seine Heiligkeit, Gerechtigkeit, sein Erbarmen, Wohlwollen und seine Hilfe. Im Vergleich zu früheren Geschichtsepochen und Sozialstrukturen, Lebensgewohnheiten und Wertsystemen hat sich Israels Lebenswirklichkeit aber in der durch persische Politik ermöglichten Gründungsphase erheblich verändert. Die Umbrüche erfordern auch ein neues theologisches Denken. Gottes Gegenwart kann nicht mehr im eigenen Staatskult und den parallel dazu existierenden lokalen Höhenheiligtümern und Familienkulten erlebt werden. Der Kriegsgott Jahwe, der im Stammesverband und der monarchischen Nationalstaatlichkeit zu Hause war, ist nicht mehr aktuell. Stattdessen ist Jahwe zu einem Gott der parochial und patriarchal durchformten, heimischen und verstreuten Minderheitsgruppen geworden. Und zu einem Gott, der weit entfernte Gemeinden zwischen Elephantine in Ägypten und den jüdischen Siedlungen nahe Babylon zusammenhält. Seine Gegenwart ist weniger durch kultische Theophanie, prophetische Beauftragung oder militärische Hilfsaktion erfahrbar, als durch die Pflege und Verschriftlichung der diversen Überlieferungen und durch die Auseinandersetzung mit der neuen, imperialen Umwelt.

Bei der Erfindung und Zusammenstellung der heiligen Schriften mögen persische Religionslehrer wie Zarathustra und seine Schüler vorangegangen sein. Jedenfalls lag die Nutzung der jahrtausendealten Schreibkunst im Zweistromland für religiöse Zwecke in der Luft. Schon seit sumerischen Zeiten (3. Jt. v.Chr.) hatten Tempel und Priesterschaften Rituale, Gebete und andere religiöse Gattungen teilweise aufgezeichnet – gegen den Widerstand derer, die Mündlichkeit der Textüberlieferung für wichtig hielten. Vielleicht war die bessere Fernkommunikation in größeren Staatsgebilden ein Auslöser von Verschriftlichung. Man vergleiche den durchorganisierten persischen Postdienst! Im ersten Jt. v.Chr. existierten im Zweistromland bereits kanonische Sammlungen von Omina, Beschwörungen, Gebeten.[325] Doch schriftliche Textsammlungen für Glaubensgemeinschaften gab es bis zur persischen Zeit nicht. Israel ist dann nach vermutlich sporadischen Vorübungen in den Kanzleien der Könige und der möglichen Tempelschule in Jerusalem mit der Exilierung voll in die Verschriftlichung der eigenen Traditionen eingestiegen. Die Erzählungen vom Mann Mose, seiner Berufung in Ägypten und seinen Gottesbegegnungen am Berg Sinai (Horeb) wurden zu Gründungsurkunden der Religionsgemeinschaft. Und die von Mose empfangene Unterweisung Jahwes – ganz im Sinne der von Zarathustra erlebten Offenbarungen Ahura Mazdas – entwickelten sich zu

---

[324] Vgl. M. Stausbach, Religion Bd. 1, 135–153; M. Boyce, History Bd. 1, 85–129.
[325] Vgl. S. Maul, Zukunftsbewältigung; G. Cunningham, „Deliver me from Evil". Mesopotamian Incantations 2500–1500, Rom 1997 (StP.SM 17); A. Zgoll, Die Kunst des Betens, Münster 2003 (AOAT 308).

den fundamentalen Gründungsstatuten des Glaubens. Die Tora – und zur Tora gehörig die lehrhafte Poesie für den liturgischen Gebrauch – wurde die umfassende Orientierung für die Gemeinde. Schriftrollen bzw. ein Buch traten / trat zunehmend an die Stelle kultischer oder prophetischer Begegnung mit der Gottheit. Dabei darf das geschichtliche Element nicht außer Acht gelassen werden: Die Offenbarung der Tora war kein einmaliger und abgeschlossener Akt, wie in Ex 20,1; 21,1; Dtn 5,31; 6,1; 28,58.61.69; 30,10 etc. scheinbar vorausgesetzt. Vielmehr haben an der Entstehung der Ordnungen für das Gemeindeleben und den privaten Bereich Generationen mitgearbeitet. Die Schichtungen des Pentateuch sind deutlich erkennbar. Zwischen Mose und Esra liegen Welten. Sie spiegeln sich noch in den Lehrpsalmen, welche die Gabe der Tora thematisieren (Ps 1; 19; 50; 119) und selbst eine Erscheinungsform von Tora darstellen.

Anfangs (nach der Exilierung) oder unter gewissen gemeindlichen Bedingungen war vorzugsweise vom Bundesschluß zwischen Jahwe und Israel die Rede, d.h. vom Beginn einer engen, kontraktartig organisierten Verbindung zwischen den Rest-Judäern und ihrem Gott (vgl. Ps 50,5; 78,10; 105,8–10). Die verpflichtende Zeremonie konnte sehr konkret als Mahlgemeinschaft mit Gott selbst ausgestaltet sein (Ex 24,9–11). Ein Treue- und Abhängigkeitsverhältnis beginnt. Die Orientierungen für die ganze Lebensgestaltung im privaten, gemeinschaftlichen und kultischen Bereich ziehen natürlich stark die Aufmerksamkeit auf sich. Was ist denn der richtige Gotteswille? Für manche Tatbestände gibt es keine Regelung, also muß man Jahwe um ergänzende Weisung bitten (cf. Lev 24,12). Allgemein aber gilt: Die Tora ist das große Geschenk an die Gemeinde, die einer klaren Leitung durch Gott bedarf.

> Die Weisung [*torah*] Jahwes ist vollkommen. / Sie erquickt und bringt Leben.
> Was er gesagt hat, das trägt. / Es bringt den Ziellosen Klarheit.
> Was Jahwe befiehlt, das ist recht. / Es macht Freude.
> Seine Gebote sind lauter. / Sie erleuchten die Augen. (Ps 19,8f, nach E.S. Gerstenberger u.a., Zu Hilfe, 38)

Der große, akrostichische Tora-Psalm 119 besingt die wunderbare Gabe der Weisung, lässt aber gleichzeitig die Anfechtungen und Schwierigkeiten eines Lebens unter der Orientierung Jahwes durchscheinen. Bedrängnis und Ungewissheit sind durchaus reale Lebenserfahrungen:

> Ich verlange nach deinem Heil; / ich hoffe auf dein Wort.
> Meine Augen sehnen sich nach deinem Wort / und sagen: Wann tröstest du mich?
> Ich bin wie ein Weinschlauch im Rauch; / doch deine Gebote vergesse ich nicht.
> Wie lange soll dein Knecht noch warten? / Wann willst du Gericht halten über meine Verfolger?
> Die Stolzen graben mir Gruben, / sie, die nicht tun nach deinem Gesetz.
> All deine Gebote sind Wahrheit; / sie aber verfolgen mich mit Lügen; hilf mir!
> Sie haben mich fast umgebracht auf Erden; / ich aber verlasse deine Befehle nicht.
> Erquicke mich nach deiner Gnade, / dass ich halte die Mahnung deines Mundes (Ps 119,81–88, nach der rev. Lutherübersetzung 1964)

Bitten schließen sich an; ein bekennender, preisender Ton durchzieht alle Abschnitte. Es geht vor allem darum, den jungen Mann in der Tora zu sozialisieren. Dadurch soll sein Leben eine feste Grundlage und klare Ausrichtung bekommen. Folglich sind die Ich-Aussagen, die sich zu Jahwe und seiner Unterweisung bekennen, das Grundmotiv dieses exemplarischen Lehrpsalms (vgl. V. 97–104; u.ö.). Der Beter gewinnt Weisheit, ja, er wird „klüger als die Alten", denn er hält sich an die Tora (V. 100). Er erklärt sich öffentlich für das Leben mit Jahwe.

Mit dem Bekenntniselement sind wir bei einem vorläufigen Schlusspunkt angelangt. Wie kommt es, dass eine ethnische und religiöse Minderheit im persischen Imperium immer stärker den Bekenntnischarakter des Glaubens herausstellte? Was hat es überhaupt mit der öffentlichen Bindung an eine ganz bestimmten Gottheit auf sich? Zunächst sind die Tatbestände zu beschreiben: Wir finden im Psalter, besonders in den „Lehrgedichten", der psalmischen Unterweisung, eine beträchtliche Menge an direkt oder indirekt formulierten persönlichen und gemeindlichen Erklärungen, welche die bedingungslose Zugehörigkeit zu Jahwe zum Inhalt haben. In älteren Texten kann die „Konfession" in dem lapidaren Satz bestehen: „Du bist (er ist) mein (persönlicher) Gott" (vgl. Ps 31,15; 40,18; 63,8; 71,1-3; 143,10). Die Funktion der Aussage im Zusammenhang individueller Klage- und Bittgebete ist affirmativ: Die Gottheit soll auf ihre Solidarität mit dem Bittsteller festgelegt werden. Die Gemeinde späterer Zeit ruft im selben Sinn Jahwe an: „Du bist doch unser Vater!" (Jes 64,7). Sie bekennt sich zu ihm in Sätzen wie: „Jahwe ist unser Gott" oder „Du, Jahwe, bist unser Gott" (vgl. Ps 8,2.10; 18,32; 48,15; 81,2; 95,7; 105,7; 113,5). Der Wunsch, Jahwe zu bekennen, kann in andere Textzusammenhänge einfliessen, vor allem in Preis und Dank. In den nachexilischen Psalmen ist dabei eine pädagogische Absicht stets mitgesetzt, vgl. Ps 34,4.9.19.23; 52,10f; 58,12; 62,7f; 73,28; 75,10f; 90,1b; 95,3.

Wie Ps 75 entwickelt Ps 52 die Loyalität zu Gott aus dem Gegensatz gegenüber den Gottlosen. Diese Tatsache will beachtet sein; sie setzt, wie bereits erwähnt, bestimmte sozio-historische Konstellationen voraus. Anti-Gruppen machen den Sprechern das Gottesverhältnis streitig. Die Reaktion ist wieder ein Vernichtungswunsch gegen die Feinde (V. 7). Der bekennende Gerechte dagegen steht auf der Seite des guten, gerechten Gottes. Der Gottlose hat auf Macht und Besitz gebaut – er wird umkommen (V. 9). Das Bekenntnis zu Jahwe hingegen markiert die allein richtige Lebenseinstellung. So stellen auch die akrostichischen Doppelpsalmen 111 und 112 die Dinge dar. Der erste ist ein lehrhafter Hymnus, der zweite stimmt mit an die Gemeinde gerichteten Seligpreisungen ein und zeichnet das Ideal des Gerechten:

> Ich danke Jahwe von Herzen, / öffentlich und in der Gemeinde.
> Die Werke Jahwes sind gewaltig; / das erfahren alle, die sich daran freuen.
> Großartig sind seine Taten. / Treu hält er stets zu den Seinen. (Ps 111,1-3)
>
> Gut hat es der Mann, der schenkt und leiht, / wenn er sein Gewerbe redlich betreibt.
> Er steht für immer unerschüttert; / ein Gerechter wird niemals vergessen.
> Er muß keine bösen Gerüchte fürchten; / er steht auf festem Grund, denn er glaubt an Jahwe.
> (Ps 112,5-7; beide Abschnitte nach E.S. Gerstenberger, Zu Hilfe, 181f)

Die Treue zu Jahwe zahlt sich aus, denn Gott erwidert sie mit Segen und Wohlstand. Bekennen heißt, einen festen Standort in einer klar definierten Gemeinschaft einnehmen; es bedeutet, den bestimmten Gott als seinen persönlichen Patron anzuerkennen. In einer pluralistischen Geisteswelt wie der des persischen Imperiums ist damit die Ablehnung anderer Gottheiten gegeben. Sie wird in den Schriften der Zeit sehr oft radikal polemisch ausgetragen (vgl. Ps 115,3-8; Jes 44,9-20).[326] Der Preis Jahwes dagegen steigert sich zu Visionen des Zukünftigen. Dann werden die Jahwebekenner seinen Sieg über alle Feindmächte erleben. Das Gottesgericht führen sie selbst mit aus: „Sie werden Rache üben an den Völkern ..." (Ps 149,7). Lauter Jubel besiegelt die Großtat Jahwes (V. 1-3).

---

[326] Vgl. H.-D. Preuß, Verspottung fremder Religionen im Alten Testament (BWANT 92) Stuttgart 1971.

Ein militantes, endzeitliches Selbstbewusstsein der „Heiligen" (bzw. „Treuen", „Frommen", „Bekenner" etc.) zeichnet sich ab. Jahwe ist der Rettergott für die von ihm erwählte Gemeinde; er kehrt das Schicksal der unterdrückten Minderheit um. Die ihm Zugehörigen besiegen militärisch ihre Zwingherren. Das Urteil Gottes ist schriftlich verbrieft (V. 9). Sind hier heilige Schriften, prophetische Gottesoffenbarungen gemeint? Vermutlich, wie anders sollte man die Schriftlichkeit verstehen? Schwierig ist auch das Problem der Feinde: Gegen Babylonier, Assyrer, Ägypter finden sich in den alttestamentlichen Schriften zahlreiche Anklagen und Strafandrohungen, Unheilsworte und Orakel. Die persische Herrschaft ist nirgendwo expressis verbis als unterdrückerisch benannt. Zwar klagt Neh 9,36f über die Fremdherrschaft, und Neh 5 zeichnet ein anschauliches Bild von wirtschaftlicher Verelendung. Es fehlen aber direkte Konfrontationen, und die positiven Schilderungen der persischen Reichsregierung überwiegen bei Esra und Nehemia. Trotz dieses Befundes kann man Ps 149 mit seiner Militanz für die Zeit der Perserherrschaft reklamieren. Das Bekenntnis zu Jahwe impliziert die Ablehnung anderer, konkurrierender Gottheiten und Machtansprüche in der unmittelbaren Umgebung der judäischen Gemeinde. So wie der Gegensatz zum Verwaltungs- (und Religions-)zentrum Samaria offen – und vielleicht mit Unterstützung der Reichsregierung – ausgetragen wird (vgl. Esr 4–6; Neh 3–6), so mag mancher andere Gegensatz zu Nachbarvölkern virulent gewesen und in liturgischen Zeremonien bewältigt worden sein. Die Bezeichnung der feindlichen Gewalten mit „Königen" und „Würdenträgern" (Ps 149,8) ist liturgisch angemessen, selbst wenn der offizielle Sprachgebrauch eher von „Statthaltern" und „Gouverneuren" redet.

Für wen, vor wem, zu welchem Zweck aber werden Bekenntnisse zur Gottheit der Gemeinschaft gesprochen? Welche soziologische Funktion haben derartige Texte, die Zugehörigkeit herstellen und behaupten wollen? Bekenntnisaussagen, wie auch Symbole und Akte bekennenden Verhaltens, haben wohl immer eine innere und eine äußere Stoßrichtung. Für die Gemeinschaft selbst stellen sie ein inneres Stützkorsett dar, das die sinnvolle Koordination und Kooperation von Menschen erst ermöglicht. Das Bekenntnis ist der innere Code, dem sich alle verpflichtet wissen. Jahwe und seine Tora waren in dem damaligen Vielvölkergemisch des persischen Großreiches für die Judäer daheim und in der Diaspora die unerlässlichen Bezugspunkte für das eigene Gemeinwesen. Familien- oder Sippenkulte reichten nicht mehr aus, die Jahwegemeinschaft zu konsolidieren. Stammes- und Nationalstrukturen waren untergegangen. Es blieb die Konfessionsgemeinde, zu der man sich ausdrücklich bekennen musste. Anscheinend waren analoge Verhältnisse auch im Zarathustraglauben vorhanden.[327] Denn die ältesten Stücke des Avesta reden, wie schon gesagt, viel von der persönlichen Entscheidung jedes Menschen für das Gute, das sich in Ahura Mazda, den Ameša Spentas und allen, die sich gegen die Lüge einsetzen, konkretisiert. Die Hinwendung zu den guten Mächten muss ständig wiederholt und gefestigt werden, und zwar in (kultischen wie profanen) Taten, vielleicht auch in Worten. Der erste Anstoß zur Bildung von Konfessionsgemeinschaften ist wohl durch den Untergang des Staates Juda erfolgt, denn in der vorexilischen Zeit fehlen erkennbare Motivationen für eine solche Entwicklung. Die volle Ausführung des Konzepts kam wahrscheinlich erst unter den Persern. Wir wissen indessen noch zu wenig über die Sozialgeschichte der Epoche. Darum kommen wir über Vermutungen nicht hinaus.

---

[327] Untersuchungen zur Sozialstruktur der persischen Zarathustra-Gemeinden sind kaum vorhanden; M. Stausberg, Religion Bd. 1, 11 Anm. 37 verweist auf D. Rafiy, Politische und soziale Implikationen des Zarathustrismus, Frankfurt 1999 (EHS 31, 397).

Nach außen hin grenzt das Bekenntnis gegen andere Gemeinschaften ab und sichert dadurch die Identität der Bekennenden auch in Bezug auf gleichartige Gruppierungen. Damit ist ein noch ganz und gar ungelöstes Grundproblem angesprochen: Wie sollen wir uns die Religionsstruktur im Achämenidenreich aus der Perspektive der beherrschten Völker vorstellen? Wir hatten oben (II.2) festgestellt, dass die Reichsregierung keinen Zweifel am Vorrang des Gottes Ahura Mazda aufkommen ließ, jedoch den Provinzen weitgehend religiöse Autonomie zuerkannte. Das ist allerdings nur ein großflächiges Urteil, das nichts über die religionssoziologische Detailwirklichkeit aussagt. Wie waren die Völkerschaften, Gemeinwesen, Religionsgruppen de facto organisiert, wodurch identifizierten sie sich im Kernreich und in den Provinzen? Hatte die persönlich begründete Glaubensgemeinschaft nach dem Modell der Zarathustra-Gefolgschaft und der Jahwegemeinde Schule gemacht und zu Veränderungen des ethnisch begründeten Religionsmodells geführt? Erstaunlich ist, dass in den Polemiken des Alten Testaments, die wir in der Perserzeit ansetzen dürfen (vgl. z.B. Tritojesaja, Teile von Jeremia und Hesekiel, Sacharja, Maleachi, die Psalmensammlungen) der Konfessionscharakter der anderen, konkurrierenden Gemeinschaften wenn überhaupt, dann nur schwach zum Ausdruck kommt und dass es keinerlei direkte Hinweise auf die Nachbarschaft oder Bedrohung durch persische Religionen gibt. Im Gegenteil, manche theologischen Aussagen über und in Richtung auf Jahwe scheinen mit zarathustrischen Formulierungen, wenn nicht Inhalten, zu harmonieren. Die Bildlosigkeit Gottes, ein Reizthema für judäische Theologen in der Auseinandersetzung mit babylonischen und palästinisch-syrischen Kulten, schafft im persischen Kontext eher einen gemeinsamen Nenner. Das gilt auch von manchen Anschauungen über Wahrheit und Lüge, Licht und Finsternis, von der Hochschätzung der Weisheit, dem Laienelement in der Gemeinde, den Entscheidungsstrukturen, der Opferpraxis oder deren Fehlen, der Eschatologie etc. Wenn es möglich erscheint, dass persische Regierungen die Religion des Allweisen Ahura Mazda auch in der Gestalt anderer Religionen verwirklicht sahen, dann mag diese relative Duldung bei den betroffenen Minderheitsgemeinschaften auch eine Akzeptanz der Reichsreligion und ihrer Gemeinden bewirkt haben. Dann wäre eine scharfe Abgrenzung gegen den Zarathustrismus in Juda nicht notwendig gewesen und in der Tat in der Überlieferung ignoriert worden. – Insgesamt tragen die Konturen der Jahwegemeinschaft, wie sie aus den Lehrpsalmen sichtbar werden, „moderne" Züge, anders als das priesterliche Traditiongut. Sie fügen sich zum Portrait einer konfessionellen Vereinigung, innerhalb derer jeder und jede Einzelne ihre Entscheidung für den ausschließlich zu verehrenden Gott treffen müssen. Die Themen, welche die Menschen damals bewegten, rangieren von der Todesangst bis zu Endzeithoffnungen, vom solidarischen Verhalten untereinander bis zur Abgrenzung gegen fremde Gottheiten. Die einzelnen Glaubenden leben innerhalb des Schutzraums der parochialen Gemeinde, die als Grundtyp noch heute in der jüdisch-christlichen Tradition weiter besteht.

III.1.3.3 Spruchsammlungen, Weisheitliches

B. Alster, Studies in Sumerian Proverbs, Kopenhagen 1975 (Mes[C] 3). – G. Baumann, Die Weisheitsgestalt in Proverbien 1–9, Tübingen 1996 (FAT 16). – J. Blenkinsopp, Sage, Priest, Prophet, Louisville 1995. – H. Brunner, Altägyptische Weisheit, Zürich 1988. – C.V. Camp, Wisdom and the Feminine in the Book of Proverbs, Sheffield 1985 (BiLiSe 11). – A.B. Ernst, Weisheitliche Kultkritik, Neukirchen-Vluyn 1994 (BThSt 23). –A.D. Jacobsen, Proverbs and Social Control, in: J.E. Goehring u.a. (Hg.), Gnosticism and Early Christian World, Sonoma 1990, 75–88. – O. Kaiser, Gottes und der Menschen Weisheit, Berlin 1998 (BZAW 261). – W.G. Lambert, Babylonian Wisdom Literature,

Oxford 1960. – B. Lang, Die weisheitliche Lehrrede, Stuttgart 1972 (SBS 54). – K. Löning (Hg.), Rettendes Wissen, Münster 2002 (AOAT 300). – C. Maier, Die ‚fremde Frau' in Proverbien 1–9, Fribourg 1995 (OBO 144). – A. Meinhold, Die Sprüche, Zürich 1991. – A. Müller, Proverbien 1–9: Der Weisheit neue Kleider, Berlin 2000 (BZAW 291). – G. von Rad, Weisheit in Israel, Neukirchen-Vluyn 1970. – H. Reventlow, Weisheit, Ethos und Gebot, Neukirchen-Vluyn 2001 (BThSt 43). – K.F.D. Römheld, Wege der Weisheit, Berlin 1989 (BZAW 184). – S. Schroer, Die göttliche Weisheit und der nachexilische Monotheismus, in: M.-T. Wacker u.a. (Hg.), Der eine Gott und die Göttin, Freiburg 1991 (QD 135) 151–182. – R. Scoralick, Einzelspruch und Sammlung. Komposition im Buch der Sprichwörter Kap. 10–15, Berlin 1995 (BZAW 232). – N. Shupak, Where Can Wisdom be Found? Fribourg 1993 (OBO 130). – R.N. Whybray, Wealth and Poverty in the Book of Proverbs, Sheffield 1990 (JSOT.S 99). – C. Yoder, Wisdom as Woman of Substance, Berlin 2000 (BZAW 304). (vgl. auch Lit. zu III.2.3.3)

Das Alter und die Entstehungszeit von weisheitlicher Literatur zu bestimmen, ist noch schwieriger, als wir es bei der erzählenden, normierenden, prophetischen schriftlichen Überlieferung beobachtet haben. Denn altorientalische Weisheit stammt zunächst nicht aus den Gelehrtenstuben, sondern hat ihre eigentlichen, tiefen, ja archaischen Wurzeln im alltäglichen Leben. Aus der Beobachtung der leid- und lustvollen täglichen Erfahrung selbst sind seit ältester Zeit[328] die Sentenzen herausdestilliert worden, die dann später ihren Weg in mündliche und verschriftete Sammlungen fanden. Dass bei dieser Entwicklung des gemeinmenschlichen Nachdenkens über die conditio humana dann auch weisheitliche Profis in Gestalt von Lehrpersonen an Schreiberschulen, königlichen Beratern, Deutern der immer präsenten Omina ihren Beitrag zur Ausgestaltung von Form und Inhalt des populären Spruches oder geflügelten Wortes leisteten, liegt auf der Hand. Die Essenz der alten Weisheitsüberlieferung aber war und bleibt das volkstümliche Spruchgut, das in den alttestamentlichen Schriften besonders kompakt in Prov 10–29 vorliegt. Die stilistisch und inhaltlich deutlich in Richtung auf professionelle Handhabung verschobenen literarischen Werke wie Prov 1–9, Hiob und Kohelet sind gesondert zu betrachten.[329]

Für beide Zweige der Weisheitsüberlieferung bleibt es außerordentlich schwierig, sie einigermaßen vernünftig in die Literatur- und Sozialgeschichte der biblischen Traditionen einzuordnen. Alltagserfahrung scheint noch weniger als die oben besprochene liturgische Überlieferung von den so genannten „geschichtlichen Ereignissen", dem Auf und Ab der politischen Auseinandersetzungen beeinflussbar. Nicht, dass menschliche Einzelschicksale vom Gang der großen Geschichte unbetroffen blieben. Jeder weiß, wie sehr Menschen unter bewaffneten Konflikten leiden und sich eventuell nach triumphalen Siegen ihrer Gruppe aufgewertet fühlen. Der Erfahrung, die sich in weisheitlichen Sätzen niederschlägt, geht es nicht um solche momentanen Leiden oder Freuden. Die uns überkommenen Sprüche[330] destillieren vielmehr aus den Einzelereignissen Quersummen von – oft leidvoller – Erfahrung heraus. Ein Spruch hält nicht fest, was einem Menschen in einer bestimmten Situation geschehen ist, oder was er sich selbst unter gegebenen Bedingungen einmalig zugefügt hat – selbst wenn die äußere Form der Sentenz einen solchen Eindruck erwecken könnte. Die Sentenz summiert vielmehr die Erfahrung von vielen Menschen; sie setzt keine geschichtlich einmaligen Situationen voraus, so wenig

---

[328] Sprichwortsammlungen sind schon aus sumerischer Zeit erhalten und Sprichwörter hat es sicher schon vorher gegeben; vgl. B. Alster, Studies; W.H.P. Römer, TUAT III, 17–67; Ägyptische Lebenslehren: TUAT III, 191–319, bearbeitet von H. Sternberg-el-Hotabi, G. Burkard, I. Shirun-Grumach, H.J. Thissen.

[329] Sie haben auch außerhalb Israels ihre eigene Überlieferungsgeschichte, vgl. W.G. Lambert, Wisdom; W. von Soden, TUAT III, 110–188.

[330] Vgl. E.S. Gerstenberger, Proverbia, TRE 27, 583–590.

wie strikte Einzelschicksale. Sie erkennt typische, sich immer wiederholende Ausgangslagen, rechnet mit dem gleich bleibenden Verhalten der Akteure und zieht Schlüsse, die über Generationen Gültigkeit haben. Anthropologische Konstanten kommen – kulturübergreifend! – zum Vorschein, welche manchmal auch aus dem Abstand von Jahrtausenden in unserer stark veränderten Welt nicht nur Verständnis finden sondern gar den Nagel auf den Kopf treffen. Antike Aussagen über menschliche Affekte und Charaktereigenschaften scheinen uns z.B. oft außerordentlich aktuell zu sein. Unter diesen Umständen sind zeitliche Eingrenzungen von Sprüchen nahezu unmöglich. Nur wenn kulturgeschichtlich kurzfristigere und fixierbare Begleitphänomene urmenschlichen Verhaltens auftauchen sollten, ließe sich auf eine nähere Bestimmung der Epoche hoffen.

Bei Einzelsprüchen ist die Altersbestimmung also recht aussichtslos. Spruchsammlungen kann man dagegen möglicherweise besser geschichtlich einordnen, weil sie eventuell übergreifende stilistische oder redaktionelle Eigenheiten aufweisen. Im alttestamentlichen Sprüchebuch tauchen etwa verschiedene Teilüberschriften auf. Sie zeigen ein bestimmtes Bestreben, die nachfolgende Spruchgruppe in der altisraelitischen Geschichte zu verankern. „Dies sind die Sprüche Salomos ..." (Prov 1,1a; 10,1aα; 25,1a) lautet die dominierende Zuschreibung. Sie stimmt mit dem in den Königsbüchern entwickelten Bild Salomos als des international überlegenen, weisen Herrschers überein (vgl. 1 Kön 3; 5,9–14; 10). Speziell seine Autorschaft an Sprüchen und Liedern (1 Kön 5,12) wird in den Spruch-Überschriften aufgenommen und bestätigt. Wie bei allen redaktionell hinzugefügten Überschriften muss man sich fragen, wann derartige Zuschreibungen und Datierungen erfolgt sind. In der Regel entstammen sie der Zeit, die erstmalig Textsammlungen verschriftete und dem Kanon bestehender Texte hinzufügte. Jedenfalls ist bei den Sprüchen und der übrigen Weisheitsliteratur des Alten Testaments – sie gehören sämtlich zum dritten und jüngsten Teil des Kanon – an relativ späte Epochen der Zusammenstellung von gemeinderelevanten Texten zu denken.

Auffällig ist neben den Hinweisen auf Salomo die erweiterte Überschrift in Prov 25,1: „Auch dies sind Sprüche Salomos. Sie wurden von den Männern Hiskias, des Königs von Juda, zusammengetragen" ('tq, hif: „aufbrechen; fortziehen; versetzen > zusammentragen", andere: „übernehmen"). Das ist eine einzigartige redaktionelle Notiz im Alten Testament. König Hiskia gilt seit der dtr. Geschichtskonstruktion als einer der hervorragenden, gesetzestreuen Monarchen Judas.[331] Er soll Kult und Leben in Israel im Sinne der späteren Torafrömmigkeit reformiert haben (vgl. 2 Kön 18,4–7). Dieses Image des Jahwe genehmen Herrschers könnte der Anlass dazu gewesen sein, ihm auch die sonst nirgends bezeugte Sammlung von Sprüchen verdanken zu wollen. Dann hätten die Weisheitssentenzen einen religiösen Wert. Wer sich um derartiges Volksgut kümmert, es sogar schriftlich dokumentieren lässt, handelt nicht nur als Denkmalspfleger und Kulturschützer, sondern gewiss in einem göttlichen Auftrag. Das Bewusstsein, altes Traditionsgut unter dem Auftrag Jahwes sichten, sammeln und schriftlich weitergeben zu müssen, ist in Israel aber in dieser Intensität kaum schon während der Königszeit, sondern wahrscheinlicher erst seit der Exilierung aufgekommen. Wir hätten dann in der Überschrift Prov 25,1 ein Indiz für eine exilisch-nachexilische Verortung von Schrift vor uns. Sie geht von der richtigen Annahme aus, dass Spruchgut im Laufe von Jahrhunder-

---

[331] Vgl. 2 Kön 18–20; Jes 38; L. Camp, Hiskija und Hiskijabild, Altenberge 1990; E. Ruprecht, Die ursprüngliche Komposition der Hiskia-Jesaja-Erzählung und ihre Umstrukturierung durch den Verfasser des dtr. Geschichtswerkes, ZThK 87 (1990) 33–66. A. Schoors, BE 5, 214–218 lokalisiert Prov 25–29 am Hof des Hiskia.

ten zusammengetragen wurde. Den Königen Judas kommt nur in der Rückschau eine wesentliche Rolle bei der Überlieferungspflege zu. Nostalgische Wunschbilder eines an der Tora orientierten Königshauses (vgl. Dtn 17,14–20) haben bei diesen Königsmalereien den Pinsel geführt.

Wenn wir uns weiter von dem Denkmodell leiten lassen, dass die Verschriftung von Traditionen und die Zusammenstellung heiliger Schriften für den Gemeindegebrauch ohnehin erst in der persischen Zeit angefangen hat bzw. in vollen Schwung gekommen ist, dann steht auch einer Datierung von Sprüchekollektionen in unserer Epoche nichts mehr im Wege. Die Hochschätzung der „Weisheit" als göttlicher Gabe und Eigenschaft, die betont religiöse Abgrenzung gegen Lüge und Täuschung als den zerstörerischen, antigöttlichen Kräften, die Jahwesierung des bis dato nach außen hin theologisch neutralen Überlieferungsgutes fügen sich ebenfalls sehr gut in das Bild gerade der persischen Zeit ein. Mindestens versuchsweise könnte man eine ältere volksnahe, „profane" Textmasse postulieren, die sich etwa mit den Typen des „Anständigen" und „Verdrehten", des „Klugen" und „Dummen", Faulen" und „Fleissigen", „Ehrlichen" und „Lügners" usw. beschäftigt und Gottesbezüge nicht thematisiert (aber implizit natürlich voraussetzt). In den erhaltenen Spruchsammlungen sind zahlreiche solcher scheinbar a-religiösen Sentenzen enthalten. Andererseits zeigen die jetzt im Sprüchebuch gebündelten Maximen eine deutlich theologisierende Tendenz, und zwar im Sinne der Einbeziehung „profanen" Überlieferungsgutes und der Neustilisierung auf eine gemeindliche Pädagogik hin, die z.T. auch in den Lehrpsalmen des Psalters (s.o. III.1.3.2) zum Ausdruck kommt.

Das gilt in eigenartiger Weise z.B. für die in Prov 10–29 (31) präsentierten Teil- und Untersammlungen. Der redaktionsgeschichtliche Prozess, welcher das Konglomerat hervorgebracht hat, ist sicher kompliziert. Er muss aber nicht endlos lange gedauert haben, weil durchaus Parallelbemühungen um dieses Traditionsgut stattgefunden haben können.[332] Verstreute Sammlungen wurden zuletzt zusammengefügt; die im Sprüchebuch selbst vorhandenen Reste von Überschriften[333] belegen die Vielschichtigkeit des Prozesses. Nach allgemeiner Überzeugung ist der Block von Sentenzen (Prov 10–31) gegen die vorgeschaltete Sammlung von „Lehrreden" (Prov 1–9) abzusetzen; er hat ein typisches, in sich aber untergliedertes Profil. Die theologisierenden Tendenzen aber sind unverkennbar.

Übergewichtig in Länge und Aussagekraft steht die erste, nur mit dem Namen Salomo versehene Sammlung Prov 10,1–22,16 im Raum: Sie hat – auch selbst nicht aus einem Guß, sondern komplex zusammengewachsen – mit ihren 375 Versen vielleicht den ruhenden Kern des ganzen späteren Buches der Sprüche abgegeben, an den sich dann andere Teilsammlungen angliederten. Die Mischung von Jahwe-haltigen und einfach Erfahrungskonzentrate ohne Gottesverweis äußernden Sprüchen ist auffällig. Eine „Jahwesierung" des Materials ist wahrscheinlich, auch wenn die Verteilung der Jahwe-Sentenzen sehr unregelmäßig erscheint. Immerhin gewinnt der Endtext durch die beharrliche Würzung mit Gottesverweisen eine ausgesprochen religiöse Dimension. Prüfen wir die einzelnen Abschnitte. Das 10. Kapitel beginnt ganz zwischenmenschlich und ohne Nennung einer Gottheit. Doch schon im dritten Vers taucht überraschend Jahwe auf:

---

[332] Vgl. L. Schwienhorst-Schönberger, Das Buch der Sprichwörter, in: E. Zenger u.a. (Hg.), Einleitung in das Alte Testament, Stuttgart 1995, 255–263.

[333] Außer den o.g. historisisierenden Bemerkungen finden sich unbestimmtere Hinweise auf Autorschaft und Verwendungszweck von Sprüchesammlungen: „Worte von Weisen" (Prov 22,17; 24,23), „Worte Agurs" (Prov 30,1); „Worte Lemuels" (Prov 31,1).

> Ein weiser Sohn macht dem Vater Freude, / aber ein törichter Sohn ist der Kummer der Mutter.
> Nichts nützen ungerecht erworbene Schätze, / aber Gerechtigkeit errettet vom Tode.
> Jahwe lässt nicht ungestillt den Hunger des Gerechten, / aber die Gier der Frevler stößt er zurück. (Prov 10,1–3)

Die Warnung vor dem schlecht sozialisierten Sohn und eine Ermahnung, sich nicht außerhalb der anerkannten Normen zu bereichern, stellen eine typisch innerweltliche (aber deswegen nicht a-religiöse!) Problematik dar; sie wollen zur Einhaltung der gesellschaftlichen Verhaltensregeln und -muster erziehen. Im folgenden Vers ist plötzlich Jahwe der große Aufseher und Bewirker einer ordentlichen Lebensführung, und die Welt teilt sich automatisch in „Gerechte" (*ṣaddiqim*) und „Frevler" (*rešaʻim*). Diese ganz andere, theologisch und gemeindlich begründete Perspektive zieht sich von da an durch das ganze Kapitel hindurch (V. 6.7.11.16. 20.24.25.27.28.30.31.32). Sie stößt sich nicht wirklich mit anderen Oppositionen wie „faul / fleißig" (V. 4f), „weise / töricht" (V. 8.14.23), „rechtschaffen / verkehrt" (V. 9), „gehässig / liebevoll" (V. 12), „verständig / herzlos" (V. 13), „reich / arm" (V. 15), „diszipliniert / undiszipliniert" (V. 17), „redselig / beherrscht" (V. 19). Aber der gesamte Text empfängt durch die monoton wiederholte Gegenüberstellung von „Gerechten" und „Gottlosen, Frevlern" seine Prägung. Die Begriffe haben hier nicht mehr den ursprünglich mindestens bei *ṣaddiq* vorauszusetzenden juridischen Sinn. Sie sind zu theologisch-technischen Kürzeln für die jahwegemäße oder -konträre Einstellung und Lebensführung geworden, so wie das auch in nachexilischen Psalmen der Fall ist. Besonders der Schluss des Kapitels ist stark vom Konzept des segnenden und strafenden Jahwe geprägt. Drei der vier Nennungen des göttlichen Namens in Kapitel 10 kommen hier vor:

> Jahwes Segen ist's, der reich macht, / und neben ihm tut Mühe nichts hinzu.
> Wie ein Vergnügen ist dem Toren das Verüben von Schandtat, / aber Weisheit dem verständigen Manne.
> Was der Frevler fürchtet, kommt über ihn, / aber der Wunsch des Gerechten wird erfüllt.
> Wenn der Sturm vorbei ist, ist der Frevler dahin, / aber der Gerechte ist fest gegründet auf ewig.
> Wie Essig für die Zähne / und Rauch für die Augen, / so der Faule für seine Auftraggeber.
> Die Furcht Jahwes vermehrt die Tage, / aber die Jahre der Frevler sind kurz. (Prov 10,22–27)

Die folgenden Verse 28–32 thematisieren nur noch den Gerechten und den Frevler unter der Autorität Jahwes (V. 29). Ohne den Gottesbezug lesen sich die erfahrungsdichten Sentenzen wie sachliche Stellungnahmen, über die man diskutieren kann. Sie haben eine wissenschaftliche Qualität und fordern begründete Gegenmeinungen heraus. Der sachliche Weisheitsspruch gibt sich als ein nachprüfbares Resultat langer Lebenserfahrung. Wo er Schlussfolgerungen auf das Ergehen des Bösen oder Guten zieht, bleiben natürlich Fragen offen. Die Wunschnorm beeinflusst die Quintessenz. Dennoch bleiben die (ursprünglichen?!) Sentenzen ganz im menschlich überschaubaren Bereich. Mit der Einführung des Jahwenamens ändert sich die Grundeinstellung des Spruchnutzers. Er besteht nun darauf, dass seine Gottheit Jahwe in das zwischenmenschliche Geschehen eingreift, ihre lenkende Macht und strafende bzw. belohnende Autorität durchsetzt. Die Jahwe-Sprüche haben darum eine andere Qualität als die theologisch neutralen Sätze. Und weil sie sich – wenn auch sehr unregelmäßig – über die ganze komplexe Sammlung Prov 10,1–22,16 hinziehen, weil sie von gleicher Qualität sind und sich gegenüber der terminologischen und konzeptuellen Vielfalt des übrigen Textes so klar abgrenzen lassen, weil sie drittens mindestens in Prov 10–12 so eng mit der nachexilischen Opposition von „gerecht" und „frevelhaft" verkoppelt sind, sollte man hier eine eigene Redaktions- oder Überlieferungsschicht konstatieren.[334] Nicht, dass die späten Traditoren die älteren Textpartien nach unserem heutigen Verständnis, d.h. literarischen Regeln am Schreibtisch sorgfältig bearbeitet und auf unsere Konkordanzbedürfnisse Rücksicht genommen hätten. Die Textentstehung derartiger für praktische Zwecke veranstalteten Sammlungen ist nicht als Schreibtischarbeit vorstellbar. Vielmehr sind die Gebrauchstexte mündlich und schriftlich je dem Bedarf entsprechend modifiziert worden. So kommt die Irregularität der Nennung Jahwes zustande. Manche der Jahwe-Sprüche scheinen Paraphrasen einer theologisch „neutralen" Sentenz zu sein (vgl. Prov 10,2f; 15,9f.16f; 18,10f). Dann sind sie sozusagen midraschartig als Deutungen vorher oder nachfolgend zitierter Sprüche in den Text hineingekommen. Andere ziehen weiterreichende Konsequenzen aus der formulierten Erfahrungswahrheit (vgl. Prov 10,22.27.29; 14,2.26). Wieder andere sind mit besonderen theologischen oder ethischen Konzepten verbunden: Die Jahwe-Furcht wird häufig zitiert (vgl. Prov 14,2; 15,16.33; 16,6; 19,23), seine umfassende Kontrolle menschlichen Lebens (vgl. Prov 15,3.11; 17,3). Auch die von Jahwe gewünschte Lauterkeit ist ein hervorragendes Thema (vgl. Prov 11,20; 12,2.22), seltsamerweise sogar speziell die Ehrlichkeit im Handel (vgl. Prov 11,1; 16,11; 20,10.23). Jahwe ist der überragend präsente und ganz überlegen machtvolle Gott (vgl. Prov 16,1.4.9.33; 19,21; 20,12.24; 21,1.31; 22,2). Er sorgt vor allem für Ordnung und Gerechtigkeit (vgl. Prov 10,3; 15,25; 17,15; 19,17), nicht so sehr für Kult,[335] Reinheit, Priesterhierarchien, nationale Belange oder das Ende der Geschichte. Alle angeführten theologischen Eigenheiten passen überraschend gut in das Bild der Jahwegemeinde in der Perserzeit. Sämtlich scheinen sie auch die Sozialstruktur dieser Gemeinde vorauszusetzen, nämlich die auf Familienverbänden und Sippenethos aufgebaute ortsgebundene („parochiale") Bekenntnisgemeinschaft. Religionssoziologisch gesehen, haben wir die mittlere Ebene der Vergemeinschaftung vor uns, jene zwischen Primärgruppe und anonymer Großgesellschaft. Die frühjüdische, judäische Jahwe-Gemeinde konnte (und musste) besonders das ethische, der Sozialisation junger Menschen dienende Überlieferungsgut aus Sippe und Dorf aufnehmen und im Sinn des Bekenntnisses zu Jahwe, dem alleinigen Gott, weiterbilden. Das geschah im Kontext einer universalen politischen Macht, repräsentiert durch persische Truppen, Steuern und Zivilgesetzgebung. Im Fall der Sprüche können wir deutlich die Aufnahme religiös undefinierter ethischer „Normen"[336] beobachten. Ihr Sitz im Leben muss uns weiter unten beschäftigen.

An dieser Stelle ist ein Blick auf die grammatischen numeri der Personen- und Gruppenbezeichnungen angebracht. Man sollte erwarten, dass in pädagogisch und sozial-normierenden Sprichwörtern in der Regel exemplarisch von einem einzelnen Menschen, eben dem „Guten", „Fleißigen", „Redlichen" und dann mehr im Sinne der späteren Konfessionsbildung von dem „Gerechten", „Getreuen", „Vollkommenen" usw. sowie von deren Gegenpolen die Rede ist. Viele der eindeutig nachexilischen Sprüche erfüllen auch diese Erwartung: „Der Erwerb des Gerechten gereicht zum Leben, / das Einkommen des Frevlers zur Sünde" (Prov 10,16). „Der Gerechte wird aus der Not gerettet, / und an seine Stelle kommt der Frevler." (Prov 11,8). Oftmals aber erscheinen beide Typen im Plural, als eigene, die anderen jeweils ausschließende Gruppen. Da steht dann eventuell der einzelne „Gerechte" der Schar von

---

[334] So z.B. R.N. Whybray, Yahweh-Sayings and their Contexts in Proverbs 10,1–22,16, in: M. Gilbert (Hg.), La Sagesse de l'Ancien Testament (BEThL 51), Löwen 1979, 153–165. A. Meinhold, Sprüche, plädiert für eine gezielte Platzierung der Jahwe-Sprüche bei Zusammenstellung der Sammlung, a.a.O. 38f.

[335] Das Opfer wird z.B. nur selten und nicht sehr positiv erwähnt (vgl. Prov 15,5; 21,3)

[336] In akephalen Gesellschaften dienen Sprichwörter häufig als Normen-Ersatz; vgl. A.D. Jacobson, Proverbs. Zitierte, allgemein anerkannte Erfahrungssätze üben noch heute in unserer Gesellschaft deutende und reglementierende Funktionen aus: „Lügen haben kurze Beine!", „Eine Hand wäscht die andere!" usw.

„Frevlern" gegenüber: „Jahwe lässt nicht ungestillt den Hunger des Gerechten, / aber die Gier der Frevler stößt er zurück." (Prov 10,3). „Segen kommt auf das Haupt des Gerechten, / aber der Mund der Frevler birgt Gewalttat." (Prov 10,6). „Das Andenken des Gerechten bleibt in Segen, / aber der Name der Frevler verwest." (Prov 10,7). An keiner Stelle ist ein sachlicher Grund für die Pluralisierung zu entdecken. Die „Frevler" tauchen nicht als Verführer oder Verfolger des „Gerechten" auf, nach dem Motto: „Wenn dich die bösen Buben locken …" (Prov 1,10; vgl. Ps 22,17), sie sind rein als Kontrastparallelen benannt. Zu diesem Zweck genügte ganz offensichtlich auch die Einzahl des Opponenten. Die Pluralbildung, natürlich auch im Blick auf die „Gerechten", ist sicher aus pädagogischen Erwägungen hervorgegangen. „Gute" und „Böse" rotten sich nun einmal zusammen, wobei jede Seite die anderen mit dem negativen Vokabular bedenkt. Für die nachexilische Gemeinschaft lassen sich aus den Pluralbildungen vielleicht auch schon Spaltungstendenzen ableiten, die sich später sichtbar in heterodoxen Gruppierungen wie die der Samaritaner und der Qumran-Gemeinschaft Ausdruck verschafft haben.

Nimmt man Prov 10 als eine abgrenzbare Einheit (die Kapiteleinteilung ist erst sehr spät vorgenommen worden), dann bekommen wir den Eindruck, dass im Verlauf der Textentstehung eine Jahwe-Redaktion stattgefunden hat, vermutlich im Zuge der Verwendung älteren Spruchgutes in der entstehenden neuen Glaubensgemeinschaft. Die Unterscheidung von „Gerechten" (= Jahwe-Treuen) und „Frevlern (= Abtrünnigen) geht mit der Jahwesierung des Spruchgutes Hand in Hand, man vergleiche die innige Verbindung des Gottesbezuges mit der anthropologischen Typenbeschreibung in Prov 10,27–32! Ohne die Verklammerung mit Jahwe wären die Aussagen über „Gerechte" und „Frevler" kaum verständlich. Die entgegengesetzten Haltungen konstituieren sich am Verhältnis der Menschen zu Jahwe. Das Vokabular und die Vorstellungswelt dieser auf Jahwe zentrierten Weisheiten bzw. theologischen Erkenntnisse erinnert an manche nicht-weisheitlichen alttestamentlichen Texte, so die „Gottesfurcht" (V. 27, vgl. Ps 19,10; 111,10; Jes 11,2f), das (nicht) „Bewohnen des Landes" (V. 30; vgl. Ps 37,3.27.29; Gen 26,2; Jes 34,17; 65,9; Jer 23,6), die freudige Hoffnung der Gerechten (V. 28; vgl. Hos 2,17; Sach 9,[9].12; Ps 62,6; 71,5; Jer 31,[12–14].17). Die Jahwe-haltigen Verse innerhalb der Spruchsammlung zeigen eine deutlich andere Anthropologie und Theologie als die pragmatischen, lediglich Alltagsabläufe abbildenden Sentenzen. Hier ist reflektierte Gotteserfahrung thematisiert, offenbar in einer religionspädagogisch kommunikativen Absicht.

Die übrigen Kapitel der Sentenzensammlungen des Sprüchebuches sind in unterschiedlicher Konzentration mit Jahwe-Reflexionen durchsetzt. Darin ist kaum redaktionelle Planung zu erkennen, eher die Zufälligkeit von textlichen Gebrauchsvorlagen.[337] Für diejenigen, die Sprichwörter bei irgendwelchen kommunitären Anlässen verwendeten, war es ausreichend, den Jahwe-Bezug sporadisch hergestellt zu haben. Der Begleittext fügte sich dann von selbst in diese religiöse Konnotation ein. Auch das neutralste Wort über das Ergehen im Alltag bekam von den reflektierenden Jahwe-Aussagen her seine spirituelle Weihe in der neuen Glaubensgemeinschaft. So sind, wenn wir der jetzigen Kapiteleinteilung folgen, Prov 11–14 nur ganz geringfügig formal „jahwesiert" (Prov 11,1.20; 12,2.22; 14,2.26.27). Dafür durchzieht aber die Gegenüberstellung des Gerechten und Frevlers den ganzen Textblock. Diese Kontrapunktierung ist nun typisch für die Jahwegemeinde der Perserzeit. Die Pluralformen beider antagonistischer Gruppierungen zeigen fortschreitendes Ausschließlichkeitsdenken an: „Die Frevler stürzen und sind dahin, / aber das Haus der Gerechten hat Bestand." (Prov 12,7). „Das Begehren der Gerechten bringt eitel Gutes, / aber das Hoffen der Frevler Zorn." (Prov 11,23). „Das Licht

---

[337] Wer nur weise Autoren am Werk sieht, muss die gezielte Setzung der Jahwe-Verse annehmen, vgl. A. Meinhold, Sprüche 163 u.ö.

der Gerechten leuchtet klar, / aber die Leuchte der Frevler erlischt." (Prov 13,9). „Das Haus der Frevler wird vertilgt, / aber das Zelt der Redlichen gedeiht." (Prov 14,11). An der letztgenannten Stelle ist für „Gerechter" das Synonym „Redlicher" (*jašar*) eingetreten. Das geschieht relativ selten. Es überrascht vielmehr die Monotonie des Gegeneinanders von „Gerechten" und „Frevlern", „Frevlern" und „Gerechten". Damit ist der Glaubenshorizont bestimmt, der den theologisierten Sprüchen eigen ist. Er ist Indiz für die nachexilische Gemeinde. Gleichermaßen werden offenbar auch andere, ursprünglich vielleicht profane Sentenzen in den Prozess der theologischen Spiritualisierung hineingezogen. „Die Lehre des Weisen ist eine Quelle des Lebens, / um die Fallen des Todes zu meiden." (Prov 13,14). „Wer feststeht in Gerechtigkeit, gelangt zum Leben, / aber wer Bösem nachjagt, zu seinem Tode." (Prov 11,19). „Der Spötter sucht Weisheit, doch umsonst, / aber Erkenntnis ist dem Verständigen leicht." (Prov 14,6). Die theologische Gedankenwelt scheint sich besonders in Prov 14 verdichtet zu haben. Nach dem gerade zitierten Spruch fallen weitere, das Alltagsleben transzendierende Sentenzen auf:

> Mancher Weg dünkt einem gerade, / aber am Ende sind's Todeswege. (V. 12)
> Wer seinen Nächsten verachtet, sündigt, / aber wer sich der Elenden erbarmt, Heil ihm! (V. 21)
> Wer den Geringen bedrückt, schmäht dessen Schöpfer, / aber ihn ehrt, wer sich des Armen annimmt. (V. 31)
> Gerechtigkeit erhöht ein Volk, / aber Schmach der Nationen ist die Sünde. (V. 34).

Sprache und Gedankenwelt solcher spiritualisierter Erfahrungssätze sind in Bezug auf die Gottheit zu lesen, auch wenn sie direkt kaum erwähnt ist.
Die Kapitel 15 und 16 nennen den Jahwe-Namen außerordentlich häufig, nämlich 20 mal, während er von Prov 17 bis 22,16 in einer dreifachen Textmasse nur 19 mal auftaucht. Das alles scheint für die These zu sprechen, dass die Sammlungen von Kurzsprüchen im Gebrauch der jahweorientierten Gemeinde entstanden sind. Älteres Spruchmaterial wurde den dominanten Jahwe-Sentenzen zugeordnet. Oder: Die Jahwe-Sprüche sind in eine ältere, „profane" Sammlung eingebaut. Jahwe erscheint als der grenzenlos Überlegene, der sich streng auf die Seite der „Gerechten" stellt und die „Frevler" radikal ablehnt. Der Gott Israels sieht und lenkt alles (Prov 15,3; 16,9). Das ist die Konstellation der jüdischen Gemeinde in der Perserzeit. Entgegen dem Usus von „profanen" Sprüchesammlungen tauchen in der jahwisierten Ausgabe Hinweise auf kultischen Verrichtungen oder Pflichten auf, so auf das Opfer (Prov 15,8) und das Gebet (Prov 15,29). Die ethisch-religiösen Ermahnungen ähneln denen, die wir in einigen Weisheitspsalmen finden (vgl. Prov 16,3 und Ps 37,5; Prov 15,33 und Ps 19,10; 111,10). Wie Nennungen von „Königen" (Prov 16,10–15; 25,1–6 u.ö. vgl. schon Prov 8,15; 14,28.35) in das geistige Bild der nachexilischen Gemeinde passen, ist nur zu vermuten: Gerade die auftretende Pluralbildungen beweisen, dass nicht an die judäischen Könige der Vergangenheit gedacht ist. In einer monarchisch geprägten Welt ist es auch für die unterworfenen Völker, die keinen eigenen Regenten mehr haben, möglich, das Königsamt als Inbegriff von Staatlichkeit, Autonomie und Autorität zu zitieren. Der Begriff „König" verbürgt also in den Sprüchesammlungen nicht ein höheres Alter. – Die massive Ballung von Jahwe-Sprüchen in Prov 15 und 16 ändert nichts an dem allgemeinen Charakter der Sammlung. „Profane" und „religiöse" Einheiten sind miteinander verflochten; die Jahwe-Sätze geben den Ton an.
Von Prov 17,1 bis 22,16 ändert sich daran auch nichts. Der Jahwe-Name erklingt sporadisch, mit steigender Frequenz (Prov 17,3.15; 18,10.22; 19,3.14.17.21.23; 20,10.12.22. 23.24.27; 21,1.2.3.30.31; 22,2.4.12.14), aber die Gegenüberstellung von Gerechten und Frevlern hat nicht die Bedeutung wie etwa in Prov 10–13. Die Basis der hier vereinten

Spruchkollektionen bilden handfeste Lebenserfahrungen, das Miteinander von Menschen in Siedlungsgruppen betreffend. Die zugrunde liegenden Verhaltensregeln regeln nämlich nicht innerfamiliäres oder häusliches Leben. Wo Streit, Armut, Bankrott, böse Nachrede, Rechtsbrüche, Alkoholismus usw. zum Problem werden, sind mehr als nur Familienangehörige involviert. Am wahrscheinlichsten steht im Hintergrund die nachbarschaftliche Gemeinschaft in Dorf, Stadt, oder sonstigem Siedlungsverbund. Das ist der Ort, in dem Sprüche ihre regulierende, das Gemeinwohl fördernde Kraft entfalten. Es sind vorjuridische Normen, die mit gelindem Nachdruck jedermann und jedefrau (vor allem den Männern und denen, die es werden wollen) vorgehalten werden. Ihre Zitation setzt allgemeine Akzeptanz voraus. Und auf der zweiten Stufe ihrer Verwendung, nämlich in der Jahwegemeinde des Exils und Nachexils, sind diese allgemeinen Sittennormen der israelitischen (z.T. der altvorderorientalischen) Gesellschaft wie gehabt mit Jahwe-Sentenzen gerahmt und somit in den Raum der Konfessionsgemeinde gestellt werden. Für sie gilt naturgemäß das gleiche Ethos wie für die Nicht-Glaubenden oder Anders-Glaubenden der damaligen Gesellschaft.

Die noch fehlenden Kollektionen des Sprüchebuches haben auf der Grundlage der allgemein geltenden Sitten je ihren eigenen Charakter, so als ob sie aus unterschiedlichen Regionen kämen. Das gilt vor allem von Prov 22,17–24,22.(34); diese Sammlung weist außerordentlich enge Beziehungen zu der ägyptischen Lehre des Amenemope auf.[338] Sollte es sich hier um Spruchgut aus der jüdischen Diaspora am Nil handeln? Die stärksten Parallelen zur ägyptischen Lebensregel sind in Prov 22,17–23,14 zu verzeichnen. Dort (22,20) ist sogar von den „dreißig" Spruchheinheiten die Rede, die in Am-en-em-ope tatsächlich vorhanden, im hebräischen Extrakt aber nur sehr fragmentarisch erhalten sind. Die hebräische Sammlung lässt sich vielleicht in zehn Einheiten gliedern. Davon lehnen sich die Einleitung (22,17–21) sowie der erste (22,22f), zweite (22,24f), fünfte (22,29), siebente (23,4f) achte (23,6–8) und zehnte (23,10f) Spruch fast wörtlich an die allerdings meist umfangreicheren ägyptische Vorlage an. Dass bei einer solchen literarischen Nähe auch typische Gedankeninhalte, Konzeptionen und Wertungen des südwestlichen Kulturraumes in den hebräischen Text einfließen, dürfte nicht wundernehmen. So ist im ägyptischen Spruchgut oft der „Heißblütige", „Unbeherrschte" das Negativklischee:

> Mache dir nicht den Heißen zum Gesellen, / und suche ihn nicht auf zu einem Gespräch ....
> Fliege nicht, dich einem solchen anzuschließen, / damit der Schrecken dich nicht hole.
> (H.Ringgren, ATD 16,1, 90; vgl. TUAT III, 235)

Ganz ähnlich lautet Prov 22,24f (zweite Spruchheinheit), wenn man das hebräische *ba'al 'ap* („Schnaubender") auch im Sinne von „jähzornig" versteht:

> Geselle dich nicht zum Zornmütigen / Und mit dem Hitzkopf verkehre nicht,
> damit du nicht mit seinem Pfad vertraut wirst / und eine Falle schaffst für dein Leben. (nach Ringgren, a.a.O. 88)

Das ägyptische Hofbeamtenmilieu scheint gelegentlich in die biblischen Sprüche hineinprojiziert:

> Siehst du einen Mann, geschickt in seinem Geschäft, / vor Könige wird er hintreten ...
> Wenn du dich setzt, um mit einem Herrscher zu speisen, / so gib acht auf das, was vor dir steht,
> und lege dir das Messer an die Kehle, / wenn du heißhungrig bist. (Prov 22,29–23,2; Ringgren, a.a.O. 88)

---

[338] Vgl. K.F.O. Römheld, Wege; N. Shupak, Wisdom.

Amenemope ist natürlich ganz von der höfischen Sphäre durchdrungen.

> Ein Schreiber, der in seinem Amt geschickt ist, / der wird würdig gefunden, ein Höfling zu sein. (Ringgren, a.a.O. 91, vgl. TUAT III, 250; vgl. Amenemope, Kap. 30 und 23 = Tischregeln).

Von den in Ägypten und Israel (und wahrscheinlich im ganzen Alten Vorderen Orient) geteilten Sozialnormen kommen wichtige Sätze auch in dem verhandelten Abschnitt vor:

> Verrücke nicht die uralte Grenze / und in die Felder der Waisen dringe nicht ein;
> denn ihr Rechtshelfer ist stark, / er wird die Sache gegen dich führen. (Prov 23,10f; vgl. 22,28)

> Beraube den Geringen nicht, weil er gering ist / und zertritt nicht den Elenden im Tor,
> denn Jahwe führt ihren Streit / und raubt ihren Räubern das Leben. (Prov 22,22f)

Bei Amenemope heißen die entsprechenden Anweisungen:

> Verrücke nicht den Markstein auf den Grenzen der Äcker ...
> Und verschiebe nicht die Grenze einer Witwe. (Ringgren, a.a.O. 92)

> Hüte dich, einen Elenden zu berauben, / einen Schwachen zu vertreiben (Ringgren, a.a.O. 90)

In den Spruchsammlungen wie auch in manchen Gesetzestexten des Vorderen Alten Orients sind noch viele weitere Beispiele für den kulturübergreifenden Schutz der Schwachen und weniger Privilegierten zu finden. Auch die in Prov 22,23 erkennbare Jahwesierung der uralten Normen ändert nichts an deren Gehalt. Sie ist nur wieder Anzeichen für die Integration allgemeiner Wertsysteme in das Leben und die Unterweisung der nachexilischen Gemeinde. Vor diesem Hintergrund klingen auch die Anhänge an das am deutlichsten ägyptisierende Stück authentisch. Prov 23,15–18 ist formal die Lebenslehre eines Vaters an den Sohn (vgl. die Anreden des Vaters: 23,15.19.26, der Mutter: 31,1f), die eine sehr lange Tradition hat, doch in Ägypten besonders häufig gebraucht worden und in vielen Texten erhalten ist.[339]

> Mein Sohn, wenn dein Herz weise ist, / freut sich auch mein eigenes Herz,
> und meine Nieren frohlocken, / wenn deine Lippen reden, was recht ist. (Prov 25,15f)

Das familiale Beziehungsgefüge ist deutlich. Der Vater gibt die Hochschätzung des klugen, gesellschaftlich anerkannten Verhaltens an seinen Sohn weiter. Die Sozialisierung der Kinder ist Sache des Familienoberhauptes. Das Ethos selbst setzt aber menschliche Verpflichtungen in der größeren Gesellschaft voraus, vor allem der Wohn-, Lebens-, und Arbeitsgemeinschaft auf örtlicher Basis. In der nachexilischen Gemeinde wird die konfessionelle Gruppe zum Beziehungsrahmen für diese bodenständige Sitte. – Prov 23,19–28 bewegen sich im selben familialen Rahmen; dieses Stück wird ergänzt durch ein fast episches Spottgedicht auf den Trinker, der sein Lebensziel verfehlt (V. 29–35). Die angeschlagenen Themen – elterliches Vorbild, Warnung vor der „fremden Frau", dringende Absage an Sucht und Pflichtvergessenheit – sind auch für die Religionsgemeinschaft konstitutiv. Darum können sie ohne jede äußere Theologisierung übernommen werden. – Prov 24 schließt sich mit weiteren Ermahnungen zu Vernunft und Einsicht, zur Solidarität mit Bedürftigen sowie Warnungen vor sozialer Verantwortungslosigkeit

---

[339] Ein Überblick über die ägyptischen und vorderorientalischen „Lebenslehren" bei A. Meinhold, Sprüche 26–37; TUAT III, 17–67 (W.H.P. Römer), TUAT III, 191–319 (G. Burkard; I. Shirun-Grumach; H.J. Thissen).

(vgl. das Gedicht über den Faulen, V. 30–34) an die ägyptisierende Sammlung an. Zweimal ist allerdings eine Jahwe-Sentenz eingefügt (V. 18.21). Die beiden Worte sollen wohl besonders sensible ethische Verhaltenssituationen beleuchten. Es geht einmal um Schadenfreude und Vergeltungssucht (V. 17–20, vgl. den „profanen" V. 29: „Sprich nicht: ‚Wie einer mir tut, so will ich ihm auch tun und einem jeglichen sein Tun vergelten.'). Zweitens ist (ganz anachronistisch?) zur Treue gegenüber Jahwe und dem König aufgerufen (V. 21f). Das verwendete Verb *jr'*, „verehren" birgt aber Probleme. Nirgends sonst im Alten Testament kann so einfach die „Furcht vor Jahwe und dem König" verlangt werden. Zwar sind die Respektpersonen in der Gesellschaft immer religiös sanktioniert und darum unter göttlichem Schutz (vgl. Ex 21,15.17; 1 Sam 24,7). Doch die aktive, theologisch reflektierte Ehrerbietung gegenüber Gott und seinem designierten Regenten scheint eher eine ägyptische Tradition gewesen zu sein, die dann mit der Königsideologie in das späte Israel eingesickert ist (vgl. Ps 45,7). Vielleicht hat auch die Glorifizierung des persischen Großkönigs mit dazu beigetragen, an dieser Stelle offen von einer doppelten Reverenz zu reden. Der Begriff „König" stünde dann allgemein für „Obrigkeit", „Regierung", nicht für den verflossenen Davididen. – Im Schlussteil Prov 24,23–34 ist noch die eigene Überschrift „Auch diese (gehören) den Weisen" (V. 23) zu erwähnen. Sie korrespondiert offensichtlich mit der überschriftartigen Notiz „Worte von Weisen" in Prov 22,17.

Alles in allem ist das Bild, das die Sprichwortsammlungen bieten, recht bunt. Mit Prov 25–29 folgt dem bisher besprochenen Korpus eine Sammlung, welche Prov 10–21 ähnelt. Sehr eigenständig ist ihre präzise historisierende Überschrift: „Auch dieses sind Sprüche von Salomo. Die Männer Hiskias, des Königs von Juda, haben sie gesammelt." (25,1). Der späte Herausgeber hat die Beziehung zu Prov 1,1 hergestellt und kann – weil ja in Kap. 1–24 überwiegend exilisch-nachexilische Sammlungen vorliegen – gar nicht so früh gewirkt haben, wie er es mit der zeitlichen Einstufung beim König Hiskia gerne möchte. Die Erwähnung dieses Königs ist darum mit ziemlicher Wahrscheinlichkeit ein Rückprojektion. Weil ihm die sekundäre Anfügung von Prov 25–29 selbst bewusst und problematisch war, suchte der Sammler und Herausgeber einen guten Haftpunkt in der nachsalomonischen Königszeit. Auf König Hiskia konnte man dann schnell kommen, denn der hatte im dtr. und chronistischen Erzählwerk einen guten Ruf als bedeutender, jahwe-treuer Reformer (2 Kön 18–20; 2 Chron 29–31). Im Chronikbericht hat er zudem die Qualitäten eines weisen Menschen: „Er tat was gut, recht und wahrhaftig war vor Jahwe, seinem Gott. Und alles, was er anfing für den Dienst am Hause Gottes nach der Tora und dem Gebot, seinen Gott zu suchen, tat er von ganzem Herzen, und es gelang ihm." (2 Chr 31,20f). Einen Anflug von Hochmut und Willkür bereut er rechtzeitig (2 Chr 32,24–26), auch das ein Charakterzug von Jahwe-Fürchtigen.

Im Übrigen unterscheidet sich die Teilsammlung Prov 25–29 nicht grundlegend von der Kollektion Prov 10,1–22,16. Graduelle Differenzierungen sind festzustellen: Das Verhältnis von Sentenzen zu paränetischen Redeformen (direkte Anrede) scheint zugunsten der letzteren verschoben (vgl. 25,6.8.9.16.17.21); der einfache Vergleich findet häufigere Verwendung (vgl. 25,12–14.18.20.25.26.28). Die Jahwesierung des Spruchgutes ist geringer entwickelt, als in der ersten salomonischen Sammlung. Der Name Gottes erscheint nur sechsmal (Prov 25,22; 28,5.25; 29,13.25.26), auch die Polarisierung von „Gerechten" und „Frevlern" ist auf wenige Passagen beschränkt (25,26; 28,1.12.28; 29,2.7.16.27). Dass in Prov 25,2–7 wieder der König thematisiert ist, ja, der königliche Hof als Schauplatz dient, mag Zufall oder Einfluß royalistischer Umwelt sein (vgl. schon 14,28.35; 16,10–15; 19,12; 20,2.8.26.28; 21,1; 22,11). Wir können auch hier mit Bestimmtheit annehmen, dass die Erwähnung des Königs keine Garantie für die Entstehung des Textes in der Zeit israelitisch-judäischer Monarchie darstellt. Die königslose Periode war ja durch die weiter bestehenden monarchischen Strukturen der zeitgenössischen Umwelt tief geprägt. So konnten die Weisheitstexte des Exils und Nachexils in Juda und der Diaspora ganz natürlich den Monarchen und hohe Würdenträger als Symbolfiguren gebrauchen. Die angeblich von Männern Hiskias unternommene Sammlung von Spruchgut fügt sich also in das Gesamtbild der exilisch-nachexilischen Weisheitstexte ein.

Es bleiben die etwas sonderbaren kleinen Spruchhorte von Prov 30f. Sie tragen ungewöhnliche Überschriften und beherbergen seltenere Formen wie den Zahlenspruch, stellen auch eine rarere Geistigkeit und Theologie zur Schau und vermitteln ein (patriarchal?) aufgeklärtes Frauenbild. Die beiden Titularfiguren Agur, Sohn des Jake, aus (?) Massa und Lemuel, König (von?) Massa sind sonst in der Überlieferung unbekannt. Weder ihre exotischen Namen noch der vermutete Haftort (nordwestliches Arabien?[340]) lassen sich näher identifizieren. Vielleicht hat bei der redaktionellen Situierung nur der Reiz des Fremden eine Rolle gespielt. Trotz aller Abgrenzungstendenzen ist bei Minoritäten innerhalb einer pluralistischen Großgesellschaft oft auch der Drang nach kultureller Grenzüberschreitung entwickelt. Prov 10–31 lässt sich darum insgesamt gut als literarisch vielschichtige Komposition aus der nachexilischen Zeit verstehen, als die Jahwegemeinde verschiedenste Traditionen aufnahm und daraus die eigene Identität innerhalb des persischen Großreiches konstruierte.

Ob jedoch die dem „älteren" Korpus von Sprüchen vorgeschaltete Sammlung Prov 1–9[341] ebenfalls in die persische Periode zu setzen ist, ist kontrovers diskutiert worden. Auch die hellenistische Mentalität liebte Personifikationen von geistigen Mächten, genau wie die zarathustrische Religiosität. Die lebhaft personifizierte Frau Weisheit der Sammlung käme vielleicht dem späteren geistigen Klima entgegen; im alten Avesta begegnet keine so gezielt weibliche Konfiguration. Wer aber wollte behaupten, dass eine solche Verpersönlichung vor Alexander dem Großen unmöglich gewesen wäre? Schon in vermutlich älteren Psalmtexten küssen sich Friede und Gerechtigkeit (Ps 85,11), und Gnade und Treue sind Herolde Jahwes bzw. halten seinen Thron fest (Ps 89,15). Die persischen Ameša Spentas sind einerseits Abstraktionen guter Mächte, andererseits tragen sie auch personhafte Eigenschaften zur Schau. Ahura Mazda, der höchste Gott der zarathustrischen Religion, ist selbst die Verkörperung der alles überragenden, weltbegründenden Weisheit. Aus diesen allgemeinen Überlegungen ergibt sich die Möglichkeit, auch Prov 1–9 für das 5. oder 4. Jh. v.Chr. zu reklamieren. Dann wäre das ganze Proverbienbuch (vgl. unten III.2.3.3) ein Produkt der persischen Epoche und ein Spiegelbild der damaligen Zustände z.B. in den judäischen Gemeinden. Die ersten neun Kapitel tragen zum Zeitgemälde neue Farben und Details bei. Das ganze Leben, besonders der Heranwachsenden, soll unter der Aufsicht von „Weisheit", d.h. glaubender Vernunft, stehen. Vater und Mutter, oder „Frau Weisheit" selbst vermitteln die notwendigen Erkenntnisse immer in längeren, mahnenden und warnenden Reden, die vermutlich ihren „Lebenssitz" nicht im säkularen Schulbetrieb, sondern eher in der religiösen Unterweisung der Jahwegemeinde hatten. Dort wurde auch Tora gelehrt, und die Frage legt sich nahe, ob die weisheitliche Instruktion an die Toravermittlung angelehnt oder ihr gar

---

[340] Vgl. E.A. Knauf, Ismael, ADPV 1985, 71–73.
[341] B. Lang, Lehrrede 60 kann sich nicht für eine Zeitangabe entscheiden; A. Wolters, JBL 104, 1985, 577–587 setzt Prov 1–9 in die hellenistische Zeit. G. Baumann, Weisheitsgestalt 268–272 votiert für ca. 400 v.Chr; C. Maier, Frau 262–269, vgl. 25–68. S. unten III.2.3.3.

gleichgestellt war und so mit ihr verschmolzen wurde. Die verhandelten Themen kommen den Torainhalten jedenfalls entgegen. Als Gesamtziel der Unterweisung hält Prov 1,2–7 fest:

> ... zu lernen Weisheit und Zucht und zu verstehen verständige Rede, dass man annehme Zucht, die da klug macht, Gerechtigkeit, Recht und Redlichkeit; dass die Unverständigen klug werden und die Jünglinge vernünftig und besonnen. Wer weise ist, der höre zu und wachse an Weisheit, und wer verständig ist, der lasse sich raten, dass er verstehe Sprüche und Gleichnisse, die Worte der Weisen und ihre Rätsel. Die Ehrfurcht vor Jahwe ist der Anfang der Erkenntnis. Die Toren verachten Weisheit und Zucht.

Das Programm ist umfassend. Es geht um die integrale Bildung der selbstverantwortlichen (männlichen) Person, im Blick auf ihre Untadeligkeit, Gemeinschaftsfähigkeit und Akzeptanz bei Jahwe. Es ist das Bildungsideal der frühjüdischen Gemeinde, das sich hier ausspricht. Prov 1–9 dramatisieren den Kampf des einzelnen um die richtige Orientierung im Leben. Vater und Mutter bzw. die Weisheit höchstpersönlich (nicht: Jahwe! Trotz 2,6 u.ö.) werben mit dringenden Appellen an die Vernunft, den richtigen Weg einzuschlagen oder einzuhalten. Verlockungen zu Falschheit, Lüge, Ehebruch (mit einer Verheirateten), Ungehorsam sind tödliche Fallen. Die Sammlung klingt nach vielen leidenschaftlichen Reden aus mit der Zweiwege-Darstellung. Weisheit und Torheit laden beide zum Gastmahl, und jeder Umworbene hat sich zu entscheiden, für das Leben oder den Tod (Prov 9). So schon der Schlussappell der Weisheit, welcher den Gastmahlszenen voraufgeht:

> So hört nun auf mich, meine Kinder! Wohl denen, die meine Wege einhalten! Hört die Mahnung und werdet weise und schlagt sie nicht in den Wind! Wohl dem Menschen, der mir gehorcht, dass er wache an meiner Tür täglich, dass er hüte die Pfosten meiner Tore! Wer mich findet, der findet das Leben und erlangt Wohlgefallen von Jahwe. Wer aber mich verfehlt, zerstört das Leben; alle, die mich hassen, lieben den Tod. (Prov 8,32–35)

Wie bei allen biblischen und anderen antiken Texten ist die fundamental wichtige Frage nach ihrer praktischen Verwendung zu stellen. Zu jedem Text gehört ein „Sitz im Leben"; ohne ihn bleiben antike Aussagen blass und unverbindlich. Nach Lage der Dinge dürfte die private Verwendung von Weisheitssammlungen als Lesestoff für die persische Zeit unwahrscheinlich sein. Von Privatbibliotheken ist nichts bekannt. Eine nennenswerte Lesekultur entwickelte sich in privilegierten Schichten erst in der hellenistischen Periode.[342] Folglich waren die literarischen Sammlungen der Perserzeit, zumindest in der judäischen Gemeinde, für kommunale Zwecke, d.h. zum Vorlesen bestimmt. Gelegenheiten zur öffentlichen Verlesung von heiligen Texten ergaben sich bei sporadischen oder regelmäßigen Zusammenkünften der Gemeinde (vgl. Neh 8). Weisheitliche Belehrung wird neben prophetischer Ermahnung und beispielhafter Poesie im Umfeld von Torauterweisung gebraucht worden sein. Prov 1–9 verrät noch den lebendigen, eindringlichen Ton direkter Anrede an eine zahlreiche Zuhörerschaft (Lehrrede). Die Sammlungen Prov 10–31 sind zum großen Teil wesentlich nüchterner, können aber durchaus im gleichen Unterweisungsprozeß gebraucht worden sein. Toraverlesung galt als Unterweisung durch Jahwe selbst, vermittelt durch die Leiter der damaligen Gemeinschaft (Schreiber; Leviten; Priester; Schriftgelehrte). Weisheitliche Ermahnung, wie sie im Proverbienbuch vielschichtig vorliegt, hatte per se eine besondere Affinität zur gött-

---

[342] Grundlage ist der Bildungselan der Zeit, vgl. M. Hengel, Judentum und Hellenismus, Tübingen 1969, 120–194, 202ff; E. Haag, BE 9, 104–111.

lichen Belehrung. Also gehören Weisheitstexte im Hebräischen Kanon sehr eng zu den Toratexten hinzu. Sie sind Korollarien zur Tora, und die offene Frage ist nur, ob sie direkt im Lese- (und Predigt?) -Gottesdienst der Gemeinde vorkamen oder in speziellen, noch mehr pädagogisch abgestimmten Nebenversammlungen.

So viel scheint bei aller Lückenhaftigkeit unseres Wissens sicher: Die Sprüche- und Lehrtraditionen des Alten Orients wären kaum in das kanonische Schriftgut der judäischen Gemeinde gekommen, wenn sie nicht in gemeindlichen Lebensvollzügen regelmäßig gebraucht worden wären. Das weisheitliche Überlieferungsgut, durch Jahweh-Sentenzen aktualisiert, hatte konstitutive Bedeutung für die neue Religionsgemeinschaft. Die Verwendung von Spruchformen im Psalter (vgl. Ps 34; 37 etc.) bestätigt diese Vermutung. Wir können daraus folgern: Das Ethos der familialen und weisheitlichen Tradition trug die judäische Gemeinschaft; es stand nicht in Widerspruch zum Jahwebekenntnis. Abgrenzende Besonderheiten der Gemeinde bildeten sich im kultischen Leben heraus: Ausschließlichkeit der Jahwe-Bindung, Sabbat, Beschneidung, Festkalender. Die sozialethische Substanz war in den alten Weisheitstraditionen gegeben. Sie war wegen ihrer spezifischen, nicht auf einem politischen Gewaltmonopol beruhenden Wirkungsweise unverzichtbar. Als religiöse „Privatgemeinschaft" mit einer vermutlich schwachen, internen Jurisdiktion brauchte sie die Unterstützung durch sanft reglementierende, allgemein anerkannte ethische Grundregeln. Die monotone Konzentration der dtr. Überlieferer auf das Zentralgebot der Jahweverehrung wird möglicherweise auch von daher einsichtig.

III.1.3.4 Festrollen

D. Bergant, Lamentations, Nashville 2003. – U. Berges, Klagelieder, Freiburg 2002 (HThKAT). – A. Berlin, Lamenations, Louisville 2002. – J. Barton, Die Einheit der Schrift und die Vielfalt des Kanons, Berlin 2003 (BZNW 118). – A. Brenner, The Song of Songs, Sheffield 200 (The Feminist Companion to the Bible 2,6). – I. Elbogen, Der jüdische Gottesdienst in seiner geschichtlichen Entwicklung (^{3}1931), Hildesheim 1967. – D. Garret und P.R. House, Song of Songs and Lamentations, Nashville 2004 (WBC 23B). – S.C. Horine, Interpretive Images in the Song of Songs, Frankfurt 2001 (Studies in the Humanities 55). – E. Kitov, The Book of Our Heritage: The Jewish Year and Ist Days of Significance, 3 Bde. Jerusalem und New York 1968. – A. Lacocque, Le livre de Ruth, Genf 2004 (Commentaire de l'Ancien Testament 17). – N.C. Lee, The Singers of Lamentations, Leiden 2002 (Biblical Interpretation Series 60). – K.M. O'Connor, Lamentations and the Tears of the World, Maryknoll 2002. – S. Olyan, Biblical Mourning, Oxford 2004. – X.H.T. Pham, Mourning in the Ancient Near East and the Hebrew Bible, Sheffield 1999 (JSOT.S 302). – P.K. Tull, Esther and Ruth, Louisville 2003. – S.P.de Vries, Jüdische riten und Symbole , Wiesbaden 1982. – Y. Zaqôvîs, Das Hohelied, Freiburg 2004 (HThKAT).

Die Zusammenstellung der fünf kleinen Bücher Hoheslied, Rut, Klagelieder, Prediger Salomo, Ester in der hebräischen Überlieferung zu einer Sammlung von „Festrollen" (Megillot) ist erst im Talmud, d.h. im (christlichen) Mittelalter bezeugt. In der vorhergehenden Kanonsgeschichte (z.B. in der LXX) haben diese sehr unterschiedlichen Bücher keinen Zusammenhalt untereinander; sie erscheinen jeweils an verschiedenen Stellen der 22-teiligen Sammlung heiliger Schriften. Dennoch sei hier kurz auf den Beginn des Festkalenders in der persischen Periode samt den zugeordneten liturgischen Lesungen hingewiesen. Die Wurzeln vieler gottesdienstlicher Veranstaltungen der jüdischen Tradition reichen nämlich in das Exil und Nachexil und darüber hinaus zurück. Für das Esterbuch dürfte, wie oben angedeutet, die Ansetzung in der hellenistischen Zeit angemessen sein;[343] das Buch war wohl von Anfang an die ätiologische Legende des Purimfestes, bis heute gefeiert am 14./15. Adar (12. Monat). Die aus unserem persischen Zeitabschnitt überlieferten Festkalender – besonders Lev 23 – sehen die Purim-Feier noch nicht vor, sind also vor ihrer Einführung entstanden. – Der „Prediger Salomos" bzw. „Kohelet", ist wegen seiner schon griechisch geprägten Geistigkeit nach allgemeiner Auffassung ebenfalls ein Produkt der nachpersischen Epoche.[344]

Anders verhält es sich mit den Klageliedern. Man kann die Sammlung – wie von Rainer Albertz vorgeschlagen[345] – in die Phase vor Wiedereinweihung des Tempels einordnen. Der gottesdienstliche Gebrauch der Texte aber, so Albertz, beginnt erst später, als die Gemeinde, vielleicht in Parallele zu Gründungsfeiern, das Gedenken an die Zerstörung des Heiligtums pflegte. Nach Sach 7,3–6 kam nach der Wiedereinweihung des Tempels im Jahre 515 v.Chr. die Frage auf, ob Klagegottesdienste nun weiter berechtigt seien. Die Antwort scheint eher positiv auszufallen (V. 5f). Das könnte darauf hinweisen, dass nach sumerischem oder allgemein mesopotamischem Vorbild auch bei Tempelrestaurierungen an frühere Zerstörung erinnert wurde. Jedenfalls ist das Buch der Klagelieder gerade auch wegen seiner sublim poetischen Gestalt und der liturgischen Kondensation wohl kaum je eine „unkultische" Dichtung gewesen, sondern sicher für kommunale, rituelle Begehungen geschaffen und über Jahrhunderte an bestimmten Erinnerungstagen gebraucht worden. Sach 7,3.5 nennen den fünften und den siebten Monat als Festtermine. In den Festkalendern ist davon keine Spur erhalten. Die Niederlage von 587 v.Chr. und die Zerstörung des Jerusalemer Heiligtums durch die Babylonier waren allerdings so schwerwiegende geschichtliche Ereignisse, und der Bezug von einigen Volksklageliedern (vgl. Ps 44; 74; 79; 89) sowie des Buches der Klagelieder auf die geistige Situation danach ist so deutlich, dass sich die Annahme von Krisenritualen nahe legt. Möglicherweise hatten sich in der tempellosen Zeit auch opferlose Gedenkfeiern eingebürgert, die dann in den vom Opferdienst bestimmten Festkalendern nicht explizit erwähnt wurden. In dem stark liturgisch und sakrifiziell bestimmten siebten Monat (vgl. Lev 23,23–43) wäre dann das Gedenken an Zerstörung und Wiederaufbau des Tempels an andere Festtraditionen angekoppelt worden (vgl. die Überschrift zu Ps 30 und seinen Inhalt).

Wesentlich für unsere Zwecke ist die Annahme, dass „Klagelieder" eine Sammlung von liturgischen Gesängen darstellt, welche schon in der Exilszeit, dann aber wohl auch in der persischen Epoche gottesdienstlichen Versammlungen dienten. Es handelt sich bei diesem Buch also um eine erste „Festrolle", die dann in der späteren jüdischen Tradition nach der Zerstörung des Zweiten Tempels durch die Römer weiter für den Trauertag zum Untergang des Tempels Verwendung fand. Die seit dem 2. Jh. v.Chr. gefeierte Tempelweihe Hanukkah bewahrte nach dem römischen Sieg auch die Überlieferung vom Untergang des Tempels; sie wird bis heute am 25. Kislev, dem neunten Monat, als Lichterfest begangen. Darüber hinaus gab es schon in der frühjüdischen Zeit Fastentage.[346] Ein auf den 9. Ab (fünfter Monat) festgelegter Trauer- und Bußtag war speziell dem Gedenken an die Zerstörung des Tempels gewidmet.[347] Hier nun wurde spätestens seit dem Mittelalter das Buch Threni als Festlegende verlesen. So ergibt sich aus der

---

[343] Vgl. E. Haag, BE 9, 118–133.
[344] Vgl. E. Haag, BE 9, 112–118; O. Kaiser, Einleitung in das Alte Testament, Gütersloh 5. Aufl. 1984, 398f; L. Schwienhorst-Schönberger, HBS 2, Freiburg 2. Aufl. 1996.
[345] R. Albertz, Exilszeit (BE 7) 124–130.
[346] Vgl. I. Elbogen, Gottesdienst 225–231; S. Ph. De Vries, Riten 100–103.
[347] S. Ph. De Vries, a.a.O. 141–145. „Nach dem Gebet setzt [der Kantor] sich auf den Treppenabsatz vor dem Thoraschrank und trägt die fünf Kapitel der Klagelieder vor." (a.a.O. 143).

Nachwirkung des Klagerituals um Jerusalem eine Ahnung von den Ursprüngen dieses Festes. Das Buch der Klagelieder gehört zu den liturgischen Produkten jener spurenweise sichtbaren Trauergottesdienste.

Über das Buch Rut (s.o. III.1.1.4) lässt sich hinsichtlich seiner Verwendung im Festgeschehen der Gerstenernte (Wochenfest) nicht viel Konkretes ausmachen. Die inhaltliche Nähe der Erzählung zur Erntesaison ist offensichtlich. Der dramatisch kunstvolle Aufbau des Literaturwerkes machte eine öffentliche Aufführung sicherlich gut möglich. Wenn wir uns von der Vorstellung moderner Lesegewohnheiten distanzieren, bleibt die Frage nach der Mitteilungsart ungeklärt im Raum stehen. Stilistisch gesehen wechseln im Buch Rut Dialoge und Erzählstücke einander ab. Eine solche Textstruktur spricht für orale Darbietung und schließt szenische Aufführung nicht aus. Die gehobene Geistigkeit und die künstlerische Qualität des Rutbuches sollten uns nicht verleiten, lediglich an schriftliche Autorschaft und Auseinandersetzungen unter Gelehrten zu denken. Auch das Rutbuch ist gemeindliches Gebrauchsgut und muss einen Lebenssitz im Kommunikationsgeschehen der Gemeinde gehabt haben. Leider wird die Fragestellung von der Fachwissenschaft weitgehend ausgeblendet. Und weil wir keine direkten Hinweise auf Lesungen oder Aufführungen der Ruterzählung haben, bleiben nur Vermutungen übrig. Im Licht der sehr spät bezeugten Lesung Ruts am Wochenfest ist eine Entstehung und Verwendung des Buches im Bereich jener Festtradition nicht unmöglich. Einige Forscher halten diese Schrift allgemeiner für eine Art Homilie zu der synagogalen Perikope Dtn 22–25.[348]

Das „Hohelied Salomos", im Grunde eine Sammlung von Liebesliedern oder Braut- und Hochzeitsgesängen, klingt festlich-profan. Abwechselnd besingen die Verlobten oder gerade Verheirateten sich gegenseitig, in ungetrübter erotischer Freude aneinander. Eine Einbindung der Liebeslieder in mögliche (vorexilische!?) Rituale zur Feier der heiligen Hochzeit bleibt hypothetisch.[349] Eine genaue Datierung ist wegen der Zeitlosigkeit des Stoffes unmöglich. Doch spricht eigentlich nichts gegen die Ansetzung in der persischen Epoche (trotz Spuren von Gräzisierung etwa in Cant 3,9–11), in der ja die Verschriftung aller für die Gemeinde wichtigen Traditionen ihren Höhepunkt erreicht hatte. Die offene Frage bleibt nur, warum eine Sammlung von erotisch geladenen Liedern für die sich konsolidierende jahwistische Glaubensgemeinschaft Bedeutung hatte, ohne dass sie sichtbar auf Konfessionsmerkmale umgestaltet werden musste. Das Rätsel könnte eine pragmatische Auflösung haben: Möglicherweise diente das Hohelied Salomos in den judäischen Gemeinden ganz natürlich als Teil des Hochzeitsrituals. Das würde bedeuten: Die Aufnahme der Texte in die Gemeindeüberlieferung stellt lediglich einen ersten Schritt zur Sakralisierung eines wichtigen biographischen Überganges (rites de passage) dar. Geburt, Pubertät, Eheschliessung, Tod sind in sehr vielen Gesellschaften rituell und kultisch umrahmte Ereignisse. Während die Pubertäts- und Begräbnisriten[350] im alten Israel mindestens seit dem Exil große Beachtung fanden, scheinen Geburt und Eheschliessung traditionell eher im nichtkultischen oder anderskultischen Bereich stattgefunden zu haben. Die Aufnahme des Hohenliedes in die „offizielle" Gemeindeliteratur der Jahwe-Gemeinschaft kann für sich schon, ohne jede Jahwesierung des Textes, den

---

[348] So G. Braulik, The Book of Ruth as Intra-Biblical Critique on the Deuteronomic Law, Acta Theologica 19, 1999, 1–20, bes. 18f.

[349] Vgl. H. Schmökel, Heilige Hochzeit und Hoheslied, Wiesbaden 1956; S.N. Kramer, The Sacred Marriage Rite, Bloomington 1969; O. Keel, Hohelied, NBL Bd. 2, 183–191; M.H. Pope, Song of Songs (AB 7C) New York 1977.

[350] Vgl. S. Olyan, Mourning; X.H.T. Pham, Mourning.

gemeindlichen Bedarf an ritueller Gestaltung für diesen Lebensabschnitt signalisieren. Spätere theologische, weithin allegorisierende Deutung des Liebesverhältnisses hat die kleine, herzerfrischende Schrift dann in andere kultischen Zusammenhänge hineingestellt. Die Lesung am Passahfest ist erst spät, etwa mit der Zusammenstellung der fünf Megillot bezeugt.

Ein Fazit der kurzen Erörterung der fünf Megillot kann sein: In der persischen Periode konsolidierten sich die jährlichen Feste der judäischen Gemeinde. Manche literarischen Hinterlassenschaften jener Zeit gehen ursprünglich auf gemeindliche kommunikative Situationen von unterschiedlicher, mehr oder weniger kultischer Prägung zurück. Der jährliche Festzyklus, aus dem sich oder innerhalb dessen sich dann auch eine monatliche und wöchentliche Versammlungspraxis herausbildete, war eine wesentliche Matrix für die Entstehung von liturgischer, theologischer und pädagogischer Gebrauchsliteratur, die von den bestellten Gemeindeführern verwaltet und gepflegt wurde. Daneben gab es offenbar rein profane, zum Lebenszyklus gehörende Feierlichkeiten (rites de passage), die als Ursprungsort von gemeindlichen Gebrauchstexten in Frage kommen. Die lange Geschichte der Lesetexte zu bestimmten gemeindlichen Festversammlungen hat offenbar in der persischen Zeit ihren Anfang genommen.

III.2 Überarbeitungen älterer Schriften

J. Barr, Holy Scripture: Canon, Authority, Criticism, Philadelphia 1983. – P.R. Davies, Scribes and Schools. The Canonization of the Hebrew Scriptures, Louisville 1998. – A. van der Kooij and K. van der Toorn (Hg.), Canonization and Decanonization, Leiden 1998. – S. Niditch, Oral World and Written Word, Louisville 1996. – J.A. Sanders, Canon and Community: A Guide to Canonical Criticism, Philadelphia 1984.

Die persische Periode war für die Judäer im Blick auf Sammlung und Fixierung der Überlieferungen die bei weitem fruchtbarste. Es entstanden nicht nur neue Literaturwerke: Schon vorhandene Schriften und Sammlungen von Gebrauchsliteratur wurden in den Kommunikationsprozessen der Gemeinden weiter benutzt und den veränderten Situationen angepasst. Es ist gut, sich noch einmal auf den Umbruch zu besinnen. Die Machtübernahme durch die Perser brachte neue Impulse für die unterworfenen Völker und Provinzen. Die Religionspolitik der neuen Herren wirkte befreiend. Die Exulanten in Babylonien durften in ihre Heimat zurückkehren oder ungehindert mit dem Heimatland in Kontakt treten. Der Tempel erlebte seine Wiedergeburt. Hier und da flackerte die Hoffnung auf eine Neubegründung der davidischen Dynastie auf. Das Nationalgesetz der Juden wurde, so die Legende, durch die Regierung gefördert. Jerusalem gewann eine gewisse Eigenständigkeit in der Satrapie Transeuphrat. Die Konsolidierung der Gemeinden um Tora, die Einführung von Identitätssymbolen wie Beschneidung und Sabbat, liturgische Jahresfeste, Kanonisierung der verschrifteten Traditionen usw. machten große Fortschritte. In jeder Hinsicht sind die zwei Jahrhunderte der Perserherrschaft, auch bei den aufgezeigten wirtschaftlichen und politischen Schwierigkeiten, eine einzigartige Hoch-Zeit judäischer Entwicklung, Grundlage für das entstehende Judentum.

Die Sammlung, Umgestaltung und Verfestigung der literarischen Traditionen ist wahrscheinlich erst seit der Neukonstituierung der Tempelgemeinschaft zur vollen Blüte gekommen. Welche Anteile an schriftgelehrter Tätigkeit schon dem 6. Jh., der babylonischen Phase, zuzuschreiben sind, ist eine offene Frage. Rainer Albertz hat in seiner Behandlung des Stoffes[351] umfangreiche Stücke des atl. Schrifttum in die knapp 70 jährige „Exilszeit" verlegt, das bedeutet für ihn die Zeitspanne zwischen 587–520 v.Chr.[352] Der Schock durch Niederlage und Deportationen hat aber vermutlich die Betroffenen zunächst gelähmt. „Warum sprichst du denn, Jakob, und du, Israel, sagst: Mein Weg ist Jahwe verborgen, und mein Recht geht vor meinem Gott vorüber?" (Jes 40,27) – so zitiert der exilische Prediger seine Gemeinde in Babylonien. Mutlosigkeit hatte sich breit gemacht. Unter dem Druck der Verhältnisse werden die versprengten wie die daheim gebliebenen Judäer ihre Energie hauptsächlich auf das Überleben konzentriert haben. Große Leistungen für einen Neuaufbruch kann man sozialpsychologisch eigentlich erst erwarten, wenn die Hoffnungszeichen sich mehren. Für die Deportierten begann die Wiederbelebung vielleicht mit der Begnadigung Jojachins im Jahre 562 v.Chr. (vgl. 2 Kön 25,27–29), ganz sicher aber mit der Erwartung des fremden Retters Kyros, der geradezu „Messias" tituliert wird, und das nicht nur von judäischen Theologen (um 540 v.Chr., vgl. Jes 44,28; 45,1–7). Auch babylonische Priester begrüßten den Eroberer als Befreier. Eine Inschrift des Kyros schildert die Vergehen des letzten babylonischen Königs, Nabonid. Der hat den Stadt- und Reichsgott Marduk so sehr erzürnt, dass er einen Befreier schickt:

> Alle Länder insgesamt musterte er [d.h. Marduk! A.d.V.], er hielt Umschau unter seinen Freunden, einen gerechten Fürsten nach seinem Herzen fasste er mit seiner Hand: Kyros, den König von Anšan, berief er, zur Herrschaft über das ganze All nannte er seinen Namen. ... Marduk, der große Herr, der seine Menschen pflegt, blickte freudig auf seine guten Werke und sein gerechtes Herz. Er befahl ihm, nach seiner Stadt Babel zu ziehen ... [*Marduk hilft Kyros, Babylon einzunehmen. Die „Befreiten"* ...] knieten vor ihm nieder, küssten seine Füße, freuten sich über seine Herrschaft, es leuchtete ihr Antlitz.[353]

Natürlich handelt es sich hier um pro-persische Propaganda. Aber auch unter den verbannten Judäern glaubten einige: Kyros bringt den großen, von Gott gewollten und gesteuerten Umschwung. Jetzt wurden die Kräfte frei, die zur Neukonstitution des „alten" Israel und zur theologischen Entdeckung der einen Welt und des einzigen Gottes führten. So sehr Ansätze zum Neuaufbau schon während der Exilszeit möglich waren, scheint mir der große Anstoß zur Verschriftung alter Traditionen und zur Sammlung heiliger Texte erst mit der Wende zur Perserherrschaft und der damit verbundenen Neuordnung der Gemeinde und ihres Kultwesens erfolgt zu sein. Oft genug spüren wir noch an den Texten (Deuterojesaja!) die Erregung, mit der das Neue aufgenommen wurde. Außerordentlich bedeutsam ist in diesem Zusammenhang die schon erwähnte Tatsache, dass Babylonien in der judäischen Tradition als Erzfeind(in)[354] gilt, Persien hingegen in einem recht positiven Licht erscheint (vgl. Esra-Nehemia).

Es kann darum nicht wundernehmen, dass heute mehr und mehr Forscher die Schriftwerdung des Alten Testaments vor allem in der Periode von 539 v.Chr. bis 330 v.Chr.

---

[351] R. Albertz, Die Exilszeit (BE 7), Stuttgart 2001, 163–323.
[352] A.a.O. 11f; 97. Der Umschwung kam aber nach Ausweis Deuterojesajas und der babylonischen Gegner des Nabonid bereits mit dem Auftreten des Kyros im Jahre 539 v.Chr.
[353] Kyrosinschrift nach K. Galling, TGI, 2.Aufl. Tübingen 1968, 83; vgl. TUAT I, 408–410. Ein babylonisches Schmähgedicht schildert die Verbrechen Nabonids und die Großtaten des Kyros: ANET 312–315; TGI 3. Aufl. 66–70; H.P. Schaudig, Inschriften (Bibl. zu II.1.1). Vgl. oben I.1.
[354] Die prophetischen Unheilsworte gegen Babylon zeugen von brutaler Unterdrückung und verzweifelter Gegenwehr, vgl. Jes 13; 14; 21; 47; Jer 25; 50; 51; Sach 5. Auch in den Psalmen (vgl. Ps 137) und in einigen Erzählungen (vgl. Gen 11,1–9) spiegeln sich Hass und Misstrauen gegen die Weltmacht Babel; vgl. U. Sals, Die Biographie der ‚Hure Babylon', Diss. Würzburg 2003.

ansetzen.[355] Die großen Berichte von Verschriftlichungen – man vergleiche Dtn 31,9–22; Jer 36 – bzw. von der Wiederentdeckung einer verschollenen Tora (2 Kön 22) sind möglicherweise Rückprojektionen und gehören dann eher in die nachexilische Zeit. Pointiert gesagt hieße das: Diese zwei Jahrhunderte mit ihren oben skizzierten politischen, wirtschaftlichen und religiösen Parametern bieten den eigentlichen Nährboden für die Entstehung und Ausgestaltung des Jahweglaubens und der ihn tragenden heiligen Schriften. Die Jahwegemeinde formierte sich. Die Herausbildung einer priesterlich-laizistischen Führungselite spielt dabei eine ebenso große Rolle wie die sich verfestigenden, rituell gestalteten Versammlungen, Feiern und Feste. Vermutlich wurden in gottesdienstlichen Zusammenkünften von Anfang an Texte rezitiert, welche die Wurzeln der Gemeinschaft in der Vorzeit beschworen. Poetische Stücke, Lieder von Jahwes hilfreichem Eingreifen, Sammlungen von uralten Verhaltensnormen, Ermahnungen zur Treue gegenüber dem Gott Israels, Anekdoten aus der Vätergeschichte waren bunt gemischt und lokal verschieden. Aus dieser Masse von liturgischen Texten wuchsen – thematisch mehr oder weniger geordnet – literarische Sammlungen richtungsweisender Schriften heran. Führende Gemeinden, vor allem in der babylonischen Diaspora, sammelten Überlieferungsschätze aus weiterem Umfeld; sie wurden regional und schließlich für alle Juden verbindlich. Überall ist das starke Bemühen sichtbar, die zeitgenössischen Zustände auf antike Ordnung, Offenbarung, Sitte zurückzuführen. Noach, Abraham, Mose, Aaron, Jeremia und andere Figuren der Vorzeit gelten als die Garanten der nun verschrifteten Traditionen. Esra konnte das „Gesetz des Himmelsgottes" nur deshalb in seine Hand nehmen und nach Jerusalem bringen, weil es bereits in der Vorzeit verkündet, aufgeschrieben und durch die Jahrhunderte bewahrt, auch einmal zufällig wiedergefunden worden war. In Wirklichkeit ist die immense gelehrte Schreib- und Sammelarbeit vor allem in der Perserzeit geleistet worden.
Es war besonders die Leistung priesterlich orientierter Kreise, eine chronologische Ordnung in die Geschichte Israels von Uranfang bis zur Zeit des Mose zu bringen. Die Fortsetzung der Geschehenskette bis zum babylonischen Exil und zur Freilassung Jojachins oblag den Sammlern und Redaktoren, die wir mangels konkreter Angaben als „dtr. Schule" identifizieren. Wieviele andere anonyme „Hände" an den Überlieferungen mitgeschrieben haben, entzieht sich unserer Kenntnis. Wichtig scheint mir die Grundannahme: In den sich formierenden Gemeinden der Judäer verfestigten sich für den Gottesdienstgebrauch bestimmte literarische Sammlungen liturgischer Texte; sie wurden zum großen Teil in einen Geschichtsrahmen eingespannt. Das Prinzip der Ancienität sorgte dafür, dass allmählich die ältesten Traditionen über die Entstehung und Ordnung der Jahwe-Gemeinschaft als die wichtigsten und grundlegendsten Teile bewertet wurden. Aus ihnen erwuchs die Tora des Mose, zuletzt nahm sie die Gestalt von fünf Rollen an. Es hat den Anschein, als ob im 5. Jh. dieser Prozeß schon zu einem gewissen Abschluss gekommen war. Denn sowohl die dtr. Überlieferung wie die Esra-Tradition setzen ein bereits anerkanntes „Gesetz des Mose" voraus. Spekulationen über die Beteiligung der persischen Reichsregierung an der Herstellung einer für Juden verbindlichen Rechtsordnung sind dabei unerheblich und müßig. Die uns zur Verfügung stehenden Nachrichten bieten für solche direkte Mitautorschaft keinerlei verlässliche Nachricht. Die Duldung einer zivilen und religiösen Organisation bei den unterworfenen Minder-

---

[355] Vgl. z.B. Ph. Davies, Scribes, besonders 106.

heiten kann dagegen aus der Behandlung anderer Völker im Großreich erschlossen werden.[356]

III.2.1 Geschichtserzählungen (Dtr.)

A.F. Campbell, Unfolding the Deuteronomistic History: Origins, Upgrades, Present Text, Minneapolis 2000. – W. Dietrich, Von David zu den Deuteronomisten, Stuttgart 2002 (BWANT 156). – E. Eynikel, The Reform of King Josiah and the Composition of the Deuteronomistic History, Leiden 1996 (OTS 33). – M..E. Harvey, Retelling the Torah: the Deuteronomistic Historian's Use of Tetrateuchal Narratives, London 2004 (JSOT.S 403). – H.-D. Hoffmann, Reform und Reformen. Untersuchungen zu einem Grundthema der Deuteronomistischen Geschichtsschreibung, Zürich 1980 (AThANT 66). – S.L. McKenzie und M.P. Graham (Hg.), The History of Israel's Tradition. The Heritage of M. Noth, Sheffield 1994 (JSOT.S 182). – M. Noth, Überlieferungsgeschichtliche Studien, Halle 1943, 2.Aufl. Tübingen 1957. – B. Peckham, The Composition of the Deuteronomistic History, Atlanta 1985 (HSM 35). – R.F. Person, The Deuteronomic School: History, Social Setting, and Literature, Leiden 2002 (Studies in Biblical Literature 2). – D.C. Raney, History as Narrative in the Deuteronomistic History and Chronicles, Lewiston NY 2003. – T. Römer (Hg.), The Future of the Deuteronomistic History, Leuven 2000. – H.N. Rösel, Von Josua bis Jojachin. Untersuchungen zu den deuteronomistischen Geschichtsbüchern im Alten Testament, Leiden 1999 (VT.S 75). – U. Rüterswörden, Von der politischen Gemeinschaft zur Gemeinde, Bonn 1987 (BBB 65). – T. Veijola, Moses Erben: Studien zum Dekalog, zum Deuteronomismus und zum Schriftgelehrtentum, Stuttgart 2000 (BWANT 149). – H.M. Vervienne und J. Lust (Hg.), Deuteronomy and Deuteronomistic Literature, Leuven 1997 (BEThL 133).

Mit Mose stirbt Dtn 34 nach (einhelliger?)[357] Meinung der frühjüdischen Gemeindeglieder der eigentliche Begründer des Jahweglaubens. Wie war es den Vorvätern weiter ergangen? Diese Frage trieb die exilisch/nachexilischen Gemeinden um, weil die Landverheißung in Frage gestellt war. Sie war in der mosaischen Überlieferung ungelöst. Die Rückwanderung der Exulanten nach der persischen Machtergreifung hatte die Probleme ebenfalls nicht behoben. Wie war es um das den Familien und Clans übergebene Eigentum bestellt? Andere Sachthemen, an denen sich die Interessen der judäischen Glaubensgemeinschaft ablesen lassen, sind die Ordnungen und Institutionen der Gemeinde; ihre Ämter und Funktionäre; Grundfragen der Ethik in einer pluralistischen Gesellschaft; die Ausschließlichkeit der Jahweverehrung usw. Nicht so sehr stilistische oder literarisch auswertbare Eigenheiten der überkommenen Literatur, sondern ihre Abzweckung, ihre spezifische Interessenlage lassen Rückschlüsse auf Überarbeitung und Verwendung im nachexilischen Gemeindeleben zu. Es soll hier also keine literarkritische sondern eine interessen- und ideologiekritische Zuordnung versucht werden. Dabei nehmen wir die Bücher Josua bis 2 Könige als einen zusammenhängenden Überlieferungskomplex,[358] der in den persischen Jahrhunderten zusammengestellt oder überarbeitet wurde. Die Frage nach dem Gebrauch eines Textes rangiert vor der nach seiner Entstehung.

Das Buch **Josua** ist aus der Perspektive der Perserzeit voller Bezüge auf die aktuellen Situationen. Zentrales Thema sind Landbesetzung (Jos 1–12) und Landverteilung (Jos

---

[356] S.o. II.2.1 „Imperiale Strukturen". Die Religionspolitik der Achämeniden ist Gegenstand ausgedehnter Diskussion. L.L. Grabbe warnt zu Recht vor einer überzogenen Einschätzung altpersischer Toleranzbestrebungen (idem, History, 209–216).

[357] Die Chronikbücher konzentrieren ihre Aufmerksamkeit dermaßen auf die Einrichtung von Tempel, Kult und Festen seit David, dass sie Mose kaum Beachtung schenken. In den Genealogien von 1 Chr 1–9 wird er nicht einmal erwähnt.

[358] Die Debatte um das DtrG ist nach vielen Richtungen im Gange, vgl. die oben vor Kopf angeführte Literatur, besonders T. Römer, Future; W. Dietrich hält DtrN für perserzeitlich, vgl. derselbe, David 261f.

13–21). Entgegen allen Versuchen, diese Thematik aus dem 8. Jh. v.Chr., der assyrischen Gefahr für die israelitischen Länder, zu erklären, scheinen mir die josuanische Landnahme und Landverteilung aus den Erfahrungen, Ängsten und Hoffnungen der exilisch-nachexilischen Periode besser verständlich zu sein. Die Sehnsucht der Exilierten zielte auf Rückkehr und erneute Inbesitznahme des Erblandes (vgl. Jer 24; Ez 33,23–29; 36,1–5.24–36). Dazu waren Heimkehrerlisten und die Kenntnis der ursprünglichen Siedlungsgebiete notwendig. Die ausführlichen Wohnsitz- und Grenzbeschreibungen nach stammesmäßig konstruierten Verwandtschaftssystemen im Buch Josua können Grundlagen für Ansprüche auf Familienbesitz sein. Die These von der vollkommenen Völkervertreibung beim Einmarsch Josuas und seiner Stammesheere in das Westjordanland spiegelt den Anspruch der heimkehrenden Exulanten auf dieses verheißene Fleckchen Erde. Die konkreten Streitereien um die Rückgabe des Familienbesitzes begannen erst nach der Freigabe der Heimkehr durch die persische Reichsregierung (ab 539 v.Chr.). Für die Zurückgekehrten mussten die Überlieferungen von der Zuteilung des Erbbesitzes Existenzgrundlage werden.

Eine Fülle von Einzelmotiven verbindet das Josuabuch mit der nachexilischen Periode. Die Vorstellung von der fertigen Tora des Mose trägt das ganze Buch. Einleitend erfährt der Nachfolger des Gründervaters Zuspruch und Forderung Jahwes:

> Sei nur getrost und ganz unverzagt, dass du hältst und tust in allen Dingen nach der Tora, die dir Mose, mein Knecht, geboten hat. Weiche nicht davon, weder zur Rechten noch zur Linken, damit du sie recht ausrichten kannst, wohin du auch gehst. Und lass das Buch dieser Tora nicht von deinem Munde kommen, sondern betrachte es Tag und Nacht, dass du hältst und tust in allen Dingen nach dem, was darin geschrieben steht. (Jos 1,7f)

Die Vorstellung von dem ohne Unterlass die Tora studierenden Frommen (vgl. Ps 1; Dtn 17,18–20) ist aus sachlichen Gründen überhaupt erst in der Perserzeit, vielleicht ab der zweiten Hälfte des 5. Jh., d.h. nach der Fertigstellung der mosaischen Schriften, denkbar.[359] Komplementär zur Tora-Ermahnung am Anfang des Josuabuches stehen die Auftritte des Nachfolgers Moses am Ende: Josua gibt sich als Buß- und Bekehrungsprediger, oder als Gemeindeleiter, der nach dem Vorbild des Gründers seine Jahwe-Gemeinde anredet und ihr Gewissen für die Treue gegenüber Jahwe schärft: „… haltet ganz fest daran … was geschrieben steht in der Tora des Mose …" (Jos 23,6), … „damit ihr euch nicht mengt unter diese Völker … nicht schwört bei dem Namen ihrer Götter …, sondern Jahwe, eurem Gott anhangt …" (V. 7). Nach einer langen paränetischen Rede vollzieht Josua, ebenfalls im Gefolge des Mose, den Bundesschluss der Gemeinde (24,25–27). Wir wissen nicht, seit wann und wie diese Zeremonie in Israel gefeiert wurde. Sie passt aber vorzüglich in das Bild der sich konstituierenden Jahwe-Gemeinschaft und verrät deutlich gottesdienstliche Züge: Der Aufforderung zur Entscheidung zwischen Jahwe und anderen Göttern folgt die Bekenntnis- und Treueerklärung der rechtschaffenen Jahweanhänger, ein authentisches Element frühjüdischer Frömmigkeit (Jos 24,14–18; vgl. Neh 10). Worte und Ideen dieses Bundesschlusses sind ohne eine fest etablierte Jahwegemeinde nicht vorstellbar. Und die Bundesgemeinschaft stand fest, nachdem die Exulanten zurückgekommen waren und das religiöse Leben sich eingeschliffen hatte.[360] Übrigens gibt Jos 23/24 noch mehr interessante Details aus der Gottesdienstpraxis preis:

---

[359] Vgl. W. Dietrich, David 253; 261f.
[360] L. Perlitt hat schon vor langer Zeit in seiner Habilitationsschrift die Begründung für eine Spätdatierung der Bundestheologie geliefert: derselbe, Bundestheologie (WMANT 36) Neukirchen-Vluyn 1969.

Josua nimmt die Verpflichtungserklärung nicht sofort an. Er verweist retardierend zuerst auf das Risiko, von Jahwe abzufallen und dafür harte Bestrafung zu empfangen (Ausrottung! 24,20). Aber die Gemeinde bleibt bei ihrem Bekenntnis: „Nein, sondern wir wollen Jahwe dienen." (V. 21). Erst dann erfolgt die Besiegelung des Bündnisses (24,22–26).

Bundesschluss und Theologie des Bundes sind in Israel vermutlich seit dem Exil entwickelt worden. Sie kommen zur Reife im persischen Zeitalter, d.h. unter den Bedingungen freier Religionsausübung und erneuerten Tempelkultes. In den zum „Bund" gehörenden Vorstellungen und Ritualen drückt sich das Selbstverständnis der (nach)exilischen Gemeinde aus, denn vor dem Exil hatte es die religiöse Bekenntnisgemeinschaft wahrscheinlich nicht gegeben. Die Bauern Israels hingen vielmehr lokalen, familial und nachbarschaftlich gebundenen Gottheiten an, die sie in Freiluftheiligtümern und wenigen, regional bestimmten Tempeln verehrten.[361] Die Erwählung Israels durch den ausschließliche Verehrung fordernden Gott Jahwe ist das Fundament der neuen Gemeinde in der persischen Phase struktureller Neugestaltung.

Das Verhältnis zu Nachbarn, Fremden und Andersgläubigen ergibt sich aus der Eigenidentifikation, und das Josuabuch spiegelt häufig nachexilische Verhältnisse. Eigentlich ist das von Jahwe versprochene Land ausschließlicher Besitz seiner Anhänger. Ein puristisches Ideal der Tradenten: Israel wohnt separat, dient seinem Gott auf dem Boden, der dem Volk als Heimat übergeben ist. Andere Ethnien mit anderen Göttern können das ausschließliche Gottesverhältnis nur gefährlich stören. Darum gilt die aus dem Deuteronomium bekannte Vertreibungs-, Ausrottungs- und Unterwerfungspolitik (vgl. Dtn 20). Josua fegt in seinen Kampagnen das gelobte Land rein. Aber das puristische Konzept erleidet Ausnahmen. Die Gibeoniter erschleichen sich mit List einen Schonungsvertrag. Der darf dann, als der Betrug herauskommt, nicht gebrochen werden; die nahe gelegene Stadt Gibeon bleibt erhalten, nur müssen die Bewohner Sklavendienste für Israel verrichten (Jos 9). Das deckt sich z.T. mit nachexilischen Erfahrungen von Jahwegläubigen. Sie müssen sich, um ihre einzigartige Stellung als ihres Gottes Eigentumsvolk zu erhalten, gegen die kanaanäischen Nachbarn (nicht gegenüber den Persern, vgl. Esra 10; Neh 13,23–28) und eventuell gegenüber babylonischen und ägyptischen Kommunen scharf abgrenzen. Dass aber andersgläubige Gruppen in der Nähe wohnen, so wie an der Stadt Gibeon veranschaulicht, ist für die nachexilischen Jahwe Anhänger eine nicht zu leugnende Tatsache. Ihr Wunschtraum wäre, diese „anderen" zu entfernen oder sozial zu degradieren. In der persischen Wirklichkeit aber stellen sie gleichrangige unterjochte Minderheiten dar, oder gehören vielleicht gar zur herrschenden Elite. Die Ideologie des „heiligen Krieges" im Buche Josua wie im Deuteronomium ist durchgängig ein virtuelles, theologisches Konstrukt, wenn auch auf der Basis altorientalischer Gepflogenheiten,[362] das die völlige Machtlosigkeit Israels in der nachexilischen Zeit bewusst ignoriert. Wir sehen also: Die im Buch Josua reflektierten judäischen Verhältnisse der Perserzeit sind retrospektiv der antiken Situation angepasst. Diese geschichtliche Verfremdung bietet aber auch die Möglichkeit, eigene Sehnsüchte und Glaubensüberzeugungen idealtypisch zu artikulieren.

Das gilt in gleichem Maße von den inneren Zuständen der judäischen Gemeinde und deren Reflexe im Buche Josua. Eine Anzahl nachweislich erst seit dem Exil und in fester Form erst seit der persischen Machtübernahme eingerichteter Institutionen oder anderer

---

[361] Vgl. E.S. Gerstenberger, Theologien im Alten Testament, Stuttgart 2001, 78–91.
[362] Man vergleiche die Meša-Inschrift, K. Galling, TGI, 2. Aufl. 1968, 51–53; M. Weippert, „Heiliger Krieg" in Israel und Assyrien, ZAW 84, 1972, 460–493.

zeitgenössischer Eigenheiten sind den Josua-Redaktoren schon bekannt. Sie gelten z.T. als konstitutive Merkmale des Volkes Jahwe: Beschneidung (Jos 5), Tora und Bundesschluß (Jos 8,30–35; 24,25–27), Passah (Jos 5,10–12), kommunale Ämterstruktur (Jos 1,10; 23,2; 24,1),[363] ätiologische, auf künftige Kinderfragen gerichtete Perspektive (Jos 4,6.21; 6,25), hierarchisch-himmlische Engelvorstellungen (Jos 5,13–15), kosmischer Wunderglaube (Jos 10,12–14),[364] zentrale Bedeutung Jerusalems (Jos 22,10–34), intertextuelle Bezüge zu späten Schriften des Alten Testaments.[365]

Zu den einzelnen genannten Passagen und etlichen nicht genannten sind interessante Einzelbeobachtungen zu machen. So hat z.B. der „Altarbau am Jordan" (Jos 22) offenbar keine ältere Überlieferung hinter sich, sondern ist ganz und gar nachexilische, theologisch und kultpolitisch motivierte Bildung.[366] Die Umfunktionierung eines Altars zum „Zeugen zwischen uns und euch" (nämlich der Zugehörigkeit zur Jahwe-Gemeinde, V. 28.34) gibt natürlich neue Fragen auf: Welcher Art von Kultritualen kann ein Zeugen-Altar ('ed) wohl dienen? Oder ist an die Funktion stummer Stelen gedacht, die dem Vorbeikommenden gewisse Sachverhalte ins Bewusstsein rufen? Die Vorstellung vom sichtbaren „Erinnerungs-Zeugnis" oder „-Zeichen" ist in der hebräischen Literatur verbreitet (vgl. Gen 31,44.48; Dtn 31,19.21.26; Jos 4,4–6; 24,22). Sie scheint besonders in der nachstaatlichen Periode gepflegt worden zu sein. – Die kosmischen Dimensionen des Gottesglaubens im Buche Josua treten hin und da markant in Erscheinung. Die Sonne, eine uralte altorientalische Hochgottheit, ist depotenziert und gehorcht den Befehlen sogar eines Jahwe-Gläubigen (Jos 10,12–14). Ein Engelfürst kümmert sich um das Jahwevolk (Jos 5,13–15). Josua reagiert mit der aus Ex 3 bekannten Geste des Schuheausziehens auf die Erscheinung des überweltlich Heiligen. Jahwe ist durchweg der Geschichtslenker, der alle Völker und Könige in der Hand hat. Vielleicht sind unter dem Deckmantel von Lokalmonarchen, die als gesammelte Macht in Listen auftreten, auch die babylonischen und persischen Großkönige gemeint (vgl. Jos 10,3.23; 11,1–5; 12,7–24). Aber Jahwe ist selbstverständlich auch der Herr von Naturgewalten wie des Jordanwassers, das er nach Belieben anhalten kann (Jos 3,9–17). Auch mit dieser Episode ist auf ein Vorbild, den Durchzug durch das Schilfmeer in Ex 14f., angespielt. – Ämterfunktionen und Gemeindestrukturen der Spätzeit lassen sich aus Andeutungen erschließen. Neben dem o.g. „Amtsmann" ist natürlich Josua selbst der Prototyp eines Gemeindeleiters. Schließlich wird er auf die Tora verpflichtet (Jos 1,8) und er agiert als Tora-prediger (Jos 23f). Das Buch Josua gibt also – wenn auch in einer gewissen Brechung – in seinen Berichten aus der Frühzeit Israels Vorstellungen, Denkweisen, Institutionen der nachexilischen Zeit zu erkennen. (s.u. Exkurs „Gemeindestrukturen").

In der folgenden Reihe der dtr. Geschichtsbücher (Ri; Sam; Kö) ist der Stempel nachexilischen Gemeindelebens oft wesentlich schwächer zu erkennen. Das liegt offensichtlich daran, dass in diesem Komplex viele ältere Materialien verarbeitet sind, und dass die geschichtlichen Tatbestände ihr Eigengewicht und Vergangenheitskolorit stärker auf die Waagschale bringen. Dennoch sind manche Züge der entworfenen Geschichte als Abglanz von nachexilischen Verhältnissen und Einstellungen verstehbar.

---

[363] Unter den Termini für Leitungsfunktionen befindet sich das deuteronomische šoṭer, „(schreibkundiger?) Amtsmann", ein in der hebräischen Tradition sicherlich erst spät gebrauchter Ausdruck, gegen K.-D. Schunck, ThWAT VII, 1255–1258, der vorstaatlichen Gebrauch annimmt. U. Rüterswörden, Die Beamten der israelitischen Königszeit, Stuttgart 1985 (BWANT 117) geht leider auf die nachstaatlichen Bedeutungen kaum ein (vgl. a.a.O. 112–114).

[364] Bemerkenswert ist die theologisch-geschichtliche Reflexion über den Sonnen- und Mondstillstand bei Gibeon, im Tal Ajalon mit der Einmaligkeitsbehauptung: „es war kein Tag diesem gleich, weder vorher noch danach, dass Jahwe so auf die Stimme eines Menschen hörte; denn Jahwe stritt für Israel." (Jos 10,14).

[365] Josua gehört zu den am stärksten dtr. geprägten Schriften nach dem Deuteronomium. Doch lassen sich auch Verbindungen zu nicht-dtr. Schichten herstellen, vgl. z.B. Jahwe und Sonne (Ps 72,17; 84,12; Mal 3,20; Num 6,24–26); O. Keel und C. Uehlinger, Jahwe und die Sonnengottheit von Jerusalem, in: W. Dietrich u.a. (Hg.), Ein Gott allein? Fribourg 1994, 269–306.

[366] So mit Recht V. Fritz, Das Buch Josua (HAT I/7) Tübingen 1994, 220–222 („… Begründung der Zulassung aller Bewohner jenseits des als Grenze empfundenen Jordans zum Jahwekult in Jerusalem." A.a.O. 221)

Im **Richterbuch** ist die teils idyllische, teils als chaotisch verschrieene vorstaatliche Periode thematisiert. Ri 1,1–3,6 schließt an Thematik und Theologie des Buches Josua an, obwohl der Tod des Anführers (Ri 1,1) einen Einschnitt markiert. Die Doktrin von der Eroberung des verheißenen Landes und die trotzdem verbleibenden Reste der Urbevölkerung lassen sich schwer miteinander vereinbaren. Die zahlreichen Kanaanäersiedlungen in Palästina (Ri 1,17–36: negatives Besitzverzeichnis) mögen exilisch-nachexilische Zustände darstellen. Deutlicher auf die persische Periode verweist wiederum die (himmlische?) Botenerscheinung von Ri 2,1–4. Der Abgesandte Jahwes sieht zwar ziviler aus als der von Jos 5,13–15, beweist aber die Lebendigkeit der Engelsvorstellungen, die man durchaus mit der iranischen zeitgenössischen Geisteswelt in Verbindung bringen kann.[367] Das gilt ebenso für die Problematik der „Mischehen" (Ri 3,5, vgl. Ex 34,16; Dtn 7,3f; Jos 23,12; Esr 10; Neh 13,23–29). Sie ist erst im Vielvölkerreich der Perser unter den Bedingungen freier Religionsausübung und weitgehend autonomer Zivilverwaltung zum Testfall für das Weiterbestehen der Jahwegemeinde geworden.

Das Richterbuch versammelt sonst Erzählungen über Rettergestalten bzw. andere Jahwe- relevante Episoden aus der vorstaatlichen Zeit und spannt sie überwiegend in das dtr. Schema vom Abfall Israels von Jahwe, der darauf folgenden Feindbedrängnis und dem Erbarmen Gottes ein, das sich in der Sendung eines Freiheitshelden konkretisiert. Dieses Schema ist vermutlich schon in exilischer Zeit entstanden,[368] als vornehmlichster Interpretationsschlüssel für die vorexilische Geschichte des Jahwevolkes. Die in der Perserzeit wirkenden Tradenten und Redaktoren haben das schon vorliegende dtr. Schema übernommen und ihm weitere Akzente aufgesetzt. So ist erwägenswert, wie weit der Simson-Zyklus (Ri 13–16) und die angehängten Geschichten von Micha, dem Dieb, der ein Privatheiligtum einrichtete, und der Schändung der Levitenfrau mit folgendem heiligen Straffeldzug (Ri 17–21) auf Fragen der persischen Periode antworten. Simson ist das Paradebeispiel eines Nasiräers (Num 6) und durch Name wie Taten ein ausgewiesener Sonnenheros. Die restaurative und kreative Theologie der persischen Ära liebte offenbar derartige halbmythische Konstruktionen von Vergangenheit (vgl. Gen 6,1–4; Num 13,28; Dtn 5,13; 1 Sam 17,4–10). Die Anfertigung eines Gottesbildes und die Einrichtung des Hauskultes durch Micha findet ihre Fortsetzung im regionalen Kult des Stammes Dan (Ri 17f). Diese Linie wird dann durch Ri 18,30 bis zur assyrischen Deportation weiter ausgezogen, sogar unter der Legitimation eines mosestämmigen Priesters. In der Verlängerung der Perspektive spricht sich vielleicht das exilisch-nachexilische Interesse aus, die Kultzentralisation in Jerusalem ins rechte Licht zu rücken. Die Schändungs- und Strafgeschichte von Ri 19–21 schließlich hat es mit einem sexuellen Tabubruch und der Verletzung des Gastrechtes zu tun, die auch in Gen 19 angeprangert sind. Die Thematik, einschließlich der Ausrottungsstrategie gegen die Schuldigen, passt gut zu der Heiligkeitsmentalität des Zweiten Tempels (vgl. Lev 18; 20). Es fällt im übrigen auf, dass die kleinen und großen Richter (Ri 3–12) kaum mit der Elle der Torafrömmigkeit gemessen werden. Immerhin sind ihre Rettungstaten gelegentlich mit der Erneuerung des echten Jahwekultes verknüpft (vgl. Ri 6,25–32). Warum fehlen direkte Hinweise auf die Tora? Ist den späten Hörerinnen und Hörern die Kulterneuerung ausreichendes Zeichen für jahwegemäßes Leben? Oder dient die Geistbegabung der Kämpfer als Legitimation (vgl. Ri 7; 11,29)? Bemerkenswert ist die lange Begründung

---

[367] Über populäre Religion im Achämenidenreich M. Boyce, History Bd. 1, 22–177; G. Widengren, Religionen 7–59; M. Stausberg, Religion 115–118.
[368] Exemplarische Darstellung des Programms in Ri 2,6–23; 10,1–16; vgl. R. Albertz, BE 7, 222.

des Jahwe-Krieges durch Jephta (Ri 11,12–28): Hier wirkt der von Jahwe gesandte Retter als Exeget und Prediger der pentateuchischen Überlieferung. Er beruft sich in der verbalen (!) Auseinandersetzung mit dem Ammoniterkönig auf die in Num 21f festgehaltenen Traditionen von Israels Erfahrungen im Ostjordanland mit Sihon von Hesbon und Balak, dem Moabiterkönig. Gideon wiederum hat es mit einer Botengestalt zu tun, die direkt von Jahwe kommt und keinerlei historischer Exegesen bedarf (Ri 6,11–24). Doch weisen beide Darstellungsweisen auf späten Gebrauch hin. Wir können also nach allen Befunden zum Richterbuch gewiss sein, dass auch diese Schrift in ihrer End- oder Fast-Endgestalt bei der nachexilischen Jahwegemeinschaft im Licht der eigenen Situation gelesen wurde. Der zeitgenössisch persische Umgang mit den sicherlich älteren Überlieferungen hat seine Spuren hinterlassen.

Samuel und Könige bilden einen relativ geschlossenen Zusammenhang. Hauptprobleme sind die Entstehung und Erhaltung der Monarchie in Israel, eine Grundthematik, die sicherlich seit dem babylonischen Exil manche Gemüter in der Jahwegemeinde bewegte.[369] Wie aber las man in der persischen Zeit, nach dem Wiederaufbau des Tempels und während der Konstituierung der Gemeinde in Juda und in der Diaspora diese Geschichten um Samuel, Saul, David und Salomo, sowie um die Davididen des untergegangenen Südreichs? Welche Akzente setzte man? Die chronistische Darstellung lässt uns Leitlinien erkennen, wie sie wohl im 4. Jh. v.Chr. vorherrschend wurden: Die judäischen Könige, voran David und Salomo, sind mit Tempelbau, Einrichtung des Kultbetriebes, Ordnung der Priesterklassen, Einrichtung und Erneuerung des liturgischen Festkalenders beschäftigt. Die andersartige dtr. Überlieferung wird zurechtgestutzt und ergänzt. Wenn wir in der redaktionellen Gestaltung der dtr. Samuel- und Königsbücher chronistische Sichtweisen entdecken, dann können wir auf Spuren der frühen persischen Zeit schliessen. Dabei ist erwägenswert, dem exilischen dtr. Werk stärker die Auseinandersetzung mit der Schuldfrage zuzuordnen, die positive Darstellung des Königtums, besonders hinsichtlich des Jerusalemer Kultwesens, in die Zeit des wiedererstandenen Tempels zu datieren. So löst sich die ambivalente Einstellung der Dtr.[370] zum Königtum in ein Nacheinander der kontextuellen theologischen Akzentsetzungen auf. Unter babylonischer Ägide und dem Eindruck von Niederlage und Zerstörung des Tempels herrschte das Interpretationsschema von Abfall und Bestrafung Israels vor, während nach der persischen Wende sich das gemeindliche Interesse auf die positiven und in der nachexilischen Zeit aktuellen Einrichtungen der Bürger-Tempel-Gemeinde verlagerte.
In diesem Sinne aus dem Blickwinkel des 5. Jh. v.Chr. gelesen, drängt sich die besondere Bedeutung des Jerusalemer Tempelkultes und der mit ihm verbundenen rituellen Handlungen in den Königsbüchern auf. Bau und Ausstattung des Heiligtums sind breit geschildert (1 Kön 6f). Es handelt sich ebenso wie in den außerordentlich detaillierten Anweisungen und Ausführungsberichten für das Begegnungszelt (Ex 25–31; 35–40) um Texte, die sich nicht an den angeblich historischen Einrichtungen der Mose und Salomozeit, sondern voll und ganz am Zweiten Tempel der persischen Periode orientieren. Sprache, Stil, Gedankenwelt, Theologie, alles weist auf diese spätere Epoche. Die Hörerinnen und Hörer jener Texte hatten bei den Lesungen ihre eigene Wirklichkeit vor Augen, die als geheiligtes Urbild in der Vergangenheit erschaffen worden war. Vorläufer

---

[369] Vgl. R. Albertz, BE 7, 222–231.
[370] R. Albertz, a.a.O. 222: „Es ist nun erstaunlich zu sehen, dass ... die Zeit des vereinten Königreiches ... von den dtr. Historikern ... als eine Periode des reinen, unverfälschten JHWH-Glaubens gewertet wird."

des allein legitimen Heiligtums waren allerdings u.a. die Kultstätten von Schilo (1 Sam 1f), Gilgal (1 Sam 13), Nob (1 Sam 21f); Hebron (2 Sam 15,7–10); Gibeon (1 Kön 3). D.h. die exilischen-nachexilischen Tradenten erkannten die Gottesverehrung an vielen Orten Israels bis auf Salomo durchaus an. Sie wussten auch um die Bedeutung der Lade, jenes älteren Jahwe-Symbols, das in den Tempel zu Jerusalem überführt wird (1 Sam 4–6; 2 Sam 6; 1 Kön 8). Dann aber gilt nach Dtn 12 nur noch der Jahwekult in Jerusalem – eine fest etablierte Sitte erst seit der Wiederherstellung des einstmals königlichen, aber jetzt der jahwistischen Konfessionsgemeinschaft dienenden Tempels im Jahre 515 v.Chr. Mit dieser durch die Veränderung der Trägergemeinschaft gegebenen Umwidmung des Tempels musste sich auch der Kultbetrieb umgestalten. Hatte nämlich das zentrale Heiligtum der judäischen Monarchie strikt der Erhaltung von Dynastie und Staat gedient (während zahlreiche lokale und regionale Kultstätten die religiöse Versorgung der Untertanen gewährleisteten), sollte der neu geweihte Sakralbau ständige Opfer gestatten, aber gleichzeitig dem Gemeindegebet („Bethaus"! Jes 56,7) naher und ferner Anbeter zur Verfügung stehen. Diese wichtige und unerhört neue Funktion des Gotteshauses stellt nun das große, dem Salomo in den Mund gelegte Weihegebet absolut in den Mittelpunkt. Es erwähnt nicht einmal die übliche, sicherlich als bekannt vorausgesetzte Opferdarbringung.[371] Überragend wichtig ist den in der Perserzeit anzusetzenden Überlieferern der gemeindliche Gebetsgottesdienst (1 Kön 8,23–53). Er wird nach allen Richtungen hin entfaltet, zunächst in der Einleitung:

> Du wollest hören das Gebet, das dein Knecht an dieser Stätte betet, und wollest erhören das Flehen deines Knechts und deines Volkes Israel, wenn sie hier bitten werden an dieser Stätte; und wenn du es hörst in deiner Wohnung, im Himmel, wollest du gnädig sein (V. 29bf).

Sodann folgt eine Serie von sieben Bet- und Bittsituationen für einzelne Jahwe-Gläubige und die Gesamtgemeinschaft,[372] jeweils in stereotyper Aufbereitung: „Wenn jemand ... in seiner Notsituation zu dir in diesem Haus / zu diesem Haus hin betet, ... dann wollest du hören und zu seinen Gunsten eingreifen." Das Grundmuster dieser Bitten erscheint variiert, aber der Endtext ist recht geschlossen. Der Katalog beginnt mit dem allgemeinen Fall persönlicher Verfehlung: „Wenn jemand an seinem Nächsten sündigt und es wird ihm ein Fluch auferlegt, sich selbst zu verfluchen, und er kommt und verflucht sich vor deinem Altar in diesem Hause ..." (V. 31). Die Selbstverfluchung gehört zum Ordal, dem Gottesgericht, in dem bei mangelnden juridischen Handhaben Schuld oder Unschuld eines Verdächtigen festgestellt wird (vgl. Ps 7; 17; 26; Num 5). Die Prozedur gehört eindeutig zum Zweiten Tempel, weil das Heiligtum zur Königszeit sicher dem Staatskult vorbehalten war und das „Volk" vermutlich keinen Zugang zum heiligen Bezirk hatte. Die oft vorgenommene Ansetzung des Textes im Exilsjahrhundert ist haltlos, weil der Tempel in Trümmern lag. Das Gebet rechnet mit einem funktionierenden Tempel und eingeschliffenen liturgischen Abläufen.

Zwei mit temporalen Infinitivsätzen eingeleitete casus simulieren Israels Niederlage im Kampf (V. 33f) und die kollektive Not infolge anhaltender Trockenheit (V. 35f). Beide Katastrophenfälle sind durch „Verfehlung" bedingt und erfordern Umkehr zu Jahwe,

---

[371] In der Rahmenhandlung zum Weihegebet ist die Traditionsbindung stark hervorgehoben: Die Priester bringen Lade, Stiftshütte, heilige Geräte in den Tempelneubau und opfern zahllose Schafe und Rinder (1 Kön 8,3–6.62–64).

[372] Anspielungen auf die magisch-heilige Zahl sieben finden sich konzentriert in V. 46–51, vgl. B. O. Long, 1 Kings (FOTL IX) Grand Rapids 1984, 101–104; J. D. Levenson, The Paronomasia of Solomon's Seventh Petition, HAR 6, 1982, 135–138.

rituelle Anrufungen, d.h. kommunale Bittgottesdienste. Dann möge sich Jahwe erbarmen und sein Volk „in das Land zurückbringen" (V. 34), das er den Vätern gegeben hat. Das Gebet kann auch fern vom Tempel, aber in Richtung auf ihn stattfinden (V. 35), d.h. in der Diaspora. Die physische Distanz ist anders als in V. 31.33 noch mehrfach vorausgesetzt (V. 38.42.44 und besonders V. 47). Und Jahwe möge der Gemeinde den „guten Weg weisen" (*torem*, V. 36: „Du mögest weisen"), eine Formulierung, welche die Toraweisung anklingen lässt. Das in die Salomo-Ära zurückprojizierte, agendarische Gebet verrät also auch in seiner historischen Verkleidung die nachexilische Perspektive.

Drei der restlichen Gebetsanliegen sind als Konditionalsätze mit *ki*, „wenn", konstruiert (V. 37.44.46), der vierte Fall ist im selben Duktus aber ohne Konditionalpartikel dem vorhergehenden angehängt (V. 41). Damit bilden diese Bitten über den stereotypen Folgesatz: „so mögest du hören" (V. 32.34.36.39.43.45.49) hinaus eine formale Einheit, die aber jeweils verschieden aufgefüllt ist. Der Abschnitt Nr. 4 (V. 37–40) umfasst ein sehr breites Spektrum von möglichen Notsituationen; sie überlappen sich z.T. mit den in anderen Teilen genannten. Sehr bezeichnend ist indessen die Unterscheidung von gemeinschaftlichen (Hungersnot; Pest; Dürre; Getreiderost; Heuschrecken; Schaben; Feindbedrängnis – V. 37a) und persönlichen, individuell zuschlagenden Bedrängnissen („Plage", Krankheit – V. 37b). Dass diese Unterscheidung intendiert ist, zeigt der erklärende Ausführung in V. 38: „Jedes Gebet und jedes Flehen, das von einem Menschen oder von deinem Volk Israel vorgebracht wird, welche ein jeder im eigenen Herzen die Plage spüren, und die dann ihre Hände zu diesem Haus hin ausbreiten." Der individuelle Strang ist in V. 39 weitergeführt: „... dass du jedem gibst entsprechend seinem Lebensweg, denn du kennst sein Herz; du allein kennst das Herz aller Menschen." Eine solche, sorgfältige Klassifizierung der Einzel- und Kollektivbitte und eine Akzentuierung des verantwortlichen Einzelmenschen entspricht der Sozialstruktur der nachexilischen Gemeinde, nicht dem einer nationalen Großgesellschaft. – Ganz im Sinne einer Tritojesajanischen Öffnung des Tempels für Ausländer (vgl. Jes 56,6–8) geben die V. 41–43 den Ausländern einen Gebetszugang zu Jahwe, von fern und von nah, wie es scheint und für dieselben, kurz vorher beschriebenen Notlagen. Die ökumenische Erklärung „... damit auch sie dich fürchten wie dein Volk Israel, und dass sie innewerden, dass dein Name über diesem Hause genannt ist, das ich gebaut habe" (V. 43), steht in ihrer universalen Breite den stärksten jesajanischen Öffnungsformeln (vgl. Jes 2,2–4; 19,23–25) nicht nach. Sie alle sind sichere Anzeichen für eine Theologie, wie sie – trotz gleichzeitiger, anders verortbarer Abgrenzungstaktiken und Identitätsängste – nur im religiös offenen persischen Imperium auftreten konnten.

Der sechste Abschnitt des Weihegebetes (V. 44f) beleuchtet wie schon der zweite (V. 33f) die Situation Israels im Kriege – eine historische Momentaufnahme, welche für die Königszeit gelten konnte, nicht aber für die Periode des Exils und Nachexils. Beide Umstände, Niederlage und bevorstehender Kampf, sind im hiesigen Kontext nur eben angedeutet. Sie sollen nur die geschichtliche Lage Salomos deutlich zu machen. Er und seine Nachfolger mussten sich im Konfliktsfall an Jahwe wenden können. Mehr will der Kontext den nachexilischen Hörerinnen und Hörern auch nicht vermitteln. Dafür liegt umso stärkerer Nachdruck auf der siebten Einheit (V. 46–51). In ihr kommt der ganze Zyklus von Gebetssituationen zum Höhepunkt, wie auch die schon angesprochene Erhörungsformel beweist. Ist nämlich in den fünf ersten Gebetseinheiten gleichmäßig ein durch zusätzliches Personalpronomen gewichtetes „Du aber mögest hören" ausgerufen, so tritt dafür in der sechsten und siebten Runde ein nachdrücklicheres „Du mögest ... ihr Beten und Flehen hören [jetzt nicht mehr Imperfekt, sondern perfectum consecutivum, Anm. d. Vf.]..." ein (V. 45.49). Die Veränderung in V. 45 soll anscheinend die von V. 49 vorbereiten, denn Ausmaß, Wortwahl, Theologie dieses Abschnittes deuten auf seine besondere Wichtigkeit. Alles, was man ihm im Blick auf seine Verwurzelung in der sozialen Wirklichkeit entnehmen kann, beweist zudem die nachexilischen Hintergründe: Deportation und Heimkehr sind offenbar schon geschehen (V. 46–53). An der Oberfläche ist die von Jahwe als Strafe geschickte Verbannung der Oberschicht nach Babylonien als eine Weissagung des drei Jahrhunderte älteren Königs Salomo thematisiert. Auf der liturgischen Ebene dient das Beispiel der Verbannung und der vorsichtig angedeuteten (V. 53) Befreiung als ein kräftiges Hoffnungszeichen für die neue Jahwegemeinschaft nach der Tempelrestauration. Die großen Vorbeter und Fürbitter Israels, Mose und Salomo, haben zu ihrer Zeit so kräftig ihr Wort zugunsten Israels vor Jahwe gebracht, und die Aufnahme des Exilsparadigmas in die Gottesdienstliturgie (ohne diesen entscheidenden Schritt wäre der Text nicht überliefert worden) hat es dem Bewusstsein eingeschärft, dass auch für die Gemeinde Hoffnung auf Vergebung und Hilfe bestand. Die Not des Exils blieb zur Zeit des Zweiten Tempels ein eindrucksvolles Paradigma für Gebet und göttliches Einschreiten.

Nach Sprache, Stil, Theologie weist die Gebetseinheit V. 31–53 eine frappierende Nähe zum Buch Leviticus aus (vgl. Lev 4; 5; 13; 26 etc.). Das Kasus für Kasus vorgetragene Interesse gilt den Verfehlungen von einzelnen und der Gemeinschaft (Stichwort: ḥṭ' „sich vergehen") und den möglichen Lösungsritualen. Das Gebet in 1 Kön 8,31ff ist eine Variante der Sündenlösung. Das Vokabular für „erbarmen", „sühnen" ist priesterlich. – Die sublime Spielerei mit ähnlich klingenden Verben und der Zahl „sieben" gerade in der Passage V. 46ff[373] dürfte ebenfalls auf das Konto priesterlicher Kreise gehen. – Stark himmlisch orientierte und universalistische Gottesvorstellungen, aber auch die verallgemeinerte, internationalisierte Anthropologie, die im Grunde weisheitlich anmutet, sind besonders in der persischen Zeit zu erwarten. – Eine Besonderheit im siebten Gebetsteil ist das Zitat eines Bußbekenntnisses (oder der Anfangszeile eines solchen), das sich mit den großen Bußgebeten der nachexilischen Zeit (Esr 9; Neh 9; Ps 106 und Dan 9) berührt. Ja, das Zitat in V. 47 scheint eine liturgisch gängige Formel für eine kollektives Schuldeingeständnis zu sein (vgl. Ps 106,6; Dan 9,5). Gattungsgeschichtlich gesehen ist 1 Kön 8,31–53 kein direkt verwendetes Gebetsmuster, es ist ein Bericht über eine geschichtliche Fürbitte für die exilisch-nachexilische Gemeinde. Aber in diesem Bericht begegnet die Anweisung: So sollt ihr in fernen Zeiten, d.h. in der Gemeinde des Zweiten Tempels, im Dreiklang der herrschenden Sündentheorie[374] beten: „Wir haben gesündigt, Schuld auf uns geladen und sind gottlos gewesen" (V. 47: ḥaṭa'nu weh^{e}winu raša'nu). Das Gebet Salomos dient als geschichtliche Anschauung, kann also als Modell gehört werden. Das eigene Gebet fußt auf der langen Tradition von Fürbitte, folgt aber einem eigenen Muster: In einer Notsituation muss Jahwe unter Bekenntnis der eigenen Schuld angerufen werden. Aus unserer distanzierten Position heraus erkennen wir allerdings, dass das salomonische Vorbild nichts anderes ist als ein in der nachexilischen Zeit gängiges Modell von Notbitte. 1 Kön 8,31–53 setzt auf Schritt und Tritt und Abschnitt für Abschnitt die Erfahrung der Gemeinde mit gottesdienstlichen Handlungen am Zweiten Tempel voraus. Wenn der Text dtr. Ursprungs ist, dann stammt dieses Stück des Geschichtswerkes aus dem 5., nicht aus dem 6. Jh. v.Chr.

Salomo agiert in der Tempelweihgeschichte nicht nur wie ein Priester, der riesige Mengen von Opfertieren darbringt (1 Kön 8,5.62–64). Vor allem ist er das Abbild eines Gemeindeleiters, welchem es zukommt, für (Lade und) Tora zu sorgen (V. 1–9), als Vorbeter Jahwe anzurufen und die Gemeinde zu segnen (V. 12–27), wobei manche Aussagen Predigtcharakter haben (vgl. V. 15–21). Die Könige sollten ja auch nach dtr. Meinung eher Toragelehrte als Politiker sein (Dtn 17,14–20). Nach diesem Maßstab werden sie dann auch im weiteren Verlauf der Königsgeschichte gemessen. Die meisten Monarchen nach Salomo schneiden schlecht ab, sie regieren nicht auf der Grundlage von Tora. Andere sind halbwegs erträglich, nur befolgen sie nicht das Zentralisationsgebot für den Opferkult. Nur einige erreichen bei der dtr. Aufarbeitung der Vergangenheit positive Noten; es sind die judäischen Reformkönige Asa (1 Kön 15,9–24), Joas (2 Kön 12,5–17); Hiskia (2 Kön 18–20); Josia (2 Kön 22f).[375]
Die Reformen der Königszeit betreffen den Tempel und seinen Kultbetrieb, die Tora und die Jahresfeste, Themen, die im späteren chronistischen Werk aufgenommen und ganz in den Vordergrund gestellt sind. Das bedeutet aber auch: Gerade diese Problemfelder hal-

---

[373] Vgl. J.D. Levenson, oben Anm. 157.
[374] Vgl. R. Knierim, Die Hauptbegriffe für Sünde im Alten Testament, Gütersloh 1965.
[375] Vgl H.-D. Hoffmann, Reform und Reformen (AThANT 66) Zürich 1980.

ten die Gemeinden der persischen Periode in Atem. Auf ihnen entscheidet sich das Selbstverständnis der Jahwe-Gemeinschaft. Und es wird wiederum klar, dass sich in der Behandlung der hochaktuellen Materie in den Königsbüchern die Erfahrung der Gemeinde mit dem und um den Zweiten Tempel niederschlägt. Ohne die lebendige Anschauung von der Tempelanlage und den dort vollzogenen Ritualen, ohne die schon fest etablierten Bräuche um Toralesung und -interpretation und die eingebürgerten Festzeiten und -sitten hätten die Reformberichte kaum verfasst werden können. Von dieser Einsicht her kann man die nachexilische Herkunft der relevanten Schilderungen im dtr. Geschichtswerk fordern. König Asa bekommt, wahrscheinlich mehr zufällig, nur eine summarische Bescheinigung über seine positive Wirksamkeit: „Er tat die Tempelhurer aus dem Lande und entfernte alle Götzenbilder …" (1 Kön 15,12), „er zerschlug … das Gräuelbild", nämlich der Aschera, das seine Mutter Maacha hatte anfertigen lassen (V. 13); ferner findet seine Grundeinstellung Anerkennung: „… jedoch das Herz Asas war ungeteilt bei Jahwe sein Leben lang" (V. 14). Die anderen drei Reformer werden mit detaillierteren Berichten gewürdigt. Joas unternimmt umfangreiche Renovierungsarbeiten am Tempelgebäude, in der altorientalischen Geschichte immer eine staatstragende und geschichtsmächtige Maßnahme (2 Kön 12,5–17; vgl. den Abklatsch der Episode in der Josia-Geschichte, 2 Kön 22,3–7). Bemerkenswert ist, dass der König die Kosten für die Restauration aus Spenden und Abgaben des Volkes aufbringen muss. Das dürfte ein reiner Anachronismus sein, war der Tempel in der Königszeit doch Teil der Palastanlagen, dynastisches Heiligtum und erst über die Figur des Monarchen Staatsheiligtum. Der Text lässt also die mehr privaten Finanzverhältnisse des Zweiten Tempels erkennen. Überdies macht er uns mit Problemen der späten Tempelwirtschaft bekannt: Die regulären Einkünfte – Gebühren für verschiedene Amtshandlungen und Steuern (V. 5; textlich und sachlich nicht sicher zu identifizieren) – werden nicht zur Bauunterhaltung verwendet, sondern landen offenbar in den Taschen der Priester (V. 7–9). Joas bzw. sein Ziehvater, der Priester Jojada, hat nun die glorreiche Idee einen zusätzlichen Gotteskasten für die Renovierung des Gebäudes aufzustellen (V. 10–17). Mit den nun regelmäßig fließenden, zusätzlichen Spenden der Tempelbesucher kann das Erneuerungswerk vonstatten gehen. Es geht strikt um die Sanierung der Bausubstanz; Tempelgeräte und Priestergehälter werden nicht aus Spenden, sondern weiter über die Gebühren bezahlt (V. 14.17). Der ganze Abschnitt atmet die Vorstellungen, Finanz- und Strukturprobleme der nachexilischen Zeit. Erst der Zweite Tempel ist von Grund auf und in allen Belangen von Spenden und Beiträgen der Bevölkerung abhängig. Fünf der acht Bundesverpflichtungen von Neh 10 – die wortreichsten und nachdrücklichsten – beziehen sich auf den Unterhalt von Tempel und Priesterschaft (V. 33–40). Die priesterlichen Schichten des Alten Testaments sind voller Debatten und Vorkehrungen, die sich dem Hause Jahwes, d.h. dem Zweiten Tempel, widmen (vgl. die „Opfergabe" = $t^e rumah$ Ex 25,2–9; 30,11–16; 35,4–29; dazu die „Gaben" der „Anführer" Num 7). Wesentlich ist die Verantwortung der ganzen Gemeinde. Gelegentlich heißt es sogar betont, von allen „Männern und Frauen", die zu Jahwe gehören (Ex 35,20–29). Die Berufung, Anstellung und Bezahlung der Handwerker wird Ex 36,1–7 ähnlich wie in der Joas-Perikope dargestellt. Ex 38,21–31 enthält eine Art Abrechnung, zumindest was die gespendeten Materialien angeht. Verschiedene Anweisungen des Buches Leviticus kümmern sich um den Unterhalt der Priester und ihrer Familien (vgl. Lev 2,3.10; 6,9–11.19–23; 7,14.31–36; 22; Ezek 44,28–31; 48,8–22 usw.). Sie sind in jener Zeit nicht mehr königliche Beamte, sondern Angestellte der Gemeinde und müssen von ihr unterhalten werden. Kurz, die im Alten Testament enthaltenen Schilderungen des Jerusalemer Tempels während der Monarchie und der dort amtierenden Priester sind zum ganz überwiegenden Teil nachexilischer Herkunft und setzen den Zweiten Tempel voraus. Ihn benutzen sie als Modell, auch wenn die Tradenten von der mosaischen Stiftshütte oder dem Heiligtum Salomos reden. Die Restaurierung unter Joas ist ein Paradebeispiel für die Projektion nachexilischer Zustände in die Königszeit.

In der dtr. rekonstruierten Reformlandschaft spielen die Könige Hiskia und Josia eine besondere Rolle. Der erstere bekommt im Rückblick die Höchstnote unter den Monarchen Judas:[376] „Er vertraute Jahwe, dem Gott Israels, so dass unter allen Königen von Juda seinesgleichen nach ihm nicht war noch vor ihm gewesen ist. Er hing Jahwe an und wich nicht von ihm ab und hielt seine Gebote, die Jahwe dem Mose geboten hatte. Und Jahwe war mit ihm, und alles, was er sich vornahm, gelang ihm." (2 Kön 18,5–7). Hiskias Verhältnis zum Tempel ist durch das kriegerische Auftreten der Assyrer bestimmt. Sie fordern eine riesige Tributzahlung, 300 Talente Silber (= 1026 kg), 30 Talente Gold (= 102,6 kg). Hiskia bezahlt die Summe aus dem Tempel- und dem Königsschatz (V. 14f). Ganz auf der Linie des Tempelweihgebetes bringt der König dann seine und des Volkes Not im Tempel vor Jahwe (2 Kön 19,14–19). Nach seiner wunderbaren Genesung und Lebensverlängerung verspricht Hiskia ferner, das Dankgebet im Tempel zu verrichten (2 Kön 20,8). Jahwe sagt seinerseits den Schutz der Stadt Jerusalem zu und wehrt den Angriff des Assyrerkönigs präventiv ab (2 Kön 19,32–37). Weitere Hinweise auf Engagements für den Tempel und die Priesterschaft fehlen. Das Bild vom Tempel, das andeutungsweise durchklingt ist jenes vom zentral wichtigen Bethaus Israels. Die summarische Darstellung von Hiskias Taten verstärkt diese nachexilische Vorstellung. Hiskia soll energisch, wie kaum ein König sonst, gegen die lokalen Heiligtümer vorgegangen sein, damit Jerusalems Tempel zu seiner vollen Geltung kommen konnte: „Er entfernte die Höhen und zerbrach die Steinmale und hieb das Bild der Aschera um und zerschlug die eherne Schlange, die Mose gemacht hatte." (2 Kön 18,4). Im übrigen ist sein Bild nach dem Muster des exilisch-nachexilischen Frommen gezeichnet. Er ist weder Politiker noch Militär, er setzt in der assyrischen Krise und in schwerer Krankheit seine ganze Hoffnung auf Jahwe, den Helfer und Retter (2 Kön 18–20), er „vertraute" seinem Gott (2 Kön 18,5; vgl. 18,19–24; Ps 115,8–11). Der Bevollmächtigte („Engel") Jahwes vernichtet die assyrische Armee (2 Kön 19,35–37) und der Prophet Jesaja bringt die Nachricht von Heilung und Lebensverlängerung (2 Kön 20,2–11), wieder unterstützt, wie schon in der Josuageschichte, von einem spektakulären, mit dem Sonnenlauf verbundenen Wunderzeichen (V. 8–11; vgl. Jos 10,12–14).

Bei Josia finden wir ein ähnliches Grundmuster, doch verschieben sich die Akzente (2 Kön 22f). Zunächst verschreibt sich der König den immer wieder anfallenden Bauunterhaltungsmaßnahmen, ganz wie sein Vorgänger Joas (2 Kön 22,3–7). Die Passage scheint ein Exzerpt aus der ausführlicheren Joas-Geschichte zu sein und dient dem Überlieferer an dieser Stelle eigentlich nur zur Einleitung seines Hauptthemas: Bei den Renovierungsarbeiten am Tempel wird die – verschollene? – Tora entdeckt (22,8ff). Die dann auch in Angriff genommenen Säuberungen des Tempels von fremden Religionssymbolen und die umfassende Vernichtung aller anderen Kultstätten mitsamt ihrem Personal (2 Kön 23,4–20) ist ein zweiter Topos, der aber dem Torathema untergeordnet scheint. Ein drittes Motiv ist die Verklammerung der Weissagung gegen den Altar von Bethel (1 Kön 13,30–32) mit der Ausführung des Prophetenwortes durch Josia (2 Kön

---

[376] Vgl. die ähnlich hohe Einstufung Josias in 2 Kön 23,25; über David und Salomo waren zu viele negative Geschichten in Umlauf, als dass die nachexilischen Theologen sie so absolut hätten herausstreichen können.

23,16–18). Das Schwergewicht liegt aber zweifellos auf der Toraperikope (2 Kön 22,8–23,3; 23,21–24). Um die geschichtliche Authentizität dieses Berichtes hat es in der Wissenschaft lange Auseinandersetzungen gegeben. Doch schon Ernst Würthwein hat, eigentlich unwiderleglich, auf den historischen Anachronismus hingewiesen:[377] Ausgerechnet der letzte bedeutende König Judas soll kurz vor dem Ende der Monarchie die Tora des Mose wieder gefunden und mittels Bundesschluss in ihre legitime Stellung eingesetzt haben? Und das, obwohl er und alle seine Vorgänger im dtr. Deutungsschema ständig just nach diesem „Gesetzbuch" beurteilt worden sind? Geschichtlich gesehen ist der Bericht von der Wiederauffindung der Tora eine Legende. Sie hat theologischen Hintergrund und theologische Abzweckung. Die Frage ist nur, wann und in welchen Kreisen eine derartige Fabel entstanden sein kann. Die pointierte, für selbstverständlich erachtete und keinerlei inhaltliche Erklärung erforderlich machende Rede vom „Buch der Tora", „dem Buch", dem „Buch des Bundes" bezeichnet offensichtlich eine feste Größe, eine anerkannte, heilige Schrift. Mit größter Wahrscheinlichkeit ist aber eine derartige „kanonische" Fassung eines „Buches" – was auch immer sein Umfang und Inhalt gewesen sein mag – erst nach der Konstitution der Tempelgemeinde, d.h. in persischer Zeit, zustande gekommen. Frühestens vom 5. Jh. v.Chr. an war dann allerdings „das Buch", um das es in unserer Josia-Überlieferung geht, der Angelpunkt des Gemeindelebens und der persönlichen Existenz aller Jahwe-Anhänger. Der Bericht von der Entdeckung dieser heiligen Schrift und ihrer Einsetzung als Bundesurkunde ist also im Blick auf die nachexilische Gemeinde erzählt, und zwar von den Schriftkundigen und Liturgen eben jener Tora-orientierten Glaubensgemeinschaft. Was war die Absicht der Schreiber und Tradenten? Genügte ihnen nicht die Verankerung ihrer geheiligten Gottesworte aus Moses Mund in der fernen Gründerzeit (vgl. Ex 24,3–8; Dtn 31,9–13.19–22; Jos 24,25–28)? Offensichtlich nicht; die ganze Geschichte des Volkes Jahwes sollte nach den Regeln der erwählten Gemeinde im persischen Reich verlaufen. Auch die Königszeit war nur unter dem Modell einer Konfessionsgemeinschaft auf der Grundlage von Tora zu akzeptieren. Darum spielt der Tempel eine so hervorgehobene, anachronistische Rolle für das Volk. Darum sind die Könige teilweise Schriftkundige und Vorbeter. Darum muss wenigstens einer in der judäischen Dynastie Bundesschluß und Passahfest rite nach den Regeln der Tora feiern. Die nachexilischen Theologen bestimmten für diese Rolle Josia, den strahlenden König von Jahwes Gnaden. Er setzt seiner schon vom Untergang geprägten Zeit ein Zeichen entgegen: Eine Gemeinde, die sich zu Jahwe bekennt, wird nicht verloren gehen, solange sie sich an das heilige Wort ihres Gottes hält.

Die Frage ist angebracht, ob es im dtr. Geschichtswerk weitere erkennbare Interessenspiegelungen der nachexilischen Periode gibt. Der Seitenblick auf das viel stärker gemeindlich geprägte chronistische Werk kann, wie gesagt, helfen, solche späten Konstellationen zu erkennen. Sind die Könige Judas beim Dtr. anfänglich und beim Chronisten voll als Funktionäre der neu konstituierten Jahwegemeinde ausgemalt, so mögen auch andere späte Ämter anachronistisch in den Geschichtserzählungen auftauchen. Wie hält der Dtr. es mit Priestern, Leviten, Schreibern, Propheten, Liturgen, Gemeindevorstehern? Wer verbirgt sich hinter den königlichen Beamten und dem Hofstaat? Weiter sollte man die dargestellten Verhältnisse Israels zu den Nachbarn und Großmächten untersuchen: Sind sie in Richtung auf nachexilische Zustände verzeichnet? Vor allem

---

[377] Vgl. E. Würthwein, Die Josianische Reform und das Deuteronomium (1976), in: derselbe, Studien zum deuteronomistischen Geschichtswerk (BZAW 227) Berlin 1994, 188–216.

aber könnten die theologischen Perspektiven des dtr. Überlieferungskomplexes für unsere Fragestellung wichtig sein. Wie weit lassen die aus der Früh- und Königsgeschichte vorgeführten Vorstellungen von Gott und Welt die Konturen einer späteren Zeit erkennen? Und als Kontrollfrage sollte man sich die negative Erkundung nicht entgehen lassen: Welche charakteristischen Konstellationen der persischen Periode fehlen in der dtr. Geschichtsdarstellung? Das ist ein umfangreiches Forschungprogramm. Einige Bemerkungen zur Sache müssen an dieser Stelle genügen.

Wenn nicht alles täuscht, sind außer dem predigenden, betenden, gemeindeleitenden König im DtrG. noch einige andere spätere Gemeindeämter abgebildet. Bei den Priestern und Leviten, deren Ahnenreihen in die tiefe Vergangenheit zurückreichen, könnte das aus der Chronik bekannte Spannungsverhältnis zwischen verschiedenen Priestertraditionen als ein Kriterium für späte Über- oder Ausmalung dienen. Denn erst am Zweiten Tempel dürfte die Legitimation der Altardiener unter anspruchsberechtigten Clans umstritten gewesen sein und zu heftigen Auseinandersetzungen geführt haben (vgl. Lev 10; Num 16). In der Königszeit wurden derartige Probleme durch das Machtwort der Regierung gelöst; diese Autorität fehlte im wiedererstandenen Jerusalem der Perserzeit. Die Zentralregierung bestimmte höchstens die politische Führung in der Provinz. Von streitenden Priesterfamilien hören wir allerdings wenig im Dtr. Möglicherweise las man in der Perserzeit die Geschichten von korrupten Priestern an Lokalheiligtümern wie Silo (1 Sam 2,12–17) oder von politisch verdächtigen Priesterschaften wie der des Heiligtums Nob (1 Sam 21,2–10; 22,6–19) als Hinweis auf unorthodoxes Priesterverhalten. In der Tat zieht sich durch das DtrG. hindurch die Rechtfertigung des zadokidischen, ursprünglich wohl jebusitisch-jerusalemitischen Priesterclans. Er wurde schließlich in die Ahnenreihe der Levitischen Aaroniden eingepflanzt. Schon bei der Verurteilung der Eli-Söhne von Silo erfolgt die (deuteronomistische!) Weissagung: „Ich will mir einen treuen Priester erwecken ..." (1 Sam 2,35). Diese Voraussage zielt offenbar auf die Installation des Zadok als Oberpriester und Minister für religiöse Angelegenheiten in den Regierungen Davids und Salomos (2 Sam 8,17; 15,24f; 1 Kön 1,8; 2,35; 1 Chr 5,34.38).[378] Die politischen und wirtschaftlichen Implikationen der zadokidischen Vorrangstellung sind überall sichtbar. Das dtr. Geschichtswerk stellt in mehreren Zusammenhängen die Grundlagen der Tradition zur Verfügung, die der späteren Position dieser Priesterfamilie zugute kommen. Aber schon diese vorbereitende Legitimation dürfte in die Zeit des Zweiten Tempels fallen. Die Problematik der levitischen Herkunft der Jerusalemer Priesterschaft ist damit verknüpft und ebenfalls virulent (vgl. Jos 3,3; 8,33). Jos 20f schließlich sprechen bei der Festsetzung der „Asyl"- und „Levitenstädte" im Blick auf die zukünftige Zeit sogar schon vom „Hohenpriester", der einmal regieren wird (Jos 20,6) und verraten damit eindeutig die nachexilische Herkunft eines solchen *vaticinium ex eventu*.

Sind weitere Ämter aus der frühen jüdischen Gemeinde schon im DtrG. bekannt oder transparent? Leviten und Schreiber, die im chronistischen Werk eine so große Rolle spielen, treten zurück. Schreiber sind bei den Dtr. vor allem königliche Beamte. Es wäre höchstens zu fragen, ob der unter Josia dienende Schaphan (vgl. 2 Kön 22,3ff) nicht doch unterschwellig auch das Profil eines Toraexperten der Gemeinde hat. Nachkommen dieses Beamten tauchen mehrmals als Sympathisanten oder gar Funktionsträger der Jahwegemeinschaft auf (vgl. Jer 26,24; 36,10ff; 39,14; Ez 8,11). Leviten sind nur bei-

---

[378] Vgl. J.G.McConville, Priesthood in Joshua to Kings, VT 49 (1999), 73–87; D.W. Rooke, Zadok's Heirs, The Role and Development of the High Priesthood in Ancient Israel, Osnabrück 2000.

läufig erwähnt. Sie sind Wanderpriester (Ri 17f) oder abgesonderter Sakralstamm (Jos 21), Ladeträger (1 Sam 6,15; 2 Sam 15,24) und Priesterassistenten (1 Kön 8,4). Das chronistische Konkurrenzverhältnis tritt (noch) nicht in Erscheinung. Der Legitimationsdruck für die (levitischen!) Zadokiden ist allerdings unverkennbar. – „Richter" ($šop^etim$) und „Amtsleute" ($šot^erim$) sind, wie schon angedeutet, für das DtrG. charakteristische Bezeichnungen von Leitungsfunktionen, nur wissen wir nicht genau, wie diese strukturiert waren und welche Vollmachten sie einschlossen. Beide können in der nachexilischen Periode schon etwas mit der Auslegung und Pflege der Tora zu tun gehabt haben. Die „kleinen" Richter (Ri 10,1–5; 12,8–15) mögen nach dem späteren Verständnis Leitungsfunktionen in der Jahwegemeinschaft ausgeübt haben. Wohlgemerkt, es geht nicht um die historischen Rollen dieser Anführer,[379] sondern um die Interpretation ihrer Funktionen aus der Sicht der Gemeinden des Zweiten Tempels. Aus der späten Perspektive galten die Könige als Liturgen, Vorbeter, Prediger, Versammlungsleiter Altisraels. „Richter", und sicherlich auch die ominösen „Amtsleiter", die ja den Priestern oft deutlich vorgeordnet sind (vgl. Jos 3,2f; 23,2: „Älteste, Oberhäupter, Richter, Amtsleute" – ohne Erwähnung der geistlichen Stände; so auch Jos 1,10; 24,1) waren zivile Bezeichnungen für Gemeindeleiter. Vielleicht ist im Begriff der „Amtsleute" auch die Funktion des Schreibers mit angedeutet.

Wie schon immer von Fachleuten hervorgehoben, kommt den Propheten im DtrG. eine besondere Rolle zu. Nicht umsonst heißen die „Geschichtsbücher" von Josua bis 2 Könige in der hebräischen Überlieferung die „vorderen Propheten". Die Geschichte des Volkes Jahwes wird ständig vom Gotteswort, vermittelt durch Prophetenmund, angetrieben. Im Buch Josua wirkt das Mosewort noch unmittelbar nach, im Richterbuch hat der Geist Jahwes unmittelbaren Einfluß auf die Anführer, von Samuel bis Könige treten je und dann namentlich genannte, besonders beauftragte Boten des Gottes Israels in Erscheinung. Wie schätzten die Gemeinden im persischen Reich aus der Rückschau diesen ganzen, von Jahwe durch seine Mittelsmänner gesteuerten Geschichtsverlauf ein? Was bedeutete der nachexilischen Gemeinschaft überhaupt die „klassische" Prophetie, und wie weit beurteilte sie jene alten Gottesboten nach den zeitgenössischen Mustern des lebendig in Szene gesetzten Gotteswortes? Die Vorstellungen vom Prophetentum in der frühjüdischen Gemeinde lassen sich in etwa aus den Schriften der Periode entnehmen: Gegen spontane, kritische Einsprüche von Seiten der Gottheit hatte man starke Bedenken (vgl. Neh 6,14; Sach 13,3–6). Jahwes Wort geschah durch erwählte Menschen auf der Grundlage der Tora. Dtn 18,15 und 34,10 setzen die Maßstäbe fest: „Einen Propheten wie mich wird dir Jahwe, dein Gott erwecken …". „Und es stand hinfort kein Prophet auf in Israel wie Mose …".

Der zweite, noch anonyme Prophet (*nabi'*), welcher im DtrG. auftritt, redet ganz klar als Toraverkündiger: Er predigt den Exodus und die Landverheißung (Ri 6,7–10): Darstellung und Botschaft sind dtr. und nichts weiter als Schriftzitate. Sie gründen sich auf eine schon vorhandene autoritative Quelle, und diese Vorgabe kann erst nach Beginn der persischen Ära vorhanden gewesen sein. – Der erste Auftritt einer Gottgesandten ist weniger eindeutig. Debora „richtet Israel", wird als „Prophetin" ($n^ebi'ah$) bezeichnet und agiert in ihrem Wort an Barak annähernd als solche (Ri 4,4–7). Von diesem ersten Auftreten einer $n^ebi'ah$ spannt sich ein Bogen bis hin zur letzten Prophetin im DtrG., der berühmten Hulda (2 Kön 22,14–20). Alle anderen Prophetengestalten sind in diesen

---

[379] Es geht auch nicht um die Nothsche Hypothese, die kleinen Richter seien amphyktionische (Tora) Schlichter gewesen. S.o. Anm. 148 (U. Rüterswörden; K.-D. Schunck).

Wurf eingeschlossen. Auch Hulda ist auf die Tora fixiert, muss sie doch ihr Gutachten zu der gerade entdeckten Torarolle abgeben. Erstaunlicherweise bemühen die Dtr. in einem so außerordentlich wichtigen Fall eine weibliche Prophetengestalt. Sie richtet den königlichen Boten eine klassische Unheilsansage aus, aber aufgrund der im „Buch" verzeichneten Flüche (2 Kön 22,15f). Sprache, Stil, theologischer Gehalt des Spruches gehören in den dtr. Bereich, wie oben bereits festgestellt. Zwischen Debora und Hulda entfalten die Überlieferer an wichtigen Wendepunkten der Geschichte eine rege Prophetenszenerie. Sie zeigt wiederum Anklänge an das nachexilische Milieu. Samuel, Elia, Elisa, und einige, mit Namen genannte Hofpropheten sind die Hauptakteure des großen Geschichtsberichtes. Die Erzählung vom jungen, dem Tempel geweihten Samuel (1 Sam 3) ist ein Lehrstück über frühjüdisches Prophetenverständnis. Der Knabe lernt seinen Beruf, Jahwes Stimme zu erkennen und weiter zu sagen, ausgerechnet bei Priestern, eine geistliche Symbiose, die auf die gemeindliche Organisation und Theologie des Zweiten Tempels verweist. Nur in der Jahwegemeinschaft der atl. Spätzeit flossen priesterliches und prophetisches Tun so zusammen, wie auch in anderen Textgattungen zu erkennen ist (vgl. Ez 1–3; Sach 3f; Ps 95). Das „Wort Jahwes war rar" geworden, es gab „keine Visionen mehr" – das sind Feststellungen der nachexilischen Epoche (vgl. Jes 58,2; 59,9–15; Ps 74,9). Das „Wort Jahwes" ist bereits zu einem festen Begriff geworden; es bezieht sich auf vorher Angesagtes, spricht generelle, langfristige Urteile aus, zielt auf den größeren literarischen Zusammenhang der Priesterfamilien Elis und Zadoks (1 Sam 3,11–14; vgl. 2,27–36). Der „Gottesmann" von 1 Sam 2,27 und Samuel bringen ihre „prophetische" Botschaft als Tora-gerechte Ermahnung oder als Predigt bekannter Satzungen an lauschende Zuhörer. Sie argumentieren wie Ausleger der Schrift, obwohl die Tora nicht erwähnt wird. Das Prophetenverständnis der späteren Gemeinde verlangt vom Gottgesandten, dass er im „Wort" Jahwes verankert ist (vgl 1 Sam 3,1) und dieses Wort mit seinen Botschaften lediglich zur Wirkung bringt. Der Prophet ist ausführendes Organ des bekannten und verpflichtenden Gotteswortes. Bei Samuels Botschaft an Eli geht es zudem um die persönliche Verantwortung des Angeredeten für seine Amts- und Lebensführung und für das Verhalten seiner Sippe. Glaube und Ethos der einzelnen Gemeindeglieder stehen auf dem Spiel. Sie sind seit der frühjüdischen Epoche das A und O alles Glaubenslebens. Hinzu kommt das Betragen des Kollektivs „Israel". Samuel spricht auch die ganze Gemeinde als dtr. Prediger an:

> Wenn ihr euch von ganzem Herzen zu Jahwe bekehren wollt, so tut von euch die fremden Götter und die Astarten und richtet euer Herz auf Jahwe und dient ihm allein, so wird er euch erretten aus der Hand der Philister. (1 Sam 7,3)

Die lange Abschiedsrede des ersten, im DtrG. umfassend dargestellten Propheten zeigt noch einmal die Qualitäten des in der Tora gegründeten Gemeindeliturgen (1 Sam 12,6–24). Samuel predigt in der Nachfolge des Mose, wie sehr Jahwe dem Volk gewogen gewesen ist, und wie ungeheuerlich der vielfache Abfall Israels von Jahwe war (V. 6–11). Dann kam in der Ammoniterkrise von 1 Sam 11 noch der lästerliche Wunsch nach einer Königsverfassung hinzu (V. 12), gleichbedeutend mit der Absage an die theokratische Führung durch Jahwe. Die Problemstellung kann in gewissen Grenzen vordynastisch sein, ist hier aber eindeutig nachmonarchisch. Erst im Nachhinein stellt sich die reale Alternative zwischen königlicher und göttlicher Leitung. Sie wird in unserem Belegtext nach einer Demonstration der übermenschlichen Macht und des Rechts Jahwes (V. 16–19) auch gleich wieder als unerheblich verlassen. Die politischen Verhältnisse haben sich eben geändert, sie sind ja auch gar nicht mehr monarchisch geprägt, also gilt die alte Frage nach dem Gehorsam gegen Gott in einer neuen Situation. Es geht um Treue ausschließlich zu Jahwe (12,20–25).

Samuel ist nicht mit dem Titel „Prophet" ausgezeichnet, aber er verhält sich nach dem Rollenbild eines Propheten im 5. Jh. v.Chr. Der Jahwe-Gesandte hat den möglichen Abfall zu anderen Kulten als Hauptgefahr zu geißeln; er muss die Großtaten Jahwes für sein erwähltes Volk hervorheben und zu exklusiver Verehrung dieses einen Gottes anhalten. Und die Hauptfunktionen des von Jahwe Beauftragten sind schlicht die Fürbitte für die Gemeinde und die gute und richtige Belehrung der Konfessionsverwandten (V. 23). Das heißt aber: Der Prophet dieser Epoche ist bereits völlig in die (schriftliche!) Tradition der Gemeinde eingebunden, er lehrt die Heils- und Erwählungsgeschichte aus frühjüdischer Sicht, wie das auch der vorbildliche Mose getan hatte, und wie es in der gottesdienstlich-liturgischen Tradition üblich war (vgl. Ps 78; 106; 136; Esr 9; Neh 9). Der Prophet Samuel bleibt nach seinem Abschied noch einige Kapitel länger im Dienst. Er kritisiert vor allem den neuen König Saul und wirkt weiter als Königsmacher (vgl. 1 Sam 13,7b–14; 15,24–31). Die Krise um Saul kulminiert 1 Sam 15, als jener angeblich die Bann-Regeln des Heiligen Krieges ignoriert und eigenmächtig den besiegten König der Amalekiter und auserwähltes Beutegut vor der Vernichtung bewahrt. Samuel, der strenge Ausleger der $ḥerem$(„Bann")-Gesetze von Dtn 20 ist mit den eigenmächtigen Interpretationen Sauls nicht zufrieden, selbst nicht mit dessen Insinuation, er wolle die aufgesparten Beutestücke doch nur regelrecht und in würdigem Rahmen Jahwe zum Opfer bringen. Der radikale „Prophet" (bzw. Tora-Lehrer) fordert bedingungslose und sofortige Umsetzung der Gebote für den Heiligen Krieg. Seine Argumentation klingt durch und durch nachexilisch: „Gehorsam ist besser als Opfer ..." (1 Sam 15,22). Parallelstellen wie Ps 50,7–15; 40,7–11; Jes 1,11–17; Jer 7,21–23 kommen sofort zu Bewußtsein; sie entstammen der späten Zeit, als der Altardienst in seiner Bedeutung hinterfragt werden musste und der überlegene Wert eines persönlichen Verhältnisses zu Jahwe erkannt und etabliert wurde. Darum sind das „Hören" (V. 23: $šm'$, „gehorsam sein" ist leicht misszuverstehen!) und „Aufmerken" auf die Weisung Jahwes so viel wichtiger als ein gelungenes Opferritual, das in sich nur mechanisch und transsubjektiv wirken kann. „Ungehorsam" (m^eri) und „Widerstreben" ($hapṣar$) sind weniger gebräuchliche Antonyme, die selbstverantwortliche Abkehr von und Auflehnung gegen Jahwe bezeichnen. Das ganze Problemfeld, die individuelle Stellung zur Gottheit, ist typisch für die nachexilische Glaubensgemeinschaft. Der oben gezeichnete Samuel bewegt sich also im Raum der späten Gemeinde. Es mögen ältere Züge im Samuelbild zu entdecken sein, die eines Schamanen, Lokalpriesters oder Ombudsmannes, aber das dtr. Schrifttum reiht ihn unter die nachexilisch gefärbten Prophetengestalten ein, bzw. stellt ihn der Reihe voran.

In der Reihe der wirklichen Toraprediger erscheinen nach Aufstieg und Thronfolge Davids die berühmten Gestalten Elias und Elisas, z.T. verstreut innerhalb des Komplexes 1 Kön 17 – 2 Kön 13. Beide Figuren sind voneinander abhängig, sie haben verwandte Tradentenkreise hinter sich. Beide sind offenbar mehrschichtig: Einerseits stellt die Überlieferung sie als Eiferer für Jahwe und kompromißlose Vorkämpfer für dessen ausschließlichen Bund mit Israel dar, andererseits kehrt sie die populären, wundersamen Züge von Heilpraktikern und Gottesmännern hervor. Vielleicht liegen beide Stränge der Tradition nicht so weit auseinander, kann man doch auch im Josua- und Richterbuch reichlich Wunderhaftes, das dem Dtr. zuzuschreiben ist, zur Kenntnis nehmen. Wie dem auch sei, im Vordergrund des Elia- und Elisabildes steht der Eifer für Jahwe. Die meisten Interpretinnen und Interpreten des DtrG. halten die Prophetengestalten für geschichtlich, erkennen aber spätere Überarbeitungen der Berichte an.[380] Mir scheinen Elia und Elisa von Grund auf fiktive Gestalten zu sein, die aus der Perspektive der nachexilischen Gemeinde in den Ablauf der Königsgeschichte hineinkomponiert worden sind. Sie wirken im Kontext des 9. Jh. anachronistisch. König Ahab und seine sidonische Gemahlin Isabel, der die Hauptschuld an Israels Abgötterei zugeschoben wird, können nicht als historische Rechtfertigung der Jahwe-allein-Bewegung herhalten. Ihre Jahwe- und Prophetenfeindschaft ist genauso das Werk der dtr. Schreiber oder Redaktoren wie der Jahweeifer Elias und Elisas. Zwar sind die Überlieferungen über beide Gottesmänner vielschichtig und komplex, aber die hervorstechenden Züge ihres Bildes gehören nicht in die alte Königszeit, sondern in die Periode des Zweiten Tempels. Das muss kurz dargestellt werden.

Elia ist der große Kämpfer gegen die Baalspropheten (1 Kön 18). Er allein ist dem Wüten der Königin Isabel entgangen, dennoch stellt er sich todesmutig dem Intimfeind auf dem israelitischen Thron entgegen und befiehlt ihm, das Heer der 850 Baals- und Ascheraprophten zum Wettkampf auf Tod und Leben gegen ihn aufzubieten. Auf dem Karmel kommt es zur Entscheidung. Elia hält zunächst nach Art des Mose und Josua eine Bekehrungspredigt an das Volk: „Wie lange hinket ihr auf beiden Seiten? Ist Jahwe Gott, so wandelt ihm nach, ist's aber Baal, so wandelt ihm nach." (V. 21). Dann bestimmt er die Bedingungen für das durchzuführende Gottesurteil. Die Konkurrenten schlachten und präparieren ein Opfertier; der wahre Gott wird sein Feuer auf den Holzstoß Elias schicken (1 Kön 18,23f). Das Ergebnis ist bekannt und hat in der Traditionsgeschichte eine große Wirkung entfaltet. Die Baalsdiener bemühen sich redlich, unter Einsatz ekstatischer Tänze und blutiger Selbstkasteiung, ihren Gott zum öffentlichen Eingreifen zu bewegen. Vergebens. Elia hingegen verschärft noch die Bedingungen für seinen Gottesbeweis. Er überschüttet den Holzstoß unter dem Opfertier dreimal mit Wasser, betet dann zu Jahwe, und das ersehnte Feuer fällt vom Himmel. Das Bittgebet des Propheten zielt äußerlich auf die Gemeinde, es soll sie bekenntnisbewusst machen. Implizit aber soll die sichtbare Erhörung seine Bitte auch eine Demonstration gegen Baal und eine Einschüchterung von dessen Anhängern sein (vgl. V. 36f). Die schroffe, unversöhnliche Gegenüberstellung von Jahwe und den „anderen" Göttern ist ein Merkzeichen entfalteter Ausschließlichkeitstheologie. Der Gott der Voreltern, wie im Pentateuch vor Augen und Ohren, ist der eine, ausschließliche Gott der neuen Gemeinde. Sein Wort, seine Offenbarung ist als Richtschnur vorhanden. Gefordert ist die ungeteilte Hinwendung zu Jahwe, von seiten der Gemeinde und jedes einzelnen Mitglieds. Die verführerischen Baalspropheten werden hingeschlachtet (V. 40). Nicht die persische (oder die babylonische) Religion bringt Israels Glauben in Gefahr, sondern der benachbarte phönizische Kult. Das entsprach wohl der nachexilischen Wirklichkeit. Man lebte in einer pluralistischen, offenen Gesellschaft neben- und miteinander, die von der imperialen Macht kultur- und religionsübergreifend gestaltet wurde.

Dass die junge Gemeinde im Vielvölkerimperium existierte und besonders mit den Nachbarregionen und ihren Volksgruppen in engem Kontakt stand – schließlich war die Provinz Transeuphrat eine wichtige Verwaltungseinheit –, zeigen ausgerechnet einige Elisa-Geschichten. Von jenem manchmal exzentrischen Wundermann erzählt man sich u.a., er habe einen syrischen General von seiner gottgesandten Hautkrankheit geheilt (2 Kön 5). Außerdem spielt er (vielleicht im Verein mit einem unbekannten „Gottes-

---

[380] An Stelle einer ausführlichen Bibliographie vgl. nur: G. Hentschel, Die Elijaerzählungen (EThSt 27) 1977; H.-J. Stipp, Elischa – Propheten – Gottesmänner (ATS 24) 1987.

mann") eine Rolle in den Aramäerkämpfen israelitischer Könige und hat sogar eine göttliche Mission in Damaskus auszuführen (2 Kön 6f; 8,7–15). Er hat Kontakt mit einer Frau im nördlichen Sunem (2 Kön 4,8). Nimmt man diesen Beziehungen die geschichtliche Einkleidung, dann werden sie für die nachexilische Periode bedeutsam.

Die Geschichte des Generals Naeman hat novellistische Qualitäten. Eine israelitische Haussklavin bewegt den Aussätzigen dazu, Heilung bei Elisa zu suchen. Der Kranke wendet sich zunächst an den König in Samaria, erntet aber nur blankes Entsetzen von seiten des Monarchen: „Bin ich denn Gott, dass ich töten und lebendig machen könnte?" (2 Kön 5,1–7). Elisa hört von der Abwehrreaktion „seines" Königs, bietet Hilfe an, verordnet dem Kranken aber ohne Diagnose und durch einen Mittelsmann lediglich sieben Tauchbäder im Jordan (V. 8–10). Naeman ist erbost; er hatte wenigstens eine persönliche Begegnung und eine sachgemäße religiöse Zeremonie erwartet (V. 11f). Wiederum lässt er sich durch die Dienerschaft bewegen, der Anweisung des Propheten zu folgen. Und er wird wider Erwarten gesund (V. 13f)! Der General kehrt um, stattet Elisa seinen Dank ab. Er versucht, ihn fürstlich zu entlohnen, endet aber mit einer Bitte um zwei Maulesellasten von israelitischer Erde. Sie soll ihm die künftige Anbetung Jahwes im Heimatland ermöglichen.

Bei aller erzählerischer Kunst läuft die Geschichte auf theologische Aussagen hinaus, wie sie im Kontext der nachexilischen Gemeinde an der Tagesordnung sind. Einmal bekehrt sich der geheilte Aussätzige zu Jahwe, er wird ein syrischer Proselyt aus der höchsten Gesellschaftsschicht. Sein Bekenntnis hat den monotheistischen Klang der damaligen Zeit:

> Siehe, nun weiß ich, dass kein Gott ist auf der ganzen Erde, außer in Israel. (2 Kön 5,15aβ)

Hier wird Gott geographisch universal gedacht. Es gibt keine Gottheit, außer der, die in Israel beheimatet ist! Naeman hat den Alleinanspruch der Gemeinde auf die wahre Religion anerkannt. Darum fordert er, noch befangen in partikularistischen Vorstellungen, Erdkrume aus dem Land Jahwes, die ihm die Anbetung des allein wahren Gottes ermöglichen soll (V. 17):

> Dein Knecht will nicht mehr anderen Göttern opfern und Brandopfer darbringen, sondern allein Jahwe. (V. 17b)

Doch unerwartet bekommt er daneben eine Ausnahmegenehmigung, die ihm zu Hause das dienstliche Betreten eines anderen Tempels gestattet; er darf seinen König ins Rimmonheiligtum begleiten (V. 18). Die negative Aussage: „Es gibt keinen Gott, außer ..." ist im zweiten Jesajabuch dominant (vgl. Jes 44,6–8; 45,5.14.18.21; 46,9 etc.). Nachdrücklich heißt es in Naemans Bekenntnis, dass Jahwe mit dem Land und Volk Israel verbunden ist, auch Parallelen dazu finden sich in späten Texten (vgl. z.B. die Völkerwallfahrt zum Zion, Jes 2,2–4). Die theologische Sicht der Naemanperikope ist universalistisch, wie sie es erst nach dem babylonischen Exil sein kann. Das Gelöbnis, nicht mehr „anderen Göttern" zu opfern, „sondern allein Jahwe" passt am besten in die nachexilische Zeit (vgl. Dtn 5,6–10; Jos 24,14f; Jer 44,15–19 etc.). Die Erzählung ist ein Lehrstück über die Bekehrung zum rechten Glauben an den einzigen Gott, Jahwe. Sie besteht aus der Abwendung von den impotenten anderen Göttern (Abrenuntiation) und der Hinkehr zum Gott Israels. Das Modell des Übertritts zum Jahweglauben liegt manchen alttestamentlichen Texten unterschiedlicher Abzweckung zugrunde (vgl. Gen 35,1–4; Ex 12,43–50; Dtn 23,8f; Jos 24,14–24; Jes 56,6–8 etc.). Prosyletentum mit Glaubensbekenntnis ist aber erst nach der Konstitution der frühjüdischen Gemeinde möglich.

(Vorher galt soziale Integration als Anschlussmöglichkeit). Die Bedingungen zum Eintritt, die bei Naeman nur vage angedeutet werden, waren im Laufe der Zeit und in wechselnden Situationen umstritten (vgl. nur Dtn 23,2–9; Jes 56,1–8; Ex 12,43–49). Verschiedene Lösungen sind praktiziert worden. Bei der Naeman-Geschichte fällt die weitherzige Auslegung des Fremdgötterverbotes auf.

So manche andere Züge und Charakteristiken des Elia-Elisa-Zyklus fallen ins Auge, die gleicherweise in die Spätzeit und nicht ins 9. Jh. v.Chr. zu gehören scheinen. Das Mose-Modell der Offenbarung am Sinai wird reinszeniert (1 Kön 19); der Wunderglaube, schon im Josuabuch hervorstechend, feiert Urstände: dabei ist zum ersten Mal von Totenerweckungen die Rede (1 Kön 17,17–24: darin die der naemanschen vergleichbare Bekenntnisformel: „Nun weiß ich, dass du ein Gottesmann bist und Jahwes Wort in deinem Munde wahrhaft ist." V. 24; 2 Kön 4,18–37). Noch die Leiche des Elisa bewirkt die Wiederbelebung eines Beerdigten (2 Kön 13,20f). Die Fixierung auf eine feststehendes, bekanntes „Wort Jahwes" durchzieht alle Texte. Eine in die Darstellung aufgenommen Geschichte über den Propheten Micha ben Jimla (1 Kön 22) verstärkt die Eindrücke, dass es in der Zeit Elias und Elisas um die scharfe Auseinandersetzung mit dem Baalsglauben der Nachbarvölker ging, eine Projektion der Spätzeit, welche die Spannungen unter den semitischen Religionen des Vorderen Orients spiegeln. Kurz, der ganze literarische Zusammenhang von 1 Kön 17 bis 2 Kön 13 ist in hohem Maße verdächtig, eine späte Ausgestaltung der alten Königsgeschichte nach dem Muster von Vorstellungen des 5 Jh. zu sein. Ältere Überlieferungen sind eingearbeitet worden, so wohl auch die Berichte über Hofpropheten bzw. –priester: Abjatar dient dem David als Orakelbeschaffer (1 Sam 23,6.9; 30,7), Natan und Gad sind prophetische Mittler zwischen Jahwe und dem Königshof (2 Sam 7,2ff; 12,1ff; 1 Sam 22,5; 2 Sam 24,11ff). Die beiden letzteren agieren in Sprache und Haltung wie dtr. Gesandte Jahwes, sie stützen die Dynastie und halten sie auch auf dem richtigen, von Gott gebotenene Pfad.

Exkurs: Propheten, Tora und Gemeinde

Alles in allem können wir uns aus den verschiedenen Ämterkonturen und den Andeutungen über Tempel, Gemeindeversammlungen, Gebetsgewohnheiten usw. aus dem DtrG. ein Bild der frühjüdischen jahwistischen Glaubensgemeinschaft zusammensetzen und es mit den Befunden aus Esra, Nehemia, den Chronikbüchern und zeitgenössischen Psalmen vergleichen. Die Toraverlesung hat trotz Dtn 29–31 noch nicht die zentrale Bedeutung wie in Neh 8. Aber gottesdienstliche Handlungen, z.B. Tempelweihe, Opfer, Gebet, Predigt, Unterweisung sind kräftig bezeugt. Als Könige verkleidete Gemeindeleiter vollziehen alle Phasen dieses gemeindlichen Gottesdienstes. Die gekrönten Häupter, bzw. die unmittelbaren Nachfolger des Mose, rufen die Gemeinde zusammen und ordnen alle Zeremonien an. Was bedeutet das für die Wirklichkeit der frühjüdischen Konfessionsgemeinschaft? Es waren nicht die Priester oder allein die Priester, nicht Aaron und seine Nachkommen, welche der Gemeinde vorstanden. Laienelemente hatten ein großes Gewicht. Den Amtsnachfolgern des Mose, Urtyp ist Josua, kam anscheinend die oberste Autorität zu. Dieser Befund deckt sich auch mit den Verhältnissen in priesterlichen Überlieferungssträngen wie dem Buch Leviticus.[381] Der Grund dafür dürfte gewesen sein: Die heiligen Schriften enthielten den Schatz der Gottesoffenbarung. Und diese Schriften waren nicht den Priestern, sondern den Schreibern und Schriftgelehrten anvertraut. Die Könige der vorexilischen Zeit standen anscheinend den schriftgelehrten Autoritäten des 5. Jh. näher als die Priester, die ja seit unvordenklicher Zeit in erster Linie mit dem Altardienst identifiziert wurden. Versuche, ihnen die Sorge um und die Auslegung der Tora anzuvertrauen (Esra, der „Priester"), scheinen gekünstelt und sekundär. Wo aber standen nach dem Zeugnis der dtr. Überlieferer die Propheten? Sie behielten weitgehend

---

[381] Vgl. E.S. Gerstenberger, Leviticus (ATD 6) Göttingen 1993, 9–13; L.L. Grabbe, The Priests in Leviticus – is the Medium the Message?, in: R. Rendtorff und R.A. Kugler (Hg.), The Book of Leviticus (VT.S 93), Leiden 2003, 207–224.

die Aura der Schamanen, jener uralten Gottesmittler. Selbst Jesaja bekommt Züge eines archaischen Heilers (2 Kön 20,7). Alle Gottgesandten des DtrG. verfügen über mehr als menschliche Kräfte, die sie meistens durch das Jahwe-Wort, das ihnen anvertraut ist, aktivieren. Ein anonymer Gottesmann sagt dem Nordkönig Jerobeam I wegen dessen Amtsanmaßung in Bethel das Gericht an, das partiell eintritt, im übrigen erst am Ende der Königszeit vollstreckt werden soll (literarisches Mittel der Verklammerung! 1 Kön 13,1–5). Der Gottgesandte ohne Namen ist also nach der Darstellung des Dtr. eine außerordentlich machtbegabte Figur. Er gebraucht das Gotteswort kompetent und sicher, und es wird dann auch 2 Kön 23,16.20 zu seinem endgültigen Ziel kommen. Die kuriose Fortsetzung der Geschichte aber zeigt, dass auch imposante Verkündiger des Gotteswillens von ihrem Weg abgebracht werden und Schiffbruch erleiden können (1 Kön 13,11–32). Auch hinter dieser reflektiven und spitzbübischen Geschichte stecken vermutlich Fragestellungen und aktuelle Probleme der nachexilischen Periode (vgl. Jona). Ein altgedienter Prophet von Bethel verleitet den von seiner Mission heimkehrenden Amtsbruder, gegen die auferlegte Regel seine Gastfreundschaft (die eines Bürgers im unreinen Norden!) anzunehmen. Gott schickt sogleich einen Löwen, der den „ungehorsamen" Gesandten tötet, aber nicht auffrisst (ein Gotteszeichen! V. 24–26). Die 722 v.Chr. von den Assyrern vollzogene und theologisch 2 Kön 17 und unter Esra / Nehemia besiegelte Abspaltung des samaritanischen Gebietes ist hier vorausgesetzt. Funktionen und Lebensweisen der Gottesmänner und Propheten werden also im DtrG. farbig und facettenreich dargeboten. Was folgt daraus für die frühjüdische Gemeinde? Welche realen Aufgaben hatten die Gottgesandten in der persischen Periode? Gab es sie überhaupt noch in einer Gemeinde, die von der heiligen Schrift zu leben begann, oder sind die Propheten lediglich in die Vergangenheit projizierte Tora-Verkünder?

Die Fragen sind nicht einfach zu beantworten. Insgesamt lässt sich im DtrG. die Annäherung des Prophetenbildes an die Leitfigur des Mose, also an die des Tora-Vermittlers konstatieren. Das gilt für die zentralen Gestalten Elia und Elisa genauso wie für die anonymen und die Hofpropheten, unter die auch Jesaja gezählt wird. (Die Abwesenheit des Jeremia, bzw. seine Ersetzung durch Hulda in 2 Kön 22 bleibt ein unauflösbares Rätsel). Bedeutsam ist ferner, dass die dtr. Überlieferer die Propheten entweder kleinen, wandernden „Jünger"gruppen zuordnen (vgl. 2 Kön 4,38–41; 6,1–7) oder sie zu Eremiten und verfolgten Außenseitern machen (vgl. 1 Kön 17,2–6; 19,4–10; 22,8; 2 Kön 2,23–25). In der Regel treten sie dann den Königen im Nord- oder Südreich entgegen, helfen ihnen mit dem Wort Jahwes oder kritisieren sie hart wegen ihrer Amts- und Lebensführung. Die Propheten scheinen also überwiegend als Gegenspieler der Monarchen konzipiert; Berührungen mit Privatpersonen gehören wohl älteren Schichten an. (Auffällig ist, dass sowohl Elia wie Elisa engen Kontakt zu Frauen pflegen: 1 Kön 17; 2 Kön 4). Auftritte vor dem ganzen Volk oder der Gemeinde sind selten (vgl. 1 Kön 18,21ff; 2 Kön 2,19; 6,32). Typisch sind die Dialoge zwischen Prophet und König, vgl. Elia Auge in Auge mit Ahab (1 Kön 18,16–20; 21,17–24), ein Anonymus und Micha ben Jimla vor Ahab (1 Kön 20,13–22; 22,15–17.18–28), Elisa im seelsorglichen Gespräch mit Joas (2 Kön 13,14–19) und gar mit dem syrischen Usurpator Hasael (2 Kön 8,7–13). Einige solcher Begegnungen haben den Charakter von reiner Orakelvermittlung (vgl. 1 Kön 20,13f; 20,28). Die meisten sind in die dtr. Geschichtstheologie eingebettet. Ist damit das Prophetentum für die nachexilische Periode zum Anachronismus geworden? Wenn nicht, welche zeitgenössischen Funktionen könnten gottgesandte Sprecher im 5. Jh. v.Chr. gehabt haben?

Die Entstehung einiger Prophetenbücher und die Bearbeitung anderer in den Gemeinden der Perserzeit spricht deutlich dafür, dass prophetische Phänomene (noch) bekannt waren, allerdings in der zeitgenössisch rezipierten Fassung. Hinzu kommt der gelegentliche Verweis auf (oppositionelle!) Prophetengestalten wie Noadja im Esra / Nehemia – Buch (Neh 6,14). Das Belegmaterial im DtrG. lässt sich also so deuten: In der nachexilischen Zeit hatte man vielleicht noch Erfahrungen mit spontanen Übermittlern des Jahwewortes. Man systematisierte jedoch die prophetischen Erscheinungen nach dem mosaischen Urbild. Wortvermittler waren im Grunde nichts anderes als Toraverkünder. Nur war Tora anscheinend noch nicht völlig identisch mit dem geschriebenen Wort, wie wir es bei Esra am Ende des 4. Jh. v.Chr. sehen. Immerhin blieb so viel von dem ursprünglichen Konzept freier, spontaner Willensmitteilung der Gottheit erhalten, dass Propheten auch in den Erzählungen des DtrG. nicht als Gemeindeleiter stilisiert werden können. Deren Funktionen bleiben eher den königlichen Prototypen vorbehalten. Propheten haben nach dem Verständnis der Jahwe-Gemeinden WORT-Erfahrungen, auch WORT-Visionen (vgl. z.B. 1 Kön 22,19–23), und eine Ausbildung beim WORT-Ereignis (1 Sam 3). Das alles gehört eng mit der von Mose initiierten und treu überlieferten Jahwe-Wort-Tradition zusammen. Die Verfälschung dieses herkömmlichen Jahwe-Willens ist indessen eine ständige Gefahr. Micha ben Jimla erlebt in einer Thronratsvision mit, wie ein Lügengeist sich erbietet, Propheten in die Irre zu führen (1 Kön 22,19–23)!

Über das Leben der Gemeinde insgesamt und abgesehen von den erwähnten Ämterschablonen erfahren wir im DtrG. (mit Ausnahme des Buches Josua) allerdings weit weniger als im chronistischen Werk. Die notleidenden Einzelpersonen sind vielleicht nach Vorbildern der Epoche modelliert (vgl.

1 Kön 17; 2 Kön 4; 8,1–6). Von Gemeindeaktivitäten ist kaum die Rede. Könige, Priester, Propheten sind die Akteure. Große Summarien ersetzen genauere Nachrichten über das Ergehen des Volkes (vgl. Ri 2,6–23; 2 Kön 17). Politische Informationen stehen vor den „kirchlichen". Kultische Begehungen, von den gesellschaftlichen Spitzen aus gestaltet, sind transparent auf die gemeindlichen, liturgischen Vorgänge (vgl. Ri 6,25–32; 1 Kön 8; 2 Kön 21,1–9). Interessant sind die vielen, ätiologischen Hinweise auf seit der Antike andauernde Verhältnisse oder Fakten („... bis auf diesen Tag" o.ä. vgl. Jos 4,9; 5,9; 6,25; 7,26; 8,28f; 9,27; 10,27; 13,13; 14,14; 15,63; 16,10; 22,3.17; 23,8.9; Ri 1,21.26; 6,24; 10,4 usw.). Damit spannen die Überlieferer einen Bogen von der fernen Vergangenheit zu ihrer eigenen Lebenswelt. Die Dinge, die damals benannt, eingerichtet, entschieden wurden, gelten noch in der Aktualität der Berichterstatter. Umgekehrt kreieren zeitgenössische Wirklichkeiten manche Ereignisse und Fakten der Vergangenheit.

Abschließend sei gesagt: Das DtrG. hat sehr viel altes Material aufgenommen, darunter sicher auch historische Informationen von den Königshöfen. Es ist aber im Zuge der judäischen Gemeindebildung entstanden. Darum tragen viele Stränge und Episoden den Stempel nachexilischer Erwartungen, Gepflogenheiten, Institutionen oder sind geradezu deren in die Vergangenheit projiziertes Abbild. Die „Gemeindegesetze" Dtn 16–18 vermitteln einen Eindruck von der Makrostruktur der judäischen Gesellschaft,[382] das Zivilrecht Dtn 22–25 (auch im Unterschied zu Ex 21–23) lässt das Beziehungsgeflecht der Ortsgemeinde erkennen.

III.2.2 Prophetenbücher

U. Becker, Jesaja – von der Botschaft zum Buch, Göttingen 1997 (FRLANT 178). – J. Blenkinsopp, Geschichte der Prophetie in Israel, Stuttgart 1998. – R.P. Carroll, Jeremiah, London 1986. – M.H. Floyd, Minor Prophets, Part 2, Grand Rapids 2000 (FOTL XXII). – V. Fritz u.a. (Hg.), Prophet und Prophetenbuch, Berlin 1989 (BZAW 189). – R. Kessler, Zwischen Tempel und Tora. Das Michabuch im Diskurs der Perserzeit, BN 44 (2000) 21–36. – Derselbe, Micha, Freiburg 1999 (HThKAT). – B. Lang, Ezechiel. Der Prophet und das Buch, EF 153, Darmstadt 1981. – M. Nissinen u.a., Prophets and Prophecy in the Ancient Near East, Atlanta 2003 (Writings from the Ancient World 12). – E.W. Nicholson, Preaching to the Exiles, Oxford 1970. – M. Nissinen, Spoken, Written, Quoted, and Invented: Orality and Writtenness in Ancient Near Eastern Prophecy, in: E. Ben Zvi et al (Hg.), Writings and Speech in Israelite and Ancient Near Eastern Prophecy, Atlanta 2000, 235–271. – J.D. Nogalski, Literary Precursors to the Book of the Twelve, Berlin 1993 (BZAW 217). – S. Parpola, Assyrian Prophecies, Helsinki 1997 (SAA 9). – P. Reddit u.a. (Hg.), Thematic Threads in the Book of the Twelve, Berlin 2003 (BZAW 325). – A. Schart, Die Entstehung des Zwölfprophetenbuches, Berlin 1998 (BZAW 260). – J.W. Watts et al (Hg.), Forming Prophetic Literature, Sheffield 1996 (JSOT.S 235). – E. ben Zvi, Micah, Grand Rapids 2000 (FOTL XXI B). – E. Zenger u.a. (Hg.), „Wort JHWHs, das geschah ..." (Hos 1,1). Studien zum Zwölfprophetenbuch, Freiburg 2002 (HBS 35).

Dass die alttestamentlichen Prophetenschriften in der nachexilischen Periode von der entstehenden jüdischen Gemeinde gebraucht worden sind, liegt auf der Hand. Wäre das nicht der Fall gewesen, hätten diese Bücher (oder ihre Vorstufen) keinen Eingang in den Kanon gefunden. Ebenso klar weisen viele Eigenarten der Texte, vor allem ihre soziotheologischen Konnotationen, auf nachexilische Bearbeitung hin. Nur sind nachexilische manchmal nicht leicht von den exilischen Charakteristiken zu unterscheiden. Die Grenzlinie zwischen beiden Phasen der Geschichte Israels ist ohnehin strittig. So hat denn auch R. Albertz im siebten Band der Biblischen Enzyklopädie die Masse der prophetischen Verschriftungen für das 6. Jh. v.Chr. reklamiert. Das Hauptargument für diese Ansetzung ist die Überlegung, dass unmittelbar nach der Katastrophe von 587 v.Chr. die theologische Bewältigung des geschichtlichen Traumas in Angriff zu nehmen

---

[382] Vgl. U. Rüterswörden, Gemeinschaft (Bibl. zu III.2.1).

war. Die Sammlung und Neubildung prophetischer Unheilsansagen, zurückprojiziert in die Königszeit, gepaart mit der dtr. Geschichtskonstruktion konnte eine Verständnishilfe für den Zusammenbruch Israels und Judas liefern. So seien also die Bücher Jesaja, Jeremia und Ezechiel, aber auch der Stoff zum Zwölfprophetenbuch schon in den Jahrzehnten nach dem Fall Jerusalems gründlich bearbeitet und z.T. mehrmals ediert worden. Eine ins Einzelne gehende Auseinandersetzung mit derartigen Thesen würde zu weit führen, zumal die Meinungen wegen der unübersichtlichen Quellenlage in der Tat auseinander gehen können. Dennoch sei hier grundsätzlich zu bedenken gegeben: Die Zeitspanne zwischen der Eroberung Jerusalems durch die Babylonier und der persischen Machtübernahme (539 v.Chr.) war relativ kurz. Vergangenheitsbewältigung dauert, das merken wir deutlich am deutschen Beispiel nach 1945, nach der Überwindung des ersten Schocks eine geraume Zeit, besonders wenn sie mit Schuldproblemen befrachtet ist. R. Albertz muss daher wesentliche literarische Bemühungen um die Klärung der geschichtlichen Probleme auf den Anfang der Perserherrschaft, vor allem die Neukonstitution der Tempelgemeinde (die „spätexilische Zeit") verschieben. Mir scheint diese Perspektive an sich richtig zu sein. Grundlage für die geistige und theologische Vergangenheitsbewältigung ist der Neubeginn, besser: die Begründung der Jahwegemeinschaft seit 539 v.Chr. Der Wiederaufbau des Tempels hat in diesem Prozess einen wichtigen Platz. Aber die Entstehung und Konsolidierung der Konfessionsgemeinde können nicht bis 515 v.Chr., dem Zeitpunkt der Neuweihe des Tempels, abgeschlossen worden sein; sie ziehen sich in das 5 Jh. v.Chr. hinein, ja, sie haben hier ihren Schwerpunkt.

Damit ergeben sich Kriterien für die literarische Ausformung auch der prophetischen Schriften. Existenz und Struktur der Jahwegemeinschaft bestimmen das Interesse an der prophetischen Überlieferung und müssen sich in den damals bearbeiteten Schriften wieder finden lassen. Der zu seiner Reife kommende „Monotheismus" kann sich nur im religiös liberalen Vielvölkerimperium persischer Provenienz ausgebildet haben. Die Auseinandersetzungen mit Nachbarreligionen und politisch konkurrierenden Provinzregierungen sind typisch für die nachexilische Periode. Der Zentralregierung gegenüber scheint die judäische Minderheit recht aufgeschlossen, streckenweise sogar kooperativ eingestellt gewesen zu sein. Möglicherweise hat der achämenidische Universalglaube an Ahura Mazda, den ersten, letzten und einzigen Weltenlenker, auch die Ausbildung der Jahwe-Theologie gefördert. Kurz, die besonderen Bedingungen der persischen Vorherrschaft sind nicht unbemerkt an den judäischen Gemeinden vorbeigegangen. Aus deren Lebensbedingungen lassen sich die Interessen und Erwartungen an Jahwe rekonstruieren. Und diese wiederum haben Spuren in den prophetischen Textsammlungen und Redaktionsarbeiten der zeitgenössischen Schreiber und Gemeindeleiter hinterlassen. Wo sich im prophetischen Textkorpus des AT also Zeichen der gefestigten Jahwegemeinschaft und ihrer universalen, teils exklusiv teils inklusiv wirkenden Theologie finden, da können wir die Theologinnen und Theologen der frühjüdischen Gemeinde am Werk sehen.

Ein Bedenken ist auch an dieser Stelle angesagt: In der atl. Forschung gilt das abstrakte, dem einzelnen Boten anvertraute Prophetenwort fast alles. Die Loslösung des „Wortes Jahwes" von seinem konkreten gesellschaftlichen Wirkgrund erleichtert aber nur scheinbar seine Aneignung heute. In Wirklichkeit brauchen wir zur richtigen Bewertung und zum vollen Verständnis der prophetischen Rede dringend ihre „Lebenssitze". Wo, wann, wie ist in der nachexilischen Periode prophetisches Wort ergangen und gebraucht worden? Am Endpunkt der Verschriftung stand auf keinen Fall ein lesehungriges Publikum, wie es für unsere Zeit normal ist. Die prophetischen Schriften waren mit höchster Wahrscheinlichkeit für das Ohr, nicht das Auge, der hörenden Gemeinschaft gedacht. Diese Einstufung atl. Textsammlungen als antiker „Hörbücher" setzt Gruppen voraus, in denen Abschnitte vorgelesen wurden (vgl. Neh 8; Jer 36). Gemeindeversammlungen hatten wahrscheinlich verkündigenden und lehrhaften Charakter. Prophetische Worte können also (wie Tora- und Evangelientexte) aus dem Prozess der Gemeindeunterweisung hervorgegangen und sekundär in die handlichere Rollenform gebracht worden sein. Man benutzte in jener Zeit wohl regional unterschiedliche und vermutlich recht spärliche Nachrichten von geschichtlichen Prophetenfiguren, an die man die Aussprüche und Berichte anheftete. Zur Not erfand man auch prophetische Handlungsträger (Elia; Maleachi etc.). Die Propheten klagen Israel oder einzelne Personen der Abweichung vom Jahweglauben, auch sozialer und kultischer Vergehen an, wie sie zur Perserzeit als „Sünde" empfunden wurden. Und sie bringen die befreiende Botschaft von der erneuten Zuwendung Jahwes nach Jahren der Erniedrigung und Fremdherrschaft. Hinter ihren Anklagen sind in der persischen Periode schon immer die festen Regeln der Tora zu erkennen. Die Propheten sprechen nicht mehr spontane Botschaften aus. Sie verkünden eine wohlbekannte Ordnung, sind also im Grunde Wächter und Ausleger, eventuell auch Fort„schreiber" der Tora (s.o. Exkurs: Propheten). Diese typisch zeitgenössische prophetische Funktion, im babylonischen Exil undenkbar, weil die heiligen Schriften noch nicht zur Verfügung standen, macht die Verlesung der Unheils- und Heilstexte in den Gemeindeversammlungen verständlich. Prophetische Worte waren der Gemeinde ebenso Tora, von Jahwe ergehendes Wort, wie die Reden des Mose. Vermutlich hat erst eine chronologische Ordnung aller im Gottesdienst und in anderen Versammlungen benutzten Texte (Vorrangstellung des Mose) zur Ausformung des Pentateuch und der prophetischen und liturgischen Korpora der Schrift geführt. Dabei mag es verschiedene Zentren auch für die Sammlung prophetischer Gebrauchstexte gegeben haben, etwa Jerusalem und die Siedlungen der babylonischen Gola. Die vorhandenen Kollektionen wurden am Ende nach dem Verhältnisprinzip 3 zu 12 (vielleicht in Erinnerung an drei Erzelternpaare und zwölf Israelsöhne?) als weiter zu verwendende Vorleseperikopen gegliedert. Nach dieser Sicht der Dinge hätten wir uns von dem nach wie vor dominanten Konzept prophetischer Autorschaft ganz zu lösen.[383] Weder ursprüngliche Propheten noch prophetische Jünger- und Tradentenkreise wären dann die Verfasser dieser Bücher. Die dtr. gestalteten Überschriften zu einigen Werken hätten keinen geschichtlichen Informationswert. Sie könnten nur als Belege für eine späte Einteilung und Platzierung des Überlieferungsgutes im Geschichtskonzept der nachexilischen Gemeinschaft gelten. – In Anbetracht der schon in vorhergehenden Bänden der Biblischen Enzyklopädie geführten Diskussion um Prophetenschriften begnüge ich mich damit, die späte Sichtweise der Jahwegemeinde anhand einiger Beobachtungen darzustellen.

III.2.2.1 Die Zwölfersammlung

Die das Zwölfprophetenbuch abschließende Gruppe von Schriften (Hag, Sach, Mal) sowie die Jonalegende sind oben für die persische Periode reklamiert worden. Ist die Endkomposition dieses bunt zusammengestellten „Prophetenbuches" auch in dieser Zeit

---

[383] Vgl. B. Duhm, Israels Propheten, Tübingen 2. Aufl. 1922; F.E. Deist, The Prophets: Are We Heading for a Paradigm Switch? In: V. Fritz u.a (Hg.), Prophet, 1–18; E.S. Gerstenberger, Gemeindebildung in Prophetenbüchern?, ebenda 82–97; derselbe, Ausblick, in: J. Blenkinsopp, Geschichte, 266–290.

entstanden? Fast alle Fachleute rechnen mit irgend einer Bearbeitung in der frühen Geschichte des Zweiten Tempels; niemand versetzt mehr die Entstehung der jetzt vorliegenden kleinen Büchersammlung in die vorexilische Periode. Die strittige Frage ist nur, wie weit die redaktionelle Tätigkeit der zeitgenössischen Schreiber und Theologen gereicht hat, wie tief sie in die überlieferte Substanz von Prophetentraditionen eingegriffen, sie umgemodelt und ergänzt hat. Nach der Auffassung einer Minderheit von Experten haben die Überlieferer und Redaktoren der kleinen Prophetenschriften mit geringen Überlieferungsbeständen gearbeitet. Ihr Anteil an der Textschöpfung ist darum größer, als die traditionelle Forschung zulassen möchte. Ich möchte keine neue literarischen Analysen vorlegen; es gibt deren schon genug. Stattdessen sollen wichtige Gattungselemente und Motive des Zwölferbuches auf ihre mögliche Verwurzelung oder Bearbeitung in der Perserzeit untersucht werden. Es gilt also, diese prophetische Komposition auswahlweise, aber mit Blick auf das Endprodukt, aus dieser späten Perspektive zu lesen.

Die verschiedenartigen Überschriften im Zwölferkorpus gehören zum Teil zum Handwerkszeug dtr. Kreise und darum mit hoher Wahrscheinlichkeit in die frühe Periode des Zweiten Tempels oder die späte Exilszeit. Ältere redaktionelle Einleitungsformeln sind vorhanden und deutlich von den dtr. Stereotypen abgrenzbar, z.B. Hos 1,2a; Ob 1a; Hab 3,1. Die dtr. Überschriften zeichnen sich dadurch aus, dass sie in der Regel neben dem Namen und überwiegend auch dem Vatersnamen des Propheten seine Wirkzeit anzugeben bemüht sind. Dasselbe Interesse leitete die Herausgeber der Jesaja- und Jeremia-Sammlungen (Jes 1,1; Jer 1,1–3). Bei beiden großen Prophetenbüchern dient eine Kette von judäischen Königsnamen der geschichtlichen Lokalisierung des Titelpropheten, bei Jesaja sind es vier Monarchen (Usia, Jotham, Ahas, Hiskia), bei Jeremia drei (Josia, Jojakim, Zedekia). Propheten haben nach Meinung der Redaktoren eine bestimmte Amtszeit gehabt, d.h. sie waren fest angestellte, nicht nur je und dann ad hoc berufene Boten Jahwes. Sie standen namentlich genannten Königen gegenüber und gehörten in den geschichtlichen Kontext jener angegebenen Zeit. Im Sinne dieser Schule dienten jene Titularpropheten kontinuierlich dem „Wort Jahwes". Solche Vorstellungen vom Prophetenamt oder Prophetenstand stehen in einem gewissen Widerspruch zu dem spontanen, teilweise ekstatischen Phänomen von Prophetie, das aus dem Alten Orient und dem AT genügend bekannt ist. Die dtr. Überschriften verraten so schon durch ihre geschichtliche Rückprojektionen die zeitgenössischen Konzepte einer institutionalisierten Pflege des Wortes Jahwes.

Im Zwölferbuch sind die Spuren der dtr. Geschichtskonstruktion deutlich zu erkennen. Sie erstrecken sich von Hosea (1,1) über Amos (1,1) und Micha (1,1) bis zu Zephanja (1,1). Die zeitlichen Fixpunkte (= Regierungszeiten von judäischen und israelitischen Königen) decken sich mit denen, welche in den Überschriften zum Jesaja- und Jeremiabuch angegeben sind. Hosea soll wie Jesaja unter Usia, Jotham, Ahas und Hiskia gepredigt haben. Zusätzlich erscheint der nordisraelitische König Jerobeam in Hos 1,1, ein Hinweis auf die z.T. betont an Ephraim gerichteten Hoseaworte. Für Amos sind nur die Regierungszeiten von Usia und Jerobeam vermerkt. Seine Worte gegen Samaria werden die Nennung des nordisraelitischen Königs provoziert haben. Micha wird dagegen wiederum dem Jotham, Ahas und Hiskia zugeteilt, mit dem ausdrücklichen Vermerk, er habe sich in seinen Botschaften gegen Samaria und Jerusalem gewendet. Zephanja schließlich soll unter Josia, dem nach dtr. Anschauung letzten bedeutenden Davididen aufgetreten sein. Damit ergibt sich ein Zeitraster, welches die prophetische Wirksamkeit des Elia und Elisa ausklammert, weil sie schon in der Geschichtsdarstellung des 9. Jh.

verankert ist. In der Mitte des 8. Jh. setzen dann nach dtr. Rekonstruktion die Schriftpropheten ein und reichen bis zum Ende des judäischen Staates, durch die Überschrift zu Ezechiel weiter in die ersten Jahrzehnte des 6. Jh. Das Zwölferbuch ist durch die vier genannten Überschriften zunächst mit der klassischen Hauptepoche (Usia bis Josia) verknüpft, und zwar in chronologischer Abfolge (Hosea, Amos, Micha, Zephanja). Danach folgen die explizit in die persische Zeit datierten Bücher, welche Haggai, Sacharja, Maleachi zugeordnet sind. Das dtr. Gesamtkonzept ist also recht übersichtlich: Seit der Mosezeit hat es eine ununterbrochene Folge von prophetischen Jahwe-Beauftragten gegeben. Sie verkündeten dem Volk bzw. dem König direkt den Willen Jahwes. Ihre Botschaften sind im Prinzip „Tora", Wegweisung, für die Gemeinde. Die sich in der Exils- und Nachexilszeit formierende Konfessionsgemeinschaft ist auf der ganzen Linie vorausgesetzt. Die dtr. Propheten treten überall für diese Gemeinde ein und auf, auch mit Unheilsansagen. Prophetie bedeutet aus dieser Sicht eben nichts anderes als Gemeindeaufbau und Gemeindeerhaltung im Sinne der Tora.

Die Argumentation lässt sich im Blick auf andere Elemente der Überschriften erhärten. Neben dem Interesse an der geschichtlichen Lokalisierung sind die Überschriften generell an der Art der göttlichen Kommunikation interessiert. Zwei Designationen beherrschen die Titel: Einmal ist der Begriff „Wort Jahwes" wichtig. Dieses Wort „geschah", „kam" zum Propheten (hebr.: *hjh*) oder es wurde „geschaut" (*hzh*). Nun tritt der Ausdruck „Schauung" auch unabhängig vom Konzept des „Wortes" auf (Ob 1; vgl. Jes 1,1). Anscheinend ist die Vision eine urtümlichere Gottesmitteilung, mit der sich die dtr. Redaktoren auseinandersetzen müssen. Für sie ist offenbar das Konzept des „Wortes Jahwes" überragend wichtig (Hos 1,1; Joel 1,1; Jon 1,1; Mi 1,1; Zeph 1,1; Mal 1,1). Eventuell ist damit Tora konnotiert, das Wort Jahwes schlechthin, auch wenn das selten direkt ausgesprochen wird. Andere Bezeichnungen einer prophetischen Sammlung, vor allem die mit dem ominösen Ausdruck *massa'*, „Last" (?), „Ausspruch" (?)[384] und fehlende Buchüberschriften (Hag 1,1; Sach 1,1) gehen wohl nicht auf das Konto der Dtr. Hier sind andere Bearbeiter am Werk gewesen, die vielleicht auch für die Einteilung in zwölf „Bücher" verantwortlich waren. Das dtr. Korpus der „kleinen" Prophetenschriften hat eventuell nur aus vier Abteilungen bestanden, die aber einen anderen Umfang hatten als die jetzt mit dtr. Formeln eingeleiteten „Bücher" Hosea, Amos, Micha und Zephanja.[385]

Außer den formelhaften Buchüberschriften fällt der große Anteil an liturgischen Texten auf, der in der Zwölfersammlung enthalten ist. Sicher, auch Jesaja, Jeremia und Ezechiel enthalten poetische und möglicherweise gottesdienstliche Texte. Wir kommen ohnehin nicht daran vorbei, den gemeindlichen Gebrauch atl. Überlieferung als erste und wahrscheinlichste Abzweckung in Erwägung zu ziehen. Wo anders als in den Versammlungen nachexilischer Jahweanhängerinnen und -anhängern sollen denn die Schrift-Überlieferungen laut vorgelesen worden sein? Die liturgischen Partien in den prophetischen Schriften sind besonders markant, weil sie die Beteiligung (bzw. die Ansprechpartnerin) „Gemeinde" anzeigen. Wenn das noch unter Verwendung der ersten Person Plural geschieht, dann ist eigentlich kein Zweifel an der Gemeindebildung des betreffenden Textes mehr möglich.[386] Ich beschränke mich hier auf einige, wenige Beispiele: „Kommt, wir wollen zu Jahwe zurück, er hat uns zerrissen, er wird uns auch heilen." (Hos 6,1). So beginnt das Bußlied einer Gottesdienstgemeinde (V. 1–3) mit der Selbstaufforderung,

---

[384] So Nah 1,1; Hab 1,1; Mal 1,1 in Überschriften; vgl. Jes 13,1; 15,1; 17,1; Sach 9,1; 12,1 usw.
[385] Vgl. Die Diskussion bei R. Albertz, BE 7, 163–191.
[386] Vgl. E. S. Gerstenberger, Psalms in the Book of the Twelve (BZAW 325) 72–89.

die Umkehr zu Jahwe zu wagen und damit die Entfremdung von ihm zu überwinden. Der unmittelbare Kontext zu diesem Gemeindepsalm besteht ebenfalls aus gottesdienstlicher Rede: Hos 5,8–14, eine Unheilsansage in der ersten Person des durch einen Sprecher vertretenen Gottes, und Hos 6,4–7,7, weitere klagende, reflektierende und drohende Gottesrede. – Hos 14,2–9 wiederholt das Schema: Auf einen Bekehrungsaufruf (V. 2f) folgt die gemeindliche Bitte um Vergebung (V. 3bf) und dieses Mal ein Erhörungszuspruch: „Ich will ihre Abkehr gutmachen, ich will sie von mir aus lieben; mein Zorn wendet sich ab von ihnen." (V. 5) Jahwe verspricht blühendes Leben (V. 6–9). Ein Toraspruch beendet die Liturgie (V. 10).

Derartige Texte lesen sich wie Ausschnitte aus Gottesdiensten. Ihre Zahl lässt sich im Zwölferbuch beträchtlich vermehren. Joel 1–2 ist eine einzige Liturgie. Bei Amos kommen versprengte Psalmenfragmente vor, die sich aus literarischen Usancen kaum erklären lassen (Am 4,13; 5,8f; 9,5f). Hab 3 ist ein durch Überschrift und Nachschrift ausgewiesener Theophaniepsalm. Obadja gehört zur Gattung der Fremdvölkerworte, und die ist leicht in gottesdienstlichem Kontext vorstellbar.[387] Die Bücher Micha, Nahum, Zephanja enthalten umfangreiches hymnisches Gut. Kurz, liturgisch-agendarische Texte sind so stark vertreten, dass man in jedem Fall die Frage stellen muss, wie sie denn in Sammlungen von prophetischen Botenworten überhaupt haben eindringen können? Nimmt man noch den stark paränetisch-predigenden Ton mancher Prophetensprüche mit hinzu, und stellt sich erneut dem Problem des Lebenssitzes, lässt sich auch nicht von der herrschenden Meinung beirren, Propheten seien nun einmal einsame Künder des Gotteswortes, dann passen alle Züge recht gut in das Bild der gottesdienstlichen und unterweisenden Gemeindeversammlung. Solche Versammlungen wiederum sind aber vor dem Exil undenkbar, weil es eine konfessionelle Jahwegemeinschaft soziologisch gesehen noch nicht gab. Feste und Riten der Bevölkerung vor dem Exil hatten vermutlich nicht den Bekenntnischarakter der späteren Jahwe-Gemeinschaft. Erst mit dem Exil entstehen die Bedingungen für derartige Kongregationen. Und erst mit der von Persien geförderten Politik der Rückgliederung und des Aufbaus einer ethnischen Jahwe-Konfession war die Möglichkeit für den parochialen Gemeindegottesdienst mit seiner sakralen Mitte in Jerusalem wirklich geschaffen.

Die im Zwölfprophetenbuch angeschlagenen Themen und die zum Vorschein kommenden Konturen von Ämtern und Gemeinde lassen ebenfalls zum Teil auf nachexilische Haftung schließen. Ein zentraler Punkt in der Verkündigung der meisten kleinen Propheten ist der Anspruch Jahwes auf alleinige Verehrung seitens seiner Anhänger. In den Elia- und Elisageschichten war diese selbe Forderung in durchweg dtr. Sprache und gemäß dtr. Vorstellungen artikuliert worden. Das Bild des Zwölferbuches ist bunter. Die einzelnen Sprüche und Reden haben gelegentlich eine deutliche Affinität zu dtr. Aussagen (vgl. Hos 4,12–19). Vielfach sind sie aber eigenständig und geben einer ganzen Bandbreite von Verehrungsansprüchen Ausdruck. Sie tragen nicht immer den Stempel eines universalen, alle anderen Gottheiten negierenden, radikal ausschließlichen Glaubens. Den müssen wir aber für die Nachexilszeit voraussetzen. Prophetische Schelte wegen zu lauer Gottesverehrung sind auch aus Zeiten von polytheistischen Weltdeutungen bekannt. So haben z.B. assyrische Gottgesandte oder Sprecher eines in Mari verehrten Gottes den König gelegentlich zu intensiverem, entschlossenerem oder auch bevorzugtem Dienst für eine bestimmte Gottheit ermahnt. Auch die neuassyrischen Sammlungen von Prophetensprüchen an Asarhaddon und Assurbanipal enthalten über-

---

[387] Vgl. H.W. Wolff, Obadja, Jona (BKAT XIV,3), Neukirchen-Vluyn 1977, 3f.

wiegend Heilszusagen an die beiden Herrscher. In einem Text lässt Ischtar von Arbela dem Erstgenannten aber unmissverständlich sagen, dass ihre Fürsorge Grenzen hat: „Habe ich dir nicht gegeben, wie (es sonst) keiner tut? ... [Und du], was hast du mir gegeben?"[388] Ähnlich klingt es schon ein Jahrtausend früher in einem Mari-Brief. Addu (= Adad), der Herr von Kalassu, lässt Zimrilim übermitteln, er habe ihn aufgezogen und auf den Thron gebracht. Wenn aber der König seinem Gott nicht gehorche, „kann ich das, was ich (ihm) gegeben habe, auch wieder wegnehmen!"[389]

Über derartige, partikular zu verstehende Unheilsansagen an den König hinaus sollten nachexilisch modellierte Prophetensprüche ausdrücklich die Universalität und Einzigkeit Jahwes, seine Herrschaft über alle Völker, das unbedingte Erwählungsdenken Israels, die Bindung an den einmalig in der Tora dargelegten Gotteswillen und ähnliche Spezifika der Epoche zu erkennen geben. Dass niedriger gestimmte prophetische Scheltrede wegen Untreue gegen den eigenen Gott bzw. wegen Vernachlässigung seines Kultes in der Exilszeit auch im Sinne eines ausgeprägten Monotheismus verstanden werden konnte, ist damit nicht ausgeschlossen. Wir suchen aber nach Passagen, welche eindeutig die Theologie der Perserzeit verraten.

Das Zwölfprophetenbuch beginnt mit einer großen Debatte über den Abfall Israels, der mit Hilfe der Eheschließungen Hoseas dramatisch veranschaulicht wird (Hos 1–3). Das Verhältnis Jahwes zu seinem Volk ist dabei – wie in Jer 3,6ff; Jes 62,1–5; Ez 16; 23 auch – als Ehebund gedacht, der für die menschliche Partnerin höchste Erfüllung, Gottesgemeinschaft und Wohlstand, bringen kann (vgl. Hos 2,1–3.20–25). Das Versagen Israels aber führt zu Verstoßung durch Jahwe und Elend (Hos 2,11–15). Welche Zeit hat die Ehemetaphorik[390] im Alten Testament und hier speziell im Hoseabuch hervorgebracht? Hat das Bild eine relative oder absolute Bedeutung, d.h. denken die Überlieferer in universalen oder regionalen Kategorien? So unverkennbar verschiedene Schichten der Komposition sichtbar sind – Hos 1,4 z.B. setzt bei der Bluttat Jehus in der Ebene Jesreel an (2 Kön 10,1–14) – so zielt der ganze Textkranz doch auf ein zeitlich und räumlich umfassendes Seinsverständnis Israels. Für das Volk Jahwes gibt es nur eine einzige Überlebensmöglichkeit, nämlich die an der Seite Jahwes. Wie Frauen effektiv keine andere Wahl haben als mit ihrem Ehemann zusammen zu leben, so können Israel und Juda (die Zweiteilung ist aus der Königsgeschichte übernommen!) nur bei Jahwe ihr Auskommen finden. Der universale Aspekt Jahwes als Schöpfer und Weltenherrscher ist in der Metapher nicht enthalten. Das Bild transportiert aber die einseitig ausschließliche Bindung und ist darum eine poetische Umsetzung des unbedingten Anspruchs Jahwes auf sein Volk. Abfall wird, wie auch in dtr. Texten, theologisch als „Hurerei" gebrandmarkt (Hos 2,4–7; Jer 2,23–25; 3,6–10; Ez 16; 23 u.ö.). Diese Metapher ist eigentlich erst nach der Konsolidierung einer festen Bundesgemeinschaft möglich. Die vorexilischen monarchischen Strukturen basierten auf Dynastievereinbarungen mit dem Nationalgott Jahwe; sie waren für solche Vorstellungen eines zivilen Ehebündnisses nicht geeignet.

Theologische Konzeptionen von Jahwe und seiner universalen Herrschaft über alle (Nachbar)Völker sind im Zwölfprophetenbuch allerdings auch massiv vertreten. Sie

---

[388] Tafel K. 2401, III, 18.17.24 = K. Hecker, TUAT II, 61; S. Parpola, Prophecies, 26 („cultic demands").

[389] Tafel A 1121 mit A 2731 vereinigt, Zeile 22f = M. Dietrich, TUAT II, 86. Vgl. M. Nissinen, Prophets.

[390] Vgl. G. Baumann, Liebe und Gewalt. Die Ehe als Metapher für das Verhältnis JHWH – Israel in den Prophetenbüchern, Stuttgart 2000 (SBS 185).

ergänzen die auf Israel bezogenen Aussagen nach der globalen Seite hin. Hinzu kommen noch verschiedene eschatologische Erwartungen. Sie gipfeln in der über mehrere kleine Prophetenbücher sich hinziehende Rede vom bevorstehenden „Tag Jahwes". Hier ist wirklich eine globalisierende, monotheisierende Theologie am Werk, wie sie am besten in der persischen Phase der Glaubensgeschichte Israels denkbar ist.

Zum ersten Aspekt, der Herrschaft Jahwes über die Völkerwelt: Prophetische Worte richten sich im Zwölferbuch gegen die unmittelbaren Nachbarn Judas und Israels und gegen die Weltmächte Assyrien und Babylonien. Die Amosschrift beginnt mit einem eigenartigen Zyklus. In der Form von weisheitlichen Zahlensprüchen richtet sich die göttliche Stimme gegen die Nachbarn im Westen Samarias, nimmt dann die südlichen, schließlich die östlich gelegenen Kleinstaaten ins Visier (Am 1,3–2,3). „Um drei, ja um vier Frevel willen ... will ich sie nicht mehr verschonen ..." ist die stereotype Einleitungsformel. Jahwe erweist sich als der Beschützer seines erwählten Volkes (vgl. Am 3,2); er zieht die Nachbarn wegen ihrer Übergriffe gegen Israel zur Rechenschaft und erweist damit seine internationale Autorität, ganz im Gegensatz zu einer partikularistischen Einstellung, wie sie etwa in Mi 4,5 zu erkennen ist. Unter den politischen Bedingungen der zweiten Hälfte des 8. Jh. v.Chr. wäre der Anspruch Jahwes auf eine Strafgerichtsbarkeit über die Grenzen Israels hinweg wohl illusionär und überheblich zu nennen. Im Vielvölkerstaat persischer Provenienz dagegen sind von einer nur religiös, nicht politisch orientierten Gemeinschaft Geltungsansprüche dieser Art durchaus verständlich. An der ambitiösen religiösen Erwartung des Amoszyklus ändert auch die Tatsache nichts, dass die Überlieferer in Am 2,4–12 in verschiedenen Schüben die Strafjustiz Jahwes überraschend auf die eigene süd- und nordisraelitische Gesellschaft lenken. Der internationale Horizont mancher Amosstellen (vgl. Am 3,9; 6,2f; 9,5f.7–9) ist zusätzlicher Beleg für eine sich immer universaler verstehende Theologie. Eine Aufzählung von Nachbarvölkern, gegen die Jahwe strafend einschreiten wird, erscheint auch in Zeph 2,4–11; sie läuft in den folgenden Versen auf die weiter entfernten Kuschiter und Assyrer zu (V. 12–15).

Das Motiv „Jahwe und Israel unter den anderen Völkern" gehört bei den zwölf kleinen und den drei großen Propheten des AT zum festen Bestand. Die sammelnden und herausgebenden Redaktoren der Spätzeit haben auch durch die Fremdvölkersprüche ihrer gedachten Prophetengestalten die eigene gemeindliche Identität bestimmen wollen. Der nur künstlich zu einem eigenen „Buch" hochstilisierte „Obadja" (starke Berührung mit Jer 49,7–22; Jes 34,5–15; Ez 25,12–14) richtet sich gegen die Edomiter im Südland, wohl im Zuge von Am 1,11f. Die Bücher Jona, Nahum, Zephanja thematisieren ganz oder teilweise die assyrische Gefahr bzw. Fremdherrschaft. Darin mögen geschichtliche Erfahrungen nachwirken. Die assyrischen Eroberungszüge nach Westen, an das Mittelmeer und weiter bis zur Einnahme Ägyptens wirkten wegen ihrer Brutalität traumatisierend und blieben im kollektiven Gedächtnis haften. Wenn aber in der persischen Zeit die in Israel spärlich vorhandenen Überlieferungen aus dem 8. und 7. Jh. v.Chr. aufgearbeitet und erweitert wurden, dann verwandelte sich der Begriff „Assur" zu einer Chiffre für jede Art von politischer, imperialer oder regionaler Unterdrückung.

Und dies wird der Friede sein:
Assur, wenn es in unser Land kommt / und wenn es tritt auf unsere Paläste,
dann stellen wir wider es sieben Hirten auf / und acht menschliche Anführer.
Sie werden das Land Assur mit dem Schwert weiden / das Land Nimrods an seinen Zugängen.
Und er wird vor Assur retten, / wenn es in unser Land kommt / wenn es tritt auf unser Gebiet.
(Mi 5,4f, nach R. Kessler, Micha, 230f)

Der Name „Assur" steht in diesem „frühestens" aus der „Perserzeit"[391] stammenden Text für jedweden Invasor oder Gewaltherrscher. Die erwählte Gemeinde der Epoche, die sich im „wir" zu erkennen gibt, ist selbstbewusst genug, den Weltenherrscher Jahwe bei der Selbstverteidigung des Landes fest einzubeziehen, auch gegen Mächte, die legendär verheerend wirken könnten. – Nahum und Zephanja haben es mit Ninive, einer assyrischen Hauptstadt zu tun, der erstere unter redigierender Überschrift (Nah 1,1) und unter Namensnennung im Text (2,9; 3,7; 3,18 = Assur), der andere verdeckter (Zeph 2,13). Möglicherweise reagieren beide Prophetenschriften gegen die schonende Behandlung, die Ninive im Buche Jona erfährt. Nah 3,1–7 schildert Schlacht gegen, Sieg über die und Schändung der Feinde: „Flammende Schwerter, der Blitz der Speere! Durchbohrte in Massen, Haufen von Leichen! Kein Ende der Toten, man fällt über Leiber. Weil die Hure so viel gehurt, weil sie so bezaubernd gezaubert hat." (V. 3–4a) Die Kunde von der Zerstörung bzw. der Aufgabe assyrischer Hauptstädte (und von deren Neubau!) hat sich ebenso jahrhundertelang in der altorientalischen Überlieferung erhalten wie die von der Zerstörung Babylons (vgl. Gen 11,1–9). Diese Sage ist offenbar in den Schriften Nahum und Zephanja verwendet; sie soll lange Zeit nach dem Untergang des Assyrerreiches einer verunsicherten Jahwe-Gemeinde die unbegrenzte Macht ihres Gottes vor Augen führen. So wie die legendär herrschsüchtigen und machtstrotzenden Assyrer vom Weltengott Jahwe gedemütigt worden sind – die Schändung der Hauptstadt steht als pars pro toto für den Sieg über das ganze Imperium – so wird sich in jeder neuen Gefahr der Gott Israels auch gegen die größten menschlichen Mächte zugunsten seiner Erwählten durchsetzen. Namentliche Nennungen Babylons sind im Zwölfprophetenbuch rar: Mi 4,10; Sach 6,10, beide Stellen blicken auf die entfernte Zeit der Gefangenschaft zurück. Sach 5,11 rechnet mit einem heterodoxen, jüdischen Tempelbau im „Land Sinear"; Hab 1,6 sieht (wohl anachronistisch) die Chaldäer als drohende, universale Strafarmada Jahwes.

Das Thema eines drohenden, weltweiten (End)Gerichts tritt im Zwölferbuch stark hervor; sein Kern ist die Ankündigung eines furchtbaren „Tages Jahwes". Zwar sind auch bei Jesaja und Ezechiel einige Formulierungen dieser Art zu finden, doch konzentriert sich die Ansage eines Gerichtstages – mit einigen Bedeutungsschattierungen – in den Schriften Joel, Zephanja, Amos, Obadja, Maleachi. Wir greifen ein paar Beispiele heraus.

Das Buch Zephanja ist überwiegend eschatologisch ausgerichtet.[392] Es beginnt nach der Überschrift mit einem Endzeitszenario von apokalyptischen Ausmaßen:

> Wegraffen will ich alles vom Angesicht der Erde, spricht Jahwe!
> Wegraffen will ich Menschen und Vieh, wegraffen die Vögel des Himmels und die Fische im Meer!
> Zu Fall bringen will ich die Gottlosen, ausrotten die Menschen vom Angesicht der Erde, spricht Jahwe (Zeph 1,2f; Zürcher Bibel)

Eine umfassende Schreckensvision vergleichbar mit der von Jes 24: Das Leben auf der Erde erlischt! Die Konkretisierung der Botschaft auf Juda und Jerusalem erfolgt auf dem Fuße (Zeph 1,4–13). Und dann fällt das Stichwort „Tag Jahwes", gleichsam als Begründung für die Endzeitkatastrophe. Die klassische Ausmalung des Gerichts ist als Motiv des *dies irae* tief in das Bewusstsein auch der christlichen Tradenten eingegangen:

---

[391] R. Kessler, Micha 234.
[392] Vgl. W. Dietrich und M. Schwantes, Der Tag wird kommen (SBS 170) Stuttgart 1996.

> Nahe ist der große Tag Jahwes, nah ist er und da im Nu.
> Bitter ist das Geschrei des Tages Jahwes, es brüllt auch der Held.
> Tag des Zorns ist dieser Tag, Tag der Not und Tag der Angst.
> Tag der Schoa, Tag der Verwüstung, Tag des Dunkels und Tag des Grauens.
> Tag der Wolken, Tag der Schwärze, Tag der Posaune und Tag des Geheuls ... (Zeph 1,14–16a)

Bei der fürchterlichen Abrechnung am Tag Jahwes haben sich auch die Feinde Israels zu verantworten (Zeph 2,4–15), doch ist die Gemeinde der Jahwe-Anhänger die Hauptadressatin (Zeph 1,4–13; 3,1–7), man vergleiche die Aufzählung von vier Leitungsämtern in Zeph 3,3f. Aber die Ausmerzung des Bösen in der Welt hat ein leuchtendes Gegenstück: die Neuordnung der Völkerwelt, die Rettung des „Restes Israels", das Leben unter der Herrschaft Gottes: „... dann will ich den Völkern wieder reine Lippen verschaffen, dass sie alle den Namen Jahwes anrufen können, ihm einmütig zu dienen" (Zeph 3,9). Das „letzte Gericht" (V. 8) läutert auch den „Rest Israels": „Sie werden nichts Böses mehr tun, nicht lügnerisch reden" (V. 13). Ein paradiesisches Heil wartet auf jene, die dem Gericht entgehen. Und dieses Heil ist universal gedacht, es schließt Juda und die Völker ein. – Die Zephanjatexte muten an wie ein Ausschnitt aus einer gemeindlichen Gottesdienstliturgie. Auf eine breite Anklage und Ansage des Gerichts folgen Heilsweissagungen; sie werden dann aufgenommen und abgeschlossen durch einen hymnischen Respons der Gemeinde bzw. die Aufforderung zu Jubel und Preis (Zeph 3,14–18), noch einmal unterstrichen durch göttliche Verheissungen (V. 19f).

Die spannungsvolle Thematik von Gericht und Heil, Endgericht und Neuschaffung der Welt sind auch sonst im Zwölfprophetenbuch vertreten. Das „Buch" Joel zeitigt in seinen ersten beiden Kapiteln die Struktur einer gottesdienstlichen Handlung gegen eine drohende Heuschreckenplage, die aber unversehens in das Szenario des Tages Jahwes und des Endgerichtes übergeht (vgl. Joel 2,1–11: „der Tag Jahwes ist nahe ...", V. 1; „... groß ist der Tag Jahwes ..." V. 11). Der zweite Teil Michas (Mi 4–7) ventiliert z.T. eschatologische Themen und Fragen, wie es der Jahwegemeinschaft in den turbulenten Zeiten ergehen soll; er läuft aus auf eine wunderbare Erneuerung des Jahwevolkes:

> Weide dein Volk mit deinem Stab, die Herde deines Eigentums,
> die für sich wohnt im Wald mitten im Fruchtgarten.
> Weiden sollen sie in Baschan und Gilead wie in den Tagen der Urzeit,
> wie damals, da du herausgegangen bist aus Ägypten: ‚Ich will ihn Wunder sehen lassen!'
> Die Völker sollen es sehen und zuschanden werden trotz all ihrer Kraft,
> sie sollen die Hand auf den Mund legen, ihre Ohren sollen taub werden.
> Sie sollen Staub lecken wie die Schlange, wie die, die auf der Erde kriechen,
> sollen bebend kriechen aus ihren Burgen, Jahwe, unserem Gott, zitternd entgegen, und sich
> fürchten vor dir. (Mi 7,14–17, nach R. Kessler, Micha, 294f, mit kleinen Veränderungen)

Die „Bücher" Hosea und Amos schlagen gegen Ende heilvolle Töne für die Zukunft an; Habakuks Psalm feiert die Theophanie Jahwes zur Rettung seiner Gemeinde (Hab 3). „Du ziehst aus, deinem Volk zu Hilfe ..." (V. 13). „Ich will mich freuen an Jahwe und fröhlich sein in Gott, meinem Heil" (V. 18). Die Andeutungen einer aktuellen messianischen Erwartung aus Anlass der Wiedereinweihung des Tempels (Hag 2,23) stimmen mit den allgemeineren Ansagen eines gottgesandten neuen Königs im Prinzip überein (vgl. Mi 5,1–3; Sach 9,9–12; der letzte Teil des Buches, Kap. 12–14, wird ohnehin oft als „Apokalypse" apostrophiert.). Kurz: Die persische Zeit hat für die neue judäische Gemeinde auch den Einstieg in die eschatologischen Hoffnungen gebracht. Die Endzeiterwartung muss die Menschen der damaligen Zeit stark bewegt haben. Das geistige Klima der persische Epoche hat vermutlich den Anstoß dazu gegeben: Zarathustrischer

Glaube war rigoros ethisch gestimmt und hatte als wesentliches Ziel das Endgericht, bei dem es um die Entscheidung über Leben oder Tod ging.

Ist das Zwölferbuch auch für die Gemeindestrukturen der späten Epoche transparent? Die gottesdienstlich-liturgischen Texte lassen auf jeden Fall Gemeindeaktivitäten durchscheinen. Jene Stellen, in denen das „Ich" des prophetischen Sprechers (vgl. Mi 2,11; 3,8; Hab 2,1) bzw. das „Wir" der Gemeindeversammlung (vgl. Hos 6,1–3; Mi 7,17–20; Hab 1,12) erscheinen, müssten im Zusammenhang mit den „Wir"-Psalmen[393] untersucht werden. Wie verhalten sich dazu die prophetischen Figuren innerhalb des Korpus? Sind sie Kultbeamte? Biographische Ausmalungen sind im Gegensatz etwa zum Jeremiabuch selten. Außer den minimalen Angaben in den Buchüberschriften und den kurzen, stilisierten Episoden von Am 7,10–17 und Hos 1 und 3 ist kaum ein Wort über das Geschick der Gottesboten oder ihre gemeindliche Funktion zu finden. Die prophetische Redeweise schwankt zwischen hammerhart ergehenden Unheilsankündigungen, lehrhaften Vorhaltungen und seelsorgerlich-weisheitlichen Reflexionen. Scharfe, kompromisslose Denunziationen falschen Verhaltens sind nach unserem Verständnis noch am ehesten mit dem Typ des spontanen Gottesboten zu verbinden. Wenn diese Sprechweise noch mit Visionserlebnissen einhergeht, wie z.B. in Am 7,1–9; 8,1–3; 9,1–4, dann scheint die geistbewirkte Ergriffenheit des Boten, die in vielen altorientalischen Quellen das Prophetsein charakterisiert, unmittelbar hervorzutreten. Diese Typisierung des Gottesboten ist jedoch für die Spätzeit fraglich (vgl. Sach 13,2–6). Andere Redeweisen, besonders die ermahnende, zur Bekehrung aufrufende, tröstende, vergewissernde, nach außen abgrenzende, passen viel eher in das Bild der nachexilischen Gemeinde. Gelegentlich sind in den Prophetenworten gemeindliche Leitungsämter benannt, z.B. Propheten und Priester. Die späte, systematisierende Bezeichnung *nabi'*, „Prophet", findet vorrangig Verwendung (33 mal). Ältere Begriffe wie „Seher" (2 mal: Am 7,12; Mi 3,7), „Gottesmann", „Träumer" (1 mal: Joel 3,1), „Mantiker" (2 mal: Mi 3,7; Sach 10,2; vgl. Mi 5,11) kommen praktisch nicht vor. Ebenso fehlen allerdings die „neuen" Ämterbezeichnungen in der Konfessions- und Schrift-Gemeinschaft: Schreiber (vgl. nur Hab 2,2), Weise, Amtleute, Schlichter fast völlig. Nur Hinweise auf Tora und Recht gibt es hier und da, die man nicht in die Königszeit abschieben sollte: Für Mal 2f und Hag 2,11 ist die späte Ansetzung klar. Doch Hos 4,6; 8,1.12; Am 2,4; Mi 4,2; Hab 1,4; Zeph 3,4 (Erwähnungen von Tora) müssen ebenso überdacht werden wie z.B. die Vorkommen von *mišpaṭ*, „Rechtssatz", „Gerichtsurteil" (z.B. Hos 2,21; 5,1; 6,5; 12,7; Am 5,24; 6,12; Mi 3,1.8f; 6,8; 7,9; Hab 1,4), die eine starke Affinität zur Tora aufweisen. Im älteren Korpus der Zwölf sind also mehr Hinweise auf nachexilische Rechtsprechung und Gemeindeordnung vorhanden, als normalerweise angenommen. Die Nennung der „Gerechten" als Bezeichnung der Toratreuen ist hier und da auffällig (vgl. z.B. Hos 14,10; Am 5,12; Mi 7,2; Hab 1,4.13; 2,4). Strikt weisheitliche Einlassungen (vgl. z.B. Hos 14,10; Mi 6,8 etc.) gewinnen ebenfalls in diesem Zusammenhang an Bedeutung. Viele Anzeichen deuten somit auf rege Nutzung der Texte oder auf deren Neufassung durch die Jahwegemeinschaft in der persischen Periode hin.

---

[393] Vgl. E. S. Gerstenberger, Psalmen und Ritualpraxis (HBS 36) Freiburg 2003, 80–83.

III.2.2.2 Jesaja

U. Becker, Jesaja – von der Botschaft zum Buch, Göttingen 1997 (FRLANT 178). – U. Berges, Das Buch Jesaja. Komposition und Endgestalt, Freiburg 1998 (HBS 16). – E. Bosshard-Nepustil, Rezeptionen von Jesaja 1–39 im Zwölfprophetenbuch, Fribourg/Göttingen 1997 (OBO 154). – C.C. Broyles und C.A. Evans (Hg.), Writing and Reading the Scroll of Isaiah, Leiden 1997 (VT.S 70/1). – B.S. Childs, The Struggle to Understand Jsaiah as Christian Scripture, Grand Rapids 2004. – P. Höffken, Jesaja. Der Stand der theologischen Diskussion, Darmstadt 2004. – M.D. Goulder, Isaiah as Liturgy, Aldenshot 2004 (MSSOTS) – O. Kaiser, Das Buch des Propheten Jesaja Kapitel 1–12, Göttingen 5. Aufl. 1981 (ATD 17). – K. Kiesow, Exodustexte im Jesajabuch, Fribourg / Göttingen 1979 (OBO 24). – R.G. Kratz, Kyros im Deuterojesaja-Buch, Tübingen 1991 (FAT 1). – K.-C. Park, Die Gerechtigkeit Israels und das heil der Völker: Kultus, Tempel, Eschatologie und Gerechtigkeit in der Endgestalt des Jesajabuches, Frankfurt 2003 (BEAT 52). – E. Uchen, The Eschatological Implications of Isa 65 and 66 as the Conclusion of the Book of Isaiah, Pieterlen / Bern 2005 (La Bible dans l'histoire 3). – J.M. Vincent, Studien zur literarischen Eigenart und zur geistigen Heimat von Jesaja Kap. 40–55, Frankfurt 1977 (BEAT 5). – H.G.M. Williamson, The Book Called Isaiah, Oxford 1994.

Das Buch des Propheten Jesaja ist im atl. Kanon nach dem Psalter das umfangreichste. Es muss wegen der Vielfalt der darin enthaltenen Texte eine komplizierte Entstehungsgeschichte gehabt haben. Unter dem titelgebenden Namen eines „Jesaja, Sohnes des Amoz" sind Tausende von Textzeilen aus unterschiedlichen Zeiten und Situationen angehäuft worden. Die grobe Einteilung des Materials in Unheilsweissagungen, Fremdvölkerworte und Heilsverkündigung ist nur sehr bedingt als Wachstumsbeschreibung brauchbar. Auch die literarische Gliederung in drei distinkte, chronologisch gereihte Bücher (Jes 1–39; 40–55; 56–66) hat wenig Wert, weil besonders der erste Teil auch manche Passagen aus späteren Perioden enthält. Am besten ist es wieder für unsere Zwecke, die dem Jesaja zugeordneten Texte als eine Menge von recht „zufällig" versammelten Lesestücken zu betrachten, die sehr wahrscheinlich seit Beginn des Exils zusammengekommen sind und in der persischen Zeit mehr oder weniger ihre jetzige Form erhalten haben.

Der dritte Teil der Jesaja-Schrift, der sogenannte Tritojesaja (Jes 56–66) wird allgemein der Phase nach Wiedereinweihung des Tempels zugeordnet; er ist oben gewürdigt (III.1.2.2). Die deuterojesajanischen Passsagen dagegen – zu ihnen gehören außer Jes 40–55 etliche andere Abschnitte, z.B. Jes 35 – leben von der Aufbruchsstimmung der deportierten Judäer in Babylonien; sie spüren, dass ein grundlegender Neubeginn greifbar nahe oder schon gegeben ist. Das fixe Datum für die damalige Wende war das Jahr 539 v.Chr., als Kyros kampflos in Babylon einzog und sogar von der einheimischen Marduk-Priesterschaft als Befreier begrüßt wurde. Die Aufzeichnung der „Lieder und Gottessprüche der Rückwanderer" (W. Caspari, 1934) wird dann wohl im Vollzug der Repatriierung, besser: nach der Rückkehr eingesetzt haben, so dass auch dieser große Abschnitt des Jesajabuches in die persische Zeit fällt.[394]

Gleichgültig, in wie vielen Editionen die Sammlung dtjes. Sprüche und Lieder das Licht der Welt erblickt hat: Es geht darum, wie die Gemeinden des Zweiten Tempels die Botschaft aufgenommen haben. Die relevanten Texte gehören zu den wichtigsten des alttestamentlichen Kanons überhaupt. In ihnen kommt die spirituelle und theologische Wende in den babylonischen Kolonien der deportierten Judäer zu einem dramatischen und nachhaltigen Ausdruck. Die Erneuerung der Jahwegemeinschaft in der Vielvölker-

---

[394] R. Albertz behandelt ausführlich die nach seiner Meinung zweistufige Edition des Deuterojesajabuches; schon die erste Bearbeitung setzt er mit dem Tempelneubau parallel (520–515 v.Chr.): Die Exilszeit (BE 7) 283–323. Literarkritische Analysen sind allerdings immer weitgehend spekulativ; hier soll keine weitere vorgelegt werden.

welt persischer Prägung ist Wirklichkeit. An die Stelle drückender babylonischer Wirtschafts- und Religionspolitik tritt eine neue Macht, die den religiösen und ethnischen Minderheiten weitgehend ihre Eigenheiten belässt. Kyros erscheint auch den judäischen Theologen als Befreier, ja, als der „Gesalbte" Gottes (s.o. I,1; III.2; Jes 45,1–4). Das ist unerhört im Blick auf alles, was wir sonst über den judäischen Partikularismus und Erwählungsglauben wissen. Der Wiederaufbau Jerusalems mitsamt seines Jahwetempels ist das äußere Zeichen für den fundamentalen Umbruch unter Kyros:

> Ich bin Jahwe, der alles gemacht, der die Himmel ausgespannt ganz allein, ...
> der das Wort seiner Knechte erfüllt und den Plan seiner Boten ausführen lässt,
> der zu Jerusalem sagt: „Sei bewohnt!" Zu den Städten Judas: „Werdet gebaut!" Ja, ich richte die Trümmer auf!
> Der zur Tiefe spricht: „Versiege!" Ja, deine Ströme trockne ich aus!
> Der zu Kyros sagt: „Mein Hirte!" Ja, meine Gedanken setzt er um!
> Jerusalem, du sollst gebaut werden! Tempel, du bist gegründet! (Jes 44,24b.26–28)

Die babylonische Weltmacht liegt am Boden. Sie hatte die unterworfenen Völker geknechtet. Befreiung nimmt in der judäischen Exulantengemeinde die Farben der legendären Herausführung aus Ägypten unter Mose an. Es besteht in der Literatur ein Wechselspiel zwischen den Motiven des Exodusdramas vorzeiten und der Heimführung zu Beginn des Perserreiches.[395] Verachtung, Schadenfreude und Hass der verbannten und jetzt befreiten Judäer richten sich gegen die vorigen Zwingherren (Jes 47,1–4). In diesem weltpolitischen Umbruch festigt sich für die kleine Gemeinde der verbannten Judäer der Glaube an den einzigen Gott und Weltenlenker, Schöpfer und Befreier Israels. Die dtjes. Texte sind glühende Zeugnisse dieses universal-partikularen Glaubens, den wir als monotheistisch bezeichnen. Sie kommen der Gattung „Predigt" nahe,[396] denn sie setzen eine hörende, z.T. mit (gedachten) Einsprüchen reagierende Gemeinde voraus (vgl. Jes 44,21f; 43,10–13; 44,6–9; 48,12f). Alles dreht sich bei diesen dtjes. Abschnitten um den einzig wirkungsmächtigen Gott Jahwe. Er ist Schöpfer, Erhalter der Welt, er hat seinem Volk Israel eine Schlüsselrolle in der Weltgeschichte zugeteilt. Die Hoffnung und die reale Erfahrung der Befreiung von babylonischer Herrschaft treibt die Sprecher dieser Machtproklamationen an. Jahwe allein – die einzig auserwählte Gemeinde – der Neuanfang im Heimatland – Tempel, Tora, Lobgesang: die Begeisterung nimmt kein Ende. In den starken Heilsworten zeichnet sich ein Profil der Gemeinde ab. Es kommen Rufer, Prediger zu Wort, von „Propheten" ist nicht die Rede. Nur die literarischen Fußspuren der göttlich autorisierten Sprecher sind zu entdecken, die Einleitungsformeln der Gottessprüche, die direkte Anrede an die Zuhörerinnen und Zuhörer, die erste, göttliche Person der Jahwebotschaften an das Volk. Es erscheint unter den stereotypen Namen des Ahnvaters, Jakob oder / und Israel, aber auch unter allerlei Ehren- und Kosebezeichnungen: Knechte (oft auch im Singular: Knecht Jahwes), Würmchen Israel, Auserwählte, Taube und Blinde, Zion, Söhne Abrahams und Saras, Ehefrau Jahwes (Jerusalem; vgl. Jes 54, auch 62!) – eine Fülle von affektiven Titulierungen. Sie reflektieren das Selbstverständnis der geretteten, auserwählten Gemeinschaft. Sie ist Kristallisationspunkt der universalen Menschheitsgemeinde. Ihre Konstitution durch Jahwe, durch das verkündigte Wort vom Neuanfang, und ihre endzeitliche Bestimmung sind überdeutlich. Die dtjes. Ver-

---

[395] Vgl. Kiesow, Exodustexte; J. Pixley, Éxodo, Mexiko City 1983 (engl.: On Exodus, Maryknoll 1987).
[396] Vgl. E. von Waldow, Anlass und Hintergrund der Verkündigung Deuterojesajas, Diss. Bonn 1953.

kündigung ist ein lebendiges Abbild der Zustände um den und nach dem Neubau des Jerusalemer Tempels. Sie baut die sich konsolidierende Gemeinde auf.
Es bleibt nur noch Protojesaja zu besprechen. Gibt es Anzeichen für Gebrauch und Bearbeitung dieses Buchteils in der nachexilischen Epoche? Die Sammlung der Jesajaworte ist bunt; die Kompositionsabschnitte – gemeinhin gliedert man etwa in Jes 1–12; 13–23; 24–27; 28–35 (wobei das letzte Kapitel dtjes. Charakter hat); 36–39 – bestehen aus unterschiedlichen Gattungselementen und verraten diverse geschichtliche wie liturgische Kontexte.
Die Abschlusskapitel Jes 36–39 sind legendäre Geschichtserzählung und handeln von der Belagerung Jerusalems durch die Assyrer unter Sanherib im Jahre 701 v.Chr. Der Text stimmt weitgehend wörtlich mit der Wiedergabe derselben Episode in 2 Kön 18f überein, d.h. er entstammt derselben Überlieferung.[397] König Hiskia, eine der leuchtenden Gestalten dtr. Geschichtsschreibung, vertraut fest auf die Hilfe Jahwes, und das übermächtige Assyrerheer wird in seinem Lager vor Jerusalem durch göttliche Intervention („der Bote Jahwes schlug im assyrischen Lager 185000 Mann", Jes 37,36) aufgerieben. Oben ist schon darauf hingewiesen, dass sich die verbale, theologische Auseinandersetzung zwischen Hiskia und dem assyrischen Feldherrn bzw. Sanherib selbst im dtr. Vokabular und Vorstellungshorizont abspielt, also schwerlich kontemporär sein kann. Vielmehr gehören die beiden Versionen im Königs- und im Prophetenbuch ziemlich sicher in die Zeit des Exils und Nachexils. Sie spiegeln die Interessen und theologischen Vorstellungen der entstehenden jüdischen Gemeinde. – Die Worte gegen Fremdvölker (Jes 13–23) betreffen einmal kleinere Nachbarstaaten, wie wir es bei Amos schon gesehen hatten, zum anderen die entfernteren Großmächte Ägypten und Babylonien, nur am Rande Assyrien (Jes 20), dazu Arabien und Kusch (= Äthiopien). Das versammelte Material ist sehr heterogen, es enthält interessanterweise neben den üblichen Verdammungen der „Feinde" auch Ausblicke auf eine große Völkerversöhnung:

> Jahwe wird die Ägypter schlagen und heilen; und sie werden sich bekehren zu Jahwe, und er wird sich erbitten lassen und sie heilen.
> Zu der Zeit wird eine Straße sein von Ägypten nach Assyrien, dass die Assyrer nach Ägypten und die Ägypter nach Assyrien kommen und die Ägypter samt den Assyrern Gott dienen.
> Zu der Zeit wird Israel der dritte sein mit den Ägyptern und Assyrern, ein Segen mitten auf Erden; denn Jahwe Zebaot wird sie segnen und sprechen: Gesegnet bist du Ägypten, mein Volk, und du, Assur, meiner Hände Werk, du, Israel, mein Erbe. (Jes 19,22–25)

Einzelne Passagen der Fremdvölkerkompositionen mögen ältere Stadien der Feindbekämpfung bzw. der kultischen Feindbeschwörung darstellen. Als Gesamtblock betrachtet, bezeugen Vorstellungswelt, universaler theologischer Hintergrund und der globalisierende Diskussionsstand (Persien wird allerdings nur hier und da implizit mit gemeint sein können!) von einer späten Abfassung des jetzt vorhandenen Korpus. Besonders die auf Babylonien gemünzten Unheilsankündigungen, die demonstrativ das Fremdvölkerkorpus einleiten (Jes 13f; 21,1–9), sind im Verhältnis zur gedachten Jesajafigur des 8. Jh. v.Chr. anachronistisch. Die Meder sind schon als Gegner des babylonischen Imperiums aktiv (Jes 13,17; 21,2). Das berühmte Triumphlied über den Sturz der babylonischen Weltherrschaft (Jes 14,4–21) ist thematisch, stilistisch, theologisch vermutlich ein Erzeugnis der Perserzeit, als das Vorgängerimperium schon weggewischt war. Im grandiosen Historienstil entfaltet es den friedvollen (*pax persica*!) Zustand der Welt nach

---

[397] Eine wesentliche Abweichung ist die Einfügung des vollen Krankengebets Hiskias in Jes 38,9–20: deutliches Zeichen für liturgische Verwendung des ganzen Erzählzusammenhangs?

dem Abgang des babylonischen Imperators. Der kommt seinerseits, all seiner gottgleichen Würden entkleidet, in die gleichmacherische Unterwelt (V. 9–11). „Ja, hinunter zu den Toten fährst du, zur tiefsten Grube! Wer dich sieht, wird auf dich schauen, wird dich ansehen und sagen: ‚Ist das der Mann, der die Welt zittern und die Königreiche beben machte, der den Erdkreis zur Wüste macht und seine Städte zerstörte und seine Gefangenen nicht nach Hause entließ?" (V. 15–17). Hier ist wohl auf die schon geschehene Entlassung der Exulanten durch die Perser angespielt. Die Assyrer sind kaum mehr interessant (Jes 14,24–27). Apokalyptische Töne mischen sich ein (vgl. Jes 13,9–12; 17,12–14; 19,16–25). Der Komposition von Fremdvölkerworten folgt dann eine genuin apokalyptische Partie auf dem Fuß: Jes 24–27. Die nachstaatlichen Züge der israelitischen Gemeindetheologie treten so kräftig in Erscheinung, dass kein wissenschaftlicher Exeget diese Kapitel noch in die Königszeit datieren möchte.

> Siehe, Jahwe macht die Erde leer und wüst und wirft um, was auf ihr ist, und zerstreut ihre Bewohner. Und es geht dem Priester wie dem Volk, dem Herrn wie dem Knecht, der Frau wie der Magd, dem Verkäufer wie dem Käufer, dem Verleiher wie dem Borger, dem Gläubigen wie dem Schuldner. Die Erde wird leer und beraubt sein; denn Jahwe hat solches geredet. Das Land verdorrt und verwelkt, der Erdkreis verschmachtet und verwelkt, die Höchsten des Volks auf Erden verschmachten. Die Erde ist entweiht von ihren Bewohnern; denn sie übertreten das Gesetz und ändern die Gebote und brechen den ewigen Bund. (Jes 24,1–5)

Das Verderben kommt über die ganze Erde und alle Menschen sind davon betroffen. Allen wird die Missachtung der Gottesordnung vorgeworfen. Das Gesellschaftsbild ist postmonarchisch; eine staatlich-administrative Elite kommt nicht vor, vielmehr ist die in sechs Gegensatzpaaren geschilderte Gemeinde rein zivil (V. 2). In der Folge entsteht das Bild universaler Zerstörung, das alle Völker betrifft und gar die Gestirne mit einschließt (Jes 24,23; 25,6–8 u.ö.). Signifikant sind auch die liturgischen Formen, in denen das Textkorpus auftritt. Den stärksten Leitwert im Blick auf eine nachexilische Kultgemeinschaft haben die „Wir"-Passagen (vgl. Jes 24,16; 25,9; 26,1.8.12.13.16–18). Wie in anderen Prophetenbüchern auch und im Psalter sind derartige Texte in der 1. Person Plural ein Indiz dafür, dass sich der betreffende Abschnitt im gottesdienstlichen Milieu gebildet hat. Gegen die noch spätere Ansetzung von Jes 24–27 in der hellenistischen Periode stehen die starken Gemeindekonturen; die apokalyptische Ausrichtung muss nicht dagegen sprechen, nicht einmal die leisen Andeutungen eines Auferweckungsglaubens (vgl. Jes 25,8; 26,19; Ez 37,1–14) müssen es. Denn wie auch in anderen Abschnitten des Prophetenkanons (z.B. Sach; Ez) gehören großflächige Endzeitszenarien durchaus in den Bereich der von Persien beeinflussten Kulturen und Religionen.

Ausgeweitete, nicht nur national begrenzte Unheilsansagen sowie eschatologische Durchblicke in eine paradiesische Zukunft durchziehen noch weitere Kompositionseinheiten des Jesajabuches. In Jes 1–12, dem ersten großen Block, sind derartige zukunftsorientierte Einzeltexte so häufig, dass sich die Endzusammenstellung auf keinen Fall in die Königszeit zurückdatieren lässt. Otto Kaiser ist deshalb im Recht, wenn er z.B. die Abfassung der sogenannten „Denkschrift Jesajas" (Jes 6–12) aus ideologiekritischen und theologiegeschichtlichen Gründen in die exilisch-nachexilische Zeit verlegt.[398] So lässt sich der Verstockungsauftrag an den Propheten nur als rückprojizierte Legitimation des Exils verstehen. Die messianischen Paradiesgemälde in Jes 9,1–6 und 11,1–9 öffnen Fenster zur apokalyptischen Heilszeit. Das Danklied der Erlösten (Jes 12,1–6) gehört in

---

[398] O. Kaiser, Das Buch des Propheten Jesaja, Kapitel 1–12 (ATD 17) Göttingen 5. Aufl. 1981, 117–120; 195–209; 239–257.

die Liturgie der Spätzeit, auch wenn V. 1–3 in der 1. Person Singular des Liturgen gehalten sind. Die Zuhörer sind direkt angesprochen (V. 4–6).

> Ich will dich preisen, Jahwe, denn du hast mir gezürnt, aber dein Zorn hat sich gewendet, du hast mich wieder getröstet.
> Ja, Gott ist mein Heil, ich vertraue darauf und habe keine Angst.
> Meine Kraft und mein Lied ist Jah; Jahwe – er hat mir geholfen.
> Nun könnt ihr mit Freuden Wasser ziehen, aus dem Brunnen der Rettung.
> Zu jener Zeit dürft ihr sagen: Preist Jahwe! Ruft laut seinen Namen!
> Macht bekannt unter den Völkern seine Taten; erzählt von ihm, denn sein Name ist groß.
> Lobsingt ihm, Jahwe, denn er hat Großes bewirkt; alle Welt soll es erfahren.
> Frohlocke und rühme ihn, Bewohnerin Zions, denn überragend bei dir ist der Heilige Israels.
> (Jes 12,1–6)

Allein die Einbeziehung der Völkerwelt (vgl. auch Jes 2,1–4) belegt die späte Abfassung des Hymnus. Aber auch die in V. 1–3 angesprochene Situation – Wende im Zorn Jahwes – und die vorausgesetzten Typen von Frömmigkeit, Heilserwartung, Zionsglaube stimmen sehr gut mit dem zusammen, was wir aus der frühjüdischen Gemeinde wissen.
So scheint auch das „Buch des ersten Jesaja" erst in der nachexilischen Periode zusammengestellt oder ausgeweitet worden zu sein. Ältere Prophetensprüche lassen sich höchstens versprengt in Jes 28–34 finden, aber auch in diesem Teil der Schrift fallen messianisch und eschatologisch gestimmte Aussagen auf, oder späte Unheilsansagen über Fremdvölker. Ja, es gibt sogar schwache Hinweise auf eine bestehende schriftliche Tradition, nämlich ein „Buch Jahwes" (34,16), welches als Richtschnur dienen soll (vgl. 8,1). Auch diese Vorstellung kann erst aus der späten Zeit stammen. Die Erwartung des endgültigen Heils in einem von Jahwe bestimmten Friedensreich transzendiert die Visionen vom Schlachtgetümmel des Endkampfes. Wie immer und in welcher chronologischen Reihenfolge die einzelnen Schichten und Kompositionseinheiten des Buches Jesaja zusammengefügt worden sein sollen: Ein großer Vorrat an prophetischen Aussagen vielfacher Art ist nicht aus der Königszeit vorformuliert überkommen, sondern entstammt als zeitgenössische liturgische oder Gemeindebildung eben jener Epoche, als der Tempel in Jerusalem wieder seine Funktionen wahrnehmen konnte und die Gemeinde begann, sich nach der besseren Gerechtigkeit ihres Gottes zu sehnen.

III.2.2.3 Jeremia

B. Becking, Between Fear and Freedom, Leiden 2004 (OTS 51). – R.P. Carroll, Jeremiah: A Commentary, Philadelphia 1986 (OTL). – S. Herrmann, Jeremia, Darmstadt 1991 (EdF 271). – M. Kessler, The Battle of the Gods – the God of Israel versus Marduk of Babylon, Assen 2003 (SSN 42). – J. Kiss, Die Klage Gottes und des Propheten, Neukirchen-Vluyn 2003 (WMANT 99). – E.W. Nicholson, Preaching to the Exiles, New York 1970. – K.-F. Pohlmann, Die Ferne Gottes, Berlin 1989 (BZAW 179). – T. Römer, Jérémie: du prophète au livre, Poliez-le-Grande 2003. – K. Seybold, Der Prophet Jeremia: Leben und Werk, Stuttgart 1993. – C.J. Sharp, Prophecy and Ideology in Jeremiah, London 2003. – M.S. Smith, The Laments of Jeremiah and their Context, Atlanta 1990. – W. Thiel, Die deuteronomistische Redaktion von Jeremia 1–25, Neukirchen-Vluyn 1973 (WMANT 41). – Derselbe, Die deuteronomistische Redaktion von Jeremia 26–45, Neukirchen-Vluyn 1981 (WMANT 52). – D. Vieweger, Die literarischen Beziehungen zwischen Jeremia und Ezechiel, Frankfurt a.M. 1993 (BEAT 26).

Rund 70 Prozent des gesamten Textvolumens im Jeremiabuch stammen aus dtr. oder noch späteren Tradentenkreisen. Die Septuaginta hat einen Jeremiatext bewahrt, der um etwa ein Achtel (12,5%) kürzer ist als der masoretische. Schon solche grobe Feststellungen nähren den Verdacht, dass das Buch des angeblich am besten persönlich ausgeleuchteten Propheten des AT in Wirklichkeit doch überwiegend auf spätere Rückprojektionen und Gemeindebildungen zurückgeht als auf authentische Prophetensprüche oder -erzählungen. In der Tat überwiegen ja auch rein formal die langen, mit dtr. Geist durchtränkten Reden des Protagonisten Jeremia. Die Themen, welche der wirkungsvolle, aber doch stark angefeindete und in die Leidensrolle gedrängte Bote Jahwes anschneidet, lassen sich großenteils auch am besten vor dem Hintergrund der nachexilischen Wirklichkeit und Theologie verstehen.

Jeremia hat viel über Fremdvölker, Feindvölker und Weltmächte zu sagen. Er bewegt sich angeblich in seiner Weltsicht und Theologie häufig auf internationalem Parkett. Das ist sogar wörtlich zu verstehen: Der legendäre Prophet wandert zum Euphrat (Jer 13,3–7), predigt (als Verschleppter) in Ägypten (Jer 44), schickt ein fluchbeladenes Buch nach Babylonien (Jer 51,59–64). Als einziger der atl. Gottesgesandten wird er in seiner Berufungslegitimation als Prophet „für die Völker" apostrophiert, dessen quasi apokalyptische Aufgabe es sei, Unheil über die Welt zu bringen, dem das Heil folgt. „Siehe, ich setze dich heute über Völker und Königreiche, dass du ausreißen und einreißen, zerstören und verderben sollst und bauen und pflanzen." (Jer 1,10). So endet das masoretische Jeremiabuch (anders in der LXX Version) mit einer Batterie von Fremdvölkerweissagungen (Jer 46–51), denen dann noch ein Stück des dtr. Berichts über die Einnahme Jerusalems durch Nebukadnezar angefügt wurde (Jer 52; man beachte die Zäsur durch den redaktionellen Vermerk in Jer 51,64). Die Kette der Nationenschelte berührt sich oft mit der aus Jesaja bekannten. Am Anfang steht bei Jeremia Ägypten (Jer 40); dem Bann über das Nilland folgen Worte gegen die Nachbarn Israels: die Philister, Moabiter, Ammoniter, Edomiter, Syrer, Araber, Elamiter (Jer 47–49). Die schwergewichtigen Schlusskapitel aber sind Babylonien gewidmet (Jer 50f). Das ist bei einem Jeremia, den man in die Josia- und die beginnende Exilszeit hineinkomponiert, nicht so anachronistisch wie bei dem Jesaja des achten Jh. v.Chr. Dennoch drängt sich der starke Verdacht auf, dass die Untergangsweissagungen gegen diese Weltmacht erst in der Rückschau auf den schon erfolgten Zusammenbruch des babylonischen Reiches erfolgt sind: Nachdem nämlich die Perser das ganze Reich, samt Kernland Mesopotamien und den Gebieten des Transeuphrat eingenommen hatten.

> Verkündet's unter den Völkern und lasst's erschallen, richtet das Banner auf! Lasst's erschallen, verbergt es nicht, und sagt:
> Babel ist eingenommen, Bel ist zuschanden worden, zerschmettert Marduk.
> Zuschanden sind ihre Götzen, zerschmettert ihre Götterbilder, (Jer 50,2; vgl. 50,15; 51,8.31.41–44)

Manche Aussagen setzen den Fall Babylons also voraus. Oder sind sie doch echte Ansage eines erst kommenden Untergangs? Als Argument für eine derartige Authentizität der Babylonsprüche wird oft die durchweg gewalttätige und kriegerische Schilderung des Endes ins Feld geführt. Geschichtliche Realität sei aber der kampflose Einzug der persischen Truppen. Sollten die Babel-Weissagungen in Jer 50f noch nichts vom wirklichen Hergang der Ereignisse gewusst haben? Solche Überlegungen gehen m.E. am Wesen der Fremdvölkerverurteilung vorbei. Es handelt sich doch sehr wahrscheinlich um eine Ansammlung von liturgischen Texten, die in emotional aufgeladenen Versammlungen als echte Verwünschungen gegen die Feinde rezitiert wurden. Eine ruhige Lagebeurteilung hat in ihnen keinen Platz. Der Hass gegen die unterdrückerische Großmacht hatte sich über Jahrzehnte aufgestaut und brach sich nach der Befreiung auch in schriftlicher Form Bahn. Stereotype Vorstellungen von der Demütigung einst übermächtiger Feinde, der Zerstörung der Hauptstadt und dem Rachewüten der eigenen Gottheit machen das Gros der drohenden Reden aus. Gemeindliches „Wir" kommt gelegentlich zum Vorschein (Jer 51,10.51), und ein gottesdienstlicher Hymnus ist ebenfalls stehengeblieben (Jer 51,15–19), damit er vom Ursprungsort dieser Texte zeugen kann. Im wechselnden Gegenüber von Babel und Israel kommt in beiden Kapiteln des Jeremiabuches der starke Glaube zum Ausdruck, dass Jahwe die einstmaligen Unterdrücker seines Volkes schon gestraft und seinen Getreuen schon eine neue Lebenschance gegeben hat.

Zwischen der Einführung Jeremias als „Prophet für die Völker" und den abschließenden, vehementen Drohungen gegen Babylon stehen 48 Buchkapitel, in denen gelegentlich der Völkerhorizont sichtbar wird. Der Prophet selbst wandert, wie schon angedeutet, in die entferntesten Länder, freiwillig oder gezwungen, oder er nimmt durch Boten bzw. schriftlich Kontakte dorthin auf. Am Euphrat vollzieht er die Gleichnishandlung mit dem Gürtel (das geliebte, aber treulose Volk Jahwes), der dort verrottet (Jer 13,3–7). Das der babylonischen Delegation mitgegebene Fluchbuch soll der feindlichen Stadt Verderben bringen (Jer 51,59–64). Jeremia schreibt dann einen Brief an die Deportierten in Babylonien mit dem ganz anderen Tenor: Akzeptiert auf Dauer das Leben in der Fremde! „Sucht der Stadt Bestes, dahin ich euch habe wegführen lassen, und betet für sie zu Jahwe; denn wenn's ihr wohlgeht, so geht's auch euch wohl." (Jer 29,7). Diese positive Einstellung des Propheten ist in vielen Erzähltexten und Sprüchen festgehalten (vgl. Jer 21; 27f; 32). Sie führte zur Idee, Jeremia sei wegen Landesverrats verhaftet und inhaftiert worden (Jer 37,11–16; 38,1–6), sowie zu den Motiven seiner heimlichen Beratertätigkeit für Zedekia, seiner Rettung aus dem Verließ, der angeblichen Vorzugsbehandlung von Seiten Nebukadnezars nach dem Fall Jerusalems (Jer 38,14–28; 39,11–14) und der Verschleppung des Propheten durch einige Militärs um Johanan ben Kareach (Jer 43,1–7). – Die Überlieferer der Jeremiatexte hat es nicht angefochten, dass auf diese Weise zwei grundverschiedene Babylon-Bilder in das Buch aufgenommen wurden. Sie waren nicht dem Autorenwahn verfallen, der viele moderne Exegeten bewegt. Vielmehr passten die konträren Bewertungen recht gut in die Gemeindeliturgien. Babylonien unter Nebukadnezar war einmal die von Jahwe eingesetzte strafvollstreckende Macht und als solche legitimiert. Wenn sie aber ihren Dienst erfüllt hatte, musste Jahwe um der verübten Gräuel willen gegen sie einschreiten. Die Fremdvölkerworte lassen darum dem Vergeltungsdenken breiten Raum.

Nach Ägypten hin reicht die Mission des verschleppten Jeremia (Jer 43,8–44,30). Er hält den dorthin geflüchteten oder verdingten Judäern lange Predigten im Stil und Sinn der dtr. Theologie. Ansonsten erscheint das Pharaonenreich als glückloser Gegenspieler zum Jahwe-Bevollmächtigten Nebukadnezar. Wegen dieser auch der historischen Realität entsprechenden Einschätzung der Kräfteverhältnisse musste es höchst unklug, wenn nicht selbstmörderisch für die judäischen König sein, ihr politisches Überleben von den Ägyptern zu erwarten (vgl. Jer 2,18.36; 37,7).

Zusammenfassend lässt sich über den Welthorizont des Jeremiabuches Folgendes sagen: Die emotional kritischen Babylon-Partien gehören mit einiger Wahrscheinlichkeit in die Zeit nach der Befreiung durch die Perser. Hass, Vergeltungstrieb und Erleichterung versammeln sich rückblickend in den besagten Fremdvölkersprüchen. Die Babel-freundlichen Passagen gehören eng mit der Leidensgeschichte des Propheten zusammen. Weil Jeremia durch sein Verhalten dem Verdacht Nahrung gibt, er sei „gekaufter" Parteigänger Nebukadnezars, erfährt er Verfolgung und Misshandlung von seinen eigenen Landsleuten. Viele sehen in diesen biographischen Details eine zuverlässige historische Erinnerung. Plausibler ist aber – angesichts der allgemeinen Entstehungsbedingungen der Prophetenschriften in der Spätzeit – die Vermutung, die gesamte Leidensszenerie sei eine literarische Fiktion, herausgearbeitet anhand von liturgischen Mustern des leidenden Gerechten, des leidenden Jahwe-Anhängers (vgl. Ps 69,8–13; Jes 52,13–53,12). Die Diskussion um die Authentizität der sogenannten „Konfessionen" des Jeremia, die ja bekanntlich eine starke Affinität zu den Klagepsalmen des einzelnen aufweisen, ist ein Indiz für die Berechtigung der Fragestellung. Wenn die „Passion" (G.von Rad) Jeremias tatsächlich rückblickende theologisierende Fiktion ist, dann gehört ihre Abfassung eher in die ruhigeren Zeiten des Nachexils, als die Gemeinde damit beschäftigt war, ihre eigene Vergangenheit eindrucksvoll auszumalen. – Die Verbindungen nach Ägypten lassen sich nur schwer zeitgeschichtlich festlegen. Jer 44 setzt jedenfalls eine bedeutende jüdische Emigrantenkolonie im Nilland voraus. Sie ist am ehesten als Folge des babylonischen Vordringens nach Westen entstanden, also im sechsten Jh. v.Chr. Die jüdische Militärkolonie von Elephantine ist nicht identisch mit den bei Jeremia vorausgesetzten Siedlungen, aber doch ein Beleg dafür, dass es derartige Phänomene gegeben hat (vgl. II.4.2).

Wie die Außenwelt des Jeremiabuches, so weist auch seine Innenwelt weitgehend in die exilische, vor allem aber die nachexilische Periode. Jeremia soll nach der Überlieferung der erste und einzige Prophet gewesen sein, der kontinuierlich mit der Abfassung von Schriften beschäftigt war. Ihm wird ein professioneller Schreiber zugesellt, Baruch mit Namen (vgl. Jer 25,13; 30,2; 36; 51,60). Das bedeutet: Die Tradenten sind sich bewusst, dass Propheten, wie normale Menschen überhaupt, des Schreibens und Lesens nicht kundig sind. Aber sie kennen aus ihrer nachexilischen gemeindlichen Praxis die Wichtigkeit des geschriebenen Gotteswortes. Folglich machen sie Jeremia zu einem Autor. Als solcher steht er für diese späte Überlieferung in einer langen Reihe von Gottesboten, die nach zeitgenössicher Auffassung mit Mose und seiner Übermittlung der Tora anfängt (vgl. Jer 7,25; 25,4; 26,5; 35,15; Dtn 18,15). Die Kette der Jahwe-Gesandten verbürgt die Wahrheit und Gerechtigkeit des Willens Gottes, der sich in der vorexilischen Periode kundgetan, aber immer wieder verachtet wurde. Dem entsprechen die dtr. Reden des Jeremia. Sie predigen monoton den Anspruch Jahwes auf alleinige Verehrung, die sträfliche Abwendung der Gemeinde, das immer wieder erneuerte Angebot Gottes umzukehren, Buße zu tun, sich der gnädigen Zuwendung Jahwes zu vergewissern.

> So spricht Jahwe: Werdet ihr mir nicht gehorchen und nicht nach meiner Tora leben, die ich euch gegeben habe und nicht hören auf die Worte meiner Knechte, der Propheten, die ich immer wieder zu euch sende und auf die ihr doch nicht hören wollt, so will ich's mit diesem Hause machen wie mit Silo und diese Stadt zum Fluchwort für alle Völker auf Erden machen. (Jer 26,4–6)

Die Gabe der Tora gehört im DtrG. unauflöslich mit dem Bundesschluss zusammen (vgl. Dtn 29–31; Jos 24). Und die Bundesgemeinschaft der Jahwe-Gläubigen ist ein Resultat des exilischen Umbruchs, das sich in der „Restauration" (Neuorganisation!) konkret verwirklichte: „Verflucht sei, wer nicht gehorcht den Worten dieses Bundes ..." (Jer 11,3). Die Gemeinde lebt unter der Drohung, dass der Bund aufgekündigt werden kann. Der Bundesgedanke entwickelt sich in der Zeit des Zweiten Tempels weiter; er nahm auch spirituellere Züge an: „Ich will meine Tora in ihr Herz geben und in ihren Sinn schreiben ..." (Jer 31,33), so dass Gottes- und Wahrheitserkenntnis im Neuen Bund unmittelbar werden (V. 34) und das Medium der Schrift übersprungen ist. Das gefestigte Selbstverständnis der Jahwe-Gemeinschaft kommt in diesen Passagen deutlich zum Ausdruck. Bundesschluss und Tora sind etablierte Realitäten, auf die hin Gemeinde im Predigtstil angesprochen wird. Mehr noch: Wie schon bei Deuterojesaja sind Erwählung und Konstitution Israels mit dem Schöpfungshandeln Jahwes verknüpft, d.h. die Existenz Israels in einem Vielvölkerimperium ist ein Eckstein der Weltordnung (vgl. Jer 31,35f). Der universale Anspruch Jahwes erstreckt sich eben von Jerusalem aus über die ganze Erde (vgl. Jer 25,15–29). Keins der Völker ist ausgenommen, alle werden namentlich vorgeführt. Darum ergeht der direkte Befehl an den Weltpropheten, allen den göttlichen Zornesbecher zu reichen. „Bei der Stadt, die nach meinem Namen genannt ist, fange ich an mit dem Unheil, und ihr solltet ungestraft bleiben?" (Jer 25,29). Jahwe beherrscht die Erde.

Von der Konstitution der Jahwe-Gemeinde lässt sich hier und da einiges erahnen. Der dtr. Predigtstil ist schon erwähnt: Die Ermahnungen und Unterweisungen richten sich an die Gemeindeversammlung, die ausdrücklich in Tempelnähe, bzw. im Vorhof des Tempels angesprochen wird (Jer 7,2; 26,2; 36,5f). Das zeigt die neue Funktion des Heiligtums als Mittelpunkt der Volksgemeinde; die Zeiten des königlichen Staatstempels sind längst vorbei. Die Propheten sind Toraprediger. Die schriftlich überlieferte Tora ist vorausgesetzt, sie wird von den Gottesboten eingeschärft. Darum die formale Rede vom Einhalten von Tora, von der Rückkehr zu Jahwe und seiner Tora (seinem Bund). „… diese vergangenen dreiundzwanzig Jahre ist das Wort Jahwes immer wieder zu mir gekommen und ich habe immer wieder zu euch gesprochen, aber ihr habt nicht hören wollen." (Jer 25,3). Man sieht den Propheten auf Lebenszeit beauftragt in der Reihe der Jahwe-Verkündiger seit Mose. Er soll das Wort Jahwes weiter sagen. Seine „Predigt" komplettiert die Tora, weil sie ganz auf den schriftlichen Willen Gottes bezogen ist. Das sind untrügliche Charakteristika der nachexilischen, etablierten Gemeindetheologie. – Einzelthemen der Zeit, wie Beschneidung, Sabbat, Heiligkeit des Tempels, levitische Dienste, Abgrenzung gegenüber Fremden tauchen im Jeremiabuch sporadisch auf, sind aber natürlich in der Vorgabe der Tora mit gesetzt. Die Forderung nach persönlicher Entscheidung für Jahwe und individueller Treuepflicht gegenüber dem Gott Israels ist genau so ein Kennzeichen der Gemeinde des Zweiten Tempels wie die an- und abschwellende Erwartung eines Messias, des Gottesreiches, des neuen Bundes usw. Verbannung nach Babylonien und Rückkehr aus der Gefangenschaft werden offenbar gelegentlich als schon geschehene Ereignisse angesprochen. Und – last not least – einige stilistische Merkmale gemeindlicher Rede wie das kommunale „Wir" durchziehen manche Textpartien.

Im Einzelnen lassen sich die angeschlagenen Themen kurz so illustrieren: Der Sabbat ist in Analogie zu Neh 13,15–22 gewürdigt: „Hütet euch und tragt keine Last am Sabbattag durch die Tore Jerusalems und tragt keine Last am Sabbattag aus euren Häusern und tut keine Arbeit …" (Jer 17,21f). Gleichermassen dient die Beschneidung bereits als Unterscheidungsmerkmal der Religionen, aber auch als verbindendes Identitätsmerkmal, dazu ist das äußere Zeichen auch schon eine spirituelle Metapher. Jahwe will beschnittene Völker strafen, denn „sie haben ein unbeschnittenes Herz" (Jer 9,25). Tempel und Tempelpersonal kommen hier und da ins Visier, natürlich auch Jerusalem, Zion, Opfer, Feste. Um bei den erstgenannten Stichworten zu bleiben: Der Tempel ist der Ort der Gemeindeversammlung, aber er darf nicht als Garant der Anwesenheit Jahwes missbraucht werden (Jer 7,4–11). Wer die Tora mit Füßen tritt kann sich nicht auf Jahwes Anwesenheit im Tempel berufen (V. 4: „Lügenworte": „Hier ist Jahwes Tempel, hier ist Jahwes Tempel, hier ist Jahwes Tempel"). In der Gemeinde hat man sich also in falsche Sicherheit gewiegt. Dass hier nicht der 587 v.Chr. zerstörte Tempel im Hintergrund steht, geht aus Sprache, Stil, theologischem Gehalt des Abschnittes nur zu deutlich hervor. Die levitische Priesterklasse ist in Jer 33,18–22 angesprochen. Auffällig und für die nachexilische Zeit typisch erscheint die enge Verklammerung von Davidverheißung und

Gnadenzusage für die Jerusalemer Priester. Die chronistische Vision von David, dem Organisator des Tempelwesens, ist mit Händen zu greifen. Die Hoffnung auf eine Kontinuität des davidischen Geschlechtes war gerade zu Beginn der Perserzeit hoch gespannt (vgl. Hag 2,23). „Ich will mehren das Geschlecht Davids, meines Knechtes, und die Leviten, die mir dienen." (Jer 33,22). Die Titulierung Davids als „Knecht" Jahwes hat im dtr. und chronistischen Werk durchaus kultisch-religiöse Konnotationen (vgl. 1 Kön 8,24.26; 1 Chr 17,4.7.17f.23–27). Und der Fachausdruck für den levitischen Dienst ist auch in den priesterlichen Schichten šrt, piel, „Priesterdienst leisten".

Die Abgrenzung von den Fremdvölkern wird im Buch Jeremia nicht nach dem Muster von Esra / Nehemia oder mancher priesterlicher und dtr. Texte vollzogen. Sie geht vielmehr ausschließlich über das Verbot von Fremdkulten, d.h. der Baalsverehrung. Hier schließen die Überlieferer offenbar an die Hoseatradition an, die auch beim Dritten Jesaja zum Zuge kommt. Jahwes Verhältnis zu Israel ist unter der Metapher eines Ehebundes vorgestellt, aus dem das Volk immer wieder ausbricht.

> Jahwes Wort geschah zu mir: Geh in und predige öffentlich der Stadt Jerusalem und sprich: So spricht Jahwe:
> Ich gedenke der Treue deiner Jugend und der Liebe deiner Brautzeit,
> wie du mir folgtest in der Wüste, im Lande, da man nicht sät.
> Da war Israel dem Jahwe heilig, die Erstlingsfrucht seiner Ernte.
> Wer davon essen wollte, machte sich schuldig, und Unheil musste über ihn kommen,
> spricht Jahwe. (Jer 2,1–3; vgl. oben III.2.2.1 zu Hos 1–3)

Dann folgt ein langer, argumentativer Diskurs mit einer Vielzahl von Sprucheinheiten, die aber alle den Hauptvorwurf auf den Punkt bringen: Israel hat seit jener idealisierten Jugendzeit Jahwe immer wieder im Stich gelassen. Die Ehemetapher ist dabei nicht konsequent durchgehalten. Als Israel in das versprochene Land kam, „... machtet ihr mein Land unrein und mein Eigentum mir zum Gräuel" (Jer 2,7b). „Die Hüter der Tora kannten mich nicht, die Hirten versündigten sich an mir ..." (V. 8). Die Braut Israel streitet die Schuld ab und wird überführt:

> Wie kannst du [d.h. Jerusalem] sagen: Ich habe mich nicht verunreinigt? Ich bin nicht den Baalen gefolgt?
> Sieh doch, wie du es treibst im Tal, bedenke, was du getan hast!
> Du läufst umher wie eine Kamelstute in der Brunst, wie eine Wildeselin in der Wüste,
> wenn sie vor starker Brunst lechzt und rennt, das niemand sie aufhalten kann. (Jer 2,23–24a)

„Auf allen hohen Bergen und unter allen grünen Bäumen" trieb die Treulose „Hurerei" (Jer 3,6). „Ihre leichtfertige Hurerei hat das Land unrein gemacht; denn sie treibt Ehebruch mit Stein und Holz" (V. 9). Jer 2 und 3 stellen einen liturgisch-kompositorischen Zusammenhang dar, der über Anklage, Schuldaufweis und Umkehrruf mit Heilszuspruch (Jer 3,14–18: Zion, Jerusalem „Jahwes Thron"!) und erneutem Bußgebet mit Ermahnung (Jer 3,22b–4,4) im Sinne der nachexilischen Theologie und Geschichtsvorstellung Gegenwartsprobleme anspricht. Zentral ist die bekannte Verkündigung des ausschließlichen Jahweglaubens und Jahwekultdienstes, d.h. die konfessionelle Absage an jegliche andere Religion.

Damit ist die entscheidende Dimension des Gottesglaubens in der Zeit des Zweiten Tempels angesprochen. Das Jeremiabuch ist wie kaum ein zweites Dokument des Alten Testaments ein Zeugnis für die damals sich durchsetzende Glaubensstruktur. Es geht nicht mehr um den Familienglauben ältester Zeit, der um die Kleingruppe kreiste.[399]

---

[399] Vgl. E.S. Gerstenberger, Jahwe- ein patriarchaler Gott? Stuttgart 1988; derselbe, Theologien im Alten Testament, Stuttgart 2001, 26–77.

Auch die landwirtschaftliche Wohnsiedlung gibt nicht den Hintergrund für das neue, individuell-parochiale Gottesverhältnis ab, und erst recht nicht ältere Stammes- oder Staatstraditionen. Vielmehr steht in der seit dem Zusammenbruch des judäischen Staates entstandenen Religionsgemeinschaft die persönliche Glaubensentscheidung im Rahmen eines gemeindlichen und religiös-völkischen Horizontes beherrschend im Vordergrund. Es ist kein Wunder, dass unter diesem Vorzeichen weisheitliche Sentenzen und Ratschläge in die religiös-liturgische Literatur einfliessen, denn die Weisheitslehren des Alten Orients waren immer schon auf das vom einzelnen (wenn auch in die Gruppe eingebundenen) zu verantwortende Handeln zugeschnitten. Dabei spielt es keine Rolle, ob die es sich um die populäre oder höfische Variante weisen Nachdenkens handelt. Bildhafte, auf die alltägliche Lebensbewältigung gerichtete Sprache und Argumentation, sowie an Vernunft und Einsicht appellierender Duktus sind die Merkzeichen von weisheitlicher Überlieferung. „Verflucht ist der Mann, der sich auf Menschen verlässt ..." – „Gesegnet ist der Mann, der sich auf Jahwe verlässt ..." (Jer 17,5.7; vgl. Ps 1). Benediktionen und Maldiktionen bringen die Grundsätze des Gottesverhältnisses auf den Punkt. Theologische Reflexion ist selbstverständlich auch gegenüber der weisheitlichen Tradition kritisch; das darf über den grundsätzlichen Gebrauch weisheitlicher Denkmuster aber nicht hinwegtäuschen (vgl. Jer 9,22f: gegen jeden Selbstruhm!). Es lassen sich manche anderen Zeugnisse für das Prinzip der Eigenverantwortung im Jeremiabuch aufweisen. So ist der Generationen haftbar machende (weisheitliche!) Slogan, der dann in Ez 18 breit widerlegt wird, bei Jeremia zu finden, und ihm wird auch hier heftig widersprochen: „Die Väter haben saure Trauben gegessen, und den Kindern sind die Zähne stumpf geworden" (Jer 31,29). So darf es nicht mehr heißen, sondern: „ein jeder wird um seiner Schuld willen sterben" (V. 30). Eine Erkenntnis des individualisierenden, nachexilischen Zeitalters in der judäischen Gemeinde.

Der Gipfel von Eigenverantwortlichkeit und damit auch: von Selbstzweifeln und Verlassenheitsgefühlen ist in der Figur des hadernden, rebellierenden, Gott herausfordernden Propheten erreicht. Die literarische Gestalt porträtiert sicher den außergewöhnlichen, fast übermenschlichen Mittelsmann zwischen Jahwe und seiner Gemeinde. Aber in gewisser Weise ist sie auch exemplarisches Vorbild für jeden glaubenden Judäer. In den intimen Gebeten des Jeremia, oft nach kirchengeschichtlichem Vorbild Augustins seine „Konfessionen" genannt, ist darum auch ein Fenster auf die Gebetskultur und den individuellen Glauben der damaligen Zeit geöffnet. Das ist literargeschichtlich und gattungskritisch belegbar: Rein persönliche Aufzeichnungen des Propheten sind in der damaligen Zeit – nach allem, was wir über private Schreibgewohnheiten und Schriftgebrauch in vorhellenistischer Zeit wissen – so gut wie undenkbar. Also handelt es sich bei den „Konfessionen" (Jer 10,23–25; 11,18–23; 12,1–4; 15,10–18; 17,14–18; 18,19–23; 20,7–18; vgl. 32,16–25) um den Klagepsalmen nachempfundene liturgische Dichtungen, die dem Propheten in den Mund gelegt werden.[400] Sie haben einen ähnlichen Sitz im Leben und eine analoge Intention wie die Gottesknechtslieder bei Deuterojesaja. Die jeremianischen Texte (sie werden übrigens von Klageliedern Zions und Gottes flankiert) sind von großer spiritueller Kraft und haben eine lange Wirkungsgeschichte bis heute. Aber sie sind nicht biographisch zu lesen, sondern reflektieren die individuellen Einstellungen der judäischen Jahweanhänger (vgl. Jer 12,1–4 mit Ps 139!). Die spezifische Situation eines Gottesboten tritt in den Klagegebeten selten hervor, am ehesten in

---

[400] Vgl. E.S. Gerstenberger, Jeremiah's Complaints, JBL 82, 1963, 393–408; K.M. O'Connor, The Confessions of Jeremiah, Atlanta 1988 (SBL.DS 94); J. Kiss, Klage; M.S. Smith, Laments.

Jer 17,14–18: „... jene Leute reden über mich: Wo ist denn das Wort Jahwes ...?" (V. 15). Ähnlich in Jer 15,10–18 („Dein Wort war meine Speise ...", V. 16); 18,18 (dem Propheten „wird das Wort nicht fehlen"); 20,7–9 („Jahwes Wort ist mir zu Hohn und Spott geworden", V. 8). In diesen Passagen ist andeutungsweise von der Wortverkündigung die Rede, in dem Maße, wie die Tradenten sich die Wirkungsweise Jeremias vorstellten. Man kann die Hinweise auf das Prophetenamt beziehen, nur verraten derartige Anspielungen eine schon gefestigte Prophetentheorie. Der vorgestellte Gottesbote ist lebenslang als Verkündiger des Willens Jahwes (= Toraprediger) angestellt, nicht spontan und unvorhersehbar ad hoc berufen. So erweisen sich alle Nennungen des Wortes Jahwes und seiner Weitergabe an die Gemeinde als Modifikationen von normalen Klagegebeten (vgl. auch Ps 69,8–10). Die Aussagen über Anfeindungen um Gottes willen, persönliche Zweifel am Beistand der Gottheit und die hier und da aufscheinende Gewissheit von Geborgenheit, auch vermittelt durch spezielle Jahwe-Orakel (vgl. Jer 11,22f; 12,5f; 15,19–21), sind sonst ganz aus dem Klage- und Bittritual für Notleidende übernommen. Die verzweifelte Selbstverfluchung am Ende der langen Kette von „Konfessionen" ist ein Dokument der Herausforderung Jahwes, wie sie im Kontext radikaler weisheitlicher, nicht prophetischer!, Theologie geschieht (vgl. Hi 3,1–16):

> Verflucht sei der Tag, an dem ich geboren wurde,
> an dem meine Mutter mich zur Welt brachte, ungesegnet soll er sein.
> Verflucht derjenige, der meinem Vater die Botschaft brachte:
> Dir ist ein Sohn geboren! Freu dich darüber!
> Dieser Mensch soll den Städten gleichen, die Jahwe gnadenlos vernichtete.
> Morgens soll Wehklage aufsteigen, mittags Kriegsgeschrei.
> Du hast mich nicht im Mutterleib getötet, so dass meine Mutter mein Grab geblieben wäre.
> Ihr Leib wäre immer schwanger gewesen. Warum bin ich überhaupt herausgekommen?
> Ich erlebe doch nur Elend und Leid. Meine Tage enden in Schmach. (Jer 20,14–18)

Die sehr persönlichen Gebete des literarisch und theologisch konzipierten Jeremia sind also aus der liturgischen, psalmistischen Überlieferung gestaltet. Sie wollen im Zuge einer späten, den Glaubenszeugen einbeziehenden Sichtweise von Prophetie die Botschaft Jahwes am Schicksal ihres Überbringers exemplifizieren. Die Redeteile, welche den Boten in der ersten Person Singular „predigen" lassen, unterstützen solche personifizierte Theologie. Vor allem aber tun das jene erzählenden Passagen, die das Leiden des Jeremia beschreiben (vgl. vor allem Jer 13,1–11; 19,14–20,6; 26,1–19; 37,11–16; 38,1–28; 43,1–7). Auch diese „Passionsgeschichte" des Propheten (G. von Rad) ist vermutlich ein späteres, theologich-didaktisches Konstrukt, das der Gemeinde des Zweiten Tempels dient.

Das Jeremiabuch insgesamt besteht also aus verschiedenen Traditionsschichten oder -blöcken, die in der Exils- und Nachexiliszeit schriftlich zusammengestellt worden sind. Authentische Worte eines möglichen historischen Jeremias sind höchstens sporadisch überliefert, z.B. unter den Unheilsansagen von Jer 4,5–6,26 oder den Königskritiken von Jer 22. Das Gros des Buches ist rückschauend gestaltet, vielleicht hier und da aufgrund nachklingender Jeremiaverkündigung. Entscheidend erscheint mir die Tatsache, dass im später kanonisierten Text sich gottesdienstliche, liturgische, pädagogische Interessen der nachexilischen Gemeinde stark abzeichnen. Stilistisch gesehen ist ja auch das formalisierte Gemeinde-Wir (vgl. Jer 3,22b–25; 6,24; 8,14f; 9,18.20; 14,7–9.19–22 usw.), das besonders im Zwölferbuch und in den Psalmen auftritt, symptomatisch. Die Gemeinde, nicht nur Prediger, Redaktoren, Kompositoren, Schreiber, gibt das leitende Interesse an der Festschreibung und Gestaltung von Traditionen vor. In der Gemeinschaft der Jahwe-gläubigen entstehen die Vorstellungen von Gott, Mensch und Welt, die wir im Prophetenkanon abgebildet finden. Jahwe ist der große, einzige, universale Gott; die Polemik gegen die nichtssagenden Götzen entspricht in etwa der, die wir aus dem Dtr. und Dtrjes. kennen (vgl. Jer 10,1–16; 18,13–16; 19,1–5). Der Welten- und Völkergott Jahwe hat seiner Gemeinde durch Bund und Tora eine Sonderrolle im Welttheater zugedacht. Sein Plan gilt von Urzeiten her und erstreckt sich auf die Endzeit hin. In Fremdvölkersprüchen und eschatologisch-apokalyptischen Ausblicken (zum letzteren vgl. Jer 4,23–28) dominiert der Zukunftshorizont. Israel, die erwählte Gemeinde, hat sich dem göttlichen Weltplan einzuordnen, darum sind Reden und Erzählungen weithin auf Bekehrung und Einhaltung der Jahwe-Ordnung und harsche Kritik an religiöser wie politischer Abweichung gestimmt. Die Kette der berufenen Toraprediger hält Geschichte und Überlieferung zusammen (vgl. Jer 7,25; 25,4; 26,5; 35,15). Die Gemeinde ist fest unter Jahwes Leitung konstituiert, Tempelgemeinde und Diasporaversammlungen funktionieren, bedürfen aber der steten kritischen Begleitung durch wachsame Leiter und Prediger, damit der Missbrauch der Institutionen und der Abfall zu anderen Gottheiten vermieden wird. Dieses eingebaute kritische Potenzial scheint auffällig, ist aber in der Tat ein Merkmal der frühjüdischen Gemeinschaftsbildung. Es resultiert wahrscheinlich aus der Aufnahme unterschiedlicher Traditionen in dem einen, ekklesialen Parochialgebilde: der priesterlichen und der von Laien besetzten, durch Schreiber und Gelehrte verkörperten Toraauslegung. Die Prophetie gehört der letzteren Schicht an. Und die Spannung zwischen beiden durchzieht in unterschiedlicher Intensität die kanonischen Bücher; lokale, parochiale Unterschiede sind dabei anzunehmen. Allerdings wissen wir meistens nicht, wo die verschiedenen Traditionsblöcke entstanden sind. Wenn wir nach dem Sitz im Leben des Jeremiabuches fragen, kommen wir wohl trotz der Exkursionen des Propheten auf die Jerusalemer Gemeinde.

III.2.2.4 Ezechiel

J. Garscha, Studien zum Ezechielbuch, Bern 1974 (EHS 23). – S.T. Kamionkowski, Gender Reversal and Cosmic Chaos, Sheffield 2003 (JSOT.S 368). – R.W. Klein, Ezekiel, The Prophet and His Message, Columbia 1988. – R.L. Kohn, A New Heart and a New Soul. Ezekiel, the Exile, and the Torah, London 2002 (JSOT.S 358). – M.D. Konkel, Architektonik des Heiligen. Studien zur zweiten Tempelvision des Ezechiel, Berlin und Wien 2001 (BBB 129). – T. Krüger, Geschichtskonzepte im Ezechielbuch Berlin 1989 (BZAW 180). – B. Lang, Ezechiel. Der Prophet und das Buch, Darmstadt 1981 (EdF 153). – Derselbe, Kein Aufstand in Jerusalem, Stuttgart, 2.Aufl. 1981 (SBB 7). – C. Levin, Die Verheißung des neuen Bundes in ihrem theologiegeschichtlichen Zusammenhang ausgelegt Göttingen 1985 (FRLANT 137). – J. Lust (Hg.), Ezekiel and his Book, Löwen 1986 (BEThL 74). – A. Mein, Ezekiel and the Ethics of Exile, Oxford 2001. – K.F. Pohlmann, Ezechielstudien, Berlin 1992 (BZAW 202). – T. Renz, The Rhetorical Function of the Book of Ezekiel, Leiden 1999 (VT.S 76). – K. Schöpflin, Theologie als Biographie im Ezechielbuch Tübingen 2002 (FAT 36).

Das Buch des Propheten Ezechiel ist eine ganz eigenständige Sammlung von Visionen, Berichten, Gleichnissen, Liedern, die stilistisch, gattungsmäßig und theologisch wenig mit den Büchern Jesaja und Jeremia gemein hat. Geographisch hat das vorausgesetzte Geschehen in Babylonien, unter den judäischen Exulanten, seinen Ort (Ez 1,1; 33,21). Chronologisch behaupten die Herausgeber des Buches in einer Reihe von 14 präzisen, aufeinander abgestimmten Datumsangaben, dass die Texte Ereignisse zwischen dem „dreißigsten Jahr" (wovon?), das entspreche dem „fünften Jahr" nach der Verschleppung des König Jojachins (Ez 1,1f)[401] und dem „fünfundzwanzigsten Jahr unserer Gefangen-

---

[401] Zur Datierungsfrage vgl. W. Zimmerli, BKAT XXIII/1, 40–45; K.F. Pohlmann, Ezechielstudien.

schaft" (Ez 40,1), also den Jahren 593 und 568 v.Chr. wiedergeben. Die Datierungen sind außerordentlich genau, nennen neben Jahr auch Monat und Tag, und schaffen so ein festes Gerüst für das ganze Buch. Der Prophet soll 20 Jahre lang die entscheidenden geschichtlichen Widerfahrnisse in der Diaspora miterlebt und durch das jeweils an ihn mit der typischen Anrede: „Du, Menschensohn" ergehende Gotteswort visionär und zeichensetzend begleitet haben.

Die geschlossene, zeitlich so wohlgeordnete Abfolge der Ezechieltexte muss aber zu denken geben. Es ist von vornherein unwahrscheinlich, dass prophetische Rede sogleich nach ihrer Verlautbarung mit Datumsangabe von getreuen Jüngern (nach dem Vorbild der Aufzeichnungen von Tischreden Luthers?) niedergeschrieben wurde. Auch die schon von Jeremia bekannte Hypothese, der Prophet habe für sich selbst Aufzeichnungen seiner Auftritte gemacht, und später seien diese Notizen aufgearbeitet und zusammengestellt worden, steht auf schwachen Füssen. Zwar sind aus mesopotamischen Städten Privatarchive mit Wirtschafts- und Rechtsurkunden geborgen worden, doch keinerlei Memoiren von Gottesmännern oder -frauen oder sonstige persönliche Aufzeichnungen. Der übergenaue chronologische Aufbau legt vielmehr den Verdacht nahe, dass die Letztredaktion erst nach dem Abschluß des ganzen Geschehensverlaufes begonnen bzw. ihn nach dem vollendeten Geschichtsabschnitt (Ez 40ff) konstruiert hat. Und dieser Schluss des Buches Ezechiel, die groß angelegte Vision vom neuen Tempel, hat nun alle Merkmale einer in der Perserzeit verwurzelten Textkomposition. Darin sind sich viele Fachleute einig. Wer in einer derart intensiven Weise die Architektonik des Tempels, seine Ausstattung und die zugehörigen Priester schildert, wer darüber hinaus den Einzug des göttlichen Lichtglanzes so dramatisch ausmalt (Ez 43,4f; vgl. 1,4–28; 10,1–22), der hat konkrete Anlagen und Vorgänge vor Augen und spricht nicht aus einer tempellosen Vergangenheit in die tempelreiche Zukunft. Wir sollten davon ausgehen, dass den Verfassern und Redaktoren von Ez 40–48 das in vollem Dienst stehende Jerusalemer Heiligtum reale Gegenwart war. Damit gehört zumindest das gewaltige Schlussgemälde des Buches ganz in die persische Epoche. Von diesem Schlusspunkt her durchweht nachexilischer Geist aber auch stark die vorhergehenden 39 Kapitel. So erstaunt es dann nicht, dass manche Forscher das Ezechielbuch insgesamt nicht für ein Werk des 6. Jh. v.Chr. halten, sondern es in das 5. bis 3. Jh. versetzen.[402] In jedem Fall wird man bei der Datierung des Buches vorsichtig sein und die Möglichkeit der Spätansetzung sorgfältig prüfen müssen.

Tempel, Tempelgemeinde, Herrlichkeit Jahwes im Tempel sind, wie schon angedeutet, ein beherrschendes Thema des Ezechielbuches. Die Gemeinde empfängt ihre Lebensmöglichkeiten vom Heiligtum, von der Gegenwart Jahwes. Idealerweise geht von dort Segen aus. „Ich will sie erhalten und mehren, und mein Heiligtum soll unter ihnen sein für immer." (Ez 37,26b). Unglücklicherweise haben sich die Jahwe-Anhänger nicht an den Bund gehalten. Sie sind zu anderen Gottheiten übergelaufen, haben Jahwe, ihren eigenen Gott, verraten, gerade auch im Tempelgottesdienst. Sie werden zitiert: „Jahwe sieht uns nicht, Jahwe hat das Land verlassen." (Ez 8,12), d.h. sie handeln aus Frustration. In einer schockierenden Vision erlebt der Prophet, durch den Geist entrückt, die Entweihung des Tempels mit:

---

[402] Vgl. z.B. J. Becker, in: J. Lust, Ezekiel, 136–150; J. Garscha, Studien, bes. 287; K.F. Pohlmann, Ezechielstudien Vgl. auch R. Albertz, BE 7: Forschungsüberblick 261–263; er selbst stellt das Buch in die Zeit von 545–515 v.Chr. (a.a.O. 264).

> Als ich hineinkam und schaute, siehe, da waren lauter Bilder von Gewürm und scheußlichem Getier und allen Götzen des Hauses Israel, ringsherum an den Wänden eingegraben. Davor standen siebzig Männer von den Ältesten des Hauses Israel, und Jaasanja, der Sohn Schaphans, stand mitten unter ihnen. ... Und er führte mich zum Eingang des Tores am Hause Jahwes, das gegen Norden liegt, und siehe, dort saßen Frauen, die den Tammus beweinten. Und er sprach zu mir: Menschenkind, siehst du das? Aber du sollst noch größere Gräuel sehen als diese. Und er führte mich in den inneren Vorhof am Hause Jahwes; und siehe, vor dem Eingang zum Tempel Jahwes, zwischen der Vorhalle und dem Altar, standen etwa fünfundzwanzig Männer, die ihren Rücken gegen den Tempel Jahwes und ihr Gesicht gegen Osten gewendet hatten und beteten gegen Osten die Sonne an. (Ez 8,10–11a.14–16).

Der falsche Gottesdienst im Jahwe gewidmeten Tempel richtet sich u.a. an Dumuzi / Tammuz, die mesopotamische, sehr populäre Heroen- und Heilsgestalt, sowie an den Sonnengott Utu / Schamasch. Gepaart ist die Götzenanbetung mit den Abbildungen unreiner Kleintiere, offensichtlich ein schlimmes Indiz für Abartigkeit. In der religiösen Polemik wirft man der anderen Seite immer die einem selbst grässlichsten Verirrungen und Scheußlichkeiten vor, die meistens viel mit den eigenen Ekelempfindungen, aber mit der Realität der anderen gar nichts zu tun haben. Der Götzendienst geschieht individuell in eigenen Tempelkompartments – ein sicheres Zeichen für nachexilischen Brauch, weil in der Königszeit am Staatsheiligtum nur staatliche Interessen wirken konnten. Als Entschuldigung für den verfälschten Gottesdienst führt man Jahwes Abwesenheit an (vgl. auch Ex 32,1). Aber statt zu einer Wende führt dieser Weg zu einer Verschlimmerung der Lage. Dem Götzendienst folgen „Unrecht und Gewalt" (V. 17) auf dem Fuße. Und das ausgerechnet wegen der Anbetung der unbestechlichen Richtergottheit, der Sonne. Der göttliche Zorn und die Bestrafung können nicht ausbleiben. Ein Schreiberengel kennzeichnet die Unschuldigen auf der Stirn, alle Schuldigen werden ohne Erbarmen getötet (Ez 9,3–11), selbst die Fürbitte des Propheten wird abgelehnt:

> Er sprach zu mir: Die Missetat des Hauses Israel und Juda ist allzu groß; es ist lauter Blutschuld im Lande und lauter Unrecht in der Stadt. Denn sie sprechen: Jahwe hat das Land verlassen, Jahwe sieht nicht. Darum soll mein Auge ohne Mitleid auf sie blicken, ich will auch nicht gnädig sein, sondern will ihr Tun auf ihren Kopf kommen lassen. Und siehe, der Mann, der das Kleid von Leinwand anhatte und das Schreibzeug an seiner Seite, antwortete und sprach: ich habe getan, wie du mir geboten hast. (Ez 9,9–11a).

Welche Zuhörerschaft hat diese Strafpredigt im Sinn? Eine vorexilische Platzierung ist trotz der Datumsangabe Ez 8,1 (= 592 v.Chr.) so gut wie ausgeschlossen. Die Wegführung hat ja nach Meinung der Redaktoren mit dem ersten Kontingent, Jojachin und Jerusalemer Oberschicht (vgl. 2 Kön 24,14–16), schon begonnen. Als Warnung an die Zurückgebliebenen zwischen der ersten und zweiten Deportation ist Ez 8f kaum zu verstehen. Aber auch die Restgemeinde Israels vor der Befreiung durch die Perser ist wohl nicht die eigentliche Adressatin. Der Tempelbetrieb ist in vollem Schwung gedacht; die Heimatgemeinschaft wendet sich mesopotamischen Gottheiten zu und verunreinigt sich mit unheiligem Getier. Es sieht ganz danach aus, dass nur die dritte Möglichkeit in Frage kommt: Aus dem Blickwinkel der babylonischen Diaspora erscheint der Gottesdienst in Jerusalem im bereits funktionierenden Zweiten Tempel als abgöttisch und unrein. Der Vorwurf der lokalen Gläubigen: „Jahwe hat das Land verlassen, Jahwe sieht uns nicht" und die konsequente Umstellung auf einen andersartigen Kult (Ez 9,9; vgl. Jer 44,16–18) entspricht einer auch bei den Dtr. diskutierten Mentalität: Ineffektive Gottheiten werden ausgewechselt. Die Strafpredigt des Propheten zielt auf eine Teilung der Gemeinde in die gehorsamen Frommen und die verdammten Gottlosen – ähnlich der in Jes 56–66 schon beobachteten. Bei Ezechiel malt der „Schreiberengel" den Auserwählten, d.h. den Jahwetreuen, die den abtrünnigen Kultbetrieb ablehnen, ein Zeichen auf die Stirn (Ez 9,4.11). Die so sichtbar werdenden Spaltungen in Konfessionsgruppen sind sicherlich eher Merkmale der Gemeinde des Zweiten Tempels als des frühen 6. Jh. v.Chr. Vor diesem Hintergrund erscheinen die Endzeittexte im Ezechielbuch nur als folgerichtige Weiterentwicklung des Drohszenariums für eine Glaubensgemeinschaft, die nach dem einzig richtigen Gotteskonzept und der ausschließlich gültigen Weltverantwortung sucht. Nicht, dass die Grundentscheidungen für Jahwe unter babylonischer Herrschaft noch gar nicht im Spiele gewesen wären. Aber die existentielle Auseinandersetzung zwischen „Traditionalisten" und „Reformern", Diasporatheologen und Jerusalemer Gemeindeführern hat sich erst in der persischen Periode voll entfalten können. Teil dieser Debatte ist die aufblühende eschatologische Weltsicht, die – auch, so lässt sich vermuten, unter dem Einfluss zarathustrischer Endzeitvorstellungen – sich vehement in apokalyptischen Dimensionen entfaltet. Das wegen der allgemeinen Korruptheit der Welt drohende Ende wird zur Kulisse für die eindringlichen Mahnungen an die Jahwegemeinde. „Nun will ich bald meinen Grimm über dich schütten und meinen Zorn an dir vollenden und will dich richten, wie du verdienst hast, und alle deine Gräuel über dich bringen." (Ez 7,8). Noch ist vor allem Juda im Blick, aber die Tradition des weiter gefassten Tages Jahwe kündigt sich an. Das Ende der Gnadenzeit ist angezeigt, vgl. V. 14–19. Das Schreckensgemälde stammt nach seinem Vokabular und seiner Vorstellungswelt aus der Belagerungssituation einer Stadt. Doch ist es auch auf den allgemeineren „Tag Jahwes" hin ausgeweitet, in seinen Konturen verallgemeinert und entzeitlicht. Von da aus spannt sich der Bogen bis zu den ausgesprochen apokalyptisch ausgezogenen Bildern von Totenfeld und Völkersturm (Ez 37f). Halbmythische Mächte werden die ganze Erde im Sturmlauf erobern, bis sie auf Israel stoßen (vgl. Ez 38,1–9). Die Identifikation der endzeitlichen Heere ist umstritten, damit auch die zeitliche Ansetzung der Perikope. Ob Lyder, Babylonier, Perser, oder gar Alexander der Große bzw. einer seiner Nachfolger hinter dem mysteriösen Schlüsselnamen „Gog" aus dem Reich „Magog" stehen, ist relativ gleichgültig. Wichtig sind die wahrhaft kataklastischen Erscheinungen des Gog-Sturmes (vgl. Ez 38,18–39,8). Als Fixpunkt für das Ereignis wird das Ende der Zeiten anvisiert (38,8.16), wenn Israel „sicher wohnen wird" (38,14). Dann wird der brutale Weltenherrscher an Israel scheitern: „Auf den Bergen Israels sollst du fallen, du mit deinem ganzen Heer und mit den Völkern, die bei dir sind. Ich will dich den Raubvögeln, allem was fliegt, und den Tieren auf dem Felde zum Fraß geben." (39,4). Israel aber erlebt seine Wiedergeburt. Angesichts einer Ebene voller vertrockneter Knochen erhält der Prophet den ermutigenden Verkündigungsauftrag:

> Und er sprach zu mir: Weissage über diese Gebeine und sprich zu ihnen: Ihr verdorrten Gebeine, höret Jahwes Wort! So spricht der Gott Jahwe zu diesen Gebeinen: Siehe, ich will Atemhauch in euch bringen, dass ihr wieder lebendig werdet. Ich will euch Sehnen geben und lasse Fleisch über euch wachsen und überziehe euch mit Haut und will euch Atemgeist geben, dass ihr wieder lebendig werdet; und ihr sollt erfahren, dass ich, Jahwe, es bin (Ez 37,4–6).

Die folgende Auslegung der Vision (V. 11–14) argumentiert gegen die Mutlosigkeit der „verdorrten Knochen" und wiederholt mit einer anderen Metapher die Zusage des Neuanfangs: „Siehe, ich will eure Gräber auftun und hole euch, mein Volk, aus euren Gräbern herauf und bringe euch ins Land Israels." (V. 12). In Anlehnung an die Schöpfungsgeschichte (Gen 2,7; vgl. Ps 104,30) ist die Gabe des Lebensatems stark betont. Die Unheilsansagen laufen also auf eine wunderbare, neue Zukunft unter der Oberherrschaft Jahwes, teilweise auch mit einer wieder belebten davidischen Dynastie (vgl. Ez 34,23f; 37,24), hinaus. Sie ist bereits in der Bundesverfassung und den Plänen für die neue Tempelstadt Jerusalem angelegt. Die Stärkung und Bewahrung der Jahwegemeinde ist also das letzte Ziel der prophetischen Verkündigung.

Dem dient auch die ganze Konstitution der Gemeinschaft auf dem Boden der Tora. Eigentümlich und in gewissem Sinne mit den Passagen aus Jeremia über den neuen Bund zu vergleichen, erscheinen die Relativierungen des Toraverständnisses. Einerseits ist der Wille Jahwes in der Schrift angelegt, und es ist die heilige Schriftrolle, die der Prophet bei seiner Berufung zu sich nimmt: „Da aß ich sie, und sie war in meinem Munde so süß wie Honig." (Ez 3,3). Andererseits hat Jahwe nach der Erkenntnis der späten Theologen mit seiner Willensoffenbarung an die Väter Israels seine Ziele nicht erreicht. Die Tora verhallte ergebnislos, ja, sie war sogar kontraproduktiv: „… ich gab ihnen meine Gebote … ich gab ihnen auch meine Sabbate … Aber das Haus Israel war mir ungehorsam …" (Ez 20,10–13). Jahwe verlängert den Wüstenaufenthalt, enthält sich aber gnädig einer drastischeren Bestrafung (V. 14–17) und verhängt dann die Verbannung als letzte Strafe (V. 18–26). Die fortgeschrittene, eine Tora-Verfassung voraussetzende Argumentation konstatiert in drei Stufen das Versagen der göttlichen Instruktionen: Die Urväter in Ägypten verfehlten den schuldigen Gehorsam (V. 4–9, besonders V. 8); die Auszugsgeneration stellte sich ebenso quer (V. 10–17, besonders V. 13) und die potentielle Einwanderungsgeneration folgte dem bösen Beispiel (V. 18–24, besonders V. 21). Die Feststellung der Schuld erfolgt in annähernd gleich lautenden Sätzen: „… sie waren ungehorsam / aufsässig gegen mich …" (V. 8, 13, 21). Dann aber kommt ein Nachsatz über die unguten und nicht lebensfördernden göttlichen Vorschriften (V. 25f), der aus dem Dreierschema heraus fällt. Er ist singulär in der hebräischen Tradition und hat vielen Exegeten Kopfschmerzen verursacht. Ist hier wirklich in Anspielung auf ein reales Erstgeburtsopfer (vgl. Ex 22,28) die Auseinandersetzung um die Hingabe des ältesten Sohnes gemeint? Auf jeden Fall blicken wir in Abgründe theologischen Denkens, die zugleich archaisch und modern anmuten. Jahwe legt in seinen Grundregeln Todesspuren, er will töten (vgl. Gen 32,25–31; Ex 4,24). Von da aus ergibt sich eine gewisse Spannung zu den schriftlich fixierten Gesetzen. Sie wird in den Bekenntnissen zum lebendig wirkenden Geist Jahwes aufgenommen.

> Ich will euch aus den Heiden herausholen und euch aus allen Ländern sammeln und wieder in euer Land bringen, und ich will reines Wasser über euch sprengen, dass ihr rein werdet; von all eurer Unreinheit und von allen euren Götzen will ich euch reinigen. Und ich will euch ein neues Herz und einen neuen Geist in euch geben und will das steinerne Herz aus eurem Fleisch wegnehmen und euch ein fleischernes Herz geben. Ich will meinen Geist in euch geben und will solche Leute aus euch machen, die in meinen Geboten wandeln und meine Rechte halten und danach tun. Und ihr sollt wohnen im Lande, das ich euren Vätern gegeben habe, und sollt mein Volk sein, und ich will euer Gott sein. Ich will euch von all eurer Unreinheit erlösen und will das Korn rufen und will es mehren und will keine Hungersnot über euch kommen lassen. … (Ez 36,24–29)

Die Liste der Heilsansagen umfasst nach der Abwehr des Hungers durch reichliche Getreide- und Baumernten (V. 29f) auch den Wiederaufbau der Städte, die Wiederherstellung verwüsteter Landschaften (V. 33–35). Alles geschieht, damit die anderen Völker die Herrlichkeit Jahwes erkennen (V. 36: „… sollen erfahren, dass ich Jahwe bin, der da baut, was niedergerissen ist und pflanzt, was verwüstet war." Vgl. V. 23). Im Zentrum aber steht der Gedanke, dass nach vergeblichen Anläufen mit Hilfe der traditionellen Kommunikationsmittel (Wortverkündigung; Wortverlesung) nur der direkte, tiefinnerliche Kontakt mit Gott die Verständnis- und Umsetzungsschwierigkeiten des göttlichen Willens überwinden kann. Die Geisteinflössung und die Befreiung vom eigensinnigen Wollen bewirkt, dass die Jahwegläubigen sich schämen müssen (V. 31f) und von der eigenen Vergangenheit trennen. Sie werden nun aus voller Überzeugung, von ganzem Herzen, die Gebote Jahwes zu ihren eigenen machen (vgl. Jer 31). Wie ist dieses Wunder eines Sinneswandels zu verstehen? Der Hintergrund ist zweifellos wie in Ez 20 eine theologische Debatte über die Sachgemäßheit der schriftlich vorliegenden und von berufenen Gottgesandten verkündeten Tora. Ähnlich wie im Buch Jeremia rechnen auch die Überlieferer der Ezechieltradition mit einer fixierten Form des Gotteswortes, die fortlaufend von der prophetischen Botschaft begleitet, eingeschärft und erweitert wird. Typische Tora-Themen der Zeit wie z.B. die Einhaltung des Sabbats oder die absolute Heiligkeit, Unnahbarkeit und der flammende Zorn Jahwes spielen im Korpus des Buches eine große Rolle. Insofern ist die schriftliche Fixierung an sich für die Gemeindeleiter nur indirekt das theologische Problem. Es geht ihnen um die Vergeblichkeit der Wortverkündigung insgesamt, die sich aber an dem doppelten Mißerfolg Jahwes bei der Leitung seines Volkes offenbart. Wenn nun nach den Vorstellungen der Verantwortlichen der Gott Israels zu einem gänzlich anderen Mittel greift, seinen Willen direkt, ohne jede Vermittlung in Körper und Bewusstsein der Gläubigen implantiert, dann ist die Phase der vermittelten Wortverkündigung abgeschlossen. Wie in Jer 31,33f erscheint diese Bewusstseinsänderung – weg von der Widerspenstigkeit, hin zum ungezwungenen Einverständnis mit Jahwe – als letztes Mittel, den göttlichen Plan durchzusetzen. Dass ein solches Verfahren auch im Licht anderer biblischer Zeugnisse (vgl. Gen 3; 6–9; 11) äußerst bedenklich ist, das Menschsein in seiner Ambivalenz auslöscht und einer Gehirnwäsche gleichkommt, ist bei Jeremia und Ezechiel nicht thematisiert. Für unsere Zwecke ist am wichtigsten die Erkenntnis: Eine so tiefgehende, radikale Diskussion um die Möglichkeiten göttlicher Lenkung und den Wert vermittelter Willensoffenbarung ist nach Lage der Dinge erst aufgrund längerer Erfahrung mit den angezeigten Toravorstellungen möglich, also vielleicht seit Ende des 5. Jh. v.Chr.

Etliche weitere Beobachtungen am Ezechielbuch können die Ansetzung der Endredaktion bzw. auch die Entstehung großer Teile der Komposition in der Perserzeit bestätigen. Der Völkerhorizont, wie in den Gerichtsworten gegen die Nachbarstaaten (Ez 25–32) abgemalt, umfasst ausschließlich kleine Nachbarn und Ägypten. Babylonien und Persien fehlen in der Sammlung als Zielgruppe. Nebukadnezar ist nur ausführendes Organ des Strafwillens Jahwes (vgl. Ez 26,7–14). Stattdessen konzentrieren sich die Drohungen, z.T. ergänzt durch sarkastische Klagelieder über das bittere Geschick der Bestraften, auf die Küstenstädte Tyrus und Sidon (Ez 26–28) und das Pharaonenreich (Ez 29–32). Naturgemäß muss es schwer fallen, diese allgemeinen geographischen Befunde mit der politischen Geschichte des vorderen Orients und Ägyptens abzugleichen. Immerhin lohnt ein Versuch, den geschichtlichen Kontext der Ezechielinvektiven näher zu bestimmen.

Ez 26–28 sind eine im AT einzigartige Kritik an einer Handelsweltmacht. Es geht nicht um militärische, politische, religiöse Dominanz und Ausbeutung der zweitrangigen Mächte, sondern strikt um wirtschaftliche Hegemonie, die allerdings zu wahnwitziger Überheblichkeit führt: „... du sagst: Gott bin ich! Auf einem Göttersitz wohne ich, mitten im Meer. Du bist Mensch, nicht Gott; doch fühlst du dich wie eine Gottheit ..." (Ez 28,2). Diese maßlos übersteigerte Selbsteinschätzung greifen weitere Gottesworte mit Anspielung auf uralte Mythen vom Götterberg und seinem Feuer auf:

> Du warst ein glänzender, schirmender Cherub, ich setzte dich auf den heiligen Berg,
> ein Gott warst du, du gingst zwischen feurigen Steinen umher.
> Ohne Fehl warst du in deinem Tun, vom Tage deiner Erschaffung an,
> bis dann Böses an dir gefunden wurde.
> Wegen deines immensen Handels wuchs Gewalttat bei dir, du vergingst dich. (Ez 28,14–16a)

Der klagende und anklagende Text schildert in farbigem Detail die ökonomischen Aktivitäten des Tyrers, die sämtlich daraufhin angelegt sind, Handelspartner in aller Welt besonders Anrainer des Mittelmeeres zu übervorteilen und auszubeuten (Ez 27,8–10). Die gesamte Liste der Handelbeziehungen (vgl. besonders V. 11–25) ist aufschlussreich. Sie umfasst von Westen nach Osten und Norden nach Süden viele bekannte Städte, Regionen und Staaten. Tarsis, Kleinasien, vorderorientalische und afrikanische Namen sind in dem oft nicht leicht zu entschlüsselnden Text zu erkennen. Dass auch „Griechenland" (*jawan*, V. 13, 19) erscheint, muss nicht auf die hellenistische Periode führen. Denn der Begriff kann auch das kleinasiatische Griechenland meinen, das gerade zur Perserzeit weltpolitische Bedeutung hatte, oder auf die griechischen Inseln gemünzt sein, die mit Rhodos (V. 15 LXX) vielleicht auch teilweise direkt genannt sind. Die Stadt Tyrus selbst hat eine lange, bis weit ins zweite Jahrtausend hinaufreichende, durch Fremdquellen bezeugte Geschichte. Als Handelsmetropole hatte sie einen legendären, durch verschiedene Blütezeiten begründeten Ruf. Im sechsten Jh. v.Chr. unterlag sie jedoch nach 12 jähriger Belagerung dem Babylonier Nebukadnezar (573 v.Chr.), so dass sie in der fraglichen Zeit eines „historischen" Ezechiel gerade nicht den strahlenden Nimbus des Gottessitzes gehabt haben kann. Erst seit der Perserzeit gewann die Stadt ihre Bedeutung zurück. Die Ezechieltexte verweisen also entweder auf den vergangenen Ruhm, was bei gerade herrschender Schwächeperiode schwierig zu verstehen wäre. Oder sie setzen die wieder erstarkte Handelsmetropole seit Beginn der Perserherrschaft voraus. Mir scheint dies die einleuchtendere Erklärung von Ez 26–28 zu sein.

Manche formalen und inhaltlich-theologischen Beobachtungen stimmen darüber hinaus zum persischen Hintergrund. Die stilistische und formgeschichtliche Analyse kann darauf hinweisen, dass die prophetische Redemuster im Ezechielbuch an bestimmte „klassische" Formen der göttlichen Kommunikation anknüpfen, aber durchaus ihre Eigenheiten entwickeln. So ist die „Botenformel" („so spricht Jahwe") bei Ezechiel wie in den meisten anderen Prophetenschriften gängige Münze. Auch die „Wortereignisformel" teilt Ezechiel mit anderen literarischen Kompositionen, vor allem dem Jeremiabuch. Doch die Anrede Gottes an den Boten („Du, Menschensohn"; insgesamt 93 mal) ist außergewöhnlich, sie ist singulär im AT und nicht einfach zu erklären. Warum fehlt der namentliche Anruf? Warum ist auf das Gattungswesen Mensch abgehoben? Die enge Verbindung von Vision und Wortempfang kommt seit Amos mehrfach vor. Aber die eigentümliche Verquickung von ausführlich dargestellten Gottesgesichten und umständlich begründeten Beauftragungen hat doch eine andere Qualität als die herkömmlichen Kurzvisionen. Ähnliches gilt für die Zeichenhandlungen Ezechiels. Vergleichbares ist aus Jesaja und Jeremia bekannt. Die Varianten bei Ezechiel sind zahlreicher, intensiver und extensiver durchkonstruiert, viel stärker mit der anweisenden Gottesstimme verflochten, insgesamt auf einer anderen Ebene der Metaphorik und Allegorese angesiedelt. Vor allem aber geht es um die auffälligen Redeanweisungen Jahwes, die oft nach der Anrede „Du, Menschensohn" erheblichen Umfang annehmen und gar den berichtenden Teil – Schilderung der angeordneten Reden und Handlungen – vollkommen ersetzen.

Im Einleitungsblock Ez 1–3 beispielsweise füllt die Vision von den vier rollenden, schreitenden Cheruben und des über ihnen angeordneten Gottesthrones das erste Kapitel. Der Ich-Stil des berichtenden Propheten ist hier schon konsequent durchgehalten; er durchbricht immer wieder die objektive „ist"-Darstellung. Mit Ez 2,1 beginnt das Sendungszeremoniell für den Propheten. Bis zum Ende des Blockes (Ez 3,27: insgesamt 37 Verse) erfolgt der Handlungsablauf ganz überwiegend in Form der Gottesrede (25 Verse), während nur knappe Sätze für den, wiederum in der 1. Person des erzählenden

Propheten gehaltenen Bericht übrig bleiben (12 Verse). Im Fluss der Ereignisse bleibt der Prophet als Wortempfänger weitgehend passiv. Sehr selten ist er Gesprächspartner Jahwes, der dann eventuell auch den Gang der Dinge beeinflusst (vgl. Ez 4,14; 11,13; 21,5). Aber in der Regel redet nur der beauftragende Gott. So verläuft der Sprechfluss nach den einleitenden Szenen, einschließlich der Verspeisung der Schriftrolle, von oben nach unten:

> Dann sprach er zu mir: Menschensohn, auf, gehe zum Hause Israel und rede zu ihnen meine Worte. Denn nicht zu einem Volk mit dunkler Sprache oder schwerer Zunge bist du gesandt, sondern zum Hause Israel, auch nicht in die Völkerwelt, deren Rede du nicht verstehen könntest. Wenn ich dich zu solchen Leuten sendete, sie würden auf dich hören. Aber das Haus Israel wird nicht auf dich hören wollen: denn sie wollen nicht auf mich hören. Das ganze Haus Israel hat eben eine harte Stirn und ein verstocktes Herz. Siehe, nun mache ich dein Angesicht hart gleich ihrem Angesicht und deine Stirn hart wie ihre Stirn. Wie Diamant, härter als Fels, mache ich deine Stirn. Fürchte dich nicht vor ihnen, und erschrick nicht vor ihrem Angesicht; denn sie sind ein widerspenstiges Geschlecht. Weiter sprach er zu mir: Menschensohn, all meine Worte, die ich zu dir rede, fasse zu Herzen und leihe ihnen dein Ohr! Auf, gehe zu den Verbannten, zu den Kindern deines Volkes, rede zu ihnen und sage ihnen, mögen sie es nun hören, oder mögen sie es lassen: ‚So spricht der Herr Jahwe!' (Ez 3,4–11).

Ezechiel wird durch Geisteskraft nach Babylonien versetzt (V. 12). Dort erfährt er die genaueren Bedingungen seiner Mission. Die Hörer der prophetischen Botschaft sind eigenverantwortlich, der Prophet haftet jedoch für die Ausführung des Auftrags (V. 16–21). Er erhält somit eine doppelte Order. Einmal soll er die Gemeinschaft der Jahwegläubigen anreden und auf den richtigen Weg bringen. Von vornherein konstatieren die Überlieferer die Aussichtslosigkeit des Unterfangens. Denn die Gemeinde wird die Botschaft prinzipiell ablehnen, weil ihr der Widerstand gegen Jahwe eingepflanzt ist (s.o. die Diskussion um die Ergebnislosigkeit der Verkündigung). Das ist also beschlossene Sache, genau so wie in Jes 6 die antike Verstockungstheorie die Mission des Propheten von Grund auf unmöglich macht. Zum anderen aber ist der einzelne Glaubende gemeint, der entweder Frevler / Gottloser sein und werden, oder als Gerechter / Geretteter leben kann. Alle diese Inhalte sind in die Form der Gottesrede gegossen. Sie wird damit zu dem entscheidenden Formelement im Ezechielbuch. Diese Jahwerede kündigt an und bewegt die Geschichte und die Gesellschaft. Sie ist formal an den Propheten gerichtet. Er hört hin und soll sie weitersagen. Aber die Ausführung ist im Text weggelassen. Das Gotteswort, zum Propheten gesprochen und seiner Vermittlung anvertraut, bewegt in sich und durch sich die Ereignisse. Darüber braucht man kein Wort mehr zu verlieren. Solche Gottesreden machen einen nicht geringen Teil des Buches Ezechiel aus. Man vergleiche: Ez 4,1–13,16f; 5,1–17; 6,1–14; 7,1–27; 11,2–12.14–21; 12,1–6.8–28; 13,1–23; 14,2–11.12–23; 15,1–8; 16,1–63; 17,1–24; 18,1–32; 20,2–44; 21,1–37; 22,1–31; 23,1–49; 24,1–17. Die lange Kette der Texte muss wenigstens für den ersten Hauptteil des Buches zitiert werden, damit man den Umfang dieser eigenartigen Offenbarungsreden erkennt. Sie bleiben, wie auch im Deuteronomium oder im Jeremiabuch, in der dem Propheten übermittelten Form stehen, weil sie genau so ständig wieder vor der Gemeinde zitiert, verlesen, d.h. als ergangene Tora gebraucht werden! In den Fremdvölkersprüchen von Ez 25–32 setzt sich der eigenartige Stil weiter fort, und er erstreckt sich mit wenigen Unterbrechungen in die unterschiedlichen Texte von Ez 33–39 hinein. Eine solche Uniformität des Redeaufbaus bei gleichzeitiger Pluralität der Inhalte, der verwendeten Formelemente, offensichtlich auch des verschiedenen Alters und der Herkunft der Redeteile ist spektakulär. Wo immer einmal normaler Erzählstil vorliegt (vgl. Ez 8,5.7.14; 24,18f; 33,21; 37,1f) steht er im Dienst der großen (An)Redekomplexe.

Exkurs: Reden an die Gemeinde bei Ezechiel

Der Inhalt der Diskurse ist in der Tat mannigfaltig; vor allem scheinen Themen behandelt zu sein, die der Problemlage der Gemeinden im nachexilischen Zeitraum entsprechen. Ez 4–7 enthalten pro Kapitel eine thematisch abgeschlossene Rede. In Ez 4 ordnet Jahwe die Zeichenhandlung an, welche die Belagerung Jerusalems vorabilden soll. Ez 5 enthält die Anweisung zur Haarparabel: An Teilen des geschorenen Haares soll Ezechiel das Schicksal Jerusalems und seiner Bewohner angezeigt werden. Ein Drittel geht ins Feuer, ein Drittel wird mit dem Schwert zerhauen, ein Drittel in den Wind verstreut (Ez 5,11f).
Auch Ez 6 und 7 enthalten Untergangsansagen allgemeiner Art, ohne begleitende Zeichenhandlungen. Man kann sich fragen, warum vordergründig gesehen eine Katastrophenstimmung, wie sie vor dem Fall Jerusalems 587 v.Chr. geherrscht haben muss, aufgenommen wird. Zum Teil handelt es sich bei einer solchen Thematisierung sicherlich noch um Vergangenheitsbewältigung. Wie aber z.B. die Hinweise auf Abgötterei im Tempel (vgl. Ez 5,11; 8–10) zeigen, haben die Überlieferer ihre Vorstellung von den vorexilischen „Gräueln" mit Anschauungsmaterial aus der Zweiten Tempelperiode aufgeladen. Der salomonische Tempel gehörte dem Staat, erst der Zweite Tempel bekam echte Gemeindefunktionen und konnte folglich für die populären Fremdkulte (Sonnenanbetung; Tammuzverehrung) zur Verfügung stehen. Ez 11 enthält weitere Anschuldigungen gegen Jerusalem, und es werden Spannungen zwischen Exulanten und Jerusalemer Gemeinde sichtbar (V. 15–17: Gegen die Besitzansprüche der Jerusalemer an das Land der Deportierten!). Ez 12 fällt durch seine Zeichenhandlung (Verbannung) wieder in die Zeit vor dem Fall Jerusalems zurück; das Problem der Falschprophetie – durch Männer und Frauen vermittelt – bewegt das Kap. Ez 13. In Ez 14 sind (wie auch in Ez 8; 20) die Rat suchenden Ältesten Israels (bzw. Judas) der Anlass zu einer Offenbarungsrede. Es geht um Abgötterei. Ein kurzes Gedicht über den Unterschied von Holz und Rebstock, gemünzt auf das halbverbrannte Jerusalem, schließt sich in Ez 15 an. Die grausam eindrucksvollen Parabeln über die Untreue Judas bzw. Samarias und Judas, dargestellt an ihren weiblichen Symbolgestalten, nehmen die Kapitel Ez 16 und 23 ein. Beide Texte haben geschichtliche Tiefendimension und reflektieren einen Zustand nach der Katastrophe Jerusalems. Ez 17, poetisch durchformt, beginnt mit einem Rätsel über Adler, Zeder, Weinstock. Die Deutung (V. 11ff) bezieht das geschilderte Fabelgeschehen auf die erste und zweite Invasion der babylonischen Truppen in Juda. Das große folgende Kapitel Ez 18 gibt Antwort auf die Frage nach der individuellen Verantwortung. Sippenhaftung soll nicht mehr gelten, jeder steht für seine Taten gerade und muss nicht für die Schuld der vorigen Generation leiden. Das ist eine typisch gemeindliche, nachexilische Sicht der Dinge. Die strenge Familienhaftung hat aufgehört, weil die Ortsgemeinde alle religiösen Funktionen der Verwandtschaftsgruppe übernommen hat und weil sie nun jeden einzelnen Glaubenden unmittelbar zu Jahwe stellt. Ein sozialethisches Pendant ist Ez 22, in dessen Diskurs Sündenkataloge verarbeitet sind. Die Anschuldigungen zeigen z.T. priesterliche Einstellungen (vgl. V. 8–11.26ff; Lev 18,7–16; 26,2). Die wiederum schlagen sich in den hebräischen Schriften des Kanons am klarsten in nachexilischen Werken nieder. Sie sind mit dem Zweiten Tempel verbunden. Ein vermutlich älteres, poetisch geformtes Klagelied unterbricht die Reihe der Reden (Ez 19). Mit Ez 20 sind wir aber wieder in dem vorherrschenden Textmuster: Die geschichtsmächtige Rede thematisiert, wie schon referiert, schriftliche, prophetische und geistliche Tora, ein klarer Topos der nachexilischen Gemeinde. Die erneute Unheilsankündigung Ez 21, die wieder eine Zeichenhandlung einschließt, beschwört den Untergang des Südlandes (Juda?) durch Feuer und Schwert. Schließlich vollendet die Offenbarungsrede von Ez 24 das Drama der treulosen und widerspenstigen Stadt: Zeitgleich mit dieser Ansprache soll sich „der König von Babel ... an ebendiesem heutigen Tag auf Jerusalem geworfen" haben (V. 2). Die blutbefleckte Stadt (V. 6.9) hat sich nach priesterlichen Maßstäben schwer vergangen: „Das Blut, das sie vergossen, ist noch mitten in ihr; auf den nackten Felsen hat sie es gegossen, hat es nicht auf die Erde geschüttet, sodass diese es zudeckte." (V. 7). Der überraschende Übergang in eine scheinbar autobiographische Szenerie (V. 18f) ist schon erwähnt. – Nach den Fremdvölkersprüchen setzen sich die genormten Redestücke fort, bekommen aber zunehmend einen positiven Ausblick. Ezechiel wird noch einmal als „Wächter" eingesetzt, und individuelle Verantwortung jedes Glaubenden kommt noch einmal stark betont ans Licht (Ez 33). Dann geht es um die Leitung des Volkes Israel. Es scheinen zwei Möglichkeiten im Gespräch zu sein: Jahwe selbst oder ein Davidide übernehmen die Führungsaufgaben (Ez 34,15.23). Beides kann auch in eins fallen, wie es die Redaktion des Kapitels wohl verstanden wissen will. Nach einer Denunziation Edoms (Ez 35) folgt dann ein strahlendes Schlusskapitel (Ez 36): Israel darf, wie im geschauten, wieder belebten Leichenfeld angekündigt, einen neuen Anfang wagen (Ez 37). Die apokalyptischen Schlussabschnitte (Ez 38f) sind nur ein literarischer *ponto finale*, denn mit Ez 40–48 folgt der grandiose Entwurf der aktuellen und zukünftigen Tempel-Gottes-Stadt mit ihren Einrichtungen und Funktionären, ganz deutlich eine späte, auf nachexilischen Fakten gegründete Schau.

Gattungsmäßig stehen die Ezechielreden irgendwo zwischen den dtr. Diskursen vor allem des Mose (vgl. Dtn 1–11; 29–31) aber auch anderer Protagonisten (vgl. Jeremia!) und den Offenbarungsreden, wie sie besonders in der apokalyptischen und gnostischen Literatur ausgebildet worden sind.[403] Schon die auffällige Anrede „Menschensohn" sollte sorgfältiger bedacht werden. Angeredet ist eben nicht ein konkreter Mensch mit Namen und Geburtsort, sondern der Gattungsmensch. Er wird zum Vermittler göttlicher Weisheit schlechthin. Die Auftrag gebende Instanz ist der höchste Gott, der Inhaber alles Wissens und aller Mittel. Er kanalisiert seine Souveränität und seinen Plan durch den anonymen Gesandten, oder den Urmenschen!, und vermittelt so eine Anschauung von der göttlichen Realität und dem göttlichen Sinn des Daseins. Die Instruktionen an den Mittler bzw. Offenbarer Ezechiel beziehen sich auf viele Lebensbereiche. Sie haben ein einziges Ziel: Die Erkenntnis des höchsten Weltlenkers zu befördern, oder: Umkehr von egozentrischen Lebens- und Weltentwürfen zu bewirken.[404] Die Erkenntnis der obersten Gottheit ist offensichtlich das entscheidende Anliegen.[405] Die Offenbarungsreden im Ezechielbuch sind also in hohem Maße allgemein, menschlich, aber auch partikular judäisch zu lesen. Ihr Sitz im Leben dürfte nach allen Indikatoren die Diaspora-Gemeinde in Babylonien sein. Dort hat man sich über Jahrzehnte, wenn nicht Jahrhunderte, Gedanken darüber gemacht, warum die Katastrophe im Jahre 587 v.Chr. die heilige Stadt Jerusalem mit ihrem zentral wichtigen Tempel treffen musste. Man hat über die Zerstörung des Tempels gerätselt und die in zeitgenössischen Erfahrungen gefasste Abgötterei dafür verantwortlich gemacht. Man hat seine Gegenwart als Chance zum Neuanfang begriffen und war auch von der Wiederherstellung des Jerusalemer Tempels begeistert. Doch sollte als ewige Warnung vor erneutem Abfall von Jahwe die Vergangenheit lebendig bleiben. Das ist zumindest ein Teil der Motivation dafür, die Warnungen und Orientierungen an die Adresse der nachexilischen Gemeinde in der geschichtlichen Verpackung der babylonischen Ära vorzutragen.

Die altpersischen heiligen Schriften kennen eine der atl. analoge Konstellation. Gott, sein Sprecher, die Gemeinde interagieren. Der menschliche Mittler, in den Gathas auch namentlich als Zarathustra vorgestellt, wendet sich an Ahura Mazda: „Danach frag ich dich, o Ahura, antworte mir richtig …" (Yasna 44, nach G. Widengren, Geisteswelt; „This I ask Thee, tell me plainly …", Yasna 44 nach H. Humbach, Gathas) ist der stereotype Strophenbeginn der neunten Hymne. Von Begegnungen des Gesandten mit seinem Gott ist auch sonst die Rede. Ein Haupttopos der Gathas ist die Erkenntnis Gottes und der Grundharmonie (*aša*):

| 11. Als den Heiligen habe ich dich erkannt, o Mazda Ahura, als du mit Vohu Manah mich besuchtest. Als ich durch eure Worte zuerst belehrt wurde, verhieß mir Leid unter den Menschen mein Vertrauen, das zu tun, was ihr mir als das beste gesagt habt. | I realize that Thou art prosperous, O Wise Ahura, When one attends me with good thought. Since through statements (voiced) by You, I learn (about) the primal (stage of existence) confidence in mortals appears distressing to me. Let me do what You tell me (to be) the best. |

---

[403] B. J. Malina, On the Genre and Message of Revelation, Peabody 1995.

[404] Man vergleiche die Schlusssätze der Redeeinheiten: „Ich, Jahwe, habe es geredet" (Ez 5,17; 17,24; 21,37; 37,14); „ich, Jahwe, bin euer Gott" (Ez 34,31); „Damit sie erkennen, dass ich Jahwe bin" (Ez 6,14; 7,27; 12,16.20; 13,23; 14,23; 16,62; 20,44; 23,49; 24,27; 25,17; 28,26; 29,21; 30,26; 33,33; 35,15; 36,38; 37,28; 38,23); „und ich werde ihr Gott sein" (Ez 14,11); „so bekehret euch denn, auf dass ihr lebt!" (Ez 18,32).

[405] Vgl. W. Zimmerli, Erkenntnis Gottes nach dem Buche Ezechiel, Zürich 1954.

12. Und als du zu mir sagtest: „Komm, um Aša zu lernen," da hast du mich nichts Unerhörtes geheißen: mich aufzumachen, bevor noch zu mir kommt Sraoša mit der in großem Reichtum verheißenen Vergeltung, welche den beiden kämpfenden Kräften ihr Teil, Heil (und Verderben), zuteilen wird. (Yasna 43,11f nach G. Widengren, Geisteswelt)	And when Thou tellest me: „With foresight thou reaches truth", then Thou givest me orders (which will) not (be) disobeyed. Let me arise before (Recompense for) Obedience will have come to me, followed by wealth-granting Reward, who at the benefaction will distribute the rewards according to (the respective) balances. (Yasna 43,11f. nach H. Humbach, Gathas)

Ahura Mazda, der „Herr Weisheit", ist die überragende göttliche Gestalt; er agiert zusammen mit göttlichen Wesenheiten, die auch als seine Erscheinungsformen aufgefasst werden können, wie Vohu Manah, dem „Guten Denken". Zarathustra wird durch den engen Kontakt mit der göttlichen Welt zum Wissenden und Mittler. Es geht um die Erkenntnis und Weiterleitung von *aša*, dem Grundprinzip von Wahrheit und Harmonie. Sraoša, die implementierende göttliche Kraft, deutet die endgültige Abrechnung über das Lebenswerk der Gottesverkündigung an. Wie im AT, und besonders bei Ezechiel, steht also ein verantwortlicher Wortvermittler im Zentrum des Geschehens. Er empfängt von der Seite Gottes die Belehrungen, das Wissen, welches er den Menschen weitergeben soll. Die müssen sich zwischen den Lügengeistern und der einzig lebenbringenden Wahrheit des Ahura Mazda entscheiden:

1. Euch diese Bestimmungen wiederholend verkünden wir Worte, unerhört denen, die nach den Weisungen des Lügengeistes die Lebewesen Ašas verderben, aber die besten Worte denen, die dem Mazdā gläubig sind.	5. Sag mir zum Entscheiden, was ihr mir durch Aša von dem Besseren gegeben habt, als Wissen durch Vohu Manah und als Erinnern – so wie ich inspiriert wurde – das, o Ahura Mazda, was werden wird oder nicht werden wird.
2. Wenn darum der Weg, den zu wählen besser ist, nicht zu erblicken ist, so komme ich zu euch allen als der, den Ahura Mazda als Schiedsrichter weiß zwischen den beiden Parteien, auf dass wir dem Aša gemäß leben mögen. ...	6. Das Beste wird des sein, der als Wissender sagt meine rechte Formel, die von Haurvatāt, Aša und Amartāt: „Mazdā gehört das Reich, das er durch Vohu Manah wachsen lässt." (Yasna 31, nach G. Widengren, Geisteswelt)

Ein Bekenntnis zu dem Alleinschöpfer Ahura Mazda (Strophe 7 und 8, Yasna 31) schließt diese vierte Gatha ab. In ihr wird die Beauftragung und die Bedeutung des Mittlers klar, gleichgültig, ob man sich die historische Gestalt des Zarathustra dahinter vorstellt oder nicht. In der ersten Person Singular von Strophe 6 scheint der menschliche Gesandte zu reden. Er ist auf die drei Grundkräfte, die weiblichen Haurvatāt und Amartāt, zwei „Wohltätige Unsterbliche" und die Weltordnung Aša eingeschworen. Die Adressaten der Verkündigung sind ganz allgemein die Menschen, es ist die Menschheit, ohne Rücksicht auf Nationalität und Ethnische Herkunft. „Alle Lebenden" (Yasna 31,3), „ihr, o Menschen" (Yasna 30,11) sind die Angeredeten. Sie zerfallen durch persönliche Entscheidung sehr schnell in die zwei Gruppen der Wahrheitsanhänger und der Lügenfreunde („Teufelsanhänger" Yasna 30,11), aber grundsätzlich gilt die rettende Weisheit allen Menschen, und sie sind gelegentlich in dieser Allgemeinheit angeredet. Die guten und schlechten werden aber auch separat und direkt mit dem Wort konfrontiert. Als Beispiel diene die Denunziation der *daēvas*, der bösen Dämonen:

3. Aber ihr, Daēvas alle, seid dem Schlechten Manah entsprossen, und der, der euch viel verehrt und die Lüge und die Hoffart, desgleichen auch eure Taten, durch die ihr längst bekannt seid auf dem siebenten Erdenkreis. 4. Seitdem ihr das verfügt habt, dass die Menschen, die das Böseste tun,	Lieblinge der Daēvas heißen sollen, die von Vohu Manah zurückweichen, die von Mazdā Ahuras Rat abgehen und von Aša. 5. Damit bringt ihr seitdem den Menschen um das gute Leben und die Unsterblichkeit, ein Handeln, das Euch, ihr Daēvas, zusammen mit dem Schlechten Manah der Böse Geist gelehrt hat, durch das schlechte Wort dem Lügengenossen die Macht versprechend. (Yasna 32,3–5, nach G. Widengren, Geisteswelt)

Wie immer man die dualistischen Züge, die in einem solchen Verständnis angelegt sein können, beurteilt, die Gathas zeichnen eine zwiespältige Welt, in die der Prophet mit seiner Botschaft von Wahrheit, Ordnung und Leben gesandt ist. Formgeschichtlich gesehen, sind die altavestischen Texte als liturgische Gesänge überliefert, die gelegentlich eine Gemeindesituation – auch durch auf die anbetende Versammlung bezogene 1. Person Plural – erkennen lässt. Gebetssprache, Lobgesang, direkte Anrede an Gute und Böse, Belehrung, Ermahnung, Drohung – alles das sind Elemente, die auch aus dem prophetischen Diskurs im AT bekannt sind. Längere, zusammenhängende Gottesreden finden sich dann in jüngeren avestischen Textgruppen, wie zum Beispiel dem Yašt.

> 55. Also sprach Ōhrmazd zu Spitāmān Zartušt: „Lerne auswendig die Deutung und die Erklärung der Deutung, und offenbare die Erklärung, sprich zu den ‚Feuerpriestern' und den ‚Schülern', in der Welt rede diejenigen an, die nach(zehn-)hundert Wintern nicht einsichtsvoll (geworden) sind, zu ihnen sprich dann, dass sie aufgrund der Hoffnung auf den Künftigen Körper und auf Erlösung (ihrer) eigenen Seele Zorn und Unheil und Widerstand jener Leute, die ohne Religion sind und (doch) den zur Religion gehörenden Yasna zelebrieren, gering achten mögen.
>
> 56. Und dieses sage ich dir, o Spitāmān Zartušt, dass, wer in diesem Zeitalter den Körper sucht, nicht imstande ist, die Seele zu erlösen, denn Wohlgenährtheit des Körpers bedeutet Elend der Seele und Leiden in der Hölle, wer aber die Seele sucht, der hat Elend des Körpers und Leiden in der Welt und ist mühselig und arm, aber im Paradies hat seine Seele Wohlgenährtheit (= Wohlsein)". (Bahman Yašt I)

In derartigen Offenbarungsgesprächen des Mittlers mit dem einzigen Gott und der dominierenden Auftragsrede an bestimmte Adressaten stimmen die avestischen Beispiele auch formal mit dem atl. Befund überein. Das Phänomen solcher tief begründeten Analogie lässt sich nicht durch literarische Abhängigkeit, wohl aber aufgrund gemeinsamer geistiger, kultureller und auch religiöser Voraussetzungen und Umfelder erklären. Offensichtlich waren im persischen Einflussgebiet Denkstrukturen (oder ein geistiges Klima) vorhanden, die von unterschiedlichen Religionsgemeinschaften genutzt werden konnten. Der überlegene Schöpfergott und Weltenlenker war nicht mehr der natürliche, gesellschafts- und dynastiegebundene Hirte seiner angestammten Verehrer, sondern teilte sich den Glaubenden und Nichtglaubenden als eine besondere, nicht mythisch-genealogisch legitimierte Gottheit mit. Sie rief durch den Mittler zur Entscheidung für sich selbst auf. Die Religion Zarathustras wie die des Mose oder Ezechiels war ein individuell zu übernehmender und zu verantwortender, ethisch und kultisch begründeter Konfessionsglaube. Er war auf heilige, schriftliche Tradition gebaut und prinzipiell offen für alle Menschen, darin lag seine Universalität. Der offizielle Mittler und Verkündiger der heilsamen Wahrheit bildete das zentrale Kommunikationsscharnier, im Unterschied zu allen „natürlichen", mit der Gesellschaft gegebenen Religionsstrukturen. Das wesentliche Mittel für Kommunikation und Gemeinschaftsbildung war das mitgeteilte Gotteswort, vor dem der einzelne sich zu entscheiden hatte. Der Kultbetrieb war sekundär wichtig; er strahlte allerdings in das Alltagsleben der Gemeinde hinein: Reinheitsvorschriften galten im Verein mit hochrangigen ethischen Regeln.

Das Ezechielbuch ist also in seiner eigentümlich durchkonstruierten literarischen Form, mit seiner Betonung des Menschensohn-Mittlers und dessen Warn- und Bekehrungspredigt, mit dem homiletisch-liturgischen Charakter und der beginnenden Apokalyptik, mit seinen Idealentwürfen für eine zu konstruierende Bürger-Tempel-Gemeinschaft, und mit allen besprochenen Zeichen für Individualismus, Solidarität und Universalismus ein klarer Zeuge der neuen Zeit, die nach der Machtübernahme durch die Perser angebrochen war. – Die drei „großen" Propheten weisen gattungsmäßig und inhaltlich erhebliche Unterschiede auf; jedes Buch hat sein eigenes theologisches Profil. Dennoch scheinen starke Gemeinsamkeiten im Blick auf Lebenssitz und Verwendung der Texte zu bestehen.

III.2.3 Der Dritte Teil des Kanons

J.-M. Auvers, The Biblical Canon, Löwen 2003 (BEThL 163). – J. Barr, Holy Scripture, Philadelphia 1983. – J. Barton (Hg.), Die Einheit der Schrift und die Vielfalt des Kanons, Berlin 2003 (BZAW 329). – S.B. Chapman, The Law and the Prophets, Tübingen 2000 (FAT 27). – D. Clines u.a. (Hg.) Weisheit in Israel, Münster 2003 (Altes Testament und Moderne 12). – F. Crüsemann, Kanon und Sozialgeschichte, Gütersloh 2003. – P.R. Davies, Scribes and Schools, Louisville 1998. – C. Dohmen und M. Oeming, Biblischer Kanon: Warum und wozu? Freiburg 1992 (QD 137). – I. Fischer u.a. (Hg.), Auf den Spuren der schriftgelehrten Weisen, Berlin 2003 (BZAW 331). – L.M. MacDonald (Hg.), The Canon Debate, Peabody 2002. – A. van der Kooij, Canonization and Decanonization, Leiden 1998 (SHR 82). – J.A. Sanders, Canon and Community, Philadelphia 1984.

Große Teile des Pentateuch und des Prophetenkanons sind in der Perserzeit entstanden, so viel ist ziemlich sicher. Wie aber verhält es sich mit den „Schriften" ($k^e tubim$), jenem vielgestaltigen, dritten Abschnitt der hebräischen Bibel, der offenbar unterschiedliche praktisch-theologische Gebrauchstexte in sich versammelt. Die Anordnung und Abfolge der Einzelsammlungen ist in den handschriftlich belegten Überlieferungen recht verschieden. Die Vielfalt wird noch vergrößert durch relativ eigenständige Septuagintavarianten, nicht zu erwähnen die „apokryphen" Texte, welche keinen Eingang in den hebräischen Kanon fanden bzw. aus ihm in Zeiten einer restriktiven Auslegung von Kanonizität wieder ausgeschieden wurden. Einige Texte lagen am Rand des erst in der christlichen Ära endgültig fixierten hebräischen Kanons, sie waren umstritten und ihre Zugehörigkeit zu den heiligen Schriften ist in der Nachgeschichte immer wieder hinterfragt worden. Das bedeutet: Die verschiedenen *canones* verbindlicher biblischer Bücher sind immer gesellschafts- und situationsbedingt im Fluss gewesen. Es gab und gibt im Grunde keinen einmaligen, ausschließlich gültigen, heiligen Textbestand. Jede Gemeinschaft, z.B. aramäisch und hebräisch sprechende Juden, hellenisierte jüdische Gemeinden, abgespaltene Sondergemeinschaften wie die Samaritaner und Qumranleute, entstehende Christengemeinschaften schufen sich (wir sehen von den übersteigerten literaturwissenschaftlichen Autorenkonzepten ab!) einen eigenen Leitfaden an „Offenbarungsworten" ihres Gottes. Die jeweilig grundlegenden, verbindlichen Schriften dienten der Identitätsfindung bestimmter religiöser Gruppierungen. Der Zeitraum, in dem sich das literarische Schibbolet formte und festigte, liegt für den judäischen Glaubensverband zwischen 587 v.Chr. und dem 2. Jh. n.Chr.

Die Dreiteilung des Kanons ist wahrscheinlich eine relativ späte Erscheinung, genau wie manche Bucheinteilungen: Etliche Gebrauchstexte fluktuierten möglicherweise zwischen den „Buchdeckeln" hin und her, bevor sie ihren endgültigen Platz fanden. Grob gesehen sind wohl bei der Einrichtung der Sammlungen „Tora", „Nebiim" und „Ketubim" chronologische, inhaltliche und praktische Gesichtspunkte leitend gewesen. Was seinem Alter und der Natur der Sinaigesetzgebung entsprach, und was diesem entscheidenden Ereignis der Vorzeit voraufging, wurde dem ersten Teil, der mosaischen Offenbarung, zugewiesen. Diese fundamentalen Texte dienten wohl auch als Lesestücke bei wichtigen Gemeindeversammlungen. Alles Spätere, und alles, was mit der weiter gehenden Verkündigung von Tora nach Mose zu tun hatte, kam in den Prophetenkanon, der ebenfalls liturgische Verwendung fand. Übrig blieben die „Lobgesänge auf Gott und Lebensregeln für die Menschen" (JosAp I,8), der dritte Teil der Schrift, bei denen ritueller Gebrauch für unterschiedliche Zeremonien anzunehmen ist. Die Reihung und Textgestalt der „Bücher" ist noch lockerer als wir das aus den ersten beiden Kanonteilen gewohnt sind. Wir haben uns an dieser Stelle um jene Sammlungen zu kümmern, die in der persischen Epoche bereits vorhanden waren und – im weiteren Gemeindegebrauch – bearbeitet worden sind.

Ganz außer Acht lassen können wir folglich die erst in der anschließenden hellenistischen Periode entstandenen Schriften Kohelet, Ester (s.o. III.1.2.4) und Daniel und selbstverständlich alle deuterokanonischen Sammlungen, auch wenn in ihnen hier und da versprengtes älteres Material enthalten sein sollte.[406] Als originale Produkte der Perserzeit sind oben bereits gewürdigt die Chronikbücher, Esra und Nehemia, Ruth und mit Einschränkungen die Klagelieder und das Hohelied. Es bleiben Psalter, Hiob, Proverbien; sie haben während der achämenidischen Periode wahrscheinlich in ihrer Hauptsubstanz schon existiert, waren aber – wie vor allem die in Qumran erkennbare Textgeschichte der Psalmensammlungen beweist – noch nicht völlig zur Ruhe gekommen.

III.2.3.1 Psalter

D. Erbele-Küster, Lesen als Akt des Betens. Eine Rezeptionsästhetik der Psalmen, Neukirchen 2001 (WMANT 87). – P.W. Flint und P.D. Miller (Hg.), The Book of Psalms. Composition and Reception, Leiden 2005 (VT.S 99). – E.S. Gerstenberger, Der Psalter als Buch und als Sammlung, in: K. Seybold und E. Zenger, Neue Wege der Psalmenforschung (HBS 1), Freiburg 1994, 3–13. – Derselbe und K. Jutzler, H.J. Boecker, Zu Hilfe, mein Gott, Neukirchen-Vluyn, 4. Aufl. 1989. – J.C. McCann (Hg.), The Shape and Shaping of the Psalter, Sheffield 1993 (JSOT.S 159). – M. Millard, Die Komposition des Psalters. Ein formgeschichtlicher Ansatz, Tübingen 1994 (FAT 9). – C. Rösel, Die messianische Redaktion des Psalters, Stuttgart 1999 (CThM.BW 19). – C. Süssenbach, Der elohistische Psalter, Tübingen 2003. – C. Westermann, Der Psalter, Stuttgart 1967. – G.H. Wilson, The Editing of the Hebrew Psalter, Chico 1985 (SBL.DS 76). – E. Zenger, Was wird anders bei kanonischer Psalmenauslegung? in: F.V. Reiterer (Hg.), Ein Gott, eine Offenbarung, Würzburg 1991, 397–413.

Die Psalmenkollektionen kamen, wie oben dargestellt, aus einer unbestimmten Vergangenheit; die Klage-, Dank- und Lobgesänge dienten in unterschiedlichen religiösen Ritualen den zuständigen Fachleuten als wichtige, zu rezitierende Versatzstücke.[407] Sie wurden für den Gebrauch der Jerusalemer Gemeinde adaptiert, einige frische Gattungen und Sammlungen, die den Bedürfnissen der neuen religiösen Gemeinschaftsform entsprachen, kamen hinzu (vgl. o. III.1.3.1 und III.1.3.2). Wie aber stand es um die Gesamt-

---

[406] Vgl. E. Haag, BE 9: Das hellenistische Zeitalter, Stuttgart 2003.
[407] Vgl. meine form- und sozialgeschichtliche Auslegung der Psalmen: E.S. Gerstenberger, Psalms (FOTL XIV und XV) Grand Rapids 1988 und 2001.

anordnung der vorhandenen, d.h. liturgisch, bei verschiedenen gemeindlichen Anlässen gebrauchten Psalmentexte im Psalter?
In den letzten Jahren hat sich gerade um diesen Prozess der Endredaktion des Psalters eine umfangreiche wissenschaftliche Literatur herausgebildet. Die erarbeiteten Theorien über das Zusammenwachsen verschiedener Materialien und Überlieferungsströme weichen im Einzelnen stark voneinander ab. Sie stehen aber weithin gemeinsam auf dem Boden literarhistorischer und theologischer Analyse. Der fertige Psalter gilt als Lese- und Andachtsbuch, das von schriftgelehrten Sammlern und Redaktoren bewusst zusammengestellt und in die kanonische Form gebracht worden ist.[408] Diese Sicht der Dinge steht unter dem Eindruck holistischer oder integraler Schriftexegese, wie sie vor allem von B.S. Childs und R. Rendtorff entwickelt worden ist. Aus den vielen psalmischen Einzeltexten, welche ihren Aussageschwerpunkt in sich selbst haben, wird ein übergreifendes theologisches, messianisches, heilswirkendes Gesamtzeugnis geknüpft. So wenig man dem heutigen Interpreten das Recht verwehren kann, die Psalmen synchron, intertextuell, stichwortartig gereiht zu lesen, so sehr bleibt die Frage bestehen, wie weit die Redaktoren des Gesamtpsalters eine derartige Lektüre intendiert haben. Zugestanden: Jede Bemühung um die antiken Texte wendet gewisse eisegetische Methoden an, weil wir die geschichtlich und kulturell so fernen Gegebenheiten eben nur mit Hilfe unserer eigenen Denkraster begreifen können. Andererseits aber muss der garstige geschichtliche Abstand respektiert werden, sonst ebnet Exegese die anderen Bedingungen der Vergangenheit ein, bevor sie uns als fremd zu Bewusstsein gekommen sind. Zugestanden auch, dass die notwendig schriftliche Arbeit von Komposition und Weitergabe der Psalmentexte nicht neutral geschieht, sondern die Spuren der Bearbeiter, ihre Intentionen und Abneigungen zu erkennen gibt. Dennoch, oder gerade darum, wird die Frage so brennend, wann und wozu Gesamtzusammenstellung und Letztherausgabe des Psalters erfolgt sind.
Die meisten Fachleute sind sich einig darüber, dass das Psalmenbuch einige deutliche Hinweise auf die Schlussredaktion(en) enthält. Die beiden ohne Überschrift gebliebenen Psalmen am Anfang (Ps 1 und 2) dürften erst ziemlich am Ende der (fast) fertigen Sammlung vorangestellt worden sein. Mindestens Ps 1 ist eine Art Vorspann zum ganzen Buch, er setzt den Akzent auf Tora-Lektüre und totale Hingabe an Jahwe, und er redet warnend von den „Gottlosen" oder „Frevlern" ($r^e\check{s}a\,'im$).

> Wohl dem, der nicht mit / Frevlern zusammen lebt,
> der nicht mit treibt, was die Sünder betreiben, / der nicht da sitzt, wo die Lästerer sitzen,
> sondern sich freut an den Weisungen Jahwes; / er prägt sie sich beständig ein! (Ps 1,1f)

Nach dem Muster von Tora-Studenten sollen die (männlichen!) Gemeindeglieder ihr Leben einrichten, Dtn 17,18f; Jer 17,8; Ps 92,13–15 sind zeitgenössische Parallelaussagen, und Ps 19,8–11; 119 entfalten die Freude am und Liebe zum orientierenden Gotteswort. Die Gemeinde der Jahwe-Anhänger und Anhängerinnen ist in Ps 1 wie in den Seitentexten vorausgesetzt und eine „Gegengemeinde" von Abweichlern kommt in den Blick. Der Eingangspsalm leitet nicht zur Lektüre der Psalmen, sondern ausdrücklich der Tora an. Er empfiehlt allen, die mit Psalmtexten zu tun haben – sei es als Beter oder Hörer – die intime Verbindung zu Jahwe über seine Tora, das offene, lernwillige Ohr für das zentral wichtige Gotteswort.
Im später kanonisierten Psalmbuch bildet Ps 150 – ein einziger Aufruf zum Lobpreis für

---

[408] Vgl z.B. E. Zenger, Psalmenauslegung; M. Millard, Komposition; G. Wilson, Editing.

Jahwe und musikalischer Schlussakkord – den Endpunkt, und die Zahl von 150 Texteinheiten hat einen gewissen symbolischen Wert. Der ganze Psalter stellt mit der runden Zahl ein vollständiges Gebilde dar, obschon in abweichenden Überlieferungen noch einige weitere Psalmen folgten.[409] Der abgerundete Eindruck wird verstärkt durch die Einteilung des Psalters in fünf Unterabteilungen, die jeweils durch liturgische Formeln voneinander abgesetzt sind (nach Ps 41; 72; 89; 106) und die wohl an die fünf Bücher der Tora erinnern sollen. Ob aber der Schlusspsalm (Ps 150) und die Büchereinteilung schon in der persischen Zeit zustande gekommen sind oder erst wesentlich später, ist schwer auszumachen. Für eine bis in die Qumrangemeinschaft hinein unabgeschlossene Sammlung sprechen einige der dort gefundenen Psalmenhandschriften.[410] Wie dem auch sei, die Experten diskutieren auch die Möglichkeit, dass sukzessive verschiedene kürzere Sammlungen als der heutige Psalter entstanden sind. Und weil gerade am Ende des Korpus textliche Unsicherheit über die Reihenfolge und Zahl der zugehörigen Psalmen herrscht, nimmt man oft ein lineares Wachstum an. An kleinere Sammlungen etwa von Ps 3–41 und 42–72 seien nach und nach weitere Textblöcke angehängt worden. So könne man – vermutlich in der Perserzeit – eventuell mit einem Psalter rechnen, der von Ps 3 bis Ps 72 reichte. In der Tat tritt hier ein Schreibervermerk (Kolophon) auf: „Zu Ende sind die Gebete Davids, des Sohnes Isais" (Ps 72,20). Diese Angabe scheint einem vorläufigen Endstand in der Entwicklung des Psalters zu entsprechen. Dann wäre er einmal weniger als halb so umfangreich wie die jetzige kanonische Sammlung gewesen.

Ps 72 entfaltet die altorientalische Königsideologie vom gerechten Herrscher, der die Fürsorge für sein Volk bzw. für den Erdkreis stellvertretend für den Landes- bzw. den Weltengott wahrnimmt. Die geschichtlichen Königtümer Israel und Juda haben sicher den allgemeinen Glauben an die durch Könige vermittelte gerechte Ordnung geteilt. Nur besitzen wir kaum ursprüngliche Zeugnisse einer solchen Ideologie: Die biblischen Texte sind sämtlich durch lange Überlieferungsprozesse überformt worden und liegen uns jetzt in späten Fassungen vor. Das gilt auch für Ps 72. Er konzentriert sich auffällig auf die Elendssituation des Volkes:

> O Gott, gib dein Recht dem König, und deine Gerechtigkeit dem Königssohne,
> dass er dein Volk mit Gerechtigkeit richte und deine Elenden nach dem, was Recht ist.
> Die Berge mögen dem Volke Heil und die Hügel Gerechtigkeit tragen.
> Er wird Recht schaffen den Elenden des Volkes, er wird den Armen helfen
> und die Bedrücker zermalmen. (Ps 72,1–4; vgl. V. 12–14)

Das verwendete Vokabular gehört in die späte Rhetorik von der Niedrigkeit, Hilflosigkeit, Geschundenheit des Volkes Israel. „Elende" und „Arme" sind Selbstbezeichnungen der exilisch-nachexilischen Gemeinde. Die kollektiven Klagen und Bitten reflektieren Klagefeiern und Rituale der Epoche, welche der Niederlage von 587 v.Chr. folgt. – Andererseits strahlt der Psalm eine utopische, universale, an den König und seine Dynastie gekoppelte Heilserwartung aus:

> Er soll leben, solange die Sonne scheint / solange der Mond währt, generationenlang.
> Er soll herabfahren wie der Regen auf die Aue, / wie Tropfen, die das Land feuchten.
> Zu seinen Zeiten blüht die Gerechtigkeit, / herrscht großer Friede, bis der Mond vergeht.
> Er soll herrschen von Meer zu Meer, / vom Euphratstrom bis an die Enden der Erde. (Ps 72,5–8)

Die Sehnsucht nach Weltbedeutung, die wohl auch in kleinen Potentaten schlummert, kann in der israelitisch-judäischen Königszeit nur schwerlich die in Ps 72 ausgesprochenen Formen angenommen haben. Atl. Texte mit so hochgespannten Erwartungen sollten getrost als das genommen werden, was sie sind: Entweder Rückspiegelungen von Großmachtträumen in die Vergangenheit, oder Zukunftshoffnungen auf eine glorreiche Zukunft, in welcher der universale König Jahwe, mit oder ohne davidi-

---

[409] Die syrischen zusätzlichen Texte sind schon lange bekannt, vgl. H.F. van Rooy, The Psalms in Early Syriac Tradition, in: P.W. Flint u.a. (Hg.), Book of Psalms 537–550.
[410] Vgl. J.A. Sanders, The Psalms Scroll of Qumran Cave 11, Oxford 1965.

sches (oder ein andersstämmiges?) Ausführungsorgan, die Herrschaft in die Hand nimmt. Die eschatologische bis apokalyptische Zukunftserwartung ist eine Folge des realen Zusammenbruchs der judäischen Eigenstaatlichkeit, der Wiedergewinnung einer ethnischen und religiösen Identität seit Beginn der Perserherrschaft, der Ausbildung eines universalen und exklusiven Gottesglaubens und des Erwachens eines korrespondierenden Weltverständnisses: Jahwe wird am Ende sein Reich auf der Erde begründen und möglicherweise die davidische (hier nicht ausdrücklich genannt) Dynastie wieder beleben. In dem Maße, wie sich Ps 72 auf die Elendssituation der Gemeinde und die zukünftige Durchsetzung der göttlichen Gerechtigkeit mit Hilfe eines Königs (theoretisch könnte auch der persische Großkönig als Vorbild gemeint sein!) konzentriert, erweist sich der nachexilische Horizont des Gedichts.

Sollte also einmal ein Psalter vom Umfang Ps 2 bis Ps 72 bestanden haben, dann hätte er vielleicht eine messianische Ausrichtung gehabt: Die Ankündigung der unumschränkten, völkerweiten Gottesherrschaft durch den auf dem Zion gegen alle aufsässigen Weltmächte eingesetzten König und Gottessohn (Ps 2,7) hätte die Psalmensammlung eröffnet (Ps 2), die sichere Erwartung des vollendeten Reiches der Gerechtigkeit (Ps 72) sie beschlossen. Selbst wenn die Annahme zutrifft, bleibt offen, ob Eingangs- und Schlusstext einer Kollektion nebst zahlreichen Verweisen auf David in den Überschriften der Psalmen und einigen, verstreuten, auf den König bezogenen Gedichte (vgl. Ps 20; 21; 45) aus einer so stark in anderer Richtung gewichteten Kollektion von Gebrauchstexten (Klage, Bitte, Vertrauen von privaten Einzelbetern) ein messianisches Werk hätten machen können. Mit heute gebräuchlichen Gesang- und Gebetbüchern ist eine derartige Polung durch erste und letzte Texte schwerlich zu belegen.

Andere Forscher meinen, einen ähnlichen Abschluss des Buches in Ps 89 vor sich zu haben. Nicht von ungefähr ist auch nach diesem Psalm ein „Büchereinschnitt" zu vermerken (V. 53).

Ps 89 handelt aber nun von der Katastrophe des Königtums im Jahre 587 v.Chr. Er beginnt zwar mit einem Rückblick auf die große Zeit Davids (Ps 89,1–38; vgl. V. 4f) und berührt sich dabei eng mit der Dynastieverheißung von 2 Sam 7, fällt später aber in einen ganz anderen Ton. Selbst Schöpfungsthemen sind zunächst einbezogen (V. 6–13), der Hymnus auf die unvergleichliche Macht Jahwes leitet die Erwählung des legendären Begründers israelitischer Staatlichkeit ein. Ein Jahweorakel wird zitiert:

> Ich habe die Krone aufgesetzt einem Helden, / einen Erwählten aus dem Volke erhöht.
> Ich habe meinen Knecht David gefunden, / mit meinem heiligen Öl ihn gesalbt. ...
> Seine Hand lasse ich herrschen über das Meer, / seine Rechte über die Ströme.
> Er wird mich anrufen: ‚Mein Vater bist du, / mein Gott und der Fels meines Heils.'
> Ich aber will ihn zum Erstgeborenen machen, / zum höchsten der Könige auf Erden ...
> (Ps 89,20b–21.26–28a)

Wie viel an diesem Orakel auf authentische Formeln der Königszeit zurückgeht, ist nicht auszumachen. Als spätere Übermalung ist mindestens die Aussage von der Herrschaft über Meer und Ströme verdächtig. Das historische Königtum hatte keine großen Ambitionen nach Einfluss in Übersee, wenn man einmal von 1 Kön 10,22, einer wahrscheinlich ebenfalls rückschauenden Übertreibung, absieht. Und die Herrschaft über die „Ströme" (Plural!) klingt in sich stark mythologisch. Auch die angesprochene Gottessohnschaft gehört eher zu den im Laufe der Zeit rückschauend auf das vergangene Königtum gehäuften Attributen. So gesehen, ist mithin schon der erste große Teil des Psalms eine nachexilische Bildung. Das wird noch deutlicher im klagenden und bittenden zweiten Abschnitt (Ps 89,39–52), der den Untergang des Staates Juda und eine längere Leidenszeit voraussetzt. Die Rezitatoren bedrängen Jahwe zuerst mit schweren Vorwürfen (V. 39–46.47: Du-Anrede: „du hast verstoßen ..., verworfen ..., zerbrochen ..." usw.) und gehen dann zur Bitte (V. 48–52) über, die vom zweimaligen Erinnerungsruf getragen ist: „Bedenke, ‚Herr', wie kurz das Leben ... Bedenke, Herr, die Schmach deiner Knechte ..." (V. 48.51). Die weisheitliche, tief schürfende Reflexion über die Vergänglichkeit, die damit begründete Rückfrage nach der Gültigkeit alter Verheißungen, die andauernde Last der Niederlage und der Verunglimpfung im Vielvölkerreich, das alles sind Anzeichen einer längeren, belastenden Situation der Unterdrückung und Abhängigkeit, deren Bürde im Klageritual weiter getragen wird in die Zeiten des Neuanfangs hinein (vgl. Neh 9,36f).

Als möglicher Schlusstext einer älteren Psalterausgabe würde Ps 89 – wenn Endtexte denn eine solche Bedeutung haben können – allerdings das Scheitern des Königtums in Israel und Juda signalisieren, nicht seine andauernde Bedeutung. Eine Schlussnote dieser Art ist nach dem glorreichen Anfang durch Ps 2 nicht gut vorstellbar. Auch die unmittelbare Umgebung von Ps 89 strahlt keine starken Zukunftshoffnungen aus. Ps 88 ist das auswegloseste Klagelied eines einzelnen im ganzen Psalter. Ps 90 lässt die hauchdünne Lebenserwartung eines jeden Menschen angesichts der Ewigkeit Gottes zu Nichts schrumpfen. Hätte ein in dieser Umgebung endender Psalter trotz seines ganz anderen, vielgestaltigen Inhaltes der Komposition von Ps 3 bis Ps 87 wirklich den Gedanken des frustrierten Königtums in den Vordergrund stellen wollen? Oder zählen die abschließenden Bitten von Psalm 89 so viel, dass sich eine neue Zukunftsperspektive für die Gläubigen öffnete? Wie immer die Fragen beantwortet werden mögen, mir scheint es einigermaßen plausibel, dass der Endpsalm einer Sammlung bzw. ihre Rahmung durch gezielte Eingangs- und Endtexte nicht so ohne weiteres den Charakter des ganzen Buches bestimmen können und wollen. Sammlungen von klar definierten Einzeltexten, die bestimmten Gattungen und Lebenssitzen zugewiesen werden können, behalten trotz redaktioneller Eingriffe ihren Charakter als Kollektionen von Gebrauchstexten.[411]

Der dritte hervorstechende Psalm, den man als möglichen früheren Abschluss einer Psalterausgabe interpretiert hat,[412] ist der längste Text überhaupt des atl. Lieder- und Gebetbuches: Psalm 119. Er ist ein alphabetisches Akrostichon, und zwar beginnen jeweils acht aufeinander folgende Zeilen mit ein und demselben Buchstaben, daraus ergibt sich die Gesamtausdehnung des Psalms von 8 mal 22 gleich 176 Zeilen. Trotz seiner Länge kennt das Gedicht nur ein einziges Thema: Jahwes Tora und die von Gott gewollte Torafrömmigkeit. In diesem Ziel stimmt der große Psalm mit dem kleinen Eingangspoem Ps 1 völlig überein. Man kann sich leicht vorstellen, dass beide eine Klammer um die übrigen 117 Gebete, Lieder und Meditationen bildeten, und dass beide auf die gemeinsame Aufgabe hinwiesen: Im engen Kontakt mit dem göttlich offenbarten und schriftlich aufzunehmenden Willen das Leben zu führen. Im einzelnen sieht die Argumentation in Ps 119 z.B. so aus:

Der erste Block enthält eine doppelte Seligpreisung (Glückwunsch), Gebetsanrede, Dank an Jahwe, Gelöbnis und Bitte.

> Wohl denen, die ohne Tadel leben, die in der <u>Tora</u> Jahwes wandeln!
> Wohl denen, die sich an seine <u>Mahnungen</u> halten, die ihn von ganzem Herzen suchen,
> die auf seinen <u>Wegen</u> wandeln und kein Unrecht tun.
> Du hast geboten, fleißig zu halten deine <u>Anweisungen</u>.
> O dass mein Leben deine <u>Worte</u> mit ganzem Ernst achtete.
> Wenn ich schaue allein auf deine <u>Gebote</u>, so werde ich nicht zuschanden.
> Ich danke dir mit aufrichtigem Herzen, dass du mich lehrst die <u>Ordnungen</u> deiner Gerechtigkeit.
> Deine <u>Aufträge</u> will ich beherzigen; verlass mich nimmermehr! (Ps 119,1–8)

Die unterstrichenen Wörter sind a) der Begriff Tora selbst (V. 1) und b) sieben Synonyma (V. 2–8) für Tora, wobei hier ein doppelt auftretendes *ḥuqqim* durch *'imrah*, „Wort" ersetzt worden ist (V. 5 vgl. V. 8). Das Leben des Jahwegläubigen war zentriert auf Tora. Nähe zur Tora bedeutete Nähe zu Gott. Von solcher Nähe ging Lebenskraft aus. Zu Gottes Anwesenheit in der heiligen Schrift hatte man sich zu bekennen; sie hatte man aktiv zu suchen und einzuüben. Davon handeln fast alle folgenden 21 Blöcke des Psalms. Stil und Form ändern sich in einer gewissen Bandbreite. Stark vertreten sind Gebetsanreden an Jahwe, so dass der ganze Psalm auch als direkte Ansprache an Gott gelesen werden kann.

---

[411] Vgl E.S. Gerstenberger, Psalter, bes. 9–13.
[412] So C. Westermann; vgl. N. Whybray, Reading the Psalms as a Book (JSOT.S. 222) Sheffield 1996, 18.

Eine so monoton intensive Rede von einem vielgegliederten Gegenstand verrät, dass dieses Thema die Aufmerksamkeit der Gemeinschaft stark beschäftigt hat. Es handelt sich um ein traditionelles Gut, nicht eine kurzlebige Mode. Tora war für den Ps 119 eine etablierte Größe, die jeder einzelne in der Gruppe der Gleichgesinnten aufzunehmen hatte. Das redundante Gedicht nutzt viele Topoi der individuellen Klage und des individuellen Dankliedes, verarbeitet sie aber für die neue Situation der gemeindlichen Torafrömmigkeit. So sind auch die Feindklage (V. 61 u.ö.) und die ‚Belehrung der Unwissenden' (V. 64 u.ö.) in die katechismusartige Litanei eingegangen. Die Anwendungen älterer Formen zeigt aber den sozialen Strukturwandel an, der in der nachexilischen Zeit eingetreten war.[413]

Der 119. Psalm würde nach unserem Geschmack in der Tat den schönsten Abschluss eines Psalters bilden, welcher einer Tora-orientierten Gemeinde als Gebetbuch dient. Er würde perfekt mit dem Eingangstext Ps 1 und dem zweiten Teil von Ps 19 harmonieren. Weil der Spätling in der Psalmenliteratur darüber hinaus die anderen Gattungen der individuellen Gebetspraxis so stark reflektiert, würde er auch dem Inhalt der eingefassten Texte (Ps 3–118) weitgehend Genüge tun. Und er nähme eventuell die das Psalterbuch durchziehende Spannung zwischen „Gottlosen" und „Gerechten"[414] in eigenständiger Weise auf (nur sechs mal $r^e\check{s}a\,'im$ gegen sechs $zedim$, „Freche"; $\d{s}addiq$, „Gerechter", nur einmal in Bezug auf Gott, V. 137). Nun sind aber auch in diesem Fall die Fragezeichen angebracht, die wir im Blick auf die Bedeutung der Kompositionstechnik gesetzt haben. Erkennen wir, dass die Einzeltexte des Psalters auch nach der Sammlung in einem „Buch" weiter in verschiedenen liturgischen Funktionen verwendet wurden – sie bekamen ja gerade in den Endredaktionen je eigene Überschriften mit allerlei Hinweisen auf besondere Handhabung und Wirkung – dann dürfte klar sein, dass der theologische, systematisierende Gestaltungswille der Redaktoren nicht zu hoch eingeschätzt werden darf. Der Psalter wurde in der persischen Periode noch nicht zum Lesebuch der Frommen, das ist sicher bezeugt erst in der regula Benedicti vom 5. Jh. n.Chr. Vorher hat es in hellenistischer und römischer Zeit Entwicklungen zur privaten Lesekultur hin gegeben (vgl. Apg 8), die aber nicht unbedingt den Psalter einschlossen. Besonders der Psalter ist dem Wesen der gesammelten Texte entsprechend kein „Autorenbuch" oder „Lesebuch", wie es uns vorschwebt, sondern ein Sammelwerk von Gebrauchstexten, wie wir es in unseren Gottesdienstagenden und Gesangbüchern auch noch kennen.

Die Themenbereiche und liturgischen Anwendungsgebiete der Psalmentexte sind so breit, wie wir das vom Spektrum des Gemeindelebens in exilisch-nachexilischer Zeit annehmen können. Ein Teil der Lieder wird mit der Vollversammlung aller Israeliten – auch auf der parochialen Ebene!? – in Verbindung gestanden haben, wie Neh 8 (aber auch Dtn 29f; Jos 24) andeutet. Aus der lokalen Versammlung hat sich der Synagogengottesdienst entwickelt. Die jährlichen Feste boten Anlässe zu Lob- und Bittgesängen, Unterweisung und Geschichtserinnerung. Manche Psalmengattungen kamen, wie oben dargestellt (III.1.3.2), erst mit dem Gemeindeleben des Zweiten Tempels in Gebrauch: Lehre, Homilie, Toraverkündigung. Andere lebten fort, waren aus früheren kultischen Zusammenhängen übernommen. Das gilt besonders für die große Gruppe der individuellen Klage-, Bitt- und Danklieder. Sie zeigen gelegentlich Bearbeitungsspuren, die beim Übergang von der häuslichen Sphäre in den Gemeindegebrauch entstanden sind. Das Grundmuster ist geblieben: Menschen rufen in lebensbedrohlicher Situation ihren Schutzgott an, stellen ihre Notlage dar, wehren sich gegen Feinde, bitten um schnelle Hilfe. Unter dem Vorzeichen des Gemeindeverbundes ist diese Liturgie auf eine korporative Ebene gehoben. So in Ps 12,2–9: Die Klage des Einzelnen weitet sich aus auf die

---

413 Vgl. E.S. Gerstenberger, Psalms II (FOTL XV) 310–317.
414 Vgl. Chr. Levin, Das Gebetbuch der Gerechten, ZThK 90, 1993, 355–381.

Schicht der Armen und Unterdrückten (V. 6).[415] In anderen individuellen Gebeten kommt unvermittelt ein gemeindliches Anliegen zu Wort (vgl. Ps 102,13-23). Solche Mischungen von rein persönlichen und kommunalen Sorgen lassen die Schlussfolgerung zu, dass in der lokalen Gemeinschaft Formen des familiären Bittrituals weiter bestanden. Das ist nicht verwunderlich; jede Gruppierung von Menschen braucht z.B. Einrichtungen zur Krankenbehandlung. In der nachexilischen Gemeinde stehen die entsprechenden Rituale unter Kontrolle der Jahwereligion, sie bleiben nicht fremden Haus- oder Schutzgottheiten und ihren Funktionären überlassen.

Der Psalter, in welcher Gestalt er auch im persischen Zeitalter bestanden hat, spiegelt das bunte Leben der frühjüdischen Gemeinden. Er enthält Gebete und Lieder, Predigten und Lehrstücke für den Gebrauch der Jahwegläubigen. Ihre direkte Beteiligung an der Rezitation von Texten wird auch, wie schon erwähnt, durch manche „Wir"-Formulierungen nahegelegt.[416] Dabei darf man die liturgische und rituelle Praxis der Konfessionsgemeinschaft nicht auf den Tempelbereich in Jerusalem einschränken. Es wäre also falsch, von einem „Gesangbuch der Tempelgemeinde" zu reden, wenn damit jegliche rituellen Aktivitäten an anderen Orten (inklusive der Diaspora) ausgeschlossen werden sollten. Nein, die weit verstreuten Parochialgemeinschaften, die sich primär um Tora und Toraverkündigung und nicht um die Opferstätte gruppierten, brauchten für ihre Feste und Feiern, Weihezeremonien und Krankenbehandlungen geeignete Texte. Man gewann sie aus der Tradition und durch Neudichtung, sammelte, was sich bewährt hatte und beliebt war und stellte nach und nach einen für die weltweite jüdische Glaubensgemeinschaft gültigen Band zusammen. Interessanterweise haben spätere Schriftgelehrte die Sammlung mit der Überschrift $t^e hillim$, „Lobgesänge" versehen. Das bedeutet, diesen Überlieferern war am Psalter vor allem das stark vertretene hymnische Element wichtig. Lobgesänge verschiedener Art konzentrieren sich im letzten Drittel unseres Psalters, sie bilden einen volltönenden Schlussakkord (Ps 145-150; vgl. aber auch Ps 103f; 111-118). Manche Exegeten sehen im Aufbau des Psalters einen dramatischen Bogen von der Klage zum Lob. Ziel jedes einzelnen Klageliedes (mit Ausnahme von Ps 88?) ist tatsächlich der Durchbruch zum Danken und Loben. Darum ist die Bezeichnung „Lobgesänge" durchaus berechtigt, doch umfassend ist sie nicht. Der Psalter der Perserzeit, der im Hellenismus vielleicht noch etliche Veränderungen durchmachte, wurde ohne Zweifel das vielschichtigste und tiefgründigste Buch des AT.

III.2.3.2 Hiob

L. Alonso Schökel und J.L.Sicre Diaz, Job: Comentario teologico y literario, Madrid 2002. – W.A.M. Beuken, The Book of Job, Löwen 1994 (BEThL 114). – M. Cheney, Dust, Wind and Agony. Character, Speech and Genre in Job, Lund 1994 (CB.OT 36). – K.J. Dell, The Book of Job as Sceptical Literature, Berlin 1991 (BZAW 197). – J. Ebach, Streiten mit Gott. Hiob, Neukirchen 2 Bde 1996. – K. Engljähringer, Theologie im Streitgespräch, Stuttgart 2003 (SBS 198). – G. Fuchs, Mythos und Hiobdichtung. Aufnahme und Umdeutung altorientalischer Vorstellungen, Stuttgart 1993. – F. Gradl, Das Buch Ijob, Stuttgart 2001 (Neuer Stuttgarter Kommentar, AT, 12). – O. Keel, Jahwes Entgegnungen an Ijob, Göttingen 1978 (FRLANT 121). – W.C. Lambert, Babylonian Wisdom Literature (1960), reprint Oxford 1975. – T. Mende, Durch Leiden zur Vollendung, Trier 1990 (TThSt 49). – H.-P.

---

[415] Ps 12 nach E. Gerstenberger, K. Jutzler, H.J. Boecker, Zu Hilfe, 27f; zur Sache vgl. E.S. Gerstenberger, Psalm 12: Gott hilft den Unterdrückten, in: B. Jendorff und G. Schmalenberg (Hg.), Anwalt des Menschen, Gießen 1983, 83-104.

[416] Vgl. etwa Ps 48; 80; 95; 100; 136; 147 u.a.; E.S. Gerstenberger, Psalmen und Ritualpraxis, in: E. Zenger (Hg.), Ritual und Poesie (HBS 36) Freiburg 2003, 81-83.

Müller, Das Hiobproblem, Darmstadt, 2.Aufl. 1988 (EdF 84). – C.A. Newsom, The Book of Job: A Contest of Moral Imaginations, Oxford 2003. – L.G. Perdue und W.C. Gilpin (Hg.), The Voice from the Whirlwind, Nashville 1992. – Y. Pyeon, „You Have not Spoken what is Right About Me": Intertextuality and the Book of Job, Frankfurt 2003 (Studies in Biblical Literature 45). – M. Remus, Menschenbildvorstellungen im Ijob-Buch, Frankfurt 1993. – W.-D. Syring, Hiob und sein Anwalt, Berlin 2004 (BZAW 336).

Das doppelgesichtige Hiobthema: „Warum muss ein Gerechter leiden?" und „Sind die Götter gerecht in ihrem Umgang mit Menschen?" ist in Mesopotamien uralt. Es geht mindestens ins zweite Jt. zurück. Generell gehört die theologische Doppelfrage in den Bereich der Klage- und Bittzeremonien, mit denen Notleidende sich der Hilfe ihrer Gottheiten zu vergewissern suchten. Einem neusumerischen Klagetext hat man den Titel „der sumerische Hiob" gegeben, weil in ihm leise Vorwürfe gegen die persönlichen Schutzgottheiten zu hören sind:

> … mein Kamerad spricht zu mir kein zuverlässiges Wort,
> mein Gefährte antwortet mir auf das aufrichtige Wort, das ich sage, Lügnerisches
> der ‚Mann der Lüge' sprach feindselige Worte,
> (aber) du, mein (persönlicher) Gott, antwortest ihm nicht darauf,
> du trägst meine Entschlusskraft fort! (Der Mensch und sein Gott, nach W.H.Ph. Römer, TUAT III, 1990, 103, Zeile 35–39).

Nach weiterer bewegter Klage und vorwurfsvollen Fragen an die Gottheit folgen aber ein Sündenbekenntnis des Beters (Z. 111–113) und der (vorweggenommene?) Bericht von Begnadigung, Rehabilitation des Bittstellers und Vertreibung der krank machenden Dämonen plus Gewährung von Schutzgeistern (Z. 118–129). Die Grundelemente des Hiobbuches sind also vorhanden, wenngleich die dramatische Auseinandersetzung mit anders denkenden Freunden nicht zum Plot gehört. Das glücklich beendete Klageritual läuft in einen Lobpreis aus: „Der Mensch nennt getreulich die Erhabenheit seines (persönlichen) Gottes!" (Z. 130, a.a.O. 109).

Das bekannteste altorientalische „Hiob"epos ist um 1000 v.Chr. akkadisch verfasst worden und heißt nach seiner Anfangszeile *ludlul bel nemeqi*, „Ich will singen dem Herrn der Weisheit". Ein „leidender Gerechter" bringt seine Not vor Marduk, den Gott von Babylon. Das groß angelegte Werk (etwa 480 Zeilen auf vier Tafeln) beginnt mit einem umfangreichen Hymnus (Tf. I, Zeile 1–40) und endet mit der Rehabilitation des Leidenden (Tf. IV). Aber dazwischen ringt der Beter heftig, in der Weise Hiobs, mit den Gottheiten. Er weiß sich ungerecht behandelt.

> Den Gott rief ich an, aber er wandte mir sein Antlitz nicht zu;
> ich betete zu meiner Göttin, aber sie erhob ihr Haupt nicht zu mir hin.
> Der Opferschauer durch eine Opferschau konnte meine Sache nicht klären,
> der Traumdeuter durch (sein) Räucheropfer Recht für mich nicht erkennbar machen.
> Den Traumgott flehte ich an, aber er belehrte mich nicht,
> der Beschwörer durch (sein) Ritual löste den Zorn gegen mich nicht. …
> Wie einer, der das Opfer dem Gotte nicht regelmäßig darbrachte,
> oder bei der Mahlzeit die Göttin nicht nannte;
> der die Nase nicht senkte, Niederwerfung nicht kannte,
> in dessen Mund aufhörten Gebet (und) Flehen;
> der den Feiertag des Gottes versäumte, den Monatsfeiertag missachtete,
> nachlässig wurde und ihre Riten gering schätzte;
> der (Gottes)Furcht und Aufmerken seine Leute nicht lehrte,
> seinen Gott nicht nannte, dessen Speise er aß,
> seine Göttin verließ, Röstmehl (ihr) nicht darbrachte;
> einem (Mann), der sich wild gebärdete, seinen Herrn vergaß,
> der den gewichtigen Gotteseid leichtfertig aussprach:
> eben denen glich ich!

> Dabei dachte ich doch selbst an Beten (und) Gebet,
> Gebet war (für mich) Einsicht, Opfer meine Gewohnheit.
> Der Tag der Gottesverehrung war Herzensfreude für mich,
> der Prozessionstag der Göttin Ertrag (und) Gewinn.
> Die Fürbitte für den König war Freude für mich,
> und Freudenmusik für ihn geriet (mir) zum Guten (noch) obendrein.
> Ich lehrte mein Land, die Ordnungen des Gottes zu halten;
> den Namen der Göttin wert zu halten, wies ich meine Leute an.
> Das Rühmen des Königs machte ich dem eines Gottes gleich,
> auch unterrichtete ich die Menge in der Ehrfurcht vor dem Palast.
>
> Wüsste ich doch (gewiss), dass hiermit der Gott einverstanden ist!
> Was einem selbst gut erscheint, könnte für den Gott ein Frevel sein;
> was dem eigenen Sinn sehr schlecht dünkt, könnte dem Gott gut gefallen!
> Wer kann den Willen der Götter im Himmel erfahren?
> Wer begreift den Ratschluss des Anzanunzu?
> Wo je erfahren den Weg des Gottes die Umwölkten? (Tf. II, Zeile 4–9.12–38, nach von Soden, TUAT III, 121–123)

Bis zum Ende der zweiten Tafel ergeht sich der Leidende in bittern Klagen, immer im objektiv berichtenden Stil, nie in Gebetsanrede an eine Gottheit. Er hat höllische Qualen unter dem Angriff von Dämonen und Krankheiten erlitten. Mit dem Beginn der dritten Tafel bahnt sich dann die Wende zum Besseren an. In Traumgesichten erscheinen ihm Lichtgestalten, die Rettung bringen. Auf der vierten Tafel erzählt der Gequälte detailliert von seiner Wiederherstellung und ruft am Ende alle Menschen zum Preise Marduks auf, der allein den Todesbefohlenen zum Leben zurückführen kann (Tf. IV, Zeile 99–112).[417] – Die Übereinstimmungen mit Mentalität, theologischen Konzeptionen und Grundwerten der atl. Hiobdichtung sind beträchtlich. Vor allem zeichnet sich in beiden Werken eine persönliche Frömmigkeit ab, die grundsätzlich mit einem funktionierenden Tun-Ergehen-Zusammenhang rechnet: Wer sein Leben in Übereinstimmung mit den göttlichen Anweisungen führt, hat auch Anspruch auf Wohlergehen. Diese Grunderwartung wird aber ab dem 1. Jt. v.Chr. im Vorderen Orient erheblich erschüttert. Ältere Zweifel und Vorwürfe an die persönliche Gottheit, sie habe im konkreten Fall ihre Fürsorgepflicht versäumt, weiten sich jetzt zu fundamentalen Anfragen an das göttliche Weltregiment aus. Vermutlich sind politische, wirtschaftliche, gesellschaftliche Entwicklungen, die schwere Leidenserfahrungen mit sich brachten, für die Veränderung des geistigen und religiösen Klimas verantwortlich.

Der dritte Text, der kurz vorgestellt werden soll, hat von den modernen Bearbeitern den Titel „Babylonische Theodizee" bekommen.[418] Ein vom Schicksal Geschlagener klagt seinem Freund sein Leid; der z.T. götterkritische Dialog wogt in 27 Strophen hin und her, wobei jede Strophe (Zeichen einer manieristischen Literaturmode) in ihren jeweils elf Zeilen mit demselben Keilschriftzeichen beginnt (Akrostichon). Senkrecht gelesen ergeben diese Kopfzeichen den Namen des Verfassers: „Ich, Sangil-kinam-ubbib, der Beschwörer, der den Gott und den König segnend grüßt."[419] Der „Dulder" (von Soden)

---

[417] „Außer Marduk hätte wer seinen Todeszustand in Leben wandeln können? / außer Zarpanitu hätte welche Göttin ihm Leben schenken können? / Marduk vermag aus dem Grabe ins Leben zu rufen; / Zarpanitu versteht es vor der Katastrophe zu verschonen." (Tf. IV, Zeile 103–106; nach W. von Soden, TUAT III, 134).

[418] Umschrifttext und englische Übersetzung bei W.G. Lambert, Babylonian Wisdom Literature, 70–91; deutsche Übersetzung durch W. von Soden, Die babylonische Theodizee. Ein Streitgespräch über die Gerechtigkeit der Gottheit, in TUAT III, 143–157.

[419] W. von Soden, TUAT III, 143. Von Soden vermutet ebda. eine Entstehungszeit für das Werk zwischen 800 und 750 v.Chr.

beschwert sich über sein persönliches, hartes Geschick, führt aber auch die Ungerechtigkeiten in der Welt ganz allgemein als Argument gegen die Gerechtigkeit der Götter an. Der theologisch traditionell raisonierende Freund hält die Unerforschbarkeit göttlichen Waltens dagegen, gibt aber schließlich seine Verteidigung der gerechten Ordnung auf und gesteht die uranfängliche Durchmischung der Welt mit Bösem zu. Das erlaubt dem Dulder ein versöhnliches, sich demütig unterordnendes Schlusswort:

> XXIII. *Der Dulder:*
> Unter den Menschen sah ich mich um, gar verschiedenartig sind die Bedingungen für sie;
> der Gott verlegt dem šarrabu-Dämon nicht den Weg.
> Es zieht auf den Wasserläufen der Erzeuger das Schiff;
> auf dem Bett (aber) lagert sich sein Erstgeborener.
> Es geht einem Löwen gleich der große Bruder seinen Weg;
> es jauchzt (jedoch) der Jüngere (schon), wenn er den Wildesel treibt.
> Auf der Straße wie ein Herumtreiber jagt umher der Erbe;
> der zweite Sohn (aber) schenkt dem Dürftigen Speise.
> Wenn ich mich vor den Göttern demütige, was gewinne ich (dabei)?
> Noch unter dem Mann mit niedrigerem Rang als ich muss ich auf dem Boden liegen.
> Geringschätzig sieht mich der Mindergeachtete an (ebenso wie) der Reiche und Stolze!
>
> XXIV. *Der Freund:*
> Tüchtiger, Kenntnisreicher, der über Einsicht verfügt!
> Ganz böse ist dein Herz, den Gott drangsaliert du.
> Der Sinn des Gottes ist wie das Innere des Himmels fern,
> seine Klugheit ist schwer zu erfassen, daher begreifen die Menschen (sie) nicht.
> Bei den Geschöpfen der Aruru, allen, die leben,
> warum ist da allenthalben ein Abkömmling nicht (richtig) abgenabelt?
> Der Kuh erstes Kalb kann geringwertig sein,
> ihr späteres Junges entspricht dem Doppelten davon.
> Ein Tölpel als Sohn wird zuerst geboren,
> tüchtig und tapfer wird der zweite genannt.
> Man mag aufmerken, aber was der Plan Gottes ist, begreifen die Menschen nicht.
>
> ...
>
> XXVII. Der Dulder:
> Barmherzig bist du, mein Freund, höre gut zu der Wehklage!
> Hilf mir, Beschwerliches erfuhr ich, nimm es zur Kenntnis!
> Ein Sklave, der viel weiß und viel betet, bin ich;
> einen Helfer und Unterstützung sah ich auch für kurze Zeit nicht.
> Über den Platz meiner Stadt gehe ich friedlich,
> das Rufen wurde nicht laut, gedämpft war meine Rede.
> Mein Haupt erhob ich nicht, sah nur zur Erde;
> einem Sklaven gleich sage ich den Lobpreis nicht in der Versammlung [meiner] Gefährten.
> Einen Helfer möge mir stellen der Gott, der mich im Stich ließ;
> Erbarmen mit mir haben möge die Göttin, die [mich ...]!
> Der Hirte, die Sonne der Menschen, möge wie ein Gott Ver[söhnung schenken].

Bei manchen Verschiedenheiten von babylonischer Theodizee und atl. Hiobbuch ragen doch grundsätzliche Gemeinsamkeiten heraus. Die Dialogstruktur ist beiden Werken gemein, sie lässt auf einen bestimmten Lebenssitz, die Weisheitsschule, schließen. Der skeptisch-kritische Ton durchzieht beide Texte; es geht um die generell ungerechte Weltordnung, für die letztlich Gottheiten verantwortlich sind. Auch der relative Sieg der destruktiven Weltsicht ist ein Charakteristikum der analogen Texte, genau so wie die schließliche Nachgiebigkeit des Protestierenden. Er beugt sich am Ende doch der überwältigenden Macht der Götter und bittet um Erbarmen. Seltsamerweise hebt aber diese allerletzte Einsicht ins Unvermeidliche die vorigen Anschuldigungen gegen die Gottheiten nicht auf. Sie haben die Welt ambivalent eingerichtet, so dass das Böse nicht mehr daraus zu entfernen ist.

Das atl. Epos vom geduldigen – aufsässigen – sich demütigenden Hiob ist eingebettet in den Traditionsstrom des alten Vorderen Orients. Es stellt eine Variation der Themen „gerechter Mensch", „gerechter Gott" dar, eine spezifisch judäische, doch sich ganz in den Paradigmen der sumerisch-akkadischen Überlieferung bewegende Variante. Die Verflechtung mit der älteren, oben zitierten Literatur ist schon am Namen und der Lokalisierung Hiobs erkennbar. Beide sind außerisraelitisch. Der Personenname geht vielleicht auf ostsemitisch *ajjâbu* = „Wo ist mein Vater?" zurück und wäre dann ein literarischer Programmname. Das Land Uz lokalisierte man in jener Zeit im nördlichen Ostjordanland oder weiter östlich.[420] Die Weltläufigkeit der damaligen Verfasser wird damit deutlich. Die judäische Gemeinde fühlt sich durchaus in Kontakt mit den Nachbarregionen und pflegt derartige, Länder übergreifende Weisheitstraditionen, wie sie im Buch Hiob vorliegen. Das Werk selbst ist mindestens zweischichtig angelegt. Die Streitgespräche Hiobs mit seinen „Freunden", in sich wiederum mehrphasig, sind umrahmt von der Prosaerzählung, in der Hiob dem Leiden ausgesetzt wird, viel erdulden muss, aber dem Versucher nicht nachgibt. Volkstümlich, und doch kunstvoll und großartig erzählt erleben Hörer und Hörerin das „Vorspiel im Himmel": Gott empfängt in seiner Ratsversammlung auch den Chefankläger in seinem himmlischen Ministerium und liefert ihm zweimal den vorbildlich frommen Hiob aus. Satan, der Vielreisende und Wachsame, darf Hiob den schwersten Prüfungen unterwerfen, die ein Mensch während seiner Lebenszeit zu ertragen hat: Verlust von Besitz und Kindern, schwerste Erkrankung. Hiob seinerseits, „fromm und rechtschaffen, gottesfürchtig und das Böse meidend" (Hi 1,1), lässt sich nicht beirren. Er bleibt seinem Gott treu:

> Ich bin nackt von meiner Mutter Leib gekommen, und nackt werde ich wieder dahinfahren. Jahwe hat gegeben, Jahwe hat genommen, der Name Jahwes sei gelobt! (Hi 1,21)
> Gutes haben wir von Gott empfangen, sollten wir nicht auch das Böse hinnehmen? (Hi 2,10)

Nachdem Hiob alle Prüfungen überstanden hat, bringt die Erzählung keinen dritten Auftritt Satans im Himmel, in dem seine Niederlage hätte gefeiert werden können. Eine solche Szene ist wohl bewusst vermieden, weil die hiobschen Probleme erfahrungsgemäß nicht aus der Welt verschwunden sind. Stattdessen schließt die Erzählung mit der lapidaren Schilderung der Rehabilitation des Geprüften (Hi 42,10–17). Das so gezeichnete Vorbild eines extrem belastbaren Jahwe-Gläubigen, der an seinem Gottesglauben unbeirrbar festhält – auch gegen die kritische Einstellung seiner eigenen Frau (Hi 2,9) und angesichts der Auflösung aller Familiensolidarität (vgl. Hi 19,13–22; 42,11) – entspricht genau dem Ideal des Tora-Frommen, wie es etwa in Ps 37 aufscheint (vgl. V. 5f.25a.37). Der exemplarisch Fromme zieht aus der Tora seine Lebenskraft und hält an ihr unter allen Anfeindungen und Versuchungen fest: das ist ja auch das Thema des 119. Psalms (vgl. z.B. V. 41f.50.71.92.120.141.143.153).

Der Dialogteil des Buches setzt dagegen in einer Hauptlinie andere Akzente. Hi 4–27 lassen die drei theologisch gebildeten Freunde Hiobs, Eliphas von Teman, Bildad von Schuach und Zophar von Naama, jeweils dreimal gegen die verzweifelten Anklagen Hiobs (Hi 3) zu Worte kommen (allerdings ist der dritte Redegang nicht vollständig erhalten: Hi 22–27). Der leidende Gerechte nimmt nach jeder Einlassung zunehmend schärfer gegen die Ermahnungen zu Demut und Schuldbekenntnis Stellung. Es folgt ein nicht-dialogisches, gemischtes Zwischenstück: Hi 28–31. Das wird eingeleitet durch ein

---

[420] Vgl. G. Fohrer, Das Buch Hiob (KAT XVI) Gütersloh 1963; 71–73; B. Lang, NBL II, 214f.

Loblied auf die tiefste Weisheit, das höchste Mysterium der Welt, das nur von Gott erkannt wird (Hi 28). Die Weisheit

> ist verhüllt vor den Augen aller Lebendigen, auch verborgen den Vögeln unter dem Himmel.
> Der Abgrund und der Tod sprechen; wir haben selbst nur ein Gerücht von ihr vernommen.
> Gott weiß den Weg zu ihr, er allein kennt ihre Stätte. (Hi 28,21–23)

Das Zwischenspiel scheint eine Vorbereitung der Gottesreden von Hi 38–41 zu sein. Wie immer, nach dem Loblied kommt ein äußerst interessanter Block von Aussagen, der mehr in die Gerichtssituation als in die akademische Auseinandersetzung passt (Hi 29). Hiob beschreibt sein früheres Leben: Er war eine geachtete, voll in die Gesellschaft eingegliederte Person, die besonders ihre sozialen Verpflichtungen gegenüber den weniger Glücklichen einhielt (V. 12–17; vgl. Lev 19,9–18; Dtn 24,10–22; 26,12f) und Leitungsfunktionen wahrnahm (V. 21–25). Das Idealbild eines Bürgers also, der sich des Segens Gottes und des Vertrauens seiner Gemeinschaft sicher ist. Demgegenüber steht die Beschreibung der eingetretenen Not, welche alle sozialen Beziehungen sprengt (Hi 30). Die laut hinausgeschriene Klage geht sogar manchmal in Gebetssprache über: „Sie verabscheuen mich, halten sich fern von mir …" (V. 10); „ich schreie zu dir, aber du antwortest mir nicht …, du hast dich mir in einen Grausamen verwandelt …" (V. 20f). Beide Kapitel stellen den Leidenden in einer Verteidigungsposition dar. Er schildert früheres Glück, das ihm von Gott zerstört wurde. Dass dann im nächsten Kapitel (Hi 31) noch ein ausführliches Unschuldsbekenntnis kommt, passt zu dieser Lagebeschreibung. Hiob schwört, bestimmte, wohl weit verbreitete Untaten, die vielleicht Ursache seines Unglücks gewesen sein könnten, nicht begangen zu haben. Anscheinend ist eine Zehnzahl von Vergehen angesprochen, nach der Zahl der Gebote, aber nicht deckungsgleich mit den Dekalogsätzen von Ex 20 oder Dtn 5. Drei oder vier von diesen Unschuldsbeteuerungen haben eine klassische Schwurform: „Hab ich meine Hand gegen eine Waise erhoben …, so falle meine Schulter vom Nacken …" (Hi 31,21). Derartige Reinigungseide konnten auch in Gerichtsprozessen als Beweismittel eine Rolle spielen. Zweimal ist ein Fehlverhalten als strafbar eingestuft: „Hat sich mein Herz betören lassen um einer Frau willen …, so soll meine Frau einem anderen mahlen … Denn das ist eine … Schuld, die vor den Richter gehört." (V. 9–11). Das große Unschuldsbekenntnis des Hiob hat gewisse Parallelen im 125. Kapitel des ägyptischen Totenbuches und in Tafel II der Beschwörungsserie Šurpu. Das ägyptische Totenbuch lässt den Verstorbenen vor dem Unterweltsgericht eine lange Reihe von kurzen, negativen Bekenntnissen ablegen von der Art: „Ich habe keinen Gott gelästert; ich habe keinen Armen bedrängt; ich habe niemanden krank gemacht; ich habe keinen zum Weinen gebracht; ich habe niemanden getötet …" usw. Das *šurpu*-(Verbrennungs-)Ritual soll bekannte und unerkannte Verfehlungen beseitigen; darum zählt es gängige Vergehen (Falschaussage; Streitsucht; Ehebruch; Körperverletzung usw.) auf und schließt mit der Bitte um Lösung und Vergebung.[421]

Wie immer die Sätze formuliert sind, sie scheinen ein sakrales Gerichtsverfahren vorauszusetzen. Hi 31 wäre dann der Entlastungsversuch eines Angeklagten. Eine Art Kolophon schließt in der Jetztfassung den Text ab (Hi 31,40b: „Zu Ende sind die Worte Hiobs"). Hi 32,1 knüpft dagegen an Kap. 27 an, zieht einen Schlussstrich unter die Auseinandersetzung mit den drei Freunden und lässt einen vierten Gesprächspartner eingreifen: Elihu, den Sohn des Barachel, einen Busiter (Hi 32,2–10: eine umständliche,

---

[421] Vgl. W. Beyerlin, RTAT 156f.

doppelte Begründung für die neue Redefolge). Liegt hier (Hi 32–37) das Fragment einer anderen Hiobversion vor? Warum sind nur vier Redestücke des Elihu und keinerlei Entgegnungen von Seiten Hiobs überliefert? Im Schlussurteil Jahwes, das der Rahmenerzählung zugehört, sind nur die drei ersten Gesprächspartner Hiobs erwähnt (Hi 42,7.9; vgl. 2,11), Elihu taucht nach Hi 36f nicht mehr auf. Dagegen nimmt in den Schlusskapiteln Jahwe selbst das Wort (Hi 38–41). In grandiosen Reden entfaltet der Schöpfergott die Mysterien seines Wissens und Könnens und fragt ironisch, wie menschliche Kapazitäten sich dagegen ausnehmen (Hi 38,2–39,30). Hiob kann nur noch sehr kleinlaut antworten: „Siehe, ich bin zu gering, was soll ich sagen?" (Hi 40,4). Nach einer neuen Intervention Jahwes „aus dem Wettersturm" (Hi 40,6–41,26) bekennt Hiob noch einmal seine Niedrigkeit und Hilflosigkeit (Hi 42,1–6). Er ist selbst schuldig, Gott geht gerechtfertigt aus der Affäre hervor (V. 2f.5f).

Die Dialogkompositionen und auch das Gerichtsintermezzo betonen den rebellischen Menschen, der seinem Gott in z.T. drastischen Anklagen ein willkürliches, ungerechtes Regiment vorwirft. „Erkennt doch, dass Gott mir unrecht tut ...! ... rufe ich um Hilfe, so gibt's kein Recht." (Hi 19,6f, nach G. Fohrer, KAT XVI, 306). Erst die Gottesreden bringen den Aufbegehrenden zur Räson und vermitteln zwischen dem wilden Bild des sich Gott entgegen Stemmenden und der sanften Duldergestalt des Rahmens. Dass beide Figuren auch schroff nebeneinander stehen können, zeigen einige Psalmen. In Vertrauensäußerungen nehmen Beterinnen und Beter alles hin, was aus Gottes Hand kommt (vgl. Ps 11; 16; 23; 31; 42/43; 62; 120). Einige Unschuldsbekenntnisse und Anklagen an die Adresse Gottes beharren auf dem eigenen Recht (vgl. Ps 7; 17; 26; 44; 73; 88). Von den letztgenannten Gebeten wird besonders Ps 73 oft als „Hiobpsalm" bezeichnet. Das Problem des nicht nachvollziehbaren Leidens ist da; Gott wird als Urheber identifiziert (vgl. Ps 44,10–15; 88,7–10.16–19). Die Beter bäumen sich gegen Gott auf. Für uns ist die große Frage, in welcher Zeit der religiöse Widerstand zu lokalisieren ist. Schärfer auf Hiob bezogen: Wie und wann kommt es zu der Kombination des ergebenen Dulders mit dem aufsässigen Gerechten? Generell kann man sagen, dass mit dem ersten Jt. v.Chr. im Vorderen Alten Orient die Zeit für derartige Gedanken gekommen war. Nach schweren geschichtlichen Umbrüchen und immensen Leiderfahrungen durch Kassitenkriege usw. war bei den Bewohnern des Zweistromlandes das Vertrauen in die stabile Weltordnung erschüttert. Resignation und Zweifel machten sich breit. Aber die allgemeine Einschätzung der geistigen Lage sagt noch nichts für Israel aus. Wann kam es dort zu den angedeuteten Veränderungen in der Lebenseinstellung? Vor allem: Wie ist das Konglomerat aus den unterschiedlichen Vorstellungen zu erklären, warum wächst im Hiob-Buch ein so schillerndes Profil des an Gott Leidenden zusammen?

Die Sprachgestalt des Werkes mit seinen Aramaismen,[422] die Motivik (z.B. Satansfigur; Himmelsszenerie),[423] die weisheitlich geformten Gottesreden,[424] der theologische Trend zur Skeptik,[425] das alles weist einmal auf die pessimistische babylonische Weisheit und zweitens vielleicht auf die persische Periode als Initialdatum. Auf jeden Fall deutet der universalmenschliche Hintergrund darauf, dass die judäischen Dichter und Überlieferer in einem weltweiten Horizont denken. Spezifisch israelitische Traditionen sind nicht tonangebend, selbst der Jahwename kommt nur an wenigen Stellen vor (vgl. Hi 1,6–9; 2,1–6; 38,1; 40,1–6; 42,7–12 usw.). Der Vergleich mit den anderen vorderorientalischen

---

[422] Vgl. N.H. Snaith, The Book of Job, London 1968, 104–112.
[423] Vgl. H.-P. Müller, Hiobproblem 41–48; altorientalische Parallelen, ebda 49–64.
[424] Vgl. O. Keel, Entgegnungen.
[425] Vgl. K.J. Dell, Book.

Hiob-Überlieferungen lässt zudem vermuten, dass die biblische Dichtung am Ende einer Entwicklung steht. Allerdings bleibt für den Abschluss des Buches Hiob noch eine erhebliche Bandbreite von Datierungsmöglichkeiten. Wollen wir der Antwort näher kommen, ist eine Sondierung des Sitzes im Leben und der sozialen Konstellationen unumgänglich.

Nach Ausweis des Sprachniveaus und der theologischen Reflexionsebene sind die Hiob-Dialoge keine volkstümliche oder gottesdienstlich verwendete Literatur gewesen. Wir müssen in diesem Fall eine „akademische" Entstehung vermuten. Da erhebt sich sogleich die Frage, ob und ab wann es in Juda oder der judäischen Diaspora „höhere Lehranstalten" für die theologische Elite gegeben habe. Die Forscherinnen und Forscher hängen verschiedenen Theorien an. Einige meinen, Staats- und Tempelorganisation hätten schon aus innerer Notwendigkeit zur Königszeit (seit Salomo?) Schreiber- und Beamtenschulen entstehen lassen,[426] welche auch hohe Literatur verfasst hätten. Andere betonen einen späteren Beginn der organisierten Schreiberzunft im Zusammenhang mit der Konstitution der exilisch-nachexilischen Religionsgemeinschaft, der Sammlung und Weiterbildung alter Glaubenstraditionen und der Ausbildung einer profilierten Laienelite von theologischen Schreibern und Schriftgelehrten. Voll ausgebildet sind Tora-Schulen wahrscheinlich ab der hellenistischen Zeit.[427] Die Schriften von Qumran und die Sammlung der Mischna bezeugen eine Lehrhaustradition, in der – in möglichem Kontakt mit dem gottesdienstlichen Leben der Gemeinde – Pflege und Auslegung der Überlieferungen professionell betrieben wurden. Das Buch Hiob (wohl auch Kohelet) gehört vielleicht in diesen geistigen Zusammenhang. Die wissenschaftliche Streitkultur war hoch ausgebildet. Hiob und seine Freunde sind personifizierte theologische Positionen. Zur Debatte stehen die traditionellen Vorstellungen von einer gerechten Weltordnung, die dem moralisch Untadeligen ein abgerundetes, erfülltes Leben ermöglicht und den „Gottlosen" und „Übeltätern" eine geziemende Bestrafung zu Lebzeiten ankündigt. Schon die vorderorientalischen Religionen waren mit dieser Fragestellung an eine Grenze gestoßen, denn sie fanden in ihrem immanenten Horizont unauflösbare Widersprüche vor. So erging es auch der atl. Hiobdichtung. Anders die ägyptische Religiosität: Für sie kam es in allen Sinnfragen eigentlich erst auf das Jenseits an. Anders auch die persische Theologie: Schon nach den ältesten Schichten des Avesta ist das irdischen Leben mehr nur die Probezeit vor der Ewigkeit. Die Endabrechnung geschieht mit dem Tod des Individuums bzw. mit dem Ablauf der geschichtlichen Zeit und dem Endgericht über alle Menschen. Ist das Buch Hiob unterschwellig vielleicht auch eine Auseinandersetzung mit der anders strukturierten Zukunftshoffnung der herrschenden persischen und der nachwirkenden babylonischen Religion?

Die konkrete soziale Verankerung des Hiobdramas ist in den letzten Jahrzehnten zum Thema der Forschung geworden.[428] Die Hiobgestalt soll auf Erfahrungen in ökonomisch

---

[426] Vgl. A. Lemaire, Les écoles et la formation de la Bible dans l'ancien Israël (OBO 39) Fribourg 1981.

[427] Vgl. P.R. Davies, Scribes: „The fact is, however, that scribal and non-scribal schools clearly existed in Judah in the Hellenistic period, and scribal schools probably grew up in the Persian period" (a.a.O. 77). „… it remains the inescapable truth that while scribal activity on a ‚canonizing' scale *must* (on any account) have taken place within Persian-Hellenistic Judah, we cannot say whether or not it began earlier" (a.a.O. 87).

[428] Vgl. F. Crüsemann, Hiob und Kohelet, in: R. Albertz u.a. (Hg.), Werden und Wirken des AT, Göttingen 1980, 373–393; R. Albertz, Der sozialgeschichtliche Hintergrund des Hiobbuches, in: J. Jeremias u.a. (Hg.), Die Botschaft und die Boten, Neukirchen-Vluyn 1981, 349–372; R. Kessler, „Ich weiß, dass mein Erlöser lebt". Sozialgeschichtlicher Hintergrund und theologische Bedeutung der Löser-Vorstellung in Hiob 19,25, ZThK 89 (1992) 139–158.

turbulenten bis desaströsen Zeiten zurückgehen. Ein Superreicher, der sich natürlich für moralisch und religiös erstklassig einschätzt, stürzt ins soziale Elend ab und erlebt hautnah, was es heißt, Krankheit und Diskriminierung zu ertragen. Er kann sich – nach hinhaltendem Widerstand gegen jede Schuldvermutung – erst durch die demütige Anerkennung seiner unendlichen Bedeutungslosigkeit rehabilitieren und seinen früheren Reichtum vermehrt weiter genießen. – So sehr die Verbindung des Hiobproblems mit wirtschaftlichen Krisenzeiten der zeitgenössischen Geschichte herausgearbeitet werden muss, so wenig ratsam ist es, zu eilfertig konkrete Einzelereignisse oder geschichtliche Personen mit einem Dichtwerk von so geschichtlichen und interkulturellen Dimensionen und geistiger Konzentration wie sie das Hiob-Buch zeigt in unmittelbare Beziehung zu bringen. Was an wirtschaftlichen Krisen und Figuren real hinter den verschiedenen Hiobgestalten steht, ist über Jahrhunderte ins allgemein Menschliche typisiert. Dass Hiob andererseits eine allegorische Figur für das leidende Volk Israel sein könnte, ist wohl nur durch gewaltsame Umdeutung zu erreichen.

Das Konglomerat des hebräischen „Hiobbuchs" stammt in seinen Einzelteilen sicherlich aus der exilisch-nachexilischen oder gar der vorexilischen Zeit. Seine kanonische Endfassung hat es wegen des fortgeschrittenen Kompositionsstandes (Zusammenflechtung verschiedener Überlieferungen) wohl nicht vor dem Ende der persischen Periode oder im darauffolgenden hellenistischen Zeitalter erhalten. Das heißt: Das Werk ist irgendwann im 4. oder 3. Jh. v.Chr. vollendet worden.

III.2.3.3 Proverbien

G. Baumann, Die Weisheitsgestalt in Proverbien 1–9, Tübingen 1996 (FAT 16). – J.L. Crenshaw, Wisdom. An Introduction, Atlanta 1981. – H.F. Fuhs, Das Buch der Sprichwörter, Würzburg 2001 (fzb 95). – Derselbe, Sprichwörter, Würzburg 2001 (NEB 35). – H.J. Hermisson, Studien zur israelitischen Spruchweisheit, Neukirchen-Vluyn 1968 (WMANT 28). – B. Lang, Die weisheitliche Lehrrede, Stuttgart 1972 (SBS 54). – Derselbe, Wisdom and the Book of Proverbs, New York 1986. – A. Meinhold, Die Sprüche, Zürich 1991 (ZBK). – R.E. Murphy, Proverbs, Nashville 1998 (WBC 22). – L.G. Perdue, Proverbs, Louisville 2000. – K.F.D. Römheld, Die Weisheitslehre im Alten Orient, München 1989 (BN.B 4). – N. Shupak, Where can Wisdom be Found? Fribourg und Göttingen 1993 (OBO 130). – R.N. Whybray, The Composition of the Book of Proverbs, Sheffield 1994 (JSOT.S 168). – C. Yoder, Wisdom as Woman of Substance, Berlin 2000 (BZAW 304). (Vgl. auch Lit. zu III.1.3.3)

Wir haben oben schon Einzelsammlungen des Sprüchebuches als Erzeugnisse der nachexilischen Zeit beschrieben (vgl. III.1.3.3). Allgemeine Gründe und einige Indizien sprechen für diese Ansetzung. Wann die vollständige, kanonische Zusammenstellung des ganzen Proverbienbuches fertiggestellt worden ist, lässt sich kaum schlüssig nachweisen. Man kann dafür argumentieren, dass die drei Kanonsteile nacheinander ausgeformt worden sind. Nach dem Fünf-Rollen-Buch der Tora kam der Prophetenkanon; er war unmittelbar auf die Mose-Überlieferung bezogen. Die locker aneinander gefügten Schriften liturgischen und didaktischen Inhalts wären dann noch später hinzugewachsen. Diese Theorie vom Entstehen des Kanons ist wahrscheinlich zu einfach. Vermutlich sind seit dem Beginn des Exils nebeneinander mancherlei Sammlungs- und Kompositionsprozesse in Gang gekommen. Die meisten, wahrscheinlich sie alle, waren mit den Aktivitäten der neu entstehenden Konfessionsgemeinschaft um Jahwe und seine Tora herum verbunden. Ob für die gottesdienstlichen Versammlungen oder für den Schulgebrauch: Die entstehenden Textsammlungen und „Bücher" dienten der Gemeinschaft, sie wurden nicht privat genutzt und aufbewahrt. Überall, wo im AT vom Schreiben, von Schriftrol-

len und „Büchern" die Rede ist, geht es um öffentliche Akte und gleichsam um öffentliches oder gemeindliches Eigentum (vgl. nur Ex 24,7f.12; Dtn 29,19f.26; 31,9–13.19–22; 2 Kön 22; Neh 8,1–5; Jer 36 usw.). Das geschriebene Wort gehört allen; Priester, Leviten und Propheten (Schriftkundige) lesen ständig der Gemeinde vor. Die Gläubigen hören und lernen das Wort, sie haben es nicht zu Hause im Bücherschrank. Wohin gehört das Sprüchebuch als Ganzes? Welchen spezifischen Zweck hat es erfüllt?
Die Gesamteinleitung zum Proverbienbuch (Prov 1,1–7) gibt darüber breite Auskunft. Sie benennt den Nutzen für jedermann und jedefrau in fünf Infinitiven: „... zu erkennen Weisheit und Zucht", „zu verstehen vernünftige Rede", „zu akzeptieren Zucht, die klug macht", „zu geben Klugheit den Unverständigen", „zu verdeutlichen Sprüche und Rätsel". Die Kenntnis dessen, was die Gemeinschaft erwartet und Gott verordnet tut allen not, ohne Unterschied von Alter und Geschlecht. Besondere Gruppen innerhalb der Gemeinschaft bedürfen aber der besonderen Aufmerksamkeit der „Erziehenden": nämlich „Unverständige" und „Jugendliche" (V. 4); beide sind nicht immer aber oft identisch. Wer schon weise ist, braucht ständige Auffrischung seiner Kenntnisse und seines Bewusstseins (V. 5): Es geht um kontinuierlichen Zuwachs an Einsicht, wer in dieser Hinsicht rastet, der rostet. Der Höhepunkt der titelartigen Einführung ist V. 7; vielleicht ist er markant dem älteren Vorspann V. 1–6 hinzugefügt:

> Die Jahwefurcht ist der Beginn aller Einsicht; Toren verachten Weisheit und Zucht. (V. 7)

Wir hatten bereits eine gewisse Jahwesierung in einer der Teilsammlungen (Prov 10,1–22,16) festgestellt. Die Einführung zum Proverbienbuch schlägt mit ihrer „Jahwefurcht" in dieselbe Kerbe. Gezielte Nennungen dieses wichtigen Stichworts der nachexilischen Konfessionsgemeinschaft oder doch des Jahwenamens sind auch in Prov 1–9 zu finden (Prov 1,29; 2,5f; 3,11f.19; 5,21; 6,16; 8,13.22.35; 9,10). Es scheint, als ob diese strikte Ausrichtung auf Jahwe das gemeinsame Band für alle Untergruppierungen des Sprüchebuches darstellt. Dann wäre es ein sicheres Anzeichen für die abschließenden Redaktionsvorgänge am Gesamtwerk.
Aufschlussreich ist auch die Zuweisung des Buches an Salomo. Hatte schon die Teilüberschrift Prov 25,1 salomonische Autorschaft für die Einzelsprüche reklamiert und eine Zwischeninstanz bei der Pflege der Überlieferung eingeführt („die Männer Hiskias"), so gilt jetzt das ganze Buch als Hinterlassenschaft des weisen Altkönigs Israels. Die Herausgeber des Buches halten also auf der Linie von 1 Kön 3; 5,9–13 und 10 (Weisheit und Reichtum!) an der außerordentlichen, durch Jahwe verliehenen Begabung fest. Nur stimmen Quantität und Qualität der Salomo zugeschriebenen Dichtungen nicht überein:

> Er dichtete dreitausend Sprüche und tausendundfünf Lieder. Er dichtete von den Bäumen, von der Zeder auf dem Libanon bis zum Ysop, der aus der Wand wächst. Auch dichtete er von den Tieren des Landes, von Vögeln, vom Gewürm und von Fischen. (1 Kön 5,13)

Das Proverbienbuch ist bescheidener im Umfang, und die beiden einzigen Salomo zuerkannten Psalmen (Ps 72,1; 127,1; in der LXX ??) machen die Liederzahl nicht wett. Von der Fabelliteratur, die er hervorgebracht haben soll, wissen wir gar nichts. Immerhin will die späte Redaktion für den weisen König die Autorschaft an Proverbien, Kohelet, Hoheslied und außerkanonischer Weisheit- und Psalmen-Sammlungen reservieren. Literaturgeschichtlich gesehen hält also die Tendenz an, auch sehr junge Texte dem legendären Urdichter zu unterschieben. Für die Ansetzung der Schlussredaktion am Sprüchebuch ergibt sich daraus kein Fingerzeig.

Wir setzen voraus, dass die Teilsammlungen, die in Prov 10–31 enthalten sind, im Laufe der Perserzeit zustande kamen und eventuell auch aneinander oder ineinander gefügt wurden. Was können wir über Prov 1–9 sagen? Allgemein vermutet man, dass es sich um eine jüngere Kollektion handelt; sie unterscheidet sich – so viel steht fest – formal und inhaltlich deutlich von den anderen Sprüchen. Die Texteinheiten sind umfangreicher, es sind thematisch ausgerichtete, meistens in direkter Anrede stilisierte Lehrreden.[429] „Mein Sohn, gehorche der Zucht deines Vaters und verlass nicht das Gebot deiner Mutter," (Prov 1,8) ist eine typische Redeeröffnung. Vater und Mutter stehen als erzieherische Autorität hinter den Ermahnungen zu einem sozial verantwortlichen Leben. Die Abwehr bekannter Unarten, Falschheit, Faulheit, Feindschaft (vgl. Prov 3,27–32; 6,1–19) ist eingeschlossen. Die andere Instanz, welche sich wortreich meldet, ist die personifizierte Weisheit selbst: „… am Toreingang, in der Stadt redet sie: Wie lange wollt ihr Unverständigen einfältig bleiben?" (Prov 1,21f). Eltern und Weisheit höchstpersönlich sind also die unmittelbaren Lehrautoritäten, Jahwe kommt, wie gesagt, je und dann (redaktionell?) ins Spiel. Dass Vater und Mutter für die Sozialisation ihrer Kinder verantwortlich sind, ist alte Tradition im vorderorientalischen und ägyptischen Raum. Dass die Weisheit lehrend auftritt, z.T. gegen ihre Konkurrentin, Frau Torheit (vgl. Prov 9,13–18), gehört zu den Besonderheiten der Sammlung Prov 1–9. Die Lehrinhalte beider Instanzen ähneln sich. Einmal soll den Jugendlichen und noch Unverständigen der Wille gestärkt werden, sich auf die Stimme der Vernunft, d.h. des sozial Verträglichen und göttlich Gebotenen einzulassen und nicht irgendwelchen Verlockungen zum Luderleben nachzugeben. Es geht also nicht, wie in vielen erzählenden und prophetischen Texten um den Abfall von Jahwe oder um kultische Vermahnungen. Die weisheitliche Rede ist strikt sozialethisch motiviert. Der rechte Lebensweg in der überschaubaren gesellschaftlichen Lebenswelt von Sippschaft und Ortsgemeinde ist ihr vordringlichstes Thema. Er wird durch das Lernen, Nachdenken und Festhalten an der bewährten Lehre garantiert. Weisheit ist höchstes Gut, denn „langes Leben ist in ihrer Rechten, in ihrer Linken Reichtum und Ehre. Ihre Wege sind Wege der Wonne … Sie ist ein Lebensbaum denen, die sie ergreifen." (Prov 3,16–18).

Eine der größten Gefahren, auf falsche Wege zu geraten, liegt in der sexuellen Verführbarkeit der Männer. Vermutlich waren Männer in der patriarchal konstruierten Gesellschaft sexuell gar nicht sehr eingeschränkt. Sie hatten Zugang zu ledigen Frauen und Prostituierten. Darum verwundert die Häufigkeit und Intensität der Warnungen vor der anderen, der verheirateten Frau. So heißt die mittlere von drei Mahnungen zur Besonnenheit:

> dass du nicht geratest an die Frau eines anderen, die Fremde, die glatte Worte gibt
> die verlässt den Gefährten ihrer Jugend und vergisst den Bund ihres Gottes.
> Ihr Haus neigt sich zum Tode, ihre Wege zum Ort der Toten.
> Alle, die zu ihr eingehen, kommen nicht wieder, sie erreichen den Weg des Lebens nicht.
> (Prov 2,16–19)

Aus der vorherrschenden Männerperspektive trägt die verführerische Frau alle Schuld. Diese Sicht wird in Prov 5–7 penetrant eingeschärft. Der unerfahrene junge Mann kommt abends wie von ungefähr in die Nähe einer lüsternen Frau, und schon ist es um ihn geschehen.

---

[429] B. Lang, Lehrrede.

> Siehe, da läuft ihm die Frau entgegen, im Aufzug einer Dirne und verschmitzten Herzens.
> Aufgeregt ist sie und unbändig, ihre Füsse finden im Haus keine Ruhe.
> Bald ist sie auf der Gasse, bald auf den Plätzen, an allen Ecken lauert sie.
> Die fasst ihn und küsst ihn, und mit frecher Miene spricht sie zu ihm:
> ‚Ich war ein Heilsopfer schuldig; heute habe ich mein Gelübde erfüllt.
> Darum bin ich ausgegangen, dir entgegen, um dich zu suchen, nun habe ich dich gefunden.
> Mit Teppichen habe ich mein Lager bedeckt, mit bunten Tüchern von ägyptischem Linnen.
> Ich habe mein Bett mit Myrrhen besprengt, mit Aloe und mit Zimt.
> Komm, wir wollen uns an Wollust berauschen bis zum Morgen, wollen schwelgen in Liebe,
> denn der Mann ist nicht zu Hause, er ist fernhin auf Reisen gegangen.
> Er hat den Geldbeutel mit sich genommen; erst am Vollmond kommt er wieder heim.'
> Sie bringt ihn herum mit vielem Zuspruch, mit glatten Geschwätz reisst sie ihn fort.
> Einfältig läuft er hinter ihr drein wie ein Ochs, der zur Schlachtung geht,
> wie ein Hund, der zur Kette geführt wird [wie ein Hirsch, der ins Netz rennt?]
> wie ein Vogel ins Garn eilt, und merkt nicht, dass es sein Leben gilt,
> bis der Pfeil ihm die Leber durchbohrt. (Prov 7,10–23)

Trägt dieses machistische Sittengemälde über die deutlichen Männerphantasien hinaus etwas zur Erkenntnis der gesellschaftlichen Verhältnisse und damit zur zeitlichen Einordnung des Textes bei? Die versammelten Aussagen von Prov 1–9 scheinen zu belegen, dass die auf gegenseitigem Einverständnis gegründete Einehe auf dem Vormarsch ist: Prov 2,17 spricht für die Frau vom „Gefährten der Jugendzeit", den sie nicht verlassen dürfe (vgl. Jer 3,4). Die Formulierung erinnert an Mal 2,14–16: Dieser Text redet von der „Frau der Jugendzeit", „Frau des Bundesschlusses", von der „Gefährtin" und „Treue" des Mannes. Auf der anderen Seite empfiehlt Prov 5,15–19 dem Mann, sexuellen Genuss nur mit seiner Partnerin, der „Frau seiner Jugend" zu suchen. Die noch immer patriarchale Vorstellung von Partnerschaft passt in die persische Epoche, aber auch in die hellenistische Zeit. Sie würde eine gewisse sexuelle Emanzipation der Frauen gegen den ausschließlichen männlichen Besitzanspruch verständlich machen.

Das andere Leitmotiv, das zur Datierung der Sammlung dienen könnte, ist die Personifizierung, ja Hypostasierung der weiblichen Weisheitsgestalt.[430] Sie kommt in Prov 8 zum Höhepunkt. Am Eingang des Kapitels tritt Frau Weisheit wieder öffentlich auf und predigt den Männern, klug und vorsichtig zu leben (vgl. Prov 8,1–9). Frau Weisheit stellt ihre Qualitäten und Taten dar (Prov 8,10–21) und fügt dann noch eine spezielle Hymne an, ein göttliches Selbstlob, wie es im vorderen Alten Orient nicht unbekannt war.[431] Dieses Loblied klärt das Verhältnis zwischen Jahwe und der Weisheit, ordnet also die hypostasierte Macht dem monotheistischen Glauben an Jahwe zu.

> JHWH hat mich erschaffen als Erstling seines Weges, als das früheste seiner Werke von jeher.
> In der Urzeit wurde ich gewoben, im Anfang, zu den frühesten Erdzeiten.
> Als es die Urfluten (noch) nicht gab, wurde ich geboren, als es (noch) keine Quellen gab, von Wasser schwer. (Prov 8,22–24)

Im AT ist dieser Text einzigartig. Später findet er Aufnahme und Parallelen vor allem in gnostischen Spekulationen. Aber woher kommt die Vorstellung einer präexistenten „Weisheit", die sich kaum anders als eine Hypostase, Identifikationsgestalt mit dem höchsten Gott beschreiben lässt? An religionsgeschichtlichen Theorien, die der Klärung dienen sollen, ist kein Mangel.[432] Gewiss ist mit G. Baumann von einer vielschichtigen

---

[430] Dazu umfassend: G. Baumann, Die Weisheitsgestalt in Proverbien 1–9 (FAT 16) Tübingen 1996; vgl. auch S. Schroer, Die göttliche Weisheit und der nachexilische Monotheismus, in: M.-Th. Wacker und E. Zenger (Hg.) Der eine Gott und die Göttin (QD 135) Freiburg 1991, 151–182.

[431] Vgl. A. Falkenstein und W. von Soden, SAHG, Zürich 1953, 67f (Inanna).

[432] Vgl. G. Baumann, a.a.O. 4–57.

Bedeutung der Weisheitsgestalt auszugehen, das heißt: Traditionsgeschichtlich fließen in ihr mancherlei Vorstellungen aus der Umgebung Israels und aus innerisraelitischen Überlieferungen zusammen. Übersehen sollte aber nicht werden, dass ausser altorientalischen und ägyptischen (Maat!) Göttinnen auch persische theologische Konfigurationen eine bedeutende Rolle gespielt haben können. Nicht, dass die atl. Weisheitsgestalt die Kopie eines zarathustrischen Modells wäre. Aber sie zeigt überraschende Affinitäten zu den Ameša Spentas, die im wesentlichen Abstraktionen von Ordnungs-, Rechts-, Vernunftskräften darstellen und insgesamt die höchste Wahrheit und Güte verkörpern. Eine Zusammenstellung der „Wohltätigen Unsterblichen" liest sich nach M. Stausberg[433] so: Gutes Denken, // Beste Wahrheit / Ordnung / Harmonie, // Wünschenswerte Macht / Herrschaft, // Wohltätige Achtung / Fügsamkeit / Rechtsgesinntheit, // Unversehrtheit / Ganzheit / Gesundheit, // Unsterblichkeit. Ahura Mazda gehört in anderen Listen zu dieser Gruppe der höchsten Kräfte, ist aber gemeinhin der überlegene „Herr der Weisheit" und mit den Ameša Spentas nur der Sache nach identisch. Die genannten Kräfte lassen sich in der Weisheitsgestalt von Prov 8 wiederfinden. Das Verhältnis zu Jahwe ist ähnlich wie das der Ameša Spentas zu Ahura Mazda. Die hebräische Weisheit ist erstgeschaffene Kraft, vor aller anderen Kreatur. Aber sie fungiert als Partnerin und Gespielin in allen Schöpfungswerken Jahwes. Das beweist: Sie ist Grundessenz der Welt und partizipiert am Wesen und Handeln des Schöpfers. Wenn persische Analogien vorliegen, dann kann der erste Teil des Proverbienbuches auf die nachexilische Epoche zurückgehen. Allerdings kommt für die Entstehung und Ausformung der Weisheitsgestalt auch die hellenistische Periode in Frage, als persische kosmologische und theologische Impulse mächtig nachwirkten.

Die Papyrusfunde von Elephantine haben u.a. eine aramäische Sprüchesammlung zutage gefördert, welche mit einem Romanfragment verbunden ist. Dieser Text, nach Achiqar, dem berühmten Weisen benannt, ist in der aufgefundenen Form sicher in das 5. Jh. v.Chr. zu datieren[434] und gibt uns somit die willkommene Möglichkeit, einen Vergleich mit dem Proverbienbuch anzustellen. Weist das atl. Buch in seiner Komposition und seinen Konzeptionen Ähnlichkeiten zum Buche „Achiqar" auf? Um mit einem signifikanten Unterschied zu beginnen: Achiqar ist in aramäischer Sprache verfasst und enthält keinen Hinweis auf Jahwe, vielmehr nennt es entsprechend dem fiktiven assyrischen Kontext Schamasch, und von seinem vermuteten Ursprungsland Südsyrien her El als Gottheiten. Den hohen Göttern ist eventuell die Weisheit als weibliche Größe zugeordnet. Das Buch gehört also nicht in den Kontext der Jahwegemeinde, sondern allgemein der westsemitischen Söldner, die in Elephantine für die Perser Dienst taten. Eine gewisse Internationalität und Interreligiosität der Weisheit lässt sich aber aus der Existenz des Achiqar-Textes auf der Nilinsel und aus zahlreichen bekannten jüngeren Versionen (syrisch; äthiopisch; griechisch; arabisch; armenisch; slavisch) erschließen und daran auch die große Popularität und weite Verbreitung des Stoffes ermessen.

Der erzählende Vorspann, bzw. der Rahmenbericht über das Schicksal des Titelhelden ist in etwa mit der Rahmenhandlung beim Buch Hiob oder mit der Josephsnovelle zu vergleichen. Der Weise wird am assyrischen Königshof (z. Zt. des Sanherib und Assarhaddons) aus Lebensgefahr gerettet, weil sich der Vollstreckungsbeamte an die Guttat

---

[433] M. Stausberg, Religion 119; zum Ganzen ders., a.a.O. 118–123; M. Boyce, History, Bd.1, 192–228.

[434] Nach I. Kottsieper ist die Rahmenerzählung jünger, der Spruchteil wegen seiner altaramäischen Sprache älter (8./7. Jh. v.Chr.): Derselbe, Die Sprache der Achiqar-Sprüche (BZAW 194) Berlin 1990.

des zum Tode Verurteilten erinnert und ihn aus Dankbarkeit verschont. Im Sprüchebuch findet sich keine erzählerische Einführung des Autors, bzw. sie ist auf die kurzen Verweise zur salomonischen Autorschaft zusammengeschrumpft. Eine Verbindung mit einem fiktiven oder geschichtlichen Urheber der Spruchweisheiten gehört aber in Ägypten und im Vorderen Orient durchaus zur Ausstattung solcher Sammlungen.
Die angefügte Sprüchekollektion besteht, so weit der Text erhalten und verständlich ist, überwiegend aus kürzeren Einheiten, sie enthält wenig Lehrreden. Die kurzen Sprüche sind formal und inhaltlich recht unterschiedlich. Sentenzen wechseln mit Ermahnungen und Abmahnungen, Rätselfragen mit Erfahrungssätzen in der ersten Person Singular, Tiervergleiche und -fabeln mit direkten ethischen Anweisungen. Thematische Ballungen von kurzen Sätzen kommen vor, doch ist die Abfolge der Einheiten wegen des schlechten Zustandes des Papyrus weitgehend hypothetisch.[435] Die direkte Anrede an den jungen Empfänger der Instruktion kommt häufig vor und bestimmt auch viele Sprüche, die keine formale Adresse benutzen: „Ja, mein Sohn, ernte alles, was für die Ernte zur Verfügung steht, und verrichte jede Arbeit, dann wirst du dich satt essen und deinen Kindern geben." (Kol. V,2 nach I. Kottsieper, TUAT III, 328). Mahnung und Warnung sind die vorherrschenden sprachlichen und emotionalen Ausdrucksformen. Gelegentlich verfällt der Sprüchedichter in die erste Person: Er gibt dann seine eigene Lebenserfahrung zum Nutzen der jungen Generation weiter: Kol. XV,11 a.a.O. 337
Auch Sentenz und Vergleich, die es dem Hörer oder der Hörerin überlassen, die richtigen Konsequenzen zu ziehen, gehören zum Standardinventar: „Ein Mensch, dessen Wandel gefällig und dessen Herz gut ist, ist wie eine befestigte Stadt, in der sich eine Truppe befindet." (VII,1 a.a.O. 331)
Zu diesen nichtdirektiven Redeformen gehört auch die Tier- oder Pflanzenfabel.

> Der Leopard traf die Ziege, und diese war nackt. Da hob der Leopard an und sagte zur Ziege: ‚Komm her, und ich werde dich mit meinem Fell bedecken.' [Antwortete] die Ziege und sagte zum Leoparden: ‚Was soll mir dein Zudecken? Meine Haut nimm nicht von mir!' Denn: Nicht grüßt [der Leopard] die Gazelle, außer um ihr Blut zu saugen. (XII,8–10 a.a.O. 339).

Am Ende der neunten und Anfang der zehnten (Zählung nach Kottsieper) Kolumne scheint ein Hinweis auf die vergöttlichte Weisheit zu stehen, der Anlass zu einem Vergleich mit Prov 8 gegeben hat:

> [Vom] Himmel her wurde die Menschheit [begna]det, [ihre Weisheit] haben die Götter k[undgetan.]
> Auch bei den Göttern ist sie geehrt; mi[t ihr zusammen] ist [ihrem Herrn] die Herrschaft.
> In den Hi[mme]l ist sie gesetzt; ja, der Herr der Heiligen hat [sie] erhöht. (IX,16–X,1 a.a.O. 335f.)

Wenn Textrekonstruktion und Übersetzung richtig sind, liegt hier in der Tat eine gewisse Parallele zur vergöttlichten Weisheit vor, wie sie in bestimmter Schattierung auch aus Ägypten und Persien bekannt ist. Dann wäre das Achiqar-Buch in seinen Formen, Inhalten, Denkansätzen durchaus mit der ganzen Proverbienkollektion vergleichbar, auch wenn längst nicht alle Einzelheiten und Charakteristiken beider Werke vollständig zur Deckung zu bringen sind. Allerdings lässt sich aus dieser Analogie zweier Sprüchesammlungen nicht stracks auf die Perserzeit zurückschließen. Die Proverbienliteratur ist nur schwer auf eine bestimmte Entstehungszeit einzugrenzen. Das beweisen auch man-

---

[435] Vgl. B. Porten und A. Yardeni, Textbook of Aramaic Documents from Ancient Egypt vol. 3, Jerusalem 1993, 23.

che ägyptischen Lebenslehren, die über Jahrhunderte hinweg abgeschrieben wurden und manchmal sehr alt sind, aber in relativ jungen Kopien vorliegen.[436]

Als Fazit für den letzten Diskussionspunkt können wir festhalten: Achiqar entspricht besonders in der Sprüchesammlung formal und inhaltlich weitgehend dem Befund, der sich uns in Prov 10–31 geboten hat. Auch die Form der Lehrrede aus Prov 1–9 ist im aramäischen Spruchgut vertreten. Ferner sind Ansätze zur Vergöttlichung der Weisheitsgestalt bei Achiqar zu erkennen. Lediglich die starke Hypostasierung der Weisheit und ihr Eigenlob schießen im AT über. Und das Ergebnis für das ganze Proverbienbuch lässt sich so formulieren: Die komplexe Sammlung ist als Agenda für den Jugendunterricht in der nachexilischen Gemeinde des 5. und 4. Jh. v.Chr. gut denkbar. Eine spätere Abfassung im 3. Jh. v.Chr., d.h. im hellenistischen Umfeld, ist nicht auszuschließen, obwohl deutliche Anhaltspunkte (z.B. griechisch-philosophische Denkansätze) dafür fehlen.

III.2.4 Tora (Pentateuch)

R. Achenbach, Die Vollendung der Tora, Wiesbaden 2003 (Beihefte zur Zeitschrift für Altorientalistische und Biblische Rechtsgeschichte 3). – A. und J. Assmann (Hg.), Kanon und Zensur, München 1987. – J. Blenkinsopp, The Pentateuch, New York 1992. – E. Blum, Die Komposition der Vätergeschichte, Neukirchen-Vluyn 1984 (WMANT 57). – Derselbe, Studien zur Komposition des Pentateuch, Berlin 1990 (BZAW 189). – F. Crüsemann, Die Tora, München 1992. – P.Frei und K.Koch, Reichsidee und Reichsorganisation im Perserreich, Fribourg / Göttingen 1984 (OBO 55). – C. Frevel, Mit Blick auf das Land die Schöpfung erinnern: Zum Ende der Priestergrundschrift, Freiburg 2000 (HBS 23). – J.C. Gertz, Tradition und Reaktion in der Exoduserzählung, Göttingen 2000 (FRLANT 186). R. Kessler, Sozialgeschichte (voraussichtlich 2006). – C. Levin, Der Jahwist, Göttingen 1993 (FRLANT 157). – M. Millard, Die Genesis als Eröffnung der Tora, Neukirchen-Vluyn 2001 (WMANT 90). – E.W. Nicholson, The Pentateuch in the Twentieth Century, Oxford 2002. – E. Otto, Das Deuteronomium zwischen Pentateuch und Deuteronomistischem Geschichtswerk, Göttingen 2004 (FRLANT 206). – M. Noth, Überlieferungsgeschichte des Pentateuch, Stuttgart 1948 (3.Aufl. 1966). – R. Rendtorff, Das überlieferungsgeschichtliche Problem des Pentateuch, Berlin 1976 (BZAW 147). – A. Rofé, Introduction to the Composition of the Pentateuch, Sheffield 1999 (BiSe 58). – J. Sanders, From Sacred Story to Sacred Text, Philadelphia 1987. – J. van Seters, The Pentateuch: a Social-Science Commentary, Sheffield 1999 (Trajectories 1). – J.W. Watts, Reading Law: The Rhetorical Shaping of the Pentateuch, Sheffield 1999 (BiSe 59). – Derselbe (Hg.), Persia and Torah: The Theory of Imperial Authorization of the Pentateuch, Atlanta 2001 (SBL.Symposium Series 17). – M. Weinfeld, The Place of the Law in the Religion of Ancient Israel, Leiden 2004 (VT.S 100). – J. Wellhausen, Die Composition des Hexateuchs, Berlin 3.Aufl. 1899 (Neudruck 1963).

III.2.4.1 Entstehungsbedingungen

Die fünf mit Mose in Verbindung gebrachten Schriftrollen des AT sind bei weitem der wichtigste Teil des hebräischen Kanons. Ihm allein kommt in der Überlieferung der volle Offenbarungscharakter zu, wie er im Judentum konzipiert wurde. Schon die durch Mose vermittelten Gottesreden erheben den, allerdings noch diffusen, Anspruch, Jahwes volle Willenserklärung für sein Volk zu sein, von der man nichts abstreichen und der man nichts hinzufügen dürfe (Dtn 4,2; 13,1). Daraus folgt: Zur Zeit der Deuteronomisten – und das ist nicht der Ausgang des 7. Jh. v.Chr. sondern viel wahrscheinlicher der Anfang des 5. Jh. v.Chr. – existierte in den Gemeinden jüdischen Glaubens eine wie immer

---

[436] Vgl. TUAT III, 191–319 (M. Sternberg-el-Hotabi; G. Burkard; I. Shirun-Grumach; H.J. Thissen).

definierte kanonische, schriftlich fixierte Ausgabe angeblich mosaischer, autoritativer Texte. Esra geht wie selbstverständlich mit der Tora des Mose um. Was genau der Inhalt dieser Heiligen Schrift war (es wird im Singular von einer Torarolle geredet) wissen wir nicht. Zu vermuten bleibt, dass in jenem 5. Jh., in dem Nehemia und Esra die Jahwegemeinde von Jerusalem regelrecht konstituierten, annähernd die gesamte, heute noch im Pentateuch versammelte Menge von Texten zusammengebracht und kodifiziert wurde. Das heiligste Stück der hebräischen Bibel ist ein Werk jener persischen Epoche, in der sich die Gemeinde Jahwes formierte. Es entstand mit ihr zusammen. Die Samaritaner haben die Tora übernommen, aber jedes weitere Wachstum des Kanons abgelehnt. Auch damit ist ein Zeichen für die singuläre Bedeutung der Tora gesetzt.

Seit mehr als zwei Jahrhunderten stellt man sich das Werden der komplexen Moseüberlieferung fast ausschließlich nach dem Autor-Leser-Modell vor. Eigenständig wirkende Verfasser oder auch kollektiv arbeitende Herausgeberkreise stellten Texte her und fassten Textüberlieferungen über lange Zeiträume für eine nicht näher bestimmte Leserschaft zusammen. In den letzten Jahrzehnten entstand ein abgewandeltes traditionsgeschichtliches Erklärungsschema.[437] Es betont die Bildung von thematischen Überliefe-

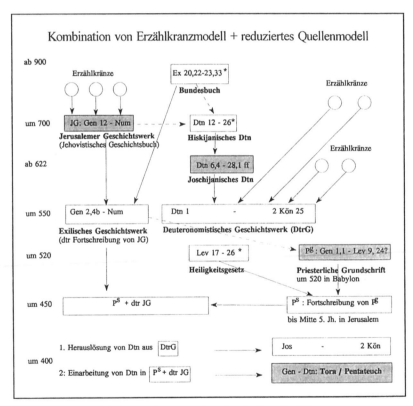

Ein modifiziertes Modell des Pentateuchwachstums (→ = Fortschreibung, Redaktion; ---> konzeptionelle Anregung)
aus: E. Zenger u.a., Einleitung in das Alte Testament, 1. Aufl. Stuttgart 1995, S. 74 (in den folgenden Auflagen wesentlich verändert)

---

[437] In Deutschland: M. Noth, R. Rendtorff, E. Blum u.a.

rungsblöcken („Erzählkränzen"), die jeweils fortgeschrieben und am Ende miteinander verzahnt wurden. Das Ergebnis sind in jedem Fall komplizierte literarische Wachstumsmodelle; sie sind angeblich in generationenlanger Schreibtischarbeit entstanden. Als Beispiel sei das von E. Zenger konzipierte Mischkonzept vorgestellt; nach seiner Meinung hat die Entstehung des Pentateuch ein halbes Jahrtausend in Anspruch genommen. Die vielen beteiligten Autorinnen und Autoren sollen konsequent an der jetzt vorhandenen Textmasse und auf die Tora hin gearbeitet haben.

Zenger erklärt das Schaubild so (a.a.O. 73 und 75): Für die früheren Phasen der Überlieferung nimmt er das Erzählkranzschema an und arbeitet „ab 700 mit einem redaktionsgeschichtlichen Zwei- bzw. Dreiquellenmodell". „Der Pentateuch ist aus drei Überlieferungsströmen (,Quellen') entstanden (nichtpriesterliche Texte = ‚J', priesterliche Texte = ‚P', deuteronomische Texte = ‚D'), die ihre je eigene Geschichte durchlaufen haben, ehe sie so zusammengeflossen sind, dass der Pentateuch entstand. – Die erste übergreifende Geschichtsdarstellung entstand nach 700 ... in Jerusalem, unter dem Einfluss der Propheten Amos, Hosea und Jesaja. [Jerusalemer Geschichtswerk, ‚JG'] ... – Die zweite übergreifende Geschichtsdarstellung entstand um 520 im Exil in Babylon. Wegen ihrer priesterlichen Sprache und Theologie heißt sie Priesterliche Grundschrift P^g. ... – Als dritte Quelle kann der Überlieferungsstrom betrachtet werden, der im Pentateuch in der Gestalt des Buches Deuteronomium abgrenzbar ist." Das Modell wird in den folgenden Auflagen erheblich abgewandelt.

Die verwendeten Parameter sind offenbar aus unserer literarischen Welt extrahiert und auf die Antike übertragen worden, ein Vorgang, welcher die damaligen Bedingungen der Literaturproduktion und die alten Kommunikationsstrukturen kaum in Rechnung stellt.[438] Vor allem fehlt der ständige Bezug auf die anzunehmende Gemeinschaft, in welcher die Texte verwendet wurden. D.h. die kreative Potenz, welche damals mehr noch als in unserer Welt von den Menschen ausgeht, die solche Literatur in ihren Ritualen und anderen Kommunikationsprozessen gebrauchen, kann bei allen auf die „Hersteller" fixierten, literarischen Erklärungsmodellen nicht genügend gewürdigt werden. Untersuchungen zum „reader-response" Verhalten zeigen aber, dass selbst in der heutigen literaten Gesellschaft Literatur in Wechselwirkung von „Autor" und Gemeinschaft entsteht. Und, wie schon mehrfach angemerkt, die Jahwe-Gemeinschaft, die für die Entstehung der Tora verantwortlich zeichnet, ist erst nach 587 v.Chr. langsam entstanden. In der vorexilischen Zeit war sie noch nicht vorhanden.

Wir haben nun den Versuch zu unternehmen, die Entstehung des Pentateuch in der Perserzeit so gut es nach dem Stand der heutigen Diskussion möglich ist nachzuzeichnen. Der Ausgangspunkt ist in den früheren Erörterungen zum DtrG. und den priesterlichen Schichten wie auch zur Kanonsfrage insgesamt klar geworden: Im Unterschied zu vielen literarkritischen Bemühungen um Quellen und Redaktionsschichten soll hier in erster Linie ein traditionsgeschichtliches Theoriemodell gelten, das vorrangig den praktischen Prozess von Textgebrauch, Verschriftung und Weiterreichung der Gebrauchstexte im Auge hat. Die Mitwirkung der Glaubensgemeinschaft muss dabei Beachtung finden. Die hebräischen Schriften sind eben nicht als Privataufzeichnungen von Gelehrten in Studierstuben und akademischen Zirkeln und für die private Lektüre entstanden, sondern im Zusammenhang von Versammlungen und vielschichtigen gottesdienstlichen wie auch zivilen Handlungen der Jahwe-Gemeinde. Der entscheidende Antrieb zur Verschriftung ist die öffentliche Verlesung des Textes (vgl. Dtn 29–31; Jer 36; Neh 8), nicht die persönliche Berufung zur Schriftstellerei. Die früher übliche literarische Scheidung von

---

[438] Nur selten ist in der atl. Wissenschaft überhaupt die Rede von möglichen Verschiedenheiten im Textgebrauch, vgl. E. Nielsen, Oral Tradition, London 1954; J.W. Watts, Law; R. Achenbach, Vollendung; J. Sanders, Story.

durchlaufenden Pentateuchquellen (J. Wellhausen) war ausschließlich auf das individuelle Autorenprinzip gegründet und kann heute als überholt gelten. Sachdienlichere traditionsgeschichtliche Hypothesen (R. Rendtorff; E. Blum) kommen, wie erwähnt, den Gegebenheiten schon näher, haben sich aber noch nicht völlig von den Zwängen der Schriftstellerzentrierung gelöst.
Die hebräischen Schriften des Alten Testaments sind aber mit geringen Ausnahmen nach allem, was wir wissen und rekonstruieren können (s. o. III.1), reine Gebrauchsliteratur und der produktive Anteil der Gemeinde an Textkompositionen ist hoch einzuschätzen. Das schließt natürlich im Einzelfall die Formulierung und Verschriftung von Texten durch Einzelpersonen überhaupt nicht aus. Doch handeln die Einzel"autoren" nach Maßgabe der Erwartungen und Bedürfnisse der Gemeinschaft und eben nicht auf eigene Verantwortung. Wir sehen folglich den Pentateuch als eine Ansammlung von Materialien für frühjüdische Gemeindeversammlungen, teils im Heimatland, teils in der babylonischen (vielleicht auch anderswo lokalisierten) Diaspora. Vermutlich ist das ganze Ensemble von Texten längere Zeit im Fluss gewesen, bevor es in den uns bekannten fünf Büchern endgültige Gestalt annahm. Und die in der exilisch-nachexilischen Gemeinde produzierte Textmasse war weit größer als der heutige Bestand der Tora. Sie schloss vermutlich große Teile des Propheten- und ‚Schriften'kanons und verloren gegangenes Material ein, so dass die Fixierung des Pentateuch mit einer Auswahl der autoritativsten (mosaischen und vormosaischen?) Texte parallel geht. Der Beginn einer Sammlung mit kanonischen Ansprüchen ist frühestens in die Exilszeit anzusetzen, weil erst dann (und nicht schon zur Josia-Zeit) die soziologischen und ekklesialen Voraussetzungen für die Erstellung einer heiligen, zur Identifikation der Gemeinschaft notwendigen Schrift gegeben waren. Mit anderen Worten: Die Bekenntnisgemeinschaft der Jahwe-Gläubigen konstituierte sich frühestens nach dem Fall Jerusalems im Jahre 587 v.Chr. In der vorexilischen Zeit gab es bestenfalls einen Jahwe-Staatskult unter königlicher Regie und variable, noch nicht exklusivistische Jahwe-Verehrungen, vermischt mit allerlei anderen Kulten auf lokaler Ebene. Eine „Heilige Schrift" war unnötig. Die individuelle, ausschließliche Entscheidung für den Gott Israels entwickelte sich erst nach dem Verlust der Monarchie, als die Judäer sich neu und radikal anders als Minderheit in einem Vielvölkerimperium formieren mussten. Unter den gegebenen politischen Verhältnissen der Exilszeit werden zaghafte Ansätze zu dieser grundsätzlichen Neuorientierung erprobt worden sein. Es liegt aber in der Natur der Sache, dass die Konstitution der Jahwegemeinden um ihr religiöses Rückgrat, die Tora, herum erst nach der Befreiung durch die Perser im Jahre 539 v.Chr. gleichzeitig mit der Entstehung der Heiligen Schriften voll einsetzte und im 5. Jh. v.Chr. zu einem guten Ende gebracht wurde.
Die Entstehung von Heiligen Schriften, angeregt vielleicht im babylonischen Exil (höhere Schreibkultur in Mesopotamien!) und später möglicherweise durch die schon bestehenden zarathustrischen Gemeinden und ihre heilige Überlieferung (Gathas) setzt selbstverständlich einen professionellen Schreiberstand voraus. Von den Königshöfen in Jerusalem und Samaria sind archivarische Aktivitäten bekannt. Sie erstreckten sich aber kaum auf die populären Kultstätten, auf häusliche Religion und Höhenheiligtümer im Land Israel. Die archäologische Ausbeute von Inschriften (in Gräbern, Kulträumen, auf Siegeln, Tonscherben usw.) ist für die Königszeit minimal und zeugt nicht von einer allgemein verbreiteten Schreib- und Lesekultur. Folglich gab es im alten Israel außerhalb der Königshöfe vermutlich ganz wenige Schriftexperten. Mit dem Ende der Monarchie und der Neuorganisation der Jahwegemeinde, der Sammlung von alten Traditionen und der Notwendigkeit von schriftlicher Fixierung der Überlieferungen entstand ein

großer, neuer Bedarf an Schreibkundigen. Die Priester des vormals königlichen Tempels mochten z.T. Experten der Schrift sein. (Sie werden aber nirgends vor Esra als Schreiber erwähnt). Das weit über priesterliche Anliegen hinausgehende Traditionsbedürfnis der Jahwegemeinden verlangte nach einer breiteren Ausbildung derjenigen, die mit dem geschriebenen Gotteswort umzugehen hatten. So wird langsam, mit der Sammlung und Ausgestaltung von Traditionen der Beruf des (Tora) Schreibers entstanden sein; er mündet bei Esra in den vollklingenden Titel: „Schreiber des Gesetzes des Himmelsgottes" (Esr 7,12, vgl. V. 6) und weiter in das Amt des „Schriftgelehrten".[439]

Exkurs: Warum Heilige Schriften?

Weil wir fest in der jüdisch-christlichen Tradition verankert sind, nehmen wir es meistens als gottgegeben hin, dass unsere einzige Glaubensgrundlage die Heilige Schrift ist, eventuell noch ergänzt und interpretiert durch rabbinische Klärungen, protestantische Bekenntnisschriften, orthodoxe Väterentscheidungen oder römische Enzykliken. Die religionsgeschichtlich (aber auch theologisch!) erlaubte, vielleicht sogar gebotene Frage wird nicht gerade häufig gestellt:[440] Warum ist es überhaupt zur Verschriftung heiliger Traditionen gekommen? Worin besteht das Wesen von „Buch"religionen im Unterschied zu solchen Glaubensgemeinschaften, die teilweise oder ganz auf den Geist Gottes und die mündliche Überlieferung bauen? Es gibt zahlreiche Beispiele, besonders in Stammesreligionen, die belegen, dass häufig gegen die schriftliche Fixierung heiliger Texte heftige Bedenken bestehen. Schriftlichkeit kann Nichteingeweihten oder sonstigen Unbefugten Zugang zu religiösen Geheimnissen verschaffen, kann eine Glaubensgemeinschaft von innen her gefährden. Schriftlichkeit bedeutet Bindung an vergangene Zeiten, an geschichtliche Gestalten, antiquierte Ordnungen und Vorstellungen, und kann darum die lebendige Präsenz Gottes verdrängen. Manche biblischen Passagen sprechen über solche Gefahrenmomente oder Mißbrauchsmöglichkeiten und scheinen der schriftlichen Überlieferung nicht zu trauen (vgl. Jer 31,31–34; Ez 20,23–26). Wie kam die sich bildende Jahwe Konfessionsgemeinschaft nach der Deportation durch die Babylonier dazu, einen Schriftenkanon zusammenzustellen? Machte sie sich nicht leichter angreifbar, wenn sie ihren Glauben auf diese Weise veröffentlichte? Ein schon genannter äußerer Grund war sicherlich die in Babylonien herrschende und durch die Perser noch verstärkte hohe Schreibkultur. Nur wenn man in einem solchen Ambiente lebt, kann der Wunsch entstehen, auch die eigenen Traditionen in Schriftform zu gießen. Schriftlichkeit für religiöse Dokumente bedeutete wahrscheinlich einen höheren Grad von Ansehen und Akzeptanz. – Außerordentlich wichtig war für die Gemeinde in ihrer Minderheiten-Situation die Schaffung von Identitätsmerkmalen. Sabbat und Beschneidung eigneten sich schon hervorragend als Bekenntnissymbole. Die Tora und die saisonalen Feste kamen hinzu. Mitglieder einer Konfessionsgemeinschaft müssen auf Unterscheidungsmerkmale hinweisen können, weil das „natürliche" Sozialkorsett (Familie; Staat usw.) fehlt. Die Tora wurde für die Gemeinde ein bedeutendes Element im System der gültigen Symbole.
Vor allem aber scheint die Verschriftung der relevanten Willenserklärungen Jahwes dem sich formenden Glauben seiner Anhänger entsprochen zu haben. Das Vertrauen auf den Gott Israels musste von jedem Mitglied persönlich artikuliert werden können. Das bedeutete andersherum: Jede Person, die zum Glaubensverband gehörte, musste informiert sein und Zugang zu den Quellen des Bundes mit Jahwe haben. Die Setzungen Gottes wurden darum (obwohl es nach manchen atl. Passagen den Anschein haben könnte) nicht exklusiv den Gemeindeleitern mitgeteilt, sondern ausdrücklich dem ganzen Volk Israel, auch wenn Moses und die Propheten als Mittler Sonderstellungen innehatten. Aber es gab in der entstehenden jüdischen Gemeinde keine Arkandisziplin für Amtsträger. Mündliche Überlieferung steht eher in der Gefahr, durch Funktionäre beschlagnahmt und für eigene Zwecke missbraucht zu werden. Schriftlich fixierte Traditionen bieten in der Tat zumindest potentiell die Möglichkeit der Kontrolle durch Laien. Zwar waren vermutlich die Gemeindeglieder für einige Zeit noch Analphabeten, welche auf die Verlesung der Tora (und Propheten) angewiesen waren. Aber die Gemeinden betrachteten sich offenbar von Anfang an als eigentliche Besitzer der schriftlichen Überlieferungen Israels. Sie beauftragen Esra mit der Verlesung der Tora (Neh 8,1). Das schriftlich festgelegte und regelmäßig verlesene Wort Gottes wird von allen memoriert und kann darum als für alle verbindliche Norm gelten. Außerdem bietet es nach und nach immer mehr Menschen die Möglichkeit zu selbstbestimmter Lektüre. Die Abfassung der Schrift im klassischen Hebräisch erleichterte einerseits den Zugang für

---

[439] Vgl. P.R. Davies, Scribes.
[440] Einer, der solche Fragen stellt, ist W.J. Hollenweger, Christen ohne Schriften, Erlangen 1977.

Lernwillige (Alphabet- statt Silbenschrift), andererseits aber war die Aneignung durch Laien wieder dadurch erschwert, dass die Amts- und Umgangssprache in Syrien-Palästina zur persischen Zeit das (Reichs-)Aramäische wurde. Die schon in Neh 8 erkennbare Sitte, die Hebräische Sprache der Tora-Texte während des Gottesdienstes ad hoc ins Aramäische übersetzen zu lassen, gab den Laien eine neue Chance, die Schrift direkt zu verstehen. Offenbar waren zu dieser Zeit auch die Frauen zum Torastudium zugelassen. Wie anders könnte man erklären, dass (nach Darstellung nachexilischer Schriftgelehrter) in einer entscheidend wichtigen Situation, nämlich der Wiederentdeckung der Tora in den Tagen Josias, Hulda das erbetene Gutachten erstellt und im Namen Jahwes das Gericht bestätigt. Ohne genaue Schriftkenntnis hätte der Erzähler ihr diese zentrale Bedeutung nicht zugemessen. Die Gemeindestrukturen waren mithin im Grunde dafür verantwortlich, dass die Jahwe-Gläubigen sich eine geschriebene Stütze und Orientierung verschafften. Anfangs, wir können ruhig annehmen: durch die ganze Perserzeit hindurch, wurde das schriftliche Gotteswort noch begleitet von gleichwertiger prophetischer (schriftgelehrter) Predigt. Die Grenze zwischen geschriebenem und mündlich übermitteltem Gotteswort war noch nicht hart und scharf gezogen (vgl. oben III.1.2).

III.2.4.2 Priesterliche und deuteronomistische Grundlage

Wie schon oben dargestellt, sind in der persischen Zeit alle die Regeln und Normen für den gemeindlichen Gebrauch zusammengestellt und in vielschichtigen Prozessen „kanonisiert„ worden, welche der Neuordnung der Jahwe-Glaubensgemeinschaft dienten. Wir erkennen die so genannten priesterlichen Stränge des Pentateuch und – davon zu unterscheiden – die deuteronomisch-deuteronomistischen Kompositionen. Beiden ist das Bestreben gemeinsam, die Grundordnungen der neuen Konfessionsgemeinschaft in der Mosezeit zu verankern. Als Kontrastbeispiel sei an die Chronikbücher erinnert, welche die formative Periode in der David- / Salomo-Ära suchen. Die beiden tonangebenden Sammlungen von Lesetexten, P- und DtrG, stehen in einer gewissen Spannung zueinander, ergänzen sich aber auch gegenseitig und mischen gelegentlich ihre Materialien. Die priesterlich gesinnten Bearbeiter lassen Mose am Berg Sinai die umfangreichen Bundestexte empfangen, wie sie dann in Ex 19 bis Num 10 aufgezeichnet sind. Hauptpunkt des Interesses ist die Erstellung und Einrichtung des Heiligtums, Regelung des Opferkultes und der Priesterfunktionen, aber auch die Lebensgestaltung der Gemeinde im Blick auf den heiligen Gott und seine Präsenz im einzigen, zentralen Tempel von Jerusalem. Durch öffentliche Verlesung, wahrscheinlich in den Festversammlungen der Gemeinden, bildete sich der Bestand an heiligen Texten heraus. Man hat den Eindruck, das geschieht in dem Bewusstsein, dass der Tempel tatsächlich existiert und funktioniert. Die Lesetexte sollen real erinnert und gelernt werden. Der „Verfassungsentwurf" des Ezechiel scheint dagegen im Vergleich einen utopischen Charakter zu haben. – Beim Deuteronomium heißt der Gottesberg der Offenbarung Horeb statt Sinai, und die fiktive Szenerie einer „Wiederholung der Tora" ist im Ostjordanland, in Moab, arrangiert. Obwohl auch das Dtn einiges Interesse an der Einrichtung des Tempelkultes hat (Zentralisation; Levitendienst; Festkalender) gilt das Hauptaugenmerk der ausschließlichen Jahweverehrung, der Abwehr von Fremdkulten und den zivilen Einrichtungen und Strukturen. Der Dekalog Dtn 5 (mit seinem Umfeld Dtn 4 und 6) ist eine Zusammenfassung der dtr. Anliegen. Auf der anderen Seite wird man Lev 19 (mit den flankierenden Kapiteln Lev 18 und 20) als zentrale Aussagen der priesterlichen Überlieferung ansehen können. Die unterschiedlichen theologischen Akzente in den Überlieferungsströmen sind sicherlich auf differenzierte gemeindliche Situationen in spezifischen gesellschaftlichen, geschichtlichen und kulturellen Kontexten zurückzuführen. Ob aber die Differenzen zwischen den Diasporagemeinden in Babylonien und den in der Heimat verbliebenen Judäern die Unterschiede der Überlieferungen erklären können, ist eine offene Frage. Genügend gegensätzliche Meinungen, Selbsteinschätzungen und Besitzansprüche hat es in der Tat zwischen Gola and Zurückgebliebenen gegeben (vgl. Jer 24; Ez 33,21–29). Theologisch begründete Parteiungen waren gerade in der Phase der Restauration und Neubildung der Religionsgemeinschaft an der Tagesordnung (vgl. auch Jes 56–59; 66). Dass allerdings scharf antagonistische Gruppierungen ihre heiligen Schriften in einen gemeinsamen Kanon hätten einbringen können, ist mehr als unwahrscheinlich. Die dtr. und priesterlichen Schichten im Pentateuch zeigen auch keine unversöhnlichen Gegensätze, sie ergänzen sich eher. Folglich stammen sie vermutlich aus Parallel- oder Sukzessiventwicklungen innerhalb derselben Gemeinschaft.

Ein Blick auf die Intentionen der beiden Hauptschichten des Pentateuch und die Verwendungszwecke der darin gesammelten Texte kann das Wachstum der ganzen Tora verständlich machen. Wir gehen pragmatisch von dem überragenden Bedürfnis der Gemeinden zur Perserzeit aus: Man brauchte Regeln und Richtlinien für die Gestaltung des kultischen und gemeinschaftlichen Lebens. Die dem Mose am Sinai und Horeb übermittelten Vorschriften galten als die ein für allemal gegebenen, z.T. auch weiter entwicklungsbedürftigen Grundlagen für Organisation und Verhalten in der nachexilischen Jahwegemeinschaft. Manchmal sind die fiktiv in die Mosezeit versetzten Texte in sich schon mit dem Fernblick auf die frühjüdische Gemeinde ausgestattet (vgl. Dtn 29,13f; 30,1–5 u.ö.). Wir nehmen den praktischen Bedarf an Handlungsanweisungen als den wichtigsten Ausgangspunkt für die Sammlung und Erstellung der Tora-Verfügungen. Die Überlieferer berichten selbst von exemplarischen Fällen eines Rechtsnotstandes: Ein Israelit missbraucht auf der Wüstenwanderung den „NAMEN" Jahwes. Was ist zu tun? „... sie legten ihn in Gewahrsam, bis ihnen Bescheid würde durch den Mund Jahwes." (Lev 24,10–12; vgl. Num 15,32–36 – Sabbatschändung). Hinter den Perikopen steht das Klärungsbedürfnis der nachexilischen Gemeinde, die zwar die Grundregeln („Du darfst den Namen Jahwes nicht missbrauchen ..."; „Du sollst den Sabbat heilig halten ..."), aber noch keine Ausführungsbestimmungen kennt. Was geschieht mit einem Menschen, der die fundamentalen Normen verletzt? Die Erzählung Ex 18 basiert auf einer ähnlichen Fragestellung: In der Gerichtsbarkeit genügen nicht allgemeine Rechtssätze; für den konkreten Fall sind richterliche Entscheidungen nötig. Dennoch erwartet die Gemeinde möglichst detaillierte Anweisungen für alle Lebenslagen von der Tora, auch durch Klärung von Präzedenzfällen. Nach jüdischem Verständnis bleibt trotz der Vollkommenheit der göttlichen Weisung jeweils genügend Diskussionbedarf über den Einzelfall übrig. Die weitergehende Auseinandersetzung hat sich dann vor allem in Mischna und Talmud niedergeschlagen.

Wenn so die Fragen der Gemeinde: „Was sollen wir tun? Wie dürfen wir leben?" die Haupttriebfeder der priesterlichen und dtr. Tora-Sammlungen sind, dann erklären sich von daher auch die Zuwächse anderer, z.T. älterer literarischer Blöcke und Schichten. Statt der traditionellen Weise, die Entstehung des Pentateuch von den ältesten Texten her bis zu den jüngsten zu verfolgen, soll also hier rückwärts gefragt werden: Wie sind die formativen Schichten mit Themenfeldern, die über das unmittelbare Organisationsinteresse der frühjüdischen Jahwegemeinde hinausgehen, angereichert worden? – Unauflösbar mit der Erwartung verbunden, Jahwe werde dem Volk Israel durch seine Tora einen Gestaltungsraum vorgeben, ist die Gewissheit, dass der Gott Israels seine Gemeinde im Laufe der Geschichte zu sich berufen, mit ihm einen unverlierbaren Bund geschlossen habe. Der Gedanke selbst ist erst im Exil und Nachexil voll ausgebildet worden; der „Bund" als theologische Grundkategorie des Pentateuchs kam in der atl. Literatur trotz aller möglichen assyrischen Vorbilder (Vasallenverträge!) erst spät, nämlich durch P und Dtr., in Gebrauch.[441] Das besondere Verhältnis der Stämme Israels und der Nation zu Jahwe war in der Überlieferung jedoch mannigfach vorgegeben. Die vorhandenen Vorstellungen nutzten die späten Theologen, um ihre Vision vom uralten, bewährten und auch gefährdeten Mose-Bund zu illustrieren. Sie antworteten damit auf die Gemeindefrage nach dem Woher der neu entstandenen Jahwe-Gemeinschaft; die Verankerung in ferner Vorzeit (nicht erst unter den Königen! Josia ist lediglich Reformer!) gab ihr die notwendige Sicherheit. So kommt die erste große Gotteserscheinung am Berg Sinai fast ohne das Bundesvokabular aus, ist aber dennoch in die Erwartungen der Spätzeit eingebunden (Ex 19). Das Kapitel weist verschiedene Bearbeitungsspuren auf. Im Kern steht die uralte Vorstellung von der Theophanie eines Berg- und Wettergottes mit allen tektonischen Begleiterscheinungen (V. 16.18). Dieser Gottheit kann sich höchstens ein einzelner Berufener mit wenigen Erwählten unter Lebensgefahr nähern (V. 9.20.24). Das Heranführen des Volkes (V. 17) deutet die Beteiligung der ganzen Gemeinde zu einer Verpflichtungszeremonie an, allein die Urgewalt der Gotteserscheinung verhindert dieses Treffen (V. 21; vgl. Dtn 5,23–27; Jos 24; Dtn 29–31). Dafür ist die Interpretation des Geschehens in priesterlicher Sprache vorausgeschickt:

> Mose aber stieg hinauf zu Gott. Jahwe rief ihm vom Berg aus zu und sprach: So sollst du zum Hause Jakobs sprechen und den Söhnen Israels verkünden: ‚Ihr habt selbst gesehen, was ich den Ägyptern getan und wie ich euch auf Adlersflügeln getragen und euch hierher zu mir gebracht habe. Und nun, wenn ihr auf meine Stimme hört und meinen Bund haltet, so sollt ihr vor allen Völkern mein Eigentum sein; denn mein ist die ganze Erde. Ihr sollt mir ein Königreich von Priestern werden und ein heiliges Volk.' (Ex 19,3–6)

Mose teilt diese Botschaft den Ältesten (Gemeindevertreter!) mit, das ganze Volk stimmt der Vereinbarung zu (Ex 19,7f), dann erst erfolgt die schreckliche Erscheinung Gottes, die zur Flucht des Volkes und zur Beauftragung des Mose in den Mittlerdienst führt (Ex 20,18f). Vermittlung und aktive Gemeindeentscheidung sind also geschickt in die alten Vorstellungen vom Erscheinen eines archaischen Berggottes hineinkomponiert. Mit anderen Akzentuierungen lösen die Überlieferer dasselbe Problem gleich zweimal in Ex 24,3–11. Eine Version berichtet vom Bundesschluss mittels einer heiligen Mahlzeit. Mose, Priester und Älteste, siebzig an der Zahl, sind beteiligt: Sie „schauten den Gott Israels" ... „aßen und tranken". Die Vorstellung vom Mahl mit der Gottheit mutet archaisch an, sie stammt vielleicht aus der familialen Religion (vgl. Gen 18,1–8; Ri 13,15–20). Mose, die Priester und Ältesten sind einer regulären Gemeindevertretung der nachexilischen Epoche angeglichen. Sie schließen durch die Kommunion auf dem Berge den Bund mit Jahwe. Die Beschreibung des himmlischen Raumes mag durch babylonische Vorstellungen gefärbt sein (blaue Fliesen!). Die Verwendung alter Gotteskonzepte für die neue Situation der Gemeinde ist deutlich. – Die andere Inszenierung des Bundesschlusses nutzt dagegen bedenkenlos zeitgenössische Kategorien der Perserzeit, um das von Mose durchgeführte Zeremoniell zu beschreiben (Ex 24,3–8): Selbstverpflichtung der Gemeinde auf Jahwes Worte – ihre Verschriftung im „Bundesbuch" – Opfer der Stämme Israels mit Blutritus – Verlesung der Schrift – Selbstverpflichtung der Gemeinde. Ohne Opfer wäre der Gemeinde des Zweiten Tempels ein so grundlegender Vorgang wie die Erwählung Israels zum Eigentum Jahwes unvorstellbar. Der Blutritus schließt sogar die Besprengung der Gemeinde mit ein (V. 8; vgl. Ex 4,25). Andererseits ist die

---

[441] Vgl. L. Perlitt, Bundestheologie; H.-C. Schmitt, Das sogenannte jahwistische Privilegrecht in Ex 34,10–28 als Komposition der spätdeuteronomistischen Endredaktion des Pentateuch, in: J.C. Gertz u.a. (Hg.) Abschied vom Jahwisten (BZAW 315) Berlin 2003, 157–171. Die rückwärts schreitende Erklärung der Pentateuchgenese auch bei E. Zenger u.a., Einleitung, 34–123.

schriftliche Fassung einer Bundesabmachung und deren öffentliche Verlesung (vgl. Neh 8; 10) unverzichtbar. Der Bund gründet in schriftlich fixierten Worten, das Bundesbuch ist eine anerkannte, heilige Urkunde, wenngleich ihr Inhalt für uns undefiniert bleibt. – Im nächsten Bundesschlussbericht (Ex 34) geht es nur um die zwei Gebotstafeln, die Mose mitnimmt auf den Berg Sinai. Er ruft Jahwe an und hat eine direkte Gottesbegegnung, in der die liturgische Huldformel laut wird: „Jahwe, Jahwe – ein barmherziger und gnädiger Gott, langmütig und reich an Huld und Treue ..." (V. 6f). Auf Moses Bitte um Begleitung und Schutz (V. 9) bietet Jahwe den Bundesschluss mit Landverheißung und Vertreibung der konkurrierenden Völker an (V. 10.–16). Dann folgt der sogenannte kultische Dekalog als Bundesurkunde (V. 11–26), die nach 40-tägigem Fasten des Mose auf dem Berg Gottes schriftlich auf zwei Tafeln fixiert wird (V. 27f).

Der Bundesschluss ist ganz eingebettet in gottesdienstliche Formen und Formeln, wie sie offenbar in der nachexilischen Gemeinde geläufig waren: Die Selbstvorstellung Jahwes mit der Gnadenformel (Ex 34,6f; vgl. Ps 86,15; 103,8; 111,4; 145,8; Neh 9,31), die Prostration des Liturgen (V. 8), das Schuldbekenntnis der Gemeinde (V. 9b: 1.Person Plural!), die verheissende und unterweisende Gottesrede (V. 10ff). Eine Theophanie ist nicht nötig und angesichts des vermittelnden, geschriebenen Wortes auch nicht praktikabel. Der Bundesschluss ist ganz in den (synagogalen) Gottesdienst einbezogen.

Die Passagen zum Thema Bundesschluss zeigen: Die nachexilische Gemeinde bezog nicht nur die notwendigen Anweisungen für ihr kultisches und ziviles Leben vom Sinai (genauer: sie projizierte ihre Handlungsmodelle an den Sinai), sie entwarf ihre ganze Existenz in die Gottesbegegnung des Mose hinein. Dort, auf und an dem Offenbarungsberg war Israel versammelt. Das „ganze Volk" wurde Augen- und Ohrenzeuge des Gründungszeremoniells. Es trat in den Bund mit Jahwe ein, sei es, von ferne beobachtend und dann die Mitteilungen Jahwes durch Mose empfangend, sei es durch die delegierten Priester und Ältesten, sei es als Hörerinnen und Hörer der verlesenen Schrift. Geschichte zieht sich auf einen Punkt zusammen, der die Gegenwart und die Vergangenheit umfasst. Jüdinnen und Juden sind noch heute imstande zu sagen: „Als wir durch das rote Meer zogen ...", „als wir am Sinai standen ...". Die Gemeinde in der persischen Periode hatte dieselbe gestaltende, geschichtsbildende Kraft. Im vielfach gespiegelten und reflektieren Bundesschluss der Mosezeit stellte sie sich selbst dar, herausgerufen aus der unübersehbaren Völkerwelt, bestimmt zur Partnerin Jahwes, des alleinigen Weltschöpfers und Geschichtslenkers. So zog die Gegenwartserfahrung Israel im persischen Imperium die alten Überlieferungen der Familien- und Stammestraditionen, der lokalen und regionalen Heiligtümer an sich und modellierte sie zu gültigen Mustern von Jahwegemeinschaft um. Die gestaltende Idee zur Komposition der pentateuchischen Überlieferungen ging von der frühjüdischen Gemeinschaft aus, sie kam nicht aus der Vorvergangenheit einer kaum noch geschichtlich greifbaren Mosezeit.

An den Bundesschluß und die zentrale Gestalt des Mose knüpften sich erzählerische Motive, die allerlei Fragen der späten Gemeinde zu beantworten suchten. Geschichtlich authentisch ist fast nichts mehr an der Mose- und Exodusüberlieferung. Schon M. Noth, ein Begründer der traditionsgeschichtlichen Betrachtungsweise, und vor ihm H. Gressmann hatten die Legenden um Mose als theologische Fiktionen erkannt.[442] Wir haben nur hinzuzufügen, dass die kreativen Impulse zur Ausgestaltung der geschichtlichen Leitfiguren immer von der aktiven Gemeinschaft ausgehen, welche die Materialien der Vergangenheit sammelt und zur eigenen Identifikationsgrundlage herrichtet. Die zurück

---

[442] H. Greßmann, Mose und seine Zeit, Göttingen 1913; M. Noth, Überlieferungsgeschichte des Pentateuch (1948), Darmstadt 1960, 172–191.

schauenden Theologen haben in diesem Fall die Bundessituationen und den Bundesvermittler nach den in ihrer Zeit gültigen Parametern geschaffen. Überkommene Vorstellungen sind entsprechend eingearbeitet, überarbeitet, umgestaltet worden.
Diese Deutung bezieht sich in hohem Maße auf die gesamte Mose- und Exodusgeschichte, wie sie im Traditionskranz von Ex 1–15 vorliegt, und in der Folge auch auf die Wüstentradition, die in Ex 16–18; Num 10–36 eklektisch zusammengestellt ist. Aus der Perspektive der Gemeinden in der Perserzeit hatten die Ursprünge Israels etwas mit Ägypten zu tun. Ob der ägyptische Name des Mose diese Verbindung suggeriert hat, oder ob substantiellere Nachrichten von einer in Ägypten versklavten Gruppe von Hebräern hinter dieser Ägypten-Hypothese stehen, lässt sich nicht mehr klären. Vielleicht haben sich auch weitere geschichtliche Erinnerungen an ägyptische Vorstöße nach Kanaan und Flüchtlingsgruppen, die in Ägypten Asyl fanden in den Exoduserzählungen niedergeschlagen (vgl. Hos 11,1; Ps 80,9 u.a.). Wichtig ist: Das theologische Zeugnis von der Unterdrückung in und der Befreiung aus Ägypten ist auch im Zusammenhang mit der Fronarbeit unter Salomo und den Erfahrungen des babylonischen Exils zu sehen.[443] Es verarbeitet also sehr viel zeitnahere Motive und konstruiert daraus teilweise die Exoduserzählung. Was konnten die Zeitgenossen aus den von ihnen selbst gestalteten Erzählungen lernen? Mose, der Bundesmittler, wird schon als Kind von Jahwe wunderbarerweise gerettet und an den Pharaonenhof gebracht. (Ex 1,8–2,10; die Aussetzung ist ein Wandermotiv, das schon für Sargon von Akkad gebraucht wurde). Seine Flucht nach Midian schafft die Verbindung zum Berg Sinai, dem Haftpunkt der Tora, und initiiert die Rettung aus Ägypten (Ex 2,11–3,22). Die Auseinandersetzungen mit der ägyptischen Staatsmacht (Ex 5–12) sind prototypisch für die Spannungen, in denen sich Minderheiten in einem imperialen System vorfinden. Wie Jahwe in den Mose- und Exodusgeschichten das Volk rettet, begleitet, schützt, so wollten die Nachfahren in der persischen Epoche von Jahwe behütet sein. Sie wussten, dass der Schutz Jahwes bei ihnen war (vgl. Esra / Nehemia).
Allerdings ist die nachexilische Gemeinde nicht naiv im Blick auf ein gedeihliches Gottesverhältnis. Das Problem der eigenen Schuld und der Abirrung von den guten Wegen der Tora war stets präsent. Erzähler projizieren dieses selbe theologische Enigma in die Wüstenwanderung vor und nach dem Sinaiereignis. Israel murrte auf dem beschwerlichen Weg, widersetzte sich dem Willen Jahwes, auch und besonders nach dem Geschenk der Tora (vgl. Ex 16f; Num 11; 12; 13f; 16f). Selbst die Leiter der Gemeinde, Mose und Aaron, können Zweifel überkommen; sie werden von Jahwe für ihren Unglauben gestraft (Num 20,2–13). Die alte Geschichte des Volkes wird so zum Spiegelbild der Gemeindeerfahrungen im 5. und 4. Jh. v.Chr. Natürlich ist auch von Siegen und Segnungen zu berichten: Jahwe hält trotz des Wankelmutes und der Untreue seines Volkes an der Erwählung fest (vgl. Num 21; 22–24). Doch das schwere Schicksal Israels, meistens verursacht durch eigenes Fehlverhalten gegenüber seinem Gott, hat große Bedeutung für die nachexilische Gemeinde, die ja den Schock der babylonischen Eroberung noch in den Gliedern hat. Sie bewältigt ihre eigenen Schuldkomplexe, indem sie die ernüchternden Berichte der Mose-Zeit konzipiert, hört und bedenkt. Die Spiegelung der eigenen Verhältnisse in die Urzeit geht so weit, dass dort auch die Gefahren von Abgötterei hin zum Baal-Peor (Num 25,3–5; Dtn 4,3) in Verbindung mit eingeheirateten Ausländerinnen (Num 25,1f.6–9) präfiguriert ist. Offenbar wurde das Problem der Fremdheirat in der persischen Epoche innerhalb der judäischen Gemeinden heftig dis-

---

[443] Vgl. J. Pixley, Éxodo.

kutiert (vgl. Esra 10; Neh 13,23–28; Rut). Die Geschichte des Eiferers Pinehas (Num 25,6–13) ist ein Lehrstück für die Hardliner der judäischen Ehepolitik im 5. Jh. v.Chr. Alles an dieser literarischen Episode ist auf die Erklärung und Rechtfertigung nachexilischer Zustände ausgerichtet. Pinehas aus der Familie Eleasars / Aarons sichert dem Clan Privilegien am Zweiten Tempel (vgl. Lev 10,6–12; Num 20,25–28; 31,6; 1 Chr 5,30; 24,1–6; Esra 7,5). Die in Esra / Nehemia vollstreckte Ehescheidung wird vorwegnehmend begründet. Die anscheinend besonders seit dem 6. Jh. v.Chr. aufgebauten Animositäten im südjudäischen Gebiet (gegen Midianiter; Edomiter) finden eine Bestätigung[444] – gegen die andere Tradition, die Mose mit Jethro verschwägert sein lässt. – So gehören die gesetzlichen und kultischen Bestimmungen im Rahmen von Exodus und Wüstenwanderung in aller Regel zur priesterlichen Überlieferung oder Bearbeitung. Sie sind demnach von vornherein auf die nachexilischen Verhältnisse zugeschnitten.

III.2.4.3 Auffüllung mit alten Erzählungen

E. Blum, Die Komposition der Vätergeschichte, Neukirchen-Vluyn 1984 (WMANT 57). – I. Fischer, Die Erzeltern Israels, Berlin 1994 (BZAW 222). – M. Görg (Hg.), Die Väter Israels, Stuttgart 1989 (FS J.Scharbert). – R.C. Heard, Dynamics of Diselection: Ambiguity in Genesis 12–36 and Ethnic Boundaries in Post-Exilic Judah, Atlanta 2001 (SBL.Semeia Studies 39). – M. Köckert, Vätergott und Väterverheißungen, Göttingen 1988 (FRLANT 142). – K.-H. Matthes, Abraham, Isaak und Jakob geraten in die Geschichte der Väter, Münster 1997 (Theologie 3). – H. Schmid, Die Gestalt des Isaak, Darmstadt 1991 (EdF 274). – K. Schmid, Erzväter und Exodus: Untersuchungen zur doppelten Begründung der Ursprünge Israels innerhalb der Geschichtsbücher des Alten Testaments, Neukirchen-Vluyn 1999 (WMANT 81). – T.J. Schneider, Sarah: Mother of Nations, New York 2004. – J. van Seters, Abraham in History and Tradition, New Haven 1975. – T.L. Thompson, The Historicity of the Patriarchal Narratives, Berlin 1974 (BZAW 133).

Die Modellierung der Exodusgeschichte nach den Bedürfnissen der judäischen Gemeinden der Perserzeit war nur ein erster Schritt über den Schauplatz der Sinaiperikope hinaus. Die frühjüdischen Theologen gingen aus genealogischem und geschichtlichem Interesse weiter in die Zeit vor Mose zurück, denn die Entstehung des Volkes (der Gemeinde) in Ägypten musste eine Vorgeschichte haben. Wie waren Hebräer ins Nildelta gekommen? Welches sind die Abstammungslinien der Vorväter? In dem weit ausholenden Erzählkranz über die Erzeltern (Gen 12–50)[445] ist der geographische Rahmen vom unteren Zweistromland über Syrien-Palästina bis nach Pithom und Ramses abgesteckt. Wahrlich ein groß angelegtes Handlungsfeld für eine Handvoll von wandernden Familien! Der geographische Horizont entspricht aber in etwa dem babylonischen und persischen Reich, bzw. dem Erfahrungsraum, in dem sich die judäische Volksgruppe nach 587 v.Chr. vorfand. Ur in Chaldäa (Gen 11,27–32) soll die Urheimat der Sippe Abrahams sein, von dort aus habe er sich mit seinem Bruder Nahor nach Haran in Obermesopotamien begeben. Dort siedeln nach der Jakobsgeschichte die Verwandten des Erzvaters. Warum die (nachträgliche) Einbeziehung des Südens? Eine mögliche Antwort könnte sein: Weil das Siedlungsgebiet der Exulanten von 587 v.Chr. weit südlich Haran lag und die Überlieferer dieses Gebiet nicht von den Wanderungsbewegun-

---

[444] Anders E.A. Knauf, Midian, Wiesbaden 1988. Vgl. ders. NBL II, 802f: „Die M.iter sind im Pentateuch ein literarisches Passepartout, anhand dessen alle Möglichkeiten der Begegnung Israels mit anderen Völkern durchkonjugiert werden".
[445] Eine Diskussion der literarischen Thesen zur Erzelterngeschichte findet sich bei R. Albertz, EnzBib 7, 191–209. Ob die kurze Spanne zwischen 587 und 539 v.Chr. für die Herausgabe von zwei Versionen dieser Erzählkränze ausreicht, sei dahingestellt.

gen der Voreltern unberührt bleiben lassen wollten. Die Namen der Erzeltern, Abram und Sarai (darüber hinaus die Namen ihrer unmitelbaren Angehörigen) sind eher westsemitisch als akkadisch.[446] Der mesopotamische Hintergrund der Hebräer (vgl. auch Gen 24; 27ff) ist geschichtlich und archäologisch, ethnisch und sprachhistorisch nicht zu erweisen. Er wird sich insgesamt nur aus dem seit der Exilierung entfachten Interesse an jenen Regionen erklären lassen.

Im großen Rahmen der Erzelterngeschichten fallen rein priesterliche Passagen wegen ihrer Sprache und ihres Inhaltes auf. Darüber herrscht weitgehende Einigkeit in der atl. Forschung. Man hält z.B. allgemein vor allem Gen 17 und Teile von Kap. 21; 23; 25; 28; 35; 36 für das Werk priesterlicher Kreise. Die behandelten Themen entsprechen der Interessenlage und theologischen Ausrichtung nachexilischer Theologie. Der Bund zwischen Israel und Jahwe steht in Gen 17 im Zentrum, und er wird an einem typisch nachexilischen Bundeszeichen symbolisch dargestellt: „Alles, was männlich ist unter euch, das soll beschnitten werden (V. 10b; vgl. V. 11). Wer nicht (am achten Lebenstag! V. 12) beschnitten wird soll „ausgerottet werden" (V. 14). Wie aus anderen nachexilischen Texten zu ersehen ist, hatte die Beschneidung für die judäische Gemeinde den Charakter eines status confessionis (vgl. Ex 12,48–50; Lev 12,3; Ez 32,17–32). Die priesterlichen Überlieferer geben dem am einzelnen (männlichen) Jahwe-Anhänger zu vollziehenden Bundeszeichen eine ältere, hinter die Mosezeit zurückgehende Legitimation und schirmen den Brauch durch Todesandrohungen bei Nichtbefolgung ab.

Das große Problem der Landverheißung und des Landbesitzes wurde wahrscheinlich erst mit dem Verlust der Eigenstaatlichkeit zu einem Zentralthema. Es bewegt die Exodus- und Landnahmeerzählungen, ist aber in der Überlieferung ganz konsequent und stimmig als wesentliches Motiv der Erzelternepoche zugeteilt.[447] Die priesterlichen Tradenten nehmen nicht nur ältere Verheißungstexte auf (vgl. Gen 12,7; 26,3; 28,13; Ex 3,8, wenn sie nicht von P Schreibern selbst formuliert sind), sie thematisieren den Anfang der „Landnahme" auch in einer besonderen Erzählung, der vom Begräbnis Saras in der Höhle von Machpela. Abraham gelingt der Ankauf dieses winzigen Stückes Erde von den im Lande herrschenden Hethitern. Er bittet die Besitzer: „Ich bin ein Fremdling und Beisasse bei euch; gebt mir eine Grabstätte bei euch, damit ich meine Tote hinausbringe und begrabe." (Gen 23,4). Nach dem Abschluß des Kaufvertrages heißt es dann lakonisch, aber unter genauer Ortsangabe und juristisch korrekt:

> So wurde Ephrons Grundstück bei Machpela, gegenüber Mamre, das Grundstück samt der Höhle und allen Bäumen auf dem Grundstück in seinem ganzen Umfang, Abrahams Eigentum in Gegenwart der Hethiter, aller, die im Tore seiner Stadt erschienen waren. Darnach begrub Abraham seine Frau Sara in der Höhle auf dem Grundstück Machpela gegenüber Mamre – das ist Hebron – im Lande Kanaan. So ging das Grundstück samt der Höhle von den Hethitern als Grabstätte in Abrahams Besitz über. (Gen 23,17–20; vgl. Jakobs Landkauf Gen 33,19).

Das Grab Saras wurde nach der Überlieferung auch als Beisetzungsstätte weiterer Patriarchen und ihrer Frauen benutzt (vgl. Gen 25,9f; 49,29–32; 50,12f) und bekam in der jüdischen Tradition bis heute einen hohen Stellenwert als Zeichen für die Landzusage Gottes an Israel. – Die priesterlichen Schreiber zeigten sich ferner sehr interessiert an Genealogien, besonders auch an jener ethnischen Seitenlinie, die angeblich auf Abrahams ersten Sohn Ismael zurückgeht. Erzählerisch nimmt die Überlieferung ihren Aus-

---

[446] T.L. Thompson, The Historicity of the Patriarchal Narratives (BZAW 133) Berlin 1974, 22–36.
[447] Vgl. M. Köckert, Vätergott und Väterverheißung, Göttingen 1988 (FRLANT 142); M. Weinfeld, The Promise of Land, Berkeley 1993; T. Römer, Israels Väter, Fribourg 1990 (OBO 99).

gangspunkt bei den Hagar-Geschichten (Gen 16; 21), hat Ismael selbst noch beim Bundesschluß von Gen 17 im Blick (vgl. V. 23.25f) und geht dann über in die Genealogie, welche die Verheißung Jahwes an diesem halblegitimen Sohn Abrahams entfaltet: Gen 25,12–18. In ähnlicher Weise verfahren die priesterlichen Tradenten bei den beiden Söhnen Isaaks: Die erzählerische Darstellung, wie Jakob, der jüngere von ihnen, sich den Erstgeburtssegen erschleicht wird wohl aus der Tradition übernommen sein (Gen 27). Dann interessiert die priesterlichen Schreiber aber auch das Schicksal des zwar erstgeborenen aber von Jahwe nicht erwählten Sohnes, Esau: Der verstößt gegen das (nachexilische) Fremdheiratsverbot, nimmt sich eine Ismaelitin zur Nebenfrau (Gen 28,6–9). Die erzählerische Darbietung des Nachkommensproblems mündet wieder in eine ausführliche Genealogie der Völker und Fürsten, die von Esau abstammen (Gen 36). Die priesterlichen Schreiber waren also stark engagiert, wenn es darum ging, die im nachexilischen Juda bekannte Völkerwelt unter die Obhut des einen Gottes Jahwe zu stellen, ein Bemühen, das sich – wie schon früher erwähnt – in den Genealogien der Urgeschichte fortsetzt. Juda und seine Nachbarn sind sämtlich unter dem Schutz und Segen des Weltengottes Jahwe entstanden. Einerseits gibt es eine voll legitime Stammeslinie von Adam bis Abraham und Jakob, die den ungeschmälerten Segen und die ganze Verantwortung vor Jahwe trägt, andererseits haben die Seitenlinien, und das sind alle bekannten Völker (Noahs Nachkommen, Gen 6–9), signifikanten Anteil an den Verheißungen des Schöpfer-, Lenker- und Erhaltergottes Jahwe.

Die vorpriesterliche Überlieferung nimmt in der Optik der nachexilischen Gemeinde selbstverständlich eine spezifische, auf die eigene Zeit bezogene Bedeutung an. Mit den Augen der Gemeindeglieder gelesen, werden Figuren und Umstände der Erzelterngeschichte zu Hinweisen und Modellen für die Glaubenssituation im persischen Kontext. Abraham ist nicht nur ein früher Ahnherr, „Vater" der Gemeinde und des Bundes, er ist auch der Prototyp des Jahweverehrers, der in schwerer, persönlicher Entscheidung sein ganzes Leben unter die Führung des einzigen Gottes stellt. Die Entscheidungs- und Gehorsamstheologie, wie sie in der Gestalt des Abraham verkörpert ist (seit wann?), deutet auf intensive Ausgestaltung und Rezeption in der nachexilischen Zeit. In den vorexilischen Glaubensgemeinschaften waren Ansätze zu diesen persönlichen und gemeindlichen Glaubensdimensionen vorhanden, z.B. im Verhältnis der einzelnen und ihrer Intimgruppen zur Familiengottheit. Auch da ging es um persönliche Treue und persönliches, in die Kleingruppe eingebundenes Vertrauen. Die Abrahamsgestalt ist aber bereits in die Religionsgemeinschaft „Israel" integriert und auf den Weltengott Jahwe bezogen. Folglich spiegelt sich in ihr der Horizont der Gemeinde in der Perserzeit.

Abrahams Berufung aus der südmesopotamischen Heimat steht unter der Zielvorgabe der Volkwerdung, des Landbesitzes und der Segensvermittlung an alle Menschen (Gen 12,1–3), ein wahrhaft weitgespannter, universaler Rahmen. Und der Herausgerufene fügt sich dem göttlichen Befehl ohne jede Widerworte, ein Idealverhalten, wie es im Ps 119 und anderswo erträumt ist. Durch den ganzen Erzählstrang Gen 12–25 hindurch bleibt Abraham nach den Vorstellungen der Torafrommen der absolut loyale Gefolgsmann Jahwes. Er wandert als Fremder durch das Land, das seinen Nachkommen zugesagt ist, baut hier und dort einen Jahwe-Altar (vgl. Gen 12,8; 13,17), löst Familienprobleme im Sinne der empfangenen Verheißungen, gerät in schwierige Situationen wegen seiner schönen Frau Sara oder der Familiensolidarität mit dem Neffen Lot, kann unter allen Umständen mit Unterstützung Jahwes rechnen und feiert wiederholt die unverbrüchliche Bundeszusage Jahwes (vgl. neben Gen 17 die anscheinend ältere Version Gen 15): Bei der urtümlicheren Darstellung mit dem bedeutungsschweren Ritus der halbierten Opfertiere, die offenbar das Schicksal des Bundbrüchigen andeuten sollen (Gen 15,10) ist dann eine Traumvision angefügt. Die Zukunft öffnet sich dem Ahnherren bis in die exilisch-nachexilische Zeit, deutliches Indiz einer rückprojizierenden Interpretation oder Gestaltung. Seine Nachkommen werden 400 Jahre lang versklavt sein und dann den Exodus erleben (Gen 15,12–14) und das Land von der ägyptischen Grenze bis zum Euphrat in Besitz nehmen (V. 18–21). Diese Geographie erinnert an die davidische Herrschaft, könnte aber auch die in Transeuphratene zerstreute Juden im Blick haben (vgl. Esra 7,25). Die weissagende Interpretation der Bundesgeschichte ist in eine ältere Erzählung vom feierlichen Verpflichtungsopfer hineingebaut.[448] Ein das Kapitel einleitendes Gespräch Abrahams mit Jahwe hat weisheitliches Gepräge; die Schlussfolgerung verweist wieder direkt auf die Spiritualität der nachexilischen Zeit: „Abram glaubte Jahwe, und das rechnete er ihm als Gerechtigkeit an" (Gen 15,6). Der persönliche Glaube zeichnet den ṣaddiq aus. Kinderlosigkeit der Verheißungsträger (Gen 15,1–5) ist häufig retardierendes Element in atl. Geschichten. Hier wird das alte Motiv aufgegriffen und dient als eindrucksvoller Hintergrund zu der völligen Hingabe Abrahams an die göttliche Zusage. Das Stichwort „an Jahwe glauben", „sich auf Jahwe verlassen" ('mn, hiph) ist charakteristisch für die Torafrömmigkeit der Spätzeit.[449] Die Anrechnung „zur Gerechtigkeit" spielt an auf die damals weit verbreitete Bezeichnung des für Jahwe und seine Tora engagierten Glaubenden. Er ist der „Gerechte" (ṣaddiq), im Gegensatz zum gottvergessenen rašaʻ, „Bösewicht"[450] Beide Termini können z.B. im Psalter oder im Proverbienbuch die Funktion von Leitwörtern für späte Redaktion annehmen.

Der Vorbildcharakter Abrahams[451] wird in der für moderne Leserinnen und Leser grauenerregenden Erzählung von der Opferung Isaaks auf die Spitze getrieben (Gen 22). Berücksichtigen wir die Zeitumstände mit ihren spirituellen Wertordnungen, unter denen der Text entstanden ist und öffentlich in Verkündigung und Unterweisung gebraucht wurde, wird seine Aussage verständlicher. Es geht um das absolute Vertrauen auf Jahwe, den Gott der Verheißungen und Erfüllungen. Wenn dieser Gott auch das widersinnigste Opfer verlangt, wird alles schon seine Richtigkeit haben. Abraham soll seinen einzigen Sohn opfern (Gen 22,1–3). Ohne Murren oder Rückfrage macht sich der Glaubensheld auf den Weg, um die schreckliche Tat auszuführen. Nach dem Verständnis der Jahwe-Treuen in der nachexilischen Gemeinde war die Verbindung zu dem einen, fürsorglichen Gott das uneingeschränkt oberste Gebot für jedes Mitglied der Gemeinde. Daneben verblassten alle anderen Pflichten, Wünsche und Sorgen zur Bedeutungslosigkeit. Also galt es, einen Auftrag Gottes unbedingt und ohne Besinnung, auch gegen die eigenen Schmerzempfindungen auszuführen. Im damaligen Wertesystem der Jahwe-Treuen (moderne Beispiele verschiedenster Qualität sind bekannt) war das nicht verabscheuenswerter Kadavergehorsam, sondern der Gipfel des Vertrauens in den guten Gott, der in seiner Weisheit vom Menschen auch Absurdes verlangen mochte. Vertrauensaussagen von der Art „Ich traue dir, Gott" (vgl. Ps 13,6; 25,2; 31,7.15; 52,10; 55,24; 56,4f.12 usw.) kommen in den Sinn. Auch in schweren Zeiten soll dieses Urvertrauen auf Gott halten (vgl. Ps 23,4; 42,6.12; 43,5; 62,2–9 usw.). Die Anfechtung, die im Leiden beson-

---

[448] Zu der literarisch sehr komplexen Struktur von Gen 15 vgl. C. Westermann, BKAT I,2, 247–275; P. Weimar, Genesis 15, in: M. Görg (Hg.), Die Väter Israels, Stuttgart 1989, 361–411.

[449] Vgl. Ex 14,31; Jon 3,5; Ps 27,13; 106,12; 116,10; 119,66; 2 Chr 20,20.

[450] Vgl. J. Scharbert, A. Finkel, Gerechtigkeit I, II, TRE 12, 404–414; H. Ringgren, ThWAT VII, 675–684.

[451] Vgl. U. Worschech, Abraham, EHS.T 225, Frankfurt 1983; M. Oeming, Der Glaube Abrahams, ZAW 110, 1998, 16–33; J. Ha, Gen 15. A Theological Compendium of the Pentateuchal History, BZAW 181, Berlin 1989.

ders des Gerechten aufbricht, führt dann folgerichtig zur Situation Hiobs (vgl. Ps 73; Hiob), d.h. dazu, die Sinnhaftigkeit des Leidens zu hinterfragen. Der Gedanke, die von Gott gewirkte oder zugelassene extreme Belastung könne eine „Prüfung" der Leidensfähigkeit und der Glaubenstreue sein (Gen 22,1), mag der Diskussion noch einmal eine andere Wende geben, aber aufhalten kann er sie nicht. Hiobs Anliegen bleiben im Alten Testament virulent, und es ist möglich, dass die vorbildliche Einstellung Abrahams in Gen 22 denen, die im Buche Hiob zu Wort kommen, auch als Negativfolie im innergemeindlichen Disput um die Gerechtigkeit Gottes diente.

Nicht nur die persönliche Frömmigkeit der nachexilischen Zeit spiegelt sich in den Erzelternerzählungen. Auch die frühjüdische Gemeinde gewinnt Gestalt, sowohl positiv wie negativ. Die Begegnung Abrahams mit dem legendären Melchisedek von Jerusalem muss – nach dem erfolgreichen Krieg des Ahnherrn gegen Kedor-Laomer (Gen 14,1–16) – die Verbindung mit dem späteren Tempel herstellen: Der alte Priesterkönig entbietet dem rückkehrenden Patriarchen Segen; Abraham revanchiert sich mit der Zehntabgabe „von allem" (Gen 14,18–20). Hier klingt eine Jerusalemer Tradition, die nur spärlich im Alten Testament durchscheint, aber außerkanonisch stärker bezeugt ist. Melchisedek ist weltlicher und geistlicher Herrscher von (Jeru)Salem, das wird auch Ps 110,4 vorausgesetzt (das Orakel für den Messiaskönig lautet: „Du bist ein Priester ewiglich nach der Weise Melchisedeks"). Die Figur scheint archaisierend ausstaffiert, sie soll die uralte und zukünftige göttliche Regierung der Stadt Jahwes symbolisieren. Die auffallende Gottesbezeichnung *'el 'eljon*, „höchster Gott", in der Umwelt Israels wohl bekannt, für Jahwe hier und da verwendet, hat denselben urtümlichen Klang. Der Priesterkönig bringt Abraham Willkommensgaben, Brot und Wein, die den Ahnvater fast sakramental in die fremde Religionsgemeinschaft einbeziehen, ihn zum Genossen machen. Dann spendet er ihm den Segen dieses Höchsten Gottes (*'el 'eljon*, wie in einigen ugaritischen Texten) der den mächtigen Titel eines Weltschöpfers trägt. Damit ist Abraham ganz nach Jerusalem eingemeindet. Die Ahnung einer vorjahwistischen religiösen Tradition schwingt im Text mit. Sie wird aber durch Abraham judäisiert und damit auch jahwisiert. Der Ahnvater begründet mit seiner Zehntabgabe dann auch die später in Jerusalem geltende Tempelsteuer (V. 20). So sind Priesteramt, Tempel, Steuer eine in die Abrahamszeit versetzte Vorschattung der Situation, die in der Ära des Zweiten Tempels bestand. Die so erratisch wirkende Einbettung der Melchisek-Szene in halbmythische, babylonische Kriegsereignisse (Gen 14,1–17.21–24) unterstützt die Ansetzung des Kapitels in der exilisch-nachexilischen Zeit. Schon C. Westermann (der die Einzelteile von Gen 14 allerdings zuerst strikt unabhängig voneinander interpretieren will) setzt den Gesamttext in die spätnachexilische Epoche[452]. Der Kompilator verlieh dem Abraham „eine ins Weltgeschichtliche hineinragende Größe" ... Dadurch versuchte er dem jüdischen Volk „eine glorreiche Vergangenheit zu erwecken, die der demütigenden Gegenwart weitere Horizonte erschloss."[453]

Das Gegenstück zu der heiligen Jerusalemer Tempelgemeinde ist in den Abrahamsgeschichten das verruchte Sodom und Gomorrha (Gen 18,16–19,29), in denen Ungerechtigkeit und Sittenlosigkeit überhand genommen haben. Interessant sind die Vorspiele zur Vernichtung beider Städte; die ursprünglichen Erzählungen darüber sind ätiologisch zu verstehen, sie haben mit der Entstehung des so unglaublich tiefen Jordangrabens und des Toten Meeres zu tun. In der Aufbereitung des Motivs vom Untergang

---

[452] C. Westermann, BKAT I,2, 226.
[453] C. Westermann, a.a.O. 245. Es geht also bei diesen mehr oder weniger prophetischen Erzählungen nicht nur um die Vergangenheit, sondern sicher auch um die Horizonte der Zukunft Israels.

der bösen Städte in Feuer und Schwefel bekommt Abraham eine mitentscheidende Rolle. Er gibt dem göttlichen Gast ein Stück Weggeleit, und der reflektiert in der Erzählung darüber, ob er seinem Erwählten den Plan, Sodom zu zerstören, verheimlichen dürfe (Gen 18,17–19). Die Intimität des Gottesverhältnisses Abrahams zu Jahwe ist eine direkte Folge des engen Miteinanders, das die nachexilische Gemeinde lebt. Die Begründung V. 18f greift noch weiter:

> Jahwe aber dachte: soll ich vor Abraham geheim halten, was ich tun will? Abraham soll doch ein grosses, starkes Volk werden, und alle Völker der Erde werden sich mit seinem Namen Segen wünschen. Denn ich habe ihn erkoren, dass er seinen Söhnen und seinem Hause nach ihm befehle, den Weg Jahwes zu beobachten und Gerechtigkeit und Recht zu üben, damit Jahwe über Abraham kommen lasse, was er ihm verheissen hat. (Gen 18,17–19)

Ein Amosspruch drängt sich als Parallele auf: „Der Herr Jahwe tut nichts, er habe denn seinen Ratschluss seinen Knechten, den Propheten, enthüllt." (Am 3,7). Er ist auf demselben Vertrauenshumus gewachsen wie Gen 18,17ff; Propheten und Gemeinde sind Teilhaber am Vorauswissen Jahwes. Und dieses Wissen ist mit der Tora gegeben. Zwar wird das Stichwort nicht direkt gebraucht, der Sache nach ist aber die Gabe der Tora suggeriert. Abraham ist verantwortlich für die kommenden Generationen (man beachte diese Zukunftsperspektive!): Sie sollen auf seine Anweisung hin „den Weg Jahwes einhalten und Gerechtigkeit und Recht üben" (V. 19a; vgl. 26,5), das sind aber genau die Inhalte der Tora-Verpflichtung (vgl. Ps 119,33. 44. 60. 112. 121. 166). Diese Inhalte sind den Nachkommen Abrahams stellvertretend für die ganze Völkerwelt anvertraut (V. 18). Folglich trägt Israel im Koordinatensystem der Weltreiche, in denen es als Minderheit lebt, die Mitverantwortung für Recht und Gerechtigkeit. Die Mitverantwortung gebietet, dass es informiert werde über Gottes Pläne. So berichtet Jahwe denn, was im Blick auf Sodom geschehen soll: Untersuchung der Anschuldigungen, d.h. des Fehlverhaltens und eventuelle Bestrafung der korrupten Städte (V. 21). Und nun bleibt Abraham stehen und übernimmt die Rolle des Fürbitters für die verlorene Stadt (vgl. Jona). Soll das ein Akt der Nächstenliebe gegenüber ignoranten, sich selbst überlassenen Heiden sein? Oder das solidarische Eintreten für die minoritäre Jahwegemeinschaft, die es eben auch in dieser Großstadt Sodom geben musste? Die letztere Variante scheint plausibler. Denn Abraham ringt Gott das Versprechen ab, die Stadt nicht zu vernichten, wenn sich nur zehn „Gerechte", das sind nach dem gängigen Sprachgebrauch aber „Jahwe-Anhänger", unter ihren Einwohnern fänden. Das beschwörende Plädoyer des Ahnvaters gegenüber Gott ist ein Meisterstück nachexilischer theologischer Rhetorik:

> Abraham blieb noch vor Jahwe stehen. Er trat herzu und sprach: Willst du mit dem Gottlosen auch den Gerechten wegraffen? Vielleicht sind fünfzig Gerechte in der Stadt; willst du die auch wegraffen und nicht lieber dem Ort vergeben wegen der fünfzig Gerechten darin. Ferne sei es von dir, solches zu tun, den Gerechten mit dem Gottlosen zu töten, dass es dem Gerechten erginge wie dem Gottlosen! Das sei ferne von dir! Der aller Welt Richter ist, sollte der nicht Recht üben? (Gen 18,22b–25).

Die Frage nach der kollektiven Schuld und der individuellen Haftung tritt auf den Prüfstand. Muss der unbeteiligte Einzelne mit allen leiden und evtl. bestraft werden für das Allgemeinverhalten seiner Mitbürger? Kraft seiner Stellung als Bundespartner Jahwes greift Abraham fürbittend in den Mechanismus der Kollektivhaftung mit ihrer Vernichtungsstrategie ein und senkt die Mindestanforderung von fünfzig auf zehn Gerechte (Gen 18,22–32). Jahwe lässt sich auf dieses Geschäft ein.
Die Debatte um Sodoms Schuld oder Unschuld wird ganz unter dem Aspekt geführt, ob

es in der Stadt eine bestimmte Anzahl von „Gerechten" (ṣaddiqim) im Gegensatz zu den „gottlosen Frevlern" (rᵉšaʻim) gebe. Das ist die bekannte Standardklassifizierung der nachexilischen Zeit, die sich nicht unbedingt mit unseren Moralvorstellungen deckt. Es geht vielmehr, zumindest im priesterlichen Überlieferungsstrang, um die Kategorien von Heiligkeit und Unreinheit, wie sich an der Demonstration von Sodoms Verwerflichkeit in Gen 19,4–11 zeigt. Die Boten Jahwes kehren bei Lot, einem der „Gerechten" in Sodom, ein; der Straßenmob der Stadt will die Gäste sexuell missbrauchen. Für den Alten Orient ist das eine der schlimmsten denkbaren Schandtaten, ein barbarischer Bruch der Gastfreundschaft (vgl. Ri 19,22–30). Die homosexuelle Dimension der Tat weckt bei der atl. Hörerschaft auch Assoziationen zu Lev 18,22 und 20,13, dem Verbot männlicher homosexueller Kontakte wegen der Unverträglichkeit von Heiligkeits- und Sexualsphäre. Sodom erscheint (in der späteren Tradition immer stärker) als ein Ausbund sexueller Abartigkeit, d.h. als Gegenbild zu der heiligen, unbefleckten Idealgemeinde, die in Gen 14,18–20 angedeutet ist. Das positive Leitbild und das Gegenklischee entsprechen der Jerusalemer Ideologie der Gemeinde des Zweiten Tempels.

Das eigentliche, große Thema der Erzelternerzählungen aber sind die Verheißungen, die Abraham, Isaak, Jakob und ihre Frauen von Jahwe empfangen. Sachentsprechend sind die göttlichen Orakel auf die ferne Zukunft gerichtet, es geht um den Besitz des Landes Kanaan und die Vermehrung der kümmerlich kleinen Sippenscharen in den kommenden Generationen. Bei einer solchen in der Natur der Verheißung angelegten Zukunftsperspektive kann man in jedem Fall nur die Frage stellen, welche Epoche nach der gedachten Erzelternzeit Anfang oder Mitte des 2. Jt. v.Chr. denn ein spezifisches Interesse an den Themen der Verheißung gehabt haben könnte. Diese Epoche wäre dann für die Ausbildung der entsprechenden Ansagen mit verantwortlich. Theoretisch kommen nur zwei Perioden[454] der Geschichte Israels in Betracht. Das ist einmal der Abschnitt, in dem Israel sich im Verheißungsland als politische Größe etablierte, also die Phase der „Einwanderung" mit der folgenden sogenannten Richter- und frühen Königszeit, und das wäre andererseits die Periode nach dem Zusammenbruch der Monarchie, als Israel seine Staatsrechte durch die Truppen der Weltmächte aufgehoben, die Besitzrechte an Grund und Boden drastisch relativiert sah und nur durch weltweite Vermehrung des Volkes Chancen auf Überleben und Herrschaft haben konnte.

Die erste Deutungsvariante wäre an sich plausibel, wenn wir irgendwelche verlässlichen Dokumente oder Erinnerungen an die beiden letzten Jahrhunderte des 2. Jt. hätten. Wenn es hoch kommt, zeugen einige poetische Stücke und Sprüchefragmente von der Landnahme Israels, vielleicht noch manche Ortsnamen und Namensänderungen und bestimmte archäologisch bestimmbare Siedlungsspuren auf dem ephraimitischen Gebirge und im judäischen Südland. Aus diesen Informationssplittern lässt sich kein zusammenhängendes, geschichtlich überzeugendes Bild von der Frühzeit Israels gewinnen. Vor allem lassen sich die Väterverheißungen nicht als authentische Texte jener alten Tage erweisen, als angeblich die Voreltern der Hebräer oder ihre unmittelbaren Nachkommen im versprochenen Land ansässig wurden.[455] Beide Geschichtsabschnitte, die der wandernden Hirtenfamilien und der auf Ackerland angewiesenen, aus Ägypten her einsickernden Stämme sind in hohem Maße von der Jahrhunderte später wirkenden Tra-

---

[454] Ein dritter Geschichtsabschnitt, der Anfang des vereinigten Königreiches unter David und Salomo scheidet aus, weil die Verheißungen des Buches Genesis kaum monarchisch-politisch zu deuten sind.

[455] Vgl. N.P. Lemche, BE 1; V. Fritz, BE 2, dazu Untersuchungen von T.L. Thompson, Early History of the Israelite People, Leiden 1992.

dition konstruiert worden. Die drei Erzelternpaare, ergänzt durch das ägptische Bindeglied Joseph, und das in Ägypten herangewachsene Volk entsprechen vielmehr den Interessen der Exulanten und der Heimkehrer seit dem 6. Jh. v.Chr. Das gilt es anhand eines Überblicks über die sogenannten „Väter"verheißungen kurz darzustellen.
Die Zusagen Jahwes an die Erzeltern fächern sich auf in Ankündigung von Landbesitz, großer Nachkommenschaft, Segensbedeutung für und Herrschaft über andere Völker. Sie sind über die Erzählblöcke verstreut und stellen so den roten Faden der gesamten Erzelterngeschichte dar. Der Dtr. hatte wohl schon immer eine vergleichbare Verheißungsthematik, die er zunächst an die Moseschar nach ihrer Flucht aus Ägypten heftete. Sekundär verknüpfte aber auch er an einigen Stellen die Verheißungen mit den Namen Abraham, Isaak und Jakob.[456] Beide Sichtweisen haben mit der exilisch-nachexilischen Situation zu tun, als das Land verloren war, dann aber die Rückkehr von den Machthabern gestattet wurde, die Neuorganisation in Kanaan wie in der Diaspora anstand und die Frage nach der Bedeutung der eigenen Minderheit in einem unermesslichen Imperium die Gemüter erregte. Darum waren alle Facetten der Erzelternverheißung in der nachexilischen Gemeinde von hoher Brisanz. Die Zusagen Jahwes betreffen die drei Ahnelternpaare, aber auch noch Joseph in seinem ägyptischen Domizil. Jahwe redet programmatisch zuerst zu Abraham: „Ich will dich zu einem großen Volk machen ...; Segnen will ich, die dich segnen" (Gen 12,2f; vgl. V. 7). Die Worte Jahwes signalisieren engste Solidarität mit Abraham, ein Bundesverhältnis sozusagen, in dem Jahwe uneingeschränkt auf der Seite des Ahnvaters und seiner Familie steht. Der Gesichtskreis ist universal, umfasst die ganze Erde, wie es seit den Weltreichserfahrungen Israels vom 6. Jh. erwartet werden kann. Die judäische Gemeinde als Vermittlerin von Lebenskraft für alle Völker, das kann nur ein Selbstbewusstsein sein, wie es sich innerhalb des persischen Reiches ausbildete, nachdem religiöse Toleranz seitens der Herrschenden auch die Hoffnung auf spirituelle und eventuell eschatologisch-politische Einflussmöglichkeiten nährte. Es herrschte auch Sehnsucht nach Landbesitz: Die Gemeinde suchte ihre Autarkie auf eigener Scholle zu verwirklichen (vgl. Neh 9,36f).
Die Abrahams-Geschichten (Gen 12–25) sind des Weiteren durchsetzt mit ähnlichen göttlichen Versprechungen oder Hinweisen darauf (vgl. Gen 13,14–17: mit Aufforderung zur Inspektion des verheißenen Landes! 15,5.7f.16.18f: im Kontext des Bundesschlusses; 17,2.4–7.8.15f.20: zusammen mit Beschneidungsbund; 22,15–18: Zusage von Segen und Herrschaft). Die Verheißungen setzen sich fort in die Isaak- und Jakobgeschichte (Gen 26,2–5; vgl. V. 24): Der Rückbezug auf die Abrahamsverheißung ist in Wortwahl und Inhalten deutlich; wichtig ist wieder der universale Rahmen der Zukunftsansage. Hinzu kommt der Verweis auf Abrahams treue Torabefolgung. – Und weiter geht es mit Jakob (Gen 28,13f); seine „Nachkommen sollen werden wie der Staub der Erde ..."; man rechnet in den Dimensionen eines Weltreiches. Dieselbe Verheißung klingt an in dem Reisesegen, den Vater Isaak seinem Sohn Jakob schon vorher, bei dessen Aufbruch nach Mesopotamien gibt (Gen 28,3f) und noch früher, bei der Übergabe der Würde des Familienchefs im Erstgeburtssegen (Gen 27,27–29.39f: Herrschaft über Brudervolk!). Das Gebet Jakobs vor dem Kampf am Jabbok enthält einen Hinweis auf die Vermehrungszusage (Gen 32,13) und im Zusammenhang mit Altarbau und Neuverpflichtung auf Jahwe in Bethel hat der Patriarch noch einmal eine Vision: Sein Name wird in „Israel" geändert, Mehrungs- und Landzusage verstärken den dominanten Ton

---

[456] So die ansprechende These von T. Römer, Israels Väter; es geht um Dtn 1,8; 6,10; 9,5.27; 29,12; 30,20; 34,4.

des Erzählkomplexes (Gen 35,9–12). Ein späteres Echo findet diese Verheißung im Josephszyklus, als nämlich der sterbende Jakob seinen Sohn in Ägypten an die Bethelvision erinnert (Gen 48,3f). Im Übrigen treten die Verheißungen Jahwes mit der Josephsgeschichte schon in das Stadium der Erfüllung ein. Einerseits beginnt mit der Übersiedlung in das Nilland das gewaltige Wachstum Israels (vgl. Gen 46,3; 48,16.19; Ex 1,6f), andererseits ist die Überführung des Leichnams Jakobs in seine Heimat, das „Land der Väter", nach dem Ackerkauf bei Sichem (Gen 33,18f.) ein unübersehbares weiteres Signal der Inbesitznahme lange vor dem Auszug der Israeliten aus Ägypten (Gen 47,30; 48,21f; 50,7–14). Die Verfügungsgewalt über das Land in der Heimat Kanaan war den Exilierten und Zurückgekommenen ein großes Problem. Die Deportationen am Anfang des 6. Jh. v.Chr. waren mit Enteignungen einhergegangen. Bis zur Rückkehr der Verbannten blieben die Eigentumsfragen offen und in der judäischen Bevölkerung strittig (vgl. Jer 24; Ez 33,23–29). Hinzu kamen hohe Belastungen des Familienbesitzes durch die Besatzungsmächte, sowohl Babylonier wie Perser. Viele Bauern wurden in den Ruin getrieben (Neh 5). Für Familienbesitz an Grund und Boden gab es in der Provinz Juda durchaus keine zuverlässige Sicherung. Darum ranken sich die Väter- und Müttergeschichten der Genesis so stark um die Landproblematik. Und die Mehrungsverheißungen entstammen letzten Endes derselben Notsituation. Die judäische Gemeinde war sich ihres Minderheitenstatuses schmerzlich bewusst. Nur eine erhebliche Vermehrung der eigenen Bevölkerung und eine Karriere in den dominanten Gesellschaften konnte Einfluß bringen. Dieses Thema wird in vielen Erzählungen des Alten Testaments aufgenommen: <u>Joseph</u> bringt es dank der verborgenen Führung Jahwes in Ägypten zum zweithöchsten Amt im Staat. So kann der „verlorene Sohn" Jakobs seiner Sippe entscheidend helfen. <u>Ester</u> führt (aufgrund nicht verbalisierter Lenkung Gottes!) den persischen Großkönig so, dass tödliche Gefahr von den Juden abgewendet und der drohende Untergang in einen überwältigenden Sieg verwandelt wird. <u>Nehemia</u> und <u>Esra</u> wirken am persischen Königshof zum Besten des Volkes. Alle diese Beispiele belegen: Das Ziel der Volksvermehrung und -ausbreitung liegt in der Präsenz von Juden überall in der Welt. Besonders in den Machtzentren sind geschickte und treue Diener der jeweiligen Herrscher notwendige Agenten Gottes (vgl. auch Daniel; Judit), welche die alten Verheißungen dann auch Wirklichkeit werden lassen. Segensträger sollen die Nachkommen der Erzeltern wohl in der Art sein, dass sie durch ihr Leben mit und vor Jahwe, mit der und durch seine Tora Vorbildcharakter für alle anderen Völker und Religionen bekommen. Die jüdische Gemeinde öffnet sich in solchen Verheißungen für die ganze Menschheit und lässt sie an der Selbstmitteilung des einzigen Gottes teilhaben (vgl. Jes 2,2–4; 19,23–25; 49,1–6; 56,1–8; Ps 87; Jona). Die nicht sehr konkreten Herrschaftswünsche schließlich erwachsen aus der Mehrungsverheißung. „Ich will dich über alle Massen fruchtbar machen und dich zu Völkern werden lassen, und Könige sollen von dir abstammen." (Gen 17,6;[457] vgl. 22,17[458]; 27,29; 35,11).

Insgesamt ergibt sich so in der Väter-Müttergeschichte der Ahnen Israels ein erstaunlich weiter geographischer, gepaart mit einem offenen geistigen oder religiösen Horizont. Die Migrationsbewegungen der Vorfahren und Gründer der jüdischen Gemeinde haben sehr wahrscheinlich nichts mit geschichtlichen Wanderungen und Völkerbewegungen zu tun, sie entspringen der allgemeinen Erfahrung, dass im Zusammenhang mit weltpoliti-

---

[457] C. Westermann, BKAT I/2, 315: Stellen, die ‚Völker' und ‚Könige' parallel setzen (wie auch Jes 41,2; 45,1; 60,3; Jer 25,14) sind „Heilsworte der exilischen und nachexilischen Zeit."

[458] Der Wunsch, „das Tor des Feindes zu kontrollieren" stammt wohl aus alter Beschwörungsliteratur.

schen Entwicklungen Wohnsitze gefährdet sind, sich verlagern können. Die Aussageintentionen der nachexilischen Verfasser oder Hörer der Patriarchenerzählungen zielen eher in eine andere Richtung. Nach dem Plan Jahwes für sein Volk Israel und die gesamte bewohnte Welt hinterlassen die Ahneltern ihre Spuren in allen Ländern zwischen Mesopotamien und Ägypten. Der Dtr. summiert den zweiten, wichtigeren Teil der Geschichte so: „Ein umherirrender Aramäer war mein Vater; der zog hinab nach Ägypten und blieb daselbst als Fremdling und ward daselbst zu einem grossen, starken und zahlreichen Volk." (Dtn 26,5). Die Unstetigkeit des Seminomaden weckt den Gedanken an die Fürsorge des guten Gottes, der seinen Erwählten die richtige Orientierung gibt. „Höre mein Gebet, Jahwe, ... denn ich bin ein Gast bei dir, ein Beisass, wie alle meine Väter." (Ps 39,13). Das Bild des migrierenden Jahwe-Glaubenden ist haften geblieben, hat umgekehrt auch dazu beigetragen, die Geschichte der Erzeltern als ständige Wanderungen darzustellen, von Mesopotamien nach Kanaan, und von Kanaan nach Mesopotamien, hin und her durch Kanaan, von Kanaan nach Ägypten und wieder zurück, und noch einmal nach Ägypten – Unterströmungen nicht eingerechnet. Es entstand die Glaubensikone des nach Sesshaftigkeit verlangenden, dennoch immer in entwurzelnder Bewegung (Heb 13,14: „wir haben hier keine bleibende Statt"; vgl. die Glaubensprofile in Heb 13: Abel; Henoch; Noach; Abraham; Isaak; Jakob; Joseph; Mose; Rahab – V. 4–31) bleibenden Frommen.

III.2.4.4 Die Urgeschichte

R. Albertz, Weltschöpfung und Menschenschöpfung, Stuttgart 1974 (CThM.A 3). – M. Bauks, Die Welt am Anfang, Neukirchen-Vluyn 1997 (WMANT 74). – N.C. Baumgart, Die Umkehr des Schöpfergottes Freiburg, 1999 (HBS 22). – F. Crüsemann, Die Eigenständigkeit der Urgeschichte, in: J. Jeremias u.a.(Hg.), Die Botschaft und die Boten, Neukirchen-Vluyn 1981, 11–29. – C. Dohmen, Schöpfung und Tod, Stuttgart 2. Aufl. 1997 (SBB 17). – B.K. Gardner, The Genesis Calendar: The Synchronistic Tradition in Genesis 1–11, Lanham, Md 2001. – T. Hieke, Die Genealogien der Genesis, Freiburg 2003 (HBS 39). – O. Keel und S. Schroer, Schöpfung. Biblische Theologie im Kontext altorientalischer Religionen, Göttingen / Fribourg 2002. – A. Louth (Hg.), Genesis 1–11, Downers Grove, Ill 2001 (Ancient Christian Commentary on Scripture: Old Testament 1). – U. Neumann-Gorsolke, Herrschen in den Grenzen der Schöpfung, Neukirchen-Vluyn 2004 (WMANT 101). –R. Oberforcher, Die Flutprologe als Kompositionsschlüssel der biblischen Urgeschichte, Innsbruck 1981. – S. Schorsch, Die Vokale des Gesetzes, Bd. 1: Das Buch Genesis, Berlin 2004 (BZAW 339). – W.S. Towner, Genesis, Louisville, Ky 2001. – B. Trimpe, Von der Schöpfung bis zur Zerstreuung: Intertextuelle Interpretationen der biblischen Urgeschichte (Gen 1–11), Osnabrück 2000 (Osnabrücker Studien zur jüdischen und christlichen Bibel 1). – M. Witte, Die biblische Urgeschichte, Berlin 1998 (BZAW 265). – E. Zenger, Gottes Bogen in den Wolken, Stuttgart 1983, 2.Aufl. 1987 (SBS 112).

Der Einsatz bei Abraham und seiner Frau genügte den Gemeinden des Nachexils noch nicht; es galt, weitere Fragen zu beantworten. Die (altorientalische und israelitische) Wissbegierde richtete sich auf die ersten Anfänge überhaupt. Was war das für ein südmesopotamisches Ursprungsland, aus dem die Hebräer einmal auswanderten, wie verhielt es sich mit ihren Beziehungen zu Nordbabylonien? Aus welcher Umgebung hat Jahwe die Ahnen herausgerufen, wie war diese ihre ferne, andersartige Welt zustandegekommen? Besonders die in Babylonien Zwangsangesiedelten machten sich vermutlich Gedanken über diesen Raum. Sie horchten wohl auch in die Überlieferungen ihres „Gast"landes hinein und formulierten Antworten im Rahmen der Traditionen, die sie dort vorfanden. Schöpfung, Flut, Völkergenealogien des Buches Genesis beziehen sich auf mesopotamische Vorgaben und Verhältnisse, verarbeiten z.T. auch die vorfindlichen Stoffe. Die großen babylonischen Epen: Atram-hasis, Enuma-eliš, Gilgameš sind wahrscheinlich, in welcher literarischen und/oder mündlichen Form auch immer, den in Babylonien wohnenden Israeliten nicht unbekannt geblieben. Sie gestalteten auf ihre Weise die Anfangsgeschichte der Menschheit mit Elementen babylonischer Tradition,[459] um ihre Fragen nach der Zeit vor Abraham zu beantworten. Es bleibt zweifelhaft, ob die Urgeschichte einmal selbständig existiert hat und sekundär einem fertigen oder entstehenden heilsgeschichtlich-israelitischen Buch vorangestellt worden ist. Es wird sich auch nicht eindeutig klären lassen, wo die eigentliche Grenzlinie zwischen Menschheits- und Volksgeschichte gezogen werden muss, ob nach Gen 9 oder Gen 11. Die etwas stärkeren Argumente liegen vielleicht bei denen, die eine relativ zügige, von priesterlichen Tradenten verantwortete Komposition in der nachexilischen Periode annehmen. Das chronologische Gerippe besonders des Buches Genesis spricht für eine solche These. Und was haben die frühjüdischen Gemeinden und ihre Schriftgelehrten in Babylonien gelernt und neu gedacht?[460]

Es war in bäuerlichen Kreisen Altisraels, so kann man annehmen, nicht üblich, der Weltschöpfung einen triumphalen ersten Platz in der Überlieferung zuzuweisen. Den Menschen in den Kulturzentren an Euphrat, Tigris und am Nil allgemein und den Theologen unter ihnen ganz besonders war es indessen seit mehr als einem Jahrtausend selbstverständlich, über die Entstehung der Welt nachzudenken, davon zu hören und zu reden. Im jährlichen Neujahrsfest in Babylon wurde das Stadt- und Reichsepos Enuma eliš, „als droben", aufgeführt oder doch rezitiert.[461] Die anderen Epen hatten anscheinend einen weniger kultisch-offiziellen Sitz im Leben, sind aber gewiss auch in der Öffentlichkeit vorgetragen worden. Das Ergebnis der judäischen Bemühungen um das Thema des Weltanfangs ist die zweischichtige Komposition über die Welt- und Menschenschöpfung Jahwes (Gen 1–2). Das erste Schöpfungswerk läuft im Sabbat aus: eine Projektion der eigenen, nach dem Exil entstandenen Wochenstruktur in die allererste Urgeschichte. Der vom Sabbat gekrönte Zeitablauf in der eigenen Erfahrungswelt war den Bearbeitern der Urgeschichte über alles wichtig, so dass sie ihn schon dem Schöpfungsgeschehen aufprägten. Darin spricht sich das menschliche Bewusstsein aus: Unsere Welt ist vom allerersten Anfang her so geordnet, wie wir sie erleben. Andere Spuren der eigenen theologischen Welt- und Gottesdeutung sind die verbalen Schöpfungsakte Jahwes, die Depotenzierung der Gestirne (die in Babylonien sämtlich göttliche Qualitäten besaßen), die Einsetzung des Menschen generell (nicht: der Monarchen) zur Vizeregentschaft über die Erde.[462] Alles verrät die rückwirkende Konstruktion des Schöp-

---

[459] Vgl. M. Bauks, Welt. Die Verfasserin würdigt aber auch die ägyptischen Elemente und dem gemein-altorientalischen Vorstellungsschatz, vgl. a.a.O. 268 u.ö.

[460] Die Frage berührt sich mit den anderen nach den rezipierten Stoffen und den Intentionen der altisraelitischen Redaktoren der Urgeschichte. D.J.A. Clines ist Recht zu geben: Sie bearbeiteten Motive, die sie unmittelbar im Licht der eigenen, exilisch-nachexilischen Erfahrungen interpretieren konnten, z.B. Verdorbenheit der Menschen (Gen 6) oder die Machtgelüste der (imperial) vereinigten Völker (Gen 11), vgl. ders. Theme in Gen 1–11, in: R.S. Hess und D.T. Tsumura (Hg.), „I Studied Inscriptions from Before the Flood", Winona Lake 1994, 285–309, bes. 308: Primeval history was „heard in exile as a story of God and Israel".

[461] Über dieses wichtige Fest der Jahreswende, in dessen Verlauf die Schicksalstafeln für das kommende Jahr verfasst und in der Heiligen Hochzeit die Lebenskraft des Landes erneuert wurden, vgl. W. Sallaberger, B. Pongratz-Leisten, Neujahr(sfest), RlA 9, 291–298.

[462] Vgl. U. Rüterswörden, dominium terrae (BZAW 215) Berlin 1993. In Gen 1,26–30 sind aber wohl zwei Schichten zu unterscheiden: Der Herrschaftsauftrag V. 26–28 steht in Spannung zu dem gleichberechtigten Miteinander von Mensch und Tier in V. 29f (so auch Ps 104): E.S. Gerstenberger, „Macht Euch die Erde untertan" (Gen 1,28) – vom Sinn und Missbrauch der ‚Herrschaftsformel', in: C. Mayer u.a. (Hg.), Nach den Anfängen fragen (FS für G. Dautzenberg), Gießen 1994, 235–250.

Die Urgeschichte 313

fungsgeschehens aus dem Erfahrungshorizont der nachexilischen Gemeinde. Bei der zweiten Erzählung (Gen 2,4b–25) ist die Einfärbung der Spätzeit nicht so deutlich. Der Mensch ist das Hauptthema, seine Stellung zu Gott, im Gesellschaftsgefüge und gegenüber den Tieren. Eingeschoben ist eine Art Weltkarte des paradiesischen Urzustandes (Gen 2,8–14). Dieser letztere Passus ist mesopotamisch geprägt. Eden liegt im Osten, in den Gebirgen, woher Euphrat und Tigris ihr Wasser beziehen.[463] Die sexuell differenzierten Menschen sind einander patriarchal zugeordnet, die Frau ist (wertvolle) Ergänzung des Mannes, zu seinem Nutzen geschaffen: So ist das Verhältnis im Vorderen Alten Orient seit Jahrtausenden gewesen und hat sich bis heute nicht wesentlich geändert. Gott ist der Schöpfer und Partner beider Menschen, er stellt sie in Dienst und gibt ihnen Regeln vor.

Im Garten Eden sind die Probleme des Menschen angelegt. Er bekommt von Gott Aufgaben und ihm werden Grenzen gesetzt, die zum Aufbegehren des Geschöpfs gegen den Schöpfer führen (Gen 2,15–17; vgl. 3; 6; 11). Dieser Strang der Urgeschichte, der eine besondere, theologische Anthropologie begründet, scheint genau den Vorstellungen der nachexilischen Zeit, d.h. der damaligen Gemeindetheologie zu entsprechen. Grundlegend ist der Gedanke, Jahwe verlange die ganze Hingabe der Glaubenden, und ihm gehöre die Orientierungshoheit. Gegenüber lockereren Anschauungen, nach denen der Gottesfürchtige sich lediglich hütet, seinem Gott ins Gehege zu kommen, ihn zu beleidigen oder ihm übel aufzufallen, bedeutet die spirituelle Einstellung von Gen 2,15–17 eine reflektiertere Stufe der religiösen Lebenshaltung, wie sie auch in der Torafrömmigkeit der Gemeinde zu Tage tritt (vgl. Ps 119). Die Anordnung Jahwes hinsichtlich der täglichen Nahrung und des Wissenserwerbes deutet die umfassende Reglementierung des menschlichen Lebens durch heiliges Gebot und Verbot an. Der entscheidende Punkt ist am Ende das Verbot, vom Baum der Erkenntnis zu essen. Den Verfassern und Überlieferern des Textes muss bewusst gewesen sein, dass sie einen heiklen Punkt berührten. Unterscheidung von Gut und Böse ist eine Grundqualität des Menschseins. Untersagt wird also am Beginn der Menschheitsgeschichte just der Schritt zur echten Menschwerdung. Die Begründung von der Seite Jahwes erfolgt in Gen 3,22:

> Gott Jahwe sprach: Siehe, der Mensch ist geworden wie unsereiner, dass er weiß, was gut und böse ist. Nun aber, dass er nur nicht seine Hand ausstrecke und auch von dem Baume des Lebens breche und ewig lebe! So schickte ihn Gott Jahwe fort aus dem Garten Eden ...

Menschsein, so wie man es in der nachexilischen Zeit kannte, schloss als eine gefährliche Qualität einen unbegrenzten Wissensdrang und damit einen auf Gott gerichteten Konkurrenzwillen ein. Der Mensch als Nebenbuhler der obersten Gottheit! Ps 8,6 nennt ihn dagegen „wenig niedriger als $^{e}lohim$, „Gott" und gekrönt mit den göttlichen Attributen „Ehre und Macht". Gen 11,6 artikuliert ähnlich wie 3,22 die Furcht Gottes vor der geballten menschlichen technischen Kompetenz: „... sie sind ein Volk und haben alle eine Sprache. ... nunmehr wird ihnen nichts unmöglich sein ..."[464] Die beiden in ihrer Intention durchaus parallelen Geschichten vom Genuss der verbotenen Paradiesesfrucht und vom himmelstürmenden Turmbau verstehen das Todesschicksal des Menschen und die Sprachenverwirrung als göttliche Abwehrmaßnahmen gegen die allzu mächtige Menschheit. Der von Gott geschaffene Mensch hat etwas Göttliches an sich; seine intel-

---

[463] Eden (sum. Lehnwort = Steppe); Paradies (persisches Lehnwort = Garten), vgl. F. Stolz, S. Rosenkranz, TRE 25, 705–714. Anders M. Görg, NBL I, 467: „Theologische Jerusalemer Topographie".

[464] C. Uehlinger, Weltreich und ‚eine Rede', Fribourg 1990 (OBO 101).

lektuellen und kreativen Fähigkeiten weisen weit über die Begabungen der sonstigen Geschöpfe hinaus. Gerade darin liegt die Gefahr der Selbstüberhebung, des „So-Sein-Wollens-Wie-Gott" (vgl. auch Ez 28,1–10). Jahwe schiebt in der Urgeschichte Riegel vor die größenwahnsinnigen Gottesstürmer. Diese Anthropologie hat ihre Zeit gehabt, sie war auch im alten Vorderen Orient nicht selbstverständlich. Die erwähnten Schöpfungsmythen der Babylonier gestehen dem Menschen nicht die Konkurrenzmacht gegen die Götter zu. Aber sie rechnen damit, dass menschlicher Lärm und menschliche Unrast den Himmlischen lästig sein und zum Vernichtungsbeschluss führen kann.[465] Das revolutionäre Potenzial sehen die Babylonier eher in konkurrierenden Gottheiten, wie dem Unterweltsherren Erra.[466] Die Denkfiguren sind aber ähnlich wie in der biblischen Urgeschichte. Es gelingt Erra, sich die Weltherrschaft von Marduk zu erlisten. Sofort kehrt absolutes Chaos auf der Erde ein. Diese Art, die gute Schöpfungsordnung in Frage zu stellen, gehört in jedem Fall erst in das erste Jt. v.Chr., nachdem verheerende Geschichtserfahrungen und zunehmende, radikale Reflexion die Brüchigkeit des geglaubten Kosmos erwiesen hatten. Für das alte Israel waren die Erfahrungen des 6. Jh. der Anlass, die bis dahin gültigen anthropologischen und theologischen Konzepte zu hinterfragen. Ein erster, in der Urgeschichte geleisteter Schritt ist es, im Menschsein als solchem die Ambivalenz von Macht und Überheblichkeit = Sturz ins Elend zu erkennen. Der zweite Aspekt, in dem sich die nachexilische Gemeinde ebenso stark wieder findet, ist die Tatsache des im Menschen nistenden Bösen. Das Böse ist nichts anderes als die kriminelle Verneinung der von Jahwe gestifteten Weltordnung, der aktive Wunsch, diese Ordnung auszuhebeln.[467]

Die Urgeschichte bringt mehrere Beispiele für diese verhängnisvolle Zerstörungssehnsucht. In der nachexilischen Gemeinde hat man seine eigenen Zweifel an der moralischen Qualität des Menschen darin wiedergefunden. Der Totschlag Kains an Abel steht für unergründlichen Bruderhaß; das Rachelied Lamechs für übersteigerte Mordgelüste (Gen 4). Bei der Flutgeschichte verliert sich die Begründung in einem mythischen Dunkel: Gottessöhne vermählen sich mit Menschenfrauen, es entsteht ein Riesengeschlecht und Jahwe begrenzt – wiederum als Abwehrmaßnahme gegen überbordende Konkurrenzmacht – die Lebensdauer auf 120 Jahre (Gen 6,1–4). Dann setzt die Flutgeschichte neu ein und konstatiert pauschal (wohl aufgrund des gerade genannten abschreckenden Beispiels): „Als Jahwe sah, ... dass alles Dichten und Trachten ihres Herzens die ganze Zeit nur böse war, da reute es Jahwe, dass er den Menschen geschaffen hatte auf Erden ..." (Gen 6,5f). Es folgt der Vernichtungsbeschluss Gottes.

Das Böse sitzt tief im Menschen drin: Das ist unter anderen eine Überzeugung der judäischen Gemeinde der Perserzeit. Ps 14,3 drückt das so aus: „Alle sind sie entartet und miteinander verdorben; / keiner ist, der Gutes tut, auch nicht einer." Die großen individuellen wie kollektiven Bußgebete Ps 51; 106; Neh 9 u.a. stoßen ins gleiche Horn. Ein tiefes Sündenbewusstsein (das durchaus parallel gehen kann mit gelegentlichen Unschuldsbekenntnissen!) hat die Menschen erfasst und drückt sich in gottesdienstlichen Ritualen zur Sündenlösung und Befreiung von Schuld aus. Wir hören in nachexilischen Texten von solchen Begehungen (vgl. Sach 7,2–6) oder finden sogar Liturgien für den gemeindlichen Gebrauch (vgl. Jes 63,7–64,11). Im babylonischen Raum sind gerade für das 1. Jt. v.Chr. Rituale zur Rehabilitation von Sündenschuld oder sonstiges dem Men-

---

[465] Vgl. Atramhasis (W. von Soden), TUAT III, 612–645 (bes. 629).
[466] Vgl. TUAT III, 781–801 (G.G.W. Müller).
[467] E. Drewermanns Interpretation der Urgeschichte erfasst einen wichtigen Punkt, überzieht ihn aber und lässt andere Dimensionen verschwinden: derselbe, Strukturen des Bösen, Paderborn 1978.

schen drohendes Unheil weit verbreitet. Man braucht nur an akkadische Bußbekenntnisse zu denken, wie sie z.T. in den Beschwörungssammlungen šu-ila,[468] enthalten sind. Auch die zweite Tafel der Serie šurpu („Verbrennung")[469] enthält ein umfangreiches Schuldeingeständnis, während die Sammlung nam-bur-bi („seine Lösung")[470] scheinbar von persönlicher Schuld absieht.

Wen gibt es, der nicht gegen seinen Gott gesündigt,	Nach Deinem kostbaren Silber gierte ich.
Wen, der die Gebote stets befolgt hätte?	Ich hob die Hand auf und entweihte, was unantastbar war,
Die gesamte Menschheit, die da lebt, ist sündhaft.	In unreinem Stande trat ich in den Tempel.
Ich, Dein Diener, habe jederlei Sünde begangen!	Ständig verübte ich schändliche Entweihung an Dir,
Wohl diente ich Dir, doch in Unwahrheit,	Deine Gebote übertrat ich in allem, was Dir missfiel.
Lügen sprach ich und achtete meiner Sünden gering,	In der Raserei meines Herzens lästerte ich Deine Göttlichkeit.
Ungehöriges sagte ich – Du weißt es alles!	Stetig beging ich Schändlichkeiten, bewusste und unbewusste,
Ich verging mich gegen den Gott, der mich erschuf,	Wandelte ganz nach meinem Sinn, verfiel in Frevel.
Tat Abscheuliches, stets Sünde begehend.	(Übersetzung von H. Schmökel, bei W. Beyerlin, RTAT, 133)
Ich trachtete nach Deinem weiten Besitz,	

Menschliches Schuldbewusstsein gegenüber den Gottheiten hat es in der Religionsgeschichte wohl immer gegeben. Im 1. Jt. v.Chr. macht es sich, wie bereits angemerkt, konzentriert bemerkbar, und die Schriften der nachexilischen Gemeinde sind voll davon. Die Flutgeschichte ist darum im Licht der Spätzeit ein charakteristischer Ausdruck der Epoche. Jahwe will in Zorn und Reue die Schöpfung rückgängig machen, wie – mit leicht anderer Motivation: Verärgerung![471] – der Gott Enlil im Atramhasis Epos (vgl. Gilgameš, Tf. 11). Aus der Sicht der nachexilischen Gemeinden heißt das: Gott hebt seine Bundesverpflichtungen gegenüber dem Volk Israel auf. Er macht mit der schrecklichen Sintflut alles zunichte, was er Israel versprochen hatte. Die Katastrophe vernichtet jede Lebensgrundlage auf der Erde. Aber, die Rettung Noachs und seiner Familie ist der Lichtblick in einer düsteren Wirklichkeit. Gottes Gnade ist auch jetzt nicht völlig am Ende. Für eine kleine Zahl von Menschen – aber genau das werden dann auch die Vorfahren Israels – gibt es eine Überlebenschance. Die Flut, wie die gesamte Urgeschichte der Bibel, birgt trotz der tragischen Dunkelheiten, die das Menschengeschick umgeben, einen Hoffnungsschimmer. Ja, die aus der babylonischen Gefangenschaft durch Jahwe

---

[468] Vgl. E. Ebeling, Die akkadische Gebetsserie ‚Handerhebung', Berlin 1953; A. Zgoll, Die Kunst des Betens, Münster 2003 (AOAT 308).
[469] Immer noch maßgebend ist die Ausgabe von E. Reiner, Šurpu. A Collection of Sumerian and Akkadian Incantations (AfO Beih 11) Graz 1958.
[470] Vgl. die Textausgabe mit umfangreicher Kommentierung von St. M. Maul, Zukunftsbewältigung. Eine Untersuchung altorientalischen Denkens anhand der babylonisch-assyrischen Löserituale (Namburbi), Mainz 1994. In dieser Beschwörungsgattung wird das objektiv von bösen Omina ausgehende Unheil vertrieben. Dennoch richtet sich das Bittgebet des Patienten häufig an den „Richter" Šamaš und fleht um „Gerechtigkeit". Ferner muss das Böse, das bereits den Körper des Leidenden infiltriert hat, abgewaschen werden.
[471] Das Atramhasis Epos dreht sich um die Verteilung der (Fron)Arbeit auf der Erde. Zuerst müssen die niederen Götter, die Igigu, für die hohen Gottheiten, Anunaki, schuften. Nach deren Rebellion kreieren Mami (Nintu), die Muttergöttin, und Enki den Menschen als Ersatz für die überforderten Igigu. Der Mensch, Edimmu (Adam!) entsteht aus den Resten eines geschlachteten Gottes, hat also auch göttliche Qualitäten in sich. Die zur Fronarbeit verpflichteten Menschen vermehren sich sehr stark und bringen Enlil um seine Ruhe. Nun versucht Enlil, die Menschheit zu vernichten, mit Ausnahme des Atramhasis.

und die Perser befreiten Jahwe-Gläubigen können die positiven Ausblicke der düsteren Anfangsgeschichte ganz für sich in Anspruch nehmen.

Im Zusammenhang mit einer Überprüfung altorientalischer Motive muss auch die Frage nach möglichen Spuren persischen religiösen Denkens gestellt werden. Einige kurze Andeutungen mögen zu der These beitragen, dass der Pentateuch im wesentlichen in der Zeit des Zweiten Tempels komponiert worden ist. Jene Forscher, die den persischen Hintergrund beachten,[472] nennen u.a. die Paradiesesvorstellung als östliches Erbe: Sie soll persisch eingefärbt sein. Nun sind keinerlei nähere Ausführungen über einen urzeitlichen Gottesgarten in den altavestischen Schriftteilen überliefert. Die jüngeren Schichten erwähnen das glückselige Leben im Himmel bei Gott, ohne Altern, Krankheit, Böses. Es beginnt erst nach dem Tode bzw. nach dem jüngsten Gericht.[473] Die Vorstellung von einem perfekten, ewigen Zusammenleben mit der Gottheit klingt Gen 3,22 an, ist auch in den mesopotamischen Epen angelegt, aber nicht in der Intensität und auf den (nachrangigen) Menschen bezogen. Das Land Dilmun hat bei den Sumerern paradiesische Qualitäten, der mythische Ursprungsort der Ströme als Göttersitz bei den Akkadern.[474] Die zu verrichtende Auftragsarbeit der ersten Menschen erinnert an die (Fron!)Arbeit im Atramhasis Epos, die offenbar vorausgesetzte Glückseligkeit des Paares in der Präsenz Gottes, die aus dem Gespräch Jahwes mit Adam nach dem Akt des Ungehorsams (Gen 3,8–13) zu erschließen ist, dürfte eher persischer Glaubensüberzeugung entsprechen. Schon in den „jungavestischen Texten" (6.–4. Jh. v.Chr.) sind das individuelle und das kollektive Paradies recht breit ausgemalt. Ahura Mazda beantwortet z.B. im 2. Kapitel des *Hadōxt Nask* die Frage Zarathustras nach dem Weg des verstorbenen Gerechten (dem, der *Aša* gedacht, geredet, getan hat). Er trifft auf seiner Seelenwanderung eine bildhübsche, junge Frau, die hier das gute *alter ego* seiner selbst ist. Die führt ihn schrittweise in die himmlischen Paradiesesregionen ein, vermutlich bis in die Gegenwart des höchsten Gottes selbst.[475] Der biblische Paradiesesbericht ist im Vergleich zu den avestischen Reflexionen geradezu kindlich einfach. Dennoch bestehen in der Grundkonzeption gewisse Analogien zwischen beiden. Es geht hier wie dort um das Vorleben bzw. Fortleben des Einzelmenschen in der Sphäre einer göttlichen Vollkommenheit und eines Glücks, das allenfalls im Totenkult der Ägypter angedacht ist,[476] aber im mesopotamischen Raum so keine Entsprechung hat.

Ein weiteres Moment kommt hinzu; es spricht mehr für den persischen als einen möglichen ägyptischen Hintergrund der Paradiesesvorstellung. Im biblischen Erzählkontext hängt für die ersten Menschen alles davon ab, dass sie die wohlmeinende Autorität Jahwes, des Schöpfers und Weltlenkers, akzeptieren und keinerlei anderen Stimmen folgen. Das bedeutet in der Situation der nachexilischen Gemeinde: Es gibt nur eine Möglichkeit, mit dem überall und ausschließlich bestimmenden Gott in gutem Einvernehmen zu bleiben: Alternative Anweisungen und Ordnungen, Kulte und Lebenshaltungen müssen aktiv und in persönlicher Verantwortung abgelehnt werden. Die Schlange in Gen 3 ist die Gegenmacht, welche die Souveränität des höchsten Gottes in Frage stellt und die Menschen, Kreaturen des Höchsten, auf ihre Seite ziehen will. Sie nimmt die Funktio-

---

[472] Vgl. z.B. G. Widengren, Religionen 103f; H.-P. Müller, Kohelet und Amminadab, in: BZAW 241, Berlin 1996, 149–165; H. Gunkel, Genesis, Göttingen 7.Aufl. 1966, 7f; C. Westermann, BKAT I,1, 283–296.
[473] Vgl. M. Stausberg, Religion 144–153.
[474] Vgl. H.-P. Müller, BZAW 241, Berlin 1996, 149.
[475] Vgl. C. Colpe, Die religionsgeschichtliche Schule (FRLANT 78) Göttingen 1961, 126–139.
[476] Vgl. R.O. Faulkner, The Ancient Egyptian Book of the Dead, London, 2.Aufl. 1985.

nen verführerischer Dämonen wahr (Gen 3,1–5). „Mitnichten werdet ihr sterben!" (V. 4) „Ihr werdet sein wie Gott!" (V. 5) suggeriert sie Eva. Mir scheint, die zugrunde liegende Auffassung vom Menschen als einem, der eine positive Glaubens- und Lebensentscheidung für den höchsten Gott und eine weitere, negative Entscheidung gegen die Dämonen zu fällen hat, ist deutlich in der persischen Religiosität ausgeprägt, sie fehlt dagegen in den mesopotamischen oder ägyptischen Glaubensrichtungen. Die persönliche Willenserklärung für den einzig wahren Gott und gegen seine Widersacher gehört zum Grundbestand der avestischen Religion. Schon in den ältesten Texten ist davon klar die Rede, z.B. in der Gatha, die am ehesten den Anfang der Welt thematisiert:

> Höret mit den Ohren das Beste, / sehet mit brennendem Sinn,
> zur Entscheidung zwischen den / beiden Glaubensbekenntnissen,
> Mann für Mann für sich selbst / darauf bedacht vor der großen Krise,
> dass es sich zu unsern Gunsten vollende.
>
> Wohlan, die beiden Geister zu Anfang, / die im Tiefschlaf als Zwillinge erkannt wurden,
> sind in Sinn und Wort und Handeln / der Bessere und der Schlechte.
> Zwischen diesen beiden haben die klar / Sehenden recht geschieden,
> die übel Sehenden nicht. (Yasna 30, 2 + 3, nach G. Widengren, Geisteswelt 150)[477]

Die Wahlentscheidung zwischen Ahura Mazda und Angra Mainyu (bzw. dessen Dämonen oder Hypostasen) ist im Avesta sogar personifiziert als *Frauvaši*, ein göttliches Prinzip, das nachhaltig die positive Seite fördert. Ein formelhaftes, häufig gebrauchtes liturgisches Bekenntnis betont die beiden Aspekte der Wahl: „Ich erkläre mich als Mazdaverehrer, Zarathuštraanhänger, Dämonenzurückweiser, Anhänger der Lehre der Ahuras. (Yasna 12, nach M. Stausberg, Religion, 473). Die Hymne Yašt 13 ist ganz dem Thema „Entscheidung für Ahura Mazda" gewidmet. Aus allen diesen und verwandten avestischen Texten geht die große Bedeutung der persönlichen Glaubensentscheidung für die zarathustrische Religion hervor. In viel sparsamerer Weise sind die Texte der nachexilischen jüdischen Gemeinde auf Bekenntnis für Jahwe und Abrenuntiation der anderen Gottheiten eingestimmt. Wir erinnern uns an Dtn 29,9ff; 30,15ff; Jos 24,14ff; 1 Kön 18,21ff usw. Diese selbe Entscheidungssituation für oder gegen Jahwe ist schon in Gen 3 gegeben, zumindest in den Augen der nachexilischen Hörerinnen und Hörer. Die Alternative zwischen dem einen Gott und den Mächten des Verderbens (der Lüge; Untreue etc.) ist tendenziell monotheistisch einzuschätzen; sie ist in dieser Form in den altorientalischen und ägyptischen Quellen nicht aufzufinden, wohl aber in der persischen Religion. Der Schluß, dass Israel das Entscheidungsmotiv erst unter persischer Herrschaft kennengelernt und auf seine Weise adaptiert hat, lässt sich kaum umgehen.

Es bleibt noch ein Blick auf die Genealogien zu werfen. Sie sind nach gängiger Auffassung das Produkt priesterlicher Schaffenskraft oder doch Kompositionstechnik. Einige Analogien zu vorderorientalischen Listen sind bemerkenswert, andererseits aber zeigt sich deutlich der judäisch-gemeindliche Gestaltungswille. – Die sumerische Königsliste spricht in verschiedenen Varianten von sieben bis zehn urtümlichen „Königen vor der

---

[477] Zur Kontrolle die Übersetzung von H. Humbach, a.a.O. 123: 30,2 „Hear with (Your) ears the best (things)! View the radiance (of the fire), with (Your) thought, / the invitations resulting from the discrimination of each single man, for his own self, / before the great sharing (of good things), expecting (someone) to announce it to us." 30,3 „These (are) the two spirits (present) in the primal (stage of one's existence), twins who have become famed (manifesting themselves as) the two (kinds of) dreams, / the two (kinds of) thoughts and words, (and) the two (kinds of) actions, the better and the evil. / And between these two, the munificent discriminate rightly, (but) not the miserly."

Flut", die unvorstellbar lange, meistens mehr als 20.000 Jahre währende Regierungszeiten aufweisen. Doch die Städte, in denen sie gewirkt haben sollen, sind z.T. identifizierbar: Eridu; Bad-tibira; Larak; Sippar; Šuruppak.[478] Die nach der Sintflut verzeichneten Herrscher kommen dann der geschichtlichen Wirklichkeit näher, sie reduzieren die Regierungsspannen auf einige hundert Jahre, es werden historisch fassbare Stadtstaaten genannt: Kiš, Uruk, Ur, und von den 39 aufgezählten Regenten sind einige sicher identifizierbar, wenngleich auch mythische Gestalten wie Lugalbanda und Gilgameš dazu gehören. Biblische Verfasser der Urgeschichte haben sich also dem im Zweistromland bekannten Schema „Urzeit – Flut – normaler Geschichtsverlauf" angepasst. Die große Flut zur Vernichtung der Menschheit ist die Scheidemarke zwischen den beiden Hauptperioden menschlicher Geschichte. In den hebräischen Genealogien geht es vor der Flut (Gen 5) um einzelne, heroenhafte Figuren ohne politische Konnotationen. Die sumerischen Helden der Vorzeit sind sämtlich mindestens im Nebenamt Könige. Das ist als ein Reflex der Gesellschaft zu werten, in denen die Listen zusammengestellt wurden. Die hebräische Aufstellung der Stammväter vor der Flut umfasst Privatmenschen; sie stammen von Adam ab und zeichnen sich durch nichts aus als durch ihre Zeugungskraft, durch die Bewahrung der patriarchalen Linie, und durch ihre hohe Lebenserwartung, die stellenweise an die 1000 Jahre heranreicht (Spitze: Methusalem mit 969 Jahren), dann aber langsam abnimmt (wie auch in der sumerischen Königsliste). Der letzte Held vor der Flut, der durch die Vernichtungsphase hindurchgerettet wird, bringt es noch auf 777 Lebensjahre (Gen 5,31). Ihm steht übrigens in manchen Textvarianten der sumerische Flutheld Ziusudra (Akkad. Utnapištim) gegenüber. Die unpolitische Natur der biblischen Vorzeithelden ist entweder eine ältere oder parallele Tradition, oder aber sie ist eine Spiegelung der gemeindlichen, privaten Verhältnisse in der nachexilischen Zeit. Damals mochte man sich den Uranfang der Menschheitsgeschichte nicht mehr unter monarchischen Vorzeichen abbilden.

Die andere Genealogie der biblischen Urgeschichte steht in Gen 10. Anstatt in der Herrscher- und Heldenabfolge fortzufahren wie die sumerisch-babylonischen Königslisten, konzentrieren sich die biblischen Überlieferer der nachexilischen Zeit auf eine Art von Völkerstammbaum: Von den drei Söhnen Sem, Ham und Japhet, die mit ihren Eltern die Flut überlebten, leiten sich die bekannten Völkerschaften der damaligen Welt ab. Die Form der Genealogie ist noch beibehalten, im Kern ist der Text jedoch eher eine „listenmäßige Zusammenstellung der Völker der Erde."[479] Die Aufstellung beginnt mit dem jüngsten Noach-Sohn, Japhet (Gen 10,2). Er gilt aus der Perspektive der judäischen Redaktoren oder Hörer als der Ahnvater der Völkerschaften bzw. Regionen Gomer, Magog, Madai, Jawan, Tubal, Meschech, und Tiras. Einige Unsicherheiten bei der Lokalisierung der Namen müssen wir in Kauf nehmen; weitgehende Übereinstimmung herrscht in der Deutung von Madai auf die Meder (die auch als pars pro toto des persischen Stammlandes verstanden sein können) und von Jawan auf die (jonischen) Griechen. Die anderen fünf Regionen lassen sich mit mehr oder weniger großer Wahrscheinlichkeit in Kleinasien, im Nordiran und auf den Mittelmeerinseln festmachen. Das bedeutet für den geographischen Horizont der Überlieferer: Sie blicken nicht zuerst nach Mesopotamien, sondern eher nach Norden und über das Zweistromland hinaus nach Osten. Könnte es ein besseres Indiz dafür geben, dass die herrschende politisch-geographische Realität etwas mit der persischen Vorherrschaft zu tun hat? Es fehlen

---

[478] Vgl. „Königslisten" (D.O. Edzard, RlA 6, 1980, 77–86; W.H.P. Römer, TUAT I, 328–337); P. Michalowski, JAOS 103 (1983) 237–248.
[479] C. Westermann, BKAT I,1, 672.

zwar nähere Hinweise auf die Machtzentren in der Persis; auch Elam ist noch nicht genannt. Doch wiegt die Nennung der Meder schwer, und die Griechen erscheinen als Anrainer der Meder, obwohl sie räumlich weit voneinander entfernt waren.
Die Nachkommen Hams, nämlich Kusch, Mizrajim, Put und Kanaan (Gen 10,6), umfassen die Bewohner des Niltales und südlichere Völker, aber auch die Kanaanäer. Wenn Kusch die Kuschiter = Nubier oder griechisch: Äthiopier meint, dann ist die Abstammung der Ostsemiten (Nimrod, Babel; Erech, Akkad, Kalne „im Lande Sinear", so V. 10; anders V. 7) äußerst merkwürdig. Aber historisch und völkerkundlich exakte Verwandtschaftsverhältnisse sind in diesen Listen nicht zu erwarten, außerdem mögen Störungen in der Überlieferung den Text durcheinandergebracht haben. Nehmen wir ihn, wie er jetzt dasteht, dann spiegeln die Nachkommen Hams den Bestand der Völker, die Israel von Süden und Westen her umgaben. Die Kanaanäer (V. 15–19: Sidon; Heth; Jebusiter; Amoriter, Girgasiter, Hewiter, Arkiter, Siniter, Arwaditer, Zemariter, Hamathiter) spielen dabei als konkurrierende Nachbarn, die auch im dtr. Werk vor den einrückenden Israeliten vertrieben werden müssen, eine besondere Rolle.
Schließlich erscheinen auch die Nachkommen Sems, des ältesten Noach-Sohnes: Elam, Assur, Arpachschad, Lud, Aram. Die drei wichtigsten sind Elam, Assur, Aram, historisch aktive Staaten, die über längere Prioden hin großen Einfluß im Vorderen Orient hatten. Aus der Sicht der nachexilischen Gemeinde stellen Assur und Aram Machtzentren dar, denen auch Israel zeitweise tributpflichtig oder gar einverleibt wurde. Erstaunlich ist, dass für das Ostjordanland und den Südwesten keine Staaten erwähnt sind. Moab, Ammon, Edom sind an anderen Stellen des AT wichtige und gefährliche Nachbarn. Ist deren Zeit abgelaufen oder stellen sie in der gemeinsamen Provinz Transeuphrat unter persischer Oberhoheit (entgegen den Andeutungen z.B. in Neh 2,19; 4,1 usw.) keine Gefahr für Juda dar? Die Frage ist kaum zu beantworten. Setzen wir die Völkertafel von Gen 10 in die persische Zeit, dann zeigt sie die damals aus judäischer Sicht gültige Landkarte. Juda mit seiner Hauptstadt Jerusalem ist umgeben von dem mehr oder weniger artverwandten, aber immer auch konkurrierenden Gürtel von Fremdvölkern, über deren Verhältnis untereinander, abgesehen von der vorwegnehmenden Notiz V. 25 („weil zu seiner Zeit die Menschheit sich zerteilte") nichts verlautet. Es handelt sich also um eine rein beschreibende Aufstellung der rund um Juda angesiedelten Völkerschaften. Zu welchem Zweck? Die Gemeinde versichert sich ihrer Welt und ihres Standortes. Er scheint im Zentrum zu liegen: Beginnend im Norden, übers Mittelmeer, mit den Inselvölkern, dann auf den Süden und Osten überspringend und die Phönizer einbeziehend, endet die Völkerkarte mit den Elamitern im fernen Südwesten und den Aramäern in unmittelbarer nordwestlicher Nachbarschaft. Eine für uns sehr übersichtliche Ordnung ist das nicht. Zahlreiche Unbekannte, vielleicht mythisch gefärbte Namen sind mit in die Aufstellung eingedrungen. Doch werden sich die Hörerinnen und Hörer des Weltplanes als seine Hauptakteure begriffen haben.
Die Turmbaugeschichte Gen 11,1–9 demonstriert das, was die Weltkarte vermuten lässt: In diesem Gemisch von Völkern kann es keine gute Ordnung geben. Die so zahlreichen Völkerschaften haben wegen ihrer menschlichen Vermessenheit ihre harmonische Kommunikationsfähigkeit verloren und sich über die ganze Erde zerstreut. Nach diesem Faktum geht dann die Genealogie weiter (Gen 11,10–32), jetzt wieder im Stil von Gen 5 und nur noch in der Semschen Linie, die geradewegs auf Abraham zueilt. Der älteste Noa-Sohn zeugt den Arpachsad, lebt danach noch 500 Jahre und hatte noch mehr, namentlich nicht ausgewiesene Kinder (V. 10f). Dann folgt der nächste Schritt. Der eine, wichtige Stammhalter Arpachsad zeugte den Sela, lebte noch 403 Jahre, und hatte wei-

tere Kinder (V. 12). So erreicht die patriarchale Linie sehr schnell über Heber, Peleg, Regu, Serug – lauter sonst unbekannte Figuren – die unmittelbaren Vorfahren und Verwandten des Abraham, seinen Großvater Nahor und den Vater Terach, der nach Abraham, dem Erstgeborenen, noch zwei weitere Söhne in die obermesopotamische Welt setzt: Nahor und Haran. Die Personen- sind offenbar auch als Ortsnamen bezeugt.[480] Damit ist ein fiktiver oder realer Haftpunkt der Genealogie in Obermesopotamien angezeigt. Die nachexilische Gemeinde hat in jedem Fall babylonische Wurzeln für sich beansprucht, und damit vielleicht auch den Aufenthalt in der Region plausibler und erträglicher gemacht. Ihre Situierung im persischen Großreich wird innerhalb der mosaischen Tora nicht thematisiert, ist aber aus den angeführten Indizien, besonders dem spirituellen Klima, das die Texte verraten, erschließbar.

III.2.4.5 Abschluss des Pentateuch

Die tatsächliche Entstehung des Pentateuch liegt trotz aller erhebbaren Daten und Umstände weitgehend im Dunkeln; das wird vermutlich auch so bleiben. Wir wüssten gerne genauer, wer zuletzt die notwendigen kompositorischen und redaktionellen Arbeiten getan hat; mit welchen kommunikativen Handlungen der judäischen Gemeinde die Einzeltexte und dann auch das Gesamtwerk verknüpft war; ob und wie weit die persische Reichsregierung instrumental für die Zusammenstellung der Tora gewesen ist und viele Dinge mehr. Literarkritische und traditionsgeschichtliche Sondierungen sind genügend vorhanden,[481] sie brauchen hier nicht wiederholt zu werden.
Die Einzelkompositionen bzw. verschiedene Redaktionsstufen des Pentateuch sind vermutlich im 5. und 4. Jh. v.Chr. zusammengeflossen zu einer nicht mehr genau bestimmbaren Endgestalt. Veränderungen und Zusätze in den folgenden Jahrzehnten sind nicht ausgeschlossen; im Prolog zum griechischen Sirach (117 v.Chr.) ist die Tora (vollständig?) vorhanden; schon Neh 8,1ff (vermutlich um 400 v.Chr.) setzt eine autoritative, im Gottesdienst stundenlang zu verlesende und zu verdolmetschende Schrift voraus. Das sind Eckdaten, die jedoch unsere Detailfragen nicht klären. Ich habe schon mehrmals darauf hingewiesen, dass Gemeinde und Gemeindegottesdienst die treibenden Kräfte für die Sammlung der Tora gewesen sind und dass als unmittelbare Autoren oder ausführende Organe leitende Kräfte in der Gemeinde, also Priester, Leviten, Schriftgelehrte, Weise in Frage kommen. Offen ist dabei die Frage, ob und wie die Reichsregierung eine Einführung der Tora als jüdisches Zivil- und Kultgesetz angeordnet hat. Die These von der „Reichsautorisation" der Tora wird durch Esr 7 suggeriert (s.o. I.2; III.1.1.2) und von manchen Exegeten aufgegriffen und ausgebaut. Sie sollte indessen mit großer Vorsicht behandelt werden.[482] Das Eigeninteresse der judäischen Berichterstatter an einer regierungsamtlichen Sanktionierung der Tora war so stark, dass wir der persischen Initiative (genau wie im Fall der höchstköniglichen Entsendung von Nehemia und Esra) nicht so ohne weiteres trauen können. Zwar sind Bestrebungen der Achämeniden bekannt, auch oben schon zitiert, die Regionen und Religionen des riesigen Reiches mit autochthonen rechtlichen und kultischen Ordnungen zu befrieden. Ob es aber ein diesbezügliches Ge-

---

[480] Vgl. M. Görg, Abra(ha)m – Wende zur Zukunft, in: derselbe (Hg.), Die Väter Israels, Stuttgart 1989, 61–71; D. Jericke, Die Liste der Nahoriden Gen 22,20–24, ZAW 111, 1999, 481–497.
[481] Vgl. J. van Seters, Pentateuch; E. Blum, Studien; J. Blenkinsopp, Pentateuch.
[482] Mit manch guten Gründen z.B. in J.W. Watts (Hg.), Persia; L.L. Grabbe, History, 215f; 235f; 324–337.

setz für alle Juden in der Provinz Transeuphrat gegeben hat, und ob dieses Gesetz, wenn es denn einmal erlassen worden ist, mit der Tora identisch oder teilidentisch war, ist nicht aufzuklären. Der interessengeleitete Bericht bei Esra kann jedenfalls nicht als Beweis für eine derartige staatliche Setzung dienen. Eine mögliche „natürliche" Entwicklung hin zur autoritativen Tora ist als Erklärungsparadigma bei weitem vorzuziehen.
Danach hängt die Sammlung von orientierenden, nämlich Jahwes Willen vermittelnden, heiligen Schriften primär von der Entstehung der judäischen Gemeinden im Heimatland und im Ausland ab, nicht aber von der Religionspolitik der Achämeniden. Die parochialen Gemeinschaften derer, die den Jahweglauben angenommen hatten, versammelten sich zu jahreszeitlichen Festen und Gedenkfeiern, zur Beratung gemeinsamer Angelegenheiten, und zunehmend auch regelmäßiger, an den „Mondtagen" bzw. Sabbaten. Teil der Zusammenkünfte war die Vergewisserung dessen, was die Altvorderen zu Zeiten gefestigter Lebensumstände getan und gesagt, als Grundordnung des Lebens und Glaubens empfangen und formuliert hatten. Eben diese Rückfrage nach dem „Früheren" (vgl. Jer 6,16; sie wird jedoch manchmal auch als belastend und irreführend empfunden, vgl. Jer 31,31–34) ist der entscheidende Anstoß zur Sammlung und Bildung von Tradition. Sie wird aufgeschrieben, weil sie immer neu gebraucht, d.h. in der Versammlung rezitiert wird. Die Gewohnheit, Überlieferungen zum Zweck des gemeindlichen Gebrauchs zu verschriftlichen, also eine Gebrauchssammlung heiliger Texte herzustellen, ist vermutlich in Mesopotamien aufgekommen und unter den Persern verstärkt worden. Die entwurzelten Judäer haben die Sitte übernommen.
Die Anzeichen für den Gebrauch des Pentateuch in Gemeindeversammlungen sind überdeutlich. Sie sind stilistischer Art: Plurale (manchmal singularische) Anrede in der zweiten Person, wie weitgehend in priesterlichen und deuteronomistischen Texten üblich, kann nicht anders als Indiz für lebendige Ansprache an Zuhörerinnen und Zuhörer gewertet werden. Die Kanalisierung der Gottesrede durch den Sprecher Mose (bzw. den Vorleser Esra) ist sowohl im priesterlichen wie auch im deuteronomischen Überlieferungsbereich eine Standardkonfiguration.[483] Sie lässt die Gemeindesituation erahnen. Ein legitimierter Sprecher / Vorleser konfrontiert die Gemeinde direkt mit dem Gotteswort. Mose, Josua, Jeremia (Baruch), Esra sind die großen Vorbilder. Die Gemeindeliturgen lassen wie diese das Ich Jahwes (1. Person Singular, stellvertretend verwendet durch den Mittler!) zu Wort kommen. Die Texte haben homiletischen und katechetischen Charakter.[484] Sie bauen die Gemeinde auf und weisen ihr den Weg. Leider fehlen im Pentateuch die Responsorien, die „Wir"-Passagen, die in den Psalmen so häufig sind. Wir können nicht recht erkennen, wie die Zuhörerinnen und Zuhörer reagieren, welche Texte sie eventuell gemeinsam sprechen (vgl. Jos 24,16–18; Neh 10,31–40). Gemeindereaktionen werden nur indirekt angedeutet (vgl. Dtn 1,14.26–28.41 usw.). Die Willenserklärung Jahwes hat im Pentateuch Vorrang: Jahwe spricht durch seine Mittler, das Volk hört und ist erschüttert oder erfreut (vgl. Dtn 5,23–27). In dieser Einseitigkeit der göttlichen Aktion mag sich der Ablauf eines Teils von Gottesdienstliturgien spiegeln.
Aus den erinnerten und schriftlich fixierten, bruchstückhaften Überlieferungen haben die schreibkundigen Wahrer des heiligen Erbes eine bunte, nicht sehr „ordentliche" Sammlung zunächst von orientierenden Normen und Anweisungen gemacht, wie sie etwa in Ex 20 – Num 36 vorliegt. Richtlinien für das tägliche Leben wie für den Jahwe-Kult

---

[483] Für den priesterlichen Überlieferungsstrom vgl. E.S. Gerstenberger, Leviticus, 6–9; 23–25; 238–240 u.ö.

[484] Vgl. E.S. Gerstenberger, Predigt. Altes Testament, TRE 27, 231–235; R. Mason, Preaching the Tradition, Cambridge 1990.

waren entscheidend wichtig für die jungen, noch ungefestigten Gemeinden. Wie es unter Mose zur Mitteilung des umfassenden Gotteswillens gekommen war, versucht der erzählende Vorbau von Ex 1–19 zu erklären. Weiter in die Geschichte zurück konstruierend erläutern die Erzelternerzählungen den Landanspruch in Palästina und Aufenthalt wie Befreiung aus Ägypten. Die noch weiter in Richtung auf die Anfänge getriebene Urgeschichte verbindet Israel mit der Menschheit insgesamt, d.h. konkret, mit der persisch dominierten Reichsgesellschaft. Das fünfte Buch der Tora (Dtn) ist eine Schöpfung eigener Art. Aus nicht erkennbarem Anlaß und bei unbekannten Gelegenheiten fassten Deuteronomiker und Deuteronomisten das Mose-Ereignis noch einmal zusammen. (Oder könnte diese Synthese der Kern der Pentateuchbildung sein?) Vielleicht wollten sie neu bündeln, was an alltäglichen Lebensregeln für Jahwe-Gläubige überliefert war. Denn die spezifisch kultischen Vorschriften der im Buch Leviticus stark vertretenen Heiligkeitstheologie sind im Dtn nicht zu finden. Auch die „Wiederholung der Tora" ist jedenfalls – wie die priesterlichen Anteile des Pentateuch – an die Jahwe-Gemeinde adressiert, sie ist kein Staatsgesetz,[485] die durchscheinenden Institutionen sind sämtlich nicht monarchisch.

So haben wir im Pentateuch – ohne ganz exakt seine in der Perserzeit erreichte Gestalt bestimmen zu können – das erstaunliche Produkt einer Heiligen Schrift vor uns, die aus der mehrschichtigen judäischen Gemeinde hervorgegangen ist. Vergleichbare konstitutive Werke, die Religionsgemeinschaften ihre Identität gegeben haben, sind die vedischen Texte, das persische Avesta, buddhistische erleuchtende Schriften, einige gnostische Sammlungen und der viel spätere Koran: Religionen des Buches[486] sind demnach etwa seit dem 5. Jh. v.Chr. entstanden und haben die Weltgeschichte mit geprägt. In den hebräischen Schriften des AT sind die Anfänge der Kanonsbildung deutlich sichtbar. Das „Tora-Buch des Mose" ist in manchen Textzusammenhängen eine feste Größe, die Kanonsformel „nichts hinzutun, nichts davon wegnehmen" (vgl. Dtn 4,2; 13,1) wird auf die Willenskundgabe Jahwes durch Mose angewendet. So reiht sich die Tora in die Folge der Heiligen Schriften der Menschheit ein, mit unermesslichen Konsequenzen für den Mittelmeerraum und die sogenannten westlichen Zivilisationen. Dass der Kanon im jüdischen Traditionsstrom trotz aller Bestandsdefinitionen auf seine Weise relativ offen bleibt – Propheten und „Schriften" schließen sich an, die rabbinische Auslegung folgt auf dem Fuße – ist ein Beweis für eine segensreiche theologische Pragmatik. Auch die christlichen, dogmatischen Festlegungen von Kanon und biblische Rechtgläubigkeit sind immer durch die Auslegungspraxis überholt worden.

---

[485] Mit L. Perlitt, Bundestheologie u.a. gegen alle Versuche, die dtn / dtr Ordnungen mit der vorexilischen Gesellschaft Israels / Judas in Verbindung zu bringen! Vgl. G. Braulik, Studien zum Buch Deuteronomium, Stuttgart 1997; E. Otto, Deuteronomium.

[486] Vgl. J. Leipoldt und S. Morenz, Heilige Schriften, Leipzig 1953; J. Barr, Scripture; RGG^4, Bd. 3, 1549–1551.

IV. Theologischer Ertrag

B.W. Andersen, Contours of Old Testament Theology, Minneapolis 2000. – J. Barr, The Concept of Biblical Theology, London 1999. – J.L. Berquist, Judaism in Persia's Shadow, Minneapolis 1995. – W. Brueggemann, Theology of the Old Testament, Minneapolis 1997. – Derselbe, The Book that Breathes New Life, Minneapolis 2005. – B.S. Childs, Introduction to the Old Testament as Scripture, Philadelphia 1970. – Derselbe, Old Testament Theology in a Canonical Context, Philadelphia 1985. – F. Crüsemann, Die Tora, München 1992. – Derselbe, Maßstab Tora, Gütersloh 2003. – A. Deissler und B. Feininger, Wozu brauchen wir das Alte Testament? Frankfurt a.M. 2004. – W. Dietrich, Theopolitik: Studien zur Theologie und Ethik des Alten Testaments, Neukirchen-Vluyn 2002. – B. Ego, Gemeinde ohne Tempel, Tübingen 1999 (WUNT 118). – E.S. Gerstenberger, Theologien im Alten Testament, Stuttgart 2001, 166–223. – M. Getui u.a. (Hg.), Interpreting the Old Testament in Africa, New York / Frankfurt a.M. 2000. – M. Grohmann, Aneignung der Schrift, Neukirchen-Vluyn 2000. – W. Groß, Studien zur Priesterschrift und zu alttestamentlichen Gottesbildern, Stuttgart 1999 (SBAB 30). – O. Kaiser, Der Gott des Alten Testaments, Göttingen, 3 Bde 1993, 1998, 2003 (UTB 1747, 2024, 2392). – B. Lang, JAHWE der biblische Gott: ein Portrait, München 1992. – C. Levin, Die Entstehung der Bundestheologie im Alten Testament, Göttingen 2004 (NGWG.PH 1, 2004/4). – P.D. Miller, Israelite Religion and Biblical Theology, Sheffield 2000 (JSOT.S 267). – K. Nürnberger, Theology of the Biblical Witness. An Evolutionary Approach, Münster 2002 (Theologie 5). – M. Oeming (Hg.), Theologie des Alten Testaments aus der Perspektive von Frauen, Münster 2003 (Beiträge zum Verstehen der Bibel 1). – Derselbe (Hg.), Der eine Gott und die Götter, Zürich 2003 (ATANT 82). – Derselbe, Verstehen und Glauben, Berlin 2003 (BBB 142). – G. von Rad, Theologie des Alten Testaments, München Bd. 1 1958; Bd. 2 1960. – R. Rendtorff, Theologie des Alten Testaments, Neukirchen-Vluyn Bd. 1, Kanonische Grundlegung, 1999; Bd. 2, Thematische Entfaltung, 2001. – H. Reventlow, Die Eigenart des Jahweglaubens, Neukirchen-Vluyn 2004 (BThSt 66). – W. Schottroff, Zur Sozialgeschichte Israels in der Perserzeit, VuF 27, 1982; 46–68. – F. Segbers, Die Hausordnung der Tora, Luzern 1999 (Theologie in Geschichte und Gesellschaft 7). – D.L. Smith-Christopher, A Biblical Theology of Exile, Minneapolis 2002. – O.H. Steck, Gott in der Zeit entdecken, Neukirchen-Vluyn 2001 (BThSt 42).

Theologische Gedanken und Argumentationsmuster sind oben im 3. Kapitel schon breit zur Sprache gekommen. Diese Vorwegnahme der Schlussthematik war unausweichlich, weil die Hauptmotivation zur Abfassung von heiligen Schriften eben theologischer Art ist. Das letzte Kapitel soll dennoch nicht übermäßig redundant ausfallen: Es gilt, die schon angedeuteten theologischen Entwicklungen der persischen Epoche zusammenzufassen, notwendige Verbindungen und Ergänzungen darzustellen, und einige Verbindungslinien zur Gegenwart hin zu ziehen. Denn ein Ertrag macht nur dann seinem Namen Ehre, wenn er Ertrag für jemanden ist. Und das kann nach Lage der Dinge nur die heutige Leserin und der heutige Leser jener vor zweieinhalbtausend Jahren entstandenen heiligen Schriften sein, die über die ganze, lange Zwischenzeit kontinuierlich in Glaubensgemeinschaften jüdischer und christlicher Provenienz aufgenommen, interpretiert und weitergereicht worden sind. Mit gutem Recht haben selbst religiöse Skeptiker wie B. Brecht oder R. Augstein anerkannt, dass biblische Vorstellungen tief in unser subkutanes Kultursystem eingedrungen sind und oft in erheblichem Maße, wenn auch unbewusst unsere Entscheidungen beeinflussen.

Von den zwei Jahrhunderten achämenidischer Vorherrschaft im Vorderen Orient (539–331 v.Chr.) kann man mit Fug und Recht sagen, was R. Albertz schon für die 58 Jahre babylonischen Jochs über Juda und die deportierten Judäer in Anspruch nimmt: „Keine Epoche der Geschichte Israels ist so reich an theologischen Erträgen".[487] Auch wenn

---
[487] R. Albertz, BE 7, 324.

man die Verbesserung der Situation für die Unterworfenen im Jahre 560 v.Chr. (Entlassung Jojachins aus dem Gefängnis und angebliche Beförderung zum Ehrengast an der Tafel Amelmarduks) in Rechnung stellt: Die eigentliche Befreiung der Deportierten geschah erst nach der Machtübernahme durch Kyros im Jahre 539 v.Chr. (vgl. Jes 45,1–7). Von diesem Zeitpunkt an veränderten sich die Lebensbedingungen der Verbannten und Daheimgebliebenen positiv, besonders in religiöser Hinsicht. Die neuen Herrscher gewährten ihren Untertanen Religionsfreiheit. Erst mit dieser politischen Weichenstellung konnte auch im Bezirk Jerusalem die Reorganisation des Tempelbetriebes und die Neugründung einer konfessionellen Jahwegemeinde wirklich beginnen. Die von den Achämeniden eingeleitete oder geduldete Neuordnung der religiösen und zivilen Verhältnisse ermöglichte die Organisation der judäischen Jahwe-Gemeinde. Und dieser echte Neubeginn einer sich selbst bestimmenden Religionsgemeinschaft gab den wichtigsten Anstoß zur Ausbildung situationsgemäßer theologischer Konzepte, Regelung der kultischen Belange (Neuweihe des Tempels im Jahre 515 v.Chr.), Gestaltung der notwendigen Gemeindeordnungen, Einrichtung von Ämtern und Leitungsfunktionen, Systematisierung des jährlichen Festzyklus, Einführung des Sabbats und der Beschneidung als öffentliche Bekenntnisakte, Zusammenstellung und Redaktion der Tora und sonstiger struktureller Maßnahmen. Die Vergangenheitsbewältigung in Klagefeiern hatte sicher bald nach dem Zusammenbruch von 587 v.Chr. eingesetzt. Es mögen auch lokale Versuche gewagt worden sein, dem Jahwe-Glauben eine äußere Form und öffentliche Geltung zu geben. Die auf breiter Basis reflektierten, für alle Anhänger Jahwes gültigen Ordnungen sind wahrscheinlich erst nach dem Auftauchen der Perser ins Werk gesetzt worden. Der praktische Prozess der Neuschaffung ziviler und religiöser Strukturen ist die Voraussetzung für die Produktion von theologischer Literatur. Ein gefangenes und unterdrücktes Volk wird in der Regel nicht viel Kraft zu visionärer Neugestaltung aufbringen. In jedem Fall sind die Nachwirkungen der Neugestaltung „Israels" von ungeahnt stark gewesen; sie dauern bis heute an.

IV.1 Hintergrund: Babylonische und persische Religiosität

J. Bottéro, Religion in Ancient Mesopotamia, Chicago 2001. – M. Boyce, A History of Zoroastrianism, 2 Bde, Leiden 1975; 1982 (HdO 1/8/1/2/2a). – C. Colpe, Iranier – Aramäer – Hebräer – Hellenen: Iranische Religionen und ihre Westbeziehungen, Tübingen 2003 (WUNT 154). – D.O. Edzard, Geschichte Mesopotamiens. Von den Sumerern bis zu Alexander dem Großen, München 2004. – G. Gnoli, The Idea of Iran, Rom 1989 (SOR 62). – A. Hausleiter (Hg.), Material Culture and Mental Spheres, Münster 2002 (AOAT 293). – M. Hutter (Hg.), Offizielle Religion, lokale Kulte und individuelle Religiosität, Münster 2004 (AOAT 318). – T. Jacobsen, The Treasures of Darkness, New Haven 1976. – R.G. Kratz (Hg.), Religion und Religionskontakte im Zeitalter der Achämeniden, Gütersloh 2002 (Veröffentlichungen der wissenschaftlichen Gesellschaft für Theologie 22). – M. Krebernik (Hg.), Polytheismus und Monotheismus in den Religionen des Vorderen Orients, Münster 2002 (AOAT 298). – O. Loretz, Götter – Ahnen – Könige als gerechte Richter, Münster 2003 (AOAT 290). – B. Meissner, Babylonien und Assyrien, 2. Bd. Heidelberg 1925. – A.L. Oppenheim, Ancient Mesopotamia, Chicago 1964. – M. Stausberg, Die Religion Zarathushtras. Geschichte – Gegenwart – Rituale, Stuttgart 3 Bde. 2002; 2002; 2004. – G. Widengren, Iranische Geisteswelt, Baden-Baden 1961. – Derselbe, Die Religionen Irans, Stuttgart 1965 (RM 14). – K. Watanabe (Hg.), Priests and Officials in the Ancient Near East, Heidelberg 1999.

Ein wichtiges Moment bei der spirituellen Geburt der Jahwegemeinschaft war sicher das allgemeine geistige und religiöse Klima, mit dem Israel als eine geschlagene und entwurzelte Minderheit sich auseinandersetzen musste, bzw. dem es nolens volens ausgesetzt war. Mit Hilfe der babylonischen und persischen Quellen können wir uns ein einigermaßen befriedigendes Bild von der Lage in Mesopotamien und Palästina machen. Uns interessieren besonders die Unterschiede zwischen der babylonischen und persischen Religiosität, weil zu erwarten steht, dass sich Spuren der einen oder anderen Haltung, der babylonischen und der persischen Weltsicht und Glaubensweise (wenn sie sich denn signifikant unterscheiden!), möglicherweise in den atl. Theologien der Zeit niedergeschlagen haben. Die religiösen Stimmungen in beiden Weltreichen sind dabei als Äußerungen menschlichen Glaubens sehr ernst zu nehmen. Wir greifen beispielhaft einige wichtige theologische Aussagen heraus.

– Dem 1. Jt. v.Chr. in der vorderorientalischen Welt sagen manche Experten einen Hang zur Monolatrie oder gar zum Monotheismus nach. Das könnte ein Reflex des absolutistischen, universalen Königtums sein.[488] Genauere Studien darüber, wie sich die Machtansprüche im Namen von bestimmten Gottheiten entwickelt haben,[489] unterstreichen den politischen und großräumigen Charakter derartiger Ansprüche des „Reichsgottes" auf bevorzugte bis ausschließliche Verehrung. Das gilt für die Großkönige aller mesopotamischen Reiche, mit Einschränkungen auch für die Achämeniden. Auf der Ebene von persönlicher Frömmigkeit aber ergeben sich erhebliche Unterschiede in der Strukturierung des Gottesverhältnisses. Ahura Mazda, der einzige und höchste Gott, erscheint weder im religiösen noch im offiziell staatlichen Schrifttum als Götterkönig. Monarchische Metaphern werden nicht auf ihn angewendet. Im persönlichen Bereich ist er der Inbegriff von universaler Weisheit, Wahrheit und Gerechtigkeit, dem oppositionellen Bösen (der Lüge) scharf entgegengesetzt. Der Glaubende hat sich für ihn zu entscheiden und den bösen Dämonen abzuschwören. Diese Betonung der Wahlentscheidung zwischen dem guten Prinzip und seiner Negation ist den babylonischen Religionen fremd. Auf der persischen Seite gehört sie, wie schon öfter erwähnt, zum Wesen des Glaubens. Auf diese unterschiedliche Religionsstruktur ist sorgfältig zu achten.

– Die babylonische Literatur kennt die Sehnsucht nach ewigem Leben, die Angst vor der Vergänglichkeit, den täglichen Kampf um Gesundheit und Wohlergehen. Sie nimmt auch, besonders im 1. Jt. v.Chr., die Skepsis und Verzweiflung an der göttlichen Weltordnung auf. Im Gegensatz zu der früheren Gelassenheit und der durchweg positiven Einstellung zum Leben breitet sich im Babylonien des 1. Jt. v.Chr. eine gewisse Resignation, ja die Bereitschaft aus, sarkastisch über die angebliche, von den Göttern gestiftete Harmonie herzuziehen. Im „pessimistischen Dialog" lautet eine Passage:

> ‚Sklave, stimm mir zu!' – ‚Jawohl, mein Herr, jawohl!' – ‚Stracks rüttle mich auf und gib mir Wasser für meine Hände, damit ich meinem Gott ein Opfer zurüsten kann!' – ‚Rüste zu, mein Herr, rüste zu! Ein Mann, der seinem Gott ein Opfer zurüstet, ist frohen Herzens; er gewinnt Vertrauen auf Vertrauen!' – ‚Nein, Sklave, ich werde ein Opfer eben meinem Gott nicht zurüsten!' – ‚Rüste nicht zu, mein Herr, rüste nicht zu! Du lehrst deinen Gott, dass er wie ein Hund hinter dir her läuft! Entweder Riten oder eine Latarak(-Figur) oder irgendetwas sonst wird er von dir fordern!' (W. von Soden, TUAT III, 162)

---

[488] So z.B. T. Jacobsen, The Treasures of Darkness. A History of Mesopotamian Religion, New Haven 1976, 233ff.
[489] Vgl. z.B. W. Sommerfeld, Der Aufstieg Marduks (AOAT 213) Kevelaer / Neukirchen-Vluyn 1982; G. Ahn, Religiöse Herrscherlegitimation im achämenidischen Iran (Acta Iranica 31) Leiden und Louvain 1992.

Offenbar ist derartiger Spott nicht mehr als blasphemisch empfunden worden. Er spiegelt eine Haltung, die auch die Umkehr der heilsamen Weltordnung für möglich hält. Das Erra-Epos inszeniert die Machtübernahme der Unterwelt und die katastrophalen Folgen auf der Erde.[490] Über mehrere Tafeln hin wird das von Erra angezettelte, unsägliche Unheil beschrieben und beklagt, teils von seinem Hofmeister Ischum, teils von betroffenen Gottheiten. So beschuldigt ihn Ischtaran, der Gott der Stadt Der (Tell Aqar, südöstlich von Bagdad, bei Badra):

> Die Stadt Der hast du zu einer Wüste gemacht,
> die Leute darin hast du wie Rohr geknickt.
> Wie Schaum auf dem Meer hast du ihren Lärm ausgelöscht,
> und mich hast du nicht ausgelassen, an die Sutäer hast du mich ausgeliefert!
> Ich werde wegen meiner Stadt Der
> keine Urteile der Gerechtigkeit (mehr) fällen, keine Entscheidungen über das Land treffen.
> Ich werde keinen Befehl geben und keine Weisheit schenken.
> Die Menschen haben das Recht missachtet und die Gewalt gewählt,
> die Gerechtigkeit verlassen und Böses geplant.
> Ich werde aufstehen lassen gegen das eine Land die sieben Winde.
> Wer nicht im Kampf stirbt, wird durch die Pest sterben,
> wer nicht an der Pest stirbt, den wird der Feind ausplündern,
> wen der Feind nicht ausplündert, den wird der Räuber erschlagen,
> wen der Räuber nicht erschlägt, den wird die Waffe des Königs erreichen,
> wen die Waffe des Königs nicht erreicht, den wird der Fürst zu Fall bringen,
> wen der Fürst nicht zu Fall bringt, den wird Adad wegspülen,
> wen Adad nicht wegspült, den wird Schamasch fortholen,
> wer auf das Land hinausgeht, den wird der Wind wegfegen,
> wer sein Heim betritt, den wird der ‚Lauerer' schlagen,
> wer auf einen Hügel steigt, wird an Durst sterben,
> wer ins Tal steigt, wird durch Wasser sterben. (Tafel IV,66–86; nach G.G.W. Müller, TUAT III, 796)

Die Schilderungen der Katastrophe gehen endlos weiter, sie erinnern an manchen biblischen Prophetenspruch oder manche Fluchandrohung. Die Zerstörung der guten Ordnung ist vollkommen. Erra, der Unterweltgott steckt dahinter. Doch menschliche Schuld ist mit am Untergang beteiligt, vor allem haben auch die „guten" Götter ihren Anteil an der Katastrophe. Sie lassen Erra gewähren, scheinen ihn gelegentlich gar zu unterstützen. So klingen denn verzweifelte Vorwürfe auf gegen den zerstörerischen Gott. Die am Ende angebotene Lösung besteht darin, dass Erra von seinem Wüten ablässt, er gesteht, im Affekt seinen Vernichtungsfeldzug überzogen zu haben, verspricht, beim Wiederaufbau des zerstörten Landes zu helfen. Und der sich am Schluss outende Schreiber der Dichtung (er will sie in einem Nachtgesicht empfangen haben) empfiehlt sie – in einer Ich-Rede des Erra – als bewährten Beschwörungstext gegen alle möglichen Übel. „Dem Haus, in dem diese Tafel liegt, – sollte Erra noch so zürnen und sollten die Sibitti auch morden –, wird das Pestschwert nicht nahe kommen, denn Wohlergehen ist ihm bestimmt" (Tafel V, 57f; nach G.G.W. Müller, TUAT III, 801).

Die Unterschiede zu zarathustrischen Lösungen des Problems der Theodizee sind nun greifbar. Während in der babylonischen Religiosität monolatrisch Böses und Gutes im Grunde von ein und demselben Gotteswillen ausgeht, hat Zarathustra von Anfang an das Böse vom Guten dualisierend abgespalten. Ahura Mazda und seine „Wohltäti-

---

[490] Vgl. L. Cagni, L'Epopea di Erra (Studi semitici 34) Rom 1969; G.G.W. Müller, Ischum und Erra, in: TUAT III, 781–801.

gen Unsterblichen" sind durch und durch nur gut und keiner bösen Regung fähig. Dagegen sind die *daevas*, die bösen Dämonen und die antagonistischen Gegenkräfte gegen das Wahre und Gute von Beginn an schlecht, man muss ihnen abschwören, sie meiden; sie werden am Ende der Zeiten vernichtet. Aus derart unterschiedlichen Grundperspektiven resultieren dann auf den verschiedenen gesellschaftlichen Ebenen menschlicher Existenz auch unterschiedliche theologische Vorstellungen und ethische Verhaltensweisen.

– Damit ist ein weiterer, tief greifender Unterschied zwischen den Religionen Mesopotamiens und der aus den östlichen Regionen kommenden Botschaft des Zarathustra benannt: die Sicht der Geschichte und des eschatologischen Gerichts, die Einschätzung des individuellen Lebens als einer Etappe vor dem Eintritt ins endgültige, paradiesische Sein. Beide Vorstellungen entsprechen einander auf der kollektiven bzw. persönlichen Ebene. Ausführliche Schilderungen der letzten Dinge gibt es noch nicht in den altavestischen Gathas. Aber schon dort sind Hinweise auf die wichtigen Zukunftsentscheidungen anzutreffen. Der babylonischen Religiosität fehlt die Ausrichtung auf letztgültige Entscheidungen (Totengericht; Aufnahme in das Paradies; geschichtliche Gesamtabrechnung am Ende der Tage usw.). Menschliches und politisches Leben geschieht im Horizont der immanenten Wirklichkeit, deren Transformation in eine irgendwie geartete jenseitige, himmlische Realität an keiner Stelle vorgesehen ist. Die verschiedenen Epen und Gedichte über die Unterwelt im vorderorientalischen Bereich sind immer dunkle Hintergrundfolie zur erfahrbaren und bekannten Lebenswelt.[491] Dagegen leuchtet im zarathustrischen Glauben von Anfang an die Erfüllung des Seins im Jenseits auf. Das persönliche Bekenntnis zum einzig Guten, die individuelle Lebensführung gemäß den authentischen Regeln des „Guten Sinns" und der „Harmonie der Wahrheit" empfangen ihre Bestätigung und Vollendung nach dem Tode. Ähnlich das Leben der Völker: in viel späteren Texten wird das im Altavesta angelegte Gedankengut breit entfaltet. Die Lehre von den Weltzeitaltern, welche die Menschheit durchlebt und dabei ihre Prüfungen und Läuterungen erfährt, bringt die Universalgeschichte im Endgericht zum Abschluss. Danach fängt dann die von keiner Schuld und Irrtum mehr beschmutzte Ewigkeit an.[492]

Es kann kein Zweifel daran sein: Mit der Machtübernahme durch die Perser in der zweiten Hälfte des 6. Jh. v.Chr. kommen im Vorderen Orient neue geistige und religiöse Komponenten ins Spiel. Seit der Wiederentdeckung des persischen (zarathustrischen) Erbes in Europa Mitte des 19. Jahrhunderts hat das Neue, Asiatische in Weltbild und Glauben fasziniert und auch erschreckt. Seine Auswirkungen auf griechisches Denken, Judentum, Christentum und Gnosis sind untersucht worden.[493] Dass aber auch die atl. Glaubenserkenntnisse in den geistigen Umbruchszeiten des 6. Jh. und danach entstanden oder zumindest ausgereift sind, ist längst noch nicht gebührend gewürdigt worden. Die Judäer kamen seit den Deportationen durch die Babylo-

---

[491] Über die babylonischen Ideen im 1. Jt. v.Chr. bezüglich Diesseits, Jenseits, Sinn des Lebens usw. vgl. B. Meissner, T. Jacobsen, A.L. Oppenheimer; M. Krebernik (Hg.), D.O. Edzard (s. o. Bibl. IV.1).

[492] Vgl. M. Stausberg, Religion 135–153; G. Widengren, Religionen 102–108; M. Boyce, History 1, 192ff.

[493] Vgl. F. Altheim, Zarathustra und Alexander, Frankfurt 1960; W. Bousset, Die jüdische Apokalyptik, Berlin 1903; N. Cohn, Cosmos, Chaos and the World to Come, New Haven 1993.

nier und der Eingliederung ihrer Heimat in das babylonische Imperium, vollends nach der dauerhafteren Besetzung durch die Perser, direkt mit den Weltreichsideologien und den Frömmigkeitsidealen des Ostens in Berührung. Ihre westsemitische Religiosität, wie z.B. auch durch die ugaritischen Texte bekannt wurde, muss sich nach religionsgeschichtlichem Ermessen in der Begegnung mit neuen, persischen Denkweisen geformt haben.

IV.2 Die Genese ekklesialer Strukturen

J. Blenkinsopp, Wisdom and Law in the Old Testament, Oxford 1995. – H.C. Brennecke (Hg.), Volk Gottes, Gemeinde und Gesellschaft, Neukirchen-Vluyn 1992 (JBTh 7). – H.-J. Fabry, Studien zur Ekklesiologie des Alten Testaments und der Qumrangemeinde, Diss. Habil. Bonn 1979. – A.H.J. Gunneweg, Vom Verstehen des Alten Testaments, Göttingen 1977 (GAT 7). – P. Hanson, Das berufene Volk: Entstehen und Wachsen der Gemeinde in der Bibel, Neukirchen-Vluyn 1993. – P.J. King und L.E. Stager, Life in Biblical Israel, Louisville 2001 (Library of Ancient Israel). – H.G. Kippenberg, Religion und Klassenbildung im antiken Judäa, Göttingen 1978. – J.J. Pilch u.a. (Hg.), Handbook of Biblical Social Values, Peabody 1998. – L. Rost, Die Vorstufen von Kirche und Synagoge im Alten Testament, Stuttgart 1938 (BWANT 76). – C. Schäfer-Lichtenberg, Stadt und Eidgenossenschaft im Alten Testament, Berlin 1983 (BZAW 156). – J.L. Schaper, Priester und Leviten im achämenidischen Juda, Tübingen 2000 (FAT 31). – M. Smith, Palestinian Parties and Politics that Shaped the Old Testament, New York 1971. – G. Strecker und J. Maier, Neues Testament, antikes Judentum, Stuttgart 1989 (Grundkurs Theologie 2). – M. Weber, Das antike Judentum, Tübingen 1921, [8]1988 (Gesammelte Aufsätze zur Religionssoziologie Bd. 3). – J. Weinberg, The Citizen-Temple Community, Sheffield 1992 (JSOT.S 151). – T. Willi, Kirche als Gottesvolk? ThZ 49, 1993, 289–310. – Z. Zevit, The Religions of Ancient Israel, London 2001.

Das bisher schon Erwähnte (s. o. II.3.3–II.3.6 und II.4) soll kurz gebündelt und religionssoziologisch im Blick auf den sich artikulierenden Jahweglauben aufbereitet werden. Neuzeitliche Erkenntnisse über Gruppen- und Gemeinschaftsbildung, auch unter dem Gesichtspunkt von Zwangsumsiedlung und Emigration, sollten so weit irgend möglich Berücksichtigung finden. Die besonderen Lebensbedingungen der Gemeinden im Stammland Palästina wie in der Diaspora (Babylonien; Ägypten) haben die theologischen Einstellungen maßgeblich mit geformt. Anders gesagt: Was wir heute als „einzigartige" Formen des alttestamentlichen Gottesglaubens erkennen, ist kontextuell eingebunden in die geschichtliche und soziologisch „einmaligen", aber dennoch durch zahllose analoge Situationen verständlich zu machenden Erfahrungen der judäischen Minderheiten im persischen Imperium.

IV.2.1 Identifikation und Abgrenzung

In der Geschichte der Menschheit finden sich zahllose Beispiele dafür, dass Volks- und Religionsgemeinschaften ausgestorben sind, sei es unter Druck aggressiver Eroberer oder aus anderen Gründen. Die Schicksale der Ureinwohner auf den amerikanischen Kontinenten, in Australien oder Japan sprechen für sich. Ethnische Minderheiten haben nur dann eine Chance zu überleben, wenn ihre Mitgliederzahl nicht unter die kritische Grenze von einigen tausend Personen sinkt; ein „letzter Mohikaner" kann sein Volk nicht mehr retten. Die Übriggebliebenen müssen ferner in erreichbarer Nähe zueinander wohnen und untereinander in Kommunikation bleiben; eine atomisierende Zerstreuung von Fremdgruppen führt unweigerlich zur Assimilation in die dominante Gesellschaft.

Die allerorts bekannte Ghettobildung von Ausländern vor allem in Großstädten ist ein Versuch, die eigene Kultur, Sprache, Religion zu erhalten. Chinatowns und Kleintürkeien muten wie echte Ableger ihrer Heimatgesellschaften an. Außer diesen rein physischen Grundvoraussetzungen zur Fortsetzung eines autochthonen Lebens brauchen geschlagene, gedemütigte Minderheiten und Einwanderer aber den Mut, das gemeinsame Leben der eigenen Gruppe unter grundlegend anderen Bedingungen fortzusetzen. Die bei lateinamerikanischen Indianern manchmal in Extremsituationen anzutreffende Selbstaufgabe, die sich in allgemeiner Apathie, Verweigerung der Nahrungsaufnahme, Suizidneigung manifestiert, hilft nicht weiter, selbst wenn „objektiv" gesehen physische Überlebenschancen vorhanden sind. Die geistige, seelische, religiöse Konstitution ist also am Ende in hohem Maße für den Fortbestand einer Minderheitengruppe verantwortlich. Und diese innere Verfasstheit geht notwendig einher mit der Wertschätzung der eigenen Tradition und Sprache. Nur jene Kleingemeinschaften können überdauern, die aktiv bedeutende Teile ihres kulturellen, religiösen, sittlichen Brauchtums pflegen, und sichtbar in ihrem Gemeinschaftsleben zum Ausdruck bringen. Die Amish-people in Pennsylvania, die Parsis in Indien, die Maori in Neuseeland und tausend andere Minoritäten rund um die Welt haben über Jahrhunderte hinweg – natürlich auch unter erheblichen Modifikationen des überkommenen Erbes – an den Gebräuchen der Voreltern festgehalten. Die Ausbildung von inneren und äußeren Unterscheidungs- bzw. Identitätsmerkmalen ist eine unerlässliche, logische Konsequenz des Überlebenswillens. Eine mehr oder weniger stark betonte Abgrenzung von der andersartigen Umwelt gehört im selben Atemzug zur Darstellung der lebensnotwendigen Eigenheiten.

Die Bevölkerung des alten Königreiches Juda hatte zur Zeit der babylonischen Eroberung noch eine kritische Überlebensmasse von einigen zehntausend Personen. Deportiert wurden in mehreren Schüben einige tausend Menschen der Oberschicht, auch das waren – bei der bevorzugten Neuansiedlung in geschlossenen Ortschaften (Esr 2,59; Ez 3,15) – Zahlen oberhalb der bedrohlichen Grenze. Der entscheidende Wille zum Überleben wurde vermutlich durch die persische Politik der religiösen Dezentralisierung weiter stark angefacht. Er kristallisierte sich in Glaube, Sitte, Kult heraus und schlug sich teilweise in scharfer Abgrenzung von allen „Götzendienern" sowie in einem hoch greifenden Erwählungsglauben nieder.

Die Merkmale der judäischen Identitätsbildung sind bekannt und im Vorhergehenden schon hier und da erwähnt. In erster Linie wurde der Jahwe-Glaube zum Fundament für die neue Konfessionsgemeinschaft.[494] Wie ist diese Entwicklung zu verstehen? Im Volksglauben war die Jahwe-Verehrung nicht angelegt. Da hielt man sich über Jahrtausende an familiale Schutzgottheiten, deren Spuren noch im Alten Testament deutlich zu erkennen sind.[495] In den Ortskulten (Freiluftheiligtümern) feierte man lokale Numina, die gelegentlich die Namen höherer Götter oder Göttinnen trugen. Jahwe war den Israeliten als kriegerischer Stammesgott bekannt geworden. Er bewährte sich als Anführer von Stammesbünden und war verbunden mit dem tragbaren Heiligtum, der Lade. Dann war er, wohl unter David, Gott der herrschenden Dynastie und des Königtums geworden. Die volkstümlichen Kulte auf den unteren sozialen Ebenen waren vom Staatskult aber

---

[494] Nach dem Stand der heutigen atl. Forschung kann keine Rede davon sein, dass Israel sich in seiner Frühzeit in einem ersten Schritt zum Volk Jahwes zusammengeschlossen hätte: Vgl. E.S. Gerstenberger, Jahwe – ein Patriarch? Stuttgart 1988; derselbe, Theologien im Alten Testament, Stuttgart 2001.

[495] R. Albert, Frömmigkeit; E.S. Gerstenberger, Mensch; derselbe, Jahwe; K. van der Toorn, Family Religion; L.G. Perdue u.a. (Hg.), Families in Ancient Israel, Louisville 1997.

nicht direkt berührt. Wie im Fall Assurs oder Marduks färbte die Religion der Großgesellschaft nur äußerlich auf die Kleingruppenreligion ab: Dem Namen nach fanden die großen Gottheiten auch im Volk Verehrung; ihrer Funktion nach wirkten sie in Familie, Dorf und Stadt wie Lokalgottheiten, als Beschützerinnen, Heilerinnen, Exorzistinnen. Warum hat sich das nachstaatliche Israel, in seiner neuen Gestalt als judäischer Gemeindeverband, für Jahwe als den zentralen, einzig legitimen Gott entschieden? Die Antwort dürfte in der Natur der Sache liegen. Jahwe war nicht aus der Volksreligion herausgewachsen, aber er war als offizielle Gottheit des Staates Juda und des davidischen Königshauses der bekannteste Gottesname geworden. Jahwe repräsentierte das Ganze der politischen Einheit. Wollte man in der königlosen Zeit einen Rest von Zusammenhalt wahren, bot sich nur Jahwe als Identifikationsgottheit an. Kein Lokalnumen konnte die Sippen und Ortschaften verbindende Ausstrahlung haben, die Jahwe aus der nationalen Überlieferung mitbrachte. Es musste den damaligen Theologen auch hochwillkommen sein, dass Jahwe nicht völlig in der monarchischen Tradition aufging. Er hatte bereits die Stämmekriege angeführt und sich erst widerstrebend einen irdischen König aufzwingen lassen (1 Sam 8). Folglich war sein Geschick nicht völlig mit dem der Daviddynastie verkoppelt. Und die in der nachexilischen Periode wirkenden Traditionsbildner verlegten den Ursprung des Jahwebundes dann schrittweise zurück in die vergangenen Zeiten, bis in die Urgeschichte. Vom Königtum Israels und seiner religionsstiftenden Aufgabe redeten sie dabei wenig, im Pentateuch überhaupt nicht; nur im chronistischen Werk kommen einige Monarchisten zu Wort.

Dass Jahwe zur göttlichen Identifikationsfigur wurde, mag noch einen anderen, zeitbedingten Grund haben. Die babylonische Diaspora wurde vom 6. Jh. v.Chr. an bis zur islamischen Eroberung fast tausend Jahre später, und darüber hinaus, zu einem Hauptzentrum jüdischer Kultur und Religiosität.[496] Wie bei vielen Emigranten und Vertriebenen aller Zeiten und Kulturen die Sehnsucht nach der alten Heimat stärker brennt, als bei denen, die ihr angestammtes Land nicht aufgeben mussten, scheinen auch unter den Exulanten Altisraels der Eifer um Jerusalem und die Verheißungen Jahwes für sein Volk außerordentlich stark gewesen zu sein. Manche theologischen Einsichten und Formulierungen, sicher auch dieses und jenes schriftliche Vermächtnis (priesterliches Gut; Ezechiel) stammen aus der babylonischen Kolonie, in der ja auch Jahrhunderte später der umfangreichere Talmud zusammengestellt wurde. Die babylonische Diaspora bestand nach Ausweis einiger dtr. Quellen (z.B. 2 Kön 25,11f; Jer 52,28–30) aus der Eliteschicht des davidischen Jerusalem. Ihr war Jahwe als Gott des Königshauses, der Hauptstadt (Zionstheologie!) und des Staates Juda vertraut. Und ihrem maßgeblichen Einfluss bei der Gestaltung der neuen Konfessionsgemeinschaft ist es mit zu verdanken, dass die Jahweverehrung zu ihrem Angelpunkt wurde. Das Fortleben der Hauptstadtideologie (vgl. z.B. Ps 46; 48; 76; 87; 132. In Jer 44,15–19 ist die „Himmelskönigin" ernsthafte Konkurrentin Jahwes), z.T. mit davidischem Einschlag, und das Aufkommen von messianischen Erwartungen (s.u.) sind Indizien für eine weiter gepflegte Religiosität im Horizont staatlicher Strukturen. – Weiter hat der im babylonischen und persischen Weltreichsdenken angesiedelte Hang zur Verknüpfung des Zusammengehörigen der Ausbildung einer Theologie der Einheit Vorschub geleistet. Die Judäer haben in Mesopotamien gelernt, universal zu denken.

Wie immer wir uns die Hinwendung zu Jahwe als dem einzigen, legitimen Gott der ju-

---

[496] Vgl. N.N. Glatzer, Geschichte der talmudischen Zeit, Neukirchen-Vluyn, 2. Aufl. 1981, bes. 85–94.

Identifikation und Abgrenzung 331

däischen Bevölkerungsgruppe ausmalen, fest steht, dass das persönliche und kollektive Bekenntnis zu diesem Gott Israels intern zum Glaubensfundament wurde.[497] Die ausschließliche Bindung an Jahwe ist wesentlicher Inhalt der exilisch-nachexilischen Predigt:

> Höre, Israel, Jahwe, unser Gott, ist der eine (einzige) Jahwe. Du sollst Jahwe, deinen Gott, von ganzem Herzen, von ganzer Seele und mit allen deinen Kräften lieben. (Dtn 6,4f)

Auf diese grundsätzliche Ermahnung antwortet die exilisch-nachexilische Gemeinde mit einem tausendstimmigen Chor von Bekenntnisformulierungen, tradierte und neu geschaffene, welche das unvergleichliche Gottesverhältnis lobend und bittend bestätigen: „Du bist mein Gott" (Ps 31,15); „Du bist mein Fels" (Ps 71,3) „ ... meine Hoffnung, Jahwe, mein Gott, meine Zuversicht seit meiner Jugend" (Ps 71,5). „Nur er ist mein Fels und mein Heil, meine Burg" (Ps 62,7). „Jahwe, du unser Gott ..." (Ps 8,2.10); „Wer ist Gott, doch nur Jahwe! Wer ist Fels, allein unser Gott!" (Ps 18,32). „Das ist Gott, unser Gott, auf immer und ewig, er wird uns leiten." (Ps 48,15). „Lasst uns niederknien vor Jahwe, der uns gemacht hat! Denn er ist unser Gott, und wir das Volk seiner Weide" (Ps 95,7). „Erhebt Jahwe, unsern Gott, fallt nieder vor dem Schemel seiner Füsse!" (Ps 99,3). „Er, Jahwe, ist unser Gott; über alle Länder geht sein Urteilsspruch." (Ps 105,7). „Hilf uns, Jahwe, unser Gott, und sammle uns unter den Völkern!" (Ps 106,47). – Die Bekenntnisformulierungen sind Legion; die liturgische Überlieferung lebt von diesen spirituellen Ortsbestimmungen. Jahwe wird vor allem in der persischen Periode der Ankergrund des Glaubens für die judäischen Gemeinden. Die scharfe Ablehnung aller „anderen Gottheiten" (vgl. Ex 20,2–6) ist die Folge. Das ist eine neue Entwicklung in der Religionsgeschichte Altisraels, denn vor dem Exil fehlten die Bedingungen für die Konstituierung einer derartigen Bekenntnisgemeinschaft. Später, in der hellenistischen Epoche, hat die Eigendefinition über die religiöse Gruppe (an Stelle des Geburtsortes oder der Familie) keinen Seltenheitswert mehr, wie die Anhängerschaft von Mysterienkulten beweist.[498] Im Perserreich gab es offenbar Religionsgemeinschaften auf Grund von Willensentscheidungen für Ahura Mazda,[499] und es bahnt sich ein Selbstverständnis an, das die Zugehörigkeit zu einer partikularen Religion in den Vordergrund stellt. Nun kann die persönliche Kultzugehörigkeit zum Wesensmerkmal eines Menschen werden. Als die Seemänner ihren unheimlich Fahrgast Jona um seine Identität bitten, sagt dieser: „Ich bin ein Hebräer und verehre Jahwe, den Gott des Himmels, das Meer und das Trockene gemacht hat." (Jona 1,9). Ort, Sippe, Beruf des Befragten interessieren nicht. Allein seine ethnische Gruppe, die mit der religiösen Überzeugung übereinstimmt, fällt ins Gewicht. Der verehrte Gott ist zudem der universale Schöpfer: Die Selbstvorstellung Jonas entspricht damals herrschender Mentalität. Bindung an eine bestimmte Gottheit oder Konfession hat seitdem oft eine entscheidende Rolle gespielt, man denke nur an die „Glaubens- und Konfessionskriege" in Europa. Wechselweise haben andere Determinanten wie Nationalität, Rasse, Geschlecht usw. die Bewertung von Menschen dominiert. Heute erscheint die Konfessionszugehörigkeit in den westlichen Zivilisationen nur noch regional oder gesellschaftlich segmentär bedeutsam. Aber die Innovationskraft der Jahwegemeinden (und ihrer zarathustrischen Gegenparte) ist bemerkenswert. Zum ersten

---

[497] Vgl. E.S. Gerstenberger, Glaubensbekenntnis. Altes Testament, TRE 13, 386–388.
[498] Die Mitgliedschaft wird (nicht ohne persischen Einfluss) z.T. mystisch-sakramental realisiert, vgl. R. Reitzenstein, Die hellenistischen Mysterienreligionen (1927), Darmstadt 1956, 242–275.
[499] Die avestischen Texte sind vorwiegend liturgischer Art und lassen auf eine Kultgemeinschaft schließen, vgl. M. Stausberg, Religion Bd. 1, 81f.

Mal entstanden religiöse Vereinigungen zwischen „natürlichen" Kleingruppen und politischen Makro-Sozietäten.

Die gefundene Identität einer Gruppe entfaltet fast von selbst eine Außenwirkung: Wer die akzeptierten Sonderkriterien der sich selbst darstellenden Gemeinschaft nicht teilt, gehört nicht dazu. Er oder sie hat keinen Zutritt in den inneren Kreis der Gemeinde. Es war oben schon vielfach von Sabbat und Beschneidung, der Tora und dem Festkalender (auch dem Bundesschluss) der Judäer die Rede. Alle diese symbolhaften Akte betonen den exklusiven Charakter der Gemeinschaft. Die nachexilische Gemeinde hat sogar die Frage: „Wer gehört zu uns? Wer darf aufgenommen werden?" ausdrücklich thematisiert. Es sind auch, wie schon erwähnt, durchaus kontroverse Antworten erfolgt: Die Gemeinden waren eben nicht homogen in ihren Glaubensansichten. Wo die Grenzlinien zwischen sich bekämpfenden theologischen Richtungen oder Lagern verliefen, ist nicht immer klar. Sicher ist jedoch, dass in Religionsgemeinschaften, die sich auf das persönliche Bekenntnis zu einer absolute Wahrheit beanspruchenden Gottheit berufen, Auseinandersetzungen von Bekenntnis- oder Meinungsschulen unausweichlich sind. Auch dieses Erbe des theologischen Zwistes ist in die jüdische, christliche und muslimische Geschichte eingegangen und bewegt noch heute manche konfessionellen Gemüter. Erstaunlich ist, an welchen – aus der Distanz betrachtet – nichtigen Anlässen und Merkmalen sich der Richtungstreit entzünden kann, mit welcher Heftigkeit und Verbitterung er manchmal abläuft, und wie häufig es zu Spaltungen und gegenseitigen Verdammungen kommt. Vermutlich ist das Bewusstsein, ständig vor dem Angesicht des absoluten Gottes um ewige Dinge zu kämpfen, und seien sie noch so klein, mit Schuld an mancher gnadenlosen Verketzerung von Abweichlern.

Was das Verhältnis zur andersgläubigen Umwelt angeht, so haben die nachexilischen Gemeinden und ihre federführenden Theologen einerseits die Heiligkeit der Gemeinde gefordert (vgl. Lev 19), die von nichts Fremdem verunreinigt werden dürfe. (Natürlich gab es aber unterschiedliche Konzepte von Heiligkeit und Unreinheit.[500]). Andererseits haben dieselben Vordenker der Gemeinde oder abweichende Kollegen die Türe für Fremde aufhalten wollen; sie haben Eintrittsbedingungen und Ausschlusskriterien formuliert, um die Reinheit der Gemeinschaft (*qahal*, „Versammlung"; *'edah*, „Volksversammlung"; *'am*, „Volk"; *miqra'*, „Einberufung"; *sod*, „Gesprächskreis"; *jahad*, „enge Gemeinschaft" u.a.[501]). Das Phänomen der im Jahwe-Glauben begründeten Vereinigung kommt massiv in nachexilischen Texten des Deuteronomiums und des chronistischen Werkes zur Sprache. Um nur zwei entgegengesetzte Beispiele zu zitieren: A) Entmannte, Bastarde (? *mamzer*); Ammoniter, Moabiter sind für immer aus der Gemeinde ausgeschlossen (Dtn 23,2–4). Edomiter und Ägypter dagegen können nach drei Generationen zugelassen werden (V. 8f). Die Überlieferer dieser Passage richten mit unnachsichtlicher Schärfe Barrieren vor der jüdischen Gemeinschaft auf, zuerst gegen Männer, deren Geschlechtsorgane verstümmelt sind (vgl. Lev 21,16–21) und gegen Kinder aus Mischehen (? vgl. Sach 9,6; Neh 13,24), dann gegen Ammoniter und Moabiter, die angeblich aus inzestuösem Verhältnis entstanden (Gen 19,30–38). Edomiter erhalten wegen der direk-

---

[500] Vgl. S.M. Olyan, Purity Ideology in Ezra-Nehemiah as a Tool to Reconstitute the Community, in: JSJ 35, 2004, 1–16 und die Studien, mit denen er sich hauptsächlich auseinandersetzt: J. Klawans, Impurity and Sin in Ancient Judaism, New York 2000; C.E. Hayes, Gentile Impurities and Jewish Identities: Intermarriage and Conversion from the Bible to the Talmud, New York 2002.

[501] Diese und andere häufig gebrauchten Bezeichnungen ziehen sich bis in das außerkanonische jüdische Schrifttum und die Qumrantexte hinein, vgl. H.-J. Fabry, F.-L. Hossfeld, E.-M. Kindl, ThWAT VI, 1204–1222; L. Rost, Vorstufen.

ten genealogischen Verwandtschaft (Gen 25,21–28; 27ff; 33) Zulassung und Ägypter, weil sie Jakob „Gastrechte" gewährten (vgl. Gen 46ff; die Exodusereignisse bleiben ausgeblendet). Auffällig ist der enge Gesichtswinkel dieser Bestimmungen. Vorherrschend scheinen sexuelle und abstammungsmäßige Kriterien zu sein. Die Auswahl der wenigen Nachbarvölker überrascht; warum fehlt jeder Hinweis auf die vielen Ethnien im syrischen, mesopotamischen, persischen Raum? Es ist vielleicht falsch, an dieser Stelle Vollständigkeit erwarten zu wollen (vgl. die Völkertafel von Gen 10). Offenbar konzentrierten sich die maßgebenden Theologen auf die sexuell Defekten und jene Fremdstämmigen, die sexuell bedingte Makel an sich trugen. Sie stören die Heiligkeit der Jahwe-Gemeinde. Die „Gesetzgeber" beziehen ihre Informationen offenbar aus dem schon vorhandenen Pentateuch. Sie lassen sich von den heiligen Schriften inspirieren; allein diese Tatsache spricht für die nachexilische Abfassung des „Gemeindegesetzes" in Dtn 23. Die Wirklichkeit der Gemeinde wird also am Beispiel von scharfen Zulassungsbeschränkungen aus der Schrift konstruiert, nicht aus dem Alltagsleben.

Ganz anders verfahren B) die Tradenten von Jes 56. Sie beziehen sich offensichtlich auf Dtn 23 und widersprechen entschieden dem dortigen Konzept. Fremdstämmige, ohne jede Einschränkung der Volkszugehörigkeit (!), und Kastrierte haben unter gewissen Auflagen – Sabbatheiligung; Einhaltung der Bundesbestimmungen – vollen Zutritt zum „Bethaus für alle Völker" in Jerusalem. Einen „ewigen Namen" will Jahwe ihnen geben (V. 5), d.h. doch wohl: Sie werden vollwertig in die Gemeinderegister aufgenommen. Eine ähnliche Offenheit für die „anderen" vertreten auch die Überlieferer von 1 Kön 8 oder der Jona-Novelle. In Dtn 23 und Jes 56 stehen sich also Vertreter einer peinlichst genauen Beachtung der Reinheitsregeln und einer weit offenen, liberalen Haltung gegenüber den Fremden, die Aufnahme in die jüdische Gemeinde begehren, schroff gegenüber. Wir könnten denselben Fall von innerjüdischer theologischer Diskrepanz auch am Beispiel der Mischehenfrage studieren (Esra 10; Neh 13,23–28 gegen das Buch Rut). Das Fazit kann nur sein: Wie bis heute in konfessionellen Religionsgemeinschaften üblich, bestand die Jahwe-Gemeinde der nachexilischen Zeit aus unterschiedlichen theologischen Gruppierungen. Sie lebten alle aus den Traditionen Altisraels, welche in jenen Jahrhunderten gesammelt, gestaltet und kodifiziert wurden. Die Bindung an Jahwe, den Gott Israels, war ihnen allen das heilige Fundament für Glauben und Lebensgestaltung. Gerade deswegen ergaben sich konkurrierende Auffassungen über das Verständnis und die Umsetzung des Gotteswillens bei der Suche nach israelitischer Identität und dem richtigen Verhältnis zu den vielen anderen Völkern der Umwelt.

Die Abgrenzung nach außen machte sich auch in den Bezeichnungen für die „Fremdvölker" bemerkbar. Von den prophetischen Verdammungen anderer Götter und ihrer Anhänger war schon die Rede. Aber die nach außen gerichtete Unterscheidungsterminologie im Blick auf die „Wir-Gruppe" und die „Anderen" entwickelt sich in manchen Kontexten hin auf eine Abwertung der „Heidenvölker". Für Israel wird mehr und mehr seit dem Ende des Exils der Ausdruck „Volk" (*'am*, im Singular!) verwendet (vgl. Ps 100,3), während das früher neutrale Wort *goj*, „Volk, Nation" in seiner Pluralform mehr und mehr die Andersartigkeit betont (vgl. Ps 96,3; 2 Kön 17,8.11.15.33; Ez 20,32; Lev 18,24.28). Im späteren talmudischen Sprachgebrauch kann der Singular *goj* für den einzelnen, feindlichen Fremden gebraucht werden.[502] Im deuteronomischen Umfeld ver-

---

[502] Vgl. R.E. Clements, ThWAT I, 972f; E.A. Speiser, ‚People' and ‚Nation' of Israel, JBL 79, 1960, 157–163.

wenden die Überlieferer eine charakteristische Heiligkeits- und Erwählungsterminologie, um Israels Sonderstellung zu beschreiben:

> Du bist Jahwe, deinem Gott, ein heiliges Volk. Dich hat Jahwe, dein Gott, erwählt zum Volk des Eigentums aus allen Völkern, die auf Erden sind. Nicht hat euch Jahwe angenommen und euch erwählt, weil ihr größer wäret als alle Völker – denn du bis das kleinste unter allen Völkern – sondern weil er euch geliebt hat und damit er seinen Eid hielte, den er euren Vätern geschworen hat. (Dtn 7,6–8a; vgl. Dtn 4,37; 10,14f; 14,1f; 1 Kön 3,8; Ex 19,4–6).

Das kleinste Volk auf der ganzen Erde (imperiale Perspektive!) wird zum speziellen, heiligen Eigentum des Weltengottes – diese Vorstellung passt besonders gut in das geistige Klima des persischen Reiches: Alle Nationen sind eingegliedert in die einzige, real existierende Weltmacht; sie stehen kompetitiv nebeneinander und gehören doch zu einem Ganzen. Der Erwählungsglaube Israels hat in dieser antiken Globalität seinen Sitz, er beansprucht den Vorrang. Die westlichen und auch die muslimischen Ausschließlichkeitsansprüche leiten sich unmittelbar aus diesem atl. Erbe ab.

IV.2.2 Das geistliche Profil der Gemeinde

Wir haben bereits mehrfach festgestellt, dass die gesellschaftliche Konstruktion einer Konfessionsgemeinde mit ihren Ämtern, Symbolen, Festen im persischen Zeitalter eine folgenreiche Neuerung war. Nicht zu Unrecht sieht man in der Entstehung der nichtstaatlichen und im Prinzip auch nicht ethnisch gebundenen Glaubensgemeinschaft ein neues Grunddatum der Religionsgeschichte, das bis heute nicht überholt worden ist. Denn in der westlichen Welt hat sich sowohl im Judentum wie im Christentum das Modell der Ortsgemeinde, d.h. des Zusammenschlusses der beieinander wohnenden Konfessionsverwandten, trotz mancherlei Abwandlungen im Detail durchgehalten. Das Grundmuster scheint, wie oben gelegentlich bemerkt, durch viele biblische Texte hindurch: Offenbar haben zuerst die Exulanten in Babylonien in verschiedenen, mehrheitlich jüdischen Ortschaften gesiedelt und derartige „ekklesiale Gemeinschaften" gegründet. Sie hatten eine gewisse Selbstverwaltung (vgl. die Ältesten, die Ezechiel aufsuchen) und versammelten sich zu Klage- und Jahresfesten, zunehmend auch Toralesungen, an bestimmten Mond- später Sabbattagen. An Leitungsämtern sind außer den Ältesten Priester, Propheten, Schreiber, Schiedsleute und einige nicht so leicht zu deutende Funktionen[503] aus den biblischen Zeugnissen erhebbar.

Wir wollen versuchen, das spirituelle Profil der frühen, bekennenden Jahwe-Gemeinden zu zeichnen. Wie lebten die Judäer der Perserzeit ihren Glauben? Ein Blick zurück auf die vorexilischen Verhältnisse hilft, die Besonderheiten der entstehenden Jahwe-Gemeinde zu würdigen. In der staatlich organisierten Großgesellschaft gab es mindestens drei Ebenen, auf denen religiöse Gemeinschaften ihre kultischen Begehungen hielten: In Haus und Sippe verehrten die Menschen im Vorderen Orient die persönliche bzw. familiale Schutzgottheit, mit den Nachbarn des Wohnortes feierte man an Freilichtheiligtümern die Götter des Wetters und der Fruchtbarkeit, der königliche Staatskult war ein

---

[503] Z.B. sind die *sarim* über tausend, hundert, fünfzig und zehn Männer (Ex 18,21) sicherlich ursprünglich militärische Führer; im Kontext der nachexilischen Gemeinde haben sie genau so sicher zivile Aufgaben gehabt. Ähnlich dunkel sind die genauen Funktionen des *nasi'* in der Ortsgemeinde (vgl. Ex 16,22; 35,27; Lev 4,22–26; Num 3,24.30.33; oben III.2.1). Ex 18 wird von einigen in die nachexilische Zeit verlegt, vgl. ThWAT VII, 874).

schirmendes Dach über dem ganzen Land – aber keine der sozio-religiösen Ebenen übte Kontrolle über eine andere aus.[504] Wie grundlegend anders ist der Jahwe-Glaube in seiner gelebten Wirklichkeit jetzt konstruiert: Obwohl die Gemeinde alle drei Glaubensformen beerbt und manches aus ihnen herübernimmt, gelten in ihr nur noch die von allen akzeptierten Regeln und Formen. Das Glaubensleben ist – besonders in seiner rituellen Praxis – im Vergleich zu der früheren gesellschaftlichen Schichtung homogenisiert. Was an gottesdienstlichen Verrichtungen erlaubt ist, muss von der Gemeinde anerkannt sein. Alle nicht genehmigten Kulte sind tabu, besonders jene, die sich an eine andere Gottheit als Jahwe wenden. Denn der Jahwe-Name ist das höchste Symbol der eigenen Identität. Nach der Theorie der persönlichen Glaubensentscheidung bedeutet die Verehrung einer fremden Gottheit das Ausscheiden aus dem eigenen Gemeindeverband. Die monolatrische Glaubensstruktur der Gemeinde wird nach oben hin durch die Autorität Jahwes abgeschlossen. Göttliche Autorität gab auch den Gottesverehrern im Mehrschichtenmodell Orientierung, nur eben in verschiedenen gesellschaftlichen Organismen, in unterschiedlich ausgelegten Kulten. Jetzt herrscht eine gewisse Eindeutigkeit, der Gotteswille strömt durch die entsprechenden Ämter, Riten und Institutionen in die Gemeinde. Er ist – ganz anders als in der vorexilischen Periode – schriftlich verfasst. Die Schrift wendet sich an die ganze Gemeinde, sie ist kein Handbuch für Kultspezialisten. Das bedeutet: Mit der Einführung dieser, das Gemeindeleben und die bekennende Person orientierenden heiligen Schrift ist der reine Opferdienst, wie er z.B. am königlichen Tempel durchgeführt wurde, überholt, zumindest stark relativiert (vgl. Ps 40,7–11; 50,3–15; Jes 1,11–17).

Die dtr. Kultzentralisation (Dtn 12) trägt der nachexilischen Situation Rechnung: Es war unmöglich und unerwünscht, an allen Orten, wo Juden sich aufhielten, Opferstätten für Jahwe einzurichten. So jedenfalls die offizielle, Jerusalemer Ideologie. Die Existenz des Jahwetempels in Elefantine macht das Dilemma der Jerusalemer Theologen nur deutlicher. Das Fundament der Gemeinde war der durch Gottesmänner vermittelte, zum Teil schriftlich fixierte Wille Jahwes, nicht das Opferwesen. In einer Gesellschaft, die weder durch väterliche Sitten und Gebräuche noch durch staatliche Machtstrukturen für jeden einsichtig organisiert war, die sich mithin ihren Weg in neuen Situationen (Ausland; Fremdherrschaft; Berührung mit anderen Kulten usw.) mühsam suchen musste, da konnte ein bloßer Opferdienst für den obersten Gott nicht als Wegweisung ausreichen. Die Jahwe-Gläubigen brauchten Anleitung für ihr ganzes, auf die Entscheidung für ihn ausgerichtetes Leben. Sie brauchten Tora (Pentateuch; prophetische Weisung; Tora-Psalmen usw.). – Der oben angegebene Psalm 50 scheint dem genau zu widersprechen. Er relativiert das Opfer, stellt aber nicht die Gabe der Tora als Alternative vor, sondern die persönliche Glaubenspraxis. Sie schließt möglicherweise das Dankopfer für erfahrene Rettung ein (Ps 50,14a)[505]; sodann drängt der Sprecher des Gotteswortes auf vertrauensvolles Gebet in der Not (V. 15a). Es geht also um den Glauben, das absolute Vertrauen auf Jahwe. Es kann auch im Dankopfer geübt werden, natürlich aber intensiver und ausführlicher bei der Befolgung der Gebote, die dann in V. 16–20 in Auswahl angesprochen werden. Also gewinnt die Tora, die klare Definitionen für die richtige Lebensführung in der Gemeinschaft mit Jahwe enthält, in diesem Psalm doch die Oberhand.

---

504 Vgl. E.S. Gerstenberger, Theologien, 26–165.
505 So F.-L. Hossfeld, in: ders. und E. Zenger, Die Psalmen I (Echterbibel), Würzburg 1993, 314f (anders in der Übersetzung, a.a.O. 311).

Die neue Jahwe-Gemeinde übernimmt viele theologische Vorstellungen aus den früheren Hauskulten. Das Vertrauen gegenüber der partnerschaftlichen Gottheit ist ja auch seit vorgeschichtlichen Zeiten im kleinsten Kreis der Glaubenden eingeübt worden. Dieses Erbe ist mit das Kostbarste, was Menschen für ihr Gottesverhältnis zur Verfügung steht: Das Urvertrauen in ein wohlmeinendes göttliches Gegenüber. Aber die nachexilische Gemeinde lässt es nicht bei dem kollektiven Vertrauen (vgl. Ps 22,5f) bewenden. Sie fordert, so sagten wir, den Einzelnen zu seinem persönlichen Jahwe-Bekenntnis heraus, wenngleich dieser Einzelne immer noch weit mehr in seine Umgebung eingewoben bleibt, als wir es heute gewohnt sind. Die Kollektivhaftung fällt schon damals dahin (Ez 18). Der Einzelne hat sein Leben mit Jahwe und unter der Anleitung von Tora zu führen, auch wenn die Familie ihm mehr Hindernis als Förderung seines Glaubens sein sollte (vgl. Hi 2,9; 19,13–22; Ps 55,13–15; 69,8f; Jer 16,5–9). In gewissem Sinne wird die Gemeinde, oder aber die rechtgläubige Fraktion der Gemeinde, zum Familienersatz. Der Jahwe-Anhänger sucht die Tora und die Gemeinschaft der „Gerechten" (vgl. Ps 1,1; 33,1; 73,13–15; 111,1). Er ist voll für sich verantwortlich und steht in der Solidarität mit den Glaubensgenossen. Das „Wir" der Gemeinde durchzieht den Psalter, in ihm ist immer das „Ich" des einzelnen Bekenners aufgehoben. Diese persönliche Struktur des Glaubens, der dem „Du" Gottes begegnet – ja eigentlich konstituiert das „Du" immer das „Ich" (E. Levinas) – ist seit der nachexilischen Gemeindegründung in die Glaubensgeschichte der westlichen Welt eingegangen und wirkt bis heute fort. Freilich haben sich die Konstellationen heute gegenüber der Antike verändert. Unsere, auf der Struktur der industriellen Arbeit zurückzuführende Individualisierung ist in vieler Hinsicht brutaler als die antike Selbstverantwortlichkeit je sein konnte. Doch bestehen Notwendigkeit und Verlangen für den Einzelnen auch heute noch, mitmenschliche Geborgenheit zu erleben. Darum kann das spezifische Paradigma des Einzelnen in seiner Gemeinde, das wir im nachexilischen Israel antreffen, noch immer Diskussionsgrundlage für unsere Situation sein.

Die damals entstandenen Gemeindestrukturen, das ist unsere Annahme, bestehen unter veränderten Bedingungen auch heute noch. Ein näherer Blick auf das Zusammenspiel von Funktionen, Ämtern, Gruppen beim nachexilischen Modell führt uns weiter. Es ist zunächst schwer, das Miteinander und Gegeneinander bestimmter Interessenvertreter in den biblischen Texten zu verstehen. Priester streiten gegen mindere Priester, echte Propheten gegen falsche, Könige gegen Gottesmänner, Frauen gegen Männer, Brüder bringen Brüder um. Die volle menschliche Wirklichkeit, wie sie auch uns selbst täglich umgibt, tritt uns aus den biblischen Geschichten entgegen. Weitgehend gehören die mitmenschlichen Konflikte, welche uns aus den hebräischen Schriften entgegenkommen, in die nachexilische Zeit oder sind als Reflexe dieser Zeit zu lesen. Wir sehen an dieser Tatsache, dass die Koordinatoren und Verfasser der zeitgenössischen Literatur keine blauäugigen Schwärmer, sondern sehr realistisch beobachtende Theologen waren. Gelegentlich scheint ihre Skepsis gegenüber der menschlichen Natur sogar überzuborden (vgl. Ps 14). Wir wissen heute nach etwas längerer geschichtlicher Erfahrung als unsere biblischen Vorgänger/Innen, dass die Einschätzung des Menschen Konjunkturen und Flauten ausgesetzt ist, und wir haben allen Anlass, die Zeugen der Vergangenheit auf ihre Erfahrungen hin zu befragen. Was ist der Mensch? heißt eine in jener Zeit mehrfach gestellte Frage. Die Antworten sind zwiespältig, wie das Leben selbst: Der Mensch ist „wenig niedriger als Gott", „mit Ehre und Macht" ausgestattet (Ps 8,6), zum „Herrschen" geboren (Gen 1,26.28). Er ist „gleichwie nichts", „wie ein Schatten" (Ps 144,4); „gräulich und verderbt", er „säuft Unrecht wie Wasser" (Hi 15,16). Er ist eigensinnig

Das geistliche Profil der Gemeinde

und muss doch seinen Standort behaupten. Glanz und Elend dieses Wesens, das wir selbst sind, beschäftigen uns noch immer.

In Zusammenspiel und Auseinandersetzung der Kräfte, welche die judäischen Gemeinden in der persischen Zeit beseelten, entdecken wir aber nicht nur antiquierte Probleme. Es kommen erstaunlich moderne Züge zum Vorschein. Einer davon ist z.B. das Verhältnis der theologischen Fachleute zu den Laien, besser umgekehrt, der Gemeinde zu ihren Leitfiguren. Aus praktisch-theologischer Sicht kann man darin einen wichtigen Beitrag der Jahwe-Gemeinde in persischer Zeit zu unserer mühsamen Diskussion um Aufgaben und Gestalt der Gemeinden heute sehen.

Der Fluss des göttlichen Segens verläuft in der Gemeinde – wie auch in den früheren Religionsformen – bevorzugt durch speziell berufene oder bestellte Personen hin zu den „normalen" Menschen. Das ist ein sehr altes Modell von spiritueller Kraftübertragung. Mose, Josua, Samuel, Elia, Jeremia, Esra – um nur die hervorragendsten Gestalten der altisraelitischen Glaubensgeschichte zu nennen – hatten einen besonderen Zugang zu Jahwe und waren von ihm mit der Weitergabe der göttlichen Mitteilungen, der Tora, an das Volk beauftragt. In monarchischen Gesellschaften ist die vermittelnde Person manchmal noch zusätzlich mit politischen Befugnissen ausgestattet. Das kann zu schweren Entartungen des religiösen Systems in Richtung auf einen Cäsaropapismus führen. Die atl. Mittlergestalten des Wortes und des Segens Jahwes sind ein gutes Stück demokratischer gezeichnet. Jede von ihnen ist hinterfragbar und muss sich der zweifelnden Frage nach der Legitimation stellen – ein Spiegelbild der Jahwe-Gemeinschaft in der Zeit des Zweiten Tempels. Echte politische Gestalten (z.B. Nehemia) spielen in religiösen Angelegenheiten eine nachgeordnete Rolle (vgl. Neh 10; 13). In der Stärkung des Laienelements und der prinzipiellen Freigabe der Kritik an Leitungs- (und Leistungs-!) trägern der judäischen Jahwegemeinschaft liegt ein zukunftsweisendes Moment. Weder Mose noch David sind der Tradition sakrosankt. Einige Beispiele: „[Mirjam und Aaron] sprachen: Hat denn Jahwe nur mit Mose allein geredet? Hat er nicht auch mit uns geredet?" (Num 12,2). Das ganze Volk „murrt" gegen die Wüstenbedingungen und damit gegen Jahwe und seinen Beauftragten (vgl. Num 11), nun lehnt sich auch eine Frau (der Bruder Aaron dürfte späterer Zusatz sein) gegen den Alleinvertretungsanspruch des geistlichen Führers auf. Sicher, in beiden Perikopen bekommt Mose Recht; besonders die kritische (feministische?!) Anfrage der Schwester provoziert bei den Tradenten eine starke Erklärung zugunsten des auserlesenen Anführers Mose (Num 12,6–8). Dennoch beweisen diese und ähnliche Zweifel an der alleinigen Autorität der Gemeindeleiter a) dass in nachexilischer Zeit eine gewichtige Opposition vorhanden war und diskutiert wurde und b) dass man sich der grundsätzlichen Berechtigung von „Gegenmeinungen" bewusst war. Das lässt sich z.B. auch aus einer interessanten Jeremiaepisode erschließen. Gegen die stereotype „Jahwe-allein-Predigt" des Propheten argumentieren wieder Frauen:

> Wir wollen der Himmelskönigin opfern und ihr Trankspenden ausgießen, wie wir und unsre Väter, unsre Könige und Fürsten in den Städten Judas und auf den Gassen Jerusalems getan haben. Da hatten wir Brot genug und waren glücklich und wussten nichts von Unglück. Seitdem wir aber aufgehört haben, der Himmelskönigin zu opfern und Trankspenden auszugießen, leiden wir Mangel an allem und kommen um durch Schwert und Hunger. (Jer 44,17f)

Auch hier bekommt Jeremia von den Tradenten Recht (V. 20–23), aber nur in einer merkwürdig schwachen Gegenrede, die vor allem nicht in ein Verdammungsurteil, wie wir es bei Bundesbruch und Apostasie wohl erwarten könnten (vgl. Lev 10; Num 16; Dtn 27,14–26; 28,15–44), ausmündet. Die Gemeinde hat den Führungseliten (trotz Lev

10; Num 16) keine absolutistische Gewalt in Glaubens- und Lebensfragen zugestanden. Vielmehr scheint in Theorie und Praxis die Jahwe-Gemeinschaft selbst, das Volk des Gottes Israel, in einer uns eher demokratisch anmutenden Weise das eigentliche Subjekt des Glaubens und das Objekt der Liebe, Solidarität und Ansprache Gottes gewesen zu sein.

Indizien für diese Vermutung gibt es in den atl. Schriften genug. Das „Volk" (*'am*) Israel, die Nachkommenschaft Jakobs stellte den Bundes-Partner für Jahwe, nicht die Leitungsfiguren der Gemeinschaft. Wenn Gemeinde zusammenkommt, dann sind es oft alle Jahwe-Vertrauten, das ganze Volk, und manchmal betont Männer, Frauen, Kinder, Alte (vgl.1 Kön 8,2; Neh 8,1.3). „Man ersuchte Esra ..., das Buch mit dem Gesetz des Moses herzubringen ..." (Neh 8,1b) – der Schriftkundige handelt auf Weisung der Gemeinde. Das versammelte Volk kommt in vielen Texten, vor allem in den Psalmen (s.o. III.1.3.2) aber auch in Responsorien zum Vortrag des Jahwe-Wortes (vgl. nur Jos 24; Neh 10) mit seinem „Wir" kräftig zu Worte. Die meisten der relevanten Stellen sind echte, kollektive, im Chor gesprochene Formulierungen, nicht etwa vornehme, inklusive Klauseln eines beamteten Liturgen. In der umfangreichen altorientalischen Literatur, vor allem auch in rituellen und liturgischen Zusammenhängen, sind Texte in der 1. Person Plural höchst selten. Ein einleuchtender Grund dafür wäre das Fehlen religiöser Konfessionsgemeinschaften. Kultverbände auf persönlicher Entscheidungsbasis existierten erst seit der Perserzeit. Im Avesta sollte man darum auch Gemeinderesponsorien erwarten, und sie sind, wenn auch spärlich, vorhanden.[506] Die judäische Gemeinde der nachexilischen Zeit enthält also in ihrem spannungsvoll konstruierten, mehrschichtigen Organismus auch ein Element des (legitimen) theologischen Widerspruchs,[507] das jeder Religionsgemeinschaft Not tut, wenn sie nicht in einer narzistischen Ideologie und in tödlichem Fundamentalismus versinken will.

So trocken die Opferregeln im Buch Leviticus sein mögen, sie vermitteln uns doch ein Bild vom Verhältnis zwischen Priestern und Gemeinde und den in ihr vorhandenen Gruppierungen. Bei näherem Hinsehen führen die Opferspezialisten bestimmte Riten aus, z.B. die Blutsprengung am Altar. Die Schlachtung und Häutung des Opfertieres bei Privatzeremonien obliegt dem Opferherrn, das ist der Laie, welcher die Gabe darbringt (vgl. Lev 1–7). Priestern sind die Blutriten vorbehalten, doch das Gesamtbild zeigt eine Dominanz der Laienschaft.[508] Im Fall von Sünd- und Schuldopfern unterscheiden die Anweisungen die Jahwegemeinschaft nach ihren Komponenten: Priester – ganze Gemeinde (Lev 4,1.13) und Gemeindeleiter – normales Mitglied (V. 22.27). Es sind also bestimmte Rangordnungen vorhanden, zu denen in manchen Situationen noch andere, z.B. des Alters, Geschlechts, soziale Stufe, Stand der Reinheit usw. gekommen sind.[509] Trotz allem ist die übergeordnete theologische Bedeutsamkeit der Gemeinde nicht aufgehoben. Sie ist und bleibt das Ziel der göttlichen Aktivität, sie kontrolliert z.B. die Priestergehälter (Lev 5,13; 7,8f; Ez 44,29ff) und sieht darauf, dass das Mittleramt ordentlich, nach den Regeln solidarischer Mitmenschlichkeit ausgeübt wird (vgl. 1 Sam 2,11–17). Genau wie Propheten nicht so sehr der Aufsicht von Tempelbehörden als der

---

[506] Vgl. Yasna 28,6: „Und auch uns, Herr ..." eine Interjektion, die G. Widengren als Responsorium wertet.

[507] E. Bloch hat das richtig erkannt, aber dem Phänomen ein irreführendes Etikett gegeben: ders., Atheismus im Christentum, Frankfurt 1968; W. Brüggemann, Theology, spricht von „countertestimony", „dispute".

[508] Vgl. E.S. Gerstenberger, Leviticus 77–86; L.L. Grabbe, The Priests in Leviticus, in: R. Rendtorff u.a. (Hg.), The Book of Leviticus 207–224.

[509] Vgl. E.S. Gerstenberger, Leviticus 67–69; S. M. Olyan, Rites and Rank, Princeton 2000.

Gemeinde unterliegen und wegen ihrer eigensüchtigen, das Wort Jahwes verfälschenden Rede und Handlungsweise angeprangert werden können, so auch die Priester, die pflichtvergessen und unehrerbietig ihren Altardienst versehen (vgl. Mal 1,6–9). In der später abgespalteten Qumrangemeinde gelten die Jerusalemer Priester als Angestellte des Belijaal, des Gegenspielers Jahwes. So ist in die Tradition der nachexilischen Kommunität ein gesundes Misstrauen gegen geistliche Hierarchien, sich verselbständigendes Klerikertum eingepflanzt, das im Laufe der jüdischen und christlichen Geschichte sich immer wieder Bahn gebrochen hat.[510]

Eine soziologische Grundeinsicht spielt bei allen Fragen um Identitätsbildung und innere Struktur einer Gemeinschaft eine wichtige Rolle: Die Judäer der persischen Epoche organisierten sich notgedrungen in einer Form, die zwischen Familie und Sippe auf der einen und unpersönlicher und bürokratischer Großgesellschaft auf der anderen Seite angesiedelt werden muss.[511] Derartige soziologische Gebilde „mittlerer" Lage partizipieren noch an den persönlichen Beziehungen und Solidaritätsvorstellungen der familialen Kleingruppen, sind aber auch beteiligt an den nicht mehr auf „Ich-Du" Verhältnissen gründenden großräumigeren, staatlichen oder nichtstaatlichen Organisationsstufen. Gerade diese Zwischenexistenz birgt für die Gemeinden aller Zeiten und ihre Glaubensparadigmen große Möglichkeiten und Risiken. Sie erklärt die überwiegend personhaften Kategorien in Theologie und Ethik, die sich in der jüdisch-christlichen Tradition feststellen lassen. Und sie lässt auch erahnen, dass den biblischen Zeugen staatstragende Konzepte wegen mangelnder Verantwortung im großgesellschaftlichen Bereich fehlen.

IV.2.3 Gender in der Gemeinde

Die Geschlechterfrage hat in religiösen Gemeinschaften immer eine Rolle gespielt; neuzeitliche Frauenforschung und feministische Bewegungen schärften den Blick dafür, dass das Verhältnis von Frauen zu Männern und umgekehrt mit allen seinen gesellschaftlichen, institutionellen und spirituellen Konsequenzen ein Grundproblem menschlichen Lebens darstellt. So sahen das auch schon die Überlieferer der zweiten Schöpfungsgeschichte, doch trugen sie deutlich erkennbar ihre zeitgenössische patriarchale Brille: Der „Mensch", natürlich als Mannswesen gedacht, ist für sich allein nicht überlebensfähig, er braucht eine adäquate Partnerin (Gen 2,18). So bekommt die Frau ihre Position an der „Seite" und zur Unterstützung des Mannes zugewiesen, nicht ohne den fast mitleidigen Kommentar aus der Feder männlicher Bearbeiter, die Frau sei leider wegen ihrer urzeitlichen Verführung zum Ungehorsam gegen Jahwe ein vom Mann zu „beherrschendes", wir würden sagen: zu kontrollierendes Wesen (Gen 3,16). Diese aller Wirklichkeitserfahrung und den alten Tradition in Gen 2f widersprechende männliche Überlegenheitsideologie scheint einen Teil der nachexilischen Einstellungen zur Frau zu prägen. Von Frauenseite sind Urteile über Männer nicht gerade häufig überliefert. Das wenige gibt Anlass zu der Vermutung, dass kluge Frauen sich ihre eigenen Gedanken über die Männerwelt machten (vgl. 1 Sam 25,25; Prov 23,29–35; Ri 4,4–9), sich vielleicht gelegentlich ihrerseits in ähnliche Vorrangphantasien steigerten wie die Herren

---

[510] Luthers Schrift von 1523 „Dass eine christliche Versammlung oder Gemeine Recht und Macht habe, alle Lehre zu urteilen usw." ist nur ein Beispiel für die anhaltende Dynamik der Gemeindeverantwortung; alle modernen Basisbewegungen in den Großkirchen können als weitere Belege dienen, vgl. auch die starke Betonung des „Volkes Gottes" in manchen Dokumenten des 2. Vatikanischen Konzils.

[511] F. Tönnies hatte 1887 diese Unterscheidung eingeführt (derselbe, Gemeinschaft und Gesellschaft, 8. Aufl. 1935, hier Neudruck Darmstadt 1972). Vgl. R. König, Grundformen der Gesellschaft: Die Gemeinde, Hamburg 1958; J. Wach, Religionssoziologie, Tübingen 1951 und die amerikanische Kommunitätsforschung.

der Schöpfung. Die Überlieferungen der Bibel sind leider weithin von männlichen Perspektiven bestimmt. Sie stammen aus einer patriarchalen Zeit, in der Männer im öffentlichen Leben die Hauptrollen spielten. Die damaligen Gesellschaften des Vorderen Orients können zumindest als patrilokal und patrilinear beschrieben werden: Männliche Interessen waren für Abstammungslinie, Wohnsitz der Familie und ihre Vertretung in der Öffentlichkeit maßgebend.

Trotz allem dürfen wir den antiken Texten nicht spätere, etwa aus der industriellen Arbeitswelt gewonnene Patriarchatskriterien unterschieben. Frauen hatten – auch im öffentlichen Leben – oft eine unerwartet starke Position, von ihrer Dominanz in den Familienverbänden und im innerhäuslichen Bereich ganz zu schweigen. Es lohnt sich also eine nähere Analyse mit dem Ziel, das Verhältnis der Geschlechter im Blick auf die Gottesbeziehungen und die theologische Durchdringung der religiösen Erfahrung sachgerechter und ohne pauschalierende Vorurteile zu erkennen.

Auszugehen ist von der starken Stellung der Frau in häuslichen und prokreativen Funktionen, die eine vermutliche dominante Position im Hauskult nach sich zogen.[512] Die schon erwähnte Behandlung der Teraphim in einigen alttestamentlichen Passagen, die zahlreichen Funde von „nackten Göttinnen" in den ausgegrabenen altisraelitischen Privathäusern, die Nennung von Vater und Mutter als Erziehungsinstanzen für die junge Generation, auch die Agressivität männlicher Leitungsfiguren gegen von Frauen betriebene „andere" Riten und die daraus folgende Verdächtigungen von Frauen, sie seien Verführerinnen zur Abgötterei, das alles spricht für die religiöse Bedeutung der Beschuldigten. Allerdings ist mit der Neukonstruktion einer exklusiven Konfessionsgemeinschaft ein Wendepunkt erreicht, den wir näher untersuchen müssen.

Frauen mögen zu allen Zeiten in religiösen Angelegenheiten von der männlichen Konkurrenz misstrauisch beobachtet worden sein. Als in der exilisch-nachexilischen Jahwe-Gemeinde alle Fremdkulte ausgeschlossen wurden, traf es die Frauen mit ihrer Verantwortung für die häusliche Gottesverehrung und ihrer Expertise in bestimmten Bereichen der Beschwörungs- und Heilkunst (vgl. 1 Sam 28) besonders hart. Ein scharfer Verbotssatz findet sich in Ex 22,17: „Eine Zauberin sollst du nicht am Leben lassen." Diese Ausgrenzung speziell von weiblichen religiösen Praktiken – eine entsprechende Verdammung männlicher Beschwörungskunst fehlt im Bundesbuch – kann durchaus eine ältere, vielleicht früher auch bisexuell (vgl. Lev 20,27) verstandene Regel sein. Sie muss aber an dieser Stelle in der neuen Gemeinde des Nachexils aus dem zeitgenössischen Kontext heraus als gezielte Abwehr femininer Magie verstanden worden sein. Einige andere Passagen ähnlichen Inhalts sind nicht auf ein Geschlecht festgelegt. Dennoch ist weibliche Professionalität im Umgang mit Geistern und Dämonen bevorzugt im Visier. Die erzählenden Partien des Alten Testaments schildern ja auch sehr eindrücklich die schauerliche weibliche Nekromantie (vgl. 1 Sam 28 mit Num 22–24). Der Katalog von neun illegitimen Praktiken in Dtn 18,10f benutzt zwar nur maskuline Formen, sicher aber in inklusiver Absicht. Das Bewusstsein der Überlieferer, sich mit dem Verbot jeglicher Vorzeichenwissenschaft, Astrologie und Dämonenbannung von der mesopotamischen Umwelt, in der alles dies in hoher Blüte stand (vgl. noch die Magier in der Jesusgeschichte! Mt 2,1–12), abzugrenzen,[513] ist deutlich. Das Volk Gottes kann sich offiziell

---

[512] Vgl. C. Meyers, Procreation, Production, and Protection: Male – Female Balance in Early Israel, JAAR 51, 1983, 569–593; E.S. Gerstenberger, Jahwe, ein patriarchaler Gott? Stuttgart 1988, 66–77.

[513] Die Frage, wie denn in den judäischen Gemeinden Heilbehandlungen tatsächlich durchgeführt wurden, ist damit noch nicht beantwortet, vgl. 2 Kön 4,30–37; 5,8–17; Ps 38; E.S. Gerstenberger,

nicht auf die Kulte der Andersgläubigen einlassen, weil dies die Anerkennung fremder Gottheiten neben und gegen Jahwe bedeuten würde. Wir sind wieder an die Dämonenabsagen in der zarathustrischen Religion erinnert. Frauen hatten in den verbotenen Beschwörungsberufen einen festen, wenn nicht hervorragenden Platz. Von den in Dtn 18,10f genannten magischen Berufen, deren Profile aus unserer Entfernung nicht mehr klar auszumachen sind, sind nach Ausweis atl. Quellen mindestens vier auch von Frauen ausgeübt worden, allen voran der der Totenbeschwörerin.[514] Das „Zaubern" (kšp, piel), verschiedene Arten des „Wahrsagens" (ʻnn, poel; qsm, qal) und das wissende, gelehrte in die Zukunft sehen der „Mantiker" (jiddeʻoni) schließt nach Textzeugnissen Frauen ein (vgl. Ex 22,17; Lev 20,27; Ez 13,23; 1 Sam 28,3.9; 2 Kön 9,22; 23,24; Jes 8,19). Selbst der außerhalb der anti-magischen Liste in Dtn 18,10 auftauchende Vorwurf, eigene Kinder fremden Göttern geopfert zu haben, findet sich auf Frauen zugeschnitten in Ez 16,20f. Im Fall von „Tierschande" sind Frauen nach den Männern ausdrücklich benannt (Lev 18,23). Eine mysteriöse Tätigkeit von Frauen im neuerrichteten Tempel ist mit Schadenszauber und Mantik in Verbindung zu bringen (Ez 13,17–19). Die Beschuldigten „nähen Binden für jedes Handgelenk und Kopfhüllen ... um Menschenleben zu erjagen." Sie bringen Menschen „die nicht sterben wollen zum Tode", andere, „die nicht leben sollten, zum Leben" (V. 18f, nach W. Zimmerli, BKAT XIII,1, 281f).
Frauen standen wegen ihrer religiösen Traditionen und Funktionen in der nachexilischen Gemeinde unter besonderem Verdacht, den Abfall zu fremden Kulten zu fördern, eine religiöse Gefahr für rechtgläubige Männer darzustellen. Das sind, bei Licht betrachtet, auf der einen Seite religiös verbrämte männliche Vorurteile gegen das andere Geschlecht, und zum anderen aus der religionsgeschichtlichen Überlieferung zu erklärende Haltungen von Gemeindetheologen. Sie haben zweifellos in der nachexilischen Israel zu einem theologisch begründeten Misstrauen gegen alles Weibliche geführt: die z.B. in den Reinheitsgesetzen Lev 12–15 anzutreffende, verstärkte Gefahr durch Menstruation bedingte Unreinheit, die ebenfalls schon erwähnten, anschwellenden Schuldzuweisungen an die Frau im Gefolge von Gen 3,[515] und die allgemeine Unterstellung, Frauen hätten im Laufe der Geschichte Israels immer wieder die wackeren Männer vom rechten Weg der Jahwe-Verehrung abgebracht. So besonders im dtr. Geschichtswerk. Salomo ist das Opfer seiner vielen Gemahlinnen (1 Kön 11,1f), Ahab hängt am Tropf seiner Frau Isebel, der sidonischen Prinzessin (1 Kön 16,31–33; 21,4–10). Das sind rückblickende Urteile, weil in der Königszeit kaum jemand an diplomatischen Heiraten bei Hofe Anstoß genommen haben dürfte (vgl. 2 Sam 3,2–5; 5,13–16 und die gemischte Namengebung bei den Söhnen). Sie belegen, wie gehabt, die Einstellungen der nachexilischen Epoche, geben uns aber auf, nach den Frauenanteilen in der zeitgenössischen Theologie zu fragen.
Die Verdächtigung und Ausgrenzung von Frauen in der nachexilischen Zeit kann unmöglich das einzige Ergebnis einer Untersuchung der damaligen gender-Verhältnisse sein. Denn uns sind schon andere Sachverhalte begegnet, die auf eine ausgeprägte religiöse Mitverantwortung von Frauen in den Gemeinden der Perserzeit hindeuten. Wie haben sich Frauen in die neuen Gemeindestrukturen eingefügt? Welches geistliche Profil haben sie hinterlassen?

Leiden, Stuttgart 1977, 105–108; derselbe, Der bittende Mensch, Neukirchen-Vluyn 1980, 134–160.

[514] Dtn 18,11 erwähnt zwei Funktionen, die mit Totenbeschwörung zu tun haben: „Totengeistbefragung" (vgl. 1 Sam 28,7) und „Totenaufsuchung".

[515] Vgl. H. Schüngel-Straumann, Die Frau am Anfang, Münster, 2. Aufl. 1997.

Die erstaunlichste Beobachtung ist folgende: In der doch überwiegend von Männern geprägten Überlieferung der Konfessionsgemeinden ist mehrfach und gewiss authentisch betont, dass Frauen am wichtigen Verkündigungsamt der Prophetie (Toravermittlung!). Die weibliche Bezeichnung der „Prophetin" ($n^e bi'ah$) wird den Amtsträgerinnen ohne Scheu zugestanden (vgl. Ex 15,20; Ri 4,4; 2 Kön 22,14; Neh 6,14). Wichtiger noch: die Prophetin Hulda ist in einer außerordentlich brisanten Situation, nach der „Wiederentdeckung" der Tora unter König Josia, die entscheidende, orakelgebende und anscheinend schriftgelehrte Instanz, welche den Fund zu bestätigen hat. Sie kündigt die Vollstreckung der Bundesflüche an (2 Kön 22,16f), nimmt aber den König Josia von der furchtbaren Strafe aus (V. 18b–20). Die Prophetin ist Sachwalterin und Mittlerin des Gotteswortes, sie steht nach dtr. Anschauung[516] selbstverständlich über dem König, kann ihn zurechtweisen und stärken. Aus der Schlüsselposition der Prophetin Hulda in 2 Kön 22 ist zu folgern, dass die nachexilische Gemeinde grundsätzlich Frauen im prophetischen Verkündigungsdienst zuließen. Das dürfte keine theoretische Haltung gewesen sein. Vermutlich hat es im Gefolge der weiblichen, kanonischen Führungsgestalten wie Mirjam, Debora, Ester immer wieder Situationen gegeben, in denen Frauen die Geschicke der perserzeitlichen Gemeinde in die Hand nahmen. Aus praktischen Gründen konnte das vor allem in Lebensbereichen geschehen, wo es auf spontane Tätigkeit ankam. Die langen Lernzeiten, die ein Schriftstudium brauchte, standen den Frauen in aller Regel nicht zur Verfügung. Sie mussten den Familien, solange sie gebärfähig waren, als Mütter zur Verfügung stehen. Ein Schriftstudium ließ sich damals schlechter noch als heute mit den Alltagspflichten der Frau vereinbaren. In der Prophetie waren, trotz intimer Bindung an die Tora, noch genügend Freiheit vom Buchstaben und Geistbegabung erhalten geblieben, so dass Frauen vielleicht gelegentlich vom Herd weg als Sprecherinnen Jahwes auftreten konnten. Der dtr. Erzähler setzt aber bei Hulda umfassendere Kenntnis der Tora voraus. Es bleibt in jedem Fall erstaunlich, dass die dtr. Tradenten gerade an der für sie so zentralen Stelle der josianischen Reform eine prophetisch und schriftgelehrt legitimierte Frau als Entscheidungsinstanz eingeführt haben. Oder lag ihnen daran, das Scheitern Josias einer Frau Prophetin in die Schuhe zu schieben? So, als hätte vielleicht ein männlicher Mittler seine Fürsprecherpotenziale gegenüber Jahwe einsetzen und damit das Blatt wenden können? Hulda kommt in 2 Kön 22 keine Fürsprache vor Jahwe in den Sinn. Sie erklärt den Fall für abgeschlossen und an Jahwe zurückgegeben. Das Scheitern der Bemühungen wird in 2 Kön 23,25–27 ohne theologische Analyse mitgeteilt. Josia hat sich fast übermenschlich angestrengt, der Tora zu folgen und Stadt und Land zu reformieren. „Seinesgleichen ist vor ihm kein König gewesen ...", „auch nach ihm ist seinesgleichen nicht erstanden" (V. 25). „Doch ließ Jahwe nicht ab von seinem großen Grimm und Zorn ... um alles dessen willen, womit Manasse ihn zum Zorn gereizt hatte ..." (V. 26). Das widerspricht eklatant zeitgenössischen Einsichten, die im Buche Jeremia und Ezechiel niedergeschrieben sind, nach denen Söhne nicht um der Verfehlung ihrer Väter bestraft werden sollen. Theologische Schriftsteller wie der Dtr. folgen aber einer konkreten Geschichtsspur, sie können nicht über Kreuz räsonnieren. Für sie steht Hulda als Vollstreckerin eines festen Jahwe-Willens, Juda auszulöschen, an der Schaltstelle. Eine andere Aufgabe als die, das Unheil anzusagen, hat sie dort nicht. Sie ist vollwertige Prophetin.

---

[516] Dass der gewaltsame Tod des Josia (2 Kön 23,29) der Zusage eines friedvollen Endes (2 Kön 22,20) widerspricht, kann nicht für die Ansetzung des Hulda-Berichtes in der vorexilischen Wirklichkeit angeführt werden. Die dtr. Überlieferung ist durch und durch theologischer Traktat, der historische Realität gering achtet.

Eine zweite Spur weiblicher Mitwirkung in religiösen Dingen hatte sich schon bei der Erörterung der Weisheits- und anderer Literatur angedeutet. Beide Elternteile waren bei der Erziehung der Kinder, das heißt vor allem: der religiösen Sozialisation der männlichen Nachkommen, gleichberechtigt tätig. Die schweren, sakralen Schutzbestimmungen für Vater und Mutter, einmal sogar Mutter und Vater bestätigen das Bild, das wir aus den Lehrreden und Sprüchen des Proverbienbuches gewonnen hatten (vgl. Prov 1,8f; 6,20–23; 20,20; 30,17 usw.). „Ehre deinen Vater und deine Mutter, auf dass du lange lebest in dem Lande, das Jahwe, dein Gott, dir geben will" (Ex 20,12). „Ihr sollt ein jeglicher seine Mutter und seinen Vater fürchten, und meine Ruhetage sollt ihr halten; ich bin Jahwe, euer Gott" (Lev 19,3). Das sind theologisch gewichtige Aussagen. Die Belege zeigen, dass die Mütter gleichwertig in den religiösen Erziehungsprozess eingeschaltet waren. Gerade die nachexilische Zeit zeichnet sich durch diese Würdigung der gemeinsam praktizierten Elternautorität aus. Das muss in dem Zusammenhang bedeuten: Vater und Mutter haben die Traditionen der Gemeinde an die neue Generation weiterzugeben. Mit anderen Worten: Sie vermitteln Tora. Der programmatische Vorspann zu den Lehrreden (Prov 1,8) sagt es geradezu: „Höre, mein Sohn, auf die Zurechtweisung deines Vaters, wirf nicht weg die Tora deiner Mutter." Vielleicht ist auf die Strenge des Mannes und die verständnisvolle Orientierung der Mutter angespielt. Jedenfalls sollte man „Tora" in nachexilischen Texten nicht verharmlosend als nur momentane, relativ unwichtige Instruktion interpretieren. Zwar ist oft die konkrete Unterweisung oder Anweisung einer Erziehungsberechtigten gemeint, aber hinter jeder „Lehre" dieser Art steht der verbindliche, menschliche Autorität übersteigende Gotteswille. Die Mutter ist also in den angegebenen pädagogischen Zusammenhängen die Vermittlerin von Jahwes Weisung. Sie gewinnt damit in der Jahwe-Gemeinde eine religiöse Schlüsselstellung. Die Hinweise darauf, dass Frauen integraler Bestandteil der Gemeindeversammlung sind (vgl. z.B. Neh 8,2f; Dtn 29,9f.17) bestätigen die strukturelle Zugehörigkeit zur Religionsgemeinschaft. Die Inklusivformel „Die Versammlung, vom Mann bis zur Frau, und alle, die verstehen konnten" (Neh 8,2; vgl. Jos 6,21; 8,25; 1 Sam 15,3; 22,19; 1 Chr 16,3) umschreibt die Totalität der angesprochenen Gesellschaft. Die innergemeindliche Rangordnung lässt sich an der Aufstellung von Dtn 29,9f ablesen: „Ihr steht heute alle vor Jahwe, eurem Gott, eure Stammeshäupter (emendiert zu raše šibṭekem), eure Ältesten und eure Amtsleute (šoṭᵉrim), alle Männer in Israel, eure Kinder, eure Frauen und dein Fremdling, der in deinem Lager ist, deine Holzhauer sowohl als deine Wasserschöpfer …". Unter den Leitungsfiguren fehlen Priester, Propheten, Weise, vielleicht sind sie in dem sehr vagen Begriff der „Amtsleute" mit enthalten. Auf der Gemeindeebene führen die voll rechtsfähigen Männer die Liste an, an zweiter Stelle kommen die Kinder (Söhne), an dritter die Frauen, danach noch die Sklaven oder halbfreien Arbeiter. Frauen gehören demnach zum Kern der Gemeinde. Enttäuschend für uns, dass sie erst nach den Kindern, die den Fortbestand der Linie garantieren, eingestuft sind. Wie konnten sie ihre spirituellen Erfahrungen geltend machen?

Die Sammler und Verfasser der heiligen Schriften im nachexilischen Israel haben die Frauen in der Gemeinde nicht ignoriert, obwohl sie ihnen manchmal mit Misstrauen begegneten oder sie in die Familienrollen zurückdrängten. Frauenerfahrungen gelangten in die kanonischen Bücher, durch schreibende Männer oder Frauen (Hulda?), von denen wir jedoch nichts wissen. Gestalten wie die Königin Atalja oder die sidonische Prinzessin Isebel sind von den späten Redaktoren nur negativ gezeichnet (vgl. 2 Kön 11; 1 Kön 21,1–16; 2 Kön 9,22). Sie verkörpern zusammen mit Salomos vielen ausländischen Gemahlinnen ein durchlaufendes böses Prinzip in der Königsgeschichte. Andererseits idealisieren späte Redaktoren gewisse Heldinnen der Vorzeit, wie z.B. Mirjam, Debora, Abigail, Ester. Es entsteht hier und da der Eindruck, die schriftstellernden Männer wollten ihren Zeitgenossen in den vorbildlichen Frauen einen Spiegel vorhalten. Debora und Ester sind die besten Beispiele für diese Haltung. Aber auch Abigail darf betont ihren Mann herunterstufen: „Er ist, was sein Name sagt, ein Dummkopf" (vgl. 1 Sam 25,25). Da, wo Frauen zu Opfern männlicher Gewalt oder männlicher Privilegien werden (vgl. Gen 12,10–20; 20,1–18; 26,7–11; 34; Ri 11; 19; 2 Sam 13 usw.) regt sich literarisch nur minimales Mitgefühl (vgl. die emotionsgeladenen Schilderungen von Männerleid: 2 Sam 1,11f.17–27; 3,15f; 3,31–39; 12,16–20; 19,1–3). Am ehesten dient noch das Motiv der unter Ängsten und Schmerzen Gebärenden als Metapher für Not und Drangsal (vgl. Gen 3,16; 35,16–18; Jer 4,30f; 31,15). Kurz, die Vermittlung weiblicher Erfahrungen und Gefühle durch männliche Schreiber ist begrenzt. Dann muss die Frage lauten, ob Frauen in irgendeiner Weise auch direkten Zugang zur kanonischen Literatur hatten.

Die Wahrscheinlichkeit, dass in der nachexilischen Periode Frauen das Schreiberhandwerk erlernen konnten und mit der Pflege der religiösen Überlieferung betraut wurden, ist nicht sehr groß. In der um ein vielfaches umfangreicheren literarischen Hinterlassenschaft Mesopotamiens und Ägyptens sind auch nur wenige Fälle weiblicher schriftstellerischer Aktivität bekannt. Im Reich von Akkad hat z.B. die Tochter Sargons I., eine Hohepriesterin der Inanna, Enheduana, eine Sammlung von Hymnen verfasst oder herausgegeben.[517] Das ist in der dreitausendjährigen Geschichte der sumerisch-akkadischen Literatur ein rares Ereignis. Immerhin, es zeigt, dass die Möglichkeit bestand, wenn Frauen sich dem Studium widmen konnten. Sie konnten dann, wie gehabt, keine Familienpflichten übernehmen. Gehen wir von der textlichen Evidenz aus, so ergibt sich die Möglichkeit, dass Teile der kanonischen Literatur von Frauen verfasst sind. Das gilt besonders, wie bereits ausgeführt, vom Buch Rut und Teilen des Hohenliedes, vielleicht von einigen liturgische Texten für bestimmte Anlässe. Das Buch Rut ist derartig stark auf die Belange und Handlungen von Frauen konzentriert, dass die Abfassung durch eine Frau wahrscheinlich ist (s.o. III.1.1.4). Beim Hohenlied, dessen Datierung unsicher ist, spielt die weibliche Gefühlswelt sicher eine große Rolle. Nur können wir nicht sicher entscheiden, ob die Texte allein durch männliche Verschriftung auf uns gekommen sind. In den liturgischen Gattungen dürften sich ebenfalls direkt oder indirekt Erfahrungen von Frauen niedergeschlagen haben. Die schon erwähnten „häuslichen Psalmen" (Ps 123; 127; 128; 133) preisen die familiäre Harmonie, eine Domäne der Frauen. Andere Texte sind ihrem Inhalt nach auch als Gebete von Frauen denkbar.[518] So bleibt der weibliche Anteil an den heiligen Schriften z.T. im Dunkeln, aber wir dürften ihn sicher nicht unterschätzen. Vielleicht ließen sich durch genauere Analysen der Bildsprache in der atl. Poesie noch weitere Aufschlüsse über die literarische Tätigkeit von Frauen gewinnen.

Die häusliche Sphäre kommt in der eben genannten Psalmengruppe zum Vorschein. Manche Exegeten zögern nicht, aus diesem Grunde für die Autorschaft von Frauen zu plädieren.[519] Die Texte reden aus der Vorstellungswelt der familiären Geborgenheit; sie möchten den Frieden in der Kleingruppe bewahren oder wieder herstellen. Aus dieser innerhäuslichen Perspektive ergibt sich auch eine andere Sicht Gottes. Wer überwiegend im Außenbereich lebt und dafür die Verantwortung trägt – „Protection" von und nach

---

[517] Vgl. A. Zgoll, Der Rechtsfall der En-ḥedu-Ana, AOAT 246, Münster 1997.
[518] Für Ps 55 hat das U. Bail nachzuweisen versucht, vgl. dieselbe, Gegen das Schweigen klagen, Gütersloh 1998.
[519] Vgl. P.D. Miller, They Cried do the Lord, Minneapolis 1994, 239–243.

außen ist Sache des Mannes (C. Meyers) – der wird Gott auch gerne als Machtfaktor und in militärischen Bildern schildern. So häufen sich die Vertrauensaussagen an Jahwe: „Du bist meine Burg, mein Fels, mein Schild, mein König" (vgl. Ps 18,3; 31,3f; 44,5; 68,25; 71,1–3; 84,4). Wie viel bürgerlicher und mitmenschlicher klingt es, wenn Gott als „Licht", „Heil" und „Lebenskraft" (Ps 27,1), „Hebamme" und „Mutter" (Ps 22,10f; 71,6), „Vertrauter" (Ps 25,14), Elternteil (Ps 27,10), Schutzhütte und Versteck (Ps 31,21; vgl. 32,7; 61,5), Lehrer und Zuchtmeister (Ps 39,5.12), Verwandter, der Solidarität schuldet (Ps 40,11f), Arzt und Heiler (Ps 41,4f), guter Freund (Ps 60,7) angesprochen wird. Gelegentlich kommt die Pädagogik der Eltern zum Vorschein: Gott leitet den Beter / die Beterin „mit seinen Augen" (Ps 32,8), wie überhaupt die Körperteile Gottes eine große Rolle in der Gebetssprache spielen.[520] Jahwe wird den Anbetenden mit freundlicher, mütterlich-väterlicher Ermahnung nahegebracht:

> Kommt her, ihr Kinder, höret mir zu; / die Furcht vor Jahwe will ich euch lehren.
> Wer ist es, der ein glückliches Leben begehrt / und gern gute Tage sähe?
> Der hüte seine Zunge vor dem Bösen / und seine Lippen vor trügerischer Rede;
> der meide das Böse und tue das Gute, / suche den Frieden und jage ihm nach. (Ps 34,12–15)

Das sind im Grunde familiäre Lehrinhalte, wie sie von den Eltern vermittelt werden (vgl. Ps 37). Die Hausfrau und Mutter mag – wie heute auch – den größten Anteil an dieser Erziehungsaufgabe gehabt haben (vgl. Prov 31,1). Die Mutterbeziehung ist in den Psalmen eine wichtige mitmenschliche Komponente (vgl. Ps 35,14; 50,20; 51,7; 69,9; 109,14; 131,2; 139,13). Die Versorgung der Kranken geht in der Antike meist über die Mutter (vgl. 2 Kön 4,18–24), darum werden auch alle Krankheitspsalmen direkt oder indirekt mit der hausfräulichen Pflicht, die Familienangehörigen zu versorgen, zu tun haben. Der Schutzpsalm Ps 91 verwendet zwar Jagdmetaphern (V. 3), pflegt aber sonst eine sehr intime Sprache und Vorstellungswelt. In seinem Schlussorakel für den Patienten, der von Dämonen verfolgt wurde, kommt die enge persönliche Beziehung zur Gottheit zum Ausdruck: „Weil er an mir hängt, will ich ihn erretten, / will ich schützen, denn er kennt meinen Namen." (Ps 91,14). Die persönliche Vertrautheit mit der Gottheit kommt aus dem Schatz der uralten Familienfrömmigkeit, für die vor allem die Frauen in den Hauskulten verantwortlich gewesen waren. Die judäische Gemeinde hat diesen unermesslichen Vorrat an Gotteserfahrungen mit in ihr spirituelles Gerüst übernommen und wahrscheinlich auch weiterhin den Frauen anvertraut.

Eine besonders inhaltsreiche und wirkungsmächtige Metapher für den Schutz und die Fürsorge Gottes sind seine / ihre Flügel (vgl. Ps 36,8; 57,2; 61,5; 63,8; 91,4 u.ö.). Religionsgeschichtlich und ikonographisch ist es interessant, dass die so versinnbildlichte Geborgenheit und heilerische Aktivität eigentlich manchen altorientalischen Göttinnen zukommt und von Jahwe – als Teil seiner „Mütterlichkeit" – übernommen wurde.[521] Ich würde gerne weiter aus diesem Sachverhalt schließen, dass die religiöse Flügelsymbolik in den liturgischen Texten eigentlich aus Sprache und Erfahrungswelt der Frauen stammt. Der Hühnerhof mit seinen gluckenden Hennen war nachgerade der Ursprungsort für solche lebensnahe Bildsprache, und er gehörte in den Verantwortungsbereich der Hausherrinnen (nicht nur in der Antike, sondern auch bis heute auf europäischen Bauernhöfen).

---

[520] Vgl. G. Baumann, Das göttliche Geschlecht, in: Hedwig-Jahnow-Forschungsprojekt (Hg.), Körperkonzepte im Ersten Testament, Stuttgart 2003, 220–250.

[521] Vgl. S. Schroer, „Im Schatten deiner Flügel", in: R. Kessler u.a., „Ihr Völker alle, klatscht in die Hände!", exuz 3, Münster 1997, 296–316.

Die in der nachexilischen Zeit festgeschriebenen Gender-Rollen und Familienideale haben durch die jüdischen, christlichen und muslimischen Überlieferungen bis heute stark nachgewirkt, zunächst in den bäuerlichen Gesellschaften bis ins hohe Mittelalter, dann in den Umbrüchen zum modernen wissenschaftlichen, industriellen und ökonomischen Zeitalter. Die christlichen Kirchen haben sich dabei schwer getan, gesellschaftliche Veränderungen größten Ausmaßes als wichtige Faktoren einer verantwortlichen Ethik wahrzunehmen. So sind im „Kampf der Geschlechter" antike Rollenbilder und Vorurteile gegen Frauen wie gegen die Sexualität überhaupt oft ungeprüft weitertradiert worden, und die heute (wie damals) gebotene Gleichberechtigung aller Menschen vor Gott ist noch lange nicht in die Lebenswirklichkeit umgesetzt.

IV.2.4 Feste, Gottesdienste, Rituale

C. Bell, Ritual. Perspectives and Dimensions, New York / Oxford 1997. – B.-J. Diebner, Gottesdienst II, TRE 14, 5–28. – M.E. Cohen, The Cultic Calendars of the Ancient Near East, Wiesbaden 1992. – I. Elbogen, Der jüdische Gottesdienst in seiner geschichtlichen Entwicklung (^{3}1931), Nachdruck Hildesheim 1967. – H.H. Henrix (Hg.), Jüdische Liturgie (QD 86) Freiburg 1979. – E. Klinger (Hg.), Geschlechterdifferenz, Ritual und Religion, Würzburg 2003. – C. Körting, Der Schall des Schofar, Berlin 1999 (BZAW 285). – I. Müllner und P. Dschulnigg, Jüdische und christliche Feste, Würzburg 2002 (NEB 9). – S.M. Olyan, Biblical Mourning, Oxford 2004. – E. Otto, Das Mazzotfest in Gilgal, Stuttgart 1975. – Derselbe, Fest und Freude, Stuttgart 1977. – G. Robinson, The Origin and Development of the Old Testament Sabbath, Frankfurt a.M. 1988 (BET 21). – M. no Miya Takahito, Cult and Ritual in the Ancient Near East, Wiesbaden 1992. – L. Trepp, Der jüdische Gottesdienst. Gestalt und Entwicklung, Stuttgart 1992. – D. Volgger, Israel wird Feiern, St. Ottilien 2002 (ATSAT 73). – S.Ph. de Vries, Jüdische Riten und Symbole (1968; deutsch 1981), Wiesbaden, 3.Aufl. 1984.

Bis zum Ende der Königszeit war das religiöse und kultische Leben der normalen altisraelitischen Bauernfamilie vermutlich so konstruiert: Im Hause verehrte man die familiale Schutzgottheit; mit der Dorfgemeinschaft bzw. im Sippenverband feierte man Jahresfeste am nahe gelegenen Freilufttheiligtum (vgl. 1 Sam 9,12f; 20,6). Bei besonderen Anlässen zu Bitte oder Dank (Gelübde!) machte die ganze Familie eine Wallfahrt zu einem regionalen Heiligtum (Tempel; vgl. 1 Sam 1f). Weiter gehende religiöse Verpflichtungen konnten durch den Stammesverband oder staatliche Organe im Fall von Kriegshandlungen entstehen: Der Heerbann versammelte sich und führte vorbereitende Zeremonien durch (vgl. Ri 7,1–8; Dtn 20,5–9: rückprojizierende Darstellungen). Eine permanente Einbindung familialer und lokaler Kultgruppen in übergeordnete Strukturen gab es nicht.

Mit der Exilierung veränderten sich die kultischen Gebräuche und Strukturen grundlegend, nicht abrupt, sondern allmählich, vor allem nach der persischen Machtübernahme und der Wiedereinweihung des Jerusalemer Tempels. Die nun entstehenden Formen des Gottesdienstes und der sich ausdifferenzierende Zyklus von Jahresfesten hat die nachfolgende Geschichte der jüdischen und christlichen, z.T. auch der islamischen Liturgien und Gotteserfahrungen zutiefst geprägt. In der Tat sind alle westlichen gottesdienstlichen Strukturen direkte Nachkommen der damals in frühjüdischen Gemeinden entwickelten Grundmuster. Insofern gehören gerade sie zum bleibend wichtigen Ertrag der persischen Epoche; die Weiterbildungen des jüdischen Gottesdienstes im Hellenismus und später müssen hier außer Betracht bleiben.

Nachrichten über das gottesdienstliche Leben der jüdischen Gemeinden liegen in drei „Festkalendern" und allerlei verstreuten Hinweisen auf kultische Zeremonien vor. Allgemein nimmt man eine bestimmte zeitliche Abfolge der Kalender an, wobei die Abstände ganz verschieden angesetzt werden: Der älteste Text ist Ex 34,10–28 (vorstaatlich?), der so genannte kultische Dekalog. Ihm folgt Dtn 16,1–17 (späte Königszeit?). Am weitesten ausgereift soll Lev 23 (priesterlich!) sein. Hinzu kommen eine Reihe von Sabbatgesetzen, die Regeln für das Erlassjahr (Dtn 15; Lev 25) und vielerlei Opferbestimmungen (bes. Lev 1–7). Damit sind die grundlegenden Texte genannt. M.E. entstammen sie alle mit ziemlicher Sicherheit der persischen Epoche; über frühere kultische Sitten und Begehungen liegen nur sporadische Informationen vor. Die unterschiedlichen Profile der genannten Festkalender sind teilweise auf kultgeschichtliche Veränderungen, zum Teil aber auch auf regionale Differenzen zurückzuführen. Alle drei Texte setzen die (theoretische!) Zentralisation des Jahwe-Dienstes in Jerusalem voraus, sind also nach der Wiedereinweihe des Tempels im Jahre 515 v.Chr. anzusetzen.

Die Jahresfeste waren zweifellos das feste Gerippe gottesdienstlichen Lebens. Sie wurden ursprünglich wohl lokal begangen, aber man bemühte sich nach dem Umbruch, sie als Zeichen des gemeinsamen Glaubens an den alleinigen Gott Jahwe für alle jüdischen Gemeinden verbindlich zu machen.[522] Anscheinend ist es diesen Bemühungen zu verdanken, drei Feste jährlich zu kanonisieren. Aus den einmaligen, lokalen Feiern (vgl. 1 Sam 1) wurden drei, an den Zyklus des Ackerbaujahres angeschlossene kultische Treffen, die jetzt – im Zuge der Vereinheitlichung der Jahwe-Zeremonien für alle verstreuten Gemeinden – als Wallfahrten nach Jerusalem ausgestaltet wurden. Nach der babylonischen Kalenderreform (Verlegung des Jahresanfangs vom Herbst auf das Frühjahr) begann das Passah-Mazzen-Fest den Reigen der großen Volksversammlungen (Ex 34,18; Dtn 16,1–8; Lev 23,4–14). Die Festlegende bildeten die Auszugsgeschichten des Buches Exodus. Für die nachexilische Gemeinde war darin aber mehr als eine historische Reminiszenz der fernen Mosezeit enthalten. Die Befreiung aus der ägyptischen „Sklaverei" symbolisierte gleichzeitig die Befreiung vom babylonischen Joch durch die Perser; die Landnahme unter Josua stand im selben Atemzug auch für die Rückkehr in das verheißene Land der Väter. Wie besonders an den späten Jesajatexten abzulesen ist,[523] verschmolzen im Passahfest die Großtaten Jahwes für sein Volk in fernster und nächster Vergangenheit zu einer Einheit. Nicht zuletzt zeigen einige Passagen im dtr. und chronistischen Werk, welchen Stellenwert dieses ehemalige bäuerliche Frühsommerfest in der neuen Jahwegemeinschaft hatte: 2 Kön 23,21–23; 2 Chr 35,1–19; Ez 45,21–24; Jos 5,10–12; 2 Chr 30,1–37; Num 9,1–14. Die Behauptung, das Passah werde in den jeweiligen Zusammenhängen neu entdeckt, das Fest habe vorher nicht die gebührende Aufmerksamkeit gefunden, ja, es sei vernachlässigt worden (vgl. 2 Kön 23,22; 2 Chr 35,18; 2 Chr 30,5), wirft ein bezeichnendes Licht auf seine überragende Bedeutung in der Gemeinde. Die belegt auch die chronistische Ausgestaltung der Passahvorschriften. Besonders in 2 Chr 30 und 35 sind – wie bereits dargestellt – zwei konkurrierende Formen des Passahgesetzes erhalten. Sie beziehen eine Anzahl von strittigen Problemen in die Darstellung ein: die Frage nach dem richtigen Termin des Festes, die Reinheitsanforderungen für Priester und ihr Verhältnis zu den minderen Levitenfamilien, allerlei Opfervorschriften (vgl. auch die übrigen, oben genannten Passahtexte). Wir sehen: Das große Frühsommerfest wurde zur Perserzeit ein Schwergewicht im liturgischen Jahresablauf; es hat seine Bedeutung in den nachfolgenden Jahrhunderten in den verschiedenen Konfessionsgemeinschaften behalten. Die integrierende Kraft von nachhaltigen Befreiungserfahrungen, nicht zuletzt zu Beginn der Perserherrschaft, ist in

---

[522] Vgl. die Korrespondenz zwischen Jerusalem und Elefantine über den Passatermin, s. o. II.4.3.
[523] Vgl. K. Kiesow, Exodustexte (Bibl. III.2.2.2); W. Caspari, Lieder; J. Pixley, Éxodo

der oft ausdrücklich betonten Freude, dem Passahjubel, exemplarisch ausgedrückt. Obwohl keine ausschließliche Zuordnung möglich ist, können wir uns eine Reihe von Psalmen im Kontext des Festes vorstellen, z.B. Ps 66; 84; 87; 105; 106; 136 usw. Das Passah wurde zu einem Identitätsmerkmal jüdischer Gemeinden; die Christen modifizierten seinen Inhalt und legten die Termine für ihre österliche Auferstehungsfeier anders fest, doch sie übernahmen auch wesentliche Inhalte der alten Befreiungstheologie der frühjüdischen Gemeinden.[524]

Das zweite Fest im Dreierbund ist der alte Erntedank für Feldfrüchte, das Wochen- später das Pfingstfest. Es wurde sieben Wochen nach dem Auftakt der Erntesaison (Mazzen!) gefeiert und bekam später mit der Rutgeschichte seine Festlegende. Die ausführlichsten Bestimmungen über das Fest sind in dem Festkalender Lev 23 überliefert. Sie stehen in deutlicher Spannung zu älteren Regeln in Ex 23,16; 34,22; Dtn 16,10f und schließen direkt an die vorhergehenden Vorschriften für das Passah an:

> Dann sollt ihr vom Tag nach dem Sabbat an, das ist der Tag, an dem ihr die Schwinggarbe gebracht habt, sieben volle Sabbate zählen. Ihr kommt bis zum Tag nach dem siebenten Sabbat; fünfzig Tage sollt ihr abzählen. Dann sollt ihr Jahwe wieder ein Speiseopfer bringen. Aus euren Ortschaften sollt ihr zwei Schwingbrote bringen. Ihr sollt sie aus zwei Zehntel Grieß mit Sauerteig backen. Es sind Erstlingsgaben für Jahwe. Zu dem Brot sollt ihr sieben fehlerlose, einjährige Widder, ein Stierkalb und zwei Böcke darbringen; sie sollen Brandopfer für Jahwe sein. Dazu gehören Speise- und Trankopfer als Opfergabe für Jahwe, zum Beschwichtigungsduft. Ihr sollt auch einen Ziegenbock zum Sündopfer zubereiten sowie zwei einjährige Widder zum Mahlopfer. Der Priester schwingt sie zum Erstlingsbrot vor Jahwe, auch zu den beiden Widdern. Sie sollen Jahwe geheiligt sein und dem Priester [zur Verfügung stehen]. An demselben Tag sollt ihr eine heilige Zeit für euch ausrufen; keinerlei Arbeit für den Lebensunterhalt dürft ihr tun. Das ist für alle eure Nachkommen in allen euren Ortschaften unveränderliches Gesetz. (Lev 23,15–21, nach ATD 6, 307).

Die nachexilischen Autoren und Überlieferer haben das Wochenfest betont in den Sabbatzyklus eingebunden, man vergleiche Lev 23,3, das Leitmotiv für den ganzen Kalender, und die Zählchronologie V. 15f. Sie verordnen Arbeitsruhe (V. 21), und sie rechnen mit einem Netz von Ortschaften, das spirituell aber auch real, durch Gabenüberbringung, mit dem Tempel in Jerusalem in Verbindung steht (V. 17). Die Priester zelebrieren V. 20 die Erstlingsgabe (die früher auf dem Feld von den Bauern selbst dargebracht wurde!). Außerhalb der Festkalender ist das Wochenfest jedoch kaum bezeugt. Möglicherweise hatte es mehr kultideologische als praktische Bedeutung. Es ist auch schwer nachzuvollziehen, dass Bauern während der Erntezeit innerhalb von sieben Wochen zwei Mal an einer zentralen Kultfeier hätten teilnehmen sollen. Festzeiten mit nur regionaler Bedeutung sind in die nachexilischen Kalender sicher nicht aufgenommen worden. So gibt es lediglich zufällige Bemerkungen über das „Fest der Schafschur" (vgl. Gen 38,12f; 1 Sam 25,2ff) oder das „Beweinen der Jungfrauschaft" (Initiationsritus: Ri 11,38–40; vgl. Ri 21,19–21). Die normierende Tradition der Gemeinde nimmt selektiv manches von den regionalen Bräuchen auf und macht daraus ein festes Geflecht von (theoretisch!) für alle verbindlichen Riten.

Dieser zeitlich gestreckte Vorgang ist besonders deutlich in den Vorschriften zu den Herbstfesten des siebten Monats (vgl. Lev 23,23–43). Verschiedene Wachstumsstufen sind zu erkennen: Das ursprüngliche Laubhüttenfest zur Einbringung der Wein- und Baumernte ist schon in das Sabbatraster eingeordnet (V. 39). Alle Gemeindemitglieder sollen sieben Tage lang zur Erinnerung an den Exodus aus Ägypten in Zweighütten

---

[524] Vgl. H. Haag, Vom alten zum neuen Pascha, SBS 49, Stuttgart 1971.

Feste, Gottesdienste, Rituale   349

wohnen (V. 42f). Dem Fest, das in der Monatsmitte beginnt, ist – vermutlich sekundär – am zehnten Monatstag die große, jährliche Entsühnungsfeier vorgeschaltet, deren Ritual in Lev 16 überliefert ist (Lev 23,26–32; Jom Kippur). Sie wird voll und ganz als Sabbattag gehalten, ebenso wie die Ecktage des Laubhüttenfestes (V. 31f; 33–36). Wer das Fest durch Arbeit entheiligt, soll ausgerottet werden (V. 29). Über die umfangreichen Sühneriten, einschließlich des Sündbockrituals, erfahren wir nur etwas in Lev 16.
Der erste Monatstag, wiederum ein Sabbat, ist als Anfangspunkt der wichtigsten Feierperiode ausgezeichnet: An ihm ertönen die Widderhörner, er erhält die Qualität eines herausragenden Ruhetages für Jahwe (šabbaton, großer Sabbat, V. 23–25; vgl. V. 3[525]). Der liturgische Jahresablauf rundet sich zu einer Folge von Feiertagen, die in das dichte Netz von siebentäglichen Sabbaten eingelassen sind. Frühjahrs- und Herbstfeier erhalten besonderes Gewicht. Für beide Feste ist die Verbindung zum Exodusereignis konstitutiv. Die Gabe der Tora kommt später als angehängter Festinhalt hinzu (doch vgl. schon Neh 8,1!), wie überhaupt der siebente Monat in der jüdischen Kultgeschichte vielfache Modifikationen durchmacht.[526]
Bei der starken Betonung des Sabbatschemas drängt sich der Gedanke auf: Die Verfasser des Jahreskalenders ordneten das rituelle Leben der Gemeinde nach dem Sabbatgebot (Ex 20,8–11; Dtn 5,12–15). Das hatte für sie überragende Bedeutung; es war als göttliche Setzung tief in der Schöpfungsgeschichte verankert (Gen 2,2f). Warum ist der Sabbat für die nachexilische Gemeinde so wichtig geworden?
Nach antiken Vorstellungen war nicht ein Tag wie der andere. Besondere Tage brachten spezifische Gefahren und je einmaliges Glück mit sich. Manche Zeiten waren mit bestimmten Gottheiten verknüpft; in der babylonischen Astrologie spielte die Wahl günstiger Tage für bestimmte Verrichtungen eine große Rolle. Die „Tagewählerei" ist auch den atl. Quellen nicht fremd. Der Ehemann der Sunamitin wundert sich, dass seine Frau sich so hastig zum Propheten Elisa hin aufmacht. „Warum willst du zu ihm? Ist doch heute weder Neumond noch Sabbat." (2 Kön 4,23). Die Tage, an denen die Mondphasen wechselten, galten als besonders kraft- bzw. unheilsgeladen. Es kann kein Zweifel daran bestehen, dass der Sabbat ursprünglich zu den Mondtagen gehörte, geradezu den Vollmond meinte.[527] An ihm und bei anderen Phasenwechseln wurden in Mesopotamien seit jeher besondere Opfer gebracht,[528] und spezielle Vorsichtsmaßnahmen getroffen. Die junge jahwistische Konfessionsgemeinschaft hat vorhandene religiöse Gebräuche und kultische Begehungen auf ihre Weise aufgenommen und zu einem distinktiven Merkmal ihrer selbst ausgestaltet. Wir können diese Entwicklung so nachvollziehen: Bei der Reflexion über Israels Eigenart waren sich die Jahwe-Anhängerinnen und Anhänger einig darüber, dass die Tora ihres Gottes ein besonderes Geschenk war, oder mit anderen Worten: Die schriftliche Tradition von Willensoffenbarung und Geschichtslenkung Jahwes galt als unverwechselbares Identitätszeichen der Gemeinde. In einer religiösen Umwelt, welche stark astrologisch auf die Welt reagierte, kam die Frage nach Jahwes weltgestaltendem Wirken auf. An welchen Orten und zu welchen Zeiten war er machtvoll anwesend? In der vorexilischen Zeit hatte sich diese Frage nicht in Konkurrenz zu

---

[525] Nur 10 Vorkommen im hebräischen AT, davon 4 mal in Lev 23; außerdem in Ex 31,15; 35,2; Lev 16,23.31; 25,4f. Vgl. E.S. Gerstenberger, ATD 6, 311f.
[526] Vgl. G. Fohrer, Glaube und Leben im Judentum, Heidelberg 1979, 114–130: Zusatz von Bußtagen, Neujahrsfeier.
[527] Akkad. šapattum heißt „Vollmondstag", W. von Soden, AHW 1172. Die alte Paarung mit „Neumond" im AT (außer 2 Kön 4,23 noch Hos 2,13; Am 8,5; Jes 1,13) spricht auch dafür.
[528] W. Sallaberger, Der kultische Kalender der Ur III-Zeit, Berlin 1993; M. Krebernik, Mondgott, RlA 8,360–369.

anderen Gottheiten gestellt. Erst der religiöse Pluralismus der babylonischen und persischen Epoche löst die Reflexion aus. Analog zu dem großen mesopotamischen Mondgott Sin sahen die versprengten Judäer auch Jahwe in der Welt wirken. An manchen Tagen war seine Macht besonders wirksam. Er hatte sich nämlich schon nach Vollendung der Schöpfung eine Zeiteinheit (Sabbat) als sein Eigentum beiseite gesetzt, vielleicht ursprünglich den Vollmondstag. Allmählich aber löste sich die Jahwegemeinde vollständig vom Mondumlauf, feierte zunächst vier Mondphasenwechsel. An jedem dieser Tage musste besondere Vorsicht in der Lebensführung gelten, denn die Anhänger Jahwes bewegten sich praktisch 24 Stunden lang in der unmittelbaren Gegenwart Jahwes. Der Sabbat war Gottes Zeitgehäuse. Er wohnte darin, und die zeit- und ortsgleichen Menschen mussten alles vermeiden, ihn zu stören oder zu beleidigen. Darum das absolute Arbeitsverbot.[529] Die Systematisierung zu sechs Arbeits- und einem Feiertag hat dann den endgültigen Bruch mit dem Mondzyklus und dem Sonnenjahr gebracht. Die siebenteilige Woche passte weder in das Zeitgerüst des Mond- noch des Sonnenumlaufs. Die sich allem Astralkult überlegen dünkenden Jahwe-Verehrer zählten Tage und Wochen kontinuierlich, ohne Rücksicht auf die Gestirne und nahmen die resultierenden Schwierigkeiten, den Sabbat- mit Monatsterminen zu vermitteln, in Kauf. Jedenfalls entwickelte sich der wöchentliche Sabbat zu einem eigenen Lebens- und Kultrhythmus; vom absoluten Arbeitsverbot unberührt entstand schließlich die Gewohnheit, sich auf der Gemeindeebene zu versammeln und Jahwe gewidmete Liturgien abzuhalten. Die synagogale und die christliche Gottesdienstordnung haben hier ihre Wurzel.

Die Masse der alttestamentlichen Texte, welche den Sabbat erwähnen und beschreiben, stammen aus der exilisch-nachexilischen Zeit. Aus ihnen können wir annähernd rekonstruieren, was man in der judäischen Gemeinde über den Sabbat dachte und wie man dem Heiligungsgebot nachgekommen ist. Im Vordergrund stehen Arbeits- und Handelsverbot. Eine harte Auslegung des entsprechenden Gebots untersagt auch die Zubereitung von Mahlzeiten als Störung der Gottesruhe: Der Sabbatschänder von Num 15,32–36 sammelt nur Holz für seine Feuerstelle und wird auf ein eingeholtes Ordal hin gesteinigt (vgl. Lev 24,10–16). Auch das Anzünden eines Feuers ist unter Todesdrohung verboten (Ex 35,2f). Das Manna in der Wüste verdirbt ausnahmsweise am Sabbat nicht, kann also am sechsten Tag für den siebenten eingeholt werden; wer dagegen am heiligen Tag auf die Suche geht, findet nichts (Ex 16,22–30). Nehemia unterbindet in Jerusalem strikt jeden geschäftliche Tätigkeit (Neh 13,15–22). Von „großem, Jahwe heiligem Sabbat" sprechen wichtige Sabbatermahnungen (Ex 31,15; 35,2). Die Übertretung des Sabbatgebotes soll nach dieser Überlieferung die Katastrophe Jerusalems (welche genau?) heraufbeschworen haben (V. 18). Nach einer mit der Solidarverpflichtung gepaarten Sabbatermahnung für Fremde und Eunuchen (Jes 56,1–8), einer bewegten Rede über das rechte Fasten und den Zusammenhang von Fasten und Barmherzigkeit kommt der dritte Jesaja auf die Heiligkeit des Sabbats zu sprechen. Es sieht so aus, als ob die verwandte Thematik Fasten und Sabbat auch eine gemeinsame rituelle Basis hatte.

> Wenn du am Sabbat deinen Fuss zurückhältst und dein Geschäft nicht tust an meinem heiligen Tage, wenn du den Sabbat deine Lust nennst und das Heilige Jahwes ehrwürdig; wenn du ihn ehrst, sodass du deine Gänge nicht machst und deinem Geschäfte nicht nachgehst, noch eitle Worte redest: dann wirst du an Jahwe deine Lust haben, und ich will dich einherfahren lassen über die Höhen der Erde und dich mit dem Erbe deines Vaters Jakob speisen; denn der Mund Jahwes hat es verheissen. (Jes 58,13f)

---

[529] In babylonischen Epen erregt Menschenlärm den Zorn der Götter: TUAT III 626f; 629 (W. von Soden).

Das Motiv der Heiligkeit des Jahwetages ist überall maßgebend; die soziale Komponente – Ausruhen von der täglichen Plackerei (vgl. Dtn 5,14) ist auch in Jes 56; 58 deutlich erkennbar. Damit ist aber noch nichts über eine eventuell positive Füllung des Sabbattages gesagt. In der Tat treten die Aktivitäten der Gemeinde am Sabbattag nicht so klar hervor, wie die zu vermeidenden Handlungen, die Jahwe an seinem Ruhetag stören. Der schon verhandelte Festkalender Lev 23 gibt möglicherweise einen Hinweis. Alle „heiligen, ausgerufenen Versammlungen" in „allen Ortschaften" sind im Kern Sabbattage (V. 23,2f). Der Begriff „Ausrufung", „Einberufung" (*miqra'*) kann die Gemeindeversammlung meinen, besonders in Verbindung mit dem Nomen „Heiliges" (*qodeš*). Der Ausdruck kommt konzentriert in Lev 23 vor, außerdem in eng verwandten Stücken der priesterlichen Überlieferung (Ex 12,16: Passahfest; Num 28,18.25f; 29,1.7.12: Passah; Wochenfest; Feiern im 7. Monat). Nur zu Beginn des Festkalenders Lev 23 bekommt auch der Sabbat seine „heilige Versammlung". Ist das eventuell ein Reflex, der von den großen Jahresfesten auf die leitmotivische Einführung zum Festkalender fällt? Oder sind nur jene genannten „großen Sabbate" der Jahresfeiern angesprochen (V. 2), so dass die Sabbatregel, „sechs Tage Arbeit" in Wirklichkeit nur Wochentage jeweils vor dem großen Festsabbat meint? Möglich ist diese Deutung. Sie gäbe immerhin auch dann noch einen Beleg dafür ab, dass an heiligen Ruhetagen im Zusammenhang mit Jahresfesten große Gemeindeversammlungen stattfinden konnten und sollten. Dass aber auch dem einfachen Wochenabschluß ein hoher Titel wie „großer, heiliger Sabbat" zugesprochen werden kann, bezeugen Passagen wie Ex 31,15; 35,2. Der Tag ist eben von Jahwe von allem Anfang an als Eigentum beschlagnahmt (Ex 35,7).

Sachte Unterstützung erhält die Versammlungshypothese von anderen Stellen in der hebräischen Bibel. Das Volk Israel versammelt sich zu einer großen Gemeinde, um den Toravortrag des Esra zu hören „als der siebte Monat herangekommen war" (Neh 8,1). Der Zeitpunkt ist wohl als Monatsanfang zu deuten, und der erste Tag dieses Monats sollte nach Lev 23,23 ein Sabbat sein oder wie ein Sabbat behandelt werden. Dann ist die Lesung der Tora keine Übertretung des Sabbatgebotes, sondern könnte gerade in der Ruhe mit und für Jahwe eine sinnvolle, die Vorschrift unterstützende Handlung sein. Gebet und Opfer waren ja auch am Sabbattage wohlgefällige Tätigkeiten (vgl. Num 28,9f). – Leider enthalten die vielen Angaben in den nachexilischen Schriften zu den Versammlungen des Jahwe-Volkes keine exakten kalendarischen Informationen. Sie reden nur von der Tatsache, dass Israel als Glaubensgemeinschaft zusammenkommt, bzw. zusammengerufen wird (vgl. Dtn 29,1;[530] Jos 24,1.25; 1 Sam 10,17.19; 1 Kön 8,2[531] usw.). In der nachexilischen Gemeinde aber mag es schon als selbstverständlich empfunden worden sein, dass gottesdienstliche Zusammenkünfte am Sabbattag stattfanden. Das Selbstverständliche wird selten explizit erklärt.

Die Sabbatstruktur des religiösen Kalenders bahnt sich also an und ist z.T. schon fest etabliert. Die Jahresfeste sind vom Sabbatschema aus konstruiert. Von dieser eigenartigen und sonst nirgends belegten Zeiteinteilung her ist auch die Hochrechnung auf Sabbatjahre und Jahrwochen, der Jubiläenkalender, zu verstehen. Der Grundgedanke: Auch das Jahwe heilige Land braucht Sabbatzeiten, in denen es nur für den Schöpfer und Erhalter zur Verfügung steht und nicht die Menschen zu ernähren braucht. Normale landwirtschaftliche Bestellung ist als Fronarbeit des Erdbodens (der Mutter Erde?) gedacht. Weil Israel die Brachregelungen und damit die heiligen Ruhezeiten für die Äcker nicht

---

[530] Ist in dem betonten „heute" in dtr. Versammlungsberichten der Sabbat = „dieser Tag" angedeutet? Vgl. Dtn 29,3.9.12.14.17; Ps 95,7

[531] Der Monats- und Festhinweis (Laubhütten) ist ein Indikator für die Sabbatbindung.

eingehalten hat, musste es ins Exil gehen. Während der Abwesenheit des Volkes in der Verbannung konnte das Land die versäumten, nicht gewährten Sabbatjahre nachholen (Lev 26,33–35). Folglich muss in der neuen Jahwegemeinde die Grundregel des heiligen Sabbatjahres gelten, die dann nach sieben Jahrwochen durch das große Jubiläen-Erlaßjahr gekrönt wird (Lev 25). Jedes siebente Jahr gilt die Brache (V. 1–7; vgl. Ex 23,10f; Dtn 24,19–22). Was der Boden selbst wachsen lässt, muss als Nahrung genügen (V. 6f). Nach sieben mal sieben Jahren ist ein Jobeljahr zu feiern, in dem Versklavte freikommen und gepfändetes Grundeigentum zurückgegeben werden soll (V. 8–12).

Das Erlassjahr steht in einer langen Tradition altorientalischer Schuldenerlasse (s.o. Exkurs nach II.3.4.). Es hat selbst wiederum weit in die jüdische und christliche Geschichte nachgewirkt, bis hin zu modernen Erlassjahrkampagnen für die ärmsten Länder der Erde.[532] Das ausgefeilte Zeitraster fehlt jedoch in anderen als den biblischen und nachbiblischen Quellen (vgl. apokryphes Jubiläenbuch). Es mutet auch im Originaltext höchst künstlich an. Wer kann in der gelebten Wirklichkeit 50-Jahrpläne aufstellen und durchsetzen? Selbst die Jahrtausendorganisation der römisch-katholischen Kirche hat ihre Schwierigkeiten mit dem vom 13. Jh. n.Chr. an konzipierten „Heiligen Jahr".[533] Die wahrscheinlichste Annahme ist, dass die zu hohem theologischen Rang erhobenen alten Brach- und Erlassregeln einen weitgehend ideologischen und theoretischen Charakter haben: Eigentlich sollte auch das Eigentumsrecht Jahwes an Grund und Boden, Land und Tieren wie im menschlichen Tages- und Wochenablauf sichtbar durch eine vergrößerte Sabbatordnung gefeiert werden. Dass die in Lev 25,13–55 folgenden Ausführungsbestimmungen eine praktische Bedeutung gehabt haben, widerspricht nicht der abstrakten Gesamtkonstruktion. Das theoretisch ausgefeilte Gerüst von Arbeits- und Sabbattagen, Jahresfesten und Jahrwochenrhythmus ist sicherlich in der Wirklichkeit nicht ganz so schematisch abgelaufen. Zahlreiche Konfliktfälle um Sabbatheiligung und Festtermine, ferner abweichende Regeln in Außengemeinden wie dem ägyptischen Elephantine lassen es als Gewissheit erscheinen, dass Ausnahmen und Sonderregelungen recht häufig waren und dass die Jerusalemer (oder die babylonische?) „Zentrale" es oft schwer hatte, sich allgemein durchzusetzen.

Erkennt man den theologisch-hypothetischen Charakter der liturgischen Ordnung Neu-Israels an, dann ergeben sich sogleich Fragen nach den nicht-offiziellen, geduldeten bis verbannten Äußerungen des Glaubens in der persischen Zeit und ihrer Bedeutung für den theologischen Ertrag der Periode. Die Kirchengeschichtsforschung hat lernen müssen, was jüdische Theologie schon in hohem Maße immer praktiziert hat: Auch abweichende Meinungen sind theologisch relevant. Widerstände gegen die „kanonische" Theologie sind gelegentlich in den hebräischen Schriften vermerkt (vgl. Num 12,2; Esra 10,15; Jes 66,5; Jer 44,16–19; Hiob). Zeremonien außerhalb des anerkannten liturgischen Systems scheinen hier und da durch, sei es, sie erregen Anstoß und werden bekämpft, sei es, sie bleiben unverfänglich auf einer, wie wir sagen würden, folkloristischen Ebene. Zur ersten Gruppe gehören die schon erwähnten „gräulichen" Riten in Privatgärten und Grabanlagen (Jes 65,1–5.11), die Totenbeschwörungen (1 Sam 28), Baalskonsultationen (1 Kön 1,1–3), Götzenverehrung und Zauberei (Ez 8) und viele andere abweichende Praktiken. Zur zweiten Kategorie lassen sich unkommentierte Riten und Feste nennen, die vorwiegend in lokalen Gemeinschaften im Schwange waren, wie die Weihe der jungen Frauen (Ri 11,39f; vgl. 21,19.21), die Schafschur (Gen 38,12),

---

[532] Vgl. E.S. Gerstenberger, „... zu lösen die Gebundenen", in: Erlassjahr 2000: Schulden erlassen, hg. vom KED der EKHN, Frankfurt 1999, 59–96.
[533] Vgl. A. Meinhold, H. Smolinsky, Jubeljahr, TRE 17, 280–285.

Hochzeitsfeierlichkeiten (Hhld), Beschneidung der Jungen in der Pubertät (vgl. Gen 17,23–27; der Brauch ging dann vermutlich in der nachexilischen Zeit in die Säuglingsbeschneidung über: Gen 17,10–14). Die Zahl der nicht im offiziellen Rahmen veranstalteten Zeremonien sollten wir nicht unterschätzen. Vor allem im Bereich der anthropologisch umfassend erforschten *rites de passage* ist auch in der frühen jüdischen Gemeinde eine erhebliche Bandbreite von Riten zu erwarten. Archäologische Funde können uns Anzeichen dafür liefern. Neben Göttinnenfigurinen und häuslichen Weihrauchständern, den nicht dtr. lizenzierten Tempelanlagen in Arad und Elephantine sind auch die zahlreichen Privatsiegel der Epoche mit ihrer noch immer breiten religiösen Symbolik ein unmissverständlicher Beweis für die Vielfalt der kultischen Praktiken.[534] Die archäologischen Untersuchungen zur persischen Zeit erlauben noch keine umfassenden Schlussfolgerungen.[535] Biblisch indirekt bezeugte Glaubenshaltungen und Kultpraktiken, sowie durch außerbiblische Evidenz erschließbare theologische Einstellungen gehören aber, so weit wir sie erheben können, zum theologisch relevanten Gesamtbild des jüdischen Glaubens. Denn zum Text gehört das Leben, aus dem der Text entstanden ist. Und die zufällig in einer Heiligen Schrift erhaltene Textmenge (vgl. die sehr unterschiedlichen Mengen in den verschiedenen „kanonischen Sammlungen"!) bedürfen der kritischen Ergänzung durch unterdrückte, vergessene Stimmen aus dem Spektrum des Volkes Jahwes. Das religiöse Subjekt sind in den atl. Schriften in jedem Fall einmal die einzelnen, bekennenden Jahwe-Anhänger und Anhängerinnen, und zweitens die Gemeinde als ganze, die so häufig als Partnerin Jahwes beschworen wird, mit ihren federführenden Leiterinnen und Leitern. Alle zusammen kommen in den zu erschließenden Ritualen und Feiern zu Wort.

Die nachexilische Gemeinde hat liturgische und „ekklesiale" Grundmuster geschaffen, die für die westliche Welt prägend geworden sind. Die christlichen Kirchen sind Töchter der Synagoge, nicht gleichaltrige Konkurrentinnen. Gottesdienstformen, Jahresfeste, Wortverkündigung, Sakramentsverständnis, Amtstrachten, Gesänge, kurz: der heilige Raum, die heilige Zeit mit Akteuren und Ritualen, die wir nutzen, stehen in direkter Verbindung mit der frühjüdischen Jahwegemeinschaft. Daraus folgt die Notwendigkeit, sich mit ihr auseinanderzusetzen.

IV.3 Auf dem Weg zum Monotheismus

J. Assmann, Die mosaische Unterscheidung: oder der Preis des Monotheismus, München 2003. – B. Becking und M.C.A. Korpel, The Crisis of Israelite Religion: Transformations of Religious Tradition in Exilic and Post-Exilic Times, Leiden 1999 (OTS 42). – W.Dietrich und M.A. Klopfenstein (Hg.), Ein Gott allein?, Freiburg und Göttingen 1994 (OBO 139). – D.V. Edelman (Hg.), The Triumph of Elohim: From Yahwisms to Judaisms, Grand Rapids 1996. – E.S. Gerstenberger, Theologien im Alten Testament, Stuttgart 2001. – R.K. Gnuse, No Other Gods: Emergent Monotheism in Israel, Sheffield 1997 (JSOTS 241). – O. Keel (Hg.), Monotheismus im Alten Israel und seiner Umwelt, Fribourg 1980. – Derselbe und C. Uehlinger, Göttinnen, Götter und Gottessymbole, Freiburg 1992 (QD 134). – B. Lang (Hg.), Der einzige Gott, München 1981. – Derselbe, JAHWE der biblische Gott: ein Porträt, München 2002. – O. Loretz, Des Gottes Einzigkeit: ein altorientalisches Argumentationsmodell zum ‚Schma Jisrael', Darmstadt 1997. – H. Niehr, Der höchste Gott, Berlin 1990 (BZAW 190). – M. Oeming (Hg.), Der eine Gott und die Götter, Zürich 2003 (AThANT 82). – B.N. Porter (Hg.), One God or Many? Concepts of Divinity in the Ancient World, Bethesda 2000. – J. Rabinowitz, The Faces

---

[534] Vgl. O. Keel und C. Uehlinger, Göttinnen, Götter und Gottessymbole (QD 134) Freiburg, 2.Aufl. 1993, 430–452: Die Häufigkeit der anderskultischen Funde nimmt zwar ab (a.a.O. 450), sie sind aber unter dem Druck des monotheistischen Glaubens nicht völlig verschwunden; s.o. II.3.6.

[535] Vgl. O. Keel und C. Uehlinger, Göttinnen, 231; H. Weippert, Palästina, 687–918; s.o. II.1.2.

of God, Woodstock 1998. – H. Rechenmacher, „Außer mir gibt es keinen Gott!" St. Ottilien 1997 (ATSAT 49). – W. Schrage, Unterwegs zur Einzigkeit und Einheit Gottes, Neukirchen-Vluyn 2002 (BThSt 48). – S. Schroer, In Israel gab es Bilder, Fribourg und Göttingen 1987 (OBO 74). – H. Shanks und J. Meinhardt (Hg.), Roots of Monotheism: How God Is One, Washington, DC 1997. – M.S. Smith, The Origins of Biblical Monotheism, Oxford 2001. – F. Stolz, Einführung in den biblischen Monotheismus, Darmstadt 1996. – Z. Zevit, The Religions of Ancient Israel, London 2001.

Exkurs: Was ist Monotheismus?

Die Debatte um den einzigen und einen Gott ist mit mehreren Hypotheken belastet, die den Debattierenden oft gar nicht bewusst sind. Einmal stammen Begriff und Fragestellung zum „Monotheismus" aus dem modernen, westlich-aufgeklärten Milieu. Sie sind in der heutigen Form nicht in der Antike verankert. Monotheismus heute soll neben einer Reihe von anderen –theismen eine Weltanschauung bezeichnen, in der eine einzige Gottheit die Geschicke aller Menschen und des ganzen Universums mehr oder weniger nach der Logik der kritischen Wissenschaft lenkt. Andere Motive als die eine göttliche Kausalität für alles Sein und Geschehen sind ausgeschlossen. Die Perspektive ist rational, meist sogar naturwissenschaftlich geprägt. Im volkstümlichen Diskurs wird gern die innere Widersprüchlichkeit des Konzepts eines einsamen, allmächtigen Bewegers erörtert und ad absurdum geführt. Lebensphilosophen können weitere Argumente gegen die Eindimensionalität des Seins und Werdens beibringen. Und niemand von den biblischen Tradenten würde auf die moderne Frage nach dem allein geltenden göttlichen Kausalprinzip eingehen wollen, man könnte es vielleicht im Kontext der antiken Mentalität überhaupt nicht verstehen.
Ein weiteres caveat ergibt sich aus der Theologie- und Kirchengeschichte. Wo immer der Glaube an den alleinwirksamen Gott sich mit staatlichen Interessen verband, diente er automatisch als Legitimation der eigenen Macht. Das wurde erschreckend deutlich in den großen Glaubenskriegen, die von Europa ausgingen: in den Kreuzzügen des Mittelalters, den Eroberungskampagnen in der Neuen Welt und den Konfessionsschlachten vor allem des 17. Jahrhunderts. Auf einen rationalen Nenner gebracht bedeutete Monotheismus in seiner politischen Gestalt: Die herrschenden Vertreter der alleingültigen Religion fühlten sich beauftragt, ihre Gotteserkenntnis (die ja die einzig wahre und allein seligmachende zu sein beanspruchte) allen anderen „Ungläubigen" aufzwingen zu müssen. Die behauptete Einzigartigkeit Gottes verwandelte sich unversehens in einen absoluten Herrschaftsanspruch derer, die darauf bestanden, den einen, wahren Gott gefunden zu haben. Mit anderen Worten, monotheistischer Glaube konnte leicht zur Durchsetzung eigener Interessen missbraucht werden. Das ist in der christlichen Kirchengeschichte fast zwangsläufig immer dann der Fall gewesen, wenn weltliche oder geistliche Machthaber den Willen Gottes real vollstrecken wollten.
Mit diesen beiden Sachverhalten im Hintergrund können wir nach den Tendenzen der Monotheisierung in der judäischen Jahwe-Gemeinschaft und generell im Alten Vorderen Orient fragen. Für die biblischen Überlieferer steht fest: Beim Glauben an Jahwe, den einzigen Gott, Schöpfer und Weltenlenker geht es ganz überwiegend um eine Frage der entschlossenen, ausschließlichen Bindung des Volkes an die tatsächlich agierende höchste und beste Kraft in der erkennbaren Welt, es geht keinesfalls um ein philosophisches Problem der göttlichen Seinsweise. Deuterojesaja ruft Israel immer wieder zur aktiven Verehrung und tatkräftigen Gefolgschaft Jahwes auf. Der unbekannte Prophet, bzw. die unbekannten Mittler der entsprechenden Gottesworte überziehen andere Kulte, speziell die babylonischen, und damit andere Gottheiten mit beißendem Spott – wegen ihrer Kraftlosigkeit und folglich wegen des völlig illusorischen Vertrauens, das man in sie setzt. Die Auseinandersetzung um die richtige Gottheit im zweiten Teil des Jesajabuches ist völlig als Probe auf die Wirksamkeit des Geistes und der Kraft der benannten Götter zu sehen. Daran ändern auch nichts jene Aussagen, welche für unser Verständnis verdächtig nahe an Seinsaussagen herankommen: „Ich bin der Erste, und ich bin der Letzte, und außer mir ist kein Gott." (Jes 44,6, vgl. 41,4; 43,11; 48,12 usw.). „Ich bin Jahwe, und sonst keiner mehr." (Jes 45,18). Auch diese Bekundigungen der Ausschließlichkeit zielen auf die reale Kraft und Durchsetzungsfähigkeit des Gottes Israels, nicht auf seine göttliche Substanz. Das gilt auch für die theologischen Aussagen des Deuteronomiums, die besonders in den Kapiteln Dtn 4–6 eine monotheisierende Richtung haben. Das Bilderverbot steht im Mittelpunkt von Dtn 4. Israel soll in seinem Kult von allen bildhaften Vergleichen absehen, weil keine Metapher die überwältigende Potenz Jahwes treffen kann, und, man höre und staune, weil der Weltengott diese minderwertigen Kraftträger wie die Astralkörper (denen die Babylonier sehr viel zutrauten) tatsächlich als zweitrangige Gottheiten den anderen Völkern zur Verfügung stellt (Dtn 4,19). Das Fremdgötter- und Bilderverbot im Dekalog von Dtn 5,6–10 nimmt die Existenz anderer Gottheiten durchaus ernst, sonst wäre es in sich überflüssig. Und das Grundbekenntnis von Dtn 6,4: „Höre Israel, Jahwe ist unser Gott, Jahwe allein!" (Man be-

achte die gemeindlich-kollektive Formulierung) fasst die Intentionen des monotheisierenden Gottesglaubens in der judäischen Gemeinde des Nachexils zusammen. Ähnliche Beobachtungen lassen sich in der altorientalischen Religionsgeschichte, besonders aber auch in der persischen Verehrung Ahura Mazdas machen. Der ontologische Gottesbegriff späterer Zeit stammt aus der griechischen und römischen philosophischen Tradition und muss unter einem anderen Blickwinkel verhandelt werden. Den atl. Texten geht es um die echte Mächtigkeit und Effektivität einer Gottesbindung. Das Erstaunliche ist allerdings, dass die judäische Gemeinde derartige Aussagen über Jahwe aus einer Position der äußersten Machtlosigkeit, also in scharfem Widerspruch zur Realität, wagt. Sollten diese hohen theologischen Sätze nur die Trotzreaktion eines uneinsichtigen Volkes oder weniger verbohrter Theologen darstellen? Die Geschichte hat diesen Theologen zeitweise Recht gegeben, sie aber auch an anderen Stellen empfindlich ins Unrecht versetzt, denn die weltüberlegene Macht Gottes hat nun einmal nicht das dauerhafte Reich der Gerechtigkeit unter den Menschen begründet.

Das traditionelle religionsgeschichtliche Modell für den Glauben Israels war und ist bis heute das im DtrG. und bei Dtjes. vorgegebene: Israel hat am Anfang seiner Existenz als Volk die Offenbarung Jahwes am Sinai und den Bundesschluss mit diesem besonderen, einzigartigen Gott erlebt. Die Jahrhunderte bis zur babylonischen Verbannung sind eine einzige Geschichte des Abfalls von und der Rückkehr zu diesem Weltengott, der Israel zu seinem bevorzugten Partner gemacht hat. Durch sein erwähltes Volk will er alle Völker unter seine Herrschaft bringen.[536] Im Laufe der letzten zwei oder drei Jahrzehnte ist dieses Bild an allen nur denkbaren Stellen brüchig geworden. Es setzt sich mehr und mehr die Überzeugung durch, dass der Glaube an den einzigen, alle anderen Gottheiten ausschließenden Gott Jahwe allmählich im Laufe der wechselvollen Geschichte Israels entstanden ist. Der letzte, entscheidende Anstoß zum atl. Monotheismus ist danach mit der Neukonstitution der Gemeinde im persischen Reich geschehen.[537] Wir haben nun eben diese Hypothese in kurzen Strichen nachzuzeichnen. Die Monotheisierung des Jahweglaubens in Juda ist wohl der wichtigste Ertrag für die Geistesgeschichte der westlichen Welt geworden.

IV.3.1 Transformationen der Gottesvorstellungen

Wie schon mehrmals angesprochen, hat die frühjüdische theologische Entwicklung inmitten der altorientalischen Umwelt, d.h. hauptsächlich in der babylonischen und persischen, z.T. auch der ägyptischen Geisteswelt stattgefunden. Die entscheidende gesellschaftliche Konstellation war die einer gemeindlichen, auf dem Jahwebekenntnis begründeten Organisation, welche sich ihrer universalen Bedeutung bewusst wurde. Wie sind die Übergänge von vorexilischen, auf den sozialen Ebenen von Familie, Ortsverband, Stämme- und Staatsordnung entstandenen Gottesvorstellungen hin zu einer ausschließlichen, persönlich-universalen, dabei jedoch partikularen Schöpfer- und Geschichtsgottheit zu verstehen? Der Ausgangspunkt ist die neue Struktur der autonomen Religionsgemeinschaft (vgl. oben IV.2.2). Diese Form der Glaubensgemeinschaft ist ein typisches Gebilde gesellschaftlicher Mittellage. Eingezwängt zwischen stabilen Kleingruppierungen (Familie; Sippe) mit ihren uralten Sitten und theologischen Vorstellungen und größeren, von Machtinstrumenten bestimmten sozialen Konglomeraten muss die

---

[536] Als typisches Beispiel dieser Sicht nenne ich nur das beliebte Lehrbuch von W.H. Schmidt, Israels Glaube, zuerst erschienen unter dem Titel: Alttestamentlicher Glaube und seine Umwelt, Neukirchen-Vluyn 1968. Von der zweiten Auflage an hieß das Buch: Alttestamentlicher Glaube in seiner Geschichte (1975ff), ab der achten Auflage „Alttestamentlicher Glaube", (Neukirchen-Vluyn, 9. Aufl. 2004).

[537] Vgl. die Diskussion bei M.S. Smith, Origins 163–166 u.ö.

Gemeinde sich behaupten. Sie ist Pressionen ausgesetzt, hat aber auch nach allen Richtungen offen zu sein. Sie pflegt die Indidivualität der Mitglieder, legt aber auch großen Wert auf den Zusammenhalt und eine grundlegende Einigkeit aller Glaubensgenossen. Sie dient weithin als Familienersatz, von ihr erwartet man aber auch die ordnende Autorität einer Großgesellschaft. Ein Mittelding also zwischen Mikro- und Makrosozietät, mit dem Anspruch, allen Genüge zu tun. Kein Wunder, dass die Gottesbilder, die sich im Schoss der Gemeinde entwickeln, nach mehreren Richtungen hin changieren. Sie machen Anleihen bei den Vorstellungen des kleinen und des großen gesellschaftlichen Rahmens.

Jahwe übernimmt alle notwendigen Funktionen einer Gottheit für diese mehrdimensionale Glaubensgemeinschaft. Der Name Gottes verbindet die unterschiedlichen Aspekte des Gottesbildes, eine verbindliche Einheit kann er aber nicht garantieren. Unter der Anrufung des einzigen und ausschließlichen Gottes bleiben die durch die Gesellschaftsformen mit geprägten Gottesstereotypen erhalten.

Die aus den Kleingruppen bekannten persönlichen Schutzgottheiten sind das grundlegende Erbe der Religionsgeschichte. Jahwe tritt an ihre Stelle und bietet dem einzelnen Gläubigen in der frühjüdischen Gemeinde Begleitung, Wohlergehen, Segen. Ehemals an unterschiedliche Gottheiten gerichtete Bittgebete des einzelnen sind in der erhaltenen Überlieferung streng auf Jahwe oder Elohim bezogen. In den Erzelterngeschichten ergreift Jahwe unbedenklich Partei für seine Klienten, auch wenn sie moralisch zwielichtig sind. Der Vater- und der Muttertitel oder Verwandtschaftsepithete werden auf den Gott der Gemeinde gemünzt, wenn auch in geringerem Maß als man vielleicht annehmen möchte (vgl. Ps 103,13; Jes 66,13). Attribute wie „treu", „wahrhaftig", „fürsorglich", immer im Sinne einer engen, persönlichen Bindung zwischen Gottheit und Anbeter/In sind ständige Bezeichnungen für das Wesen Jahwes. Wie die früheren familialen Schutzgottheiten ist Er nun dem einzelnen Gemeindeglied solidarisch zugetan. „Befiehl Jahwe deine Wege und hoffe auf ihn, er wird es wohl machen" (Ps 37,5). Als persönlicher Gott verspricht der universale Jahwe vor allem Geborgenheit und Glück.

Aber so ganz ungebrochen ist das Verhältnis zwischen Glaubendem und Gottheit nicht. Es herrscht kein völliger Automatismus der göttlichen Hilfestellung mehr, wie vielleicht in früheren Familienreligionen. Dieser Gott Jahwe verlangt eine persönliche Entscheidung für ihn, und eine andere religiöse Praktiken ausschließende dazu. Diese oben schon besprochene Entscheidungssituation mag mit im persischen religiösen Klima angelegt sein. Für Israel war sie notwendig, weil der Jahweglaube das einzige Bindemittel für die Gemeinde war und weil ihr andere Identitätsmerkmale nicht zur Verfügung standen. Der Gott, für den man sich öffentlich erklären musste, wollte man ihm angehören, ist nicht mehr die alte, organisch zugehörige Familienschutzgottheit. Er begründet eine neue Art von Primärgruppe, eine Gottesgemeinde. Darum wird Jahwe der leidenschaftliche Übervater, der alle spirituellen Angehörigen lehrt, orientiert, überwacht, auf den rechten Weg bringt und gegebenenfalls straft. Teilweise stammen die Züge des eine größere Gemeinschaft lenkenden Gottes aus den Lokaltraditionen der Ortschaften. Jahwe wird der rechtliche Gott, der auch dafür sorgt, dass die Schwächeren in der Gemeinschaft ihr Auskommen und ihre Würde haben. Das geschieht ohne großen Machteinsatz. Die Todesdrohungen mancher „Rechts"sätze sind in Wirklichkeit hochstilisierte Warnungen ohne reale Umsetzungsabsicht.[538] Jahwe war der Gott der Solidargemeinschaft, er sorgte

---

[538] Vgl. E.S. Gerstenberger, „... He/They Shall be Put to Death": Life-Preserving Divine Threats in Old Testament Law, in: Ex Auditu 11, 1995, 43–61.

für gute Ernten (vgl. Ps 65), Recht und Mitmenschlichkeit (vgl. Ps 82; Ex 22,20–26; 23,1–9), d.h. die äußeren und inneren Bedingungen für das Wohlergehen seiner Gemeinde.
Aber die Gemeinde Jahwes besteht nicht mehr einfach nur aus jenen alten Ackerbausiedlungen der Vergangenheit. Sie bildet ein Netzwerk von parochialen Gruppen, das sich weit in das Imperium der Babylonier und Perser erstreckt. Sie ist umfassende Jahwe-Gemeinschaft; der geistliche Mittelpunkt ist der Tempel von Jerusalem, in dem Jahwe wohnt. Losgelöst vom Ballast des monarchischen Staates steht das Heiligtum da. Von ihm geht Heiligkeit aus. Nicht mehr der König und nicht nur die Priesterschaft partizipieren an der Lebenskraft Gottes. Das ganze Volk soll heilig sein (Lev 19,2; Ex 19,6). Der heilige, unnahbare Gott wohnt trotz seiner Furcht erregenden Energie mitten unter den Seinen; er lässt sich immer wieder anrufen, er überwindet die qualitative Distanz, spricht mit den Vertretern der Gemeinde, lässt sich sogar je und dann sehen (vgl. Ex 33,18–23; 1 Kön 19,11–13; Ez 1,26–28). Das Mysterium der Gestalt Jahwes bleibt durch das Bilderverbot gewahrt. Jede Annäherung Gottes an seine Gemeinde und jede Hinwendung der Gemeinde zu Jahwe stellt aber in sich schon dieses Geheimnis in Frage.
Und die Gemeinde lebte nicht isoliert für sich, sondern mitten unter Andersgläubigen und unter politischen, militärischen, wirtschaftlichen Strukturen, die meist als belastend empfunden wurden. Aber auch in diesem Geflecht überlegener gesellschaftlicher Kräfte spürte das Volk Jahwes Macht. Wer den Druck von außen erfährt, muss dazu Position beziehen. Die Reaktion der Gemeinde konnte nicht auf politischer oder militärischer Ebene erfolgen. Nur eine theologische Antwort war möglich. Jahwe wird zum überlegenen Weltengott, dem alle Völker, also auch die imperialen Machthaber, unterworfen sind. Die Jahwegemeinde wird an dieser Stelle nur teilweise auf Stammes- und Staatstraditionen zurückgegriffen haben. Sicher, die Geschichte Israels kannte den Kriegergott Jahwe, der für sein Volk in den Kampf zieht (vgl. Ri 4f). Aber die Stammestraditionen sprachen nicht von einer wesenhaften Überlegenheit des eigenen Gottes. Man feierte die Siege gegen feindliche Gottheiten und Gruppen von Fall zu Fall; Klagen bei verlorenen Schlachten mischten sich in die Siegesgeschichte (vgl. 1 Sam 4f; Ps 44; 68; 89). Im nachexilischen Israel gewinnt mehr und mehr die Überzeugung Gewicht, dass Jahwe, der einzige und allmächtige Gott, fortwährend die Geschicke aller Völker in der Hand hat und gegen den jeder Widerstand zwecklos wäre. Alte Schilderungen der mächtig auftretenden Gottheit greifen die Theologen der Zeit auf und verlängern sie ins Universale.

> Wisst ihr es nicht, hört ihr es nicht? Ist es euch nicht von Anfang her verkündet?
> Habt ihr es nicht begriffen von der Gründung der Erde her?
> Der da thront über dem Kreis der Erde, dass ihre Bewohner wie Heuschrecken sind,
> der den Himmel ausbreitet wie einen Flor und ihn ausspannt wie ein Zelt zum Wohnen,
> der da Fürsten zunichte macht und Richter der Erde wandelt zu nichts,
> – kaum sind sie gepflanzt, kaum sind sie gesät, kaum wurzelt ihr Stamm in der Erde,
> so bläst er sie an, und sie verdorren, wie Stoppeln trägt sie der Sturm davon –:
> Wem wollt ihr mich vergleichen, dass ich wäre wie er? Spricht der Heilige. (Jes 40,21–25)

Wir müssen uns fragen, woher der Gedanke einer stabilen Weltherrschaft Jahwes kommt. Aus der eigenen Stammes- und Staatentradition wohl höchstens spurenweise. So vermessen waren Kleinkönige der Zeit nicht, sich mit den Titulaturen der Weltherrscher zu schmücken oder sie für ihre Nationalgottheiten zu beanspruchen. Aber das Wissen um die Weltreiche der Assyrer, Babylonier und Perser könnte den geistig-politischen

Hintergrund zur Vorstellung permanenter Macht geliefert haben.[539] Dann hätte diese kleine Minorität von Jahwe-Gefolgsleuten im unermesslichen persischen Imperium dreist die Parameter von Weltherrschaft von den irdischen Machthabern übernommen und auf den eigenen Gott übertragen. „Wahrhaftig groß ist Jahwe. Ihm gebührt alle Ehre. Er ist furchtbarer als alle Götter." (Ps 96,4; vgl. die Jahwe-Königs-Hymnen Ps 47; 93; 95–99 insgesamt).

Die Konturen dieser Universalherrschaft des Gottes Israel in den sogenannten Jahwe-Königshymnen (s.o. III.1.3.1) entsprechen in der Tat den altorientalischen Paradigmen, nicht einem davidischen oder salomonischen Urbild. Von den Vasallen oder Statthaltern der realen Weltherrscher sind solche Töne nicht bekannt. Die neue Jahwegemeinschaft aber hat es gewagt, dem fast absoluten Anspruch der Machtzentren das Bekenntnis zu dem überlegenen Gott Jahwe entgegenzusetzen. War das legitime Selbstverteidigung? Oder purer Wahnsinn? Im babylonischen Reich konnten derartige Äußerungen den Verdacht auf subversive Tätigkeit anfachen. Die persische Reichsregierung hat sich, wie schon erwähnt, um das religiöse Leben der Unterworfenen nicht gekümmert, eher die eigenständigen Glaubensformen gefördert, vielleicht unter der allgemeinen Annahme, jede Religion sei schließlich nur eine Ausdrucksform des einen Glaubens an Ahura Mazda.

Wir sehen: Die judäische Jahwe-Gemeinde lebte und entwarf ihren neuen Jahweglauben aus der Situation einer winzigen Minderheitengruppe in einem Vielvölkerimperium heraus. Die verschiedenen Gottesbilder passen in die damalige Zeit. Es ging vor allem um die richtige Entscheidung für den einen Gott, welcher der Gott Israels war. Diese Entscheidung war wichtig für das einzelne Gemeindeglied, aber auch für die Ortsgemeinde. Das tägliche Leben verlangte nach Orientierungen im kleinen, persönlichen Interessenhorizont. Hier galt es, Jahwe zu bekennen. Alle Aussagen über den (all)mächtigen, auch den gewalttätigen Gott dienten wahrscheinlich der Verteidigung und Abgrenzung nach außen. Interessant, wie theologische Aussagen des AT diese Spannung zwischen verschiedenen Dimensionen der Gotteskonzeption bearbeiten. Eine sehr wichtige liturgische Formel beschreibt Jahwe als

> barmherzig und gnädig und geduldig und von großer Treue und Wahrheit, der da Tausenden Gnade bewahrt und vergibt Missetat, Übertretung und Sünde, aber ungestraft lässt er niemand, sondern sucht die Missetat der Väter heim an Kindern und Kindeskindern bis ins dritte und vierte Glied! (Ex 34,6f; vgl. Ps 86,15; 103,8; 111,4; 145,8; Neh 9,31; 2 Chr 30,9 usw.)

Die Epitheta kommen aus verschiedenen Lebensbereichen der Gemeinde, sie fließen in dieser liturgischen Formel zusammen. Familiale wie staatliche und gemeindliche Perspektiven haben Pate gestanden. Denn so stark und eindeutig die Ausdrücke *raḥum*, „barmherzig", *'erek 'appajim*, „geduldig, langmütig", *rab ḥesed we ᵉmet*, „voller Treue und Wahrheit" auf den innersten Familienzusammenhang verweisen, so sehr kann man im Wortfeld von „gnädig sein" (hier: *ḥannun*, „gnädig") wie im deutschen Äquivalent auch ein stärkeres soziales Gefälle vermuten. Gerade in der gängigen Formel „barmherzig und gnädig" (vgl. Ps 86,15; 103,8; 111,4; 145,8; Neh 9,17.31) scheinen die beiden aus verschiedenen sozialen Konstellationen stammenden Begriffe bewusst miteinander gepaart zu sein. Und die ausnahmsweise Dreierkombination „gnädig, barmherzig, ge<u>recht</u>" in Ps 112,4 unterstreicht diese Analyse: Hier tritt noch der typische Ausdruck für die gesamtgesellschaftliche Balance hinzu. Von dieser unparteiischen, brutalen, weil im

---

[539] Vgl. E.S. Gerstenberger, „World Dominion" in Yahweh Kingship Psalms, HBT 23 (2001/2) 192–210.

Grunde nicht zur Vergebung bereiten, objektiven „Gerechtigkeit" ist dann Ex 34,7b die Rede, während V. 7a noch versucht, die familiale Solidarität und die Schuldsühnung auf alle Nachkommen auszudehnen. In der gottesdienstlich damals wie heute so häufig und intensiv gebrauchten „Huldformel" sind bewusst unterschiedliche Konzepte von Jahwes Solidarität mit seinen Gläubigen und seiner Gemeinde zusammenkomponiert.[540]
Spuren von einer solchen komplexen und synthetisierenden Theologie finden sich an vielen Stellen des AT, und sie sind dann logischerweise Merkzeichen einer Gemeindetheologie, die in sich vielschichtig war und vom pluriformen Erbe der überlieferten Traditionen lebte. Ein gutes Beispiel bietet die Geschichte von Elias Gottesbegegnung am Berg Horeb. „... ein großer, gewaltiger Sturm, der Berge zerriss und Felsen zerbrach, kam vor Jahwe her ... Nach dem Sturm ein Erdbeben ... Nach dem Erdbeben ein Feuer ... Nach dem Feuer das Flüstern eines leisen Wehens ..." (1 Kön 19,11f). Jahwe ist nicht in den Machtdemonstrationen, sondern im „leisen Wehen"! Denn Jahwes Wesen ist nicht einfach mit Majestät und Herrschaft zu umschreiben. Sturm, Erdbeben und Feuer sind die Urgewalten, deren sich ein Weltengott bedienen kann. Er bringt doch die stärksten kosmischen Kräfte in Aufruhr, wenn er sich sehen lässt (vgl. Ps 18,8–16; 77,17–20; 104,1–9; Hab 3,3–15). Warum hier die Umkehrung der *theologia gloriae*? Weil die Erfahrung der Jahwegemeinde durch Exil und Befreiung hindurch erwiesen hat: Macht, auch höchste göttliche Macht, ist nicht die (alleinige) Lösung aller irdischen Probleme. Gewalt kann nicht Gerechtigkeit erzwingen. Die Autorität der Tora muss internalisiert werden, bevor sie wirklich zum Zuge kommt (Jer 31,33f). Das Leiden hat erlösende Funktionen, nicht die Brachialgewalt (Jes 53,3–12). Das Kleine und Verachtete ist oft mehr Wert als das Mächtige und der Reichtum (Dtn 7,6–8). Die in den hebräischen Schriften so oft vorgenommene Umwertung der menschlichen Wertskala färbt auf den Gottesbegriff ab. Jahwe ist nicht nur der überlegene Krieger, Schöpfer, Richter. Er ist vielmehr auch und gerade in „den Schwachen mächtig" (Paulus in 2 Kor 12,9).[541] Er kommt nicht nur und gar nicht vorrangig in den Urgewalten, sondern im leisen Wehen und spricht erst dann zum Propheten. Die Niedrigkeit, Entäußerung, das Leiden Gottes einschließende theologische Konzeption ist ein Resultat der Vermischung verschiedener Gottesbilder. Sie hat tiefgehende Nachwirkungen für die jüdisch-christliche Theologie gehabt.
So ist denn die frühjüdische Gemeinde in ihren theologischen Konzeptionen auf sehr unterschiedliche Gottesbilder angewiesen. Sie war ein neues religionssoziologisches Phänomen, nicht zu vergleichen mit den organischen Strukturen von Familie, Siedlungsgemeinschaft, Stamm oder Staat. In jenen Systemen übten Gottheiten relativ homogene Funktionen aus, die mit dem Alltagsleben der Mitglieder übereinstimmten. Die neue, vielschichtige Gemeinde musste sich von Grund auf neu konstituieren, als Bekenntnis- und Vertragsgemeinschaft mit Jahwe, innerhalb andersartiger politischer und religiöser Gemeinwesen und im Rahmen einer imperialen Großgesellschaft. An allen diesen gesellschaftlich-religiösen Gebilden hatte die Gemeinde Jahwes Anteil oder war von ihnen berührt. Von allen nahm sie Anregungen auf, mit allen musste sie Kompromisse eingehen. Die Vielschichtigkeit drückt sich in der Variationsbreite der Gottesbilder aus. Jahwe war für die Gemeinde und die Einzelnen Vater und Mutter (vgl. außer den schon zitierten Stellen: Hos 11,1–9; Jes 1,2f), Liebhaber und Ehemann (vgl. Jes 62,1–5; Hos 1–3; Ez 16; 23), aber auch König und Großkönig (vgl. Ps 95,3; 96,10; 97,1.9), Welten-

---

[540] Vgl. H. Spieckermann, „Barmherzig und gnädig ist der Herr ...", ZAW 102, 1990, 1–18; ders., Heilsgegenwart. Eine Theologie der Psalmen, Göttingen 1989 (FRLANT 148).
[541] Vgl. K. Nürnberger, Theology 218f u.ö.; W. Brüggemann, Theology 319–332 u.ö.

schöpfer, Geschichtslenker und kosmischer Herr (Jes 40,12–17; 41,1–5.25; 43,14–21; 44,24–28; Am 4,13; 5,8f; 9,5f). Eine breite Palette weiterer aus dem sozialen Leben der Gemeinde entlehnter, funktionaler Gottesbilder könnte herangezogen werden.[542] Ein Vergleich mit der Bandbreite und Funktionalität altorientalischer Gottesattribute wäre sehr aufschlussreich.[543] Die atl. Gottesbilder sind durch die Jahrhunderte in unterschiedlichen Kontexten weiter überliefert worden. Der leise und mitleidende Gott taucht je und dann wieder auf, z.b. in Armentheologien oder mystischen Bewegungen. Häufig aber hat die majestätische, allgewaltige Gottheit das Sagen; die absolute Autorität als Gegenpol scheint einem tiefen menschlichen Bedürfnis nach eigener Machtausübung zu entsprechen.

IV.3.2 Universalismus und Partikularismus

Was judäische Theologen der Perserzeit über ihren Gott Jahwe herausgefunden und formuliert haben, mutet bis heute als die Quadratur des Zirkels an. Das Problem ist in den meisten christlichen Traditionen virulent geblieben und macht in der gegenwärtigen Weltlage zunehmend den westlichen Denkern und Politikern zu schaffen. Wie kann eine bestimmte, winzige Minderheit von Menschen in der Masse der Weltbevölkerung behaupten, sie allein habe die einzig richtige Glaubens- und Lebensinformation, sie allein sei von der übermächtigen, alle Völker umgreifenden Schöpfergottheit für ein besonderes Weltprojekt ausgesucht, sie sei ausschließlich bestimmt, Wahrheit und Gerechtigkeit zu den Menschen zu bringen? Schlüsselstellen für den Erwählungsglauben der Judäer sind z.B. Gen 12,1–3; Ex 19,4–6; Dtn 7,6–10; Jes 43,20f; 44,1–5. Das Bewusstsein, einziges vom alleinigen Gott erwähltes Volk auf der Erde zu sein, hat tiefe Auswirkungen auf das Selbstverständnis und das Verhältnis zu den Nachbarvölkern und –religionen. Eine menschlich nahe liegende Option ist, die Anderen sämtlich als minderwertig, schädlich und unleidig einzustufen; sie haben ja alle keinen Zugang zu dem einzigen Gott. Ihnen kommt kein Bleiberecht im heiligen Land zu, das Jahwe seinem Volk versprochen hat. Die dtr. Schlussfolgerung ist, alle anderen ethno-religiösen Gruppen haben das Land Israels zu verlassen, oder sie werden vernichtet, bzw. in Ausnahmefällen versklavt (vgl. Dtn 7,1–5; 20; Jos 9). Auch im zweiten Teil des Jesaja scheint die Unterwerfungshypothese durch (vgl. Jes 49,22f). Die Umkehrung der Machtverhältnisse bringt das geschundene Israel in Vorhand: Das ist eine verständliche, wenn auch kaum theologisch gründlich durchdachte Reaktion der Entrechteten. Dass es auch anders geht, beweisen zahlreiche Stellen, die von der Partizipation der Völker am Heil Jahwes reden (Jes 19,19–25). „Dann werden die Ägypter samt den Assyrern [Jahwe] dienen. An jenem Tage wird Israel der Dritte im Bunde mit Ägypten und Assur sein, ein Segen inmiten der Erde ..." (V. 23f. vgl. Jes 2,1–4). Die Skala der Verhaltensweisen von „erwählten" Völkern, Gruppen, Religionsgemeinschaften ist also theoretisch sehr weit. In der Geschichte der Religionen können wir viele Beispiele für die Erwählungsmentalität finden. Psychosoziale Versuche haben längst schon bestätigt, dass menschliche Gemeinschaften dazu

---

[542] Die Vielfalt der Gottesbilder spielt in den theologischen Würdigungen eine große Rolle, findet aber keine zureichende Erklärung: Vgl. H.-D. Preuss, Theologie des Alten Testaments, 2 Bde. Stuttgart 1991 und 1992; W.H. Schmidt, Glaube; O. Kaiser, Gott.
[543] Vgl. zusammenfassende Darstellungen wie J. Black und A. Green, Gods, Demons and Symbols of Ancient Mesopotamia, London 1992; O. Keel und C. Uehlinger, Göttinnen; K. van der Toorn u.a. (Hg.), Lexicon of Deities and Demons in the Bible, Leiden 1995 (^{2}1998).

neigen, sich selbst die erste Stelle in einer Rangliste von vergleichbaren Gruppen einzuräumen.[544] Von da aus ist der Weg zur Abwertung der anderen, ja des „Fremden"hasses nicht weit.
Die Frage ist, wie die geistlichen Nachfahren mit der Erwählungserfahrung der judäischen Gemeinden der Perserzeit umgehen. In der christlichen Tradition ist das Bemühen unverkennbar, entweder selbst an die Stelle des erwählten Volkes Israel zu treten und sich an die Seite des einzigen Gottes zu setzen, oder doch zumindest neben der alten Jahwegemeinschaft der Gnade Gottes teilhaftig zu werden (vgl. Paulus in Röm 9–11). Dieser Weg dürfte heute überholt sein. Es gilt vielmehr, die vielleicht für viele bittere Erkenntnis zu beherzigen, dass jedes Erwählungsbewusstsein relativ ist, nicht als objektive und ewige Wahrheit behandelt werden kann. Zu viele zeitbedingte Faktoren stecken in den Aussagen über die Allgewalt der einzigen Gottheit und ihre Auswahl nur einer winzigen Minderheit zur Rettung der ganzen Welt. Zu viel Egozentrismus und Chauvinismus spielt bei der Behauptung von Eigenerwählung und Minderwertigkeit anderer eine Rolle. Die Erwählungsideologien von Religionsgemeinschaften lassen sich aus den jeweiligen Zeitumständen erklären. Zusammen mit den Erkenntnissen der Gruppenpsychologie und der Analyse von Nationalstereotypen wird auch einsichtig, dass Religionsgemeinschaften jedenfalls seit der persischen Zeit (auch die zarathustrische Religion zeigt derartige Züge) bei wachsender Erkenntnis der Einheit Gottes und der Welt eine Tendenz zur partikularen Ausschließlichkeit entwickelt haben. Unsere heutigen Schlussfolgerungen müssen anders sein als es Jahrhunderte lang üblich war.
Erwählungsaussagen jeder Art und aller Zeiten, so können wir sagen, sind von derselben Art wie andere theologische Affirmationen auch: Sie sind kontextgebunden und haben zeitliche, nicht ewige Qualität. Das wussten die alttestamentlichen Propheten viel besser als nachfolgende christliche Theologen. Hosea, Amos, Jesaja, Jeremia, Ezechiel haben mit der Bedingtheit der Erwählung Israels gerechnet, gelegentlich das Ende der Gottesbeziehung angekündigt. Im Pentateuch ist innerhalb der Bundesvorstellungen und außerhalb davon die prekäre Existenz des erwählten Volkes angesprochen. Das kritische Selbstbewusstsein besonders der Gemeinde des Zweiten Tempels ist erstaunlich weit entwickelt. Erwählung durch den einzigen Gott kann kein unwiderrufliches Dauerabonnement sein, so sehr man sich auch auf die Treue Jahwes verlassen wollte. Das Herausgerufen-Sein aus der übermächtigen Masse der anderen Menschen und Völker bringt die Erwählten nach anderen Texten in eine dienende, nicht die herrschende Position. Kurz, im Licht der vielschichtigen biblischen Quellen kann von einer wesensmäßig verankerten, mit einer besonderen Qualität der von Gott Ausgesuchten zu begründenden, ewigen Sonderstellung nicht die Rede sein. Die Liebe Jahwes ist nach Dtn 7,7f der einzige Grund für die Auswahl Israels. Liebe ist sicher solidarisch und ausdauernd, aber sie kann schon in der Antike enttäuscht und frustriert werden (vgl. Hos 1–3; Ez 16; 23) und Liebes- wie Bundesverhältnis sind vergänglich. Biblisches Insistieren auf ewige Dauer des Bundes und der Erwählung ist Hoffnungsrede, nicht Faktenbeschreibung. Also kann man schon aus biblischer Sicht von der Relativität der Erwählung sprechen. Eindeutiger und schärfer müssen wir diese Kontextualität in unserer heutigen Zeit und nach den geschichtlichen Erfahrungen mit der angemaßten christlichen Erwählung durch die Jahrhunderte verhängnisvoller staatskirchlicher Entwicklungen tun. Wenn sich nämlich biblischer, kontextueller Erwählungsglaube mit der Herrschaftsideologie so genannter

---

[544] Vgl. schon P.R. Hofstätter, Gruppendynamik, Hamburg 1957, 96–111 (unter Hinweis auf die „Ferienlager M. Sherifs": Experimente mit Jugendgruppen, die sehr schnell Überlegenheitsvorstellungen entwickelten).

christlicher Gesellschaften verband, waren blutige Glaubenskriege zur Bekehrung oder Ausrottung der Andersgläubigen die Folge (vgl. Kreuzzüge; die Eroberungen der amerikanischen Kontinente durch christliche Heerscharen; den 30-jährigen Krieg und ähnliche Erscheinungen bis heute).

Erwählungsaussagen haben dennoch ihre begrenzte Gültigkeit, auch theologisch gesehen. Wenn unterdrückte Minderheiten gegen die oppressiven Mächte pointiert der Tatsache Ausdruck geben, dass sie von Gott geliebt und bevorzugt werden, dann entspricht das nicht nur vielfältigem biblischen Zeugnis, sondern durchaus auch menschlichem Rechtsempfinden und theologischer Einsicht. Das befreiende Erwählungsbekenntnis wird freilich in den tonangebenden Industrieländern der westlichen Welt nie so deutlich zu hören sein wie in den so genannten unterentwickelten Regionen der südlichen Hemisphäre. Dort hat man in den vergangenen Jahrzehnten betont von der „vorzugsweisen Option" Gottes zugunsten der Armen gesprochen, in den Basisgemeinden wie auf Bischofskonferenzen, an theologischen Seminaren wie in christlichen Publikationen. Die Rede von der Erwählung der Unterdrückten ging bis weit in die Organe des Weltkirchenrates hinein und hat immer bei den Besitzenden und Starken eine gewisse Unruhe ausgelöst, manchmal auch energischen Widerstand. Ein schlichtes Lied der brasilianischen Gemeinde der Landlosen drückt das Anliegen der Erwählten so aus (der Text wird anonym überliefert, stammt mit Sicherheit von Bischof Pedro Casaldaliga, São Felix do Araguaia):

> Wir sind normale Menschen, / wir sind Gottes Volk,
> wir wollen Land auf der Erde, / Land im Himmel haben wir schon.[545]

Die Strophe enthält alle Ingredienzen eines klassischen Erwählungsbewusstseins. Sie setzt die Spannungssituation voraus, in der sich Unterprivilegierte vorfinden. Ihnen wird die volle Menschenwürde ausdrücklich oder unterschwellig abgesprochen. Die Armen setzen dieser schleichenden Entmenschung ihr neu gewonnenes Verständnis vom eigenen Wert entgegen: Wir sind auch Menschen![546] Dieser Anspruch auf Anerkennung als Menschen ruht auf einem theologischen Fundament: Wir sind das Volk Gottes! Die Forderung ist kämpferisch, sie schließt andere, d.h. präzise, die mächtigen Unterdrücker, formal aus. Der Griff nach dem Ehrennamen „Volk Gottes" entwindet den Machthabern die innerste Legitimation. Sie sind ja als die Statthalter Gottes angetreten und üben ihre verheerende, ausbeuterische Macht im Namen der höchsten Werte aus. Wer also aus der untermenschlichen Verdammung aufsteigen will, muss den dominanten Eliten und ihrem Apparat die göttliche Legitimation entziehen und die Rolle von „Geliebten" und „Erwählten" selbst übernehmen. Im politischen Bereich haben wir in Deutschland ein leuchtendes Beispiel solcher Umwidmung der Macht erlebt. Für die Demonstranten im DDR-Staat war der Satz: „Wir sind das Volk!" ein zentrales Bekenntnis, das die Staatsmacht aushöhlte und die eigene Geltung ins Spiel brachte.

Konzentrieren wir uns auf den theologischen Gehalt und die theologische Berechtigung von Erwählungsaussagen, dann erkennen wir ihre legitimen Bedingungen. Ohne eine sorgfältige Untersuchung der sozialen Zusammenhänge und des gesellschaftlichen Sitzes von Erwählungsbehauptungen sind Urteile über ihre begrenzte Rechtmäßigkeit nicht möglich. Das gilt aber auch für theologische Sätze insgesamt. Theologie ist immer kon-

---

[545] Schöner portugiesisch: „Somos um pove de gente, / somos o povo de Deus. // Queremos terra na terra / já temos terra no céu."

[546] Ein bewegender Report und eine tief greifende theologische Reflexion über die Wiedergewinnung der Selbstachtung ist Paulo Freire, Pädagogik der Unterdrückten, Hamburg 1973.

textgebunden und geschieht nie im luftleeren Raum.[547] Legitim sind herausgerufenes Selbstbewusstsein und das Pochen auf bevorzugte Behandlung durch Gott dann, wenn Recht und Würde einer Minderheit mit Füßen getreten werden. Angewendet auf Lebenssituationen im alten Israel heißt das: Die theologischen Behauptungen, Israel sei von Jahwe aus der Völkerwelt herausgerufen, zu exemplarischer Stellung erhoben, mit einem universal geltenden Heil (Land, Tempel, Messias usw.) ausgestattet worden, stammen vermutlich sämtlich aus der bedrohlichen Zeit nach dem Zusammenbruch des judäischen Staates. In jener exilisch-nachexilischen Epoche existierten die Jahwegemeinden als bedrohte Minderheiten in komplexen imperialen Staatsgebilden. Die gemeindlichen Theologen haben den Allmachtsansprüchen der Weltreiche und den Herrschergelüsten von nachbarlichen Gesellschaften dadurch widerstanden, dass sie sich selbst als die Privilegierten Gottes betrachteten. Sie verwendeten die Ideologie der Überlegenen für sich selbst. Gottesbund, Erwählung, Tora-Mitteilung waren für sie unschlagbare Beweise eines Sonderstatus in der universalen Herrschaft Jahwes. Mit einem so ausgestalteten theologischen Bewusstsein konnte man überleben und das Eigene durch die Geschichte hin wahren. Teilweise ist also das Erwählungsbewusstsein legitim. Nur, was passiert, wenn es auch in Zeiten der Macht und der Beherrschung anderer weiter wirksam bleibt? Vestigia terrent.

VI.3.3 *Weltschöpfung und Menschenschöpfung*

R. Albertz, Weltschöpfung und Menschenschöpfung, Stuttgart 1974 (CTM 3). – M. Bauks, Die Welt am Anfang, Neukirchen-Vluyn 1997 (WMANT 74). – D.E. Callender, Adam in Myth and History, Winona Lake 2000 (HSM 48). – R.J. Clifford, Creation Accounts in the Ancient Near East and in the Bible, Washington 1994 (CBQ.MS 26). – C. Dohmen, Schöpfung und Tod, Stuttgart 1988 (SBB 17). – K. Eberlein, Gott der Schöpfer, Israels Gott, Frankfurt 2. Aufl. 1989 (BEAT 5). – R.J. Clifford, Creation Accounts in the Ancient Near East and in the Bible, Washington 1994 (CBQMS 26). – A.R. George, The Babylonian Gilgamesh Epic, Oxford 2 Bde, 2003. – M. Görg, Nilgans und Heiliger Geist: Bilder der Schöpfung in Israel und Ägypten, Düsseldorf 1997. – D. Groh, Schöpfung im Widerspruch: Deutungen der Natur und des Menschen von der Genesis bis zur Reformation, Frankfurt 2003. – J. Hüllen, Zwischen Kosmos und Chaos: die Ordnung der Schöpfung und die Natur des Menschen, Hildesheim 2000 (Philosophische Texte und Studien 56). – O. Keel und S. Schroer, Schöpfung. Biblische Theologien im Kontext altorientalischer Religionen, Göttingen / Fribourg 2002. – W. Lambert, Enuma Elish, TUAT III, 565–602. – M.H. Pope, El in the Ugaritic Texts, Leiden 1955 (VT.S 2). – U. Rütersworden, Dominium terrae, Berlin 1993 (BZAW 215). – W.-R. Schmidt, Der Schimpanse im Menschen – das gottebenbildliche Tier, Gütersloh 2003. – W. von Soden, Atramhasis, TUAT III, 1994, 612–645. – C. Streibert, Schöpfung bei Deuterojesaja und in der Priesterschrift, Frankfurt a.M. 1993 (BEATAJ 8). – K. Ward, Religion and Creation, Oxford 1996.

Warum beginnen die hebräischen Heiligen Schriften mit der Urgeschichte und nicht z.B. mit Abraham, Jakob oder Mose und der Volkwerdung Israels? Aus rein innerisraelitischen Perspektiven lässt sich der universale Horizont von Gen 1–11 in der Tat schwer begreifen. Zahllose Völkermythologien begnügen sich mit der Darstellung der je eigenen ethnischen Vergangenheit, die mehr oder weniger ausgrenzenden Charakter haben kann, aber eben darum einen echten universalen Durchblick vermissen lässt.[548] Die Vermutung liegt nahe, dass Israel die Schöpfungsparadigmen seiner Umwelt kennen gelernt

---

[547] Vgl. E.S. Gerstenberger und U. Schoenborn (Hg.), Hermeneutik – sozialgeschichtlich, Münster 1999 (exuz 1).
[548] Beispiele geben die nord- und südamerikanischen Indianerstämme, die jeweils auf den Anfang ihrer eigenen Gruppe zurückfragen.

und daraus in eigener theologischer Arbeit seine Vision vom Beginn der Welt und dem Anfang der Menschheit gestaltet hat.

Anzeichen für eine Schöpfungsdimension im theologischen Denken finden sich überall in den älteren Literaturen aus Israels Umgebung. Die ugaritischen Texte bieten kein ausgeführtes Weltschöpfungsepos, doch ist das verwandte Motiv des kosmischen Konflikts zwischen Göttern oder gottähnlichen Chaosmächten reichlich vorhanden.[549] Baal ringt die finsteren Gegenspieler nieder und übernimmt die Königsherrschaft. Dass hinter diesen Mythen auch das Interesse an der Schöpfung und Erhaltung der Welt steht, beweisen die zahlreichen, El und Baal zugemessenen Epitheta, welche auf Schöpfungsdimensionen hinweisen: El ist „Schöpfer Himmels und der Erde", „Schöpfer der Geschöpfe", „Vater der Götter", „Vater der Menschheit", und sein aufstrebender Schützling Baal ist für die Erhaltung des Geschaffenen zuständig.[550] Auch in der ägyptischen Mythologie geht der Blick zurück bis auf die allerersten Anfänge der Welt. Man rechnet mit einer Vorzeit, in der noch nichts vorhanden war, Urgötter oder Urkräfte schaffen sich selbst. Das Urwasser gehört dazu, vor allem Atum, der das erste göttliche Paar, Schu und Tefnut, erzeugt. Von da an geht die kosmische Geschichte ihren Lauf, die Abfolge der Gotteskreationen entspricht altorientalischem Muster;[551] die Menschenschöpfung gehört, mindestens im Sonnenhymnus des Echnaton, in den Zusammenhang der Weltentstehung.[552]

Am stärksten sind die Fragen nach dem Uranfang in den mesopotamischen Kulturen aufgeklungen. In der epischen und hymnischen Dichtung sind viele Spuren davon erhalten. Die Spekulation über die Vorstufen des Seins, als alles noch nicht so oder ganz anders war, schlägt sich in der „noch-nicht"-Formel bzw. den gleichbedeutenden Schilderungen der fernen Urzeit nieder. Solche Verweise kommen nicht nur im bekannten Enuma Elisch Epos („als droben die Himmel noch nicht benannt, drunten die Erde noch nicht gerufen waren …" Tf. I, Z. 1f), sondern auch in anderen Texten vor. Atramhasis beginnt: „Als die Götter (noch) Menschen waren" (Tf. I, Z. 1). M.P. Streck untersuchte Prologe zu 29 sumerischen Epen und fand die Ur-Anfangszeit oft als Hintergrundsfolie für das eigentliche Erzählthema verwendet.[553]

> 1) Nach jenen Tagen, den Tagen, als [sich] Himmel und Erde ge[trennt hatten], …
> 3) nach [jenen Jahren], den Jahren, als die Seinsweisen zu[geteilt worden waren],
> 4) die [A] nuna geboren worden waren, …
> 9) standen die mächtigen Götter der Arbeit vor. Die kleinen Götter trugen die Fron.[554]

> Die Menschen [aßen] noch wie Schafe Gras mit ihrem Mund.
> In jenen Tagen [kannten] sie noch weder Getreide noch Gerste noch Flachs.[555]

Die Untersuchung zeigt deutlich das Bestreben, den erreichten Stand der Zivilisation (Landwirtschaft, Bewässerung, Ernährung, Kleidung, Geschlechtlichkeit usw.) aber auch ihre Defizite oder Beschwerlichkeiten (Verlust des Paradieses, verkürzte Lebenszeit,

---

[549] Vgl. M.S. Smith, The Origins of Biblical Monotheism, New York 2001, 37f; 167–173 u.ö.
[550] Vgl. W. Schmidt, Königtum Gottes in Ugarit und Israel (BZAW 80) Berlin 1961, 49–52; O. Kaiser, Der Gott des Alten Testaments, Bd. II, Wesen und Wirken, Göttingen 1998, 233–278.
[551] Vgl. K. Koch, Geschichte der ägyptischen Religion, Stuttgart 1993, 111–123; 377–382 u.ö.
[552] Vgl. Sonnenhymnus Zeile 76ff, bei E. Hornung, Gesänge vom Nil, Zürich 1990, 138f.
[553] Vgl. M.P. Streck, Die Prologe der sumerischen Epen, Or. 71, 2002, 189–266.
[554] M.P. Streck, Prologe, 197 (aus dem Epos „Enki und Ninmah").
[555] M.P. Streck, Prologe 218 (aus „How grain came to Sumer"); vgl. die Aufschlüsselung der Urzeitschilderungen a.a.O. 231–251. Die Reichhaltigkeit der Motive ist erstaunlich: Meist gilt die Urzeit als unfertig.

Krankheiten usw.) zu erklären und zu würdigen. Die Anfangszeit, und es musste einen Beginn gegeben haben!, wurde positiv oder negativ von der Jetztzeit abgesetzt. Babylonische Theologen haben anscheinend weiter gerätselt und nach Gründen für die Verschlechterung der Weltzustände gesucht, während Verbesserungen sich nach dem Leistungsprinzip von selbst ergaben. Sie machten die Beschwerden der Untergötter für die Erschaffung von Menschen und den Lärm der Menschen, der Göttern den Schlaf raubte, für die Flut verantwortlich (Atramhasis). Judäer konstruierten aus diesen Vorgaben das schuldhafte Aufbegehren des ersten Menschenpaares gegen die Verordnung Jahwes als Grund für den Verlust des paradiesischen Lebens.

Die alttestamentlichen Redaktoren und Autoren der persischen Periode lebten im übergreifenden geistigen Klima der babylonischen und persischen Kulturen. Was sie über den Weltenanfang, die Erschaffung des Universums und der Menschen dachten, haben sie im Zusammenhang mit jener geistigen Großwetterlage gedacht, vorgetragen und aufgeschrieben. Ihre Hinterlassenschaft zu diesem Thema finden wir in den Schöpfungserzählungen von Gen 1–3[556]; einigen Prophetentexten, besonders des zweiten Jesajabuches und Ezechiels, und einer Reihe von Psalmen wie späten weisheitlichen Schriften. Den altisraelitischen Autoren liegt offensichtlich vor allem an folgenden theologischen Aussagen: 1) Die Welt ist von dem einen Gott Jahwe erschaffen; 2) die Schöpfungsordnung ist gut; 3) das Böse ist unerklärbar in der Welt vorhanden; 4) die Menschen sind gottähnliche Kreaturen; 5) sie sind zur Entscheidung für das Gute berufen.

Zu 1) und 2): Welt- und Menschenschöpfung in Gen 1–3 setzen den einzigen Schöpfergott Jahwe als selbstverständlich voraus. Konkurrenten von gleicher Autorität sind nicht wirklich in Sicht. Zumindest werden sie hier nicht thematisiert. Das Böse gehört höchstens indirekt zu den Kreationen des Schöpfergottes. In der Aufzählung der Werke Jahwes (Gen 1,3–25) kommt die Schlange nicht vor. Ihr wird überraschend in Gen 3,1–5 eine gewisse Gegenspielerrolle zugeschrieben: Sie ist „listiger" als alle Tiere, sie hat generell typisch menschliche Qualitäten, auch in der Möglichkeit, gut und böse zu unterscheiden. Diese intellektuellen Fähigkeiten und die daraus abgeleiteten Herrschaftsgelüste machen den Menschen zum eigentlichen Widerpart Gottes. Aber praktisch und theoretisch ist und bleibt Jahwe der einzige Souverän der vielgestaltigen Welt. Die Reden Gottes im Hiobbuch (Hi 38–42) sind ein starker Ausdruck des absoluten Schöpfer- und Herrscheranspruchs. Die babylonische Literatur kennt vielfache vergleichbare Aussagen über die Dominanz eines Schöpfergottes. Und doch bleiben in der babylonischen Mythologie die lokalen und kulturellen Eigenarten der Anfangsgottheiten nebeneinander erhalten. Von Enki bis Marduk hat man im Laufe der Zeit unterschiedliche Urgeschichten erzählt. Der jeweilige alleinige Autoritätsanspruch, so er formuliert wird, klingt dann uneigentlich und relativ. Ahura Mazda, der persische Gott, ist der einzig verantwortliche Weltenherr. Aber gegen ihn treten feindliche, zerstörerische Dämonen an, die Menschen vom Guten weglocken können. Im späteren Gedankengut der zoroastrischen Religion müssen sie einmal am Ende der Zeit vom Weltenherrn vernichtet werden. Israelitische Theologen haben die Frage nach dem Uranfang, der Welt- und Menschenschöpfung aus ihrer Umwelt übernommen, und sie im Rahmen der zeitgenössischen Religionen und Weltbilder auf ihre Weise zu einem Bild von Jahwe, dem universalen Schöpfergott, verarbeitet.

Die Fragen nach dem ersten Anfang, der grundlegenden Weltordnung und der Überwin-

---

[556] Dass der zweite Bericht (Gen 2,4b–3,24) hier für die persische Periode reklamiert wird, hat einen guten Grund: Er ist mindestens in seinem universalen Horizont ein Spätprodukt hebräischer Literatur (s.o. III.2.4.4).

dung des Bösen sind der Menschheit seit jenen antiken Erzählungen zur Schöpfung aus Chaos und Dunkel ergänzt und modifiziert erhalten geblieben. Sie bestimmen bis heute mindestens die westliche Welt und bilden ein kulturell vorgeprägtes Denkkorsett; es unterscheidet sich grundlegend von asiatischen Modellen. Zeitlich und räumlich muss das Universum einen einzigen Ausgangspunkt gehabt haben.[557] Eine solche wissenschaftliche Monokausalität ist späte Frucht des jüdisch-christlichen Monotheismus. Die gute, aber ständig bedrohte Weltordnung ist noch heute unser beliebtestes Gedankenmodell. Es strukturiert Comic-Plots und Börsenberichte. Und die im alten Vorderen Orient zur Begründung eines heilvollen Lebens notwendige, gewaltsame Überwindung des Bösen liefert auch heute noch das Fundament für vielfältige pädagogische, juristische und politische Konzeptionen. Umgestaltend hinzugekommen ist im christlichen Denken der Nachdruck auf der „Schöpfung aus dem Nichts", der *creatio ex nihilo*. Die Vorstellung, vor dem Anfang unserer Welt habe es buchstäblich „Nichts" gegeben, stammt wohl aus der griechischen Philosophie. In der altorientalischen Geisteswelt gilt die nicht hinterfragte Existenz des Ungeordneten als Ausgangspunkt für die uns bekannte Welt. – Eine weitere gravierende Veränderung hat sich in der Moderne durch die aufkommende wissenschaftliche Welterklärung ergeben. Sie ist mechanistisch und immanent, versteht den Zusammenhang alles Seienden und allen Lebens als eine aus sich heraus wirksame Evolution. Die antiken Schöpfungsvorstellungen sehen durchweg einen persönlichen, göttlichen Willen als den entscheidenden Anstoß zur Weltentstehung. Schon im christlichen Lehrgebäude führt das zur inneren Widersprüchlichkeit: Wo eine persönliche Gottheit vor aller Welt existiert, kann man sicher nicht von einer absoluten Leere, vom Nichtsein reden. Wie immer, christliche Rede beharrt grundsätzlich auf der wesensmäßigen Verschiedenheit Gottes und der Welt. Das Nichtseiende setzt Gott durch Willensentschluss in Bewegung. Im naturwissenschaftlichen Denken dagegen ist der unerklärbare Urknall die in der Materie angelegte kosmische Selbstzündung. Antike Theologen benutzten in der Regel persönliche Kategorien menschlicher Gotteserfahrung, um auch die transsozialen Wirklichkeiten einsichtig zu machen. Heutige Theologie folgt gemeinhin diesem antiken Erklärungsmuster, hat es noch nicht gelernt (etwa aus alter weisheitlicher und mystischer Tradition) die unpersönlichen Kräfte Gottes für eine mit der naturwissenschaftlichen Erkenntnis kompatible Schöpfungslehre fruchtbar zu machen. Trotz erheblicher Veränderungen in den Parametern der Weltdeutung sind die Probleme des Weltbeginns im Grunde heute noch dieselben wie vor drei Jahrtausenden.

Zu 3): Die alttestamentlichen Psalmen haben mehr als Gen 1–3 mythologische Komponenten der altorientalischen Schöpfungsvorstellungen bewahrt. Sie können noch unbefangen vom Chaoskampf sprechen. Der alleinige Schöpfergott hat sich gegen Urmächte durchzusetzen, ehe er die gute Ordnung schaffen kann. Sie personifizieren die bösen Mächte, die in vielerlei Weise in der erfahrbaren Wirklichkeit anzutreffen sind.

> Du hast das Meer gewaltig aufgerührt, / du hast den Seedrachen die Köpfe eingeschlagen.
> Du hast die Köpfe der Meerschlangen zerschmettert, / das Untier den Haien zum Fraß gegeben.
> Du hast Quellen erschlossen, Wasserläufe gegraben, / ewig fließende Ströme versiegen lassen.
> Dir gehört der Tag, dir gehört die Nacht, / du hast den Mond geschaffen und auch die Sonne.
> Du hast alle Grenzen der Erde festgelegt, / Sommer und Winter hast du gemacht.
> (Ps 74,13–17; vgl. 77,17–20; 104,5–9)

---

[557] Vgl. S. Hawking, Eine kurze Geschichte der Zeit (1988); derselbe, Die illustrierte kurze Geschichte der Zeit, Hamburg 1997. Gegen die Vorherrschaft dieses Denkmodells gibt es „im Westen" kaum Widerspruch.

Hier sind die aus den ugaritischen Mythen bekannten Namen der Chaoskräfte erhalten. Nur nach ihrer Vernichtung oder Eindämmung hat das Leben eine Chance. Der wunderbar harmonische, ägyptisierende Psalm 104 staunt überschwänglich darüber, wie doch das gezähmte Chaoswasser Leben schafft und erhält. Persische Religion verlegt die Überwindung des Bösen allerdings in die Endphase der Schöpfung. Diese Verlagerung ist in der jüdischen Apokalyptik und im Christentum (sowie im Islam) kreativ aufgenommen worden. Die mythischen Vorstellungen von Weltentstehung und Durchsetzung des Guten bevölkern heute z.B. die Comic- und Cyber-Produktionen und finden sich in naturgetreuer Nachbildung bei allerlei religiösen Gruppierungen, denen das wissenschaftlich-technische Weltmodell allzu bedrohlich erscheint. Solche mythischen Einkleidungen sind Platzhalter für das gelebte Dilemma, im Alltag mit den zerstörerischen Kräften fertig zu werden.

Auch das Problem des Bösen ist also seit den ersten schriftlichen Zeugnissen des Zweistromlandes als beunruhigende Anfrage an die Menschheit bezeugt. Trotz unterschiedlicher Erklärungsmodelle für die Welt (personal – mechanistisch) sind die Verhaltensweisen gegenüber den zerstörerischen Mächten fast monoton gleich geblieben. Wo immer Konflikte unter Menschen anstehen, setzen Projektionen alles Bösen auf die Gegenpartei ein, sei es im individuellen, gruppalen, nationalen oder globalen Kontext. Psychologie und Sozialanthropologie können diese Abspaltungs- und Anheftungsstrategien z.T. erklären.[558] Die Einsicht, dass gewaltsame Lösungen wenig durchschlagenden Erfolg versprechen, das „Böse auszurotten", hat es bisher trotz beachtlicher Erfolge von Friedensstrategien vielfacher Art (Südafrika; Überwindung der DDR-Diktatur; Amnesty International usw.) nicht vermocht, die archaischen Verhaltensmuster grundlegend zu verändern.

Zu 4) und 5): Alttestamentliche Anthropologie hebt die Ebenbildlichkeit, Abhängigkeit, Aufsässigkeit, Vergänglichkeit, Schuldhaftigkeit des Menschen hervor. Die Aussagen sind in den hebräischen Schriften breit gestreut, sehr unterschiedlich und nicht harmonisierbar. Wie weit einzelne Stränge von anthropologischen Bildern in der persischen Periode vorherrschend waren, ist schwer zu entscheiden. Weil die große Masse der heiligen Schriften vorlag bzw. eben in jener Zeit verfasst wurde, können wir annehmen, dass spannungsvolle Konzepte situations- und gesellschaftsbedingt neben- und nacheinander bestanden haben. Um einige Beispiele zu geben: Wo ist die offenbar etwas wehleidige Klage um die Vergänglichkeit des Menschen am ehesten anzusiedeln: in einer bestimmten geschichtlichen, sozialen oder kulturellen Situation? „Jahwe, sage mir, wann mein Ende kommt. Wie viele Tage sind mir zugemessen? Ich möchte Wissen, warum ich so vergänglich bin!" (Ps 39,5, E.S. Gerstenberger u.a. Zu Hilfe, 70). „Alles Fleisch ist ja Gras, und all seine Pracht wie die Blume des Feldes." (Jes 40,6; vgl. Hi 14,1–12; Ps 90,2–12; 103,15f; 129,6f). In der Tat scheint irgendwann im 1. Jt. v.Chr. die Selbstreflexion im Blick auf das Todesschicksal einen besonderen Grad erreicht zu haben. Auch das spätbabylonische Gilgamesch Epos ist in besonderer Weise mit der Klage um den Verlust des Lebens und der Suche nach Beständigkeit beschäftigt.

> At the very first light of dawn, / Enkidu lifted up his head, lamenting before Šamaš,
> his tears flowing before the rays of the sun: / I appeal to you, O Šamaš, on account of my life so
> precious! ... (Tf. VII,90–93)[559]

---

[558] Vgl. z.B. R. Girard, Der Sündenbock (1982), Zürich 1988; es handelt sich um Versuche, die eigene Integrität zu gewährleisten und/oder die angestauten Frustrationen zu überwinden.

[559] Nach A.R. George, Gilgamesh Bd. I, 639.

Sein Freund Gilgamesch trauert überschwänglich um den Verstorbenen:

> ‚Hear me, O young men, hear me! / Hear me, O elders [of the populous city, Uruk,] hear me!
> I shall mourn Enkidu, my friend, / like a professionel mourning woman I shall lament bitterly.
> The axe at my side, in which my arm trusted, / the sword of my belt, the shield in front of me;
> my festive garment, the girdle of my delight: / a wicked wind has risen up against me and robbed me. ...
> Now what sleep is it that has seized [you?] / You have become unconscious and cannot hear [me!]'. (Tf. VIII,42–49.55)[560]

Diese Klage gehört zur Standardversion des Epos aus dem 1. Jt. v.Chr.; in älteren Editionen ist sie so nicht vorhanden, scheint also die Stimmungslage der Zeit zu treffen. Ältere Perioden haben dem individuellen Lebensende nach dem Zeugnis zeitgenössischer Texte offenbar anders – gelassener oder ergebener? – entgegengesehen.
Ähnliches können wir bei Wesensbestimmung des Menschen beobachten. „Was ist der Mensch?" ist in manchen Partien des hebräischen Kanons eine anthropologische Leitfrage (vgl. Ps 8,5–9; 144,3f; Job 7,17; 15,14). Sie erfährt erstaunlich gegensätzliche Antworten. Nehmen wir zwei Psalmstellen als Ausgangspunkt.

> Jahwe, was ist der Mensch, dass du dich seiner annimmst, / und den Menschen Kind, dass du ihn so beachtest?
> Ist doch der Mensch gleichwie nichts; / seine Zeit fährt dahin wie ein Schatten. (Ps 144,3f)

Analoge Aussagen über die Vergänglichkeit und bewegte Klagen darüber gibt es viele (s.o.); der Mensch erscheint gegenüber Gott als unendlich unterlegen, minderbemittelt, ein Hauch. Demgegenüber aber stehen starke Herrschaftsansprüche:

> Was ist der Mensch, dass du seiner gedenkst, / des Menschen Kind, dass du dich seiner annimmst?
> Du hast ihn wenig niedriger gemacht als Gott, / mit Ehre und Herrlichkeit hast du ihn gekrönt. (Ps 8,5f)

Auch der Anspruch auf göttliche Verfügungsgewalt über die Schöpfung (V. 7–9) hat eine Resonanz in anderen Passagen der Schrift (vgl. Gen 1,26–28; 11,1–9). Die beiden identischen Fragen nach dem Wesen des Menschen in Psalm 144 und Psalm 8 provozieren also konträre Antworten. Klar ist allen Überlieferern im hebräischen Kanon, dass der Mensch von Jahwe gemacht und nicht selbstschöpferisch autonom ist. In der westlichen Tradition seit Renaissance und Aufklärung wird diese biblische Grundaussage scheinbar zunehmend relativiert und vergessen. U.a. hat E. Levinas die seit Descartes einsetzende „Fehlentwicklung" der selbstmächtigen Kreation (*cogito ergo sum*) gegeißelt. Tatsache ist, dass die moderne wissenschaftliche und technische Entwicklung, die den Menschen ständig neue, ungeheure Manipulationsmöglichkeiten an die Hand gibt, ohne das „moderne" Selbst- und Herrschaftsbewusstsein nicht möglich wäre. Aber wir können das Problem bis in die alten Bibeltexte zurückverfolgen. Die Selbsteinschätzung als „Macher", „Verantwortlicher", „Gottgleicher" hat je und dann schon den antiken Menschen erfasst, auch unter der Prämisse des Geschaffenseins. Wie sehr speziell die persische Epoche für die angedeuteten Stränge der Ohnmachts- und Machterfahrungen der Israe-

---

[560] A.R. George, a.a.O. 655 und 657; nach der Beisetzung Enkidus macht sich Gilgamesch auf, das Kraut des Lebens zu suchen, das ihm dann auf der Heimreise vom Ende der Welt von einer Schlange gestohlen wird, vgl. A.R. George, The Epic of Gilgamesh, London 1999, 70–99. Neben der Standard Version des Epos sind Teilerzählungen aus verschiedenen Epochen bekannt, die sich mit dem Todesgeschick beschäftigen, vgl. A.R. George, 1999, 175–208.

liten in Frage kommt, lässt sich nicht nachweisen. Die Gegensätzlichkeit der Bewusstseinsbildung ist jedoch in das geistige Klima einer imperialen Großgesellschaft gut einzuordnen. Das Dilemma des modernen „Machers" beschreibt H.E. Richter.[561]

IV.3.4 Geschichte und Weltende

J. Brokoff, Apokalyptik in Antike und Aufklärung, Paderborn 2004. – F. Fukuyama, The End of History and the Last Man, New York 1992. – G. Gaisbauer u.a. (Hg.), Weltendämmerungen. Endzeitvisionen und Apokalypsenvorstellungen in der Literatur, Passau 2003. – L.L. Grabbe und R.D. Haak, Knowing the End from the Beginning: the Prophetic, theApocalyptic and Their Relationships, London 2003 (JSPE.S 46). – P. Hanson, The Dawn of Apocalyptic, Philadelphia 1975. – S. Huntington, The Clash of Civilizations (1993) deutsch: Der Kampf der Kulturen: die Neugestaltung der Weltpolitik im 21. Jahrhundert, München, 4. Aufl. 1997. – J.S. Kloppenburg u.a. (Hg.), Apocalypsism, Anti-Semiticism, and the Historical Jesus, London 2005 (JSNT.S 275). – K. Koch, Ratlos vor der Apokalyptik, Gütersloh 1970. – S. Mowinckel, He That Cometh, Oxford 1956. – J. Moltmann, Im Ende – der Anfang: eine kleine Hoffnungslehre, Gütersloh 2003. – H.A. Müller (Hg.), Kosmologie: Fragen nach Evolution und Eschatologie der Welt, Göttingen 2004 (Religion, Theologie und Naturwissenschaften 2). – H. Roose, Teilhabe an JHWHs Macht: endzeitliche Hoffnungen in der Zeit des Zweiten Tempels, Münster 2004. – Dieselbe, Eschatologische Mitherrschaft. Entwicklungslinien einer urchristlichen Erwartung, Göttingen 2004 (NTOA / StUNT 54). – W. Schmithals, Die Apokalyptik, Göttingen 1973. – S. Schreiber, Das Jenseits: Perspektiven christlicher Theologie, Darmstadt 2003. – A.N. Wilder, The Rhetoric of Ancient and Modern Apocalyptic, Interp. 25, 1971, 437–453.

Für das heraufkommende eschatologische und apokalyptische Weltverständnis judäischer Gemeinschaften schafft die persische Herrschaft auf jeden Fall hervorragende Wachstumsbedingungen. Denn die zarathustrische Religion gab starke Anreize, die Welt neu als einmalig ablaufenden Prozess mit einer gewaltsamen Enderneuerung zu begreifen.[562] Vor allem prophetische Schriften bzw. ihre Überlieferer haben die Vorstellungen des Weltendes und Weltgerichtes unter jahwistischem Vorzeichen ausgestaltet. Wir haben oben an entsprechenden Stellen schon darauf hingewiesen.

Die Rede vom „Tag Jahwes" reicht womöglich in alte Stammestraditionen zurück; in diesem Kontext meinte sie vielleicht die Abrechnung mit Feinden aus gegebenen Anlässen und gelegentlich die Rechenschaftsforderung gegenüber dem eigenen Volk. Sie gewinnt aber in der exilisch-nachexilischen Periode eine neue Qualität als Gerichtstag für die Fremdvölker, die Israel bedrängt haben. Im Buch Zephanja lässt sich z.B. eine Entwicklung zu immer weiträumigeren Vorstellungen erkennen. Der „Tag Jahwes", an dem Gottes Zorn in einem begrenzten Gebiet losbricht (vgl. Zeph 1,14–18), bekommt universellere Züge und einen eschatologischen Horizont:

> Siehe, ich mache den Garaus all deinen Bedrückern zu jener Zeit,
> doch ich will erretten, was hinkt, und was versprengt ist, will ich sammeln,
> will sie zu Ruhm und Ehre bringen in aller Welt.
> Zu jener Zeit will ich euch heimbringen, zu jener Zeit will ich euch sammeln;
> denn ich will euch zu Ruhm und Ehre bringen bei allen Völkern der Erde, wenn ich euer Geschick wende vor euren Augen, spricht Jahwe. (Zeph 3,19f; s.o. III.2.2.1)

Der Gedanke, dass Völker für das Schicksal Israels verantwortlich sind und zur Rechenschaft gezogen werden müssen, ist sicherlich in der nachexilischen Situation ausgereift.

---

[561] H.E. Richter, Der Gotteskomplex, Hamburg 1979.
[562] Vgl. G. Lanczkowski, Apokalyptik I, TRE 3, 189–191; R. Otto, Reich Gottes und Menschensohn, München 2. Aufl 1940; M. Stausberg, Religion Bd. 1, 203f; N. Cohn, Cosmos, Chaos and the World to Come, New Haven 1993.

Hierher gehören die grandiosen Zukunftsgemälde, die wir im zweiten Jesajabuch vorfanden. Der Gottesknecht soll zum „Licht für die Völker" werden (Jes 49,6), Ägypten, Kusch und Seba werden als Lösegeld für Israel angeboten (Jes 43,3bf). Die Gemeinde Israel weiß sich als Mittelpunkt der Völkerwelt. Um ihretwillen bewegt Jahwe die Geschichte, einschließlich des mächtigen Perserreiches (vgl. Jes 45,1–4). Er will Israel befreien und zur Geltung bringen; das wird innergeschichtlich inszeniert, und bis zum Ende der Geschichte durchgeführt. Zunächst trifft es die nächste unterdrückerische Macht, die Israel erlebt hat, Babylonien (Jes 47). In Zyklen von Fremdvölkersprüchen bei den verschiedenen Propheten (s.o. III.1.2; III.2.2) weitet sich der eschatologische Horizont. In den apokalyptischen Teilen des hebräischen Kanons (Jes 24–27; Sach 1–8; 9; 14; Ez 38f; später Dan 2; 7) ist dann der ganze Erdkreis anvisiert bzw. schon eingeschlossen. Die bewohnte Erde wird wüst und leer, wie am Schöpfungsanfang (vgl. Jes 24,1–6; Zeph 1,2–6). Und, entsprechend der Vielschichtigkeit der Überlieferungen, die nicht unserer Logik gehorcht, lehnen sich die Völker auf gegen die Übermacht Jahwes und kämpfen gegen ihn und die göttliche Hauptstadt Jerusalem (vgl. Ps 2; 48; Zeph 14,2). Aber Jahwe besiegt sie alle in seiner unermesslichen Souveränität,[563] und Jerusalem wird zu dem, was es unerkannt schon immer war: Mittelpunkt der Welt. Jahwe nimmt seinen Regierungssitz in Jerusalem, von dem aus Paradiesesflüsse die Erde befruchten (Sach 14,3–9).

Beeindruckend, mit welcher Konsequenz die eschatologisch-apokalyptischen Texte der Bibel (vgl. manche zarathustrischen Hymnen) die teleologische Schau der Geschichte zur Geltung bringen. Von der Schöpfung her gibt es einen Anfangspunkt der Entwicklung. Ihm entspricht das Endziel: die gründliche Aufhebung irdisch-menschlicher Strukturen und ihre Ersetzung – nach katastrophalen Vernichtungsakten – durch das gerechte Reich Gottes. Das Ende entspricht (vgl. schon H. Gunkel u.a.) dem Beginn: Es ist chaotisch, z.T. weil die guten Schöpfungsakte wie die Schaffung der Gebirge oder die Trennung von Tag und Nacht zurückgenommen werden. Im Chaos aber und nach dem Chaos ergibt sich die Chance für einen Neuanfang im Sinne der von Gott immer intendierten heilsamen Ordnung. Sie bricht sich durch Einwirkung Jahwes und seiner himmlischen Heerscharen Bahn und schafft endgültigen Frieden und göttliche Gerechtigkeit.

> Denn siehe, ich schaffe / einen neuen Himmel / und eine neue Erde
> man wird der früheren Dinge nicht mehr gedenken, / niemand wird sich ihrer mehr erinnern,
> sondern man wird frohlocken / und jubeln auf ewig, / über das, was ich schaffe.
> Denn siehe, ich wandle Jerusalem / zu Jubel um / und sein Volk zu Frohlocken.
> Ich werde jubeln über Jerusalem / und frohlocken über mein Volk;
> und nicht soll man darin fürder hören / den Laut des Weinens / und den Laut der Klage.
> ...
> Sie sollen sich nicht umsonst sich mühen, / nicht Kinder zeugen für den frühen Tod.
> Sie sind doch das Geschlecht / der von Jahwe Gesegneten, / ihre Sprösslinge bleiben ihnen.
> Noch ehe sie rufen / antworte ich ihnen. / Während sie reden, / erhöre ich sie.
> Wolf und Lamm werden einträchtig weiden, / der Löwe frisst Stroh wie das Rind; / doch Staub ist das Brot der Schlange.
> Nichts Böses und nichts Verderbliches / wird man tun auf meinem ganzen heiligen Berge, /
> spricht Jahwe. (Jes 65,17–19.23–25, Zürcher Übersetzung)

Paradiesische Zustände kehren auf der ganzen Welt ein. Die Menschen alle, gleich welcher Nationalität und welchen Glaubens, werden an der Tora teilhaben können (vgl. Jes 2,2–4; 19,23f). Für den einzelnen Glaubenden stellen sich Sicherheit, Glück, Wohlstand

---

[563] Vgl. die Ausmalungen des Endzeitszenarios: Sach 14,12–19; Ez 39; Jes 24–27.

und überlange Lebenszeiten ein; Frieden herrscht unter allen Kreaturen (vgl. auch Jes 11,6–10). Im Gegensatz zu allen bekannten menschlichen Systemen, die sämtlich von Unvollkommenheiten, Ungerechtigkeiten und Zwistigkeiten angekränkelt sind, wird das Regiment Jahwes vollkommenen Frieden und perfekte Lebenserfüllung bringen: Es ist bemerkenswert, dass nicht von der Auferstehung der Toten und nicht vom ewigen Leben die Rede ist! Beides bahnt sich im zarathustrischen Glauben an, kommt aber im jüdischen Glauben erst in der hellenistischen Periode zum Vorschein (vgl. Dan 12). Hier, beim dritten Jesaja, ist Lebenserfüllung handfest das lohnende Verhältnis von Mühe und Ertrag, das Fehlen frustrierender Ergebnislosigkeit bei allen menschlichen Bemühungen, die Sicherung der familiären Stammlinie. Und die erträumte Ausweitung der Lebenserwartung auf 100 Jahre! (Jes 65,20). Israel spielt in diesem Zukunftsgemälde eine besondere und zentrale Rolle. Es wird unter Jahwes Leitung (Metapher: „Hirt" – „Herde") die Privilegien des erwählten Volkes genießen (vgl. z.B. Ez 34; Jes 60–62). Aber Jahwes Reich ist universal gedacht. Es kennt keine Grenzen und ist grundsätzlich für alle Menschen offen, so schon Gen 12,2f und so noch immer Ps 82. Der erkannte Monotheismus zwingt zur Öffnung auf die Menschheit hin.

Ein spezieller Punkt in der judäischen Eschatologie verdient Erwähnung: Gelegentlich erscheint in ihr die Figur des Messias, der als Werkzeug Jahwes die Herrschaft der Gerechtigkeit und des Friedens herbeiführen wird, wenn nötig, auch mit Gewalt oder aber als pure, göttliche Neuschöpfung. Über das erste Aufkommen dieser göttlich-menschlichen Person können wir wenig aussagen.[564] Die natürliche, antike Erwartung, dass nach dem Ende eines Nationalstaates ein Spross der gestürzten Dynastie eine Restauration der alten Zustände erreichen könne, spielt sicher beim Aufkommen von Zukunftserwartungen eine wichtige Rolle. Im Vordergrund aber steht wohl der Gedanke, Jahwe bediene sich bei der Überwindung aller Widerstände, die der Aufrichtung seiner gerechten Herrschaft entgegenstehen, auch menschlicher Repräsentanten. Das sind in erster Linie monarchische Gestalten, im Judentum gelegentlich auch priesterliche (vgl. Sach 3; 6; Qumran, z.B. Melchisedek). Die geschichtlichen Konturen des Messias verblassen später; es geht immer mehr um eine göttliche Rettergestalt, die außerkanonisch z.B. den Titel „Menschensohn" bekommt. Diese Bezeichnung ist in den hebräischen Schriften angelegt, etwa im Buch Ezechiel als Jahwes Anrede an den Propheten, oder in Dan 7,13f als Titel eines göttlichen Statthalters. Christliche Überlieferungen setzen Christus in die Rolle dessen, der an Stelle Gottes das Weltgericht durchführt (vgl. Apk 20–22). Anfänge der Messiasgestalt sind also in Zeugnissen der persischen Periode zu finden. Als Beispiele seien nur Ps 2; 110; Jes 9,5f; 11,1–9; Jer 33,14–16; Ez 34,23f genannt.

Interessant ist nun die Tatsache, dass in der zarathustrischen Religion eine vergleichbare Entwicklung zu erkennen ist. Die schon erwähnte Gruppe der Ameša Spentas kann als frühe Hypostasierung Ahura Mazdas aufgefasst werden. Die einzelnen Kräfte wirken an Stelle von und in Kooperation mit dem allweisen Herrn des Universums. Neben diese Wesenheiten tritt im späteren Avesta die speziell als Endzeithelfer Ahura Mazdas fungierende Gestalt des (oder der) Saošiyant, eine Kämpfer- und Retterfigur.[565] Funktional gesehen kommen ihr Aufgaben zu, die auch von der sich entwickelnden Messiaserschei-

---

[564] Klassische Untersuchungen sind: H. Gressmann, Der Messias, Göttingen 1929 (FRLANT 43); S. Mowinckel, He That Cometh, Oxford 2. Aufl. 1959; s.o. Exkurs: Messias und Weltende.
[565] Vgl. M. Stausberg, Religion 150–153; A. Hintze, The Rise of the Saviour in the Avesta, in: C. Reck (Hg.in), Iran und Turfan, Wiesbaden 1995, 77–97; C. Colpe (Hg.), Altiranische und zoroastrische Mythologie, in: Wörterbuch der Mythologie (hg. von H.W. Haussig), I. Abt. Bd. 4, z.B. „Eschatologie"; „Saošiyant".

nung übernommen werden. Im Unterschied zur atl. Vorstellungswelt ist zarathustrische theologische Rede nicht von monarchischen Metaphern geprägt. Eine Ableitung der Helfer- und Retterwesen aus dem staatlichen Begriffsreservoir kommt damit nicht in Frage; wir deuteten ja auch an, dass die judäische Theologie im Bereich der Königsvorstellungen ansetzt, sich aber später daraus fortbewegt. Die Analogien zwischen persischen und judäischen Konzepten liegen trotz der Unterschiede auf der Hand: Die höchste, universale Gottheit bedient sich gerade in der Geschichtskontrolle und der Endzeitabrechnung bestimmter Mittlerinstanzen, wie wir sie auch schon bei der Besprechung der Engelvorstellungen angetroffen haben (s.o. IV.3.1).

Der teleologische Geschichtsablauf ist als Grundmuster von Welterklärung besonders in die christliche und muslimische Theologie eingegangen. Dieses Denkschema hat in der westlichen Welt eine ungeheure Wirkungskraft entfaltet.[566] Es hat Endzeitspekulationen genährt und Weltreichsträume beflügelt. Bis in die Neuzeit hinein lassen sich im Missionsdrang christlicher Kirchen und in manchen säkularen politischen Systemen Bodensätze von theologisch eschatologisiertem Geschichtsverständnis nachweisen. Auch die islamischen Entwürfe einer gegenwärtigen und zukünftigen Gottesherrschaft gehen in der Wurzel auf jene judäischen Ausformungen von Eschatologie in der persischen Zeit zurück.

IV.4 Geschwisterethos in der Glaubensgemeinschaft

J. Attali, Brüderlichkeit: eine notwendige Utopie im Zeitalter der Globalisierung, Stttgart 2003. – U. Beck und P. Sopp (Hg.), Individualisierung und Integration, Opladen 1997. – F. Crüsemann, Bewahrung der Freiheit, München 1983. – Derselbe, Die Tora, München 1992. – M. Ebersohn, Das Nächstenliebegebot in der synoptischen Tradition, Marburg 1993 (MThSt 37). – G. Franzoni, Die Einsamkeit des Samariters. Impulse für eine neue Ethik der Solidarität heute, Münster 2003 (Glaube und Leben 15). – E.S. Gerstenberger, Wesen und Herkunft des ‚apodiktischen Rechts', Neukirchen-Vluyn 1965 (WMANT 20). – E. Otto, Theologische Ethik des Alten Testaments, Stuttgart 1994. – L. Perlitt, „Ein einzig Volk von Brüdern", in: D. Lührmann u.a. (Hg.), Kirche, Tübingen 1980, 27–52. – W.H. Schmidt, Die zehn Gebote im Rahmen christlicher Ethik, Darmstadt 1993. – J. Schreiner und R. Kampling, Der Nächste – der Fremde – der Feind, Würzburg 2000 (NEB Themen 3). – F. Segbers, Die Hausordnung der Tora, Luzern 1999. – E. Troeltsch, Die Soziallehren der christlichen Kirchen (1912), Tübingen, 3.Aufl. 1923 (Gesammelte Schriften Bd. 1). – D. Tutu, Gott hat einen Traum: neue Hoffnung für unsere Zeit, München 2004. – F. Vandenbroucke, Social Justice and Individual Ethics in an Open Society, Berlin / Heidelberg 2001. – M. Weber, Das antike Judentum (1921), Tübingen, 6.Aufl. 1976. – M. Weinfeld, Social Justice in Ancient Israel and in the Ancient Near East, Minneapolis 1995.

Der „theologische Ertrag" der nachexilischen, persischen Epoche kann nicht hoch genug eingeschätzt werden. Wie oben angedeutet, sind durch die Neuformierung der Jahwegemeinde in jener Zeit Strukturen, Institutionen, theologische Sprech- und Denkmuster „erfunden" worden, die u.a. weit in die westliche Geisteswelt hineingewirkt haben und uns heute noch als Orientierung für unsere eigene Lebensbewältigung dienen. Das gilt in besonderem Maße für viele ethische Grundentscheidungen. Sie wurden damals im Kontext der entstehenden judäischen Jahwegemeinde getroffen als Richtschnur für einzelne Glaubende und das Kollektiv der Konfessionsverwandten. Sie betreffen die individuelle Lebensführung und die gemeindliche Verhaltensregeln, sowohl im Alltag wie unter dem Aspekt der Heiligkeit Jahwes und der liturgischen Verrichtungen und Pflich-

---

[566] Vgl. z.B. A. Augustinus, Der Gottesstaat; Joachim von Fiore; zum letzteren: R.E. Lerner, TRE 17, 84–88; K. Löwith, Weltgeschichte und Heilsgeschehen, Stuttgart 3.Aufl. 1953.

ten. In den heute brennenden ethischen Konfliktsituationen werden oft atl. fundierte Positionen laut, noch öfter hängen Einstellungen unbewusst von den uralten Grundsätzen ab (vgl. die moderne Bewertung von Homosexualität; die Debatten um die Emanzipation der Frau; die Einstellungen zu Eigentum und Sozialismus usw.). Es ist also um einer sachgemäßen Behandlung der modernen Probleme willen notwendig, sich der damaligen Konstellationen bewusst zu werden.

Ausgangspunkt für die ethischen Überlegungen ist in der Tat das in der persischen Zeit entstandene konfessionelle Familienbewusstsein der judäischen Gemeinde. Die Jahwe-Gemeinschaft verstand sich nicht als irgendein Zweckverband, sondern betont (obwohl das nicht gerade häufig thematisiert wird) als Solidarbund verwandtschaftlicher Art. Unterstützt wurde diese Einstellung durch Bundes- und Vertragsvorstellungen aus dem Raum der Wirtschaft und Politik. Aber der Substanz nach gründet die Verantwortung füreinander auf der geschwisterlichen Bindung untereinander unter einem großen Vater. In der sozialen Krise, die Neh 5 lebendig und präzise geschildert wird, argumentieren die zahlungsunfähigen Schuldner so:

> Nun sind wir aber doch von gleichem Fleisch und Blut wie unsre Brüder, und unsre Kinder sind wie ihre Kinder. Dennoch müssen wir unsre Söhne und Töchter dienstbar werden lassen, ja, von unsern Töchtern sind bereits etliche dienstbar gemacht, ohne dass wir etwas dagegen vermögen. Unsre Äcker und Weinberge gehören ja andern Leuten. (Neh 5,5 Zürcher Übers.)

Das familial und ethnisch begründete Sippenbewusstsein mit seiner Solidaritätspflicht wird gegen die als ungerecht empfundene Klassenbildung (H.G. Kippenberg) aufgerufen. Es soll für die nicht mehr auf Blutsverwandtschaft gründende Jahwe-Gemeinschaft gelten. Eine – selbstverständliche? – Übertragung hat stattgefunden. Der Binnenraum der Gemeinde wird ganz überwiegend mit den sittlichen Grundsätzen der Sippe konstruiert. Die Sozialvorschriften des Pentateuch geben demselben Vorgang an vielen Stellen Ausdruck. „Du sollst von deinem Bruder nicht Zinsen nehmen ... Von dem Ausländer darfst du Zinsen nehmen, aber nicht von deinem Bruder ..." (Dtn 23,20f). „Wenn dein Bruder neben dir verarmt ..." (Lev 25,25.35.39.47); „mir gehören die Israeliten als Knechte; meine Knechte sind sie, die ich aus Ägyptenland geführt habe." (Lev 25,55). Eigentlich müsste es theologisch korrekt heißen: „meine Kinder sind sie", so wie in Hos 11; Jes 63,8; Dtn 32,5.20; Jes 1,2 u.ö. Aber die Erwähnung der Fron in Ägypten verleitet zu der Bezeichnung „Sklaven". Der Sache nach steht jedenfalls hinter der Solidaritätsverpflichtung aller Jahwe-Gläubigen das aus der Sippenstruktur übernommene Geschwisterethos.[567] Die Klageliturgie Jes 63,7–64,11 gibt dem Gedanken bewegten Ausdruck: „Du, Jahwe, bist unser Vater ..." (Jes 63,16; 64,7).[568] In einer nachexilischen Passage des Zwölferbuches kommt die Familienmetapher in ihrer vollen Bedeutung zum Ausdruck:

> Haben wir nicht alle einen Vater? / Hat nicht ein Gott uns erschaffen?
> Warum verrät dann einer den anderen, / warum entweihen wir den Bund der Väter? (Mal 2,10)

Die geschwisterliche Nähe und Verantwortlichkeit füreinander ist durch die Vaterschaft Gottes gestiftet. Wer den „Bruder" nicht solidarisch annimmt und sich nicht um ihn kümmert, der setzt das Verhältnis zum Bundesgott Jahwe aufs Spiel. Oder, wie der Johannesbrief später sagt: „Wer sagt, er sei im Lichte, und seinen Bruder hasst, ist in der

---

[567] L. Perlitt, Volk.
[568] Vgl. I. Fischer, Jahwe (s.o. III.1.2.2); E.S. Gerstenberger, Jahwe, 17–27; ders., Theologien, 45–54.

Finsternis bis auf den heutigen Tag." (1 Joh 2,9). Die enge Koppelung des Liebesgebotes gegenüber Gott und der Solidarverpflichtung gegenüber dem „Nächsten" (= Bruder) wächst aus den familialen Strukturen der ersten jüdischen Gemeinden (vgl. Mk 12,29–31).

Die ethischen Grundwerte des Alten und Neuen Testaments sind also aus den Primärgruppenstrukturen entwickelt. Nur dort kann es im Prinzip und fraglos die volle Solidarität unter Menschen geben. Die organisch zusammengewachsene Kleingruppe, die in der Antike (und bis zur Ankunft des Industriezeitalters) auch noch eine ökonomische, geistige, religiöse Einheit war, verlangte den vollen, bedingungslosen Einsatz aller für alle. „Du sollst deinen Nächsten lieben wie dich selbst" (Lev 19,18, vgl. V. 34) ist ein Satz, der aus dieser Familiensolidarität gewonnen und auf die Glaubensgemeinschaft des Jahwe geweihten Volkes übertragen wurde. Ja, wir können auch das „Liebes"gebot gegenüber Jahwe selbst (Dtn 6,5) durchaus von der Familiengemeinschaft und ihrer Schutzgottheit her erklären. Im kleinen Verband gehört die Gottheit quasi als Chef-Mitglied zur Gruppe hinzu, sie kann und muss also gleichsam verwandtschaftlich „geliebt" werden. Auf höheren sozialen Ebenen wird man das intime mitmenschliche Vokabular höchstens übertragen auf die Gottheit anwenden wollen.[569]

Von unseren heutigen Grundwerten der Anthropologie und Ethik her gesehen ergeben sich also Übereinstimmungen und Spannungen zur biblischen Sicht. Ziehen wir die sozialen Ursprungsbedingungen mit in Betracht, wird die Sachlage klarer. Das judäische Gemeindeethos der persischen Zeit speist sich aus den grundlegenden Strukturen, Rollen und Sitten der Familien- und Sippenverbände Altisraels. Unsere fundamentalen Werte (Menschenwürde; Freiheit des Individuums; Demokratie usw.) sind der modernen, aufgeklärten Industriegesellschaft verpflichtet. Verbindungslinien zwischen damals und heute sind etwa die Wertschätzung des einzelnen, die Ablehnung einer geistlichen Hierarchie, die relative Gleichstellung der Geschlechter vor Gott usw. Spannungen sind zu spüren beim Stellenwert von individueller Verwirklichung und gruppalen Zielen, der Bedeutung von gender-Differenzen, der Einschätzung des Heiligen und Profanen usw. Insgesamt aber ist ein Dialog über die Zeiten und gesellschaftlichen Unterschiede hinweg mit den biblischen Zeugen möglich, notwendig und fruchtbar.

IV.4.1 Liebe und Gerechtigkeit

Das Leben im antiken Familienverband und von da abgeleitet im Verbund der entstehenden jüdischen Gemeinde war von der starken Verpflichtung zu solidarischem Handeln bestimmt.[570] Im Idealfall hieß das: Einer für alle, alle für einen, wenngleich dieses Grundmuster des Verhaltens auch im Sinne einer männlichen Prärogative verschoben erscheint. Die männlichen Mitglieder der Gemeinschaft hatten über die Familienehre zu wachen (Gen 34), sie mussten untereinander Blutrachepflichten übernehmen (2 Sam 3,27; Ps 127,5). Streit unter Brüdern war ein exemplarischer Fall von Selbstzerfleischung der Sippe; eigentlich mussten Geschwister bedingungslos zueinander stehen (vgl. Ps 133). Der innere Zusammenhalt war natürlich vorgegeben und die einzige Garantie für das gemeinsame Leben. Wie die Familiengeschichten der Genesis ausweisen, waren die Familienverhältnisse nie so vorbildlich, wie die ethische Verpflichtung es wollte. Dennoch stand die Forderung für jedes Mitglied einer Gruppe allgemein anerkannt im Raum: Verhalte dich gemeinschaftskonform und nütze deiner Gruppe, dann wird es dir auch gut gehen. Jede Einzelperson hatte ja auch für sich genommen – anders als heute –

---

[569] Zur sozialen Differenzierung von Gottesvorstellungen vgl. E.S. Gerstenberger, Theologien.
[570] Vgl. D.L. Petersen, Genesis and Family Values, JBL 124 (2005) 5–23.

keine guten Überlebenschancen. Dieses selbe Ethos der geschwisterlichen und familialen „Gemeinnützigkeit" ist in die judäische Gemeinde der Exils- und Nachexilszeit eingegangen, mit einigen Modifikationen selbstverständlich: Die Autorität des einzelnen Familienchefs, besonders in Glaubens- und Rechtssachen und im Außenverhältnis der Kleingruppe wurde eingeschränkt (vgl. Dtn 18,9–13; 21,18–21), die Blutrache außer Kraft gesetzt. Aber die Verantwortlichkeit der Gemeinde besonders für die Schwachen, Mittellosen, Behinderten ist – wie bereits mehrfach erwähnt – ein Zug, der direkt an das Familienethos anknüpft und ihn kommunalisiert (vgl. Lev 19,13f; 25,25–55; Dtn 15,4.11). In der so eng geknüpften Verbundenheit unter Jahwes Leitung darf es wirklich keine „Armen" geben, muss die Gemeinschaft alle Mitglieder tragen. Das Stichwort „Lieben" (Lev 19,18.34) ist eine angemessene Forderung, wenn man sich von rein emotionalen, heutigen Inhalten frei macht und die solidarische Zweckgemeinschaft der Konfessionsverwandten ins Auge fasst. Das Leistungsprinzip findet im Gegensatz zu allen ökonomisch bestimmten menschlichen Vereinigungen im Intimverband der Gemeinde keine oder ganz eingeschränkte Anwendung. Das Verbot der Zinsnahme gegenüber dem „Bruder" war uns dafür ein sicheres Indiz (Dtn 23,20f; Ex 22,24; Lev 25,36).
Form und Inhalt der weit verbreiteten ethischen Prohibitive im Alten Testament[571] liefern weitere Hinweise auf die soziale Verwurzelung der göttlichen Gebote und ihre gemeindliche Zweckbestimmung. Man kann das umfangreiche relevante Textmaterial der Tora als großenteils aus dem Sippenethos stammende, katechetische Literatur bezeichnen.[572] Die negativ formulierten Anweisungen dienen der Sozialisation Heranwachsender und der weiteren Einweisung und Orientierung aller Verantwortlichen in die und in der Gemeinde. Die betreffenden Sätze (früher fälschlich als „apodiktisches Recht" etikettiert) finden sich überwiegend im Dekalog und einigen Passagen der Bücher Exodus, Leviticus und Deuteronomium, sie haben nach Ausweis altorientalischer Rechtsedikte und Rechtssammlungen im juridischen Bereich nichts verloren, kommen aber in den stark auf Beratung und Ermahnung ausgerichteten Weisheitslehren gehäuft vor. Ihr vorrangiges Ziel ist es, Verhaltensweisen auszugrenzen, welche zur Zerstörung der Gemeinschaft führen. Die Sozialnormen des Dekalogs sind gute Beispiele, ebenso die in Lev 18; 19 und Dtn 22f; 25 sporadisch versammelten Negativvorschriften. Die prohibitive Form verrät den Stil der Abmahnungen, die bis heute im Erziehungsprozess gang und gäbe sind: „Tu das nicht, es schadet dir und den andern um dich herum!" So exemplarisch die urtümlichsten, darum kürzesten und elementarsten drei Dekalogverbote, in ein analoges sprachlich-mentales Muster übersetzt: „Bringe niemanden um. Gehe nicht fremd. Entwende nichts." (Ex 20,13–15; Dtn 5,17–19). Die juridischen Tatbestände Mord, Ehebruch und Diebstahl sind Nebensache. Im Blick ist das gemeinschaftszerstörerische Handeln, das außerdem den Täter zum Ausgestoßenen macht, d.h. ihn oder sie der familialen / gemeindlichen Unterstützung, seines bzw., ihres Lebensgrundes, beraubt. Diese Interpretation gilt für alle katechetischen Prohibitive im AT, darüber hinaus für Todesdrohungen[573] und manche kasuistisch formulierten Sätze, die nicht wirklich einen Kasus lösen, als vielmehr einen speziellen Prohibitivfall beschreiben wollen.
Interessant sind auf der anderen Seite die Reste von wirklichen Rechtsvorschriften, die

---

[571] Vgl. E.S. Gerstenberger, Wesen 110–144; ders., Theologien 55–65.
[572] Damit ist die in der atl. Wissenschaft übliche Deutung als juridische Literatur abgelehnt, vgl. E.S. Gerstenberger, Leviticus 238–261.
[573] Die manchmal gebrauchte Bezeichnung „Todesrecht" ist in sich unmöglich, vgl. E.S. Gerstenberger, ‚Apodiktisches' Recht – ‚Todes' Recht? In: P. Mommer u.a. (Hg.), Gottes Recht als Lebensraum, Neukirchen-Vluyn 1993, 7–20; derselbe, Ex Auditu 11 (1995) 43–61.

in Beziehung zur gemeindlichen Rechtspraxis stehen und Aufnahme in den Schriftenkanon gefunden haben, vor allem das sogenannte „Bundesbuch" (Ex 21–23) und Teile des Deuteronomiums (Dtn 21–25). Beide Textkomplexe sind allerdings schon mit nichtrechtlichen Zugaben und auf gemeindliche Instruktion hinweisende Umformulierungen durchsetzt. Gegenüber vergleichbaren altorientalischen Rechtssammlungen wie dem Codex Hammurapi, den späteren mittelassyrischen oder den früheren neo-sumerischen Gesetzen[574] oder auch verschiedenen königlichen Edikten[575] fällt bei allen atl. Kompositionen der punktuell oder großflächig gebrauchte Anredestil auf. Er entspricht der gemeindlichen Verkündigungs- bzw. Unterweisungspraxis. Alle Texte des Pentateuch sind ja den Gemeindegliedern durch laute Verlesung zu Ohren gebracht worden, und das offenbar, wie oben schon ausgeführt, in gottesdienstlichen und / oder der Orientierung dienenden Versammlungen (vgl. Neh 8). Die älteren Ausschnitte von ehemaligen Rechtssammlungen, welche z.T. noch juristisch neutral in der 3. Person Singular gehalten sind, fallen im persönlich andrängenden Verkündigungsstil auf. Das Buch Deuteronomium ist fast ganz in die Anrede durch Mose an die Gemeinde und deren einzelne Hörerinnen und Hörer umgestaltet. So erscheinen dann auch z.t. ehemals objektive Tatbestände wiedergebende Passagen als Predigt, wie z.B. Dtn 22,1–12; 23,4–26; 24,6–22; 25,11–19 belegen können.

Die gesetzlichen Teile der atl. Verhaltensvorschriften sind überwiegend dem Schadensausgleich und der Wiedergewinnung des inneren, gruppalen Friedens gewidmet, wie das auch meistens von den altorientalischen Vergleichstexten zu sagen ist. Ihr Ethos ist nachbarschaftlich orientiert. Der Partner, bzw. Gegner bei Verträgen und Auseinandersetzungen ist ursprünglich der *rea'*, „Nachbar", er wird in nachexilischen Texten zum „Bruder" (besonders im Deuteronomium) und zum *'amit*, „Glaubensgenossen" (Lev 5,21; 18,20; 19,11.15.17; 24,19; 25,14f. 17). Die zu erstrebende Gerechtigkeit in Wohn- und Arbeitssiedlungen, unter verschiedenen Sippen, ist von der Solidarität in den Familiengrenzen gut zu unterscheiden. Während der Einsatz füreinander in der Familie bedingungslos erfolgt, schwächt sich die gegenseitige Verpflichtung mit abnehmenden Verwandtschaftsgraden ab. Das ist an Blutrache- oder Leviratsklauseln zu erkennen. Das Rechtsempfinden schreibt vor, dass fernere Verwandte als die ersten Grades bzw. alle, die unter einem Dach wohnen, sowie die nur nachbarschaftlich miteinander Verbundenen mehr und mehr mit rechtlichen und wirtschaftlichen Ellen gemessen werden. Da treten die Prinzipien des *do ut des*, des kommerziellen Austauschs und des Stärkeren in Erscheinung. Die Leitlinien des gerechten Verhaltens untereinander werden erstmalig formuliert und mündlich oder schriftlich weitergegeben. Ortsgerichte, bestehend aus Sippenältesten, sprechen Recht; die öffentliche Meinung in der Ansiedlung genügt in der Regel, ihre Urteile und vor ihnen geschlossene Verträge durchzusetzen und zu bewahren. Die entstehende jüdische Gemeinde legte nun alles darauf an, im Innenbereich geschwisterliche Verhältnisse zu schaffen. Doch geht es – darin ähnelt die örtliche Jahwe-Gemeinschaft den Dörfern und Städten in Israel, oder sie ist mit ihnen identisch – ohne die rechtlichen Regelungen von Eigentumsverhältnissen, ehe- und erbrechtlichen Fragen, Behandlung von Kriminalfällen usw. nicht ab. Das Rechtsbewusstsein schafft sich auch in der geschwisterlichen Glaubensgemeinschaft Institutionen und Ordnungen. Gemeineigentum hat es z.B. in jüdischen Sondergruppen nur zeitweise gegeben (Qumran;

---

[574] Vgl. die Bearbeitung der „Rechtsbücher" in TUAT I, 17–95 (W.H.P. Römer; H. Lutzmann; R. Borger).

[575] Vgl. besonders F.R. Kraus, Ein Edikt des Königs Ammi-Ṣadduqa von Babylon (SDIO 5) Leiden 1958.

Liebe und Gerechtigkeit 377

frühchristliche Gruppen). Die ehelichen Beziehungen wurden mit aller Kraft geschützt (vgl. Lev 18). Dennoch gilt: Die Theologen der nachexilischen Periode wollen „Gerechtigkeit" in den Dienst der „Geschwisterliebe" stellen. Darum die Ausnahmen von der harten Anwendung des Rechts (vgl. Lev 25,25–55 mit mehreren Beispielen; die Formulierung „nicht mit Härte über den anderen herrschen" V. 43.46.53 kann auch gelesen werden: „nicht nach geltendem Sklavenrecht"). Die starke soziale Komponente in den Lebensregeln weist ständig auf das gleichrangige, wie in der Familie vorgebildete Miteinander hin. Sie versuchen auch immer wieder, die Vorschriften der Tora durch Rückbindung an Jahwe menschlicher zu gestalten. Leitgedanken und Leittexte dienen als Markierungen des besonderen mitmenschlichen Verhältnisses innerhalb der Jahwegemeinschaft. So enthält Lev 19,2 ein Motto für das ganze Kapitel: „Ihr sollt heilig sein, denn ich bin heilig". Der Dekalog ist zweimal ein Signal für die folgenden Sammlungen. Dtn 6,4 enthält die Zusammenfassung der Tora: „Höre Israel, Jahwe, unser Gott, ist der einzige Gott". Im Personalsuffix der 1 Person Plural ist die Gemeinde vertreten; unausgesprochen kündigt sich bereits hier das Doppelgebot der Liebe an, im Blick auf Jahwe und die Glaubensgenossen. Die Bundesvorstellung will Hilfestellung zur Gemeinschaftsbildung geben (vgl. Ps 50,5: „Versammelt ihm seine Frommen, die mit ihm beim Opfer einen Bund geschlossen!").

Alles in allem setzt die Gemeinde mit Hilfe ihrer Schriftsachverständigen und Kultfunktionäre die Maßstäbe für das ethische Verhalten der Mitglieder fest. Einige Erzählungen berichten, wie der Wahrheitsfindungsprozess praktisch verlaufen ist: Ex 18 erzählt, dass midianitische Priester Jetro dem unverständigen (!) Mose den praktischen Rat gab, die Rechtsprechung zu dezentralisieren. Lev 24,12 und Num 15,34 überlassen die Entscheidung bei einem religiösen Vergehen einem Gottesorakel. Dtn 17,8–13 nennt einen „Richter" und ein Jerusalemer Ober-(Tempel?)gericht als letzte rechtliche Instanz. Zentralfigur im Pentateuch aber bleibt Mose, ihm zu- und untergeordnet Aaron: Er ist der Mittler zwischen Jahwe und Gemeinde. Das bedeutet im Klartext: Das Amt des Toraauslegers, Lehrers und Propheten ist entscheidend für die Festsetzung und Weiterbildung des gottgewollten Ethos der Jahwegemeinde. Dieses Amt war in der nachexilischen Zeit, also von Beginn an, nicht unumstritten. Das Volk begehrt gegen Mose auf (Ex 16,2–8; Num 14,2–35; 17,6–15), und konkurrierende Amtsträger machen ihm die Führungsrolle streitig (vgl. Num 12,1–15; 16,1–19). D.h. für die nachexilische Situation: In der Gemeindeleitung stritten Fraktionen oder Schulen um den Führungsanspruch. Mose setzt sich nach der Tradition gegen alle Kritikerinnen und Kritiker durch; er muss in der schweren Krise des Korah-Aufstandes sogar für das Leben des aufsässigen Volkes bitten, um es vor der Strafe Jahwes zu retten. Auf Ansage Moses verschlingt die Erde die Aufmüpfigen (Num 16,20–32). So dachte man sich die Legitimation des wahren Gottbeauftragten.

Die Grundlage für Leben und Ethik der Gemeinde bildet also das Lehr- und Predigtamt, das in der Mosefigur symbolisiert wird. Die Redeformen und Inhalte besonders der Bücher Leviticus, Numeri und Deuteronomium verraten uns, dass im gemeindlichen und gottesdienstlichen Auslegungsprozess der Tora die Grundwerte Liebe (Solidarität) und Gerechtigkeit vermittelt wurden. Sie bildeten das Fundament der jüdischen und dann auch der christlichen Ethik. Bei der Auslegung atl. Normen und Leitbilder ist allerdings zu beachten – hermeneutisches Grundprinzip! – dass die sozialen und geistigen Bedingungen heute andere sind als in biblischer Zeit. Das Individuuum ist das Elementarteilchen der jetzigen Gesellschaft, nicht mehr die primäre, autochtone Kleingruppe. Und die Wir-Gruppen heute haben vielfach andere Gestalt und Funktionen angenommen, man beachte die vielen sozialwissenschaftlichen Analysen der Gegenwart. Dennoch ist das Gespräch mit den biblischen Vorfahren dringend erforderlich, damit wir die Positionen von Einzelmenschen und Gruppen neu gewichten und zu theologisch verantwortlichen Konzepten und Regeln für unsere Lebenswirklichkeit kommen.

IV.4.2 Heiligung, Abgrenzung

Sittliche und rechtliche Normen sind nur zum Teil für das ethische Verhalten verantwortlich. Im Altertum, aber auch in der Moderne, kommen religiöse und magische Taburegeln hinzu, die sich der rationalen Deutung großenteils entziehen.[576] Im atl. Schrifttum geht es vor allem um den Vorstellungskomplex der Heiligkeit Jahwes und seiner Gemeinde (vgl. Ex 19,3–6; Lev 11,44f; 19,2; Dtn 7,6; Jes 6,3; Ps 99,3–9). Dass Gott und die Orte seiner Gegenwart mit der Aura von Heiligkeit (= Kraft-, Gefahrenzentrum) umgeben werden, ist ein allgemein bekanntes religionsgeschichtliches Phänomen. Die Übertragung der Heiligkeit auf eine ganze Glaubensgemeinschaft hingegen ist nicht so selbstverständlich. Gemeinhin werden nur ausgewählte Individuen oder Berufsstände in diese besondere Kategorie erhoben. Die Deklaration „Ihr sollt heilig sein, denn ich bin heilig" (Lev 19,2) hat weitreichende Folgen für das ethische Verhalten der Betroffenen. – „Heiligkeit" ist wohl am besten als geglaubte und erfahrene Sphäre numinoser Macht zu fassen.[577] Sie profiliert sich immer als das „Andere" oder „Ganz Andere" gegenüber dem Profanen; beide Wirklichkeiten sind miteinander unvereinbar. Ein unvorbereiteter Mensch darf dem Heiligen nicht begegnen. Nur durch eine besondere Lebensweise und die Einhaltung von bestimmten Vorsichtsregeln kann er sich für das Heilige qualifizieren.

Im AT – wie im ganzen Alten Orient – strahlt die Gegenwart Gottes Heiligkeit oder hochkonzentrierte, lebensgefährliche Kraft aus. Der Tempel als Wohnung Jahwes ist das Zentrum des Phänomens. Alle Orte, an denen sich sonst die göttliche „Herrlichkeit", der „Lichtglanz", sehen lässt, sind gleichermaßen mit dieser Kraft behaftet. Der Mensch darf sich nur nach entsprechender ritueller Reinigung dem Heiligen nähern, damit er nicht bei unzulässiger Berührung getötet wird, wie Usa beim Kontakt mit der Lade (2 Sam 6,6f). Priester haben beim Altardienst besondere Kleidung zu tragen, sie müssen sich durch Fasten und sexuelle Enthaltsamkeit auf jede Begegnung mit dem Heiligen vorbereiten und kultisch reine Gerätschaften mitbringen sowie sich rituell angemessen verhalten. Nun ist aber die Heiligkeit Jahwes nicht auf die Orte und Zeiten beschränkt, an denen sich der Gott Israels aufhält. Sie fließt auf die Glaubensgemeinschaft über, anders gesagt: Die Angehörigen der Jahwe-Gemeinde sollen ständig, in ihren Alltagsgeschäften, in der Gegenwart Gottes leben. „Ihr sollt heilig sein …" (Lev 19,2) heißt die Dauerbestimmung für das ganze Leben. An entscheidenden Stellen, an denen sich die Unvereinbarkeit des Heiligen mit dem Profanen zeigt, verlangen die Schriften darum eine besondere, Verunreinigungen ausschließende Verhaltensweise. Sie beginnt mit der Nahrungsaufnahme. Bei Pflanzen entstehen keine Probleme, es sei denn durch deren Giftgehalt, aber bei tierischer Nahrung, die ja aus der Opferschlachtung gewonnen wird, ist äußerste Vorsicht geboten. „… von den Wiederkäuern und Spalthufern dürft ihr nicht

---

[576] Anthropologinnen wie M. Douglas haben uns von der Illusion befreit, neuzeitliche westliche Ethik komme völlig ohne irrationale Wertungen aus; vgl. dieselbe, Reinheit und Gefährdung (1966), Berlin 1985.

[577] Vgl. R. Otto, Das Heilige, Gotha 14. Aufl. 1926.

essen ..."; niedere Tiere und Kadaver sind in der Regel tabu (Lev 11; vgl. Dtn 14). Berührungstabus gelten weiterhin für Blut, Tote, gewisse Krankheiten, vor allem Haut- und Mauerausschläge, und im Bereich der Sexualität und der Hygiene (Lev 12–14). Genitalausscheidungen wirken äußerst verunreinigend. Es sind sofortige Waschungsrituale erforderlich, damit der Betroffene wieder in die Gemeinschaft eingegliedert wird (Lev 15). Rituelle Unreinheit[578] ist von Mensch zu Mensch und über gegenständliche Zwischeninstanzen (in der Mischna sogar durch Schattenfall) übertragbar, Reinheit dagegen nicht. Das hatte eine Auslegungsdiskussion entschieden (Hag 2,11–13). Darum beeinträchtigt Unreinheit in hohem Maße das mitmenschliche Verhalten. Sexualkontakte z.B. werden streng reglementiert. Der Beischlaf mit einer Menstruierenden (Lev 15,19; 18,19; 20,18) ist nach dem alten Verständnis höchst gefährlich und steht unter der Todesdrohung.[579] Vorsichtsmaßnahmen, die verhindern sollen, dass Tabubrüche und Berührungen des Unreinen passieren, blockieren den mitmenschlichen Umgang miteinander. Im Extremfall führen sie zum Ausschluss eines „Unreinen" aus der Gemeinschaft, wie im Fall der Schuppenflechte oder ähnlicher Hauterkrankungen. Wenn nach umständlichen Begutachtungen der Symptome durch einen sachkundigen Priester die Diagnose „ansteckende, durch Gott verursachte Krankheit" feststeht, gibt es keine Heilungsmöglichkeit mehr, weder medizinisch noch sozial.

> Der mit bösartigem Ausschlag Behaftete, der den Ausschlag an sich hat: Seine Kleidung soll zerrissen hängen, sein Haupthaar aufgelöst flattern, seinen Mund soll er verhüllen. ‚Unrein! Unrein!' soll er schreien. Solange der bösartige Ausschlag an ihm bleibt, ist er unrein. Ein Unreiner ist er. Alleine soll er leben, draußen vor dem Lager soll seine Bleibe sein. (Lev 13,45f, nach ATD 6, 142f)

Soziale Ausgrenzungen dieser Art bedeuten die Aufhebung jedes solidarischen Verhaltens, die Annullierung der lebensnotwendigen Gemeinschaftsverpflichtung. Sie wird nur in wenigen Fällen überhaupt in Erwägung gezogen, z.B. bei besonderen kriminellen Handlungen wie versehentlichem Totschlag (Dtn 19,1–13). Allgemein sind die familiale und gemeindliche Solidarität die Grundlage des Lebens; sie dürfen nicht angetastet werden. Man kann ermessen, wie schwer es die Ethiker der damaligen Zeit ankommt, diesen Grundwert in Frage zu stellen.
Die Tabus, welche die Heiligkeit Jahwes umgeben, scheinen in archaische Zeiten zurückzuweisen. Sie sind keine Entdeckung der exilisch-nachexilischen Periode oder der Israeliten in ihrer spezifischen Glaubensgemeinschaft. Andere Völker und Religionen kennen vergleichbare Berührungs- und Vermischungsängste, z.B. die Hethiter im Blick auf Sexualität und den priesterlichen Habitus[580] oder die Perser hinsichtlich der Berührung von Toten, Exkrementen und sexueller Handlungen.[581] Im AT sind auch hier und da uralte magisch-rituelle Warnungen zu finden. Sie sind wohl im Gefolge von Heiligkeittabus aufgenommen worden und stammen allem Anschein nach trotz bewusster Jahwisierung aus der Volksreligion:

> Haltet meine Anordnungen. Zweierlei Tierarten sollst du nicht paaren. Deinen Acker darfst du nicht mit Zweierlei bepflanzen. Du sollst keine aus zweierlei Garn gewebte Kleidung anziehen.

---

[578] Zu den Reinheitsgesetzen in Leviticus vgl. E.S. Gerstenberger, Das 3. Buch Mose (ATD 6) 117–193.
[579] Vgl. E.S. Gerstenberger, „... He / They Shall be Put to Death": Life-Preserving Divine Curses in Old Testament Law, ExAu 11, 1995, 43–61.
[580] Vgl. H.M. Kümmel, TUAT II, 282–292; A. Goetze, ANET³, 207–211; derselbe, Kleinasien, München 1957, 161ff.
[581] Vgl. M. Boyce, History Bd. I, 294–324; M. Stausberg, Religion Bd. 1, 135–141; Bd. 2, 263–274.

(Lev 19,19; nach ATD 6, 237). – Eine Frau soll nicht Männersachen tragen, und ein Mann soll nicht Frauenkleider anziehen; denn wer das tut, der ist Jahwe, deinem Gott, ein Gräuel. ...Du sollst deinen Weinberg nicht mit Zweierlei bepflanzen, sonst verfällt das Ganze dem Heiligtum, die Pflanzen, die du gesetzt hast und der Ertrag des Weinbergs. Du sollst nicht Rind und Esel zusammen vor den Pflug spannen. Du sollst kein Kleid anziehen, das aus Wolle und Flachs zusammen gewoben ist. (Dtn 22,5.9–11)

Etliche weitere Vorschriften könnte man benennen, die eine ähnliche urtümliche Angst vor einem Tabubruch verraten: Das Lamm darf nicht in der Milch seiner Mutter gekocht werden (Ex 22,19b; 34,26b); Opferblut darf nicht mit gesäuertem Teig in Berührung kommen (Ex 22,18; 34,25); sexuelle Handlungen mit Tieren sind verpönt (Ex 22,18; Lev 18,23; 20,15f; Dtn 27,21). Alle diese auf eine unbestimmte und auch damals nicht rational erklärbare Weise gefährliche, nicht mit dem Glauben an den heiligen Gott vereinbaren Verhaltensweisen sind strikt verboten. Sie zerstören das Gottesverhältnis und die Gemeinschaft. Anscheinend haben sie besonders im Zusammenhang mit der Heiligkeitstheologie der frühjüdischen Gemeinde ihren Weg in die Schriften gefunden und müssen darum auch als Merkmal der betreffenden Zeit gelten. Jede Gesellschaft hat ihre Tabus, speziell auch ihre Vermischungsängste. Das haben, wie erwähnt, Fachleute aus den Sozialwissenschaften wie M. Douglas schon lange belegt.[582] Die entstehende Jahwe-Gemeinschaft wurde – vielleicht auch in Analogie zur persischen Religiosität (Leichentabu!) – besonders sensibel gegen manche Formen der kultischen Verunreinigung. Die eine solche Scheu tragende Heiligkeitstheologie war der Kristallisationspunkt für viele Vorsichtsmaßnahmen, die sich wiederum stark auf das mitmenschliche Verhalten auswirkten. Dass Tabuängste, z.B. gegenüber gewissen „ekelerregenden" Kleintieren im Grunde mit dem Glauben an die insgesamt gute Schöpfung Jahwes schlecht harmonisierbar ist, sei nur am Rande erwähnt. Die Heiligkeitstheologen der damaligen Zeit haben diese Spannung unseres Wissens ignoriert oder ertragen.

Wer sich im alltäglichen Leben vorsichtig bewegen muss, damit er oder sie nicht unbeabsichtigt gegen religiöse Tabus verstößt, wird im Sozialverhalten die Verpflichtungen zu Liebe und Gerechtigkeit relativieren. Jesus hat das Problem im Gleichnis vom barmherzigen Samariter aufgegriffen. Die Angst vor Verunreinigung kann dann im Nahbereich schlimmstenfalls – wie im Fall des von einer bösen Hautkrankheit Erfassten – jede Beziehung zum anderen unterbinden. Die individuellen Klagepsalmen geben einen Vorstellung davon, wie Misstrauen und Angst unter den Angehörigen auch Schwerkranken oder vom Unglück Verfolgten das Leben in der Intimgruppe zur Hölle werden lassen (Ps 40,6–10; 55,13–15; 88,9.19). Ein besonders eindrückliches Beispiel für den Tatbestand, dass Tabuisierungen das ethische Verhalten zum anderen beeinflussen, ist das Verhältnis der Geschlechter zueinander und die Bestimmung des „richtigen" Sexualverhaltens überhaupt. Die damals getroffenen und in den biblischen Schriften niedergelegten Entscheidungen sind – in einer gewissen Auswahl! – richtungweisend für jüdische und christliche Moralvorstellungen geworden; sie wirken bis heute kräftig nach, in religiösen wie säkularen Kontexten.

Wir können Einzelheiten nur kurz andeuten. Die Einehe gewann wohl von der nachexilischen Zeit an einen normativen Charakter. Vorher ist die Vielehe des Mannes kein Problem. Im textlichen Zusammenhang mit der theologischen Vatervorstellung taucht zum ersten Mal der Gedanke auf, dass der Bund mit der in jungen Jahren angetrauten Frau einen fast sakramentalen Charakter hat (Mal 2,14–16). Der Ehemann ist angeredet, er wird an seine Treuepflicht erinnert. Das verwundert in dem patriarchalen Zusammen-

---

[582] Vgl. M. Douglas, Reinheit und Gefährdung (1966), Berlin 1985.

hang ungemein. Der Mann hat „einen Bund mit ihr geschlossen" und zwar unter den Augen Jahwes (V. 14). Der Passus ist singulär in den hebräischen Schriften. Mystische Vorstellungen von einem Menschheitswesen, das nur durch das schöpferische Eingreifen Jahwes in zwei sexuell differenzierte Gestalten geteilt wurde, aber doch dazu bestimmt ist, „ein Fleisch" zu werden (vgl. Gen 2,21–24), mögen im Hintergrund stehen. In diesem Kontext fördert jedenfalls die Heiligkeitsidee die enge Zusammengehörigkeit beider Geschlechter. Das Bluttabu wirkte in jeder Hinsicht trennend. Die von Männern und Frauen genutzten Räume des Hauses waren nach Möglichkeit getrennt. Die Separation der Geschlechter ist in vielen Kulturen und Religionen ein Grunddatum. Körperliche Berührungen und Vermischungen der gender-mäßig definierten Sphären, besonders was Arbeitsgeräte, Produktionsstätten, Kleidung, Haartracht usw. angeht, wurden als gefährlich eingestuft. Sie konnten die heilsame Ordnung durcheinander bringen, unwirksam machen und dem Chaos die Tür öffnen. Besonders der Geschlechtsverkehr war von Vorsichtsmaßnahmen umgeben, und das galt vor allem für seinen offiziellen Beginn in der Brautnacht der Hochzeitsfeierlichkeiten. Die Braut hatte als Jungfrau in die Ehe zu gehen, der Bräutigam vereinigte sich in völliger Dunkelheit – um Dämonenblicken zu entgehen? damit das Paar noch anonym bliebe? – mit ihr (vgl. Gen 29,21–28). Jeder Geschlechtsverkehr mit einer Menstruierenden bedeutete, wie schon gesagt, eine große Gefahr für Leib und Leben der beiden. Sollte die Karenzzeit der Frau einen Freiraum gegenüber der Begierde des Mannes verschaffen? Oder war die Bestimmung darauf hin angelegt, die sexuelle Aktivität beider auf die fruchtbarsten Stunden im weiblichen Zyklus zu konzentrieren? Wichtig ist in jedem Fall, dass nicht das persönliche Liebesbedürfnis oder die sexuelle Lust den Verkehr der Geschlechter miteinander steuerten, sondern irrationale Vorstellungen von der Gefährlichkeit des weiblichen Blutes. Als Langzeitfolge eines gesteigerten Misstrauens der Männer gegenüber den Frauen kann die teilweise Diskriminierung des weiblichen Geschlechts im Juden- und Christentum gesehen werden. Denn neben dem natürlichen Konkurrenzverhalten der beiden Elternteile in der Familie (vgl. 1 Sam 25,14–25; Gen 27,6ff; 30,1f) hat sicherlich das Bluttabu dazu beigetragen, dass Männer den Frauen mit Scheu und Verdächtigungen begegneten. Der daraus resultierende Vorwurf, Frauen seien fremden Kulten und darüber hinaus dem Bösen gegenüber anfälliger als Männer, hat sich an manchen Stellen zu feindseligen Einstellungen verdichtet. So in der „Sündenfallgeschichte", die man auch als Erzählung von der intellektuellen Menschwerdung lesen könnte (Gen 3, bes. V. 16) oder in den stereotypen Urteilen der dtr. Überlieferer, dass fremde Prinzessinnen die Könige Israels auf religiöse Abwege gebracht hätten (vgl. 1 Kön 11,1–6; 21,4–16.23). In den nachexilischen Prophetenschriften wird der Abfall von Jahwe weiblich personifiziert und brutal geahndet (vgl. Ez 16; 23) und Sach 5,5–8 ist ein atl. Höhepunkt der pauschalen Verunglimpfung von Frauen:

> Der Engel, der mit mir redete, trat hervor und sprach zu mir: Hebe deine Augen auf und sieh! Was kommt da hervor? Und ich sprach: Was ist das? Er aber sprach: Das ist eine Tonne, die da hervorkommt – und sprach weiter: Das ist die ‚Sünde' [lies ‚awon nach LXX] im ganzen Land. Und siehe, es hob sich der Deckel aus Blei, und da war eine Frau, die saß in der Tonne. Er aber sprach: Das ist die Gottlosigkeit [riš'ah]. Und er stieß sie in die Tonne und warf den Deckel aus Blei oben auf die Öffnung.

Das ganze Böse und die umfassende Schuld Israels ist in der Frauengestalt im Bleifass symbolisiert. Kein Wunder, dass folgende Generationen von männlichen Theologen weiter am Mythos von der Verdorbenheit der Frau gestrickt haben.[583]

---

[583] Vgl. H. Schüngel-Straumann, Die Frau am Anfang (exuz 6) Münster 2.Aufl. 1997.

Außerordentlich gravierend waren sodann die damals als „illegitim" gebrandmarkten Sexualpraktiken – vor allem der Verkehr mit Tieren – und damit verbunden die sexuellen Beziehungen zwischen Gleichgeschlechtlichen. Pädophilie ist nicht bezeugt, auch nicht Anal- oder Oralverkehr als solche. Lesbische Beziehungen werden ebenfalls nicht explizit thematisiert; aber die Homophilie der Männer ist in gewissen, priesterlichen Schichten des AT ein großes Problem. Während einige Erzählungskränze sehr unbefangen enge Freundesverhältnisse in erotischer Terminologie würdigen (vgl. David – Jonatan in 1 Sam 18–20; besonders 2 Sam 1,17–27 mit V. 26 als Höhepunkt! Naomi – Rut in Rut 1 mit V. 16f als Verpflichtungsformel), legen die priesternahen Texte einen schweren, kultischen Bann über derartige Verhältnisse (vgl. Lev 20,13). Gelassenheit bis Wohlwollen gegenüber dem Phänomen der immer schon vorhandenen Homosexualität und angsterfüllte Abwehr laufen also nebeneinander her. Irrationale Tabus belasten zwischenmenschliche Verhältnisse und haben im Fall der Homophilie in der christlichen Tradition zu einer unvorstellbaren Leidensgeschichte der betreffenden Minderheit geführt.[584]

Erwählungsbewusstsein und Tabuisierungen schaffen innerhalb einer Gemeinschaft Parteien, Klassen und Kasten und wirken nach außen in hohem Maße ausgrenzend. Die Grenzlinien können pauschal gegenüber allen Andersartigen gezogen sein, oder aber gezielt gegenüber bestimmten Nachbarn und Konkurrenten. Das Wort *gojim*, „Völker" entwickelt sich zu einer abfälligen Designierung für alle Nicht-Juden; Selbstbezeichnungen wie „Gerechte", „Fromme", „Erwählte", „Heilige" bekommen im Gegenzug den Klang von absoluter Überlegenheit. Im „Gemeindegesetz" von Dtn 23 sind – vermutlich aus einem zeitgenössischen, speziellen Anlass – nur die ostjordanischen Ammoniter und Moabiter als inkompatibel abgesondert: V. 4–7 geben eine politisch-moralische Begründung, während Gen 19,30–38 sexuelle Perversion, genauer: Vater-Tochter-Inzest als Grund für die Unvereinbarkeit nennen.[585] Die Konstruktion von trennender Andersartigkeit bedient sich bis heute vielerlei Konzepte, darunter spielt der Vorwurf sexueller Verirrung eine bedeutende Rolle. Glücklicherweise aber gibt es in den biblischen Schriften auch Ansätze zum Brückenbau zwischen den ethnischen und religiösen Gruppierungen. – Die hermeneutischen Probleme werden im Blick auf magisch-tabuistische Wirklichkeitsdeutungen nur scheinbar schwieriger als im Bereich rationaler Verstehensmuster. Denn tatsächlich sind die archaischen Tabuängste auch in der modernen Ära von Wissenschaftlichkeit und Rationalität nie ganz verschwunden. Im Gegenteil. Sie scheinen je und dann die Errungenschaften der Aufklärung zunichte zu machen.

VI.4.3 Universalität und Toleranz

Die durch die exilisch-nachexilische Lebenswelt angestoßene Entdeckung des einen, universalen Schöpfers und Geschichtslenkers zwang Fachtheologen und Leitungspersonal der judäischen Gemeinden, aber auch alle ihre Mitglieder über die eigene Gruppe

---

[584] Zum sakralen Hintergrund der Verdammung gleichgeschlechtlicher Praktiken vgl. E.S. Gerstenberger, Homosexualität im Alten Testament, in: K. Bartl (Hg.), Schwule, Lesben ... – Kirche, Frankfurt 1996, 124–158; zur Geschichte der Ausgrenzung Homosexueller vgl. J. Boswell, Christianity, Social Tolerance and Homosexuality, Chicago 1980.

[585] Man vergleiche auch die sexuellen Vorurteile in Israel gegen alle Kanaanäer: z.B. in Gen 9,20–27; Lev 18,24–29; 20,22–26 u.ö. Dazu auch E.S. Gerstenberger, Andere Sitten – andere Götter, in: I. Kottsieper u.a. (Hg.), „Wer ist wie du, Herr, unter den Göttern?", Göttingen 1994, 127–141.

Universalität und Toleranz

hinaus zu denken und sich den Fragen nach den „Anderen" zu stellen. Wer von dem einen Gott der ganzen Welt redet und sich der eigenen Minderheitensituation bewusst ist, möchte wissen, auf welche Weise Gott außerhalb seiner erwählten Schar handelt, in welcher Beziehung die eigene Gemeinschaft zu „denen da draußen" steht, und welchen Stellenwert überhaupt die Grenzziehungen haben. In den kanonischen Schriften kommen zahlreiche Zeugen zu Wort, die sich dem Thema gestellt haben. Sie taten es in einer erstaunlichen Freizügigkeit und Schärfe und sich auch selbstkritisch geäußert. Die Reflexionen der biblischen Überlieferer im Blick auf Gott, Mensch und Welt sind in der Tat einzigartig, vor allem, weil sie eine starke Nachwirkung zeitigten. Doch müssen sie im Kontext der damaligen Welt gesehen werden, in der – unter anderen geschichtlichen und sozialen Bedingungen – allerlei wesentlich menschliche Gedanken und Erfahrungen verhandelt worden sind. Die vedischen, buddhistischen, taoistischen und avestischen Überlieferungen, später auch die muslimischen, haben eine vergleichbar tiefe Wirkung auf nachfolgende Kulturen und Glaubensrichtungen gehabt, wie das bei den hebräischen Schriften der entstehenden jüdischen Gemeinde der Fall ist.

Man kann in der Religionsgeschichte davon ausgehen, dass Glaubenserkenntnisse zunächst in der und für die eigene Gruppe verarbeitet werden. Sie finden ihren Ausdruck in gemeinschaftszentrierter Lebensführung und Kultpraxis. Das ist auch in Israel und in der aufkommenden jüdischen Gemeinde so gewesen. Und dasselbe gilt wohl ausnahmslos für religiöse Gruppierungen aller Zeiten und Orte. Die Hauptaufmerksamkeit und der weitaus größte Teil der geistlichen Kraft geht in die Gestaltung des eigenen kommunitären Lebens inklusive des individuellen Verhaltens. In Zeiten von nationalen, internationalen und heute auch globalen Vernetzungen aber haben sich religiös organisierte Menschen auch zu anderen Glaubensgemeinschaften zu verhalten. Zwischen völliger Abkapselung (in der Antike selten, heute praktisch unmöglich) und grenzenloser Öffnung für die Menschheit, zwischen Missionsdrang und Synkretismusneigung bieten sich allerlei Beziehungsmuster an. Das exilisch-nachexilische Israel hat keinen einlinigen, dogmatischen Weg verfolgt, sondern in den maßgebenden Glaubensdokumenten verschiedene Argumente erwogen und mehrere Konzepte ausprobiert.

Wir sind im Verlauf der Literaturübersicht (s.o. Kap. III) schon auf einige Modelle von Öffnung und Absonderung der Gemeinde gestoßen. Diese Beobachtungen wollen wir kurz aufnehmen und abrunden, immer unter dem Gesichtspunkt: Was bedeutete dem Jahwe-Anhänger der universale Rahmen der monotheistischen Theologie? Viele theologische Konstruktionen der einen Welt werden die Einzelperson nicht oder nur indirekt berührt haben. Wo aber wurde und wird die Öffnung bzw. der Verschluss der eigenen Grenzen existenziell wichtig?

Schöpfung, Urgeschichte, Völkergenealogien (Gen 1–11) können, wie erwähnt, den Sinn für das Weltbürgertum wecken oder schärfen. Genau das war wohl die Absicht der Überlieferer, die den Pentateuch weder mit Abraham noch mit Mose beginnen lassen wollten. Die Botschaft ist klar: Bei aller Gewissheit der Erwählung durch Jahwe kann Israel sich doch nur als Teil einer umfassenden Schöpfung und Menschenwelt begreifen. Das kleine Volk kam sekundär zu seiner geglaubten Vorrangstellung. Sehr viele Passagen der hebräischen Bibel, in allen drei Kanonsteilen, zeigen darum die Gemeinde Jahwes in einem Völkermeer, angefochten von vielen Seiten, siegreich und dem Untergang preisgegeben, herumgestoßen und durch Jahwes Eingreifen gerettet, „als die Sterbenden, und siehe, wir leben!" (Paulus in 2 Kor 6,9). Das ist auch im alten Israel die persönliche Erfahrung der Jahwegläubigen gewesen. Die Völkergeschichte war für das kleine Volk mehr Hexenkessel als paradiesischer Ruheort. Politische Turbulenzen jeder Art machten sich erschreckend schnell und direkt in den Wohnorten der Judäer, auch der Exilierten und Emigrierten, bemerkbar.

> Gott, du hast uns schwer geprüft, / du hast uns ausgeglüht, wie man Silber läutert.
> Du hast uns in die Enge getrieben, / du hast uns harte Lasten auferlegt.
> Du hast Armeen über uns herfallen lassen, / wir erlebten Feuerstürme und Sturmfluten.
> Doch dann hast du uns zu Wohlstand gebracht. (Ps 66,10–12; Zu Hilfe, mein Gott, 106)
>
> Ich habe von Anfang an viel Feindschaft erfahren, / so soll Israel sprechen.
> Ich habe von Anfang an viel Feindschaft erfahren, / doch hat man mich nie überwunden.
> Pflugscharen zogen Furchen auf meinem Rücken, / lange Striemen hin und her. (Ps 129,1–3; Zu Hilfe, mein Gott, 207)

Die Geschichtserfahrung ist vielfach düster. Dennoch hat das eigene Schicksal kein absolutes Gewicht. Die Reaktion der geschundenen Gruppen durch die Geschichte hindurch geht nicht mit der Bestrafung der unterdrückerischen Staaten auf. Sicher, Strafe, auch Verdammung und Verteufelung des Feindes, müssen sein. Die entsprechenden Passagen nehmen oft unser ganzes Interesse gefangen, wie die schon zitierten Völkerreden bei Jesaja, Jeremia, Ezechiel. Oder die entsprechenden Psalmen, das liturgische Gebrauchsgut, das nach Gerechtigkeit ruft (vgl. Ps 2; 44; 79: „... vergilt unseren Nachbarn siebenfach auf ihr Haupt" V. 12a). Aber da sind Stimmen, die einen weiteren Horizont verraten. Wir haben einige schon erwähnt: z.B. die bemerkenswerte Aussage vom künftigen Dreierbund zwischen Ägypten, Assyrien und Israel (Jes 19,23–25, s.o. III.1.1.4; III.2.2.2). Ägypten war die Unterdrückermacht in der mosaischen Urzeit; Assyrien hatte mit brutalster Gewalt Syrien und Palästina unterworfen und seine furchtbaren Spuren im kollektiven Gedächtnis Israels hinterlassen. Aber dagegen stehen die Ansagen einer gemeinsamen, friedlichen Zukunft für alle Völker unter der Weisung Jahwes (Jes 2,1–4). Oder die Gabe des Segens durch Abraham und seine Nachkommen (Gen 12,2f). Oder die Anerkennung aller Nationalitäten als legitime Bewohner Jerusalems (Ps 87).

> ‚Ich habe Beziehungen zu Ägypten, Babylonien; / da sind auch Philister, Tyrusleute, Kuschiter.'
> Sie sind alle bei dir zu Hause.
> Doch zu Zion wird man sagen: / ‚Mann für Mann hat in dir Heimatrecht; / der Höchste hat es so eingerichtet.'
> Jahwe zählt die Völker, er schreibt sie auf: / ‚Auch dieser ist in Jerusalem geboren.
> Sänger und Tänzer, sie alle / haben ihren Ursprung in dir.' (Ps 87,4–7; Zu Hilfe, mein Gott, 142)

Diese und andere positiven Einbeziehungen der anderen Völker sind natürlich auch noch mit partikularen Interessen untermischt. Doch zeigen sie die grundsätzliche Öffnung der eigenen Umfriedung und die Bereitschaft zur Koexistenz an. Thematisiert wird die Offenheit des Jahweglaubens für die ganze Welt in je eigener Weise z.B. in den Büchern Jona und Rut, die oben schon besprochen sind (vgl. III.1.1.4). Jona bietet sozusagen das Heil des Weltengottes auch den gewalttätigen Erzfeinden in Assyrien an. Gefordert ist Buße, wie sie im Alten Orient nach erkannten Fehlentscheidungen gegenüber einer Gottheit üblich war. Der Erzähler rechnet fest mit der Umkehr der Niniviten, während er dem Repräsentanten Israels eine verbohrt dogmatische Haltung, nach der Recht vor Gnade gehen müsse, nachsagt (Jon 4,10f). Die Willigkeit der Feinde, auf die mahnende Stimme Jahwes zu hören, ist nach seiner Ansicht vorbildlich (Jon 3,5–10; vgl. auch die Predigt Jesu, die oftmals den Rechtgläubigen Erstarrung, den Fremd- oder Nichtgläubigen aber höchste Sensibilität für die Anrede Gottes zuerkennt). – Rut ist eine deutliche Warnung vor der strenggläubigen, puristischen Absonderung von den Völkern. In eine genealogische Hauptlinie, nämlich die Davidfamilie, ist durch die heroische und Jahwefürchtende Rut moabitisches Blut eingeflossen (Rut 4,18–22). Ohne die Moabiterin hätte es keinen David gegeben! Das ist ein Schlag gegen alle, die „Mischehen" als gotteslästerlich ansehen (vgl. Esr 10; Neh 13,23–28).

Israelitische Anhänger Jahwes werden in der nachexilischen Zeit das Ausländerproblem massiv nicht in der Begegnung mit fremden Bevölkerungsgruppen, sondern in Einzelkontakten erlebt haben. Nach Ausweis besonders von rechtlichen und kultischen Texten waren in den Gemeinden ansässige, zugewanderte Menschen in mancher Hinsicht ein Problem. Eine gewisse Durchmischung bodenständiger Bevölkerungen war vermutlich die Folge von Jahrhunderten von kriegerischen Ereignissen in dem Landkorridor zwischen Mesopotamien und Ägypten und das Ergebnis imperialer Administration der beherrschten Gebiete. Wie konnten die vielen, in judäischen Gemeinden hängen gebliebenen Ausländer integriert werden? Wie oben bereits gezeigt (III.2.1; IV.2.1), gab es eine Palette von Meinungen und Praktiken im alten Judäa zu dieser Frage, von Versuchen einer völligen Gleichstellung bis hin zu der Einstufung der „Fremden" als Personen minderen Rechts, die auch in den Sklavenstand versetzt werden können (vgl. Jes 56,6–8; Lev 25,44–46).

Aus unserer heutigen Situation heraus, die ähnliche Integrationsprobleme mit Zuwanderern präsentiert, sind fremdenfreundliche Spitzenaussagen in den hebräischen Schriften bewundernswert und jedenfalls im heutigen Europa noch unerreicht. Es lohnt sich, einige Worte über den ansässigen Fremden zu wiederholen: „Du sollst ihn lieben wie dich selbst …" (Lev 19,34). Wenn er sich beschneiden lässt, kann er das Passah mitfeiern, „er gelte wie ein Einheimischer." (Ex 12,48). „Ein und dasselbe Gesetz soll gelten für den Einheimischen und den Fremden." (Ex 12,49. Die verschiedenen Personengruppen sind in Ex 12,43–49 sorgfältig unterschieden: fremdstämmige Sklaven, Saisonarbeiter und dauerhaft ansässige Ausländer. Alle Fremden mit festem Wohnsitz in einer judäischen Gemeinde können nach ihrer Beschneidung (in Jes 56 aufgrund der Einhaltung des Sabbats) kultisch eingegliedert werden. Der Jahweglaube spielt letztlich die entscheidende Rolle (vgl. Rut 1,16f). Ethnische und Sprachbarrieren sind unerheblich. Es hat den Anschein, dass starke Kräfte in der Gemeinde die volle Integration von Fremden aus theologischen Gründen wollten; gelegentlich kommen in den relevanten Texten trotzdem die separatistischen Hardliner zu Wort (Lev 25,44–46).

Noch in einem anderen, von der Forschung viel zu sehr vernachlässigten Bereich ist die integrative Kraft des universalen Jahweglaubens deutlich zu spüren. Ich meine gewisse Schichten der weisheitlichen und liturgischen Überlieferung. Das Kriterium sind die dort vorkommenden allgemeinen Bezeichnungen für Gott und Mensch, und zwar in der auf Jahwe bezogenen Rede. Wir haben dieses Phänomen im Zusammenhang mit dem Sprüchebuch erwähnt (s.o. III.1.3.3). Es kann nicht die Tatsache verdecken, dass im Grundstratum von Weisheitsschriften und Gebeten weitgehend generisches Vokabular für die Gottheit und die interagierenden Menschen verwendet ist. Die so entgegen gesetzten Sprachebenen lassen sich nicht konsequent chronologisch hintereinander ordnen, als ob der allgemein menschliche Sprachgebrauch nur an den älteren Schichten hänge. Deutlich nachexilische Kompositionen, wie z.B. die behandelte Gruppe der reflektiven Psalmen (s.o. III.1.3.2) bevorzugen eindeutig die nicht-jahwistische und nicht-israelitische Sprache. Da ist mehr vom Menschen und der Gottheit die Rede als von Jahwe, Jakobs-Söhnen, Gerechten und Jerusalemern. D.h.: Das allgemeine Menschenschicksal und das allgemeine Verhältnis zur „ewigen" Gottheit steht im Vordergrund, nicht die Beziehung zum judäischen Gott Jahwe. In Ps 90 erscheint statt des Jahwe-Namens außer in V. 13 die generische Bezeichnung *'adon*, „Herr" (V. 1.17) sonst nur „Gottheit" (V. 2). Es wäre auch absurd, von der menschlichen Hinfälligkeit nur im Blick auf die Gemeinde Israel zu sprechen. Nein, die reflektiven Gebete des Psalters, die vor allem in die nachexilische Periode gehören, thematisieren bewusst das allgemeine Ergehen aller Menschen. Sie teilen diese Neigung mit den altavestischen Gebeten und Hymnen, die keinerlei ethnische Begrenzung kennen. Eine umfassendere Studie der Gottesbezeichnungen und der anthropologischen Termini könnte diese vorherrschende, allgemein menschliche Perspektive belegen. Schon die Statistik ist aufschlussreich: „Der Mensch" (*'adam*) kommt im Alten Testament 562 mal vor. 62 Nennungen entfallen auf die Psalmen, 119 auf die drei Weisheitsschriften Hiob, Proverbien und Kohelet, ein guter Teil des Restes auf eindeutig nachexilische Schichten wie die priesterschriftlichen Texte (39) und das nachexilische prophetische Buch Ezechiel (132). Ähnlich zählt man für das Synonym *'enoš*, „Mensch" bei einer Gesamtzahl von 42 Vorkommen 13 mal für den Psalter und 18 mal für das Buch Hiob. Das Wort *'iš*, „Mann", „Mensch" wird häufig als indefinites Personalpronomen gebraucht und kann deswegen nicht unmittelbar statistisch ausgewertet werden. Aber die erreichbaren Ergebnisse sind von Bedeutung. Neben und trotz der partikularen Selbstbezeichnungen „Gerechte", „Fromme", „Heilige", die im Umgang mit Jahwe, dem Gott Israels ihre Berechtigung haben, ist die allgemein anthropologische Terminologie in weisheitlichen und liturgischen Texten stark vertreten.

Aufs Ganze gesehen lässt sich festhalten: Die Mentalität der entstehenden judäischen Gemeinde war von besonderer Art, gerade auch im Blick auf ihre ethische Grundfiguration. Einerseits wies sie ein starkes Selbstwertgefühl und ein außerordentlich hohes Solidaritätsbewusstsein auf. Dem können natürlich, psychologisch gesehen, Komplexe und Ängste entsprechen, die sich wahrscheinlich in der hebräischen Literatur nachweisen lassen. Andererseits aber entwickelten die judäischen Gemeinden eine bemerkenswerte Fähigkeit zur Selbstkritik, zur Einsicht in Begrenztheit und Vorläufigkeit alles menschlichen Lebens, und sie standen zudem unter dem Zwang ihres monotheistischen Horizontes: Zu dem einen Schöpfer und Regierer der Welt gehörte nicht nur das erwählte Volk, sondern sein waren eben auch alle anderen Wesen mit Menschenantlitz. So war es möglich, die Grenzen der eigenen Konfession zu überschreiten und in umfassender Verantwortung auf die anderen einzugehen. Abgrenzungs- und Öffnungstendenzen haben bei den alten Judäern in Spannung gelegen und sind alternierend zur Geltung gekommen. In der pluralistischen Welt von heute haben alle Religionsgemeinschaften die Pflicht, ihre Außenbeziehungen auch im Blick auf die biblischen Erfahrungen neu zu durchdenken und Wege zur Überwindung von Hass und Antagonismen zu finden.

IV.5 Anstöße zur Weltgestaltung

H. Assmann und J.M. Sung, Competência e sensibilidade solidária. Educar para a esperança, Petrópolis 2. Aufl. 2001. – C. Bartholomew, A Royal Priesthood? The Use of the Bible Ethically and Politically, Grand Rapids 2002 (Scripture and Hermeneutics Series 3). – W.P. Brown, The Ethos of the Cosmos. The Genesis of Moral Imagination in the Bible, Grand Rapids 1999. – G. Casalis u.a., Bibel und Befreiung, Freiburg / Münster 1985. – Compendium of the Social Doctrine of the Church, Pontifical Council for Justice and Peace (Päpstlicher Rat für Gerechtigkeit und Frieden), Vatikan 2004. – J.S. Croatto, Exilio y sobrevivencia, Buenos Aires 1997. – Derselbe, Hermenéutica práctica, Quito 2002. – C. Fischer (Hg.), Solidarität in der Krise, Zürich 2004.K. Füssel, „… so lernen die Völker des Erdkreises Gerechtigkeit", Luzern 1995. – I. Fischer, Gender-faire Exegese, Münster 2004 (exuz 14). – R. Fornet-Betancourt (Hg.), Kapitalistische Globalisierung und Befreiung, Frankfurt 2000. – H. Geißler, Glaube und Gerechtigkeit, Würzburg 2004 (Ignatianische Impulse 4). – E.S. Gerstenberger und U.

Schoenborn (Hg.), Hermeneutik – sozialgeschichtlich (exuz 1) Münster 1999. – C. Gestrich (Hg.), Gott, Geld und Gabe: zur Geldförmigkeit des Denkens in Religion und Gesellschaft, Berlin 2004. – D. Goeudevert, Mit Träumen beginnt die Realität, Berlin 1999. – N.K. Gottwald, The Bible and Liberation: Political and Social Hermeneutics, Maryknoll 1983. – O. Herlyn, Kirche in Zeiten des Marktes: ein Störversuch, Neukirchen-Vluyn 2004. – R. Kramer, Die postmoderne Gesellschaft und der religiöse Pluralismus, Berlin 2004 (Sozialwissenschaftliche Schriften 41). – H. Küng, Projekt Weltethos, München 1990, 3.Aufl. 1996. – C. Mesters, Vom Leben zur Bibel – von der Bibel zum Leben, 2 Bde. Mainz 1983. – Derselbe, Sechs Tage in den Kellern der Menschheit, Neukirchen-Vluyn 1982. – Derselbe, Die Botschaft des leidenden Volkes, Neukirchen-Vluyn 1982. – K. Nürnberger, Theology of the Biblical Witness. An Evolutionary Approach, Münster 2002. – E. Otto, Krieg und Friede in der hebräischen Bibel und im Alten Orient, Stuttgart 1999 (Theologie und Frieden 18). – W. Schottroff, Gerechtigkeit lernen, Gütersloh 1999 (TB 94). – H. Schüngel-Straumann, Die Frau am Anfang, Münster, 2.Aufl. 1997 (exuz 6). – M. Schwantes, Am Anfang war die Hoffnung, München 1992. – F. Segbers, Die Hausordnung der Tora. Biblische Impulse für eine theologische Wirtschaftsethik, Luzern 1999 (Theologie in Geschichte und Gesellschaft 7). – C. Spieß, Sozialethik des Eigentums, Münster 2004. – D.M.B. Tutu, Versöhnung ist unteilbar. Interpretationen biblischer Texte zur Schwarzen Theologie, Wuppertal 1977. – A.M.C. Waterman, Political Economy and Christian Theology since the Enlightenment, Basingstoke 2004. (s. auch Literatur zu IV.4).

Die Bibel ist quer durch die westliche Welt in den letzten Jahrzehnten einerseits außer Mode gekommen: Eine wachsende Mehrheit erwartet keine zeitgemäße Orientierung von biblischen Texten, Erfahrungen und Modellen. Das Buch der Bücher entschwindet in eine museale Ferne. Andererseits machen viele Bibelleserinnen und Bibelleser rund um die Erde – nicht nur in Basisgemeinden der Dritten Welt – die erstaunliche Entdeckung, dass biblische Texte befreiend und belebend in unsere Gegenwart hineinsprechen können. Die biblischen Erfahrungen und Erkenntnisse im Umgang mit dem Göttlichen werden dann überraschend aktuell, gewinnen Leitfunktionen und lassen die gegenwärtige Wirklichkeit in einem neuen Licht erscheinen, eröffnen Hoffnung und mobilisieren neue Kräfte. Die große Frage ist, wie und wann das geschieht und warum in vielen anderen christlichen und religiösen Lebenswelten Heilige Schriften offenbar zur Stabilisierung von Herrschaftsansprüchen, Unterdrückung von Minderheiten und zur Hasspredigt gegen Andersgläubige missbraucht werden können.

IV.5.1 Dialog mit der Tradition

Menschen sind – obwohl mit den anderen Kreaturen entwicklungsphysiologisch, d.h. im Blick auf die Genom-Substanz, eng verbunden – in ihrer Verantwortlichkeit für das eigene Tun besondere Geschöpfe.[586] Für die heute getroffenen Entscheidungen zahlen spätestens die nachkommenden Generationen den Preis und/oder ernten die Früchte. Wie kommen wir zu einer Menschheitsentwicklung, welche den Nachgeborenen faire Lebenschancen eröffnet, die Lebensqualitäten auf der Erde langfristig sichert, jedem Einzelnen und der Natur ein erträgliches Auskommen (d.h. auch: wirtschaftliches Einkommen) und den Schutz von Freiheit und Menschenwürde garantiert? Einige Perspektiven scheinen in der gegenwärtigen Weltsituation klar zu sein: Eine menschenwürdige Ethik kann nicht nur von einer einzigen, dominanten Herrenschicht oder einer „Leitkultur" formuliert werden, sondern muss sich auf das interkulturelle und interreligiöse Gespräch stützen, das hier und da angestrebt wird.[587] Die ökumenische Breite der Dis-

---

[586] Vgl. H. Jonas, Das Prinzip Verantwortung (1979), Frankfurt 1984.
[587] Die Bemühungen z.B. von H. Küng, ein Weltethos sichtbar zu machen, sind prinzipiell richtig; vgl. auch die vielfachen Anstrengungen von Weltkirchenrat, katholischer Kirche, muslimischen, buddhistischen, hinduistischen Gremien und Einzelpersonen wie dem Dalai Lama.

kussion ist absolut notwendig, und sie ruht auf der Voraussetzung, dass partikulare Ansprüche auf Alleinbesitz der Wahrheit begraben werden.[588] Die andere fundamentale Voraussetzung für tragfähige ethische Entscheidungen ist die Einbeziehung der ganzen Zeitdimension, mit Vergangenheit, Gegenwart und Zukunft. Menschen können ihr Handeln nicht nur aus dem Augenblick begründen. Sie sind weder Eintagsfliegen noch haben sie ein ausreichendes, instinktives Sensorensystem, das ihnen die notwendige Wahl zwischen vorhandenen Möglichkeiten vorgibt. Sie müssen vielmehr ihre Handlungsmaßstäbe an den Erfahrungen der Vergangenheit und den Berechnungen der Zukunft gewinnen. Das ist allemal eine schwierige Aufgabe, weil die Interessen und Erfahrungen aller Beteiligten höchst unterschiedlich sind. Es geht nicht ohne eine demokratische Diskussions- und Wahrheitsfindungungskultur ab. Die inhärenten Risiken, sowohl der Missinterpretation der Vergangenheit und der Fehlkalkulation für die Zukunft sind immens. Dennoch haben wir keine andere Wahl. Eine tragfähige Ethik ist im Weltmaßstab und im Blick auf die Geschichte der Menschheit zu entwickeln. Das AT ist dabei als Gesprächspartner unersetzlich; es hat die westlichen Zivilisationen entscheidend mit geprägt und gibt noch immer überraschend aktuelle Meinungen zur Lösung von menschlichen Grundproblemen ab.

Die atl. Ethik hat die Aufgabe, den Kanon der hebräischen Schriften in seiner Funktion als Weichensteller ethischer Entscheidungen zu untersuchen und mit der heutigen Situation ins Gespräch zu bringen. Weil wir die traditionelle Vorstellung von den einmal unwiderruflich ergangenen göttlichen Leitsätzen nicht übernehmen können, sehr wohl aber die Bedeutung antiker Entscheidungen erkennen, haben wir ein Dialogmodell zu entwickeln. Die biblischen Traditionen sind genau wie die heute vorherrschenden ethischen Konzepte an den jeweiligen Kontext gebunden. Das gilt nicht nur für das äußere Erscheinungsbild theologischer und ethischer Aussagen, sondern für Form und Inhalt gleichermaßen. Kontextualität beschränkt sich nicht auf Äußerlichkeiten, sie betrifft immer auch den Kern der Sache. Also haben wir zur Kenntnis zu nehmen, dass auch die Grundüberzeugungen und Grundwerte der hebräischen Überlieferung zeitgebunden sind. Monotheismus, Einschätzungen des Lebens, des Personseins, der Gesellschaft, Konzentration auf Heilige Schriften gehören zu allererst in das Lebensgefüge der damaligen Welt und müssen aus ihm verstanden werden. Das ist die alte Forderung historisch-kritischer Forschung, von der wir uns nicht dispensieren können. Überlieferte Texte haben diesen antiken Wurzelgrund; er verschwindet auch nicht durch Jahrhunderte lange Überlieferung und durch den ständigen Neugebrauch und die Uminterpretation der betreffenden Schriftstücke.

Dieser kontinuierliche Gebrauch der Schrift ist nun allerdings (gegen alte historisch-kritische Maxime) seinerseits nicht gering zu schätzen und als Verfälschung des ursprünglichen Zeugnisses zu werten. Im Gegenteil: In der ständigen Neuinterpretation der Texte reichert sich deren Bedeutung durch weitere, immer wieder kontextgebundene Auslegungen an (J.S. Croatto). Und der Strom der jeweils situationsbedingten Interpretationen erreicht alle Bibelleserinnen und Bibelleser, Übersetzerinnen und Predigerinnen auch heute je an ihrem neuen Ort. Kontextualität und Neuauslegung verbinden uns also mit den ersten Überlieferern und der damaligen Glaubensgemeinschaft. Es besteht noch ein weiterer, durchgängiger Verbindungsfaden. Menschliche Gesellschaften bilden sich – unabhängig von religiöser und kultureller Prägung – nach analogen Mustern. Die So-

---

[588] Vgl. R. Bernhardt, Zwischen Größenwahn, Fanatismus und Bekennermut. Für ein Christentum ohne Absolutheitsanspruch, Stuttgart 1994; H.M. Barth, Dogmatik im Kontext der Weltreligionen, Gütersloh 2001; P. Knitter, Theologies of Religions, Maryknoll / New York 2002.

zialwissenschaften haben den Theologen darüber viel zu sagen. Es gibt weltweit unter Menschen verschiedenster Herkunft und Ausrichtung vergleichbare Familien-, Sippen-, Stammes-, Dorf-, Stadt-, Volksstrukturen, gleichgültig, wie unterschiedlich Sitten und Gebräuche, Institutionen und Machtverteilung geregelt sind. Auch diese Verbindungsschiene macht den Dialog mit der antiken Welt möglich und notwendig.

Pragmatisch gesehen kann das Gespräch mit den geistlichen Ahnen der biblischen Welt vorteilhaft mit einer Analyse der heutigen Situation beginnen, wie häufig im lateinamerikanischen Kontext. Sie wird im theologischen Diskurs europäischer und „westlicher" Prägung in der Regel vernachlässigt, weil man hierzulande in Theologie und Exegese nur die Manifestation Gottes in der fernen Geschichte fest ins Auge fasst und alle theologische Erkenntnis von dort her ableiten will. In befreiungstheologischen Entwürfen gehört das gegenwärtige Leben als Resultat langer Überlieferung aber auch in seiner vom gegenwärtigen Gott inspirierten Neuheit und der von Menschen verursachten Gefährdung als Ausgangspunkt eines fruchtbaren Dialoges unbedingt in die theologische Sondierung hinein (C. Mesters).[589] Wir können nicht erwarten, so Hugo Assmann immer wieder, dass uns die kontextgebundene Bibel unsere spezifischen Probleme vorbuchstabiert. Stattdessen haben wir Fragestellungen und Standorte, relevante Kriterien und Irrmeinungen in unserer eigenen Gegenwart zu erheben und mit in den Dialog zwischen heute und damals einzubringen. Ohne die eigenen Stellungnahmen kann es keinen fruchtbaren Austausch geben. Gefährlich wird die (traditionelle, deutsche) Auslegungsarbeit, wenn sich unerkannt heutige, interessengeleitete Positionen einschleichen und sich als ewige, vom Text immer schon gemeinte Wahrheiten gerieren.

Von der Analyse der Gegenwart lassen sich dann Fragen an den Bibeltext herantragen. Wie haben die biblischen Vorfahren in analogen Situationen gedacht und reagiert? Und überhaupt: Welches sind denn die analogen antiken Umstände und Strukturen zu den Situationen, in denen unsere Probleme auftauchen? Denn außer anthropologischen und gesellschaftlichen Konstanten werden wir allerlei Unterschiede in den Konzeptionen der Welt feststellen müssen. Moderne Wissenschaft, Technik, Wirtschaft und Politik sind oft nicht leicht mit antiken Parallelen abzugleichen. Dennoch, unterlassen wir den Versuch der Analogiebildung und nehmen biblische und moderne Strukturen nur abstrakt zur Kenntnis, postulieren also einen uniformen, nicht geerdeten Geist und Glauben, dann laufen wir Gefahr, den Sinn biblischer Rede zu verfehlen oder falsch einzuordnen.[590] Jeder atl. (biblische) Text ist darum in seinem eigenen, auch gesellschaftlichen Kontext zu begreifen; der Bezug zum vergleichbaren Sitz im Leben unserer Zeit und Wirklichkeit ist zu suchen.[591] Es geht nicht an, in einem Atemzug und schnurstracks Gotteserkenntnisse und ethische Wertskalen aus Kleingruppen als Maxime einer globalen Menschheit auszugeben. Jedenfalls gilt als erste Interpretationsbasis die analoge gesellschaftliche und mentale Situation. Sie ist in ihrer Vergleichbarkeit zu begutachten, dabei

---

[589] Es ist beeindruckend, mit welcher Intensität etwa in lateinamerikanischen theologischen Kreisen die Gegenwartsanalyse auch und gerade in der heutigen, nach-konfrontativen Zeit betrieben wird. Ich nenne als Beispiel nur die wirtschaftskritischen theologischen Studien des Brasilianers Jung Mo Sung, Teologia and Economia, Petrópolis 1994; derselbe, Desejo, mercado e religião, Petrópolis 1998 und das pädagogisch orientierte Werk von Hugo Assmann und Jung Mo Sung, Competência.

[590] Ein schlimmes Beispiel von Sinnverfehlung ist die Aufnahme des Bannes gegen die Homosexualität von Lev 18 und 20 in die christliche Tradition, vgl. E.S. Gerstenberger, Homosexualität im Alten Testament, in: K. Bartl, Schwule, Lesben ... – Kirche, Frankfurt 1996, 124–158.

[591] Vgl. E. S. Gerstenberger, in ders. u.a. (Hg.), Hermeneutik 3–6; 157–170; ders., Warum und wie predigen wir das Alte Testament? in: B. Jendorff und G. Schmalenberg, Evangelium Jesu Christi heute verkündigen (FS C.P. Mayer, OSA), Gießen 1989, 33–45.

müssen zugleich die eventuellen oder sicher zu erwartenden Differenzen zur Sprache kommen. Die Familiengruppe heute ist anders konstruiert als die in der vorderorientalischen Antike. Nicht zuletzt ist die Rolle des Individuums damals und heute anders choreographiert. Dennoch lassen sich wegen der grundlegenden Analogien der Kleingruppen Schlüsse aus antiken Familientexten ziehen und Anregungen aufnehmen. Die heutige Situation ist dabei vorgegeben und bis zu einem gewissen Grade auch normativ. Exegetinnen und Exegeten müssen sich der Anstöße und Leitlinien der Gegenwartssituation bewusst werden. Wir können die notwendigen Normen nicht einfach aus der (antiken) Geschichte heraus destillieren. Grundwerte der heutigen Welt – Menschenwürde, Freiheit; Demokratie – sind mit entscheidend für die theologische Argumentation. Zwar werden wir sie nicht unkritisch aufnehmen, wie ja auch antike Paradigmen heute nicht automatisch gültig sein können, aber sie gehören zur theologische Reflexion und zum theologischen Diskurs.

Eine grundlegende Schwierigkeit ergibt sich aus den seit der Antike, besonders im Zuge der industriellen und der wissenschaftlich-technischen Revolution eingetretenen gesellschaftlichen und geistigen Verschiebungen. Während im biblischen Altertum die Welt noch vollständig geozentrisch aufgebaut war, sie dann später heliozentrisch gedeutet wurde, gibt es heute keinen auch nur annähernd fassbaren Mittelpunkt mehr. Der Ort des Urknalls ist irrelevant. Während damals ein überwiegend auf personalen Willensentscheidungen basierendes Kausalsystem das grundlegende Deutungsmuster aller Phänomene darstellte, sind heute weithin naturwissenschaftliche, mechanistische Zusammenhänge und Interpretationen an deren Stelle getreten. Während die atl. Texte sich in Theologie und Ethik hauptsächlich auf den näheren Umkreis von Mitmenschlichkeit und überschaubarer Religionsgemeinschaft konzentrieren und wenig Konstruktives für anonyme Großgesellschaften zu sagen wissen (logisch: die Schar der Jahwe-Anhängerinnen und -Anhänger war besonders im nachexilischen Israel klein), sind wir heute verstärkt gefordert, die großen gesellschaftlichen Zusammenhänge, ihre Zwänge und Chancen, ins Visier zu nehmen. Wir dürfen die Orientierungen der Bibel nicht unbesehen in diese umfassenderen Kontexte hineinprojizieren. Israel war genau wie die urchristliche Gemeinde eine verschwindende Minorität in gewaltigen, imperialen Großgebilden. Die biblischen Zeugen hatten keine direkte Verantwortung für Großgesellschaften und Imperien. Aber sie waren Zeitzeugen, Opfer und vielleicht z.T. auch Nutznießer der damaligen gesellschaftlichen Systeme. Von daher sind uns die Reaktionen der jahwegläubigen Minderheit willkommene Anregungen für heutige Diskussionen auf diesem Terrain. Überflüssig zu betonen, dass die theologischen und ethischen Debatten heute, wenn sie denn biblische Impulse verwerten wollen, mit besonderer Sorgfalt die Übergänge von der Klein- zur Großgruppenexistenz beachten müssen und noch intensiver als bei der Kleingruppensituation nach den heute zugänglichen, anerkannten und guten Kriterien für anstehende Entscheidungen fragen sollten.

IV.5.2 Mitmenschliche Beziehungen

Die Aussagen der nachexilischen, judäischen Gemeinden über den Menschen und seine sozialen Beziehungen sind für die nachfolgenden jüdischen und christlichen Leserinnen und Leser von unschätzbarer Bedeutung geworden. Sie galten als ewiger Maßstab sittlichen, vor Gott wohlgefälligen Verhaltens und waren dementsprechend in religiösen und „weltlichen" Zusammenhängen bis heute Ausgangspunkt für intensive Diskussion und

Interpretation und die Suche nach aktuellen Anwendungen. Wir leben (noch) in einem durch biblische Unterweisung geprägten Kontinuum geistiger Überlieferungen und haben uns darum mit unseren eigenen Vorprägungen auseinander zu setzen. Es gilt, an jeder geeigneten Stelle der fort gehenden Diskussion die relevanten Strukturen und Parameter damals und heute zu untersuchen. Im Fall der individuellen und sozialen Ethik sind mindestens einige Grunddaten zu beachten, die hier nur angedeutet werden können. Der Mensch steht nach den hebräischen Schriften der persischen Zeit zwischen Gut und Böse. Das allein macht ihn schon zur gottähnlichen Gestalt. Er hat sich für das Gute zu entscheiden. Das wiederum besteht im zwischenmenschlichen Bereich aus den traditionellen Tugenden der Wahrhaftigkeit und Solidarität gegenüber seinen Mitmenschen, gestaffelt nach dem Grad der Verwandtschaft und Wohnnähe. Mitglieder einer Familie sind untereinander mit den stärksten Seilen der Solidarität verbunden, (Bluts)Freundschaften stehen dem Familienverband gleich. Nach außen hin nehmen die Verpflichtungen ab, bis sie gegenüber Konkurrenzgruppen in Misstrauen und Feindschaft umschlagen. Das Gebot der Gastfreundschaft allerdings, das im Blick auf einzelne schutzsuchende Nichtverwandte gilt, konterkariert die Phobie vor dem Fremden. Wesentlich ist: Die neue Form der Jahwe-Gemeinschaft leitet dazu an, verwandtschaftliche Solidarität auf die Glaubensgenossen auszuweiten. Es findet (in der Lehre!) eine Entschränkung statt. Das Ich vor Gott tritt in den Vordergrund. Jede Person ist unmittelbar zu Jahwe. Die Grundlagen für die Gleichwertigkeit aller sind gelegt. Im Du begegnet die Gottheit (M. Buber; E. Levinas). Diese neue, nicht funktional-verwandtschaftlich konzipierte Anthropologie bietet genau wie das traditionelle System noch Nischen für den Missbrauch (vgl. Lev 25,44–46). Doch ist es auf Menschenwürde hin zukunftsoffen (vgl. Lev 19,18.34). Trotz allem bleibt viel Diskussionsstoff. Die Formel: „Er schuf ihn als Mann und Frau" (Gen 1,27) verrät das Bestreben, die Geschlechter sorgfältig (funktional!) auseinander zu halten. Es ist ein Grundanliegen der priesterlichen Tradenten, den Genderunterschied nicht zu verwischen. Also gelten in Sitte und Recht unterschiedliche Maßstäbe. Volles und eigentliches Recht kommt dem Repräsentanten der eigenständigen Familie, dem männlichen Chef der Gruppe, zu. Frauen sind ihm in der patriarchalen Struktur nachgeordnet, sie haben sich dem Wohl der Kleingruppe früher zu opfern als der Mann. Das gilt auch für Kinder und Sklaven. Die grundsätzliche Gleichwertigkeit der Menschen ist doch wieder abgestuft nach Geschlecht, Alter und ethnischer Herkunft. – Eine solche Modifikation der Gleichheit können wir heute unmöglich hinnehmen. Unsere Gesellschaft ist theoretisch der absoluten Gleichwertigkeit aller Menschen verpflichtet, ohne Rücksicht auf Geschlecht, Bildung, Konfession, Rasse, Alter, Grad der körperlichen und geistigen Unversehrtheit. Natürlich weiß jeder Mensch, dass dies ein Wunschtraum ist und die Realität ein ganz anderes Gesicht hat. Doch dürfen wir das theoretische Ziel nicht aufgeben. Alles, was Menschenantlitz trägt, ist in den geltenden Erklärungen zu Würde und Recht des Individuums auf eine Stufe gestellt. Nur: Wie kann man aus lauter selbständigen Monaden eine Gesellschaft bauen?
Materialiter ist die Ethik des menschlichen Zusammenlebens im AT von Themen beherrscht, die heute noch aktuell sind, wenngleich mit neuen, besonderen Akzentuierungen. Sehr wichtig waren den Alten das positive, gemeinschaftsfördernde Miteinander „ohne Trug", das sexuelle Wohlverhalten und – schon im extrafamiliären Umgang – die wirtschaftliche Ehrlichkeit, der Schutz des Eigentums und die solidarische Hilfe für sozial Schwache. Gewaltanwendung und Glaubensdifferenzen spielten anscheinend eine eher untergeordnete Rolle, trotz des grundlegenden Dreierverbotes, des „Tötens, Ehebrechens, Stehlens" (vgl. Ex 20,13–15), der Aufmerksamkeit, die kriminelles Verhalten

unweigerlich erzielt und der gelegentlichen Verdammung von Mischehen. Im Bereich des persönlichen Umgangs miteinander erwarten alle biblischen Quellen Geradheit, Lauterkeit, Offenheit. Lüge ist ihnen verhasst und der Vorwurf von Falschheit ergeht gegen offene Feinde und treulose Freunde:

> Meine Feinde wünschen mir Schlimmes: / „Wann wird er sterben, wann ist sein Name verschwunden?"
> Besucht mich einer von diesen Schuften, / so redet er schön, doch in ihm hockt die Bosheit. Er geht – und draußen tratscht er.
> Die mich hassen, ziehen gemeinsam über mich her; / sie führen Böses gegen mich im Schild. Dass ein Unglück den Gehässigen niederwerfe! / Liegt er unten, soll er nicht wieder aufstehen.
> Sogar mein engster Vertrauter, / ein Mensch, auf den ich mich verließ,
> der an meinem Tisch aß, / hat sich hinterlistig gegen mich verschworen. (Ps 41,6–11; nach Zu Hilfe, mein Gott, 73)

Der Kranke, der hier betet, fühlt sich in der Krise verlassen (vgl. Ps 55,13–15; 88,9.19). Die Verpflichtung zur Solidarität hat in seinem Umfeld (Gemeinde?) aus irgendeinem Grunde nicht funktioniert. Ausgrenzung durch die Familien- oder Glaubensgemeinschaft ist eine tödliche Strafe; die Rehabilitation von Genesenen oder Freigesprochenen wird in Dankliedern überschwänglich gefeiert (vgl. Ps 22,24–27; 30; 32; 40,1–11; 116; 118). Beschuldigte oder Verdächtigte versuchen, durch Reinigungseide ihre Unschuld zu beweisen (vgl. Ps 7; 17; 26). Lüge ist fast schlimmer als Diebstahl und wird im Verein mit diesem mit dem Tod bestraft (vgl. Jos 7). Unbestechlichkeit im örtlichen Gerichtsverfahren ist eine spezielle Variante der persönlichen Grundtugend (vgl. Ex 23,1–9). Die Ächtung von Lüge und Betrug ist auch in den Katalog der Heiligkeitsvorschriften (Lev 19,11.17f) einbezogen, so als ob Falschheit jeder Art kultisch unrein mache. Kurz, in Übereinstimmung mit altorientalischen Verhaltensregeln – die internationale Weisheit hat von Ägypten bis Persien weithin ähnliches Gedankengut vermittelt – legen Tora und Propheten des atl. Kanons dem judäischen Jahweverehrer im innersten Kreis seiner Gruppe die Qualitäten des aufrechten, der Wahrheit und der Gemeinschaft verpflichteten Menschen nahe. Dem ansässigen Ausländer sollen möglichst gleiche Rechte und Pflichten zukommen; nach außen grenzt man sich in der Regel ab, diskutiert dieses Problem aber unter dem Aspekt der universalen Wirksamkeit Jahwes (Jona; Ester; s.u. IV.5.4). – Die atl. Einstellungen zur persönlichen Lauterkeit verdienen im Zusammenhang unserer eigenen Lebensgestaltung höchste Beachtung. Besonders das Element der Gruppensolidarität ist im neuzeitlichen, dem Individuum übermäßig verpflichteten Denken neu zu definieren.

Im Bereich des Sexualverhaltens herrschten in antiken Zeiten (bei oft freierem Diskurs) stärkere Tabuisierungen als heute; der unterschwellige Fortbestand archaischer Ängste bis heute soll nicht geleugnet werden. Auf Lev 18 und 20 ist schon hingewiesen worden (s.o. III.1.1.3). Da sind priesterliche Heiligkeitsvorstellungen am Werk, wie sie ähnlich z.B. in hethitischen Ritualvorschriften erhalten sind.[592] Allgemein lässt sich konstatieren: Der angstbesetzte Umgang mit der Sexualität besonders im Zeitalter des Zweiten Tempels hat sich vor allem in der christlichen (danach auch in der islamischen) Tradition verheerend ausgewirkt. Frauen wurden von den „reineren", für den Opferdienst „geeigneteren" Männern diskriminiert, der besonderen Veranlagung für das Böse und Abtrünnige bezichtigt und aus dem öffentlichen Leben in Kirche und Gesellschaft weit-

---

[592] Vgl. TUAT II, 282–292; ANET³, 207–211, s.o. IV.4.2.

gehend ausgeschlossen.[593] Männliche Homosexualität stand und steht vielerorts unter dem Verdikt der abartigen Sünde.[594] Die positiven Beziehungen der Geschlechter zueinander leiden unter den Herrschaftsansprüchen des eigenen (meist männlichen) und Verdächtigungen des anderen Geschlechts. Dabei sind die antiken biblischen, zutiefst von überholten Tabuvorstellungen geprägten Ansichten als maßgebliche Mitverantworter des heutigen Geschlechterkampfes nicht gebührend im Blick. Die andauernden Diskriminierungen des Weiblichen lassen sich aber nur überwinden, wenn die Wurzeln des Übels in der biblischen Antike aufgedeckt werden. Das muss in der Moderne unter Berücksichtigung der veränderten Gesellschaftsstruktur geschehen. Es geht nicht länger an, dass Sexualethik auf dem Fundament einer nur noch fiktiven, bäuerlichen und familiären Grundstruktur gestaltet wird. Die aufgekommenen neuen Lebensgemeinschaften und die tatsächlichen familialen Organisationsformen sind Ansprechpartner. Kleinfamilie, allein erziehende Erwachsene, gleichgeschlechtliche Partnerschaften, verschiedenartige Wohngemeinschaften treten haben die patriarchale, bäuerliche Großfamilie überholt. Das bedeutet aber nicht, dass alle modernen Formen des Zusammenlebens per se ideal seien. Auch die antiken Strukturen und Rollen können in der Auseinandersetzung um neue Parameter Hinweise auf Schwächen und Desiderate im modernen Gruppenleben geben. Der Geist des gleichberechtigten Miteinanders von Frauen und Männern, Kindern und alten Menschen, der schon in den biblischen Texten verstohlen anklingt, muss allerdings in der heutigen Zeit besser bedacht werden.

Das ökonomisch-soziale Verhalten schließlich ist atl. in besonderer Weise durch die Binnen- und Außenperspektive geprägt. Vom „Ausländer darfst du Zinsen nehmen, aber nicht von deinem Bruder" (Dtn 23,21; vgl. Ex 22,24; Lev 25,36). Die Sicherung der physischen Existenz und die Bewahrung eines menschenwürdigen Lebensstandards spielen in der judäischen Gemeinde eine überragende Rolle und haben die nachfolgenden Generationen jüdischer, christlicher und muslimischer Gemeinschaften aufs stärkste geformt. Ob es um den Lebensunterhalt geht oder die Erhaltung des Familienerbes, gerechten Lohn oder die Menschenwürde: Die antiken Gesetzgeber und Prediger haben mit Leidenschaft dafür gekämpft, den Armen nicht aus den Augen zu verlieren, dem Enteigneten und in die Schuldknechtschaft Geratenen unter die Arme zu greifen, dem Behinderten und Verwaisten Lebenschancen zu eröffnen, für die Witwen und gering bezahlten Saisonarbeiter eine offene Hand zu haben. Die Appelle richten sich an alle Mitglieder der judäischen Glaubensgemeinschaft, oft unter Verweis auf die ferne, geschichtliche Erfahrung der eigenen Unterdrückung und Ausbeutung in Ägypten (vgl. Lev 19,34; Dtn 24,18.22). Geschwisterliche Verantwortung in der Gemeinde drängt darauf, dass Eigentum auch als gemeinsames Gut verstanden wird, wie in der Familie. Der Privatbesitz wird nicht angezweifelt, siehe Diebstahlverbot. Aber die soziale Verpflichtung des eigenen Besitzes wiegt schwer; sie ist auch in den christlichen Folgetraditionen je und dann zum Tragen gekommen bis hin zu der lapidaren, heute wenig wahrgenommen Feststellung des Grundgesetzes: „Eigentum verpflichtet".[595] In jedem Fall geht von den hebräischen Schriften eine starke, theologisch, geschichtlich und moralisch begrün-

---

[593] Vgl. H. Schüngel-Straumann, Frau; M.-Th. Wacker, Der Gott der Männer und die Frauen, Düsseldorf 1987; Ida Raming, Der Ausschluss der Frau vom priesterlichen Amt, Köln 1973; s.o. IV.2.3.
[594] Vgl. E.S. Gerstenberger, Homosexualität; J. Boswell, Christianity; s.o. IV.4.2.
[595] Artikel 14 Abs. 2 des Grundgesetzes der Bundesrepublik Deutschland lautet: „Eigentum verpflichtet. Sein Gebrauch soll zugleich dem Wohle der Allgemeinheit dienen." (Fassung vom 23. Mai 1949; bisher formal nicht abgeändert).

dete Motivation zu sozialem Verhalten innerhalb der eigenen Glaubensgemeinschaft aus. Sie schließt wirtschaftliche Zielsetzungen ein. Die Gemeinde soll eng zusammen leben, vom Erarbeiteten die Schwachen mit tragen. Das „soziale Netz" ist eine Schöpfung der nachexilischen Jahwe-Gemeinschaft.

Mit gutem Grund lässt sich also festhalten, dass die heutigen ethischen Grundwerte, die Würde und Freiheit des Menschen, in der judäischen Tradition ihre Wurzeln haben. Kontextuell verschiedene Akzentuierungen dieser Werte sind selbstverständlich vorhanden. Im biblischen Muster von Freiheit und Würde spielen patriarchale, ethnische, magische, theologische Momente eine Rolle, die wir in dieser Form jedenfalls nicht bewusst und öffentlich anerkennen wollen. Unterschwellig mögen sie noch lebendig sein. Aber unser „rationales" Bild vom autonomen Individuum, das alle Freiheiten der Selbstentfaltung genießt und durch keinerlei Sonderrechte über andere hinausgehoben wird,[596] lässt die früher selbstverständlichen Differenzierungen und Staffelungen der Menschenwürde nicht mehr zu. Für uns gilt theoretisch, was manche biblischen Zeugen ebenfalls im Blick hatten: „Für Ausländer und Einheimische soll einerlei Gesetz gelten." (vgl. Ex 12,49; Lev 18,26; 19,34; Num 9,14). Unsere Bemühungen um Gleichwertigkeit aller Menschen gehen damit in dieselbe Richtung wie die unserer spirituellen Vorfahren, trotz der unterschiedlichen gesellschaftlichen Konstruktionen damals und heute. Im notwendigen Dialog mit den biblischen Zeugnissen werden wir also die gleichen Grundintentionen wie auch die kontextuellen Besonderheiten wahrnehmen, theologisch verarbeiten, und dabei auch von den alten Erkenntnissen und Erfahrungen lernen. Das gilt insbesondere von der Stellung und Bewertung des und der einzelnen im Gefüge der unterschiedlichen Primärgruppierungen.

IV.5.3 Gottesvorstellungen

Hinter allen ethischen Überlegungen und Systematisierungen stehen Vorstellungen von Gottheiten und Weltstrukturen, übermenschlichen Kräften und bösen Einflüssen, die das Lehrgebäude für richtiges menschliches Verhalten nicht unwesentlich mit bestimmen. Darum muss an dieser Stelle noch einmal von Gottesvorstellungen die Rede sein, jetzt speziell in ihrer Auswirkung auf das biblische Ethos und ihren Implikationen für die Jetztzeit.

Das Gottesbild der nachexilischen Jahwe-Glaubensgemeinschaften schwankt zwischen der persönlich nahen und der universal-weltherrlich fernen Gottheit; es fehlen ihm weitgehend die autokratischen Züge einer unmittelbar erfahrenen Gottes-Gnaden-Monarchie. Der Kadavergehorsam, aus solchen absolutistischen Verhältnissen bekannt (vgl. Klaus Mann, Der Untertan), ist den hebräischen Schriften weitgehend fremd. Man sieht Gott als den mit hoher Autorität ausgestatteten Anführer, Schutzpatron oder Berater der Kleingruppe, aber man setzt sich mit Ihm / Ihr auseinander, gesteht eventuell Verfehlungen ein, beharrt aber auf seinem Recht. Die Klagepsalmen beweisen das zur Genüge (vgl. vor allem Ps 7; 17; 26). Das Buch Hiob bietet eine besondere Argumentation gegen den Gott, der scheinbar willkürlich entscheidet. Der universale Weltenherr auf der ande-

---

[596] Vgl. die Grundrechte des Grundgesetzes der BRD, besonders Artikel 3: „(1) Alle Menschen sind vor dem Gesetz gleich. (2) Männer und Frauen sind gleichberechtigt. (3) Niemand darf wegen seines Geschlechtes, seiner Abstammung, seiner Rasse, seiner Sprache, seiner Heimat und Herkunft, seines Glaubens, seiner religiösen oder politischen Anschauungen benachteiligt oder bevorzugt werden."

ren Seite lenkt in seiner Weisheit die Geschicke der Völker. Er sorgt für gerechten Ausgleich nach Leidenszeiten, zieht Täter zur Rechenschaft, bewirkt neues Wohlergehen für solche, die schwer gelitten haben. Zunehmend denken Gemeindemitglieder an einen eschatologischen (apokalyptischen) Ausgleich, weil nach Menschenermessen die geschichtlichen Rechnungen sonst nicht aufgehen können. Das Ergehen der einzelnen ist bei universaler Betrachtungsweise eingebettet in das Gesamtgeschehen. Beide Ebenen lassen sich nicht miteinander verrechnen. Sie sind getrennt durch Zwischenstufen menschlicher Vergesellschaftung, die ihrerseits nach menschengerechten Recht verlangen.

Auf dieser mittleren Ebene ist von dem Gott die Rede, der die einzelnen und ihre Familien gerecht beurteilt, ihnen zu ihrem Recht verhilft, sie zur Rechenschaft zieht. Staatliches Recht ist in den hebräischen Schriften so gut wie unbekannt. Wo sollte es auch zu finden sein in der Masse exilisch-nachexilischer Literatur, die doch unter dem Eindruck des Zusammenbruchs der Monarchie und heftiger Schuldzuweisungen an das verflossene Königtum entstanden ist? Der dtr. König ist jedenfalls kein Gerichtsherr mehr, sondern ein Tora-Student (Deut 17,14–20). Die genuinen Rechtsbestimmungen (vgl. vor allem Ex 21–23; Dtn 22–25) stammen, so sagten wir schon, überwiegend aus den lokalen Wohngemeinschaften. Andere, besonders die sakralen Normen (vgl. Lev 11–15; 18–20) gehörten von vornherein zu den heiligen Versammlungen des Nachexils. Welche Gottesgestalten erscheinen in diesen unterschiedlich konzipierten Sozialgebilden? Wie bestimmen sie die materielle Ethik?

Die humanen Werte der Zeit – von der Ehrlichkeit bis zur Hilfsbereitschaft – mit ihrer spezifischen Rangfolge der sozialen Rollen sind maßgebend gewesen für die göttlich sanktionierte ethische Orientierung besonders der jungen Generation. Es dürfte nicht schwierig sein, in entsprechenden heutigen Verhaltensmustern die persönlich gefasste Gottheit und ein analoges, auf die Personenstruktur der Gesellschaft gemünztes ethisches System zu konstruieren. Moderne Abwandlungen im Blick auf allgemeine, unveräußerliche, individuelle Menschenrechte liegen auf der Hand. Schwieriger wird es, die Gottesvorstellungen und Verhaltenskodizes im Bereich des numinos Heiligen zu verstehen und ihre Analogien im heutigen Gefüge zu erkennen bzw. neu zu installieren oder abzulehnen. Das Heilige ist aus unserer erfahrbaren Welt wenn nicht ausgewandert, so doch weitgehend rational verdrängt worden. Die Grundfrage ist, ob es als theologische Grundkategorie inmitten der westlichen, naturwissenschaftlich geprägten Welt eine Daseinsberechtigung behält. Alle durch Heiligkeitsaussagen begründeten ethischen Maxime sind uns von vornherein suspekt. Sie entbehren einer rational fassbaren Begründung, wie z.B. die Reinheits- und Unreinheitsvorschriften und alle Tabuisierungen sonst. Das Verbot, gewisse Tiere zur Nahrung zu benutzen oder auch nur anzurühren (vgl. Lev 11), die graduell gestufte Scheu vor sexuellen Handlungen und körperlichen Ausflüssen (vgl. Lev 12–15; 18; 20), die Angst vor bösen Dämonen und schlimmen Omina (vgl. Ps 91) sind uns nicht geheuer, denn wir leben eigentlich in einer von der Magie „befreiten" Welt. Das antike Verständnis der Zusammenhänge aber setzt auf Schritt und Tritt persönlich agierende göttliche und geisterhafte Kräfte voraus und verlangt nach anpassenden Verhaltensweisen: Keiner darf der Gottheit zu nahe kommen, sonst trifft ihn oder sie automatisch und ohne mildernde Umstände die göttliche Vernichtung (vgl. 2 Sam 6,6f; Lev 16,2; Ex 33,20). Die Heiligkeitsethik gründet also auf einer ganz anderen Basis als das Persönlichkeitsethos der zwischenmenschlichen Beziehungen.

Nun muss aber die Frage gestattet sein, ob diese in der exilisch-nachexilischen Gemeinde aufbewahrte, so andersartige ethische Perspektive (sie wird von uns in der Regel völlig ignoriert) unter den veränderten Bedingungen der Neuzeit eine ungeahnte Bedeutung bekommen kann. Gott wirkt eben nicht nur in persönlichen Bezügen und innerhalb einer von Persönlichkeitswerten konstruierten Welt. Er oder sie ist auch in den unpersönlichen Kraftströmen von Natur und Geschichte präsent, welche das Leben umfassend mitbestimmen. Sollten die naturwissenschaftlich erkennbaren, dennoch unbegreiflichen Dimensionen des Seins nicht Ehrfurcht verdienen? Auch nach unserer Erfahrung ist völlig klar, dass nicht nur individueller Wille die Wirklichkeit gestaltet. Zwar nimmt man unreflektiert an, fast alle Prozesse, in denen wir uns vorfinden, seien machbar oder steuerbar. Aus diesem Glauben entsteht ein starkes Vertrauen in die Zukunft, aber auch ein ebenso starkes Angst- und Verantwortungsgefühl, das wiederum beim Versagen nobelster Pläne zur Verbesserung des Lebens in tiefe Depression führen kann. Menschen, die tieferen Einblick in Forschung und Planung der Zukunft haben, lernen normalerweise, wie außerordentlich prekär die Hypothese von der Machbarkeit da steht. Wetter- und Wirtschaftsprognosen, Krankheits- und Genesungsprozesse, politische und religiöse Entwicklungen bergen in jedem Fall unvorhersehbare Konstellationen in sich, welche menschliche Voraussicht ad absurdum führen. Die stolzen Thesen von der Machbarkeit der Zustände werden ständig von den sich verändernden Wirklichkeiten überholt.

Biblische begründete Theologie wird, besonders im Blick auf die nachexilische, judäische Gemeinde und ihre Welterklärung, den großen Bereich der unpersönlichen Präsenz Gottes (Heiligkeits- und Weisheitstheologie) neu wahrnehmen müssen. Es geht natürlich nicht an, einfach die magisch-numinosen Züge und Grundeinstellungen der alten Überlieferung kopieren zu wollen. Aber die sorgfältige Unterscheidung von personhaftem und dynamistischem Weltverständnis gibt uns die Mittel an die Hand, auch für den heute erlebbaren impersonalen Bereich anonymer Kräfte in unserer Welt, seien sie nun wissenschaftlicher, technischer, ökonomischer, politischer oder religiöser Art, Gottes Präsenz zu konstatieren und geeignete ethische Verhaltensregeln im Umgang mit jenen Potenzen zu entwerfen. Schon bei der Skizzierung der Fragestellung wird klar: Die unterschiedlichen Interpretationsweisen der Wirklichkeit haben mannigfache Berührungen zu einander. Doch stehen sie – weil wir notwendig fragmentarisch denken und die Einheit der Welt nur als Ahnung bei uns haben – auch unversöhnlich einander gegenüber. Personale und dynamistische Anforderungen an die menschliche Gesellschaft lassen sich nicht einfach miteinander verrechnen. Sie stoßen sicherlich hier und da hart aufeinander, so wie das auch nach den atl. Beispielen der Fall war. Das soll noch kurz angedeutet werden.

In der industriellen westlichen Welt gelten heute vorrangig Zwänge und Gesetzmässigkeiten, die sich mit einer personhaft gedachten Welt nicht vereinbaren lassen. Das, was wir Gott nennen, ist aber – genau wie in der von Heiligkeitsvorstellungen beherrschten antiken Teilsicht der Welt – auch innerhalb der unpersönlich ablaufenden Vorgänge anwesend. Wenn sich in einem menschlichen Körper Krebszellen selbstständig machen und die betroffene Person zerstören, sind wir, die wir in personalen Kategorien denken, ratlos. Das gleiche gilt für Naturkatastrophen, die Menschenleben fordern und Zerstörungen anrichten, aber auch für von Menschen gemachte selbstmörderische Konflikte. Es gilt zudem für die langfristigen Entwicklungen in der Menschheit, die zum Zusammenbruch der guten Lebensbedingungen auf dem Planeten Erde führen. Erklärungen auf der Basis individueller Entscheidungsmöglichkeiten und personaler Verantwortung greifen zu kurz. Leider hat auch die christliche Ethik bisher lediglich Kategorien aus dem interpersonalen Beziehungsnetz, die ursprünglich in den kleinen und mittelgroßen

Gemeinschaften entstanden sind, und die entsprechenden persönlichen Gottesvorstellungen der Bibel als Parameter benannt. Die Gottheit der nicht personalen Kräfte und Verhältnisse, der wir sehr wohl in biblischen Texten begegnen, ist dagegen inmitten einer modernen, überwiegend unpersönlich konstruierten Welt weitgehend ignoriert worden. Wie können wir aber Göttlichkeit in den mannigfachen, oft als „naturgesetzlich" deklarierten Prozessen dieser Welt erfassen? Wir kommen nicht daran vorbei, den verschiedenen „Gesetzmäßigkeiten", die wir aufgrund des heutigen Wissensstandes erkennen, eine gewisse Daseinsberechtigung zu zusprechen, auch gegenüber den Interessen der Einzelperson, der kleinen sozialen Gebilde. Die legitimen Regeln einer Gesamtgemeinschaft können nicht auf jedes Individuum Rücksicht nehmen, ganz zu schweigen von Naturgewalten klimatischer oder tektonischer Art. Die Einzelinteressen haben sich den übergreifenden Mächten bis zu einem gewissen Grad unterzuordnen. Dennoch muss es aus theologischer Sicht eine Hinterfragung der anonymen Geschehensabläufe geben. Sie sollen ja nach biblischem Verständnis dem Erhalt der Welt dienen oder sich eben an dieser lebensfreundlichen Grundintention messen lassen. Gottheit im großen Gefüge des Weltzusammenhangs ist das, was der Förderung des Lebens dient, jedenfalls aus der kleinen Perspektive des Planeten Erde am Rande des Milchstraßensystems und in der Mitte einer auf 20 oder 30 Milliarden Jahre geschätzten Universalzeit. Die scheinbar so schematischen Prozesse, die wir beobachten und denen wir ausgesetzt sind, lassen sich also sehr wohl theologisch als gut – schlecht – und gemischt klassifizieren. Wir können an sie Maßstäbe anlegen und von Gottes Wirken in und mit ihnen sprechen, wobei Gott als geheimnisvolle Segensmacht in ihnen, nicht als außerweltlicher Regisseur verstanden wird. Ansätze zu diesem Verständnis sind in der Bibel z.B. die Heiligkeits- und die Weisheitstheologien; möglicherweise haben andere, z.B. asiatische Religionen, eine größere Affinität zu dem Gott der unpersönlichen Mächte und Gewalten.

Geht man von diesen unterschiedlichen Gottesvorstellungen aus, dann erscheint das biblische Theodizeeproblem in einem anderen Licht. Gerechtigkeit, Solidarität und Liebe auf den persönlichen Entscheidungsebenen werden immer wieder durch großflächige, mit personalen Kriterien nicht fassbare Machteinbrüche zunichte gemacht. Die Anklagen Hiobs, Gott handele willkürlich, nehme keine Rücksicht auf die Integrität des Opfers, sind aus der personhaften Perspektive berechtigt, gehen aber ins Leere. Die weisheitlich gestimmten Antworten Gottes an den um seine private Rechtfertigung kämpfenden Rebellen können die Anklage nicht stillen; sie weisen lediglich auf die Unvereinbarkeit der Standorte hin. Persönliches Leiden hat grundsätzlich mit dem großen Weltzusammenhang und seinen Gesetzmäßigkeiten nichts zu tun. Beide Aspekte sind miteinander unverrechenbar. Am Ende des Hiobbuches stehen Schadensausgleich und neue Segnung des Geprüften, ohne dass das theologische Problem gelöst worden wäre. Judäische Theologie der Nachexilszeit hat die gespaltene Gotteswirklichkeit erkannt, christliche Tradition hat sie dagegen weitgehend ignoriert. Höchstens bei mystischen und für die Naturwissenschaft sensiblen Denkern kommen Fragen nach dem unpersönlich agierenden Gott auf.

Zwei moderne Lebens- oder Themenbereiche drängen heute in besonderer Weise auf eine Klärung der Gotteskonzeptionen. In beiden reichen die personhaften Vorstellungen für eine sachgemäße theologische Rede von Gott nicht aus. Einmal geht es um die Bewahrung der Schöpfung und damit das Überleben der Menschheit auf dem Planeten Erde. Zum anderen um die zur Zeit übermächtigen wirtschaftlichen und technischen Kräfte, welche das Leben transformieren, die Zukunft in Frage stellen. Die beiden Felder sind ursächlich miteinander verschränkt und können nur zusammen betrachtet werden.

Über die schlimmen Gefährdungen des Lebens sind sich die meisten Beobachter der Weltszene im Klaren. Es ist darum sinnvoller, von den theologisch erkennbaren Chancen zu sprechen. Wie sind Ökonomie und Ökologie zu vereinbaren? Welche Rolle spielen die lebenserhaltenden göttlichen Kräfte? Nach ihnen haben wir in der Tat Ausschau zu halten. Die explodierenden Möglichkeiten der Menschheit, die Erde neu zu gestalten, bringen enorme Risiken mit sich (wer denkt dabei nicht an Gen 11,1–9?). Trotzdem lassen sich die paradiesisch guten Chancen für den Aufbau einer friedlichen, harmonischen, gerechten Welt erahnen (vgl. Jes 11,1–9). Mehr noch: Ein kleiner Teil der Menschheit genießt bereits die Errungenschaften menschlicher Kreativität, in der sich göttliches Gutsein abbildet, in vollen Zügen (allerdings von Angst geplagt, weil so viele Habenichtse von den Segnungen der Produktivität ausgeschlossen sind). Die Zahl der Unternehmungen zugunsten eines nachhaltigen Naturschutzes sind Legion; viele sind sehr erfolgreich. Auch wenn alle zusammen nur einen Tropfen auf den heißen Stein darstellen, so sind es doch anschauliche Beispiele für die Möglichkeiten, das Leben dauerhaft, d.h. in den von uns einigermaßen überblickbaren Zeitspannen von Jahrzehnten oder Jahrhunderten zu bewahren. Die förderlichen Techniken und Verhaltensweisen sind bekannt, sie müssen nur allgemein durchgesetzt werden. Das bedeutet: Es geht um die Vermeidung von Fehlern, um die richtige Ausbalancierung von Eigennutz und Gemeinwohl, um die Erkenntnis der gemeinsamen, weltweiten Verantwortung für das Ganze.[597] Das aber ist die theologische Grundnote bei allen Bemühungen um eine zukunftsträchtige Weltordnung: Göttlich ist in dem großen Ablauf der natürlichen und geschichtlichen Prozesse alles, was das Leben fördert und erhält. Menschliche Verantwortung ist es, unter Zurückstellung exzessiver Eigeninteressen die nachhaltige Entwicklung auf dem Planeten Erde voranzutreiben.

Die Unterscheidung personengebundener und dynamistischer Theologie in den judäischen Schriften ist nur ein Problem theologischer Rede. Ich verweise noch einmal auf ein anderes, aktuelles Problemfeld, das sind biblische Aussagen über Gottes Macht und Ohnmacht. Oben hatten wir die Entdeckung der Universalität und Allverantwortlichkeit Gottes in der Perserzeit herausgestellt. Sie entspricht den gemeindlichen Erfahrungen innerhalb eines universalen Imperiums. In Opposition dazu standen die zahlreichen, tief wirkenden Erlebnisse von Ohnmacht, welche auch die Tradition stark geprägt haben. Judäische Zeugnisse von Leiden, Unterdrückung, Ausbeutung durch die imperialen Herren sind zahlreich zu finden. Die kollektiven Klagelieder (vgl. Ps 44; 74; 79; 80; 83; 137; Klgl) geben davon einen lebhaften Eindruck, ebenso viele Texte aus den Prophetenbüchern, besonders die in den so genannten Gesängen vom Knecht Jahwes überlieferten (Jes 41,8–16; 42,1–9; 44,1–5; 49,7–13; 50,4–11; 52,13–53,12). Die Erfahrungen von Erniedrigung gaben der theologischen Erkenntnis Raum, dass der persönliche Gott nicht nur derartiges Leiden zulässt oder seinem Volk verordnet, sondern dass er / sie selbst darunter leidet, sich sogar seiner / ihrer Macht entäußert und solidarisch mit den Geschundenen in die Tiefe absteigt. Das Motiv der göttlichen Macht-Entäußerung ist im Alten Orient nicht unbekannt. Inanna tritt die Höllenfahrt an und muss sich Stück um Stück ihrer göttlichen Insignien und der darin symbolisierten ME, der göttliche Kräfte, entblößen. Am Ende hängt ihr Körper an einem Haken im Thronsaal der Unterweltsgöttin.[598] Im Kontext der judäischen Überlieferungen ist das Motiv nicht mythologisch aus-

---

[597] Vgl. Hugo Assmann und Jung Mo Sung, Competência.
[598] Auch Baal verliert im Ablauf der Jahreszeiten seine Leben spendenden Fähigkeiten und wird wieder erweckt, vgl. TUAT III, 1091–1198, bes. 1185–1198 (M. Dietrich und O. Loretz); M.S. Smith, The Ugaritic Baal Cycle, vol. I, Leiden 1994 (VT.S 55).

gemalt, aber der Sache nach präsent. Das bedeutet: Die Gemeinde der Perserzeit hat Gott auch in einer besonderen Beziehung zum Leiden und mit einer besonderen Vorliebe für die Leidenden gesehen. Frühchristliche Theologie hat diese theologische Konzeption aufgenommen. Jesus wurde der exemplarische Gottesknecht, der sich bis zur Selbstaufopferung für die Verdammten dieser Erde einsetzt. Starke Strömungen innerhalb der christlichen Kirchen haben ähnliche Gedanken und Erfahrungen besonders in Verfolgungssituationen weiter gepflegt. Manche Kirchen der so genannten „Dritten" und „Vierten" Welt sind in der neuesten Zeit dem theologischen Beispiel gefolgt. Gottes „Option für die Armen" ist zu Recht aus biblischen Quellen in heutige Situationen von Ausbeutung und Menschenrechtsverletzungen hinein aktualisiert worden. Kurz, wir verdanken den judäischen Theologinnen und Theologen der Perserzeit auch das theologische Konzept der Niedrigkeit, Leidensbereitschaft und solidarischen Hilfe Gottes. Angesichts der sozialen Stratifikation der Menschheit und der zunehmenden, weltweiten Verelendung von steigenden Anteilen der Bevölkerungen ist eine derartige Theologie unabdingbar. Sie erwächst aus der Bibellektüre innerhalb der betroffenen Schichten und bildet aus deren Erfahrungen und Interpretationen eine legitime, kontextuell zu verantwortende Theologie. In ähnlicher Weise sind in den letzten Jahrzehnten theologische Entwürfe aus feministischer Sicht und aus dem Blickwinkel von unterdrückten Minderheiten entstanden. Sie stellen Teilansichten einer eschatologisch fernen Gesamttheologie dar.

IV.5.4 Globale Gesellschaft

Die biblisch-theologische Bilanz der Perserzeit läuft darauf hinaus, dass wir die zahlreichen Impulse aus den damaligen judäischen Gemeinden in unseren heutigen Situationen aufnehmen und sie als kritisch zu befragende Orientierungshilfen für unsere eigenen theologischen und ethischen Entwürfe verstehen. Die sorgfältige Analyse der eigenen Gegenwart ist Vorbedingung für jeden tragfähigen theologischen Entwurf. Die Analyse wird sich einmal auf jene Hauptdaten konzentrieren, die im Licht der jüdisch-christlichen Tradition als relevant gelten müssen: Menschsein – Schöpfung – Gerechtigkeit – Frieden – Verfehlung – Heilung usw. Zweitens werden wir die Grundwerte der Zeit ernst nehmen müssen, die sich z.T. mit den Parametern der Bibel überdecken: Menschenwürde – Toleranz – Freiheit – Gerechtigkeit – Frieden – Natur. Die fundamentale Ebene der Analyse ist die gesellschaftliche. Im komplexen Ineinander der Sozialstrukturen wachsen die kulturellen und religiösen Denk- und Empfindungsmuster, mit denen sich Theologie auseinander zu setzen hat.

Dass sich die Menschheitsgesellschaft diachron gesehen allmählich von unten nach oben aufgebaut hat, ist nach Auswertung der archäologischen Daten des Vorderen Orients, Ägyptens und afrikanischer wie asiatischer früher Lebensräume kein Geheimnis. Wir dürfen nur nicht der Illusion verfallen, der sich christliche Theologie seit der konstantinischen Wende zu gerne hingegeben hat: als ob die sozialgeschichtlich „höhere", weil größere Macht verheißende Organisation die erstrebenswertere und ethisch bessere sei. In der Postmoderne hat im Gegenteil die Überzeugung Raum gewonnen, dass menschliches Leben sich vor allem in den Kleingruppierungen erfüllt. Die sozialwissenschaftliche Analyse der heutigen Globalgesellschaft sollte darum tunlichst wertungsfrei sein und der Menschenwürde in den kleinen Alltagsverhältnissen den gebührenden Platz einräumen. Herrschaftsträume werden also relativiert oder gar auf Solidarität und Verantwortung umgepolt.

Seit vielen tausend Jahren arbeiten die Menschen an der Konstruktion ihrer sozialen Wirklichkeit.[599] Die Baumuster sind grundsätzlich gleich geblieben: Verwandtschaftsgruppen bilden das uralte Basisgeflecht jeder weiteren Vergemeinschaftung. Sozialgebilde mittlerer Größe, in denen noch persönliche Beziehungen (*face-to-face relationships*) möglich sind, koordinieren die Interessen der angegliederten Familien, Sippen und Bruderschaften. Ein tiefer Bruch entsteht mit dem Übergang zu anonymen Großgesellschaften. Bürokratische und statistische Verfahrensweisen müssen nun das persönliche Miteinander überlagern. Die menschliche Weltgesellschaft mit ihrer unübersehbaren Vielfalt an Sprachen, Kulturen, Glaubensrichtungen und Verhaltensweisen ist nur noch als Vision erlebbar (vgl. Apg 2,1–13; Ps 87) oder in abstrakten Gedankengebäuden zu erahnen. Die judäischen Gemeinden der Perserzeit und nach ihnen jüdische und christliche Konfessionsgemeinschaften bis heute existierten tatsächlich an der Schnittstelle von personaler und anonymer Organisationsform. Diese prekäre Grenzsituation ließ ihre Gotteserkenntnis und Welterfahrung so aktuell bleiben.

Bei genauerem Zusehen ergeben sich allerdings z.T. erhebliche Unterschiede zwischen den antiken und modernen Globalstrukturen. Besonders am unteren und oberen Rand der Menschheitsorganisation haben sich die Gewichte verschoben. Während in der biblischen Zeit der Einzelne weitgehend in seine Familie eingebettet war und kaum ohne sie leben konnte, ist es das erklärte Ziel unserer Zeit das Individuum völlig eigenständig und verfügbar zu machen. Das gilt vor allem für Ausbildung und Beruf, und diese im Grunde „monadische" Existenz wird abgesichert durch die starke Betonung der Persönlichkeitsrechte und der unverletzlichen Würde der Einzelperson. Elementarer Baustein aller menschlichen Vergesellschaftung und höchstes Ziel aller Ambitionen ist heute der (geschlechtsneutrale!) Einzelmensch. Diese Wertordnung hat weitreichende Folgen für Glauben und Lebensführung in der Moderne.

Die kleinen und mittelgroßen Gruppierungen der Neuzeit unterscheiden sich z.T. erheblich von ihren antiken Vorgängerinnen. Jeder Beobachter, jede Beobachterin heutiger sozialer Verhältnisse kennt die Klage über den Funktionsverlust der Familie und die schwindende mitmenschliche Solidarität. Dennoch sind die sozialen Konstellationen in diesem Mittelbereich damals und heute noch durchaus vergleichbar. Die Familie wird im Normalfall wie eh und je, besonders in der Kindheit als Ort der Geborgenheit erfahren; die unterschiedlichen Lebens- und Arbeitsgemeinschaften unserer Zeit bieten vielen Menschen Sinn erfüllende Tätigkeiten und Begegnungen. Auch die judäische Erfindung der Konfessionsgemeinschaft besteht in den religiösen Strukturen unserer Zeit weiter. Gottesdienste und Gemeindeaktivitäten heute sind anscheinend gar nicht weit von ihren perserzeitlichen Vorbildern entfernt. Staatengebilde und Staatenbünde, Wirtschaftsunternehmen und Bildungseinrichtungen heute funktionieren ebenfalls nach antiken Grundmustern, wenn auch allerlei Modifikationen eingetreten sein mögen: Die im 19. Jh. entstandenen europäischen Nationalstaaten haben sich ein eigenes Profil zugelegt, doch sie operieren mit denselben Machtansprüchen wie ihre antiken Vorgänger. Die Weltwirtschaft ist aufgrund unglaublicher wissenschaftlicher und technischer „Fortschritte" in ihrer Leistungsfähigkeit überdimensional gesteigert; allein die alten Gesetzmäßigkeiten von Gewinn und Verlust regieren wie gehabt an unseren angeblich so freien Märkten. Im Bildungsbereich sind ein astronomischer Zugewinn an Wissen und eine

---

[599] Vgl. Darcy Ribeiro, O processo civilisatorio, Petrópolis: Editora Vozes 5. Aufl. 1979 (deutsch: Der zivilisatorische Prozess, Frankfurt: Suhrkamp 1971).

Revolutionierung der Kommunikationstechniken zu verarbeiten. Und doch vollziehen sich Lehre und Forschung weiter in Gedankenarbeit und Diskussion.
Bei der Analyse der jetzigen globalen Gesellschaft scheinen mir dagegen wieder grundlegendere Differenzen ins Auge zu springen. Die geographische Ausdehnung der Gesamtmenschheit über fünf Kontinente ist dabei nur ein kleinerer Faktor. Das alte Bild von der Erdscheibe über den Chaosfluten unter einem nahen, mit Fixsternen bestickten Himmel war auf eine bescheidenere euro-asiatische Landmasse begrenzt. Wichtiger ist vermutlich die heute feststellbare feinmaschige Verflechtung aller Regional- und Länder-Wirtschaften und die damit einhergehende ideologische Gleichschaltung der ganzen Menschheit in punkto Markt, Konsum und Glücksidealen. Was eine intensive, fast 2000-jährige christliche Mission nicht geschafft hat, die Durchdringung aller Köpfe auf dieser Erde mit den Parolen einer paradiesischen Konsumwelt, das ist der Markwirtschaft innerhalb weniger Jahrzehnte gelungen. Damit ist unübersehbar ein gemeinsames Ziel für die ganze Menschheit definiert, dem wir uns theologisch zu stellen haben. Gleichzeit bringt die herrschende Marktideologie und ihre Glücksbotschaft wegen ihres (noch?) rücksichtslosen Verbrauchs von Ressourcen und der Marginalisierung großer Bevölkerungsteile die ganze Welt an den Rand des Abgrundes.
Wir werden uns um eine globale, aber nicht um eine kosmische Theologie bemühen müssen. Die antiken Zeugen haben freilich den Kosmos in ihre Spekulationen voll einbezogen. Sie konnten es tun, weil nach ihrer Einsicht die Erde im Mittelpunkt des (aus unserer Perspektive: sehr kleinen) Universums stand. Sonne, Mond und Planeten bewegten sich um die Erdscheibe herum (vgl. Ps 19,5-7). Nachdem Erde und Sonnensystem an den verlorenen Rand einer Galaxie gedrängt worden sind und die Wahrscheinlichkeit besteht, dass im Universum Millionen weitere Sonnensysteme das Phänomen des Lebens hervorgebracht haben, ist es aberwitzig, für alle jene unbekannten Welten theologische Entscheidungen treffen zu wollen. Irdische Theologie ist vergängliches Menschenwerk, gefertigt auf einem äußerst beschränkten Raumstäubchen und in einer ebenso begrenzten Zeit des Universums und hat sich folglich zu bescheiden. Nur innerhalb der erkannten Grenzen können wir Gottesaussagen wagen.
In dem uns zugänglichen Raum und innerhalb der von uns zu verantwortenden Zeit aber dürfen uns sollen wir theologisch denken und glaubend handeln, und zwar umfassend. Das bedeutet nicht, dass Theologie nur mit dem Ganzen zu tun hat, und dass alles Trachten auf den übergeordneten Zusammenhalt der Wirklichkeit gerichtet sein sollte. Im Gegenteil: Der große Überbau sozialer Organisationen über den Einzelmenschen und ihren Kleingruppierungen hat die vornehmste Aufgabe, Chancen und Freiheiten, Verantwortlichkeiten und Rechte im kleinen zwischenmenschlichen Verkehr zu schützen. Theologisch ausgedrückt: Gott ermöglicht menschenwürdiges Leben auf allen Stufen von Vergesellschaftung, sogar in den globalen Strukturen der Neuzeit. Die Humanisierung besonders der globalen Marktwirtschaft ist notwendiges theologisches Programm. Gerechtigkeit und Frieden für alle heißt die Grundforderung im Namen Gottes. Naturschutz, Erhaltung des Biotops Erde, Pflege ihrer begrenzten Ressourcen sind unabdingbare Voraussetzungen humanen Lebens und darum substantieller Teil jeder verantwortlichen Theologie. Die Impulse zu derartigen Erkenntnissen und Einstellungen kommen für uns aus der Bibel, d.h. von den judäischen Gemeinden der Perserzeit.

IV.5.5 Einheit und Pluralität heute

Die Erfahrung von Vielheit, Gegensätzlichkeit und Kampf hat die Menschen zu allen Zeiten geprägt. Unterschiedliche Kulturen, Religionen und Gesellschaften gehen mit dieser sich aufdrängenden Erkenntnis verschieden um. Überlebenswichtig ist in jedem Fall die Verbindung mit den guten, freundlichen oder wohlwollenden Kräften, die in dieser Welt wirksam sind. Im nachexilischen Israel ist, vor dem Hintergrund der im Großreich Persien verbreiteten Botschaft Zarathustras vom einzigen Grund des Seins, der ausschließlich alle Wirklichkeit bestimmende Gott Jahwe entdeckt worden. Damit war gewiss kein Zauberschlüssel zur Lösung aller Menschheitsprobleme gefunden. Der Glaube Israels hat sich mit der Ahnung vom alleinigen Schöpfer und Bewahrer der Welt, von der Monokausalität alles Guten und Bösen, in der gespaltenen Lebenswirklichkeit wahrhaft abgequält. Dass alles auf dieser Erde aus einer Hand und einem Willen fließt, ist angesichts der allgemeinen menschlichen Zerrissenheit und der aufeinanderprallenden irdischen Wirkkräfte kein überzeugender Gedanke. Er führt sich am heftigsten ad absurdum, wenn es um die alltägliche Auseinandersetzung mit menschlichen Gegnern geht, deren Ansprüche und Einstellungen zu den eigenen quer verlaufen. Die hebräischen Schriften geben davon Zeugnis, wie natürlich dann die Grenzlinien zwischen den Konkurrenten verfestigt und religiös überhöht werden. Der angeblich doch einzige Gott für die ganze Welt und alle Völker wandelt sich im täglichen Überlebenskampf sehr schnell zu der partikularen Gottheit, welche nur dem eigenen Wohl und Wehe verpflichtet erscheint. Frühjüdische Bundes- und Erwählungstheologie kann diese sehr menschliche, egoistische Grundhaltung massiv zum Ausdruck bringen. Texte, die andersherum von der Gleichwertigkeit aller Völker überzeugt sind (vgl. das Buch Jona) und ihnen vollen Anteil an dem alleinigen Weltenbeherrscher geben wollen, sind relativ selten und haben auch im Laufe der christlichen Interpretation wenig solidarisierende Wirkungen entfalten können. An sich verlangt doch, wie schon betont, der Glaube an eine universale Gottheit das Offensein für alle anderen Menschen. De facto haben aber judäische Theologinnen und Theologen (wie später ihre christlichen Nachfahren) recht häufig die Allzuständigkeit Jahwes im praktischen Leben ausschließlich für sich selbst beansprucht. Diese in sich widersprüchliche partikular-universalistische Haltung ist besonders im Buch Deuterojesaja anzutreffen (s.o. III.2.2.2; IV.3.2).

Christinnen und Christen haben keinerlei Anlass, auf diese judäischen, theologischen Ungereimtheiten mit Fingern zu zeigen. Als der Glaube an den einzigen Gott im 4. Jh. n.Chr. hoffähig und allgemeingültig wurde, haben die scheinbar so viel weitsichtigeren Anhänger Jesu von Nazaret mit noch größerer Energie die Ausschließlichkeit der einen theologischen Wahrheit verfochten und mittels staatlicher Gewalt im Sinne der eigenen, partikularen Machtenfaltung durchsetzen lassen. Die ganze Welt sollte – man studiere Kreuzzüge, Eroberung beider Amerikas, Glaubenskriege, Ausbreitung westlicher Kolonialimperien oder gewisse neuzeitliche, messianisch-christliche Freiheitskampagnen[600] – dem christlichen Glauben oder der westlichen Freiheit unterworfen werden. Alle solche Versuche sind nur unter dem Gesichtspunkt des universalen, ausschließlichen Gottesglaubens zu sehen, der im Besitz einer bestimmten Religion oder Konfession ist. In Wahrheit vertreten die Befürworter solcher Strategien jedoch nicht die universale Wahrheit, sondern ihre eigenen, begrenzten und relativen Machtinteressen. Der tiefe Gedanke

---

[600] Auf dem amerikanischen Büchermarkt (und entsprechend in der amerikanischen Politik) erscheinen periodisch Manifeste für die Befreiung der Welt nach dem Muster einheimischer Wertmaßstäbe, vgl. nur: F. Fukuyama, End; S. Huntington, Clash (Bibl. zu IV.3.4).

einer einzigen Gottheit, eines Zusammenhaltes aller Dinge und einer vollkommenen Gleichwertigkeit aller Menschen, Rassen, Völker wird also verraten, bzw. in den Dienst krasser Eigeninteressen gestellt. Die Einheit der Welt bzw. Gottes ist in der Tat schwer oder gar nicht in der Lebenswirklichkeit zu realisieren.

Wie stehen die Dinge dann in unserer Zeit, in der auf vielen Ebenen der Kampf um das Überleben und diverse Vormachstellungen (einschließlich der hegemonialen Spitzenposition) scharf entbrannt ist? Welche Chance haben Einheit, Gerechtigkeit, Frieden auf der von Kriegen und ökonomischen Gewalttaten überzogenen Erde? Die Erfahrungen des feindseligen Gegeneinanders haben sich zur Zeit global derart intensiviert, dass Optimismus kaum angebracht zu sein scheint. Die besonnenen und besorgten Stimmen aus der UNO und rund um die Welt können anscheinend die von verfeindeten Parteien angeheizten Konflikte nicht unter Kontrolle bekommen. Den Friedenskräften stehen wenig Mittel zur Verfügung, Blutvergießen und Ausbeutung auf allen Kontinenten zu beenden und eine gerechtere Ordnung für alle zu gewährleisten. Die Macht liegt offenbar einzig und allein bei interessegebundenen Militärs, ihren Kapitalgebern und verblendeten Machtpolitikern. In der Regel schmücken sie sich mit religiösen Ansprüchen oder kämpfen gar im Namen des alleinigen wahren Gottes – das gilt nicht nur für islamistische sondern auch für christliche und andere Ideologen. Hass muss sich der Gottheit vergewissern, um sich selbst zu legitimieren. Unbedingter Hass braucht eine absolute göttliche Legitimation, die kann nur von dem einzig wahren Gott kommen. So scheint denn in unserer Zeit der edle theologische Gedanke, alles Vorhandene und alles Geschehende stehe in einer Hand, endgültig chancenlos geworden zu sein.

Eine an der Bibel orientierte Theologie wird aber die Hoffnung nicht aufgeben, dass die Menschheit noch zur Besinnung kommt, bevor es zu spät sein wird. Und in der Tat gibt es auch Anzeichen von Hoffnung in der turbulenten Geschichte unserer Tage. Ich sagte schon, dass die Erkenntnis der Einheit im Gefolge der modernen Wissenschaft, Technik und auch der globalisierten Marktideologie noch nie so stark war wie sie heute tatsächlich ist. Die neuzeitlichen Kommunikationssysteme, Medien aller Art, erreichen die Menschen in den letzten Dörfern. Sie bringen ihnen nicht nur verführerische Bilder vom „echten", westlichen Konsum, sondern vermitteln auch das Gefühl, dass alle Menschen zusammen gehören, mindestens was ihre Teilhabe an den Lebensmitteln der Erde angeht. Das Wissen darum, dass alle in einem Boot sitzen, auf Gedeih und Verderb miteinander teilen und auskommen müssen, verstärkt sich. Das Bewusstsein der zwangsläufigen und vielfach verratenen Einheit in dieser Welt wächst, und es weckt auch die Frage nach der einen und für alle zuständigen Gottheit.

Die Einheit der Welt ist heute demonstrierbar geworden. Was in der Antike begonnen hat – Warenaustausch; Wissensverbreitung; politische Interferenzen; Wanderung religiöser Ideen usw. – ist heute zu einem volltönenden Crescendo geworden. Die intensivierte Vernetzung vieler Lebensbereiche, voran natürlich die des Kommerzes, des Internets und der Medien, beginnt, die Erwartungen der Menschen zu homogenisieren. Technische und Leistungsstandards werden angeglichen. Auf längere Sicht folgen Löhne, Moden, Werte. Das früher nur westliche individuelle Glücksstreben setzt sich durch. Gesellschaften brechen nach und nach mit ihren traditionellen Sitten und Gebräuchen und strukturieren sich neu. Neben deutlichen Abgrenzungsversuchen gegenüber den „Anderen" blühen auch zahllose interkulturelle und interreligiöse Foren. Die Kenntnis über die eigenen Grenzen hinweg wächst und hier und da kommt es zu Experimenten gemeinsamen Lebens.

Was aber vor allem das Bewusstsein von Zusammengehörigkeit wachsen lässt ist die bedrückende Erfahrung, dass die Menschheit insgesamt in einem einzigen Boot sitzt. Seuchen und Umweltverschmutzungen kennen keine nationalen Grenzen. Manche Katastrophen haben unmittelbare oder längerfristig eintretende Folgen für viele oder alle Länder der Erde. Kriege und Armut verwüsten nicht nur eingegrenzte Regionen, sondern erschüttern auch ferne Märkte oder Wohlstandsinseln. Die ganze Menschheit wird zunehmend der Resonanzboden für alle Kakophonien, die sich rund um den Erdball ereignen. Diese immer stärker werdende Gewissheit, dass die Weltprobleme gemeinsam von allen Ländern gelöst werden müssen, andernfalls ihnen allen ein gemeinsames Schicksal bevorsteht, ist möglicherweise der stärkste Antrieb zu vernünftigen Abmachungen über die gemeinsame Gestaltung von Wirtschaft und Politik auf dem Erdboden. Der Verzicht auf nationale Machtpolitik und hegemoniale Marktbestimmung wäre eine Grundlage für eine allen zugute kommende Friedensordnung wie sie zeichenhaft schon in den Utopien des AT auftaucht.

Namen- und Sachregister

Aaron, Aaroniden 84, 140, 142
Abfall, von Jahwe 99, 242, 261, 341, 381
Abgaben 53, 94, 110f.
Abgrenzung, Abkapselung 333, 383, 386
Abraham 138f., 187, 304f., 306
Achämeniden 40, 51, 57, 60, 75, 137, 321
Achiqar 291f.
Ackerbau(jahr) 93f., 149, 347
Ägypten, Ägypter, ägyptisch 45, 59, 105, 141, 151, 205f., 253, 301, 310
Ahuramazda 38, 46f., 48f., 63f., 66, 72, 100, 135, 137, 142, 160, 178, 193, 196f., 268f., 290, 316f., 325, 331, 371
Altar, Räucheraltar 43, 219, 226
Älteste 88, 90f., 103, 148
Amenemope 205
Ameša spentas 64, 163, 196, 290, 371
Amos, Buch u. Figur 100, 163, 235f. 239
Amt (s. Gemeindeleiter)
Anahita (s.a. Göttin) 40, 68, 72
Analyse der Gegenwart 389, 399
Anderer, Andere, Andersartigkeit 333, 382f.
Anfang der Welt, Urzeit 365
Angra Mainyu 317
Ansprachen 119, 125, 129, 190f., 267
Anthropologie (s.a. Mensch) 136, 199, 314, 367, 374
Anweisungen, ethische (s.a. Tora) 28, 92, 120, 143, 153, 298
Apadana (s. Audienzhalle)
Apokalyptik, apokalyptisch 18, 67, 160, 250f., 262, 369f.
Aramäisch 23, 52, 106, 129, 271, 284, 297
Arbeit 40, 53, 69, 71, 89, 135, 144f.
Archäologie, archäologisch 39, 41f., 75f., 88, 97, 295
Arm, schwach 162, 183, 205f., 274, 359, 375, 393, 399
Armentheologie 183, 360
Artaxerxes 16, 21f., 25, 56, 79, 82f., 85
Aša 65f., 67, 268f., 316
Assyrien, Assyrer, assyrisch 59, 167f., 244, 249
Astralreligion, -kult 99f., 350
Atramhasis, Epos und Figur 315f., 364
Audienzhalle (apadana) 40, 137
Auferstehung 67, 182, 348, 371
Ausländer (s. Fremde)
Ausschließlichkeit, Alleinverehrung 100, 114, 143, 164, 203, 218, 241, 325, 402
Ausschluss 379
Autorität 147f., 288, 337
Avesta 38, 50, 62f., 136, 143, 162, 270, 285, 322, 327, 338

Baal(spropheten) 232, 256, 364
Babylonien, Babylonier, babylonisch 17, 58f., 69, 78, 102, 104, 113, 168, 214, 252, 296, 310f., 330
Barmherzigkeit, barmherzig 358
Baruch 254
Befreiung, befreiend 248, 261, 295, 322, 324, 362, 387, 389
Begegnungszelt 94, 141, 221
Behistun (Bisotun) 51, 107, 178
Beiträge (s. Abgaben)
Bekenntnis (s. Glaubensbekenntnis)
Benediktionen 186, 257
Beschneidung 137f., 219, 303,
Beschwörung, Beschwörer 67, 99, 173
Bestattung (s. Grab)
Bethaus (s. Tempel)
Bevölkerung(szahlen) 41, 45, 53, 89, 94
Bewahrung der Schöpfung 397
Bibel 387, 397
Blut 379f., 381
Böses, böse 184f., 314, 316, 365f., 367, 381, 392
Boten (s. Engel)
Brache 145, 351f.
Brief 16, 22, 38, 55, 106, 253
Bruder 26f., 81, 95f., 97, 151, 314, 373f.
Buch(religion) 296
Bullae (s. Siegel)
Bund(esschluss, -lade) 24, 131f., 136f., 141, 164, 217f., 219, 227, 254, 296, 298f., 300, 305, 381
Bundesbuch 132, 299f., 376
Bürger 93, 283
Buße, Bußgebet 132, 154, 164, 189, 191, 193, 224, 256, 315, 384

Chaos(kampf) 135, 176, 314, 366
Chronik, Buch (Bücher), Chronist 29, 117f., 119f., 297

Daevas 64f., 66, 72, 268f.
Dämonen (s.a. Daevas) 280, 327, 365
Daniel, Buch und Figur 29f., 79
Dank(gottesdienst, -lied) 26, 170, 195, 250, 277
Darius 14, 16, 18, 31, 47f., 52, 55f., 59, 71, 76, 137, 178
David, Davididen 118f., 123, 153, 159, 174, 177, 221f., 256, 385
Debora 229f., 344
Dekalog 132, 141, 143f., 283, 297, 375
Demokratie 120, 146, 337, 390
Denkschrift (s. Ich-Bericht)
Deuterojesaja 247f., 354f.

Deuteronomismus, deuteronomistisch 114, 118, 121, 123, 133f., 148, 166, 190f., 227f., 292f., 297
Dialog 325, 388f.
Diaspora(gemeinde) 28, 37, 103, 147f., 158, 160, 171, 215, 330
Dorf, Siedlung, Ortschaft 69, 90, 91, 94, 148, 205, 356
Dualismus, dualistisch 68, 270, 326f.
Dumuzi, Tammuz 261

Ebenbildlichkeit, mit Gott 136f., 367
Eden (s.a. Paradies) 313
Ehe(metaphorik), Hochzeit, ehelich 110, 168, 212, 242, 256, 302, 377, 380
Eigentum, Eigentümerin 95, 107f., 109f.
Elephantine 37, 80, 106f., 110f., 114, 254, 290
Elia, Elisa 173, 231f., 234
Engel(fürst), Boten 219, 221, 226
Enheduana 344
Entscheidung, persönliche 217, 255, 257, 295, 317, 356
Erfahrung, religiöse 301, 313, 328, 345, 361, 396, 402
Erlassjahr, Jobeljahr 145f., 352
Erra 314, 326
Erwählung, Erwählte, erwählt 231, 334, 355, 360f., 402
Eschatologie, eschatologisch 160, 327, 371, 395
Esra(buch, -figur, -literatur) 17, 21, 27, 36f., 56, 78, 82f., 84f., 104, 117, 148, 155, 180, 215, 293, 296
Ester, Buch u. Figur 29f., 152, 310
Ethos, Ethik, ethisch 164, 210, 373, 374, 387f., 391, 391
Exil, Exilierte 17, 21, 35, 78, 84, 104, 217
Exodus 17, 188, 190, 248, 302

Familie, familial 19, 35, 71, 74, 89, 108, 149, 152, 176, 182, 186, 267, 373f., 376, 391, 400
Fasten 162, 211, 350
Feinde, Gegner, Feindschaft 16, 19, 161, 163, 183, 185, 196, 384
Fest(rituale) 26, 69, 100, 125, 127, 131, 144f., 213, 346f.
Festkalender 122, 144, 210f., 346f.
Figurine 42f., 98, 353
Flügel Gottes 345
Flut(motiv) 136f., 176, 289, 315
Frau 90, 108, 206, 208, 233, 267, 288f., 337, 339f., 341f. 343f., 381, 391f., 393
Freiheit 17, 60, 96, 220, 390, 394
Freilassung (s.a. Erlass) 165
Fremd, Fremde 25, 146f., 161, 206, 301f., 385
Fremdvölkersprüche 154, 249f., 252f., 370
Friede 208, 371, 401, 403
Fruchtbarkeit 43, 69, 99, 162, 334
Fürbitte 50, 121, 224, 261, 307

Gathas 67, 136, 178f., 268f.
Gebet, Beter 22, 119, 130, 169, 172, 181, 183f., 204, 222f., 224, 258, 278, 280, 344
Gebote 143, 315, 335, 350f., 375
Gebrauchstexte 171f., 212f., 277, 295
Gegenwart 32, 323
Gehorsam, Ungehorsam 231, 263
Geisteswelt 280, 355, 372
Geistiges, religiöses Klima 193, 245, 270, 324, 365
Geld(wirtschaft) 53, 95f., 108f., 146, 149
Gemeinde (s.a. Jahwe-G.) 19, 44, 83, 85, 88, 93, 104, 112, 119f., 125, 142, 181, 185f., 190, 193, 223, 277, 319f., 335
Gemeindebildung 236, 240f., 252
Gemeindeleiter 120, 128, 148, 224, 228f., 234, 338
Gemeindestruktur 113, 147, 219, 246
Gemeindetheologie 359
Gemeinschaft (s. auch Glaubensg.) 34
Genealogie 136f., 153, 304, 317f.
Gerecht(er) 184, 195, 201, 203f., 277, 279, 282, 284, 308, 386
Gerechtigkeit (s. Recht)
Gericht, Endgericht 166f., 244f., 327, 369
Gesalbter (s. Messias)
Geschäftsurkunden 71
Geschichte 14, 36, 57, 61, 75f., 117, 123, 128, 138, 188f., 192, 215, 219, 227, 231, 264, 308, 322, 323f., 327, 384, 388
Geschichtskonstruktion 237, 239
Geschichtsschreibung (-forschung) 21, 32f., 35
Geschlecht(sverkehr) 149, 381, 391
Gesellschaft(sstruktur, -system) 33, 60, 96, 146, 149, 155, 224, 401
Gesellschaft, patriarchale 109, 138, 193, 340, 380f.
Gesetz, Reichsgesetz (s.a. Tora) 27, 30f., 52, 227, 322, 333
Gesetzmäßigkeit, naturwissenschaftliche 397
Gestalt Jahwes 357
Gewalt 14, 35, 79, 107, 125, 129f., 344
Gilgamesch 367f.
Glaube, Glaubender (s.a. Jahweglaube) 182, 187, 282, 296, 304, 325, 335
Glaubensbekenntnis 195f., 202, 217f., 327, 331
Glaubensgemeinschaft 17, 28, 33, 84f., 92, 97, 124, 133, 135, 168, 294f., 297, 331, 334
Glaubensgenosse (s.a. Bruder) 376
Glaubensgeschichte 13, 188
Gleichwertigkeit aller Menschen 391, 394
Globalität, global, Globalstruktur 45, 50, 136f., 243, 249, 334, 400f.

Glyptik (s. Siegel)
Gott, der eine; Weltengott 34, 214, 248, 354f., 357, 365, 394, 402
Götter, andere, fremde 162, 195, 331, 350
Gottes Gegenwart, Präsenz 396
Gottes Sohn, Sohn Gottes 50, 275
Gottesbild, Vorstellungen von Gott 68, 220, 356, 359f., 394, 397
Gottesdienst(lich) 23, 27, 129, 131, 173, 176, 179, 210, 224, 277, 294f., 300
Gottesknecht 370, 399
Gottesmann, Mann Gottes 173, 232, 234f.
Gottesrede (s.a. Offenbarung) 266f., 284, 292
Göttin 40, 68, 72, 110, 280, 290
Gottlos(er), Frevler 184f., 195, 201, 203f., 277, 285, 308
Grab(anlage, -inschrift) 40, 42, 48, 98, 303
Griechen(land), griechisch 38f., 54, 57, 59, 265
Großgesellschaft 74, 88, 330, 334f., 400
Großkönig (s. König)
Grundgesetz der BRD 393

Habakuk, Buch 167f.
Haggai, Buch 14, 87
Handwerk(er) 94, 225
Hauskult 98, 133, 336, 340
Heiliges Jahr (s.a. Erlassjahr) 352
Heiligkeit, heilig 99, 143, 196, 332, 334, 378, 395
Heiligtum (s. Tempel)
Heilung 163, 173f., 226, 233, 379, 395
Heimkehr, Rückkehr 16f., 19, 21, 86, 103, 119, 165, 217
Held, Heldin 61, 170, 220, 245, 305, 344
Herodot 39f., 57, 61
Herrlichkeit (s. Jahwe)
Herrschaft(sbewusstsein) 36, 49, 61, 368
Himmel(sgott) 27, 100, 370
Hirte 69, 371
Hiskia 126, 199, 207, 226, 249
Historische Wissenschaft (s. Geschichtsschreibung)
Hoffnung 158f., 182, 197, 245, 403
Höhenkult 100
Hoherpriester 18, 31, 56, 157f., 344
Hoheslied Salomos 212, 344
Homosexualität, Gleichgeschlechtlichkeit 382, 393
Hulda 180, 229f., 297, 342
Hunger 79, 95f., 151f., 188, 201, 223, 263
Hymnus (s. Danklied, Lob u. Preis)

Ich-Bericht, Memoiren 78f., 81f., 130f.
Identität(sbildung) 128, 271, 329, 332
Ideologie, des Staates, Reiches usw. 51, 216, 218, 274, 330, 339, 363, 401

Imperium (babylonisch, persisch usw.), Großmacht 34, 44f., 50, 61, 75, 177
Inanna, Ischtar 242, 398f.
Individuum, Individualisierung, individuell 336, 383, 390, 394, 397
Indus, Inder 58, 62
Industrielle Welt, Industrialisierung 89, 96, 336, 340, 396
Inschriften 38f., 49, 63, 80, 98
Integration, integrativ 385
Interreligiöses Gespräch 387, 403

Jahwe 75, 79, 100, 110, 123, 125, 130, 140f., 144, 148, 177, 182, 185, 189f., 193, 196, 201, 203f., 207, 219, 241f., 259, 300, 330, 354f., 356f., 365, 402
Jahwefurcht 202f., 207, 287
Jahwegemeinde (-gemeinschaft) 21, 55, 83, 97, 103, 106, 108, 113, 126, 128, 133, 139f., 148, 150, 153, 155, 161, 169, 171, 174f., 179, 183, 197, 202, 208, 215, 225, 255, 258f., 300, 324, 358, 373, 391
Jahweglaube, -religion 99, 114f., 165, 187, 215, 329, 335, 358
Jahweherrschaft 159, 170, 242f.
Jahwekönigspsalmen 174f., 177, 358
Jahwekult 111f., 133
Jahweorakel 258
Jahwes Herrlichkeit 121, 140f., 163, 378
Jahwes Misserfolg 264
Jahwetag, Tag Jahwes 166, 170, 244f., 262, 369
Jahwetempel 106f., 111, 114
Jahwevolk, Volk Gottes 34, 362
Jahwewort (s. Wort)
Jakob 304, 309
Jeremia, Buch u. Figur 37
Jerusalem 15, 20, 23, 29, 34, 76, 77f., 81, 91f., 101, 113f., 159f., 165, 170, 175, 213,
Jom Kippur 145f., 349
Jona, Buch und Figur 153, 331f., 384
Josaphat(geschichte) 124f.
Joschua / Jeschua 18, 86
Joseph(sgeschichte) 151f., 188, 310
Josephus 31
Josia 226, 342
Josua, Buch und Figur 216f., 218f., 234
Juda, Jehud 19, 25, 43, 75, 77, 80, 96f., 171, 329

Kanon, kanonisch 13, 134, 210, 227, 271f., 286, 292f., 295
Katastrophe 326, 396f.
Katechismus, katechetisch 143, 155, 192, 321
Klage(lied, -ritual) 163f., 172f., 174, 183, 211, 272, 275f., 277, 279, 380
Kleingruppe 330, 355f.
Konfession(sgemeinschaft), s.a. Glaubensbekennt-

nis 115, 196, 205, 240, 254, 258, 286f., 329, 334, 400
König, Großkönig 46, 52, 54, 61, 64, 123, 128f., 156f., 177f., 200, 204, 207, 225, 229, 234, 274, 318
Königliche Erlasse, Reichserlasse 131
Königsinschriften 38, 40, 49, 63
Königszeit 118, 133
Kontextualität, kontextuell 361, 388
Koran 162, 322
Kraft, göttliche 100, 143, 163, 182, 394
Krankheit 173, 232f., 280
Kult(betrieb, -ritual), kultisch 82, 162, 334
Kultzentralisation 92, 220, 335
Kyros 13, 15, 26, 40, 47, 51, 56f., 86, 129, 160, 214, 247f.

Land(besitz) 218, 303, 308f., 310
Laubhütten 23, 100, 127, 348f.
Leben und Tod 181, 184, 325
Lebenserfahrung 201, 204, 276
Lebensstandard 94, 393
Lebenswelt 40, 70, 236, 288, 327
Legenden(bildung) 79, 81
Legitimation von Macht 354
Lehrhaus, Lehre 285, 345, 377
Lehrpsalmen 179f., 181, 187, 194, 278
Leiden 258, 279f., 306, 359, 397f., 399
Leistung(sprinzip) 365, 375
Leviten 120, 128, 147, 228
Leviticus, Buch 225
Licht u. Finsternis 163, 197
Liebe(sgebot) 361, 374, 377
Liebeslied 212
Liste, Listenwissenschaft 19, 86, 130, 217
Liturgie, liturgisch 131, 166, 172, 211, 240f., 258, 274, 321, 358
Lob(lied), Preis 121, 176, 195, 272f., 275, 278f., 283
Lüge 48f., 60, 65f., 143, 161, 392

Macht 264, 354, 360, 398
Machtverzicht, -entäußerung 398f.
Magie, Magier 40, 64, 68, 72f., 139, 151, 340f.
Mahl, heiliges 299
Manasse 123f.
Mangel, Elend (s.a. Hunger) 95
Marduk 47, 135, 214, 279, 314
Meer (s. Chaos)
Melchisedek 306
Memoiren (s. Ich-Bericht)
Mensch, Menschenbild 135f., 313f., 336, 339, 365, 368, 385f., 391
Menschensohn 265f., 268
Menschenwürde 374, 390f.
Menschheit 387, 401

Mesopotamien, Zweistromland, mesopotamisch 45, 103, 302f., 311, 364
Messias 158f., 214, 306, 371
Migration 105, 310
Minderheit 33, 84, 104, 152, 193, 195, 360
Mischehe 22, 35, 83, 333
Mitleid, mit leiden 261, 339, 360
Mitmenschlichkeit, Humanität 357, 401
Mittler 157, 337
Mittlere Sozialgebilde 339, 395
Mond(tage) 169. 274. 289, 349
Monolatrie, monolatrisch 325, 335
Monotheismus, monotheistisch 68, 233, 237, 317, 325
Moral(vorstellungen) 380
Mose 84, 114, 139f., 148, 180, 193, 216, 224, 230, 234f., 270, 301, 321, 337
Münze (s.a. Geld) 42, 44, 80
Muraschu (babyl. Handelshaus) 37, 102
Mythos 135, 220

Nachexil, nachexilisch 23, 29, 68, 236f., 250, 260, 292, 295, 298f., 309, 314, 355
Nächster, Nächste 149, 374
Nahum, Buch 154, 167
Nation, Nationalbewusstsein 18, 54, 84
Naturschutz 398
Naturwissenschaften 390
Nebukadnezar 14, 30, 253
Nehemia, Buch und Figur 18, 20f., 22, 25, 27, 56, 78f., 104, 117
Neujahr 312
Nichts 366
Ninive 167, 244
Normen, ethische 14, 27, 64, 70, 97, 114
Novelle 151f.

Obadja 167
Offenbarung(srede) 268, 270
Öffnung 383, 386
Ohnmacht (Machtlosigkeit) Gottes 355, 398
Opfer(ritual) 111f., 114, 126f., 136, 141f., 175, 204, 231, 279, 378
Organisation, der Gemeinde 298
Orientierung, religiös, ethisch 358, 395
Ostraka 113

Papyrus(dokument) 106, 108, 110, 112f.
Paradies 160, 313f., 316
Parochie, parochial (s.a. Gemeinde) 357
Parsis 62
Passah 92, 100, 112f., 115, 126f., 139, 219, 347f.
Pentateuch 113f.
Persepolis 40, 53, 58, 70, 137
Persien, Perser, persisch (s.a. Parsis) 38, 166,

178, 214, 245, 250, 264, 290, 296, 310, 316, 318, 324, 327, 331, 379, 402
Person, persönlich 182, 187, 280f., 316, 335f., 394
Personennamen 102, 107
Pluralismus, pluralistisch 162, 232
Priester, priesterlich 83, 128, 134, 144, 147, 159, 173, 228, 296, 303, 306, 338f.
Privatwirtschaft, Privatbesitz 71f., 108
Prohibitiv (s. Verbot)
Prophet, Prophetin, Prophetie 154, 157, 166, 169, 229f., 233, 235, 246, 257, 307, 342
Proselyt 152, 233
Provinz (s.a. Juda) 25, 80, 232, 321
Psalmen(sammlungen) 37, 132, 169, 172, 179, 274f., 344

Räucheraltar (s. Altar)
Reader-response Verhalten 294
Recht, Gerechtigkeit (s.a. Gesetz) 49, 52, 96, 159, 164, 169, 202, 208, 246, 275, 281, 298, 307, 357, 359, 375f., 395, 401, 403
Redaktion, Redaktoren 239, 260, 273, 277, 320, 344
Reform, Reformer 225f.
Regierung/Reichsreg. (s. Zentralregierung)
Reinheit(svorschriften) 24, 104, 142f., 271, 341
Religion(sgeschichte), religiös 62, 72, 200, 315
Religionsfreiheit 324
Religionsgemeinschaft 18, 128,
Religionspolitik 55, 248
Richter, Buch und Figuren 220f., 229
Rind 66
Rites de passage 213, 353
Rückkehr (s. Heimkehr)
Ruhe, Ausruhen 351
Rut, Buch und Figur 90, 152, 212, 344, 384f.

Sabbat 135, 144f., 146, 161, 213, 255, 312, 333, 349f., 351
Sacharja 14, 87
Salomo 118f., 121f., 207, 222, 224, 287, 341
Samaria 25, 35, 80, 171
Samuel, Buch und Figur 221f., 230f.
Sanballat 23, 56, 79f.
Sänger, levitische 19, 120, 125, 172f.
Saošiyant 371
Sara 138f., 303
Satrapie Transeuphrat 76, 80, 82, 87
Satrapie, Satrap 52, 77, 107, 130
Schamane 231, 235
Scheschbazar 86f., 102
Schöpfer, Weltschöpfer 50, 64, 134, 176, 248, 270, 300, 313, 355, 382
Schöpfung(sgeschichte) 134, 312, 364, 368, 383
Schreiber, Schriftgelehrter 21, 28, 83f., 123, 129,

148, 155, 180, 209, 228, 234, 254, 285, 296, 304, 377
Schrift, heilige 27, 33, 114, 116, 166, 193, 209, 215, 254, 268, 271, 293, 295f., 299, 320, 342, 387
Schriftkultur 150f.
Schuld(bekenntnis) 24, 176, 189f., 191f., 263, 301, 307, 314
Schulden(erlass) 96, 144
Schutzgottheit 346, 356
Schwach (s. Arm)
Sentenzen, Sprüche 198f., 202, 204, 207, 291f.
Serubbabel 18, 86f., 102f., 158
Sexualität, sexuell 288, 308, 333, 379, 382, 392
Siedlung (s. Dorf)
Sieg, Sieges(Triumph)lieder 170, 174, 189, 249f., 357
Siegel(abdrucke; bullae), Glyptik 38, 41, 80, 98
Sinai(geschehen) 139f., 297, 300
Sippe(nethos) 204, 375
Sitz im Leben 209, 212, 268, 281, 389
Sklaven, Sklaverei 146f., 218, 343
Sodom und Gomorrha 306f.
Solidarität, solidarisch 96f., 163, 183, 336, 356f., 374, 376, 391
Sonne 219, 226
Soziale Bedingtheit 285f., 400
Sozialethik, sozialethisch 288
Sozialgeschichte, sozialgeschichtlich 147, 198, 399f.
Sozialstruktur (s. Gesellschaft)
Sozialverhalten 394
Sozialverpflichtung 95, 377
Spaltungen, in der Gemeinde, Parteibildung 262, 298, 332
Spiritualität, spirituell 104, 186, 337
Sprüche (s. Sentenzen)
Stadt, städtisch 50, 69, 70f., 103, 108, 149f., 205, 307f.
Stamm(esgesellschaft) 58
Stammbaum (s. Genealogie)
Statthalter 80f., 87
Steuer (s.a. Abgabe) 96, 112, 225
Strafe Gottes 190, 192, 221, 223, 261
Strahlenglanz Gottes (s. Jahwes Herrlichkeit)
Sühnung, sühnen 224
Sünde 224, 238
Susa 40, 79
Synagoge (s. Gottesdienst)

Tabus (s. Unreinheit)
Teleologische Geschichtsschau 370, 372
Tempel(bau; -kult) 16, 18, 20f., 26, 35, 42, 76, 78, 92, 95, 99, 112, 115, 118f., 121, 126, 129, 140, 149, 157, 161, 193, 211, 213, 221f., 226, 237, 255, 260, 297, 346

Tempel, Bethaus 122, 128, 222, 226
Tempel-Bürger-Gemeinde 91, 148, 221, 271
Theodizee 397
Theokratie 147
Theologie, globale, kosmische 401
Theophanie (s.a. Offenbarung) 122, 299
Tiglat-Pileser 46
Toleranz 55, 84, 309, 382f.
Tora 13, 22, 25, 27, 35, 81, 84f., 107, 159, 114f., 131, 168f., 179f., 182, 191f., 194, 196, 199, 208, 213, 215, 217, 227, 238, 254, 263, 271, 276f., 307, 320, 342f., 377
Totenbeschwörerin 341
Tradition, traditionsgeschichtlich 293f., 321, 349
Tribute 43, 53, 137, 226, 319
Tritojesaja 29
Tyrus 76, 265

Überleben 328f.
Überlieferung (s.a. Tradition) 391
Udjahorresnet 55, 84
Unheil(sansagen) 262f.
Universalismus, universal 18, 64, 112, 114, 135, 138, 151, 161, 177, 182, 202, 233, 237, 242, 250, 271, 363, 371, 385, 394, 398
Universum 401
Unpersönliche Kraft 366, 396
Unreinheit, Tabus, unrein 35, 142f., 220, 261, 332, 341, 378f., 380
Unschuld(sbekenntnis) 283f.
Unterdrückung, unterdrückt 362, 398
Unterweisung, Lehre 179f., 191f., 209, 238, 255
Urknall 366
Urmacht (s. Chaos)
Urzeit (s. Anfang)

Vater, Mutter 164, 206, 209, 304, 310, 320, 343, 345, 373
Veränderung (sozial, kulturell) 32
Verantwortung, verantwortlich 336, 341
Verbot, Prohibitiv 22, 24, 28, 85, 142, 313
Vergangenheit (s. Geschichte)
Vergänglichkeit 367f.
Vergeltung 65, 153f., 164f., 207
Verheißung 308f., 310
Verpflichtung (s.a. Bund) 299f., 373f.
Versammlung 93, 109, 112, 321, 351
Vertrauen(säußerung) 186, 305f., 345, 396
Verwaltung (s.a. Satrapie, Provinz) 53, 89, 129f.
Vision, prophetische 17, 246, 259, 260, 265, 305
Vohu Manah 65f., 269

Volk Jahwes (s. Jahwevolk)
Volk, Völker, Völkertafel 137, 158, 165, 243f., 247, 250, 252f., 319, 338, 357, 360, 382f.
Volksreligion (s.a. Religion) 63, 67, 99
Vorurteil 346
Vorwürfe gegen Gott 275f.

Wahrheit u. Lüge 83, 178, 197
Wallfahrt(slieder) 100f., 174f.
Wasser (s. Chaos)
Weihe, Einweihung 121, 125, 222, 224
Weihrauch 43, 98
Weisheit, Weise 174, 179, 180, 198, 200, 208f., 279f., 281f., 283f., 288, 289f., 291f., 395
Welt(bild, -sicht) 32f., 325, 383, 390, 403
Weltfrieden 160
Weltgeschichte, Globalgeschichte (s.a. Geschichte) 322
Weltherrschaft, Weltmacht 18, 29, 46, 152, 170, 357
Weltordnung 61, 67, 135, 255, 281, 285, 325, 366, 398
Weltuntergang, Weltende 136, 170, 262,
Wir-Formulierung, 1. Person plural 132, 163f., 169, 173, 187, 190, 246, 250, 253, 258, 338
Wir-Gruppe 333
Wirtschaft, wirtschaftlich, Ökonomie 94f., 97, 264f., 393, 397, 400
Wochenfest (Pfingsten) 348
Wort, göttliches 230, 235, 237f., 240, 264, 270, 285f., 287, 297
Wunder(glaube) 124
Würde (s.a. Menschenwürde) 363, 394
Wüste(nzeit) 140f., 188

Xenophon 39
Xerxes 31, 49, 55, 71

Zarathustra 49f., 64, 83, 93, 193, 196, 270, 326f., 372, 402
Zedekia 253
Zehnter 25, 92f., 306
Zeichenhandlung 267
Zeit 388, 401
Zentralregierung 17, 52, 75, 131, 197, 320
Zephanja, Buch 167, 239, 244
Zion 78, 101, 160, 165, 175
Zukunft 14, 32, 384, 388
Zweiter Tempel 119f., 122, 128, 135, 138, 157f., 175, 221, 224f., 247, 258, 306
Zwischenmenschliche Beziehungen 401

Bibelstellen (Auswahl)

Genesis		32,13	309	6,9–11	92, 225
1	134	35,1–4	233	7,37f.	148
1f.	312	35,9–12	310	10	228
1,3–5	134	38,12f.	348	10,1.2	142
1,6–31	134	41,57	105	11	379
1,26–28	135f., 368			12–15	90
1,27	141, 391	Exodus		13,45f.	379
2,4–25	313	1,8–2,10	301	17,10–14	136
2,15–17	313	6,2–13	139	18	149
2,18	339	7,1–7	139	18,22	308
2,21–24	381	12,43–49	126, 16, 385	18,24f.	85
3	316, 341	12,49	394	19	297, 332
3,1–5	365	15,20	342	19,2	143, 357, 378
3,4f.	317	16,2–8	377	19,3	343
3,8–13	316	16,22–30	350	19,4	144
3,16	339, 344	18	298	19,9–18	283
3,22	313, 316	19	299	19,11.17f.	392
4	314	19,3–6	299, 378	19,13f.	375
6,1–4.5f.	314	20	283	19,18	374
9,8–11	136, 138	20,1	194	19,11–14	143
9,21–27	168	20,2–6	331	19,18.34	391
10	318	20,8–11	349	19,30–38	332
10,6	319	20,12	343	19,34	385, 393
10,1–32	136	20,13–15	375, 391	20,13	382
10,5.20.32	137	21,1–11	96	20,27	340
11,1–9	244, 319	22,17	340	21,16–21	331
11,6	313	23,1–9	357, 392	23	144, 347
11,10–13	137	23,10f.	352	23,3	144
11,27–32	302	23,14.17	175	23,3–8	126
12,1–3	360	23,17	101	23,15–21	348
12,2f.	309	24,1–8	139	23,23–43	23, 145, 211
12,8	304	24,3–11	299	23,34–36	122
13,14–17	309	24,9–11	194	24,10–12	298
14,1–16	306	31,2–5	95	24,10–16	350
14,18–20	306	31,15	351	24,10–23	148
15,1–5	305	33,18–23	357	25	96, 146f., 183
15,6	305	33,21–29	298	25,3–7.19–22	145
17	303	34,6f.	154	25,10–12.23f.	145
17,3–22	137	34,6f.11–26	300, 358	25,13–55	352
17,6	310	34,10–28	347	25,25	97, 373
17,6–8	139	34,15f.	85	25,36f.	97
17,16	139	25–31	141	25,55	373
18,16–19,29	306	35,1–3	141	26,33–35	352
18,17–19	307	35,2f.	350	27,30–33	93
18,22–25	307	36,1–7	225		
19,4–11	308	38,1–7	141	Numeri	
19,30–38	332, 382			5	222
20,1–18	344	Leviticus		9,1–14	347
22	305	1,14	149	11	148
23,17–20	303	1–7	141	11,16f.	167
28,13f.	309	4,1.13	338	12	142
29,21–28	381	5,13	338	16	142, 337
31,48–50	110	5,21	376	20,2–13	301

25,3–5	301	10,12–14	219	18	232
25,6–13	302	23,6f.	217	18,16–20	235
		23,20f.	375	19,11f.	359
Deuteronomium		24,14–18	217	20,13	235
1,14	321	24,16–18	321	22,19–23	235
1,15	91	24,25–28	227		
4–6	354			2 Könige	
4,2	292	Richter		4,18–24	345
4,19	354	1,1	220	4,18–37	234
5,6–10	233	1,17–36	220	4,23	249
5,14	351	1,21.26	236	5,1–7	233
5,23–27	321	2,1–4	220	5,15.17	233
6,4f.	331, 354, 377	3,5	220	13,1419	235
6,5	374	4,4–7	229	18,4–7	199
7,1–5	360	7,1–8	346	18,5–7	226
7,6–8	334	10,1–5	229	19,14–19	226
7,7f.	361	14,2–4	90	20,7	235
12	91, 111, 335			22,3–7	226
12,2.4f.	92	1 Samuel		22,14–20	229
13,1	292	2,11–17	338	22,16f.	342
14,22–29	93	3	230	22f.	131
15,1–16,17	144	4f.	357	23,21–23	347
16,1–17	347	2,12–17	228	23,25–27	342
16,17	175	2,35	228	25,11f.	330
17,8–13	377	9,12f	346		
17,18f.	273	15	231	Jesaja	
18,9–13	100, 115	20,6	101	2,1–4	360
18,10	341	25,25	339, 344	8,23–9,6	160
18,20f.	340	28	91, 340	9,1–6	250
19,1–13	379			11,1–9	398
19,16–21	91	2 Samuel		11,6–8	160
20	231	1,17–27	382	12,1–6	250f.
20,5–9	346	6,6f.	378	13f.	249
22–25	212	7,11	118	14,15–17	250
22,1–12	376	13	344	19,19–25	360
22,5.9–11	380	24	121	19,22–25	249
23	333			19,23f.	155
23,4–6	132	1 Könige		24,1–5	250
23,4–7	382	5,12	199	24,16	250
23,20f.	373	5,13	287	24,23	250
23,21	393	5,15–26	94	24–27	37
26,5	311	7,15–51	121	31,1–9	154
27,14–26	337	8	121	35	247
29–31	93	8,2	338	38	173
29,1	351	8,23–53	222	40ff	15
29,9f.	343	8,29	222	40,12–17	360
32	192	8,31–53	224	40,21–25	357
34,7–9	134	8,37–43	223	41,8–16	398
		10,22	275	42,15f.	17
Josua		11,1f.	341	43,3	370
1,4	177	11,1–5	90	44,6	354
1,7f.	217	11,1–6	381	44,6–8	233
4,9	236	13,11–32	235	44,9–20	195
5,10–12	219	14,16	123	44,21	248
5,13–15	219	15,12–14	225	44,24.26–28	248
8,30–35	219	17,2–6	235	44,28	15, 160

Bibelstellen

45,1.4	15	25,3	255	38f.	160		
45,1–4	248	25,13	254	39,4	262		
45,1–7	325	25,29	255	40,1	260		
45,18	354	26,4–6	254	40–48	149		
47	370	29,4–7	103	43,4f.	260		
49,6	370	29,7	253				
53,3–12	359	31,15	344	Hosea			
56	333	31,29	257	1,1	239		
56–66	37	31,31–34	296	1–3	242, 361		
56,1–8	132, 161, 350	31,33f.	254, 264, 359	2,4–7	242		
56,6–8	161, 233	33,22	256	2,11–15	242		
58,3f.	162	37,11–16	258	4,6	246		
58,8	163	44	101	4,12–19	241		
58,13f.	350	44,15–19	330, 352	5,8–14	241		
59,1–8	164	44,17f.	337	6,1	240		
59,9f.	163	49,7–22	167, 243	11,1–9	359		
60,1f.	165	49,34–39	29				
60,1–3	165	50,2	252	Joel			
62,1–5	242, 359	51,59–64	252	1f.	166, 241		
63,1–6	165	52,28–30	104	4,12	166		
63,7–64,12	163						
63,16	163, 373	Ezechiel		Amos			
65,1–7	115	1,1	259	1,1	239		
65,2–5	99	1–3	265	1,3–2,3	243		
65,3–5	161	3,3	263	2,4–12	243		
65,11	162	3,4–11	266	2,6–8	168		
65,17	165	3,15	103	3,7	307		
65,17–19.23–25	370	6,1–14	266	5,24	246		
65,22f.	160	7,8	262	7,1–9	246		
66,3f.	161	8	149	7,10–17	246		
66,5	352	8,10f.14–16	261				
66,13	356	8,11	228	Obadja			
		8,12	260	1	240		
Jeremia		8,17	261				
2,1–3	256	9,9	261	Jona			
2,20	161	9,9–11	261	1,9	331		
2,23f.	256	11	267	4,10f.	153		
2,26–28	168	13	100				
3,9.14–18	256	13,17–19	341	Micha			
7,4–11	255	13,23	341	1,1	239		
7,25	254, 259	15	267	2,5	93		
9,25	255	16	242	2,11	246		
10,1–16	259	20,10–13	263	5,1–3	159		
10,23–25	257	21,7.18f.	267	5,4	243		
12,1–4	257	22	267	7,14–17	245		
13,3–7	252	27,8–10	265				
14,1–6	95	28,1–10	314	Nahum			
14,7–9	258	28,14–16	264	1,2	154		
15,10–18	257	33,23–29	310	1,4	246		
16,5–9	336	36	267	3,1–7	244		
17,5.7	257	36,24–29	263				
17,14–18	258	37,1f.	266	Habakuk			
17,21f.	255	37,4–6	262	1,12–17	169		
20,8	258	37,12	262	2,4	168		
20,14–18	258	37,26	260	3,9–13	169		
24,4–10	104	37f.	262	3,13.18	245		

2,1–4	169	8,2.10	195	78,1–4	188
3	241	8,5f.	368	79	384
		8,6	313, 336	82	357
Zephanja		9f.	185	84	175
1,1	169	10,2–4	183	84,11	35
1,2f.	170, 244	12,2–9	277	85,11	208
1,4–13	244	14,3	314	86,15	358
1,7.14	170	18,32	331	87	172, 310
1,14–16	170, 245	19,5–7	401	87,4–7	384
1,14–18	369	19,8f.	194	89	177, 275
2,4–11	243	19,8–11	35, 273	89,20f.26–28	275
3,3f.	245	20	275	89,39–52	275
3,9	245	22,10f.	345	90	276
3,14–17	170	22,17	183	90,7–10	181
3,19f.	369	22,24–27	392	91,5f.	183
		25,14	345	91,14	345
Haggai		27,1.10	345	95	93, 230
1,1	156, 240	31,7.15	305	95,3	359
1,1.14	87	31,15	331	96,3	333
1,7f.	157	34,12–15	345	96,4	358
1,2–11	15	35,14	345	99,3	331
1,2–4.9f.	27	36,8	345	100,3	333
2,11–13	379	37	183, 345	102,13–23	278
2,20–23	14, 17	37,5	356	103,8	154
2,22f.	158	39,5–7	181	103,13	356
2,23	159, 256	39,13	311	103,14–16	176
		40,6–10	380	104	176
		40,7–11	335	105,2–5	188
Sacharja		41,6–10	183, 392	105,6–11	188
1,1	156, 240	42,6.12	305	106	132, 189
3,8	159	44	357	106,37–39	189
4,14	17	45,4–8	159	106,47	331
5,5–8	381	46	172, 330	110,4	306
5,5–11	90	47	174, 177, 358	111,1–3	195
5,11	244	50	172, 335	111–118	278
6,9–13	158	50,5	377	112,1	186
7,3–6	211	51	314	112,4	358
9,1	157	52	195	112,5–7	195
9,9	159	55,13–15	336, 392	119	179, 276f., 304
13,1	160	62,2–9	305	119,1–8	276
14,3–9	370	62,9	186	119,81–88	194
		65	357	120–134	100
Maleachi		66,10–12	384	122,1–5	175
1,6–9	339	69,8–13	254	123	176, 344
2,7	159	71,1–3	195	127	344
2,10	373	71,5	331	128	186
2,14–16	289, 380	72	274	129,1–3	384
		72,1–4	274	131	176, 186
Psalmen		72,5–8	274	133	374
1	179	72,20	174	136	188
2	276	73	284	137	105, 172
2,7	275	73,3–12	184	137,5f.	101
1,1f.	273	73,13–15	336	139	181
3	174	74,13–17	366	142	174
7	394	75	173	144,3f.	368
8	135	78	190	144,4	336

Bibelstellen

145,8	300	24,18.21	207	2,1–8	79
145–150	278	25,1	199, 207	2,11–7,3	81
148	176	25,15f.	206	5	183
149	196	30f.	208	5,1–4	54
150	273	31,1	345	5,1–5	96
		31,9–13	287	5,19	81
Hiob				6,14	20
1,1	282	Rut		7	119
1,21	282	4	105	7,4	92
2,10	282	4,18–22	385	8–10	23, 131
7,17	368			8	105, 112, 209
15,16	336	Hoheslied		8,1	296, 320, 338
19,6f.	284			8,2f.	343
28,21–23	283	Prediger (Kohelet)		9	132
29	283	4,7–12	89	9,5–37	24
31,9–11	283			9,26	191
31,21	283	Klagelieder		9,32–37	14, 168
31,40	283			9,36f.	95, 275
32,2–10	283	Ester		10,31–38	25, 132
38–42	365	1,22	30, 130	10,31f.	28
40,4	284			10,33f.	93
42,1–6	284	Daniel		11–13	25
42,10–17	282	1–5	14, 79	12,31–43	26
		6,29	30	13,1–3	132
Proverbien		7	14	13,4–13	28
1,1	199	11,2	30	13,15f.	94
1,1–7	287			13,15–22	28, 255
1,2–7	209	Esra		13,23–28	28, 333, 385
1,7	287	1,1–4	15		
1,8	288, 343	1,2–4	131	1 Chronik	
1,21f.	288	1,2–4	86	1,1	117
2,16–19	288	2	119	6	121
2,17	289	2,59	103	6,3	122
3,16–18	288	2,64–67	19	6,7.24	173
3,27–32	288	3,1–6	16	6,13	122
7,10–23	289	4,6–6,18	129	7,1–3	122
8,1–9	289	4,9–16	131	10,1–14	118
8,22–24	289	5,3–6,12	16	14,2	120
8,32–35	209	5,9–11	88	15f.	120
10,1–3	201	6,13–15	157	15,16f.	120
10,2f.	202	6,16–18	20	16	119, 173
10,3.6.7	203	7	320	16,1	121
10,16	202	7,1–5	21	16,4–6	120
10,22–27	201	7,7–9	82	16,14–22	126
10–29	200	7,11f.	84	16,34.36	121
10,1–22,16	200	7,27–9,15	130	28,8	93
11,23	203	8,1	88	28,20f.	119
12,7	203	8,17	103	29,10–19	119
13,14	204	9	191		
14,2	202	9,7	191	2 Chronik	
14,12.21.31.34	204			7,8–10	126
17,1–22,16	204	Nehemia		13,14f.	124
22,17–23,14	205	1,1–2,10	79	15,1–7	125
22,22f.	206	1,1–7,5	130	15,12f.	126
23,10f.	206	1,1–3	25	15,15	126
23,19–28	206	1,4–11	81	20	119, 125

20,5–12	124	31,20f.		207	Römerbrief	
20,15–17	124	33,9–13		124	3,23	192
21,18f.	123	35,1–9		100	9–11	361
22,8–10	118	35,1–19		127		
22,10–12	123	35,1.7–19		126	Korinterbriefe	
26,19–21	123	35,7–9		127	2 Kor 6,9	
29	127	36,22f	14, 29, 117		2 Kor 12,9	359
29,20–36	126					
30,1.5	100	Lukas			Hebräerbrief	
31,2–18	126	2,1		18	13,14	311

Außerbiblische Quellen

Achiqar	290f.	Darius I., Grabinschrift	48
Ägyptisches Totenbuch		Elephantine-Papyri	
Kap. 125	283	Miptahja-Archiv	108f.
		Briefe zur Tempelrestauration	111
Amenemope	205f.		
		Enuma elisch-Epos	
Atramhasis-Epos		Tf. I,1	364
Tf. I, 215.217.230	134		
	315	Erra-Epos	
Tf. I,1	364	Tf. IV,66–86	326
		Tf. V,57f.	326
Avesta			
Yasna 12	317	Gilgamesch	
Yasna 27,13–15	191	Tf. 11	315
Yasna 28,6	63	Tf. VII,90–93	367
Yasna 30,2.3	317	Tf. VIII,42–49.55	368
Yasma 31,1.2.5.6	269		
Yasna 31,2.3	65	Kyroszylinder	47, 214
Yasna 31,5	66		
Yasna 32,3–5	65, 270	Ludlul bel nemeqi	
Yasna 34,11	178	Tf. I, 1–40	279
Yasna 37,4	178	Tf. II, 4–9.12–38	279f.
Yasna 43,7f.	63		
Yasna 43,10.12	66	Mari-Briefe	
Yasna 43,11	269	Tf. K. 2401	242
Yasna 44	268	Tf. A 1121 + A 2731	242
Yasna 44,1.3.6.9–11	66		
Yasna 44,3	178	Pessimistischer Dialog	325
Yasna 44,12–15	66		
Yasna 44,17f.	67	Sargon II.	46
Bahman Yašt I,55.56	270	Sumerischer Hiob	279
Yašt 13	317	Šurpu	
Babylonische Theodizee		Tf. II	283, 315
Kap. XXIII, XXIV, XXVII	281		
		Tiglat-Pileser I.	46
Darius I., Behistun-Inschrift	47f., 178		
		Xerxes, Daeva-Inschrift	49